厦门年鉴

XIAMEN YEARBOOK

2023

中共厦门市委党史和地方志研究室　编

方志出版社
Publishing House of Local Records

图书在版编目（CIP）数据

厦门年鉴. 2023/中共厦门市委党史和地方志研究室编. —北京：方志出版社，2023. 12
ISBN 978-7-5144-6086-5

Ⅰ. ①厦… Ⅱ. ①中… Ⅲ. ①厦门—2023—年鉴
Ⅳ. ①Z525. 73

中国国家版本馆 CIP 数据核字（2023）第 246000 号

责任编辑：陈菁
责任校对：张玉霞
责任印制：梅中英
出 版 者：方志出版社
地　　址：北京市朝阳区潘家园东里 9 号（国家方志馆 4 层）
邮　　编：100021
网　　址：http://www. zgfzcb. cn
发　　行：方志出版社图书营销中心（010-67110500）
印　　刷：福州力人彩印有限公司
开　　本：889 毫米 × 1194 毫米　1/16
印　　张：31. 25　插页印张：2. 25　地图：1 幅
字　　数：1510 千字
版　　次：2023 年 12 月第 1 版
印　　次：2023 年 12 月第 1 次印刷
定　　价：280. 00 元

编辑说明

一、《厦门年鉴》是中共厦门市委员会、厦门市人民政府主办，中共厦门市委党史和地方志研究室编纂的年度资料性文献，以马克思列宁主义、毛泽东思想、邓小平理论、“三个代表”重要思想、科学发展观、习近平新时代中国特色社会主义思想为指导，坚持辩证唯物主义和历史唯物主义的立场、观点和方法，记述厦门的年度发展新情况。首卷年鉴于2002年出版，《厦门年鉴（2023）》为第22卷。

二、《厦门年鉴（2023）》的资料收录范围原则上为2022年1月1日至12月31日，记述厦门市自然、政治、经济、文化、社会和生态文明建设等方面情况。

三、《厦门年鉴（2023）》采取类目、分目、条目三级框架结构，内容较为丰富的在分目之下增设二级分目。全书共设“专记”“大事记”“市情概貌”“自然资源管理”“生态环境保护”“中共厦门市委员会”“厦门市人民代表大会”“厦门市人民政府”“政协厦门市委员会”“纪检监察”“民主党派与工商联”“群众团体”“法治”“军事”“外事·侨务·港澳事务”“对台事务”“应急管理”“经济管理”“口岸管理”“开放型经济”“金融业”“农业农村”“工业”“商贸服务业”“会展业”“交通邮政”“信息服务业”“城市建设”“房地产业”“旅游业”“民营经济”“科学技术”“社会科学”“教育”“文化”“卫生健康”“体育”“社会生活”“市辖区概览”“人物·荣誉”“附录”“索引”42个类目，其中含一级分目298个、二级分目46个、条目2109个。专记、大事记、附录以及小资料不列入条目统计。卷首设置彩页专辑以凸显厦门的年度特色和地方特色。条目的文体以记述体为主，兼具说明体。

四、《厦门年鉴（2023）》的框架结构与上卷年鉴相比有部分调整：撤销“特载”类目，增设“专记”“自然资源管理”类目，“财政·税务”内容并入“经济管理”类目。

五、《厦门年鉴（2023）》所收录的资料，除少数转载自公开出版的报纸杂志外，主要由厦门市各党政军机关、群众团体、企事业单位提供。因统计口径的原因，数据与市统计局公布略有差异的，读者在使用时请以统计部门公布的为准。

六、《厦门年鉴（2023）》中，会议的届、次一律使用汉字。表格中缺失的数字以空格表示，无此数字则以“—”表示。

七、数字用法、标点符号用法分别采用国家标准《出版物上数字用法》（GB/T 15835—2011）、《标点符号用法》（GB/T 15834—2011），计量单位采用国家技术监督局1993年12月发布的《量和单位》系列国家标准。

数字看厦门 2022

全市土地面积：1699.01 平方千米

常住人口：530.8 万人

户籍人口：293 万人

地区生产总值（当年价）：7802.66 亿元

第一产业增加值：29.27 亿元

第二产业增加值：3233.56 亿元

第三产业增加值：4539.83 亿元

第一、第二、第三产业构成：0.4∶41.4∶58.2

人均生产总值（按常住人口计算）：14.74 万元

规模以上工业增加值增长：4.3%

财政总收入（含上划中央税收）：1493.80 亿元

财政支出：1088.74 亿元

固定资产投资比上年增长：10.2%

社会消费品零售总额：2665.36 亿元

外贸出口总额（海关数）：4655.13 亿元

外贸进口总额（海关数）：4562.63 亿元

实际利用外资：22.12 亿美元

货物运输总量：4.31 亿吨

港口货物吞吐量：2.19 亿吨

航空客运量：1013 万人次

铁路旅客发送量：1178 万人次

旅游总收入：855.17 亿元

中资金融机构各项人民币存款余额：15211.31 亿元

中资金融机构各项人民币贷款余额：16538.72 亿元

城镇居民人均可支配收入：70467 元

城镇居民人均消费性支出：45165 元

农村居民人均可支配收入：29894 元

农村居民人均生活消费支出：32323 元

居民消费价格总指数：101.8%

各级各类学校（含成人教育、社会办学）：1465 所

在校生数：111.36 万人

普通高等学校数：16 所

普通高等学校在校生人数：18.24 万人

医院数：68 家

医院病床数：21410 张

卫生技术人员：42796 人

全市用电量：336 亿千瓦小时

全市供水总量：50640 万吨

城市建设

2022年1月4日，厦门新机场项目全面开工。图为厦门新机场核心区施工现场 （许秋珩 摄）

2022年9月12日，翔安大桥（厦门第二东通道）主线合龙。该桥是交通强国福建先行示范重点项目及福建省首座预制装配化跨海大桥 （王协云 摄）

2022 年 9 月 30 日，厦门海上世界开业。厦门海上世界位于厦门自贸片区东渡港区，与鼓浪屿隔海相望，是拥有近 30 万平方米滨水商业、近 45 万平方米商务办公集群和近 9 万平方米高端酒店群的大型滨海综合体

（杨进福　摄）

2022年10月底，厦门市洋唐居住区三期保障性安居工程全面完成竣工备案。图为洋唐居住区，是福建省最大保障性住房综合体　（王协云　摄）

2022年10月26日，海沧疏港通道主线试通车。该线路通车使海沧港区与厦门岛内陆地区有机串联，为厦门特区西海域方向架起一条新的交通动脉　（王协云　摄）

2022 年 11 月 17 日，厦门市举行全市岁末攻坚重大项目集中开工活动，总投资 60 亿元位于同安区的厦门数字工业计算中心作为主会场项目。该项目定位服务于金砖创新基地，打造面向工业的算力中心。图为厦门数字工业计算中心开工现场 （黄嵘　摄）

2022 年 11 月 17 日，厦门山海健康步道和美桥获 2022 年国际桥梁与结构工程协会（IABSE）“杰出人行桥奖”，该奖是国际桥梁工程界最高奖项。图为跨越仙岳路及海沧大桥引桥的和美桥 （陈瑞坤　摄）

2022年12月9日，福厦高铁厦漳段左线完成铺轨作业。该高铁是福建省内第一条真正意义上的跨海高铁，其厦漳段正线总长35.08千米，由漳州铺轨基地首发，穿越漳州高铁站，直达厦门北站高铁站房

（黄少毅　摄）

2022年，厦门新体育中心“一场两馆”（白鹭体育场、凤凰体育馆、白海豚游泳馆）建设加快推进。图为白鹭体育场屋面工程进行膜结构施工

（12月9日林铭鸿　邵凌丰　摄）

2022 年 12 月 28 日，厦门新会展中心 40 万平方米的金属屋面全面封顶。该项目位于翔安区体育会展新城片区，由展览中心、会议中心、会展酒店等组成，总用地面积 84.67 万平方米，总建筑面积 115.92 万平方米，定位为国际大型展览中心　　（上海宝冶集团有限公司　供图）

2022 年 12 月 29 日，厦门地铁 6 号线林华段工程（林埭西站至华侨大学段）实现全线“洞通”。图为官任站至集美创业园站区间右线盾构现场　　（许秋珩　摄）

科技赋能

2022 年 6 月 20 日，第七届清华校友三创大赛晋级赛（厦门赛场）在清华海峡研究院举行，17 个参赛项目晋级全球总决赛，其中部分优质项目落地厦门，为厦门新兴产业发展注入新动能 （清华海峡研究院 供图）

2022 年 6 月 28 日，厦门科学城未来产业园（轻工园）首批入驻企业签约，厦门科学城未来产业园（轻工园）同步揭牌，标志着厦门市科技赋能国企转型升级行动迎来阶段性进展。图为入驻企业签约现场　　（厦门轻工集团有限公司　供图）

2022 年 7 月 18 日，厦门市科学技术局与武汉大学技术转移中心在厦门签订合作协议，双方共建“武汉大学海峡科学技术创新中心”，加快武汉大学科技成果在厦门转移、转化　　（吴君宁　摄）

2022 年 8 月，厦门市工业互联网标识解析综合型二级节点（简称“厦门二级节点”）正式运营，推动工业企业运用工业互联网标识赋能企业数字化转型，成为厦门市产业数字化的新引擎。截至 12 月，厦门二级节点共接入企业 391 家，日均解析超过 12 万次 。图为厦门二级节点运营模式　（厦门市物联网产业研究院　供图）

2022 年 8 月 25 日至 9 月 1 日，第四届全国科学实验展演汇演活动在线上举办，124 支队伍参演，厦门科技馆《“断”椅》项目获全国一等奖。图为厦门科技馆团队表演的《“断”椅》　（厦门市科技局　供图）

2022 年 9 月 14 日，2022 年厦门市“全国科普日”暨首届“科学少年鹭岛行”厦门科普教育资源全国推介会在集美区嘉庚艺术中心启动，来自科普基地及研学机构等领域的 10 家单位现场签约。图为厦门科普资源全国战略合作伙伴签约仪式现场 （张奇辉　摄）

2022 年 9 月 24 日，福建首家网络安全运营中心在厦门软件园二期正式运营 （张奇辉　摄）

2022 年 9 月 29 日，厦门天马光电子有限公司第 8.6 代新型显示面板生产线项目在厦门火炬高新区全面开工
（张奇辉　摄）

2022 年 10 月 1 日，厦门港单体最大分布式光伏发电站并网发电，年可发“绿电”430 万千瓦时，象屿综合保税区成为全国首个实现零碳排放的综合保税区。图为象屿综合保税区里仓库屋顶铺设的光伏发电板
（黄晓珍　摄）

2022年10月11日，厦门市科技局发布2022年认定的厦门市重点实验室名单，共有30家入选。其中，厦门市北斗应用技术重点实验室以北斗云系列产品为基础，围绕北斗智慧交通、警务及海洋大脑的陆海大交通应用，不断拓展北斗+卫星互联网应用。图为厦门市北斗应用技术重点实验室的展厅

（厦门市科技局　供图）

2022 年 11 月 12 日，以“科技赋能 · 创新引领 —— 数字孪生技术助力高质量发展”为主题的 2022 年厦门市科协年会主会场暨院士专家八闽行活动在厦门举行。图为活动现场举行的院士与企业签约仪式

（张奇辉　摄）

2022 年 11 月 18 日，“数字航运供应链大数据应用技术工程研究中心”在厦门揭牌。该研究中心致力开展航运大数据应用技术研发和工程化应用，是推动交通运输航运事业发展、促进航运和供应链企业数字化创新的新布局和新举措

（厦门乐域网络　供图）

2022 年，借助科技赋能，厦门市大交通平台的大数据资源池，汇聚了交通、公安、规划、气象等全市 34 家单位的动静态业务数据，日更新记录超过 1 亿条，初步构建了大交通数据资源的集约化和标准化管理能力，实现跨部门、跨层级信息互联互通和政务信息资源共享交换。图为市交通局监测中心（12 月 19 日拍摄）

（厦门市交通局监测中心　供图）

年度要闻

2022年1月6—9日，中国人民政治协商会议第十四届厦门市委员会第一次会议在厦门人民会堂举行 （黄嵘 摄）

2022年1月7—10日，厦门市第十六届人民代表大会第一次会议在厦门人民会堂举行 （王协云 摄）

2022 年 4 月 21 日，以“改革创新 示范先行”为主题的厦门自贸片区建设七周年系列活动在厦门国际航运中心举行 （张奇辉　黄晓珍　摄）

2022 年 5 月 23—24 日，以“把握工业互联网发展机遇，携手推动制造业数字化转型”为主题的金砖国家工业互联网与数字制造发展论坛在厦门举行 （黄嵘　摄）

2022 年 6 月 5 日，全国首场“农业碳汇交易助乡村　数字人民币万人购”活动在厦门市同安区白交祠村“山上戴帽　山下开发”石墙前举行，开启全国首创的“农业碳汇＋数字人民币＋乡村振兴”新机制

（夏海滨　摄）

2022 年 7 月 2 日，“大厦栋梁”计划启动暨厦门校友经济联盟成立大会在厦门国际会议中心酒店举行，近 400 名杰出校友代表参会。大会现场，23 个校友招商代表性项目举行签约仪式，计划总投资 354.5 亿元。图为集中签约仪式 （黄嵘　摄）

2022 年 7 月 12 日，第二十届海峡青年论坛在厦门开幕。图为参加过海峡青年论坛的第一届到第二十届青年代表走上舞台，分享与海峡青年论坛的缘分 （王火炎　摄）

2022 年 6 月 2—3 日，“龙腾虎跃” 2022 海峡两岸赛龙舟活动在厦门集美龙舟池举行　（林铭鸿　摄）

2022 年 4 月 22 日，集美区台企上市服务联盟在集美区成立，是全国首个台企上市服务联盟
（林丽萍　摄）

2022 年 6 月 4 日，一批来自中国台湾高雄地区的货柜搭乘中欧（厦门）班列建发专列发往俄罗斯，是中欧（厦门）班列首发“高雄 — 厦门 — 圣彼得堡”海铁联运线路
（吴晓菁　摄）

2022 年 7 月 12 日，第十四届海峡论坛“海峡金融论坛·台企发展峰会”在厦门举行，全国首个台企金融服务联盟成立　（林铭鸿　摄）

2022 年，厦门市选送的歌仔戏《侨批》获第十六届精神文明建设“五个一工程”戏剧类优秀作品奖。图为《侨批》演出剧照

（7 月 16 日林铭鸿　摄）

2022 年 7 月 16 日，以“知识产权赋能产业高质量发展”为主题的第二期海丝中央法务区高端讲堂在厦门海沧开讲

（卢剑豪　摄）

2022 年 7 月 29 日，福建省新一批双拥模范城（县）名单揭晓，厦门市本级和 6 个区全部上榜，实现创建省级双拥模范城（区）“满堂红”“五连冠”。图为 4 月厦门军地联合开展海上救助演练活动

（厦门市退役军人事务局　供图）

2022 年 9 月初，厦门高新学校如期开学，于 9 月 19 日举行开办仪式。该校位于厦门市湖里区高林路两岸金融中心片区，是市委、市政府为优化市营商环境，面向厦门高新人才及政策性优待对象子女设立的一所市直属公办九年一贯制学校。学校办学规模为 72 个班，其中小学 48 个班、初中 24 个班；录取首批新生 368 人，其中一年级 210 人、七年级 158 人。图为校区一隅 （张奇辉 摄）

2022 年 9 月 3 日，闽宁产业园在银川市永宁县闽宁镇奠基动工，标志着新阶段闽宁协作向互利互惠共赢迈出坚实一步，成为厦门市助力闽宁镇发展的强力引擎

（厦门市农业农村局 供图）

2022 年 9 月 7 日，以“RCEP—— 区域合作发展新愿景”为主题的第二十一届世界商业领袖圆桌会议在厦门国际会展中心举行 （林铭鸿 摄）

2022 年 9 月 7 日，2022 金砖国家新工业革命伙伴关系论坛在厦门举行，29 个项目在论坛上签约，涵盖金砖能力建设、产业合作、基金等领域，投资总额 181 亿元 （黄嵘 摄）

2022 年 9 月 8 — 11 日，第二十二届中国国际投资贸易洽谈会采取线上线下融合方式在厦门举行。投洽会首次以“全球发展”为主题，引领国际投资合作方向。图为来宾拿着 IPAD 对着九八金钥匙观看 AR

（王火炎　摄）

2022 年 9 月 8 日，以“服务新格局，畅通双循环”为主题的 2022“丝路海运”国际合作论坛在厦门国际会展中心举行。该届论坛发布《“丝路海运”建设蓝皮书（2021—2022 年）》及第十批“丝路海运”命名航线，同时为“丝路海运”联盟新成员举行授牌仪式。图为授牌仪式现场（王协云　摄）

2022 年 11 月 9 日，2022 年厦门海洋新兴产业创新发展高峰论坛在厦门举行，是厦门国际海洋周首次举办该类型高峰论坛。图为高峰论坛访谈对话现场

（王火炎　摄）

2022 年 11 月 12 日，第 35 届中国电影金鸡奖在厦门海峡大剧院举办颁奖典礼。图为金鸡奖颁奖现场

（黄嵘　摄）

2022 年 12 月 17 日，2022 年厦门市民文化节闭幕式晚会“我们的新时代”在五一广场举行。该次市民文化节历时 45 天，举办 129 项共 154 场活动，吸引 300 多万人次参与

（林铭鸿　摄）

2013 年至 2022 年，9 年间厦门港集装箱吞吐量排名从全球第 17 升至第 13。图为嵩屿集装箱码头

（2022 年 8 月 19 日王协云　摄）

2022 年 11 月 19 日，国内最大内贸集装箱船舶“中谷南宁”轮首航厦门港。厦门港务海通码头为其开启全速作业模式，创造厦门港内贸船舶装卸船时效率、单小时最高作业量的新高。图为集装箱装卸现场

（王协云　摄）

2022年11月27日，2022建发厦门马拉松赛在厦门国际会展中心开赛。该届马拉松赛创新打造“体育+碳中和”新机制，实现厦门马拉松赛历史上首次“零碳排放” （卢剑豪 摄）

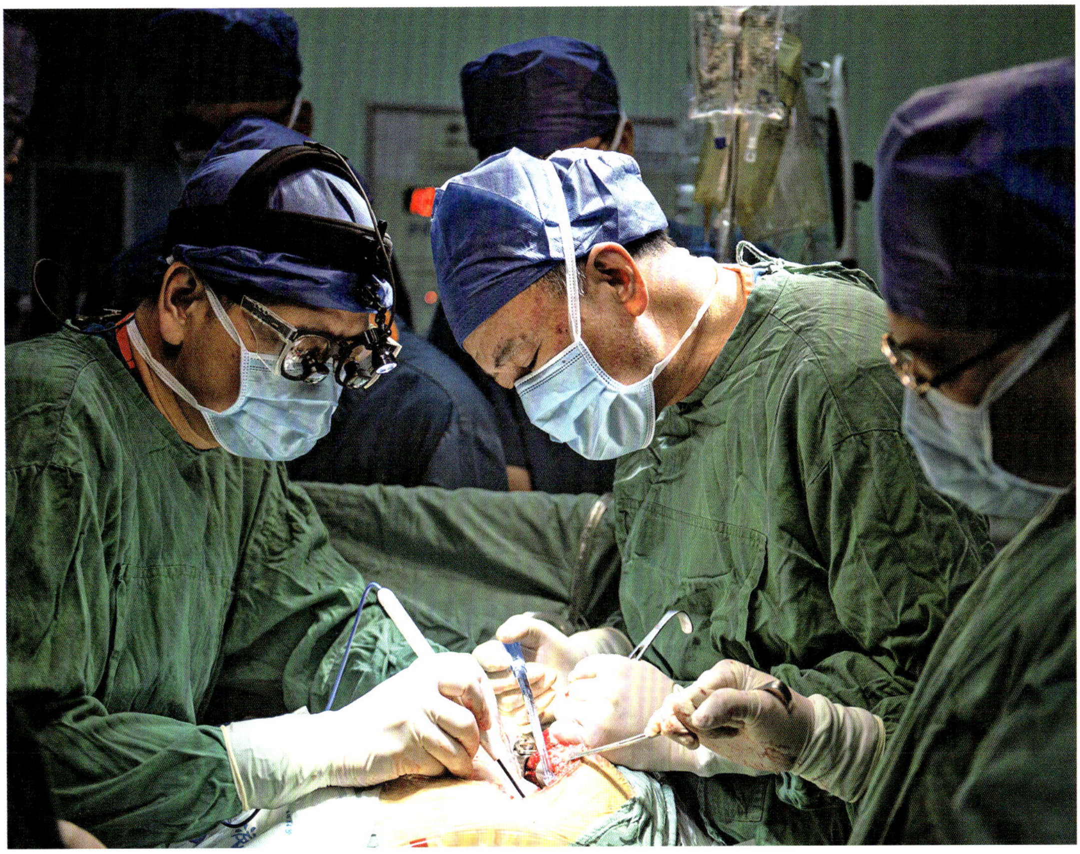

2022 年 4 月 26 日，厦门大学附属第一医院心脏外科完成福建省首例正式获批临床应用的“人工心脏”植入手术，帮助一位心衰患者重获“心”生　　（厦门市卫健委　供图）

2022 年 12 月 14 日，5G+VR 心血管介入联合教学中心揭牌仪式在厦门大学附属心血管病医院举行。该中心是全球首个将 5G、VR 与现代手术室建设有效整合，实现心血管介入手术实时 360° 直播的教学平台

（厦门大学附属心血管病医院　供图）

2022 年 12 月 15 日，厦门医学院附属口腔医院科教综合用房项目奠基仪式　　（张奇辉　摄）

2022 年 12 月 21 日，厦门市首届大中小企业融通创新推进会暨先进制造业产品对接会在国际会议中心酒店举行。该会是厦门市落实国家关于促进大中小企业融通创新的决策部署，结合工信部“百场万企”大中小企业融通创新和厦门市“益企服务”专项行动要求做出的具体举措。大会对接项目 105 个，计划投资（融资）金额 232.29 亿元，另有 8 个项目完成现场签约　（厦门市工信局　供图）

2022 年 12 月 21 — 23 日，第三届中国供应链管理年会在厦门市召开。图为会议期间举行的厦门市供应链创新与应用示范城市建设论坛现场　　（国贸股份　供图）

2022 年 12 月 30 日，厦门低值可回收物分拣中心暨海沧区垃圾分类宣教中心投入运营。图为厦门低值可回收物分拣中心的“机械智能分选+人工干预+归类自动打包”智能化生产线　　（林铭鸿　摄）

采编设计：孙志红　审稿：曹　丽　校对：阳晓儒

总　目

目　　录

1. 专　　记

2. 大 事 记

3. 市情概貌

4. 自然资源管理

5. 生态环境保护

6. 中共厦门市委员会

7. 厦门市人民代表大会

8. 厦门市人民政府

9. 政协厦门市委员会

10. 纪检监察

11. 民主党派与工商联

12. 群众团体

13. 法　　治

14. 军　　事

15. 外事 · 侨务 · 港澳事务

16. 对台事务

17. 应急管理

18. 经济管理

19. 口岸管理

20. 开放型经济

21. 金 融 业

22. 农业农村

23. 工　　业

24. 商贸服务业

25. 会 展 业

26. 交通邮政

27. 信息服务业

28. 城市建设

29. 房地产业

30. 旅 游 业

31. 民营经济

32. 科学技术

33. 社会科学

34. 教　　育

35. 文　化

36. 卫生健康

37. 体　　育

38. 社会生活

39. 市辖区概览

40. 人物・荣誉

41. 附 录

42. 索　　引

Contents

1. Special Records

2. Chronicle

3. Overview of Xiamen

4. Natural Resource Management

5. Ecological Environment Protection

6. CPC Committee of Xiamen City

7. People's Congress of Xiamen City

8. People's Government of Xiamen City

9. CPPCC Committee of Xiamen City

10. Discipline Inspection and Supervision

11. Democratic Parties and Federation of Industry and Commerce

12. Mass Organizations

13. Rule of Law

14. Military Affairs

15. Foreign Affairs · Overseas Chinese Affairs · Hong Kong and Macao Affairs

16. Taiwan Affairs

17. Emergency Management

18. Economic Management

19. Port Management

20. Open Economy

29. Real Estate Industry

30. Tourism

31. Private Economy

32. Science and Technology

33. Social Sciences

34. Education

35. Culture

36. Health

37. Sports

38. Social Life

39. Overview of Municipal Districts

40. Characters and Honors

41. Appendix

42. Index

(Translated by Yijuan Ji)

校　对：孙志红

1 专 记

科技创新　赋能跨岛发展

2002年是厦门历史发展的关键节点，时任福建省省长习近平在厦门调研并提出工作要求，为厦门城市发展擘画了“提升本岛、跨岛发展”的战略。2010年9月，时任国家副主席的习近平同志视察集美新城建设工地，听取新城建设规划，对生态保护、产城融合和文化传承等提出了要求。二十年来，厦门市委、市政府坚决落实“提升本岛、跨岛发展”的战略部署，坚持科技创新，科学统筹生产、生活、生态三大布局，统筹岛内外一体化发展，持续推动城市格局拓展、布局优化、功能提升。

二十年来，厦门突破发展瓶颈，实现了历史性新跨越。与2001年相比，2021年厦门GDP增长12.6倍，财政收入增长13.9倍，城市建成区面积增长4.7倍，人口规模增长2.4倍。厦门发展呈现新格局，岛内外差距明显缩小。岛内第三产业比重迅速提高，岛外新城连片成势，岛外各区GDP、财政收入占全市的比例分别从2001年的26.1%、12.5%提高到2021年的46%、38.7%，厦门工业总产值的70%在岛外实现，全市人口的60%居住在岛外。集美区作为推动“跨岛发展”战略的桥头堡，坚持“四个结合”基本原则，按照“四高”标准建设，与2001年相比，2021年集美区GDP增长36倍，财政收入增长51倍。尤其近十年，集美区人口净增46万人，在全省名列首位，成为百万人口大区和厦门人口第一大区。实现从“小而美”到“大而强”的嬗变，城市承载功能、综合实力、区域辐射带动力实现了质的飞跃。

厦门市强化提升高新园区建设，以海洋经济、生物经济、绿色经济为新战场，以科技赋能产业，进一步推动产业结构跨岛优化。从首个国家对台科技合作与交流基地，到首批国家创新型试点城市；从国家知识产权示范城市，到国家小微企业创业创新基地城市示范；从福厦泉国家自主创新示范区（厦门片区），到“高素质创新创业之城”……纵深推进跨岛发展战略以来，厦门市大力实施创新驱动发展战略，全力提升区域创新体系整体效能，岛内外联动助力产业能级跨越提升，“具有国际影响力的区域创新中心”和高素质创新名城建设步履强劲。

中共十八大以来，厦门市在推动“双创”发展、促进工业稳增长和转型升级、培育发展战略性新兴产业等领域工作中成就斐然，多次获得国务院办公厅通报激励。科技创新已提升为厦门城市全局发展核心战略，有效赋能跨岛发展战略实施，支撑引领更高水平建设高素质高颜值现代化国际化城市。

一、厦门科学城推进建设，打造跨岛高质量发展核心引擎

位于环东海域和翔安，总占地面积34.12平方千米的厦门科学城加紧建设和招商引智，锚定“一湾（国际未来科创湾）联动，两区（同安—集美片区、翔安莲河片区）先行”的空间发展格局，力争打造成为全市科技创新策源地、成果转化优选地、未来产业集聚地，成为厦门市实施跨岛发展战略的核心抓手。

厦门科学城以“强科学、育产业、优服务、建新城”为发展思路，将依托美峰创谷、银城智谷、新经济产业园、厦门大学翔安校区及国家大学科技园等主要空间载体，着力集群化布局省创新实验室、新型研发机构、企业研发总部、科技企业孵化器、公共（技术）服务平台、重大创新应用场景等高能级创新创业平台，并辐射带动周边同安高端制造业基地、同翔高新城、海洋高新产业园、生物医药港等产业区域，推动科技创新

位于厦门科学城核心区的银城智谷，发展成厦门现代服务业新高地　　（2022年2月14日　黄嵘　摄）

"关键变量"转化为高质量发展超越"最大增量"，成为支撑率先实现社会主义现代化的核心"动力源"。

厦门生物医药创新研究院、中关村大学科技园联盟成果转化基地、国创中心先进电驱动技术创新中心等一批高能级新型研发机构、成果转化基地已经落地，总面积约10万平方米的科学城I号孵化器正加快建设。

二、布局特色高新园区，产业结构跨岛优化再上新台阶

厦门市强化提升高新园区建设，以海洋经济、生物经济、绿色经济为新战场，以科技赋能产业，进一步推动产业结构跨岛优化。

2003年，厦门市新兴产业办公室成立，前瞻性培育发展"光电、软件、生物医药"三大战略性新兴产业。从原来的"中科高技术产业园"到现在的"火炬（翔安）产业园"，从原来的"东海科技园"到现在的"美峰创谷"……二十年来，市科技局持续支持火炬高新区跨岛布局，实现"一区多园"高质量发展，综合实力冲刺国家第一梯队。

2022年，市科技局联合市海洋局，依托翔安区南部规划建设厦门海洋高新产业园，总规划面积12.9平方千米，争创省级高新技术产业开发区。

2012年9月，市科技局与海沧区联合共建"厦门生物医药港"，构建了"创业苗圃—孵化器—中试基地—加速器—产业园"接力式孵化与产业培育体系。厦门生物医药港先后入选国家火炬计划生物与新医药特色产业基地、国家战略性新兴产业区域集聚发展试点、第一批国家战略性新兴产业集群。在中国生物技术发展中心2021年发布的全国生物医药产业园区综合竞争力榜单中，厦门生物医药港位列第15位，在医疗器械细分领域排名第3位。2021年厦门市海沧区"大力培育发展战略性新兴产业"获国务院办公厅督查激励。

2011年，厦门市启动建设同安国家农业科技园，2021年产值超过170亿元。这是全国第三批建设的国家农业科技园区，也是厦门市科技赋能乡村振兴、推进跨岛发展的重要抓手。

与此同时，厦门市深入推行科技特派员制度，因地制宜实行"下派制"和"平台制"，并组建全国首支外籍科技特派员服务队。截至2021年，累计下派288名科技特派员进驻岛外27个镇街，"平台制"科技特派员人数达到1149人，发挥科技"智囊团"作用，服务跨岛产业发展。

图为美峰创谷（刊载于《厦门日报》2022年6月20日A07版）　　（市科技局　供图）

三、亮点纷呈

（一）壮大高新技术企业

建立健全"初创企业—科技型中小企业—市级高新技术企业—国家高新技术企业"全周期梯次培育体系，壮大高新技术企业集群，全市资格有效国家高新技术企业数量实现跨越式增长。高新技术企业队伍的壮大有力支撑高新技术产业蓬勃发

展，促进厦门市产业结构的调整，提升了经济发展质量。

1. 企业数量增长 1382%

全市资格有效国家高新技术企业数量由 2002 年的 189 家增加到 2021 年的 2801 家（其中岛外四区 1632 家），增长 1382%。

2. 企业营收增长 483%

高新技术企业年营收由 2002 年的 603 亿元增加到 3515 亿元（其中岛外四区 2459.4 亿元），增长 483%。

3. 高技术产业工业产值 3711.21 亿元

2021 年，全市规模以上高技术产业工业产值 3711.21 亿元，占规模以上工业产值 44.42%；完成高技术产业工业增加值 931.58 亿元，占全市规模以上工业增加值 42.64%。

（二）培育战略性新兴产业

厦门市把依靠科技创新，培育发展战略性新兴产业作为优先发展战略。

2003 年 11 月，"厦门市新兴产业办公室"成立，牵头编写新兴产业规划，制定扶持政策，推动建设特色产业基地，前瞻性提出培育发展"光电、软件、生物医药"三大战略性新兴产业。

1. 光电产业

光电产业主要分布在岛外集美、翔安、同安，并培育发展了平板显示、LED、第三代半导体等细分产业领域。

光电产业产值已从 2003 年的约 35 亿元发展到 2021 年的约 2075.08 亿元，占全省总产值一半，平板显示产业链 2021 年产值达到 1606.24 亿元。

2. 生物医药产业

生物医药产业是最彰显厦门创新能力、推进跨岛发展布局的标杆产业，2019 年 9 月厦门市生物医药产业入选第一批国家战略性新兴产业集群。

2021 年，全市生物医药与健康产业相关企业 777 家，实现产值 915.83 亿元，同比增长 17.94%。以新冠病毒检测为代表的体外诊断，继续保持强劲势头，实现产值超 200 亿元。

3. 软件与信息服务产业

厦门软件园已形成岛内一期二期、岛外三期跨岛发展格局，是全省首个突破千亿的软件产业园区，在全国软件基地评价中综合排名第七，成长性指数排名第一，2019 年厦门入选"中国软件特色名城"。

2021 年，全市软件与信息服务产业营收达到 1368.8 亿元，同比增长 10.27%。

（三）集聚创新资源

厦门市围绕重点发展产业领域，持续加大力度鼓励、引导知名高校院所企业来厦建设研发机构，加快集聚创新资源，增强科技创新策源、科技成果供给和科技赋能发展能力。区域科技创新力量结构性调整取得初步成效，培育壮大了战略科技支撑力量，提升全市综合竞争力。

厦门市先后引进落地中国科学院城市环境研究所、中国科学院稀土材料研究所 2 家科研院所，前瞻布局建设能源材料省创新实验室、生物制品省创新实验室；引进落地国家新能源汽车技术创新中心厦门分中心、中国科学院西安光机所厦门星座卫星应用研究院等 20 家新型研究院、重大创新平台，其中 2 家科研院所、2 家省创新实验室、12 家新型研究院或重大创新平台落地岛外四区。

（节选自《厦门日报》2022 年 6 月 1 日 B06 版、20 日 A07 版，并编辑）

厦门构建"4+4+6"现代化产业体系

"4+4+6"现代化产业体系，即做优做强电子信息、机械装备、商贸物流、金融服务 4 大支柱产业集群，培育壮大生物医药、新材料、新能源、文旅创意 4 个战略性新兴产业，前瞻布局第三代半导体、未来网络、前沿战略材料、氢能与储能、基因与生物技术、深海空天开发 6 个未来产业。

2022 年，厦门市委、市政府印发《厦门市统筹推进现代化产业体系实施方案》，明确各重点发展产业的目标任务、重点方向和路径措施等，力争到 2027 年，4 大支柱产业集群总规模达 3 万亿元，4 个战略性新兴产业总规模突破 8000 亿元，6 个未来产业取得重要进展，形成一批具有国际竞争力的产业集群，全面提升产业发展能级和综合实力。

2022 年，厦门规模以上高技术制造业增加值占规模以上工业增加值比重 42.5%，R&D 经费投入强度预计 3.2%，净增国家高新技术企业超 800 家；专精特新"小巨人"企业 64 家，总数 143 家；制造业单项冠军企业（产品）4 家，总数 14 家。4 大支柱产业集群总规模超 2 万亿元，4 个战略性新兴产业总规模 4912 亿元，全市未来产业骨干企业 176 家。厦门市"4+4+6"现代化产业体系成效初显。

一、4 大支柱产业集群

1. 电子信息产业集群。重点发展平板显示、计算机与通讯设备、半导体和集成电路等电子信息制造业，以及物联网、信创、人工智能、大数据与云计算、区块链、元宇宙、行业应用软件等软件信息服务业，努力打造万亿电子信息产业集群。

2022 年，厦门市电子信息制造业产值 3103 亿元，比上年下降 0.5%；软件信息服务业营收 1512 亿元，增长 10.5%。厦门首次跻身"2022 年中国新型显示十大城市"，启动国内首个元宇宙先导区创建工作，咪咕元宇宙总部、华为开发者创新中心落地。

2. 机械装备产业集群。重点发展电力电器、航空维修制造、新能源汽车以及高档机床、精密仪器等智能制造装备领域，打造规模化、智能化、高端化、集成化的产业集群。

2022 年，厦门市机械装备集群产值 2379 亿元，比上年增长 10%，其中电力电器、航空维修制造、汽车行业分别增长 7.4%、32.7%、24.2%。金龙客车出口激增，成为中国客车行业中阿合作典范；科华数能高端装备创新产园区开工建设；制定厦门新机场片区产业落地实施方案，厦门航空产业启动区加快建设。

3. 商贸物流产业集群。重点发展货物贸易、服务贸易、会议展览等商贸服务业，以及冷链物流、城乡配送、智慧物流和绿色物流等现代物流业，打造国际贸易中心、具有国际影响力的品牌展会，建设国际航运中心、国际会展名城。

2022 年，厦门市商贸物流集群规模 1.2 万亿元。推动外贸稳定和创新发展获国务院办公厅督查激励，跨境电商综试区综合排名位列全国第一档，自贸片区连续两年获商务部国家文化出口基地综合评价功能区类第一名；在新冠疫情环境下作为全国首批重启会展活动的 6 个城市之一，全年厦门会展数量位列全国第三；获评首批获国家综合货运枢纽补链强链城市。

4. 金融服务产业集群。重点发展金融科技、财富管理、绿色金融、航运金融等现代金融特色业务，打造金融对外开放先行区、产融结合发展示范区、金融科技发展高地、财富管理创新高地及特色金融品牌。

2022 年，厦门市金融服务业实现营收 1918 亿元，比上年增长 0.5%。设立大陆首个台企金融服务联盟、首家全国性台商产业投资基金，新增 4 家境内外上市企业、总数 98 家，获批成为全国第三批数字人民币试点城市。

二、4 个战略性新兴产业

1. 生物医药。重点发展创新药、医疗器械、生物医药服务及新兴前沿领域，打造具有国内影响力的生物医药国家战略性新兴产业集群、独具特色的产业创新中心。

2022 年，厦门市生物医药产业规模 1050 亿元，比上年增长 6.4%，首次突破千亿元规模，新增万泰沧海百亿元企业。厦门市培育生物医药战略性新兴产业集群工作连续三年获国务院办公厅督查激励。厦门生物医药港综合竞争力首次进入全国前十，翔安创新实验室牵头研发的鼻喷流感病毒载体新冠肺炎疫苗获批在国内紧急使用。

2. 新材料。重点发展光电信息材料、稀土功能材料、新能源材料、高性能膜材料等领域，打造具有国内影响力的新型功能材料国家战略性新兴产业集群。

2022 年，厦门市新材料产业规模 1259 亿元，比上年增长 16.4%，新增厦钨新能源百亿企业。厦顺铝箔无菌包铝箔、长塑高功能性 BOPA 模材获评工业和信息化部制造业单项冠军产品；当盛新材料产业园进入试产阶段，打造全国首个闪蒸法特种材料规模生产基地。

3. 新能源。重点发展新能源电池、光伏、储能、智能电网、能源互联网等领域，打造千亿规模的新能源产业集群，建设国内新能源领域创新和人才高地。

2022 年，厦门市新能源产业规模 603 亿元，比上年增长 40.7%，新增中创新航百亿企业。新能安锂离子电池、海辰锂电二期等项目开工建设，引入杰瑞、恩捷、中科华联等上下游配套企业，形成新能源产业集群发展态势。

4. 文旅创意。重点发展影视、网络视听、文化旅游、创意设计、动漫游戏、艺术品、音乐等领域，创建新时代中国影视中心、网络视听产业之城、时尚创意艺术之城。

2022 年，厦门市文旅创意产业实现营收 2000 亿元，比上年增长 10%。中国（厦门）智能视听产业基地和吉比特数字文娱互动产品出海项目入选第二批国家文化产业发展项目库，外图集团第六届东南亚中国图书巡回展和国际图书版权超市项目入选 2022 年“千帆出海”行动计划重点项目。

三、6 个未来产业

未来产业是引领经济社会发展的革命性力量，具有显著“先发优势”。具有颠覆性和高增长性，是未来产业的鲜明特点。厦门市抢抓新技术新产业发展先机，重点突破第三代半导体、氢能与储能、基因与生物技术等未来产业，加快推动一批重大科技成果产业化。加强未来网络、前沿战略材料、深海空天开发等基础研究和前沿技术研发。

2022 年，厦门市未来产业骨干企业共计 176 家。嘉庚创新实验室攻克碱性电解水制氢等 20 项关键技术，孵化华商厦庚氢能等 15 家高新技术企业；新设厦门时代新能源研究院；生物制品省创新实验室已构建全世界品种最齐全的新冠病毒系列检测试剂并在全球 90 多个国家和地区投入使用，海峡两岸分子病理技术中心获国家发展改革委批准建设肿瘤基因检测技术应用示范中心；“海洋负排放”（ONCE）国际大科学计划正式启动。

（高孝巧）

责任编辑：孙志红
审　　稿：阳晓儒
校　　对：林建高

2 大事记

1月

1日　厦门市关于加强元旦、春节期间疫情防控工作的管理规定发布。相关措施自发布之日起实施至3月15日。

1日　厦门海关在RCEP实施首日为厦门厦顺铝箔有限公司等7家企业签发12份RCEP原产地证书，涉及农产品、铝制品、鞋靴、运动产品等品类，出口主要目的国为日本，还包括泰国、越南等RCEP已生效的国家，涉及出口金额372万美元，可为企业减免关税51.7万元。明达实业成为厦门首家经核准出口商。

1日　厦门市第十七期职工医疗互助保障启动，参加保障期限为2022年1月1日至12月31日。职工交纳一年60元的保费，可享有重大疾病补助、职工住院自付费用补助、职工亡故慰问金、事故致残补助、一般住院补助等保障服务，最高补助20万元。凡本市机关、企事业单位、社会团体、民办非企业单位（包括省部属在厦单位）未达到法定退休年龄、身体健康的在职从业人员，均可依据自愿原则，由其本人所在单位工会统一组织参加保障。

1日　东方财富发布中国上市公司市值500强榜单，福建13家企业上榜，其中厦门市3家，分别为亿联网络、法拉电子和安井食品。

1日　根据厦门市发改委、市教育局联合发布《关于制定厦门市义务教育阶段线下学科类校外培训收费标准及有关事项的通知》，1月1日起，义务教育阶段，对道德与法治、语文、历史、地理、数学、外语（包括英语、日语、俄语）、物理、化学和生物国家课程标准规定的学习内容进行校外培训，均列入学科类管理，培训收费纳入政府指导价管理。高中阶段线下学科类校外培训收费标准参照执行。

2日　中国民主建国会厦门市第十二次代表大会召开，大会选举产生中国民主建国会厦门市第十二届委员会，黄世忠当选为主任委员。会上，黄世忠代表民建厦门市第十一届委员会作题为《传承初心，践行使命，为新时代厦门经济特区事业贡献民建力量》的报告。

3日　中国农工民主党厦门市第十四次代表大会召开。大会选举产生农工党厦门市第十四届委员会委员39人，王焱当选连任为主任委员。会议听取并审议农工党厦门市第十三届委员会工作报告，通过大会决议（草案）。

4日　厦门市组织2022年新年开门红重大项目集中开工活动，共132个项目开工，总投资1151亿元，年度计划投资193亿元，其中包括厦门新机场、轨道交通3号线南延段等重大项目。

4日　厦门市中医体质与治未病大数据研究院在翔安揭牌。中国工程院院士王琦、福建省政协副主席阮诗玮等参与揭牌。该院建设周期5年，推动厦门市争创“国家中医治未病健康工程升级试点城市”。

6—9日　政协第十四届厦门市委员会第一次会议举行。魏克良代表十三届市政协常委会向大会作工作报告。会议选举产生政协第十四届厦门市委员会主席、副主席、秘书长和常务委员50人，魏克良当选为政协第十四届厦门市委员会主席。

7—10日　厦门市十六届人大一次会议举行。大会表决通过厦门市第十六届人民代表大会第一次会议《关于厦门市人民政府工作报告的决议》等。杨国豪当选为市人大常委会主任市人大常委会主任，孙明忠等当选为市人大常委会副主任，陈鸿萍当选为市人大常委会秘书长。黄文辉当选为市人民政府市长，李辉跃等当选为市人民政府副市长。

7日　第八届鼓浪屿诗歌节在鼓浪屿音乐厅开幕，为期3个月。该届诗歌节由中国作家协会、厦门市人民政府指导，厦门市鼓浪屿管委会、中国诗歌学会、厦门市文联主办，采取线上“云端诗歌节”和在地诗歌文化活动相结合。

8日　厦门市卫健委在中心血站位于吕厝的厦门之心献血屋设立“近邻健康”科普基地，血站献血社会化服务平台上线。

8—15日　第八届“海峡杯”全国书画作品展在厦门市美术馆举行。该届“海峡杯”书画展收到省内外及境外地区作品3000余件。经过系列评审，360件优秀作品入展。

10日　中国籍集装箱货轮“新明州98”号靠泊海天码头，是厦门港2022年开通的第一条外贸新航线，是第一条RCEP区域新航线。至此，厦门港国际航线103条，通达全球50个国家、141座港口。

10日　中宣部、公安部发布2021“最美基层民警”先进事迹，厦门市公安局侨英派出所警务队队长林志兴作为福建省唯一代表上榜，当选2021全国“最美基层民警”。

11日　智联招聘举办2021中国年度最佳雇主厦门地区颁奖盛典，厦门市获得“2021中国年度最佳引才城市”奖项。厦门国贸控股集团有限公司、厦门建发集团有限公司、安踏集团获“2021中国年度最佳雇主全国百强企业”称号，厦门象屿股份有限公司获“2021中国年度最具发展潜力雇主”称号，安踏集团获“2021中国年度最受大学生欢迎雇主”称号。

15日　2021中国企业品牌与经济人物年度峰会暨第十一届中国健康产业发展大会评选颁奖盛典与年度峰会在厦门召开，100多名代表参加。该峰会由中国管理科学院品牌推进委员会指导，中国健康产业发展大会组委会、中国新媒体发展大会组委会联合主办，以“品牌力量·融合发展”为主题，评选出2021年度“十佳优秀企业家”“十佳推荐品牌”“十佳直播领军行业”“十佳创新企业”“十佳放心产品”“十佳首选产品”“十佳诚信企业”“十佳工匠大师”“十佳制茶大师”等。

17日　厦门市政府公布2022年市重点项目名单，安排市重点项目419个，项目总投资10462.90亿元，年度计划投资1463.24亿元。

17日　“厦门科技壹号”卫星先导星出征仪式在长春航天信息产业园举行。该卫星是30千克量级多功能业务化卫星，由厦门天卫科技有限公司与长光卫星技术有限公司深度合作，主要用于验证新型通用化卫星平台设计的合理性及可靠性。2月27日，该卫星搭载长征八号遥二运载火箭，在中国文昌卫星发射中心发射，开创城市定制卫星应用的先河。

20日　厦门山海健康步道林海线项目一期工程对市民开放。一期工程起于五缘湾，衔接厦门山海健康步道云海线（东西向健康步道），终于东山水库。步道全长17.9千米，主线长8.2千米，沿途共有5处景观节点。11月17日，厦门山海健康步道和美桥获2022年国际桥梁与结构工程协会“杰出人行桥奖”，系桥梁工程界最高奖项。

20日　全国首个传统集装箱码头全流程智能化改造项目在厦门港海润集装箱码头试投产。2020年7月，厦门港务控股集团以海润码头为试点，启动国内首个传统集装箱码头全港区、全作业链的智能化改造创新工程，工程自主研发码头“超强大脑”智能生产管理系统（i-TOS），搭建全国首个物理隔离工业控制级5G专网。

26日　教育部、财政部、国家发展改革委发布《关于深入推进世界一流大学和一流学科建设的若干意见》。厦门大学入选第二轮“双一流”建设高校名单，教育学、化学、海洋科学、生物学、生态学、统计学6个学科入选第二轮“双一流”建设学科名单。

29日　厦门市资源规划局与思明区为首批17名社区规划师颁发聘书，标志着社区规划师制度实施。17名社区规划师分别结对18个社区。

2月

7日　厦门市组织一批重大项目参加全省第一季度视频连线集中开工活动，参加连线项目共27个，总投资约364亿元，年度计划投资约67亿元。

8日　国家卫健委网站发布《全国爱卫会关于2021年度国家卫生城镇复审结果的通报》，厦门市被重新确认为国家卫生城市。

10日　福建省政府发布公报，同意启用厦门港口岸嵩屿港区海通码头4号、5号、6号泊位。3个泊位可停靠20万吨级超大型集装箱船，与嵩屿码头1—3号泊位岸线相连，是厦门港应对全球船舶大型化发展趋势和实现“大船大港”战略的关键资源，助推厦门集装箱枢纽港、国际航运中心及港口型国家物流枢纽的建设。

11—15日　《嗨，北京！嗨，冬奥》快闪MV在厦门市翔安区中建八局新体育中心项目部录制，15日正式首发上线。该快闪MV由闽籍奥运冠军、世界冠军、运动健儿以及厦门企业家、歌手、建设者、志愿者、少年儿童等共同参与，以“歌舞快闪＋集体助力”的形式传递体育精神，为北京冬奥会助威点赞，是首支海峡两岸闽南语共创歌曲。

14日　厦门市委、市政府召开招商引资重大项目工作推进会，落实省委“提高效率、提升效能、提增效益”行动部署，动员全市上下掀起抓招商引资、促项目开工热潮。

14日　中国邮政全国首家咖啡店——POST COFFEE邮局咖啡落地厦门，首店选址于厦门国贸大厦1楼，中国邮政入局咖啡市场。

15日　厦门天马显示科技有限公司第6代柔性AMOLED生产线项目首批产品点亮，天马显示科技进入生产运营阶段。该项目总投资480亿元，是全国单体最大柔性AMOLED单体工厂，是厦门投资最大的单体高科技制造业项目，项目产品为曲面与折叠显示屏，主要应用在智能手机、智能穿戴等柔性应用显示领域，2020年5月动工。

15日　生态环境部通报1月中国重点城市空气质量排名，厦门入选全国空气质量十佳。

15日　厦门市企业家大会举行，市领导与500名企业家参加。

18日　厦门市工信局、市财政局、市科技局发布厦门市技术创新基金办事指南，厦门市技改服务基金更名为厦门市技术创新基金，基金规模从30亿元扩大至100亿元。

18日　思明区老年人“乐龄心语”心理关爱服务中心在梧村街道梧村社区揭牌，是厦门市首个老年人心理健康服务中心。

22日　中国高等教育学会高校竞赛评估与管理体系研究工作组发布2021全国普通高校大学生竞赛分析报告。其中，在2017—2021年全国新建本科院校大学生竞赛榜单中，厦门理工学院排第一名。

28日　厦门市政府办公厅印发培育创建国际消费中心城市行动方案，明确创建国际消费中心城市的六大重点任务共30项具体实施步骤。

3月

1日　《厦门市排水管理办法》实

施，进一步规范厦门排水管理工作。

1 日 《厦门经济特区优化营商环境条例》施行。为营造公平可预期的法治环境，该条例进一步明确，厦门市将高质量建设海丝中央法务区，建立涉外商事一站式多元解纷中心，打造涉外法律服务新高地。

2—4 日 北京冬残奥会火炬传递仪式在北京、延庆、张家口 3 个赛区进行。其间，厦门的侯斌、杨小平、陈江场、谢启明受邀担任北京 2022 年冬残奥会火炬手，进行火炬传递。

3 日 第七批全国学雷锋活动示范点和岗位学雷锋标兵名单公布，厦门市市场监督管理局“12315”投诉举报处理指挥中心入选示范点，为全省唯一。

4 日 福建省首批示范性普通高中建设评估结果公布，首批省级示范性普通高中 30 所，示范期 3 年（2022 年至 2024 年），厦门一中、厦门双十中学、厦门外国语学校、厦门六中、厦门集美中学入选。

4 日 福建省商务厅认定第六批“福建老字号”，厦门新增“福建老字号”13 个，分别为蔡氏漆线雕、陈有香（调味品）、海堤（乌龙茶）、南普陀（素饼）、黄则和（传统小吃）、东顺（涂料）、齐安（中药）、新南轩（餐饮店）、怀德居（药店）、星鲨（鱼肝油）、丹凤（高粱酒）、白鹭（糖果糕点）、吴招治（薄饼）。

4 日 厦门市学雷锋志愿服务活动月在厦门嘉禾良库文化创意园区启动。该活动以“弘扬雷锋精神　深化文明实践”为主题，由厦门市委文明办、厦门市志愿者联合会共同主办。

6 日 厦门市人民政府批复《厦门市教育设施规划（2020—2035 年）》。

6 日 以“妇儿成长　四季集美”为主题，厦门全市首个家庭教育指导服务中心在集美区成立，首家“家事服务驿站”同步挂牌。

8 日 阿里巴巴全球速卖通福建商家运营服务中心落地厦门，同步推出服务福建商家的“G100 出海计划”。

14—17 日 由金砖国家工商理事会俄方技能组主办的“2022 金砖国家及亚太地区专业教师远程国际赛”举行，来自中国、俄罗斯、印度、伊朗、马来西亚、白俄罗斯 6 个国家的 62 队选手参与远程线上角逐。厦门 7 所院校组成 11 支队伍代表中方参赛，厦门海洋职业技术学院代表队在货运代理赛中获第一名。

15 日 中央电视台财经频道“3·15 在行动”特别节目在《电信网络诈骗如何防范？怎样打击？》板块中专题对厦门反诈工作进行报道，介绍厦门警方开展精准宣防劝阻，创新推出“反诈地铁”，构筑全民反诈“心防线”，有效守护市民群众“钱袋子”等特色反诈工作经验做法。

19 日 国际体育仲裁法庭发布公告，确认英国田径运动员吉津杜·乌贾（CJ Ujah）违反反兴奋剂规定，其参与的英国男子接力队 2020 东京奥运会男子 4×100 米接力决赛成绩被取消。中国男子接力队（苏炳添、谢震业、吴智强、汤星强）递补获得铜牌，是中国男子接力队在奥运会上获得的首枚奖牌。其中，汤星强为集美大学校友。

22 日 厦门市发改委公布《厦门市发展和改革委员会关于厦门市轨道交通 6 号线集美至同安段工程可行性研究报告的批复》，同意厦门轨道交通集团建设 6 号线集美至同安段工程。根据批复，该项目全长 30.7 千米，总投资估算 371.3 亿元。

25 日 “睦邻微法庭”诉非联动工作站在厦门市同安区祥平街道办事处揭牌，为福建省首个集普法宣传、纠纷调处、巡回审判、司法协助于一体的全流程基层解纷服务平台“微法庭”。

30 日 厦门市首个“河（湖）长日”，厦门市河长办、厦门市水利局举办宣传活动。

4 月

1 日 中共中央批准：张荣任厦门大学党委书记，不再担任厦门大学校长职务；张宗益任厦门大学校长、党委副书记，不再担任重庆大学校长、党委副书记职务。

3 日 厦门市教育局公布《厦门市公开招聘 2022 届省内本科高校优秀师范毕业生公告》，这是厦门首次面向省内师范生进行校招，之前校招只面向省外部属和重点师范院校。

9 日 厦门市同安区影视文化发展中心揭牌。

8 日 厦门市线上举办金砖国家绿色金融系列研修班第二期培训课程“绿色信贷”，金砖五国及美国、新加坡等 14 国 1.5 万人次线上参加。

15 日 厦门地铁数字纪念票 & 碳积分体系首发仪式举行。该仪式由厦门市发改委、厦门市交通局、厦门市工信局等部门联合厦门轨道建设发展集团、蚂蚁集团举办，发布首张“厦门地铁数字纪念票”及厦门地铁碳积分体系。

22 日 全国首个台企上市服务联盟在集美区成立。联盟由集美区财政局、集美区委人才办、集美区台港澳办、集美区税务局联合发起，聚集集美区 28 个部门及 4 家专业机构工作合力，提供上市培育辅导、政策兑现、税务风险防范指导、行政审批“打包”办理等上市服务辅导，支持台企利用大陆资本市场做大、做优、做强，助力其“留厦来”分享大陆发展机遇和发展成果。

26 日 厦门市 10 条公交地铁接驳线开通运营。新开通的 10 条公交地铁接驳线以 M1 至 M10 命名，接驳镇海路站、乌石浦站、岭兜站、园博苑站等 12 座客流量较大的地铁站，与地铁运行间隔基本保持一致。

26 日 该日是第 22 个世界知识产权日，厦门知识产权 CBD 揭牌仪式在厦门自贸片区中城国际广场举办，中国邮政、厦门市美亚柏科信息股份有限公司等一批知识产权 CBD 招商运营战略合作、机构入驻签约。市市场监督管理局（知识产权局）同期举行“知识产权 CBD”启动系列活动。活动上，台商协会知识产权维权工作站授牌。

5 月

10 日 厦门市市场监督管理局率先全省推出电子营业执照生成二维码功能，拓宽电子营业执照应用范围，港澳台同胞、外籍法定代表人扫码就能下载电子营业执照，企业可以通过电子营业执照开展企业登记、公章刻制、涉税服务、社保登记、银行开户等便捷业务。

18 日 厦门市同安区人民政府网

站发布《厦门市同安区人民政府关于部分街道行政区划调整的公告》。同安区将祥平、新民、西柯3个街道设置为祥平、祥和、新民、新美、西柯、美林6个街道。行政区划调整后，同安区辖7个街道4个镇。

21日 第三个“国际茶日”，由华祥苑主办的“5·21”国际茶日主题公园开园仪式在厦门举行。该公园位于观音山台东路华祥苑总部外，占地面积约6667平方米。

23日 全国首个农业碳汇服务驿站在同安军营村设立，厦门农商银行发放首批“乡村振兴碳汇贷”。该举措推动厦门市“以绿色凭证促进农村绿色交易，以绿色交易促进农民绿色增收，以绿色金融促进乡村绿色发展”的模式、机制创新。

26日 厦门市住房公积金中心发放首笔数字人民币住房公积金贷款44万元，实现从市住房公积金中心数字人民币账户发放贷款至卖房人的数字人民币收款账户，是全国住房公积金行业在数字人民币住房公积金贷款应用场景上的首创性突破。

31日 主题为“创纪元、融发展”的厦门市元宇宙产业联盟成立大会在厦门信息未来酒店召开。厦门市元宇宙产业联盟由市工信局、市大数据管理局指导，咪咕动漫有限公司牵头发起，吸纳重点企业、高校院所、金融机构等50多家相关单位，旨在发挥多方优势，促进“政产学研用金”协同，推动厦门率先打造“元宇宙样板生态城市”。

6月

4日 中欧（厦门）班列首发“台湾—厦门—圣彼得堡”海铁联运线路。一批来自台湾高雄地区的货柜搭乘中欧（厦门）班列建发专列发往俄罗斯。

10日，厦门港跨境电商海运快捷通道启动仪式暨“丝路海运”电商快线命名仪式在厦门港海天码头举行，象屿综保区厦门港务跨境电商海关监管中心揭牌。

14日，厦门象屿集团2022年度第一期中期票据（科创票据）发行，募集资金10亿元，计划投向全国最大的柔性AMOLED产线项目。该票据是全国首批用途类科创票据，也是福建省首单科创票据，由兴业银行厦门分行牵头主承销。

17日 《厦门市建设局关于印发代建工作规程的通知》印发。该规程填补国内综合性代建管理地方标准的空白，获评2022年厦门市重要地方标准。

24日 福建省首个“留学生创新创业实习基地”和“国际留学人员创业就业基地”在厦门软件园一期启动。基地建成后，计划通过开展文化体验、岗位实习、创业导师专业培训、政策支持指导、创新创业实训营、技能大赛等活动，吸引“金砖+”国家等外籍留学生到厦创新创业实习。

7月

10—11日 根据新冠疫情防控需要，厦门市首次实现小学招生网上报名，家长可通过手机（“i厦门”微信公众号）或者电脑（“i厦门”一站式综合服务平台 https://ixm.xm.gov.cn/）进行报名。同时保留现场报名通道。

11—12日 由中华全国青年联合会、中国国民党青工总会、台湾中华青年交流协会主办，福建省青年联合会承办的第二十届海峡青年论坛在福建厦门举行。习近平总书记给参加海峡青年论坛的台湾青年回信，勉励两岸青年为实现中华民族伟大复兴中国梦携手打拼。

12日 第十四届海峡论坛在厦门开幕。该届论坛以“扩大民间交流、深化融合发展”为主题，采取线上与线下相结合、集中与分散相结合的方式，开展论坛大会和青年、基层、文化、经济交流共43场活动，主会场设在厦门，福建省有关设区市和平潭综合实验区分别共设10个分会场。13日，中共中央政治局常委、全国政协主席汪洋在厦门出席第十四届海峡论坛大会并致辞。

12日 第十四届海峡论坛“海峡金融论坛·台企发展峰会”在厦门举行，论坛以“把握资本市场机遇、赋能台企高质量发展”为主题，共同协商服务台企台胞新思路，为台企受益于资本市场新机遇建言献策。

12日 第十四届海峡两岸关爱下一代成长论坛在厦门开幕，海峡两岸80多名专家学者、教育文化组织代表和部分省市关工委代表参加，论坛围绕“少年儿童全面成长中的家庭教育与责任”主题展开交流研讨。

13日 第十四届海峡论坛·第五届两岸基层治理论坛在厦门举行。来自海峡两岸的200余名基层民意代表和相关界别代表围绕“繁荣发展乡村文旅经济”主题开展交流。

13日 厦门市互联网行业妇联成立暨厦门市互联网行业妇女第一次代表大会举行。该妇联是全省首个互联网行业妇联，也是厦门市第一个行业妇联。

13日 由厦门轮渡有限公司出资建造的“闽厦门趸0035”号钢制趸船在龙海的福建国安船业有限公司出坞下水。该趸船总长80米、型宽14米、型深2.6米，可同时靠泊两艘客船，是厦门轮渡所属最大趸船，计划在鼓浪屿内厝澳码头投入使用。

14日 第十一届海峡两岸红十字博爱论坛在厦门举行，中国红十字会副会长王平出席会议，台湾红十字组织负责人王清峰等通过线上参会。来自中国红十字会总会，台湾红十字组织，在大陆台企代表和台胞，专家、学者共100余人参与论坛交流分享。该届论坛以“携手人道、惠泽两岸”为主题，聚焦海峡两岸红十字组织在网络众筹、心理救援和志愿服务等领域实践经验，会议以线上与线下相结合的方式举行。

14—22日 福建省第17届运动会帆船帆板比赛在厦门市书法广场以南海域举行。共有来自福州、厦门、漳州、泉州、三明、南平、龙岩和宁德8个地市202名青少年选手参赛，厦门队派出48名运动员参赛，在24枚金牌中获14枚金牌，同时获14枚银牌和5枚铜牌。厦门自1998年、2006年和2010年之后，再次承办省运会帆船帆板比赛，是福建省运动会70年历史中帆船帆板比赛参赛选手最多的一次。

15日 第二届厦门5G应用大赛启动仪式暨5G应用项目对接会在集美罗约海滨温泉酒店举行。大赛以“5G扬帆，赋能千行百业”为主题，聚焦行业数字化转型升级、企业应用创新发展、社会数字化公共服务能力提升等重点方向，来自厦门市68家企业的150名代表出席启动仪式。

15—24日　第三届鼓浪屿音乐节在鼓浪屿港仔后沙滩举行，音乐节以“世遗回响，海韵天籁”为主题，包含50多场演出活动。

16日　福建省集成电路产教融合创新发展联盟在厦门成立，联盟由厦门大学牵头，福建省集成电路企业、高校、科研院校、行业协会等机构参与成立。厦门大学党委书记张荣出任联盟第一届理事长。

16日　第二期海丝中央法务区高端讲堂在厦门举行。该讲堂由海丝中央法务区建设工作厦门领导小组办公室，国际商事争端预防与解决组织秘书处，厦门市海沧区委、区政府共同主办；厦门自贸委、市中级人民法院等共同协办。讲堂主题为“知识产权赋能产业高质量发展”，邀请业内专家，与企业、法务机构和泛法务机构代表，政府等各界人士参与，围绕企业创新发展与知识产权司法保护、海外商标布局及风险应对策略等话题开展经验交流。

16日　“中国制造业转型”论坛在厦门市举行。论坛由中国计算机学会（CCF）主办，中国计算机学会厦门青年计算机科技论坛（CCF YOCSEF厦门）学术委员会承办。论坛以“中国制造业转型：数字化和智能化如何实现战略平衡？”为主题，邀请计算机、制造业、金融领域专家和学者，围绕中国制造业转型的战略平衡布局问题展开讨论。

18日　“2022年中国有约·你好福建”国际媒体主题采访活动在厦门启动。采访行程为期4天，由中央和地方新闻网站记者、外国主流媒体驻华记者、在华外籍自媒体人等60余人组成参访团，到福建多地采访，厦门是本次主题采访活动的第一站。参访团到厦门大学附属第一医院、厦门市信息中心，与智慧城市管理者、参与者和使用者进行交流；参观厦门大学，听取外籍教师和留学生讲述“厦大故事”。

19—21日　福建省住建厅、省总工会联合主办的福建省首届“数字工匠”建设行业BIM技能竞赛在福州举行，厦门代表队选拔6队18人参赛，获竞赛团体成绩一等奖1个、二等奖2个、三等奖2个、“团体优秀组织奖”1个。

20日　《互联网周刊》官微公布“2021中国胸外科专家50强”，厦门大学附属第一医院姜杰教授榜上有名，位列第39名。

21日　在中国政府采购峰会暨2021年中国政府采购奖颁奖仪式上，厦门市获评中国政府采购优化营商环境卓越奖。厦门市持续优化政府采购营商环境，连续两年在国家营商环境评价中名列前茅。

21日　福建省第一届广播电视播音主持职业技能竞赛决赛结束，厦门广播电视集团主持人戴小楠获金奖，厦门广播电视集团廖婧如获得“观众最喜爱主持人”的称号。

8月

2日　地铁1号线文灶站、BRT文灶站和文灶公交站台风雨连廊与公共交通智慧出行信息平台工程投入使用，4块智慧信息屏同步启用。屏内信息除显示最近到达的地铁、BRT、各公交线路的到站信息外，还展示地铁和BRT线路图。

3日　2022年《财富》世界500强发布，厦门3家上榜企业排名均提升。建发集团第77位，上升71位；国贸控股集团第106位，上升65位；象屿集团第160位，上升29位。

4日　由厦门捐赠价值167万元的消毒站、消毒门等防疫物资紧急发往甘肃省临夏州广河县，助力当地新冠疫情防控工作。

4日　教育部公布第十五届宋庆龄奖学金评审结果。福建省36名学生获第十五届宋庆龄奖学金，其中4名来自厦门。这4名学生分别是：厦门五缘第二实验小学八年级李子奕、翔安第一中学九年级郑宇胜、厦门第一中学九年级黄格非、厦门市湖里中学七年级蔡咏言。

10日　首批国家文化出口基地第二次综合评价结果出炉，厦门自贸片区国家文化出口基地连续2年获评功能区类第一名。

10日　厦门港务控股集团、福建丝路海运运营有限公司通过“丝路海运”联盟与加纳港务局通过网络视频方式签署战略合作框架协议，加纳港务局是“丝路海运”联盟首个非洲伙伴。

11日　国家知识产权局印发《关于确定国家知识产权强市建设试点示范城市的通知》，厦门市入选“国家知识产权强市建设示范城市”，试点示范时限自2022年7月至2025年6月。

11日　国家开发银行厦门市分行投放国开基础设施投资基金1000万元，实现厦门市首笔政策性开发性金融工具资金投放。

12日　第四批国家级专精特新“小巨人”企业名单公布，厦门市65家企业上榜，数量位居全省首位。

15日　2022年福建省“专精特新”中小企业名单（第二批）公示，全省238家入选，其中艾普偏光科技（厦门）有限公司等147家厦门企业入选。入选的厦门企业涵盖生物科技、电子信息、医疗器械、新能源、卫厨、节能环保、互联网等领域。

15日　福建省人社厅授予62名在2021年省级职业技能竞赛中取得优异成绩的选手“福建省技术能手”称号。其中，11名选手来自厦门，他们分别在交通、电信、农业、养老、增材制造、气象、消防等行业职业技能竞赛中取得优异成绩。

16日　第二批国家级夜间文化和旅游消费集聚区名单公布。全国123个入选项目中，厦门市占据2个，分别是中山路步行街和集美新城核心区。

19日　第十三届中国医师奖揭榜，厦门市肝胆胰外科医生尹震宇获奖，全国共78位医生获该奖项。

25日　厦门市妇联、市妇女儿童发展基金会举办2022年“情系春蕾·爱心同行”助学金发放仪式。当年资助贫困学生652人，资助金额93.32万元。

28日　集美校友总会举行第十届会员代表大会暨第十届理监事会成立大会。集美大学原党委常委、副校长黄德棋当选理事会会长。

28日　厦门2家企业美柚和宜买车上榜胡润研究院发布的《2022年中胡润全球瞪羚企业》。

29日　秋季开学，厦门新开办60个学校项目（含改扩建项目），新增中小学幼儿园学位数6.4万个。为历年新学期学位增加最多。

30日　全国“人民满意的公务员”

和“人民满意的公务员集体”表彰大会在北京举行，海沧区社保中心养老失业科科长林慧娟被评为“人民满意的公务员”，是全市唯一获评的个人。

31日　福厦高铁全线铺轨贯通，比原计划提前近半个月，预计2023年6月具备通车条件。福厦高铁北起福州南站、南至漳州站，全长277.42千米。

31日　《2022中国城轨TOD指数暨城市TOD磁力指数报告》对外发布，厦门在同等规模轨道交通城市TOD（即“以公共交通为导向的城市发展模式”）指数排名第一，同时位列城市TOD磁力指数前十。

31日　设在厦门的海丝中央法务区与厦门金砖国家创新基地联合为首批入选的8家律师事务所授牌。

9月

1日　自9月起市场监管8个事项省级审批在厦门可办，包括：保健食品生产许可、计量器具型式批准、检验检测机构资质认定、食品生产许可、机动车安全技术检验机构资质认定、工业产品生产许可证核发、特种设备生产单位资格许可、药品零售连锁总部许可。

1日　第四届全国科学实验展演汇演活动总决赛以视频直播的形式举行，全国参赛队伍124支，厦门科技馆参赛项目《“断”椅》获全国一等奖。第四届全国科学实验展演汇演活动于8月25日至9月1日线上举行。

2日　厦门海事法院发布《关于域外证据取证和审查若干问题的指南》，破解当事人跨境举证难，有在线远程取证、域外自行取证、委托律师取证、责令披露证据、双方协商取证、申请通过国际司法协助取证6种域外证据取证方式。

3日　2022年厦门市食品安全宣传周启动。宣传周以“共创食安新发展　共享美好新生活”为主题，旨在建设高标准市场体系，提升智慧监管能力，实现食品安全共治共享。

5日　杭州圆通货运航空公司一架进口全货机从厦门飞抵杭州，该公司首次通过“保税租赁”方式进口飞机。厦门海关制定“厦门报关、天津入账、杭州落地”方案，实现全流程“链式通关”。

6日　中国企业联合会、中国企业家协会在京举办新闻发布会，发布“2022中国企业500强”榜单，6家厦企上榜，分别是厦门建发集团有限公司、厦门国贸控股集团有限公司、厦门象屿集团有限公司、厦门路桥工程物资有限公司、厦门港务控股集团有限公司和盛屯矿业集团股份有限公司。

6—12日　2022年国家网络安全宣传周福建省活动暨厦门市第四届网络安全宣传周举行。活动围绕“网络安全为人民，网络安全靠人民”主题，举办成果展览、安全赛事、直播招聘、主题宣传等活动，普及网络安全知识，提升全社会网络安全意识和技能。

7日　2022金砖国家新工业革命伙伴关系论坛在厦门举行，国际组织、知名企业、行业协会代表300余人参会，围绕“深化新工业革命伙伴关系，推动共同可持续发展”主题开展合作交流研讨。

7—8日　第二届海丝中央法务区论坛在厦门市举行，来自境内外参会人员围绕“打造更高水平海丝中央法务区　奋力推进新时代法治强省建设”主题进行交流。省委书记、省人大常委会主任尹力出席开幕式并讲话。省委常委、厦门市委书记崔永辉在会上致辞。

8日　当日起厦门市对2020年度申领的第三代社保卡实施电子社会保障卡同步申领。2020年1月1日之后申领、补换的厦门市第三代社保卡（市民卡）同步生成电子社保卡，持卡人无需签发即可直接领取使用电子社保卡。

8—11日　第二十二届中国国际投资贸易洽谈会在厦门举行，以“全球发展：共享数字机遇　投资绿色未来”为主题，围绕高水平开放和国际投资合作，服务高质量共建“一带一路”、金砖合作、RCEP经贸交流合作，持续传递中国投资好声音，拓展国际投资新机遇，打造国际投资公共平台。其间，举办2022国际投资论坛、鼓浪屿论坛等41场论坛研讨活动，50多场投资洽谈及项目对接会。

8—11日　第二十二届投洽会的厦门产权交易中心（厦门市碳和排污权交易中心）设立全国首个农业碳汇交易平台展区。厦门产权交易中心创新生态价值交易机制，于2022年5月5日成立全国首个农业碳汇交易平台。

9日　中国连锁经营协会发布2022中国城市便利店指数，在计入调查的39个城市中，厦门市以92.0分位列第一。

10日　厦门市体育局在首届“运动时尚展”现场发布《2021年厦门市居民体育消费调查报告》，2021年厦门市居民体育消费总规模133.97亿元，人均体育消费支出2537.3元。

15日　第四届“科学探索奖”获奖名单揭晓，50位科学家获奖，厦门大学周大旺、李剑锋、侯旭3人上榜。“科学探索奖”于2018年设立，由杨振宁、饶毅、施一公、潘建伟、谢晓亮等14位知名科学家与腾讯基金会发起人马化腾共同发起，奖项覆盖基础科学和前沿技术10个领域。

16日　由英国格林尼治皇家天文台举办的2022年度天文摄影师大赛获奖结果揭晓，中国2名少年赢得青少年组冠军，其中一位是厦门十一中初三学生杨瀚文。该摄影大赛是世界上规模最大的天文类摄影大赛。

16—21日　2022中国大学生方程式系列赛事在安徽省合肥市江淮汽车试验场举行，厦门理工学院宏发AMOY赛车队获方程式汽车大赛（油车）全国一等奖。

17—18日　第十一届中国智能产业高峰论坛在厦门举行，6名中外院士和京东、华为的2名技术专家在主题论坛上分别作主题报告。该论坛吸引线上线下累计参会人次超550万人次。

18—19日　2022年全国健美健身锦标赛暨世界健美健身锦标赛选拔赛、2022年CBBAPRO健美健身精英职业联赛（厦门站）比赛在厦门海沧区举行，该赛事采用三赛合一形式，来自全国133个城市40余支代表队的近500名健身运动员参赛。

23日　厦门市应急指挥中心启用。标志厦门市“智慧应急”体系初步建成，应急管理信息化、法制化、正规化建设迈入新阶段。

22日　厦门航空与空客公司签订协议，首次向空客公司购买40架A320NEO系列飞机。

26日　国际学术期刊《自然》刊发厦门大学侯旭教授团队研究成果，团队首次运用“液体门控技术”，打通现有空气净化的技术痛点，实现对空气高效过滤，为空气净化器的设计提供全新的思路。

28 日　根据《厦门市人民政府关于公布第六批市级非物质文化遗产代表性项目名录的通知》，新增 19 个市级非遗项目，厦门市级及以上非遗代表性项目数量增至 110 个。

29 日　厦门市人民政府印发《厦门市国家知识产权强市建设示范城市工作方案（2022—2025 年）》，正式启动国家知识产权强市建设示范工作。

29 日　总投资 330 亿元的厦门天马光电子有限公司第 8.6 代新型显示面板生产线项目在厦门火炬高新区开工。开工仪式上，天马新型显示技术研究院揭牌。

30 日　国家卫健委发布 2021 年度全国三级公立医院绩效考核结果，厦门市仙岳医院位居精神类医院全国第十四名、全省第一名。该院连续 4 年稳居精神类医院全国前二十强。

30 日　国家卫生健康委公布 2021 年度全国三级公立医院绩效考核成绩单，厦门大学附属心血管病医院 CMI 值连续 4 年位列其他专科（手术组）全国第二。

30 日　厦门“海上世界”购物中心开业。该购物中心是整个厦门“海上世界”项目中的核心之一，项目整体计划于 2025 年全面建成投用，届时将成为厦门最大的城市综合体。

10月

1 日　厦门港单体最大分布式光伏发电站并网发电。该电站位于厦门自贸片区厦门港务物流保税 1 号仓库总面积 2.9 万平方米的屋顶，是厦门港单体最大的分布式光伏发电项目，年可发“绿电”430 万千瓦时。

8 日　全国首场“巾帼护未　未爱结元”——“元宇宙”《督促监护令》宣告送达暨家庭教育心理辅导会在湖里区检察院举行，助力未成年人司法保护、社会保护和家庭保护有机融合。

9 日　厦门市现代供应链联合会经厦门市民政局批准成立，注册地位于厦门市湖里区高林中路 535 号。其经营范围包括组织现代供应链领域相关调查研究、标准制定；开展交流合作，为会员提供咨询、培训、会展和技术服务，承接政府相关部门委托事项。

13 日　厦门市市场监管局首次对外发布的《厦门市标准化工作白皮书（2022 年）》显示，厦门市各类组织、企业参与制定修订国际标准 27 项、国家标准 2176 项、行业标准 1782 项、地方标准 262 项、团体标准 70 项、企业标准 2.21 万项。

13 日　国务院食品安全办印发《关于命名国家食品安全示范城市的通知》，厦门市获评“国家食品安全示范城市”。

14 日　由厦门市委宣传部等主办的“青春激扬迎盛会　奋进强军新征程”2022 年“爱我国防”厦门市大学生演讲比赛决赛在集美大学举行。该比赛 8 月启动，各高校学子经过培训、预赛等环节，最终 11 组选手进入本次决赛。来自集美大学的杨开焱、赵若婋、杜思瑶的演讲《祖国，我们在战位报告》获得第一名。

19 日　中欧（厦门）班列首列冷链专列从厦门自贸片区海沧园区发车，系福建省发出的首列出口冷链国际班列，经满洲里口岸出境后，开往俄罗斯莫斯科。

19 日　厦门市住房保障和房屋管理局承接省级下放的“省外房地产估价机构（一级）在闽设立分支机构的备案”审批事项。该事项申办实现全程网办或一窗受理。

21 日　陈嘉庚公司代理商招牌、陈嘉庚公司中西大药行招牌正式“落户”陈嘉庚纪念馆。

21 日　福建省河长办、福建省水利厅联合公布福建省第一批河湖文化遗产名单，全省有 80 处河湖入选，其中厦门有 3 处，分别是：筼筜湖、汀溪水库（含宋代窑址、三角纪念碑、大坝旧涵洞出水口、“人定胜天”石刻）和同安铜鱼池。

24 日　中国房颤中心总部公布“第五批次房颤中心通过认证单位名单”，厦门大学附属中山医院上榜。

25 日　厦门市教育局公布实施《厦门市新时代中小学班主任培训培养指导意见》，提出：厦门将认定班主任带头人，等同于德育学科带头人；将认定专家型班主任，视同专家型教师。

26 日　福建省和厦门市重点工程海沧疏港通道主线正式通车，比原定计划提前 8 个月，为厦门岛西部直通高速公路、辐射漳州方向增添一条快速通道。海沧疏港通道主线全长 5.3 千米，双向 6 车道，设计时速 80 千米。

26 日　由厦门市商务局、厦门市金砖办指导，厦门跨境电子商务协会主办的“创变出海，决胜南洋”RCEP·金砖跨境电商出海增长峰会在厦门举行，跨境商家、行业代表等 300 余人参加，针对跨境电商的难点、痛点等问题提出解决方案及思路。

26 日　全国商业秘密保护创新试点地区工作启动会（厦门海沧）在厦门海沧生物医药港召开，正式启动商业秘密保护创新试点工作。7 月，国家市场监督管理总局公布首批 20 个全国商业秘密保护创新试点地区名单，海沧是福建省唯一入选的地区。

27 日　APEX（世界航空旅客体验协会）第 43 周年全球年会上，厦门航空有限公司获世界级航空公司大奖（WORLD CLASS award），连续 3 年获五星级国际航空公司称号，成为首家通过世界顶尖机构认证，跻身“世界八强”的中国航空公司。

27 日　厦门往返新加坡的新加坡航空客运航线正式开通，首航客运航班 SQ869 从厦门高崎国际机场起飞，抵达新加坡樟宜机场。

27 日　由华侨大学海上丝绸之路研究院主编、社会科学文献出版社出版的《海丝蓝皮书：21 世纪海上丝绸之路研究报告（2020—2021）》在厦门发布。

28 日　第五届全国“铎钬令”光纤铥激光手术视频大赛闭幕，厦门市第五医院泌尿外科许丽明教授跻身全国十强。

28 日　厦门市住房公积金中心发布两则惠民新政，即购买新建商品住房可用公积金支付首付款、多子女家庭购房租房住房公积金支持政策。

28 日　厦门市十六届人大常委会第七次会议审议市政府关于厦门市农村生活污水治理工作情况的报告。厦门市 1216 个自然村的生活污水提升治理工程全部完工，提前完成福建省农村生活污水提升治理五年行动计划（2021—2025 年）的任务。

28日　北京中医药大学东直门医院厦门医院（厦门市中医院）揭牌暨国家区域医疗中心工程建设项目厦门市中医院康复楼开工仪式举行。北京中医药大学东直门医院厦门医院远程视频门诊同步揭牌。

29日　福建省商务厅组织开展的2021年度福建省开发区综合发展水平考核评价工作考评结果显示，厦门火炬高新区位居全省第一。

29—30日　第七届全国学生“学宪法 讲宪法”福建赛区总决赛在厦门举行，厦门选手收获5个省一等奖。

30日　厦门市海丝中央法务区建设工作领导小组办公室等主办的认罪认罚从宽制度四方论坛在厦门举行，该类论坛是全国首次举办。

30日　工业和信息化部公示第一批财政支持中小企业数字化转型试点入选平台名单，厦门甚好软件信息技术有限公司、厦门力巨自动化科技有限公司、厦门金蝶软件有限公司、厦门数字智造工业研究院有限公司入选。

31日　厦门大学附属心血管病医院上线多场景数字人民币支付医疗费用功能。厦门中行成为厦门市首家落地医院多场景数字人民币支付应用的银行，该医院成为厦门市首家多场景支持数字人民币收取医疗费用的医院。

31日　工业和信息化部公示2022年新一代信息技术与制造业融合发展试点示范名单，厦门强力巨彩光电科技有限公司的“LED显示屏生产过程数字化供应链管控能力”、厦门宏发电声股份有限公司的“基于统一管控和互联互通的全产业链研产供销协同能力”、三棵树涂料股份有限公司的“可视化和透明化的订单交付闭环能力”入围“面向数字化供应链的新型能力建设”细分方向；厦门金龙联合汽车工业有限公司的“产品全生命周期追溯及质量优化能力”入围“面向智能产品设计与服务的新型能力建设”细分方向。

11月

1日　由中共厦门市委、厦门市人民政府主办的厦门企业家日举行，发布2022厦门市民营企业100强名单，2022厦门市民营企业制造业20强、2022厦门市民营企业服务业20强、2022厦门市民营企业科技创新20强榜单以及厦门市2022年度重点产业龙头骨干民营企业认定名单。

1日　由厦门市委统战部、厦门市工商联指导，陈嘉庚纪念馆、张謇纪念馆、卢作孚纪念馆、荣毅仁纪念馆主办的“为国担当——喜庆二十大·爱国企业家典范联展”在陈嘉庚纪念馆开展。该展览计划持续到2023年2月5日。

1日　厦门市文化和旅游局主办的2022书香鹭岛活动月启动，系厦门市首个全市性大型全民阅读活动，配套举办20场读书沙龙、鹭岛书市折扣购书、插画艺术展等活动。

2日　厦门市司法局“法治厦门元宇宙”展馆上线，厦门市首届依法治理典型示范案例评选活动同步启动。在元宇宙平台集中展示评选依法治理案例，在国内属首次。

2日　由中国互联网协会和厦门市政府联合主办的中国互联网企业综合实力指数（2022）发布会暨百家企业高峰论坛在厦门召开，会议发布《中国互联网企业综合实力指数报告（2022）》和2022年中国互联网企业综合实力百强企业，厦门企业美图公司、四三九九和吉比特入围，分别位居榜单的第33位、第45位和第60位。

3日　中国生物中心发布“2021年国家生物医药产业园区排行榜”榜单，厦门生物医药港综合竞争力首次进入全国前十。

3日　由中共厦门市委宣传部、厦门市文化和旅游局、厦门市文学艺术界联合会共同举办的2022年厦门市民文化节在闽南大戏院开幕。活动持续到12月10日，由“戏剧曲艺周”“文学艺术周”“闽南文化周”“音乐舞蹈周”4个板块和“美术书法摄影系列展览”“特色文旅系列活动”2个系列组成，共开展群众文化活动154场。

4—6日　2022金砖国家职业技能大赛决赛和2022金砖国家技能发展与技术创新大赛厦门国际赛，同期在厦门国际会展中心举行。厦门城市职业学院参赛队获得“人工智能计算机视觉应用”赛项金牌第一名。

7日　华厦眼科医院集团股份有限公司首次公开发行A股（股票代码301267）上市敲钟仪式在厦门举行，在深交所创业板上市，系福建省首家A股上市的眼科连锁医疗服务机构。

10—12日　2022中国（厦门）国际跨境电商展览会在厦门会展中心开幕，展会设置三大主题展区，包括跨境选品展区、跨境平台与综合服务商展区、跨境进口展区（国际展区），同期举行跨境电商产业发展高峰论坛、“RCEP框架下中日合作新机遇”高峰对话会、亚马逊全球开店2023跨境分享会、阿里巴巴国际站全域高质量增长峰会、阿里巴巴全球速卖通AEMALL品牌出海峰会、eBay2022启航、新蛋年度峰会、2023TikTok趋势灯塔等近30多场活动。

10—12日　由中国文学艺术界联合会、中国电影家协会和厦门市政府共同主办的2022年中国金鸡百花电影节暨第35届中国电影金鸡奖在厦门举行，分8个大类举办23个主要活动。12日，第35届中国电影金鸡奖颁奖典礼暨2022年中国金鸡百花电影节闭幕式在厦门海峡大剧院举行，颁发20个奖项。

10—16日　2022厦门国际海洋周举行，活动以“打造蓝色发展新动能，共筑海洋命运共同体”为主题。自然资源部副部长、国家海洋局局长王宏，福建省副省长林文斌，厦门市市长黄文辉出席开幕式并致辞，联合国副秘书长李军华、联合国开发计划署（UNDP）驻华副代表乔展（James George）等10名代表线上致辞。该届厦门国际海洋周设置海洋大会论坛、海洋专业展会、海洋文化嘉年华三大板块，配套40项活动，16个国际组织、近800家企业参与。

11日　由中国国际扶贫中心、国际农业发展基金、联合国粮食及农业组织、联合国世界粮食计划署和中国互联网新闻中心联合主办的2022年全球减贫伙伴研讨会在北京举行，公布第三届“全球减贫案例征集活动”最佳案例，《用好用足高校资源赋能区域产业发展——厦门大学建设隆德县康业扶贫产业园案例》入选并被收录到《全球减贫案例集2022》中。

13日　2022厦门海沧半程马拉松赛在海沧鸣枪开跑，半程马拉松项目15783人参加，6.6千米健康跑项目4151人参加。男子组前三名分别为陈天字、董国建、蒋发坤，女子组前三名分别为梁田田、焦安静、王琳颖。

15日 厦门市商务局召开推进对外开放系列措施新闻发布会，为首批获认定的8家“厦门市2022—2023年度A类国际化企业”授牌，发布52家第二批厦门市外贸自主品牌培育企业名单等。

17日 厦门市举行全市岁末攻坚重大项目集中开工活动。其中，思明区集中开工项目5个，总投资122.1亿元；同安区集中开工7个重大项目，总投资82亿元；翔安区集中开工14个项目，总投资377.8亿元；火炬高新区集中开工15个重大产业项目，总投资447.56亿元。

17—21日 第十七届中国厦门国际佛事用品（秋季）展览会、2022中国厦门国际素食暨有机产品（秋季）展览会、2022中国厦门国际茶产业（秋季）博览会、2022中国厦门国际茶包装设计（秋季）展览会在厦门国际会展中心举行。

19日 在江西省南昌市举行中国生态文明论坛上，生态环境部对第六批生态文明建设示范区进行授牌表彰，厦门被命名为副省级城市国家生态文明建设示范区，同安区、翔安区获第六批国家生态文明建设示范区荣誉称号，筼筜湖保护中心、鼓浪屿街道办事处分别获评第三届中国生态文明奖先进集体。

23—25日 CCFA新消费论坛——2022中国便利店大会在厦门举办。厦门连续3年位居中国城市便利店发展指数第一。

25日 厦门市首届“最美退役军人”名单发布。王振东、王善桂、王新民、卢衍丁、李力、周清、胡军、姚强、姚志盛、熊俊骥上榜。同日，“一鹭先锋”厦门市退役军人志愿服务总队成立。

27日 2022建发厦门马拉松赛暨全国马拉松锦标赛在厦门国际会展中心举行。该届马拉松赛创建打造“体育+碳中和”新机制，实现“零碳排放”。

12月

1日《厦门经济特区医疗卫生人员职业暴露防护若干规定》实施，是全国首部医疗卫生人员职业暴露防护的专项立法。

1日《厦门经济特区粮食安全保障规定》实施，是厦门市首次对粮食安全保障进行立法。

4日 福建省第十七届运动会在南平市闭幕。厦门团获139枚金牌、130枚银牌、146枚铜牌，9个大项金牌数全省第一。

5日 以星航运东南亚线CT3旗下“金星·布尔”轮首航厦门港海天码头，厦门港迎来该年度第15条RCEP新航线。

9日 中国报关协会在2022中国关务发展大会上发布2022年十大海运集装箱口岸营商环境测评结果，厦门获最高等级——四星级，连续4年获得该项测评最高等级。

9—11日 由中国作家协会港澳台办公室指导，福建省作家协会、厦门市文学艺术界联合会主办，厦门市作家协会承办的第十届海峡两岸文学笔会在厦门市委党校举行，80多名来自海峡两岸的作家和评论家以线上线下联动的方式参与。

10日 由厦门市委宣传部、厦门市社会科学界联合会指导，同安区委宣传部、同安区社会科学界联合会主办的第十一届厦门（同安）苏颂国际文化节暨第七届厦门（同安）朱子国际文化节在同安区县衙旧址开幕，200余名专家学者、嘉宾代表参与。

11日 由厦门市科协、共青团委、国有资本公司共同主办，厦门科技馆承办的第九届厦门科普志愿者风采大赛落幕，大赛评出一等奖1名、二等奖2名、三等奖3名、风采奖7名。

12日 由中共海沧区委宣传部、海沧区文学艺术界联合会、厦门日报社、旺旺中时传媒集团主办，海西晨报社、台湾《工商时报》、新浪网、ZAKER厦门、厦门市书法家协会、台湾中华书学会承办的2022海峡两岸汉字节落幕，“思”当选2022海峡两岸年度汉字，揭晓笔会在台北举办。

12日 “清新福建·气候福地”第二批“气候康养福地”发布会在福建省气象防灾中心举办，厦门市翔安区大帽山农场入选。

13日 2022年厦门市“遵规守法好骑手”颁奖仪式举行，50名来自顺丰、朴朴、饿了么、美团等外送行业的骑手代表获奖。

15日 中国传感器与物联网产业联盟厦门分联盟在厦门火炬新科广场揭牌，“厦门传感器智慧市政沙龙”同步举行。

15日 喜庆二十大“我们的新时代”第28届福建省摄影展暨“嘉庚故里·百年学村”——2022首届集美摄影季在集美大学美术与设计学院举行开展仪式。展览持续至12月23日。

15日 厦门市信用就医便民应用场景上线，采用“先诊疗、后付费”模式，系全国首创的“个人信用白鹭分+平台+金融机构”信用就医模式。

16日 2022年“鹭创未来”海外创业大赛暨第六届中国厦门海外创业大赛（英国赛区）决赛在英国剑桥大学以“剑桥现场+线上联动”方式举行，厦门火炬高新区通过网络视频连线方式全程参与。该大赛8月启动，经过厦门初赛评审，其中18个项目入围决赛，冠军由来自剑桥大学团队的“实时地图重建与空中影像智能分析平台”项目获得。

16日 由福建省文化和旅游厅、厦门市人民政府主办，福建省艺术馆、厦门市文化和旅游局、厦门市思明区人民政府承办的“街艺福见——第二届福建省街头文化艺术颁奖仪式暨行进式展演活动”在厦门市举行。

16日 厦门、漳州、泉州、龙岩、三明五地市人社局及厦门理工学院在厦门市人才市场共同举办“第五届闽西南协同发展区人才交流（招聘）大会暨厦门市2023年高校毕业生人才交流大会”，来自闽西南五地市的160余家企业参会。

16—25日 闽南非遗精品联展暨传统文化创新展在厦门市美术馆开展。厦门在展览中推出116件展品，分为传统文化创新展区和厦门文化遗产IP创新大赛获奖作品展区，全面展示厦门对非遗文化的保护传承以及改革创新。

16—29日 2022年全国羽毛球锦标赛在厦门市集美区嘉庚体育馆举行，来自全国各地的25支队伍、500多名运动员参加。

17日 2022年厦门市民文化节优秀成果展暨闭幕式晚会“我们的新时代”在五一广场举办，2022年厦门市民文化节落幕。该次市民文化节历时45

天，举办 129 项 154 场活动，吸引 300 多万人次市民参与。

17—18 日　角斗舞仕街舞超级联赛 2022 赛季全国总决赛暨 2023 赛季视觉亮相仪式在福建厦门海沧体育馆举行。

18 日　2022 厦门环东半程马拉松赛在厦门市同安区举办，参赛规模为 1.8 万人。彭建华以 1 小时 2 分 30 秒的成绩夺得男子冠军，路颖以 1 小时 12 分 9 秒的成绩夺得女子组冠军。

18 日　位于厦门两岸金融中心片区内的厦门航空新总部投运。

20 日　2022 两岸企业家峰会年会在厦门市举行。中共中央政治局常委王沪宁向两岸企业家峰会理事会发贺信。300 多名海峡两岸工商界人士参会，1500 多人通过线上直播参会。

20—21 日　2022 年福建省建设工程数字化运用暨“中建海峡杯”动态监管岗位技能大赛在厦门举行。厦门公司厦门西区事业部代表队获团体一等奖，厦门公司泉州事业部代表队、总承包公司福州北区代表队、厦门公司漳州事业部代表队获团体二等奖。

20—22 日　2022 年全国数据安全职业技能竞赛在厦门市举行，系首个数据安全管理员国家级赛事。大赛吸引超 7000 人报名，最终 611 人入围决赛。

21 日　由厦门市工信局、市发改委联合主办的厦门市首届大中小企业融通创新推进会暨先进制造业产品对接会在国际会议中心酒店举行。

21—23 日　第 29 届中国国际广告节在厦门国际会展中心举行。期间举办 10 场高峰论坛、五大发布盛典和 5 项专业展览。

21—23 日　第三届中国供应链管理年会在厦门举行，同期举办“2022 国际采购与供应管理联盟亚太区年会”、第三届全国供应链大赛（企业组）决赛、厦门市供应链创新与应用示范城市建设论坛等系列活动。

22 日　“鹭岛好公仆”发布仪式暨先进事迹报告会在厦门人民会堂举行，24 名来自厦门市基层一线的公务员代表获首届“鹭岛好公仆”称号。

22 日　厦门市检验检测认证协会成立，系福建省首家覆盖全领域的检验检测认证协会。

24 日　2022 年厦鼓海峡冬泳嘉年华在鼓浪屿举行，近 300 名游泳爱好者参加。

25 日　2022 年华人新闻界艺术创作联展在厦门市文联艺术展览馆举行，持续展出至 12 月 31 日，近 300 幅艺术作品参展。

26 日　第十四届海峡两岸福德文化节开幕式及祈福颂典活动在湖里区仙岳山土地公庙广场举行。该届文化节以“共同弘扬中华传统文化，促进两岸同胞心灵契合”为主题，旨在推动海峡两岸共同弘扬中华文化，促进海峡两岸同胞心灵契合。

26 日　2022 厦门企业 100 强榜单发布，位居榜单前三强的是厦门建发集团有限公司、厦门国贸控股集团有限公司、厦门象屿集团有限公司。同时发布 5 个子榜单，分别是 2022 厦门制造业企业十强、2022 厦门服务业企业十强名单、2022 厦门新兴产业专精特新企业十强、2022 厦门绿色企业十强、2022 建筑业企业十强。

27 日　厦门市十六届人大常委会第九次会议，表决通过《关于授予第十一批厦门市荣誉市民的决定》。丁水波、王亚华、加埜智典、孙瑞鸿、陈立人、郑小瑛、施世杰、钟南山、赵建辉、黄军华（排名按姓氏笔画为序）共 10 人被授予厦门市荣誉市民称号。

27 日　第十五届海峡两岸百名中小学（中职）校长论坛在厦门举行。论坛以“深度学习”为主题，180 名海峡两岸中小学（中职）校长参加。

27 日　“共饮一江水——长江流域青铜文明特展”在厦门市博物馆开展。展览汇集来自全国 13 家文博单位的 106 组、114 件文物，其中包括国家一级文物 46 组。

27 日　《厦门市人民代表大会常务委员会关于修改〈厦门经济特区气象灾害防御条例〉的决定》经厦门市第十六届人民代表大会常务委员会第九次会议通过，即日起施行。

29 日　以“合作供赢，碳索未来”为主题的宁德时代 2022 年度供应商大会在厦门市举行，近 400 家供应商代表参会。

29 日　福建省互联网协会发布 2022 年福建省互联网综合实力前 50 家企业，厦门市 34 家企业入围，榜单前三位分别是厦门吉比特网络技术股份有限公司、四三九九网络股份有限公司、厦门美图网科技有限公司。

30 日　厦门低值可回收物分拣中心暨海沧区垃圾分类宣教中心揭牌，系全国首个低值可回收物分拣中心。

31 日　“2022 世界闽南语金曲颁奖盛典暨海峡两岸闽南语音乐大奖赛”总决赛暨颁奖典礼在厦门市华师希平双语学校艺术中心举行，来自马来西亚赛区的许伟胜获“全球闽南语歌王”称号，台湾赛区的李晋莹和厦门赛区的金水分别获亚军、季军。

责任编辑：林建高
熊焱峰
曲　艺
明安文
审　稿：孙志红
校　对：林建高

3 市情概貌

自然地理

地理环境

【位置和面积】 厦门市位于台湾海峡西岸中部、闽南金三角的中心，地处北纬 24°23′～24°54′、东经 117°52′～118°26′。东与大小金门岛、南与漳州龙海区隔海相望，陆地与泉州南安市、泉州安溪县、漳州长泰区、漳州龙海区接壤。厦门市境域由福建省东南部沿厦门湾的大陆地区和厦门岛、鼓浪屿等岛屿以及厦门湾组成。2022 年，全市土地面积 1699.01 平方千米，其中厦门岛土地面积 155.99 平方千米（含鼓浪屿）；海域面积约 333 平方千米。

【地　质】 厦门地区在漫长的地质史上，经历过多次的地壳运动，发生过多次的海水进退。厦门岛上海拔 5～10 米的一级阶地是约 6000 年前露出海面的，云顶岩上的岩石（石龄 1 亿多年）保留着明显的海蚀状态。厦门的地质构造位于闽东火山断坳东缘、闽东南沿海变质带西南，属于中国东南沿海地震带范围，建筑防震设计标准为 7.5 级。

【地　貌】 厦门市的地形由西北向东南倾斜。西北部多中低山，其中位于同安区与泉州安溪县交界处的云顶山海拔 1175.2 米，为全市最高峰。从西北往东南，依次分布着高丘、低丘、阶地、海积平原和滩涂，南面是厦门岛和鼓浪屿。厦门岛是福建省的第四大岛，岛上最高峰云顶岩海拔 339.6 米。鼓浪屿在厦门岛西南部，与厦门岛之间隔着宽约 700 米的鹭江，岛上最高峰日光岩海拔 93 米。

【资　源】 厦门有丰富的海洋生物资源，各类海洋生物近 2000 种，其中有经济价值的常见鱼类 157 种、软体动物 89 种、甲壳类动物 127 种、藻类 139 种。厦门海域内的文昌鱼和中华白海豚为国家一类保护动物，鲎为福建省重点保护的珍奇动物。厦门市金属矿藏资源比较缺乏，已发现的金属矿床、矿点有钍、铁、锰、铜、钨、铅、钛、钼、锌等。花岗岩和砂料是厦门最主要的非金属矿产资源，分布广、储量大、经济价值高，花岗岩地貌和沙滩同时又是厦门市重要的旅游资源。具有较大开采价值的非金属矿产还有高岭土、耐火黏土、砖瓦黏土等，大都分布在同安区和翔安区。厦门属于淡水资源匮乏的海岛型城市，城市日常用水 80% 取自九龙江。2022 年，全市供水总量 50640.19 万吨（不含海水供应量），居民家庭用水 20961.56 万吨。已发现的温泉或地热异常点有 14 处，地热点水温一般为 50℃～60℃，最高 90℃，总允许开采量为 33002 立方米 / 天。水中一般含有二氧化碳、硫化氢、偏硅酸、氟、溴、氡等化学成分，具有开发利用价值。

（市委党史方志室）

气　候

【概　况】 厦门市在北回归线偏北约 1.5°，为南亚热带海洋性季风气候。极端最低气温 -0.1℃（发生在 2021 年 1 月 13 日），极端最高气温 39.6℃（发生在 2019 年 8 月 9 日）。厦门属于无冬季地区，一般以 2 月上旬至 4 月底为春季，5 月初至 10 月下旬为夏季，10 月底至 2 月初为秋季。厦门降雨主要集中在 4—8 月，平均年降水量由西北向东南递减，同安区平均年降水量 1464 毫米，厦门岛 1143 毫米。厦门沿海地区多风且风速较大，其中厦门岛全年平均风速 3.4 米 / 秒，全年大于或等于 8 级大风的天数 22.4 天。厦门沿海地区夏秋两季受台风影响比较明显，1956 年以来在厦门附近 100 千米以内登陆的台风每年平均近 1 个。风力最强的台风发生于 1959 年 8 月 23 日，瞬间最大风速 60 米 / 秒（注：当时仪器的极限测量值为风速 60 米 / 秒，且测量仪器因当时台风风速超其极限测量值而损坏）。根据历史记录，8 月为厦门台风登陆次数最多、等级最高的月份，其次为 7 月和 9 月，但历史上登陆最早的台风为 5 月 17 日（1974 年），最晚的台风为 12 月 3 日（2004 年）。自中华人民共和国成立，登陆厦门最大的台风为“莫兰蒂”，于 2016 年 9 月 15 日在厦门翔安区沿海登陆。

2022 年，厦门市主要气候特点：气温正常，但高温日数多，岛内外均为常年 2 倍多；年降水量正常，但降水时空分布不均，出现了夏秋连旱气象特旱，且局地暴雨过程多、局地强度强、整体灾害轻；日照正常；影响台风个数少，强度弱，损失轻。

2022年，厦门市主要气象灾害：暴雨、洪涝和气象干旱。全年气象灾害给农业、林业、水利和旅游等行业带来负面影响较小，造成的直接经济损失轻。

【气 温】2022年，厦门岛内外（注：厦门站代表岛内，同安站代表岛外，下同）平均气温分别为21.6℃和22.2℃，分别比常年高0.5℃和0.3℃，岛内外均为正常（见图3-1）。厦门岛内外年平均气温自20世纪90年代中期以来，处于持续偏暖状态。

厦门岛内外极端最高气温分别为37.4℃和38.2℃，岛内出现在7月24日，岛外出现在7月24日和8月21日，分别较常年高0.6℃和0.8℃。自21世纪以来，厦门岛内外极端最高气温大多高于常年。

厦门岛内外极端最低气温分别为4.2℃和3.2℃，岛内出现在2月20日和21日，岛外出现在12月19日，均较常年低0.1℃。

【降 水】2022年，厦门岛内外降水量分别为1316.6毫米和1560.3毫米，分别比常年多15.4毫米（1.2%）和30.0毫米（2.0%），均属正常（见图3-2）。厦门站日最大降水量70.0毫米，出现在5月12日；同安站日最大降水量93.0毫米，出现在7月5日。

厦门市各地降水量在1041.7毫米（翔安区海洋学院站）至2400.2毫米（同安区小坪森林公园站）之间，降水空间分布呈由东南向西北递增趋势，符合常年分布规律（见图3-3）。

【暴 雨】2022年，厦门市暴雨天气特点：局地过程多、局地强度强、整体灾害轻。2022年厦门市共出现1次全域性暴雨过程、1次大范围暴雨过程、6次区域性暴雨过程和16次局地性暴雨过程，其中5月下旬到6月下旬持续长时间降雨天气，雨量异常偏多，出现险情灾情40起，但未造成明显经济损失。

6月15日傍晚，厦门市出现强降水天气，统计6月15日自动雨量站降水量，全市共有69个站点≥50.0毫米（暴雨），其中3个站点≥100.0毫米（大暴雨），以海沧区远海码头站103.5毫米为最大；全市共有35个站点最大1小时雨量≥40.0毫米，其中19个站点≥50.0毫米，以远海码头站为最大，降水量76.9毫米（17:45—18:45）。强降水导致部分城区出现明显积涝，路面积水较多，且强降水时段恰逢晚下班高峰期，严重影响城市交通。

5月下旬到6月下旬，厦门市出现持续性降水天气，其中同安站5月24日至6月21日连续29天降水天气，累计降水量512.7毫米，是常年同期的2倍。其间异常偏多的降水量，且短时雨强大使水库来水量大，致使水库开闸泄洪，有些水库多次开闸泄洪。同时土壤水分含量饱和度高，降水叠加效应明显，地质灾害隐患重，出现围墙、危房倒塌、树木倒伏等险情及多处小范围边坡崩塌、山体垮塌。据厦门市洪水预警报中心统计，本轮降水过程全市共出现险情灾情40起，但因为防范得当，未

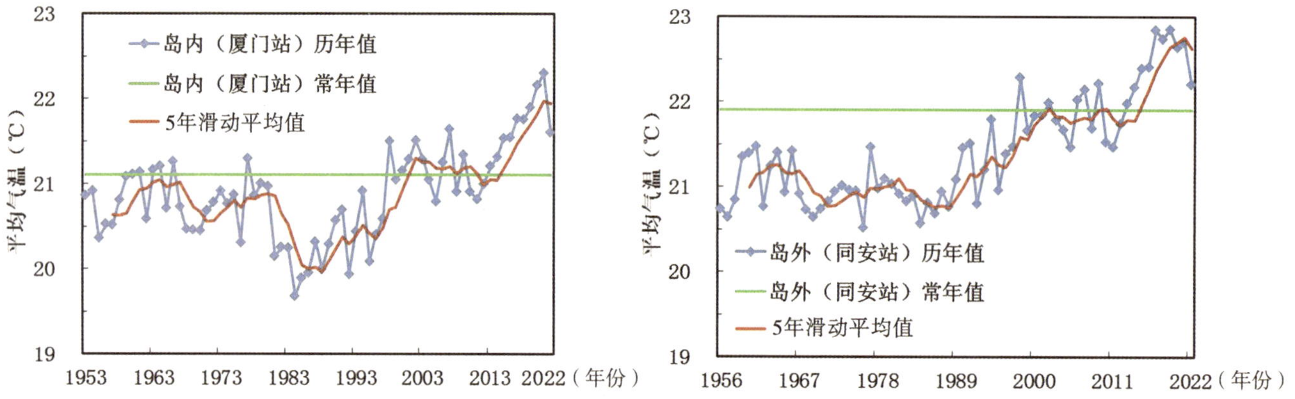

图3-1 1953—2022年厦门岛内（左）和1956—2022年岛外（右）年平均气温历年变化

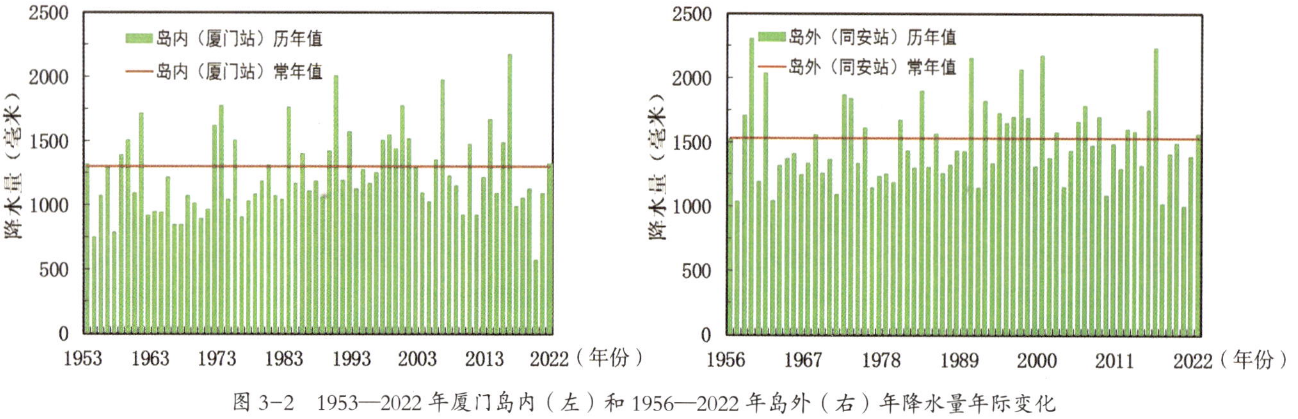

图3-2 1953—2022年厦门岛内（左）和1956—2022年岛外（右）年降水量年际变化

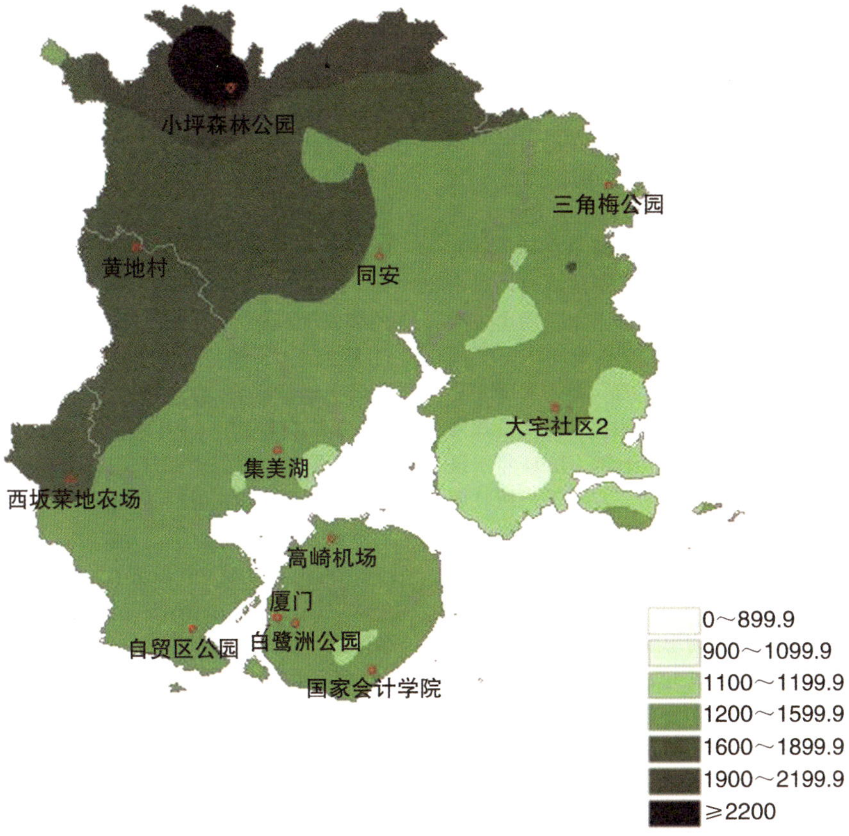

图 3-3 2022 年厦门市降水量分布示意图（单位：毫米）

造成明显直接经济损失。

【台 风】2022 年，影响厦门台风主要特点：数量少，全年 2 个影响台风，即 2220 号台风“纳沙”（强台风级）和 2222 号台风“尼格”（台风级）；影响弱，虽然“纳沙”和“尼格”均与冷空气共同影响，带来大风天气，但均无明显灾情；均为晚台，分别出现在 10 月中旬和 10 月底到 11 月初；损失轻，据厦门市洪水预警报中心信息，两台风均未造成明显灾情。

【气象干旱】2022 年，厦门降水具有明显时间分布不均的特征，上半年降水显著偏多，进入夏季后降水急剧减少，前涝后旱特征突出。夏初（7 月 8 日）至深秋（11 月 21 日），厦门市持续少雨天气，厦门站和同安站降水量分别仅为 99.6 毫米和 143.9 毫米，较常年同期分别偏少 81.0% 和 77.3%，均刷新历史同期最少纪录。致使 8 月中旬出现气象干旱，随着旱情不断加剧，10 月中旬发展为气象特旱，直到 11 月 22—23 日的中到大雨过程才解除了夏秋连旱。

【日 照】2022 年，厦门岛内外日照时数分别为 2055.3 小时和 1976.6 小时，较常年分别多 164.4 小时和 75.5 小时，均为正常（见图 3–4）。

【高 温】2022 年，厦门岛内外高温日数（日最高气温≥ 35℃）分别为 16 天和 44 天，其中岛内是常年的 2.2 倍，为 1953 年来历史第五多；岛外是常年的 2.6 倍，为 1956 年以来历史第三多。厦门高温日数自 21 世纪以来明显多于常年，岛外增加趋势更加显著。

【大 雾】2022 年，厦门岛内（厦门站）大雾日数 40 天，与常年基本持平，其中最小能见度小于 200 米的浓雾 17 天，占大雾总日数的 43%。2022 年厦门岛内（厦门站）最小能见度 58 米，出现在 11 月 29 日。

（郑美秀）

海 域

【概 况】厦门海域包括厦门港、外港区、马銮湾、同安湾、九龙江河口区和东侧水道。厦门港外有大金门、小金门、大担、二担等岛屿横列，内有厦门岛、鼓浪屿等岛屿屏障，是天然的避风良港。港区内有可供万吨级轮船停泊的锚地 10 余处，其中鼓浪屿以南的海域面积 14 平方千米，水深 10 米以上，可供 10 万吨级船舶停泊。港区内航道基本上为深 10 米以上的深水航道，5 万

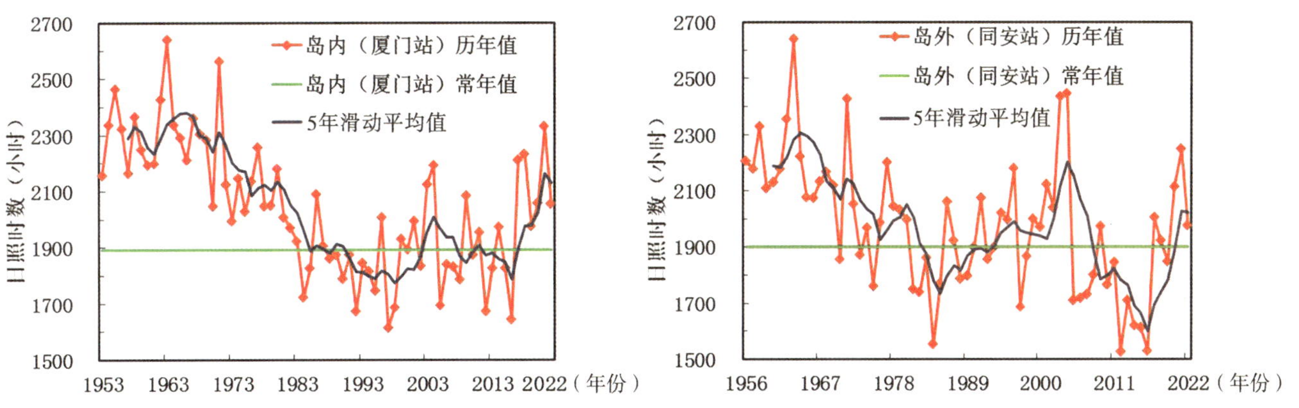

图 3–4 1953—2022 年厦门岛内（左）和 1956—2022 年岛外（右）年日照时数历年变化

吨级的船舶可随时进出。厦门岛以东的刘五店航道亦能保证万吨级船舶随时进出。厦门市海岸线总长约为 234 千米，其中 12 米以上深水岸线约 43 千米，适宜建港的深水岸线约 27 千米。

【水　温】 2022 年，厦门海域表层海水温度年平均为 22.5℃，高于历年平均值 0.8℃；年最高表层水温高于历年最高水温平均值 0.1℃；年最低表层水温高于历年最低水温平均值 0.9℃；表层水温年极差 17.0℃。

【盐　度】 2022 年，厦门海域表层海水盐度年平均值 27.2（注：盐度单位为 PUS，下同），比历年平均值偏高 0.3；年最高表层海水盐度比历年最高盐度平均值偏低 0.2；年最低表层海水盐度比历年最低盐度平均值偏高 1.2；表层海水盐度年极差 18.5。

【潮　汐】 2022 年，厦门沿海最高潮位比历年最高潮位平均值偏低 13 厘米，年最低潮位比历年最低潮位偏低 6 厘米；年最大潮差 644 厘米，年最小潮差 115 厘米，年平均潮差 412 厘米；年平均高潮潮高 583 厘米（潮高起算基面为厦门验潮零点，下同），年平均低潮潮高 171 厘米；年平均海平面 368 厘米，高于常年平均海平面 7 厘米。

【风暴潮】 2022 年，厦门沿海共出现 2 次增水大于 50 厘米的风暴潮过程，分别是：2211 号台风“轩岚诺”（超强台风级）风暴潮过程出现最大增水 57 厘米，2220 号台风“纳沙”（强台风级）风暴潮过程出现最大增水 71 厘米。这两次风暴潮过程最高潮位均未达到厦门蓝色警戒潮位 700 厘米（厦门验潮零点）。全年最高潮位出现在 9 月 12 日（农历八月十七日），潮高 692 厘米，针对此次过程发布天文大潮预警 1 期。

【灾害性海浪】 2022 年，厦门沿海共出现 34 天的大浪（有效波高≥ 2.5 米，下同）过程，其中 3 天为台风浪过程，31 天为冷空气浪过程。受 2220 号台风“纳沙”（强台风级）和强冷空气的共同影响，10 月 16—18 日厦门沿海出现 2.5—3.5 米的大浪；其他为冷空气引起的大浪过程。

（袁方超）

建置沿革

【厦门得名由来】 厦门岛在远古时，常有成群的白鹭栖息，故别称鹭岛、鹭门、鹭屿。东汉为侯官县属地。西晋太康三年（282 年）隶属同安县（后并入晋安县）。隋代为南安县属地。唐中叶，厦门岛称新城、嘉禾里。后唐长兴四年（933 年），南安县大同场升为同安县，厦门岛隶属同安。两宋属同安县绥德乡二十一至二十四都。元代设嘉禾千户所。明洪武二十七年（1394 年）筑厦门城，移永宁卫中、左二千户所驻厦门，设中左守御千户所，厦门岛因此又得名中左所，但仍为同安属地。清顺治十二年（南明永历九年，1655 年）郑成功改中左所为思明州。清康熙十九年（1680 年），清军攻占厦门。康熙二十二年（1683 年）清军收复台湾岛，并于翌年设立台（湾）厦（门）兵备道，厦门地名从此固定下来。

【汉至五代】 东汉属侯官县地。晋太康三年（282 年）隶属同安县（后并入晋安县）。隋唐时期为南安县属地。唐代中叶，厦门岛被称为“新城”，后在岛上设置嘉禾里。后唐长兴四年（933 年）改隶同安县。

【宋元时期】 宋代，嘉禾里隶属同安县绥德乡。元代改里为都，厦门设 4 个都，即二十一都、二十二都、二十三都和二十四都，仍属同安县绥德乡。

【明清时期】 明代实行里都图制，厦门为嘉禾里，下设 4 个都，每个都下辖 2 个图。明洪武二十七年（1394 年），永宁卫的中、左 2 个千户所移驻嘉禾屿，并筑厦门城，此后遂以中左所作为厦门岛的代称。清顺治十二年（南明永历九年，1655 年），郑成功改中左所为思明州，所辖境域包括厦门岛、鼓浪屿、浯洲（大金门）、烈屿（小金门）等岛屿。清康熙十九年（1680 年）清军攻占思明州。康熙二十二年（1683 年），福建水师提督移驻厦门，翌年设立台厦兵备道（雍正五年改为台湾道），管理台湾、厦门两地政务。康熙二十五年（1686 年）泉州府海防同知移驻厦门。清雍正五年（1727 年）分守兴泉道移驻厦门，雍正十二年（1734 年）改称兴泉永道，管辖兴化府（莆田）、泉州府和永春州。至此，厦门成为福建东南沿海的军事、政治、经济中心。鸦片战争之后，清政府被迫与英国签订《南京条约》，厦门成为《南京条约》中规定的 5 个通商口岸之一。清道光二十三年九月十一日（1843 年 11 月 2 日），厦门开埠。清光绪二十八年十月二十二日（1902 年 11 月 21 日），清政府批准《厦门鼓浪屿租界土地章程》，鼓浪屿成为“万国租界”。清宣统三年（1911 年）辛亥革命爆发，同年九月二十四日（11 月 14 日）厦门光复，清朝在厦门岛统治结束。

【民国时期】 1911 年 11 月 15 日，福建军政府厦门军政分府成立，随即恢复兴泉永道，仍为省级政府的派出机构，在行政区划上，厦门岛仍属同安县嘉禾里。1912 年，撤销兴泉永道，以其辖区设南路道（1914 年改为厦门道），道台衙署设在厦门。同年 4 月，厦门岛、金门岛及附近的岛屿（不包括鼓浪屿）从同安县划出成立思明县。1915 年 1 月，大、小金门岛和大、小嶝岛从思明县析出，设立金门县。1933 年 11 月，国民革命军第十九路军发动“闽变”，成立“中华共和国人民革命政府”，升思明县为厦门市，旋改厦门特别市。翌年 1 月，“闽变”失败，厦门特别市随之撤销，恢复思明县建制。1935 年 4 月 1 日，厦门市成立，为福建省直辖市，市区范围即将军祠以西、厦门大学以北、湖滨南路以南约 10 平方千米范围；禾山设特别区，直属省政府及第四行政督察区管辖。1937 年 9 月，禾山特别区改为甲种区，划归厦门市管辖，厦门市辖区始扩大到全岛。1945 年抗日战争胜利，鼓浪屿公共租界由国民政府收回，设置鼓浪屿区。厦门市辖厦西、厦南、厦港、禾山和鼓浪屿 5 个区。翌年并厦西、厦南为中心区。1948 年 3 月，析中心区置开元区，同年 10 月，中心区改名思明区。至此，厦门市辖开元、思明、厦港、鼓浪屿、禾山 5 个区，下设 57 个保。

【中华人民共和国成立后】 1949 年 10 月 17 日，厦门解放。同年 10 月 21 日，厦门市人民政府成立，下设思明、开元、厦港、鼓浪屿、禾山5个区。1953年11月，同安县集美乡划归厦门市，并改为镇建制。厦门市管辖范围开始拓展到岛外。1957年4月，同安县灌口区的东孚等12个乡（镇）划归厦门市。1958年10月，海澄县（龙海市）的海沧、新垵2个乡也划入厦门市。厦门市政府将禾山区、集美镇、灌口镇和海沧镇所属各乡合并，成立郊区。1970年7月，同安县改属晋江专区。1973年9月，同安县复归厦门市管辖。"文化大革命"期间，思明区改名向阳区，开元区改名东风区。"文化大革命"结束后，恢复原名。1978年9月，设置杏林区，将郊区的杏林公社划归杏林区管辖。至1980年厦门经济特区建立前，厦门市辖思明区、开元区、鼓浪屿区、郊区、杏林区和同安县。1980年10月，国务院批准在厦门湖里划出2.5平方千米设立经济特区，同年11月，成立厦门经济特区管理委员会，直属福建省人民政府。1984年5月，中共中央、国务院决定把厦门经济特区的范围扩大到厦门全岛（包括鼓浪屿），并实行自由港的某些政策。同年9月，厦门经济特区管理委员会与厦门市人民政府合并，厦门市人民政府行使地方和经济特区的双重职能。1987年8月，厦门市区级行政区划进行调整，增设湖里区，郊区改为集美区。1988年4月，国务院批准厦门为计划单列市，赋予相当于省一级的经济管理权限。1994年2月，国务院批准厦门市行政级别升格为副省级。1996年11月，同安撤县改区，1997年5月，厦门市同安区人民政府挂牌。2003年5月，经国务院批准，福建省人民政府颁发《关于厦门市调整部分行政区划的批复》，同意撤销厦门市鼓浪屿区和开元区，其行政区域划归思明区管辖，杏林区更名为海沧区，设立翔安区。行政区调整后，厦门市下辖思明、湖里、集美、海沧、同安和翔安6个区，至2022年12月31日不变。

（市委党史方志室）

城市标识

【鼓浪屿世界文化遗产】 鼓浪屿（英文：Kulangsu）原名"圆沙洲"，别名"圆洲仔"，南宋时期命名为"五龙屿"，明朝改称"鼓浪屿"。隶属于厦门市思明区鼓浪屿街道，下辖龙头社区、内厝澳社区，辖区禁止机动车辆通行（警消等除外），至高点为日光岩，与厦门岛上的厦门世茂海峡大厦、厦门大学等隔海相望。鼓浪屿风景名胜区是国家AAAAA级旅游景区、全国重点文物保护单位、中国最美五大城区等。2017年7月8日，"鼓浪屿：国际历史社区"被列入世界遗产名录，成为中国第52项世界遗产项目。

【厦门十大地标建筑】 2021年，厦门十大地标建筑如下：

1. 海上明珠观光塔

海上明珠观光塔坐落在东渡狐尾山顶的海上明珠塔，集气象灾害监测、科普教育、旅游观光和夜景功能于一体，以其观景功能的独到地理优势，成为鸟瞰厦门的较佳观景点。塔楼成为厦门市一座标志性的建筑物。

2. 厦门郑成功雕像

厦门郑成功雕像于1985年8月27日郑成功诞辰361周年落成，屹立在鼓浪屿东南端的覆鼎岩，是厦门的标志性建筑之一。

3. 白鹭女神

白鹭女神雕塑位于厦门的白鹭洲公园内，是鹭岛的象征，是厦门城市雕塑中的精品。

4. 厦门国际中心

厦门国际中心集超甲级写字楼、单元式办公、高档会所、观光等于一体，是厦门市百亿元"高、新、特"项目的重点项目，成为鹭江道上一座厦门地标建筑。

5. 世茂海峡大厦

厦门世茂海峡大厦位于厦门市思明区演武西路，是集酒店、写字楼、SOHO办公（家居办公），以及观光旅游、购物、休闲、娱乐、餐饮等于一体的城市综合体。世茂海峡大厦是厦门标志性城市景观之一，以风帆为造型，并融入厦门市花三角梅的创意，建筑坐落于水边，裙房的立面设计与海边的波浪相呼应。

6. 杏林湾商务营运中心

杏林湾商务营运中心位于集美杏林湾园博苑北岸，项目共有12栋建筑，包括超高层甲级写字楼、超高层公寓、独栋商业大卖场等。其中，12号楼是整个集美新城的地标性建筑。

7. 厦门人民会堂广场

厦门人民会堂坐落在筼筜湖北岸，面积1万平方米，是一座城市标志性建筑，为厦门十佳建筑之一。

8. 海沧大桥

海沧大桥是厦门市境内一座连接湖里区与海沧区的跨海大桥，位于厦门西海域之上。海沧大桥是中国国内第一座系统地进行桥梁景观研究与设计的特大型桥梁，于1999年12月30日竣工通车。

9. 厦门金融中心大厦

厦门金融中心大厦位于会展北金融监管区，为厦门岛东部海岸线顶级、智能化AAAAA甲级写字楼，是厦门两岸金融中心地标式建筑之一。厦门金融中心大厦吸引金融监管部门及众多金融机构、投资机构陆续进驻，两岸金融中心集聚效应日益凸显。

10. 厦门国际会议展览中心

厦门国际会议展览中心，简称"厦门国际会展中心"（XICEC），位于厦门市思明区莲前街道会展路，是集展览、会议、办公及商业服务等功能于一体的会展综合体，由主场馆、厦门国际会展酒店、厦门国际会议中心、厦门海峡大剧院4个部分组成，是厦门市的标志性建筑之一。

【市花、市树、市鸟】 1986年10月，在广大市民投票评选的基础上，由厦门市第八届人民代表大会常务委员会第二十三次会议确定，三角梅为厦门市花，凤凰木为厦门市树，白鹭为厦门市鸟。

（市委党史方志室）

区划和人口

【行政区划】 2022年末，厦门市有6个市辖区，37个街道、8个镇，398个社区、147个建制村。其中，思明区辖10个街道、98个社区，湖里区辖5个街道、59个社区，集美区辖4个街道、2个镇、48个社区、21个建制村，海沧区辖4个街道、32个社区、15个建制村，同安区辖7个街道、4个镇、63个社区、81个建制村，翔安区辖7个街道、2个镇、98个社区、30个建制村。（见表3-1）

【区划优化调整】 2022年，厦门市推进行政区划优化调整，同安区祥平、新民、西柯3个街道析置为6个街道（祥平、新民、西柯、祥和、新美、美林街道）。市民政局做好翔安区辖域内3条镇级行政区域界线联合核定协议书审核，逐级报省政府备案；组织集美区和同安区做好海沧集美线区界和同安区辖区内14条镇界2021年度界线联检档案整理工作；推动地名文化建设发展，出台《厦门市道路命名导则》等文件，推进村庄道路和背街小巷路名命名工作，组织完成国家地名信息库数据质量建设行动任务；推进标准地址二维码管理工作，全年安装二维码门牌13.77万块。

【新地名命名】 2022年9月27日，厦门市政府印发《厦门市人民政府关于同意云谷路等201条地名命名的批复》，命名云谷路等158条道路和银霞里等43个居民点。其中，思明区新命名道路1条，湖里区新命名道路27条、居民点5个，集美区新命名道路22条、居民点10个，海沧区新命名道路19条，同安区新命名道路55条、居民点4个，翔安区新命名道路34条、居民点24个。

【人　口】 2022年末，厦门市总人口530.8万人，人口密度每平方千米3124人。户籍人口293万人，其中城镇人口256.59万人。厦门岛内户籍人口（即思明、湖里2区户籍人口）131.90万人，占全市户籍人口的45.02%。在户籍人口变动中，全年人口出生率11.25‰，人口死亡率3.08‰，人口自然增长率8.16‰，比上年下降0.53个千分点；年末户籍人口中，男性人口和女性人口分别为142.46万人、150.54万人，性别比为95.39。

（市民政局）

表3-1　　2022年末厦门市行政区划一览表

市辖区名称（区政府驻地）	街道（镇）名称（街道办事处或镇政府驻地）	社区（村）名称（个数）
思明区（民族路）10个街道 98个社区	厦港街道（思明南路）	鸿山社区、蜂巢山社区、福海社区、下澳社区、巡司顶社区、沙坡尾社区、南华社区（7个）
	中华街道（镇海路）	仁安社区、镇海社区、霞溪社区、思南社区、文安社区、中山社区（6个）
	滨海街道（曾厝垵）	演武社区、白城社区、上李社区、曾厝垵社区、黄厝社区（5个）
	鹭江街道（故宫路）	营平社区、大同社区、鹭江道社区、厦禾社区、双莲池社区、小学社区、禾祥西社区（7个）
	开元街道（禾祥西路）	深田社区、溪岸社区、美仁社区、西边社区、后江社区、湖滨社区、阳台山社区、美湖社区、希望社区、虎溪社区、坑内社区、天湖社区（12个）
	梧村街道（厦禾路）	梧村社区、文灶社区、金榜山社区、滨中社区、双涵社区、浦南社区、万寿北社区、金祥社区、文屏社区、东坪社区、溪东社区（11个）
	筼筜街道（莲滨里）	西郭社区、四里社区、槟榔社区、湖光社区、一里社区、振兴社区、莲岳社区、岳阳社区、屿后西社区、育秀社区、仙阁社区、金桥社区、屿后社区、官任社区、仙岳社区（15个）
	莲前街道（莲前西路）	龙山桥社区、金鸡亭社区、莲怡社区、莲顺社区、莲云社区、莲薇社区、前埔北社区、莲丰社区、侨福社区、瑞景社区、莲翔社区、何厝社区、前埔社区、洪文社区、西林社区、塔埔社区、岭兜社区、前埔南社区、莲成社区、万景社区、前埔东社区、前埔西社区、观音山社区（23个）
	嘉莲街道（和光里）	盈翠社区、莲花北社区、莲西社区、莲兴社区、莲花五村社区、长青社区、松柏社区、莲秀社区、华福社区、龙山社区（10个）
	鼓浪屿街道（永春路）	龙头社区、内厝社区（2个）

续表 3-1

市辖区名称（区政府驻地）	街道（镇）名称（街道办事处或镇政府驻地）	社区（村）名称（个数）
湖里区（枋湖南路）5 个街道 59 个社区	湖里街道（南山西路）	湖里社区、村里社区、徐厝社区、濠头社区、东渡社区、塘边社区、后浦社区、金鼎社区、南山社区、东荣社区、康乐社区、康晖社区、康泰社区、怡景社区、和通社区、新港社区、海天社区、兴华社区（18 个）
	殿前街道（长浩路）	兴隆社区、长乐社区、北站社区、神山社区、高殿社区、马垄社区、兴园社区、嘉福社区、翔鹭社区（9 个）
	禾山街道（枋湖北二路）	枋湖社区、坂尚社区、钟宅社区、岭下社区、围里社区、禾欣社区、禾盛社区、禾山社区、禾缘社区、五缘湾北社区、禾美社区、枋湖南社区（12 个）
	江头街道（台湾街）	江头社区、吕厝社区、吕岭社区、园山社区、金尚社区、江村社区、蔡塘社区、后埔社区、祥店社区、江华社区、忠仑社区（11 个）
	金山街道（云顶北路）	高林社区、五通社区、后坑社区、金山社区、金林社区、金安社区、湖边社区、金湖社区、金海社区（9 个）
集美区（岑东路）4 个街道 2 个镇 48 个社区 21 个建制村	集美街道（石鼓路）	岑东社区、岑西社区、浔江社区、盛光社区、银亭社区（5 个）
	侨英街道（兑山西里）	浒井社区、孙厝社区、凤林美社区、叶厝社区、兑山社区、东安社区、乐海社区、滨水社区、海凤社区、凤安社区、信毅社区（11 个）
	杏林街道（杏林南路）	纺织社区、曾营社区、宁宝社区、西亭社区、杏林社区、内林社区、高浦社区、杏北社区、宁海社区、园博社区、莲亭社区（11 个）
	杏滨街道（杏林南路）	锦鹤社区、日东社区、三秀社区、马銮社区、西滨社区、前场社区、锦园社区、康城社区（8 个）
	灌口镇（灌口大道）	灌口第二社区、灌口第一社区、上头亭社区、铁山社区、黄庄社区、双乐社区、安仁社区（7 个） 坑内村、深青村、田头村、上塘村、双岭村、李林村、东辉村、顶许村、三社村、井城村、陈井村、浦林村（12 个）
	后溪镇（孙坂北路）	新村社区、英村社区、三兴社区、龙山社区、二农社区、港头社区（6 个） 前进村、溪西村、后溪村、仑上村、崎沟村、东宅村、后垵村、岩内村、黄地村（9 个）
海沧区（滨湖北路）4 个街道 32 个社区 15 个建制村	海沧街道（海沧新大街）	海沧社区、温厝社区、海兴社区、海农社区、临港社区（5 个） 渐美村、囷瑶村、青礁村、后井村、锦里村、古楼村（6 个）
	嵩屿街道（嵩屿路）	海发社区、鳌冠社区、钟山社区、海达社区、未来海岸社区、海虹社区、东屿社区、北附小社区、海翔社区、海林社区、海盛社区、海景社区（12 个） 石塘村、贞庵村（2 个）
	新阳街道（新光路）	霞阳社区、祥露社区、兴旺社区、一农社区、兴祥社区、翁社区厝、孚中央社区（7 个） 新垵村（1 个）
	东孚街道（洪诗路）	天竺社区、过坂社区、凤山社区、莲花社区、东埔社区、山边社区、寨后社区、孚美社区（8 个） 东瑶村、鼎美村、后柯村、芸尾村、贞岱村、洪塘村（6 个）
同安区（银湖中路）7 个街道 4 个镇 63 个社区 81 个建制村	大同街道（朝晖路）	同新社区、西安社区、三秀社区、后炉社区、溪边社区、城西社区、凤山社区、北门社区、西池社区、朝元社区、东山社区、碧岳社区、新丰社区、溪苑社区（14 个） 田洋村、古庄村、顶溪头村、东宅村、下溪头村、康浔村（6 个）
	祥平街道（银湖西路）	西溪社区、陆丰社区、祥桥社区、杜桥社区、凤岗社区、溪声社区、芸溪社区、凤祥社区、凤岭社区（9 个） 过溪村、溪林村（2 个）
	新民街道（新民大道）	乌涂社区、西塘社区（2 个） 洋厝埔村、西山村、蔡宅村、湖柑村、柑岭村（5 个）

续表 3-1

市辖区名称（区政府驻地）	街道（镇）名称（街道办事处或镇政府驻地）	社区（村）名称（个数）
同安区（银湖中路）7个街道 4个镇 63个社区 81个建制村	西柯街道（西柯街）	丙洲社区、西柯社区、吕厝社区、浦头社区、下山头社区、埭头社区、官浔社区、滨海社区、东海社区（9个） 西浦村（1个）
	祥和街道（滨海西大道）	西洪塘社区、西湖社区、阳翟社区、祥晖社区、祥文社区、祥丰社区（6个） 卿朴村、瑶头村（2个）
	新美街道（同安区思明园1号）	后宅社区、禾山社区、梧侣社区、兴店社区、凤南社区（5个） 后坂村、南山村、新塘村、土楼村（4个）
	美林街道（滨海西大道）	潘涂社区、洪塘头社区、后田社区、美人山社区、怡海社区、金海社区、四口圳社区、湖安社区、望海社区（9个） 美星村（1个）
	莲花镇（美浦）	白沙仑社区（1个） 莲花村、后埔村、蔗内村、内田村、上陵村、军营村、淡溪村、白交祠村、西坑村、罗溪村、尾林村、水洋村、小坪村、澳溪村、云埔村、云洋村、窑市村、溪东村、美埔村（19个）
	洪塘镇（洪塘里）	石浔社区、龙东社区、龙西社区、中洲社区（4个） 洪塘村、三忠村、苏店村、新霞村、郭山村、龙泉村、新厝村、新学村、苏厝村、大乡村、下墩村、塘边村、埔后村（13个）
	汀溪镇（温泉路）	汀溪社区（1个） 隘头村、路下村、褒美村、古坑村、西源村、荏畲村、顶村村、堤内村、半岭村、前格村、五峰村、汪前村、造水村（13个）
	五显镇（西洋路）	香溪社区、侨安社区、竹坝社区（3个） 垵炉村、下峰村、布塘村、店仔村、溪西村、竹山村、后垄村、军村村、后塘村、上厝村、明溪村、宋宅村、四林村、西洋村、三秀山村（15个）
翔安区（祥福路）7个街道 2个镇 98个社区 30个建制村	大嶝街道（龙田南三路）	田墘社区、山头社区、蟳窟社区、嶝崎社区、双沪社区、阳塘社区、北门社区、东埕社区、小嶝社区、嶝湾社区（10个）
	马巷街道（巷南路）	五美社区、友民社区、三乡社区、后亭社区、五星社区、桐梓社区、后滨社区、郑坂社区、曾林社区、后许社区、黎安社区、西坂社区、舫阳社区、沈井社区、市头社区、朱坑社区、滨安社区、舫星社区（18个）
	民安街道（莲亭路）	山亭社区、亭洋社区、后莲社区、内垵社区、垵边社区、洪溪社区、同美社区、西炉社区、赵厝社区、前庵社区、内官社区、何厝社区（12个）
	凤翔街道（宋洋一里）	琼头社区、陈新社区、窗东社区、蔡浦社区、井头社区、城场社区、湖头社区、东坑社区、洪厝社区、炉前社区、下后滨社区、刘五店社区、下许社区、垵山社区、东界社区、钟宅社区、钟秀社区（17个）
	新店街道（顶曾路）	新兴社区、新店社区、溪尾社区、祥吴社区、洪前社区、蔡厝社区、陈塘社区、东兴社区、洪琳湖社区、曾坂社区、祥美社区（11个）
	金海街道（鸿翔西路）	浦园社区、西滨社区、澳头社区、欧厝社区、彭厝社区、前浯社区、后村社区、浦边社区、鼓锣社区、浦西社区、鼓岩社区、洪钟社区、滨港社区、鼓翔社区、浦滨社区（15个）
	香山街道（顶曾路）	莲河社区、霞浯社区、霄垄社区、珩厝社区、茂林社区、大宅社区、吕塘社区、东园社区、沙美社区、大学社区（10个）
	新圩镇（镇口路）	新圩社区、东寮社区、大帽山社区、同和社区（4个） 古宅村、后埔村、金柄村、凤路村、村尾村、乌山村、云头村、面前埔村、上宅村、诗坂村、桂林村、庄垵村、后亭村、马塘村（14个）
	内厝镇（上塘中路）	上塘社区（1个） 前垵村、后垵村、黄厝村、许厝村、莲塘村、莲前村、霞美村、赵岗村、曾厝村、官路村、美山村、新垵村、锄山村、琼坑村、鸿山村、后田村（16个）

注：表内资料截至 2022 年 12 月 31 日

民族宗教

【民族工作】 厦门市是一个多民族散居城市，人口中汉族占绝大多数，另有满族、壮族、畲族、苗族、高山族等40多个少数民族。2022年，厦门市加强宣传教育，开展民族团结宣传教育活动。通过交通场站、产业园区、文化场馆等公共场合加强宣传内容展播，通过微信公众号、门户网站以互动方式做好政策解读，传播中华民族共同体理念。以社区、学校、企业、文化场馆为重点，培树福建省、厦门市民族团结进步示范单位，在陈嘉庚纪念馆、英雄小八路纪念馆设立教育实践基地，示范引领加强民族团结进步创建，5个单位获评福建省民族团结进步示范单位。厦门市民族与宗教事务局（简称市民宗局）推进实施各族群众互嵌式发展计划、各族青少年交流计划、旅游促进各民族交往交流交融计划；协同做好少数民族流动人口服务管理，帮助协调办理大病医疗互助保险，通过近邻党建开展一家亲、民族联谊及志愿服务等活动；推动以项目支持、奖金配套、技术指导等方式挂钩帮扶省内民族乡，组织各区民宗局到现场互观互学、了解情况、对接项目，落实帮扶资金；加强对西藏左贡县、新疆吉木萨尔县等民族地区的对口支援和闽宁协作工作，帮扶带动推进共同富裕。

【宗教工作】 2022年，厦门市五大宗教齐全，全市登记的宗教活动场所115处（其中佛教55处、道教10处、伊斯兰教1处、天主教4处、基督教45处），有宗教院校1所（闽南佛学院）。各宗教活动场所分布：思明区50处、湖里区8处、海沧区10处、集美区11处、同安区22处、翔安区14处。市民宗局指导宗教界通过团体联席会、工作交流会、专题报告会等方式学习习近平总书记致厦门经济特区建设40周年贺信和《闽山闽水物华新——习近平福建足迹》等书籍，强化“五个认同”（对伟大祖国的认同、对中华民族的认同、对中华文化的认同、对中国共产党的认同、对中国特色社会主义的认同）。在宗教团体、院校、场所开辟文化走廊，指导宗教团体参加全省宗教中国化主题交流研讨活动，强化中华优秀传统文化、革命文化、社会主义先进文化教育熏陶。加强政策法规宣传，组建宣讲骨干队伍到相关单位进行政策法规宣讲，开展宗教政策法规学习月活动。指导市道教协会、市伊斯兰教协会完成换届工作。各宗教团体对照新颁布的《互联网宗教信息服务管理办法》《宗教活动场所财务管理办法》完善教内规章制度。通过宗教团体、宗教活动场所在信教群众中倡议“要做好信徒，先做好公民”，引导信教群众参与社区疫情防控、文明典范城市创建、公益慈善等工作。指导仙岳山土地公庙承办第十四届海峡论坛·两岸民间宫庙叙缘交流会，青礁慈济宫举办第十五届海峡两岸（厦门海沧）线上保生慈济文化节，增进两岸民间交流。

【《宗教活动场所财务管理办法》贯彻落实】 2022年6月22日，厦门市在南普陀寺举办报告会，宣传贯彻国家宗教事务局发布的《宗教活动场所财务管理办法》。会议全面讲解该办法出台的背景、必要性和过程，系统解读该办法的具体内容，与会人员进行互动交流，就贯彻落实中有关问题进行探讨。

【第十五个民族团结进步宣传月活动】 2022年9月，厦门市以“民族团结一家亲·福籽同心爱中华”为主题，采取线上、线下相结合的方式，开展第十五个民族团结进步宣传月活动。各区各相关部门多层次、多领域、多样化开展民族团结进步创建活动；通过“互联网+民族团结”的形式，以群众更能接受的方式开展理论阐释、政策解读和故事宣讲；到各区基层宣讲中央、省委、市委民族工作会议精神，提升民宗干部理论水平，推进民族事务治理体系和治理能力现代化。

（市民宗局）

经济社会发展

【概况】 2022年，厦门市坚持以习近平新时代中国特色社会主义思想为指导，深入贯彻中共十九大和十九届历次全会精神，认真学习宣传贯彻中共二十大精神，坚决贯彻落实习近平总书记重要讲话重要指示批示精神尤其是到闽考察重要讲话和致厦门经济特区建设40周年贺信重要精神，按照省第十一次党代会、省委十一届三次全会和市第十三次党代会、市委十三届四次全会部署要求，在市委、市政府的正确领导下，坚持稳字当头、稳中求进，落实疫情要防住、经济要稳住、发展要安全的重要要求，高效统筹疫情防控和经济社会发展，统筹发展和安全，提高效率、提升效能、提增效益，克服国内外各种超预期因素叠加影响，做好“两稳两促”（稳主体、稳信心、促服务、促改革）工作，经济社会保持平稳健康发展。全年实现地区生产总值7802.66亿元，比上年增长4.4%，全省并列第4位，三次产业分别增长1.4%、3.8%、4.7%，三次产业结构为0.4：41.4：58.2；二、三产业对全市经济增长贡献率分别为36.1%和63.7%。工业结构持续优化，高技术制造业增加值比上年增长4.2%，占规模以上工业比重42.2%。固定资产投资比上年增长10.2%；一般公共预算总收入、地方一般公共预算收入同口径分别增长4.9%和6.6%；全体居民人均可支配收入增长5.7%；居民消费价格涨幅控制在2%以内；完成年度节能减排任务。落实优化营商环境条例，实施数字化营商环境提升行动，深化“一件事一次办”等改革，515个事项“免证办”、154个事项“秒批秒办”，承接省级下放市批事项211项，“证照分离”改革（指工商部门颁发的营业执照和各相关行业主管部门颁发的经营许可证审批的改革）实现全覆盖。

【经济发展稳中向好】 2022年，厦门市落实国家、省稳经济“一揽子”政策，开展“益企服务”专项行动，兑现惠企资金超400亿元，其中退减缓免税费284亿元。运用财政杠杆撬动银行帮扶企业资金超500亿元，“财政政策+金融工具”纾解企业流动性困难经验做法获国务院办公厅通报表扬。地区生产总值增速在全国15个同类城市中居前列。新增商事主体17.2万户，比上年增长17.6%。扩大投资，加强项目全生命周期管理，按照高于上年实际投资完成额3倍目标策划生成项目1020个、总投资6162.8亿元，新开工入库项目数、总投资分别比上年增长 38% 和 48.9%，470 个省、市重点项目完成投资 2445.8 亿元、完成年度投资计划 159.5%。获批新增地方政府债券、政策性开发性金融工具等国家政策资金支持 718.7 亿元。开展工程招投标“评定分离”改革试点，建设成本降低 6% 左右，开工时间提前 10 天左右。社会消费品零售总额比上年增长 3.1%。推出促进消费系列举措，发放数字人民币消费红包，开展“2022 厦门消费节”等特色消费活动，海上世界等商业综合体开业，集美新城核心区等入选国家级夜间文化和旅游消费集聚区，城市便利店发展指数保持全国首位。物价水平总体平稳。落实稳外贸稳外资系列政策，实施加快推进供应链创新与应用提升核心竞争力行动，新增 5 家全国供应链创新应用示范企业，外贸综合竞争力全国第七，获批全国首批内外贸一体化试点和促进跨境贸易便利化专项行动城市，推动外贸稳定和创新发展工作获国家正向激励。外贸进出口总额 9225.6 亿元，占全省 46.5%；实际使用外资 22.1 亿美元，占全省 44.3%。

小资料：

“益企服务”专项行动：指围绕“4+4+6”现代化产业体系，聚焦政策落地的堵点，瞄准企业发展的痛点，在全市范围内选派近 1000 名处级干部担任企业服务专员，“一对一”“点对点”为 976 家重点企业提供挂钩服务，力争“第一时间了解情况，第一时间上报问题，第一时间组织协调，第一时间解决诉求”，确保“政策直达、回应及时、服务精准、协调快速”。

【新经济快速发展】 2022 年，厦门市战略性新兴产业加速发展。新能源、新材料产业工业总产值分别比上年增长 40.7% 和 16.4%；新产品产量保持快速增长，锂离子电池、新能源汽车产量分别增长 1.3 倍和 45.9%；新兴领域服务业快速增长，信息传输、软件和信息技术服务业营业收入增长 15.1%，其中互联网生活服务平台带动互联网和相关服务增长 20.0%，应用软件开发拉动软件和信息技术服务业增长 16.2%。

【内外需持续恢复】 2022 年，厦门市内需方面，消费市场持续回暖，社会消费品零售总额比上年增长 3.1%，比上半年回升 2.8 个百分点，消费升级态势持续巩固，互联网零售全年增势较好，全市限额以上单位通过公共网络实现实物商品零售额 701.52 亿元，增长 15.6%，高于全国 9.4 个百分点；外需方面，进出口保持增长势头，进出口额增长 4.0%，对金砖和“一带一路”沿线国家和地区进出口分别增长 29.9% 和 12.0%。保市场主体保就业稳步推进。稳经济“一揽子”政策为市场主体提供支撑，开展“益企服务”专项行动，兑现惠企资金 450 亿元，其中减退缓免税 284 亿元，运用财政杠杆撬动银行帮扶资金超 500 亿元。

【农业生产稳定】 2022 年，厦门市农林牧渔业总产值 63.08 亿元，比上年增长 1.7%。农业、林业、牧业、农林牧渔服务业分别实现产值 30.12 亿元、0.15 亿元、13.51 亿元和 11.50 亿元，分别比上年增长 3.0%、2.9%、3.1% 和 2.2%；渔业实现产值 7.80 亿元，下降 5.5%。主要农产品产量保持增长。粮食作物、药材、食用菌、木材全年产量分别比上年增长 1.2%、27.7%、5.5% 和 1.3 倍；生猪出栏 37.37 万头，增长 3.5%；牛出栏 7743 头，增长 12.7%；羊出栏 9074 只，增长 20.4%。

【工业生产持续发展】 2022 年，厦门市规模以上工业增加值比上年增长 4.3%，居全省第 5 位，规模以上工业产销率 93.31%。全市 35 个工业大类行业中，18 个行业实现增长，增长面 51.4%，其中黑色金属冶炼和压延加工业拉动作用最大，比上年增长 87.3%，拉动规模以上工业增长 1.3 个百分点。全市 2889 家规模以上工业企业中，1395 家企业产值实现增长，增产面 48.3%。462 家新增企业带动规模以上工业总产值比上年增长 2.8 个百分点，其中 273 家企业产值实现增长，增产面 59.1%。

【建筑业稳健增长】 2022 年，厦门市建筑业总产值 3513.48 亿元，比上年增长 9.0%，居全省第 5 位，高出全省 0.7 个百分点。主要行业房屋建筑业、土木工程业合计总产值占全市建筑业的 91.1%，其中房屋建筑业比上年增长 17.3%。从订单看，上年结转合同额保持较快增长。全市建筑业企业签订的合同金额 5963.21 亿元，比上年增长 2.8%，其中上年结转合同额增长 11.3%，为建筑业持续发展提供保障。高资质企业成为建筑业主力军。258 家特级、一级资质企业完成产值占全市的 70.0%，其签订合同额与房屋施工面积分别占全市的 72.5% 和 79.4%。

【服务业较快增长】 2022 年，厦门市第三产业增加值 4539.83 亿元，比上年增长 4.7%，拉动地区生产总值增长 2.8 个百分点。批发零售业、金融业、营利性服务业增加值分别比上年增长 10.1%、5.8% 和 6.2%，合计对第三产业增长的贡献率 64.9%。全市批发业、零售业、餐饮业分别比上年增长 22.6%、10.1% 和 10.1%。其中，主要生产资料对限额以上批发业贡献率较高，比上年增长 26.9%，贡献率 85.0%；衣着类商品对限额以上零售业拉动明显，增长 18.7%，拉动增长 6.6 个百分点；限额以上住餐业发展态势平稳，增长 22.6%。规模以上其他营利性服务业实现营业收入 1609.63 亿元，比上年增长 25.9%，其中租赁和商务服务业、软件业营业收入分别增长 44.0% 和 14.5%，231 家新增其他营利性服务业企业贡献显著，增长 3.1 倍，贡献率 99.8%。

【消费市场有序复苏】 2022 年，厦门市实现社会消费品零售总额 2665.36 亿元，比上年增长 3.1%，高于全国 3.3 个百分点。从构成看，限额以上单位拉动作用明显，全年实现零售额 1716.84 亿元，比上年增长 6.7%，拉动社会消费品零售总额增长 4.2 个百分点。从商品类别看，主要生活类消费和汽车消费增势平稳，限额以上汽车类、衣着类、日用品类消费分别比上年增长 4.0%、5.1% 和 21.4%，分别高于全国 3.3、11.6 和 22.1 个百分点。

【外贸总量扩大】 2022 年，厦门市进出口总额 9225.59 亿元，比上年增长 4.0%。其中，出口总额 4657.39 亿元，比上年增长 8.2%；进口总额 4568.20 亿元，增长 0.1%。从贸易类型看，保税物流增长较快，进出口额比上年增长 21.2%，拉动全市进出口总额增长 2.6 个百分点。从贸易主体看，民营企业进出口额比上年增长 13.9%，拉动进出口总额增长 5.1 个百分点。从市场结构看，重点市场加快拓展，对东盟、美国和欧盟进出口额分别比上年增长 12.3%、9.9% 和 12.5%，合计占进出口总额的 45.3%，对金砖和“一带一路”沿线国家和地区进出口额分别增长 29.9% 和 12.0%。

【产业转型升级加快】 2022 年，厦门市启动科技创新引领工程，统筹推进国家自主创新示范区、创新型城市和厦门科学城建设，净增国家高新技术企业超 800 家、专精特新“小巨人”企业（指专业化、精细化、特色化、新颖化特征突出，专注于细分市场、创新能力强、市场占有率高、掌握核心技术、质量效益优的排头兵企业）64 家、新型研发机构 11 家，研究与试验发展（R&D）经费投入强度 3.2%，新认定高层次人才 1819 人，有效发明专利拥有量比上年增长 21.9%，全球首个鼻喷疫苗获批在国内紧急使用，获评为国家知识产权强市建设示范城市，创新能力指数居全国创新型城市第 12 位，科技集群、科技强度首次跻身全球百强。现代化产业体系加快构建。实施市场主体培育工程，构建“4+4+6”现代化产业体系，开展先进制造业、供应链主体倍增计划。电子信息、机械装备、商贸物流、金融服务等支柱产业集群规模分别达到 4615 亿元、2379 亿元、11827 亿元和 1918 亿元。新能源、新材料、生物医药、文旅创意等战略性新兴产业产值（营业收入）分别比上年增长 40.7%、16.4%、6.4% 和 10%，新增 3 家产值超百亿元企业。数字经济规模超 4500 亿元，海洋经济占地区生产总值比重 32%。举办第 22 届中国国际投资贸易洽谈会、厦门国际海洋周、企业家大会、校友经济发展大会等重大活动，投洽会恢复一年一办，开展投行招商、基金招商，注册私募基金总规模超过 4000 亿元。新增签约项目 935 个，引进天马 8.6 代线等投资超百亿元项目 3 个。新增落地项目 1036 个、三年计划投资 2043.5 亿元，其中增资扩产项目 431 个、三年计划投资 752.5 亿元。

小资料：

“4+4+6”现代化产业体系：做优做强电子信息、机械装备、商贸物流、金融服务 4 大支柱产业集群，培育壮大生物医药、新材料、新能源、文旅创意 4 个战略性新兴产业，前瞻布局第三代半导体、未来网络、前沿战略材料、氢能与储能、基因与生物技术、深海空天开发 6 个未来产业。

【开放水平提升】 2022 年，厦门市举办金砖国家工业互联网与数字制造发展论坛等金砖“中国年”系列活动，在厦发布金砖国家制造业数字化转型合作倡议，新工业革命伙伴关系论坛及大赛永久落户厦门。组建金砖智库合作联盟和培训基地联盟，打造示范性培训项目 23 个，开展人才培训覆盖 41 个国家 83.5 万人次。上线新工业革命领域赋能平台 8 个，推出示范项目 104 个。对金砖国家进出口总额比上年增长 29.9%。厦门自贸片区新增全国首创举措 15 项，象屿保税区质量效益综合排名全国第一。新型离岸贸易外汇收支结算比上年增长 43.1%，跨境电商进出口额增长 43.7%。厦门港集装箱吞吐量完成 1243.5 万标准箱，“丝路海运”联盟成员 300 家，与“一带一路”沿线国家和地区进出口额比上年增长 12%，投资增长 15.3 倍。与以色列内坦亚市结为友城，国际友城增至 21 个。举办第十四届海峡论坛、两岸企业家峰会年会等活动，落实各项惠台利民政策，设立大陆首个台企金融服务联盟和首家全国性台商产业投资基金，每周增开厦金货运航班 4 班，开通转运临时邮路，新批台资企业比上年增长 3.8%，对台贸易额增长 31.8%。

【跨岛跨区域发展成效】 2022 年，厦门市岛外常住人口占全市 60% 以上，建成区面积、固定资产投资、规模以上工业增加值占全市 70% 以上，岛外新城建设推进，水、电、路网等基础配套更加完善，同翔高新城成为先进制造业新增长极，银城智谷等产业园区加速成型，新体育中心、新会展中心等重大公建项目进展顺利，马銮湾生态三岛等生态工程建成投入使用。实施闽西南协同发展区重大协作项目 212 个，年度总投资 1073 亿元。

【重大基础设施建设加快】 2022 年，厦门市入选首批国家综合货运枢纽补链强链城市。推进厦门新机场主体工程建设，轨道交通 3 号线南延段、6 号线集同段开工，6 号线林华段全线洞通，福厦高铁厦门段完成铺轨，海沧疏港通道建成通车，翔安大桥合龙。新建改造供水管网 45.1 千米、雨水管网 49 千米、天然气管道 86.9 千米。市域内外五大水源实现连通。厦门数字工业计算中心开工建设，厦门鲲鹏超算中心、厦门国际互联网数据通道建成投入使用，5G（第五代移动通信技术）基站超 1 万个。

【城市功能品质提升】 2022 年，厦门市科学划定“三区三线”（指农业空间、生态空间、城镇空间三种类型空间，以及分别对应划定的永久基本农田保护红线、生态保护红线、城镇开发边界三条控制线）。获批国家智能建设试点城市，建成城市大脑中枢平台。推进城市有机更新，湖滨片区、高林—金林片区等 44 个项目开工建设，沙坡尾等老城区功能持续提升。推动城乡建设品质提升项目 649 个，改造老旧小区 4.97 万户。推进道路交通改善项目 56 个，打通“断头路”25 条，增开优化公交线路 189 条，新增公共停车泊位 1.07 万个。改造新建公园绿地 129 万平方米、绿道 61 千米、慢行系统 120.4 千米，山海健康步道林海线投入使用。

【乡村振兴深入推进】 2022 年，厦门市都市现代农业产业集群营业收入比上年增长 6.4%，4 家企业入选中国农业企业 500 强。打造乡村振兴动线 18 条和试点示范村 69 个。创建“绿盈乡村”13 个，完成农村雨污分流工程。创新薄弱村挂钩帮扶机制，新增集体经济年收入超 50 万元的村集体 20 个。农村居民人均可支配收入总量保持全省第一。做好省内对口帮扶，启动闽宁产业园建设，厦门临夏东西部协作获评为全球减贫案例。

【公共服务及文化体育建设】 2022 年，厦门市建成中小学幼儿园项目 76 个，新增学位 8 万个。全市高校 27 个学科点进入全球 ESI（基本科学指标数据库）排名前 1%。新增医疗床位 2800 张，川大华西厦门医院试运营，北京中医药大学东直门医院厦门医院获批为国家区域医疗中心试点。建成养老服务照料中心、农村幸福院、居家养老服务站、“长者食堂”633 个，获评为全国居家和社区基本养老服务提升行动试点地区。新增普惠性托育园32家。举办金鸡百花电影节、首届厦门市民文化节，歌仔戏《侨批》、电视剧《山海情》等入选全国“五个一工程”奖。新改建近邻运动场358个，举办厦门马拉松20周年活动，获2027年亚洲田径锦标赛承办权。

小资料：

“五个一工程”奖：由中共中央宣传部组织的精神文明建设“五个一工程”评选活动，自1992年起每年进行一次，评选上一年度各省、自治区、直辖市和中央部分部委，以及解放军总政治部等单位组织生产、推荐申报的精神产品中五个方面的精品佳作。五个方面是：一部好的戏剧作品，一部好的电视剧（片）作品，一部好的电影作品，一部好的图书（限社会科学方面），一部好的理论文章（限社会科学方面）。

【社会保障力度加大】 2022年，厦门市完成为民办实事项目49个。城镇新增就业17.7万人，在厦高校应届毕业生就业落实率92.6%。提高最低生活保障、特困人员及孤儿基本生活保障标准。竣工保障性住房1.18万套，筹集保障性租赁住房8.67万套，发放大学生住房租金补贴1.4亿元。“惠厦保”参保人数超100万人，医保支付DIP改革居全国试点城市评估第一。

小资料：

DIP：指基于大数据优势建立的医保支付管理体系，医保部门通过数据发掘“疾病诊断＋治疗方式”的共性特征对病案数据进行客观分类；在总额付费机制下，基于年度医保支付总额、医保支付比例及全市病种分值和分值单价形成支付标准，对医疗机构每一病例实现标准化支付。

【生态环境改善】 2022年，厦门市全域获评为国家生态文明建设示范区。深化中央生态环保督察反馈问题整改，埭头溪治理经验入选全国河湖长制典型案例，入海排放口整治经验全国推广。空气质量保持全国前列，集中式饮用水水源地、主要流域国省控断面、小流域省控断面水质达标率均达100%。完成污水处理“三个一百”计划。生活垃圾分类考评连续18个季度保持全国第一。完成互花米草除治任务。在全国率先设立海洋碳汇和农业碳汇交易平台。

小资料：

“三个一百”计划：指市委、市政府高质量高标准推进污水处理设施建设目标，即三年内投资100亿元，新增污水日处理能力100万吨，每年新增改造市政污水管网100千米。

【文明创建深化】 2022年，厦门市完善文明创建常态长效机制，坚持创建为民靠民惠民，开展五大专项整治和三大重点攻坚行动，构建“大城管”治理格局，改造提升农贸市场85个，整治城中村电缆线20千米。深化新时代文明实践中心建设，推进“洁净家园”创建和文明交通等行动，文明新风尚进一步弘扬。

【新冠疫情防控科学精准高效】 2022年，厦门市新冠疫情防控指挥体系始终激活，每日会商解决问题，因时因势调整策略，守牢全国第三大航空入境口岸。“三公（工）一大”（公安、公卫、工信和大数据部门协作配合，提升队员开展流行病学调查、疫情分析研判的能力和水平）、“大数据＋网格化”机制高效运作，处置本土病例与涉疫突发事件，国家政策优化调整后实现疫情“延迟发生、压平波峰”，以最小代价实现最大防控效果。

【风险防护网织密织牢】 2022年，厦门市健全安委会组织架构和工作规则，落实国务院安全生产十五条硬措施，深化安全生产专项整治，安全生产形势稳定向好。强化社会治安整体防控，常态化推进扫黑除恶专项斗争，刑事警情比上年下降4.75%，莲前派出所获评为全国模范公安单位。排查化解金融风险，银行业不良贷款率保持全国全省低位。推进“保交楼、保民生、保稳定”工作，房地产风险平稳可控。出台《厦门经济特区粮食安全保障规定》，完成粮食生产任务，“菜篮子”市长负责制考评居全国前列。获评为国家食品安全示范城市，消费者满意度测评位居全国前十。

【社会治理水平提升】 2022年，厦门市推进“互联网＋基层治理”建设，“近邻社区”促进社区共建共治共享案例获评为全国基层治理创新典型。深化“平安社区”“无讼社区”创建，建成智慧安防小区668个，社区矛盾纠纷排查调处率98%。完善户口迁移政策。加强国防动员、拥军优属等工作，全市和6个区获省级双拥模范城（区）“满堂红”“五连冠”。

（市政府办）

责任编辑：孙志红
审　　稿：阳晓儒
校　　对：林建高

4 自然资源管理

综　　述

【资源规划事业发展】 2022年，厦门市自然资源和规划局（简称市资源规划局）搭建完成国土空间规划“一张图”实施监督信息系统并通过自然资源部考评。完成“实时体检评估”试点工作，初步建立厦门市国土空间规划实时体检评估系统，国土空间总体规划成果通过专家评审及福建省政府、自然资源部预审查。厦门市在全省自然资源管理工作评价中排名全省第一，林长制工作考核成绩排名全省第一。截至2022年底，厦门市国土调查面积1699.01平方千米（厦门岛面积156.09平方千米），其中耕地面积144.04平方千米，永久基本农田82.93平方千米，主要分布在同安区和翔安区。全市发现矿产资源23种，探明储量矿产11种。探明矿床91处，其中大型4处、中型5处，其余均为小型。开发利用的矿种有地热、矿泉水、建筑用花岗岩和饰面用花岗岩。全市林地总面积547.29平方千米，森林覆盖率29%，森林蓄积量386.17万立方米。全市海域面积约333平方千米，面积500平方米以上的无居民海岛17个。全市海岸线总长265.21千米，珍稀海洋物种国家级自然保护区面积为7588万平方米。

【用地用海保障】 2022年，厦门市资源规划局统筹年度土地供应规划，发布厦门市2022年用地供应计划；盘活存量土地，完善低效工业用地认定标准，建立“正向激励＋反向倒逼”的政策机制，引导低效工业用地再开发；改革农村不动产调查、登记工作体系，实现不动产登记与土地出让、批后监管联动管理；完善土地房屋征收政策体系，制定补偿机制，引导各区依法解决征收补偿纠纷；争取省级用地、用林审批权限下放并完成承接工作，用地报批平均用时、用地报批质量2项指标测评成绩均居福建省第一位。加强生态用海、用海服务保障工作，推进海洋生态修复，强化海域动态系统管理。

【自然资源保护】 2022年，厦门市资源规划局划定“三区三线”（“三区”即农业、生态、城镇3个功能区，“三线”即永久基本农田保护红线、生态保护红线和城镇开发边界）。完成100.80平方千米（含异地代保）永久基本农田划定；完成自然保护地和风景名胜区整合优化预案编制并上报；完成翔安区小光山二期山体复绿工程验收，推进8处裸露山体“青山挂白”治理；推动岸线整治项目实施，种植红树林约44万平方米，修复沙滩长度1488米；完成历年森林督查案件查处整改“清零”攻坚任务，全市181个森林督查案件查处整改到位率100%；林长制考核排全省第一位，存量乱占耕地建房处置工作走在全省前列，保持全省唯一“零新增”；开展自然保护地整合优化工作，完成整合优化预案，将10处保护地整合为9处，总面积由521.58平方千米核减至416.94平方千米，减少104.64平方千米，解决厦门市城市用地和保护发展的问题；完成风景名胜区整合优化工作，10月向福建省林业局提交整合优化预案最新成果，鼓浪屿—万石山风景名胜区核减62.85平方千米。

（连志炜）

土地资源管理

【概　况】 2022年，厦门市完成土地征收1653.68万平方米（含海域退养131.27万平方米），完成房屋征收455.53万平方米，规范完善征收政策制度体系。市资源规划局推动土地供应工作，全市计划供应国有建设用地1846万平方米，实际供应土地2867.70万平方米，超额完成55.35%；完成土地出让130宗，出让土地面积647.56万平方米，土地出让金收入999.44亿元；完成4个批次27宗商住用地出让工作；制定实施工业物业分割转让、工业项目历史遗留违法建筑分类处置、混合产业用地试点工作等政策，释放市场空间；加快闲置土地处置，全年闲置土地处置率81.4%，排名居福建省第一位，实现闲置土地处置“三连冠”；推进低效工业用地再开发，制定《厦门市低效工业用地再开发试点工作方案》《厦门市低效工业用地认定标准》《厦门市促进低效工业用地再开发改造政策指引》等，启动湖里区、海沧区低效工业用地调查及再开发利用方案编制；推动处理历史遗留问题，推进第一批岛内18宗历史遗留用地问题项目处置，其中10宗项目完成处置并上报销号，梳理并推动处置第二批4宗历史遗留问题项目，坚持常态化开展历史遗留问题处置；联合发布《厦门市第三次国土调查主要数据公报》，启用国土“三调”数据，建立自然资源一张底图、一套数据和一个平台。

【土地房屋征收】 2022年，厦门市资源规划局完善征收政策体系，编印《厦门市土地房屋征收与补偿文件汇编》；联合厦门市中级人民法院编印《厦门市集体土地征收工作规范与诉讼指引》，引导各区依法解决征收补偿纠纷；优化征收补偿安置方式，探索房票补偿制度，推动出台《厦门市人民政府办公厅关于集体土地上住宅房屋征收推行房票补偿的意见（试行）》；规范征收行业监管，承接国有土地上房屋征收实施单位备案审批，落实“全程网办”，部分流程时间缩短70%；提升征收智慧化管理水平，创新土地房屋征收线上、线下全链条信息化应用体系，推动厦门市土地房屋征收工作信息系统二期建设，构建市级统筹、区级实施的“两级联动”土地房屋征收信息平台。平台汇集全市1247个征收项目，录入征收协议1.64万份，集聚市、区、镇（街道）、实施单位4级用户503个、征迁拆除公司120家，纵向贯通市、区2级，横向联通区级征收实施主体，形成信息联动和统筹调度协调机制，确保征收项目“流程可控、数据可查、责任可追”；《土地房屋征收数据全面共享、高效应用新模式》获评数字厦门建设领导小组办公室2022年厦门市政务数据优秀共享案例。

【用地审批】 2022年，厦门市印发实施《厦门市承接省政府授权农用地转用和委托土地征收审批权实施方案》《厦门市承接省政府委托土地征收成片开发方案审批权实施方案》，建立权责清晰、分工合理、运转高效的职责分工体系。市资源规划局按照“审查标准不降低、审批效率有提高”要求，出台审批流程实施细则。全年用地获批94个批次（156个项目），总用地面积590万平方米，其中新增建设用地457万平方米，比上年增加13%，厦门市用地报批平均用时7.25天，用地报批质量96.77分，效率指标测评和用地报批质量均排全省第一位；成立全省首个市级土地征收成片开发专家委员会，为厦门市土地征收成片开发提供规范化、法制化、专业化咨询服务；全年审批21批次、25个土地征收成片开发方案，合计用地面积1516.40万平方米，增长78.98%。

【土地供应】 2022年，厦门市资源规划局科学统筹年度土地供应结构，发布《厦门市2022年国有建设用地供应计划》《厦门市2022年住宅用地供应计划》。公开出让（招拍挂）94宗地，土地面积529.63万平方米；协议出让36宗，土地面积117.93万平方米；划拨358宗，土地面积2214.96万平方米；使用集体土地12宗，土地面积5.18万平方米；完成出让金收入999.44亿元（其中商品住宅土地收入611.85亿元）。统筹保障同安火炬B项目、天马N项目等重大产业招商项目落地，策划西堤海上环卫码头、西堤环卫停车场、厦门总部经济区、海防博物馆、两岸记忆博物馆、方舱医院、闽南果蔬批发市场等重点建设项目用地选址论证工作。

【存量土地盘活】 2022年，厦门市资源规划局完善低效工业用地认定标准，制定《厦门市低效工业用地再开发试点工作方案》《厦门市低效工业用地认定标准》《厦门市促进低效工业用地再开发改造政策指引》，构建“正向激励+反向倒逼”的政策机制，引导和鼓励多元主体参与低效工业用地集中连片再开发；加快“批而未供”土地处置，全市处置批而未供土地685.97万平方米，完成年度任务的100.95%，处置率25.24%；推进“供而未用”和闲置土地处置，联合律师团队，逐宗形成闲置土地项目处置意见，出具法律意见书18份；出台《厦门市自然资源和规划局关于进一步规范完善闲置土地项目处置完成情况审核工作的通知》，规范处置审核要求，出具闲置土地处置情况审核意见29份，涉及闲置土地115.89万平方米。全市完成供而未用项目处置242宗、1116.3万平方米，处置率75.4%。其中，完成闲置土地项目处置70宗、221.4万平方米，处置率59.6%。完成年度福建省自然资源厅下发的闲置土地处置任务，处置51宗、164.0万平方米，处置率81.4%，超额完成省自然资源厅要求的30%的年度处置任务，排名全省第一，实现闲置土地处置“三连冠”。

【不动产登记管理】 2022年，厦门市资源规划局改革农村不动产调查、登记

2022年7月29日上午，殿前街道向市不动产登记中心赠送锦旗，感谢中心支持解决殿前街道高殿社区村集体名下产权办理工作 （市资源规划局 供图）

工作体系，7月1日起将农村登记职责划转至市不动产登记中心，实行城镇和农村不动产统一登记，全年办理农村不动产登记938件；印发实施《关于进一步加强国有建设用地使用权转让、抵押、查封管理的通知》，实现不动产登记与土地出让、批后监管联动管理；深化"多测合一、多验合一"改革，推进商品房"交房即交证"常态化办理；制定《工业用地转让预告登记实施方案》，盘活厦门市存量工业用地，优化工业用地的资源配置；实行商品房分户登记全程网办、二手房转移登记即时办结，推行不动产登记告知承诺制，优化不动产与水电气网联动过户；推行"自然资源码"管理体系，将土地、森林、海域海岛等自然资源用统一的"自然资源码"进行全链条管理。

【建设项目审批改革】 2022年，厦门市资源规划局推进工程建设项目在线审批改革，建设工程规划许可证可全流程电子化办理，审批承诺时限进一步压缩40%。深化"清单制＋告知承诺制"，扩大工程规划许可证豁免范围，推进地铁周边和小学幼儿园校内风雨连廊、既有小区内垃圾分类收集屋等免于办理工程规划许可证，促进审批效率提升。全年150个项目采用告知承诺制办理工程规划许可证，压缩审批时限900个工作日；推动"多审合一""多证合一"，促进审批全流程改革。加强跨部门跨阶段协同联动，推动"片区控规＋区域评估＋管控清单""产业项目标准地""多批合一""交地即交证""工程规划许可豁免清单""验登合一"等措施实施。联合建设、审批管理等部门，扩大"验登合一"项目范围，推动整体自持工业项目在"多测合一"基础上"验登合一"，建设单位一次申请，可同步办理竣工验收及不动产权证。持续打造"标准地"厦门模式改革，细化产业项目"标准地"指标管控体系，形成产业项目"5+2+X"指标管控指体系和工业项目"7+2+X"指标管控指体系。实施用地清单制改革，用地出让时生成用地普查评估管控清单，并在土地供应时一并交付用地单位作为后续项目审批管理、技术审查的主要依据，减轻用地单位负担，缩短项目审批时间，加快项目落地动建。

（连志炜）

海洋资源管理

用海管理

【概　况】 2022年，厦门市资源规划局以生态用海理念为指引，以用海服务保障为重点，加强海洋生态修复，强化海域动态系统的运用。保障厦门市重大项目用海面积1294万平方米（含厦门湾口海砂出让583万平方米），征收海域使用金1.7亿元，自然岸线保有率超过18.16%目标值。推进岸线修测成果档案归档工作，做好文件材料的统一立卷，加快岸线修测档案归入中国海洋档案馆。

【用海保障】 2022年，厦门市资源规划局保障高集海堤开口改造工程D区新增区及宝珠屿周边清淤工程、厦门电力与清水进岛隧道土建工程、轨道交通3号线南延段工程沙坡尾涉海段、高崎再生水厂西片区污水主干管及配套工程等11宗项目用海需求，面积711万平方米。办理项目海域使用权转让14宗和海域使用权变更3宗。推动厦门大桥—集美大桥段集美侧海岸带保护修复一期工程、马銮湾新城马銮湾中路工程2个省级项目获批，保障厦门市重大基础设施建设和生态修复工程实施。统一组织开展厦门市海域使用论证外业调查工作，缩短用海项目用海前期论证时间，提高用海审批效率。

【围填海历史遗留问题处置】 2022年，厦门市资源规划局印发《厦门市2021年度围填海历史遗留问题处置工作进展情况的通报》，督促各区、各填海项目业主加快图斑拆除进度，推进项目策划和用海前期工作；落实自然资源部关于已批准但尚未完成围填海项目处置工作要求，开展项目论证评估和生态评估工作，将11个涉及越权审批项目报自然资源部备案；指导各区、各业主策划项目，利用围填海历史遗留问题图斑开展厦门市重点项目建设；马銮湾围填海历史遗留问题处理方案获自然资源部备案批复，马銮湾中路工程用海手续获福建省自然资源厅批复；梳理完成同安湾围填海历史遗留问题处理方案上报省自然资源厅；牵头开展厦门市围填海历史遗留集中备案审查工作，将梳理结果报省自然资源厅审查。

【用海项目及自然岸线监管】 2022年，厦门市资源规划局组织市海洋综合行政执法支队开展年度海域海岛"双随机"检查和事中事后监管工作，对接自然资源部东海局、福建省自然资源厅，核查围填海疑点疑区图斑，全年开展23个围填海疑点疑区图斑核查工作，涉及面积59.52万平方米，全部解决；对接税务部门开展非税收入划转工作，做好海域使用金计算和推送，完善海域使用金填报系统，理清海域使用金欠缴项目清单和欠款项目信息；完成海域使用金、无居民海岛使用金纸质材料移交，督促用海项目原海域使用权人发生变更的单位加快办理海域使用权证变更手续和海域使用金缴交。

（连志炜）

海洋资源保护执法

【概　况】 2022年，厦门市海洋发展局持续深化"放管服"改革，推进便民服务，开展行政执法监督，组织清理审查规范性文件。厦门市海洋综合行政执法支队开展海上巡航1534次、岸线巡查1067次，组织海洋工程检查641个次、水产品质量安全执法检查94次、水生野生保护动物执法宣传175次、无居民海岛登岛检查143个次、海上相关拆违行动128次，处理"110"警情177起，拆除各类违法捕捞网具及设施2400余件，拆解涉渔"三无"（无船名船号、无船舶证书、无船籍港）船舶73艘；立案查处海洋与渔业案件159起，办结跨年度案件49起；移送海警、公安部门刑事立案9起，接收海警、公安、检察院、翔安区等移交案件10起。"'中国渔政亮剑2022'系列专项执法行动获福建省海洋与渔业局领导的肯定；执法支队被农业农村部表彰为"'中国渔政亮剑2022'系列专项执法行动工作成绩突出的集体"，许连渠被农业农村部表彰为"2022年渔业执法系列专项行动工作突出个人"；选送的5个案卷在全国渔政执法案卷评查中全部评为优秀案卷；查办移交的1起危害珍贵、濒危野生动物案被最高人民法院遴选为生物多样性司法保护典型案例；查办的 1 起海洋案件参加全市行政处罚案卷评查获评“十大优秀案卷”。

【海洋渔业执法法规】 2022 年，厦门市海洋发展局贯彻落实新《中华人民共和国行政处罚法》和上级有关包容审慎监管执法的文件精神，在渔业领域推行包容审慎监管执法制度，组织制定四张清单和配套办法，印发《厦门市渔业领域包容审慎监管执法四张清单制度实施办法（试行）》，公布不予处罚清单 13 项、从轻处罚清单 13 项、减轻处罚清单 13 项和免于行政强制清单 3 项；组织清理历年制定的规范性文件，清理失效和废止的规范性文件 17 件并向社会公布。

【海洋执法监督】 2022 年，厦门市海洋发展局加强对海洋渔业资源行政执法监督。制定实施《厦门市海洋发展局行政执法监督管理规定》，通过多种方式监督承担管理职责的部门；印发《厦门市海洋发展局关于进一步加强水产品批发市场管理和行政执法的通知》，理顺和整合海洋执法支队和保障中心监管和执法职责，强化对水产品批发市场执法监管；落实“双随机”抽查相关制度，督促相关单位制定年度工作计划，开展水生野生动物保护、伏季休渔、水产品批发市场经营企业“双随机”抽查工作，强化对执法抽查过程的监督，抽查结果在政府门户网站、信用厦门网站公示，加强市场领域跨部门联合执法监管。

【海上联合管控】 2022 年，厦门市海洋综合行政执法支队深化与漳州、泉州等地执法部门的协作，针对年度重要节点特别是黄花鱼等季节性渔汛，按照“分区设防、守点巡线、加强协作、海陆联动”原则，组织开展大厦门湾协同执法 9 次，形成区域性管控“外围”网络，保障厦门湾相关海域的平安稳定；加强与海警、海事、港航等涉海部门协调配合，采取守点控面结合、技防和人防结合、执法和宣传结合的方式，牵头组织厦门市涉海部门开展联合行动 9 次，实施 24 小时海上联合屯兵 167 天，针对性加强重点海域、重点时段、重点对象管控，构建高效的“横向”涉海管控网络；持续加强部署、保障和开展督导，助力属地加强岸线管控、完善停泊点建设和规范出海报备制度，消除相关海域管控各类风险点，推动“海陆同防、以岸制海”的闭环监管，构建严密的“纵向”源头管控网络；健全完善厦漳泉联合执法机制、涉海部门联合执法机制和海陆联动机制，筑牢织密海上防线，逐步规范厦金海域渔业生产秩序。

2022 年 1 月 17 日，厦门市海洋发展局牵头组织涉海部门联合执法行动（陈都　摄）

【海域非法捕捞整治】 2022 年，厦门市海洋综合行政执法支队按照农业农村部“中国渔政亮剑 2022”专项执法的统一部署，坚持问题导向、目标导向、结果导向，围绕重点问题，坚持规范公正文明执法，打击各类涉渔违法违规行为。结合海上疫情防控，以组织“海上屯兵”为重要抓手，牵头协调海事、海警以及各区渔政主管部门对重点海域和重点时段开展联管联控，先后开展伏季休渔专项执法，违规定置网专项整治，“三无”船清理取缔，打击电鱼捕捞，大黄鱼、鳗鱼苗渔汛管控等执法行动，查办渔业捕捞违规违法案件 196 件（其中移送司法机关处理案件 9 件），拆解销毁“三无”船舶 73 艘，清理整治违规网具 1149 张，收缴电鱼器具 31 套。

【伏季休渔】 2022 年 5 月 1 日 12 时至 8 月 16 日 12 时，厦门市海洋综合行政执法支队开展伏季休渔监管工作。坚持依港定船，把全市 733 艘在册渔船和 3500 余艘乡镇船舶纳入政府指定的渔港（伏休点）实施集中看管；落实定期点验，每周督促各区开展渔船点验制度，掌控伏休渔船动态变化情况；每月组织开展“双随机”检查，对伏休渔船数量、渔港安全管理等情况实施突击检查；开展封港清查，协助配合各区对沿岸渔港内停泊的“三无”船舶开展清理整治，协助清理“三无”船 120 余艘，从源头上控住“三无”船涉渔捕捞。伏季休渔期间，厦门市出动执法人员 3910 人次，开展海上巡航 518 次、岸线港口巡查 352 次；登临检查钓鱼船、乡镇船舶 186 艘，查获违法捕捞船舶（排筏）22 艘，没收肩背式电鱼设备 9 套，拆除火车网、流刺网等违规网具 452 节（张），办理案件 31 起（其中涉刑案件 8 起），拆解涉渔“三无”船舶 43 艘，悬挂宣传横幅 38 条，印发宣传材料、海报 5000 余张。

（许金璟）

海洋灾害防范

【概　况】 2022 年，厦门市海洋发展局完成上岸渔获可追溯管理系统建设。做好厦门海域赤潮预警监视监测、赤潮等级预报和赤潮应急监测工作。组织开展渔业安全生产专项整治三年行动、水上和渔业船舶安全整治三年行动、海上渔船安全治理和商渔船碰撞治理行动。全年渔业安全生产形势平稳。厦门海洋预报台完成厦门海域海洋水文气象观测工作，获取数据量196.88万个，实现实时数据采集率97.3%、资料传输率99.9%；获取鼓浪屿测点数据52.29万个、高崎码头测点数据43.95万个、马銮码头测点数据52.29万个、小嶝测点数据44.85万个、厦门东部浮标数据3.5万个，通过数据专线向厦门市防汛抗旱指挥部办公室发送防汛验潮点实时观测数据。作为厦门市海洋灾害风险普查工作技术支撑单位，在福建省率先完成海洋灾害风险普查工作，划定厦门市风暴潮重点防御区，完成厦门市各区风暴潮防御指挥图修订，提升海洋防灾减灾工作能力，为厦门市合理布局海洋经济产业提供基础数据和决策依据，保障海洋经济高质量发展。

【海洋环境专项预报保障服务】 2022年，厦门海洋预报台继续开展“海上丝绸之路”海洋环境预报保障工作，预报内容为厦门港和泉州港以及厦门至金门、泉州至金门和马尾至马祖港口海洋环境预报，预报要素为未来72小时风力、风向、浪高和浪向，预报结果通过国家海洋环境预报中心统一对外发布。继续做好对台合作预报项目——两岸客轮航线海洋环境预报，负责的厦门至金门、泉州至金门和马尾至马祖3条客轮航线预报工作平稳运行，每天6时、12时和18时发布航线预报信息，预报信息与台湾预报机构共享，服务两岸航运公司和旅客。开展厦门新机场大型工程保障预报，为施工单位科学调度海上作业提供预报服务，保障新机场建设有序推进。为海事搜救部门提供渔船失联搜救轨迹预报等预报服务。

【海洋灾害风险普查】 2022年，厦门海洋预报台作为厦门市海洋灾害风险普查工作技术承担单位，在福建省率先完成厦门市第一次海洋灾害风险普查工作。主要完成厦门市历史海洋灾害调查和主要灾害致灾孕灾调查，收集和整理厦门市历史年度海洋灾害事件调查表43份、33件海洋灾害事件，以及47次风暴潮过程和1次海啸过程的相关观测数据；对厦门市各区现有海洋灾害承灾体开展现场调查，主要调查44条主要海岸防护工程、3个渔港和29个渔船避风坞、5处滨海旅游度假区。根据调查结果开展海洋灾害风险隐患评估和分析，厦门市有6条海岸防护工程存在海洋灾害风险隐患，主要分布于思明区鹭江道和集美区鳌园附近区域；未发现渔港风险隐患，滨海旅游度假区隐患等级较低。形成各区和厦门市的海洋灾害风险普查成果，摸清厦门市海洋灾害基本情况，完成承灾体风险隐患排查，为厦门市海洋防灾减灾工作提供基础数据。在厦门海洋灾害风险普查工作成果的基础上，完成厦门市风暴潮重点防御区划定工作和厦门市风暴潮防御指挥图修订工作，提升海洋防灾减灾能力，成果受到省、市海洋防灾减灾主管部门的肯定。

【海洋预报防灾减灾】 2022年，厦门海洋预报台开展厦门沿海各项日常海洋预报、中长期预测、海洋灾害预警报、专项保障预报工作和海洋灾害调查工作，全年预警报质量稳定。通过广播、邮件、传真、网站、LED屏、微信、手机短信、综合信息服务平台等方式，为60多家单位部门发送日常海洋预报单，其中传真8000余份、邮件2万余份、手机短信2.8万条、其他方式2000余次。每日发布3个时次的台湾海峡两岸客轮航线预报单，其中传真2.2万份、邮件2万余份、短信约14万条。为8家单位发布中长期预测单40余份。开展2209号“马鞍”、2211号“轩岚诺”、2212号“梅花”、2220号“纳沙”4次台风和10次冷空气过程的预警报工作。在台风和冷空气等重大天气系统影响期间，制作海浪灾害预警报产品86期；2022年影响厦门的台风距离较远，加之影响期间处于天文小潮期，未发布风暴潮灾害预警报信息。在海洋灾害影响期间，发送传真1.2万份、手机短信3.6万条，参加全国海洋灾害预警会商16次、厦门市防汛会议8次，制作厦门市海洋灾害形式分析预测稿8期、厦门航线海浪潮位快报36期、厦门大潮预警信息1期，发布预警报产品，为政府防汛部门防灾减灾决策提供支撑保障。

【赤潮预防与治理】 2022年，厦门市海洋发展局按照《厦门市近岸海域赤潮灾害渔业应急预案》和《2022年厦门近岸海域赤潮防范工作要点》的要求，利用厦门海域浮标自动监测遥报系统，做好厦门海域赤潮预警监视监测、赤潮等级预报和赤潮应急监测工作，在赤潮高发期完成厦门海域赤潮等级预报214期，组织开展海洋防灾减灾宣传工作。

【海洋风暴潮监测】 2022年，厦门海洋预报台开展海洋风暴潮监测，发布风暴潮监测情况。厦门沿海出现2次增水大于50厘米的风暴潮过程，分别出现在2211号台风“轩岚诺”（超强台风级）和2220号台风“纳沙”（强台风级）期间。这2次风暴潮过程最高潮位均未达到厦门蓝色警戒潮位700厘米（厦门验潮零点）。全年最高潮位出现在9月12日（农历八月十七日），潮高692厘米。2022年，厦门沿海出现34天的大浪（有效波高≥2.5米）。其中，3天为台风浪过程，受2220号台风“纳沙”（强台风级）和强冷空气的共同影响；10月16—18日，厦门沿海出现2.5～3.5米的大浪，其他31天为冷空气浪过程。

（许金璟　袁方超）

海洋国际合作交流

【概　况】 2022年，厦门市海洋发展局承办2022厦门国际海洋周，组织召开东亚海岸带可持续发展地方政府网络（PNLG）年会，推进厦门市海洋国际合作中心建设，拓展海洋文化教育宣传，持续深化海洋对外合作与文化宣传交流工作。

【海洋国际合作】 2022年，厦门市海洋发展局持续推进厦门市海洋国际合作中心建设和发展，参与承办和支持“第一届海洋负排放国际大科学计划专题论坛”“2022蓝色经济论坛”“‘蓝色梦想’国际当代艺术展”等涉海国际会议和活动15项，提升海洋国际合作中心影响力；支持海洋三所、海岛中心、厦门大学等合作单位开展“中泰联合蓝色市民活动”、《厦门与太平洋岛屿经济体海洋产业合作对策研究》、《联合国“海洋十年”Coastal——SOS厦门案例预研》、“‘表层海洋——低层大气研究’SOLAS国际暑期学校”等项目建设；推动厦门市海洋国际合作中心与中俄7家涉海科研机构、国际组织共同签署《关于海洋可持续发展综合多学科研究谅解备忘录》，打开与金砖国家海洋合作新渠道；建设厦门市海洋国际合作中心中英文网站，打造线上官方传播渠道；拍摄制作厦门海洋国际合作宣传片《人海和谐 共筑未来》，展示厦门海洋国际合作成效。

【海洋文化宣传】 2022年，厦门市海洋发展局举办中华海洋文化厦门论坛，来自全国各地的科研机构、高等院校近百名专家、学者参会，推动中华海洋文化研究跨学科对话和交融；开展2期海洋文化公开课，获《人民日报》等媒体转发，点击量超百万次；联合福建省闽南文化研究会、厦门日报社等开展纪念"厦门号"远航美洲100周年"鹭岛再扬帆"主题征文比赛，征集作品170余篇；与厦门大学近海海洋环境科学国家重点实验室、"70.8"海洋媒体实验室共同发起"海洋讲师团"活动，邀请科学家、科研人员、科普工作者等10位讲师代表授课演讲4场，提升厦门青少年海洋科学素养和海洋保护意识；举办"以海为媒 走向世界"歌仔戏侨批、"海洋公约"儿童艺术展、海洋科学开放日、"70.8海洋青年说"、下潭尾红树林公园科普活动、"爱厦门、爱海洋"摄影比赛等。

小资料：

"70.8"海洋媒体实验室：全国首个顶尖科研机构与权威媒体联合创办的海洋媒体实验室，"70.8"表示海洋占地球面积70.8%。

【东亚海岸带可持续发展地方政府网络年会】 2022年10月26—28日，厦门市海洋发展局牵头组织2022东亚海岸带可持续发展地方政府网络（PNLG）年会，在主办方印度尼西亚唐格朗市和PNLG秘书处（厦门）设线下会场，来自中国、柬埔寨、印度尼西亚、日本、马来西亚、菲律宾、韩国、东帝汶、越南9个国家的30多个成员单位近200名代表线上、线下参加。年会以"提升海岸带韧性促进地方蓝色经济可持续发展"为主题，发布《唐格朗倡议》；引荐印度尼西亚哥伦打洛省和中国自然资源部国家海洋技术中心2个新成员加入PNLG；组织海岸带综合管理系统（ICMS）认证仪式，为柬埔寨西哈努克省、菲律宾吉马拉斯省、印度尼西亚唐格朗市以及越南岘港市4位成员颁发认证证书；开展技术研讨和实地考察等活动，促进成员间的经验交流，推动东亚海区域的海洋可持续发展。

【厦门国际海洋周】 2022年11月10日，2022厦门国际海洋周开幕式暨厦门国际海洋论坛在厦门国际会议中心酒店举行。该届海洋周以"打造蓝色发展新动能，共筑海洋命运共同体"为主题，自然资源部副部长、国家海洋局局长王宏，福建省副省长林文斌，厦门市市长黄文辉出席会议并致辞。联合国副秘书长李军华、联合国开发计划署驻华副代表乔展等10位国际嘉宾线上致辞。该届厦门国际海洋周持续至16日，设置海洋大会论坛、海洋专业展会、海洋文化嘉年华三大板块，16个国际组织参与，汇聚近800家企业，共商共谋共议海洋经济高质量发展；配套举办第五届国际潜水救捞与海洋工程装备展览会、第十五届厦门国际游艇展，为厦门市海洋招商引资营造浓厚氛围；举办船钓赛、歌仔戏、科普大赛、海洋科学开放日、风筝节等十几个海洋文化嘉年华活动，打造厦门海洋文化传播品牌。

（许金璟）

2022年11月10日，2022厦门国际海洋周开幕式暨厦门国际海洋论坛在厦门国际会议中心酒店举行 （王火炎 摄）

森林资源管理

【概 况】 2022年，厦门市资源规划局健全林长制工作制度，出台《厦门市林长制市级会议制度（试行）》《厦门市林长办公室工作制度》等，推动市、区2级"林长＋法院院长""林长＋警长""林长＋检察长"公检法系统全覆盖；深化集体林权制度改革，结合乡村振兴及片区发展规划，通过海沧区东孚街道洪塘村集体林权制度改革试点，探索林地资源"村企合作共赢"模式；推进智慧林长制建设，完善厦门市林长制网格化智慧管理平台，率先福建省推广应用"林长通"巡护App（移动端应用程序）；开通"厦门市林长制"微信公众号、林长制专题专栏，宣传厦门市林长制工作动态。

【森林资源管护】 2022年，厦门市资源规划局优化沿海防护林基干林带空间布局规划，梳理符合沿海基干林带区位的储备用地46万平方米；分解下拨森林生态效益补偿资金和天然商品林停伐管护资金2222.27万元；推进造林绿化空间划定规划，摸查全市可造林空间潜力，测算上报2025年、2030年和2035年全市及各区的林地保有量和森林覆盖率规划目标；推进森林综合保险业务，落实2023—2025年森林综合保险业务，保障林农的基本权益；组织开展厦门市年度森林、草原、湿地调查监测工作，为开展林草湿生态系统保护修复、监督管理、林长制督查考核、实施碳达峰碳中和战略等提供决策支撑。

【森林督查案件整改】 2022年，厦门市资源规划局开展森林督查案件查处整改“清零”攻坚行动，推进历年（2013—2021年）森林督查工作、打击毁林专项行动中发现及积压的破坏森林资源案件限期查处整改。全市181个森林督查案件查处整改到位率由53.28%提高到100%，查处整改不到位案件由114个减少为0个。

（连志炜）

矿产资源管理与地灾防治

【概　况】 2022年，厦门市资源规划局完成《厦门市矿产资源总体规划（2021—2025年）》《厦门市地质灾害防治“十四五”规划》编制，制定《厦门市海砂资源管理规定》《地质灾害隐患点核销工作程序》等，完成厦门湾口海域B矿区和C矿区海砂采矿权和海域使用权“两权合一”拍卖出让工作，完成思明、湖里、集美、海沧、翔安5个区1∶50000地质灾害风险调查评价；易地搬迁签约户移交率96.76%，拆除移交房屋247栋，消除地灾点安全隐患30处，受益群众1400余人；推动白交祠村就地搬迁安置房施工，施工进度75%；完成14处关闭矿山、2处证照逾期矿山的销号工作。

【用砂保障】 2022年，厦门市资源规划局做好厦门新机场等重点项目用砂保障工作，完成厦门湾口海域B矿区和C矿区海砂采矿权和海域使用权“两权合一”出让工作，湾口海域B矿区出让海域面积5.83平方千米，可开采海砂3700万立方米；湾口海域C矿区出让海域面积6.93平方千米，可开采海砂2500万立方米。

【非法盗采海砂执法监管】 2022年，厦门市资源规划局委托市海洋综合执法支队组织开展打击查处海域非法采砂行为，强化日常海上、岸线巡航巡查，开展海上联合执法行动，出动执法人员11263人次、执法船艇1510航次，陆上巡查871车次，开展联合执法19次；开展陆上砂场整治工作及陆地砂场整治工作“回头看”，出动执法人员1238人次、车辆401辆次，检查涉砂场所（含河砂、机制砂）292处，立案查处3件，完成砂场清理55处；开展陆上涉海砂场专项整治、打击非法盗采海砂执法检查、巡查工作。全年组织开展海上巡航1574次、岸线巡查1112次、海洋工程检查659个次、无居民海岛登岛检查272个次、绕岛检查191个次及“双随机”抽查3次。

2022年6月1—17日，厦门市资源规划局联合厦门气象局连续发布17期地质灾害风险预警。图为地质灾害会商现场

（市资源规划局　供图）

【地质灾害防范】 2022年，厦门市资源规划局联合市气象局发布地质灾害气象风险预警22期，预置技术支撑队伍27组次，处置并应急调查险情43起，出动群测群防人员1959人次，巡排查2103处次，转移受威胁人员778人次，全年未因地质灾害造成人员伤亡，财产损失轻微；持续推进地质灾害防御指挥平台软硬件升级，完成15处群专结合普适型监控设备安装；召开全市地勘行业安全生产部署会，开展在建治理工程质量安全现场检查3次，开展地灾防治资质单位“双随机、一公开”监管检查2次，规范地勘行业安全生产活动。

【地质灾害防御指挥平台建设】 2022年，厦门市资源规划局应用精细化气象数据、地灾高发区易发区数据、同安区1∶50000地灾风险区域评估调查数据，优化基于有效降水量的地灾预警方法。落实普适型监测设备部署，新增对接“雪亮工程”视频监控，提高地灾技防水平，推进地灾防治工作向“群专结合”转变。上线“防汛防地灾”小程序公众版，实现“一点一码”地灾险灾情扫码上报。

【防灾培训及宣传】 2022年，厦门市资源规划局结合“5·12”全国第14个防灾减灾日，开展群众性宣传活动10场；开展地灾防治专业培训5场，培训相关防灾责任人、监测责任人等335人；开展地质灾害转移避险演练5场，参演人数360余人，提高对突发地质灾害的应急处置熟悉度。

（连志炜）

测绘与地理信息管理

【概　况】 2022年，厦门市资源规划局加快推进新型基础测绘体系和服务能力建设，以承接乙级测绘资质审批为契机，推进行业监管；以开展实景三维建设等新型基础测绘为重点，充实厦门市基础地理信息成果库；以“多测合一”改革为抓手，优化厦门市营商环境；以基础地理信息平台建设为依托，拓展地理信息成果服务方式手段。办理行政许可审批119件次（含资质审批90件次、地图审批10件次、使用涉密测绘成果审批19件），审核制作测绘作业证612本。开展“双随机”检查22家，开展行业安全检查30家；实施11个基础测绘项目，合计投入资金1746万元；完成倾斜摄影120平方千米、大比例尺测图65平方千米、航空摄影1800平方千米、24.07平方千米地理实体数据获取，同步在城市体检评估、城市更新、三维不动产登记查询等方面开展试点应用服务；为生态环境、公安、交通、海洋、执法和水利等部门、40多家企业及72个国家省市重点项目合计提供基础测绘成果和数据服务近2万次。

【测绘地理信息服务】 2022年，厦门市资源规划局完善“天地图”功能，常态化更新数据；推进北斗卫星导航系统应用，开展XMCORS北斗化能力建设，完成现有6个基站的GNSS软硬件产品基于北斗服务或优先北斗服务的升级改造；试点开展InSAR监测（地质沉降监测）服务，为厦门市地质灾害监测和预警提供支撑服务，为厦门市住房、应急管理等行业提供安全监管、应急处置服务。

【新型基础测绘体系建设】 2022年，厦门市资源规划局推进新型基础测绘体系建设技术支持服务暨厦门市新型基础测绘总体设计工作，完成《厦门市传统基础测绘应用现状问题分析》《厦门市新型基础测绘体系建设需求调研分析报告》《厦门市新型基础测绘体系建设试点技术设计书（含实施计划）》《厦门市基础地理实体数据规范》《厦门市基础地理实体数据生产作业指导书》5项成果，并通过专家验收。

【实景三维厦门建设】 2022年，厦门市资源规划局以2025年建成实景三维厦门为目标，编制《实景三维厦门建设实施方案》，明确实景三维厦门的建设原则、建设目标及年度实施计划；完成主要建成区约300平方千米的倾斜摄影实景三维数据，整体精度优于5厘米，在有条件的区域建设分辨率优于1.5厘米的超高精度倾斜摄影模型；首次选取空间数据种类齐全的思明区核心区域24.07平方千米开展地理实体数据试生产，探索将地理信息数据实体化改造工作，同步在城市体检评估、城市更新、三维不动产登记查询等方面开展试点应用服务。

【测绘行业监督管理】 2022年，厦门市资源规划局对接福建省自然资源厅乙级资质审批下放厦门市工作，完成资质申请31件，资质信息变更34件，补充和修改数据30件，专业类别变更3件；开展测绘资质“双随机”检查，完成17家乙级单位检查，配合省自然资源厅完成省对市5家甲级单位检查；履行行业安全生产监管职责，首次将安全生产纳入测绘资质“双随机”检查内容，并开展安全专项检查，全年对30家单位进行检查。

【信息化应用领域建设】 2022年，厦门市资源规划局构建厦门市自然资源资产信息管理平台，服务全链条全生命周期覆盖的自然资源资产管理，为掌握并配置全民所有自然资源资产提供支撑。搭建厦门市自然资源智慧监测监管平台，通过搭建自然资源监测数据中心，开展耕地、森林、湿地、矿产、海域等各类资源智慧监测监管、地质沉降监测（InSAR监测）、自然保护区视频监控、执法监察等各类系统建设，配套“自然资源督查云”移动端，完善管理机制及自然资源智慧监测监管体系，实现山水林田湖草全天候、实时化、常态化保护监控。

【CIM平台建设】 2022年，厦门市资源规划局立足CIM平台（基于数字化技术的城市管理平台）建设试点阶段工作，依托BIM报建项目建设部分功能，推动多规平台CIM应用。融合近700个空间数据图层、500平方千米倾斜摄影数据、30个BIM模型等数据，开放100余个可复用标准化API接口，为有关部门提供“CIM+”应用的定制化、个性化的服务，为企业提供招商智能选址、地价测算、商业选址等企业服务，为公众提供室内导航、房屋大数据查询等智能化服务。

【“多规合一”业务协同平台】 2022年，厦门市资源规划局依托“多规合一”业务协同平台，推行项目策划生成阶段“双清单+容缺并行”机制，创新项目策划生成标准化模板，提前落实空间要素问题，一次性告知审批事项，破解项目生成环节多、耗时长、互为前置等突出堵点；强化“多规合一”业务协同，创新平台功能，整合全市规划、现状、管理等475个图层，形成全域“一张底图”，提供统一的空间数字服务，接入单位434个。

（连志炜）

责任编辑：明安文
审　　稿：林建高
校　　对：曲　艺

5 生态环境保护

综　述

【生态环境质量建设】 2022年，厦门市空气质量综合指数2.56，在全国168个重点城市中排第九名，空气质量优良率97.5%；集中式饮用水水源地水质达标率、主要流域国省控断面水质优良率、小流域省控断面水质达标率、小流域“以奖促治”断面水质达标率保持100%；近岸海域优良水质点位比提升至86.4%；城市声环境功能区昼间、夜间达标率分别为100%、86.2%；土壤环境质量好转，危险废物处置利用率100%。厦门市成为全国第二个获评国家生态文明建设示范区的副省级城市，同安区、翔安区同步获评国家生态文明建设示范区，在全省率先实现国家生态文明建设示范区全覆盖；筼筜湖保护中心、鼓浪屿街道办事处获评第三届中国生态文明奖先进集体。厦门市10项生态环境典型经验做法全国推广，生态环境分区管控制度创新获评全省机关体制机制创新二等奖、改革创新项目第五名、全市改革创新最佳案例，厦门自贸片区3个案例入选生态环境部《自由贸易试验区加强生态环境保护推动高质量发展案例汇编》。

【空气环境质量】 2022年，厦门市空气质量指数（AQI）优的天数208天，良的天数148天，轻度污染的天数9天；空气质量优良率97.5%，优级率57%。空气中主要污染物二氧化硫（SO_2）、二氧化氮（NO_2）、一氧化碳（CO）、臭氧（O_3）、可吸入颗粒物（PM_{10}）、细颗粒物（$PM_{2.5}$）年均浓度分别为4微克/立方米、22微克/立方米、0.6毫克/立方米、134微克/立方米、32微克/立方米、17微克/立方米。

【水环境质量】 2022年，厦门市3个主要饮用水水源地坂头——石兜水库、汀溪水库以及北溪引水库区水质类别均为Ⅲ类，水质达标率均为100%；西溪隘头潭水质为Ⅲ类，水质指数为3.04。主要流域6个省控断面Ⅰ～Ⅲ类水质比例为100%；全市断面水环境功能区达标率92.8%，比上年提高6.6个百分点。

【土壤环境质量】 2022年，厦门市10个市控农用地土壤监测点位土壤pH值6.52，呈中性（临界点处）；土壤有机质含量20.24克/千克，处中等水平；全氮含量1.14克/千克，属中等偏低；有效磷含量157.19毫克/千克，属丰富水平；土壤速效钾200.69毫克/千克，属丰富水平；缓效钾168.96毫克/千克，处较低水平，均无超风险筛选值现象。与2021年土壤养分指标（土壤pH值、有机质、全氮、有效磷、速效钾、缓效钾）监测结果进行比较，综合改善18.2%。全市危险废物处置利用率100%，重点建设用地安全利用率100%。

【海洋环境质量】 2022年，厦门市近岸海域主要污染物为无机氮和活性磷酸盐，平均浓度分别为0.199毫克/升、0.016毫克/升；优良水质点位比例为86.4%，比上年提高4.6个百分点。4个国考点优良水质比例为75.0%。海域保洁范围从180平方千米扩大到230平方千米，海漂垃圾分布密度94.6平方米/千米，比上年下降53.02%，分布密度全省最低。

【声环境质量】 2022年，厦门市区域声环境质量总体水平等级三级，道路交通声环境强度等级一级，城市功能区声环境质量较好；昼间区域声环境质量为一般，声级范围在51.0～62.3分贝，平均等效声级为55.8dB（A）；昼间道路交通声环境质量为好，平均等效声级为67.5dB（A），其中等效声级超过70dB（A）路段长10千米；城市功能区声环境质量较好，昼间、夜间达标率分别为100%、86.2%。

【辐射环境质量】 2022年，厦门市辐射环境质量保持稳定，放射源及射线装置均处于可控状态，未发生放射源丢失、射线装置失控误照射事件。全市核技术利用单位593家，新增75家，主要新增单位类型为口腔医疗机构和宠物医院等。

【生态环境损害赔偿】 2022年，厦门市生态环境局建立由高校、科研院所、鉴定机构等单位61名专家组成的鉴定评估专家库，为案件办理提供强大的智力支持；建立健全会审会议制度和月调度月通报制度，注重工作跟进和落实，强化部门沟通协调；开展季度案件线索排查，加强环境执法与生态环境损害赔偿衔接，办理生态环境损害赔偿案件27件，比上年增加21件。其中，办结17件，损害赔偿金额40.43万元；首次实现生态环境损害赔偿案件区域全覆盖；生态环境、自然资源、林业、渔业、水利、市政园林等部门开展案例实践，行业覆盖面扩大；翔安区某公司超标排放大气污染物生态环境损害赔偿案被福建省生态环境厅选为典型案例并向生态环境部推送。

【环境信用建设】 2022年，厦门市生态环境局印发《关于落实〈厦门市社会信用体系建设2022年工作要点〉任务计划及责任分工表》及《关于落实〈厦门市社会信用体系建设工作2022年考核指标及标准〉责任分工表》，推进环境信用建设；落实2022年信用公示工作；完成505家企业环境信用评价，将评价结果上传至"信用厦门"共享平台；完成环保信用信息目录梳理294项；在"信用厦门"网公示环境保护信用信息2049条，引导企业自主做出信用承诺450家次；落实信用审查2837家次；发布第八批环保红黑名单及联合奖惩对象155家次；在联合惩戒平台（含市失信被执行人）查询601家次；对116家次信用良好的企业和个人在办理行政许可过程中落实予以优先支持的便利服务措施；为69家企业完成79条行政处罚信息信用修复，为26家企业完成信用等级修复；在市生态环境局网站、微信公众号、信用厦门等发布信用动态、信用宣传及活动等相关文章56篇。"建立企业环保信用监管机制　推动生态环境信用体系建设"获评厦门市2022年度"十佳"营商环境创新举措。

（唐　未）

海洋生态保护

【概　况】 2022年，厦门市紧把生态红线，抓好养殖清退、渔业资源增殖放流、下潭尾红树林公园建设等工作；强化陆海统筹，开展九龙江口和厦门湾生态综合治理攻坚，强化入海排放口巡查管控，开展检查监测6轮，督促推进溯源分析，巩固提升整治成效，400个入海排放口达标率比上年提高7.8个百分点；强化海洋生态预警监测工作；强化海漂垃圾综合治理，海域保洁范围扩大到230平方千米，实现近岸海域全覆盖，清理海漂垃圾3199吨；推进厦门岛东南部海域美丽海湾全国优秀案例创建，近岸海域优良水质点位比提升至86.4%。

【海洋生态预警监测】 2022年，厦门海洋环境预报台组织开展厦门市海洋生态分类分区、近海生态趋势性监测、典型生态系统现状调查、生态修复区生态监测等海洋生态预警监测工作；提交2022年度厦门市海洋生态分类分区报告、2022年度厦门市近海生态趋势性监测评价报告、2022年厦门市砂质海岸生态状况报告、2022年度厦门市生态修复区生态监测评价报告、2022年度厦门市海洋生态预警监测质量管理报告、2022年度厦门市海洋生态预警监测工作总报告6份成果报告，相关数据、清单、图集等9份；组织完成厦门海域海洋生态预警监测近海趋势性监测，开展海沧鳌冠生态修复跟踪监测及效果评估、厦门港航道、港池疏浚工程以及湾口采砂A区、B区等项目施工期海洋环境影响跟踪监测，编制监测评估报告，为相关单位用海提供技术支撑；编制《厦门新机场工程及厦门新机场外围配套安全综合保护带工程海域使用及生态修复监测与评估方案》《厦门市2021年度海洋生态保护修复项目厦门大桥—集美大桥段集美侧海岸带保护修复工程生态修复监测及效果评估方案》，为厦门新机场建设和海洋生态修复工程验收评审提供基础数据。

【海域海岛生态修复】 2022年，厦门市海洋发展局编制《小嶝岛海洋生态保护修复方案》，指导督促海沧区、集美区推动鳌冠海域岸线保护和生态综合整治、厦门大桥—集美大桥段集美侧海岸带保护修复一期以及新阳大桥—杏林大桥段岸线整治项目实施，种植红树林约44万平方米，修复沙滩长度1488米，修复沙滩面积5.2万平方米；组织策划申报2023年海洋生态保护修复工程项目，通过财政部、自然资源部组织的竞争性评审；加强环岛路沙滩养护和海岛整治清理，开展角屿红树林养护工作，管养面积73万平方米。

【海漂垃圾综合治理】 2022年，厦门市生态环境局印发实施《进一步加强海漂垃圾综合治理行动方案》《2022年"海漂垃圾综合治理"为民办实事项目实施方案》，海域保洁范围从180平方千米扩大到230平方千米，实现近岸海域全覆盖；每日对九龙江入海垃圾漂移轨迹及分布区域开展预测预报，提升精准清理保洁效率；组织对厦门市57个沿海沙滩岸线开展17期无人机航拍巡查检查，航拍岸段238.4千米；福建省生态环境厅无人机航拍厦门市海漂垃圾分布

2022年5月26日，"呵护清洁海洋，共建美丽海湾——政协委员话环保"活动在厦门市海上环境卫生管理站举行。图为参与活动政协委员合影　（市生态环境局　供图）

2022 年 7 月 21 日，2022 年厦门市增殖放流海洋文化科普宣传活动在厦门公务码头举行

（市海洋发展局　供图）

密度比上年下降 53.02%，分布密度全省最低。

【入海排放口排查整治】 2022 年，厦门市生态环境局对全市 8 家重点直排海污染源加强监管，建立完善信息台账，纳入“双随机”执法检查，每季度开展监督性监测，全年均稳定达标；建立全市 400 个入海排放口“一本账”，更新完善档案信息，实行动态管理；强化巡查管控，委托第三方技术单位开展检查监测，全年完成监测简报 6 期，通报各区各相关部门，督促推进溯源整治。

【渔业资源增殖放流】 2022 年，厦门市海洋发展局组织开展“6・6”全国放鱼日、“6・8”全国海洋宣传日专场和厦金海域增殖放流活动等 10 批次，放流鱼虾苗 5.23 亿尾；组织召开主题为“持续养护水生生物、助力打造高颜值厦门——增殖放流 20 年”的新闻发布会；举办“增殖放流海洋文化科普研学”宣传活动。

【厦门海域养殖清退】 2022 年，厦门市海洋发展局落实《厦门市海域养殖整治考核工作方案》要求，加强海上巡查监管和执法保障；通过海域巡航、岸线巡查和无人机航拍等方式持续跟进核查各区养殖清退情况；结合日常海陆巡查，重点巡查杏林湾、鳄鱼屿、西滨、大嶝及小嶝、海沧与漳州交界等海域，监管各区养殖回潮及残留养殖设施整治情况。

【下潭尾红树林公园建设】 2022 年，厦门市海洋发展局加强下潭尾红树林公园建设，公开招标委托物业公司进驻，提升日常管理水平。设立厦门海洋生物引育种中心，推进生态修复长期跟踪监测体系建设。

（许金璟　唐　末　袁方超）

空气质量保护

【气候变化应对】 2022 年，厦门市生态环境局制定实施《厦门市应对气候变化工作计划》，完成温室气体排放清单编制年度工作任务，开展厦门市碳排放智能管理云平台升级改造工作。配合市发改委印发《厦门市碳达峰碳中和“1+N”政策体系》，印发实施减污降碳协同增效工作方案，编制碳普惠工作方案、绿色低碳行动示范创建等方案。创建鼓浪屿低碳岛、中央湾区珊瑚海低碳社区、盛德东南新能源低碳园区等 25 项低碳试点示范工程。象屿零碳综合保税区、海天码头绿色智慧港口等 5 个低碳项目被省生态环境厅推荐申报全国绿色低碳典型案例。举办 2022 年全国低碳日厦门主场活动，通过运用光伏发电、购买林业碳汇的方式首次实现碳中和，推动 2022 建发马拉松绿色办赛，并通过购买碳汇方式，实现厦门马拉松赛史上首次“零碳排放”。

（唐　末）

【清洁空气行动】 2022 年，厦门市工信局推进重点监控企业环保技术改造，增加长效处理设施，确保安装治理设施后持续稳定达标排放；安装浓度在线监测设备、企业生产车间电表与污染治理设施电表；完成全市生活垃圾焚烧发电机组烟气处理设施升级改造，去除二噁英等有害污染物排放；对集中供热已建成区域生物质成型燃料锅炉及气化炉淘汰或清洁能源改造。年内，厦门市发布轻度空气污染一级响应及二级控氮氧化物响应 77 次，市工信局发布信息到工业企业应急响应群，督促重点企业优化生产工况，有条件企业安排大气污染排放工序错时生产，按要求通过智慧环保 App（移动端应用程序）和厦门蓝微信群反馈响应管控措施落实情况，改善空气质量和减少主要污染物排放。

（蓝伊婷）

【蓝天保卫战】 2022 年，厦门市生态环境局根据季节特点开展 3 轮“守护蓝天百日攻坚”专项行动。推进绿色海港空港建设，加强移动源排气污染防治，全市新能源、纯电动机动车比例分别比上年提高 1.68%、1.81%。开展挥发性有机物排放企业全过程管理，提升锅炉窑炉整治成效。加强全市工地、道路、堆场等扬尘污染防治，建立扬尘污染多方共治协同机制，优化扬尘污染问题移送及部门联合惩戒机制，查处扬尘污染问题 664 起，罚款 549 万元，对记录不良信用项目 226 个。落实环保网格化监管，在全省生态环保网格化考核中排名并列第一。强化应急管控和闽西南大气污染联防联控。完成空气质量年度目标任务，空气质量综合指数持续保持全国前列，$PM_{2.5}$ 年均浓度连续 3 年全省最低。

（唐　末）

水资源保护

【概　况】 2022 年，厦门市市域范围饮用水源达标率保持 100%；主要流域隘头潭国控断面水质类别为Ⅲ类，6 个国省控断面水环境功能区达标率 100%、Ⅰ～Ⅲ类水质比例为 100%；小流域 8 个省控断面水环境功能区达标率 100%。

2022 年 1 月，厦门市同安区埭头溪流域黑臭水体治理后现状　（曾敬宇　摄）

【河湖长制落实】 2022 年，厦门市双总河长签发总河长令，在全市发起巩固提升河湖水质、全面消除劣Ⅴ类水体攻坚战。市级河长巡河 14 次，召开工作调度会 7 次；市政府对 15 个断面消除劣Ⅴ类水质挂牌督办，除个别断面因天气原因偶有波动外，其他全部稳定消除劣Ⅴ类；《厦门经济特区河湖长制条例》经市人大审议通过。3 月 30 日，组织厦门首个“河（湖）长日”主题宣传活动，对全市 9 条溪流开展生态健康和幸福程度评估并向社会公布，成立厦门市幸福河湖促进会。

【河湖综合治理】 2022 年，厦门市水利局按期完成小微水体治理为民办实事项目，治理受染污水体 333 个，结合打造景观示范点 83 个。开展河湖妨碍河道行洪突出问题排查整治联合行动，发现问题 53 处，全部整改完毕。统筹生活、生产、生态用水，构建以中水为主、水源连通和应急供水为辅的生态用水保障体系，建成生态补水项目建成 9 个。

【水资源节约】 2022 年，厦门市水利局完成水资源配置规划修编，开展取用水管理专项整治，推进取水许可和计划用水管理，组织开展节水条例调研、水平衡测试课题研究和中水在市政杂用方面研究，推进厦门水资源节约集约利用先行示范区创建，翔安区、集美区“县域节水型社会达标建设”通过省级审核，依托厦门产权交易中心设立全省首个水权交易平台；开展水土保持专项执法检查，完成 3 轮“天地一体化”遥感图斑核查；全市水土保持率 94.75%，排全省第一名；市水利局水资源与水土保持处获评全国水土保持工作先进集体。

【水旱灾害防御】 2022 年，厦门市水利局启动水利系统防御暴雨洪水应急响应 14 次、防御台风应急响应 1 次，发布水情信息 43 期、山洪灾害风险专题服务 28 期、预警信息近 2 万条次；6 月上中旬，厦门市出现持续性强降雨，雨量为历史同期第二大，市水利局调度全市水库，保防汛安全，水利工程无灾情险情，未出现人员因灾伤亡，保蓄水充足。

（市水利局　市市政府园林局）

【建成区污水治理】 2022 年，厦门市市政园林局提前完成“三个一百”（2020—2022 年完成总投资 100 亿元，新增污水处理能力 100 万吨 / 日，每年新改扩建污水管网 100 千米）工程任务，完成投资 156 亿元，新增污水处理能力 112.5 万吨 / 日，新增改污水管网 546 千米；推动高质量建设“环境友好型、资源节约型”污水处理厂，厦门市新建污水处理厂采用全地下、半地下或集约地上式建设模式，提升土地利用率，处理后的再生水作为生态补水，改善流域生态；推动污水处理厂新、改、扩建项目，前场污水处理厂一期、内田污水处理厂一期、大嶝污水处理厂一期、洪塘污水处理厂一期、下潭尾污水处理厂一期 5 座污水处理厂实现建成通水，全市大型集中污水处理设施污水处理能力增至 203.5 万吨 / 日，超过实际最高日供水量，满足污水全收集全处理需求；完成 260 千米市政污水管网新建、改造，完成正本清源改造面积 189 平方千米，占建成区面积 48.5%；继续开展全市排水管理进小区工作，63 个小区移交专业排水公司管养，推进排水管网常态化管理。全市污水治理工作经验在华东督察局 3 次例行督察后，作为全省第二轮中央生态环境保护督察整改唯一正面典型上报中央督察办，被中央督察办列为第二轮中央生态环境保护督察整改正面典型案例；正本清源改造获福建省住建厅“治理成效显著”表彰。

厦门市翔安区澳头社区农村污水治理提升后现状　（林钢坚　2022 年 7 月 11 日摄）

【农村生活污水治理】 2022 年，厦门市在福建省率先完成全市 1216 个自然村生活污水提升治理工程。市政园林局牵头编制出台农村污水治理相关标准，开展农村生活污水提升治理，推进农村雨污分流、“小、散、乱、污”企业排水、畜禽养殖废水、农业灌溉用水、沟渠水塘等水体系统治理工作；围绕“改善农村水环境”目标，坚持典型引路、示范带动、梯次推进，把控建设、运维环节考核；打造翔安大帽山、大宅、澳头，海沧贞庵、赤土，同安沟墘、三秀山等示范村庄。大宅社区农村生活污水治理样板工程居全省城乡品质考核第一名。

2022年3月，厦门市“筼筜故事”——厦门生态文明建设展示馆建成

（市政集团　供图）

【建成区黑臭水体治理巩固提升】 2022年，厦门市市政园林局推动建成区黑臭水体治理成效巩固提升，重点开展埭头溪流域整治相关工作，在埭头溪流域实施4个项目，总投资17.53亿元。通过实施埭头溪中下游段综合整治工程，埭头溪由原先的黑臭水体变成水岸公园，该项目成为福建省水环境综合治理样板工程。12月，埭头溪通过第二轮中央生态环保督察问题现场验收销号相关工作。全国黑臭水体整治监管平台和市生态环境部门水质监测结果显示，2022年全市6处黑臭水体水环境保持稳定良好，各项监测数据均未达到黑臭水体分级标准，建成区无新增黑臭水体。全年度黑臭水体公众满意度调查公众满意度均在90%以上。

【筼筜湖综合整治提升】 2022年，厦门市市政园林局推动完成筼筜湖生态环境整治提升一期工程，对筼筜湖1.5平方千米水域进行清淤、护岸修复，清淤量94万立方米，护岸修复1.7千米；推动筼筜湖第二排涝泵站及西堤闸工程取得阶段性进展，其中内湖侧护岸修复及景观提升“潮汐广场”于3月21日对外开放。筼筜湖“西水东调”生态补水工程于4月20日完成松柏湖、地湖、天湖流域补水管改造、清淤等各项施工并通水，提高松柏湖、天湖、地湖湖体水动力。泵站主体和纳水渠、排水渠于8月10日建成，实现自然纳排潮。潮汐广场设计方案获评美国建筑大师奖——至尊奖。市筼筜湖保护中心获生态环境部2022年第三届中国生态文明奖先进集体称号。

【“筼筜故事”馆建成】 2022年，厦门市市政园林局推动完成白鹭洲东公园“筼筜故事”景点建设即“筼筜故事”——厦门生态文明建设展示馆项目建设，项目选址于白鹭洲东公园筼筜书院南侧，建设内容为建筑面积1350平方米的新建展馆，场馆内设展现厦门生态文明治理成效及美丽厦门的主体展厅、多功能生态书吧、生态讲堂，旨在讲好厦门市贯彻落实习近平生态文明思想的生动故事，展现筼筜湖治理历程。项目于2020年11月开工，2022年3月完成建设和陈列布展工作。

（宋文心）

2022年4月，厦门市筼筜湖生态整治提升一期工程成效　（曾敬宇　摄）

土地资源保护

【耕地保护】 2022年，厦门市资源规划局落实年度补充耕地任务73.33万平方米、补充水田及旱改水任务60万平方米、建设占用耕地耕作层土壤剥离再利用任务（剥离）53.33万平方米。牵头成立市级耕地“进出平衡”专项工作组，开展耕地流出问题排查整改工作，完成自然资源部下发厦门市2022年上半年耕地卫片1186个、面积270.79万平方米的排查，判定耕地流出图斑45个、面积4.25万平方米，协调各区加快推

进整改复耕。梳理全市 2022 年到期临时用地复垦情况，指导各区督促用地单位做好临时用地复垦工作，全年完成到期临时用地复垦 30 宗。推进乱占耕地建房处置，牵头制定《厦门市深化“整治新增农村乱占耕地建房问题”工作方案》并组织实施，全年，全市继续保持“零新增”。厦门市耕地保护执法经验做法被福建省自然资源厅以《念好“三字诀”当好“守护神”——看厦门如何加强耕地保护》为题进行报道。

【卫片执法】 2022 年，厦门市资源规划局开展 2022 年自然资源部卫片和福建省“天地网”卫片执法工作，督促各区开展违法图斑查处整改。全年完成自然资源部下发厦门市 2022 年度卫片图斑核查 1338 个，判定违法图斑 227 宗，整改到位 107 宗，整改率 47.1%；“天地网”动态执法自 2019 年 8 月开展，至 2022 年末，系统下发厦门市疑似违法用地图斑 1.66 万个，判定违法图斑 3325 宗，整改到位 1849 宗，整改率 55.6%。

【土地例行督察整改】 2022 年，厦门市资源规划局根据国家自然资源督察上海局督导工作要求，组织提交 2018—2020 年 284 个督察问题举证材料，组织开展 21 个审核不通过问题整改，完成整改 14 个。整改 2021 年耕地保护督察 9 个问题，完成整改 8 个。组织开展 2022 年自然资源督察疑似问题核实举证工作，完成 3 批 214 个疑似问题线索内外业核查和材料上报工作。

（连志炜）

自然保护区保护

【概　况】 2022 年，厦门市资源规划局推进《厦门市国土空间生态修复专项规划（2021—2035 年）》实施，组织市直有关部门及各区政府开展 2021 年度实施情况现场调研，组织召开 2022 年半年国土空间生态修复工作调度会。全年 36 个生态修复项目完工 17 个，基本完工 1 个，在建项目 11 个，计划开工 6 个，暂缓建设 1 个；总投资 47.77 亿元，比上年增加 41.63 亿元；修复面积 985.24 万平方米，增加 322.94 万平方米。完成翔安区小光山二期山体复绿工程验收，总复绿面积 39.4 万平方米，完成 8 处裸露山体“青山挂白”治理，完成率 53%。市生态环境局实施厦门市“绿盾”自然保护地强化监督工作，核查涉及厦门珍稀海洋物种国家级自然保护区的遥感监测线索，确认均位于保护区外；联合举行国际生物多样性日主题宣传等活动开展宣传；会同市农业农村局等 7 个部门联合印发《厦门市外来入侵物种普查防控工作方案》。

2022 年 5 月 20 日，2022 年国际生物多样性日·厦门主场活动在海沧区下潭尾红树林公园举行

（市生态环境局　供图）

【生物多样性保护】 2022 年，厦门市资源规划局开展生物多样性本底调查规划，摸清生态资源家底，推进五缘湾栗喉蜂虎自然保护区保护管理，开展巢穴翻新和生态环境提升。栖息自然保护区内的繁殖状态栗喉蜂虎 93 对，种群高峰数量为 300～400 只，为 2021 年的 3～4 倍；加强防治外来物种入侵，消灭五缘湾湿地公园内福寿螺卵 213 处，清捞福寿螺 75 千克，清除南美蟛蜞菊 720 平方米、空心莲子草 120 平方米；加强野生动物收容救护工作，全年出警 539 次，收容救护动物 302 只，其中国家二级保护动物 134 只。制作《野生动植物保护普法》宣传片 5 部。

【自然保护区巡护】 2022 年，厦门市资源规划局每日开展大屿岛、鸡屿岛、骑马山等管护片区巡查，对涉及自然保护区的建设项目进行监管，自然保护区各管护片区按要求配置微型消防站，配备相应的消防器材；加强联防联动，建立与各区消防、农林、市政园林部门协调森林火灾巡护和预警、应对等相关机制。开展西海域、东部海域和同安湾等自然保护区的海上巡航 92 次，聘用协管巡护员加强黄厝文昌鱼自然保护区巡查。

【湿地保护】 2022 年，厦门市资源规划局开展除治互花米草攻坚行动，实现提前 2 个月完成除治任务，除治互花米草 120.02 万平方米，完成率 100%。统筹湿地保护规划，编制《杏林湾国家城市湿地公园总体规划（2021—2030 年）》，划定管理服务区 35 万平方米、湿地展示区 432 万平方米、游览活动区 400 万平方米、重点保护区 214 万平方米；推进《杏林湾湿地生态修复专项方案》实施，生态修复水面 6.9 平方千米，清淤 300 万立方米；开展湿地名录周期性监测工作，完成 33 处一般湿地名录的不同季度影像比对监测工作。

【野生动植物保护】 2022 年，厦门市资源规划局联合公安、市场监督管理、农业农村等部门，运用“林长＋警长”协作机制，建立信息共享、联合督办、行刑衔接等工作机制，打击破坏野生动植物资源违法行为。厦门市各区林业主管部门联合市场监督管理局、森林公安、农业农村局、海洋发展局等各部门，出动联合执法人员 2367 人次，车辆 1094 架次，检查农贸市场、工艺品交易市场、养殖场、饭店、酒店等场所 1441 个，立案查处 51 起，打击违法犯罪嫌疑人 42 人，打掉犯罪团伙 1 个，收缴野生动物 18 只（头、尾），野生动物制品 5 个，野生植物 150 株，收缴非法猎具（工具）15 个。

（连志炜）

污染防治

【现代环境治理体系】 2022 年，厦门市生态环境局开展打造国家生态文明建设示范区专题研究，在全国率先编制厦门市光环境控制规划，创新开展环评、排污权与排污许可“一证式”管理改革试点，率先福建省探索小微企业危废收集转运全链条智慧化模式；“三线一单”“东部固废”等模块在第五届数字中国建设峰会生态环境分论坛上展示推广；《构建信息服务共享空间　推动生态环境治理能力现代化》入选市政务数据优秀共享案例；《流域精细管控，精准打好“碧水保卫战”》入选市社会治理及平安建设智能化具有推广价值项目；翔安生态环境局《“智慧环保 + 高德工作地图”应用系统》被新京报社评为“2022 数字政府建设卓越示范案例”。

【碧水保卫战】 2022 年，厦门市生态环境局开展水污染防治，实施碧水工程；探索集中式饮用水水源地多元化生态保护补偿机制，实现地市级以上水源地生态补偿制度全覆盖；完成 145 个千人以下农村分散式饮用水水源地保护范围划定；试点开展东西溪农业面源污染治理，巩固埭头溪流域整治成效；推动“美丽河湖”建设。落实《全面消除劣Ⅴ类水体三年行动方案》，阶段性消除 22 个劣Ⅴ类断面；开展入河排放口整治和小流域周边专项执法；新建、改造完成污水管网 260 千米，新增污水处理能力 13.5 万吨 / 日；持续推动农村生活污水雨污分流和提升治理。

【净土保卫战】 2022 年，厦门市生态环境局实施“土十条”，开展项目准入管理，落实建设用地污染防治；实施《厦门市收储土地土壤污染状况调查工作实施意见》，对列入年度土地储备计划、供应计划、土地征收成片开发方案的地块开展先行调查；动态更新市级土壤污染重点监管单位名录，加强土壤详查成果运用，推进土壤和地下水环境背景值调查、地下水环境状况调查评估；开展危险废物安全生产专项整治行动及小微企业危险废物收集试点，全市危险废物处置率 100%，医疗废物 100% 按时处置。

【乡村生态振兴】 2022 年，厦门市生态环境局印发《2022 年厦门市乡村生态振兴工作计划及重点项目清单》，持续推进乡村生态振兴专项工作；制定《厦门市农业农村污染治理攻坚战工作方案》，推动农村环境整治工作；推动农村生活污水雨污分流和提升治理，强化农村生活污水全市域推进、全链条管理，提升污水治理精细化水平，有关做法被生态环境部办公厅、福建省生态环境厅作为全国、全省示范案例推广；推进绿盈乡村创建，完成“绿盈乡村”建设 18 个，“绿盈乡村”覆盖率 100%。

【涉疫垃圾污水处置】 2022 年，厦门市生态环境局印发实施《厦门市垃圾污水处置常态化疫情防控工作方案》《厦门市医疗废物应急收集转运处置接替方案》等，明确涉疫垃圾污水处置相关单位职责及工作流程；建立有关涉疫垃圾污水处置场所清单，信息共享确保涉疫垃圾污水处置监管全覆盖；通过领导带队帮扶、部门联合督查、属地全面检查等方式开展督导检查，全年出动检查人员 4.38 万人次，检查单位 3.11 万家次。全市收运医疗废物 2.16 万吨。

（唐　未）

2022 年 10 月 13 日，市生态环境局开展入河排放口整治情况执法检查。图为执法人员取样现场

（市生态环境局　供图）

环境监管执法

【生态文明体制改革】 2022 年，厦门市成为全国第二个获评国家生态文明建设示范区的副省级城市，同安区、翔安区同步获评国家生态文明建设示范区，在全省率先实现国家生态文明建设示范区全覆盖。市生态环境局推进落实年度 35 项改革任务，厦门市 10 项典型经验做法获全国推广。生态环境分区管控工作获生态环境部党组书记孙金龙高度评价。生态环境分区管控系列案例入选生态环境部第一批“三线一单”落地应用案例汇编，被评为第五届福建省机关体制机制创新优秀案例二等奖、福建省 2022 年度深化“放管服”改革典型经验和创新举措、2022 年度厦门市委改革办改革创新最佳案例、福建省改革创新典型案例评选第五名。厦门自贸片区 3 个案例入选生态环境部《自由贸易试验区加强生态环境保护推动高质量发展案例汇编》。筼筜湖保护中心、鼓浪屿街道

2022 年 4 月 20 日，生态环境部生态环境分区管控调研座谈会在厦门举行

（市生态环境局　供图）

办事处获评第三届中国生态文明奖先进集体。

【营商环境建设】 2022 年，厦门市生态环境局坚持提速增效、优化服务，协同推进生态环境高水平保护和经济社会高质量发展，制定实施生态环境领域应对疫情帮助市场主体纾困解难 9 条措施；结合"益企服务"深化"三送三促"活动，实地走访企业 589 家次，解决企业需求 140 项，选派 5 位处级干部作为企业服务专员；开展生态环境与国土空间规划衔接试点，率先全国衔接"三区三线"划定的正式成果、国土空间总体规划和岸线修测情况，在全省率先完成生态环境分区管控成果更新；福建省首创出台生态环保包容审慎监管"四张清单"，对 45 家次单位不予、从轻或减轻行政处罚，减免处罚金额 230 万元；组织 505 家企业开展信用评价，指导企业完成信用等级修复 69 家次，《建立企业环保信用监管机制，推动生态环境信用体系建设》入选市"十佳"营商环境创新举措；下达生态环境保护专项补助资金 1176 万元；制定实施《2022 年优化营商环境"蓝天碧水净土森林覆盖率"指标专项提升方案》；辅导企业通过交易取得排污权指标 661.8 吨，储备排污权以优惠价格快速保障云天半导体等项目 159 个；完成全市 1.27 万家企业排污许可发证登记工作，提前超额完成排污许可"双百"目标。推进市域社会治理现代化，落实平安建设各项工作任务。签订 2022 年平安建设责任书，制定《厦门市生态环境局关于提升平安建设"三率"的工作方案》，落实"平安三率"提升攻坚，助力"平安三率"创优争先；落实国家安全人民防线建设，加强生态资源领域国家安全工作，召开生态资源安全工作协调机制联席会议 2 次，报送生态资源季度安全风险分析报告 4 篇；印发《〈反有组织犯罪法〉的宣传工作计划》，强化行业整治，巩固扫黑除恶专项斗争成果；落实矛盾纠纷多元化解责任，调解民事纠纷 16 件。

【生态环境监测能力建设】 2022 年，厦门市生态环境局推进 2020—2022 年生态环境监测监管行动 48 个项目建设，推进生态环境大数据平台、大气超级站二期项目建设，完成声环境自动监测网络和大气交通污染监测站点建设；组织编制《厦门市生态环境质量报告书（2021 年）》，评分在福建省 9 个设区市中列第一位；开展重点领域环境监测数据质量监督检查，会同市场监督管理局对 26 家检验检测机构开展"双随机"监督抽查，督促相关机构落实整改措施。

【环评审批服务】 2022 年，厦门市生态环境局深化"一个窗口对外"改革，推进"互联网 + 政务"，实现审批事项"最多跑一趟"和"一趟不用跑"。推进全流程网办，为申请人提供便利，提升审批服务水平；推行区域评估，简化项目环评，对同安区西柯南（12—15）编制单元等 9 个完成区域评估的片区，实行环评"一本制"管理；出台《厦门市生态环境局关于强化基础设施体系建设环评服务保障的通知》，对列入厦门市基础设施 8 大建设体系的 2212 个建设项目，形成环评服务保障清单；开展建设项目环境影响评价文件与入河入海排污口设置审批融合改革，实现入河入海排污口设置与建设项目环境影响评价文件审批同步申请、同步审查、一证批复的办理模式；在湖里区完成环境影响评价、排污许可和排污权交易 3 项制度的深度融合衔接试点工作。结合新版分类管理名录的颁布实施，确定环评文件审批告知承诺制的实施范围，环评审批告知承诺制由 95 类扩展 138 类，实行审批告知承诺制项目 518 个，占总数的 77%，累计节约审批时限 1.55 万个工作日；豁免 30 类登记表项目；备案 534 个，比上年减少 26.7%。组建环评审批服务工作专班，做好第三东通道、厦门时代等重点项目指导服务工作，保障新机场项目动工和厦门海洋高新产业园等 23 个省、市重点项目审批落地。

【生态环境保护督察整改】 2022 年，厦门市生态环境局聚焦解决突出环境问题，推进 2 轮中央生态环保督察反馈问题整改落实。第一轮中央生态环境保护督察涉及厦门市 18 项整改任务完成整改及销号，第二轮中央生态环境保护督察 12 项整改任务基本完成，启动验收销号工作，其中 7 项整改任务通过市级初步验收；2 轮督察交办信访件 1092 件均办结销号。全面提升污水处理能力经验做法，被推荐为中央生态环境保护督察整改正面典型案例。"三个一百"工程全面完成，投资 156 亿元，新建改建市政污水管网 546 千米，新建扩建污水处理厂 16 座，新增污水处理能力 118.5 万吨 / 日，全市大型集中污水处理设施污水处理能力 209.5 万吨 / 日。正本清源改造面积 179.3 平方千米，占建成区面积 46.1%。埭头溪水质全面消除黑臭，中央生态环保督察指出的岛内 11 个入海排放口全部截流，近岸海域水质优良点位比例 86.4%，比 2018 年上升 35.1 个百分点，优良面积比例 82%，同安湾水质从劣四类提升到二类。配合做好 2022 年福建省生态环境保护例行督察，督察组先后与10位市领导和10个市直部门的主要负责人个别谈话，到各区34个点位调研检查，调阅13批、262项资料清单等。省督察组转办的15批、115件信访件中，办结92件，阶段性办结23件，责任整改130次，立案处罚42家、处罚金额199.3万元。

【生态环境执法监管】 2022年，厦门市生态环境局制定落实《生态环境保护执法计划》，完善事项清单、对象名录库和执法人员名录库、工作细则随机抽查机制，推进执法正规化建设。实施包容审慎监管，落实违法行为从轻处罚、减轻处罚和免于行政强制事项清单。推送行政处罚典型案例25个，其中8个案例被省生态环境厅采纳推送；运用无人机、管道机器人、便携式挥发性气体分析仪等装备，优化执法方式；推行非现场监督执法，对全市182家正面清单企业实行分类监管，运用污染源自动在线监控系统，采用无人机巡查、视频监控和大数据分析等手段减少现场执法千余次；普及"监测、监管、执法"三联动工作，提升执法监管效率、效能、效益，市综合执法支队获福建省生态环境厅生态环境保护综合行政执法机构规范化示范单位称号。

【生态环境安全生产管理】 2022年，厦门市生态环境局推进2020—2022年安全生产专项整治行动，同步开展安全生产大检查专项，强化节假日和重大活动期间安全生产和环境安全大检查。危险废物等安全专项整治全市排查隐患261个，整改率100%，其中市生态环境局排查隐患221个，开展督导检查18次，检查单位37个。安全生产大检查专项行动排查发现环境安全隐患132个，出动执法人员460余人次。

（唐　未）

节能减排

【概　况】 2022年，厦门市工业和信息化局（简称市工信局）围绕节能降碳中心任务，做好绿色制造体系打造、节能技术服务及推广、节能宣传培训、节能监察、固定资产投资项目节能评审等工作，推进全市节能目标落实。全年监察各类用能单位129家，开出节能监察建议书1份；完成节能评审项目19个，节能量3.57万吨标准煤；评选绿色技术和产品目录23项；举办重点用能单位能源管理负责人节能、清洁生产和绿色制造专题培训班；52家企业入选国家、福建省"绿色工厂"名单；推广新能源汽车4206辆，新能源汽车保有量11万余辆，占全市机动车比例5.7%，下达市级新能源汽车推广应用补贴资金超1亿元，惠及企业11家次。市工信局牵头编制厦门市"十四五"节能减排综合工作实施方案，编制工业和能源领域碳达峰实施方案；开展2022年重点用能单位能源利用状况报告报送及能源管理负责人备案审核工作，根据2021年度企业能源消耗情况，重新确定2022年厦门市重点用能单位名单155家，指导企业聘任能源管理负责人和报送2021年能源利用状况报告，对完成情况进行审核；做好英科新创（厦门）科技股份有限公司自愿性清洁生产工作，以及厦门瑞新热电有限公司和腾龙特种树脂（厦门）有限公司2家热电企业强制性清洁生产工作。组织节能办成员单位、各区节能办、海沧区重点用能单位等举办节能宣传周启动仪式活动；组织开展线下节能进地铁、进企业、进商圈、进机关、进校园、进乡村等活动，向社会各界和广大市民群众普及节能知识，开展节能技术与产品等宣传；制作、发放宣传海报、节能灯、广告扇子、环保袋、宣传手册等宣传品。

【节能监察】 2022年，厦门市工信局对60家重点用能企业开展节能监察工作，开具节能监察建议书1份；开展日常节能监察和指导工作，强化企业执行国家节能法律法规意识，督促企业采取节能措施、开展节能技改，提高新技术企业节能管理水平；组织对1家企业开展省级重点用能单位日常监察，对1家企业开展省级"双随机"监督检查工作；对全市43个固定资产投资项目节能审查制度执行情况开展书面监察；对7个固定投资项目节能审查制度执行情况开展书面和现场检查；对5家公共机构、8家酒店、2家商场开展现场节能监察；对2家节能评估机构开展现场检查。

【落后产能淘汰整改】 2022年，厦门市工信局指导推动厦门同集热电有限公司、厦门海发环保能源股份有限公司（新阳热电）、厦门瑞新热电有限公司和腾龙特种树脂（厦门）有限公司等4家热电企业落实煤电淘汰落后产能整改工作。其中同集热电、海发环保和腾龙树脂3家公司按要求完成整改，瑞新热电计划改用能效更高的低功率机组替换大功率机组，保障能效符合要求。

【绿色制造】 2022年，厦门厦钨新能源材料股份有限公司等10家企业进入工业和信息化部绿色工厂名单，厦门东亚机械工业股份有限公司等3家企业的3个产品获评工业和信息化部绿色设计产品，厦门强力巨彩光电科技有限公司等2家企业获评工业和信息化部绿色供应链管理企业，厦门华电开关有限公司等42家企业进入福建省绿色工厂名单，厦门厦顺铝箔有限公司等6家企业获评福建省绿色供应链管理企业。（见表5-1）

表5-1　　2022年厦门市获评工业和信息化部、福建省绿色制造情况一览表

序号	企业名称	获得荣誉
1	厦门厦钨新能源材料股份有限公司	2022年工业和信息化部、福建省绿色工厂
2	厦门太古飞机工程有限公司	2022年工业和信息化部、福建省绿色工厂
3	青岛啤酒（厦门）有限公司	2022年工业和信息化部、福建省绿色工厂
4	厦门嘉戎技术股份有限公司	2022年工业和信息化部、福建省绿色工厂

续表 5-1

序号	企业名称	获得荣誉
5	友达光电（厦门）有限公司	2022 年工业和信息化部、福建省绿色工厂
6	路达（厦门）工业有限公司	2022 年工业和信息化部、福建省绿色工厂
7	厦门 ABB 高压开关有限公司	2022 年工业和信息化部、福建省绿色工厂
8	厦门 ABB 低压电器设备有限公司	2022 年工业和信息化部、福建省绿色工厂
9	科华数据股份有限公司	2022 年工业和信息化部绿色工厂
10	戴尔（中国）有限公司	2022 年工业和信息化部绿色工厂
11	厦门华电开关有限公司	2022 年福建省绿色工厂
12	厦门海峡黄金珠宝产业园有限公司（精炼厂）	2022 年福建省绿色工厂
13	德彦纸业（厦门）有限公司	2022 年福建省绿色工厂
14	厦门翔鹭化纤股份有限公司	2022 年福建省绿色工厂
15	厦门美益建材有限公司	2022 年福建省绿色工厂
16	厦门金汇峰新型包装材料股份有限公司	2022 年福建省绿色工厂
17	厦门艾美森新材料科技股份有限公司	2022 年福建省绿色工厂
18	华懋（厦门）特种材料有限公司	2022 年福建省绿色工厂
19	华电（厦门）综合智慧能源有限公司	2022 年福建省绿色工厂
20	多玛得（厦门）精细化工有限公司	2022 年福建省绿色工厂
21	厦门宝龙工业股份有限公司	2022 年福建省绿色工厂
22	厦门绿泉实业有限公司	2022 年福建省绿色工厂
23	厦门益斯麦食品有限公司	2022 年福建省绿色工厂
24	厦门锦海山金属制品有限公司	2022 年福建省绿色工厂
25	厦门麦丰密封件有限公司	2022 年福建省绿色工厂
26	厦门佳创科技股份有限公司	2022 年福建省绿色工厂
27	厦门市光弘电子有限公司	2022 年福建省绿色工厂
28	厦门科司特电子工业有限公司	2022 年福建省绿色工厂
29	乔丹（厦门）实业有限公司	2022 年福建省绿色工厂
30	厦门璞真食品有限公司	2022 年福建省绿色工厂
31	厦门通士达照明有限公司	2022 年福建省绿色工厂
32	厦门嘉弘科技有限公司	2022 年福建省绿色工厂
33	厦门明翰电气股份有限公司	2022 年福建省绿色工厂
34	厦门市超日精密模具有限公司	2022 年福建省绿色工厂
35	许继（厦门）智能电力设备股份有限公司	2022 年福建省绿色工厂
36	厦门市冠传电子科技有限公司	2022 年福建省绿色工厂
37	厦门市朗星科技股份有限公司	2022 年福建省绿色工厂
38	厦门顾德益电器有限公司	2022 年福建省绿色工厂
39	厦门市燕之屋丝浓食品有限公司	2022 年福建省绿色工厂
40	厦门东声电子有限公司	2022 年福建省绿色工厂

续表 5-1

序号	企业名称	获得荣誉
41	厦门欣机电器有限公司	2022 年福建省绿色工厂
42	厦门厦迪亚斯环保过滤技术有限公司	2022 年福建省绿色工厂
43	环创（厦门）科技股份有限公司	2022 年福建省绿色工厂
44	厦门市百岗电气有限公司	2022 年福建省绿色工厂
45	厦门东亚机械工业股份有限公司	2022 年工业和信息化部绿色设计产品 ZLS75—2iC/8 螺杆式空气压缩机
46	厦门长塑实业有限公司	2022 年工业和信息化部绿色设计产品 ECP 标准型、ECPs 复合型、ESL 热封型
47	厦门吉宏科技股份有限公司	2022 年工业和信息化部绿色设计产品 折叠纸盒（350 × 114 × 198mm）
48	厦门强力巨彩光电科技有限公司	2022 年工业和信息化部绿色供应链管理
49	厦门亿联网络技术股份有限公司	2022 年工业和信息化部绿色供应链管理
50	厦门厦顺铝箔有限公司	2022 年福建省绿色供应链管理
51	路达（厦门）工业有限公司	2022 年福建省绿色供应链管理
52	厦门建霖健康家居股份有限公司	2022 年福建省绿色供应链管理
53	厦门嘉戎技术股份有限公司	2022 年福建省绿色供应链管理
54	厦门芯阳科技股份有限公司	2022 年福建省绿色供应链管理
55	厦门 ABB 开关有限公司	2022 年福建省绿色供应链管理

【绿色技术和产品目录】 2022 年，厦门市工信局开展 2022 年绿色技术和产品征集，发布《厦门市 2022 年绿色技术和产品目录》，收录节能环保、清洁能源、绿色服务等产业行业的技术和产品 23 项（个）(见表 5-2)。市工信局结合目录成果，引导厦门市企业加大绿色技术产品的研发和应用。

表 5-2　　2022 年厦门市绿色技术和产品情况一览表

序号	单位名称	技术或产品名称	项目类别	产品系列号
1	厦门捷能通光电科技有限公司	LED 格栅黑板灯 LED 透镜黑板灯 LED 防眩办公室灯 LED 防眩面板灯 LED 录播灯 LED 吸顶灯	节能环保产业	(1) NT-JSD-1502-036B (2) NT-JSD-1502-036 (3) NT-JSD-1504-036A (4) NT-JSD-1504-036B (5) NT-JSD-1503-036A (6) NT-XDD-007
2	厦门乾照半导体科技有限公司	高光效高可靠性红光芯片	节能环保产业	(1) CL-GBLR05EL-A (2) CL-MBLR06CU-CND (3) CL-CBLR07IU (4) CL-MBLR309U (5) CL-MBLR09EU
3	科华数据股份有限公司	光伏逆变器	清洁能源产业	(1) SPI-K-B 系列 (2) SPI-K-B-H 系列 (3) SPI-K-BHV 系列
4	科华数据股份有限公司	储能系统	清洁能源产业	(1) BCS-K-S 系列 (2) BCS-K-A 系列

续表 5-2

序号	单位名称	技术或产品名称	项目类别	产品系列号
5	科华数据股份有限公司	核级 UPS 设备	清洁能源产业	（1）CHG220 （2）1000HD （3）CHG220 （4）80HD （5）DL15HD （6）DL400HD-T （7）FR-UK3140HD （8）FR-UK3130HD （9）FR-UK33200HD-D （10）FR-UK33250HD-D
6	厦门金名节能科技有限公司	金名智慧运维管理平台	节能环保产业	JM-TOM
7	福建省信达科创能源科技有限公司	信达智能空开及管理系统	绿色服务	（1）智能空开网关模块（RZXT-W02） （2）智能空开电源模块（RZXT-D02） （3）1P、2P、3P、4P 智能空开模块（RZXT-K01） （4）信达智能空开管理系统（智能空开管理系统 V1.0）
8	厦门昊星交通科技有限公司	LED 道路交通信号灯 LED 道路倒计时显示器 LED 车道控制标志 LED 照明系列	节能环保产业	（1）JD400-3-HX01 （2）FX400-3-HX01 （3）RX300-3-HX01 （4）DX-3-T-1-HX01 （5）HX-CKB （6）HX-XT-12W-1 （7）HX-XQ-54W （8）HX-SDDG-SS-01 （9）HX-SDDG-RX-CX-TC-01 （10）HX-SDDG-DH-XF-01
9	三立（厦门）汽车配件有限公司	汽车发电机再制造技术	节能环保产业	（1）RJFZ 系列再制造交流发电机 （2）RJFB 系列带真空泵再制造交流发电机 （3）RJF 系列再制造交流发电机 （4）AR100RemanufacturedAlternator （5）AR101RemanufacturedAlternator （6）AR102RemanufacturedAlternator （7）AR103RemanufacturedAlternator
10	三立（厦门）汽车配件有限公司	汽车起动机再制造技术	节能环保产业	（1）RQDY 系列再制造起动机 （2）RQD 系列再制造起动机 （3）RQDJ 系列再制造起动机 （4）SR110RemanufacturedStarter （5）SR111RemanufacturedStarter
11	厦门普为光电科技有限公司	限流兼容型灯管的应用技术	节能环保产业	—
12	北泰数智云（福建）科技有限公司	光伏电站智慧管理系统	清洁能源产业	iDES 光伏电站智慧管理系统
13	艾美肯（厦门）电力科技有限公司	EAPF100 有源电力滤波器	节能环保产业	（1）EAPF100-30-0.4 （2）EAPF100-50-0.4 （3）EAPF100-75-0.4 （4）EAPF100-100-0.4 （5）EAPF100-150-0.4
14	红相股份有限公司	智能型声学成像定位仪	清洁能源产业	SAL-100
15	红相股份有限公司	在线式 GIS 局部放电监测系统	清洁能源产业	PDMS-1000G
16	厦门深蓝动力科技有限公司	新能源汽车配送式储能移动充电服务系统	清洁能源产业	—

续表 5-2

序号	单位名称	技术或产品名称	项目类别	产品系列号
17	厦门联发智能科技股份有限公司	智慧夜景照明综合管理平台	节能环保产业	(1)智慧夜景照明综合管理平台 (2)智能控制终端 LZ-ICT-02A (3)多功能主控器 LZ-MC-Y1 (4)多功能分控器 LZ-DC-Y1 (5)LED 集成智能控制箱 LZ-DC-Y2-3K (6)视频像素灯 LZ-SMD-P50-3535E-6 (7)嵌入式 LED 视频服务器 LZ-VS-Y1 (8)玻璃智慧屏 LZ-ZHP-P10.4 (9)格栅屏 LZ-M-SMD-P16E (10)百叶屏 LZ-G-1R1G1B-P25*50E
18	厦门新页科技有限公司	直流充电桩	节能环保产业	(1)DC750060LY01 (2)DC750080LY01 (3)DC750120LY01 (4)DC750160LY01 (5)DC750240LY01 (6)DC750360LY01
19	环创(厦门)科技股份有限公司	餐厨 / 厨余垃圾资源化处理系统	节能环保产业	—
20	厦门中智信系统集成有限公司	eMegasys 智能建筑管理系统 V2.0	绿色服务	—
21	厦门金龙旅行车有限公司	金旅牌中型纯电动客车	节能环保产业	(1)XML6855JEVS0C1 (2)XML6805JEVS0C (3)XML6855JEVJ0C8 (4)XML6885JEVS0C1 (5)XML6827JEVJ0C (6)XML6855JEVY0C7 (7)XML6809JEVJ0 (8)XML6809JEVY0C (9)XML6907JEVJ0 (10)XML6805JEVJ0C6
22	厦门立达信照明有限公司	LED 护眼灯教室照明	节能环保产业	(1)全护眼 LED 教室灯 CLC11-JE2800-01 (2)全护眼 LED 教室灯 JSD-GS11 (3)全护眼 LED 教室灯 CLC20-JE2800-01 (4)全护眼 LED 黑板灯 B22-L2700-01 (5)全护眼 LED 黑板灯 B22-L2700-02
23	厦门历思科技服务有限公司	智慧水质采样器	节能环保产业	LS-WS2000

【工业节能诊断服务】 2022 年，厦门市工信局按照工业和信息化部《关于组织开展 2022 年工业节能诊断服务工作的通知》要求，组织推荐中国移动通信集团福建有限公司厦门分公司等 4 家工业企业参评节能诊断企业。推荐福建省建研工程顾问有限公司等 5 家公司参评诊断服务机构。

【重点用能单位能耗在线监测】 2022 年，厦门市工信局完成福建省工信厅下达的年度新增重点用能单位能耗在线监测系统建设企业 6 家，完成系统建设企业 89 家，协助 6 家企业申请 2022 年重点用能单位能耗在线监测“1+N”系统中央预算内投资生态文明专项补助资金。

【固定资产投资项目节能评审】 2022 年，厦门市工信局完成固定资产投资项目节能审查备案 59 个，年耗能总量 12.2 万吨标准煤(当量值)；完成年能耗 5000 吨标准煤以上的固定资产投资项目节能评审 19 个，年耗能总量 102.75 万吨标准煤(当量值)。推广各类节能技术和管理措施，核减能源消耗 3.57 万吨标准煤(等价值)。

(蓝伊婷)

责任编辑：明安文
审　　稿：林建高
校　　对：曲　艺

6 中共厦门市委员会

综　述

【习近平新时代中国特色社会主义思想学习贯彻】 2022年，中共厦门市委员会（简称厦门市委）认识“两个确立”是中共十八大以来最重大的政治成果、最重要的历史经验，是战胜一切艰难险阻、应对一切不确定性的最大确定性、最大底气、最大保证，自觉把坚定拥护“两个确立”、坚决做到“两个维护”作为最高政治原则和根本政治责任落到实处。把学习宣传贯彻中共二十大精神作为首要政治任务，及时传达学习，研究贯彻措施，做到整体把握、全面系统，突出重点、抓住关键。厦门市委常委带头到基层宣讲，举办市管干部专题研讨班，组建市委宣讲团开展宣讲活动，推动中共二十大精神家喻户晓、入脑入心。召开市委十三届四次全会，出台《关于深入学习宣传贯彻党的二十大精神，努力率先实现社会主义现代化的决定》。开展习近平总书记致厦门经济特区建设40周年贺信精神“大学习、大讨论”活动。依据中共二十大部署和贺信要求，制定《厦门“一二三”战略规划》，将贺信精神和指引具体化、任务化。把握习近平新时代中国特色社会主义思想的世界观和方法论，坚持“第一议题”制度，跟进学习贯彻习近平总书记重要讲话重要指示精神，逐项研究贯彻意见，确保一贯到底、落实见效。学习“两个结合”、“六个必须坚持”的内涵，系统组织学习《习近平谈治国理政》第四卷等书目，引导党员干部将贯穿其中的立场观点方法作为想问题、作决策、办事情的重要遵循，切实把真理力量转化为推动工作的强大动力。

【从严治党】 2022年，厦门市委坚持“全面从严治党永远在路上、党的自我革命永远在路上”原则，以高质量党建引领保障高质量发展。把党的政治建设摆在首位，严明政治纪律和政治规矩，落实《中共中央政治局关于加强和维护党中央集中统一领导的若干规定》精神，执行重大事项请示报告等制度，开展2轮5批27家单位常规巡察和国有资产管理使用情况专项巡察。落实意识形态工作责任制，加强网络安全和网络意识形态工作。贯彻新时代党的组织路线，实施年轻干部成长工程，加强对年轻干部“选育管用”管理。统筹推动各领域党建提升，基层党组织政治功能和组织功能增强。落实新时代好干部标准，树立明确选人用人导向。加强作风建设，牢记“勇立潮头、勇毅前行”重要要求，发扬“快、优、实”作风，强化“晒、比、问”机制，对党员干部开展不自满、不懈怠教育。落实《中共中央政治局贯彻落实中央八项规定实施细则》精神，推进纠“四风”树新风，查处违反中央八项规定精神问题66起，党纪政务处分42人。推进反腐败斗争，配合上级纪检监察机关办理陈某东、林某志、黄某坤等严重违纪违法案件。聚焦工程招投标等重点领域，健全廉洁风险防控制度机制。加强警示教育和廉洁文化建设，夯实党员干部清正廉洁的思想根基。

【改革创新】 2022年，厦门市委建立改革项目策划筛选、培育提升、总结宣传、复制推广“四个一批”机制，打造一批在全国全省有影响力、具有厦门标识度的改革品牌和改革案例，《福建厦门创新机制实施年轻干部成长工程》《厦门创新鼓浪屿保护传承模式让文化遗产活起来》获中央改革办肯定并推广，《创新司法协同平台助推高质量发展》《三链融合创新集成电路产业发展新模式》入选《中国改革年鉴》并公开出版，《三链融合创新集成电路产业发展新模式》入选中国改革年会《2021年度地方全面深化改革典型案例》，《厦门市促进工业稳增长》《厦门市推动外贸稳定和创新发展》等5项工作获国务院办公厅通报督查激励，《搭建“惠企云”政企协同服务平台》获评为福建改革创新案例，《深耕“三个环境”大力实施市场主体培育工程》获省政府办公厅刊发推广，《创新机制搭建金砖国家新工业革命领域合作桥梁》等7项改革经验获省委改革办刊发推广。2022年第四季度，厦门改革热度指数位列19个副省级及以上城市首位，在337个地级及以上城市中位居第一。

【民主法治建设】 2022年，厦门市委加强民主法治建设，坚持党的领导、人民当家作主、依法治国相统一，确保人民安居乐业、社会和谐稳定。坚持和发展全过程人民民主，完成市人大、政府、政协集中换届工作，支持市人大、市政协依法履行职能、参政议政。完成8个民主党派市级组织换届，推进工青妇等群团组织改革。加强国防动员和双拥工作。推进全面依法治市，开展粮食安全等领域地方立法，推行包容审慎监管执法，推进司法责任制配套改革，“谁执法谁普法”模式获第六届“法治政府奖”。推进海丝中央法务区建设，厦门国际商事法庭、涉外海事法庭、公共法律服务中心等建成投用。防范化解各类风险，推进扫黑除恶，落实安全生产责任，获评为平安中国建设示范市、国家食品安全示范城市，莲前派出所被授予“全国模范公安单位”称号。严控政府债务风险，不良贷款率保持低位。

【海峡两岸融合发展探索】 2022年，厦门市委坚持“以通促融、以惠促融、以情促融”为原则，推动海峡两岸共同市场、共同产业、共同家园建设。促进海峡两岸交流合作，举办两岸企业家峰会年会，成立大陆首个台企金融服务联盟，设立大陆首支台商海峡两岸产业投资基金。全年新设立台资企业712家，比上年增长3.8%；对台贸易额454.5亿元，销售增长31.8%。推进两岸互通，推进厦金通电、通气、通桥工作，建设“厦金共同生活圈”。推动中欧（厦门）班列新增台湾—厦门—圣彼得堡海铁联运线路，开通厦门—平潭—台北转运临时邮路，促进海峡两岸经贸往来便利化。促进海峡两岸同胞心灵契合，举办第十四届海峡论坛，习近平总书记给参加海峡青年论坛的台湾青年回信。拓展同等待遇深度广度，将在厦台胞纳入保障性商品房保障范围，首个台青金融公寓交付使用。

（市委办）

主要会议

【概　况】 2022年，厦门市委召开主要会议有：中国共产党厦门市十三届代表大会三次、四次全会，市委全面深化改革委员会会议5次，全市经济会议4次，十三届市委常委会会议35次，闽西南协同发展区联席会议第四次会议等。

【中国共产党厦门市十三届代表大会】 2022年，中国共产党厦门市第十三届代表大会共召开2次会议，即市委十三届三次和四次全会。（见表6–1）

【市委全面深化改革委员会会议】 2022年，中共厦门市委召开全面深化改革委员会会议5次，即十三届市委深改委第二至第六次会议。（见表6–2）

【全市经济会议】 2022年，厦门市召开全市经济会议4次。（见表6–3）

【十三届市委常委会会议】 2022年，厦门市召开十三届市委常委会会议35次。（见表6–4）

表6–1　2022年中国共产党厦门市第十三届代表大会会议一览表

会议名称	日期	会议内容
市委十三届三次全体会议	2月18日	表决通过厦门市推荐上报的福建省出席党的二十大省级党员领导干部代表候选人初步人选
市委十三届四次全体会议	12月9日	深入学习宣传贯彻党的二十大精神。听取和讨论市委常委会工作报告，审议通过《中共厦门市委关于深入学习宣传贯彻党的二十大精神努力率先实现社会主义现代化的决定（草案）》《厦门“一二三”战略规划（草案）》和《中国共产党厦门市第十三届委员会第四次全体会议决议（草案）》

表6–2　2022年中共厦门市委全面深化改革委员会会议一览表

会议名称	日期	会议内容
十三届市委深改委第二次会议	3月25日	会议传达学习习近平总书记在中央全面深化改革委员会第二十四次会议上的重要讲话精神和十一届省委全面深化改革委员会第一、第二次会议精神，市委书记崔永辉就厦门市贯彻落实工作提出要求。市委副秘书长、改革办常务副主任李刚汇报市委全面深化改革委员会2021年工作情况，以及《中共厦门市委全面深化改革委员会2022年工作要点（送审稿）》起草情况和主要内容；市发改委主任孙建辉汇报《厦门市加快建立健全绿色低碳循环发展经济体系工作方案（送审稿）》起草情况和主要内容；市市政园林局局长蔡伟中汇报厦门市污水治理工作进展情况；会议书面听取市委全面深化改革委员会各专项工作小组、各区2021年工作情况和2022年工作思路汇报，以及市卫健委关于公共卫生应急管理体系建设情况和市委网信办关于创新网络安全应急指挥体系工作进展情况的汇报
十三届市委深改委第三次会议	5月27日	会议传达学习习近平总书记在中央全面深化改革委员会第二十五次会议上的重要讲话精神和十一届省委全面深化改革委员会第三次会议精神，市委书记崔永辉就厦门市贯彻落实工作提出要求。市工信局副局长、大数据局局长许文恭汇报《厦门市加快城市大脑建设促进政府数字化改革行动方案（2022—2025年）（送审稿）》、《厦门市推进政务信息化建设运营模式改革的实施方案（试行）（送审稿）》起草情况和主要内容；市财政局局长林志成汇报优化市对区财政管理体制改革方案主要内容；市卫健委主任姚冠华汇报了国家区域医疗中心建设进展情况；市委网信办主任姚玉萍汇报厦门市网络文明建设工作推进情况

续表 6-2

会议名称	日期	会议内容
十三届市委深改委第四次会议	8 月 23 日	会议传达学习习近平总书记在中央全面深化改革委员会第二十六次会议上的重要讲话精神，市委书记崔永辉就厦门市贯彻落实工作提出要求。市文旅局局长黄碧珊汇报全国文物工作会议精神和全省文物安全工作视频会议部署要求，以及《厦门市关于让文物活起来扩大中华文化国际影响力实施方案（送审稿）》起草情况和主要内容；市发改委主任孙建辉汇报《厦门市完善重要民生商品价格调控机制工作方案（送审稿）》起草情况和主要内容；市生态环境局局长何伯星汇报《厦门市深入打好污染防治攻坚战工作方案（送审稿）》起草情况和主要内容；市委政法委分管日常工作的副书记黄平南汇报海丝中央法务区建设进展情况；市教育局副局长洪军汇报推动现代职业教育高质量发展情况。会议书面审议了海沧区、火炬高新区、市发改委、市工信局、市商务局 5 个全面深化改革典型案例
十三届市委深改委第五次会议	11 月 22 日	市委组织部分管日常工作的副部长郑一琳汇报《完善市属国有企业领导人员管理机制的实施方案（送审稿）》起草情况和主要内容；市农业农村局局长邱武伟汇报《推进种业振兴行动若干措施（送审稿）》起草情况和主要内容；市文旅局局长黄碧珊汇报《厦门市深化国有文艺院团改革实施方案（送审稿）》起草情况和主要内容；市科技局局长孔曙光汇报关于推进科技体制改革工作情况；市应急局局长兰贵兴汇报关于推进应急管理能力建设工作情况。会议书面审议了市退役军人局、市财政局全面深化改革典型经验
十三届市委深改委第六次会议	12 月 29 日	会议传达学习十一届省委深改委第五次会议精神，市委书记崔永辉就厦门市贯彻落实工作提出要求；市教育局局长陈珍汇报《关于建立中小学校党组织领导的校长负责制的实施方案（送审稿）》起草情况和主要内容；市委宣传部常务副部长上官军汇报《关于推动厦门市文化企业坚持正确导向履行社会责任的实施方案（送审稿）》起草情况和主要内容；集美区委书记胡旭彬汇报关于推进两岸融合发展县域集成改革试点完成情况

表 6-3　　2022 年厦门市经济会议一览表

会议名称	日期	会议内容
全市季度经济会议暨市委市政府工作检查总结会	4 月 21 日	市委书记崔永辉主持并讲话，市长黄文辉作具体部署。崔永辉肯定一季度全市经济运行及项目建设取得的成效，分析二季度厦门市发展面临的有利条件及风险挑战。崔永辉要求，要坚定信心稳增长，坚持把稳增长作为头等大事，坚决贯彻落实上级决策部署，加大纾困政策供给，强化项目投资带动，大力拓展内外市场，切实做好“六稳”“六保”工作。要坚持不懈强基础，保持战略定力，深入实施年轻干部成长、市场主体培育、科技创新引领三大工程，加快转型升级，以长远眼光实现稳中求进、高质量发展。要推动改革，善于运用改革的思路和办法破解发展难题，着力推动国企改革、政府投融资体制改革、综合改革试点三项重大改革，加快形成以制度创新为核心的改革开放新优势。要统筹兼顾守底线，切实增强忧患意识和底线思维，更好统筹疫情防控和经济社会发展，统筹发展和安全，毫不松懈抓实“外防输入、内防反弹”工作，用心用情做好民生保障，有效防范和化解各类风险挑战。要强化担当转变作风，突出“实”的作风，多做打基础、管长远的事；树立“快”的标准，掌握“快”的方法，养成“快”的习惯；强化“晒比问”工作机制，推动项目建设评价制度化、季度项目建设现场检查和评比常态化、重要岗位绩效评价项目化，促使“勇立潮头、勇毅前行”的重要要求落到实处。会议通报一季度全市经济运行情况以及投资和项目推进情况，书面通报“提高效率、提升效能、提增效益”行动专项攻坚工作进展情况，各区各相关部门汇报任务完成情况。市领导杨国豪、魏克良、张毅恭、李伟华、陈沈阳、李辉跃、吴子东、游文昌、黄晓舟、王雪敏、连坤明、严志铭等参加
全市上半年经济会议暨市委市政府工作现场评价总结会	7 月 26 日	市委书记崔永辉主持并讲话，市长黄文辉作具体部署。崔永辉肯定厦门市上半年经济工作成效，分析下半年发展面临的形势。崔永辉要求，要狠推进目建设和招商引资，力促项目落地，优化投资结构，加大招商力度，不断扩大有效投资。要致力全面深化改革开放，坚持以改革的思路办法破解瓶颈难题，发挥自贸区、金砖创新基地、海丝中央法务区等平台作用，探索两岸融合发展新路，在勇担国家使命中不断创造发展机遇。要全力确保基本民生，优先保障就业，积极促进消费，加快补齐民生短板，切实兜牢民生底线。要更加注重发展质量，深入实施市场主体培育工程、科技创新引领工程和先进制造业倍增计划，加快构建“4+4+6”现代产业体系，推动经济行稳致远。要守住风险防范底线，科学精准高效抓好常态化疫情防控，重视安全生产，做好防汛防台风的充足准备，深化各领域矛盾纠纷排查化解，确保社会安定稳定。要大力加强作风建设，落实“快、优、实”的要求，强化“晒、比、问”的机制，形成比学赶超、争先进位的浓厚氛围。会上，市发改委、工信局、商务局及思明区、海沧区、湖里区先后汇报上半年经济运行情况及下一步思路举措。市领导杨国豪、魏克良、张毅恭、陈沈阳、李辉跃、吴子东、游文昌、黄晓舟、连坤明、严志铭、黄燕添、张志红、庄荣良参加。会议以视频会议形式召开，各区、自贸区、火炬高新区、市级重大片区指挥部设分会场

续表 6-3

会议名称	日期	会议内容
全市前三季度经济分析会暨市委市政府工作现场评价总结会	10 月 26 日	市委书记崔永辉主持并讲话，市长黄文辉作具体部署。崔永辉肯定全市各级各部门着力稳主体、稳信心、促服务、促改革，推动经济运行稳中有进、稳中向好。崔永辉要求，要以重点项目支撑高质量发展，牢牢抓住政策机遇，加快项目策划、引进、开工、建设，加强全生命周期管理，努力形成更多实物量。要以改革开放推动高质量发展，扎实推进国企改革、投融资体制改革和营商环境创新，持续用好自贸区、金砖创新基地等平台推进高水平对外开放，深化厦台交流合作，着力构建新发展格局节点城市。要以良好环境服务高质量发展，毫不松懈推进科学防控、精准防控，高标准严要求抓好文明城市创建，用情用力解决群众急难愁盼问题，及时果断防范化解各领域风险隐患，确保社会保持安定稳定。要以过硬作风保障高质量发展，突出“快、优、实”，强化“晒、比、问”，集中精力抓经济，以实际行动推动中共二十大精神在厦门落地生根、开花结果。会上，市发改委、工信局、商务局、翔安区、火炬高新区分别汇报前三季度经济运行情况和下一步思路举措。市领导杨国豪、魏克良、张毅恭、李伟华、陈沈阳、李辉跃、吴子东、游文昌、黄晓舟、王雪敏、连坤明、严志铭等参加。会议以视频形式召开，各区、自贸区、火炬高新区、市级重大片区指挥部设分会场
市委经济工作座谈会	12 月 2 日	市委书记崔永辉主持并讲话。会议深入学习贯彻中共二十大精神，认真落实党中央决策部署和省委工作要求，分析 2022 年工作得失，谋划明年工作思路。崔永辉强调，要进一步深入学习宣传贯彻中共二十大精神，按照党中央决策部署和省委工作要求，坚持以推动高质量发展为主题，奋力拼搏、攻坚突破，切实将中共二十大报告的新理念新战略新部署转化为推动自身发展的新思路新举措新办法，以实际行动坚定拥护“两个确立”、坚决做到“两个维护”。要在项目工作、要素保障、资源盘活、统筹协调、改革创新、营商环境提升上取得新突破，以更大力度补短板、强弱项，更好服务群众、服务企业、服务发展。会上，各区，自贸区、火炬高新区负责人分别作交流汇报。市领导黄文辉、李辉跃、黄晓舟、黄燕添参加

表 6-4　　厦门市十三届市委常委会会议一览表

会次	日期	会议内容
十三届 2022 年 1 号	12 月 30 日	传达学习贯彻习近平总书记在中共中央政治局专题民主生活会上的重要讲话精神、对全国老干部工作、党史学习教育、做好“三农”工作的重要指示精神和党史学习教育总结会议精神、中央农村工作会议精神，以及省委常委会会议精神，研究厦门市贯彻意见。传达学习中央领导关于老龄工作的重要指示批示、全国老龄工作会议和中央有关文件精神，研究厦门市贯彻意见。传达学习中央政治局常委、全国政协主席汪洋在第十三届海峡论坛上的讲话精神和省委常委会会议精神，听取海峡论坛举办情况汇报，研究厦门市贯彻意见。研究审议《厦门市党委（党组）意识形态工作责任制实施方案（送审稿）》。研究审议厦门市招商引资相关工作机制。研究审议《关于认真做好 2022 年元旦春节期间有关工作的通知（送审稿）》。研究市两会有关文稿及有关事项听取市人大常委会工作报告有关情况汇报，研究市十六届人大一次会议有关事项；听取 2022 年政府工作报告有关情况汇报；听取市政协常委会工作报告有关情况汇报，研究市政协十四届一次会议有关事项；听取厦门市 2021 年国民经济和社会发展计划执行情况与 2022 年计划草案报告有关情况汇报；听取厦门市 2021 年预算执行情况和 2022 年预算草案报告有关情况汇报；听取市中级人民法院工作报告有关情况汇报；听取市检察院工作报告有关情况汇报。听取市人大常委会、市政府、市政协、市中级人民法院、市检察院党组工作汇报。研究国企有关工作。研究有关干部工作
十三届 2022 年 2 号	1 月 4 日	传达学习习近平总书记在全国政协新年茶话会上的重要讲话和二〇二二年新年贺词精神，研究厦门市贯彻意见。传达学习习近平总书记关于加强党内法规制度建设的重要指示精神，以及省委常委会会议工作部署，研究厦门市贯彻意见。传达学习平安中国建设表彰大会精神和省委常委会会议精神，研究厦门市贯彻意见。深入学习习近平总书记关于国家粮食安全系列重要讲话和重要指示批示精神，研究审议《〈福建省委专项巡视五组关于专项巡视厦门市的反馈意见〉整改落实工作方案（送审稿）》。传达福建省出席中共二十大代表选举工作部署会主要精神，研究厦门市出席中共二十大代表及台籍代表、省台籍党员代表会议代表推选工作。听取同安区新民镇和西柯镇撤镇设街道行政区划调整工作有关情况汇报。研究有关干部工作
十三届 2022 年 3 号	1 月 14 日	传达学习习近平总书记近期重要讲话精神，以及全国、全省有关会议精神，研究厦门市初步贯彻意见，传达学习习近平总书记在 1 月 6 日中共中央政治局常务委员会会议和在省部级主要领导干部学习贯彻党的十九届六中全会精神专题研讨班开班式上的重要讲话精神；传达学习全国、全省党史学习教育总结会会议精神，听取厦门市党史学习教育工作总结汇报，研究审议《“习近平总书记致厦门经济特区建设 40 周年贺信重要精神”大学习大讨论活动方案（送审稿）》；传达学习全国、全省宣传部长会议精神，研究厦门市初步贯彻意见；研究审议市委常委班子党史学习教育专题民主生活会有关材料。听取厦门自贸片区 2022 年改革创新重点工作情况汇报。研究审议《中共厦门市第十三届委员会巡察工作规划（送审稿）》。研究审议《关于完善重大重点项目推进机制若干措施（送审稿）》。研究审议《厦门市红色资源保护利用办法（送审稿）》。研究审议《厦门市贯彻落实〈深化新时代教育评价改革总体方案〉工作任务分解方案（送审稿）》。听取 2021 年度厦门市精神文明和宣传文化工作先进集体、先进个人评选表彰工作情况汇报

续表 6-4

会次	日期	会议内容
十三届 2022 年 4 号	1 月 19 日	传达学习习近平总书记在 2022 年世界经济论坛视频会议上的重要讲话精神，研究厦门市贯彻意见。传达学习贯彻习近平总书记对做好“三农”工作的重要指示精神和中央农村工作会议精神，以及省委常委会会议和省委农村工作会议工作要求，研究厦门市贯彻意见。传达学习全国、全省文明办主任会议精神，研究厦门市贯彻意见。研究有关干部工作
十三届 2022 年 5 号	1 月 27 日	传达学习贯彻习近平总书记在十九届中央纪委六次全会上的重要讲话，全国人大常委会委员长、党组书记赵乐际在十九届中央纪委六次全会上的工作报告和十九届中央纪委六次全会精神，以及省纪委十一届二次全会、省委常委会会议精神，研究厦门市贯彻意见，听取 2021 年市纪委监委工作情况汇报，审议市纪委十三届二次全会方案和工作报告。传达学习习近平总书记在 1 月 24 日中共中央政治局会议上和第三十六次集体学习时的重要讲话精神，研究厦门市贯彻意见。传达学习省十三届人大六次会议、省政协十二届五次会议精神，研究厦门市贯彻意见。传达学习全国、全省统战部长会议精神及省委常委会工作要求，研究厦门市初步贯彻意见。传达学习全国、全省网信办主任会议精神，研究厦门市贯彻意见。研究审议《关于大力弘扬“马上就办、真抓实干”优良传统作风　进一步强化治庸问责工作的意见（送审稿）》。研究审议《厦门市 2022 年度制定法规计划（草案）》
十三届 2022 年 6 号	2 月 18 日	传达学习贯彻习近平总书记在 2022 年春节团拜会、赴山西看望慰问基层干部群众、1 月 29 日同党外人士共迎新春时的重要讲话和对党的建设研究工作重要指示精神，以及省委常委会会议工作部署，研究厦门市贯彻意见。传达学习习近平总书记对政法工作的重要指示精神和中央政法工作会议及全国政法队伍教育整顿总结会精神，以及省委常委会会议、省委政法工作会议等工作部署，研究厦门市贯彻意见。深入学习习近平总书记关于国家粮食安全系列重要讲话重要指示批示精神，学习贯彻上级有关粮食安全文件精神，研究厦门市贯彻意见。传达学习全国、全省组织部长会议精神和省委常委会会议工作部署，研究厦门市贯彻意见。传达学习全省机关党的工作会议精神和省委常委会会议工作部署，听取 2021 年市直机关党建工作情况和 2022 年工作思路汇报。研究审议《厦门市 2022 年国有建设用地供应计划（送审稿）》。研究审议编制厦门率先实现社会主义现代化战略规划有关工作。研究审议《中共厦门市委常委会 2022 年工作要点（送审稿）》。听取关于推荐厦门市出席中共二十大代表候选人初步人选和出席中共二十大台籍代表有关人选的汇报
十三届 2022 年 9 号	2 月 26 日	传达省委常委会会议精神，通报有关案件情况
十三届 2022 年 7 号	2 月 28 日	传达学习习近平总书记在 2 月 25 日中共中央政治局会议上的重要讲话精神，研究厦门市贯彻意见。传达学习中办、国办《关于加强新时代关心下一代工作委员会工作的意见》精神，研究审议《厦门市关心下一代工作委员会 2022 年工作意见（送审稿）》。传达学习中央、全省对台工作会议精神，研究厦门市贯彻意见。听取 2022 年市委、市政府为民办实事工作计划的汇报。研究审议《关于“提高效率、提升效能、提增效益”行动的实施方案（送审稿）》。研究审议《2022 年市政协重点协商和民主监督工作建议（送审稿）》。研究审议《厦门市进一步减轻义务教育阶段学生作业负担和校外培训负担的实施方案（送审稿）》。听取厦门市妇女、儿童发展纲要（2021—2030 年）编制情况汇报。听取“12345”政务服务便民热线有关工作情况汇报。听取全省造林绿化工作先进集体和先进个人推荐评选工作有关情况汇报。研究国企有关工作。研究有关干部工作
十三届 2022 年 8 号	3 月 2 日	2021 年度市委常委述责述廉评议。听取关于福建省出席中共二十大代表候选人初步人选征求意见有关工作情况的汇报
十三届 2022 年 10 号	3 月 12 日	传达学习全国两会精神和习近平总书记出席全国两会有关会议时的重要讲话精神，研究厦门市贯彻意见。听取厦门市疫情防控工作情况汇报，研究部署下一阶段重点工作
十三届 2022 年 11 号	3 月 18 日	传达学习习近平总书记在 3 月 17 日中共中央政治局常务委员会上的重要讲话精神，以及省应对新冠疫情工作领导小组会议精神，研究部署厦门市贯彻落实措施

续表 6-4

会次	日期	会议内容
十三届 2022 年 12 号	3 月 25 日	传达学习习近平总书记在中共中央政治局第三十七次集体学习、中央党校（国家行政学院）中青年干部培训班开班式上的重要讲话精神和审阅中央政治局委员等有关同志述职报告时提出的重要要求，以及省委常委会会议工作部署，研究厦门市贯彻意见。十三届市委全面深化改革委员会第二次会议；传达学习习近平总书记在中央全面深化改革委员会第二十四次会议上的重要讲话精神和十一届省委全面深化改革委员会第一、第二次会议精神，研究厦门市贯彻意见；听取市委全面深化改革委员会 2021 年工作汇报，研究审议《中共厦门市委全面深化改革委员会 2022 年工作要点（送审稿）》；研究审议《厦门市加快建立健全绿色低碳循环发展经济体系工作方案（送审稿）》；听取厦门市污水治理工作进展情况汇报；书面听取市委深改委各专项工作小组、各区 2021 年工作情况和 2022 年工作思路汇报，市卫健委关于公共卫生应急管理体系建设情况的汇报，以及市委网信办关于创新网络安全应急指挥体系工作进展情况的汇报。传达学习十一届省委财经委第一次会议精神，听取市委财经委 2021 年度工作汇报，研究审议《中共厦门市委财经委员会 2022 年工作要点（送审稿）》。传达学习 2022 年全国、全省审计工作会议精神，研究审议《中共厦门市委审计委员会工作总结及 2022 年度工作要点（送审稿）》。研究审议《厦门市深化城市建设投融资体制改革实施方案（送审稿）》。研究审议《厦门市关于先进制造业倍增计划的实施方案（2022—2026 年）（送审稿）》。传达学习省委研究外事工作专题会议暨省委外事工作委员会会议、全省外事重点专项工作会议精神，研究厦门市贯彻意见。听取市委国安委 2021 年度工作汇报，研究审议《中共厦门市委国家安全委员会 2022 年工作要点（送审稿）》。研究审议《中共厦门市委党的建设工作领导小组 2022 年工作要点（送审稿）》。传达学习贯彻省委常委会关于耕地保护和粮食安全工作的会议精神，听取省委涉粮问题专项巡视整改落实情况和推动市委涉粮专项巡视整改工作履职情况汇报。研究有关干部工作
十三届 2022 年 13 号	4 月 2 日	传达学习习近平总书记在 3 月 31 日中共中央政治局常务委员会会议上的重要讲话精神和全国安全生产电视电话会议精神，听取 2022 年以来厦门市安全生产工作汇报，研究厦门市贯彻意见。传达学习习近平总书记 3 月 30 日在参加首都义务植树活动时的重要讲话精神，研究厦门市贯彻意见。传达学习《中共中央　国务院关于印发〈信访工作条例〉的通知》和《中央信访工作联席会议办公室　国家信访局关于认真学习宣传贯彻落实〈信访工作条例〉的通知》文件精神，听取厦门市信访工作情况汇报，研究厦门市贯彻意见。传达学习省双拥共建工作领导小组第 41 次会议和全省双拥办主任会议精神，听取 2021 年全市双拥工作情况和 2022 年双拥有关重点工作汇报，研究厦门市迎接全国双拥模范城中期评估暨创建新一届省级双拥模范城（区）工作，审议《厦门市迎接全国双拥模范城中期评估暨创建全省双拥模范城（区）工作实施方案（送审稿）》。传达学习中央编委印发的《机构编制违规违纪违法行为处理和问责规则（试行）》文件精神和省委常委会会议精神，研究厦门市贯彻意见。传达学习全省深化医改工作座谈会精神，研究厦门市贯彻意见。听取金砖创新基地工作进展及 2022 年重点工作情况汇报。听取厦门市贯彻落实中央八项规定精神、整治形式主义为基层减负工作情况，以及党内法规制度建设和执行工作情况汇报。研究同安区部分街道行政区划调整工作
十三届 2022 年 14 号	4 月 12 日	深入学习贯彻党的十九届六中全会精神，学习《习近平书信选集》第一卷，深刻认识“两个确立”的决定性意义，开展集中研讨，不断增强忠诚核心、拥戴核心、维护核心、捍卫核心的政治自觉、思想自觉和行动自觉。传达学习习近平总书记在北京冬奥会、冬残奥会总结表彰大会上的重要讲话精神，研究厦门市贯彻意见。深入学习贯彻习近平总书记关于总体国家安全观的重要论述，传达学习十九届中央国家安全委员会第五次全体会议和中央国安委 2022 年度重点任务贯彻落实部署会议暨全国党委国安办主任会议精神，以及省委国安委会议工作部署，研究厦门市贯彻意见。传达学习贯彻习近平总书记《求是》杂志重要文章及十一届省委全面依法治省委员会第一次会议精神，研究审议《厦门市法治政府建设实施方案（2021—2025 年）（送审稿）》《厦门市新时代法治人才培养实施方案（2021—2025 年）（送审稿）》《中共厦门市委全面依法治市委员会 2022 年工作要点（送审稿）》《2022 年市政府立法计划（送审稿）》，书面听取《中共厦门市委全面依法治市委员会关于 2021 年工作情况的报告》《厦门市人民政府关于 2021 年法治政府建设情况的报告》。研究有关干部工作
十三届 2022 年 15 号	4 月 29 日	市委理论学习中心组学习会：深入学习贯彻习近平总书记关于安全生产重要论述和全国安全生产电视电话会议精神，传达省委常委会会议工作部署，结合观看《生命重于泰山—学习习近平总书记关于安全生产重要论述》电视专题片，开展集中学习研讨，研究部署厦门市防汛防台风工作。传达学习习近平总书记在中央财经委员会第十一次会议上的重要讲话、在海南考察时的重要讲话、在视察文昌航天发射场时的重要讲话、在博鳌亚洲论坛 2022 年年会开幕式上的主旨演讲、在中国人民大学考察时的重要讲话精神，研究厦门市贯彻意见。传达学习习近平总书记给北京科技大学老教授回信、就气候变化问题给英国小学生复信、致首届全民阅读大会贺信、致青蒿素问世 50 周年暨助力共建人类卫生健康共同体国际论坛贺信、致首届大国工匠创新交流大会贺信重要精神，研究厦门市贯彻意见。传达学习全国巡视工作会议暨十九届中央第九轮巡视动员部署会精神和全省巡视巡察工作会议暨十一届省委第一轮巡视动员部署会工作要求，研究厦门市贯彻意见。传达学习省委常委会会议暨省委网络安全和信息化委员会第六次全体会议工作部署，研究审议《中共厦门市委网络安全和信息化委员会 2022 年工作要点（送审稿）》。听取 2022 年海峡两岸系列文化交流活动筹备情况汇报。听取市委教育工作领导小组 2021 年工作总结，研究审议《中共厦门市委教育工作领导小组 2022 年工作要点（送审稿）》。研究审议《厦门市建设工程招投标“评定分离”办法（试行）（送审稿）》。听取 2021 年度绩效评估结果及 2022 年度经济社会运行和高质量发展监测与绩效管理工作方案有关情况汇报。听取关于推荐福建省非公有制经济优秀建设者候选人有关情况汇报。研究有关干部工作

续表 6-4

会次	日期	会议内容
十三届 2022 年 16 号	5 月 12 日	传达学习习近平总书记在 5 月 5 日中共中央政治局常委会会议上的重要讲话精神和全国新冠肺炎疫情防控工作电视电话会议部署要求，以及省委常委会会议工作部署，研究厦门市贯彻意见。传达学习习近平总书记在 4 月 29 日中共中央政治局会议上的重要讲话、在中共中央政治局第三十八次集体学习时的重要讲话、在庆祝中国共产主义青年团成立 100 周年大会上的重要讲话、给中国航天科技集团空间站建造青年团队的回信精神，以及省委常委会会议工作部署，研究厦门市贯彻意见。传达学习习近平总书记对湖南长沙居民自建房倒塌事故的重要指示精神，以及省委常委会会议工作部署，研究厦门市贯彻意见。研究审议《中共厦门市委统一战线工作领导小组 2022 年工作要点（送审稿）》。传达学习全国扫黑办第二次主任会议精神和省委常委会会议工作部署，听取 2021 年扫黑除恶斗争工作情况汇报，研究审议《2022 年全市常态化扫黑除恶斗争工作要点（送审稿）》。传达学习中央政法委、省委政法委有关市域社会治理现代化试点创建会议精神及相关文件要求，听取全市市域社会治理现代化试点工作情况和《厦门市配合创建全国市域社会治理现代化试点合格城市验收工作方案（送审稿）》主要内容汇报。听取厦门市深化户籍制度改革完善户口迁移政策有关情况汇报。听取全市现代产业体系梳理情况汇报
十三届 2022 年 17 号	5 月 27 日	传达学习习近平总书记在金砖国家外长会晤开幕式上的视频致辞及向金砖国家政党、智库和民间社会组织论坛致贺信精神，以及国务委员王勇在金砖国家工业互联网与数字制造发展论坛开幕式上的致辞要求，研究厦门市贯彻意见。传达学习习近平总书记在庆祝中国国际贸易促进委员会建会 70 周年大会暨全球贸易投资促进峰会上的视频致辞和复信美国艾奥瓦州友人萨拉・兰蒂女士、给南京大学留学归国青年学者的回信精神，以及省委常委会会议工作部署，研究厦门市贯彻意见。传达学习全国稳住经济大盘电视电话会议精神，落实省委常委会会议有关部署，研究厦门市贯彻意见。传达学习中共中央政治局常委、国务院副总理韩正来闽考察调研时的讲话精神，以及省委常委会会议工作部署，研究厦门市贯彻意见。十三届市委全面深化改革委员会第三次会议，传达学习习近平总书记在中央全面深化改革委员会第二十五次会议上的重要讲话精神和十一届省委全面深化改革委员会第三次会议精神，研究厦门市贯彻意见；研究审议《厦门市加快城市大脑建设促进政府数字化改革行动方案（2022—2025 年）（送审稿）》和《厦门市推进政务信息化建设运营模式改革的实施方案（试行）（送审稿）》；研究审议优化市对区财政管理体制改革方案；听取国家区域医疗中心建设进展情况汇报；听取厦门市网络文明建设工作推进情况汇报
十三届 2022 年 18 号	6 月 15 日	传达学习习近平总书记在 5 月 27 日中共中央政治局会议、中共中央政治局第三十九次集体学习和四川省考察调研时的重要讲话精神，以及省委常委会会议部署要求，研究厦门市贯彻意见。传达学习习近平总书记给第二次中国—太平洋岛国外长会的书面致辞、致中国宋庆龄基金会成立 40 周年的贺信、致中国儿童中心成立 40 周年的贺信、致 2022 年六五环境日国家主场活动的贺信、致《大公报》创刊 120 周年的贺信精神，以及省委常委会会议部署要求，研究厦门市贯彻意见。传达学习习近平总书记在中央政治局常委会听取 2021 年度巩固拓展脱贫攻坚成果同乡村振兴有效衔接考核评估情况时发表的重要讲话精神，以及省委常委会会议、全省巩固拓展脱贫攻坚成果同乡村振兴有效衔接工作会议部署要求，研究厦门市贯彻意见。传达学习中央退役军人事务工作领导小组会议精神和省委退役军人事务工作领导小组会议部署要求，研究审议《市委退役军人工作领导小组 2021 年工作总结和 2022 年工作要点（送审稿）》。传达学习《中央生态环境保护督察整改工作办法》和省委常委会会议部署要求，研究厦门市贯彻意见。研究审议《厦门市大规模奥密克戎疫情应对处置方案（送审稿）》。听取关于厦门自贸片区建设七周年成效、2022 年创新试验任务和跨境贸易便利化工作推进情况汇报，研究审议《中国（福建）自由贸易试验区厦门片区工作领导小组及办公室成员调整建议名单（送审稿）》。研究审议《厦门市贯彻〈知识产权强国建设纲要（2021—2035 年）〉的实施方案（送审稿）》。研究审议《第十一批厦门市荣誉市民评授工作方案（送审稿）》和《厦门市荣誉市民待遇实施办法（送审稿）》。研究审议《2021 年市本级财政决算草案的报告（送审稿）》。研究审议《2021 年度市本级预算执行和其他财政收支的审计工作报告（送审稿）》
十三届 2022 年 19 号	7 月 1 日	深入学习贯彻党的十九大及十九届历次全会精神，落实省第十一次党代会部署和市第十三次党代会要求，进一步深入理解和秉承习近平总书记在福建、厦门工作期间作出的一系列极具前瞻性、开创性、战略性的理念创新和实践探索，结合学习《闽山闽水物华新——习近平福建足迹》，开展集中学习研讨，引导全市广大党员干部不断加深对习近平新时代中国特色社会主义思想的理解和认识。传达学习习近平总书记在 6 月 17 日中共中央政治局会议、十九届中共中央政治局第四十次集体学习和在湖北省武汉市考察时的重要讲话、就研究吸收网民对中共二十大相关工作意见建议作出的重要指示精神，以及省委常委会会议部署要求，研究厦门市贯彻意见。传达学习习近平总书记在金砖国家领导人第十四次会晤、全球发展高层对话会上的重要讲话和在金砖国家工商论坛开幕式上的主旨演讲精神，以及省委常委会会议部署要求，研究厦门市贯彻意见。研究审议《关于开展“益企服务”专项行动工作方案（送审稿）》。研究审议《全市国有资产管理使用情况专项巡察工作方案（送审稿）》。研究火炬管委会委管企业股权划转后保留原有管理体制事项清单。研究有关干部工作

续表 6-4

会次	日期	会议内容
十三届 2022 年 20 号	7 月 14 日	传达学习习近平总书记出席庆祝香港回归祖国 25 周年大会暨香港特别行政区第六届政府就职典礼时的重要讲话精神，向“全球发展：共同使命与行动价值”智库媒体高端论坛和世界互联网大会国际组织成立致贺信、给中国国家博物馆老专家回信精神，以及省委常委会会议部署要求，研究厦门市贯彻意见。传达学习习近平总书记给参加海峡青年论坛的台湾青年回信精神，听取海峡青年论坛举办情况汇报，研究厦门市贯彻意见。传达学习中央政治局常委、国务院总理李克强来闽考察和在东南沿海省份政府主要负责人经济形势视频座谈会上的讲话精神，以及省委常委会会议部署要求，研究厦门市贯彻意见。传达学习中央政治局常委、全国政协主席汪洋在第十四届海峡论坛和来闽考察时的讲话精神，听取海峡论坛举办情况汇报，研究厦门市贯彻意见。传达学习全国公安系统英雄模范立功集体表彰大会精神，以及省委常委会会议部署要求，听取厦门市公安工作情况汇报，研究部署下一步工作。深入学习《总体国家安全观学习纲要》，传达学习十一届省委国家安全委员会第二次会议部署要求，研究审议《市委国安委数据安全工作协调机制（送审稿）》。听取厦门市落实中央生态环保督察整改工作进展情况汇报。研究纪检监察有关工作。研究机构编制有关工作。研究有关干部工作
十三届 2022 年 21 号	7 月 27 日	市委理论学习中心组学习会：学习研讨《习近平谈治国理政》第四卷，交流学习心得体会。传达学习习近平总书记在新疆考察时的重要讲话和致全球重要农业文化遗产大会、世界青年发展论坛贺信精神，研究厦门市贯彻意见。传达学习习近平总书记给种粮大户回信精神，全国乡村建设工作会议、南方省份粮食生产座谈会精神，以及省委常委会会议部署要求，审议《关于加快推进农业农村现代化的若干措施（送审稿）》和《厦门市加快推进农业农村现代化发展规划（2022—2027 年）（送审稿）》，研究厦门市贯彻意见。传达学习习近平总书记对机关事务工作作出的重要指示精神，全国机关事务工作先进集体和先进个人表彰大会精神，以及省委常委会会议部署要求，研究厦门市贯彻意见。传达学习中办《领导干部配偶、子女及其配偶经商办企业管理规定》文件精神，研究厦门市贯彻意见。听取关于市委开展 2022 年全面从严治党主体责任落实情况检查工作的汇报
十三届 2022 年 22 号	7 月 29 日	学习贯彻习近平总书记在省部级主要领导干部“学习习近平总书记重要讲话精神，迎接党的二十大”专题研讨班上的重要讲话精神，以及省委常委会会议部署要求，研究厦门市贯彻意见。学习贯彻习近平总书记在 7 月 28 日中共中央政治局会议和 7 月 25 日党外人士座谈会上的重要讲话精神，研究厦门市贯彻意见。听取厦门市疫情防控工作情况汇报，研究部署下一阶段工作。听取 2022 年暑期集中休假有关事项汇报
十三届 2022 年 23 号	8 月 23 日	传达学习习近平总书记在中央统战工作会议上的重要讲话和汪洋同志总结讲话精神，以及省委常委会会议部署要求，研究厦门市贯彻意见。传达学习习近平总书记在十九届中共中央政治局第四十一次集体学习、辽宁考察调研时的重要讲话精神，向中国共产党与世界马克思主义政党论坛、向国际民间社会共同落实全球发展倡议交流大会、向世界职业技术教育发展大会致贺信精神，给马耳他中学“中国角”师生复信、给“中国好人”李培生胡晓春回信精神，以及省委常委会会议部署要求，研究厦门市贯彻意见。十三届市委全面深化改革委员会第四次会议，传达学习习近平总书记在中央全面深化改革委员会第二十六次会议上的重要讲话精神，研究厦门市贯彻意见；传达学习全国文物工作会议精神和全省文物安全工作视频会议部署要求，研究审议《厦门市关于让文物活起来扩大中华文化国际影响力实施方案（送审稿）》；研究审议《厦门市完善重要民生商品价格调控机制工作方案（送审稿）》；研究审议《厦门市深入打好污染防治攻坚战工作方案（送审稿）》；听取海丝中央法务区建设进展情况汇报；听取推动现代职业教育高质量发展情况汇报；书面审议火炬高新区、市发改委、市工信局、市商务局、海沧区 5 个全面深化改革典型案例。学习《台湾问题与新时代中国统一事业》白皮书，研究厦门市贯彻意见。听取第二十二届投洽会筹备工作进展情况汇报。听取金砖国家新工业革命伙伴关系系列活动筹备情况汇报。传达学习全省林业改革发展会议暨省级总林长会议部署要求，听取林长制工作运行情况和 2022 年下半年主要工作安排汇报，研究厦门市贯彻意见。研究机构编制有关工作
十三届 2022 年 24 号	9 月 4 日	传达学习 8 月 30 日中共中央政治局会议精神和习近平总书记向第五届中非媒体合作论坛致贺信、给外文出版社的外国专家回信、给“里斯本丸”号船幸存者家属复信精神，研究厦门市贯彻意见。传达学习中央政治局常委、全国政协主席汪洋在第三次对口支援西藏工作会议上的讲话精神，以及省委常委会会议部署要求，研究厦门市贯彻意见。传达学习中办关于全国意识形态领域形势通报精神，以及省委办关于全省意识形态领域形势通报精神，研究当前厦门市意识形态领域形势。传达学习国务院办公厅有关通报精神，研究厦门市贯彻意见。传达学习省双拥模范城（县）命名大会精神，研究厦门市贯彻意见。听取全面推进鼓浪屿世界文化遗产保护利用工作有关情况汇报。研究审议《厦门市关于调整完善土地出让收入使用范围优先支持乡村振兴实施方案（送审稿）》。研究审议《厦门市推动公立医院高质量发展实施方案（送审稿）》。研究审议《厦门市“十四五”深化医药卫生体制改革专项规划（送审稿）》。研究审议《厦门市推进“一带一路”建设加快打造海上合作战略支点 2022 年工作要点（送审稿）》。研究审议《关于进一步加强和改进新时代人大工作的若干措施（送审稿）》。研究厦门市军转干部安置工作
十三届 2022 年 25 号	9 月 9 日	通报中央有关文件精神并贯彻落实省委常委会会议要求

续表 6-4

会次	日期	会议内容
十三届 2022 年 26 号	9 月 22 日	市委理论学习中心组学习会：集中学习《习近平关于社会主义精神文明建设论述摘编》，研究厦门市初步贯彻意见。传达学习习近平总书记在 9 月 9 日中共中央政治局会议和上海合作组织成员国元首理事会第二十二次会议上的重要讲话、对四川甘孜泸定县 6.8 级地震作出的重要指示、给北京师范大学“优师计划”师范生的回信、致 2022 年中国国际服务贸易交易会的贺信、致 2022 全国“专精特新”中小企业发展大会的贺信、致产业链供应链韧性与稳定国际论坛的贺信、致第七届中国—亚欧博览会的贺信精神，以及省委常委会会议部署要求，研究厦门市贯彻意见。传达学习省委常委会会议精神，研究部署安全生产工作。传达学习省委《关于加强对“一把手”和领导班子监督的实施意见》文件精神，研究厦门市贯彻意见。传达学习全国“人民满意的公务员”和“人民满意的公务员集体”表彰大会精神，以及省委常委会会议部署要求，研究厦门市贯彻意见。研究厦门市生态文明工作先进集体和先进个人评选表彰有关工作。研究审议各重大片区三年行动规划（2022—2024 年）
十三届 2022 年 27 号	10 月 9 日	传达学习习近平总书记向全国广大农民和工作在“三农”战线上的同志们致以节日祝贺和诚挚慰问、对国防和军队改革研讨会作出重要指示、致中国新闻社建社 70 周年的贺信、为《复兴文库》作序言、参观“奋进新时代”主题成就展时的重要指示、会见 C919 大型客机项目团队代表并参观项目成果展览时的重要讲话、在中央全面深化改革委员会第二十七次会议上的重要讲话、给山东省地矿局第六地质大队全体地质工作者的回信精神，以及省委常委会会议部署要求，研究厦门市贯彻意见。传达学习中央信访工作联席会议全体（扩大）会议精神，以及省委常委会会议部署要求，研究厦门市贯彻意见。传达学习全国食品安全办主任会议精神，以及省食品安全委员会全体（扩大）会议部署要求，部署厦门市食品安全重点工作。传达学习中组部《推进领导干部能上能下规定》专题培训班主要精神，以及省委常委会会议部署要求，研究厦门市贯彻意见。研究审议《厦门市政治生态建设需重点关注问题整改任务分工方案（送审稿）》。研究审议《厦门市贯彻落实〈国家标准化发展纲要〉实施意见（送审稿）》。听取厦门自贸片区金融创新工作情况汇报。听取关于今年以来经济形势和做好下阶段经济工作建议汇报。听取关于 2022 年 1—8 月预算执行和第二次预算调整的汇报。听取厦门市双拥和平安建设工作先进集体和先进个人评选表彰工作情况汇报。听取疫情防控工作情况汇报
十三届 2022 年 28 号	10 月 24 日	传达学习党的二十大及十九届七中全会精神，以及省委常委会（扩大）会议部署要求，研究厦门市贯彻意见
十三届 2022 年 29 号	10 月 31 日	传达学习党的二十届一中全会精神和习近平总书记在 10 月 25 日中共中央政治局会议、瞻仰延安革命纪念地时的重要讲话精神，传达学习《中共中央关于认真学习宣传贯彻党的二十大精神的决定》和《中共中央办公厅关于做好学习贯彻党的二十大精神宣讲工作的通知》，以及省委常委会会议部署要求，研究厦门市贯彻意见。传达学习习近平总书记向中国国际可持续交通创新和知识中心成立和向美中关系全国委员会年度晚宴致贺信精神，以及省委常委会会议部署要求，研究厦门市贯彻意见。研究市委常委赴基层宣讲中共二十大精神工作安排。传达学习省委常委会会议部署要求，听取厦门市少先队工作情况汇报，研究审议《关于全面加强新时代少先队工作的实施方案（送审稿）》。听取召开厦门市残疾人联合会第八次代表大会有关情况汇报。听取召开厦门市计划生育协会第七次会员代表大会有关情况汇报。听取贯彻落实国家和福建省医保制度改革精神有关情况汇报。传达学习省人大、政府、政协换届工作座谈会部署要求，研究厦门市贯彻意见。研究有关干部工作
十三届 2022 年 30 号	11 月 22 日	传达学习习近平总书记在 11 月 10 日中共中央政治局常务委员会会议上的重要讲话精神，在陕西延安和河南安阳考察时的重要讲话、向 2022 年世界城市日全球主场活动暨第二届城市可持续发展全球大会致贺信、在第五届中国国际进口博览会开幕式上致辞、在《湿地公约》第十四届缔约方大会开幕式上的致辞、向国际竹藤组织成立二十五周年志庆暨第二届世界竹藤大会致贺信、在视察军委联合作战指挥中心时的重要讲话、向 2022 年世界互联网大会乌镇峰会致贺信、向“杂交水稻援外与世界粮食安全”国际论坛发表书面致辞、给中国航空工业集团沈飞“罗阳青年突击队”队员们回信、在二十国集团领导人第十七次峰会上的重要讲话、在亚太经合组织工商领导人峰会上发表的书面演讲、出席亚太经合组织第二十九次领导人非正式会议时的重要讲话、向第 6 届中国—南亚博览会致贺信精神，以及省委常委会会议部署要求，研究厦门市贯彻意见。传达学习省委书记周祖翼在厦门宣讲中共二十大精神并调研时的工作要求，研究厦门市贯彻意见。十三届市委全面深化改革委员会第五次会议：研究审议《完善市属国有企业领导人员管理机制的实施方案（送审稿）》；研究审议《推进种业振兴行动若干措施（送审稿）》；研究审议《厦门市深化国有文艺院团改革实施方案（送审稿）》；听取关于推进科技体制改革工作情况汇报；听取关于推进应急管理能力建设工作情况汇报；书面审议市退役军人局、市财政局全面深化改革典型经验。听取 2022 年市委开展全面从严治党主体责任落实情况检查工作汇报。研究审议《厦门市关于深入推进科技特派员制度服务乡村振兴的工作方案（送审稿）》。研究审议《关于加强基层治理体系和治理能力现代化建设的工作方案（送审稿）》。研究审议《厦门市贯彻〈中共中央、国务院关于加强新时代老龄工作的意见〉实施方案（送审稿）》。听取市十六届人大二次会议、市政协十四届二次会议有关事项汇报。听取推行房票制度有关事项汇报。听取关于厦门市生态文明工作先进集体和先进个人推荐表彰名单情况汇报。听取纪检监察有关工作汇报。研究有关干部工作

续表 6-4

会次	日期	会议内容
十三届 2022年 31号	12月1日	传达学习中共中央、全国人大常委会、国务院、全国政协、中央军委《告全党全军全国各族人民书》，研究厦门市在江泽民同志治丧期间有关工作。传达学习习近平总书记对河南安阳市凯信达商贸有限公司火灾事故的重要指示精神，研究部署安全生产工作。传达学习习近平总书记向联合国/中国空间探索与创新全球伙伴关系研讨会、向发展中国家科学院第16届学术大会暨第30届院士大会和向第四届中俄能源商务论坛致贺信精神，研究厦门市贯彻意见。学习贯彻省委十一届三次全会精神，研究审议市委十三届四次全会方案及有关文件文稿，研究市委十三届四次全会方案；研究审议市委全会报告、决定等文件文稿；研究审议《厦门“一二三”战略规划（送审稿）》。通报市委常委工作分工安排。听取推进食品安全“两个责任”落实工作情况汇报，研究审议《厦门市食品安全委员会建立健全分层分级精准防控末端发力终端见效工作机制实施方案（送审稿）》和《市领导包保A级主体责任清单（送审稿）》。听取召开共青团厦门市第十九次代表大会有关情况汇报。听取2022年度全国三八红旗手候选人推荐工作情况汇报
十三届 2022年 32号	12月13日	传达学习中央有关文件精神，研究厦门市贯彻意见
十三届 2022年 33号	12月13日	传达学习习近平总书记在12月6日中共中央政治局会议和12月2日党外人士座谈会上的重要讲话、在江泽民同志追悼大会上致悼词、向国史学会成立30周年致贺信、同沙特王储兼首相穆罕默德会谈时的重要讲话精神，研究厦门市贯彻意见。听取第十一批厦门市荣誉市民评审情况汇报。听取市侨联、台联和金联换届工作情况汇报。研究有关干部工作
十三届 2022年 34号	12月20日	传达学习中央经济工作会议精神以及省委常委会会议部署要求，研究厦门市初步贯彻意见。研究市两会有关文稿及有关事项，听取市人大常委会工作报告有关情况汇报，研究市十六届人大二次会议有关事项；听取市政协常委会工作报告有关情况汇报。研究有关干部工作
十三届 2022年 35号	12月29日	传达学习习近平总书记在中国—海湾阿拉伯国家合作委员会峰会上的主旨讲话、在首届中国—阿拉伯国家峰会开幕式上的主旨讲话、对非物质文化遗产保护工作作出的重要指示、向第十五届中国—拉美企业家高峰会发表书面致辞、对爱国卫生运动作出的重要指示精神，以及省委常委会会议部署要求，研究厦门市贯彻意见。十三届市委深改委第六次会议：传达学习十一届省委深改委第五次会议精神，研究厦门市贯彻意见；研究审议《中小学校党组织领导的校长负责制的实施方案（送审稿）》；研究审议《关于推动厦门市文化企业坚持正确导向履行社会责任的实施方案（送审稿）》；听取关于推进两岸融合发展县域集成改革试点完成情况的汇报。听取市人大常委会、市政府、市政协、市中级人民法院、市检察院党组工作汇报。研究市两会有关文稿：听取2023年政府工作报告有关情况汇报；听取市中级人民法院工作报告有关情况汇报；听取市检察院工作报告有关情况汇报；听取厦门市2022年国民经济和社会发展计划执行情况与2023年计划草案有关情况汇报；听取厦门市2022年预算执行情况和2023年预算草案有关情况汇报。研究市委经济工作会议方案和有关文稿，听取关于厦门市2023年全年及一季度主要经济指标预期方案建议的汇报。研究审议《厦门市2023年度制定法规计划（草案）(送审稿)》。听取关于以争创全国禁毒示范城市为牵引全面加强厦门市毒品治理工作情况的汇报

【闽西南协同发展区联席会议第四次会议】 2022年1月18日，闽西南协同发展区联席会议第四次会议在三明召开。会议总结第三次联席会议以来工作成效，研究进一步开展新时代山海协作，加快把闽西南协同发展区打造成为区域协同发展示范区。厦门市委书记崔永辉主持会议并讲话，省委常委、泉州市委书记刘建洋讲话。会上，厦门市常务副市长李辉跃汇报第三次联席会议以来协同发展区工作情况以及下一步工作计划；会议审议通过有关行动计划和实施方案；现场进行合作项目签约。崔永辉表示，厦门作为协作机制牵头城市，应担负责任，同各市一道，为建设闽西南贡献力量。漳州市委书记张国旺，三明市委书记余红胜、市长李春，龙岩市委书记李建成，以及相关省直部门领导出席。

【习近平总书记贺信重要精神大学习大讨论总结会】 2022年2月25日，习近平总书记贺信重要精神大学习大讨论活动总结会暨市委理论学习中心组学习会召开。会议由市长黄文辉主持，市委书记崔永辉出席并讲话。会议强调，深入学习贯彻习近平总书记贺信重要精神，是近期厦门市的重大政治任务，要不断将大学习大讨论活动成效引向深入，推动形成解放思想、实干快干的风气，切实把思想和行动统一到习近平总书记贺信重要精神上来，努力把习近平总书记为厦门擘画的宏伟蓝图变成美好现实。会议要求，进一步认识“努力率先实现社会主义现代化”的重大使命，进一步把握“勇立潮头、勇毅前行”的重要要求，推动厦门创造发展机遇。各级党委（党组）要扎实开展“提高效率、提升效能、提增效益”行动，强化“晒、比、问”，加强激励保障，在全市形成比学赶超氛围。市领导杨国豪、魏克良、李伟华、陈沈阳、李辉跃、郑福源、王雪敏、连坤明、严志铭等参加。

【国务院稳经济工作组督导服务】 2022年8月27—28日，国务院稳住经济大盘督导和服务工作组到厦督导服务，并召开现场办公会。工作组组长、住房和城乡建设部部长倪虹出席并讲话。市委书记崔永辉，副省长林文斌分别参加活动，市长黄文辉作工作汇报。市领导表示，厦门将按照国务院督导和服务工作组要求，加快推动国家稳住经济大盘政策措施和接续措施落地见效，加快推动一批基础设施项目建设，着力增加有效投资带动消费增长，保持经济回升向好势头，确保经济运行在合理区间，为全省和全国大局多作贡献。在厦期间，国务院督导和服务工作组深入基层一线调研，与地方开展联合办公，现场督导、现场协调、现场服务，着力打通关键堵点，促进政策加快落实，巩固经济恢复发展基础。工作组成员，省直有关部门负责人，市领导连坤明、黄燕添、张志红等参加。

（市委办）

组织工作

【概　况】2022年，中共厦门市委组织部（简称市委组织部）加强思想政治教育，加强重大工作一线考核，推进年轻干部成长工程，加强党建促乡村振兴、助集体经济发展工作，根据形势变化推进国际化引才，为厦门努力率先实现社会主义现代化提供组织保证。截至年底，全市有党组204个（含党组性质党委38个），党工委70个，各级党的基层组织15851个（党委929个、党总支705个、党支部14217个）。全市党员总数24.9万人。其中，女性党员10.44万人，占党员总数的41.93%；大专以上学历19.63万人，占党员总数的78.84%。发展新党员5949人，其中女性党员2881人，占新发展党员数的48.43%。全年新认定高层次人才1800余人，引进留学人才2018人，接收高校毕业生7.8万人。厦门入选“外国专家眼中最具潜力的中国城市”，蝉联“中国年度最佳引才城市”。

【党员干部政治思想学习】2022年，厦门市委组织部坚持把政治建设贯穿组织工作全过程，加强理论武装和党性锻炼，教育引导党员干部坚定拥护“两个确立”、坚决做到“两个维护”。结合巩固党史学习教育成果常态化推进“我为群众办实事”实践活动和“精准双报到”，举办“光影映初心　丹青抒使命”——迎接党的二十大厦门基层党建摄影与书画展，举办“榜样·一起向未来”全市党员教育微视频大赛，为中共二十大召开营造氛围。中共二十大会议结束后，开展中共二十大精神学习宣传培训，分层、分级、分领域开展学习，成立二十大代表蔡月英工作室，制作《乡村书记话振兴》等中共二十大宣讲主题微党课，推动持续学习。全年累计开展学习中共二十大精神主题党员大会1.5万多场、党小组会8500多场、其他各类学习讨论9000余场。强化创新理论武装，开发专门课程，推动进党校、进课堂、进教材；举办市管干部党的十九届六中全会精神研讨班，市管干部全部轮训一遍，分级分类开展处科级干部培训。依托党校理论培训主阵地，完善课程体系、推出微课堂、打造现场教学基地和精品教学线路，获评中组部全国干部教育培训好课程。全年举办各类主体班次30期，培训干部2060人，习近平新时代中国特色社会主义思想占理论教育比重73%。开展干部培训提升专业能力和本领。克服新冠疫情影响，举办投资消费、文化产业、乡村振兴、法治等线下专题培训20期，开设“科技赋能”“稳住经济大盘”“夯实高质量发展基础”等系列“干部云课堂”17期，培训干部23万多人次。完成新时代基层干部主题培训行动计划，举办各类培训班373期、培训2.04万人。利用福建干部网络学院平台，围绕“七种能力提升”开设专题课程，共培训各级干部3.5万人次。

【干部队伍建设】2022年，厦门市委组织部坚持好干部标准，树立选人用人正确导向，培养堪当重任、适应特区事业发展的干部队伍。加强换届后领导班子思想政治建设，开展任前谈话。按计划开展区、镇党政正职，各单位“一把手”培训，培训区党政班子成员100余人。组成专项工作组开展换届后班子调研评估，系统掌握班子运行情况。完成换届后市政府组成部门正职任命、国企整合班子调配等任务。采取专班跟进、蹲点调研、嵌入督查等方式开展一线干部考核工作，组建6个考核组、4个专班常态化深入各项重大工作、重大片区指挥部一线考核、蹲点调研。中组部专程到厦门市调研厦门经验，相关做法在《人民日报》、中组部《组工通讯》、《党建研究》刊发。根据职位空缺、考核了解，严格标准程序，加强市管干部调配和镇街党政正职配备，统筹使用各年龄段干部。2022年，选派挂职干部700余人，其中90%到重点指挥部、重点工作专班；组织50名机关、国企干部垂直或横向交流挂职。协商厦门大学、厦门海关等省、部属单位选派100名专业干部到厦门市发展急需的生物医药、规划建设、生态环保、金融财经等领域挂职。落实援藏、援宁等各项援外任务。强化政治把关、政治考察，推进选人用人检查与市委巡察、全面从严治党主体责任检查融合，覆盖27家被巡察单位、14家被重点检查单位。加强干部任前监督工作，及时纠正不符合要求干部60余人次。分析五年内各单位“一报告两评议”情况，对排名靠后、下降幅度大的20家单位“一把手”重点检查约谈、推动整改提升。规范领导干部配偶、子女及其配偶经商办企业行为，开展个人有关事项报告工作。加强公务员日常管理，举办线上线下培训62期、培训1.1万人次，完成公务员招录200余人。巩固公务员职务与职级并行制度成果，用好职级激励作用，2022年晋升职务职级3000多人次；推进各单位党委（党组）主体责任工作，优化一级调研员晋升审批流程。配合市财政局做好公务员工资津贴补贴规范工作。优化公务员年度考核办法，向疫情防控一线工作核增优秀指标200多个，发挥考核激励作用。开展参公单位重新认定工作。开展中共二十大代表推选工作，推选出初步候选人。海沧区社会保险中心养老失业科科长林慧娟、市市场监督管理局消费者权益保护处（“12315”投诉举报处理指挥中心）获党中央、国务院表彰为全国“人民满意的公务员（集体）”称号，24名表现突出的公务员被授予“鹭岛好公仆”称号。

【年轻干部成长】2022年，厦门市委组织部贯彻“培元固本、锻长补短、以赛代练、人人成才”理念，制定出台《厦门市年轻干部成长工程实施方案》，推进实施年轻干部成长工程及310计划，实施壮根、墩苗、灌浆“三项计划”和摸底建库、专题调研、党校培训、社会服务、一线建功、挂职攻坚、专业提升、驻点“三同”、动态考评、日常管理“十项工作”，健全完善年轻干部选育管用全链条工作机制，培养适应特区事业发展、堪当重任的年轻干部。加强理想信念教育，开设面向年轻干部的中青班、青苗班、青才班，把理论教育、党性教育作为重中之重，两类教育比重93%，推进年轻干部党性教育系统化常态化。把实践锻炼作为年轻干部成长的重要途径，选派400多名40岁以下年轻干部到重大项目、镇（街道）等一线岗位锻炼，安排约50名40岁以下年轻干部参加驻村工作队，在重大项目等工作一线提升年轻干部吃苦精神和工作本领。安排年轻干部市区镇街交流、跨区跨岛任职、跨领域跨部门轮岗，对经过实践历练、特别优秀成熟的，积极向市委推荐使用。年轻干部工作经验做法获中央、省委改革办专文刊发。

【干部考核工作创新】 2022年，厦门市委组织部运用专班跟进、蹲点调研、嵌入督查等方式对干部开展一线考核，创立形成“重大部署在斗争一线推动、政治素质在斗争一线识别、工作实绩在斗争一线核验、考人考事在斗争一线贯通、正确导向在斗争一线彰显”的一线考核机制。2022年新冠疫情防控期间，成立6个考核组到疫情防控指挥部“一办十七组”、6个区45个镇街等一线开展走访调研，及时掌握班子和干部现实表现，形成专题报告。组建4个调研组常态蹲点重大片区指挥部、金砖创新基地办等重点单位，日常式走访了解主要经济指标落实、项目建设、文明城市创建等重点工作，中组部调研组专程到厦门调研总结厦门市经验，相关做法在《人民日报》、中组部《组工通讯》、《党建研究》刊发。

【市属国有企业领导人员管理】 2022年，厦门市委组织部配套市国有经济布局优化和结构调整工作，围绕管精、管少、管活，会同市纪委、市国资委等单位对市属国有企业领导人员队伍管理进行调研、总结和分析，推动出台《完善市属国有企业领导人员管理机制的实施方案》。对国企经营班子副职实行分类管理，国企纪委领导人员实行统筹管理，下放管理权限，赋予企业更多的用人自主权，同时强化干部管理和交流，进一步改进和完善国有企业领导人员管理机制。

【单位领导班子监督】 2022年，厦门市委组织部加强对“一把手”及领导班子监督，围绕信访举报、纪律处分、选人用人、巡察问责等开展分析研判，重点针对“一把手”的“民主决策”和“选人用人”两项重要权力开展日常监督。分析各单位五年来“一报告两评议”变化情况，建立“一单位一档”，对20家后进单位限时自评自查、提出提升举措，并约谈“一把手”。查阅领导干部年度报告“家事”“家产”数据，分析与干部利益和权力紧密关联的婚姻状态、亲属从业、个人收入、家庭财产等情况，跟踪开展谈话提醒、签订廉政履职承诺书共11人次。开展信访核查工作分析，研判信访数量趋势、举报来源、问题类型、对象分布、核查结果等特点，促进依法依规办件、精准监督管理、回应群众关切。有关做法获《中国组织人事报》专题报道。

【基层党组织建设】 2022年，厦门市委组织部坚持分类别指导、分领域推进，加强党的基层组织体系建设。通过抓党建工作促进乡村振兴，分级分类开展新任村（社区）“两委”履职培训，533个村（社区）主干全覆盖轮训。推动“百家单位挂百村”“百名干部驻百村”等“组团式”帮扶发展壮大村级集体经济，新增集体经济收入超50万元的村42个，厦门市做法获第五届全省机关体制机制创新优秀案例一等奖。开展村（社区）“两委”[村（社区）党支部委员会和村民（社区）委员会]换届“回头看”，按照不低于5%比例倒排确定软弱涣散村级党组织14个。持续深化城市基层党建，评选出“近邻党建先进社区”“先进小区党支部”培育点188个，强化与社区物业党建联合建设，推进“15分钟近邻服务圈”建设。总结社区新冠疫情防控实践经验，强化党建引领网格治理，划分网格4024个，与1404个小区（网格）党支部融合衔接，优化提升基层治理格局。结合“双报到”（机关和企事业单位党组织、在职党员到所在城市社区报到，采取承诺践诺、志愿服务等做法参与社区治理、有效服务群众），全市在职党员到社区、小区报到25万人次，推动基层党组织和党员、干部下沉社区、小区开展志愿服务，为民办实事3.3万件。在非公领域党建方面，实施巩固基础、突破瓶颈、党建强企、服务发展“四大行动”，着力提质增效。以各类榜单企业为重点，新组建非公党组织312个，稳步提升“双向进入、交叉任职”层级。聚焦新业态、新就业群体党建，创新分类组建党组织241个，建立暖“新”驿站等300多个，探索发挥渠道作用，相关做法被评为全国“2022年度百个两新党建优秀案例”。推动578名副处级以上党员干部兼任非公党建工作指导员。推出25期“政策云课堂”，点击观看数20.5万次。统筹推进各领域党建提升。编写机关党建《常见问题解答》，推动模范机关创建工作走深走实。推动国企党建，出台党的建设与生产经营深入融合的指导意见，“一企一策”制定融合方案，开展党组织书记培训，压实抓党建的主体责任。开展学校基层党建提质量行动，推进党务干部队伍素质、党建与教育教学融合、党建品牌、党员发展、民办学校党建等“五个提升”，推进中小学党组织领导下的校长负责制。将医院党建全面纳入三级公立医院巡察评价，推动落实到体制机制、人才队伍、医德医风等各方面。推进党的组织生活标准化、规范化管理，常态化开展督促指导。推进党员轮训培训，2022年全市开展党员教育培训1.8万场次，培训党员46.2万人次。抓好农村发展党员违规违纪问题排查整顿，创新开展流动党员管理试点，优化“厦门党建e家”平台管理。制作播放厦门市基层党建巡礼等主题党员电教片，开展“红色光影·云上党课”优秀党员电视教育片集中展映，《战鼓逐浪·鼓浪屿红色记忆》获评第十六届全国党员教育电视片一等奖。

【流动党员管理试点】 2022年，厦门市委组织部成立市级工作专班，出台《厦门市流动党员管理试点工作方案》，采用《致全市广大流动党员的一封信》、设置报到点、“走企+入户+扫街”等方式摸排发现4895名流动党员。召开2次全市流动党员管理试点工作现场推进会，通过举办流动党员培训班、开发流动党员线上管理服务模块、出版《流光溢彩——福建省厦门市流动党员管理试点工作探索实践》专刊等举措，破解流动党员管理现实问题。厦门市流动党员管理经验做法获《中国组织人事报》《中国城市先锋报》《福建支部生活》等专题报道。

【基层党建品牌创建活动】 2022年，厦门市委组织部印发《厦门市“近邻党建先进社区”“先进小区党支部”工作指引》，明确社区、小区党支部围绕创建目标，开展“近邻党建先进社区”和“先进小区党支部”创建活动。按照以点带面、分层推进、共同提升的思路，全市遴选68个社区、120个小区党支部作为“近邻党建先进社区”“先进小区党支部”培育点，开展示范先行，并最终评选确定思明区开元街道深田社区等20个“近邻党建先进社区”、思明区嘉莲街道莲秀社区鹭江新城小区党支部等40个“近邻党建先进小区党支部”。

【人才工作】 2022年，厦门市委组织部推进人才强市战略，集聚人才、用好人才。召开市委人才工作会议和人才工作领导小组会议，出台新时代人才强市战略实施意见。参与国家“3+N”（“3”是建设北京、上海、粤港澳大湾区人才高地，“N”是建设N个区域人才创新高地）人才高地和平台建设，研究制定吸引和集聚海峡两岸创新创业领军人才平台建设方案。围绕加快厦门科学城建设，完善政策体系和工作机制，助力高标准推进嘉庚创新实验室、翔安创新实验室等重大科研平台建设，引进厦门市创新生物医药研究院等6家新型研发机构。1名院士全职到厦门工作，2022年国家高新技术企业数量3500家，比上年增长25%；“专精特新”企业数量居全国前十，科技集群和科技强度首次跻身全球百强。拓展国际化人才招引渠道，连续举办6届海外创业大赛，开辟北美、欧洲、新加坡、俄罗斯等赛区，募集人才项目700多个。第十五批“双百计划”（厦门市计划用5～10年引进100名海外高层次人才和300名领军型创业人才）引进71名高层次创新创业人才，近60%具有海外经历。承办金砖国家职业技能大赛等10余场国际赛事，吸引2万余名国内外技能人才同台竞技，链接国际人才资源。举办清华校友三创大赛，新引进留学人才数比上年增长10.8%。首次在北京设立国际化人才工作站，聘请6名引才顾问，促成聚道科技等一批项目落户厦门。统筹推进社会事业人才队伍建设，2名中学教师获评为国家级教学名师，全市47个名医工作室柔性引进一流医学人才超400人。开展吸引台湾创新创业人才聚集厦门工作，完成第九批台湾特聘专家（专才）评审。举办第十七届台湾人才对接会，吸引近200名台湾专业人才对接交流。探索“基金引才”，先后与台湾联电等联合设立多支合作基金，由台资机构在台挖掘优质项目和人才，引进凌阳华芯、集睿致远等台湾人才项目。推进台青就业基地建设，龙山文创园、厦门航空获批国台办优秀“海峡两岸青年就业创业基地（示范点）”，正新橡胶、冠捷科技、长庚医院等市级基地每家吸引台湾青年就业均超过50人。持续推进海峡两岸职业、执业资格互认，累计260名台湾专业技术人才通过职称考评，80多名台胞获认定中高级职称，直接采认台湾人才职业资格约140人。强化台湾人才创业辅导、金融服务、住房保障。着力构建一流人才发展生态。深化职称评审制度改革，全省率先增设大数据、集成电路等7个职称专业，在9个重点产业试点由行业协会或龙头企业承接组织评审，构建更加符合行业特点、更加科学精准的评价模式。改革人才激励机制，探索赋予科研人员职务科技成果所有权或长期使用权，提高科技人才研发创新积极性，2022年全市70项科技成果获省科技奖。落实“留厦六条”（包括提高补贴、配偶安置、子女入学、人才安居、个税奖励、医疗保健等在内的厦门市吸引人才措施），兑现毕业生一次性生活补贴3.8亿元，发放高层次人才购（租）房补贴近1亿元，为3.5万名大学生提供“五年五折租房”优惠。

【国际化人才引进】 2022年，厦门市委组织部加强形成人才国际竞争的比较优势，举办海外创业大赛，在北京设立国际化人才工作站，率先成立“国际留学人员创业就业基地”“留学生创新创业实习基地”，拓展国际引才渠道。出台《加快推进国际化引才若干措施》，支持重点产业企业建设高质量人才基地，对用人单位新引进国际化人才给予最高50万元薪酬补贴，用人单位可自主推荐市级B类和C类市级高层次人才，每引进1名市级A类、B类高层次人才分别奖励10万元、3万元等政策支持；完善与国际接轨的人才评价制度，对持有国际职业资格的职业人才直接采认相应职称。厦门市全年新引进国际化人才近3000人，外籍人才永久居住申请量继续保持全省第一，每万名常住人口中留学人员数量居副省级城市前列。

【市委人才工作会议召开】 2022年3月30日，厦门市委人才工作会议暨2022年市委人才工作领导小组第一次会议召开，市委书记崔永辉出席并讲话，市长黄文辉主持会议，市人大常委会主任杨国豪、市政协主席魏克良出席会议，市委常委、市政府有关领导，各区各部门主要负责人等参加会议。会议总结过去十年厦门人才工作成效，制定《关于实施新时代人才强市战略的意见》，谋划部署新时代人才强市战略。海沧区、火炬高新区管委会、市科技局、市卫健委、厦门大学嘉庚创新实验室、厦门海辰新能源科技有限公司负责人在会上作交流发言。

（叶少航）

宣传工作

【概　况】 2022年，中共厦门市委宣传部（简称市委宣传部）围绕迎接宣传贯彻中共二十大精神主线，践行举旗帜、聚民心、育新人、兴文化、展形象的任务。开展核心价值观理论研究、学习与宣传，加强党员思想教育，落实新冠疫情防控与经济社会发展宣传引导、全国文明典范城市创建、中国金鸡百花电影节等重点工作，推进建设“文化中心、艺术之城、音乐之岛”，为更高水平建设高素质高颜值现代化国际化城市，努力率先实现社会主义现代化提供有力思想文化支撑。举办纪念郑成功收复台湾360周年学术研讨会。打造“宣传学习在线”平台，落实党支部工作机制，建立政治学习常态化机制。《规划城市慢行系统，改造提升步行街，开展人行道净化行动——为绿色出行创造更好环境（深阅读·推进城市绿色发展）》等7篇报道在《人民日报》刊发。

【习近平新时代中国特色社会主义理论学习与研究】 2022年，厦门市委宣传部将学习宣传贯彻习近平新时代中国特色社会主义思想作为首要政治任务，推进全市各级党委（党组）开展理论学习，其中市委理论学习中心组集中学习17次。落实党委（党组）理论学习中心组巡听旁听制度，推动各区各系统开展巡听旁听100余场。巩固拓展党史学习教育成果，开展“习近平总书记致厦门经济特区建设40周年重要贺信精神”大学习大讨论活动，制定下发《关于推动党史学习教育常态化长效化的实施方案》。创新策划推出“月·阅·谈”学习明理大型理论学习活动，全年举办读书沙龙17场。推进“习近平在厦门”系列理论研究，修改完善理论专著《习近平在厦门的探索与实践》，组织第二批6项课题研究，在核心期刊发表文章39篇，出版专著2部。组织社科专家举办中共二十大社科理论座谈会等系列理论研讨会，形成社科研究项目成果110多项。与湖里区委联合组织“厦门经济特区学习贯彻党的二十大精神　努力率先实现社会主义现代化”理论与实践研讨会。

【理论宣讲】 2022年，厦门市委宣传部组织开展组建学习贯彻党的十九届六中全会、党的二十大精神市委宣讲团，组织全市专家学者、党员干部和700多支理论宣讲队伍，到基层开展理论宣讲3700余场次。举办第二届青年思政课教师理论微宣讲比赛活动，突出“理论＋综艺＋青年＋厦门”特色，策划推出“勇立潮头　勇毅前行”理论宣讲青春成长微纪实活动，网络浏览量1.26亿人次。《厦门日报》“厦门理论在线”专版、网站、微信公众号和“学习强国”厦门平台等推出系列理论专版、研究阐释文章、学习体会文章3000多篇。开展优秀宣讲品牌建设，“厦门红领巾讲习团”获评为2022年度福建省基层特色宣讲团。

【意识形态工作责任制落实】 2022年，厦门市委宣传部落实意识形态工作责任制，建立健全意识形态问题通报制度、风险提示制度、责任追究制度和文化安全协调机制，对27家单位开展专项巡察，对各区和73家市直部门开展年度考核。加强意识形态领域风险分析研判，开展月报分析和经典案例解析。推进网络文明建设，举办“把青春华章写在祖国大地上”网络主题宣传和互动引导现场活动，筹办首届福建省网络文明大会暨首届福建网络文化节、第十一届厦门网络文化节活动。

【核心价值观培育和践行】 2022年，厦门市委宣传部加强培育和践行社会主义核心价值观工作。突出价值引领，统筹推进文明培育、文明实践和文明创建。加强核心价值观“一区一品”建设，推出“宣传部长谈核心价值观”系列宣传。提升9个市级以上习近平新时代中国特色社会主义思想实践示范基地的场景化教育功能，推进理想信念教育常态化、制度化。开展新时代廉政文化建设，推进廉洁文化专项行动25项，在廉洁文化宣传周暨廉洁文化展活动中，线下观展团体714个、2.6万人次，线上传播量超过20万次。成立市、区全民国防教育工作领导小组及办公室，组织开展“爱我国防”主题系列活动。开展各级道德模范、学雷锋标兵和示范点、人民满意的公务员集体和个人等选树宣传工作。召开创建全国文明城市动员部署会、市创建指挥部点评会等，推动争创全国文明典范城市工作高标准、常态化。完善“书记抓、抓书记”领导机制和“晒比问”等工作机制，推进市创建办、市城管办职能融合，加强问题督办整改。联合相关部门开展市容市貌、交通秩序、市场秩序、公共设施、村镇环境五大专项整治和老旧小区、空中缆线、电动自行车三大重点攻坚行动。查处交通违法行为336.5万起，纠正“门前三包”不落实42万多起，完成重点区域空中缆线整治。部署开展“全市人民齐动手　合力争创典范城”和“文明直通车”进社区、进乡村、进学校等系列活动。加强媒体监督和宣传，开设“不文明曝光台”，市主要媒体刊发报道1万多篇，阅读量超2亿人次。推进“爱心厦门”建设，举办学雷锋志愿服务月活动，全市实名注册志愿者94万多人、志愿服务团体7000多个、常态化开展活动志愿服务站点516个。组织动员80多万人次志愿者参与新冠疫情防控工作。各级新时代文明实践中心（所、站）开展文明实践活动1.3万场，受众超110万人次。

【新闻引导】 2022年，厦门市委宣传部在市属媒体开辟《二十大时光》《深入学习宣传贯彻党的二十大精神》等主题栏目，策划推出“奋进新征程　建功新时代·非凡十年”“奋进正当时”等10余个新闻专题专栏，展现全市上下学习宣传贯彻党的二十大精神的情况。新华社、中央广播电视总台、《经济日报》、《光明日报》等中央媒体刊播厦门市相关新闻100余篇（条），其中《新闻联播》8条；省属媒体刊播200余篇（条），阅读量2000多万人次；市属主要新闻媒体刊播5700余篇（条），阅读量6000余万人次；融媒体平台报道阅读量超过2亿人次；六区融媒体推出报道2600多篇（条），总阅读量约5500万人次。围绕市委中心工作，策划推出“央媒话厦门”“奋进新征程　建功新时代——喜迎党的二十大网络宣传集结号”“2022年中国有约·你好福建”国际媒体主题采访等集中采访和网络采风活动，相关报道传播量超4亿次。中央主要媒体以“厦门：勇立潮头，努力率先实现社会主义现代化”为题专访市委主要领导。中央和省主要媒体刊播、推送涉厦正面报道1万多篇（条），《新闻联播》56条。围绕统筹新冠疫情防控和经济社会发展、生态环境保护、全国文明典范城市创建、电动自行车综合治理、安全生产、扫黑除恶等民生热点问题、重点问题，运用全媒体开展宣传引导。推进新闻发布工作规范化、制度化，举办新闻发布会110场，其中“牢记使命　奋斗为民”系列主题新闻发布会16场。

【文化事业发展】 2022年，厦门市委宣传部加强文艺创作扶持力度，市文艺发展专项资金全年资助项目104个，金额3232.9万元。推进重点文艺作品创作，歌仔戏《侨批》、歌曲《一起向未来》及电视剧《山海情》《绝密使命》获中宣部第十六届精神文明建设“五个一工程”优秀作品奖；南音《文姬归汉》入选2022年度国家艺术基金大型舞台剧资助项目；厦门六中合唱团获第十九届“群星奖”，系中共十八大后全省首个“群星奖”。推动国有文艺院团改革，加快厦门郑小瑛歌剧中心落地发展。推进大型文化活动，举办2022年海峡两岸赛龙舟活动，两岸41支参赛队伍参赛，现场观众3.4万人，全网点击量45

亿次；组织第十一届鼓浪屿钢琴艺术周、“奋进新征程　建功新时代”厦门市2023新年音乐会、“世遗回响　海韵天籁”第三届鼓浪屿音乐节等文化活动；处置两岸电影音乐晚会筹办及善后工作。开展群众文化活动，举办首届市民文化节，开展129项154场群众性文艺文化活动，吸引300万人次市民群众参与。推进文化遗产保护，制定《厦门市红色资源保护利用办法》，完成鼓浪屿及其他历史文化遗产集中保护修缮项目73个；启动编制厦门市闽南文化保护发展专项规划，举办2022闽南文化非遗周；加快推进厦门海域水下文物考古工作，将文物安全纳入“雪亮工程”。

【文化产业发展】 2022年，厦门市委宣传部修订完善《厦门市“十四五”文化产业发展规划》《厦门市促进文化产业高质量发展的若干措施》等产业扶持政策，完成兑现2022年度文化企业纾困政策、产业发展专项资金及人才政策奖励5938.85万元。制定出台《关于推动厦门市文化企业坚持正确导向履行社会责任的实施方案》和厦门日报社考核评价办法、领导班子薪酬管理办法等。出台市级文化产业园区认定管理办法，首批认定9个市级重点园区、5个市级园区。中国（厦门）智能视听产业基地和吉比特数字文娱互动产品出海2个项目入选第二批国家文化产业发展项目库；外图集团东南亚中国图书巡回展和国际图书版权超市2个项目入选2022年国家对外文化贸易“千帆出海”行动计划。统筹全市文化产业招商引资工作，新增文化产业项目232个，投资额184.3亿元。举办第十八届海峡两岸图书交易会，两岸400家出版机构参展。

【电影产业发展】 截至2022年底，厦门市有影视企业2287家，影视企业总注册资本174.05亿元，影视企业投资总额231.16亿元。厦门市加强电影文化交流，举办法国、新西兰、泰国等单一国别影展。实施电影惠民政策，组织农村电影放映6408场、社区公益电影放映400场。举办中国金鸡百花电影节暨第35届中国电影金鸡奖活动。该电影节包括8大类25项电影文化活动，1000多名电影人参加，参与观众10余万人次，全网点击量超300亿次，签约影视产业

2022年11月12日晚，第35届金鸡奖颁奖典礼在厦门举行，图为颁奖现场

（市委宣传部　供图）

项目55个，金额155.2亿元。市委宣传部推动打造“金鸡奖·鼓浪屿论坛”品牌，建设“金鸡百花星光海岸”文化地标。组建电影节公司，制定电影节常态化运营管理规章制度。修订完善影视产业扶持政策，兑现专项资金2.71亿元。加大产业招商力度，全年新增影视企业140家，注册资本6.91亿元，影视企业投资额10.56亿元，电影剧本备案88部，113个影视剧组到厦门取景拍摄。

【厦门宣传推介】 2022年，厦门市委宣传部拓展对外新媒体矩阵和新媒体对外传播链，矩阵内新媒体约200家，推送内容产品1.3万条（篇），阅读量约15亿次。厦门市发挥对外新媒体矩阵作用，利用自主运营和合作媒体的境外社交平台账号在海外及中国台港澳地区加强正面传播；采取联合转播、节目交流和版面交换等形式，推动当地优质稿件、节目在境外媒体植入式刊播。推出城市形象宣传片《WE ARE 厦门》（第三季），组织开展白鹭城市形象LOGO、卡通形象设计和“白鹭女神”故事网络征集和定向邀约创作。在海峡论坛、投洽会、马拉松等展会、活动、赛事上进行城市形象推介。

（黄　宁）

【厦门海堤纪念馆】 2022年，厦门海堤纪念馆进行升级改造，11月8日重新对公众免费开放。接待参观人数1242人次，团队28团次498人次。厦门海堤纪念馆是厦门市首批10条红色文化经典线路之一，被评为福建省关心下一代传承红色基因教育基地、厦门市首批爱国主义教育基地等。

（许金璟）

统一战线

【概　况】 2022年，中共厦门市委统战部（简称市委统战部）召开市委统战工作会议，研究制定市委《贯彻落实〈中共中央关于加强新时代统一战线工作的意见〉的分工方案》。支持各民主党派开展“矢志不渝跟党走、携手奋进新时代”政治交接主题教育，举办纪念中共统一战线政策提出100周年暨中共中央发布“五一口号”74周年、“闽山闽水物华新——迎接党的二十大主题成就展”、“为国担当——喜庆二十大爱国企业家典范联展”等主题展览。主动融入全市招商工作大局，协助举办第七届世界闽商大会、服务保障第二十二届投洽会，承办“2022海外华商中国投资峰会”，协办“侨连五洲·华侨华人助力金砖国家发展论坛”。举办首个厦门营商环境日暨第三届“厦门企业家日”活动，召开全市民营企业代表座谈会，联合市资规局举办“部分在厦侨资企业项目协调推进会”。牵头起草《厦门市荣誉市民待遇实施办法（修订）》等，完成第十一批厦门市荣誉市民评授工作。开展“嘉庚精神宣传月”系列活动，策

划举办“传承嘉庚精神 弘扬时代价值”主题征文及《光辉旗帜 时代榜样》电视节目访谈等活动。推动华侨博物院争创国家一级馆。完成陈嘉庚教育基金会、集美校友总会、集美社公业基金会换届，建立集美校委会不动产信息化管理系统，陈嘉庚奖学金录取并资助来自7个国家的102名海外华侨华人学生。完成市海外联谊会换届，海联会理事分布由35个扩大到75个国家和地区。举办“海外菁英华商国情研习活动”、第四期“闽侨青年精英海丝情”活动。与市社会主义学院联合举办2022年厦门市侨台金团体骨干班。

【统战工作理论研究】 2022年，厦门市委统战部组织策划多项选题，围绕选题意义、研究基础、研究设计、研究成果等要素，开展课题研究。联合相关单位开展《“嘉庚精神”的时代价值研究》课题研究，课题将历史沿革、经验总结和实现路径结合，首次提出“嘉庚精神”及其时代价值的科学内涵、思想渊源和核心要义。《嘉庚精神的时代价值研究》获全国统战理论政策研究创新成果三等奖及全省统战理论政策研究创新成果奖一等奖，另外7项课题研究成果获全省统战理论政策研究创新成果奖，其中一等奖2项、二等奖3项、3等奖2项。统战信息工作获全国二等奖。

【民主党派与无党派统战工作】 2022年，厦门市委统战部协助市委开展与民主党派、无党派人士的政党协商8场，协助17名中共党员市领导与78名党外人士开展联谊交友活动。完成全市8个民主党派市委换届工作，市各民主党派先后召开代表大会，选举产生各民主党派市委新一届领导班子成员共54人。举办“多党合作理论研修班”，推动厦门市多党合作事业传承。牵头组织各民主党派市委开展2项市重点联合课题调研和105项统战课题研究，各民主党派围绕市委、市政府中心工作完成调研课题816个。上报建言献策信息3200余条，《党外人士建言专报》获市领导批示35篇。召开与各民主党派市委、市工商联新老班子和无党派代表人士座谈会。举办厦门市多党合作理论研修班，研修班以“矢志不渝跟党走、携手奋进新时代”为主题，旨在引导各民主党派市委新一届领导班子成员提高政治站位，提升“五种能力”，完成政治交接，推进厦门多党合作事业传承。

【民族与宗教事务统战工作】 2022年，厦门市委统战部协助召开市委民族工作会议暨全市宗教工作会议，开展“铸牢中华民族共同体主题月”等活动，推进中国宗教中国化的厦门实践，完成市道教协会、市伊斯兰教协会换届工作。

【新的社会阶层人士统战工作】 2022年，厦门市委统战部开展新阶实践创新基地质量建设年活动，首个省级实践创新基地挂牌成立。陈嘉庚纪念馆获评为全国民营企业家理想信念教育基地。出台《厦门市促进年轻一代民营企业家健康成长的若干措施》。加强知联会平台建设，探索成立区一级归国留学人员组织。做实新时代网络统战工作，初步形成“E鹭人”网络代表人士名单以及网络人士数据库。

【港澳台统战工作】 2022年，厦门市委统战部指导支持港澳社团筹备成立相关协会组织，基本完成福建港澳青年（厦门）交流基地建设，持续开展“青葱岁月·多彩年华”厦港澳台中学校际交流。指导台联、金联等涉台团体举办第十四届海峡论坛“同名村·心连心”、海峡两岸国画艺术论坛等活动。

【第十一批荣誉市民评选】 2022年，厦门市委宣传部制定《第十一批厦门市荣誉市民评授工作方案》，并成立第十一批厦门市荣誉市民评授工作联席会议及联席会议办公室。经评选，由市十六届人大常委会第九次会议表决通过，决定授予丁水波、王亚华、加埜智典、孙瑞鸿、陈立人、郑小瑛、施世杰、钟南山、赵建辉、黄军华10人第十一批厦门市荣誉市民称号。

【全国民营经济人士理想信念教育基地授牌】 2022年8月2日，全国民营经济人士理想信念教育基地（厦门）揭牌仪式在陈嘉庚纪念馆举行，中央统战部副部长、全国工商联党组书记、常务副主席徐乐江和厦门市委书记崔永辉共同为“全国民营经济人士理想信念教育基地（厦门）”揭牌。陈嘉庚纪念馆是继古田干部学院之后福建省第二处全国民营经济人士理想信念教育基地，根据建设规划，基地将集合馆藏资源，联合集美大学，创新宣讲模式，建设成具有厦门特色的理想信念教育基地。

【民营经济人士培养工程启动】 2022年8月30日，由厦门市委统战部举办的厦门市年轻一代民营经济人士培养工程启动仪式在陈嘉庚纪念馆开班。该培养工程面向年轻一代民营经济人士开展“思想政治引领”“素质能力提升”“传承交流融合”“服务沟通优化”“创新发展推动”5类培训。该培训班解读《厦门市促进年轻一代民营企业家健康成长的若干措施》等政策。

【市委统战工作会议召开】 2022年10月9日，厦门市委统战工作会议召开。市委书记崔永辉出席并讲话，市长黄文辉主持，市委统战部部长王雪敏作具体部署。崔永辉强调，全市各级各部门要巩固和发展最广泛的新时代爱国统一战线，加强党对统战工作的全面领导，各级党委（党组）履行研究部署、协调指导、督促检查等职责，统战部门承担参谋、组织、协调、督促的职责，持续深化大统战工作格局；将统战工作纳入基层党建和社会治理体系，增强力量、健全机构，夯实基层基础；壮大各领域各层次党外代表人士队伍，加强统战干部队伍建设。会议以视频形式召开，各区设分会场。

（吴　曦）

精神文明建设

【概　况】 2022年，中共厦门市委精神文明建设办公室、厦门市精神文明建设指导委员会办公室（简称市委文明办）以争创全国文明典范城市为目标，深化文明创建、文明实践、文明培育，推进“爱心厦门”建设，宣传发动市民群众，开展专项整治和重点攻坚行动，推动厦门市精神文明建设工作。组织开展“我推荐、我评议身边好人”活动，2人获“中国好人”称号，10人获“福建好人”称号。中央文明办公布2021年全国文明城市年度测评成绩，厦门市在全国省会及副省级城市中排名位居前列，受到中央文明办通报表扬。

【文明活动开展】 2022年，厦门市委文明办举办“文明鹭岛·点赞厦门——我们一起来朗读”第六季活动。以传统节日为重点，市、区联合开展“我们的节日”活动，刊登专题报道10篇，引导市民群众参与。开展“反对浪费、崇尚节约”文明行动。开展公益广告提升行动，设计制作百余幅富有厦门地域特色的原创公益广告，丰富完善“讲文明树新风”公益广告作品库。通过报纸、电视、短信、微博、微信及新闻客户端等媒介，利用工地围挡、公交车身与候车亭、路名牌等载体，密集推出公益广告，让市民群众沉浸于文明氛围，涵养文明言行。制作“争创全国文明典范城市”等6个网站专题，59篇反映厦门精神文明建设经验做法、工作成果等稿件被中国文明网、福建文明风选登。通过微博策划开展“谢谢每一个温暖的你”等10场网络文明传播活动，吸引800多万网友的关注、传播。通过微信策划制作文明过年等4个公益广告，吸引120多万名网友的关注、传播。

【学雷锋志愿服务活动】 2022年，厦门市委文明办通过开展学习雷锋活动传播社会主义核心价值和规范文明行为。举办2022年厦门市学雷锋志愿服务活动月启动仪式，活动以“弘扬雷锋精神　深化文明实践”为主题，倡导广大志愿者参与新时代文明实践志愿服务，以实际行动助力厦门争创全国文明典范城市。通过制作短片《志愿有心　志愿又新》回顾过去一年厦门志愿服务的发展，广大志愿者立足行业特色，深耕专业领域，在理论政策宣讲、党史学习教育、文明创建、疫情防控、社会治理、爱心帮扶、争创全国文明典范城市中能力和水平得到进一步提高。政府通过购买服务支持志愿服务运营管理、为志愿者统一购买人身意外伤害等保险、评定星级志愿者、推选先进典型、颁发“礼遇卡”等为志愿者消除后顾之忧。发布学雷锋志愿服务活动月全市百场志愿服务活动计划书，丰富拓展群众参与文明实践的平台。对全市12个新时代文明实践示范站进行成果展示。新建一批新时代文明实践点（岗），将文明实践点（岗）建设延伸至车站、码头、公园、景区、文化场馆、小区等公共场所；规范文明实践点（岗）建设运行标准，统筹整合资源，拓展服务内容，增设活动载体，提升服务质量，打造新时代文明实践圈。

【“爱心厦门”建设】 2022年，厦门市委文明办推动“爱心厦门”建设与新时代文明实践工作相融合，整合各类爱心资源下沉新时代文明实践站。组织全市47家“爱心屋”与新时代文明实践站结对挂钩，常态化开展助残消费、便民服务等文明实践活动。编印《以爱筑城——“爱心厦门”建设成果集》，通过报纸、电视、网站广泛宣传“爱心厦门”，传播爱心理念、培育爱心风尚、汇聚爱心合力。开展就业援助“暖心活动”专项行动、电商直播大赛等，帮助残疾人就业创业。全市“爱心屋”累计实现营业收入1.27亿元，安置残疾人（困难重度残疾人家属）118人。推动老年友好型社区、老年友善医疗机构创建，提倡尊老助老理念。推出普惠型“惠厦保”商业保险，救助重特大罕见病患，为重特大疾病、罕见病群体打造相对完善的医疗保障体系。以“为民办实事”为主题，开展“十大爱心行动”。在全市开设53家“爱心餐饮店”，帮助部分生活困难人员解决用餐问题，累计救助711人（次）。开展“爱心观演”行动，为环卫工人、自闭症儿童等群体开展观影活动22场，观影人数超过1500人次。开展“爱心厦门·圆梦助学”行动，为4146人（次）困难学子发放生活补助金190.48万元。

【文明行为示范月启动】 2022年4月22日，厦门市委文明办举行2022年精神文明教育暨文明行为示范月活动启动仪式，倡导市民将文明融入工作、生活之中，遵守文明礼仪、养成文明习惯，共同争创全国文明典范城市。2022年是厦门市连续第八年举办文明行为示范月活动，厦门市委文明办以“做文明有礼的厦门人”为主题，启动10项精神文明教育活动。活动中，市委文明办揭晓“文文明明说礼仪”公益漫画，创新发布“文明行为　点赞鹭岛”手势舞音乐电视作品，让文明理念形象化，推动“做文明有礼的厦门人”成为市民共识。

【创建全国文明城市工作推进会】 2022年7月20日，厦门市创建全国文明城市工作推进会召开。市委书记崔永辉出席并讲话。崔永辉对争创全国文明典范城市提出要求。市委宣传部部长吴子东主持会议并点评分析存在问题，提出下一步工作建议；市创建办通报近期测评成绩；集美区、同安区作表态发言。会议以视频会议形式召开，各区设分会场。

2022年4月22日，厦门市举办2022年精神文明教育暨文明行为示范月活动启动仪式
（市委文明办　供图）

【2021“感动厦门”十大人物颁奖典礼】 2022年7月29日，2021“感动厦门”十大人物颁奖典礼在厦门日报社举行。活动由中共厦门市委文明办指导，厦门日报社主办，中国建设银行厦门市分行总冠名。陈全志等10人（组）获评为2021“感动厦门”十大人物，蔡机械等10人（组）获提名奖。该届评选活动另设立特别奖，将荣誉授予“我们”——共同抗击新冠疫情的全体厦门人。厦门市医务工作者、社区工作者、公安民警、下沉干部、志愿者及新闻工作者代表“我们”上台领取特别奖。

（韩　颖）

网信工作

【概　况】 2022年，中共厦门市委网络安全和信息化委员会办公室（简称市委网信办）围绕迎接学习宣传贯彻中共二十大，壮大网上主流思想宣传，推进网络文明建设，加强网络综合治理，筑牢网络安全防线，推进网络意识形态和网络安全工作高质高效开展。厦门网络文化节品牌入选中央网信办《网信工作创新实践50例》、厦门市改革创新项目，市委网信办网络文明建设工作入选厦门市首届依法治理十大优秀案例，厦门市网络安全宣传周入选市域社会治理现代化优秀创新项目，厦门市委网信办获“2022年度国家网络安全宣传周先进单位”“2022年度全省网信工作先进单位”等各级各类表彰20余次。

【主流思想网上宣传】 2022年，厦门市委网信办严格规范网上传播秩序，加强网上正面宣传，组织属地新闻网站平台开设专题专栏30个，转载权威报道超过1.3万篇，网上阅读量超3亿人次。开展迎接中共二十大网上重大主题宣传，启动“奋进新征程·建功新时代——厦门市喜迎党的二十大网络宣传集结号行动”，广大网络媒体通过图文、视频形式记录厦门特区建设故事，创作网络作品1200余篇，阅读量超2000万人次。开展“2022年中国有约·你好福建”国际媒体主题采访厦门站活动，60余人的采风团共同见证厦门智慧医疗、智慧城市建设情况，创作系列作品传播量3.5亿次。参与全省短视频大赛，报名参赛短视频作品500多部，被“网信福建”展播30余部，获奖17部，厦门市委网信办获“2022年度福建省短视频大赛优秀组织奖”。

【网络综合治理】 2022年，厦门市委网信办针对网络生态重点问题，推进扫黄打非、扫黑除恶等专项工作，开展“清朗”、网上涉历史虚无主义有害信息专项清理等专项整治40余项，督促属地网站平台切实履行主体责任，全年依法处置各类网站平台2045家次，下架违法违规App应用程序211款，删除各类不良有害信息218万余条。优化“厦门朝阳群众”平台举报功能，引导网民参与网络生态治理，累计收到网民各类举报信息1.5万余条，其中有效举报线索3400余条。加强网上联合执法，协调公安、通信管理、文旅、市场监管、民宗等职能部门开展互联网信息内容专项检查，强化技术保障，形成监管合力，防范化解网络安全风险，全年发出网络和信息安全通报单215份，督促整改风险隐患474件。组建专业行政执法队伍，加大网络执法工作力度，在全省率先制定网信行政执法工作流程，累计处理6家网站平台罚款260万元，以行政执法成效压实互联网企业认真履行主体责任，账号运营者切实履行主办责任，加大执法情况通报和曝光力度，对违法违规者形成有力震慑。

【网络安全保障】 2022年，厦门市委网信办保障各项重大会议、重要活动网络安全，落实24小时值班值守制度，制定网络安全保障工作方案，开展自查评估、应急处置、实战网络攻防演练、现场督导抽查等工作并督促整改到位，提高全市重要网站和信息系统网络安全防护水平。开展“闽盾—2022”网络空间联合演练，厦门市作为重要参演力量，在该演练中取得福建省第一名成绩，相关工作得到市委主要领导肯定和批示。推动全市各部门网络安全运维经费保障到位，遴选24家网络安全企业作为厦门市网络安全技术支撑单位，为厦门网络安全防护工作提供技术支撑服务。在重要时间节点，开展网络安全专题培训会、网信法律法规知识学习会，系统提升网信领域工作者知法懂法用法。

【网络文明建设】 2022年，厦门市委网信办开展各类网络文化、网络文明创建活动，推进全市网络文明建设。依托第十一届厦门网络文化节，创作网络文明相关作品数5.4万件，网上总阅读量超13亿人次。加强网络空间文化建设，开设“厦门网信云学堂”和“厦门市网信护航讲堂”，持续推出弘扬时代新风专题课程，培育网民健康向善的网络文化。组织属地网站平台开设“公勺公筷　健康同行”“文明旅游我接力”“文明健康　绿色环保”等15个网上专题专栏，在属地网站平台刊发“文文明明说礼仪”系列公益漫画、10个文明健康公益广告视频和100余幅公益广告，总阅读量约200万人次。围绕“争做校园好网民”，举办第三届厦门市青少年网络文明素养大赛，共400多所中小学校参与，征集347件视频作品，网上阅读量41.3万人次。

【网络公益事业】 2022年，厦门市委网信办组织厦门市自媒体协会及属地自媒体走进厦门理工学院，举办第三届“留人才促就业公益行”专题招聘会，提供直播运营、主播、新媒体运营等工种，提供招聘岗位444个，创新实习生岗位招募，招聘会持续4小时，吸引800多名毕业生咨询交流，共收到简历654份，签订意向书358份。组织31家自媒体协会代表走进农村，开展以“乡村振兴”为主题的网络公益活动，探讨“互联网+农业”合作新模式，开展“云”卖货模式，搭建助农沟通平台。动员全市网络社会组织、重点新闻网站、重点商业网站、重点互联网企业加入福建省网信产业联合会，确定52家单位加入省网信产业联合会。

【融媒体单位筛选】 2022年，厦门市委网信办推动网上正面宣传工作，筛选厦门广播电视集团新闻中心、厦门晚报社、海峡网络（厦门）传媒有限公司、新浪（厦门）信息服务有限公司、厦门咪咕动漫有限公司、福建小鱼网络科技股份有限公司、厦门市优湃文化传媒有限公司、厦门理工学院影视和传播学院8家单位作为2022年度厦门市委网信办融媒体作品创作支撑单位，围绕疫情防控、重要节日等主题，推出《疫情防控　人人有责》《@厦门人，疫情防控，主动主动再主动！》《厦门人的福气　藏在这里》等图文、短视频作品，传播网上正能量。

【第十一届厦门网络文化节】 2022年4月，厦门市委网信办牵头主办第十一届厦门网络文化节，该届网络文化节以“网聚青春正能量　扬帆特区新征程”为主题，设置“喜迎二十大”“青春心向党”等6个篇章，针对青年网民关注热点，组织全市73家单位，开展76项线上线下活动。活动通过微博社交话题制造、大流量视频平台展播、花絮视频制作、主流媒体宣传报道、线下轨道交通广告投放等模式进行宣传报道，其中在微博、抖音等平台开设的“第十一届厦门网络文化节”互动话题，微博话题阅读5138.9万次，讨论1.5万次；抖音话题视频播放21.8万次。新华社现场云、央视频移动网、百度、咪咕视频、一直播、云现场等6个平台对闭幕式现场同步直播，网上累计观看523.6万次。网民们通过记述厦门人文故事、山水风情、创新活力，助力建设美丽厦门。

【第四届网络安全宣传周】 2022年9月6—12日，厦门市委网信办牵头主办厦门市第四届网络安全宣传周活动，围绕“网络安全为人民，网络安全靠人民”主题，突出元宇宙、数字藏品等传播新模式，推出以动漫短视频、专家授课、网络安全知识竞答等普法活动，上线3期普法短视频，开设1期“网信护航”专家线下普法课堂，策划2期网络安全知识竞答活动。开通“网络安全号”主题地铁，在车厢内开设普法课堂，推进网上法治建设，构建网上法治环境。

【“把青春华章写在祖国大地上”主题宣传】 2022年11月25日，厦门市委网信办承办中央网信办2022“把青春华章写在祖国大地上”大思政课网络主题宣传和互动引导活动。市委网信办策划推出系列配套活动，举办“2022网络全媒体厦门行”活动，诚邀全国30多家知名网络媒体代表到厦门，开展采风活动；举办2022筼筜夜话主题沙龙，设置“央媒说厦门”展示环节、“青春话发展”对话环节、“青年话理想”对话环节，邀请厦门各行各业优秀青年代表与媒体代表对话；推出“有‘海’有浪漫·奋斗的幸福”“奋斗新青年，追梦新时代”网络主题宣传活动，通过直播朗读、海报彩铃等方式，传播厦门声音，讲厦门奋斗者故事。中央、省、市主流媒体发布图文、视频5000余篇，网上总阅读量超27亿人次。活动展现厦门青年的风采，提升厦门城市影响力。

（厦门市委网信办）

2022年11月25日，2022“把青春华章写在祖国大地上”大思政课网络主题宣传和互动引导活动在厦门大学举行。图为活动现场“正青春　再出发”大学生思政实践活动启动仪式

（市委网信办　供图）

政策研究

【概　况】 2022年，中共厦门市委政策研究室（简称市委政研室）起草、修改市委主要领导讲话等各类综合文稿490余篇，组织开展各类重点课题34个，《决策参考》编撰刊发26期，获市委主要领导批示7次、其他市领导批示17次，编发《厦门通讯》12期，刊登各类文章171篇。调研工作获2021年省重点课题组织奖、2021年省重点课题一等奖。

【政策研究分析】 2022年，厦门市委政研室加强课题调研工作，为市领导决策提供科学依据。牵头组织开展19个市重点调研课题、10个部门重点课题、5个决策咨询委重点课题的调研工作。撰写《加快建设厦门金砖国家新工业革命伙伴关系创新基地研究》获省重点课题一等奖、市第十二次社科优秀成果二等奖；主持研究的市社科重点课题《推进高颜值厦门建设中的城市更新研究——基于文化传承和创新视角》获市社科优秀成果三等奖。完成《决策参考》编撰工作。《全要素生产率比较研究》等5篇部门调研报告被市委主要领导先后批示并刊发在《决策参考》，要求市四套班子领导和市直部门、各区主要领导学习思考借鉴。编辑《厦门通讯》，刊发市委重要决策信息，围绕中央、省、市热点和中心工作开展不同主题约稿，先后推出《习近平总书记致厦门经济特区建设40周年贺信重要精神大学习大讨论》《提高效率　提升效能　提增效益》《两稳一保一防》《喜迎党的二十大》《学习宣传贯彻党的二十大精神》等专栏。2022年第6期刊发的《中国共产党领导多党合作历史经验及基本规律启示》被中央政策研究室主办的《学习与研究》2022年第10期全文转登。

【文稿保障】 2022年，厦门市委政研室突出以文辅政，服务中心工作。完成市委综合文稿服务保障，在重大会议材料方面，起草完成市委主要领导在全市季度经济工作会议、招商引资重大项目工作推进会、重大片区开发建设工作领导小组会、文明创建工作推进会等讲话材料；在市委专题工作方面，起草完成市委主要领导在经济工作、秋季中青班、城中村治理、农业农村、港口高质量发展等专题座谈会的讲话材料；在专项工作方面，完成市委主要领导拜会国家部委领导、会见客商等有关文稿的服务保障工作，起草市委主要领导在新华社《国内动态清样》、《党建》、《光明日报》、《经济日报》、《中国企业家报》等报纸杂志署名文章及专访。全年起草完成35次市委常委会（市委理论中心组）讲话225篇，包括市委领导传达学习贯彻中央政治局会议、中央经济工作会议、全国两会精神及市委理论学习中心组学习会等。做好市委常委会会议（理论学习中心组）新闻稿、会议纪要审核把关工作。起草需工业和信息化部、教育部等部门支持厦门发展的事项报告，向省委主要领导汇报《关于恳请支持解决我市部分生物医药企业反映的有关诉求的报告》，市委秘书长2次到市委党校上党课、宣讲中共二十大精神讲话等材料。在跨岛发展战略实施20周年之际，系统总结跨岛发展20年经验成就，梳理新起点纵深推进跨岛发展的思路举措，在《厦门日报》头版发表市委政研室署名文章《奋力开辟跨岛发展新天地》。

（市委政研室）

机构编制管理

【概　况】2022年，中共厦门市委机构编制委员会办公室、厦门市人民政府机构编制办公室（简称市委编办）围绕市委、市政府中心工作，调整完善全市能源、“12345”政务服务热线管理体制，理顺港区内外集装箱场站、消防安全监管职责分工，统筹加强网络安全、科技创新、双拥优抚等领域力量，支持区级强化粮食安全、招商引资、文物保护等工作，保障各项重点工作。配套调整6个街道机构编制事项，相应调整派出所、市场监管所和司法所管辖区域，加强基层治理能力和水平。推动金砖创新基地、海丝中央法务区实体机构建设，保障各项重大战略任务落地实施。健全招商引资、医保监测体制，完成市鼓浪屿干部疗养院改革机构转型，推动体育系统事业单位优化整合，加强消防审验、环境保护等重点领域保障，支持区级加强纪检监察、非公党建等工作，服务保障各项事业长远发展。规范推进新型研发机构建设，指导翔安创新实验室、中俄数字经济研究中心、南理工厦门数字信息研究院落地登记，为全市经济社会发展提供保障。

【机构改革】2022年，厦门市委编办统筹推进重点领域、综合行政执法、教育事业、医疗卫生等改革发展工作。完成开发区管理体制改革，开展自贸区“三定”规定修订，规范思明、湖里、集美、同安4个区级开发管理机构，构建统一高效的开发区管理体制。推进疾控体系、行政复议、相对集中行政许可权试点等改革落地实施，在市卫健委加挂市疾病预防控制局牌子，加强市、区司法局行政复议以及翔安区审批局工作力量。整合优化警力资源，组建市公安局食品药品犯罪侦查支队、治安支队无人机应用管理大队，推进“两队一室”（案件办理队、社区警务队和综合指挥室，社区警务队负责社区警务全要素服务，案件办理队负责刑事案件、治安案件等，综合指挥室负责日常警务调度、情报信息研判、时评巡控等警务工作）等警务机制改革。加强涉外法治体系建设，增设厦门海事法院涉外案件审判庭，服务保障海丝中央法务区建设发展。推进应急领域综合行政执法改革，整合应急管理执法职能，提升应急管理执法效能。核定副局级事业单位，调整优化市生态环保、文化市场、农业、交通、应急5支执法队伍机构规格、内设机构等，加强相关领域执法力度。深化镇（街道）“一支队伍管执法”改革，组建45支镇（街道）综合执法队，调配252名事业编制充实到镇（街道）综合执法队，率先全省完成赋权确认工作，公布首批镇（街道）执法事项目录清单。加强基层医疗卫生机构建设，将15家岛内街道社区卫生服务中心划归区属，重新核定全市基层医疗卫生机构人员控制数总量。加大事业单位整合力度，推动10家市级事业单位升格副局级、24家市级事业单位升格正处级、6家区级事业单位升格为副处级，拓宽发展空间，提升整体效能。整合重组11家职责任务相近、规模较小的市级事业单位，精简事业编制31名。开展事业单位法人清理工作，开展市直事业单位摸底工作，完成问题整改12个、历史遗留事业单位注销2家。

【编制管理】2022年，厦门市委编办加强机构编制基础性前瞻性研究，突出“效率、效能、效益”，与市委组织部公务员局开展联合调研，提出11项机构编制规范提升任务。在全省率先开展市级党政机构改革中期评估工作，检验55个市直部门机构改革成效、履职情况及机构编制使用情况，坚持问题导向、结果导向，提出44项机构编制调整优化事项，推动评估结果转化运用，为改进完善机构编制管理和新一轮地方党政机构改革提供方案储备。统筹全市事业编制资源，补齐教育事业编制缺口，依标足额核定2020—2021年度全市中小学教职工编制32214名。保障新校区筹建管理，支持高新学校开办，助力双十中学、第二中学、第六中学等“名校跨岛、名师出岛”，助力厦门实验中学、集美中学等岛外学校做大做强。探索创新事业编制管理方式，研究统筹使用各类编制资源的有效途径和办法，在全省率先开展幼儿园试行备案员额管理，健全学校人员管理机制，解决教师紧缺难题。根据事业发展需要科学配置编制资源，实施事业单位周转编制管理，保障高层次人才等重点领域用编需求。探索创新退役军人“兵教融合”（实施退役军人教师培养计划，加大退役军人教师培养力度，推动退役军人进校园工作体系化、制度化、规范化，探索退役军人高质量就业新模式）就业模式，联合市退役军人局、市教育局、市人社局在全国率先发布“兵教融合”全流程方案，进一步拓宽退役军人就业渠道。

【编制管理流程创新】2022年，厦门市委编办制定《事业单位机构编制事项工作指南》《用编审核事项服务指南》，实行机构编制标准化、规范化管理。优化办事流程，压缩办理时限，精简材料证明，取消市直单位工资统发表编办盖章环节。完成68家机关群团赋码和117家事业单位法人登记，落实市属事业单位年报公示工作，核实60余家事业单位开办资金信息、17家变更开办资金数额，规范注册政务中文域名115个、公益中文域名300个，梳理制定登记管理权责清单，提升事业单位登记工作精细化水平。

（吴冰燕）

党校工作

【概　况】截至2022年底，中共厦门市委党校、厦门市行政学院、厦门市社会主义学院（简称市委党校）有在编教职工108人，其中专职教师44人，下设党史党建、政治学、统战理论、哲学、经济学、公共管理和法学7个教研部。全年举办主体班38期，培训学员2928人次；举办外培班及各种会议109期，培训学员8168人次。落实市委组织部“年轻干部成长工程”，新开设中青班、青才班、青苗班等重点班次，分级培训干部348人。在中共二十大等重大节点，在报纸、电视台、座谈会上提出市委党校研究成果和认识体会，发挥思想引领作用。加强《厦门特区党校学报》、官方网站、微信公众号等媒介建设和网络安全管理，微信公众号全年推送信息94篇，阅读量13.6万人次。根据新冠疫情形势变化和上级要求制定防控措施，在确保防疫安全前提下保障教学及其他工作正常开展。

【党校教育】2022年，厦门市委党校围绕“强作风、创佳绩、补短板、上台阶”总体要求抓好主责主业，把学习宣传贯彻中共二十大精神作为首要政治任务，邀请中共厦门市委主要领导在中共二十大召开前后，两次到市委党校为中青班学员上党课、座谈交流，市委常委等市领导结合贯彻落实中共二十大精神到党校作报告。组织教研人员和学员围绕中共二十大精神开展理论研究。举办全市校（院）系统“学习贯彻党的二十大精神”理论研讨会。校领导带头参加市委宣讲团集中宣讲中共二十大精神，配合市委组织部举办市管干部学习贯彻中共二十大精神专题研讨班，确保中共二十大精神全面学习、全面把握、全面落实。实施“习近平新时代中国特色社会主义思想教育培训工程”“现场教学精品建设工程”“案例教学精品建设工程”“课程体系建设提升工程”“教学水平提升工程”等教学提升工程，推进“教学方式改革”“学习方式改革”“考核方式改革”“教学督导改革”等干部教育培训4项改革。在精品课评选中获中组部“全国干部教育培训好课程”称号1门，全省党校（行政学院）系统2022年精品课评比一等奖4门。举办全市校（院）系统精品课比赛，评选出19门精品课程。

【科研工作】2022年，厦门市委党校完善科研与决策咨询工作机制，全年获得各类科研课题立项44项，其中国家社科基金青年项目1项，省部级课题立项5项，厦门市社科类调研课题立项15项；教研人员在公开报刊发表学术文章66篇，其中核心报刊文章9篇。校（院）进一步推进教研咨一体化，发挥学员主体作用参与决策咨询工作，全年向省、市呈报14份决策咨询成果，获得省、市领导肯定性批示31人次，批示人次比上年增长416%。其中法学教研部牵头起草的《加快推进海丝中央法务区建设的建议》获得省委书记尹力，省委副书记、政法委书记罗东川等领导肯定性批示；“厦门城市精神和城市品格”的相关研究成果获得市委主要领导批示。

（李言超）

保密工作

【概　况】2022年，中共厦门市委机要保密局（简称市委机要保密局）完成各项通信服务保障任务，确保中央、省委、市委决策部署传达到位。落实《市委机要保密局报告会、讲座、论坛等活动管理办法》等制度。服务保障海峡论坛、中国投资贸易洽谈会、中国电影金鸡百花奖电影节等各项重大会议、重要活动期间活动场馆通信保密工作，组建工作专班，开展重要场所物理环境安全保密检测，收发办理递送各类电报、材料。在全市范围内开展保密自评自查督查，发放保密整改通知书，通报整改落实情况及典型案例。

【保密教育宣传】2022年，厦门市委机要保密局推动保密宣传工作，在全市党政机关及企事业单位开展“保密观”网上培训，要求每位培训人员修满学分，方能获得毕业证书。培训人员通过“观保密”，达到“知保密”“懂保密”。为机关、企事业单位配发保密书籍与宣传海报。借助“学习强国”学习平台开展保密宣传。

【保密督查排查】2022年，厦门市委保密局落实“党管密码”“党管保密”政治原则，加强对工作人员保密教育和市电子政务内网保密建设工作，提高信息化条件下的保密技术监管能力，利用监管平台排查可疑信息。组织开展保密专项检查督查，对单位计算机、工作邮箱、微信工作群开展全面排查。指导相关单位建立保密工作责任制、落实管理措施，消除隐患，开展“回头看”，督促责任单位整改落实。加强涉密介质全生命周期管理，对涉密光电磁介质进行销毁。推进高考、研究生考试、公务员考试等国家统一考试的保密工作，落实试卷运送、交接、保管等重要环节的保密管理。跟进指导市委党史方志室完成《厦门年鉴（2022）》信息公开的保密审查。

（市委机要保密局）

机关党建

【概　况】2022年，中共厦门市委市直机关工作委员会（简称市直机关工委）立足机关党建“围绕中心、建设队伍、服务群众”职能，推动机关党建和业务工作相结合。通过举办党务干部培训班、召开集中宣讲会、音乐党课、文艺快闪等举措，加强机关党员理论武装。市直系统开展中心组研讨1700余次，基层宣讲1000余场。开展市直机关流动党员排查工作，共排查流入党员101人。慰问生活困难党员1390人、发放慰问金156万余元。审核颁发“光荣在党50年”纪念章208人，制作发放政治生日贺卡近5万张。开展“光影映初心　丹青抒使命”基层党建摄影书画展。下发“精准双报到”助力创城通知，推动144家机关企事业单位和社区开展结对，引导党员参与文明宣讲、交通督导等志愿服务累计20余万人次，加强文明单位分类指导和创建专题培训，开展市直系统垃圾分类指导、检查和考评。1个集体和1名个人分别获评全省学雷锋志愿服务项目和五星志愿者。指导65家市直机关事业单位开办暑期班20个、惠及665名职工子女，相关做法获市委主要领导肯定性批示。

【意识形态宣传教育】 2022年，厦门市直机关党工委落实意识形态工作责任制，加强党的路线方针政策宣传，强化党员理想信念和宗旨教育，引导党员筑牢意识形态防线。依托“厦门党建e家”平台，加强对党组织组织设置、组织生活等经常性工作的常态化检查督导。组织编写“1套问答、2本指引、4个课件”等工具书和党务规范化流程，帮助党务干部解决问题、提升能力。在全省率先启动评选百家“创建模范机关先进单位”，汇编《走在前列》案例精选，探索“一个引领、三个机制、五个融合”的“135”模范机关创建路径，获评为厦门市2021年度改革创新优秀案例，得到省直机关工委肯定。以“党建引领聚合力　亮晒比争促发展”为主题，开展机关党建品牌评选活动，推选出15个优秀品牌。组织开展全国、全省机关党建重点课题调研工作，1项研究成果在全国党建研究会机关专委会上作经验交流，2个课题获省直机关专委会党建课题三等奖。牵头抓好市直系统体制机制创新案例征集、评审和上报工作，获省级一、二、三等奖分别1、6、3个。

【党建工作开展】 2022年，厦门市直机关党工委全年发展党员指导性计划560名，完成率100%。组织各类主体培训班14期、参训学员1030人。加强对工委微信公众号、网站、讲座论坛等宣传窗口的建设和管理，在各类主流媒体上刊发信息、新闻20条次。结合党建督查、主体责任检查、文明单位考评等工作，检查指导意识形态工作情况，参加17家单位中心组巡听旁听工作，指导各直属党组织清拆超时宣传载体近千处。会同市委组织部创新开展“三比三争”主题实践活动，引导党支部“比服务大局贡献度、争创优异业绩，比服务群众满意率、争育优良作风，比服务治理影响力、争树优秀品牌”，党员干部“比创造力、争当改革先锋，比模范力、争当敬业先锋，比执行力、争当实干先锋”，通报表扬先进党支部70个、优秀党员50人。加强机关青年理论学习。打造“阅·青春”青年读书沙龙品牌，围绕“阅新知，悦身心，月累积，越向前”内涵，建立“学讲融合、学研并进、学思贯通、学用合一”的导学促学模式，带动各单位组建学习小组，创新活动方式。市直系统组建机关青年理论学习小组400余个，参学青年近10000人次。相关做法在中宣部党建网、“学习强国”学习平台等刊发，得到省直机关工委领导的肯定。以党建带群团，提升巾帼志愿品牌，1户家庭获评为全国“五好家庭”、4户家庭获评为省级“五好家庭”。

【机关党风廉政建设】 2022年，厦门市直机关工委牵头开展15个市直单位年度全面从严治党主体责任检查，查找问题118个、推动制定整改措施299条。建立市直系统机关党组织书记任职谈话制度，组织2批20名新任机关党组织书记开展任职谈话，传导管党治党责任和压力；制发全面从严治党三份责任清单，明确机关党委、机关纪委、党支部责任。强化纪检监督。加强统筹协调、制度设计、督促指导，从制度、业务、队伍等方面推动机关纪委实体化运作，实现机关纪委100%实体化运作、机关纪委书记100%由机关党委副书记担任，强化监督职能。落实好新任机关纪委书记谈话制度与机关纪检干部跟班学习制度，经验做法获省直机关纪检监察工委领导肯定性批示。持续正风肃纪。开展案件审理工作和质量评查，全年审理案件13件13人，备案案件17件17人。推动以案促改、加强机关廉洁文化建设，做好案件查办“后半篇文章”。

（市直机关工委）

老干部工作

【概　况】 2022年，中共厦门市委老干部局（简称市委老干局）管理离退休干部892人。其中，离休干部269人（平均年龄93.4岁），“5·12”退休干部（1949年10月1日—1950年5月12日，福建全省解放前参加革命工作并享受供给制待遇的干部）92人，副厅级以上退休干部531人。围绕省委、市委“提高效率、提升效能、提增效益”部署要求，市委老干局组织实施“精准服务提效年”行动，实行精确化困难帮扶、精准化“一人一策”、精细化疫情防控救治等措施，实现工作提质增效。健全特殊困难离休干部及其遗属帮扶管理制度，实行动态管理、分类补助。提升离休干部精准服务水平，新增优化服务项目，依托智慧化养老服务平台提供实时服务1.59万余单，金额190余万元。推动新成立社区老干部“四就近”服务站9个，总数68个。开展退休谈话、举办荣退仪式、告知退休待遇、引导作用发挥等工作。推动赤岭离休干部保障点转型发展，推进赤岭小区国有资产移交和管理社会化，协助做好小区基础设施改造提升。开展“喜迎二十大”系列主题活动，举办微视频大赛、书画作品展、主题征文、书画笔会等活动。开展“建言二十大”“我看中国特色社会主义新时代”等调研活动，调动离退休干部的智慧和力量，得到市委主要领导肯定。以思明区深田社区“近邻党建”为原型编排舞台剧《幸福来敲门》，参加全省文艺会演并获得金奖。指导拍摄的《春泥》获全市第三届党员教育微视频大赛三等奖，征集上报的15部微视频获全省大赛优秀奖。培育“鹭岛银领·党旗红”品牌，融合179支、近5000人的老党员志愿者服务队、“厦门关爱联盟”等力量，引导老干部在新冠疫情防控、文明创建、基层治理、关心下一代等方面发挥作用。市委老干部局政策协调处、海沧区委老干部局获评为“全省老干部工作先进集体”；组织申报的《搭建平台载体　服务一方群众》获福建省新时代党建优秀案例称号；老党员志愿服务经验成效获全省老干部工作优秀调研成果一等奖，并在全省会上作典型发言。《人民日报》新媒体客户端、中组部《组工通讯》、《中国老年报》等对厦门市老干部工作成效做法进行刊载。

【离退休干部党建政策制定】 2022年，

厦门市委老干局贯彻落实中办《关于进一步加强新时代离退休干部党的建设工作的意见》。通过专题培训、辅导解读、集中研讨等方式学习领会上级精神，开展专题调研16场并搜集问题建议，推动出台《关于加强新时代离退休干部党的建设工作的具体措施》，包括建设党支部“书记后备库”和“银发人才库”、建立干部荣誉退休工作制度、探索流动老党员双向共管机制等措施13条。培育省级离退休干部示范党支部38个。

【离退休干部生活待遇落实】 2022年，厦门市委老干局协调推动企业离休干部、“5·12”退休干部月增加补贴发放到位。协同市人社局、市社保中心落实基本养老保险全国统筹制度要求，跟进企业62家，推进委托社保代发的欠费催缴工作，确保企业老干部生活待遇按时足额发放。全年组织走访慰问老干部、特困老干部及遗属2831人次，发放慰问金313.87万元。为易地安置离休干部发放生活补贴、为入住养老院离休干部发放床位生活补助费，共计17.82万元。

【鼓浪屿干部疗养院改革】 2022年，厦门市委老干局落实厦门市《关于做好我市党政机关和国有企事业单位培训疗养机构改革工作的通知》等政策，推进鼓浪屿干部疗养院机构改革，创新采用“脱钩＋转型”的办法，将鼓浪屿干部疗养院的疗养业务与事业单位脱钩，疗养服务相关资产和疗养职能由建发集团承接，鼓浪屿干部疗养院转型为“厦门市老干部事务中心”，配合市委老干局开展全市离退休干部党建工作，引导离退休干部发挥优势作用，承担教育培训、政策宣传、精准服务等老干部事务性工作。推动解决鼓浪屿干部疗养院土地红线调整和房屋产权证办理问题，依法依规完成资产移交处置，做好人员平稳分流安置。

（王艺婈）

关心下一代工作

【概　况】 截至2022年底，厦门市关心下一代工作委员会（简称市关工委）建立各级关工委组织1520个，从事关心下一代工作的“五老”（老干部、老战士、老专家、老教师、老模范）离退休志愿者2.2万人。市关工委制定《关于加强新时代关心下一代工作委员会工作的实施意见》，推进“五老”发挥教育、引导、关爱、保护青少年方面的优势和重要作用，加强对青少年思想教育，实施传承红色基因工程，提高青少年法治素养。2022年，厦门关爱联盟平台筹集善款5000余万元，参与爱心捐助的单位有628家，爱心人士159人。市关工委为厦门市退役军人事务局老战士关爱团和厦门老年大学老妈妈关爱团颁发关爱助学荣誉牌匾。

【红色基因传承教育】 2022年，厦门市关工委组织“五老”报告团、宣讲团，为青少年讲党史、新中国史、改革开放史和社会主义发展史，动员“五老”担任少先队校外辅导员，引导青少年培育和践行社会主义核心价值观。组织全市青少年参加中国关工委“中华魂”（中华好家风）主题教育，通过线上线下活动提高参与度；开展“老少同声颂党恩、喜迎二十大”“大手牵小手，永远跟党走”等主题活动；组织全市青少年主题演讲比赛和读书、征文活动，推动思政教育入脑入心。

【青少年法治宣传活动】 2022年，厦门市关工委巩固提升青少年法治教育工作品牌，建设老战士关爱团队人才库，拓展多元化关爱服务内容，推动青少年法治教育工作品牌创新发展。举办第五届“关爱明天·普法先行”青少年法治宣传活动，组织开展法律知识竞赛、模拟法庭和青少年维权岗，加强未成年人网络保护，引导青少年文明科学上网，增强法治信仰。

【关爱联盟活动】 2022年，厦门市关工委推动《厦门关爱联盟教育实践基地管理办法（试行）》落地实施，为青少年思想道德教育、科普知识传授、身心健康知识等各项关爱活动提供服务。厦门关爱联盟开展关爱助学工作，召开厦门关爱联盟年度关爱助学大会，动员社会组织、爱心企业和爱心人士参与捐资助学；开展送温暖活动，组织老年书法家进社区、学校义务写春联，开展儿童节、金秋义诊，为民办校、乡村校爱心赠书等。

【海峡两岸关爱下一代成长论坛】 2022年7月15日，由中国关工委主办，福建省、厦门市关工委承办的“第十四届海峡论坛·海峡两岸关爱下一代成长论坛”在厦门举行。中国关工委主任顾秀莲、福建省关工委主任刘群英出席论坛，中国关工委常务副主任刘雅芝主持论坛。来自海峡两岸的专家学者、教育文化组织代表和部分省市关工委代表80余人参加。该届论坛主题为“少年儿童全面成长中的家庭教育与责任”，旨在进一步深化海峡两岸青少年关爱工作交流，以中华优秀传统文化为纽带，增进在“家庭家风家教”中的民族认同，培育共同文化基础。

（市关工委）

档案工作

【概　况】 截至2022年，厦门市档案馆有馆藏259全宗，28.9万卷。2022年，接收纸质档案2164卷又7169件（合计4.54万件）、录像16件、照片893张、目录数据4.94万条、数字化副本27.96万幅；接收政府公开信息电子文本4216条、纸质文本4209份；受理市政府依申请信息公开6件，均及时转办答复；接待利用1866人次、6105卷次、1.34万件次，复制档案资料5358页，利用满意度100%，投诉率为0，收到利用者感谢信4封、锦旗1面。

【档案接收规范】 2022年，厦门市档案局接收纸质档案同时接收其数字化副本，同步接收密级文件解密审核意见和移交档案开放审核意见，把好接收进馆档案质量关。完成市党史学习教育办、文明办、民建厦门市委等13家立档单位档案接收。

【档案有偿征购机制出台】 2022年，厦门市档案馆开拓征收渠道，开展调查摸底，探索建立有偿征购机制，研究出台《厦门市档案馆征购档案资料规定（试行)》，建立专家库，首次征购涉台档案资料22份；根据市委工作部署，开展海峡两岸融合档案资料征集，联合市台港澳办、市档案局、市台联面向全市各有关单位发出《关于开展“迁台记忆”档案文献征集工作的通知》，通过《厦门日报》、“学习强国”学习平台等报刊媒体，线上线下宣传相结合，向社会发布征集公告，征收《林惠祥文集》等档案资料5册，照片底片5张，文艺作品2部，受到《两岸新新闻》栏目组关注并采访。

【档案信息化建设】 2022年，厦门市档案局推进馆藏档案数字化建设，完成“数字档案馆系统测试指标分解表”。落实档案数据库和存储介质管理，完成各类档案电子目录数据导入5.22万条，电子档案（数字化副本）挂接4.78万件，政府信息公开电子目录导入1680条，政府信息公开电子文件挂接1915件，实现应导尽导、应挂尽挂。建立“民国时期闽台专题目录（文件级）”2008条，案卷级180条。建立新中国成立后涉台档案专题库，共1.38万条。

【档案馆新馆建设】 2022年，厦门市档案馆协调破解新馆建设难题，加强与市城建档案馆、代建单位、建设单位的联系沟通，按照法规制度和上级要求推进项目建设，完成年度投资计划。新馆建设中形成的档案资料管理被国家档案局确定为建设项目电子文件归档和电子档案管理试点。厦门市档案大厦（新馆）由市档案馆新馆、市城市建设档案馆新馆合建而成。选址位于厦门市翔安新城核心区，占地面积1.4万平方米，项目总建筑面积6.7万平方米。其中，地上建筑面积5.6万平方米，地下建筑面积1.1万平方米。建筑高度99.2米，总投资4.97亿元。2019年6月开工建设，2022年8月完工。该项目是厦门市重点建设项目，也是厦门市首批BIM（建筑信息模型）报建试点项目及建设工程资料电子化试点项目。

【闽台关系档案文献展】 2022年，厦门市档案馆与中国第一历史档案馆等联合举办“共同家园共同记忆——闽台关系档案文献展”。该展览以“闽台两地建设共同家园、两岸人民留存共同记忆”为主题，开设隶属与共、开发同功、文韵联芳、共御外敌、交流融合共5个板块，展览遴选近400份谕旨、奏折等档案文献，展示闽台两地在建设共同家园的历史过程中，由于地缘、血缘、文缘、商缘和法缘等特殊渊源关系所形成的共同记忆。该展同时是“迁台记忆”项目之一和第十四届海峡论坛的重要活动，中共中央政治局常委、全国政协主席汪洋参观展览，并对展览给予肯定。截至年底，展览接待参观团体462批1.39万人次，个人参观5.21万人次。

（蔡剑锋）

党史和地方志工作

【概　况】 2022年，中共厦门市委党史和地方志研究室（简称市委党史方志室）发挥党史方志部门职能作用，在党史研究、文献资料征编、志鉴编纂和队伍建设等方面取得成效。修订完善《中国共产党厦门历史大事记（1921—2021）》。完成《中共厦门市委执政实录（2020）》。开展《十八大以来厦门对口扶贫协作暨对口支援口述资料汇编》的组织编撰工作。发挥厦门市新时代爱国主义教育联席会议成员单位作用，按照《厦门市红色资源保护利用办法》要求，开展对厦门市红色资源相关史料、纪念场馆展示内容及解说词的史实进行审核把关。开展《福建红色文旅》资料征集整理工作，调查厦门革命旧址、文化遗产、旅游资源情况，征集和整理厦门17个参观点的基本情况简介以及相关图片资料。配合福建省革命军事馆做好资料征集和布展工作。加强对各区、相关革命历史研究会及有关行业部门开展党史文献和地方志工作的业务指导。对革命历史研究会等单位委托的涉及厦门党史的文稿、出版物、影视作品、展馆展陈方案等进行审读把关，反馈意见建议并协助提供相关史料。加强与闽粤赣、新四军等研究会的对接联系、业务指导和所办刊物、微信公众号的审读工作。开展党史、新中国史、改革开放史、社会主义发展史学习宣传。推动《东孚镇志》完成定稿印刷，指导同安区编修《军营村志》《白交祠村志》，指导《厦门南普陀寺志》《厦门烟草商业志》编修并提供相关业务支持。组织市、区年鉴业务培训，承办上级在厦门市召开的市、区2022年鉴大纲、重点篇目、样书点评及业务培训，促进全市年鉴专业队伍素质提高。《厦门年鉴（2021）》获评为第六批中国年鉴精品工程“中国精品年鉴”。利用“厦门党史方志”微信公众平台刊发转载文章535篇，弘扬传统文化，宣传党史方志，讲述厦门故事，展示厦门特色。

【党史文献征编研究】 2022年，厦门市委党史方志室完成《中共厦门市委执政实录（2020）》编纂工作并内部出版；启动《中共厦门市委执政实录（2021）》编纂工作，制定编纂工作方案，明确指导思想、基本原则、主要栏目设置、记述内容和任务分工，开展稿件、资料的征集、分类、梳理等工作，完成360余篇约140万字初稿整理工作，已交付排版。修订《中国共产党厦门历史大事记（1921—2021）》，在2021年内部印制版的基础上进行修订完善，增补2021年4月至12月大事条目。开展《十八大以来厦门对口扶贫协作暨对口支援口述资料汇编》征集编撰工作，该汇编经三轮资料征集，采访90余人次，征集文稿89篇，约30万字。

【志书年鉴编纂】 2022年，厦门市委党史方志室开展《厦门姓氏志》编写出版的业务指导、审稿工作；开展《海上福建》厦门篇相关资料的收集、编辑、审稿和汇总统稿工作；跟踪指导《厦门烟草志》《厦门南普陀寺志》《东孚镇志》《军营村志》《白交祠村志》等村镇志和特色志书的编写。推进福建省全域年鉴精品工程（厦门）试点工作，通过加强指导、以会代训、专家评审和组织开展“精品年鉴品读季”等方式，提升全域年鉴品质；市、区两级综合年鉴2022卷均已印制样书交付专家评审，并完成书号申请；组织推荐《同安年鉴（2021）》《集美年鉴（2021）》参与福建省2022年年鉴质量评比，分获特等奖、一等奖；指导推荐《思明年鉴（2022）》《同安年鉴（2022）》参与福建省年鉴精品工程打造。

【红色资源保护利用】 2022年，厦门市委党史方志室落实《福建红色文旅》“厦门篇”资料征集整理工作，完成“红色厦门”“红色华侨在福建”等7个板块共1.5万字编纂及相关图片征集工作。参与打造红色教学基地、“筼筜故事”馆工作，参与推动厦门革命老区振兴发展等工作。向市委办、市民政局、兄弟省市党史部门提供“厦门新民主主义革命时期地下交通站和地下党”“革命遗址旧址”“吴亚鲁烈士”等资料。协助湖里区“湖里红色文化陈列室”、市建设局16期《厦门建筑中的党史故事》、市委讲师团《鹭岛红色风云——主播带你学党史》、市纪委办公厅《谢仲怀烈士事略及家书内容》、鼓浪屿管委会微信推文《我们是钢铁的一群——烽火中的厦儿团》、方特二期闽台文化基地和海堤纪念邮折等资料的把关审读并提供相关资料，出具专家意见。

【全域年鉴精品打造】 2022年，厦门市委党史方志室先后召开市、区两级综合年鉴2022卷大纲评审会、重点篇目内容点评会和样书评审会3次会议，省年鉴专家提出修改意见、建议超过1000条，市、区年鉴编纂人员消化吸收各阶段专家提出的修改意见，逐一对照修改，市、区年鉴编纂质量进一步提升。省史志办副主任林浩带队到厦门，先后对厦门市及同安区、海沧区、翔安区进行调研，指导厦门打造全域年鉴精品工程。市委党史方志室领导带领年鉴处人员对各区年鉴工作调研，了解各区年鉴精品打造情况，督促各区年鉴精品工程进度，协调解决相关问题。年鉴处撰写《省市党史方志联合调研　共同推进全域年鉴精品工程》在厦门党史方志公众微信号上发布。开展全域年鉴精品工程经验总结，年鉴编辑撰写论文9篇，其中《年鉴条目编纂中的资料意识》在2022年的《中国年鉴研究》第二期上刊发。

【“厦门文史沙龙”活动】 2022年，厦门市委党史方志室继续与市政协文史学习委、市图书馆合作举办“厦门文史沙龙”，采用室内沙龙研讨、走进社区宣讲、组织户外采风等形式，以“厦门武林旧事”“陈述厦门地图”“近代厦门商人与地方公益事业发展”“在历史地图里探寻厦门文史”“华人离散群体的战争记忆——兼谈战时侨眷生活”“民国时期厦门餐饮与名人故事”“走读深田社区老建筑”“闽南传统年俗”“厦门籍清代水师提督”“厦大与厦门的文化情缘”等为主题，举办活动12次，吸引听众、读者600余人参加。

【《厦门市情手册》出版】 2022年6月，厦门市委党史方志室编写的《厦门市情手册》内部出版。该书记载的上限追溯到事物发端，下限至2019年12月（个别专题内容年限适当下延），分市情总貌、文化遗产、经济建设、城市建设、交通运输、社会事业、社会民生、生态文明建设、国际交往、厦台关系、旅游·会展·节庆、辖区概况、组织机构、人物和大事记等15个专题，系统记述厦门市自然、政治、经济、文化和社会等方面，反映厦门的历史及现状，旨在普及历史地情，服务经济社会展。全书约35万字。

【《厦门年鉴（2021）》入选“中国精品年鉴”】 2022年6月，《厦门年鉴（2021）》获评第六批中国年鉴精品工程“中国精品年鉴”。该年鉴为全国15个同类城市及福建省地市唯一入选年鉴。全书42个类目、143万字，记述2020年厦门市经济、政治、文化、社会和生态文明各领域发展成果。彩页和插照刊载厦门2020年人文环境、城乡风貌、重大事件等的纪实场景，展现年度特色和地方特色。在保持框架和体例连续性的同时，注重形式与内容的创新，形成沿海城市年鉴的独特风格，成为宣传厦门、研究厦门、建设厦门的信息工具书。

（郑　欣）

责任编辑：熊焱峰
审　　稿：阳晓儒
校　　对：林建高

7 厦门市人民代表大会

综　述

【市人大常委会履职】 2022年，厦门市人民代表大会常务委员会（简称厦门市人大常委会）落实中共中央决策部署和省委、市委工作要求，创新工作方式，依法履职。学习贯彻中共二十大报告，按照“发展全过程人民民主，保障人民当家作主”要求，推进人大工作，服务新冠疫情防控、营商环境优化、全国文明典范城市创建、海丝中央法务区建设等中心工作和发展大局，推动市委各项工作要求落实。召开常委会会议11次，审议通过法规草案8部，作出决议决定6项，听取审议“一府一委两院”工作报告和计划、预算、审计报告35项，开展8部法律法规执法检查，任免国家机关工作人员121人次，完成十六届人大一次会议确定的各项目标任务。

【坚持党的全面领导】 2022年，厦门市人大常委会发挥常委会党组领学促学作用，完善学习制度，全年召开常委会党组会议41次、党组理论学习中心组学习会14次。举办2022年度常委会读书班，学习贯彻中共二十大精神，开展立法工作专题辅导，夯实依法履职基础。党员领导干部带头到基层宣讲中共二十大精神，开展学习宣传活动。学习贯彻中央、省委、市委人大工作会议精神，按照党的政治纪律和政治规矩，重要会议、重要立法、重要工作、重大事项等及时请示市委同意后按法定程序组织实施，全年向市委请示报告38次。

【从严治党】 2022年，厦门市人大常委会修订完善党组工作规则，发挥常委会党组领导作用。贯彻新时代党的建设总要求，落实全面从严治党主体责任，提升党建工作质量，完成党支部换届，举办党建工作培训班，组织党员干部到基层一线抗击新冠疫情。推进意识形态工作责任制工作，制定并落实新时代加强和改进思想政治工作实施方案，成立人大制度研究会，完善常委会新闻通气会制度，加强理论研究和新闻宣传。落实新时代好干部标准，实施年轻干部成长工程，以正确用人导向引领干事创业导向。强化正风肃纪反腐，落实中央八项规定及其实施细则精神，肃清陈某东等案件恶劣影响，联合市纪委监委举办迎“七一”廉洁文化专题书画作品展，营造风清气正的政治生态。

（彭建伟）

主要会议

【概　况】 2022年，厦门市人大召开的主要会议有：厦门市十五届人大常委会第四十九次会议、厦门市十六届人大常委会会议10次、市十六届人民代表大会第一次会议，审议法规、决定，作出决议决定，听取专项工作报告，任免国家机关工作人员。

【市十五届人大常委会第四十九次会议】 2022年1月5日，厦门市十五届人大常委会召开第四十九次会议。会议审议并表决通过厦门市第十五届人民代表大会常务委员会代表资格审查委员会关于市十六届人大代表个别代表代表资格的审查报告。

【市十六届人民代表大会第一次会议】 2022年1月6—10日，厦门市十六届人民代表大会第一次会议在厦门人民会堂举行。会议听取和审议《厦门市人民政府工作报告》《厦门市人民代表大会常务委员会工作报告》《厦门市中级人民法院工作报告》《厦门市人民检察院工作报告》；审查和批准《关于厦门市2021年国民经济和社会发展计划执行情况与2022年国民经济和社会发展计划草案的报告》，批准厦门市2022年国民经济和社会发展计划；审查和批准《关于厦门市2021年预算执行情况与2022年预算草案的报告》，批准2022年市本级预算。会议选举杨国豪为厦门市第十六届人民代表大会常务委员会主任，孙明忠、陈紫萱（女）、陈琛（女）、郑岳林、王成全为厦门市第十六届人民代表大会常务委员会副主任，陈鸿萍为厦门市第十六届人民代表大会常务委员会秘书长；选举黄文辉为厦门市人民政府市长，李辉跃、黄晓舟、黄燕添、张志红（女）、陈育煌、廖华生、庄荣良为厦门市人民政府副市长；选举严志铭为厦门市监察委员会主任；选举谢开红为厦门市中级人民法院院长；选举吴金喜为厦门市人民检察院检察长。大会收到代表联名提出的议案43件，其中7件因不符合议案条件，经与代表沟通，转为建议处理；36件分别交市人大有关专门委员会进行审议，依法向市人大常委会提出代表议案审议结果报告。市十六届人大一次会议期间，市人大代表提出建议209件，包括大会建议206件、闭会建议3件，由市人大专委会、市人大常委会工作机构会同有关部门组织办理。

【市十六届人大常委会会议】 2022年，厦门市十六届人大常委会召开会议10次，即市十六届人大常委会第一次至第十次会议。（见表7-1）

（彭建伟）

表7-1　　2022年厦门市十六届人大常委会会议一览表

会次	时间	通过的决定、决议
第一次会议	1月27日，会期0.5天	审议并表决通过《厦门市第十六届人民代表大会常务委员会代表资格审查委员会组成人员名单（草案）》、人事事项
第二次会议	2月23日，会期0.5天	听取和审议市人大法制委关于2021年规范性文件备案审查工作情况的报告；审议并表决通过市人大财经委、监察司法委、城建环资委、教科文卫委、社会委关于市十六届人大一次会议主席团交付审议的代表议案处理的审议结果的报告，同意将“关于做强做大新材料与新能源产业链的议案”和“关于构建‘双减’保障体系，提升教育质量的议案”列入市人大常委会议程，交由市政府办理，将其他32件议案转为代表建议，交由市政府办理；审议并表决通过厦门市第十六届人民代表大会常务委员会代表资格审查委员会关于个别代表的代表资格的审查报告
第三次会议	3月27日，会期0.5天	审议并表决通过厦门市第十六届人民代表大会常务委员会代表资格审查委员会关于个别代表的代表资格的审查报告，审议并表决通过市人大常委会关于依法罢免陈某东的福建省第十三届人民代表大会代表职务的决定（草案）
第四次会议	4月25—26日，会期1.5天	审议并表决通过市人大常委会关于废止《厦门市人民代表大会常务委员会关于完善多元化纠纷解决机制的决定》的决定（草案）、市人大常委会关于批准2022年地方政府债券发行计划及市本级第一次预算调整的决议（草案）、《厦门市人民代表大会常务委员会关于调整厦门市人民代表大会常务委员会妇女儿童工作组组成人员的决定（草案）》、人事事项。听取市政府关于《厦门市人民代表大会常务委员会关于依法全力做好新型冠状病毒肺炎疫情防控工作的决定》实施情况的报告并开展专题询问，听取和审议市监委关于开展反腐败国际追逃追赃工作情况的报告，听取和审议市政府关于厦门市现代种子种苗产业发展情况的报告、关于促进台湾青年到厦创业就业情况的报告、关于厦门市社区治理工作情况的报告，听取和审议市人大常委会执法检查组关于检查《厦门经济特区电梯安全管理条例》实施情况的报告、关于检查《厦门经济特区园林绿化条例》实施情况的报告
第五次会议	6月28—29日，会期2天	审议并表决通过市人大常委会关于批准2021年市本级财政决算的决议（草案）、人事事项；审议《厦门经济特区河湖长制条例（草案）》（一审）、《厦门经济特区公安机关警务辅助人员条例（草案）》（一审）、《厦门经济特区医疗卫生人员职业暴露防护若干规定（草案）》（一审）；听取和审议市政府关于促进就业和破解企业“用工难”工作情况的报告并开展专题询问，听取和审议市政府关于2021年市本级财政决算草案的报告、关于2021年度市本级预算执行和其他财政收支的审计工作报告、关于2021年厦门市环境状况和环境保护目标完成情况的报告，听取市政府关于铸牢中华民族共同体意识推动民族工作高质量发展情况的报告；听取和审议市人大常委会执法检查组关于检查《厦门市人民代表大会常务委员会关于加强检察公益诉讼工作的决定》实施情况的报告、关于检查《中华人民共和国环境保护法》和《厦门市环境保护条例》实施情况的报告
第六次会议	8月25—26日，会期2天	审议并表决通过《厦门经济特区公安机关警务辅助人员条例（草案）》、人事事项；审议《厦门经济特区数据条例（草案）》（一审）、《厦门经济特区粮食安全保障规定（草案）》（一审）、《厦门市各级人民代表大会常务委员会人事任免办法（修订草案）》（一审）、《厦门经济特区河湖长制条例（草案）》（二审）、《厦门经济特区医疗卫生人员职业暴露防护若干规定（草案）》（二审）；听取和审议市政府关于2022年1—6月国民经济和社会发展计划执行情况的报告、关于厦门市乡村振兴工作情况的报告、关于厦门市保障性租赁住房工作情况的报告、关于厦门市社会救助工作情况的报告，听取市政府关于厦门市省市重点项目建设情况的报告；听取和审议市人大常委会执法检查组关于检查《厦门经济特区鼓浪屿世界文化遗产保护条例》实施情况的报告、关于检查《厦门经济特区台湾同胞投资保障条例》实施情况的报告

续表 7-1

会次	时间	通过的决定、决议
第七次会议	10 月 27—28 日，会期 2 天	学习贯彻中国共产党第二十次全国代表大会精神；审议并表决通过《厦门经济特区粮食安全保障规定（草案）》《厦门经济特区河湖长制条例（草案）》《厦门经济特区医疗卫生人员职业暴露防护若干规定（草案）》《厦门市各级人民代表大会常务委员会人事任免办法（修订草案）》、市人大常委会关于批准 2022 年市本级第二次预算调整方案的决议（草案）、人事事项；审议《厦门经济特区气象灾害防御条例（修正草案）》（一审）、《厦门经济特区数据条例（草案）》（二审）；听取和审议市政府关于 2021 年度行政事业性国有资产管理情况的专项报告、关于 2021 年度行政事业性国有资产管理情况的审计工作报告、关于 2022 年 1—8 月预算执行情况及市本级第二次预算调整方案的报告、关于厦门市高技术产业发展情况的报告、关于厦门市农村生活污水治理工作情况的报告、关于厦门市公办幼儿园建设情况的报告、关于进一步减轻义务教育阶段学生作业负担和校外培训负担工作情况的报告；听取和审议市中级人民法院关于破产案件审判工作情况的报告；听取市政府关于优化营商环境工作落实情况的专项报告、关于发挥侨资源优势助力全方位推进高质量发展超越情况的报告；听取市政府关于市人大常委会组成人员对“促进就业和破解企业‘用工难’工作情况的报告”审议意见研究处理情况的报告，并开展满意度测评；听取和审议市人大常委会执法检查组关于检查《中华人民共和国安全生产法》和《福建省安全生产条例》实施情况的报告
第八次会议	11 月 22 日，会期 0.5 天	审议并表决通过《厦门市人民代表大会常务委员会关于召开厦门市第十六届人民代表大会第二次会议的决定（草案）》
第九次会议	12 月 26—27 日，会期 1.5 天	审议并表决通过《厦门经济特区气象灾害防御条例（修正草案）》《厦门经济特区数据条例（草案）》、市人大财经委关于做强做大新材料与新能源产业链的议案办理结果的审议报告、市人大教科文卫委关于构建“双减”保障体系，提升教育质量的议案办理结果的审议报告、关于授予第十一批厦门市荣誉市民的决定（草案）、厦门市第十六届人民代表大会常务委员会代表资格审查委员会关于个别代表的代表资格的审查报告、关于市十六届人大二次会议有关事项、市人大常委会工作报告（稿）、人事事项；听取和审议市政府关于 2021 年度市本级预算执行和其他财政收支审计查出问题整改情况的报告、关于市容环境卫生整治相关法律法规实施情况的报告、关于做强做大新材料与新能源产业链的议案办理情况的报告、关于构建“双减”保障体系，提升教育质量的议案办理情况的报告、关于提请审议第十一批厦门市荣誉市民推荐人选的议案，听取市政府关于金砖国家新工业革命伙伴关系创新基地建设情况的报告、关于市十六届人大一次会议期间代表提出的建议、批评和意见办理情况的报告，听取厦门海事法院 2022 年工作报告；听取和审议市政府关于 2021 年度市本级预算执行和其他财政收支审计查出问题整改情况的报告，并开展满意度测评；听取和审议市人大常委会执法检查组关于检查《厦门经济特区促进社会文明若干规定》实施情况的报告
第十次会议	12 月 30 日，会期 0.5 天	审议并表决通过厦门市第十六届人民代表大会常务委员会代表资格审查委员会关于个别代表的代表资格的审查报告

人大立法

【概　况】2022 年，厦门市人大常委会加强党对立法工作的集中统一领导，坚持科学立法、民主立法、依法立法，落实经济特区立法权，推动立法决策与改革决策衔接，提升立法质效，改革促进发展。制定《厦门经济特区河湖长制条例》，提升河湖长制管理科学化、规范化和法治化水平。制定《厦门经济特区粮食安全保障规定》，构建粮食生产、储备、流通、应急和监管等环节安全保障体系。修改《厦门经济特区气象灾害防御条例》，加强气象灾害防御联防联动，提升厦门市气象灾害防御能力和水平。制定全国首部针对医务工作者职业防护的《厦门经济特区医疗卫生人员职业暴露防护若干规定》地方性法规，构建全流程卫生职业安全防护制度体系。制定《厦门经济特区公安机关警务辅助人员条例》，明确厦门市辅警队伍管理和保障激励办法。废止《厦门市人民代表大会常务委员会关于完善多元化纠纷解决机制的决定》。全年制定、修改、废止法规和法规性决定 8 部。（见表 7–2）

表 7–2　　2022 年厦门市人大常委会颁布的地方性法规和法规性决定一览表

法规名称	通过和施行日期
《厦门市人民代表大会常务委员会关于废止〈厦门市人民代表大会常务委员会关于完善多元化纠纷解决机制的决定〉的决定》	2022 年 4 月 26 日经厦门市第十六届人民代表大会常务委员会第四次会议通过，自 2022 年 4 月 26 日起施行
《厦门经济特区公安机关警务辅助人员条例》	2022 年 8 月 26 日经厦门市第十六届人民代表大会常务委员会第六次会议通过，自 2022 年 10 月 1 日起施行

续表 7-2

法规名称	通过和施行日期
《厦门经济特区粮食安全保障规定》	2022 年 10 月 28 日经厦门市第十六届人民代表大会常务委员会第七次会议通过，自 2022 年 12 月 1 日起施行
《厦门经济特区河湖长制条例》	2022 年 10 月 28 日经厦门市第十六届人民代表大会常务委员会第七次会议通过，自 2023 年 1 月 1 日起施行
《厦门经济特区医疗卫生人员职业暴露防护若干规定》	2022 年 10 月 28 日经厦门市第十六届人民代表大会常务委员会第七次会议通过，自 2022 年 12 月 1 日起施行
《厦门市各级人民代表大会常务委员会人事任免办法》	2022 年 10 月 28 日经厦门市第十六届人民代表大会常务委员会第七次会议修订通过，自 2023 年 1 月 1 日起施行
《厦门经济特区数据条例》	2022 年 12 月 27 日经厦门市第十六届人民代表大会常务委员会第九次会议通过，自 2023 年 3 月 1 日起施行
《厦门市人民代表大会常务委员会关于修改〈厦门经济特区气象灾害防御条例〉的决定》	2022 年 12 月 27 日经厦门市第十六届人民代表大会常务委员会第九次会议通过，自 2022 年 12 月 27 日起施行

【立法工作创新】 2022 年，厦门市人大常委会编制《厦门市 2023—2027 年立法规划》，梳理后续五年立法工作任务。设立立法专家团，聘请国内知名高校法律教授、专业人士作为常委会立法咨询专家。制定基层立法联系点工作规则，新增市工商联、市律协、同安区莲花镇人大主席团基层立法联系点 3 个，全市基层立法联系点 6 个。

【数据领域立法】 2022 年，厦门市人大常委会发挥立法对新兴领域的引领推动作用，立法先行，激发新兴领域的创新活力，制定《厦门经济特区数据条例》。该条例依据国家数字经济发展战略，对数据资源体系构建、数据要素市场培育、数据应用与发展、数据安全等作出创制性规定，用法治力量助推厦门市数字政府、数字社会、数字经济高质量发展。

（彭建伟）

人大监督

【概　况】 2022 年，厦门市人大常委会落实宪法赋予人大的监督权，贯彻中共中央决策部署和省委、市委工作要求，按照正确监督、有效监督、依法监督原则，增强监督刚性，护航经济社会发展。开展财经、精神文明、生态建设、民生、法制等领域监督，听取专题工作报告，组织代表开展专题视察，推动课题调研。年内，听取审议工作报告和计划、预算、审计报告 35 项，开展 8 部法律法规执法检查，审查规章 3 件、规范性文件 31 件，开展专题询问 2 次、满意度测评 2 次。

【财经工作监督】 2022 年，厦门市人大常委会贯彻落实《厦门经济特区优化营商环境条例》，综合运用多种监督方式，听取优化营商环境工作报告，组织代表开展专题视察，向全市各级人大代表发出"大招商招大商""聚力优化营商环境"倡议，在全市举办条例知识竞赛，加大法规宣传普及力度，助推建设国际一流营商环境。推动经济高质量发展，听取国民经济和社会发展计划执行情况、高技术产业发展、省市重点项目建设、金砖创新基地建设、发挥华侨资源优势等报告，依法作出授予第 11 批荣誉市民决定，督办做强做大新材料与新能源产业链议案，监督和支持政府贯彻"疫情要防住、经济要稳住、发展要安全"重要要求，实施科技创新引领工程、先进制造业倍增计划，加快培育市场主体，构建现代化产业体系，保持经济社会平稳健康发展。开展全口径预决算审查监督，听取审议市本级财政决算、地方政府债券发行、预算执行、预算调整、审计工作等报告，依法作出批准预算调整的决议 2 次，发挥预算审查专家作用，对市本级财政决算、部门预决算开展实质性审查，提出审查意见 232 条。开展国有资产管理监督，听取审议 2021 年度行政事业性国有资产管理情况及审计工作情况等 2 个报告，推动行政事业性国有资产规范管理、有效利用。探索海峡两岸融合发展新路，开展《厦门经济特区台湾同胞投资保障条例》执法检查，听取审议关于促进台湾青年到厦创业就业情况的报告，推动打造台胞台企登陆第一家园"第一站"。开展农业农村现代化监督，听取审议厦门市乡村振兴工作、现代种子种苗产业发展等报告。

【精神文明监督】 2022 年，厦门市人大常委会开展争创全国文明典范城市监督工作，制定助力创建全国文明典范城市工作方案，推动形成领导带头、上下联动、全员参与的创建格局。听取审议关于市容环境卫生整治相关法律法规实施情况的报告，开展《厦门经济特区促进社会文明若干规定》执法检查，组织岛外 4 个区开展村镇人居环境整治专项监督，完成市创建指挥部交办的 3 个方面 6 项具体任务；到基层开展督导检查和明察暗访，推动解决交通秩序、农贸市场、老旧小区、背街小巷以及文明素养等文明创建中的短板弱项。召开人大代表助力创建全国文明典范城市专题座谈会，向全市各级人大代表发出倡议书，动员代表发挥作用，凝聚创建合力。

【生态建设监督】 2022年，厦门市人大常委会开展生态建设督察工作。听取审议2021年厦门市环境状况和环境保护目标完成情况的报告，开展环境保护"一法一条例"执法检查，督促政府大力实施蓝天、碧水、碧海、净土工程，确保环保督察问题整改到位，当好生态省建设的排头兵。听取审议农村生活污水治理工作情况的报告，推动提升农村水环境质量，提高群众生活品质。开展《厦门经济特区园林绿化条例》执法检查，助力提高园林绿化的文化内涵。

【民生领域监督】 2022年，厦门市人大常委会围绕民生领域开展监督工作。听取审议关于促进就业和破解企业"用工难"情况及审议意见研究处理情况的报告，先后开展专题询问和满意度测评，形成"全链条"闭环监督，推动政府落实就业优先各项政策措施。围绕新冠疫情防控，听取审议"关于依法全力做好新型冠状病毒肺炎疫情防控工作的决定"实施情况的报告并开展专题询问，督促政府科学精准做好疫情防控工作，最大限度减少疫情对经济社会发展的影响。听取审议关于公办幼儿园建设情况、进一步减轻义务教育阶段学生作业负担和校外培训负担工作情况等报告，结合相关议案督办，推动政府在义务教育工作上精准施策。听取审议保障性租赁住房情况的报告，推动政府实施惠民政策。开展《厦门经济特区鼓浪屿世界文化遗产保护条例》执法检查，监督政府加强修缮保护和活化利用，完善鼓浪屿旅游景区和生活社区功能。

【法治监督】 2022年，厦门市人大常委会开展安全生产"一法一条例"和《厦门经济特区电梯安全管理条例》执法检查，督促政府强化法律法规贯彻实施，依法防范化解安全生产风险，推动安全生产责任制落实。围绕市域社会治理现代化，听取审议社区治理、社会救助工作情况等报告，推动政府健全共建共治共享的社会治理制度，筑牢社会保障安全网。根据反腐败斗争新形势新任务，首次听取审议反腐败国际追逃追赃情况的报告，对"一府一委两院"的监督实现全覆盖。推进法治中国典范城市建设，听取审议市中级人民法院关于破产案件审判工作情况的报告，开展"关于加强检察公益诉讼工作的决定"执法检查，听取厦门海事法院工作报告，推进公正司法。首次听取审议规范性文件备案审查工作情况报告，牵头开展对涉及计划生育内容和涉及水能资源开发利用权的地方性法规、规章、规范性文件的专项清理。加强人大信访工作，全年办理来信来访866件，促进社会和谐。

（彭建伟）

重大事项决定和人事任免

【重大事项决定】 2022年，厦门市人大常委会依法行使重大事项决定权利。作出关于批准2021年市本级财政决算的决议、关于批准2022年地方政府债券发行计划及市本级第一次预算调整的决议、关于授予第十一批厦门市荣誉市民的决定等6项。（见表7–3）

【人事任免】 2022年，厦门市人大常委会完成国家机关领导人员换届选举任务，选举通过国家机关领导人员50人，通过专委会成员66人，组织新当选人员宪法宣誓109人次。开展市人大常委会人事任免工作，任免国家机关工作人员121人次，组织任前宪法和法律考试40人次，协调保障拟任职人员见面发言64人次、颁发任命书64本、宪法宣誓30人次。开展代表资格审查工作，及时掌握代表资格变动情况，依法审查、报告代表资格情况，补选或罢免代表20人次。（见表7–4）

表7–3　2022年厦门市人大常委会通过的决定及决议一览表

会议名称	日期	通过的决定、决议
市十六届人大常委会第四次会议	4月26日	厦门市人民代表大会常务委员会关于批准2022年地方政府债券发行计划及市本级第一次预算调整的决议
市十六届人大常委会第四次会议	4月26日	厦门市人民代表大会常务委员会关于调整厦门市人民代表大会常务委员会妇女儿童工作组组成人员的决定
市十六届人大常委会第五次会议	6月29日	厦门市人民代表大会常务委员会关于批准2021年市本级财政决算的决议
市十六届人大常委会第七次会议	10月28日	厦门市人民代表大会常务委员会关于批准2022年市本级第二次预算调整方案的决议
市十六届人大常委会第八次会议	11月22日	厦门市人民代表大会常务委员会关于召开厦门市第十六届人民代表大会第二次会议的决定
市十六届人大常委会第九次会议	12月27日	厦门市人民代表大会常务委员会关于授予第十一批厦门市荣誉市民的决定

表7–4　2022年厦门市人大常委会任免的国家机关工作人员一览表

会议名称	日期	任免名单
市十五届人大常委会第四十九次会议	1月5日	审议并表决通过厦门市第十五届人民代表大会常务委员会代表资格审查委员会关于个别代表的代表资格的审查报告。确认林某志的厦门市第十六届人民代表大会代表资格终止

续表 7-4

会议名称	日期	任免名单
市十六届人大常委会第一次会议	1月27日	任命：郑岳林为厦门市第十六届人民代表大会常务委员会代表资格审查委员会主任委员，陈鸿萍、蒋娇容（女）为厦门市第十六届人民代表大会常务委员会代表资格审查委员会副主任委员，许毅青、吴丽冰（女）、何秀珍（女）、郑一琳（女）、波拉提（哈萨克族）、郭晓芳（女）为厦门市第十六届人民代表大会常务委员会代表资格审查委员会委员。 决定任命：黄杰为厦门市人民政府秘书长，孙建辉为厦门市发展和改革委员会主任，陈珍（女）为厦门市教育局局长，孔曙光为厦门市科学技术局局长，周桂良为厦门市工业和信息化局局长，苏清臻（女）为厦门市民族与宗教事务局局长，陈育煌为厦门市公安局局长，洪全艺为厦门市民政局局长，丁贤志为厦门市司法局局长，林志成为厦门市财政局局长，赖祖辉为厦门市人力资源和社会保障局局长，柯玉宗为厦门市自然资源和规划局局长，何伯星为厦门市生态环境局局长，李德才为厦门市建设局局长，李宗泽为厦门市交通运输局局长，王伟文为厦门市水利局局长，邱武伟为厦门市农业农村局局长，陈敏（女）为厦门市商务局局长，黄碧珊（女）为厦门市文化和旅游局局长，姚冠华为厦门市卫生健康委员会主任，颜文聪为厦门市退役军人事务局局长，兰贵兴为厦门市应急管理局局长，黄珠龙为厦门市审计局局长，张权为厦门市人民政府外事办公室主任。 任命王欣欣为厦门市中级人民法院立案二庭庭长，免去其厦门市中级人民法院立案二庭副庭长职务。任命郑婉红（女）为厦门市中级人民法院刑事审判第二庭庭长，免去其厦门市中级人民法院刑事审判第二庭副庭长职务。任命郑承茂为厦门市中级人民法院审判监督庭庭长。免去郑一琳（女）的厦门市中级人民法院副院长、审判委员会委员、审判员职务。免去何丽圆（女）的厦门市中级人民法院审判员职务。 批准任命：郑祥发为思明区人民检察院检察长，李才利为湖里区人民检察院检察长，叶斌（女）为集美区人民检察院检察长，孙文华为海沧区人民检察院检察长，戴静为同安区人民检察院检察长，柯振敏为翔安区人民检察院检察长。 任命李洪为厦门海事法院涉台案件审判庭（自由贸易区案件审判庭）庭长，免去其厦门海事法院行政和生态环境审判庭庭长职务。任命林瑞云为厦门海事法院审判监督庭庭长，免去其厦门海事法院立案庭庭长职务。任命蔡福军为厦门海事法院福州法庭庭长，免去其厦门海事法院涉台案件审判庭（自由贸易区案件审判庭）庭长职务。任命陈水柱为厦门海事法院立案庭庭长，免去其厦门海事法院宁德法庭庭长职务。任命陈延忠为厦门海事法院宁德法庭庭长，免去其厦门海事法院审判监督庭庭长职务。任命邓金刚为厦门海事法院行政和生态环境审判庭庭长，免去其厦门海事法院福州法庭庭长职务
市十六届人大常委会第二次会议	2月23日	审议并表决通过厦门市第十六届人民代表大会常务委员会代表资格审查委员会关于个别代表的代表资格的审查报告，确认严志铭的代表资格有效；齐凤瑞调离厦门市行政区域，其代表资格自行终止
市十六届人大常委会第三次会议	3月27日	审议并表决通过厦门市第十六届人民代表大会常务委员会代表资格审查委员会关于个别代表的代表资格的审查报告，确认陈某东的厦门市第十六届人民代表大会代表资格终止。 审议厦门市人民代表大会常务委员会主任会议关于依法罢免陈某东的福建省第十三届人民代表大会代表职务的议案，表决通过厦门市人民代表大会常务委员会关于依法罢免陈某东福建省第十三届人民代表大会代表职务的决定（草案），决定罢免陈某东福建省第十三届人民代表大会代表职务，并报福建省第十三届人民代表大会常务委员会备案、公告
市十六届人大常委会第四次会议	4月26日	任命：苏阳顺为厦门市人民代表大会常务委员会办公厅副主任，张盛生为厦门市人民代表大会常务委员会预算工作委员会副主任，刘晔、孙弘宇、邱吉福、陈来凤（女）、陈祖珍、费薇（女）、唐宁、曹艳杰（女）为厦门市人民代表大会常务委员会预算工作委员会委员（兼职）。 任命：林志明为厦门市中级人民法院副院长、审判委员会委员、审判员，陈朝阳为厦门市中级人民法院审判委员会委员、审判员。免去陈穆峰的厦门市中级人民法院审判员职务。 任命：温文华（女）为厦门海事法院副院长、审判委员会委员、审判员，李洪、陈萍萍（女）、洪志峰为厦门海事法院审判委员会委员。免去许俊强的厦门海事法院副院长、审判委员会委员、审判员职务
市十六届人大常委会第五次会议	6月29日	任命：余强为厦门市中级人民法院刑事审判第二庭副庭长，王池为厦门市中级人民法院民事审判第四庭副庭长，张超（女）为厦门市中级人民法院清算与破产审判庭副庭长，郑萍（女）为厦门市中级人民法院执行庭副庭长，吴兆安为厦门市中级人民法院审判员。免去温文华（女）、李增祥的厦门市中级人民法院审判委员会委员、审判员职务。 任命李加胜为厦门市人民检察院检察员、检察委员会委员。免去：林育清厦门市人民检察院检察委员会委员、检察员职务，陈宇、林飞燕（女）厦门市人民检察院检察员职务

续表 7-4

会议名称	日期	任免名单
市十六届人大常委会第六次会议	8 月 26 日	任命孙弘宇为厦门市人民代表大会常务委员会副秘书长，免去陈灿煌、许霖（女）厦门市人民代表大会常务委员会副秘书长职务。 任命饶珊（女）、吴南回、陈毅燕（女）、王玉静（女）、方珺（女）、李吟（女）、李婧雯（女）、张颖（女）、陈慧琳（女）、黄南清、曹玲（女）为厦门市中级人民法院审判员，免去许欧凯、王敏重厦门市中级人民法院审判员职务。 任命詹隽、梁丽荣（女）、杨艺群（女）、陈德伟为厦门市人民检察院检察员，免去吴筱云、边爱军、沈志坚厦门市人民检察院检察员职务
市十六届人大常委会第七次会议	10 月 28 日	任命刘友国为厦门市中级人民法院审判委员会委员、审判员，免去江伟、黄林华（女）、纪珠英（女）厦门市中级人民法院审判员职务。 免去林建木的厦门市人民检察院检察员职务
市十六届人大常委会第九次会议	12 月 27 日	审议并表决通过厦门市第十六届人民代表大会常务委员会代表资格审查委员会关于个别代表的代表资格的审查报告。确认蔡锋、倪杰、孙晓明（女）、吴红兵、黄芳（女）、祁飞、杨天铭、郑宇的代表资格有效，吴申宇、黄河明、陈红雄、曾晖（女）、李恩东、张洋、陈胜才的代表资格终止。同时，吴申宇的市人大法制委员会委员、陈红雄的市人大财经委副主任委员（兼职）、曾晖（女）的市人大财经委副主任委员（兼职）职务依法相应终止。 决定接受许霖（女）辞去厦门市第十六届人民代表大会常务委员会委员职务。 免去：吴丽雪（女）、傅远平厦门市中级人民法院副院长、审判委员会委员、审判员职务，颜映红（女）厦门市中级人民法院审判委员会委员、民事审判第五庭庭长职务，骆炎辉、庄伟平厦门市中级人民法院审判员职务
市十六届人大常委会第十次会议	12 月 30 日	审议并表决通过厦门市第十六届人民代表大会常务委员会代表资格审查委员会关于个别代表的代表资格的审查报告。确认张灿民厦门市第十六届人民代表大会代表资格有效

【人事任免办法修订】 2022 年，厦门市人大常委会坚持党管干部原则同依法行使人事任免权有机统一，修订《厦门市各级人民代表大会常务委员会人事任免办法》。完成国家机关领导人员换届选举任务，确保组织人事安排意图通过法定程序得以实现。开展任前法律知识考试、任职表态发言、颁发任命书、宪法宣誓等工作，增强人大选举任命人员宪法意识和法治观念。

（彭建伟）

代表工作

【概　况】 2022 年，厦门市人大常委会开展常委会组成人员联系市人大代表和人民群众活动，邀请代表列席常委会会议、执法检查、视察、调研等活动 1600 多人次。安排列席常委会会议的代表座谈，听取代表对优化营商环境、全国文明典范城市创建、义务教育“双减”等方面意见建议，及时反馈相关部门研究处理。制定《关于进一步加强代表联系群众工作平台建设的实施意见》，发挥代表联系群众平台作用，全市建成代表联系群众活动室（站）563 个，其中企业、医院、行政服务中心等行业活动站 10 个。全市各级人大代表发挥作用，推动解决一批民生问题，带头落实新冠疫情各项防控措施。

【代表履职能力提升】 2022 年，厦门市人大常委会加强和改进代表学习培训，组织新当选市人大代表开展“履职第一课”任前培训，举办十六届市人大代表履职学习班，编印《厦门市人大代表学习手册》，邀请履职成效突出的全国人大代表介绍履职经验，组织连任代表和新任代表面对面交流，邀请权威专家学者视频授课，增强培训实效。组织召开政情通报会，市长黄文辉向代表通报全市经济社会发展情况和代表关注的民生热点问题。加强各级人大代表之间的交流互动，在媒体上开设“躬身笃行为人民”栏目，宣传代表履职典型。

【议案建议督办】 2022 年，厦门市人大常委会落实“内容高质量、办理高质量”要求，坚持“提、办、督”3 个环节一体推进，优化工作机制，提高代表议案建议办理工作水平。研究确定重点督办的代表建议 13 件，由常委会领导领衔督办，开展归口督办，促进形成有效合力。各承办部门强化协作、加强与代表沟通，按时按质办结议案 2 件和代表建议 209 件，持续提升办理实效。

（彭建伟）

编辑：熊焱峰
审稿：孙志红
校对：林建高

8 厦门市人民政府

综 述

【经济发展】 2022年，厦门市人民政府（简称市政府）统筹发展和安全，提高效率、提升效能、提增效益，克服国内外各种超预期因素叠加影响，推进“两稳两促”（稳主体、稳信心、促服务、促改革）工作，经济社会保持平稳健康发展。全市地区生产总值比上年增长4.4%，增幅在全国15个同类城市中排前列；固定资产投资增长10.2%；一般公共预算总收入、地方一般公共预算收入同口径分别增长4.9%、6.6%；全体居民人均可支配收入增长5.7%；居民消费价格涨幅控制在2%以内；完成年度节能减排任务。厦门市落实国家、省稳经济政策，开展“益企服务”专项行动，兑现惠企资金超400亿元，其中退减缓免税费271亿元。运用财政杠杆，带动银行帮扶企业资金超500亿元，“财政政策＋金融工具”纾解企业流动性困难经验做法获国务院办公厅通报表扬。增加商事主体17.2万家（户），比上年增长17.6%。加强项目全生命周期管理，按照高于上年实际投资完成额3倍目标策划生成项目1020个，总投资6162.8亿元；新开工入库项目数、总投资金额分别比上年增长38%、48.9%；省市重点项目470个，完成投资2445.8亿元，完成年度投资计划159.5%。获批增加地方政府债券、政策性开发性金融工具等国家政策资金支持718.7亿元。开展工程招投标“评定分离”改革试点。社会消费品零售总额比上年增长3.1%。推出促进消费系列举措，发放数字人民币消费红包，开展“2022厦门消费节”等特色消费活动，海上世界等商业综合体开业，集美新城核心区等入选国家级夜间文化和旅游消费集聚区，城市便利店发展指数排全国第一名。落实稳外贸稳外资系列政策，实施加快推进供应链创新与应用提升核心竞争力行动，增加全国供应链创新应用示范企业5家，外贸综合竞争力排全国第七名，获批全国首批内外贸一体化试点和促进跨境贸易便利化专项行动城市，推动外贸稳定和创新发展工作获国家正向激励，外贸进出口总额9225.6亿元，占全省46.5%。

【产业转型升级】 2022年，厦门市增强创新驱动能力，启动科技创新引领工程，统筹推进国家自主创新示范区、创新型城市和厦门科学城建设，增加国家高新技术企业超800家、专精特新“小巨人”企业64家、新型研发机构11家，R&D（研究与试验发展）经费投入强度3.2%，认定高层次人才1819人，有效发明专利拥有量比上年增长21.9%，获评国家知识产权强市建设示范城市，创新能力指数在全国创新型城市中排第十二名，科技集群、科技强度首次跻身全球百强。构建现代化产业体系，实施市场主体培育工程，构建“4+4+6”（电子信息、机械装备、商贸物流、金融服务4个支柱产业集群，生物医药、新材料、新能源、文旅创意4个战略性新兴产业，第三代半导体、未来网络、前沿战略材料、氢能与储能、基因与生物技术、深海空开发6个未来产业）现代化产业体系，开展先进制造业、供应链主体倍增计划。电子信息、机械装备、商贸物流、金融服务4个支柱产业集群规模分别为4615亿元、2379亿元、11827亿元、1918亿元。新能源、新材料、生物医药、文旅创意等战略性新兴产业产值（营业收入）分别比上年增长40.7%、16.4%、6.4%、10%，产值超100亿元企业增加3家。数字经济规模超4500亿元，海洋经济占地区生产总值32%。

【招商引资】 2022年，厦门市实际使用外资及台港澳资22.1亿美元，占全省44.3%。市政府及各部门举办第二十二届中国国际投资贸易洽谈会（投洽会恢复一年一办）、厦门国际海洋周、企业家大会、校友经济发展大会等活动。开展投行招商、基金招商，注册私募基金总规模超4000亿元。签约项目935个，三年计划投资1793.3亿元，引进厦门天马光电子有限公司8.6代线等3个投资超100亿元项目。落地项目1036个，三年计划投资2043.5亿元，其中增资扩产项目431个，三年计划投资752.5亿元。

【重点领域改革】 2022年，厦门市优化营商环境，实施数字化营商环境提升行动，推进“一件事一次办”等改革，“免证办”事项515个、“秒批秒办”事项154个，承接省级下放审批事项211

个，“证照分离”改革实现全覆盖。海丝中央法务区落地合作项目91个，引入法务相关机构800多家。推进投融资体制改革，多渠道筹集社会资金。整合市级重大片区指挥部，完成投资占全市超90%。增设国家中小企业发展基金、产业链发展和创新基金、制造业专项增信子基金，技术创新基金规模扩大至150亿元，设立城市建设投资基金，实施轨道TOD（以公共交通为导向的开发模式）项目3个，策划生成PPP（政府和社会资本合作）项目18个、REITs（不动产投资信托基金）项目8个，撬动社会资本超1300亿元，安居集团项目成为全国首批保障性租赁住房REITs项目。完成国企改革三年行动任务，国企混合所有制改革比例73.29%，市属工商类企业实现国资集中统一监管。加快国有经济布局优化和结构调整，市属国企整合为16家，资产总额、营业收入分别比上年增长28.8%、14.8%。

【城市承载力增强】 2022年，厦门市继续推进跨岛发展，岛外常住人口占全市常住人口60%以上，建成区面积、固定资产投资、规模以上工业增加值均占全市70%以上。推进岛外新城建设，完善水、电、路网等基础配套，继续建设同翔高新城、银城智谷等产业园区，按计划推进新体育中心、新会展中心等重大公建项目，建成马銮湾生态三岛等生态工程。厦门市入选首批国家综合货运枢纽补链强链城市。推进厦门新机场主体工程；轨道交通3号线南延段、6号线集同段开工，6号线林华段全线洞通；福厦高铁厦门段完成铺轨；海沧疏港通道建成通车，翔安大桥合龙。建设、改造供水管网45.1千米、雨水管网49千米、天然气管道86.9千米。市域内外五大水源实现连通。开工建设厦门数字工业计算中心，建成厦门鲲鹏超算中心、厦门国际互联网数据通道，5G（第五代通信技术）基站累计超1万个。厦门市获批国家智能建设试点城市，建成城市大脑中枢平台。推进城市更新工作，湖滨片区、高林—金林片区等44个项目开工建设，沙坡尾等老城区功能提升工程启动。推进城乡建设品质提升项目649个，改造老旧小区4.97万户。推进道路交通改善项目56个，累计打通断头路25条，增开优化公交线路189条，增加公共停车泊位1.07万个。建设、改造公园绿地129万平方米、绿道61千米、慢行系统120.4千米，山海健康步道林海线建成。

【社会民生保障】 2022年，厦门市建成76个中小学幼儿园项目，增加学位8万个。全市高校的27个学科点进入全球ESI基本科学指标排名前1%。全市增加医疗床位2800张，川大华西厦门医院试运营，北京中医药大学东直门医院厦门医院获批国家区域医疗中心试点。建成养老服务照料中心、农村幸福院、居家养老服务站、“长者食堂”633个，获评为全国居家和社区基本养老服务提升行动试点地区。增加普惠性托育园32家。建设、改造近邻运动场358个，举办厦门马拉松20周年活动，获得2027年亚洲田径锦标赛承办权。完成为民办实事项目49个。城镇增加就业17.7万人，在厦门高校应届毕业生就业落实率92.6%。提高最低生活保障、特困人员及孤儿基本生活保障标准。保障性住房完工1.18万套，筹集保障性租赁住房8.67万套，发放大学生住房租金补贴1.4亿元。“惠厦保”参保人数超100万人次，医保支付DIP（按病种分值付费）改革居全国试点城市评估第一。

【社会稳定运行】 2022年，厦门市推进“互联网＋基层治理”建设，“近邻社区”促进社区共建、共治、共享案例入选全国基层治理创新典型。创建“平安社区”“无讼社区”，建成智慧安防小区668个，社区矛盾纠纷排查调处率98%。完善户口迁移政策。全市和6个区均获省级双拥模范城（区）称号。加强新冠疫情防控工作，投用健康驿站，安置数占全省75%。继续开展安全生产专项整治三年行动。强化社会治安整体防控，常态化推进扫黑除恶专项斗争，刑事警情比上年下降4.75%。排查化解金融风险，银行业不良贷款率在全国、全省处于低位。推进“保交楼、保民生、保稳定”工作。出台《厦门经济特区粮食安全保障规定》，完成粮食生产任务，“菜篮子”市长负责制考评成绩在全国排前列。获评为国家食品安全示范城市，消费者满意度测评排全国前十名。

【政府自身建设加强】 2022年，厦门市推进政府系统党风廉政建设和反腐败斗争，落实中央八项规定及其实施细则精神，纠治“四风”，为基层减负。落实政府过紧日子要求，压减非急需、非刚性支出。推进法治政府建设示范市建设，执行市人大及其常委会决定决议，向市人大及其常委会报告工作，向市政协通报情况，支持开展政协专题议政，提请审议法规草案8件，制定、修改、废止政府规章5件，制定、废止规范性文件138件，办理市人大代表议案2件、市人大代表建议208件、市政协提案391件，办复率、满意率均为100%。

（市政府办）

主要会议

【概　况】 2022年，厦门市政府召开全体会议1次，讨论贯彻落实省委、省政府和市委工作部署以及省、市两会精神，审议通过《厦门市人民政府工作规则》。召开常务会议30次，研究《做好2022年全面推进乡村振兴重点工作的实施意见（送审稿）》等。

【市政府全体会议】 2022年1月29日，厦门市市长黄文辉主持召开2022年市政府第一次全体会议。会议强调确保一季度“开门红”，完成全年目标任务。会议要求政府各级各部门加强政治建设，把坚持和加强党的全面领导贯穿政府工作各方面全过程，贯彻落实党中央、国务院决策部署和省委、省政府以及市委各项工作要求；增强忧患意识，把握时代大势，准确识变、科学应变、主动求变，在危机中育先机、于变局中开新局，全方位推进高质量发展超越；坚持战略思维、强化系统观念、深化改革创新、严守安全底线、树牢法治理念，自觉把厦门工作放在全国、全省大局中去考量、去推动，不断破解发展难题；加强作风建设，勤于学习，增强“八项本领”，提高“七种能力”，到基层调研，提高政策精准度和实效性，推进强区放权，激发干事创业精气神，提升行政效能；推进党风廉政建设和反腐败斗争，锲而不舍纠“四风”树新风，永葆清正廉洁的政治本色。会议审议通过《厦门市人民政府工作规则》。

【市政府常务会议】 2022年，厦门市政府召开常务会议30次，均由市长黄文辉主持（见表8-1）。

（市政府办）

表 8-1　**2022年厦门市政府常务会议一览表**

时间	会次	主要议题
1月10日	第一次	研究《2022年一季度“开门红”工作方案（送审稿）》、厦门市2019—2021年省重点建设项目先进评选表彰推荐名单、《厦门市工业（仓储）国有建设用地上未办理权属登记和未取得批准文件用地协议收储补偿若干规定（送审稿）》、《贯彻落实〈深化新时代教育评价改革总体方案〉工作任务分解方案（送审稿）》、洪塘安置房项目可行性研究报告、五显安置房项目可行性研究报告、碧海嘉园项目可行性研究报告、同翔大道洪溪互通工程可行性研究报告、老年活动中心改扩建二期项目工程可行性研究报告、五通派出所及金山交警中队业务用房项目可行性研究报告、《厦门市商事主体登记实施前置行政许可项目目录（2022年版）（送审稿）》、《厦门市商品房预售管理规定（草案）》、与泰康保险集团股份有限公司战略合作框架协议，2021年度厦门市精神文明和宣传文化工作先进集体、先进个人推荐名单，中创新航第三期项目有关情况等议题
1月18日	第二次	传达学习贯彻习近平总书记对做好“三农”工作的重要指示精神和中央农村工作会议精神，以及省委常委会会议和省委农村工作会议要求；研究《做好2022年全面推进乡村振兴重点工作的实施意见（送审稿）》，2021年市委、市政府为民办实事工作情况及2022年工作计划，《2022年度厦门市人民政府重大行政决策事项目录（送审稿）》，《厦门市“十四五”生态文明建设规划（送审稿）》，《厦门市排水管理办法（草案）》，《厦门市工业物业分割转让暂行办法（送审稿）》，九溪路（翔安南路—滨海公园大道）工程可行性研究报告，东园保障房配套道路工程可行性研究报告等议题
1月29日	第三次	研究《2022年市政府立法计划和行政执法监督检查计划（草案）》，厦门市被征地人员养老保险政策衔接过渡方案，《落实优化完善指挥部运行机制进一步加强项目审批服务（送审稿）》，本岛排水管涵修复工程可行性研究报告，嘉庚创新实验室二期建设项目可行性研究报告，高崎渔港港汊清淤与岸壁整治工程可行性研究报告，高崎渔港片区嘉安路工程可行性研究报告，同安北大道（厦沙高速—同安大道段）可行性研究报告，科创小学项目可行性研究报告，东部体育新城刘五店水系工程可行性研究报告，《2023年亚足联中国亚洲杯厦门赛区组委会经费管理办法（送审稿）》，工业和信息化部部属中国信息通信研究院、国际经济技术合作中心、中国电子标准院、产促中心4家单位在厦门成立分支机构有关事宜，《2022—2025年商贸流通和生活服务业扶持政策（送审稿）》，宁德时代B项目有关情况，宁德时代A项目补充协议，洪塘南片区三期用地整村搬迁工作，厦门天马光电子有限公司第8.6代新型显示面板生产线项目（天马N项目）有关情况等议题
2月11日	第四次	研究春节期间新冠疫情防控工作情况，部署节后厦门市防控重点工作；研究修订《厦门市人民政府关于划定高排放非道路移动机械禁止使用区域的通告》、厦门北高铁站交通综合配套工程（北广场工程）可行性研究报告等议题
2月24日	第五次	传达2月23日全国、全省疫情防控工作电视电话会议精神，研究新冠病毒疫情防控形势及厦门市贯彻落实意见；研究《厦门市进一步减轻义务教育阶段学生作业负担和校外培训负担的实施方案（送审稿）》，《厦门市加快推进群众身边全民健身场地设施建设的工作方案（送审稿）》，沙美路东延伸段（黄山路—南安界）及迎宾大道北延伸段工程可行性研究报告，民安大道（同翔大道—G324线段）工程可行性研究报告，厦门市属火炬高新实验学校项目可行性研究报告，同翔高新城海辰锂电110千伏专用变及进线工程可行性研究报告，集美新城董任路道路（九天湖路—杏锦路段）及电力缆化（锦园变—杏锦路段）工程可行性研究报告，同翔高新城N项目、内厝片区一期（Z项目）用地整村搬迁有关事宜，厦门市2021年度科学技术进步奖、厦门市科技顾问推荐人选有关事宜，《加快推进软件和新兴数字产业发展若干措施（送审稿）》等议题
2月28日	第六次	研究《厦门市促进婚庆产业高质量发展行动方案（送审稿）》、《厦门市加快培育壮大商贸服务业市场主体实施方案（送审稿）》、《厦门市妇女发展纲要（2021—2030年）（送审稿）》、《厦门市儿童发展纲要（2021—2030年）（送审稿）》、东部体育会展新城新体育中心码头区域岸壁和停车场工程可行性研究报告、国企改革有关事宜等议题
3月17日	第七次	研究《厦门市深化城市建设投融资体制改革实施方案（送审稿）》、《厦门市加快建立健全绿色低碳循环发展经济体系工作方案（送审稿）》、《厦门市先进制造业倍增计划的实施方案（送审稿）》、洪塘交警中队业务用房项目可行性研究报告、集美北大道（灌新路—集灌路段）提升改造工程可行性研究报告、集美北大道（灌新路—集灌路段）提升改造工程涉铁段相关事宜、同安一中滨海校区小学二部项目可行性研究报告、轨道交通6号线集美至同安段工程可行性研究报告、中亚城片区污水主干管及补水干管工程项目可行性研究报告、冠捷电视机业务总部及音响项目、有关房地产事项等议题

续表 8-1

时间	会次	主要议题
3 月 29 日	第八次	研究《创建全国社会治安防控体系建设示范城市工作方案（送审稿）》、《厦门市“十四五”文化产业发展规划（送审稿）》、《厦门市金融突发事件应急预案（送审稿）》、《厦门市总部用地管理意见（送审稿）》、厦门市重大片区政府投资项目资金需求计划和资金保障方案、溪东路（海翔大道—内垵大道段）高架桥工程可行性研究报告、新机场中央地块桩基预留工程——轨道 3 号和 4 号线桩基预留工程可行性研究报告及概算、市教科院附属中小学项目可行性研究报告、杏林湾生态环境整治提升一期工程代建单位、同翔高新城内厝中心小学扩建工程项目可行性研究报告、同翔高新城产业公共服务配套建设项目可行性研究报告、同翔高新城产业园综合开发 PPP 项目实施方案、同安区部分街道行政区划调整方案等议题
4 月 12 日	第九次	传达学习习近平总书记在 3 月 31 日中共中央政治局常务委员会会议上的重要讲话精神和全国、全省安全生产电视电话会议精神，观看火灾案例警示片，听取 2022 年厦门市安全生产和消防救援工作情况的汇报，研究《关于落实国务院安委会安全生产工作“十五条措施”的意见（送审稿）》；研究《2022 年地方政府债券发行及市本级预算调整方案（送审稿）》、《厦门经济特区历史风貌保护条例实施规定（送审稿）》、《厦门市混合产业用地试点工作方案（送审稿）》、《深化户籍制度改革完善户口迁移政策的通知（送审稿）》、《加快推进厦门科学城建设的若干措施（送审稿）》、《厦门市科技顾问聘任管理暂行办法（送审稿）》、环东海域新城 220 千伏新彭线及彭翔线（燃气电厂—彭厝变—翔安变段）架空线路缆化工程可行性研究报告等议题
4 月 22 日	第十次	研究《建设工程招投标“评定分离”办法（试行）（送审稿）》、《促进建筑业企业跨越发展的若干措施（送审稿）》、《厦门市 2022 年低保标准调整方案（送审稿）》、《调整困难群众基本生活保障标准的通知（送审稿）》、《厦门经济特区公安机关警务辅助人员条例（草案）（送审稿）》、城际铁路 R1 线机场段土建预留二期工程可行性研究报告、同翔高新城同安片区洪塘南三期用地场平工程、会展嘉园安置房项目供配电设施工程可行性研究报告、仙岳医院改扩建项目工程可行性研究报告、第三医院提升改造工程和科教综合楼项目代建单位有关事宜、支持厦门市第三医院加快资金周转恢复有序运营有关事宜、2021 年度绩效评估结果及《2022 年度经济社会运行和高质量发展监测与绩效管理工作方案（送审稿）》等议题
4 月 27—28 日	第十一次	听取新冠病毒疫情形势汇报，研究部署厦门市“五一”期间新冠病毒疫情防控工作；研究《“五一”期间促消费若干措施（送审稿）》、《厦门市深化户籍制度改革完善户口迁移政策（送审稿）》、《厦门市“十四五”全民科学素质行动规划纲要实施方案（送审稿）》、《厦门市低效工业用地再开发试点工作方案（送审稿）》、《厦门市低效工业用地认定标准（送审稿）》、《厦门市促进低效工业用地再开发改造政策指引（送审稿）》、《厦门市国土空间实施三年行动计划（2022—2024 年）及 2022 年度空间实施规划（送审稿）》、珩边居住区保障性安居工程供配电设施建设工程可行性研究报告、海沧沧江路快速通道工程可行性研究报告、岩内安置房 1 号地块项目投资概算、马銮湾新城内湾水生态修复及配套工程项目可行性研究报告、马銮湾新城内湾水生态修复及配套工程 PPP 项目实施方案、推荐福建省非公有制经济优秀建设者候选人有关情况、天马新型显示技术研究院项目落地有关事宜等议题
5 月 7 日	第十二次	研究《加快推进农业农村现代化若干措施（送审稿）》、全市现代产业体系、《厦门市承接省政府授权农用地转用和委托土地征收审批权实施方案（送审稿）》、《厦门市承接省政府委托土地征收成片开发方案审批权实施方案（送审稿）》、《厦门市集体建设用地基准地价（送审稿）》、《厦门经济特区河湖长制条例（草案）（送审稿）》、《厦门经济特区医疗卫生人员职业暴露防护若干规定（草案）（送审稿）》、《优化市对区财政管理体制（送审稿）》、同翔高新城翔安片区内垵大道（溪东路—莲溪段）综合管廊工程可行性研究报告、海沧南大道（马青路—沧江路段）提升改造工程 PPP 项目实施方案等议题
5 月 20 日	第十三次	研究《全生命周期加强基础设施建设构建现代化基础设施体系的实施方案（送审稿）》、《厦门市贯彻〈知识产权强国建设纲要（2021—2035 年）〉的实施方案（送审稿）》、《厦门市加快城市大脑建设促进政府数字化改革行动方案（2022—2025 年）（送审稿）》、《厦门市推进政务信息化建设运营模式改革的实施方案（试行）（送审稿）》、福厦高铁预留通道（翔安区）项目可行性研究报告带概算、海沧新垵片区改造提升项目方案、合作建设运营复旦大学附属肿瘤医院厦门医院、合作共建复旦中山厦门医院和复旦儿科厦门医院、海辰新能源项目、周转房项目建设有关事宜等议题
5 月 27 日	第十四次	传达全国和全省稳就业工作电视电话会议、普通高等学校毕业生就业创业工作电视电话会议精神，研究厦门市初步贯彻意见；传达全省防范连续性暴雨视频会商调度会议精神，研究部署厦门市防汛防暴雨工作；研究《厦门市创建全国婴幼儿照护服务示范城市任务清单（送审稿）》、《厦门市公共卫生补短板行动计划（送审稿）》、《厦门市全面提升营商环境数字化便利化水平培育和激发市场主体活力行动方案（送审稿）》、机场片区创新北路（溪东路—工业西路）工程可行性研究报告、机场片区创新南一路（溪东路—工业西路）工程可行性研究报告、推荐申报 2022 年度中国政府友谊奖人选、委管企业股权划转后保留原有管理体制项目清单等议题
6 月 2 日	第十五次	听取厦门市经济运行情况汇报，研究部署下一阶段经济工作；研究《废止市政府文件目录（109 件）（草案）（送审稿）》，厦门市与厦门大学、莫斯科大学共同建设中俄数字经济研究中心，C 项目（隔膜项目）等重大产业项目用地征拆资金相关事宜等议题

续表 8-1

时间	会次	主要议题
6月8日	第十六次	研究《贯彻实施〈厦门经济特区优化营商环境条例〉的通知（送审稿）》、《第十一批荣誉市民评授工作方案（送审稿）》、《厦门市荣誉市民待遇的实施办法（送审稿）》、《关于推进工业企业增资扩产提速增效的若干措施（送审稿）》、修订《厦门市保障性商品房管理办法（送审稿）》、《台湾同胞申请厦门市保障性商品房实施细则（送审稿）》、《2021年厦门市本级财政决算的报告（送审稿）》、《2021年度市本级预算执行和其他财政收支的审计结果报告（送审稿）》、《2022—2023年航空维修产业扶持办法（送审稿）》等议题
6月21日	第十七次	研究《厦门市自建房及房屋安全专项整治实施方案（送审稿）》、《厦门市经营性自建房安全专项整治“百日行动”计划（送审稿）》、《厦门市深入打好污染防治攻坚战工作方案（送审稿）》、《厦门市加快推进农业农村现代化发展规划（2022—2027）（送审稿）》、《全面推广实施先诊疗后付费信用就医的意见（试行）（送审稿）》、《全面推广实施信用就医工作方案（送审稿）》、《厦门市进一步加快跨境航空货运高质量发展的若干措施（送审稿）》、翔安粮库三期工程可行性研究报告、厦门大学附属心血管病医院扩建项目委托代建、市校深化共建厦门大学附属翔安医院、支持厦门轨道交通集团有限公司参与市级重大项目投资建设等议题
6月29日	第十八次	听取《中华人民共和国数据安全法》《中华人民共和国个人信息保护法》法治讲座；研究《厦门经济特区数据条例（草案）（送审稿）》、《开展“益企服务”专项行动工作方案（送审稿）》、《厦门市加快推进供应链创新与应用提升核心竞争力行动方案（送审稿）》、《厦门市促进供应链高质量发展若干措施（送审稿）》、《厦门市政府性融资担保实施办法（送审稿）》、《进一步加快推进集成电路产业发展的若干措施（送审稿）》及其实施细则、中俄数字经济研究中心、《厦门市人民政府　泰康保险战略合作框架协议（送审稿）》、恩捷锂电池隔膜生产基地项目等议题
7月15日	第十九次	研究《厦门市让文物活起来扩大中华文化国际影响力实施方案（送审稿）》、《厦门经济特区粮食安全保障规定（草案）（送审稿）》、云谷路等201条地名命名、社会福利中心改扩建项目工程可行性研究报告、厦门新机场工程——航站区陆侧交通工程可行性研究报告、同翔高新技术产业基地翔安片区霞莲路（九溪路—翔安北路段）工程可行性研究报告、根岭路（九溪路—霞莲路段）工程可行性研究报告、莲院路（舫山东二路—霞莲路段）工程可行性研究报告、《厦门市人民政府　哈尔滨医科大学合作运营厦门市第七医院协议书（送审稿）》、《厦门市城中村改造试点工作实施方案（送审稿）》、启动海沧港区后井村整村征收工作等议题
8月22日	第二十次	听取国务院办公厅有关通报精神的传达，就厦门市党政机关坚持过紧日子，严控楼堂馆所建设、切实规范财政专户和财政收支管理等工作进行研究部署；研究第二十二届中国国际投资贸易洽谈会筹备工作情况和元宇宙系列活动筹备情况、第二十二届投洽会厦门团筹备工作进展情况、金砖国家新工业革命伙伴关系系列活动筹备情况；研究《明确国旗升挂、使用和收回监督管理部门的通知（送审稿）》《实施城市更新工作的指导意见（送审稿）》《调整完善土地出让收入使用范围优先支持乡村振兴的实施方案（送审稿）》《推动生活性服务业发展行动方案（送审稿）》《厦门市推进“一带一路”建设加快打造海上合作战略支点2022年工作要点（送审稿）》；传达学习省食品安全委员会全体（扩大）会议精神，研究部署厦门市食品安全工作；研究《加强中小学校外托管机构“小饭桌”食品安全管理工作的通知（送审稿）》、《2022年厦门市民文化节活动方案（送审稿）》、翔安区振南第二中学项目工程可行性研究报告、市校共建厦门大学高端电子化学品国家工程研究中心、厦门市与中国科学院城市环境研究所深化科技合作框架协议（送审稿）、科达利锂电池结构件项目、瀚天天成电子科技（厦门）有限公司碳化硅产业园扩产项目、曾厝垵有关项目等议题
8月30日	第二十一次	研究《厦门市“十四五”现代服务业发展规划（送审稿）》、《厦门市“十四五”深化医药卫生体制改革专项规划（送审稿）》、《厦门市推动公立医院高质量发展实施方案（送审稿）》、《2022厦门国际海洋周总体方案（送审稿）》、《厦门市支持企业总部用地若干措施（送审稿）》、《厦门市人民政府中国科学院海西研究院深化合作协议（送审稿）》、厦门市生态文明工作先进集体和先进个人评选表彰工作建议方案及相关工作等议题
9月13日	第二十二次	研究《厦门经济特区气象灾害防御条例（修正草案）（送审稿）》、《厦门市科技创新引领工程实施方案（2022—2026年）（送审稿）》、《厦门市推进种业振兴行动若干措施（送审稿）》、灌南中学初中部项目可行性研究报告、灌南第二小学项目可行性研究报告、同安北大道（厦沙高速—同安大道段）工程PPP项目实施方案、南安（金淘）至厦门高速公路（厦门段）征拆资金缺口事宜、《厦门市承接省政府下放部分省级审批事项工作方案（送审稿）》、《厦门市加快医学教育创新发展的若干措施（送审稿）》、《厦门市市级政务信息化项目建设管理办法（送审稿）》、《厦门市商事主体登记备案办法（送审稿）》、启动同翔高新城片区C项目等用地整村搬迁工作等议题
9月21日	第二十三次	研究《厦门市深化体教融合促进青少年健康发展实施方案（送审稿）》、厦门仲裁委员会换届工作、东部体育会展新城“一带一廊”重要节点景观工程——南片区工程可行性研究报告、杏林湾生态环境整治提升一期工程可行性研究报告等议题

续表 8-1

时间	会次	主要议题
10月8日	第二十四次	研究《今年以来经济形势和做好下阶段经济工作的建议（送审稿）》；研究厦门市新冠病毒疫情防控工作情况，部署下一步疫情防控重点工作；研究《厦门市贯彻落实〈国家标准化发展纲要〉实施意见（送审稿）》，厦门一体化政务服务平台、厦门电动自行车综合治理专项行动科技支撑、厦门市域治理一网统管3个政务信息化项目立项事宜，马銮湾新城集美北片区市政道路二期工程可行性研究报告，马銮湾新城集美北片区浦井路工程可行性研究报告，马銮湾新城灌南中学高中部项目可行性研究报告，同翔高新城A项目10千伏进线工程可行性研究报告，园博苑委托厦门国贸控股集团运营，《厦门市人民政府关于2022年1—8月预算执行情况及市本级第二次预算调整方案的报告（送审稿）》，粒芯科技有关项目，联芯集成电路制造（厦门）有限公司有关事宜等议题
10月19日	第二十五次	研究《加强基层治理体系和治理能力现代化建设工作方案（送审稿）》、厦门市公有住房出售有关工作、《厦门市捐资兴学奖励办法（草案）（送审稿）》、彭埕变110千伏出线工程可行性研究报告、浦声水闸工程项目可行性研究报告、美峰花园安置房二期项目可行性研究报告、洪塘东路（同禾南路—苏颂大道段）工程可行性研究报告、鸿渐九年一贯制学校工程可行性研究报告、新厝安置房一期项目可行性研究报告、新机场环嶝路一期景观工程可行性研究报告、集美新城学院路与公交场站互通立交工程建设投资有关事项、岩内安置房2号地块项目可行性研究报告、厦门第三东通道PPP项目实施方案、《厦门新机场片区土地房屋征收三年行动实施方案（送审稿）》、《厦门市职工医疗保险实施细则（送审稿）》、《厦门市城乡居民医疗保险实施细则（送审稿）》和关于继续实施阶段性降低职工基本医疗保险费政策、《厦门市深化国有文艺院团改革实施方案（送审稿）》等议题
11月1日	第二十六次	研究《厦门市关于深入推进科技特派员制度服务乡村振兴的工作方案（送审稿）》、《进一步稳经济稳市场主体若干措施（送审稿）》、《厦门市贯彻〈中共中央、国务院关于加强新时代老龄工作的意见〉实施方案（送审稿）》、《厦门市行政许可事项清单（2022年版）（送审稿）》、《厦门市医疗救助办法（送审稿）》、《集体土地上住宅房屋征收推行房票补偿的意见（试行）（送审稿）》及相关配套文件、欧厝对台渔业基地东侧防波堤延伸段工程可行性研究报告、舫山北路（沈海高速—舫山东路段）工程可行性研究报告、环东海域新城丙洲岛南侧护岸整治工程可行性研究报告、龙山南路18号厂房改造提升为海晟集团总部办公场所有关事宜、启动轨道交通同翔高新城洪塘TOD成片开发项目等用地土房征收（整村搬迁）工作、厦门市与巴西福塔莱萨市结为国际友城事宜等议题
11月9日	第二十七次	研究《厦门市惠企政策"免申即享"工作规程（送审稿）》、《厦门市制造业总部企业、成长型企业认定及政策申报指南的通知（送审稿）》、马銮湾医院智慧医院信息化项目立项、同安新城城市建设完善工程可行性研究报告、环东海域新城文体公建群市民文体中心工程项目可行性研究报告、厦门五缘实验学校同安校区项目可行性研究报告、厦门市教师进修学校项目可行性研究报告、同翔高新城产业公共服务配套建设项目—厦门天文馆项目可行性研究报告、天马220千伏专用变电站进线三期工程可行性研究报告、《贯彻落实国务院〈计量发展规划（2021—2035年）〉的实施方案（送审稿）》、厦门市生态文明工作先进集体和先进个人推荐表彰名单、法拉发展总公司有关事宜等议题
11月17日	第二十八次	听取1—10月厦门市经济运行情况的汇报，研究部署下一阶段经济工作；研究《厦门"十四五"保障性住房建设规划（送审稿）》、《强化市级重大片区投资平衡机制的实施方案（送审稿）》、《厦门市加快推进政务服务标准化规范化便利化实施方案（送审稿）》、全国社会治安防控体系建设示范城市评测迎检工作情况、莲嶝大桥工程可行性研究报告等议题
12月1日	第二十九次	听取厦门市土地房屋征收执法情况的汇报，研究部署市法治政府建设工作；听取《大气污染防治法》法治讲座、研究《厦门经济特区机动车排气污染防治条例（修正草案）（送审稿）》、《厦门市突发事件总体应急预案（送审稿）》、《厦门市"一老一小"整体解决方案（送审稿）》、《厦门市"十四五"节能减排综合工作实施方案（送审稿）》、厦门市失业保险纳入省级统筹有关工作、《厦门市"十四五"老龄事业发展和养老服务体系规划（送审稿）》、《关于进一步做好被征地人员参加基本养老保险有关工作的通知（送审稿）》、第十一批荣誉市民初审情况、蔡林学校改扩建工程可行性研究报告、南岛九年制学校可行性研究报告、五通高端商务区公共配套基础设施建设一期项目可行性研究报告、五通高端商务区公共配套基础设施建设一期PPP项目实施方案、殿前派出所及殿前交警中队业务用房项目可行性研究报告、同翔高新城产业公共服务配套建设项目——厦门天文馆项目可行性研究报告等议题
12月21日	第三十次	研究《2023年政府工作报告（送审稿）》、《厦门市2022年国民经济和社会发展计划执行情况与2023年国民经济和社会发展计划草案（送审稿）》、《厦门市2022年预算执行情况和2023年预算草案的报告（送审稿）》、以争创全国禁毒示范城市为牵引全面加强厦门市毒品治理工作情况、推进"4+4+6"现代化产业体系建设有关情况、《优化生育政策促进人口长期均衡发展的实施方案（送审稿）》、《进一步规范企业职工基本养老金计发办法等事项的通知（送审稿）》、《厦门市人民政府关于废止和修改部分市政府规章的决定（草案）》、湖边水库东科创园财政分成体制、市校共建翔安医院协议、新厝世福项目可行性研究报告、翔安欣安雅苑项目可行性研究报告、翔安安和云璟项目可行性研究报告、翔安大桥夜景工程可行性研究报告等议题

政务公开

【概　况】 2022年，厦门市以公开为常态、不公开为例外，以公开促落实、促规范、促服务、促治理，为建设法治政府、服务型政府提供支撑。市政府将政务公开纳入绩效考核指标，建立工作台账，定期开展督查，制作问题清单，明确责任追究和时限要求，接受社会评议，全年未发现违反有关法律法规规定、造成不良影响或严重后果的情况。市、区召开年度政务公开培训会，邀请专家对年度政务公开工作要点进行解读。落实政府网站监管责任，建立政府网站纠错机制，每月组织检查，每季度在市政府门户网站相关栏目发布检查通报并督促整改。结合第三方评估反馈的问题，推动改进，并对上一年度主要任务落实情况开展“回头看”，相关存在问题均整改到位。

【信息主动公开】 2022年，厦门市发挥政府门户网站等信息公开平台作用，依法推进行政决策、行政规范性文件、重点领域信息、基层政务、公共企事业单位等应主动公开信息全部公开。主动公开政府信息1.08万件。其中，机构职能类信息800件，政策、规范性文件类信息343件，规划计划类信息384件，行政许可文件类信息1526件，重大建设项目信息297件，为民办实事类信息402件，民政扶贫救灾社会保障就业类信息209件，国土资源城乡建设环保能源类信息1223件，科教文体卫生类信息609件，安全生产、应急管理类信息715件，其他类信息3536件（见表8–2）。

【信息依申请公开】 2022年，厦门市通过完善工作机制，拓展公开内容，创新公开方式，规范依申请公开工作。受理政府信息公开申请2612件，办结2554件（含上年结转75件），结转下年度继续办理58件（见表8–3）。发挥行政复议制度优势和层级监督功能，处理涉及依申请复议、诉讼案件，保障人民群众市民的知情权。政府信息公开行政诉讼32件（见表8–4）。政府信息公开行政复议中，结果维持30件，结果纠正8件，其他结果2件，尚未审结0件。

表8–2　　2022年厦门市主动公开政府信息情况表

公开信息类别	公开情况
规章	当年制发3件，当年废止0件，年末有效件数69件
行政规范性文件	当年制发218件，当年废止319件，年末有效件数1362件
行政许可	当年处理决定1204255件
行政处罚	当年处理决定数量3455066件
行政强制	当年处理决定数量274565件
行政事业性收费	当年收费金额150878万元

表8–3　　2022年厦门市收到和处理政府信息公开申请情况表

单位：件

类别			申请人情况					
			自然人	法人或其他组织				
				商业企业	科研机构	社会公益组织	法律服务机构	其他
当年新收政府信息公开申请数量			2373	116	12	9	12	15
上年结转政府信息公开申请数量			72	2	0	0	1	0
当年度办理结果	予以公开		873	42	9	2	9	6
	部分公开（区分处理的，只计该情形，不计其他情形）		251	12	0	1	3	1
	不予公开	属于国家秘密	1	0	0	0	0	0
		其他法律行政法规禁止公开	3	0	0	0	0	0
		危及“三安全一稳定”	2	0	0	0	0	0
		保护第三方合法权益	35	2	0	0	0	0
		属于三类内部事务信息	42	2	0	0	0	0
		属于四类过程性信息	47	3	0	1	0	0
		属于行政执法案卷	18	0	0	0	0	0
		属于行政查询事项	41	0	0	0	0	0

续表 8-3

类别			申请人情况					
			自然人	法人或其他组织				
				商业企业	科研机构	社会公益组织	法律服务机构	其他
当年度办理结果	无法提供	本机关不掌握相关政府信息	854	35	3	4	1	5
		没有现成信息需要另行制作	55	6	0	0	0	0
		补正后申请内容仍不明确	6	0	0	0	0	1
	不予处理	信访举报投诉类申请	33	3	0	0	0	0
		重复申请	34	6	0	0	0	0
		要求提供公开出版物	0	0	0	0	0	0
		无正当理由大量反复申请	1	0	0	0	0	0
		要求行政机关确认或重新出具已获取信息	10	0	0	0	0	0
	其他处理	申请人无正当理由逾期不补正、行政机关不再处理其政府信息公开申请	30	1	0	0	0	0
		申请人逾期未按收费通知要求缴纳费用、行政机关不再处理其政府信息公开申请	1	0	0	0	0	0
		其他	55	1	0	1	0	2
结转下年度继续办理			53	5	0	0	0	0

表 8-4　　2022 年厦门市政府信息公开行政诉讼情况表

类别	处理情况	件数（件）
未经复议直接起诉	结果维持	17
	结果纠正	1
	其他结果	0
	尚未审结	4
复议后起诉	结果维持	9
	结果纠正	1
	其他结果	0
	尚未审结	0

【政府信息管理】 2022 年，厦门市健全政府信息管理机制，集中发布主动公开的政府信息，保障法定主动公开政府信息集中统一、内容准确、更新及时、查阅检索下载方便。完善政府信息公开源头认定机制，在制作公文过程中同步确定公开属性、时间和方式，应主动公开的公文及时公开，拟不公开的公文依法说明理由，未确定公开属性或不公开理由不明确的公文退回承办单位、承办人重新办理。

【政务公开平台建设】 2022 年，厦门市推动 6 个区完成政务公开专区建设。完善政府网站平台功能，投入资金 320.17 万元，用于保障政府网站建设和管理。修订政府门户网站信息发布审查制度、政府网站安全管理制度、政府信息公开保密审查暂行规定。市政府网站在全国副省级城市政府网站年度绩效评估成绩中排第一名。厦门市加强政务新媒体建设、运营管理，全市在省政务新媒体监管服务平台备案的政务新媒体 302 个。修订政务新媒体信息发布审核制度、安全管理制度和值班值守制度，清理整合不符合运营规范、难以继续运营的政务新媒体。推进政府公报数字化利用，召开新闻发布会，组织举办“在线访谈”，通过政府微博、微信公众号推送政府信息。厦门市“12345”热线获评为全国政务热线服务质量最高等级，市市场监督管理局消费者权益保护处（“12315”投诉举报处理指挥中心）被中共中央、国务院授予全国人民满意的公务员集体称号。

（市政府办）

电子政务

【概　况】 2022 年，厦门市“数字厦门”建设领导小组、市 5G 网络建设和产业发展领导小组、市大型项目通信网络建设联合工作领导小组加强信息基础设施建设工作。出台《厦门市政务数据中心整合实施方案》《“数字厦门·宽带工程”行动计划》《厦门市推进新型基础设施建设三年行动计划（2020—2022年）》《厦门市5G移动通信基础设施专项规划（2020—2035年）》《厦门市创评“千兆城市”工作方案》《厦门市贯彻落实碳达峰碳中和目标要求推动数据中心和5G等新型基础设施绿色高质量发展实施方案》等政策规划，推动网络、算力等信息基础设施建设。出台《厦门市2022年公共数据开放计划》，重点推进卫生健康、市场监管、交通运输、文化旅游、气象服务、教育科技6个领域数据开放。出台《厦门市公共数据资源开放分类分级指南（试行）》，规范公共数据资源开放分级分类管理。出台《强化数据共享和政务服务平台建设 夯实“一网通办”支撑基础工作方案的通知》，完善政务服务平台整合与建设。全市立项35个部门的政务信息化项目17批次、77个，预算总投资6.72亿元。《厦门经济特区数据条例》于12月27日在市人大常委会表决通过，为福建省各地市首个数据条例。建设市域治理一网统管项目、城市信息模型基础平台、城市运行管理服务平台等项目。

【电子政务基础建设】 2022年，厦门市推动5G（第五代通信技术）应用融合创新、重点电子政务等应用场景，推动“有优势、能创新、强赋能”标杆应用示范建设。编制《厦门国际数据枢纽港发展规划》。建设市智能网联检验检测公共服务平台。推动面向医疗、教育、智慧城市等民生保障等平台、应用落地。全市数据中心机架数超1万个，拥有中国电信海峡通信枢纽数据中心、中国移动（福建厦门）数据中心等大型数据中心。建设厦门鲲鹏超算中心，为全国首个完全基于鲲鹏架构的云化超算中心，算力5400万亿次/秒，提供云端资源给用户进行业务测试和国产化适配，涉及医疗、工程、制造、公共安全、科研等产业方向，以及大数据、数据库、高性能计算、容器、图像识别、深度学习等技术方向，累计服务超1286万核时。

【公共服务便捷化】 2022年，厦门市市政园林局建设水电气网联办“一件事”项目，联办从线下扩展到线上，推出供水、供电、供气、供网接入“一网通办”服务模式，实现水电气网线上“一次报装”。市卫健委建设“厦门市卫生健康综合业务监管平台”，整合市民健康库、医疗机构库、民科数据库、放射与卫生监督库等数据，实现卫生执法过程中同步进行违法活动监管、集采药品使用费用库存监管、婴幼儿设置环境人员监管、医疗机构财务运营情况监管以及各医疗机构卫生资源医疗统计分析。市建设局推进建设“智慧停车数据开放平台”，管控引导停车需求，优化交通出行治理，提升停车场智能化水平，完成全市停车场数据联网监管研判停车实况，盘活停车资源，实现供需匹配，首批450个经营性停车场数据联网。

【“i厦门”平台建设】 2022年，厦门市发挥“i厦门”平台“纵向互联、横向互通”作用，做好同省级平台“闽政通”对接，推进基础服务平台建设，加强面向公众和企业的政务服务、公共服务、便民服务事项整合力度。“i厦门”平台掌上办服务渠道覆盖移动端应用程序、微信公众号、小程序，平台实名认证用户848万人，企业用户数9.6万家，汇聚厦门市54个部门的应用和服务545个。闽政通“i厦门”小程序经过迭代升级，整合和优化各部门分散的资源，468个服务可通过“i厦门”小程序实现“掌上办”，内容涵盖公安、人社、教育、卫生健康、民政、住房等事项，获评厦门市年度“十佳”营商环境创新举措。

（市政府办 市工信局）

行政审批管理

【概　况】 2022年，厦门市行政审批管理局（简称市行政审批局）推进改革优化营商环境工作，开展审批制度改革，提升审批服务标准化、规范化、便利化水平。工程建设项目审批制度改革被住建部作为典型案例在全国推广，工程建设项目审批工作在全国评估中排第四名。“一件事一次办”服务系统入选中国信息协会“2022数字政府创新成果与实践案例”，“一件事”改革经验在省政府办《今日要讯》专刊发表。“互联网+政务服务”工作在省对市绩效考核中排全省第一名，市行政审批局牵头的“政务服务”指标排全省第一名。厦门“e政务”自助服务在《人民日报》、人民网、中国新闻网刊登报道。深化一件事集成套餐服务改革、厦门“e政务”全国率先实现自助服务模式跨区域通办入选2022年度厦门市“十佳”营商环境创新举措。

【行政审批制度改革】 2022年，厦门市行政审批局印发优化营商环境政务服务指标实施方案，从6个维度、50个重点提升方向提出98个具体提升任务。牵头出台“一网通办”改革等7个行动方案，推进营商环境评价“政务服务”指标相关工作。厦门市推进政务服务标准化规范化便利化实施方案出台。实行行政许可事项清单管理，涉及46个部门的事项432个。落实证照分离改革涉及厦门市权限的214个涉企许可事项改革措施，实施直接取消审批35个、审批改备案11个、实行告知承诺31个、优化审批服务137个。推动事项办理要素“五级十五同”（省、市、县、乡、村五级政务事项名称、基本编码、类型等15个方面规范统一），部署办事指南2805个，绑定标准化目录的办事指南有2791个，绑定率99.5%。协调指导9家单位承接福建省下放的211个审批服务事项，全部下放事项承诺办理时限压缩至法定时限的35%以内（福建省规定压缩至50%以内），112个事项压缩到法定时限的9%以内，其中103个事项“即到即办”，减少办事材料350多份。

【便民服务化改革】 2022年，厦门市行政审批局印发推进为民办实事深化“一件事”集成套餐服务改革工作方案，推动增加重点领域“一件事”集成套餐服务20个。“小型渔船多证联办一件事”被国务院职转办作为“放管服”典型案例向全国推广。市行政审批局印发深化“一业一证”改革试点实施方案，推动13个行业“跨部门”“一业一证”改革。推进政务服务“跨省通办”“省内通办”，138个事项实现“跨省通办”，37个全省高频政务服务事项“异地代收”“省内通办”。跨地市内地居民结婚登记“全省通办”业务量占全省68.3%。全市开设周末办事窗口90个。“办不成事”反映窗口受理诉求119件、业务咨询900

余件。

【网上政务服务】 2022年，厦门市3.7万个审批服务事项全部入驻省网上办事大厅厦门分厅，实现网上可办，其中全流程网办事项占比超90%。入驻“闽政通”的“移动办”事项增至767个，是上年同期的5倍。打造“15分钟服务圈”和24小时“不打烊”政务服务，出台福建省地方标准《一体化政务自助终端设置与运营管理规范》，全市部署“e政务”自助机430台，可办理23个政府部门的280个政务服务事项，日均办件量超5000件。依托“e政务”，在全国率先推出自助服务跨省通办，覆盖全国9个省份、37个地市的事项1500多个。“秒批秒办”事项154个，比上年增长36.3%。市行政审批局首次推出“一证通办”事项111个、“免证办”事项515个。推动全市42家单位的60个自建系统对接电子证照库，全市政务服务事项的平均材料数从4.61份减少至2.74份。在省对市“互联网+政务服务”绩效考评中，厦门市连续两年排全省第一名。

【工程建设项目审批制度改革】 2022年，厦门市制定年度深化改革实施方案，涉及的44条改革措施、79个工作任务基本完成。443个项目完成联合验收。对全市新建项目涉及的水、电、气、网服务推行“一窗受理”“一链办理”。印发规范特殊环节、补正程序通知，按全省最优标准压缩审批时限，规范审批行为。建立“日清月结”机制，在省工改办第一、二季度工程建设项目审批事项办理用时通报中，厦门市整体排名在全省前列，省政府办公厅2022年《督查专报》中全省仅厦门市“零问题”通报，在2021年度全国工程建设项目审批制度改革评估中厦门市排全国第四名。

【公共资源交易平台建设】 2022年，厦门市制定市公共资源交易目录指引，推进各类公共资源进平台交易全覆盖。推动实施“一网交易”改革专项行动；开发交通、水利工程项目及工业、信息化项目电子交易平台，推进公共资源全领域全流程电子化交易。建设电子投标保函系统，在全省率先制定“建设工程电子投标保函平台”3项标准，保函使用率96.59%，每年可为投标人释放资金超800亿元。推进远程异地评标工作，联合泉州、龙岩、漳州，共同建立闽西南远程异地评标合作机制；开展闽宁两省三市远程异地评标活动，首次实现跨省合作。健全重点项目服务保障措施，增设开评标场次，提供场地预约和专家抽取等服务措施，保障重大重点项目开标工作。全市4456个公共资源项目进场交易，总交易额1725.49亿元。其中，工程建设项目1226个，交易额721.78亿元；政府采购成交项目1745个，交易额299.09亿元；行政事业资产资源交易项目1118个，成交金额12.68亿元；土地使用权和矿业权出让项目96宗，成交金额660.67亿元；产权交易进场交易数271宗，进场交易金额31.27亿元。

（市行政审批局）

机关事务管理

【概　况】 2022年，厦门市机关事务管理局完成各项服务保障任务。拓展“我为群众办实事”实践活动内容。召开“找差距、提效能、谋发展”专题研讨会，梳理问题短板53个。确定年度重点攻坚项目8个，推动解决办公用房权属登记、暑期干部职工子女托管等问题。召开先进典型表彰大会，表彰“十佳最美职工”“五个服务标兵岗”，为93名个人颁发“贡献纪念章”。召开庆祝中国共产党成立101周年暨“两优一先”表彰大会，通报表彰优秀共产党员、优秀党务工作者和先进基层党组织，为“光荣在党50年”老党员颁发纪念章，为“全国机关事务工作先进集体”党支部颁发奖牌。协助市卫健委推进急救站点建设，按3年完成12个站点建设任务推进。开展“爱心厦门”建设，完成市法律援助中心、厦门海事法院诉讼中心、市政务服务中心等6家单位公共服务窗口无障碍设施建设；完成市财政局、市市政园林局、市体育局3家单位办公场所爱心驿站提升工程。为市疫情防控指挥部、市委巡察办、市人大等单位调剂办公用房。完成公务人员集体宿舍选房工作。完成海峡论坛、投洽会、中国电影金鸡奖颁奖盛典等重大活动接待和车辆保障任务，先后收到厄瓜多尔大使馆、中影协等部门感谢信。成立专班，召开新冠病毒疫情防控专题部署会20余次，编印发放《新冠肺炎疫情防控工作宣传手册》1500本。组成6个工作组，到各区政府、政务服务中心、机关食堂等点位开展明察暗访5次。10月中旬，省机关事务管理局派出专题课题组，总结厦门市机关事务管理局参与全市重大活动、重要会议服务保障的经验做法，形成《致广大而尽精微，服务保障窥发展——厦门市重大会议活动服务保障典型经验调研报告》，在全省宣传推广。

【机关安全隐患排查整治】 2022年，厦门市机关事务管理局组织开展办公用房结构安全隐患排查整治“回头看”，检查面积100万平方米。指导督促全市66家机关事业单位安装使用、升级改造食堂燃气报警装置。开展“安全生产”“消防宣传月”活动，组织安全教育培训、演练等活动5场次，安全排查5次，消除隐患苗头15处。市机关事务管理局《新形势下党政机关安全保卫工作应用研究》获2022年度全国机关事务系统理论研究成果二等奖。

【机关资产管理】 2022年，厦门市机关事务管理局成立整改工作领导小组，下设办公用房等6个工作专班。针对市委专项巡察组反馈7个具体问题，研究整改工作举措，形成整改方案。其中，完成整改4个，基本完成2个。组织开展专项培训，服务指导办公用房移交处置工作。配合市编办开展专项调研，并报送《关于成立厦门市市直机关事业单位国有资产事务中心的方案》。形成《厦门市机关事业单位办公用房管理实施办法（征求意见稿）》。制定下发《关于进一步做好办公用房移交处置工作的通知》等。开展公物仓建设试点，推进闲置办公家具、设备集中存放、规范管理、统筹使用。通过跨部门调剂和共享共用办公家具，提升国有资产使用效率。

【服务保障效能提升】 2022年，厦门市市直机关管理局指导全市机关事业单位配置“数智哨兵”终端1000余台。采购新能源扫地机和冲洗机，提升市行政中心路面清洁、公共区域保洁等工作效率。在市行政中心配备体外自动除颤仪，组织干部职工参加心肺复苏及急救知识培训。在第三届福建省物业管理行业职业技能竞赛中，德政物业服务有限公司获团体奖二等奖，受到省住建厅通报表扬。

【节约型机关建设】 2022年，厦门市市直机关管理局开展“文明餐桌”活动。制定《厦门市节约型机关创建行动实施方案》，90家市属单位、180家区属单位建成节约型机关。厦门市6家单位能源资源节约经验做法被国家机关事务管理局评为全国2021—2022年度公共机构能源资源节约示范案例，其中市直机关后勤保障中心节能改造经验入选“全国十佳示范案例”，市机关事务管理局垃圾分类管理经验入选国家级“能源资源节约优秀示范案例”、市机关事务管理局公务绿色出行经验入选国家级“能源资源节约典型示范案例”。

【机关节能减排】 2022年，厦门市市直机关管理局组织公共机构开展第53个世界地球日节能降碳、加强塑料污染治理等宣传工作，举办宣讲师专题培训15场、干部职工分级培训26场，组建公共机构垃圾分类志愿者总队和志愿者队伍302支，组织6万余名志愿者到社区、商场等场所，开展垃圾分类宣传2000余场次。以湖里区行政中心厨余垃圾就地资源化处理设备为改造试点，厨余垃圾处理能力比改造前提升10%。以技术节能和购买碳汇的形式完成湖里区、思明区、集美区“碳中和”试点项目，推进海沧区能源托管方案、同安区和翔安区光伏绿电托管项目落地实施。市市直机关管理局等3家公共机构被国家机关事务管理局等四部委评为国家级“公共机构生活垃圾分类和资源循环利用示范工作重点单位”，经验做法向全国推广。

（市机关事务管理局）

信访工作

【概　况】 2022年，厦门市信访总量2.99万件，比上年下降7.9%。其中，到访2248批、4147人次，批次比上年下降13.7%；信件4127件，下降22.2%；领导信箱5253件，下降18.1%；网上投诉2.15万件，增长3.9%。厦门市信访局修订出台《厦门市信访工作联席会议工作规则（试行）》，厘清各方职责，发挥市、区、镇（街道）三级信访联席会议牵头协调作用；推行“最多投一次”和“依法信访导引图”，打造网上信访主渠道；以保障市领导定期接访为契机，开展重点约访、联合接访，以点带面成批化解矛盾纠纷；加强信访信息综合分析，从源头避免信访问题产生。针对涉宅基地信访问题总量增加、重复访突出等问题，市信访局会同相关责任部门和辖区，开展涉宅基地问题专题调研。建立健全“复查复核专家库”“律师+信访工作”等系列工作机制，探索“数字信访”综合平台建设。市信访局郭金托获“全国信访系统先进个人”称号。

【矛盾化解】 2022年，厦门市信访局加大预警、研判等工作力度，保障信访秩序稳定。对信访突出问题等进行动态排查研判，核实情况，评估风险等级，先后梳理信访突出问题500多件次，明确责任单位和化解措施，防范和化解重点矛盾风险。每月15日和每周一开展领导干部定期接访，累计接访、约访、下访、信访群众998批、1775人次。

【“治重化积”专项行动】 2022年，厦门市信访局优化“周调度、月通报、季攻坚、年考核”工作模式，实行“专班运作、清单管理、分类施策、个案突破”全链条管理，发挥领导包案作用，加强业务指导和审核把关，推动化解重复信访和信访积案“存量”。市委书记带头落实领导包案化解工作。市信访联席会议专题会商研究，市信访联席办带案下访，逐一调查核实诉求，通过协调处置，化解信访事项。至年末，中央信访联席办交办的第一批978件，上报化解977件，上报化解率99.9%；第二批342件，全部上报化解，上报化解率100%，超过预期进度完成攻坚目标。6月，国务院副秘书长、国家信访局局长李文章到厦门调研，对厦门市“治重化积”工作予以肯定。

（杜米吉）

责任编辑：林建高
审　　稿：阳晓儒
校　　对：熊焱峰

9 政协厦门市委员会

综　述

【政协履职】 2022 年，政协厦门市委员会（简称市政协）落实中央政协工作会议精神，发挥专门协商机构作用。站位全局同心益企，统筹新冠疫情防控和经济社会发展。各级政协机关不断推进政协工作制度化、规范化、程序化，全年完成重点协商 18 场、重点提案督办 9 项和专题调研 76 项。

【中共二十大宣传贯彻】 2022 年，厦门市政协在市政协官网开辟“深入学习宣传贯彻党的二十大”板块，刊载市政协机关和各区政协学习中共二十大精神相关会议、培训、活动等内容。在厦门卫视《政协视点》栏目播出“喜迎二十大　建功新时代　助推海洋强市建设的政协力量”和“喜迎党的二十大：厦门政协这十年”3 期专题节目。在厦门政协微信公众号开辟“学习二十大　携手向未来”专栏，宣传市政协及各参加单位学习中共二十大精神相关活动内容，专题刊载 60 余位市政协委员的学习体会。在厦门日报《政协之声》专版刊登“实干笃行担使命　凝心聚力谱新篇　市政协委员掀起学习贯彻中共二十大精神热潮”。在《厦门政协》杂志开辟“学习宣传贯彻二十大”专栏。

【社情民意反映】 2022 年，厦门市政协推进社情民意“直通车”履职品牌建设，开通“一线民意直通车”、“益企民意直通车”，延伸工作链条，加强社情民意信息监督工作。组建新一届信息员、特邀信息员队伍，召开工作例会暨培训会。全年收到社情民意信息稿件 4000 余篇，选送全国政协、省政协及市级领导 999 篇，被上级政协采用 484 件，获省市领导批示 19 件，在全国 15 个副省级城市政协及福建省 9 个地市政协社情民意信息工作排名中均位居第二。

【“爱心厦门·政协行”活动】 2022 年，厦门市政协拓展“爱心厦门·政协行”新内涵。组织宗教界别慈善团体到翔安区新店街道陈塘回民社区、内厝镇锄山村，思明区开元街道深田社区、莲前街道开展“迎新春送温暖”慰问活动；市政协工会界别、市市政园林局、市总工会、湖里区政协、海丝慈善会联合开展慰问一线环卫工人——“城市美容师”活动，关爱特殊岗位职工；组织政协妇女界别、共青团界别、社会服务和社会保障界别到厦门市嘉禾学校、思明区外来员工子弟学校、启明学校、翔安区困难儿童家庭开展六一“爱心扶幼”系列慰问活动。

（伍昱丰）

主要会议

【概　况】 2022 年，厦门市政协召开主要会议有：市政协十四届一次会议、第十四届市政协常委会会议 6 次、“人民政协与全过程人民民主”理论研讨会等。

【第十四届市政协常委会会议】 2022 年，第十四届厦门市政协常委会召开 6 次会议，即第十四届一次至六次常委会会议，会议由市政协主席魏克良主持。（见表 9–1）

表 9–1　　2022 年厦门市政协常委会会议一览表

会次	时间	主要内容及出席人员
十四届一次常委会会议	1 月 9 日（会期 0.5 天）	审议通过十四届市政协常委会关于设置专门委员会的决定，以及十四届市政协副秘书长，各专门委员会主任、副主任名单。市政协副主席黄国彬、黄世忠、国桂荣、黄培强、王焱、卢炳春、薛祺安、黄奋强、李钦辉，秘书长张仁苇出席

续表 9-1

会次	时间	主要内容及出席人员
十四届二次常委会会议	3月30日（会期0.5天）	传达学习贯彻习近平总书记出席全国两会有关会议时的重要讲话精神和全国两会精神，以及省委、市委常委会（扩大）会议精神，通报2022年市政协重点工作。市政协副主席黄国彬、黄世忠、国桂荣、黄培强、王焱、薛祺安、黄奋强、李钦辉，秘书长张仁苇出席
十四届三次常委会会议	5月31日（会期0.5天）	围绕"构建有利于成长出制造业龙头企业的良好生态"开展协商议政。市委书记崔永辉到会听取意见建议并讲话。市政协副主席黄国彬、黄世忠、国桂荣、黄培强、王焱、薛祺安、黄奋强、李钦辉，秘书长张仁苇出席
十四届四次常委会会议	7月28日（会期0.5天）	会议围绕"数字厦门建设推进情况"主题协商议政。市长黄文辉到会听取意见建议并讲话。市委常委、副市长黄晓舟，市政协副主席国桂荣、黄培强、薛祺安、黄奋强、李钦辉出席会议，秘书长张仁苇出席
十四届五次常委会会议	10月20日（会期0.5天）	开展重点提案办理民主监督，副市长张志红、廖华生到会回应政协委员关切。市政协副主席黄国彬、黄世忠、黄培强、薛祺安、黄奋强、李钦辉，秘书长张仁苇出席
十四届六次常委会会议	12月1日（会期0.5天）	会议审议政协第十四届厦门市委员会第二次会议有关事项，听取政府系统办理市政协十四届一次会议以来提案情况的通报。市政协副主席黄国彬、黄世忠、国桂荣、黄奋强、李钦辉，秘书长张仁苇出席

【市政协十四届一次会议】 2022年1月6—9日，厦门市政协第十四届厦门市委员会一次会议在厦门人民会堂举行，市委书记崔永辉、市长黄文辉等出席会议。6日上午举行开幕会，市政协主席魏克良代表十三届市政协常委会向大会作工作报告，市政协副主席黄国彬向大会作十三届市政协提案工作报告。8日上午举行第二次全体会议，13位政协委员作大会发言，发言聚焦党委政府中心工作，针对"十四五"规划、产业、研学、高质量发展等议题，征集文旅融合、RCEP区域全面经济伙伴关系协定、制造业龙头培育等内容选题95篇，筛选发言材料70篇，发言材料得到市委书记崔永辉、市长黄文辉等市领导批示22件次。9日上午举行第三次全体会议，会议选举产生政协第十四届厦门市委员会主席魏克良，副主席黄国彬、黄世忠、国桂荣、黄培强、王焱、薛祺安、黄奋强、李钦辉，秘书长张仁苇，以及50名常务委员。9日上午举行闭幕会。会议期间，大会秘书处信访组受理各类群众信访8件，全部交办有关部门处理，并及时答复信访人，引导群众依法维护权益。

【"人民政协与全过程人民民主"理论研讨会】 2022年10月18日，厦门市政协召开"人民政协与全过程人民民主"理论研讨会，市政协副主席、市人民政协理论研究会副会长黄国彬主持会议，市政协党组书记、主席魏克良出席会议并就加强政协理论研究作出要求，8名代表作主题发言。会上为市政协理论研究会研究员代表颁发聘书。

（伍昱丰）

协商议政

【概　况】 2022年，厦门市政协开展协商议政18次，其中常委会协商议政2次，主席会议协商议政2次，专委会对口协商议政4次，界别活动小组协商议政6次，季度协商座谈会4次。组织开展界别协商议政，组织台盟界别开展"两岸青年携手助力厦门乡村振兴，构建共同温馨家园"界别协商活动，组织民建界别开展"加快推进智慧城市建设"协商活动，组织经济界别开展"推进贸易投资便利化，打造RCEP红利高效释放先行区"界别协商活动，组织农业界别、民革界别开展"加强闽台农业交流，促进厦门市种子种苗产业发展"界别协商活动，组织民进界别开展"推动岛内外教育资源均衡协同发展"，组织民进界别开展"推动岛内外教育资源均衡协同发展"界别协商活动。

【制造业龙头企业培育协商议政】 2022年，厦门市政协开展"构建有利于成长出制造业龙头企业良好生态"协商议政，副主席黄国彬、黄世忠牵头负责议政性常委会专题协商工作，组织开展各种形式调研或座谈18次，走访具有代表性企业83家，市、区政协委员、党派成员70多人次参与，各党派界别开展各类型讨论交流42次，征集协商发言材料58篇，并将各方调研成果梳理汇总成为"前瞻性规划布局，推动产业聚焦"等5个方面的21条建议，供市委、市政府决策参考，建议案获市委主要领导批示。在常委会会议的组织上，探索调研组专题汇报与党派、界别、委员发言相结合的形式，提升协商效率。

【"数字厦门推进情况"协商议政】 2022年，厦门市政协开展"数字厦门推进情况"协商议政，副主席李钦辉牵头先后走访各民主党派、人民团体及相关界别、区政协，引导其结合界别特点和优势参与协商议政。召开任务布置会，邀请市工信局、科技局、火炬高新区等10多个部门到会介绍有关情况，形成6个选题方向供发言单位参考。带队到贵阳、遵义、龙岩、泉州学习先进经验做法，拓宽思路。组织委员到27个相关部门、产业园区、企业及科研院校考察调研，召开专题座谈会16场，形成《关于"数字厦门推进情况"调研报告》并在专题协商会上作主题发言。同时征集各党派、相关界别、区政协以及政协委员发言材料，收到69篇，选取10篇重点发言。7月28日，市政协召开十四届四次常委会会议，围绕“数字厦门建设推进情况”主题协商议政。市长黄文辉到会听取意见建议，高度评价委员们的建言质量，要求市政府有关部门认真吸纳、抓好落实。会后形成《关于“数字厦门建设推进情况”的建议案》报送市政府，由相关部门吸纳进有关政策文件。

【培育农村特色产业专题协商】 2022年，厦门市政协开展“培育特色产业、壮大农村集体经济”协商议政，召开专题协商部署会，邀请市农业农村局等15家政府部门通报情况，为政协委员搭建知情明政平台。4月13日和20日，市政协副主席国桂荣、薛祺安牵头，专委会组织委员、各党派、界别执笔人分别到翔安区和同安区考察，实地了解同安区百利种苗和翔安区大宅火龙果等特色产业发展情况。5月10日，组织部分委员到海沧棠潮园艺科技公司和欧森香草园营地现场调研和座谈。在到一线调研、借鉴先进地区经验的基础上，形成有关建议案（草案），提炼出加快特色现代农业高质量发展等4个方面16条政策建议，筛选发言材料69篇。市委副书记张毅恭肯定建议案（草案）及委员发言具有政策性、针对性、操作性，并要求各部门单位要认真吸纳落实。

【发展海洋经济专题协商】 2022年，厦门市政协副主席黄奋强牵头开展“大力发展海洋经济，助力经济转型发展”专题协商，组织政协委员到市海洋发展局等部门和企业进行考察调研，走访厦门港口高质量发展指挥部，乘船考察厦门大湾区临港经济建设和滨海文旅经济发展，到河南洛阳中国船舶集团七二五研究所开展海洋先进制造业专题调研，深化认识、拓宽视野、增进共识。指导6个区政协分别围绕海洋生态治理、高崎渔港转型、智慧港口建设、港口疫情防控、滨海文旅经济、海洋高新产业园建设等主题开展专题调研，提升各区知情明政、协商议政能力。活动收到党派团体、界别、区政协提交发言材料64篇，涉及发展战略、产业发展、科技创新、港口经济、滨海旅游、开放合作、生态治理、保障措施等方向，反映厦门海洋经济的现状和问题，提出建议。梳理发言材料的意见建议，形成市政协专题协商建议案，分别从发展战略、产业支撑、港口经济、滨海旅游、科技创新、生态治理、综合保障等7个方面，提出25条建议，供市委、市政府决策参考。

【构建多层次养老体系对口协商】 2022年，厦门市政协副主席黄奋强带领部分委员到建发溢佰养老中心、温馨家园、市社会福利中心及泰康之家进行考察调研，从机构养老到居家养老、医养结合再到社区养老，分别进行详细了解，调研组听取各养老机构负责人的情况介绍，围绕养老发展面临的人才、资金、环境等问题进行交流和探讨。在对口协商会上，听取市民政局、市卫健委、市医保局关于助力构建多层次养老体系情况的汇报，台盟厦门市委专职副主委陈敏伟就充分发挥“大数据”作用作发言，杨丽端委员就助力“智慧养老”、构建内接居家外接机构的综合服务平台促进“三位一体化”作发言、林佩芬研究员就开展深化居家、社区、机构协调服务大力发展普惠型居家养老服务作发言，形成“助力构建多层次养老体系”建议供政府部门决策参考。

【实施创新驱动发展战略对口协商】 2022年，厦门市政协副主席李钦辉牵头开展科技创新工作调研，采用“走出去请进来”相结合的方式，分别与市科技局、市发改委、火炬管委会等部门座谈交流。围绕“加快科技创新基地建设”“发挥新型研发机构引擎作用”主题，组织考察市科学技术信息研究院、产业技术研究院、稀土材料研究所等10余家科研单位。收到32篇发言材料，采用27篇并选取6篇作为相关协商会议重点发言。9月16日，召开“实施创新驱动发展战略，推进高素质创新名城建设”对口协商会议，围绕“科技创新载体建设、产业能级提升、创新环境优化、人才环境建设、科技体制机制创新”5个方面建言献策，于会后形成大会发言及大会提案，为推动高素质创新名城建设，提供新视角和思路。

【提升文化教育服务功能对口协商】 2022年，厦门市政协副主席薛祺安、李钦辉牵头开展“提升文化教育服务功能，完善社区15分钟生活圈建设”对口协商。9月1日，市政协文史学委组织民革界别委员、集美区政协到湖里区后埔公益图书馆、集美区岑西社区嘉庚书房考察，为提高人民群众文化生活品质建言献策。9月16日，召开“提升文化教育服务功能，完善社区15分钟生活圈建设”对口协商座谈会，有关区政协、民主党派、界别小组委员和专家，市资源规划局、文旅局、卫健委、建设局、教育局、市城市规划设计研究院、禾山街道和社区负责人参加会议，参会部门负责人表示把建议吸收到具体政策措施中。

【推动澳厦文旅产业对接对口协商会】 2022年6月11日，厦门市政协召开“推动澳厦文旅产业对接，助力‘海丝’核心区建设”专委会对口协商会，市政协副主席国桂荣到会听取意见建议并讲话。致公党厦门市委主委徐平东代表致公党界别作重点发言，提出“政府搭台，构建澳厦文旅产业对接机制”“发挥优势，吸引澳门文旅产业投资厦门”“整合资源，助力厦门文旅企业赴澳发展”“并船出海，澳厦共拓葡语国家文旅市场”等促进两地共同繁荣对接发展的建议；叶谋源、苏枫红、吴招毅委员分别就文化合作交流、双城合作、产业对接等方面补充发言。市委宣传部、市教育局、市人社局、市商务局、市文旅局、市卫健委、市会展局等部门相关负责人应邀出席会议，表示将研究吸收委员们意见建议，进一步推动落实相关工作。

（伍昱丰）

民主监督

【概　况】 2022年，厦门市政协开展民主监督活动9场，主要涉及促进科技金融发展、九龙江北溪引水工程、中小学教育质量提升等提案督办。

【促进金融科技发展提案督办】 2022年，厦门市政协副主席黄世忠牵头督办由《厦门市金融科技产业发展现状与对策建议》和《关于促进金融科技发展的建议》2个提案并案而成的重点提案。市政协专委会与市金融监管局、发改委、工信局、科技局、教育局、统计局、“一行两局”（人行厦门市中心支行、厦门银保监局、厦门证监局）等主、会办单位、提案人共同开展调研、讨论，促进提、办双方互动交流，推动重点提案高质量办理，使重点提案办理更符合相关工作发展趋势，体现动态时效。

【“双减”促中小学教育发展重点提案督办】 2022年4月14日，厦门市政协副主席李钦辉召开“‘双减’背景下中小学教育高质量发展的建议”重点提案办前协商座谈会，市教育局、市财政局等8家单位负责人与提案者就“双减”背景下如何推进中小学教育高质量发展进行沟通交流，为提案高质量办理奠定基础。提案被列入市政协十四届五次常委会会议议程，以“视察监督+会议监督”形式开展民主监督活动，提升提案办理实效。

【九龙江北溪引水工程改造重点提案督办】 2022年5月17日，厦门市政协副主席国桂荣带队到九龙江北溪引水工程项目部与政府部门一起开展提案办前协商。委员们建议打破单一供水渠道，增加水源地引水；注重施工科学性，预留清淤口，输水渠单孔改双孔，加大水流量，减少泥沙淤积；建立用水应急方案等。市水利局会同市生态环境局采纳提案及委员们的建议，水质监测和输水管道扩容等指导意见得到落实。在市政协督办下，北溪引水主干渠改造工程（马銮湾新城段）在9月底建成通水，厦门的用水紧张得到缓解。该提案被评为市政协2022年度优秀提案。《厦门晚报》进行专题采访报道并刊登在“提高效率、提高效能、提增效益”工作栏目，评价政协推动提案办理是落实市委行动部署的一个缩影。

【托幼一体化重点提案督办】 2022年5月24日，厦门市政协副主席薛祺安牵头开展托幼一体化重点提案督办工作，组织提办双方、教育和医卫界别委员就《促进托育服务发展，推进托幼一体化建设》开展重点提案办前考察。委员们到厦门市公办、民办托育园实地了解情况，针对构建多层次托育服务供给体系、推进托幼一体化建设、建立健全托育行业监管体系等开展督办，推动提案办理有落实、出实效，促进托育行业健康发展。

【弘扬嘉庚精神重点提案督办】 2022年6月2日，厦门市政协组织开展“弘扬嘉庚精神，推动更多海外侨胞融入厦门建设”重点提案办前考察及沟通座谈会，推动提办双方在互动交流中增进共识，提升重点提案办理质量。市政协副主席国桂荣出席会议并讲话。会前，委员们集体搭乘地铁1号线“嘉庚号”列车，到集美学村站、厦门地铁运营控制中心，考察厦门市轨道交通建设发展融入嘉庚精神元素相关情况，召开重点提案办前沟通会。

（伍昱丰）

提案工作

【概　况】 2022年，厦门市政协委员、政协各参加单位和各专门委员会通过提案开展建言履职。全年征集提案539件，其中大会提案524件、平时提案15件；经审查立案431件，立案率79.96%。

【提案办理】 2022年，厦门市各承办单位全部按期办结市政协提案，所提建议得到全部采纳90件，部分采纳338件，列入计划3件，采纳率99.30%。提案者对全部提案办理结果反馈，满意428件，基本满意3件，满意率99.30%。提案中，委员提案209件、占48.5%，集体提案222件、占51.5%。其中，“关于促进金融科技发展的建议”等9件提案被列为重点提案，由市政府、市政协领导负责督办。（见表9-2）

表9-2　　2022年厦门市政协十四届一次会议重点提案一览表

序号	提案号	案由（提案题目）		提案者
1	20221013	关于促进金融科技发展的建议（2件并案）	厦门市金融科技产业发展现状与对策建议	民革厦门市委
	20221101		关于促进金融科技发展的建议	民建界别活动小组
2	20221073	培育制造业龙头企业　壮大厦门市实体经济的建议		民建厦门市委
3	20222120	加快九龙江北溪引水工程提升改造的对策建议		市政协人资环农委员会
4	20222025	关于完善厦门市保障性住房现政策的建议		农工党厦门市委
5	20222124	关于厦门智慧交通提升的提案		汪卫东
6	20223098	后疫情时代提升公共卫生应急能力的建议（2件并案）	关于厦门市全市范围内提前做好应对新冠肺炎变异毒株临床特点变化的应对措施谋划的建议	王　斌
	20223174		关于建立突发公共卫生事件应急救助保险机制服务厦门市公共卫生应急管理体系建设的建议	蔡冬梅
7	20223005	“双减”背景下中小学教育高质量发展的建议（2件并案）	关于“双减”政策下优化提升课后延时服务质量的建议	民进界别活动小组
	20223065		“双减”背景下校长、名师率先轮岗的对策建议	陈希梅
8	20223122	促进托育服务发展，推进托幼一体化建设		医卫界别活动小组
9	20223178	弘扬“嘉庚精神”，推动更多海外侨胞融入厦门建设		市政协港澳台侨委员会

表 9-3　　2022 年厦门市政协十四届一次会议优秀提案一览表

序号	案由		提案者
1	关于促进金融科技发展的建议（2 件并案）	厦门市金融科技产业发展现状与对策建议	民革厦门市委
		关于促进金融科技发展的建议	市政协民建界别活动小组
2	培育制造业龙头企业，壮大我市实体经济的建议		市政协民建界别活动小组
3	加快九龙江北溪引水工程提升改造的对策建议		市政协人资环农委员会
4	关于完善厦门市保障性住房现政策的建议		农工党厦门市委
5	关于厦门智慧交通提升的建议		汪卫东
6	后疫情时代提升公共卫生应急能力的建议（2 件并案）	关于厦门市全市范围内提前做好应对新冠肺炎变异毒株临床特点变化的应对措施谋划的建议	王　斌
		关于建立突发公共卫生事件应急救助保险机制服务厦门市公共卫生应急管理体系建设的建议	蔡冬梅
7	“双减”背景下中小学教育高质量发展的建议（3 件并案）	关于双减政策下优化提升课后延时服务质量的建议	市政协民进界别活动小组
		校内外多元融合，助力课后延时服务全面提升	市政协民盟界别活动小组
		双减背景下校长、名师率先轮岗的对策建议	陈希梅
8	促进托育服务发展，推进托幼一体化建设		市政协医卫界别活动小组
9	弘扬“嘉庚精神”，推动更多海外侨胞融入厦门建设		市政协港澳台侨委员会
10	关于建设智能化电动自行车集中停放充电站的建议		致公党厦门市委
11	关于在同安“旧县衙”建立海峡两岸家谱博物馆的建议		九三学社厦门市委
12	加快发展公共技术服务平台，进一步营造良好科技创新环境		市政协台盟界别活动小组
13	关于在厦门全市推广“青少年模拟政协活动”的建议		杨筱娟

【优秀提案表彰】 2022 年，厦门市政协评选“关于培育制造业龙头企业，壮大我市实体经济的建议”等 13 件提案为优秀提案（见表 9-3），对市委统战部等 13 家优秀提案承办单位通报表扬。提案聚焦中心，服务大局，贴近民生，体现委员们参政议政积极性和能力，被采纳的意见和建议，落实到市委、市政府相关政策制定、“十四五”规划实施和部门工作中。

（伍昱丰）

课题调研

【概　况】 2022 年，厦门市政协开展多项课题调研，由市政协领导牵头，组织委员并邀请党派、高校专家走访社区、企业、学校，开展调查研究，完成课题调研报告 76 篇，包含常委会课题调研报告 8 篇，市政协办公厅、专委会、研究室课题调研报告 13 篇，界别课题调研报告 55 篇。其中，向市委、市政府全文报送 19 篇，其他调研课题均通过提案、大会发言、社情民意等方式进行成果转化。

【生活垃圾资源化利用课题调研】 2022 年，厦门市政协副主席黄国彬、黄奋强牵头对生活垃圾资源化利用开展课题调研，市政协成立重点课题组，走访市市政园林局、东部卫生填埋场、翔安垃圾焚烧发电厂、生活垃圾资源再生示范厂、厦门生物质资源再生项目和厦门市工业废物处置厂，收集相关材料和数据，预测评估未来碳减排合理路径。形成课题调研报告“低值可回收物的碳减排潜力和路径”在市政协常委会专题协商中应用。

【加强乡村建设课题调研】 2022 年，厦门市政协副主席国桂荣、薛祺安牵头组成课题组，学习中共中央办公厅、国务院办公厅印发的《乡村建设行动实施方案》等文件精神，结合协商议题，组织课题组成员到翔安区新圩镇、内厝镇和同安区竹坝农场、新民街道调研，掌握第一手资料。3 月 26 日到漳州市、泉州市等地实地考察，学习借鉴经验做法。调研报告从规划引领、发展模式、配套建设、生态宜居、产业兴旺等方面，提出加强乡村建设意见，形成课题报告“加强乡村建设，促进乡村振兴”报送市委、市政府。

【加强基层医疗卫生队伍建设课题调研】 2022 年，厦门市政协副主席李钦辉、王焱牵头开展“加强基层医疗卫生队伍建设，提高公共卫生服务水平”课题调研。市政协发挥所联系界别专业优势，邀请农工党、医卫界别委员及相关职能部门负责人、专家学者成立课题组到市卫健委走访调研，就重点工作进行交流探讨；开展基层调研，先后到五显镇卫生院、大嶝医院、小嶝卫生所、嵩屿社区卫生服务中心、垵炉村卫生所等 10 余家基层医疗卫生机构考察、座谈；论证调研报告，分别征求市卫健委、市医保局、相关党派、委员、基层医生及专家学者的意见建议，就加强基层公共卫生医疗队伍建设提出16条具体建议，形成常委会重点课题调研报告“加强基层医疗卫生队伍建设，提高公共卫生服务水平”报送市政府。

（伍昱丰）

委员视察

【概　况】2022年，厦门市政协委员开展委员视察工作，对常态化新冠病毒感染疫情防控、助力影视产业发展、教育均衡化、科技创新发展、水环境治理等内容进行视察，全年组织委员视察7场。

【助推名校跨岛发展视察】2022年5月25日，厦门市政协副主席黄国彬带领部分市政协提案委委员、教育和体育界别委员及市政协第一功能型党支部委员，到厦门双十中学翔安高中校区、厦门实验小学翔安校区等地视察厦门市名校跨岛发展情况。在此基础上，提案委多次组织委员、专家开展研究，与市教育局及各区政府协商座谈，形成《关于助推名校跨岛发展，促进教育均衡的视察报告》，总结梳理6个方面22项对策建议，报送相关市领导参阅，得到副市长廖华生批示，助力厦门市优质教育资源跨岛均衡发展。

【影视产业发展视察】2022年6月14日，厦门市政协副主席薛祺安带队，组织相关界别委员，围绕“厦门影视产业发展规划和扶持政策实施情况”，视察中国（厦门）智能视听产业基地、星巢越中心和集美集影视文创园，了解厦门市影视产业发展现状和有关规划政策执行落实情况，就影视科技运用、泛影视产业发展、青年影视人才引进和培养等方面提出意见建议，助推厦门市影视产业补短扩容。

【莲花水库环境整治视察】2022年9月1日，厦门市政协在副主席国桂荣带领下，组织开展“加快推进莲花水库工程周边环境整治”委员视察活动，到工程和项目一线了解莲花水库、莲花镇污水处理有关情况，委员们结合厦门实际提出完善水质预警系统、协同推动汇水区内污染源综合整治、积极推动水源保护区划定、学习借鉴先进技术和经验提升水质等建议。视察报告“加快推进莲花水库工程周边环境整治”得到市政府2位分管副市长批示，要求市生态环境局、水利局牵头研究吸纳有关对策建议，会同同安区政府、市市政园林局、市农业农村局等部门单位推进水库周边环境整治工作。

（伍昱丰）

联谊及其他活动

【对港澳联谊】2022年，厦门市政协加强对港澳联谊工作，主要活动有：

8月8—12日，市政协主席魏克良、副主席国桂荣率港澳委员一行到内蒙古自治区、山西省等地围绕“生态文明新发展理念”“民族团结与融合”“传承保护历史文化遗产”等主题开展考察工作。

9月23日，市政协召开港澳委员政情通报会，市政协副主席国桂荣出席会议并通报上半年厦门市经济社会发展情况和市政协工作情况，与30余名特邀港澳界别委员以视频连线的方式互动交流。

10月10—13日，市政协副主席国桂荣一行到澳门访问，拜访澳门特区政府经济财政司经济及社会发展局、科学技术发展基金、澳门大学、澳门科技大学等部门及高校，先后走访福建省澳区政协委员联谊会、澳门厦门联谊总会、澳门福建同乡总会、澳门福建同乡会等闽籍重要社团，并与澳区市政协委员及联谊总会负责人座谈交流，围绕厦港澳科技合作开展调研。港澳界别召集人发动港澳委员参与抗击新冠病毒感染疫情一线，筹措、捐赠并分发抗疫医疗物资，组建抗疫义工队，协助社区开展疫情检测等工作，市政协牵线联系促成厦门宝太公司捐赠100万份抗原检测试剂盒，通过联谊总会发送给港区闽籍乡亲；港企厦门宏泰集团捐赠10万个KN95口罩。

12月9日，市政协主席魏克良走访看望省政协委员、市政协特邀人士洪顶超和市政协委员洪钰容，调研港澳委员企业厦门鑫东森控股有限公司，与委员和企业高管团队面对面交流，宣传政策、听取意见，凝聚共识、促进发展。

【对台联谊】2022年，厦门市政协加强对台联谊工作，主要活动有：

2月8日，市政协副主席国桂荣走访看望挂钩联系的台籍“三高”企业（具有“高技术，高成长，高附加值”特征的企业）。

4月8日，组织举行“后疫情时代的台海局势与两岸融合发展的挑战”专题讲座，魏克良主席到会听取讲座。配合省政协做好第五届两岸基层治理论坛工作。

6月27日，组织部分台商到海沧天语舟气象科技园考察厦门市气象事业发展情况，召开专题座谈会，听取台商的意见建议，并形成社情民意信息。

11月10日，组织部分台商到植物园南门考察厦门市高颜值建设的新成果，并召开座谈会听取大家的意见建议，形成信息报送相关部门。

【厦门政协文史馆建设】2022年，厦门市政协成立文史馆建设领导小组，副主席薛祺安任组长，负责建立工作机制，明确责任分工，统筹协调文史馆建设各项工作。市政协文史学委走访市委编办、市财政局、市建设局等相关部门和厦门特区纪念馆了解情况。配合市政协办公厅依法依规选定代建单位和设计单位。初步完成展陈大纲主要内容、文史馆经费申请、方案设计及预算编制等前期工作，对各区政协、各民主党派、人民团体和社会公众开展文物藏品及资料征集工作。

【主题书画活动】2022年，厦门市政协完成书画院更名和换届工作，修订完善章程及相关制度。与市美协、市书协联合筹备开展“同心铸丰碑，丹青谱华章”——庆祝党的二十大胜利召开系列主题书画活动。与思明区政协、集美区政协联合举办采风交流，鼓励书画工作者到基层一线，开展形式多样的书画艺术普及活动，打造以书画工作者为主力军，以文化场馆、网络媒体为主要载体，立体化的书画美育传播平台。

（伍昱丰）

责任编辑：熊焱峰
审　　稿：孙志红
校　　对：曲　艺

10 纪检监察

综　述

【党风政风监督保障】 2022年，中共厦门市纪律检查委员会、厦门市监察委员会（简称市纪委监委）发挥监督保障执行、促进完善发展作用，正风肃纪反腐。市监察委员会开展反腐败国际追逃追赃工作情况报告得到市第十六届人大常委会第四次会议肯定。市第十六届人大常委会第七次会议审议通过市监委专项工作报告审议意见研究处理情况报告，是国家监察体制改革后市监委首次向市人大常委会报告专项工作。市纪委监委开展“第一议题”学习和理论学习中心组学习，制定《监督保障党的二十大精神落地见效的八项措施》。党风政风监督室获全国纪检监察系统先进集体称号。市纪委监委打造“鹭岛清风”“清廉先锋”等特色党建品牌，其中“鹭岛清风”党建品牌入选2022年度厦门机关优秀党建品牌。

【管党治党政治责任落实】 2022年，厦门市纪委监委协助市委研究制定《贯彻落实省委〈关于加强对“一把手”和领导班子监督的实施意见〉任务分工方案》，明确牵头单位，细化执行要求，压紧、压实责任链条。协助市委开展主体责任落实情况检查，对照各区各部门党委（党组）责任内容，提出检查要点，推动检查提质增效。组织全市纪检监察机关分析监督单位政治生态，形成报告88份，梳理各区各部门党组织政治生态状况和风险点，督促整改落实。

【纪检监察体制改革】 2022年，厦门市纪委监委推进纪检监察体制改革，推进改革任务，提升政策效果。召开派驻机构和市属国企纪检监察机构座谈会，开展工作情况点评通报和督导调研。深化联动监督、联合办案机制，围绕政治监督、作风建设、审查调查、以案促改等重点任务，强化协作配合。建立联动监督执纪工作机制，通过联席会、联动监督、联动处置问题线索、人才联训联用等方式，促进上下联动。会同市中级人民法院、市检察院出台《关于建立职务犯罪案件管辖事项确定等衔接办法的会议纪要》，完善职务犯罪案件诉讼管辖、检察机关提前介入等工作机制。

（市纪委监委）

“四风”纠治

【纠“四风”监督检查】 2022年，厦门市纪委监委针对重要节点、重点对象，强化监督检查，查处违规收送礼品礼金、违规吃喝等享乐奢靡之风。运用基层减负监测机制，纠治不担当、不作为等形式主义、官僚主义问题。全市查处违反中央八项规定精神问题66起，批评教育帮助和处理82人，其中给予党纪政务处分42人，通报曝光典型问题29起。

【纠“四风”主题教育】 2022年，厦门市纪委监委开展“一月一主题”专题教育，围绕违规吃喝、违规旅游等专题，解读相关违纪表现、纪律条文、典型案例等，教育警示党员干部。推进国有企业“一企一清单”专项整治，督促完善制度294项。深化营商环境监督联系点机制，推动解决问题212个。

【全市国有企业党风廉政建设工作会议】 2022年6月21日，厦门市国有企业党风廉政建设工作会议举行，市委书记崔永辉讲话。会议部署全市国企党风廉政建设和反腐败工作，强调要把握国资国企定位，推动决策落实，保持国企清廉、高压惩治，推动制度建设，推动纠“四风”树新风，加强对国资国企各级领导干部特别是“一把手”管理监督。

（市纪委监委）

巡　察

【巡察制度体系完善】 2022年，厦门市纪委监委出台分管市领导参加被巡察单位反馈会、巡察突出问题党内公开通报、巡察干部抽调、巡察干部纪律作风监督4项制度。制定细化工作规程，研究提升各区巡察工作质效具体措施，提升全市巡察工作规范化水平。

【常规巡察】 2022年，根据厦门市委

巡察工作规划，市级对27家单位党组织开展2轮、5批常规巡察，发现问题509个。结合常规巡察，开展财政专项资金使用情况监督检查，提出巡察建议12条，推动提升资金使用效益。系统梳理巡察发现的国有企业、工程招投标、干部作风等5个领域突出问题，在全市一定范围内进行通报。

【国有资产管理专项巡察】 2022年，厦门市、区两级同步开展全市国有资产管理使用情况专项巡察，被巡察单位国有土地和房屋建筑物资产总量1.32亿平方米。通过专项巡察，发现闲置782.39万平方米、问题1138个，形成关于加强市属国企、市级行政事业单位、区级国有资产管理等建议，推动盘活去化467.54万平方米，追责问责299人，建立健全国有资产管理使用规章制度291项，推动国有资产管理使用提质增效。

（市纪委监委）

监督执纪

【政治监督】 2022年，厦门市纪委监委建立项目化监督机制，通过重点立项、跟进监督、清单管理，增强政治监督精准性、实效性。强化新冠疫情防控一线监督，督促问题整改，打通堵点难点。完善挂钩联系监督机制，走访市（区）直部门、企业等单位109家，督促整改工作推进不及时等问题99个。加强对重大工程、重点项目推进情况监督检查，动态跟踪重点项目问题协调、考评情况等，对履职不力、失职渎职等进行问责。

【监督下沉村级】 2022年，厦门市纪委监委推动监督下沉落地，强化对村干部特别是"一肩挑"人员管理监督。会同市委组织部制定《关于加强对村干部特别是"一肩挑"人员管理监督的具体措施》，印发《关于加强对村干部特别是"一肩挑"人员监督的通知》，明确6个方面、42项具体监督内容和监督对象，指导集美、翔安区纪委监委建立工作联系点，探索对村"一肩挑"人员监督方式。组织市、区、镇（街道）三级对全市147个行政村和149个村改居开展分层递进式检查。

【乡村振兴监督】 2022年，厦门市纪委监委将乡村振兴纳入全面从严治党主体责任检查、市纪委领导挂钩政治监督、"点题整治"等内容，推动涉及乡村的惠民政策落实。针对农村集体"三资"（资金、资产、资源）监管领域，督促排查问题178个，整改133个，收回拖欠租金和集体资金超950万元。跟进监督全市乡村振兴试点示范项目167个。针对农村宅基地管理问题，向牵头职能部门发出监察建议书，督促理顺机制、配强力量、解决问题。

【"点题整治"成果巩固】 2022年，厦门市纪委监委在开展问卷调查和调研市效能办、市行政服务中心等部门基础上，评估确定整治选题20个，通过"项目化推进、流程化运作、清单化管理"方式，督促推动部门解决民生工程施工质量不合格等问题76个，追责问责49人，建章立制77项。创新开展"点题整治"进社区活动。开展"多年、多层、多头"重复信访举报治理等专项行动，通过领导包案、提级办理、督查督办、复核复查等方式，化解"多年、多层、多头"信访件47件，督促相关典型件100%化解。

【营商环境监督工作机制完善】 2022年，厦门市纪委监委动态调整全市营商环境监督联系点217个，召开企业营商环境座谈会48场，开展联系点企业全覆盖走访。以"线上＋线下"相结合方式发放问卷248份、征集企业反映问题202个，通过"一对一"服务、处置、反馈回访监督链条，压紧、压实职能部门责任。全年推动解决商户租金减免未落实、引荐人奖励申请遇阻、"一次性稳岗补贴"审核滞后等问题141个，问责6人。

（市纪委监委）

反腐倡廉

【重点领域廉洁风险防控】 2022年，厦门市纪委监委围绕工程招投标、国有企业等重点领域，开展廉洁风险防控专题调研，从强化部门监管、健全内控机制等12个方面提出措施建议31条，推动职能部门制定市属国企廉洁风险防控制度、工程招投标"评定分离"等措施。出台《关于加强厦门市国有企业领导班子监督管理的意见》，从强化政治监督、督促主体责任落实、规范权力运行、精准开展监督、深化纪检监察体制改革5个方面提出具体措施20条，加强对国资国企各级领导干部特别是"一把手"的管理监督。

【"三不腐"一体推进】 2022年，厦门市纪委监委坚持有腐必反、有贪必肃，推进反腐败斗争，减存量、遏增量，查处蔺某清、庄某凯、施某等严重违纪违法案件。全市立案434件，处分429人，移送检察机关43人。追回外逃人员14人，追回赃款4484万元。加大打击行贿力度，立案审查调查行贿人员13人，移送检察机关7人。总结剖析粮食购销领域腐败案件，制发纪检监察建议书5份，督促完善粮食领域监督管理机制48项。组织拍摄典型案件警示教育片。

【廉洁文化建设】 2022年，厦门市纪委监委出台推进新时代廉洁文化建设实施方案。与市委宣传部联合举办"厦门市廉洁文化宣传周"系列活动。在《厦门日报》开设"鹭岛清风"廉洁文化专栏。与市人大联合举办迎"七一"廉洁文化专题书画展，征集书画作品近300幅，在市人大书画院展出，全市350余个团队、7000余人参观。开展"喜迎二十大　廉洁谱新篇"厦门市国企廉洁文化宣传教育月活动，举办廉洁漫画展、书画展50余场，设立"清风书屋""清风读书角"160余个，召开廉洁文化专题研讨座谈会200余场。在"鹭岛清风"网站开设"新时代廉洁文化"专栏，建设网上VR（虚拟现实）"云游清廉鹭岛"展馆，展示全市廉政教育基地、孝廉文化示范点、廉洁文化建设成果。

（市纪委监委）

责任编辑：林建高
审　　稿：阳晓儒
校　　对：熊焱峰

11 民主党派与工商联

中国国民党革命委员会厦门市委员会

【概　况】 2022年，中国国民党革命委员会厦门市委员会（简称民革厦门市委）党员总数1026人。举办“携手跟党走，喜迎二十大”主题座谈会，围绕中共厦门市委中心工作，到基层开展调研，提出对策建议，履职民主监督。年内，民革厦门市委获评为民革全国宣传思想工作先进集体、民革全国参政议政工作先进集体、民革全国祖统工作先进集体称号。

【组织建设】 2022年，民革厦门市委发展新党员47人，新党员平均年龄39.83岁，高级职称占比25.5%，本科以上占比97.8%，其中女性党员17人。修订发展新党员工作流程，新党员发展质量进一步提高。制定《民革厦门市委新党员三年成长培训计划》，首次开展骨干党员和新党员结对子活动，举办新党员培训班2期，参加培训新党员近100人。修订《民革厦门市委专委会工作规则》，开展新一届专委会换届工作，设专委会7个、成员115人，新任成员占75%。

【思想建设】 2022年，民革厦门市委围绕“履职能力建设年”中心工作，推动落实“矢志不渝跟党走、携手奋进新时代”政治交接主题教育，成立主题教育工作领导小组，制定下发实施方案，召开动员部署会。参与举办“百年统战　砥砺初心——厦门市纪念中国共产党统一战线政策提出100周年暨中共中央发布‘五一口号’74周年”主题展览，组织基层支部观展接受教育。利用民革党员之家、廉政教育基地、爱国主义教育基地等开展主题教育活动80余场次。加强骨干党员学习培训，举办各类培训9场。

【参政议政】 2022年，民革厦门市委依托人大政协两会平台履职，提交市政协大会口头发言1篇，书面发言5篇，集体提案20件，委员提案29件，市人大代表建议19件，重要提案摘报采用4篇。《关于推进厦门金融科技产业发展的建议》列为市政协重点提案，获中共厦门市委主要领导批示。《关于厦门市公共资源平台整合与改革发展的建议》获厦门市政协2021年度优秀提案。全国政协委员国桂荣在全国政协双周座谈会上作口头发言，其个人提案《关于解决港澳台户籍运动员办理运动技术等级证书的提案》获评为全国政协2021年度好提案，并获政协第十三届全国委员会优秀提案表彰。

【社会服务】 2022年，民革厦门市委参与新冠疫情防控，组织100多名民革党员参与志愿服务，民革党员及企业捐款402万余元，捐赠物资价值2109万余元。

【课题调研】 2022年，民革厦门市委健全专委会工作机制、修订《民革厦门市委课题调研经费管理办法》，调动基层支部和参政议政骨干参与课题调研积极性，提升课题调研质量，全年完成97个课题。加强与市农业农村局、市人社局等部门对口联系，《实施创新驱动战略，精准助力科技型中小企业发展》《抓住RCEP生效实施机遇　依托海丝中央法务区聚集发展现代法律服务产业的建议》等4篇调研文章被省政协收入汇编或在市政协理论研讨会上作重点交流发言。

【信息宣传】 2021年12月1日至2022年11月31日（统计年），民革厦门市委报送信息412篇，其中全国政协采用8篇、民革中央采用36篇、福建省政协采用32篇，获省市领导批示信息5篇。

【台胞台企服务】 2022年，民革厦门市委依托领航柘里民革台青之家、台之缘两岸农旅基地、灵玲马戏城3个台青创基地开展服务工作，帮助协调基地运营过程中遇到的困难，为台胞提供“精准滴灌”服务，推动惠台政策措施落实落地。领航柘里民革台青之家创立2年，入驻台企近80家，聚集台青100多人，举办线上、线下涉台活动近百场。台之缘两岸农旅基地入驻台企超过80家。灵玲马戏城青创基地入驻台企25家，开展研学旅行和青年创业，举办海峡两岸青年创新创业论坛、“侏罗纪大冒险”台湾青年看大戏等专题活动。

【思明第十一支部“民革党员之家”揭牌】 2022年4月23日，民革思明区基层委第十一支部“民革党员之家”揭牌仪式在无限青创大厦举行。中华青雁和平教育基金会董事长、中国国民党前主席洪秀柱为支部“民革党员之家”题词“群策群力融合共存”。全国台湾同胞投资企业联谊会荣誉会长王屏生、丁鲲华，常务副会长罗文德、李文勋、吴家莹，副会长戴永清发来贺信。

（游秀凤）

中国民主同盟厦门市委员会

【概　况】 2022年，中国民主同盟厦门市委员会（简称民盟厦门市委）盟员总数2420人，基层组织80个（基层委9个、总支2个、支部69个），“盟员之家”8个，理论研究中心1个，企业家联谊会1个和艺术团1个。年内，民盟厦门市委获民盟中央反映社情民意信息工作优秀奖、纪念福建民盟组织成立75周年先进集体、民盟福建省参政议政工作先进单位一等奖和社情民意信息工作先进单位一等奖。盟员李亚华被授予全国家庭工作先进个人、入选福建好人榜，李靖获第34届陈伯吹国际儿童文学奖最佳文字奖，郑兰荪、匡勤获2021年度福建省自然科学奖一等奖，苏亮获2021年度福建省科学技术进步奖二等奖，黄伟平入选“福建好人榜”、“福建省第三届最美教师”提名奖、市道德模范。

【组织建设】 2022年，民盟厦门市委发展新盟员79人，新成立支部2个，完成厦门理工学院总支等11个基层组织换届工作，成立内部监督委员会及新一届专门委员会11个。召开民盟厦门市第十四次代表大会，选举产生民盟厦门市第十四届委员会。

【思想建设】 2022年，民盟厦门市委推进“矢志不渝跟党走、携手奋进新时代”政治交接主题教育。组织新一届市委委员和骨干盟员赴古田干部学院现场教学。开展民盟省、市主题书画笔会及书画作品网络展。创新工作方法，首次设立先贤谱、典型在身边等学习专栏；首次开办“厦门民盟文化讲坛”，邀请残奥冠军开讲；首次开通网上直播，举办“‘盟’动青春、喜迎二十大”专场文艺会演；首次邀请在厦门台湾青年参加年度气排球友谊赛；首次联合基层委拍摄“同心助农”微电影。

【参政议政】 2022年，民盟厦门市委依托两会平台履行职责。在市政协十四届一次会议上，入选大会发言报告7篇，市领导批示2篇；提交提案26件，被列为重点提案2件，被评为市政协优秀提案3件。民盟市人大代表提出《我市老城区改造中保留和传承闽南文化元素的建议》被列为2022年市人大重点建议案。曾文婷委员《关于职工自愿使用医保个人账户购买厦门市惠民医疗保险的建议》推动市政府八部门共同出台“惠厦保”政策，约50万市民使用医保卡个人账户购买该保险。围绕中共厦门市委政党协商有关议题，开展调查研究，完成5篇课题调研报告，在以科技创新支撑厦门未来产业发展政党协商座谈会上作《将深远海养殖装备平台制造作为厦门市未来产业培育的建议》口头发言。围绕厦门市党风廉政、社会综治等工作建言资政。创新界别工作，率先创建民盟界别委员联系点。

【社会服务】 2022年，民盟厦门市委围绕乡村振兴工作，建立“同心助农”行动品牌。社会服务委员会创新“盟智惠农”公益直播模式，拓宽农产品销售渠道；翔安区基层委与新圩镇政府共同出品《新圩卖菜上直播》微电影。参与爱心厦门建设，社会服务委员会开展“爱心眼镜”捐赠活动，为全市教育系统近2万名教师赠送镜片；到军休所开展慰问及爱眼科普活动；联合思明爱心屋，开设“闽南砖雕”技能培训班等。民盟厦门市委对厦门特殊教育学校、厦门博林学校、田墘社区、定安养老院4个同心行动共建点开展结对帮扶工作。

【课题调研】 2022年，民盟厦门市委完成课题139个，其中市政协协商议政会采用43个，口头发言10个，主要观点吸纳到相关建议案供市委、市政府决策参考，以民盟市委和民盟界别名义提交市政协大会发言或提案的课题31个，推荐作为盟内市政协委员提案和市人大代表建议的课题43个。完成专项民主监督课题2个。完成民盟省委课题6个，其中入选省政协协商会口头发言1个，转化为省政协十二届五次会议大会的书面发言、界别提案及集体提案3个。《关于支持厦门在探索海峡两岸融合发展新路上迈出更大步伐的建议》获2021年度民盟福建省参政议政优秀调研成果特等奖，《借鉴国内外湾区经济发展成功经验，“十四五”构建“厦金漳泉湄”大湾区新的增长极》获三等奖。提交民盟中央2022年经济和民生论坛征文10篇。

【信息宣传】 2022年，民盟厦门市委报送各类社情民意信息621篇，省级以上部门采用322篇次，其中被国家级信息刊物采用19篇，被民盟中央采用35篇，被省级领导批示、信息刊物采用87篇，被民盟省委采用178篇，被市领导批示、信息刊物采用22篇次。网站全年更新报道205条，微信公众号推文多次上榜团结网民主党派微信热文展播榜单。全年被《厦门日报》《厦门晚报》等媒体报道150余篇次。

【民盟厦门市第十四次代表大会】 2022年1月4日，民盟厦门市第十四次代表大会在厦门宾馆召开。省、市相关领导出席开幕式，大会听取并审议通过陈昌生代表民盟厦门市第十三届委员会所作的工作报告，选举产生民盟厦门市第十四届委员会。会议期间，谢素原当选为民盟厦门市第十四届委员会主任委员，黄敏沁、陈希梅、吴丽雪、李雪、林涛、吴金狮当选为民盟厦门市第十四届委员会副主任委员，黄敏沁兼任秘书长。

（林　恬）

中国民主建国会厦门市委员会

【概　况】 2022年，中国民主建国会厦门市委员会（简称民建厦门市委）会员总数 1871 人。举办“携手跟党走·喜迎二十大”主题摄影作品展，整理发掘厦门民建故事。围绕中共厦门市委、市政府中心工作，针对经济社会发展关键问题，开展调研活动，提出对策建议，履职民主监督，推动各项工作取得成效。优化厦门营商环境等课题得到市领导重视，转化为政策措施。年内，民建厦门市委获评为民建中央“抗击新冠肺炎疫情先进集体”。

【组织建设】 2022 年，民建厦门市委发展新会员 68 人，完成民建厦门大学总支等 4 个基层组织换届工作，老年会员工作委员会更名为老委员与老龄工作委员会，新成立经管支部，对思明基层委等 13 个基层组织、工作机构组成人员进行调整。

【思想建设】 2022 年，民建厦门市委开展“矢志不渝跟党走、携手奋进新时代”政治交接主题教育活动，召开主题教育推进会，成立领导小组，制定下一阶段工作计划。民建厦门市委领导带头谈体会，在基层开展学习教育活动，把主题教育落到实处。

【参政议政】 2022 年，民建厦门市委《集聚创新要素资源　助推专精特新“小巨人”企业加速发展》在市政协十四届一次会议上作大会口头发言，提交大会书面发言 5 篇，提交集体提案 20 件，其中《培育制造业龙头企业，壮大我市实体经济的建议》《关于促进金融科技发展的建议》被评为 2022 年市政协重点提案。《充分利用注册制机遇　加快我市企业改制上市的建议》提案获评为市政协优秀提案。

【课题调研】 2022 年，民建厦门市委完成调研课题 173 个。调研课题《以科技创新支撑厦门未来产业发展》在中共厦门市委主要领导与各民主党派、无党派人士协商会上作主题发言，《中国新型政党制度学习与研究》得到民建中央肯定，《加快推进我省市域社会治理现代化》课题被民建福建省委采纳并作为省市联合课题，《民主党派机关政治建设问题研究》课题被省委统战部采纳。民建厦门市委参与市政协主席会、常委会专题协商，专委会对口协商及各项调研座谈活动，口头发言 6 篇，书面发言 38 篇。

【信息宣传】 2022 年，民建厦门市委推进信息宣传工作，收集信息 953 篇，整理报送 566 篇，被相关部门和信息刊物采用 356 篇次。召开线上、线下信息工作会议，举办信息能手提高班，引导基层加强信息工作，调整充实特邀信息员队伍，及时发布各个时期信息收集和报送重点，持续提高信息报送质量。

【民建厦门市第十二次代表大会】 2022 年 1 月 2 日，民建厦门市第十二次代表大会在团结大厦召开。省、市相关领导出席会议，大会审议并通过黄世忠代表第十一届委员会向大会作题为《传承初心，践行使命，为新时代厦门经济特区事业贡献民建力量》的报告。通过投票，选举产生民建厦门市第十二届委员会，黄世忠当选主委，柯明哲、曾文生、吴迪、陈颢颖、陈善昂、邱兴亮当选副主委，柯明哲兼任秘书长，杨帆任副秘书长。大会选举出席民建福建省第十次代表大会代表 37 人。

【第十五届民建中小企业发展论坛】 2022 年 11 月 18 日，民建厦门市委举办以“新能源·新赛道·新机遇”为主题的第十五届民建中小企业发展论坛。民建厦门市委会、中共厦门市委统战部相关负责人、厦门民建企业家会员 100 多人参加论坛。论坛结合现阶段新发展格局，发挥界别特色和优势，研讨新能源产业发展在驱动中小企业发展中的作用。民建厦门市委自 2002 年举办第一届论坛，已举办 15 届。经过 20 年发展，民建中小企业发展论坛已成为政府部门、专家学者和中小企业家之间互动交流的平台和民建厦门市委会服务中小企业的重要载体。

（王书洁　张诗虹）

中国民主促进会厦门市委员会

【概　况】 2022 年，中国民主促进会厦门市委员会（简称民进厦门市委）会员总数 1351 人。全体会员中教育文化出版传媒界别会员 803 人，中高级职称会员 1037 人，担任新一届市、区级人大代表、政协委员 107 人。2022 年，民进厦门市委深化政治交接，加强自身建设，紧扣中心履职尽责，各项工作取得进展。落实民进信息化建设工作部署，制定《民进厦门市委 2022 年信息化建设主题年工作方案》，加强办公信息化系统移动端建设和会员信息管理系统建设，在全省率先完成 1300 多名会员信息数据更新录入工作。年内，民进厦门市委获评为民进全国信息化建设先进集体，杨思翰会员获评为先进个人；民进厦门市委获 2017—2022 年度民进全省先进集体称号。

【组织建设】 2022 年，民进厦门市委发展新会员 60 人，在思明、海沧、集美、翔安新设立 4 个基层组织会员之家。召开中国民主促进会厦门市第七次代表大会，选举产生民进厦门市第八届委员会，吴丽冰当选为民进厦门市第八届委员会主任委员。

【思想建设】 2022 年，民进厦门市委开展“矢志不渝跟党走，携手奋进新时代”政治交接主题教育，举办民进厦门市委学习贯彻中共二十大精神骨干会员培训班，在公众号、双月刊开辟学习专栏，举办以“喜迎中共二十大”为主题的书画作品展、文艺晚会、气排球比赛等系列活动。开展“政治交接·民进记忆”征文活动，协办并组织 45 个支部 700 多名会员参观“百年统战砥砺初心”主题展览，在郑成功纪念馆挂牌设立民进厦门市委学习教育基地。

【参政议政】 2022 年，民进厦门市委依托两会等平台开展参政议政工作。省两会期间，报送省政协大会发言 1 篇、集体提案 3 件、省两会快报 16 件，其中 1 篇转化为全国人大代表建议，3 件提案、快报获得省领导批示，1 件提案获评为省政协优秀提案，2 件提案获评为省政协好提案。市两会期间，报送市政协大会发言 7 篇、提案 22 件、市两会快报 20 件，其中 2 篇大会发言、4 件大会快报（专报）得到市主要领导批示，1 件提案入选 2022 年度重点提案，3 件提案获评市政协优秀提案。11篇课题、信息成果获民进中央2022年度参政议政成果二、三等奖。民进厦门市委获评为民进省委参政议政工作先进集体。

【社会服务】2022年，民进厦门市委参与“爱心厦门”建设，组织医卫界会员到同安区淡溪村、翔安区美山村、下许社区开展送医送药和义诊服务，服务群众近500人次，捐赠药品8000元；筹集7.5万元为淡溪村350户村民购买棉被、取暖器、食用油、大米等爱心物资。参与“同心彩虹行动”，组织会内教育界名师赴贵州金沙县开展“名师送教进金沙”活动，举办专题讲座3场，助力金沙强师工程。到上杭县蛟洋中心小学举办厦门民进第六届山海协作科技夏令营。发挥民进文化界别特色优势，成立厦门民进开明画院，举办“喜迎中共二十大·携手奋进新时代—民进会员书画作品展”“抱朴守真——张葆冬中国画作品展”。开展“春联万家”“慈善年夜饭”“益童成长”“爱心敬老”“凤凰绿荫”“情暖六一”等具有民进界别特色的社会服务活动，各基层组织支援抗击新冠疫情和公益慈善捐款捐物22.5万元。

【课题调研】2022年，民进厦门市委完成各类调研课题117篇、理论研究课题7篇，其中42个课题成果转化为政党协商、政协协商会议的口头发言和书面发言。牵头完成各民主党派重点联合课题《以“双碳目标”引领厦门低碳绿色发展，推动生态文明建设的建议》。

【信息宣传】2022年，民进厦门市委采编上报社情民意信息240条，被省级以上信息部门采用137条，10条信息得到国家、省、市领导批示12次。加强网站、微信公众号、简报、会刊等宣传平台内容采编，编发微信公众号43期317篇，《厦门民进工作简报》12期，编印《厦门民进》双月刊6期34万字。加强与国家级、省市主流媒体的对接和宣传素材推送，全年在《团结报》《人民政协报》（网）发稿19篇，《民主》杂志发稿7篇，人民网、中国网、中国日报网、中国经济网、“学习强国”学习平台、“今日头条”等门户网站首发24篇，民进中央网站（公众号）发稿77篇，厦门电视台及《福建日报》《厦门日报》《厦门晚报》《厦门政协》等省市媒体宣传报道100余篇，协助拍政协视点4个。

【民进厦门市第七次代表大会】2022年1月3日，中国民主促进会厦门市第七次代表大会在厦门宾馆召开，109名代表出席大会。福建省人大、中共厦门市委、市人大、市政府有关领导出席开幕式。大会总结过去五年工作和经验体会，提出今后五年的工作思路，选举吴丽冰为主任委员，黄继义、陈佩玲、陈能汪、乐智强、叶瑞碧、庄晏红为副主任委员。

【开明画院成立】2022年9月29日，厦门民进开明画院成立大会和揭牌仪式在深德美术馆举行。中共厦门市委统战部、民进福建省委、民进厦门市委领导及福建开明画院副院长沈斗平等参加成立大会和揭牌仪式。大会同步举办“喜迎中共二十大，携手奋进新时代”民进会员书画作品展，展出40幅民进会员原创作品，突显民进文化界别特色。

（曾永华）

2022年9月29日，厦门民进开明画院揭牌　　（王珏荣　摄）

中国农工民主党厦门市委员会

【概　况】2022年，中国农工民主党厦门市委员会（简称农工党厦门市委）党员总数1639人。党员中大学以上学历、中高级以上职称占比超过80%，其中医药卫生界占48%，教育界占27%，人口资源和生态环境界占6%，科技界占1%，其他界别占18%。年内，海沧区基层委获评为农工党中央“2018—2022先进基层组织”，3名党员获评为先进个人。

【组织建设】2022年，农工党厦门市委发展新党员58人，新发展党员平均年龄37.5岁，其中博士7人、硕士17人，中高级职称占67%。农工党厦门市委坚持发展对象面谈制，确保思想教育与组织考察有效结合。主界别比重持续提升，界别特色更加突出，人才强党战略成效显现。

【思想建设】2022年，农工党厦门市委加强理论学习，成立理论学习中心组，学习贯彻中共二十大精神，领导班子成员及在厦门省委委员撰写感想体会并在省委微信公众号刊发。制定《农工党厦门市委开展“矢志不渝跟党走、携手奋进新时代”政治交接主题教育工作方案》，召开动员部署会议，在全市基层组织和党员中开展政治交接主题教育。制作微视频，举办摄影展、书画展，组织征文比赛扩大主题教育覆盖面和参与度。举办基层骨干暨新任主委培训班、“星级支部”创建工作经验交流会，提高党务工作能力。

【参政议政】2022年，农工党厦门市委参加多场知情参政对接会、专题协商会和专题座谈会，在市政协协商会议上

2022 年 2 月 23 日，农工党厦门市委、集美区政府、厦门市中医院签署共建中医药强区框架协议 （农工党厦门市委 供图）

口头发言 6 次，书面发言 13 篇。在市政协十四届一次会议上，农工党市委和农工党界别提交集体提案 17 件，其中《关于完善厦门市保障性住房现政策的建议》被市政协列为重点提案和民主监督重点督办提案，助推厦门市保障性商品房管理办法修订实施；提案《加强基层公共卫生服务网底的建议》促进厦门市《关于充实基层卫生力量稳定乡村医生队伍的若干措施》出台实施；提案《关于加快建立护理员制度 推动建设“无陪护医院”的建议》被确定为重点提案，获评十二届省政协优秀提案和 2022 年度好提案，“无陪护”病房在全省开展试点工作。

【社会服务】 2022 年，农工党市委与集美区人民政府、厦门市中医院签订共建协议，推动市级中医药医疗资源下沉，助力集美区建设两岸中医药融合发展示范区。开展心理健康进学校、进社区、进军营等活动 30 余场次。基层组织开展社会服务工作，思明区基层委开展“爱心圆愿”“圆愿学子”等系列活动，湖里区基层委联合江头街道残疾人就业援助中心开展同心助残慰问，海沧区基层委组织“爱肝护肝”主题义诊，第一医院相关支部、中山医院相关支部、仙岳医院支部、中医院相关支部、集美区灌口支部、第三医院支部等开展关爱老人健康义诊、儿童健康义诊、中重度残疾智力残疾等级评定检查、社区居民入户体检等咨询服务。抗击新冠疫情期间，农工党党员王森、秦维霞、刘蜀闽等完成赴沪支援抗疫任务。赖冬担任市第二医院援泉核酸采集队队长，带领 30 名医护人员支援泉州。农工党市委组织党员捐款 2 万元，在贵州当地采购医疗物资，为毕节抗疫贡献力量。

【课题调研】 2022 年，农工党厦门市委加强党史和理论研究，完成课题 86 个。1 篇调研文章获农工党中央 2021 年度优秀调研报告一等奖，2 篇获三等奖。1 篇文章在中共中央政策研究室《学习与研究》上刊发。在农工党福建省委 2021 年优秀调研论文评选中，5 篇获一等奖，3 篇获二等奖，9 篇获三等奖。

【信息宣传】 2022 年，农工党厦门市委收集社情民意信息 563 篇，采用并报送 416 篇。为抗击新冠疫情工作献策，提交 40 多篇社情民意信息。全年编发《厦门农工》内部资料 4 期，通过“厦门农工”网站发布动态信息、党员风采 532 篇次，“厦门农工”微信公众号推送 388 篇。人民政协网、团结网、人民政协报公众微信号采纳报道 9 篇；全年在省市级公共媒体刊发新闻 38 篇，在农工党中央网站和省委微信平台发表报道 300 篇次。

（高 毅）

中国致公党厦门市委员会

【概 况】 2022 年，中国致公党厦门市委员会（简称致公党厦门市委）党员总数 1282 人。承办市“五侨”部门（市人大侨外委、市侨办、市政协港澳台侨委、市侨联、致公党厦门市委）联席会议，加强厦门侨情信息交流，探索侨务工作新思路。到同安区竹坝华侨农场等地开展侨情侨史调研，加强侨情侨史文化研究。承办第十四届“海峡论坛 · 两岸社区服务恳谈会”，协办第二届“第一家园”闽台职工运动交流赛，推动两岸同胞联谊。开展“百人百树 · 两岸同胞共植和平林”活动，组织 100 多名两岸同胞共同参与。年内，致公党厦门市委获致公党中央社会服务工作优秀集体、宣传思想工作优秀集体称号，获致公党福建省委 2017—2022 年度先进集体、调研和提案工作先进集体、反映社情民意信息工作先进集体等称号。

【组织建设】 2022 年，致公党厦门市委发展新党员 51 人，召开致公党厦门市第八次代表大会，选举产生致公党厦门市第八届委员会。创新致公党界别政协委员联络站建设模式，新建分站 3 个。召开各级人大代表、政协委员研修班。致公党党员中的各级人大代表、政协委员，机关处室负责人 50 余人参加研修班学习。

【思想建设】 2022 年，致公党厦门市委开展“矢志不渝跟党走、携手奋进新时代”政治交接主题教育，举办“嘉庚微论坛”系列活动，举办委员培训班、新党员培训班、党务骨干暑期读书班、参政议政骨干班、各级人大代表政协委员研修班等，把主题教育和学习贯彻中共二十大精神落到实处。

【参政议政】 2022 年，致公党厦门市委参与政治协商工作，在市政协十四届一次会议上提交集体提案 22 件、个人提案 21 件，其中 1 篇口头发言获有关领导肯定，1 篇集体提案及 3 篇个人提案被评为 2021 年度优秀提案。在省市政协主席会议、常委会会议等专题协商会上，提交发言材料 31 篇，其中作为口头发言 6 篇。全国政协大会集体提案采用厦门致公党提供素材5篇，其中作为全国政协重点督办提案1篇；省政协采用厦门致公党作为大会发言或提案9篇，采用为专题协商发言材料6篇。截至年底，厦门致公党完成课题87项，其中重点课题11项。反映社情民意信息239篇，其中涉侨台海特色文章64篇，被致公党中央等单位信息刊物采用44篇，被省政协等省级信息刊物采用36篇，被中共厦门市委统战部建言专报等市级信息刊物采用83篇。

【社会服务】 2022年，致公党厦门市委参与致公党中央“致西合作”定点帮扶，以购代捐方式帮助重庆酉阳农特产品销售；参与“帮扶助推铁山发展”同心实践基地建设，推选党员担任致公党省委乡村振兴指导员；与后江社区开展共建，组织机关干部参与洁净家园、交通督导等志愿服务活动；开展为自闭症儿童教育培训中心捐赠教学用品，参与厦漳泉三地残障艺术家与特邀书画名家联展；参与致公党省委“同心享福——四下基层、福行八闽”送福活动，推动“爱心苹果”品牌走出厦门；搭建新的社会服务平台，依托万嘉清水救援队，成立致公厦门社服公益服务中心、致公党市委社服委志愿者联盟。

【对外联络】 2022年，致公党厦门市委开展多项对外联络工作。8月10日，由中国侨联主办，致公党厦门市委和福建省、厦门市、思明区侨联共同承办的“亲情中华·为你讲故事——厦门·思明特色‘文化寻根’网上夏令营”开营，来自北美华裔寻根协会和巴塞罗那孔子文化学校等组织的153名华裔青少年参加。与海外侨团保持密切联系，向菲律宾、缅甸等洪门组织的节日庆典发去贺信。依托澳头古厝闽侨文史馆，加强与海外乡亲的联系。

【致公党中央领导到厦门出席会议】 2022年7月12日，“第十四届海峡论坛·两岸社区服务恳谈会”在厦门召开，全国政协常委、港澳台侨委员会副主任，致公党中央副主席闫小培出席会议。“海峡论坛·两岸社区服务恳谈会”自举办以来，均邀请台湾基层民众代表参加，每次恳谈会围绕不同主题，与大陆有关方面交流。该届恳谈会与会者共同分享社区治理经验和做法，获海峡两岸和港澳地区同胞关注。随着社区建设发展，文化作用受到重视，两岸社区发挥文化作用，营造以文化人、向上向善、守正创新文化氛围，建设幸福家园，助力两岸融合发展，增进两岸同胞亲情。

（张皖鹭）

九三学社厦门市委员会

【概　况】 2022年，中国九三学社厦门市委员会（简称九三学社厦门市委）社员总数1369人。社员中获高级职称856人，占比62.5%，高等教育、科学技术、医药卫生3个界别社员数占总社员数77.5%。下设9个基层委员会、49个支社，成立参政议政、科技、教育文化体育、社会法制、医疗卫生、经济、青年工作、妇女工作、老龄工作等9个专门（工作）委员会。年内，九三学社厦门市委与海沧区嵩屿街道卫生服务中心达成共建协议，打造该社第二个同心健康服务基地。年内，九三学社厦门市委获九三学社中央全国宣传思想工作先进单位、组织工作先进集体称号和九三学社省委多项表彰，九三学社厦门市委青工委获评为九三学社中央2021—2022年社会服务先进集体，九三学社厦门市委常委汪卫国获评为九三学社中央2021—2022年社会服务先进个人、社员杨政莹获评为九三学社中央全国宣传思想工作先进个人，社员王金岸等6人获评为省优秀社员、刘长江等23人获得社省委表彰。

【组织建设】 2022年，九三学社厦门市委发展新社员53人，举办新社员入社仪式；成立九三学社中科院稀土中心支社，完成九三学社厦门市委9个专委会换届。

【思想建设】 2022年，九三学社厦门市委按照班子成员、代表性人士、骨干社员、新社员等不同类别开展培训教育，全年培训240人次。推荐13人参加社省委、市委组织部、统战部各类培训学习。开展“矢志不渝跟党走、携手奋进新时代”政治交接主题教育活动。到同安区莲花镇“高山党校”召开主题教育动员会；在五通灯塔公园和团结大厦开展“学史力行，携手前进——政治交接主题教育暨九三学社创建纪念日活动”，组织社市委委员、基层委主委、机关干部到贵州开展以党史学习、社史教育为主要内容的学习教育，增进学习贯彻中共二十大精神的自觉性；在同安朱子书院召开“将家风家谱文化传承融入民主党派主题教育”研讨会；举办九三学社闽南书画院笔会；推出“政治交接主题教育”“二十大学习”等专栏，拍摄制作“高原上的格桑花”“一群守护沙滩的年轻人”2部视频作品参加省委统战部“共享同心福，我来讲故事”短视频大赛。

【参政议政】 2022年，在厦门市政协十四届一次会议期间，九三学社厦门市委副主委吕鑫作大会发言，九三界别提交书面发言5篇、大会提案22件、市政协大会信息快报3件。《关于加快厦门科学城建设的建议》被列为2022年市政协1号提案，提案《关于在同安县衙旧址建立海峡两岸家谱博物馆的建议》得到落实，并入选2022年度市政协优秀提案。九三学社厦门市委先后参加市委、市政协专题协商8场（次），发言8次，提交书面发言材料32篇，推荐获得社省委课题立项10项。全年报送社情民意信息364篇，比上年增长57%，其中被全国政协采用6篇、九三学社中央采用14篇、省政协采用25篇、其他有关部门采用25篇。

【社会服务】 2022年，九三学社厦门市委开展“一区一特色”“一委一品牌”创建活动。参政议政委发挥界别优势，组织提升参政议政能力培训班，到基层调研，针对性提出建议意见；科技委围绕“科创厦门”主题，一季度走访一家科技企业，为产业发展把脉；医卫委同心健康服务基地每季度开展义诊，为基层社区送医送药，开展医学讲座，提升社区健康水平；经济委推进“自闭症关爱”及“社区结对帮扶”两大品牌建设；社会法制委到海丝中央法务区开展调研活动，为社会治理建言献策；老龄委组织老社员重阳节到环东海域活动，感受厦门市的新城建设面貌；妇委会将“知慧芳华”品牌建设成九三女性精神家园、交流平台、知慧才库；各区基层委开展特色品牌建设工作：思明区“参政议政集训营”、湖里区“信息沙龙”、集美区“青年友好服务体系”、海沧区“社员之家”、同安区推进“乡村振兴”、翔安区助力新冠病毒感染疫情防控。中医院支社联合南普陀寺慈善会义诊服务队到白交祠村开展“慈善行医，让爱传递”义诊活动。厦门大学附属第一医院支社到新圩镇中心卫生院，开展义诊。复旦中山厦门医院支社到厦门市消防救援支队特勤大队开展健康咨询活动，为100多名消防战士进行健康检测，提供咨询服务。在环卫工人节，九三学社厦门市委组织高级职称医卫专家20余人，为厦门市环卫工人义诊150人次。青工委开展“小小好奇心　大大科学梦”科普活动，参与人数500余人次；举办第十五个“世界自闭症日”主题活动，志愿者们一起与孩子们游戏。思明区基层委与将乐县开展山海协作合作，以“文旅+美育+研学”为主题进行深入调研。集美区基层委就后溪流域生态基础设施建设课题开展研讨。翔安区基层委在调研大宅社区火龙果种植基地后，提出产业转型升级建议。

【九三学社厦门市第九次代表大会】 2022年1月1日，九三学社厦门市第九次代表大会在团结大厦召开。大会选举产生九三学社厦门市第九届委员会，新一届委员会领导班子7人、常委17人、委员35人，大会同时选举产生九三学社福建省第九次代表大会代表54人。

（蔡庆钊）

台湾民主自治同盟厦门市委员会

【概　况】 2022年，台湾民主自治同盟厦门市委员会（简称台盟厦门市委）有盟员253人，其中高级职称盟员51人、中级职称盟员78人。围绕中共厦门市委中心工作，开展调研，提高议政建言质量和水平。突出“台”字特色，由盟员与台湾青年共同演绎的汉服礼仪节目《汉服礼仪拜早年》参加台盟中央展演。年内，台盟厦门市委被台盟中央授予“地方级组织参政议政先进集体”称号。盟员李晟浩《破壁与共融：构筑两岸青年同频文化圈》获台盟中央第十二次协商议政论坛“最具魅力奖”。

【组织建设】 2022年，台盟厦门市委发展盟员3人。开展入盟联系对象座谈会，专职副主委陈敏伟为联系对象讲解中国共产党领导的多党合作和政治协商制度，介绍台盟发展历程及政党性质。组织处讲解台盟厦门市委基本情况和履职案例，播放台盟履职成果宣传片，宣讲《台湾民主自治同盟章程》、学习台盟厦门市委盟刊、调研报告汇编等。依据组织发展规程，要求入盟联系对象参加基层组织活动，并指定专人指导。

【思想建设】 2022年，台盟厦门市委结合纪念厦门台盟组织成立40周年，开展“矢志不渝跟党走、携手奋进新时代”政治交接主题教育，举办征文、座谈会、主题分享会，引导盟员树立正确观念。落实领导班子理论学习中心组、民主生活会、述职和民主评议等制度。规范基层组织生活会，建立常态化学习制度，提升基层组织活力和凝聚力。

【参政议政】 2022年，台盟厦门市委参加中共厦门市委政党专题协商，围绕“以科技创新支撑厦门未来产业发展”主题提出意见建议。参加厦门市综治（平安建设）工作通报会并就相关议题发言。参加市政协专题协商和对口协商6次，提交发言材料9篇。在厦门市政协十四届一次大会期间，提交《以通促融　推动台湾人才在厦深度融合发展》等大会发言材料5篇、集体提案18件，其中《加快发展公共技术服务平台，进一步营造良好科技创新环境》获评优秀提案。在福建省政协十二届五次会议期间，台盟福建省委会采用4篇调研报告作为省政协大会书面发言材料、4件提案作为省政协提案。在全国政协十三届五次会议期间，台盟中央采用《团结广大台湾同胞，推进两岸融合发展》《发挥“一国两制”积极作用，推动实现祖国和平统一》2篇调研报告作全国政协大会口头发言材料和书面发言材料。盟员中各级人大代表、政协委员提交建议、提案32件。

【社会服务】 2022年，台盟厦门市委开展新春慰问，慰问金尚社区、溪声社区20户社区困难群众。赴同安溪声小学开展助学慰问，为20位困难家庭学生发放夏秋校服。联合厦门南普陀中医院到湖里金尚小区开展“福泽万家　义诊惠民”活动。联合厦门市禁毒办、湖里区司法局等11家单位在兴隆社区开展“健康人生、绿色无毒”活动，组织台胞志工和盟员志愿者进社区开展禁毒宣传活动。与市民政局建立对口联系机制，参与社会服务品牌展示，推荐1名盟员担任市救助站特邀监督员。为台盟中央毕节对口扶贫单位筹措捐赠资金10万元，开展为政和县石屯中学图书馆捐赠书籍活动，助力上级台盟组织的挂钩帮扶工作。组织盟员和机关工作人员到社区和疫情防控重点区域参加疫情防控志愿服务。组织机关、盟员志愿者开展义务植树活动，持续开展洁净家园、交通督导等志愿服务，助力全国文明典范城市创建。

【课题调研】 2022年，台盟厦门市委完成调研报告54篇。参加台盟中央重点课题调研7项，提交调研报告10篇。为台盟福建省委参加省委深改办、省政协5次专题协商提供5篇调研报告。《台湾当局阻挠两岸交流合作的法律政策及其应对》《进一步提升在陆常住台胞对大陆制度适应和政治参与的对策与建议》2篇报告获评台盟福建省委优秀调研报告。

【信息宣传】 2022年，台盟厦门市委加强信息员人才队伍建设，提高信息质量，提交社情民意信息100条。编辑《厦门台盟》4期、《台盟简讯》12期，微信公众号“厦门台盟”推送信息133条。

【台盟厦门市第九届九次代表大会】 2022年1月2日，台湾民主自治同盟厦门市第九次代表大会在厦门宾馆召开。厦门市、台盟福建省委有关领导出席会议。会议出席代表101人，审议并通过台盟厦门市第八届委员会工作报告，选举产生台盟厦门市第九届委员会委员18人和出席台盟福建省第十一次代表大会代表42人。在台盟厦门市第九届委员会第一次全体会议上，选举产生台盟厦门市委领导班子，陈紫萱当选为台盟厦门市第九届委员会主任委员，陈敏伟、郑直、郭海峰、陈可芳、陈立当选为副主任委员。会议对台盟厦门市委先进基层组织、优秀盟务工作者、参政议政先进个人、社会服务先进个人进行表彰。

【“斗阵来围炉”新春联欢活动】 2022年1月26日，台盟中央举办“新春云团聚——斗阵来围炉”新春联欢活动，21个地方组织设分会场参与云联欢，台盟厦门市委邀请20位台湾青年在机关分会场与全盟各地台胞一起欢度新春。

【两岸青年庆元宵】 2022年2月11日，台盟厦门市委在两岸青年心家园举办“虎啸龙吟抒豪情壮志　蛟跃凤鸣扬盛世新春”两岸融合庆元宵活动，邀请青年盟员和厦门、漳州台湾青年组队猜灯谜，通过融合两岸俗语、地名以及带有闽南语特色的灯谜竞赛，促进两岸青年的情感交流，串联起两岸共同记忆。

【“携手两岸　筑梦青春”青年节】 2022年5月8日，台盟厦门市委联合翔安区委统战部、团市委举办“携手两岸　筑梦青春”五四青年节活动，邀请台湾青年和青年盟员前往翔安区黄厝村考察乡村振兴情况，参观“百年统战　砥砺初心”展览和陈嘉庚生平展览，并开展台青创业政策、多党合作史和“嘉庚精神”宣讲。

（黄景胜）

厦门市工商业联合会（总商会）

【概　况】 2022年，厦门市工商业联合会、厦门市总商会（简称市工商联）会员总数3.24万家。其中，企业会员3.2万家，团体会员253家，个人会员119家。2022年，厦门市工商联出台《厦门市异地商会登记管理办法》，指导成立蚌埠商会、清流商会、万州商会和荆州商会。推进镇街商会注册登记全覆盖工作。所属商协会成立党组织117家，培育市级商会党建工作示范单位5家，表彰优秀商会会长10位。开展“百会千企迎二十大”“厦门民营经济学习宣传贯彻党的二十大精神”系列主题宣传活动，组织开展6个专题培训班和30场总商会大讲堂公益讲座，累计培训1800余人次。开展“‘三快三优三实’推动基层组织高质量发展”活动，经验做法被全国工商联评为“2022年组织建设调研成果探索实践奖”并作为改革创新案例在全国推广。2家区工商联获评为全国“五好”标杆县级工商联，36家商协会获评为全国或省级“四好”商会。

【参政议政】 2022年，厦门市工商联发挥政府和企业之间的桥梁作用，开展“四走”调研，收集民营企业困难与诉求，报送专题报告18件，得到省市主要领导批示11件次。完成全国工商联民营经济调查点调查问卷1122份。依托厦门市两会平台参政议政，提交团体提案6件、个人提案近20篇，被确定为重点提案4件，承办提案5件；市政协委员汪卫东提交《关于厦门智慧交通提升的建议》被市政协列为重点提案，提案故事《从“商人节”到“企业家日”》刊发在“厦门政协”微信动态。被市人大常委会授牌为基层立法联系点，征集民营企业有关立法规划项目的意见建议。参加市政协协商议政5场。完成年度调研课题23个。报送信息200余篇，获全国工商联领导批示2篇。

【社会服务】 2022年，厦门市工商联以“工商联+N”服务内容为举措，推进“店小二”综合经济服务活动。推动“金融活水精准滴灌小微企业”活动，新签约中信银行、邮储银行等5家银行，全年惠及企业5000多家（次）。与市人社局等3家单位联合举办线上、线下招聘会6场，提供就业岗位2万多个。与厦门税务局联合开展“春雨润苗”专项行动，推出4大类25项服务措施。与市市场监督管理局等6家单位联合开展“引领民企提质增效升级行动”，推出具体措施9项。依托厦门市经贸商事调解中心成功调解3733件案件，调解成功率37%。开展“以商引商”，搜集项目信息102个，总投资额603亿元；落地项目10个，投资额16.32亿元。持续开展“万企兴万村”行动，组织赴宁夏、新疆等地开展东西部协作考察，捐款140万元对接帮扶宁夏闽宁镇和新疆吉木萨尔县新地乡小学。开展“百商万人献血公益行”活动，献血37.82万毫升，联合市卫健委通报表扬“百商万人献血公益行”活动优秀组织单位及突出贡献单位30家。市光彩事业促进会向市关工委等3家爱心组织捐赠30万元助学助残资金。评选出2022年度厦门市“双爱典范”民营企业26家，推荐民营企业获评为省级劳动关系和谐单位18家。

【第十四届执委会和监事会就职仪式】 2022年5月26日，厦门市工商业联合会（总商会）第十四届执委会和监事会就职仪式在厦门国际会议中心举行。有关市领导出席就职仪式，市卫健委、省内各地市工商联、各区委统战部、市工商联所属商协会、各区工商联代表近500人参加，新一届市工商联（总商会）主席（会长）柯希平作就职演讲。就职仪式上召开第十四届执委会第二次会议，传达学习全国工商联十二届五次执委会议及福建省工商联（总商会）十一届六次执委会议精神等；发出《关于践行“诚信经营、守信践诺”的倡议书》，近500位民营企业家现场签订践行“诚信经营、守信践诺”承诺书；会上举行“百商万人献血公益行”活动优秀组织单位及突出贡献单位、全国“四好”商会、福建省“四好”商会、厦门市十佳“四好”商会、厦门市“四好”商会授牌仪式。

【厦门商会历史陈列馆开馆】 2022年5月26日，厦门商会历史陈列馆建成开馆，有关市领导出席开馆仪式。陈列馆展示照片影像620多张，文献资料110多份，展品、交流纪念品50多件，商会荣誉奖章、奖状57个。陈列馆展示厦门商会发展历史及主要贡献，是商协会开展活动的场所、民营经济人士教育基地和交流平台。

【全国工商联领导到厦门调研】 2022年8月2—3日，中央统战部副部长，全国工商联党组书记、常务副主席徐乐江到厦门开展调研工作，走访恒兴集团、罗普特科技、安井食品、大博医疗、乾照光电、强力巨彩、厦门市安溪商会和陈嘉庚纪念馆。调研期间，徐乐江参加陈嘉庚纪念馆被列为“全国民营经济人士理想信念教育基地”授牌仪式。

（孙　玲）

责任编辑：熊焱峰
审　稿：阳晓儒
校　对：曲　艺

12 群众团体

厦门市总工会

【概　况】2022年，厦门市基层工会总数1.6万个，工会单位职工总数160.8万人，其中工会会员154.59万人。全市工会工作被中央、省级、市级主要媒体报道440篇次，其中《工人日报》刊发厦门市工会新闻报道12篇、《福建日报》刊发14篇、《厦门日报》刊发62篇、《厦门晚报》刊发27篇。2022年，厦门总工会旧址陈列馆接待观众5074人次，入选首批厦门市新时代文明实践基地。厦门市总工会（简称市总工会）组织“喜迎二十大·建功新时代‘工悦领读’特色宣讲”活动20场，近百名“劳模宣讲团”“工悦领读天团”成员到基层宣讲习近平总书记关于工人阶级和工会工作的重要论述；联合厦门大学在囊萤楼举办“礼赞二十大·建功新时代”主题宣讲活动；发布先进典型人物事迹与动人故事文章视频80余条，《不负嘱托，砥砺奋进，推动工会工作不断取得高质量发展新业绩》在《厦门日报》、“学习强国”厦门平台刊载，《厦门市总工会举行“喜迎二十大　建功新时代”宣讲培训会》被“学习强国”报道，《厦门市总工会打造新时代宣讲队伍　工悦领读天团获评基层理论宣讲先进集体》被人民网报道，《党支部诞生地　新征程再出发》被《工人日报》报道；选送5个原创“三工”题材文艺作品参加全国总工会“喜迎二十大·建功新时代”全国企（行）业歌曲、职工舞蹈、职工曲艺小品征集展演活动；选送优秀职工参加“强国复兴有我——喜迎二十大·建功新福建”青年职工演讲比赛，选送12篇征文参加福建省“全省职工诗文云诵会”；推荐产生全国工人先锋号先进集体2个、全国五一劳动奖章先进个人2人，福建省五一劳动奖章先进个人22人、五一劳动奖状单位8个、工人（五一）先锋号集体22个、工人（五一）先锋号窗口服务行业标杆班组12个；举办第二届全市集体协商竞赛，组织14支代表队参赛；举办数字经济劳模座谈会，推荐5家劳模工作室分别申报福建省劳模和工匠人才创新工作室、福建省示范性劳模和工匠人才创新工作室；开展非公企业党建带工建和“结对共建”工作，对市委组织部提供的“两优一先”表彰名单中企业工会，进行走访指导建会和示范点培育；依托园区、社区、商圈、楼宇等人员密集的公共区域布点，联合党建活动中心新建共享职工之家12家；举办“强国复兴有我·劳动创造幸福”主题征文、职工原创灯谜征集、“闽南风貌建筑”职工摄影展、“情系兄弟姐妹”慰问演出、职工春晚节目海选等群众性主题宣传教育活动15场；组织“安康杯”竞赛、“《中华人民共和国职业病防治法》宣传周”、“安全生产月”活动，全市工会开展主题宣讲活动307场、宣传咨询活动358次、各类应急演练121场、专题讲座106次、警示教育活动135次，印发宣传材料9000余份。

【工会规范化建设】2022年，厦门市总工会推动基层工会规范化建设，制定《关于贯彻福建省〈“模范职工之家”建设规范〉和〈“模范职工之家”评定规范〉的实施意见》（简称实施意见），作为工会干部培训应知应会内容，加强对基层职工之家建设的指导和督促，确保实施意见落到实处。出台《厦门市市级劳动领域社会组织服务职工示范基地补助管理办法》，确认4家社会组织为市级劳动领域社会组织服务职工示范基地。开展“公开解难题、民主促发展”主题活动，征集评选职工代表优秀提案88件，开展民主管理规范化建设自查，编印《企业民主管理文件选编》。推进26家全模工会与工作基础薄弱、作用不明显的单位工会“结对共建”，进一步提升工会规范化水平。

【工会融媒体建设】2022年，厦门市总工会推进“一网一刊两微多端”融媒体建设，推送宣传报道1695篇（次），其中原创视频510条，总阅读数及播放点击量超1300万次，微信服务号、订阅号粉丝数超160万个。厦门工会（头条号）获评全国网络正能量新媒体“工会十佳账号”，原创诵读作品《以“初心”致“匠心”》获评2022年“阅读经典好书　争做中国好网民”主题诵读作品征集活动一等优秀作品，原创歌曲《微光》获评2022年“网聚职工正能量　争做中国好网民”“喜迎二十大　唱响新时代奋斗之歌”银曲奖。

小资料：

一网一刊两微多端：“一网”即厦门工会网，“一刊”即《厦门工人》，“两微”即厦门市总工会微信公众号订阅号、服务号，“多端”即市总工会视频号、市总工会今日头条号、市总工会抖音号等。

【产业工人队伍建设改革推进】 2022年，厦门市总工会牵头成立厦门市推进产业工人队伍建设改革领导小组，加大重点企业产业改革工作推进力度，新增厦门太古飞机工程有限公司等3个省级和美亚柏科信息股份有限公司等6个市级试点单位，推动厦门亿联网络技术股份有限公司等159家不同规模、不同行业民营企业深化产业工人队伍建设改革工作。

【职工培训】 2022年，厦门市总工会开展“求学圆梦”职工学历提升行动，设置开放教育、成人高考（函授）、自学考试3种学习形式，涵盖35门本科专业、25门专科专业，完成招生1800人，为符合条件学员发放学费补助227.6万元。开展“建功‘十四五’、奋进新征程”主题劳动和技能竞赛，举办全市性A类比赛41项，区级、行业级（B类）比赛48项，授予33名技术比赛优胜选手“2021年度厦门行业工匠”称号，通报表扬姚鹏等19名“2021年度厦门行业（数字）工匠”。新增职工技术创新工作室30家，以冯鸿昌劳模创新工作室创建工匠学院，创新职工技能素质提升、技术创新和成果孵化、展示、交流转化的平台载体；组织职工参加福建省百万职工“五小创新”大赛，新增项目860项，114个项目获奖，对市级优秀小发明、小创造项目给予120万余元项目扶持资金。推动职工学堂向数字产业、高新产业拓展，新增4家职工学堂、112门类培训课程、培育民营企业产业工人技能培训点11个。全年，职工学堂开展培训1.04万场次，培训职工38万人次。

【职工权益维护】 2022年，厦门市总工会推动构建和谐劳动关系，畅通“12351”服务热线，升级服务平台系统为PC=PHONE标准座席，接待职工来电、来访、来信2600余件，调解劳动争议案件147件，帮助职工协调追回256万余元。开展集体协商“要约行动月”活动，发出协商要约1863份，覆盖企业1.03家、职工63万余人。

【职工普法宣传】 2022年，厦门市总工会开展“尊法守法·携手筑梦”服务农民工公益法律服务行动，组建8支队伍，开展现场普法宣讲56场，发放宣传材料近万份，线上普法42场，参与人数18万人次。与市司法局联合开展“工会+司法”公益法律咨询服务，加强“园区枫桥”机制建设，指导建成海沧自贸园区职工法律服务一体化基地。开展《中华人民共和国工会法》《法律援助法》专题宣传，举办《中华人民共和国工会法》工会干部轮训示范班，开展《中华人民共和国工会法》实施情况和新就业形态劳动者维权等方面的专题调研。

【工会对口帮扶】 2022年，厦门市总工会持续发挥工会组织在对口支援和东西部协作等工作中的作用，完成消费帮扶金额1.1亿余元。围绕职工之家建设、职工技能提升、职工维权帮扶等方面开展工会共建项目，分别援助新疆吉木萨尔县工人文化宫、西藏左贡县职工之家建设资金80万元，慰问援疆、援藏、援万州、援海源、省内山海协作以及闽宁协作等艰苦地区挂职干部及专技人才124人，用款37.2万元。海沧区总工会拨付泾源县总工会帮扶资金10万元，用于户外劳动者服务站及共享职工之家项目建设；援助宁德市屏南县总工会10万元，用于共建“善小屋·共享职工之家”及“爱心驿站”项目建设。翔安区总工会发动辖区基层工会购买170余万元云霄农特产品，组织2批一线职工到云霄疗休养。

【“工会红·暖心间”主题关爱活动】 2022年，厦门市总工会组织开展“工会红·暖心间”主题关爱活动，全市各级工会筹集资金1347万元，深入重点项目工地、企业等，走访慰问困难职工、困难劳模、一线职工等7万人次。定制印有工会标志的红围巾2万多条为职工送祝福，投入300万元为外来留厦门职工“送年货”。走访慰问支援外地的新冠病毒感染工作专班、核酸检测一线医护人员和厦门海关、边检、市场监督防控一线干部职工2400余人，慰问款物104万元。筹集1000万元补助基层工会开展职工疗休养，组织19批次一线职工、医护人员900人次参加省、市级疗休养和弹性休养活动。联合市人社局包机11架次“点对点”将新招录的外地员工输送至厦门。举办全省工会就业创业服务系列活动启动仪式暨服务民营企业专场招聘会，225家民营企业提供1.5万余个岗位需求，近600人达成就业意向。线上通过市总工会微信公众号和市职工服务中心微信公众号，发布18期招聘信息，涉及100家用人单位、337个工种、2906个工作岗位，为用人单位介绍约700个意向求职者。指导小微企业对缴交的工会经费实行全额线上、线下返还，完成1.97万家次小微企业经费返还1.03亿元。延长“平安返厦”交通补助活动时间至年底，8万人获补助金额1966.7万元。开展医疗互助保障工作，56.37万名职工参保，补助人数2.05万人次，补助金额5591.2万元。扶持创办职工子女暑期托管班，开办暑托班（包括联办）241个，服务职工子女5300多人，市、区两级工会发放补助480余万元。

【法治护航新就业形态劳动者权益保障】 2022年，厦门市总工会推动全市工会系统实施法治护航新就业形态劳动者专项行动，牵头建立涉及市、区两级工会和人社、交通、邮政、商务等部门的领导小组办公会议制度，每月“联合”研究新业态劳动者建会、入会的难点、堵点问题；开展新业态群体建会、入会集中行动，成立厦门市推进新就业形态劳动者建会入会工作领导小组，协调财政补助95万元用于新业态劳动者建会、入会专项经费，建立新就业群体工会组织1300家，入会会员近4万人，通过市级快递行业工会联合会实现快递企业、分支机构、末端网点全覆盖；推动各区成立货车司机、网约车驾驶员和网约配送员群体镇街行业工会联合会或联合工会；指导推动快递行业首次签订全市性行业集体合同和工资专项合同，确立全省最高的一线快递员工资标准；指导选树诺盛、金鹭等5家“能级工资”协商示范点孵化培育企业，快先森等2家新就业形态企业协商典型和1家快递行业协商示范典型；厦门诺盛公司集体协商案例入选“全国总工会集体协商抗击新冠病毒感染十佳案例”；投入140万元为1.4万名以货车司机、网约车司机、快递员、外卖配送员等为主要对象的新就业形态劳动者按照每份（每位会员）100元的标准购买人身意外伤害保险；为新就业形态劳动者征集兑现每个单价不高于500元的生活用品“微心愿”1400份，开办首个新就业形态劳动者子女暑托班；投入20万元采购“抗疫礼包”1000份、“工会福袋”2000个，深入高速服务区、物流园区、大型物流企业等货车司机聚集的区域开展慰问；建成427家爱心驿站、10家“暖蜂”小屋，解决快递小哥、外卖骑手等新就业形态劳动者在工作中遇到的饮水难、歇脚难、如厕难、充电难等实际问题；组织8场关爱新就业形态职工专场活动，开展文艺展演、送爱心礼包、法律宣传和咨询、交通安全和文明出行知识培训等活动。

【婴幼儿普惠托育点设立扶持】 2022年，厦门市总工会率先福建省出台政策扶持，推动有条件的基层单位为职工提供福利性婴幼儿照护服务，设立3岁以下婴幼儿照护日托服务普惠托育点（中心），并予以资金支持。托育点的创办模式分为2种：单位自建自办的普惠性质托育点（中心），主要面向该单位职工子女招生，对该单位职工进行普惠性收费；由单位引进正规教育机构、托育机构进行联办，或者通过购买服务模式建立托育点（中心），并对该单位职工子女入托收费给予倾向性优惠。对采取自建自办模式的单位，根据建设投入资金金额给予5万～10万元不等的建设补助资金；自建自办模式的单位，可根据建设投入资金大小申请一次性建设补助资金。补助标准为：建设投入为20万～50万元（不含）的补助5万元；50万～100万元（不含）的补助8万元；100万元（含）以上的补助10万元。自建自办、联办、购买服务等模式的单位，每年经申请验收后，市总工会给予一次性运营补助资金，补助标准为：招收3岁以下婴幼儿5～9人的每班补助1.5万元；招收10～18人的每班补助2.5万元；每班人数一般不超过18人。

【闽西南职工春晚】 2022年2月1日，由厦门市总工会、厦门广播电视集团联合主办的“2022厦门职工春晚·闽西南职工”春晚首播。该届春晚围绕“庆祝中国共产党成立100周年”“向党的二十大献礼”“庆祝厦门经济特区建设40年”“职工春晚十周年”等主题展开，由53家单位、750名闽西南职工自编、自导、自演的20个原创节目组成，涵盖脱口秀、情景歌舞、小品、配乐讲述等形式。该届春晚创新节目编排，将外景节目搬到红色革命老区、重点工程建设工地、厦门生态文明建设示范地等。

【第二十八届职工技术比赛】 2022年4月22日，厦门市第二十八届职工技术比赛暨数字经济技能大赛启动仪式在海润码头海润大厦举行。市委常委、市总工会主席王雪敏，市总工会党组书记、副主席许毅青等出席活动，并为“2021年度厦门行业（数字）工匠”代表颁奖，为各区、产业工（联）会颁授厦门数字经济技能大赛旗帜。该届大赛以“建功十四五、奋进新征程”为主题，聚焦数字产业和民营经济，举办80个竞赛项目，涵盖生产制造、信息通信、交通运输、社会服务等行业领域，通过竞赛及面向社会寻找等形式，选树一批“2022年度厦门行业（数字）工匠”。当日，同时举行集装箱桥吊远程操控司机技术比赛，是厦门首次举办港机远程操控技术比赛，吸引4家单位、63名选手报名参加。

【“五一”国际劳动节庆祝活动】 2022年4月29日，厦门市庆祝“五一”国际劳动节大会暨百万职工“喜迎二十大 建功新时代”系列活动启动仪式在厦门工人体育馆举行。市委常委、副市长黄晓舟，市委常委、市总工会主席王雪敏，市人大常委会副主任陈紫萱，市政协副主席黄奋强出席，市、区总工会领导以及市各条战线劳动模范和职工代表等参加活动。来自数字经济、环境能源、航空运输、地铁建设、港口维修、医疗卫生等行业领域的百对劳模师徒进行签约结对，全国劳模、厦门集装箱码头集团有限公司工会主席冯鸿昌代表全市劳模宣读《致全市职工倡议书》。

【海峡职工论坛】 2022年7月26日，由中华全国总工会主办、福建省总工会承办、厦门市总工会协办的2022海峡职工论坛在全国总工会厦门劳动模范疗休养中心（集美杏林）举行。论坛以“数字技能助力高质量发展、匠人匠心铸就美好生活”为主题，吸引来自海峡两岸100余名劳模、一线职工、技艺大师代表及大陆工会代表以线上、线下方式参与。论坛提出3点倡议：坚持开拓创新，共享发展机遇，更好享受数字经济发展新红利；培育匠人匠心，共铸美好生活，让两岸职工创新才智充分涌流；把握历史大势，共促融合发展，凝聚起两岸职工为实现中华民族伟大复兴中国梦不懈奋斗的磅礴力量。论坛期

2022年4月22日，厦门市第二十八届职工技术比赛暨数字经济技能大赛启动仪式举行

（市总工会　供图）

间，举办两岸数字经济成果展、两岸职工技能提升交流会和两岸职工技能展示，推动两岸职工交流交往、互学互鉴。

【“五一先锋号”亮号示范活动】 2022年10月28日，“踔厉奋发·勇当先锋”厦门市“五一先锋号”亮号示范活动启动仪式在厦门地铁吕厝站举行。市委常委、市总工会主席王雪敏，市总工会党组书记、副主席许毅青等出席活动。活动期间，首批592家“五一先锋号”先进集体参与亮牌行动。活动现场，市总工会向2022年度厦门市“五一先锋号”优胜集体（20个）及先进集体（485个）代表授牌，并为轨道运营分公司客运中心吕厝站“市五一先锋号”亮牌。

【第十六届新厦门人集体婚典】 2022年11月19日，由厦门市总工会、厦门晚报社主办的第十六届新厦门人集体婚典在厦门五一广场举行。市委常委、市总工会主席王雪敏，市人大常委会副主任陈紫萱，市政府副市长廖华生，市政协副主席黄奋强，市总工会党组书记、副主席许毅青，以及各主办方和相关部门领导、新人亲属和前来观礼的市民群众出席婚典仪式。参加该届集体婚典的100对新人，来自全国21个省、自治区和直辖市，分布于全市168家企（事）业单位，其中66.5%的新人来自福建省，少数民族有8人，分别是朝鲜族、回族、满族、畲族、苗族、蒙古族和瑶族。活动现场还举行新郎集体求婚、三拜仪式、趣味互动游戏等活动。

【首届互联网营销师技能大赛】 2022年10月10日至11月29日，由厦门市劳动竞赛委员会和市服务业工会联合会主办、市导游员基层工会联合委员会及厦门旅游培训中心承办的厦门市第二十八届职工技能竞赛互联网营销师技能比赛举行，该项赛事是厦门市首次举办。比赛以“新科技　新纪元　新出路”为主题，由元宇宙数字人虚拟主播、主持全程赛事。来自厦门导游直播团队、厦门映像传媒直播团队、品就直播团队、木之森直播团队、泉州职业技术大学团队、厦大嘉庚学院直播团队以及社会面个人主播等100多人参赛，其中社会人员报名参赛约40人，校院学生报名参赛约60人。比赛以“实战即比赛”的方式，比拼直播带货技能。选手以指定产品作为带货商品，通过1个月的直播带货比拼，展示带货能力与转化数据，以平台的成交金额决出比赛名次。中华全国总工会厦门劳动模范疗休养中心周秋艳、厦门航空国际旅行社有限公司陈今、厦门建发国际旅行社集团有限公司杨红分别获前3名。

（市总工会）

中国共产主义青年团厦门市委员会

【概　况】 2022年，中国共产主义青年团厦门市委员会（简称团市委）围绕“喜迎二十大，青春在行动”主题，发挥青年突击队、青年文明号、青年岗位能手等“青”字号品牌项目功能，组织引导职业青年立足岗位创新创效创优、激励青年建功立业。18家在厦门集体获评2022—2024年省级青年文明号，2家单位参评并获全国青年安全生产示范岗称号，3名个人获评第21届全国青年岗位能手。深化青年志愿服务品牌项目，推广志愿服务供需结对机制，招募疫情防控储备青年志愿者1000余人，组织4000名青年志愿者投入马拉松赛事保障，连续4年保障金鸡电影节。建立社区青年志愿服务阵地，和通等4个社区在全国首批“社区青春行动”试点评估中获评优秀。举办2022年厦门共青团学习贯彻中国共产党的二十大精神专题培训班、厦门市高校“青马工程”培训班、厦门市各界青年学习宣传贯彻党的二十大精神座谈会等，引领各级共青团组织、青联、学联、少先队组织开展主题学习教育3.2万场。组织开展以“青少年学习习近平新时代中国特色社会主义思想行动”为中心的网上主题团课“青年大学习”，平均每周6.2万人次直接参与。面向少先队员开展“红领巾心向党”“争做新时代好队员”等主题队日活动，覆盖40万人次。完善党建带团建工作机制，与市委组织部共同制定《关于进一步加强和改进基层党建带团建工作的若干措施》，细化提出团市委自身任务分解方案，提出5个方面15条细则规范。完善党团队一体化育人链条，率先福建省印发《关于全面加强新时代少先队工作的实施方案》，形成党委领导、政府支持、共青团牵头、团教协作、社会协同的少先队工作体制机制。引入《厦门日报》专业团队，升级打造厦门团市委新媒体中心，“青春厦门”微信公众号粉丝数22万个，微信公众号进入全国共青团微信公众号前50名。依托市青少年党史教育基地和“红领巾”主题教育基地，以“红领巾”讲习团和青年讲师团为载体，面向青少年开展宣讲活动30场次，覆盖10余万人次。

【基层团组织改革】 2022年，厦门团市委围绕县域共青团基层组织改革主要任务，指导推进思明区、湖里区、集美区、海沧区4个试点区改革工作，探索符合自身实际和特色的工作新举措、新机制，形成“三破三立”的改革局面，即：破解队伍力量薄弱难题，建立多元化选人渠道，实现团干部队伍力量有效充实；破解传统基层组织方式，建立有形化覆盖模式，实现团基层组织覆盖面有效提升；破解现有制度机制局限，建立立体化工作体系，实现团的制度机制建设有效完善。8月，4个区试点工作完成验收，其中湖里区被团中央评为优秀，并在福建省县域共青团基层组织改革部署研讨会暨福建省团的基层建设工作研讨班作工作经验交流。年内，厦门市县域共青团基层组织改革工作实现6个区全覆盖。

【先进典型选树】 2022年，厦门团市委开展五四表彰工作，推报获评全国优秀共青团员、全国优秀共青团干部、全国五四红旗团委、全国五四红旗团支部各1个，福建省五四青年奖5个、五四青年奖章集体5个、优秀共青团员4个、优秀共青团干部4个，福建省五四红旗团委2个、五四红旗团支部2个；通报表扬2021年度厦门市优秀共青团员39个、厦门市优秀共青团干部43个、厦门市五四红旗团委16个、厦门市五四红旗团（总）支部27个；开展市级红领巾三星章评选活动，联合市教育局、市少工委开展2021—2022年厦门市“红领巾奖章”三星章集体和个人推荐工作，有47个少先队大队、98个少先队中队、290名学生获得厦门市“红领市奖章”三星章，39 名学生获得“鹭岛先锋章”（市级特色章）；选树青年榜样，有 3 名个人入选全国向上向善好青年，5 名个人入选省级向上向善好青年。

【青年人才工作】 2022 年，厦门团市委开展青年英才“双百计划”，启动第五批杰出青年人才及第七批青年创新创业人才认定评选工作。开展全过程宣传，扩大评选的知晓面和参与度，吸引更多青年人才留在厦门。发动青年参加第十七届“振兴杯”全国青年技能大赛（职工组）、第九届“创青春”福建省青年创新创业大赛暨福建省第四届返乡大学生创新创业大赛、第五届“中国创翼”创业创新大赛厦门市选拔赛等比赛，推动获奖项目落地厦门，促进青年科技创新成果有效转化。通过“筑梦计划”“千联万聚常引”项目建立市级青年骨干人才库 376 人，遴选 40 人入选省级人才库。

【青少年权益维护】 2022 年，厦门团市委组建福建省首个地市级青少年司法社会工作者资源库，开展“青春自护·有你有我”“亮启明天”等活动 245 场及法制宣传、禁毒宣传 49 场，服务青少年群体 2.6 万人次，预防青少年违法犯罪工作列福建省第一位。“青春自护·有你有我”项目入选团中央“12355 青少年自护教育专项资助”计划，推荐入选《市域社会治理现代化视角下福建省青少年社会工作案例》9 个。开展“共青团与人大代表、政协委员面对面”活动，2 份调研报告被团中央评为优秀调研报告。举办青少年模拟政协提案征集活动，报名参赛 1200 人次，在线观看主题网络培训云课堂 5.5 万人次，入围全国优秀提案评审环节提案作品 2 份。

【困难青少年关爱】 2022 年，厦门团市委开展“希望工程”助学系列活动，发放助学金 14 万元。开展圆梦行动，发放资金 210.46 万元，助力 815 名贫困大学生。推动甘肃积石山县李家台子希望小学、四川康定市呷吧希望小学、宁夏彭阳县红河镇中心校“向阳花”音乐教室援建款 81.56 万元落地实施，在新疆吉木萨尔县新地乡小学援建 1 间“向阳花”音乐教室。推动爱心捐方豪客来为中西部 7 所希望小学捐赠爱心棉衣、教学办公设备，为 700 名青少年送去温暖与关爱。提升“青少年助梦计划”品牌，推出“青‘青’携手，播撒爱与希望”系列爱心活动，推动 22 个青年社会组织与 15 所学校建立爱心伙伴关系。“凤凰花助飞成长营”项目，获评全国希望工程创新希望项目。

2022 年 5 月 11 日，厦门市庆祝中国共产主义青年团成立 100 周年青春分享会在青少年宫举行
（团市委　供图）

【海峡两岸青少年交流融合】 2022 年，厦门团市委配合团中央、团省委在厦门举办第二十届海峡青年论坛，组织青年学习领会习近平总书记给参加第二十届海峡青年论坛的台湾青年回信精神。根据团省委及台籍青年需求，落实港澳台大学生暑期实习计划，筛选报送 50 个岗位，用来招收来自北京大学、清华大学等 18 所高校的 72 名台湾大学生到厦门银行等单位开展暑期实习。

【“扬帆计划”实施】 2022 年，厦门团市委按照团省委统一部署，实施“扬帆计划”。全方位整合资源，多渠道募集岗位，动员党政机关、事业单位、国有企业、大型非公企业、金融机构等提供优质实习岗位。吸引 573 家用人单位提供 9251 个实习岗位，4993 名学生上岗实习，覆盖清华大学等 637 所国内高校及悉尼大学等 53 所境外高校，经验做法被《中国共青团》杂志报道。

【青年发展规划实施】 2022 年，厦门团市委推动中长期青年发展规划纵深实施，“建设青年发展型城市”首次写入市政府工作报告。集美区入选全国青年发展型县域试点并率先福建省印发实施《集美区建设青年发展友好型城区行动方案（2022—2025 年）》，思明区、湖里区、翔安区入选福建省青年发展型县域试点。率先福建省完成市、区两级青年工作联席会议，编印《厦门市青年发展政策汇编》。

【中国共产主义青年团成立 100 周年庆祝活动】 2022 年 5 月 11 日，厦门市庆祝中国共产主义青年团成立 100 周年“喜迎二十大　永远跟党走　奋进新征程”青春分享会在青少年宫举行，厦门各区、各系统、各条战线的青年通过朗诵、舞蹈、合唱等方式，展现青年们在厦门经济特区改革开放四十周年中的实践。来自海峡两岸青年代表围绕文体交流、创业就业、情感交往等主题进行分享，展现两岸青年相知相识，共同成长成才的故事。市四套班子主要领导及分管联系领导出席活动，为 8 位优秀青年代表颁奖，为 8 支“青字号”队伍授旗。
（团市委）

厦门市妇女联合会

【概　况】 2022 年，厦门市妇女联合会（简称市妇联）以宣传贯彻中国共产党第二十次全国代表大会精神为主线，推动落实妇女、儿童发展纲要，开展思想引领、服务大局、服务家庭、关爱维权、深化改革、党的建设6项工作，创新工作方式和载体，实施“鹭岛巾帼五大工程”。开展两岸妇女交流融合工作，在2022年海峡论坛期间得到全国妇联副主席林怡肯定。开展全国首场巾帼碳汇交易、率先福建省成立互联网行业妇联等工作，分别获得市委主要领导、省妇联主要领导和市委分管领导肯定性批示4次。妇女儿童发展纲要实施、家庭教育、组织建设等工作3次在省级会议上作典型发言。33名个人和集体分别获评全国、省级三八红旗手（集体），4名个人获评全国巾帼建功标兵，27家单位获评全国、省级巾帼文明岗。出台《厦门市妇联关于实施妇联工作提质增效计划的方案》，做好“十四五”时期妇联事业发展规划和深化妇联改革方案分工；率先福建省编制完成《厦门市妇女、儿童发展纲要（2021—2030年）》，出台纲要责任分工方案和指标统计监测体系，为妇女儿童事业提供制度保障和科学指引。深化对口帮扶，与宁夏彭阳县对接，选派技术人才赴彭阳挂职。

【妇联组织改革】 2022年，厦门市妇联实施“鹭岛巾帼固本强基工程”，推动“妇女小组”等功能型组织在妇女生产生活最小单元组建，实现村（居）民委员会妇女和儿童工作委员会全覆盖，在同安区36个城中村配备妇女组长，探索基层妇联组织与社区网格化管理融合。全市有20个镇（街道）妇联、20个村（社区）妇联以及17名优秀基层妇联主席获评全省百个达标镇（街道）妇联、百个村（社区）妇联和百名优秀妇联主席。依托市妇联社会治理创新服务基地，开展线上、线下活动24场。加强“四新”（新领域、新业态、新阶层、新群体）领域妇联组织建设，率先福建省成立互联网行业妇联，在互联网企业新建12家“妇女之家（微家）”示范点。成立全市金融系统首家“妇女微家”——“悦LU·妇女微家”。

【妇女思想引领】 2022年，厦门市妇联以宣传贯彻中国共产党第二十次全国代表大会精神为主线，发挥“鹭岛姐姐宣讲团”作用，开展“跟党奋进新征程 巾帼建功新时代”“四进”（进农村、进社区、进学校、进企业）示范宣讲活动，市、区妇联举办“巾帼大宣讲”834场，线上、线下覆盖妇女群众64万人次。举办“巾帼建功·一起向未来”、“三八”节三大主题（敢梦敢想，激扬巾帼之志；敢闯敢创，奉献巾帼之力；敢爱敢秀，彰显巾帼之美）共10项活动，主题论坛邀请重点行业领域40余位优秀女性为厦门发展献计献策。开展“鹭岛儿童心向党 童心喜迎二十大”、“六一”节系列活动。联合市委网信办开展“争做巾帼好网民”活动，揭晓首届“鹭岛十佳巾帼好网民故事”，2人入选“八闽十佳巾帼好网民故事”，入选人数居福建省第一位，被省委网信办评为2022年国家网络安全宣传周福建省活动先进单位。提升鹭岛巾帼志愿联盟品牌，主动融入新时代文明实践和“近邻”党建，全市42万余名巾帼志愿者参与文明创建、疫情防控、关爱妇女儿童、垃圾分类等志愿服务。在国家级媒体平台刊发宣传报道166篇次，省级媒体平台刊发281篇次，入选全国妇联网络信息传播中心2022年度妇女宣传舆论阵地建设优秀榜。

【妇女创业创新】 2022年，厦门市妇联修订完善妇女创业小额贴息贷款政策，审核推荐121名创业妇女申请贷款，贴息763.3万余元。开展家政提质扩容技能培训11期，组织“春风行动”线上、线下招聘会20场。举办“科技向未来·智慧‘她’力量”论坛、女科技特派员专题培训班等。开展“乡村振兴巾帼行动”10项活动，实施“鹭岛女性成长计划”，开展线上、线下女性就业技能培训40多场。

【家庭工作】 2022年，厦门市妇联实施“鹭岛家家幸福安康工程”，开展“鹭岛家庭心向党 同心喜迎二十大”系列活动，寻找市级以上“最美家庭”355户，新增省、市级美丽庭院示范户990户。印发实施《关于进一步完善家庭文明建设工作的通知》，倡导、发扬典型家庭“德者有得”价值取向。开展家庭教育工作专题调研，编制家庭教育专项规划，联合22个部门制定贯彻落实家庭教育“一法一条例”职责分工方案。制作展播福建省首部宣传贯彻《中华人民共和国家庭教育促进法》系列微视频，开展家庭教育公益讲座220场，联动各区开展家庭教育宣传周活动25场。建立“1+6+N”家庭教育协作模式，依托全市526个社区家长学校、首批15家厦门市家庭教育创新实践基地、20家厦门市特色社区家长学校，为广大家庭提供多样便捷的家庭教育指导服务。开展“凤凰之约 鹭岛幸福+”首期家庭工作公益项目创投工作，确定9个资助项目。助力儿童友好城市创建申报和三孩生育配套支持政策落地，关注“一老一小”，推动、完善养老、托幼等普惠服务。联合市委文明办、市公安局推出“共建文明城”活动，联合市纪委监委开展“清风传家·廉洁齐家”学习明理读书沙龙，为创建全国文明典范城市贡献“家”力量。

小资料：

“1+6+N”家庭教育协作模式：“1”是厦门市，“6”是6个区两级，“N”是多个平台。市、区均成立家庭教育指导服务中心，依托全市900多个“妇女之家”、526个“儿童之家”和“家长学校”以及家风家训馆等阵地，常态化开展家庭教育讲座和家风家训宣讲活动。

【妇女儿童关爱】 2022年，厦门市妇联做好“巾帼进万家·爱心敲敲门”关爱服务，救助“四癌”（乳腺癌、卵巢癌、宫颈癌、子宫内膜癌）患者40人，发放救助金54.5万元，救助特困妇女儿童52人，发放救助金47.3万元。为450名贫困妇女儿童家庭、400名困境儿童送去慰问物资、慰问金，为同安区云埔春蕾小学捐赠10万元。持续推进适龄女性免费宫颈癌疫苗接种，接种7.5万人次。实施“关爱妇女儿童健康”保险项目，6.56万名妇女儿童参保。关注妇儿心理健康，提升心理危机干预服务水平，线上开展心理微课98场，受益群众28万人次。

【妇女儿童权益维护】 2022年，厦门市妇联实施“鹭岛巾帼维权暖心工程”，围绕“巾帼暖人心·普法维权在身边”，线上、线下开展民法典等普法宣传活动近百场。健全“0592维权工作机制”，联合市检察院、司法局等成立“未未同鹭人”五大资源库，参与市公安局打击拐卖妇女儿童犯罪专项行动、“禁毒宣传进万家”活动、未成年当事人司法保护专项调研。与市检察院会商建立“春蕾安全员”工作机制，联合开展“关注困难妇女群体，加强专项司法救助”行动，联合湖里区检察院举办全国首场“元宇宙”《督促监护令》宣告送达暨家庭教育心理辅导会，工作成效被中央政法委“长安评论”公众号刊登。市婚姻家庭纠纷预防化解“0592维权工作机制”被评选为市域社会治理现代化优秀创新项目（2020—2022年度）。“民法典进家庭”巾帼公益普法项目获得厦门市新时代文明实践志愿服务项目大赛银奖。

【海峡两岸妇女交流】 2022年，厦门市妇联创立“最美合家园”海峡两岸妇女融合品牌，为到厦门学习工作的女性台胞提供创业指导等服务。举办“巾帼筑梦地 最美合家园”年度系列活动发布会，围绕巾帼家园、巾帼智慧、巾帼筑梦、巾帼力量等四大主题，开展线上、线下活动12场。举办海峡两岸女大学生创新创业大赛，征集参赛项目1653个，市妇联获优秀组织奖。发挥女性台胞乡建乡创、志愿服务、社区治理等领域特长优势，参与妇联工作，助力打造“第一家园第一站”。

【妇女儿童发展纲要发布】 2022年3月，厦门市印发实施《厦门市妇女发展纲要（2021—2030年）》和《厦门市儿童发展纲要（2021—2030年）》（简称新“两纲”），规划部署未来10年厦门市妇女儿童发展的目标任务。新“两纲”针对新时期妇女儿童发展的特点、需求及其短板等，设置切实可行的目标措施。其中，《厦门市妇女发展纲要（2021—2030年）》设置8大领域，提出88项主要目标和110项策略措施；《厦门市儿童发展纲要（2021—2030年）》设置七大领域，提出78项主要目标和100项策略措施。

【首批市级新时代文明实践基地】 2022年5月10日，“厦门·巾帼馆”、厦门市妇女儿童活动中心被确定为厦门市首批市级新时代文明实践基地，全市有18家单位（场所）入选。厦门市妇联发动全市各级妇联组织，依托新时代文明实践中心（所、站）阵地资源，优化打造“厦门·巾帼馆”、厦门市妇女儿童活动中心等阵地品牌，深化寻找“最美家庭”、创建“五好家庭”、推荐“文明家庭”等家庭文明创建活动，组织开展巾帼志愿服务活动，以优良家风带动社会良好风气，以实际行动为厦门市争创全国文明典范城市贡献力量。

【互联网行业妇联成立】 2022年7月15日，由厦门市妇联、市信息集团主办，火炬高新区软件园联合党委、厦门美柚股份有限公司承办的厦门市互联网行业妇联成立暨厦门市互联网行业妇女第一次代表大会、厦门市互联网行业妇建工作推进会在软件园二期“创+”会议中心举行。来自厦门市互联网行业的妇女代表参加会议，大会选举产生互联网行业妇联第一届执行委员会，厦门信息集团有限公司党委委员、副总经理张瑜当选为厦门市互联网行业妇联第一届主席。

【全国首场巾帼碳汇交易活动举办】 2022年8月9日，厦门市妇联、市轨道集团在同安区汀溪镇造水村召开“党建红”护航、“碳汇绿”兴村挂钩帮扶造水村项目发布会，开发并交易满足条件的造水村乔木等集体性农林碳汇资源3万吨，为造水村带来30万元的村集体收入。成立党员“碳鹭者”联盟、鹭岛姐姐“碳中和”宣讲小分队，打造造水村双碳巾帼馆和乡村生物多样性馆，工作成效被《人民日报》（海外版）刊登。

（市妇联）

厦门市文学艺术界联合会

【概 况】 2022年，厦门市有作家、戏剧家、音乐家、美术家、书法家、摄影家、曲艺家、舞蹈家、电影家、电视家、民间文艺家、文艺评论家12个文艺家协会，新增国家级会员19人、省级会员172人、市级会员657人。厦门市文学艺术界联合会（简称市文联）围绕宣传、贯彻中国共产党第二十次全国代表大会精神主线，落实全面从严治党主体责任，制定巡察问题整改措施117条，修改完善制度33项，取消4项，全部完成整改并建立健全长效机制。专题研究部署各项审批、报告3次，修改完善《厦门市文学艺术界联合会党组意识形态工作责任制实施细则》。《突出重点 分类推进 构建山清水秀的文艺生态》在中国文联首次召开的职业道德和行风建设工作座谈会上作经验交流。《打造创新活力的文艺家之家》入选厦门市第二批“我为群众办实事”实践活动“十佳优秀案例”。被授予厦门市文化人才服务驿站称号。协办2022年厦门市新时代文明实践志愿服务项目大赛，“厦门文艺家之家”入选首批厦门市新时代文明实践基地。厦门文学院等2个单位、厦门书画院牛惠民等6人获省文联先进集体和先进个人称号。成立厦门市文艺评论家协会，在“厦门文联”微信公众号上开辟“文艺评论”专栏刊发评论，全年推送文艺评论31篇。

【文艺活动】 2022年，厦门市文联围绕迎接宣传、贯彻中国共产党第二十次全国代表大会精神，携手44家单位主题创作文艺作品1000多件，举办文艺宣讲36场、文艺展演10场；依托全市地铁、公交移动电视、各区融媒体等平台开展“百花绽放 艺向未来”“奋进新征程 建功新时代”厦门市文艺界学习宣传、贯彻中国共产党第二十次全国代表大会优秀作品云展播等活动，提升厦门城市文化形象，提高市民文化生活的获得感、幸福感。围绕“文化中心、艺术之城、音乐之岛”建设、疫情防控、文明创建等工作，举办“奋进新时代 建功新征程”新年音乐会等大型主题活动，推动主题创作文艺作品1000多件，组织抗疫主题创作并推出19期《“艺”起抗疫》文艺作品；举办“福星高照 福佑中华”——“福”文化作品线上展，展出3期、71件作品；主办第八届鼓浪屿诗歌节、“云端诗歌节”；承办“鼓浪琴韵 奏响世遗”第十一届钢琴艺术周；组织第七届厦门文学艺术奖评审；协助市委宣传部完成“2022年度厦门市文艺发展专项资金资助”中“文本资助项目”和“优秀中青年个人文艺项目”评审；对接中国文联、中国有关文艺家协会和福建省文联，争取重大文艺赛事、项目落户厦门，举办“百年铭心，刻久弥坚”省刻字艺术作品展，承接省花鸟画展、省摄影展，与中国电影基金会共同主办2022年中国金鸡百花电影节系列活动——“诗意厦门·光影彩墨”第七届中国电影家与美术家作品邀请展，与中国曲协共同举办培训班，举办2022“行·摄友城”摄影展暨庆祝厦门列治文结好十周年青少年摄影作品展；联合市人大、市政协、市纪委监委、市直机关党工委、市妇联、各区文联、驻厦央企等机关企事业单位、高校共同举办各种文艺展演、赛事，与市委宣传部、市文旅局共同举办2022年厦门市民文化节活动，14项活动亮相文化节；与厦航联合打造“天际悦读·朗读城市”，在航程中朗诵厦门作家的作品或者外地作家写厦门的作品。厦门文学院举办第23届“红土地 蓝海洋”文学笔会，组织作家走进厦门采风。厦门书画院举办“勇立潮头·以艺通心”画师展，在植物园设立采风基地，与高校共同培养艺术类研究生。市作协组织开展珍珠湾丛书出版扶持工作。市书协举办盛世刻华章刻字艺术作品展，举办首次规模最大的书法家、书法爱好者笔会和展览，发现一批书法人才。市影协举办第四届电影论坛暨展映周活动。市舞协举办第五届“白鹭杯”舞蹈展演等主题突出的文艺活动。市音协举办“爱音乐·爱厦门”征文比赛，举办省第六届“金钟花奖”声乐比赛厦门选拔赛并获优秀组织奖。市视协开展公益广告微视频比赛。

【文艺创作】 2022年，厦门市12个艺术门类文艺创作获多项国家级、省级奖项。歌仔戏《侨批》获中宣部“五个一”工程奖；高甲戏《大稻埕》入选第十三届中国艺术节参演剧目；《归乡路》获“鱼龙百戏杯”首届曲艺艺术国际邀请赛“鱼龙十强”奖，市曲协获评优秀组织单位；市文联推荐作品在福建省少儿曲艺丹桂奖获13项大奖，4人获优秀指导教师称号。李秋沅长篇小说《你看月亮的脸》获第34届陈伯吹国际儿童文学奖，系福建省首次获该奖项；刘岸长篇小说《子归城》上榜第三届福建省中长篇小说双年榜；《子归城》《厦门大学的先生们》《时代荣光——闽南红色风华录》《天边的朋友》4部作品入选第五届福建文学好书榜；市文联组织文学作品参评福建省第34届、35届、36届优秀文学作品奖，12部作品、11名个人获奖；组织参评福建省“摄影大奖赛”，获总分和得奖数双项第一，市文联、市曲协、市音协、市摄协获得最佳组织奖。市舞协作品参评第六届福建舞蹈“百合花奖”专业舞蹈大赛，获6金9银5铜，市舞协获优秀组织奖。杨夏林等7位画家作品入选《中国画百年全集》，陈胜凯《一笔一画、用心用情书写美育新篇》在《人民日报》刊登，“平‘语’近人——学习《习近平总书记用典》王元书法展”在省画院展出。

【文艺惠民】 2022年，厦门市文联整合社会文艺资源，持续打造市、区、街、居四级文艺资源共享平台，依托“厦门文艺大讲堂”，市、区两级文艺家协会，文艺志愿服务团等载体，通过讲座、培训、辅导、慰问演出等形式，提供文艺惠民服务。新增文联服务点6个，组织到39个文联服务点送展览、培训、演出130场次，受众人数5万多人次。首次在高校设立文艺名家工作室，提供专家辅导与支持。多次组织文艺家到驻厦门央企、市、区、高校企业开展主题采风创作，助力提升企业文化。举办文学、曲艺夏令营，让文艺走近青少年，到群众中去。加强“文艺两新”服务驿站建设，创新设立6项工作机制，落实8项扶持政策，为“文艺两新”（新文艺组织和新文艺群体）职称评审和文艺维权开辟新通道。推荐7个单位获评省级时代特色文艺示范基地，1家单位获评国家级“文艺两新”集聚区实践基地，市文联获评厦门市文化人才服务驿站。微信公众号推送557条，阅读量31.5万人次；视频号推送219条，点击量30.9万人次；信息和视频被转发、转载543条，其中被中国网、央视电影频道、中国文艺网、《中国艺术报》、“学习强国”、《厦门日报》等媒体宣传报道429条。举办“诗意厦门·光影彩墨”第七届中国电影家与美术家作品邀请展，被25家媒体报道，点击量千万次。

【对台文艺交流】 2022年，厦门市文联承办2022年“中华情·中国梦”中秋展演系列活动，发动书法爱好者100多人书写“习近平用典”“习近平金句”等，举办第十届海峡两岸文学笔会，组织“影像述说两岸情”等活动。厦门文学院承办2022年海峡两岸小作家夏令营，组织厦门、台湾10多名中小学生赴陈嘉庚纪念馆、弘晏庄木偶艺术馆等场馆体验传统文化；参观集美区、海沧区市政情况，参观沧江古镇，感受到跨岛发展成就；邀请厦门儿童文学作家王君心、吴尔芬开展专题文学讲座和读书写作辅导，两岸小作家心得体会在《书香两岸》杂志结集刊登。

（市文联）

厦门市科学技术协会

【概　况】 2022年，厦门市科学技术协会（简称市科协）以学习、宣传、贯彻中国共产党第二十次全国代表大会精神为主线，组织参观学习“闽山闽水物华新——迎接党的二十大主题成就展”，举办2022年全国科技工作者日系列活动、“众心向党　自立自强——党领导下的科学家”主题展等，举办第九届科普志愿者风采大赛，直播优秀科普志愿者先进事迹。举办市科技社团党组织书记党务知识培训班。引导高端智力资源服务创新驱动发展，修订《厦门市院士专家工作站建设管理办法》，加强院士专家工作站建设。强化学会赋能产业发展，组织市科协信息科技与先进智造联合体服务企业高质量发展专场对接会，指导举办首届两岸基因组学个体化用药学术论坛，指导厦门市第一届建筑信息模型（BIM）技术应用大赛，举办2022年厦门市科协“科技赋能·创新引领”年会主会场暨院士专家八闽行活动。加快高端人才培养举荐，开展TRIZ（发明问题解决理论）创新方法培训，鼓励院士专家工作站开展技术创新人才培养。向中央、福建省推荐优秀科技人才7人参评各类科技奖项。推进调研成果转化，修订《厦门市科协重点调研课题管理办法》，完成对22项重点调研课题的评审。厚植科技创新沃土，思明区、同安区被中国科协确认为创建2021—2025年度全国科普示范县（区），科普工作获市委主要领导、省科协主要领导肯定。牵头编写《厦门市“十四五”全民科学素质行动规划纲要实施方案》。提升科普阵地服务水平，科普教育基地接待访客量1000万人次，其中免费接待未成年人700万人次。成功申报“科创筑梦”，助力厦门市成为“双减”科普行动福建省唯一试点城市，举办“科普教育的未来之路”科普教育论坛。精准帮扶科普助农，鼓励1025名科技工作者深入农村开展各类农村科普活动270余场，更新科普宣传栏420版，发放科普宣传图书、手册、科普传单等3万多册，受益群众7万人次。选派年轻干部赴基层一线挂职3人，其中1人被评为2022年度优秀第一驻村书记。印发实施《厦门市科学技术协会市级学会组织通则（试行）》《厦门市科协学会能力提升项目奖补办法》《厦门市科协学会服务指南》等，举办学会学术工作（培训）会，开展学会能力提升奖补项目评审，指导12家学会完成换届工作，评选“十佳学会”，为学会能力提升奠定基础。创设“厦门科协”微信公众号、视频号，打造厦门科协新媒体信息平台。

【科普场馆建设】 2022年，厦门市科协推动厦门科技馆及其联合体中标青岛市科技馆运营项目建设。打造中国科技馆体系建设“厦门样板”，形成一套科普场馆服务标准化体系。推动苏颂天文馆和马銮湾新城文体科技中心项目建设，完成马銮湾新城文体科技中心项目PPP咨询机构、可行性研究编制单位招标，苏颂天文馆完成社会资本方招标、土体设计单位招标及展阵内容建设方案征集第一轮筛选工作。

【科普研学】 2022年，厦门市新增科普研学基地26家，新增科普研学60余万人次。市科协组织编印《厦门科普教育资源指南》基地篇和研学篇系列丛书，梳理80家科普教育基地、500多条研学线路，甄选出116个精品研学项目，打造“厦门科普研学”品牌，满足青少年科普教育需求。开展“绘眼观万物　童心探自然”2022年自然笔记实践活动等特色科普活动，参与学校87所，收到参赛作品3232份。动员学校开展科学调查体验活动，近百支队伍获评福建省优秀学生小组，市科协获评福建省青少年调查体验活动优秀组织单位。

【青少年科技活动】 2022年，厦门市科协举办第38届厦门市青少年科技创新大赛、信息学竞赛、科普创新实验暨作品大赛、人工智能大赛等品牌赛事。组织选手参加第37届福建科技创新大赛复评活动和青少年人工智能大赛，获一等奖28项、二等奖30项、三等奖19项，获卢嘉锡科学教育基金会专项奖10项、贤銮科学教育基金会专项奖9项，居福建金牌榜榜首。推荐全国参赛项目11项，占福建省推荐数的50%，参赛成绩创历届省级大赛新高。

【院士专家工作站建设】 2022年，厦门市科协修订《厦门市院士专家工作站建设管理办法》，引导院士专家先进科技成果在厦门市落地转化，新建2家院士专家工作站，10位院士专家完成签约并进站工作。推进7家院士专家工作站与院士合作项目，促成4位院士与4家企事业单位签订项目合作协议，城市高架系统中移动智能桥梁监测方法研究、海岸带空间资源信息技术研发与应用等项目研究给厦门城市发展、治理提供科学范式。鼓励院士专家工作站开展技术创新人才培养，举办培训班20余场次，培养人才300余人，提高建站单位自主创新能力。

【课题成果转化】 2022年，厦门市科协修订《厦门市科协重点调研课题管理办法》，完成对22项重点调研课题的评审工作，推进重点调研课题成果转化运用，提高学会建言献策积极性和规范性。其中，由市科协重点调研课题成果转化而成的《厦门经济特区医疗卫生人员职业暴露防护若干规定》经厦门市人大常委会立法通过，系全国首部医疗卫生人员职业暴露防护的专项立法，自12月1日起施行。

【TRIZ创新方法培训】 2022年，厦门市科协面向全市科技型企业管理人员和技术人员开展TRIZ（发明问题的解决理论）创新方法培训，半导体、医疗卫生、工业机械、环保工程等领域的40余家企业100多名管理人员与技术人员参与培训，激发企业技术人员创新活力。

【学会管理】 2022年，厦门市科协先后指导成立厦门陈景润基金会和厦门市亿联公益基金会，注册资金400万元，可年筹千万元资金用于推动学术交流、成果转化、人才培养和公益科普等，标志着厦门市学会建设与发展取得历史性突破。

【全国科技工作者日活动】 2022年，厦门市科协举办2022年全国科技工作者日系列活动。5月30日，由市科协等单位指导，市工艺美术学会等单位主办的“喜迎二十大暨科技工作者日”雕刻艺术作品展在厦门海丝艺术品中心羲缘楼举行。展览围绕“礼赞新时代、奋进新征程”主题，以福建本土雕刻家为主体，精选350多件雕刻作品参展，展现科技工作者风采、红色记忆和新时代新征程新成就。6月4日，2022年厦门市全国科技工作者日暨“嘉庚”号海洋大讲堂活动启动仪式在“嘉庚”号海洋科考船上举行。市委常委、宣传部长吴子东出席，市科协主席江云宝致辞，市科协党组书记、副主席黄锦城主持启动仪式。该活动由市委宣传部指导，市科协、市教育局、市科技局、市海洋发展局、厦门大学党委宣传部主办，厦门大学科考船运行管理中心、福建省厦门第二中学、厦门国有资本运营有限责任公司协办，厦门科技馆、市科技工作者服务中心承办。活动组织直播连线科考船“嘉庚”号，实现厦门和宁夏2地的“山海教育相连”海陆云课堂。6月14—19日，市科协联合厦门科技馆举办“众心向党　自立自强——党领导下的科学家”主题展，展览聚焦“众心向党，自立自强”主题，分设爱国、创新、求实、奉献、协同、育人6个主题展区。

【行动规划纲要实施方案编制】 2022年3月11日，厦门市科协组织召开《厦门市“十四五”全民科学素质行动规划纲要实施方案》编制工作会议，研究部署实施方案编制工作。5月7日，市政府办公厅印发《厦门市“十四五”全民科学素质行动规划纲要实施方案》，全面启动“十四五”全民科学素质行动规划纲要的实施工作，提出到2025年厦门市公民具备科学素质的比例超过17%，全民科学素质整体水平与厦门高素质高颜值现代化国际化城市相适应的目标。

【市科协八届四次全委会召开】 2022年5月20日，厦门市科协召开八届四次全委会，市委常委、宣传部部长吴子东出席会议，市科协主席江云宝作工作报告，市科协党组书记黄锦城主持，市科协八届委员、常委出席会议。会议审议通过市科协年度工作报告，批准变更张毅敏为市科协第八届委员会委员、常委，变更黄锦城、周桂良、陈珍、林卫东为厦门市科协第八届委员会委员、常委、副主席。

【科普（教育）基地认定命名】 2022年8月26日，厦门市科协联合市委宣传部、市科技局开展第十三批厦门市科普（教育）基地认定命名工作。经考评组初评、实地考察、专家终评和公示等程序，厦大海洋科技博物馆等12家单位被命名为2022年度第十三批厦门市科普（教育）基地，其中教育科研类5家、公共场所类5家、科技场馆类1家和生产设施类1家。

【“全国科普日”活动】 2022年9月14日，厦门市“全国科普日”系列活动在集美新城嘉庚艺术中心举行。市科协党组书记黄锦城、市委宣传部副部长唐向阳、市科技局党组成员刘源岗、集美区政府副区长苏克等出席会议。活动以“喜迎二十大，科普向未来”为主题，包括首届“科学少年鹭岛行”厦门科普教育资源全国推介会、首届厦门市科普教育论坛、“科普沙龙”、农村科普宣传员培训、科普（教育）基地巡游和系列联合行动等。市科协被中国科协授予2022年全国科普日优秀组织单位称号。

【院士专家八闽行活动】 2022年11月12日，由厦门市科协主办，市委人才办、市财政局、市科技局、市人社局、市火炬高新区管委会联办的2022年厦门市科协年会主会场暨院士专家八闽行活动举行。年会以“科技赋能·创新引领——数字孪生技术助力高质量发展”为主题，中国科学院院士、中国工程院院士、武汉·中国光谷首席科学家李德仁，中国科学院院士、北京大学遥感与地理信息系统研究所原所长童庆禧，中国科学院院士、浙江大学物理学院院长林海青，中国工程院院士、国家海洋局海底科学重点实验室主任金翔龙，国际欧亚科学院院士、广州大学教授张新长，国际欧亚科学院院士、北京大学教授邬伦6位院士参会，来自主办、联办单位和各区科协领导、市级学会、院士专家工作站等近130名代表参加。开幕式上，金旸新材料科技有限公司院士专家工作站等5家院士专家工作站分别被授予省级、市级院士专家工作站，市土木建筑学会等10家学会被命名为2022年市科协“十佳学会”，同时现场举行企业与院士签约仪式。年会期间，市科协及其所属学会同步举办23场分会场活动，通过“线上＋线下”相结合的方式，围绕厦门市全力建设“4+4+6”现代产业体系、推动厦门经济社会高质量发展、更高水平建设现代化国际化城市等议题展开研讨。活动首次实现年会平台与院士专家高层次资源对接。

（市科协）

厦门市社会科学界联合会

【概　况】 2022年，厦门市社会科学界联合会（简称市社科联）围绕宣传、贯彻中国共产党第二十次全国代表大会精神，组织举办厦门市第十八届社会科学普及宣传周，依托“鹭江讲坛”等平台，组织社科专家、学者深入机关、高校、学校、社区等开展社科知识普及宣传活动，“鹭江讲坛”组织宣讲中国共产党的创新理论、社科知识114场，策划“学习二十大　书香鹭岛行”活动20场、“建功新时代　喜迎二十大”主题宣传活动7场，推动中国共产党的创新理论深入基层。发挥厦门社科网站、“厦门社科”微信公众号、《厦门社会科学》等理论宣传平台作用，持续刊发理论文章，宣传阐释习近平新时代中国特色社会主义思想和中国共产党第二十次全国代表大会精神。创新智库合作机制，“凝聚合力探索提高课题成果转化成效的智库供需合作新模式”创新项目获厦门市“2022年度全面深化改革典型案例”。加强对哲学社会科学研讨会、报告会、讲座等各类意识形态的引导，举办社科联系统干部暨社科学会兼合式支部书记培训班，将意识形态教育纳入培训内容。全年完成55个学会年报工作，组织举办社科学会“双十”活动，发挥学会对台湾交流优势，围绕促进两岸融合发展，举办“对台文化交流重点项目”11项，对台交流特色品牌——两岸青少年姓氏源流知识竞赛、两岸信息化论坛继续纳入海峡论坛。组织举办厦门市第十二届社会科学界学术年会论坛10场；组织开展课题研究110项，编撰出版《厦门市经济社会发展与预测蓝皮书（2022—2023）》，编辑《厦门社会科学》6期、《智库报告》20期、《台情内参》20期，出版厦门社科丛书8本、《鼓浪屿研究》辑刊2期。

【社科普及宣传】 2022年，厦门市社科联发挥厦门社科网站、“厦门社科”微信公众号、《厦门社会科学》等理论宣传平台作用，持续刊发理论文章，宣传阐释习近平新时代中国特色社会主义思想。坚持以人民为中心，统筹联合社科学会、区社科联、社科普及基地等社科资源开展各类社科活动，策划“学习二十大　书香鹭岛行”活动20场、“建功新时代　喜迎二十大”主题宣传活动7场。探索社科普及宣传渠道线上、线下融合，建设社科普及基地VR（虚拟现实技术）项目10个，让群众“足不出户”享受文化熏陶。利用市级媒体平台征集展播社科普及短视频，开展以“学习贯彻二十大　砥砺奋进新征程”的第七期社科知识线上有奖竞答活动，吸引80多万人次参与。

【社科智库建设】 2022年，厦门市社科联围绕市委、市政府中心工作聚智发力，策划选题，组织开展各类社科课题研究项目110项，研究成果获时任中共福建省委书记尹力，省委常委、市委书记崔永辉等省、市领导肯定性批示8项，被有关部门采纳意见建议86份，发表学术文章36篇。紧扣市委、市政府“市场主体培育工程”，与市发改委联合开展优化营商环境前瞻性课题研究，与集美大学合作设立厦门市营商环境研究中心，为持续优化厦门营商环境提供智力支持。编印《经济社会发展与预测蓝皮书》1期、《智库报告》20期、《台情内参》20期，为市委、市政府决策提供参考。紧贴中心，对接需求，与市发改委、市教育局、团市委等部门共商课题选题，开展营商环境、大学生思想政治教育、中长期青年发展规划等专项课题研究。

【社科文史研究】 2022年，厦门市社科联以鼓浪屿国际研究中心为平台，邀请海内外学者共同深化鼓浪屿历史与现实学术研究，守护鼓浪屿世界文化遗产，传承好鼓浪屿历史文脉，编辑出版《鼓浪屿研究》辑刊第15和16辑。组织开展"鼓浪屿世界文化遗产价值解读"读书沙龙研讨会和"国际社区与总部经济——鼓浪屿世界文化遗产解读"讲座，宣传普及厦门文史知识与鼓浪屿文化遗产。加强"同文书院"平台建设，推动历史文脉传承，同文智库围绕市委、市政府的中心工作以及经济社会发展问题，组织立项调研课题项目24项，同文书社与《厦门社科丛书》共建平台，加强对厦门地方历史文化的研究与历史文化资源的开发。

【社科学术年会】 2022年，厦门市社科联围绕"助力厦门高质量发展超越，迎接宣传贯彻党的二十大"主题，组织召开厦门市第十三届社会科学界学术年会，举办"赓续红色史　喜迎二十大——暨用好红色资源助推厦门文化名城建设论坛""城市高质量发展与共同富裕"等学术论坛10项，在全市营造学术交流氛围。

【市社科联七届五次全委会】 2022年1月18日，厦门市社科联组织召开第七届委员会第五次全体会议，审议通过市社科联七届五次全委会工作报告，审议通过第七届市社科联主席、副主席调整增补名单，市委常委、宣传部长吴子东当选为第七届市社科联主席。会议要求全市社科工作者突出迎接、宣传中国共产党第二十次全国代表大会主线，开创社科工作新局面，把社科联建设成为社科工作者创新之家、服务之家、人才之家、和谐之家。

【廉洁文化建设座谈会】 2022年4月28日，厦门市社科联组织召开厦门市廉洁文化座谈会，邀请厦门大学等高校的8位专家、学者和相关部门代表进行学习交流，从不同领域、不同视角阐述学习《关于加强新时代廉洁文化建设的意见》精神的心得体会，总结厦门市廉洁文化建设经验，为加强新时代厦门廉洁文化建设提出27条意见建议。座谈会情况及专家、学者发言内容被《厦门日报》《中国纪检监察》等媒体平台刊登宣传。

【社科名家工作室】 2022年7月28日，厦门市社科联举行社科名家工作室揭牌仪式，并举行首场主题为"学习宣传《闽山闽水物华新——习近平福建足迹》"的社科名家学术沙龙，市委常委、宣传部长吴子东参加活动。市社科名家工作室是市社科联、市社科院的一项重点创新社科工程，旨在搭建高水平社科研究平台，更好地凝聚全市社科界具有知名度和影响力、成果丰硕、学术功底深厚的社科名家力量，为社科名家开展研究提供服务，引进、培养、造就一批高水平科研创新团队，形成一批既有学术高度又有实践价值的学术成果和智库成果，引领社科界聚焦厦门市发展重点、难点、热点问题，带动社科研究更好地服务地方经济社会发展，提升厦门市哲学社会科学研究水平。工作室重点开展重大课题项目研究、理论阐释与宣传、加强团队培养，不定期地组织工作室成员开展小而精的研讨会、论坛、讲座等。工作室首批聘请3位社科名家，均是在各自研究领域有知名度和影响力的学科带头人和专家、学者。

【《习近平谈治国理政》第四卷学习贯彻座谈会】 2022年8月10日，中共厦门市委宣传部、市社科联组织召开厦门市社科界学习贯彻《习近平谈治国理政》第四卷座谈会，7位市社科界代表分别结合自身研究方向和工作实际，交流分享学习体会，为学习宣传贯彻《习近平谈治国理政》第四卷建言献策。

【文旅经济论坛】 2022年8月30日，厦门市第十三届社科界学术年会"高质量做大厦门国际化文旅经济"论坛在厦门音乐岛酒店召开，论坛由市社科联、市社科院指导，市经济师协会采用线上、线下相结合的形式主办。论坛邀请福建省政府原顾问、福建省社科院原院长严正，财政部厦门监管局原局长、福建省政协金融委副主任王国利，集美大学工商管理学院院长邱吉福，厦门理工学院经管学院院长刘松先，华侨大学文学院教授陈庆妃和市政协社科专家张思鹭与会演讲。论坛着重研讨厦门如何打造高质量、高水平文化创意产业，促进文化、旅游、会展与VR、AR、MR等先进技术融合发展，扩大海峡两岸文旅产业合作，促进文旅产业升级加快现代文化旅游新业态发展等议题，为加快厦门高质量发展献计献策。收到论文13篇，遴选10篇编印成论文集。

【中共二十大精神学习贯彻座谈会】 2022年10月28日，中共厦门市委宣传部、市社科联组织召开厦门市社科界学习宣传贯彻中共二十大精神座谈会，强调发挥社科界理论引领作用，为全市学习、贯彻、落实中国共产党第二十次全国代表大会精神提供理论支撑和智力支持。会议要求全市社科界在学习、宣传、贯彻中国共产党第二十次全国代表大会精神上走前列、作表率，推动中国共产党第二十次全国代表大会精神走进基层、走进群众。

【深化两岸融合发展论坛】 2022年11月27日，厦门市第十三届社科界学术年会"学习党的二十大精神与厦门深化两岸融合发展论坛"在厦门融通白鹭宾馆举行。论坛由市社科联、社科院指导，市台港澳与特区经济研究促进会等单位主办。围绕促进两岸经济文化交流合作、深化两岸各领域融合发展、推动两岸共同弘扬中华文化、促进两岸同胞心灵契合主题，40多位海峡两岸专家、学者齐聚一堂，通过主旨演讲和圆桌论坛，为厦门探索两岸融合发展新路、建设两岸融合发展示范区建言献策。

【社科普及宣传周】 2022年12月23—29日，由中共厦门市委宣传部、市社科联主办的厦门市第十八届社科普及宣传周举行。该届社科普及周围绕学习、宣传、贯彻中国共产党第二十次全国代表大会精神，突出"学习党的二十大精神砥砺奋进新征程"内容，动员全市社科专家、学者参与，通过主题报告会、座谈交流等形式，多渠道、多形式宣传宣讲中国共产党第二十次全国代表大会精神。宣传周有二十大项活动，包含主题报告会、主题图片展、社科专家进基层服务系列活动、社科沙龙系列活动以及"社会科学在你身边"普及咨询活动等，其间有 80 多万人次参与。活动新推出的厦门社科普及基地线上 VR 展馆，方便市民"云端"漫游社科普及基地。

（市社科联）

厦门市归国华侨联合会

【概　况】2022 年，厦门市归国华侨联合会（简称市侨联）落实"提高效率、提升效能、提增效益"行动部署，会同市招商部门跟进推动中国侨商投资（福建）大会，4 个重点在库签约项目落地，协同引荐 3 家企业落地厦门，助力经济发展。推荐在厦门创业新侨参评中国侨联第九届"中国侨界贡献奖"，获一等奖 2 人，获二等奖 2 人。推荐侨企三达膜科技（厦门）有限公司获首批福建省新侨创新创业基地认定。举办市情及投资机遇分享交流会、海外华侨华人社团厦门联络总部新入驻社团座谈会暨投资项目推介会、侨商侨企引资引智交流联谊会、新侨论坛、人才发展环境政策解读会、侨领侨商侨青交流会、侨青台青创新创业分享会、侨界新春音乐会、新侨国情研习培训班。助力华侨华人题材歌仔戏《侨批》申报并获评中宣部第十六届精神文明建设"五个一工程"奖，组织协调思明中华街区申报中国华侨国际文化交流基地并获批，为 4 家基层侨联颁发基层侨联组织统一社会信用代码，组织基层侨联成功创建省级"侨胞之家""五好侨胞之家"各 4 个，同安区侨联等 4 个"侨胞之家"获评 2021—2022 年度全国侨联系统"侨胞之家"典型选树单位。吸纳第六、七批共 11 个海外华侨华人社团入驻厦门联络总部。举办第八届侨智侨企创新创业论坛、第九届厦门市侨界联欢节、第十二届厦门市侨界健步行和 2022 厦门市侨界业余羽毛球友谊赛。开展侨界特困资助、高考助学、侨青侨商助学等各类慰问帮扶 300 多人次；赴宁夏开展闽宁协作帮扶，捐赠 23.78 万元物资；牵线搭桥，引导旅美侨胞捐赠市曙光救援队和思明区蓝天救援队各 1 万元；捐赠香港侨团 1920 份新冠抗原检测试剂。召开厦门市侨联十六届七次全委会议、六次常委会会议及四次、五次主席会议。协助中国侨联在厦门举办"侨连五洲·海外联谊研修班暨嘉庚精神研修班"。围绕中心工作和关切点报送侨情专报件，获全省侨联系统信息工作特等奖。

【澳头侨乡春晚】2022 年 2 月 1—2 日，厦门市侨联和翔安区侨联在澳头举办澳头侨乡线上春晚，通过多个网络平台向归侨侨眷、海外侨胞播出"侨"味十足的文艺演出，澳头侨乡（渔村）居民、乡亲和马来西亚、德国、新加坡、印度尼西亚等海外乡亲、侨胞通过视频表达思念、遥寄乡情、互致问候祝福，国内外新媒体平台观众点击超 50 万人次。

【暖侨行动】2022 年 2 月 12 日，厦门市侨联举办"留厦过年——虎年闹元宵"关爱留在厦门华裔留学生"暖侨行动"活动，组织来自印度尼西亚、毛里求斯等 8 个国家 30 多名在厦门华裔留学生做花灯、"滚"元宵、搭乘客轮游览厦金海域，体验中国味的元宵节。

【入驻社团建设】2022 年 2 月 16 日，厦门市委统战部和厦门市侨联在厦门联络总部共同举办第六批来自俄罗斯、马来西亚等国家的 5 个海外华侨华人社团入驻仪式暨新春恳谈会，同时举行"爱心厦门"华侨捐赠仪式、厦门联络总部"联心侨"志愿服务队授旗仪式，播放各入驻社团会员在各侨居国为北京 2022 年冬奥会加油助威的视频。9 月 8 日，市侨联举办厦门联络总部第七批海外社团入驻仪式暨投资项目推介会，来自菲律宾、巴西、蒙古和马来西亚的 6 个海外华侨华人社团入驻。截至年底，有来自全世界 47 个国家、102 个海外华侨华人社团入驻厦门联络总部。

【华侨美食风情文化节】2022 年 4 月 28 日，由中国侨联基层建设部、福建省委统战部、福建省政协农业和农村委员会、福建省商务厅、福建省文化和旅游厅共同指导，福建省侨联统筹部署，厦门市侨联主办，同安区委统战部、同安区侨联、五显镇政府承办的"2022 侨家乐·福建省华侨美食风情文化节"同安竹坝专场在同安区竹坝片区举行。开幕式上，同安区巴厘岛美食馆、同安区庞记饭店被授予"八闽侨家乐"品牌，同时举办"闽韵侨味"美食民俗文化展、第九届厦门侨界联欢节、竹坝归侨史迹馆揭牌仪式、侨胞百年爱国故事图片展、田园牧歌游竹坝、"系侨情·聚侨心"公益活动等，展现侨乡风情。

【海外华裔青少年夏令营】2022 年 5 月 23 日至 8 月 19 日，厦门市侨联联合福建省侨联、区侨联举办"亲情中华·为你讲故事"网上夏令营（湖里营、同安营、思明营）3 场，通过国学、书法、非物质文化遗产等讲解直播和视频录播形式，传承中华文化和嘉庚精神，来自菲律宾、北美等数百名华裔青少年参营。

【新侨人才驿站挂牌】2022 年 5 月 27 日，由厦门市侨联主办，市新侨人才联谊会、厦门大学侨联、嘉庚创新实验室承办的新侨论坛暨厦大新侨人才驿站挂牌活动在厦门大学翔安校区嘉庚创新实验室举行，第八届"中国侨界贡献奖"一等奖获得者郑南峰作题为《双碳目标下的氢能产业展望》的报告，并进行科研项目推介，推动科研院校与侨企间成果转化和新侨人才创新创业，开创侨界凝智、聚才、汇资的新模式。

【侨商侨企引资引智交流联谊会】2022 年 9 月 8 日，福建省侨联、厦门市侨联主办的侨商侨企引资引智交流联谊会在厦门金雁酒店举行，中国侨联副主席、福建省侨联主席陈式海，中国侨联联谊联络部副部长朱柳，福建省侨联副主席翁小杰，市侨联主席陈俊泳，副主席邓飚、林中英，秘书长杜瑞田等，以及来自 28 个国家 37 个团组的 200 多名侨领、侨商参加。该会是侨联上下联动打造的侨界联谊交流、洽谈合作的平台，促进侨商在厦寻找商机，共享厦门发展新机遇。

【华裔留学生座谈会】2022 年 10 月 23 日，由厦门市政协港澳台侨和外事委员会、市侨联共同主办，华侨大学华文学院、厦门联络总部承办的"在厦华裔留学生线上 & 线下座谈会"在厦门联络总部举行。座谈会邀请市卫健委、市人社局、市公安局出入境管理局等相关部门负责人现场为华裔留学生答疑解惑，30 多位来自印度尼西亚、马来西亚、泰国、缅甸等 10 余个国家的华裔留学生通过线上和线下形式参加。

【侨界业余羽毛球友谊赛】 2022年10月29日，由厦门市侨联主办的2022年厦门市侨界业余羽毛球友谊赛在市体育中心举行，来自各区侨联、高校侨联、归侨联谊会、青委会、新侨人才联谊会、厦门联络总部及侨企共20支队伍、153名运动员参赛，侨企绿沃新能源代表队获得冠军。

【华侨华人助力金砖国家发展论坛】 2022年11月9—11日，由中国侨联、福建省侨联主办，厦门市委统战部、市金砖办协办，市侨联承办的“侨连五洲·华侨华人助力金砖国家发展论坛”在厦门举行，论坛以“携手金砖华商、开创美好未来”为主题，举办专题讲座、侨情报告、侨领对接会、考察金砖创新基地等活动，中国侨联主席万立骏、副主席程学源和省、市领导出席，来自巴西、俄罗斯、印度、南非等金砖四国的侨胞代表等150多人参加，与会专家、学者围绕助力金砖合作进行交流探讨。

【侨界健步行活动】 2022年12月17日，厦门市侨联在白鹭洲公园举办第十二届厦门市侨界健步行活动，市侨联机关干部职工、离退休干部，各区侨联、各高校侨联、科研院所侨联、侨星公司侨联，青年委员会、新侨人才联谊会、市侨商会、各归侨联谊会、侨友艺术团，海外华侨华人社团厦门联络总部入驻社团等23个侨界单位和团体及在厦门海外侨胞代表参加。

（市侨联）

厦门市台湾同胞联谊会

【概　况】 2022年，厦门市台湾同胞联谊会（简称市台联）发挥亲情、乡情优势，履行“联谊、服务、团结”职能，探索海峡两岸融合发展新路，加快建设台胞台企登陆的第一家园。组织参观“闽山闽水物华新——迎接党的二十大主题成就展”，观看《让这首歌作证》等影片。组织开展台胞中国共产党第二十次全国代表大会精神宣讲培训班，在台联微信公众号第一时间转发宣传中国共产党第二十次全国代表大会精神，开设“喜迎二十大”专栏，推送学习宣传信息35条，开展舆论宣传。举办海峡论坛两岸中国画艺术论坛，促进两岸国画艺术交流，促进两岸台胞共同传承弘扬中华优秀传统文化；举办海峡两岸（厦门）青年企业家篮球邀请赛，加强两岸体育赛事交流；创新举办“闽南烟火　两岸情书”系列主题活动，组织两岸同胞围绕信物、家书等载体，讲述两岸交流融合故事，搭建两岸青年交流平台；举办两岸青年创业联盟“主播实战陪跑研学营”活动，助力台青融入大陆电商直播产业创业、就业。全年发放定居老台胞、老台胞遗偶生活津贴及台胞低保户生活补助金等专项补贴金315万元，实现申报审核“一趟不用跑”；联合市、区有关职能部门现场办公，帮助144余名台商（台胞）子女就学手续“一站式”办理。

【台联协商议政】 2022年，厦门市台联发挥对台特色，组织台联界别政协委员视察、调研厦门市涉台文物古迹、两岸青年就业创业基地、两岸青年电商直播基地等。开展《厦门市台籍高端人才引进现状、问题及对策研究》《新发展格局下厦台产业链、供应链融合发展研究》等课题调研。参加市政协“培育特色产业，壮大农村集体经济”“数字厦门建设推进情况”等专题协商，履行参政议政职能。

【台胞子女就学服务】 2022年，厦门市台联连续第二十年开展在厦门台胞子女就学“一站式”服务，联合市教育局、市台港澳办等相关单位，进一步改进办法、精简优化流程，开展网络备案申请，方便台商家长“一趟不用跑”办事，就学手续“远程核办”“不见面审批”。全年，144名在厦门台胞子女申报备案，全部落实就读公办学校，营造拴心留人的环境。

【送温暖活动】 2022年1月21日，厦门市台联举办“同胞同心·家园家圆”——海峡两岸书画老师进乡村送祝福活动，组织海峡两岸书画老师走进同安区莲花镇上陵村为村民写春联，弘扬中华民族传统文化，促进台胞在地融入，深化海峡两岸互通互融。开展“两节”（元旦、春节）慰问活动，慰问180位80岁以上高龄台胞和低保困难户等，走访39名台商名誉理事，把关心、关怀送到台胞群众中。

【闽南文化两岸星推官活动】 2022年春节期间，厦门市台联举办“闽南烟火　两岸情书”闽南文化两岸星推官主题活动，通过两岸青年短视频推介形式，宣传代表厦门城市风貌和两岸闽南文化特色的民俗和文旅产品等，传承弘扬闽南文化，搭建两岸青年交流平台，探索海峡两岸融合发展新路，受到两岸青年关注。截至2月24日，新浪微博话题阅读量608.8万次，全网点击量2208.81万次。

【定居台胞帮扶】 2022年6月6日，厦门市台联启动定居台胞扶贫济困资金网络填报工作。发挥定居老龄台胞、老龄台胞遗偶和困难台胞帮扶救助网上平台作用，简化申报流程，优化审核机制，商请市公安、民政、人社部门配合提供相关信息，建立台胞信息数据库，为在厦门台胞建档立卡，并滚动更新和充实完善，实现智能化管理，全年完成申报1300余人，发放金额315万元，实现“一趟不用跑”，补助（补贴、救助）到家门。

【主播实战陪跑研学营活动】 2022年6月12—13日，由厦门市台联、集美区台港澳办主办，市两岸青年创业联盟、海峡两岸（厦门）直播电商产业合作园等承办的“相聚厦门”海峡两岸青年创业联盟主播实战陪跑研学营活动在厦门举行，吸引40余名海峡两岸青年参加主播培训课程。活动以“电商主播实战陪跑”为主题，通过专业的伴教陪跑，提升海峡两岸青年电商直播技能，推动海峡两岸青年在大陆电商直播产业领域实现就业创业。

【“同名村·心连心”联谊主场活动】 2022年7月3日，由福建省台湾同胞联谊会、福建省档案局、福建省档案馆、福建省海外联谊会、福建省闽台交流协会、厦门市台联、台湾闽台同宗同名村交流中心主办，厦门市台联、漳州市台联、泉州市台联、龙岩市台联、福建省广播影视集团东南广播公司承办的第十届“同名村·心连心”联谊主场活动在厦门举办。活动以“笺同墨”为主题，以“两岸家书”为媒介，挖掘祖籍地资源，以展示、研讨、挖掘、保护承载迁台记忆的两岸家书等档案文献为主要内容，唤起两岸同胞的共同历史记忆，推动两岸更多区域、更多群体认识和学习两岸家书信笺，促进两岸同胞心灵契合。来自海峡两岸的专家、学者、家书作者代表等参加活动，通过诵读、情景演绎和视频采访等方式，演绎两岸家书。

【海峡两岸中国画艺术论坛首办】 2022年7月8—16日，由厦门市台联、福建省美术家协会主办，市美术馆、市企联书画院、厦门建发国旅集团承办的第十四届海峡论坛·两岸中国画艺术论坛在市美术馆举行。论坛邀请100位海峡两岸画家，展出300多幅海峡两岸书画作品，展望中国艺术的未来，携手创作画作，展现“两岸情、一家亲、绘山河、心连心”，团结台胞共同传承弘扬中华优秀传统文化，根植“文化同根”理念，推动以融促统。

【海峡两岸青少年新媒体“舞”论坛】 2022年7月23日，由全国台联、福建省台联、厦门市台联主办的海峡两岸青少年新媒体“舞”论坛在厦门广电大厦举行。全国台联文化宣传部部长武晓峰、福建省台联副会长苏甦、市台联会长张劲秋、厦门广播电视集团副总裁沈勇、市文联副主席苏璇、河南省台联会长李婷、厦门台商投资企业协会会长吴家莹等出席论坛，近百名海峡两岸舞蹈家、青少年参加。论坛以“舞动畅响未来”为主题，以“舞蹈表演＋嘉宾访谈＋新媒体传播”的呈现方式，分为“舞绽芳华、情牵两岸”“扎根泥土、闽台共舞”“跨海逐梦、舞动青春”“数字潮变、舞向未来”4个篇章，综合运用多种艺术手段，表达两岸青年“一起舞动向未来”的美好愿景。

【在厦一代台胞访谈活动】 2022年7—9月，厦门市台联与台海杂志社合作开展在厦一代台胞访谈活动。活动以“我和我的祖国”为主题，在《台海杂志》开辟“我和我的祖国”专栏，每期采访2名在厦定居一代台胞，共3期。通过一代台胞口述实录，讲述台胞眼里“我和我的祖国”的故事，讲述海峡两岸同胞融合发展的故事，留存两岸同根同源的情感连接，打造台胞台企登陆第一家园。

【海峡两岸青年企业家篮球邀请赛】 2022年11月1—6日，由厦门市人民政府台港澳事务办公室、厦门市体育局指导，厦门市台湾同胞联谊会、厦门市台商投资企业协会、厦门市两岸交流协会主办，厦门市两岸青年创业联盟、厦门市台商协会青委会、海西晨报社、厦门市篮球协会承办，厦门银行股份有限公司总冠名的2022年第二届“厦门银行杯”海峡两岸（厦门）青年企业家篮球邀请赛在厦门体育中心综合馆举行。300名海峡两岸青年企业家组建20支球队参加，总决赛全程网络直播，在线观看总人数近百万。

【第二届海峡两岸青年网红主播大赛】 2022年12月17—18日，由厦门市台联主办的第二届海峡两岸青年网红主播大赛在厦门举行。大赛以“正青春 创未来”为主题，面向在厦门有志于从事线上直播行业的海峡两岸青年，首批招募学员9人，其中台湾青年7人，通过多场次小班制的培训，以训代赛，引导更多青年学习技能、提升本领，遴选具有代表性的电商主播，带动更多两岸青年进入电商直播领域。

【台联换届选举】 2022年12月31日，厦门市台联举办厦门市台湾同胞第九次代表大会，完成会议各项议程，选举产生市台联第九届理事会及理事会新一届领导班子，并召开台联九届一次理事会。张劲秋当选为新一任会长，陈可芳当选为副会长，张建强、陈珣、柯冉绚、彭勇、谢建辉当选为兼职副会长。

（市台联）

厦门市金门同胞联谊会

【概　况】 2022年，厦门市金门同胞联谊会（简称市金联）持续开展在厦门定居的金门同胞扶贫济困专项工作，为1407人次在厦门定居的老龄金门、马祖同胞及在厦门定居的老龄金门同胞遗偶、在厦门定居的困难金门同胞审核发放生活补贴、生活补助336.64万元。团结在厦门定居金门同胞，不定期组织开展主题活动。关爱金门和马祖同胞特殊群体，入户走访慰问困难金门同胞35人，高龄金门、马祖同胞35人，协助福建省金门同胞联谊会为20名在厦门的应届金门同胞学子办理、发放奖学金。加强与常住金门同胞的联系，走访太祖（厦门）食品有限公司等在厦门的金门企业，与名誉会长、名誉理事以及青年金门同胞代表进行交流。邀请常住金门客商参加第二十二届中国国际投资贸易洽谈会。接待台湾金门同乡总会到厦门参访团，力促厦门、金门两地的金门同胞交流交往，营造两岸一家亲的氛围。参与疫情防控志愿服务。组织赴同安区莲花镇上陵村、同安区新民镇溪林村开展挂钩帮扶，走访慰问困难户，助力推进乡村振兴。主办第十八届“厦金情深·趣农耕亲自然”两岸金门籍青少年夏令营、第九届海峡两岸老少书画摄影交流活动，协办第十八届“海峡两岸（集美）端午文化论坛”、“龙腾虎跃”2022海峡两岸赛龙舟活动、“相聚厦门”第十四届海峡论坛·两岸国画艺术论坛、“第十四海峡论坛·海峡两岸关爱下一代成长论坛”，多形式、多渠道、多层次助推两岸交流融合。开展市金门同胞第八次代表大会筹备工作。

【金门同胞关爱服务】 2022年，厦门市金联靠前服务，提前在微信公众平台发布推文，向符合条件的申领对象发送提醒短信。设立金门同胞党员志愿者服务岗，发挥金门同胞党员先锋模范作用，与多个街道、社区联系，及时通知申领对象前来办理，对接市信息中心和市民政局提取大数据，筛查金门同胞低保户、特困户信息，通知未申领对象办理信息采集。全年为1227名在厦门老龄金门、马祖同胞发放生活补贴294.12万元，为145名在厦门老龄金门同胞遗偶发放生活补贴34.44万元，为35名在厦门困难金门同胞发放生活补助8.08万元。

【金门同乡会总会参访】 2022年6月

2022 年 9 月 24 日，“同心筑梦·共绘未来——喜迎党的二十大”厦金青少年书画展在翔安区举行（市金联　供图）

28 日至 7 月 1 日，台湾金门同乡会总会总会长杨维居、监事主席蔡少雄、副总会长陈复宝率团到厦门参访。厦门市金联会长谢国勇，副会长许伯钦、宋奇盈、林团结等接待并陪同参访。海峡两岸金门同胞共同前往同安区、翔安区和集美区考察参观竹坝归侨史迹馆、闽台农业融合发展产业园、“金门县政府”旧址、厦门洪氏企业有限公司、海峡两岸（厦门）直播电商产业合作园、集美新城体验馆等，深入沟通交流，敦睦乡情梓谊，感受两岸一家亲。

【金门籍青少年夏令营】 2022 年 8 月 9 日，由厦门市海外联谊会、市关工委、市金联共同主办，市金联承办的第十八届“厦金情深·趣农耕亲自然”海峡两岸金门籍青少年夏令营在同安区国贸研学竹坝基地举行。20 名金门籍青少年通过“知农趣、识农耕”的一日主题研学活动，体验大自然生活，感受南洋异域风情文化，学习传统农事实践技能。

【厦金青少年书画展】 2022 年 9 月 24 日，由厦门市金联、市关工委、市青少年宫主办的“同心筑梦·共绘未来——喜迎党的二十大”厦金青少年书画展在翔安区举行。书画展以“同心筑梦·共绘未来”为主题，通过书画展的形式，引导广大青少年热爱党、热爱祖国、热爱家乡、热爱学习，为庆祝中华人民共和国成立 73 周年，喜迎中国共产党第二十次全国代表大会胜利召开献礼。书画展集中展示来自厦门、金门的 200 多名青少年的 300 余幅书画作品，表达厦金青少年同心筑梦、共建美好家园、祈盼祖国统一的美好愿望。

【老少书画摄影交流活动】 2022 年 9 月 24 日，由厦门市关工委、市金联、港澳台美术家协会台湾分会主办的第九届海峡两岸老少书画摄影交流活动在海沧区青礁村芦塘书院举行。活动以“开台故里·书画传承”为主题，来自厦门、台湾的书画家手把手教授两岸小学生书法、绘画，增进两岸文化认同，关心关爱下一代成长。

（市金联）

中国国际贸易促进委员会厦门市委员会

【概　况】 2022 年，中国国际贸易促进委员会厦门市委员会（简称市贸促会）发挥联通政企、融通内外、畅通供需的优势，开展贸易和投资促进工作，助力企业参与国内国际双循环。靠前服务海丝中央法务区建设，牵头负责法务区首批 7 个重点项目之一的“一带一路”国际海商事争端解决平台建设工作，推动国际商事争端预防与解决组织（ICDPASO）在厦门设立全球首个代表处，贸仲委、海仲委、海峡两岸仲裁中心 3 家“国字号”仲裁机构与厦门市签订战略合作协议。承办“第二届中国—新加坡国际商事争议解决论坛”。设立中国贸促会 / 中国国际商会厦门调解中心、中国贸促会自贸协定（厦门）服务中心窗口，助力构建具有国际影响力的法务聚集区和涉外商事海事争端解决优选地，工作成效得到中共福建省委副书记、省委政法委书记罗东川等领导的批示肯定。推进招商服务保障工作，促进招商引资，全年收集 22 条意向投资线索，组织 20 批次客商到厦门考察，新设营商环境监测点 10 个，借助“投资中国”平台上传招商项目、产业政策，面向全球推介厦门营商环境；与省商务厅共同主办第三季“日资企业福建行”系列活动，推动中日企业在生物医药、健康养老、氢能源、环保等领域的合作。与中国贸促会商法中心共建企业合规师厦门培训基地，开展企业国际化经营合规风险排查活动，为厦门企业“一对一”提供合规建议及合规建设方案；组织合规专题线上培训 17 场，调研形成企业国际化经营合规风险排查报告；与海丝法务办、市司法局等部门联合开展中小企业外贸合规服务工作，成立厦门市企业外贸合规服务联合体。持续提升发展研究工作水平，独立申报、参与各类调研课题项目；开展营商环境监测调研、在厦门外资企业调研、企业对外投资相关调研；结合厦门国际商会跨境电商、法律、金融专业委员会建设，打造贸促特色智库，初步形成立体化经贸信息服务格局；“厦门贸促”“中国跨境电商展”等微信公众号、视频号，品牌特色不断凸显，成为全天候的线上资讯平台和“企业之家”；推进融媒体发展，市贸促会、厦门国际商会媒体矩阵全年发布网站贸促动态 1893 条、微信多图文信息 554 条，转播抖音等 13 个平台视频近 2000 条，视频播放量 260 万次，全年中央、省市媒体报道市贸促会活动信息 100 余篇、8 万字，贸促传播软实力不断提升。

【外资企业服务】 2022 年，厦门市贸促会根据中国贸促会统一部署，设立服务外资企业工作专班，推动建立市、区两级共同发力的常态化外资服务工作机制。全年，专班收集外资企业诉求和建议 95 条，其中属于中央事权 18 条，属于市本级事权事项 77 条，通过服务外资企业工作机制报送相关部门，推动解决企业集中反映的金融、用工、物流及法律法规等问题，帮助企业克服疫情影响，提振投资信心。

【跨境电商产业发展推进】 2022 年，厦门市贸促会聚焦企业转型升级，与商务部外贸发展局、中国国际商会联合主办 2022 中国（厦门）国际跨境电商展览会，展会升格为国家级跨境电商展，展览面积 6 万平方米，展会期间达成意向订单金额 36.6 亿元，同期举行近 30 场配套活动。依托跨境平台，国内首创、发起组建以“贸促 +”为特色的金砖与丝路跨境电商产业联盟，得到各界响应，深化丝路与金砖国家在跨境电商产业领域的合作协同，推动外贸新业态新模式的拓展延伸；与阿里巴巴集团就共同开展“厦门品牌数字出海”签署框架合作协议。

【海外合作推进】 2022 年，厦门市贸促会新拓展海外机制性渠道 12 个，与澳大利亚珀斯世贸中心、塞尔维亚工商会、德国北威州商务署等 8 家机构签订友好合作协议，海外合作机构数量 300 个；与美洲工业集团等机构合作，设立驻墨西哥、乌干达、马来西亚（吉隆坡）、以色列 4 个海外联络处，海外联络处增设至 50 个，设立数量位居全国贸促系统前列。

【“一带一路”共建】 2022 年，厦门市贸促会推进共建“一带一路”，推动“金砖 +”合作。与“一带一路”国家和地区相关机构联合主办各类贸易投资推介活动 12 场，企业参会 1500 人次；邀请数百位“一带一路”国家（地区）嘉宾参加“9·8”投洽会、中国（厦门）国际跨境电商展览会等市重要经贸活动；参与中国贸促会“‘一带一路’国别法律研究丛书”编审工作；与巴西中国矿业协会、巴西中国商会等建立合作，牵线搭桥推动厦门市与巴西在海洋产业、生态牧场等领域开展合作，推进集美大学与巴西马托格罗索州联邦大学 UFMT 高校签订合作协议；结合金砖“中国年”活动，在中国（厦门）国际跨境电商展览会重点打造“金砖国家主题馆”，赋能企业开拓“金砖 +”新兴市场。

【RCEP 合作深化】 2022 年，厦门市贸促会与 RCEP（区域全面经济伙伴关系）产业合作委员会签订合作协议，共同深化 RECP 宣传推广；以“RCEP——区域合作发展新愿景”为主题，策划举办第 21 届世界商业领袖圆桌会议，线上、线下 2300 多人参会；对接“RCEP 行动计划”，全年举办 RCEP 线上、线下培训 5 期，培训企业 3200 多家次。为企业签发 RCEP 优惠证 1699 份，涉及金额 5.54 亿元。

【世界商业领袖圆桌会议】 2022 年 9 月 7 日，由中国贸促会、中国国际投资贸易洽谈会组委会、世界贸易中心协会联合主办，厦门市贸促会、厦门国际商会承办的第 21 届世界商业领袖圆桌会议在厦门国际会展中心举行。会议以“RCEP——区域合作发展新愿景”为主题，中国贸促会党组成员、副会长柯良栋，市政府党组成员、副市长黄燕添出席会议并致辞，菲律宾贸易与工业部部长阿弗雷多·帕斯夸尔、世界贸易中心协会商务拓展执行总裁罗宾·范·普恩布罗贝克等视频致辞。邀请 RCEP 国家驻华使节、相关国际组织、经贸机构、行业领军企业参会交流研讨，线上、线下 2300 余人参会。《中国日报》、新华社等 30 余家媒体进行宣传报道。

【日资企业福建行活动走进厦门】 2022 年 11 月 10 日，由福建省商务厅、厦门市贸促会主办，福建亚太合会协办的第三季“日资企业福建行”系列活动走进厦门。福建省副省长李建成，市委常委、统战部部长王雪敏等省、市领导会见以松下全球副总裁本间哲朗为团长的日资企业代表团一行，并出席相关活动。第三季“日资企业福建行”系列活动包括“RCEP 框架下中日合作新机遇”高峰对话会、纪念中日邦交正常化 50 周年摄影展，2022 中国（厦门）国际跨境电商展览会特设“魅力日本馆”，展览面积 1300 平方米，推动中日企业在生物医药、健康养老、氢能源、环保等领域的合作。

【中国国际跨境电商展览会】 2022 年 11 月 10 日，由中国国际商会、商务部外贸发展事务局、厦门市贸促会、厦门国际商会共同主办的中国国际跨境电商展览会（CCEE 厦门站）在厦门国际会议展览中心举行。展会分为跨境选品展区、跨境平台与综合服务商展区、跨境进口展区（国际展区）三大主题展区，规模 6 万平方米，汇聚亚马逊、阿里巴巴、全球速卖通、Lazada、eBay、Shopify 等 30 家主流平台，超 1000 家优质供应商参展，意向订单金额 36.6 亿元，同期举办配套活动近 30 场，点击量超 5 亿次。

（市贸促会）

2022 年 11 月 10 日，中国国际跨境电商展览会（CCEE 厦门站）在厦门国际会议展览中心举行

（市贸促会　供图）

厦门市残疾人联合会

【概 况】2022年，厦门市残疾人联合会（简称市残联）贯彻落实中国共产党第二十次全国代表大会报告中“完善残疾人社会保障制度和关爱服务体系，促进残疾人事业全面发展”的总要求，统筹推进残疾人康复、教育、就业等各项工作。全年有4.79万名持证残疾人，比上年增加1957人。按性别划分，男性2.61万人，占54.45%；女性2.18万人，占45.55%。按户籍划分，农村残疾人1.35万人，占28.2%；城镇残疾人3.44万人，占71.8%。按残疾类别划分，视力残疾3207人、听力残疾3829人、言语残疾761人、肢体残疾22996人、智力残疾5126人、精神残疾8450人、多重残疾3560人。按年龄段划分，0～7岁残疾人1074人，8～16岁残疾人2262人，17～59岁残疾人2.28万人，60岁以上残疾人2.18万人。出台《关于进一步完善精神病患者医疗康复补助工作制度的通知》《关于加强精神病患者医疗康复补助卡管理的通知》《关于推进厦门市扶残助残文明实践活动的实施方案》，修订《厦门市残疾人社区康复治疗服务实施办法》，完善残疾人社会保障制度和关爱服务体系。全市各级残联组织进行换届选举，市、区、镇（街道）均设有残联，540个村（社区）成立残协，基层残联组织健全。福建省残疾人事业发展16个指标中，厦门市城镇残疾人新增就业完成率、日间照料托养机构县域覆盖率、适龄残疾儿童少年义务教育安置率等10个指标全省排名第一。依托厦门市残疾人职业技能竞赛搭建残疾人职业能力展示平台，102名参赛选手参加14个竞赛项目和5个展能项目，提升就业年龄段残疾人技能水平和职业素养。

【爱心助残】2022年，厦门市残联为9355名残疾人代缴城乡居民养老保险187.1万元，投入169.75万元为4.91万名残疾人（含残疾军人）购买意外伤害险。保障“爱心屋”平稳运营，全市48家“爱心屋”安置残疾人及家属127人，自投入使用以来实现营业收入1.41亿元；试点“爱心助残驿站”建设，会同市民政局、市财政局印发《厦门市“爱心助残驿站”试点工作实施方案》，各区分别挂牌成立1家试点机构；实施“为爱发声 助听行动”公益项目，为365名听障人士免费配发助听器；开展“爱心助残·圆梦微心愿”活动，为670名符合条件的残疾人实现微心愿；组织市无障碍督导总队开展无障碍督导4次，反馈无障碍设施建设建议427条；协调推动厦门市无障碍公交车改造工作，全年新增20辆无障碍公交车，满足残疾人出行需求。推动信息化建设，探索“智慧残联”新路径，在残疾人证（智能卡）内加载公共交通功能，实现厦门市残疾人刷卡即可免费乘坐公共交通工具。

【困难残疾人帮扶】2022年，厦门市残联配合民政部门落实“两项补贴”“一户多残”等助残政策，为2.63万名重度残疾人发放护理补贴1.23亿元，为1.17万名困难残疾人发放生活补贴4903.513万元，为850户“一户多残”家庭发放补助资金531.6185万元。依托福乐家园和镇（街）援助中心为1000名智力、重度肢体等残疾人提供日间照料服务，为1285名在机构托养的重度残疾人发放重残托养补助资金1027.84万元。以科技创新促服务，开展重度肢体残疾人免费适配智能护理床垫试点工作。春节期间慰问451名困难残疾人，发放慰问金57.96万元；对东西部协作的泾源县95名困难残疾人开展慰问活动。

【残疾人康复服务】2022年，厦门市残联推动残疾人康复服务，以规范管理促服务，出台《关于指定残疾儿童评估诊断技术指导机构的通知》《关于进一步完善精神病患者医疗康复补助工作制度的通知》等；落实精神病患者免费服药政策，为4400名精神疾病患者提供免费服药和体检服务，补助金额698.84万元；落实儿童康复救助“一月一核销”工作，加强对资金发放、使用和康复过程的监管，为2008名残疾儿童发放市级康复救助资金3130.84万元；联合市卫健委成立福建省首个市级特殊儿童康复专家指导组，开展线上、线下公益宣传宣讲4场；修订《厦门市残疾人社区康复治疗服务实施办法》，优化扩大残疾人社区康复服务供给；支持残疾人适配基本型辅助器具，资助残疾人购买基本型辅助器具适配570件（套）；引进中国残疾人福利基金会“凤凰健康助残项目”落地实施，为残疾人提供全新的辅具展示体验、免费咨询、评估和体验等服务。

【残疾人助学】2022年，厦门市残联为3381名残疾学生和困难残疾人家庭子女发放助学补助495.445万元；举办“奖学奖优”助残公益项目表彰活动，为101名残疾学生和残疾人家庭子女发放奖励金21.6万元；为2724名残疾儿童发放“六一”节慰问金136.2万元；将特殊教育学校（幼儿园）寄宿生生活补助从每生年5000元提高到7500元；配合市教育局为13名参加高考的残疾考生和57名参加中考的考生进行残疾身份认定；与厦门开放大学合作开办残疾人学历专班，全年招收大专班和本科班残疾学生228人。

【残疾人就业】2022年，厦门市残联紧跟就业供需变化关系，推动残疾人高质量就业，完成城镇残疾人新增就业1548人、农村残疾人新增就业552人，城镇残疾人年度培训1377人，30名有就业意愿的高校应届残疾人毕业生100%实现就业；举办盲人按摩师技能提升培训班，为30名厦门户籍盲按师提供培训；完成残疾人职业心理咨询55场次，帮助残疾人缓解工作生活压力；推进全国残疾人按比例就业情况联网认证“跨省通办”，认证用人单位1213家，审核在岗残疾职工3516人；首创超比例奖励业务“免申即享”模式，系统自动审核超比例奖励用人单位93家，发放超比例奖励资金675.45万元，促进残疾人稳岗就业1002人；落实各项残疾人就业扶持政策资金1302.3万元，惠及残疾人1891人次。

【扶残助残宣传】2022年，厦门市残联结合海峡残障人士嘉年华、全国助残日、国际残疾人日等活动，借助各类平台资源宣传报道厦门市扶残助残优惠政策、自强不息残疾人典范；开展厦门市残疾人自强模范、扶残助残先进个人、扶残助残先进集体推选活动，宣传残疾人自立自强、爱心人士扶残助残先进事迹，激发社会扶残助残活力。

【残疾人文化体育】 2022年，厦门市残联丰富残疾人精神生活，选送优秀文艺作品参加福建省首届残疾人工艺美术文创作品产品征集展览和推介活动，获二等奖1项、三等奖6项、优秀奖17项；参加全省“我心向党　携手前行”残疾人事业公益短视频征集活动，获二等奖、三等奖各1项。

【残疾人维权】 2022年，厦门市残联落实信访制度，参加市长热线轮值接听工作，按月开展理事长接访日活动，倾听残疾人需求，及时化解矛盾，全年受理各类信访件141人次，信访接收率、答复率、办结率、满意率均为100%。

【残联换届】 2022年，厦门市各级残联组织开展换届选举，市残联换届各项工作专人负责、有序推进，指导督促各区残联及残疾人协会如期完成换届工作。12月23—24日，厦门市残疾人联合会第八次代表大会召开，相关市领导参加会议，大会选举产生市残联理事会领导班子，许霖当选市残联第八届执行理事会理事长。

（市残联）

厦门市红十字会

【概　况】 2022年，厦门市红十字会围绕服务中心，实施“八大行动”（党建引领、人道先锋，守护健康、救在身边，广聚善举、扶危济困，爱心相随、生命永恒，强本固基、服务民生，互助奉献、志愿服务，人道桥梁、两岸融合，便民利民、数字红会），发挥中国共产党和政府在人道领域联系群众的桥梁和纽带作用，推进红十字事业发展。落实省委、市委为民办实事项目，全年开展救护员持证培训434场，培训人数2.86万人，公共场所配置AED（自动体外除颤器）274台；开展CPR+AED（心肺复苏＋自动体外除颤器）持证培训81场，培训3593人；公益应急救护培训1521场，普及培训17.37万人。全年接收爱心款物2838.76万元（物资933.54万元、款1905.22万元）；在市红志工委登记的红十字志愿者1873人，注册志愿者1170人，星级志愿者305人；市属各志愿服务队组织参加志愿服务活动714场次、3926人次，服务1.16万小时；举办全市红十字青少年人道传播生命教育辅导员培训班、青少年夏令营、预防艾滋病知识讲座等400余场，约2.7万人次参加。拓展宣传渠道，与人民网、厦门广电、《厦门日报》、《海西晨报》等媒体矩阵建立长期宣传合作，结合“5·8”世界红十字日、世界急救日、世界骨髓捐献者日等重要节日，围绕“三救”（应急救援、应急救护培训、人道救助）“三献”（无偿献血、献造血干细胞、献人体器官组织）核心业务开展集中宣传；组织全市红十字会系统在《中国红十字报》《博爱杂志》刊发厦门红十字理论探索、实践经验、新闻动态等信息，多家单位和宣传骨干获得年度全国红十字系统表彰。联合专业主流媒体，强化官方微信公众号宣传服务功能，全年策划实施主题宣传10余项，发布信息近200条，公众号粉丝4.5万人，阅读点击量超过40万次；连续10余年组织编写《厦门红十字》杂志，在全国红十字会系统交流，红十字“厦门经验”得到推广。

【基层红十字组织建设】 2022年，厦门市红十字会推进基层组织从“全覆盖”到“优服务”发展，指导基层强化红十字队伍建设、阵地建设、宣传服务等，组织红十字会博爱驿站开展“三献”（无偿献血、造血干细胞捐献、遗体器官捐献）咨询宣传、登记服务和生命教育培训等，接待服务群众1.12万人次，提升服务能力和水平。推进学校红十字会建会工作，厦门医学院团委获全国红十字模范单位称号，4名基层组织会员获中国红十字会“会员之星”称号；截至年底，获评全国红十字模范单位2个、福建省红十字会基层组织示范点10个、红十字博爱家园示范点5个，4名基层组织会员获中国红十字会“会员之星”称号。

【人道救助】 2022年，厦门市红十字会持续打造“红十字博爱”系列品牌，元旦、春节期间开展“红十字博爱送万家”活动，筹集发放慰问款物323.8万余元，慰问困难群众4572户，受益6975人；通过红十字救急基金、红十字会光明（爱眼）专项基金、红十字人道救心基金、小天使基金等发放救助款465万元，救助困难病患841人。持续落实东西部协作及山海协作工作，向宁夏回族自治区固原市泾源县捐赠爱心款物161.97万元；上海新冠疫情防控期间，第一时间将总价值250万元的物资运抵浦东新区。厦门新冠疫情防控期间，为市疫情防控指挥部、厦门海关、厦门边检总站、市市场监督管理局等抗疫一线艰苦岗位人员送上1542份、价值42万元的慰问物资；利用“99公益日”等重要节点，发动爱心捐献，支持厦门大学附属第一医院成立厦门市仁善医疗救助和医学事业发展基金会，表彰获中国红十字奉献奖章、福建省红十字人道救助事业表彰奖牌的爱心单位和个人，提高持续参与人道事业的积极性。

【“三献”工作】 2022年，厦门市红十字会参与推动“三献”工作。完成造血干细胞捐献志愿者资料入库1074人份，再动员278例，实现捐献14例，累计124例；完成186例捐献遗体登记，累计2133例；4547人捐献器官／眼角膜登记，累计2.2万例。实现遗体捐献45例，累计310例；眼角膜52例，累计303例；器官捐献27例，累计132例（捐献大器官108个、累计409个）。加大宣传力度，在清明节、世界献血日、世界骨髓捐献日等重要时间节点开展活动，组织拍摄遗体和器官捐献宣传视频，宣传捐献者无私奉献的精神；举办专题培训会，走进企业、高校开展专题宣传、讲座活动等，3000余人参与，发放宣传材料3000余份；联合市卫健委、市民政局等7部门印发《厦门市无偿献血者、造血干细胞捐献者、遗体与人体器官（组织）捐献者直系亲属等优待政策汇编》；元旦、春节期间，组织慰问造血干细胞捐献者、器官捐献者家庭，关心关爱捐献者及其家属。

【应急救护救援】 2022年，厦门市红十字会联合卫健委等10个部门印发实施《厦门市“十四五”公共场所配置AED+群众性应急救护公益培训项目实施方案》，打造“红十字‘救’在身边”品牌项目，实施“家家有个急救员”培训行动，救护员数量质量明显提升。举办第二十八届职工技能竞赛红十字救护员技术比赛，提升公众参与现场救护的意识和自救互救的能力。参加全市“防灾减灾日”和“安全生产月”等宣传活动，修订完善《厦门市红十字会突发公共事件应急预案》，强化红十字会群众性应急救援能力，完善与政府应急救援体系联动的群众自救互救安全网络体系。

【世界红十字日活动】 2022年5月7日，由厦门市红十字会主办的“生命教育　人道伴行”厦门市纪念第75个世界红十字日宣传活动在厦门五一广场举行。其间，组织拍摄、制作主题宣传片2个，在地铁、公交、部分城市楼宇投放宣传；联合厦门航空，率先开设“世界红十字日”主题航班；开展“家家有个急救员”培训行动，强化红十字应急救护；集中开展造血干细胞捐献者资料入库宣传采集进高校、进企业，举办遗体和器官（眼角膜）捐献者缅怀纪念活动，引导广大群众热爱生命、理解生命，继而救助生命、守护生命，动员志愿者参与红十字“三救”“三献”事业，为挽救生命贡献力量；开展“走进红十字人（单位）”主题宣传，集中宣传全国红十字模范单位、中国红十字总会“会员之星”志愿者、五星志愿者、优秀志愿服务项目、优秀红十字培训师资等，讲好红十字故事，传播好红十字声音。

（市红十字会）

厦门市中华职业教育社

【概　况】 2022年，厦门市中华职业教育社（简称市职教社）召开“学习宣传贯彻党的二十大精神　办好人民满意的职业教育”座谈会，举办以厦门高素质高颜值现代化国际化城市建设、新《职业教育法》和厦门职业教育高质量发展解读为主要内容的2022年度社务委员及团体职业院校骨干培训班；举办以意识形态工作、统战宣传与社情民意信息、网络舆论管理为主要内容的团体职业院校宣传信息员骨干培训班。用好微信公众号平台，全年发布39期信息。组织走访调研团体职业院校20家、26次。召开学习宣传贯彻新《职业教育法》暨职业教育高质量发展座谈会、社员中的人大代表政协委员与团体职业院校领导“学习党的二十大精神　助力乡村振兴”座谈会。组织部分社务委员和团体职业院校领导赴龙岩开展职业教育和社务工作调研交流，助力职业教育高质量发展和闽西南职业教育交流合作；联合民主党派力量深入团体职业院校调研，探索更好履行职教社法定职责助推职业教育高质量发展新路径；立足厦门职业教育高质量发展、厦台职业教育交流合作、金砖国家技能人才基地建设、陈嘉庚职业教育思想研究等领域，开展4个重点课题和10个一般课题调研。召开陈嘉庚职业教育思想研讨会，传承和弘扬“嘉庚精神”；组织团体职业院校参加总社举办的黄炎培职业教育思想研究会2022学术年会；联合市教育局、市人社局举办2022年度厦门市职业教育活动周、2022年度厦门市职业技能竞赛，召开厦门金砖新工业能力提升培训基地建设经验交流会，举办第十九届“同心·职教杯”职业院校篮球赛，推进高质量职业技能人才培养；参与主办“百校万岗·同心就业”线上、线下招聘行动，促进毕业生高质量就业。走访市教育局、团体职业院校，摸底掌握在厦门台湾教师情况并建立联系，拓展与台湾职教专家、学者联系渠道；召开厦台职业教育合作座谈会，探讨合作办学新项目；落实市委、市政府引进台湾优质职教资源和专才的行动部署，支持和帮助团体职业院校拓展台湾嵌入式暨单晶片系统发展协会单晶片能力认证培训范围，助力团体职业院校引进台湾优质专才，共同促进厦台职业教育发展；承办第十四届海峡论坛·海峡两岸职业教育论坛，探索后疫情时代技能人才培养模式变革，提升两岸职业教育发展水平、推动两岸职业教育互学互鉴。在市海沧区职业中专学校成立“社员之家”，吸纳福建省厦门鹭岛职业技术学校等1家职业院校和5位职业教育工作者入社。

【新职业教育法学习宣传贯彻】 2022年4月26日，厦门市职教社召开学习宣传贯彻新《中华人民共和国职业教育法》暨职业教育高质量发展座谈会。市教育局、市人社局有关处室负责人、团体社员、院校领导近40人参会。会议由市职教社副主任翁玉华主持，围绕如何宣传贯彻落实新《中华人民共和国职业教育法》进行探讨交流。5月8—14日，市职教社联合市教育局、市人社局举办2022年厦门市职业教育活动周，600余人参加活动周启动仪式。活动周以“技能：让生活更美好”为主题，旨在向全社会宣传新《职业教育法》，宣传职业教育“前途广阔、大有可为”，聚焦“提高质量，提升形象”，展示职业教育重大改革发展成果，营造全社会关心支持职业教育的氛围。

【助力乡村振兴主题座谈会】 2022年10月20日，厦门市职教社召开社员中的各级人大代表、政协委员与团体职业院校领导座谈会。座谈会以“学习党的二十大精神　助力乡村振兴”为主题，市职业教育社副主任、市政协委员翁玉华，厦门南洋职业学院董事长、厦门市中华职业教育社副主任、翔安区人大代表鲁加升，民盟厦门市委一级调研员、市中华职业教育社副主任王东良等参加会议，会议由市职教社副主任张培和主持。来自市职教社社员中的各级人大代表政协委员、市教育局有关处室负责人、团体职业院校领导等30余人参加会议。与会人员就发挥职业教育专业优势助力乡村振兴进行交流探讨，凝聚共识，助力乡村振兴。会议期间，与会人员到翔安区大宅社区现场调研乡村振兴情况。

【海峡两岸职业教育论坛】 2022年11月29日，由中华职业教育社、台湾海峡两岸教育交流促进协会、福建省中华职业教育社主办，台湾成人及终身教育学会、厦门市中华职业教育社、《教育与职业》杂志社、福州软件职业技术学院协办的第十四届海峡论坛·海峡两岸职业教育论坛通过线上、线下结合的方式举行，论坛以“后疫情时代两岸职业教育高质量发展的机遇与挑战”为主题。论坛主会场设在北京，台湾、福建厦门分别设分会场。全国人大常委会委员、民革中央专职副主席、中华职业教育社副理事长张伯军出席论坛并致辞，中华职业教育社党组书记、总干事方乃纯作主旨演讲，两岸专家、学者围绕后疫情时代两岸职业教育人才培养、教学创新、校企融合发展、交流合作等内容进行学术报告和交流研讨，促进海峡两岸职业教育合作交流，助力两岸融合发展。

（市职教社）

厦门市集美学校委员会

【概 况】 2022年，厦门市集美学校委员会（简称市集美校委会）弘扬嘉庚精神，主办讲座5次，培训4次，在“集美鳌园景区”微信公众号发布新闻112条，在集美学校委员会官方网站发布（转载）新闻52条；围绕“弘扬嘉庚精神”相关主题策划推出“菊香满鳌园 礼赞新时代”主题菊花展等8项活动，配合市委统战部做好《“嘉庚精神”的时代价值》课题调研、“传承嘉庚精神 弘扬时代价值”主题征文、《光辉旗帜 时代榜样》电视节目访谈等系列活动，统筹做好《集美学村》丛书、《陈嘉庚的故事》青少年读本、《〈南侨回忆录〉那些事》等书籍编撰工作，以多元手段讲好、讲活新时代“嘉庚故事”；与厦门轨道集团合作举办“品读嘉庚 激扬青春——书香地铁”系列活动；组织集美各校师生围绕“嘉庚精神”主题创作、编演节目，通过朗诵、舞蹈、歌唱和器乐演奏等多元化艺术形式，展现新时代嘉庚精神传承者们踔厉奋发的精神风貌；支持厦门陈嘉庚研究会举办2022年“重走嘉庚路”活动，联合部分高校举办“2022年厦门市大学生嘉庚主题文化创意比赛”；开展“笔墨绘春意，诚毅暖冬行——我为群众办实事”写春联送祝福活动、“展览寻宝 走近嘉庚”、“5·18”国际博物馆日社教活动、“弘扬嘉庚精神 喜迎党的二十大”七一建党节邮寄祝福社教活动、2022年“小小讲解员夏令营”研学活动等61场（线上活动16场、线下活动45场）；推出“百年统战 砥砺初心”展览，“为国担当——喜庆二十大·爱国企业家典范”联展；将“同向 同心 同行——陈嘉庚与中国共产党”展览、“华侨旗帜 民族光辉——陈嘉庚生平事迹”展览分别送往福建华侨主题馆、邓小平故居陈列馆，以展览为纽带增进馆际交流；征集包括陈嘉庚亲笔签名支票、陈嘉庚公司中西制药厂广告以及集美校友罗扬才烈士领导学生运动相关刊物《厦门学生》等珍贵文物25件套；陈嘉庚奖学金录取泰国、马来西亚、越南、缅甸、柬埔寨、老挝、印度尼西亚7个国家的102名海外华侨华人学生；集美鳌园景区继续保持全国文明单位称号，陈嘉庚纪念馆先后获评全国民营经济人士理想信念教育基地、铸牢中华民族共同体意识教育实践基地、厦门市新时代文明实践基地、厦门党员教育实践基地、厦门市精神文明和宣传文化先进集体等；集美图书馆继续保持市级文明单位称号；“嘉庚杯”“敬贤杯”海峡两岸（集美）龙舟赛获评2022中华体育文化优秀项目；集美鳌园景区接待游客60万人次，纪念馆接待游客28万人次，图书馆接待读者6万人次。

【嘉庚共读活动】 2022年5月13日，陈嘉庚纪念馆举行“庚读·毅行”暨“悦读·嘉庚”共读活动。活动分为“悦读·嘉庚”“走进·嘉庚”“寻迹·嘉庚”“印象·嘉庚”4个部分，通过主题共读、主题社教、线上直播、联合办展、文创比赛等形式，宣传弘扬嘉庚精神，加强爱国主义和传统文化教育；开展“欢度国庆 喜迎党的二十大”“展厅寻宝”等主题社会教育活动，制作VR全景展厅为观众提供全景式、沉浸式的观展体验；拍摄《〈南侨回忆录〉的故事》视频参加中国华侨历史博物馆举办的“馆长话藏品”线上直播活动，在海内外22个平台上播出，在线观看量200余万人次；举行2022年厦门市大学生嘉庚主题文化创意比赛，收到来自厦门大学、集美大学、福州大学等院校184个团队、个人的210组作品，最终有23组作品分获评平面组和实物组的一、二、三等奖和优秀奖。

【陈嘉庚与中国共产党主题展】 2022年7月1日，陈嘉庚纪念馆与福建归国华侨联合会共同举办的“同向 同心 同行——陈嘉庚与中国共产党”主题展在福建华侨主题馆举行。展览分为“要为国家民族奋斗”“中国的希望在延安”“最要紧的是国家前途”3个部分，展出展板95幅，旨在进一步坚定党外人士与中国共产党肝胆相照、荣辱与共、共建大业的不变初心，为海内外中华儿女向着下一个百年奋斗目标团结奋进注入精神动力。展览接待参观游客7871人次、参观团组17个。

【陈嘉庚生平事迹展走进香港校园】 2022年8月28日，陈嘉庚纪念馆联合集友陈嘉庚教育基金、集友银行将“华侨旗帜 民族光辉——陈嘉庚生平事迹展”送进香港校园巡回展出。首站走进香港创知中学，并陆续在香港地区数十所学校展出，展览让香港广大青年学生深入了解陈嘉庚的生平事迹，厚植家国情怀。

【嘉庚文化周活动】 2022年11月19日，2022年“嘉庚文化周”活动在白鹭洲音乐喷泉广场举行。开幕式现场，陈永定后人向陈嘉庚纪念馆捐赠60封珍贵的陈嘉庚先生亲笔书信，集美校委会副主任、陈嘉庚纪念馆馆长翁荣标接受捐赠，市委常委、统战部部长王雪敏向捐赠者颁发证书。市委统战部副部长陈善志向厦门大学统战部、集美大学统战部、陈嘉庚纪念馆、华侨博物院、集美图书馆、集美中学和集美小学捐赠《传承嘉庚精神 弘扬时代价值》图书。活动现场举办“同向 同心 同行——陈嘉庚与中国共产党”主题展，展出357张历史图片，全面展现陈嘉庚在探索救国道路上与中国共产党人相遇、相知、相惜，携手共圆民族复兴之梦的感人历程。展览的VR全景展厅向市民免费开放。

（市集美校委会）

责任编辑：明安文
审　　稿：曲　艺
校　　对：熊焱峰

13 法　治

地方立法

【概　况】 2022年，厦门市人大常委会坚持和加强中国共产党对立法工作的集中统一领导，坚持科学立法、民主立法、依法立法，用好经济特区立法权，推动立法决策同改革决策相衔接，以更实举措提升立法质效，引领改革促进发展。全年审议通过法规草案8部，其中制定5部、修改2部、废止1部。

【“完善多元化纠纷解决机制”法规废止】 2022年4月26日，厦门市第十六届人民代表大会常务委员会第四次会议通过《厦门市人民代表大会常务委员会关于废止〈厦门市人民代表大会常务委员会关于完善多元化纠纷解决机制的决定〉的决定》，废止2005年10月26日厦门市第十二届人民代表大会常务委员会第二十二次会议通过的《厦门市人民代表大会常务委员会关于完善多元化纠纷解决机制的决定》，自公布之日起施行。

【《厦门经济特区公安机关警务辅助人员条例》施行】 2022年8月26日，厦门市第十六届人民代表大会常务委员会第六次会议通过《厦门经济特区公安机关警务辅助人员条例》，自10月1日起施行。该条例共7章40条，围绕警务辅助人员的职责、招聘、管理监督、权利义务和职业保障等方面进行规范。该条例吸纳辅警制度改革最新成果，形成辅警队伍的全链条管理制度和保障激励体系，厦门市警务辅助人员进入制度化、规范化、法治化的管理轨道。

【《厦门经济特区粮食安全保障规定》施行】 2022年10月28日，厦门市第十六届人民代表大会常务委员会第七次会议通过《厦门经济特区粮食安全保障规定》，自12月1日起施行，是厦门市首次对粮食安全保障进行立法，标志着厦门市保障粮食安全步入法制化、规范化轨道。该规定共7章38条，以完善粮食安全保障体系为目标，围绕粮食安全的工作机制、生产保障、储备保障、流通保障、应急保障、监督管理等内容，进行制度设计，是厦门市深入贯彻粮食安全党政同责要求，探索通过地方立法，完善粮食安全保障基础的一项重要成果。

【《厦门经济特区河湖长制条例》通过】 2022年10月28日，厦门市第十六届人民代表大会常务委员会第七次会议通过《厦门经济特区河湖长制条例》，自2023年1月1日起施行。该条例共5章32条，包括总则、管理体制、工作机制、监督考核、附则，是一部以健全河湖长制体制机制，保障河湖长制有效实施的专门性法规。该条例从四方面赋能，将厦门经济特区河湖长制治理的经验予以制度化、法治化，构建责任明确、协调有序、监管严格、保护有力的河湖管理保护机制，推动厦门河湖长制工作法治化建设。

【《厦门经济特区医疗卫生人员职业暴露防护若干规定》施行】 2022年10月28日，厦门市第十六届人民代表大会常务委员会第七次会议通过《厦门经济特区医疗卫生人员职业暴露防护若干规定》，自12月1日起施行，是全国首部以“小切口”立法，关注医疗卫生人员职业暴露防护的专项法规。该规定共19条，围绕保障医疗卫生人员职业安全，关心关爱其身心健康、维护其合法权益的立法目的，突出问题导向，从明确各方职责、完善预防措施、加强应急处置、健全事后救济、落实监督责任等方面进行规范。

【《厦门市各级人民代表大会常务委员会人事任免办法》通过】 2022年10月28日，厦门市第十六届人民代表大会常务委员会第七次会议修订通过《厦门市各级人民代表大会常务委员会人事任免办法》，自2023年1月1日起施行。该办法共5章34条，包括总则、任免范围、任免程序、任职监督、附则。

【《厦门经济特区数据条例》通过】 2022年12月27日，厦门市第十六届人民代表大会常务委员会第九次会议通过《厦门经济特区数据条例》，自2023年3月1日起施行。该条例共7章56条，以问题为导向，聚焦公共数据的汇聚、共享、开放、开发，以及数据要素市场培育，对数据资源体系、数据流通利用、数据安全管理与权益保护、数据的应用与发展等内容作出规定。按照该条例要求，市人民政府应当将数据应用和发展纳入国民经济和社会发展规划，建立健全数据治理和工作协调机制，创新探索数据流通利用体系，加强数字化赋能城市治理，促进数字经济发展，提升数字社会水平。

【《厦门经济特区气象灾害防御条例》修改】 2022 年 12 月 27 日，厦门市第十六届人民代表大会常务委员会第九次会议通过《厦门市人民代表大会常务委员会关于修改〈厦门经济特区气象灾害防御条例〉的决定》，自 12 月 27 日起施行。修改后的《厦门经济特区气象灾害防御条例》共 7 章 65 条，包括总则、数据资源、预防监测预报和预警、应急处置、防御保障、法律责任、附则。该条例在气象灾害种类、气象灾害防御体系建设、气候可行性论证、安全防护措施等方面进行修改和完善，提升市气象灾害防御能力和水平。

（彭建伟）

政法委及综治

【概　况】 2022 年，厦门市政法系统落实福建省委十一届三次全会、厦门市委十三届四次全会精神和《厦门“一二三”战略规划》，围绕市委“四个安全”（坚定维护政治安全，坚定维护经济安全，坚定维护人民群众生命健康财产安全，坚定维护队伍安全）工作要求，确保全市政治社会大局持续安定稳定。成立由市委、市政府主要领导牵头的市维护中共二十大安全稳定工作领导小组，打赢安保维稳硬仗；开展重大信访问题化解处置工作，护航各级两会、海峡论坛、金鸡奖等重要会议活动；加强社会矛盾纠纷源头防范和综合治理，全市万人成讼率比上年下降 4.06%；参与新冠疫情防控，牵头做好全市防疫信息管理、海上疫情防控、医疗救治应急处置等工作。开展全市案件评查工作，市执法工作满意率 97.985%。厦门市平安建设考评连续 6 年位居全省第一，全市刑事警情数降至 10 年新低，市中级人民法院、市检察院工作报告获市十六届人大二次会议通过，海丝中央法务区建设取得“海丝中央法务区成为法治领域创新‘试验田’”“全链条国际商事海事纠纷解决体系日益形成”等成果，《关于实施年轻干部成长工程的若干措施》出台，莲前派出所被党中央、国务院授予“全国模范公安单位”称号。

【海丝中央法务区建设】 2022 年，海丝中央法务区建设稳步推进。海丝中央法务区第二届论坛在厦门举行；厦门国际商事法庭、厦门涉外海事法庭、省市区三级联建公共法律服务中心等重点项目获批设立并入驻海丝中央法务区运行，新引入法务机构（项目）91 个；国际商事争端预防与解决组织在厦门设立全球首个代表处，全市集聚传统法务、泛法务和法务科技企业 800 余家。

【法治化营商环境优化】 2022 年，厦门法治化营商环境持续优化。市司法局参与“益企服务”专项行动，实施司法服务营商环境 34 项举措；市中级人民法院加强破产审判工作，审结商事案件 40570 件、标的额 377.64 亿元，化解债务 340.88 亿元、盘活资产 47.76 亿元，助力 47 家企业摆脱经营困境；市公安局快侦快破经济犯罪案件 1051 起，挽回财产损失 6.09 亿元。厦门市全面落实司法责任制，推进金融司法协同机制创新，深化公安“放管服”改革，建成“e 政务”便民服务站 430 个，全市法院受理各类案件 153605 件，办结 13.93 万件，未结案件比上年下降 23.32%。

【平安厦门建设】 2022 年，厦门市争创全国社会治安防控体系建设示范城市，依法从严打击危害人民群众的各类违法犯罪，常态化推进扫黑除恶斗争，打掉涉恶犯罪组织 28 个、“保护伞”11 人，扫黑除恶成效率位列全省第一，现行命案和“八类案件”全破，电信网络诈骗警情数、财损数分别比上年下降 6.47%、7.69%。全面推进道路交通亡人事故专项整治、电动自行车综合治理、打击整治养老诈骗、平安建设“三率”（群众安全感率、扫黑除恶好评率、矛盾纠纷化解满意率）攻坚、城中村治理等重点行动，2017—2022 年全市道路交通死亡人数连续 6 年逐年下降，侦破养老诈骗案件 445 起、追赃挽损 9600 余万元，城中村实有人口动态感知体系试点建设取得阶段性成效。推进社会治理网格化、智能化，推进数字政法建设。政治引领、特区立法、防范打击电信网络诈骗等方面工作先后 3 次在全国试点交流会上作经验介绍，举办全国市域社会治理现代化“政治引领”试点创新首届研讨会，获中央政法委肯定。

（计　衡）

法治政府建设

【概　况】 2022 年，厦门市围绕“打造更优法治生态”目标，实施“提高效率、提升效能、提增效益”行动，制定出台《厦门市法治政府建设实施方案（2021—2025 年）》《厦门市法治社会建设实施方案（2021—2025 年）》以及法治文化、法治人才等有关配套文件。推进“八五”普法各项工作持续开展，开展厦门市首届“依法治理案例”展示及评选、“12·4”宪法宣传工作等，推动全面依法治市和司法行政各项工作取得新进展、新业绩，相关工作成效先后得到省委副书记、政法委书记罗东川，市委书记崔永辉，省司法厅厅长林玫瑰批示肯定，翔安区“谁执法谁普法”动态智能管理模式获第六届“法治政府奖”。

【依法治市】 2022 年，中共厦门市委全面依法治市委员会办公室（简称厦门市委依法治市办）提请召开十三届市委全面依法市委员会第一次会议，传达学习十一届省委全面依法治省委员会第一次会议精神，听取 2021 年度全市法治政府建设情况汇报，研究法治建设重大问题。举办领导干部法治专题讲座，集中学习《中华人民共和国数据安全法》《中华人民共和国个人信息保护法》《中华人民共和国大气污染防治法》等法律法规，将述法情况纳入领导干部年终述职报告和考核体系，组织开展全市党政主要负责人述法工作。联合市委组织部举办以“学习贯彻党的二十大精神　推进全面依法治市”为主题的全市领导干部法治专题培训班，提高“关键少数”和法治工作部门运用法治思维和法治方式推动发展、维护稳定、应对风险的能力。与市纪委监委共同出台有关文件，建立法治督察与纪检监察协作配合工作机制，推动全面依法治市和全面从严治党协调衔接、相互促进。召开市委依法治市办工作（扩大）会议，协调全市各级各部门做好迎接中央、省委对厦门市开展的法治督察工作，组织开展市级法治督察，厦门市运用大数据前沿技术遏制和打击电信网络诈骗犯罪的做法，受到中央依法治国办法治督察组肯定。

【行政立法推进】 2022 年，厦门市政府向市人大常委会提请审议法规议案 8 件，出台政府规章 3 件，选聘新一届市政府立法咨询专家 53 人。市司法局围绕市委、市政府中心工作，科学编制并实施 2022 年度市政府立法计划；推动警务辅助人员、河湖长制、医疗卫生人员职业暴露防护、数据、粮食安全保障等重点领域立法；经验材料《用足用好特区立法权，助推厦门市域社会治理现代化》被中央政法委《长安评论》刊载；召开基层立法联系点工作培训会议，提升基层立法联系点工作能力，发挥基层立法联系点倾听民意、了解民情、汇聚民意的作用。

【行政执法监督】 2022 年，厦门市司法局贯彻实施行政处罚法，牵头起草《关于贯彻实施〈中华人民共和国行政处罚法〉的若干意见》，呈请市政府同意后印发实施，举办全市行政处罚法培训、考试，6226 名执法人员通过考试。率先全省出台推行包容审慎监管执法若干规定，指导 30 个市直行政执法部门依法编制“四张清单”（不予处罚事项清单、从轻处罚事项清单、减轻处罚事项清单和免予行政强制事项清单）共 1185 项并向社会公布，推进建立完善相关配套制度，细化适用条件，规范适用程序，保障“四张清单”依法实施，工作成效得到国务院第九次大督查督查组肯定。按照市政府行政执法监督检查计划部署，开展《厦门市行政执法责任制规定》《厦门市推行包容审慎监管执法规定》贯彻实施情况的监督检查。推进镇（街）执法体制改革，会同市委编办起草《关于做好赋予乡镇人民政府和街道办事处部分行政处罚权有关工作的通知》，由市府办下发执行，至年底，各区均依法公布赋予镇（街）行政执法事项目录清单、完成赋权确认工作，全市 45 个镇（街）均成立综合执法机构，有 289 人通过行政执法培训考试、取得执法资格。深化行政处罚裁量权裁量基准备案监督工作，指导、审查市市场监管局等 13 个部门共 433 项裁量权基准的调整和公布。提升执法规范指导质效，制定全市行政处罚案件评查标准，重点评议考核全市执法部门 219 件执法案件，汇编典型案例印发指导全市执法。开展执法人员资格管理，完成 478 名新执法人员的培训考试取证。开展审核确认执法人员信息，推进全市执法人员厦门执法证件换发全国统一行政执法证件工作。

【普法宣传】 2022 年，厦门市司法局落实市“八五”普法规划相关部署要求，组织举办全市法治宣传联络员网络云课堂，学习宣传贯彻习近平法治思想的丰富内涵和实践意义，开展党内法规等法治宣传教育工作；根据司法部、省司法厅相关文件要求，出台厦门市 2022 年普法依法治理工作要点；推动“谁执法谁普法”动态智能管理试点，翔安区“谁执法谁普法”动态智能管理模式获第六届“法治政府奖”（全国共 15 个），实现福建省在该奖项上“零的突破”。“厦门市‘谁执法谁普法’动态智能管理平台”于 6 月试运行，各区各相关单位运用该平台上传相关普法图片视频等资料；厦门市开展“民法典进家庭”巾帼公益普法宣讲活动，在广播普法节目《丁成说法》《天天说法》栏目播出共 156 期。“她”普法——“民法典进家庭”巾帼公益普法项目获 2022 年厦门市新时代文明实践志愿服务项目大赛银奖；市依法治市办下发《关于加强社会主义法治文化建设的工作方案》，推动社会主义法治文化建设。市司法局组织实施国家工作人员学法用法考试及领导干部任职前法律知识考试，全市有 60 余家单位共 1436 名领导干部参加任职前法律知识考试；加强法治乡村建设，全市各区各相关部门着手组织实施厦门市“法律明白人”培养工作，推动健全党组织领导的“自治、法治、德治”相结合的城乡基层社会治理体系。落实中央全面依法治国委员会《关于加强法治乡村建设的意见》，开展省级、全国民主法治示范村（社区）动态管理复核，参与第九批“全国民主法治示范村（社区）”“省级民主法治示范村（社区）”评选活动。打造公益普法天天行阵地，利用公交、地铁、楼宇、机场、移动电视、广播电台的 1.42 万块电视终端、5 块大屏幕等，开展疫情防控、营商环境保护、妇女权益保护等法治宣传教育，每天滚动播放 400 余次，覆盖人群 500 万人次；持续做好新媒体普法工作，法治厦门微信公众号推送普法文章 939 篇，法治厦门微博推送 172 篇，厦门公共法律服务（原厦门掌上“12348”）微信公众号推送 139 篇；在全市组织开展“依法治理示范案例”评选活动，评出 20 个入围案例，10 个优秀案例，并通过“法治厦门元宇宙”展馆在元宇宙平台集中展示评选依法治理案例，在国内尚属首次。通过“厦门依法治理十大典型示范案例”示范作用，提高厦门治理体系治理能力现代化水平；加大平安建设宣传，提高全市群众安全感率、扫黑除恶好评率、执法工作满意率；举办厦门市 2022 年“12・4”国家宪法日暨“纪念现行宪法公布施行四十周年”主题宣传活动，开启宪法宣传现场活动和宪法宣传元宇宙空间同步直播新模式，在国内尚属首次。

【行政复议与应诉】 2022 年，厦门市各级行政复议机关共收到行政复议申请 2070 件，受理 1546 件，受理率 74.69%。市司法局收到行政复议申请 762 件，案件数为上年的 2.17 倍。办结 728 件，其中维持原具体行政行为 223 件，驳回行政复议申请 33 件，撤销 1 件，确认违法 11 件，责令限期履行 1 件，通过调解、和解方式终止行政复议 69 件，不予受理或作其他处理 390 件。办理厦门市政府为被申请人或第三人的行政复议案件 21 件，办理以厦门市政府为被告的行政应诉案件 159 件，案件数为上年的 1.46 倍。在厦门市行政复议委员会试点工作基础上，厦门市司法局组建市政府第一届行政复议咨询委员会，印发《厦门市人民政府行政复议咨询委员会工作规则（试行）》《厦门市人民政府行政复议机构与本级人民政府部门工作协调机制（试行）》。市司法局推动落实行政复议体制改革后机构、人员编制到位。与福建省司法厅、厦门市两级人民法院以及漳州市中级人民法院的工作沟通与协调，做好相关案件信息交流工作。与思明区法院以及相关市直行政执法部门共建行政纠纷联动预防化解体系，推动行政诉讼与行政复议矛盾化解方式的有机衔接。举办全市行政复议与应诉业务培训班，组织市、区司法局及市直主要执法部门复议应诉工作人员共60人参加培训。会同市依法治市办、市中级人民法院联合发文，每季度通报行政诉讼案件行政机关负责人出庭情况和行政机关败诉率，强化行政复议监督指导职能。

【规范性文件管理】 2022年，厦门市司法局组织开展行政规范性文件清理工作，经提请第十五次市政府常务会议研究通过，对与现行法律法规不一致、已被新规定替代、不适应形势发展需要的109件市政府文件予以废止。全年备案审查各区政府、市直各部门、各开发区管委会报送的规范性文件156件，向省政府和市人大常委会报备市政府规范性文件33件。（见表13–1）

表13–1　　2022年厦门市政府规范性文件备案目录一览表

序号	备案报告文号	规范性文件文号	文件名
1	厦府规文备〔2022〕1号	厦府规〔2021〕11号	厦门市人民政府关于印发进一步推进企业上市提高上市公司质量若干措施的通知
2	厦府规文备〔2022〕3号	厦府规〔2021〕12号	厦门市人民政府关于公布职工基本医疗保险缴费基数和缴费费率的通知
3	厦府规文备〔2022〕5号	厦府办规〔2021〕18号	厦门市人民政府办公厅关于印发城乡居民养老保险丧葬补助办法的通知
4	厦府规文备〔2022〕7号	厦府规〔2021〕13号	厦门市人民政府关于印发厦门市生态控制线管理实施规定的通知
5	厦府规文备〔2022〕9号	厦府办规〔2021〕19号	厦门市人民政府办公厅关于印发企业投资项目事中事后监管暂行办法的通知
6	厦府规文备〔2022〕11号	厦府规〔2022〕1号	厦门市人民政府关于公布商事主体登记实施前置行政许可项目目录（2022年版）的通知
7	厦府规文备〔2022〕13号	厦府规〔2022〕2号	厦门市人民政府关于印发加快推进软件和新兴数字产业发展若干措施的通知
8	厦府规文备〔2022〕15号	厦府规〔2022〕3号	厦门市人民政府关于印发先进制造业倍增计划实施方案（2022—2026年）的通知
9	厦府规文备〔2022〕17号	厦府规〔2022〕4号	厦门市人民政府关于印发加快建立健全绿色低碳循环发展经济体系工作方案的通知
10	厦府规文备〔2022〕19号	厦府办规〔2022〕1号	厦门市人民政府办公厅关于印发应对新冠肺炎疫情影响进一步帮助市场主体纾困解难若干措施的通知
11	厦府规文备〔2022〕21号	厦府规〔2022〕5号	厦门市人民政府关于印发加快推进厦门科学城建设若干措施的通知
12	厦府规文备〔2022〕23号	厦府办规〔2022〕2号	厦门市人民政府办公厅关于印发厦门经济特区历史风貌保护条例实施规定的通知
13	厦府规文备〔2022〕25号	厦府规〔2022〕6号	厦门市人民政府关于深化户籍制度改革完善户口迁移政策的通知
14	厦府规文备〔2022〕27号	厦府规〔2022〕7号	厦门市人民政府关于废止一批市政府文件的通知
15	厦府规文备〔2022〕29号	厦府规〔2022〕8号	厦门市人民政府关于印发保障性商品房管理办法的通知
16	厦府规文备〔2022〕31号	厦府规〔2022〕9号	厦门市人民政府关于印发荣誉市民待遇实施办法的通知
17	厦府规文备〔2022〕33号	厦府办规〔2022〕3号	厦门市人民政府办公厅关于印发进一步加快跨境航空货运高质量发展若干措施的通知
18	厦府规文备〔2022〕35号	厦府规〔2022〕10号	厦门市人民政府关于印发政府性融资担保实施办法的通知
19	厦府规文备〔2022〕37号	厦府办规〔2022〕4号	厦门市人民政府办公厅关于印发促进供应链高质量发展若干措施的通知
20	厦府规文备〔2022〕39号	厦府规〔2022〕11号	厦门市人民政府关于印发进一步加快推进集成电路产业发展若干措施的通知
21	厦府规文备〔2022〕41号	厦府办规〔2022〕5号	厦门市人民政府办公厅关于推行先诊疗后付费信用就医的意见（试行）
22	厦府规文备〔2022〕43号	厦府办规〔2022〕6号	厦门市人民政府办公厅关于印发推动生活性服务业发展行动方案的通知

续表 13-1

序号	备案报告文号	规范性文件文号	文件名
23	厦府规文备〔2022〕45 号	厦府办规〔2022〕7 号	厦门市人民政府办公厅关于加强中小学校外托管机构“小饭桌”食品安全管理工作的通知
24	厦府规文备〔2022〕47 号	厦府办规〔2022〕8 号	厦门市人民政府办公厅关于印发厦门市推动公立医院高质量发展实施方案的通知
25	厦府规文备〔2022〕49 号	厦府办规〔2022〕9 号	厦门市人民政府办公厅关于印发商事主体登记备案办法的通知
26	厦府规文备〔2022〕51 号	厦府办规〔2022〕10 号	厦门市人民政府办公厅关于印发加快医学教育创新发展若干措施的通知
27	厦府规文备〔2022〕53 号	厦府办规〔2022〕11 号	厦门市人民政府办公厅关于印发实施城市更新行动指导意见的通知
28	厦府规文备〔2022〕55 号	厦府办规〔2022〕12 号	厦门市人民政府办公厅关于印发进一步稳经济稳市场主体若干措施的通知
29	厦府规文备〔2022〕57 号	厦府规〔2022〕12 号	厦门市人民政府关于印发《厦门市职工医疗保险实施细则》和《厦门市城乡居民医疗保险实施细则》的通知
30	厦府规文备〔2022〕59 号	厦府规〔2022〕14 号	厦门市人民政府关于印发厦门市医疗救助办法的通知
31	厦府规文备〔2022〕61 号	厦府规〔2022〕13 号	厦门市人民政府关于印发加快推进政务服务标准化规范化便利化实施方案的通知
32	厦府规文备〔2022〕63 号	厦府办规〔2022〕13 号	厦门市人民政府办公厅关于集体土地上住宅房屋征收推行房票补偿的意见（试行）
33	厦府规文备〔2022〕65 号	厦府规〔2022〕15 号	厦门市人民政府关于进一步做好被征地人员参加基本养老保险有关工作的通知

（市司法局）

公　安

【概　况】 2022 年，厦门市公安机关开展“喜迎二十大、忠诚保平安”系列实践活动，确保全市社会大局持续安定稳定，刑事警情数比上年下降 4.75%，侦破“6·01”涉枪专案获公安部部长王小洪批示肯定，“百日行动”成效得到公安部第八督察组肯定。示范城市创建工作实地测评成绩位列全省第一。强化暖警爱警惠警措施，推进“团圆、舒缓、解忧、健康、送福、荣誉”六大计划，更新警用装备 58 类 5 万余件，与厦门开放大学联合成立警务辅助人员学院。全省首部《公安机关警务辅助人员条例》出台并施行。市公安局对标“全省有位、全国有为”目标，持续深化全警实战练兵，警务实战比武蝉联全省第一。推进模范机关和先进基层党组织创建，激发基层党建生机活力，全局有 46 个集体、165 名个人被省公安厅及以上机关表彰表扬。

【全国社会治安防控体系建设示范城市争创】 2022 年，厦门市全力争创全国社会治安防控体系建设示范城市，构建打防协同、多元立体、智能高效的社会治安防控体系，全面提升治安控制力和风险管控力，实现警务质效和治安质态双提升。高标准建成 6 个智慧公安检查站、18 个智慧街面警务站、1880 个智慧安防小区，重要部位视频监控覆盖率 100%；建设厦门智慧内保信息系统，搭建校园、医院预警模块，在学校、医院等单位创新建立关注人员布控、预警推送、处置机制和办法，根据人员的危险程度及处置需要，推送预警指令和预警信息，处置结束或关注人员离开布控区域，解除预警响应，确保学校、医院安全稳定；搭建散装汽油预警模块，实现关注人员购买散装汽油预警推送、处置反馈闭环管理。在全省率先出台《关于进一步加强无人机等民用无人驾驶航空器安全管理的通告》，完善海防基础设施建设，严密岸线巡防管控，共查获偷私渡案件 36 起 333 人，阻止无人机“黑飞”4300 架次；推进城中村综合治理专项工作，强化治安乱点整治，共检查重点场所 1.9 万家次，推动整改公共区域涉险隐患 536 处，查处黄赌案件 7304 起，比上年增长 48.91%。示范城市创建工作实地测评成绩位列全省第一。

【刑事案件侦破】 2022 年，厦门市公安局全面深化破案打击主动战、攻坚战，立刑事案件 17875 起，破案 11614 起，破案率 64.97%；抓获刑事作案人员 14292 人，上升 6.1%，其中影响人民群众安全感的“八类”（故意杀人罪、故意伤害罪致人死亡或重伤、抢劫罪、放火罪、强奸罪和贩卖毒品罪、爆炸罪、投放危险物质罪）案件、“两抢”（抢劫、抢夺）案件、现行命案、现行性侵案件实现 100% 侦破，盗窃类小案快侦率 143.52%，保持全省第一。打掉涉黑恶犯罪团伙 28 个 344 人，查扣涉案资产 7916.46 万元，聚众斗殴案件实现 100% 侦破，寻衅滋事案件破案率 97.67%，扫黑除恶成效居全省前列；侦破电信网络诈骗案件“三个环节”（电信流、网络流、资金流）以上占比 90%，抓获电信网络诈骗犯罪嫌疑人 4648 人，比上年增长 28.61%，止付冻结资金 2.2 亿元，增长46.05%。福建省公安厅综合考评中涉刑侦部门的22个项目厦门实现全部“零失分”，其中扫黑除恶、刑事技术、刑侦建模以及打拐、灭枪等专项总体成效蝉联全省第一，刑侦支队技术处研发的“涉网新型犯罪窝点侦勘一体化设备”“多生物特征综合识别比对引擎”分别获全国公安机关“双十”创新大赛金奖、铜奖。

【经济犯罪案件侦破】 2022年，厦门市公安局以防范化解重大经济金融风险为基点，以专项打击整治和大要案件攻坚为抓手，打击整治突出经济犯罪，防范化解经济金融风险，维护全市经济安全和社会稳定。全年立各类经济犯罪案件1383起，破案1064起，抓获犯罪嫌疑人771人（含缉捕“猎狐”逃犯15人），查处涉案总值40.5亿元，挽回经济损失6.09亿元，成功侦破“5・27”非法经营案、2021年“10・15”虚开增值税专用发票案、“2・16”文娱领域虚开增值税专用发票、虚开发票案、“11・16”制售假冒品牌眼镜案等一批部、省督案件。其中，“3・15”制售假冒品牌服饰案入选全国公安机关严厉打击网上侵权假冒犯罪十大典型案例。年内，市公安局经侦支队先后在全省视频会上介绍“百日行动”“防风林”“猎狐”等工作经验；破获利用存量房交易实施合同诈骗的新型犯罪案件，得到市委主要领导批示肯定；被评为全国打击骗取留抵退税违法犯罪成绩突出集体、全省知识产权保护工作成绩突出集体、全省打击洗钱犯罪有功集体，经侦支队民警石蓉蓉、黄志超的先进典型事迹被《人民公安报》等媒体刊载报道。

【全国禁毒示范城市创建推进】 2022年，厦门市开展争创全国禁毒示范城市工作，市委、市政府将全国禁毒示范城市争创工作作为“一把手”工程，成立禁毒争创工作领导小组，市主要领导先后4次对禁毒工作作出批示，市长黄文辉出席争创禁毒示范城市启动仪式和市禁毒教育基地揭牌仪式等禁毒主题活动，市禁毒委、市公安局实施“清源断流”战略，全力推进“打、防、管、控、宣”各项工作，完成中共二十大期间禁毒安保维稳工作，实现吸毒人员肇事肇祸、聚众吸毒、规模化制毒、制毒物品流失等“五个零发生”和当地“两减一增一降”（管控社会面吸毒人数减少、毒品违法犯罪减少、戒断三年未复吸人数增加、污水毒品监测值下降）。年内，全市破获毒品刑事案件110起，抓获毒品犯罪嫌疑人324人，比上年增长29.08%；移送起诉涉毒违法犯罪嫌疑人326人；破获部、省目标案件8起，增长3倍；查处吸毒人员452人，增长32.55%；禁毒工作群众满意度99.33%，排名全省第一，在全省平安建设（综治工作）考核中厦门禁毒项目位居全省第一档、并列第一名，为争创全国禁毒示范城市奠定良好基础。

【公安部门政务服务管理优化】 2022年，厦门市公安机关深化公安“放管服”改革，启动“工作调动户口迁移”“夫妻投靠户口迁移”“开具无犯罪记录证明”等高频业务“跨省通办”，推出适用证明事项告知承诺制服务事项96项、“一件事一次办”事项13项。优化在厦留学生服务管理，联合市科技局、火炬高新区管委会建设全省首个留学生创新创业实习基地。强化涉疫重点场所安保，依托“三公（工）一大”（市公安局牵头市工信、公卫部门和大数据局）融合协同机制开展工作，服务全市疫情防控大局。全力争创全国文明典范城市，实行“点长、段长、片长”负责制，创新开展“三选一”处罚、“敲门行动”等交通安全警示教育，严查不文明交通行为10万余起，整治优化交通拥堵点段和交通秩序乱点332处，全市35个主要交通路口日均交通违法行为数降至个位数。

小资料:

“三选一”处罚：对民警现场查获的轻微道路交通违法行为或不文明行为，违法人员可从“接受违法处罚、接受宣传教育、参与文明劝导志愿活动”3项惩戒措施中选择一项接受教育处罚，将执法与教育相结合，通过“沉浸式体验”，提升群众文明出行意识。

“敲门行动”教育：对抓拍的道路交通违法行为和不文明交通行为，由民警携带“一卡一图”即交通违法行为警示卡、违法行为抓拍图，上门送达当事人，并开展警示教育，拓展教育广度，形成社会效应。

【警务改革创新】 2022年，厦门市公安机关推动警务转型升级，聚焦“派出所主防”定位，将深化派出所“两队一室”（在派出所设置社区警务队、案件办理队和综合指挥室）改革作为关键突破口，推进24个重点改革项目，推动实现全市53个行政派出所“两队一室”机构设置全覆盖；建立机关警种部门支援派出所、机关警力下沉包村、岛内外行政派出所结对共建等机制，推行城区“一区一警两辅”、农村“一村一辅警”，深化警务网格和社区网格融合运作，做强“1+3+N”（1名社区民警+3名社区辅警+N个群防群治力量）社区警务团队。实施厦门公安智慧警务建设，全方位推动科技练兵，连续3年获全省公安机关基层应用创新暨大数据建模视频比武大赛团体第一名；建设涉网犯罪侦查治理中心，侦破“5・16”特大养老诈骗案等一系列重大涉网犯罪案件，多次获公安部、省公安厅贺电表扬。规范公正文明执法，推进智慧执法服务平台二期建设，联合检察机关探索设立侦查监督与协作配合办公室，推进执法办案全链条全流程监督管理，加强执法风险事前事中防范。出台《厦门市提升跨部门涉案财物管理质效实施方案》，推进跨部门涉案财物集中管理平台、场所升级改造，提升运作质效，全年入库保管刑事、行政涉案物品11.9万件，节约执法人员工作时间2万余小时。

【智慧执法建设】 2022年，厦门市公安局深化公安改革，推进智慧法制建设，在全省首创研发应用案件暂扣款、保证金信息化管理系统，实现暂扣款和保证金“去现金化”，通过“全渠道缴款和支付”“一案一人一账户”“自动记账对账”等手段，确保款项缴交和支付“一趟不用跑”；在全省首创建立物证“一站式”司法鉴定机制，将送检取件的主体由民警转变为委托第三方，运用“一站式”鉴定委托送检案件3000余起；研发运用远程提讯系统，通过提供办案区到监所、办案区到办案区的远程审讯功能，让办案民警可就近在办案区对羁押监所的涉案人员发起远程审讯，提高办案效率。在新冠疫情防控期间，全局进行远程提讯5097次，其中第一看守所1960次、第二看守所1631次、第三看守所1506次，确保防疫、办案两不误。

【疫情防控工作机制创新】 2022年，厦门市公安局牵头市工信、公卫部门和大数据局创新应用“全量托底”“效率优先”等五位一体方法，建立健全涉疫数据研判处理机制，推动落实防控措施。研判涉疫数据，全年下发疫情防控类情报指令6922条。该机制是市公安局为应对多轮本土聚集性疫情冲击，于2021年牵头建立的疫情防控相关工作机制，为全国首创，通过高效协作、精准处置，以最低层级、最小范围、最短时间，实现民生影响最低的效果，得到时任中央政治局委员、国务院副总理孙春兰和福建省委书记尹力等领导的肯定。

【强奸积案侦破】 2022年，厦门市公安局开展打击性侵犯罪专项行动，组织侦查技术力量，采取梳理物证、重检重比、回访取证等多种手段对性侵积案线索进行梳理攻坚，连续侦破性侵积案4起，分别为2011年“11·18”杨某兰被强奸案、2014年“5·7”吴某钏被强奸案、2012年“4·3”郑某琴和2015年“3·29”江某兰被强奸案，与同时期省内其他地市公安机关破获的4起积案一同获得公安部副部长杜航伟批示：“福建公安机关刑侦部门10日内连破8起强奸案件积案，为全国打击性侵犯罪专项行动作出贡献，应予表扬。”

【全市首个刑事速裁法庭设立】 2022年1月，厦门市公安局集美分局联合集美区检察院、法院和司法局，依托分局执法办案管理中心，设置全市首个刑事速裁法庭。通过落实“认罪越早、从宽越多”的认罪认罚从宽处罚政策，明确公安、检察院、法院诉讼流程期限，将办案期限从原来的50天缩短至7天以内，先后快侦、快诉、快判危险驾驶案192件，降低司法成本、执法风险和廉政风险，提升诉讼质效和司法公信力。

【电动自行车综合治理】 2022年4月起，厦门市委、市政府部署开展全市电动自行车综合治理专项行动，市公安局成立领导小组，制定行动方案，坚持每周例会、实地督导，加强统筹组织和考核考评，牵引各区各部门采取超常力度、超常举措，推动电动自行车综合治理向纵深开展。截至年底，电动自行车违法行为查处量比上年增长183.21%；涉电动自行车道路交通事故、火灾事故分别下降52.15%、37.04%，“12345”政务热线服务中心涉电动自行车诉求件下降65.86%，实现秩序有效规范、消防安全有效规范、市场有效规范、行为有效规范、管理有效规范的专项行动中期目标。

【“12·24”特大网络裸聊敲诈案侦破】 2022年，厦门市公安局紧盯以裸聊敲诈为代表的新型涉网黑恶犯罪，经深入剖析、探索实践，总结形成“短信建模切入、网络渗透突破、资金穿透拓展”新战法。4月27日，在福建省公安厅刑侦总队的指导协调下，厦门市公安局组织400余名警力在省内4个市、9个县（区）同步开展集中收网，成功端掉20个专门针对境外人员实施涉裸聊敲诈以及“杀猪盘”诈骗的“双料”犯罪窝点，抓获犯罪嫌疑人232人，现场缴获现金412.68万元，查扣豪华轿车7辆、电脑265台、手机802部，打掉犯罪团伙15个，侦破“12·24”特大网络裸聊敲诈案。该案先后获得公安部副部长杜航伟和福建省副省长、公安厅厅长黄海昆批示肯定。

【“5·23”虚开增值税专用发票案侦破】 2022年5月，厦门市公安局发现2家企业存在不符合贸易型公司正常经营模式的预警风险点，涉嫌虚开增值税专用发票骗取留抵退税犯罪，遂抽调精干警力会同税务部门组成工作专班，整合警税两部门数据资源开展联合研判。5月25日，组织警税力量30余人，兵分多路，对相关犯罪团伙实施收网，抓获犯罪嫌疑人11人，打掉虚开及骗取留抵退税犯罪团伙2个，现场缴获作案用的电脑主机、网银U盾、银行卡、记账凭证等一批书证物证，带破虚开增值税专用发票案3起，阻断留抵退税款1759.19万元，挽回税款损失80万元，“5·23”虚开增值税专用发票案告破，取得警税联合打击骗取留抵退税专项行动“开门红”。该案由最高人民检察院、公安部联合督办，被列为全国涉税集群1号案件，在全国六部门联合打击留抵骗税和出口骗税工作交流推进会上被作为典型经验介绍，并被新华社作为全国首批相关典型案例刊发。

【莲前派出所获评为“全国模范公安单位”】 2022年5月25日，全国公安系统英雄模范立功集体表彰大会在北京召开，厦门市公安局莲前派出所获中共中央、国务院授予的“全国模范公安单位”称号。莲前派出所成立于1997年8月，辖区面积16平方千米，是厦门主城区辖区面积最大、人员密集场所最多、安保任务最重的派出所，秉承特别敢创新、特别能战斗、特别暖民心、特别讲奉献的“四特”精神，实现建所25

2022年6月2日，厦门市公安局在莲前派出所举行“全国模范公安单位”揭牌仪式
（孙二伟　摄）

年“零违纪”，先后获全国首批“枫桥式公安派出所”等部级以上荣誉 12 项、省市级荣誉 83 项，涌现一级英模白鸿辉等一批先进典型，得到各级领导肯定和辖区人民群众好评。

2022 年 9 月 29 日，警务辅助人员学院在人民警察培训学校举行揭牌仪式

（孙二伟　摄）

【户口迁移政策完善】 2022 年 5 月 27 日，厦门市公安局牵头起草的《厦门市人民政府关于深化户籍制度改革完善户口迁移政策的通知》经市政府常务会议和市委常委会会议研究通过，于 6 月 1 日起实施。该次厦门户籍制度改革按照“人才优先、岛外放宽，逐步放开”的原则，对全日制本科及以上学历的往届毕业生落户降低年龄要求，由原先的年龄 45 周岁以下调整为距离法定退休年龄 5 年以上；对于全日制普通高校专科学历毕业生落户厦门岛外 4 个区，将“年龄 35 周岁以下且连续在厦缴交社会养老保险 1 年”的限制，调整为“距离法定退休年龄 10 年以上，在本市合法稳定就业”。政策调整还新增区级“劳动模范”“见义勇为”荣誉称号人员和其配偶、未成年子女可随迁落户、非全日制本科学历毕业生落户等政策条款，优化投靠落户细则。户籍新政策出台进一步畅通落户渠道，利于吸引更多人才到厦门就业创业。

【特大非法经营“笑气”案破获】 2022 年 6 月 17 日，厦门市公安局湖里分局在省禁毒总队的协调下，厦门、福州、泉州、龙岩、建瓯警方协同作战，破获涉案金额上百万元的特大非法经营“笑气”案，打掉以尹某为首的家族式贩卖“笑气”犯罪团伙，抓获非法经营犯罪嫌疑人 7 人，查处吸食“笑气”行为人 42 人，捣毁位于福州闽侯的存储仓库 1 处、厦门集美的分销点 1 处和厦门岛内零售点 3 处、批发下线 1 处，缴获“笑气”大瓶 110 个、中瓶 257 个、小瓶 1.31 万个，是福建省公安机关首次全链条打掉非法经营“笑气”犯罪团伙。

2022 年 9 月 29 日，《厦门经济特区公安机关警务辅助人员条例》施行启动仪式在人民警察培训学校举行

（孙二伟　摄）

【部督“6·01”特大网络制贩枪支案侦破】 2022 年，厦门市公安局刑侦部门根据全国公安机关夏季治安打击整治“百日行动”和打击整治枪爆违法犯罪专项行动部署，按照“横向到边、纵向到底”工作要求，发挥主战优势、创新研判战法，于 6 月 28 日至 7 月 10 日，赴广西、湖南等 22 个省份开展跨区域集中收网行动，抓获犯罪嫌疑人 145 人，缴获各类枪支 183 支（其中火动力枪支 138 支，气动力枪支 45 支），弹药 3 万余发，黑火药 1200 余克，破获部督“6·01”特大网络制贩枪支案。该专项行动成效获得公安部党委书记、部长王小洪批示肯定。8 月 24 日，公安部刑事侦查局专门致电祝贺。

【全省首部辅警立法施行】 2022 年 8 月 26 日，《厦门经济特区公安机关警务辅助人员条例》经市第十六届人大常委会第六次会议审议表决通过，于 2022 年 10 月 1 日起施行。9 月 29 日，市公安局在市人民警察培训学校举行《厦门经济特区公安机关警务辅助人员条例》施行启动仪式和警务辅助人员学院揭牌仪式，依托厦门开放大学成立的警务辅助人员学院，在总结前期联合开办警务辅助人员学历提升班的实践经验基础上，为更好保障该条例施行而推出的警校战略合作新品牌，推动全局警务辅助人员学历教育规范化，为全局辅警队伍岗前培训、在职培训、技能培训、理论

科研、学术交流等方面提供重要平台。（参见 P127【《厦门经济特区公安机关警务辅助人员条例》施行】）

（胡永水）

检　察

【概　况】 2022 年，厦门市检察机关办理各类案件 12529 件。其中，审查逮捕案件 1420 件，审查起诉案件 5501 件，公益诉讼案件 131 件，刑事、民事、行政诉讼监督案件 5477 件。关心公共安全，紧盯涉及民生的热点问题，发出社会治理类检察建议 166 件；运用圆桌会议、诉前磋商等方式，推动职能部门整改安全隐患 5500 余处；监督立案的施某等人危险作业、危险驾驶案被省检察院评为优秀案例。依法办理寄递毒品、枪支等案件，联合行政监管机关，对快递物流行业开展寄递安全系统治理，封堵寄递渠道犯罪空间，工作机制被最高人民检察院评为典型工作事例。深化"保障千家万户舌尖上的安全"等专项监督，针对"私宰猪肉""无证外卖"等现象，督促行政机关查处违法行为 95 起。起诉网络"裸聊"敲诈、"吸粉引流"及非法网购个人信息用于电话推销等相关犯罪 1001 人，推动对直播平台等领域的监管。开展打击整治养老诈骗、恶意欠薪等专项行动，起诉侵害老年人、残疾人、农民工的犯罪 81 件 126 人。落实普法责任制，开展送法进社区、进企业等"法律六进"活动 337 次。常态化发布典型案例，1 个案件入选最高人民检察院指导性案例、5 件案件入选最高人民检察院典型案例、6 件案件入选省检察院典型案例，引导群众从案例中感受法治精神、增强法治信仰。制定《关于加强"12309"检察服务中心建设的意见》，对受理的 2835 件来信来访，7 日内程序回复率和 3 个月内实体答复率均达 100%，重复信访量比上年下降 21.7%。对首次申诉等重点案件实行两级检察院领导包案办理，推动矛盾纠纷实质性化解。两级人民检察院控申检察部门对 49 件案件组织简易公开听证，在人大代表、政协委员、人民监督员等第三方的评判见证下，38 名当事人当场息访息诉；人大代表参与化解的郭某某刑事申诉案，实现"案结事了、事心双解"，被最高人民检察院评为简易公开听证典型案例。部署开展助推乡村振兴、关注困难妇女、春晖护蕊 3 个司法救助专项活动，发放救助金 163.5 万元，以"检察暖心"换"群众安心"。年内，市检察机关坚持抓党建带业务，同安区检察院"党旗红引领检察蓝服务生态绿"工作机制入选全国检察机关党建与业务深度融合优秀案例。两级检察院获评为全国三八红旗集体、全国检察机关优秀办案团队等国家级、省级集体、个人荣誉表彰 101 次。

【全面从严治检】 2022 年，厦门市检察机关始终把政治建设摆在首位，把学习宣传贯彻中共二十大精神与贯彻落实习近平总书记致厦门经济特区建设 40 周年贺信重要精神紧密结合起来，开展分层次、全覆盖的专题培训、业务练赛等。推进检察人员全员全面全时考核，做实奖优罚劣、激励担当作为。创新检委会青年办事专班、青年理论学习小组等机制，加大与行政机关互派干部交流挂职力度，培养年轻干部，队伍结构进一步优化。加强检察权运行监督制约，持续巩固深化政法队伍教育整顿成果。推进检察机关廉洁文化建设，落实防止干预司法"三个规定"、新时代政法干警"十个严禁"等制度规范。

小资料：

三个规定：2015 年 3 月，中共中央办公厅、国务院办公厅下发的《领导干部干预司法活动、插手具体案件处理的记录、通报和责任追究规定》；2015 年 3 月，中央政法委下发的《司法机关内部人员过问案件的记录和责任追究规定》；2015 年 9 月，最高人民法院、最高人民检察院、公安部、国家安全部、司法部联合下发的《关于进一步规范司法人员与当事人、律师、特殊关系人、中介组织接触交往行为的若干规定》。

十个严禁：严禁搞两面派、做两面人；严禁有令不行、有禁不止；严禁放任错误思潮侵蚀影响；严禁不当交往、干预执法司法；严禁玩忽职守、徇私枉法；严禁违规参与营利活动；严禁包庇纵容黑恶势力；严禁滥用执法司法权；严禁不作为乱作为、耍特权抖威风；严禁跑风漏气、失密泄密。

【刑事检察监督】 2022 年，厦门市检察机关批准逮捕各类刑事犯罪 1536 人、起诉 6162 人。落实少捕慎诉慎押刑事司法政策，依法不批捕 520 人、不起诉 1081 人，适用认罪认罚从宽制度 6246 人，减少、转化社会对立面，增进和谐。在全省率先实现市、区两级人民检察院在公安机关设立侦查监督与协作配合办公室全覆盖，健全案件会商、同步监督等机制，工作经验被省人民检察院推广。追捕追诉 181 人，比上年增长 135%，监督公安机关立案撤案 107 件。提前介入"2·25"特大偷越国（边）境等大案侦查取证，入选全国检察机关发挥协作配合机制作用提升案件办理质效典型案例。强化诉讼监督，提出刑事抗诉 20 件；强化刑事执行检察监督，审查提请减刑、假释、暂予监外执行案件 1298 件；首次开展跨市交叉巡回检察，深化判处实刑罪犯未执行刑罚、财产刑执行等监督工作。集美区检察院创新监督方法，解决涉民营企业社区矫正对象请假难等问题，最高人民检察院予以推广。加大对虚假诉讼、恶意诉讼惩治力度，组建全市检察机关虚假诉讼办案团队，立案办理"套路贷"等虚假诉讼案件 15 件，涉案金额 2681.45 万元。

【民事检察监督】 2022 年，厦门市检察机关办理民事检察案件 508 件。优化对生效裁判、调解书监督，提出、提请民事抗诉及发出再审检察建议 24 件，其他检察建议 16 件；会同数字检察协同部门运用智慧检察大数据系统排查、办理虚假诉讼案件 15 件。通过办理涉企业案件 306 件，坚持依法保障企业权益与促进守法合规经营并重。探索推行"检察支持起诉 + 法律援助"新路径，全面规范支持起诉制度为弱势群体"撑腰"，支持农民工、交通肇事受害人等起诉维权 159 件，比上年增长 448.3%。2 件案件的法律文书入选 2022 年全省检察机关民事检察优秀法律文书。

【行政检察监督】 2022 年，厦门市检察机关办理行政检察监督案件 135 件。加强对履行职责中发现行政违法行为的监督，结合办案发出促进依法行政的检察建议 49 件，拓展行政检察社会治理职能。完善检府联动机制，做好积案多年、矛盾纠纷复杂的行政争议化解工作，创新“检察建议 + 全链条矛盾化解”办案模式，办理冒名婚姻登记等行政争议实质性化解案件 5 件。做实行政检察实际成效为保障经济社会发展提供优质法治环境。市人民检察院办理的卢某辉诉厦门市公安局交警支队道路交通行政处罚检察监督案入选最高人民检察院第 36 批指导性案例，被 128 家媒体报道，其中含《检察日报》等 7 家中字头媒体。

【公益诉讼检察监督】 2022 年，厦门市检察机关深化府检联动，与市政府召开全市检察公益诉讼工作联席会议，出台《关于加强检察公益诉讼工作协作配合的工作意见》等文件，多方协作共护公益格局初显。在 1 件行政公益诉讼案件中，协同行政机关向某企业追缴拖欠 10 余年的安置房购房款等 1.3 亿元，到位 5498 万元，依法保护国有资产。立案生态环境领域公益诉讼案件 59 件，追索生态损害修复等费用 1381 万余元，督促恢复被占耕地、林地 33.87 万平方米，护卫良好生态环境。就居民从小区高楼肆意抛物行为，依法追究刑事责任，并提起全省首例刑事附带民事公益诉讼，让任意妄为者付出应有的法律代价，该案被省人民检察院评为“益”心为民守护美好生活典型案例，并入选厦门市首届依法治理十佳典型示范案例。

【检察维护社会安全稳定】 2022 年，厦门市检察机关持续发挥全国首个“维护国家安全工作协作平台”和“全国重罪检察优秀办案团队”的示范作用，审查办理危害国家安全犯罪案件 15 件 19 人，相关工作获最高人民检察院主要领导批示肯定。常态化推进扫黑除恶专项斗争，对杀人、抢劫等严重暴力犯罪始终保持高压态势。维护国防利益和军人军属合法权益，在驻地部队设立检察法律服务中心，完善军地协作机制，最高人民检察院在新闻发布会上予以通报肯定。

【检察服务营商环境建设】 2022 年，厦门市检察机关落实《厦门经济特区优化营商环境条例》，部署开展打击治理洗钱违法犯罪三年行动，深化“断卡”反诈等工作，起诉破坏社会主义市场经济秩序犯罪 451 人，监督立案并审结全省涉案金额最高的走私类洗钱案。保护非公企业合法权益，思明区人民检察院办理的 1 起民营企业股东“恶意自我交易型”职务侵占抗诉案，获评为全国检察机关精品刑事抗诉案件。推进涉案企业合规改革，联合海丝中央法务区秘书处、市工商联等多家单位，举办“厦门经济特区企业刑事合规建设论坛”，组建厦门市涉案企业合规第三方监督评估机制管委会和 72 人的第三方机制专业人员库；督促涉案企业整改，其中 2 家企业经整改步入正轨后，申请专利 22 项，带动就业 140 人，企业效益提升。助力国家知识产权强市建设示范工作，联合市公安局等 5 家单位签署《关于加强知识产权行政执法与刑事司法衔接的工作意见》，成立覆盖全市的 11 个知识产权检察保护工作站，开通“厦门知识产权检察在线”，提供线上益企服务。

【两岸融合法治服务保障】 2022 年，厦门市检察机关制定《充分履行检察职能助力两岸融合发展先行示范区建设的工作意见》，完善平等保护等 7 项工作举措，获最高人民检察院肯定。探索“检察监督 + 台胞认领 + 社会共管”涉台文物保护新模式，听取人大代表意见、建议，推动行政机关修复维护受损多年的金门县政府旧址、陈化成墓、颜慥墓等多处涉台文物，台胞、侨胞反响热烈，以法治力量促进海峡两岸同胞心灵契合，被最高人民检察院作为办理涉台典型案例予以发布并写进最高人民检察院向全国人大所作报告中。海沧区人民检察院开通全国首条 24 小时闽南语涉台检察专线，在台商协会、台青创业基地建立法治驿站，对辖区 59 家规模以上台企实现“一对一”网格化服务全覆盖，为台企台胞提供精准便捷的法律服务。

【检察机关反腐】 2022 年，厦门市检察机关在反腐败斗争大局中发挥检察职能，立案侦查司法工作人员徇私枉法等相关职务犯罪案件 7 件 9 人，办案团队获评为全省优秀办案团队。受理监察机关移送职务犯罪案件 35 件 44 人，对原国家粮食局党组成员、副局长徐某（副部级）涉嫌受贿、利用影响力受贿案提起公诉。

【未成年人司法保护】 2022 年，厦门市检察机关持续完善未成年人检察社会支持体系，发挥“未未同鹭人”五大资源库作用，做好家庭教育指导、困境儿童观护和法治进校园等工作，受惠未成年人 180 多万人次，“未未同鹭人”项目获评为 2022 年福建省新时代文明实践志愿服务优秀项目和厦门市文明城市创新案例。督促、协同公安、文旅等部

2022 年 5 月 20 日，厦门市政府、市人民检察院联合组织召开全市检察公益诉讼工作联席会议，市纪委监委、市中级人民法院等 36 家单位参加会议，就深入推进厦门市检察公益诉讼工作进行研究和部署 （陈良喜 摄）

门，开展经营性娱乐场所违法接待未成年人专项整治，排查酒店、宾馆及酒吧等371家，让未成年人保护不留“隐秘角落”。对一件量刑畸轻的继父性侵幼女案，市人民检察院提请抗诉，省高级人民法院再审改判，被告人刑期由五年三个月增至七年九个月，向社会硬核表态对性侵未成年人犯罪的“零容忍”。

【检察工作外部监督】 2022年，厦门市检察机关自觉接受人大监督和政协民主监督，向人大常委会专项报告公益诉讼检察工作。高度重视人大代表、政协委员意见建议办理工作，对86件意见建议进行分类督办、落实反馈。人大代表、政协委员参与公开听证、听庭评议和检察开放日等活动336人次，25名人大代表和政协委员受邀参与公益诉讼专家辅助人等检察“智囊团”。主动接受社会监督，依法公开法律文书和案件信息1.03万件，邀请人民监督员监督办案177件，选任80名专家学者等成立听证员库，参与公开听证案件257件。

（蓝碧俊）

法　院

厦门市两级人民法院

【概　况】 2022年，厦门市中级人民法院和各区人民法院围绕“努力让人民群众在每一个司法案件中感受到公平正义”目标，坚持服务大局、司法为民、公正司法，忠诚履职尽责，各项工作取得新成效。全年受理案件153605件，办结139336件。其中，市中级人民法院受理19302件，办结17755件。厦门两级人民法院审结涉外、涉港澳、涉侨、涉自贸案件共4199件。成立厦门国际商事法庭，发布中英文版法庭规程和涉外商事审判白皮书。主动融入和服务保障海丝中央法务区建设，出台工作意见16条。深化跨境破产司法协作，获评为首届“人民法院涉港澳司法合作优秀成果”。与“五侨”（市政府侨务办公室、市人大侨务外事委员会、市政协港澳台侨和外事委员会、市归国华侨联合会、中国致公党厦门市委员会）单位建立协作机制，推动涉侨纠纷多元化解。全市人民法院有38个集体97人次获省级以上表彰奖励，18名法官获评为全省审判业务专家，27个案例、文书、庭审获省级以上奖项。

【刑事审判】 2022年，厦门两级人民法院审结刑事案件5648件，判处罪犯6528人。常态化推进扫黑除恶斗争，审结涉黑恶及其“保护伞”案件23件83人。开展打击整治养老诈骗、电信网络诈骗、传销等专项行动，审结案件88件335人，为1900余名被害人挽回经济损失1863万元。审结毒品犯罪案件103件，助力争创全国禁毒示范城市。保持惩治腐败高压态势，审结职务犯罪案件42件60人。

【民商事审判】 2022年，厦门两级人民法院审结民商事案件79583件。推出司法服务34项举措，落实《厦门经济特区优化营商环境条例》，审结商事案件40570件，标的377.64亿元。坚持“两个毫不动摇”（毫不动摇巩固和发展公有制经济，毫不动摇鼓励、支持、引导非公有制经济发展），加强民营企业和企业家合法权益保护，与市工商联共建沟通联系机制入选全国典型事例。融入“益企服务”专项行动，灵活运用归集资金、担保置换等方式，为企业盘活生产资金3.52亿元。运用破产及重整机制，保护和救治市场主体，化解债务340.88亿元，助力47家企业走出困境。创新信用预警措施，向1022家企业提示失信风险，帮助225家企业修复信用。深化金融司法协同改革创新，举办金融司法协同论坛，发布风险防范指引，审结金融纠纷20056件，标的192.71亿元。《厦门市：全国首创金融司法平台推进金融司法治理能力现代化》入选《中国改革年鉴》典型案例，金融司法协同中心集体获评为“福建省十大法治人物”。成立破产公共事务中心入选市“十佳”营商环境创新举措。深化涉台司法服务，建成涉台司法展示基地，设立“涉台商事案件云上调解室”，接收第三期台湾青年实习交流。办结涉台案件1449件。落实家庭教育促进法，发出家庭教育指导令、监护令17份。加强生态司法保护，审结案件182件，2个案件入选全国法院生物多样性保护典型案例。健全司法救助与社会救助衔接机制，缓减免诉讼费344万元，发放救助金865万元。

【行政审判】 2022年，厦门两级人民法院审结行政案件2614件。其中，审结行政诉讼案件1884件，审查非诉行政案件730件。发布《集体土地征收工作规范与诉讼指引》，到重点项目现场走

2022年3月4日，厦门市中级人民法院党组书记、院长谢开红（左一）与市委党校常务副校长张谷（右一）共同为建设“厦门市领导干部法治教育基地”揭牌

（李新卫　摄）

访调研51次，提出法律意见70条，就地化解纠纷142件。支持和促进依法行政，继续发布年度行政审判白皮书，为行政决策提供参考。与中共厦门市委党校共建“领导干部法治教育基地”，与市政府共同推动实施行政机关负责人出庭应诉制度，发挥行政争议多元调处中心作用，协同推进行政争议实质性化解。

【案件执行】 2022年，厦门两级人民法院执结案件47808件，发放案款72.94亿元。深化与65家执行联动单位协作机制建设，升级完善对不动产、车辆、股权等财产网络查控功能，实现公积金查控、限制出入境全流程线上办理，推动查人找物、财产处置等存在的难点堵点的解决。发挥“失信惩戒公益协作平台”作用，精准打击规避执行行为。曝光失信被执行人信息2437人次，拘传、拘留、罚款538人次，移送追究拒执罪80人。强化对执行案款和终本案件监督管理，规范执行行为，通过抖音直播等方式开展“公正执行在身边”行动。出台16条举措，支持和规范律师全程参与执行。组织“百名执行干警进百企”，开展腾房、网拍、涉民生案件等执行“四季”专项行动，兑现胜诉权益。

【知识产权司法保护】 2022年，厦门两级人民法院审结知识产权案件5178件，2件入选福建法院知识产权司法保护十大案例。优化知识产权案件管辖，制定适用惩罚性赔偿工作指引，探索专利行政裁决调处前置，联合出台知识产权执法司法衔接工作意见。审结涉商标抢注不正当竞争纠纷案，入选中国外商投资企业协会优质品牌保护十佳案例。审结侵犯商业秘密刑事系列案，破解未在市场流通的高新技术秘密损失认定难题，推动50余家企业完善商业秘密保护机制。

【诉源治理】 2022年，厦门两级人民法院坚持和发展新时代“枫桥经验”，健全联动单位信息共享、业务协同和“一站式”多元解纷机制。聘请特邀调解组织、特邀调解员诉前化解纠纷26416件，比上年增长11.54%。紧盯纠纷易发、多发重点行业领域及重点涉诉主体，分类施策、联动治理，厦门两级人民法院新收案件比上年下降5.33%，厦门万人成讼率比上年下降4.06%。推进矛盾纠纷大化解、信访积案大攻坚，提出司法建议124份，2项经验做法、3个案例入选全省法院诉源治理创新举措和典型案例。市中级人民法院立案一庭获评为“福建省平安建设先进集体”。整治虚假诉讼等违法失范行为，实施惩戒42人次，罚款116万元。建成司法融媒体中心，运用短视频、动漫、直播等多种形式传播法治理念，市中级人民法院获评为全国政法新媒体先进单位。“小法官”夏令营获评全国学雷锋最佳志愿服务项目，入选市首届依法治理十大优秀案例。七星法治文化街区获评为全国法院文化建设特色项目。

【司法体制综合配套改革】 2022年，厦门两级人民法院深入实施新修改的《中华人民共和国民事诉讼法》，适用小额诉讼程序、简易程序办理案件4.65万件。深化以审判为中心的诉讼制度改革，落实罪刑法定、疑罪从无、宽严相济，依法宣告2名被告人无罪，判处缓刑、管制、免予刑事处罚3045人。规范减刑、假释案件审理，审结案件859件。严格审限管理，加快办案节奏，厦门两级人民法院结收比103.21%，未结案件比上年下降23.32%。法官人均结案364件。推出“四类案件”监管30条措施，强化院庭长监督管理职责。推进法院审级职能定位改革，优化一审准确查明事实、实质性化解纠纷，二审有效终审、精准定分止争。召开审判委员会、专业法官会议共252场，统一法律适用。审结二审案件9466件，一、二审裁判生效后服判息诉率98.04%。推进法官遴选常态化，探索法官办案业绩“一条线”考核、法官助理分阶培养考核。落实财务统管改革。优化远程诉讼服务，在线立案、调解、开庭10.81万件次。市中级人民法院与市司法局共同打造首批12个法院外在线庭审专用场所，推动实现市场主体“不出厦门、全国开庭”，典型经验在全国法院互联网司法工作推进会上交流。深化司法信息公开，直播庭审9156场，公开文书33044份。

小资料：

四类案件：指符合下列情形之一的案件：1.重大、疑难、复杂、敏感的；2.涉及群体性纠纷或者引发社会广泛关注，可能影响社会稳定的；3.与本院或者上级人民法院的类案裁判可能发生冲突的；4.有关单位或者个人反映法官有违法审判行为的。

【首届厦门金融司法协同论坛举行】 2022年5月27日，首届厦门金融司法协同论坛在厦门市海悦山庄酒店举行。该论坛是国内首个以金融司法为主题的

2022年5月27日，时任福建省副省长黄海昆（左二），福建省高级人民法院党组书记、院长金银墙（右二），厦门市委常委、政法委书记李伟华（左一），厦门市中级人民法院党组书记、院长谢开红（右一）共同启动第一届厦门金融司法协同论坛（李新卫　摄）

2022 年 9 月 7 日，厦门国际商事法庭揭牌成立　（李新卫　摄）

高规格论坛，由最高人民法院民二庭、最高人民法院中国应用法学研究所、海丝中央法务区建设工作领导小组、福建省高级人民法院指导，厦门市中级人民法院、海丝中央法务区秘书处等单位共同主办。论坛采用线上线下相结合方式举行，线下设厦门主会场、北京分会场。最高人民法院审判委员会副部级专职委员刘贵祥、中国证券监督管理委员会副主席李超、央行金融消费权益保护局局长余文建、中国银保监会法规部副主任李翰阳等嘉宾线上出席论坛并分别致辞。福建省政府副省长黄海昆，福建省高级人民法院党组书记、院长金银墙，厦门市委常委、政法委书记李伟华等出席厦门主会场开幕式并分别致辞。论坛发布《金融司法协同的理论研究与实践探索》等一批成果，聚焦“新发展阶段金融司法协同的发展与应对”安排学术研讨环节，最高人民法院，国家法官学院，北京、上海金融法院等实务界专家以及中国人民大学、中国政法大学、西南政法大学、上海交通大学、复旦大学、浙江大学、对外经贸大学等国内高校学者作经验交流，并进行专题研讨。全省各地市政府、法院、金融监管部门等相关负责人，厦门金融司法协同研究基地研究员、特邀专家学者、获奖论文代表等 100 余人参加论坛活动。

【厦门国际商事法庭成立】 2022 年 9 月 7 日，厦门国际商事法庭在厦门市思明区海西金谷广场 T2 栋 6 楼挂牌。1 月，最高人民法院批复同意设立厦门国际商事法庭，作为厦门市中级人民法院专门审理涉外商事案件的专业法庭。厦门国际商事法庭采用开放式诉讼服务大厅，分区域规划用于导诉立案、志愿服务、智慧服务、诉非联动、司法协同等；其他办案办公区域共设大中小法庭（含互联网法庭）3 个。该法庭成立当日上线“厦门国际商事法庭一站式司法服务平台”，深度融合“互联网 + 司法”，为当事人提供全天候网上立案、异步证据交换、远程参加庭审、在线文书接收等数字化诉讼服务支持；整合多元解纷资源，实现覆盖全流程、有序衔接的在线诉讼、调解、仲裁等运行规则，为当事人提供菜单式解纷方案，满足同步、异步远程调解、文书自动生成、司法确认、一键转立等功能需求；创新司法服务手段，实现法务资源一站聚集，提供虚拟数字人、24 小时视频客服热线、专家委员在线委托、域外法查明等服务，助力打造国际商事审判创新标杆。

【侵犯商业秘密刑事系列案审判】 2021 年 12 月 9 日、23 日，厦门思明区人民法院以侵犯商业秘密罪分别判处被告人廖某某、程某、吴某、詹某有期徒刑 2 年至 3 年，并处罚金及追缴违法所得，对被告单位上海某资产管理有限公司判处罚金 50 万元。廖某某、上海某资产管理有限公司、詹某分别提起上诉，请求从轻处罚。2022 年 4 月 22 日，市中级人民法院作出二审裁定：驳回上诉，维持原判。厦门某生物科技有限公司系国家高新技术企业，自主研发形成工业自动化制备某天然级香料的工艺路线。

该案有效破解未在市场中流通的高新技术秘密损失数额认定难题，市中级人民法院以公开宣判案件为契机，组织 50 余家企业座谈交流，指导企业加强内控管理，完善商业秘密保护机制。

（孟　娟）

厦门海事法院

【概　况】 2022 年，厦门海事法院受理各类案件 3165 件，收案标的金额 58.5 亿元。结案 2791 件，结案率 88.18%，结收比为 97.24%，法定审限内结案率 100%，扣押船舶 35 艘，拍卖、变卖船舶 64 艘。审理涉及港口岸线使用权、“耕海牧渔”、宁德三都澳现代渔业海上田园综合体等海洋经济新业态纠纷。延伸司法职能，向司法部报送关于修改《中华人民共和国国际海运条例》冲突内容的司法建议，组织撰写《我省远洋渔业发展面临的困境及建议》并被中共福建省委《政研专报》刊载。创新远程线上无接触方式扣押外轮，运用海事强制令制度，及时化解涉欧农产品海运纠纷，维护海丝重要航道畅通有序。统筹疫情防控与经济发展，审理因疫情引发的新型涉外海上货物运输合同纠纷 553 件，总标的额 2000 多万元。结合加强复合型、涉外高层次审判人才的选树和培育，1 名法官获评为“全国法院办案标兵”，3 名法官获评为“福建省审判业务专家”。强化党风廉政建设，推动全院常态化落实防止干预司法“三个规定”、新时代政法干警“十个严禁”等禁令。

【“为群众办实事示范法院”争创活动】 2022 年，厦门海事法院开展“为群众办实事示范法院”争创活动，全面优化“一站式”诉讼服务。加强诉源治理，深化推广“1+7+N”（即“1”家海事法院，与“7”家涉海行政系统建立诉非联动机制，与“N”家民间调解组织组成诉调对接合作体）海上“枫桥经验”工作机制，获评为 2021 年厦门市改革创新成果和福建法院司法改革案例。持续开展长期未结案件清理工作，形成“全程、动态、合力”监督管理局

2022 年 9 月 1 日，全国海事法院首个域外证据司法指南新闻通报会在厦门海事法院召开

（徐海燕　摄）

面，收结案实现良性循环。传播海事司法正能量，45 篇稿件在《人民日报》、央视新闻、《人民法院报》等国家级权威主流媒体刊发，原创音乐 MV《启航》获第六届平安中国“三微”比赛三等奖。第五次以中英文双语形式发布年度海事审判白皮书，提升海事审判国际影响力。加强法院文化建设，编纂《厦门海事法院志》，升级改造原有院史馆，筹建海事法院文化展示中心。加强智慧法院建设，投入使用互联网法庭，启用“线上文印中心”。

【海事海商案件审判】 2022 年，厦门海事法院新收诉讼案件 2237 件，比上年上升 72.47%；新收诉讼案件标的金额 368510.99 万元，增加 6058.77 万元。审结诉讼案件 2134 件，比上年增长 69.77%；诉讼结案率 87.14%，增长 1.57 个百分点。对接高质量引领示范区建设、海丝中央法务区建设等，针对涉外案件占比高的专门审判特色，创新涉外海事审判，在全国海事法院中首次设立专门审理涉外案件的厦门涉外海事法庭，制定出台全国海事法院、福建法院首个针对域外取证认证及审查的司法指南，推出一批涉外典型海事审判案件。其中，1 件案例获评为最高人民法院发布的第三批涉“一带一路”建设典型案例，1 件案例被载入福建高院年度工作报告。调解成功标的额 3 亿多元的涉及 70 万桶原油及海上丝绸之路沿线多个国家的海上货运合同纠纷，运用国际惯例成功审结 1 起复杂共同海损纠纷，丰富涉外海事纠纷多元化解实践。该工作机制助力厦门打造国际海事争端优选地，促进国际化法治化营商环境建设，获评为厦门市 2022 年度改革创新优秀案例。

【涉台海事审判】 2022 年，厦门海事法院受理涉台案件 155 件，比上年增长近 10 倍，涉台海事审判公信力得到提升。深化涉台海事审判工作机制，探索海峡两岸融合新路径。依托台胞陪审员机制化解的海上人身损害责任纠纷案件，入选人民法院台胞权益保障十大典型案例。在审理某涉台船员劳务合同纠纷案中，创新法律查明渠道，邀请来自海峡两岸的高校教授、执业律师对相关法律前沿、疑难问题深入交流，协助完成台湾地区法律查明。与台胞陪审员、调解员合作，化解 84 件涉疫涉台港口滞期费纠纷，公平保护相关企业合法权益，彰显大陆海事司法公信力。参加 2022 年海峡两岸司法实务研讨会，通过专业学术交流增进理解、凝聚共识。

【海事行政与海洋生态案件审理】 2022 年，厦门海事法院推动绿色发展，着力护航海洋生态文明建设。审结碳九泄漏海洋污染案件、全国首个海警机构提起的涉厦门珍稀海洋物种国家自然保护区海域的环境损害赔偿案，后者获评为福建法院生态环境审判典型案例；创新采用“海洋碳汇 + 替代性修复”履行方式，审结全省首例由检察机关提起的海洋自然资源与生态环境损害赔偿民事公益诉讼案件；发布《厦门海事法院生态环境司法保护白皮书》，传播海洋生态环境保护的厦门海事司法理念及成效；强化府院联动，与厦门市自然资源和规划局等 8 家涉海单位召开涉海司法与行政良性互动联席会议；与自然资源部海

2022 年 7 月 22 日，厦门海事法院开庭审理全省首例由检察机关提起的海洋自然资源与生态环境损害赔偿民事公益诉讼案件

（孙凌飞　摄）

洋三所共建，聘任3名科学家为审判技术咨询专家，共同推进厦门高颜值生态花园之城建设；妥善审理涉“三无船舶”（无船名船号、无船舶证书、无船籍港的船舶）、涉海域使用权行政处罚案等海事行政案件81件，促进全省涉海行政机关依法治海、依法管海，助力平安海域创建。

【案件执行】2022年，厦门海事法院新收执行案件633件，比上年下降32.20%；执结执行案件657件，下降28.12%。开展“两调研三行动”（“千名执行干警进千企调研”和“深化人民法院执行权监督制约机制建设调研”以及“春雷行动”“教育整顿成果巩固提升行动”“公正执行在身边感受行动”），开展“千名执行干警进千企”，干警到福州多地开展航运企业专项调研。回应航企反映的司法需求，与泉州海事局召开座谈会，深化海事司法执法协作。开展“春雷行动”（重点针对“涉民生案件、超一年未结执行案件，重大敏感执行案件”的执行攻坚专项行动），执结一批欠薪企业债权分配执行案件。其中，2个月内为船员追讨工资660万元，获评为2022年度福建法院十大执行案件。善意执行雷某等海上人身损害赔偿强制执行案，入选全省法院护航诚信兴商典型案例。年内，有财产可供执行案件法定期限内结案率99.26%，终本案件合格率100%，首次执行案件中的实际执结率、执行完毕率等主要指标均上升，结案平均用时、终本率等均下降，执行完毕率、实际执行到位率、结案率居全省法院前列。

【海事审判精品建设】2022年，厦门海事法院以案例、文书及庭审为抓手，推进审判精品的锤炼、铸造。审结的1件航运巨头马士基公司诉某台企的海上货物运输合同纠纷获评为全国海事审判典型案例。审结的1起合理认定承运人提单批注义务的海上财产损害责任纠纷案获评为第三批涉“一带一路”建设典型案例。5件案件入选省级各类典型案例、5篇案例分析文章获评省级优秀案例分析一、二等奖，1个庭审获评为全省法院十大精品庭审，1则司法建议被评为全省法院优秀司法建议。

（朱小菁）

司法行政

【概　况】2022年，厦门市司法局围绕“打造更优法治生态”目标，实施“提高效率、提升效能、提增效益”行动，各项工作取得了新进展、新业绩。全市各级人民调解组织共成功调处各类矛盾纠纷30742件；全市律师办案121660件；公证机构办理各类公证212052件，收费7452.7万元；司法鉴定机构办理各类鉴定18020件，收入5482万元；全市法律援助中心接待群众法律咨询42454人次，指派办理法律援助案件17166件；全市医疗纠纷调解组织调解医疗纠纷165件，调解成功139件。

【人民调解】2022年，厦门市有各级各类人民调解组织783个，成功调处纠纷30742件，比上年增长29.1%，调解协议涉及金额121127.06万元。市司法局总结提炼的湖里区金山街道金安社区《牢记嘱托　打造“社区枫桥”》新经验得到省委副书记、政法委书记罗东川批示肯定并被司法部《信息摘编》刊载。组织开展“厦门市市级金牌调解工作室”评选，思明区莲前街道人民调解委员会春霞调解工作室等5个工作室获该荣誉。组织参评“2019—2021年度全省人民调解先进集体和人民调解先进个人”，市集美区司法局等4个调解组织和11名调解员获该荣誉。会同市总工会推进“园区枫桥”建设，其中同安工业园区“园区调委会”被列为省级示范点；开展《厦门市行政调解规定》立法调研，推动人社、住建、教育等行政纠纷量较大的部门完成市、区两级行政调解组织组建，全市建有各级行政调解组织85个，化解纠纷58101件；加强司法所规范化建设，召开全市司法所工作会议，海沧区东孚司法所提升改造工作和同安区洪塘司法所、翔安区新圩司法所整体搬迁工作获省司法厅肯定；协助省司法厅、省人民调解员协会举办第十四届“海峡论坛·两岸基层调解员联谊交流会”。

【社区矫正】2022年，厦门市接收社区矫正对象3045人，解除矫正2696人，至12月31日在矫对象3161人。市社区矫正管理局全年开展信息化核查9.89万人次、电话抽查9.25万人次，下发省一体化平台异常情况处理单111份；创新教育举措，开展多形式宣传教育，注重未成年心理辅导等小班制分类教育，做好精准施教、因人施矫，全年开展教育培训164场次、社区矫正法主题宣传66场次；开展隐患排查，组织专项执法督察6次，做好全省社区矫正巡回检察工作；发挥社矫委作用，印发《2022年度厦门市社区矫正重点工作分解实施方案》，召开全市社区矫正委员会全体成员会议。提升理论水平，全市2篇“社

2022年11月22日，厦门市社区矫正委员会会议在市司法局召开　（许伟伟　摄）

区矫正规范化、精细化、智能化”主题征文入选司法部预防犯罪研究所优秀论文；7个教育课件入选全省社区矫正教学优秀作品，其中一等奖2个、二等奖2个、三等奖3个。

【公共法律服务】 2022年，厦门市公共法律服务实体平台接待到访咨询42442人次、热线咨询123961件、“12348”法网咨询2596件、智能解答咨询8509件，指派办理法律援助案件17166件，为受援人免收法律服务费用1.57亿元，挽回损失或取得利益2.18亿元。9月22日，“立法为引领　创新服务——厦门市司法局着力提升公共法律服务水平”经验做法被省委办第459期《八闽快讯》、省司法厅第163期《司法行政动态》全文刊发。市司法局贯彻落实《厦门经济特区公共法律服务条例》，督促各区、镇（街道）落实公共法律服务体系建设主体责任，基本建成覆盖城乡、便捷高效、均等普惠的现代公共法律服务体系；在全省率先制定打造新时代福建“148”（谐音“要司法”，寓意群众遇到法律方面的困难与问题，可以找司法行政机关求助）品牌实施方案，全市司法行政系统18个部门培育创建品牌项目21个；编印4期《厦门公共法律服务》共1200本，拍摄《全面提升公共法律服务水平，打造一流法律服务高地》宣传片。市司法行政系统“一站式综合服务平台（三期）”通过评审验收上线运行，“12348厦门法网”“12348法律服务热线”升级改造完成。

【公证服务】 2022年，厦门市公证机构办理公证212052件，业务收费7452.7万元，分别比上年增长13.4%和18.7%。市司法局指导市公证协会制定《允许获得台湾地区法律职业资格的台湾居民在厦担任公证员助理的实施细则》《关于办理继承公证的指导意见（试行）》；完成2021年度全市公证机构及工作人员的年度考核及执业情况综合评价工作。市司法局开展公证行业“双随机”（随机抽取检查对象、随机选派执法检查人员）检查，对3家公证机构进行现场检查，随机抽取公证档案卷宗100余份。5月，司法部确定市公证处、鹭江公证处为海外远程视频公证试点单位，在海丝中央法务区公共法律服务中心设立台湾公证文书比对验核窗口等项目。市司法局于7月对市3家合作制公证机构的党建工作、公益服务、业务办理、业务收费、收入分配、队伍建设、信息化建设、监督管理等方面建设发展情况及存在的主要困难和问题全面开展调研评估；开展公证政务服务事项网上办理过程体验及自查整改工作，增强企业群众网上办事体验感；指导市公证协会组织全市公证机构党组织书记参加2022年全国公证行业党建工作培训、全国公证行业惩戒案例通报学习，促进公证行业健康发展。

【司法鉴定】 2022年，厦门市司法鉴定机构办理司法鉴定案件18020件，业务收入5482万元，分别比上年下降1.8%和6.5%。市司法局与市银保监会联合出台《关于规范涉及保险理赔司法鉴定工作合作备忘录》《关于规范涉及保险理赔司法鉴定相关工作的通知》；与市中级人民法院联合召开鉴定管理使用衔接座谈会，对市司法鉴定使用衔接机制运行情况进行全面分析，保障衔接机制顺畅运行。厦门海关技术中心司法鉴定所增设微量物证（非食品类）司法鉴定项目，相关鉴定人资质申请工作按程序有序推进。

【律师服务】 2022年，厦门市有律师事务所314家，比上年增长8.28%；律师5388人，增长15.15%；业务收入22.64亿元，增长6.68%，占全省37.2%；律师办案121660件，增长8.71%。市司法局推动民营企业公司律师试点工作，厦门狄耐克智能科技股份有限公司、厦门瑞尔特卫浴科技股份有限公司获批开展试点；遴选15名专家、学者和资深律师作为新一届市政府法律顾问，组织市政府法律顾问为市政府重大法律事务提出法律意见、法律论证44件次，为市政府1项重大行政决策进行合法性审查；发挥村（社区）法律顾问职能作用，全市村（社区）法律顾问提供法律咨询14749人次，开展法治宣传教育活动881场次；深化“百所联百会”机制，推动65家律师事务所、1家基层法律服务所对接商协会172家。市司法局、市律师协会联合出台律师行业助力企业纾困6条服务措施，免费为企业提供法律咨询意见58件、开展“法治体检”87次、调解纠纷14件。全省首家新业态新就业群体法律服务中心成立。市司法局在全市律师行业部署开展“做党和人民满意的好律师”主题活动，举办“喜迎二十大，青律有担当——百名青年律师云普法”活动。市司法局出台《关于进一步加强律师队伍教育管理工作的若干措施》，提出强化市律师队伍教育管理的20条工作措施；部署开展全市律师行业强化行业监管专题调研活动，组成15个调研组，对151家律师事务所开展专题调研检查，收集3大类20余条意见建议。市司法局、市律师协会联合举办首届厦门市青年律师辩论赛、第二期优秀青年律师入库人才研修班。市司法局、市中级人民法院联合启动标准化在线庭审专用场所建设，首批遴选10家律师事务所作为示范点。市司法局与市中级人民法院、市律师协会联合出台《关于进一步支持和规范律师参与人民法院执行工作的实施意见》，加大律师参与法院执行工作力度。福建旭丰律师事务所主任王桂英获“全国司法行政系统劳动模范”称号。

【海丝中央法务区法律服务】 2022年，厦门市司法局融入海丝中央法务区建设，推动设立福建律师学院，打造福建省国际商事海事法律咨询平台，面向全省商事主体提供现场及福建法网线上法律咨询服务；设立全省首家企业数字化合规服务中心，推动7家律所入选海丝中央法务区首批企业外贸合规服务机构；设立全省首家域外法查明中心，为企业“走出去”提供专业法律支持；设立厦门市海丝商事海事调解中心，助力构建全链条国际商事海事纠纷解决体系；推动北京隆安、上海汇业等30家律师事务所落户海丝中央法务区；遴选87家法律服务机构入驻海丝中央法务区云平台，上线“一带一路”法律服务地图；举办第一届海丝国际法治高端论坛，国内法学界专家、学者和法律实务工作者200余人聚焦“海上丝路　法律护航”主题进行研讨；在全国首次举办“公检法律”四方论坛，公检法机关干警以及律师、法律界专家学者等约150人与会交流。市司法局与市海丝法务办联合开展海丝中央法务区“法律服务进千企惠万企”活动，组建商事海事法律顾问团，探索“服务精准，企业受益”法律服务新模式；联合出台《关于建立海丝中央法务区面向金砖国家法律服务机制的若干措施》，8家律师事务所入选海丝中央法务区面向金砖国家法律服务机构首批名录。

【司法行政审批】 2022年，厦门市司法局驻市行政服务中心窗口办理各类业务2354件，主动公开行政许可决定书1625份，推送双公示信息1625条，解答各类咨询8415人次。提升一体化政务服务能力，局机关及下属单位75项审批服务事项全部进驻福建省网上办事大厅，除"对公民法律援助的审批"外，其余74项均实现全程网办，"一趟不用跑"事项占98.66%。审批服务事项的办事承诺时限压缩至2个工作日，平均每项业务申请材料减为3.5份，审批效率不断提高。参与"一件事"套餐服务改革，聚焦高频事项，推出律师事务所变更合伙人、章程及合伙协议"一件事一次办"集成套餐，将原来的3个单独审批事项整合成1个事项，材料从12项减少为7项，时限从原来的3天压缩至1天。

【法律职业资格考试】 2022年9月17—18日，国家统一法律职业资格客观题考试举行。根据司法部统一部署，在福建省司法厅指导下，厦门考区落实司法部"十个百分之百"工作要求，按照"从严治考、规范管理、热情服务"总原则，发挥法考联席会议协同保障作用，保证厦门考区2949名考生参加客观题考试，实现考试组织和疫情防控双安全。因疫情原因，2022年度未举行国家统一法律职业资格主观题考试。

小资料：

"十个百分之百"工作要求：全部考场疫情防控措施要百分之百全面有效落实；全部考试计算机百分之百能有效使用；全部考试工作人员百分之百接受业务培训；全部考场百分之百实现远程巡查；全部考点保电设施百分之百配置到位；所有考试机百分之百配备防作弊设施；考生百分之百通过考务安全管理系统进行身份识别和安全检测；所有考点百分之百清除仿真测试数据；全部考生答题信息必须百分之百上传；全部云机房考场考试数据必须百分之百有效备份存储。

【司法强制隔离戒毒】 2022年底，厦门司法强制隔离戒毒所在册在所戒毒人员人数比上年下降41.18%，场所连续23年实现安全稳定无事故。深化"全国统一戒毒模式"示范所建设，构建"三治四创五强"（"三治"即综合矫治、分类施治、科学戒治，"四创"即创设功能大队、创新戒治手段、创立研究中心、创建红嚣品牌，"五强"即教育强魂、运动强身、矫治强心、技艺强能、情感强基）教育戒治格局，戒毒人员在所戒断率、操守率100%；1件戒毒案例入选司法部"12348中国法网戒毒案例库"精品案例，实现全省"零的突破"。编印出版戒毒故事《归途（二）》。参与"全国禁毒示范城市"创建，开展禁毒宣传活动132场，受众38万余人次，"红嚣"禁毒宣讲团获市长授旗。坚持关口前移、预防为先，建设以"两馆一厅"（禁毒馆、戒毒馆、多媒体演播厅）为主体的"红嚣"禁毒戒毒教育基地，被授予厦门市首批市级新时代文明实践基地称号。指导社区康复指导站建设10个，打造升级社区戒毒康复示范站3个，组织康复指导活动24场次，开展回访353人次，创新开展解戒人员直播带货就业帮扶。融入平安厦门、法治厦门建设，常态化开展扫黑除恶专项斗争，被表彰为全国戒毒所先进集体，获全省戒毒系统年度目标责任制考评第一名。

【法律援助】 2022年，厦门全市法律援助中心接待群众法律咨询42454人次，指派办理法律援助案件17166件，比上年增长22.52%，为受援人挽回损失或取得利益2.18亿元。厦门市法律援助中心宣传贯彻《中华人民共和国法律援助法》，利用"报、网、端、屏"等多样形式开展普法宣传，开展厦门市十佳法律援助案件评选和法律援助理论研讨征文活动，编印《法律援助案例选编》（2019—2021年），提高法律援助公众知晓率和社会影响力。全市法律援助中心推进《中华人民共和国法律援助法》及《厦门经济特区公共法律服务条例》实施工作，依法扩大法律援助范围，落实法律援助事项全域通办制度，探索经济困难证明承诺制，拓宽困难群众申请法律援助绿色通道，打造"法律援助全域通办，为民服务零距离""148"（谐音"要司法"，寓意群众遇到法律方面的困难与问题，可以找司法行政机关求助）品牌建设，推进法援惠民工作。市法律援助中心探索劳动人事争议多元化解机制，推动符合法律援助的仲裁案件先行调解工作；实施"根治欠薪"专项行动，对农民工讨薪、工伤保险待遇纠纷、群体性劳动争议等做到容缺受理、应援优援；协同市人民检察院等部门参与"未未同鹭人"未成年人司法保护社会支持体系建设，建立未成年人法律援助律师资源库，加强未成年人司法保护工作。

【医患纠纷调处】 2022年，厦门市医疗纠纷人民调解组织受理调解医疗纠纷案件165件，经调解成功案件139件，调解成功率84.2%，达成协议赔偿金额2892.71万元，调解协议履行率100%。市医疗纠纷调解中心推进调解信息化建设，在"12348"厦门法网开设"医疗纠纷调解模块"，规范调解工作流程，促进调解服务提质增效；加强对调解案件工作数据的分析研判，定期形成数据分析报告和工作动态，做好医疗纠纷矛盾风险排查和纠纷预防工作，协同推进"平安医院"创建工作；推进联调联处多元化解机制，作为特邀调解组织融入市中级人民法院和湖里区人民法院调解平台工作，参与重大或群体性医疗纠纷事件现场处置工作，落实市域社会治理现代化试点工作，维护医患当事人合法权益，构建和谐医患关系。

（市司法局）

仲 裁

【概 况】 2022年，厦门仲裁委员会（简称厦门仲裁委）受理金融、国际贸易、航运物流、建设工程等76种类型案件1777件，涉案标的额102.64亿元。其中，涉外和涉港澳台案件数量32件，标的额12.79亿元；个案标的额在1亿元以上的案件18件，案件标的总额37.47亿元，个案最大标的额4.81亿元；共审结案件1528件，其中裁决结案1036件，调解、撤案等其他方式结案492件；案件被厦门市中级人民法院裁定撤销和不予执行的各1件。相关裁决在美国加利福尼亚中区联邦法院、南非西普高等法院、中国台湾地区台中地方法院得到承认和执行。年内，厦门仲裁委制定《知识产权仲裁院工作方案》；与“丝路海运”联盟共同签署“关于促进‘丝路海运’仲裁法律服务战略合作协议”，围绕建立联合调研机制、法治交流、制定规则、法治宣传、人才建设5个方面开展工作；与市中级人民法院、厦门海事法院、市司法局、市海丝商事海事调解中心共同签署“关于构建商事海事纠纷多元化解机制的合作框架协议”，助力推进商事、海事审判、仲裁、调解建立对接机制；向“东南法治论坛”报送《创新金融仲裁制度优化营商环境：理论与实践的双重视角》论文，获三等奖。厦门仲裁委换届暨第七届委员会聘任大会召开，产生新一届委员会组成人员。

【“一站式”国际商事纠纷多元化解决机制施行】 2022年6月底，最高人民法院办公厅发布《最高人民法院办公厅关于确定第二批纳入“一站式”国际商事纠纷多元化解决机制的国际商事仲裁机构的通知》，厦门仲裁委与广州仲裁委员会、上海仲裁委员会、海南国际仲裁院（海南仲裁委员会）、香港国际仲裁中心作为第二批纳入“一站式”国际商事纠纷多元化解决机制的国际商事仲裁机构。厦门仲裁委所受理标的额3亿元以上或者其他有重大影响的国际商事案件，中外当事人可直接向最高人民法院国际商事法庭申请有关保全措施、申请执行仲裁裁决或申请撤销仲裁裁决。厦门仲裁委全年受理涉外和涉港澳台案件32件，涉及美国、日本、阿联酋、多米尼加共和国等国家和地区，其中涉及日本的案件标的额3.7亿元。

【国际仲裁人才联合培养】 2022年7月28日，教育部、司法部发布《教育部办公厅司法部办公厅关于实施法律硕士专业学位（国际仲裁）研究生培养项目的通知》，厦门仲裁委被纳入该项目的联合培养单位名单，会同部分高校共同实施法律硕士专业学位（国际仲裁）研究生培养项目。厦门仲裁委与中国人民大学法学院、西南政法大学法学院、厦门大学法学院对接并签订合作协议，共同培养、储备具有国际视野、能够参与国际竞争的仲裁后备人才。

【实践案例被国务院表彰】 2022年2月，由厦门仲裁委报送的“打造现代服务仲裁新模式”实践案例入选国务院服务贸易发展部际联席会议办公室印发的全面深化服务贸易创新发展试点第二批“最佳实践案例”。该实践案例为厦门仲裁委对打造东南法律服务新高地等创新举措及实践效果进行的提炼总结。厦门仲裁委通过设立知识产权仲裁院、设立国际金融仲裁中心、开启云上办案模式，在搭建与海峡两岸区域性金融中心相适应的现代金融仲裁服务体系、建立完善知识产权保护衔接机制、大幅度提升仲裁案件办理质效等方面取得实践效果，推进金融、知识产权等领域的专业仲裁服务，探索现代服务业领域仲裁业务新模式，为服务贸易更好更快发展保驾护航。

【仲裁信息化建设】 2022年，厦门仲裁委深化“互联网+”技术研究和应用，创新“互联网+”仲裁的管理模式，实现仲裁办公和办案流程网络化；构建仲裁员及秘书的“数据画像”，推进实现精准推荐仲裁员及评价仲裁办案秘书等相关功能。疫情防控期间，厦门仲裁委通过公众号平台推出“厦仲防疫包”，从立案、送达、视频庭审等方面提供线上仲裁服务，确保疫情防控期间仲裁程序的正常进行。

【仲裁推广活动】 2022年，厦门仲裁委通过举办“律师业务与仲裁实务——走进律师事务所”等活动走进律师事务所进行仲裁业务宣讲；联合福州市律协举办“律师的仲裁视角”“金融纠纷解决实务”主题沙龙活动；针对省属国有企业等市场主体需求，与省港口集团、省建工集团、省和信科工集团（省电子信息集团旗下企业）等企业举办“招标采购与承包中的法律风险管理”“合规管理、诚信经营”“国企法律风控体系建设”“企业投融资风险管理”等专题活动；针对不同区域，走访金融机构与省属企业进行座谈交流，适时了解法律服务和纠纷解决需求。

（张　华）

责任编辑：孙志红
审　　稿：阳晓儒
校　　对：林建高

14 军 事

警备工作

【概　况】 2022年，中国人民解放军福建省厦门警备区（以下简称厦门警备区）用党的创新理论武装思想，学习宣传贯彻中共二十大精神，制定学习贯彻具体措施，读研指定书籍，开展配套活动，协助省军区举办中校以上军官理论集训暨二十大精神专题学习班。常态化开展党委中心组理论学习，聚焦“忠诚维护核心、矢志奋斗强军”主题教育，开展“四个不能辜负”专题教育，开设“习近平强军思想学习讲坛”，组织官兵、文职人员到军营村，重走初心路；参观自贸区厦门片区，感受特区改革开放发展成就。强化隐蔽斗争军地协作，守住政治底线。推动全民国防教育进一步普及深化。统筹新冠疫情防控和建设发展工作，完成年度各项任务，取得新的进步。

【基层正规化建设】 2022年，厦门警备区围绕“正规一切、一切正规”推进规范战备秩序、规范训练秩序、规范工作秩序、规范生活秩序“四个秩序”建设，加大对下级单位党委的挂钩帮带力度。推进基层武装部“评星挂牌”活动，加强基层武装机构规范化建设；组织专武干事和新任职专武部长集训，持续开展专武干部资格认证工作。开展安全大检查等活动，推动规范空闲营区营房管理、公勤人员集中管理、车辆审批管理等制度落实，夯实部队安全管理基础。完成省军区赋予的民兵装备仓库引进警勤力量试点任务。

【党风建设】 2022年，厦门警备区贯彻落实《军队党的建设条例》等8部党建法规，规范机关、基层组织生活制度，督导领导干部过好双重组织生活，召开党委（常委）党史学习教育专题组织生活会。坚持党管武装的根本原则，推动第一书记宣布任职、党委议军、党管武装述职和绩效考评等基本制度落实，协调召开市委议军暨各区人武部党委第一书记党管武装工作述职报告会。持续深化政治整训，开展反腐倡廉宣传教育。落实对主要领导和党委班子监督措施，开展严抓政治意识、严防政治风险、严实政治担当、严格政治淬炼，整顿思想、整肃纪律、整饬作风、整治队伍“四严四整”教育整顿，采用违规违纪通报、组织观看法纪专题片等方法开展警示教育。深化后勤重点行业领域整肃治理攻坚，清退违规公寓住房，推动作风建设保持严紧态势。

【服务保障】 2022年，厦门警备区解决项目遗留经费问题，协助完成省军区保障局组织经济适用房交房工作。协调市政府将驻厦部队住房小区纳入2023年度地方老旧小区改造计划，推进移交资产涉及遗留问题处置，完成第二批移交的13个项目交接、代管工作。完成接收外单位转隶移交任务。落实《军队干休所工作暂行规定》，推动老干部服务保障向亲情化、规范化、标准化和社会化转变，召开离退休干部机构建设和老干部工作推进会，推动矛盾困难问题解决。加快推进干休所老旧楼房加固和适老化改造，服务配套设施更加完备。开展“查思想、查工作、查作风”专项教育整顿，抓好医护人员岗位练兵，组织岗位考评，开展“用心用情、精准服务”主题实践活动，工作人员队伍业务能力和保障热情进一步提升。

（林文海　吕善强）

【拥政爱民】 2022年，厦门驻军继承和弘扬双拥工作传统，开展拥政爱民工作，巩固加强军政军民团结。厦门警备区协调解决转业退伍军人安置、随军家属就业、子女入学入托、伤病残军人和离退休干部移交安置问题，协调落实第七批随军随调家属就业。推动军用土地确权、军事设施保护等历史遗留问题解决。驻厦各部队支持厦门市经济发展、民生保障、生态文明建设和社会公益事业，参与脱贫攻坚、扶贫济困活动。警备区拨款15万元，帮扶同安区莲花镇上陵村机耕路建设等项目，投入55万元资助110名家庭经济困难大学生。驻军单位持续开展“送温暖献爱心”活动，组织医疗小分队、便民服务队深入村居开展义务巡诊、送医送药等活动，看望慰问军烈属、伤残军人和敬老院老人，关爱残疾人、空巢老人和留守儿童等特殊群体。驻厦门部队官兵参与全国文明城市、国家卫生城市、生态文明城市和平安厦门创建活动，全面推行营区生活垃圾分类工作；参与市应急救援实战演练，协助妥善处置各种应急突发事件。

（李自强　吕善强）

征兵工作

【概　况】 2022年，厦门市征兵办公室（以下简称市征兵办）执行上级新冠疫情防控要求，以进一步提高兵员“含金量”为标准，在保持大学生征集规模的基础上，提高大学毕业生和本科以上学历大学生的征集，坚持早分析、早预测、早宣传、早发动，采取有力措施办法，保持征兵工作的良好势头，征兵工作成果全省排名第一。协调市财政局、退役军人事务局、人社局和国资委等单位出台《厦门市促进征兵工作若干措施》，提高本科、大专毕业生一次性奖励金，提高大学毕业生返校（乡）应征路费报销和食宿保障标准，新增持有高级技工证的技师学院、技校毕业生一次性入伍奖励金，提高征集大学毕业生和高级技术人才入伍的政策吸引力。

【兵役登记】 2022年，自全国征兵网开通开始，厦门市委宣传部在各媒体、报纸、户外LED显示屏和网站发布兵役登记公告，市公安局负责提供适龄男性青年信息，市教育局负责督导各高中、中专院校落实在校适龄学生兵役登记工作。各部门通力协作，全市18岁适龄青年兵役登记率100%。

【征兵动员】 2022年，厦门市、区征兵办对上级下发的各类高校毕业生名单，指定专人进行逐人发动，定期督查动员情况；市征兵办牵头，市人社局调取全市持有高级技工证的人员名单，下发各镇（街道）进行精准发动；组织各区征兵办人员到有资质发放高级技工证的技校进行征兵宣传，与应届毕业生面对面座谈，讲清政策和优惠条件，动员其应征报名。

【役前教育】 2022年，厦门市、区征兵办在新兵输送前，统一开展新兵役前教育，以部队一日生活制度和作风纪律养成为基础，严密组织条令、队列、基础体能、政治思想教育等内容的教育训练，全面掌握预定兵员思想觉悟、身体素质情况。经过役前教育，淘汰不合格人员，提高兵员质量。

（苏恩特　吕善强）

民兵预备役工作

【概　况】 2022年，厦门警备区贯彻省政府、省军区《民兵建设“十四五”规划》要求，坚持问题导向，注重创新驱动，以遂行任务为牵引，以提高战斗力为根本，紧贴实际调整规模布局、优化力量体系、创新编组措施，在编实建强上下功夫，民兵工作有序推进、有效落实。落实民兵整组8个步骤，区分队伍类型，编组落实到位，布局结构优化，质量明显提升，夯实民兵战斗力生成的组织基础，编组指标均达到要求，完成年度上级赋予的厦门市基干民兵编建任务和训练任务。上半年，福建省民兵工作领导小组对各市民兵整组进行检查，厦门市综合排名全省第一；12月，省军区对全省年度民兵工作进行检查考评，海沧区、思明区分别排名全省第一名、第三名。

【专武干部训练】 2022年，厦门警备区采取“集中组训、以考促训”方法，分2期组织全区专武干部进行集中强化训练，主要以军事理论、军事技能、组织指挥、本职业务等内容为重点，聘请部队教员进行授课辅导、现场教学，提高专武干部的业务水平、军事技能和组织指挥能力，专武干部胜任岗位履职基本功得到强化。

【群众性练兵】 2022年，厦门警备区探索民兵训练模式，依照上级指标要求，开展民兵分队集中训练和考核，训练力度不断加大。组织防汛抗洪、无人机、网络分队等重点专业骨干集训，重点解决专业骨干技能不精、素质不强等问题。为加大实战化训练力度，分批组织指导湖里区人武部专业分队关键岗位骨干集训，参加全省防空分队实弹射击“一个过程”综合演练。开展群众性练兵比武活动，5月，组织民兵开展队列训练、基础体能、卫生与救护、轻武器射击“四会”教练员集训，对6类专业和任务行动教学课目进行考核评比，在全省6类专业技术骨干集训考核评比中获优异成绩。

【学生军训】 2022年第三季度，厦门警备区围绕“树好形象、守好纪律、确保安全”要求，按照推荐选拔、岗前培训、专题教育、资格认证、签订责任书“一个过程”，选派并培训民兵教官负责承接学生军训工作，累计完成厦门一中、双十中学、外国语中学、厦门华天涉外职业技术学院等17所学校29033名学生军训任务。其中，高校5所16794人、高中12所12239人。

（卢和林　严　峻）

国防教育

【概　况】 2022年，厦门市国防教育工作在福建省国防教育办公室指导下，组建厦门市全民国防教育工作领导小组和办公室（以下简称市国防教育办），保证各项阶段性任务推进不断档，完成年度国防教育工作。将神州六号模拟仓赠予五缘实验学校，支持该校筹建航天类教育馆。警备区和各区人武部结合组织基干民兵分队训练，在民兵中开展人民战争思想、革命光荣传统、形势战备、职能使命和战斗精神等教育，强化后备力量的使命职责意识。

【全民国防教育日活动】 2022年，厦门警备区主动配合市委宣传部开展全民国防教育日系列活动的筹划研究，依托厦门电视台移动电视开展第22个全民国防教育启动仪式，举办“一个军装梦”树洞话题专场，组织线上国防知识竞答，开展线下国防教育进校园、进村社、进企业、进家庭“四进活动”。

【“爱我国防”大学生演讲比赛】 2022年，市国防教育办牵头组织“爱我国防”大学生演讲比赛，发动厦门市多所高校选派15名（组）优秀大学生参加演讲比赛，经过选手培训、初赛选拔和决赛，选出3名（组）选手参加福建省

“爱我国防”大学生演讲比赛，取得二等奖、三等奖、优秀奖各1个，市国防教育办、厦门大学、集美大学获优秀组织奖。

（吕善强　曾智敏）

海警工作

【概　况】 厦门海警局管辖海域北起泉州围头湾角屿，南至漳州九龙江口，海岸线长194千米，海域面积4166平方千米，担负海上安全保卫、海权维护、海洋利用和海洋环保等方面的执法任务。2022年，厦门海警局坚持“警力下沉、阵地前移”执法理念，推行网格化巡航执法模式，实现辖区海域全时掌控，稳步提高海上见警率、应急救援成功率；深化海砂综合治理、海域使用、海岛保护等专项执法行动，多次组织专项攻坚会战；融合驻地对海观通、雷达探测等资源，构筑多层次、立体化的海上防控网络，全方位提升海上态势感知能力。履行海上维权执法任务，先后开展“獴猎2022”“净海2022”等专项执法行动，接处警436起，查获各类案件65起，抓获违法犯罪嫌疑人235人，查扣涉案船舶40艘次，查获倾废物约1.2万立方米、渔获物44吨、台杂货6069件、成品油239.57吨、走私冻品412吨，罚款135余万元，实现海上态势平稳可控。办理首起海底电缆被损害案和走私冻品案；完成福建海警局首次独立组建舰艇编队远航实施海上缉毒任务，缴获毒品600余千克；首次实施跨海区超远距离精准伏击，在巴士海峡成功拦截绕台航渡出境的涉案船只，获武警部队主要领导批示肯定，海上综合执法新格局逐步形成。

【海上安全执法】 2022年，厦门海警局加强与驻地公安、海关、海事、边检、港口、港务、海洋与渔业等涉海部门、单位联勤协作，所属工作站与辖区涉海单位建立执法协作办法63份。牵头海事、海关、渔政等涉海部门开展“碧海2022”专项巡航，检查各类船舶2072艘次，普及新冠疫情防范知识近万人次。深化与市检察院协作配合，在全省海警率先开展与检察院侦查监督协作配合，海域综合管控能力得到提升。

【执法保障样板打造】 2022年，厦门海警局对接厦门市打私办，以“2022.5.14”走私冻品案为契机，协调打私办提供冻品理货、仓储、运输、销毁处置全流程经费保障，打通地方防疫保障链路，年内归口处置冻品411.841吨，率先在全省涉案冻品归口移交处置上树立样板。在处置过程中，结合新冠疫情防控措施，简化船舶消杀等对接流程手续，优化畅通处置机制。

【海洋资源保护】 2022年，厦门海警局开展39项执法行动，维护海上渔业生产、海洋生态环境及海域资源开发秩序。开展“伏季休渔专项执法行动”“重大活动海缆管护”“生态环境和自然资源开发利用专项执法”“95110开通三周年宣传周”“海上输油气管道专项执法”等执法工作，首次运用“生态司法+碳汇交易”机制，查处“郭某非法采矿案”，督促被告以购买42万余元海洋碳汇的方式，履行替代性生态修复义务。查处“陈某等人非法采矿案”，督促当事人赔偿海域生态服务功能价值、生态修复费用1321余万元，该案系厦门市涉案金额最大的涉海公益诉讼案件。全年办理海洋行政案件37起，其中资源开发利用类案件8起、海洋生态环境类案件5起，助力厦门“蓝色经济”发展。

【“95110”处警平台】 2022年，厦门海警局根据海上执法形势任务变化优化升级接处警系统平台。针对性开展预防治理和海上救助，受理厦门海域发生的警情或求助，做到全天候值守接听、全海域警情覆盖、全过程指挥调度，实现海上情况第一时间感知、任务海域第一时间抵达、突发警情第一时间处置。年内，厦门海警局通过“95110”平台接处警62次、海上救助5人，维护厦门海域的安全稳定，保障人民群众生命财产安全。

【跨海区拦截渡出船只】 2022年2月13日，厦门海警局舰艇经54个小时航行，海警执法人员锁定并逼近伪装船舶，执法人员表明身份喊话要求停船接受检查，该伪装船舶企图逃窜，海警舰艇采用持续追击、多舰夹击、造浪干扰、强光照射、强行靠帮等措施拦截绕台航渡出境的涉案船只，抓获嫌疑人48人。

（李宗安）

人民防空

【概　况】 2022年，厦门市国防动员办公室、厦门市人民防空办公室（以下简称市人防办）履行“战时防空、平时服务、应急支援”任务，加强人防指挥体系建设、人防审批制度改革、人防工程监管、警报建设、人防信息化建设等工

2022年12月15日，厦门市国防动员办公室正式挂牌　（市人防办　供图）

作。依据国家发展规划目标，推进国防动员体制改革，组建厦门市国防动员办公室，于12月15日挂牌。

【人防指挥体系建设】 2022年，市人防办完善市人防指挥部编成，落实实案化和实名化要求。投入资金对人防地下指挥所指挥显示系统进行升级改造，开发完善人防数据平台。思明区、湖里区完成二代人防机动指挥平台建设，市、区人防指挥所均构建多渠道指挥通联手段。推进基层人防工作站建设，探索与村民兵、消防、警务等结合建设，提高村级人防工作站建设的综合效能。

【闽南城市群人防协同防护演练】 2022年，市人防办围绕中心城市群人防协同防护行动课题研究任务，编制“闽南城市群人防协同防护行动”演练方案，对接科研院校与兄弟城市，拟制演练任务清单、协调勘察演练场地，重点研究解决跨区人防行动的联合指挥、跨区支援力量分配与协同、保障关系转移与对接等问题，取得初步成果。7月，组织市、区两级人防机动指挥平台进行跨区机动支援训练，途经3个地市，持续3天昼夜连续作业，完成10余个课目训练，提升厦门市人防指挥装备操作及保障能力，检验厦门市人防机动指挥平台建设和训练水平。

【人防审批制度改革】 2022年，市人防办提高政务服务水平，深化人防领域“放管服”改革，推进审批服务便民化、标准化、规范化建设，优化办事流程，压缩审批时限81%，减少申请材料31%，即办事项80%，实现100%审批事项全程网办，审批服务事项100%“一趟不用跑”，多项事项平均用时、材料精简等方面走在全省前列，实现“审批更简、监管更强、服务更优”的工作目标。审批“放管服”改革经验做法被省发改委、省审改办作为典型案例在全省推广。组建“护民之盾”审批服务队，深入重点重大项目现场靠前服务，建立专人跟踪服务和窗口“帮代办”服务工作机制，审批服务更加便民高效。全年，市人防审批窗口反馈“多规合一”意见909件，联合审查意见1108件，办理审批、验收项目363个。

【人防工程建设监督管理】 2022年，市人防办加强对已建人防工程建设和日常维护管理监管，完成竣工防空地下室验收，全市人防工程人均面积继续居全省领先水平。组织6个区对防空地下室项目进行维护管理质量评估。组织第三方专业机构完成在建项目的安装质量检测。推动城市综合管廊兼顾人防需要建设试点工作，完成某片区城市综合管廊工程人防试验段建设并通过专家验收。开展《厦门市轨道交通人防工程平战功能设计导则》编制前期工作，制定完善地铁人防工程平战转换演练方案。制定出台《厦门市人防工程标识要求》，新建防空地下室项目统一设置新的标识。

【人防信息化建设】 2022年，市人防办启动厦门城市数据资源人防应用管理平台建设，通过引入多源城市数据、梳理人防要素数据、整合共享数据资源，借助CIM（城市信息模型）平台的三维模型与信息全集成、三维场景融合、可视化分析、模拟仿真等先进功能，建设时空数据综合应用平台，为实现指挥通信和人防工程两大业务板块信息化建设进行探索。开发推广“人防地图”导航平台，该平台以“i厦门”为载体，为用户提供使用入口，提供“防空掩蔽点导航”和“身边的防空警报”两大服务内容，主要包括人防地图、人防宣教、预警报知和现场直报等功能，为公众提供距离最近的5个防空掩蔽点和全市所有的临时掩蔽点（轨道站点），并可根据实际需求选择导航方式，生成最优路线，快速、有序地到达目的地。

【“5·10”人防警报试鸣】 2022年5月10日，市人防办组织以防空警报试鸣和人防宣传为主的“5·10”系列活动。全市300余台防空警报器按“预先警报”“空袭警报”“解除警报”顺序鸣响，厦门广播电视台同步传送警报试鸣的图文声音信息，中国电信、移动、联通厦门分公司同步向手机用户发送警报试鸣信息。市、区两级同步组织系列人防宣传活动，检验全市防空警报系统性能、警报信号覆盖率，增强全社会的国防观念、防空防灾意识。

（万　洪）

退役军人事务

【概　况】 2022年，厦门市退役军人事务局（以下简称市退役军人事务局）加强统筹协调，提高督办落实能力，推进全市退役军人服务保障体系各项工作。完善退役军人政策法规体系，加强退役军人司法援助、扶持就业创业、烈士纪念设施管理保护等工作。深化各级退役军人服务中心（站）建设，推动安置就业工作，坚持“阳光安置”，完成年度各类退役军人军属安置。开展尊崇英烈工作，发挥红色资源教育功能。巩固发

2022年2月26日，退役军人志愿者参加“退役不褪色　血脉永相连”无偿献血活动
（市退役军人事务局　供图）

展双拥共建成果，增进军政军民团结，促进经济建设和国防建设协调发展。承办全国退役军人事务系统办公室主任会议。举办市退役军人事务成员单位联络员培训班。组建“一鹭先锋”退役军人志愿服务总队，组织动员 6000 多人次开展疫情防控、应急救援、文明创建、无偿献血等志愿服务。市退役军人事务局关工委老战士关爱团获市关工委授牌。开展 2022 年度厦门市“最美退役军人”学习宣传和首次评选活动，评选出退役军人先进典型 10 人、1 人获“全省最美退役军人”。

【退役军人服务保障体系建设】 2022 年，市退役军人事务局推进全市服务保障体系标准化建设，有 68 个镇（街道）、村（社区）级退役军人服务站通过服务保障体系示范性创建省级核验，5 个镇（街道）服务站入选省级红色退役军人服务站，6 个社区服务站入选全省“五有”（有机构、有编制、有人员、有经费、有保障）先进单位。思明区鼓浪屿街道退役军人服务站站长郑勇获得“全国百名优秀主任（站长）”称号。市退役军人事务局出台《关于加强困难退役军人帮扶援助工作的实施意见》，为困难退役军人发放临时救助金，调增部分企业退休军转干部生活困难补贴。争取社会力量参与困难退役军人帮扶援助，筹集首批退役军人关爱基金 325 万元。

【退役军人安置】 2022 年，市退役军人事务局率先在全省完成军转干部和退役士兵安置任务，师团职军转干部百分百进机关（含参公单位）、符合条件的随军随调家属百分百对口安置、安排工作退役士兵百分百落实安置岗位。

【退役军人就业创业】 2022 年，市退役军人事务局在全国范围内率先出台退役军人教师培养方案，成立厦门市退役军人学院，举办首届退役军人师资班，“兵教师”培养和“兵教融合”做法被评为厦门市 2022 年度改革创新优秀案例。举办全市首届退役军人村（社区）党组织书记培训班，全市现有兵支书 61 人，占 544 个村（社区）书记（主任）总数 11.21%。推出“鹭岛拥军创业贷”，5 年内为退役军人创业企业提供总额 50 亿元人民币授信额度，并提供专享金融服务。全年集中发布 10 批次 140 家用人单位招聘信息，线上访问量 5 万余人次；举办 14 场退役军人专场招聘会，提供 2.5 万余个工作岗位，促进 500 余名退役军人达成就业意向。加强示范引领，指导认定 15 家退役军人就业创业示范企业，为退役军人就业创业指导团队补充第二批成员，持续为退役军人就业创业提供智力支撑。

【军休服务管理】 2022 年，市退役军人事务局提前完成军休移交收官任务，落实军休干部政治待遇、生活待遇，及时发放离退休人员补助经费、管理机构补助经费和各项慰问金。协调思明区政府安排 1600 余万元启动莲坂军休所老旧小区改造提升。持续办好老年大学军休班，开设合唱、舞蹈等 5 个班，200 人次参加学习。做好全市自主择业干部年度登记、退役金审核工作，定期开展走访慰问，按时计发退役金、地方补贴、各项慰问金及遗属困难补助。建立逐月领取退役金服务管理机制，保障退役金按时足额发放。

【优抚褒扬纪念】 2022 年，市退役军人事务局调整提高部分重点优抚对象抚恤补助标准，开展退役军人和其他优抚对象建档立卡和优待证申领发放工作，为服务对象申办优待证 9 万人次，发放优待证 6 万张。成立厦门市烈士纪念设施保护中心，推动革命烈士事迹陈列馆改扩建项目，推进全市烈士纪念设施管护情况调研和数据校核，核查审定各类烈士纪念设施 351 处。创新开展“烈士纪念设施与学校、部队、街道‘1+3’结对共建共学活动”和“启航明天·争当新时代好少年”活动。组织开展清明节祭扫英烈和“9·30”烈士纪念日向烈士敬献花篮活动。选拔 2 名讲解员参加全省首届八闽英烈讲解员大赛，分获二、三等奖。协助退役军人事务部在厦门召开中韩就第九批在韩志愿军烈士遗骸交接迎回磋商会。

【拥军共建】 2022 年，厦门市本级和 6 个区均获得新一届省级双拥模范城（县）命名，实现“满堂红”“五连冠”，市本级通过“全国双拥模范城（县）”中期考评。市退役军人事务局在福建东南卫视开设《鹭岛军民情视点》栏目，举办“爱我人民爱我军”双拥书画作品展。开展双拥共建、“城连共建”“城舰共建”等活动，协调市委与陆军第 73 集团军党委开展联学共建活动，春节、八一期间，市四套班子主要领导带队走访慰问部队和部分优抚对象并发放慰问金。协助部队开展公寓房专项清理整治工作，配合国防动员系统开展军地联合演练，落实拥军支前和军供保障工作。协调驻厦门部队支持地方民生建设，完成翔安机场片区、第三东通道、南北健康步道、思明区金融中心等事项协调。市退役军人事务局组建“老兵宣讲团”（退役军人国防教育宣讲团），72 名宣讲团成员开展进学校、进军营、进机关等宣讲活动 68 场次。

（刘莹先）

责任编辑：熊焱峰
审　　核：孙志红
校　　对：曲　艺

15 外事·侨务·港澳事务

外　事

【概　况】2022年，厦门市人民政府外事办公室（简称市外办）接待外宾93批、371人次，其中副部级以上3人次、大使级21人次。创新举办“2022厦门领事保护宣传月”活动，在地铁1号线开通“领保护航”主题专列，开展赴境外行前培训和领事保护主题培训，处置涉外领保案（事）件，维护厦门市公民和企业在海外合法权益，助力构建海外平安中国体系。依规审核外国人来华邀请事项，确保厦门市急需外籍人才入境，保持7个语种疫情防控咨询热线畅通，编译发布英、日、韩等语种厦门市新冠病毒感染疫情防控指挥部通告25份、75篇，协助完成“外防输入”工作。完成第二十二届中国国际投资贸易洽谈会（简称投洽会）、2022厦门国际海洋周、2022中国（厦门）国际跨境电商产业展览会、第八届中国（厦门）国际休闲旅游博览会、2022年中国金鸡百花电影节等重要涉外活动的客商邀请、礼宾保障和翻译服务工作。协办连线“金砖国家政党、智库和民间社会组织论坛”厦门会场。在全国外事系统率先改善出入境管理系统，提高出入境审批效率。推动厦门与以色列内坦亚市、智利圣地亚哥首都大区建立友好交流关系。举办外国驻厦领团市情通报会。维护厦门市公民和企业在海外合法权益。

【外事活动】2022年，厦门市外办完成“金砖国家政党、智库和民间社会组织论坛”厦门连线会场，2022金砖国家友好城市暨地方政府合作论坛，金砖国家智库国际研讨会等金砖“中国年”相关活动筹备保障工作。开展“识·厦——讲述新时代故事”系列活动，接待中国国际新闻交流中心外国记者团，开展中国共产党第二十次全国代表大会对外宣介工作，梳理编制《红·外·线——对外讲好中国故事和中国共产党故事的厦门篇章》外事接待参访手册。举办2022驻厦领团市情通报会、第十四次四方联席会。

【出入境审批管理】2022年，厦门市外办在全国外事系统率先投用“三网合一”出入境管理系统，集中开展“外事宣讲月”活动，走访调研重点园区和企业，举办“外事惠企”专题政策宣讲会和直播带策活动，出台实施“一园一策”外事支持政策包。全市受理企业申办APEC商务旅行卡214张，比上年增长135%。

【友好城市交流】2022年，厦门市外办开展对外经贸往来和人文交流，推动厦门与以色列内坦亚市结为国际友城，与智利圣地亚哥首都大区建立友好交流关系。采用线上、线下方式开展外事交流活动155场。举办厦门与新西兰惠灵顿市、加拿大列治文市、泰国普吉府结好周年庆系列庆祝活动，举办2022韩国全罗南道—中国厦门经贸合作线上洽谈会和“全罗南道主题日”活动，组织开展“源远流长　同心筑梦”2022中国（福建）—韩国云端文艺会演、“睦友乐相知”文化交流项目、“唱响金砖　共向未来”2022厦门国际友好音乐会、“童心探索　映像家园——2022‘行·摄友城’摄影展”、“传承友谊，携手发展——庆祝厦门宿务结好三十八周年摄影展”、“中菲人文之驿走进厦门”和“2022厦门—新西兰电影展映”等活动，联合国家外文局举办“中外对话：深化海洋文明互鉴，携手共创美好未来”研讨会，与墨西哥友城瓜达拉哈拉市共同举办中墨建交50周年亮灯庆祝活动。

小资料：

友好城市与友好交流城市区别：友好城市，与外国建立友好城市关系要严格履行报批手续。地方省、市与外国建立友好城市关系，由有关省、自治区和直辖市人民政府审批，报送全国对外友协核准后转外交部批准。友好交流城市，建立相对简单，两市政府层面即可。

【外国驻厦领团市情通报会】2022年1月14日，厦门市举办外国驻厦领团市情通报会。副市长廖华生向各国驻厦领事官员通报2021年厦门经济社会发展情况和2022年主要工作规划。新加坡驻厦总领事吴俊明、菲律宾驻厦总领事欧莉娜、泰国驻厦代总领事婉菈葩出席通报会。会前，驻厦领团参访同安区军营村、集美新城和软件园三期，了解厦门经济特区建设40年发展成就，加强交流、共谋合作。

【厦门与以色列内坦亚市结为国际友城】 2022 年 1 月 18 日，厦门市与以色列内坦亚市以视频方式举行建立友好城市关系协议书签字仪式，正式结为国际友好城市。市长黄文辉与内坦亚市市长伊卡共同出席视频会议并致辞，中国驻以色列大使馆参赞王拥军、以色列驻广州总领事劳霈乐见证签约。

【乌拉圭驻华大使访问厦门】 2022 年 1 月 21—25 日，乌拉圭驻华大使费尔南多·卢格里斯到访厦门。副市长庄荣良会见费尔南多·卢格里斯大使和乌拉圭驻广州总领事马文朗。双方探讨推动经贸、人文、教育、体育和友城交往等领域的合作事项。

2022 年 6 月 24 日，市外办与菲律宾、新加坡、泰国驻厦总领事馆召开第十四次四方联席会议 （市外办　供图）

【厦门—瓜达拉哈拉亮灯活动】 2022 年 2 月 14 日，厦门市应邀参加由中国人民对外友好协会（简称全国对外友协）和墨西哥驻华大使首次共同发起的中墨两国友好城市（省州）亮灯庆祝活动。作为两国 15 对交往较活跃的友好城市之一，厦门市与友城瓜达拉哈拉市分别在厦门世茂海峡大厦及瓜达拉哈拉市武器广场、大教堂等知名历史文化建筑点亮中国红和墨西哥国旗主色调，共同庆祝中国墨西哥两国建交 50 周年。

【厦门与圣地亚哥首都大区建立友好交流关系】 2022 年 4 月 6 日，厦门市市长黄文辉与智利圣地亚哥首都大区主席奥雷戈云端签署两地友好交流意向书，厦门与圣地亚哥首都大区正式建立友好交流关系。中国驻智利大使牛清报、联合国南南合作办公室副主任王晓军、副市长庄荣良见证签约。

【厦门与新西兰惠灵顿结好 35 周年庆】 2022 年 6 月 9 日，厦门市与友城新西兰惠灵顿以线上、线下相结合方式举办两市结好 35 周年庆祝仪式。市长黄文辉、惠灵顿市市长福斯特、新西兰驻华大使傅恩莱出席庆祝仪式并致辞。全国对外友协会长林松添、中国驻新西兰大使王小龙发表视频致辞。两国、两市各界友好人士及行业代表约 200 人分别在厦门会场、惠灵顿会场或以视频方式出席。

【厦门与泰国普吉府结好 5 周年庆】 2022 年 6 月 16 日，厦门市与泰国普吉府以视频连线方式庆祝两地结好五周年，同期启动第六届东南亚中国图书巡回展普吉分会场。活动展出中、泰文图书 400 余册，邀请非物质文化遗产高级工艺师现场展示闽南非遗刻纸技艺。普吉府副府尹安内·披万素、厦门市副市长庄荣良出席活动。

【第十四次四方联席会议】 2022 年 6 月 24 日，厦门市外办与菲律宾、新加坡、泰国驻厦总领事馆召开第十四次四方联席会议。市外办向驻厦领团通报 2022 年厦门市上半年经济发展情况及下半年重点发展领域和重大活动，探讨开展合作事宜，安排驻厦领团参观惠和石文化博物馆，体验国家级非物质文化遗产影雕等文化项目。

【中国（福建）—韩国云端文艺会演】 2022 年 7 月 28 日，由厦门市主办，泉州市、南平市和韩国全罗南道、济州道等 10 余个地方友城及友好交流城市共同参与的中国（福建）—韩国云端文艺会演启动仪式在厦门举行。该文艺汇演主题为“源远流长　同心筑梦”，福建省委常委、常务副省长郭宁宁，中国驻韩国大使邢海明，全国对外友协副会长袁敏道发表视频致辞。副市长庄荣良、韩国驻广州总领事韩在爀现场出席启动仪式并发表致辞。该次会演正值中韩建交 30 周年和“中韩文化交流年”，得到中韩 2 国对外交流部门和民众关注，会演视频在厦门卫视频道及其海内外宣传矩阵全网宣传推介，全网点击量超 500 万人次。

2022 年 6 月 9 日，厦门市与新西兰惠灵顿举办庆祝结好 35 周年仪式 （市外办　供图）

【塞尔维亚驻华大使访厦】 2022年9月7—9日，塞尔维亚驻华大使玛娅·斯特法诺维奇到访厦门。9日，市委常委、政法委书记李伟华会见大使一行，探讨挖掘两地合作潜力、促进共同发展事宜。大使一行携展商参加第二十二届投洽会，并出席中国福建—塞尔维亚经贸创新合作发展推介会等投洽会系列活动。期间，塞尔维亚工商会与市贸促会签订合作备忘录。

【金砖国家友好城市暨地方政府合作论坛】 2022年9月20日，由中国人民对外友好协会和福建省人民政府共同主办，厦门市人民政府协办的2022金砖国家友好城市暨地方政府合作论坛和中国同新兴市场国家和发展中国家地方政府对话会以视频方式举行。全国人大常委会副委员长沈跃跃、福建省省长赵龙、全国对外友协会长林松添出席开幕式并致辞。金砖五国123个地方政府、8个友好组织代表、有关国家驻华使节和各界代表等约250人与会，围绕"团结合作　共同发展"主题进行探讨。厦门市市长黄文辉应邀在厦门分会场连线出席并作主题发言。

【行走福建（厦门站）活动】 2022年11月5日，由福建省外办和厦门市外办共同主办的"识·厦——讲述新时代故事系列活动"暨行走福建（厦门站）活动举行，来自德国、法国、印度尼西亚、哥伦比亚、摩洛哥等10个国家外籍人士全程参与。活动围绕宣讲中共二十大精神主线，组织参观座谈、互动体验等活动，宣传推介厦门推进中国式现代化的地方实践。

【中国国际新闻交流中心外国记者团访问厦门】 2022年11月16—18日，中国国际新闻交流中心外国记者团访问厦门。该记者团由来自非洲、拉美和加勒比地区28个国家和地区的32名媒体记者组成。期间，记者团参观厦门港、筼筜湖、鼓浪屿、胡里山炮台，了解厦门港口发展、生态环境治理、文化遗产保护情况。记者团到访金龙联合汽车工业公司、环岛路"一国两制统一中国"标语处、国际会议中心，了解厦门现代工业发展、对台融合发展及服务金砖厦门会晤情况。厦门市建设发展成就给记者们留下深刻印象，记者们在海外主流新闻媒体和社交平台发表访问厦门见闻，分享参访体验。

2022年11月16日，28国外国记者团在厦门海上世界观景、合影（市外办　供图）

【深化海洋文明互鉴研讨会】 2022年11月22日，"中外对话：深化海洋文明互鉴　携手共创美好未来"研讨会召开。活动现场连线北京和厦门2个会场，邀请中国、法国、南非三方政府机构及国际组织代表、海洋及相关领域专家学者，就厦门、尼斯、德班3个国际化港口城市在推动海洋保护和可持续发展领域的实践进行交流，探讨建立开放包容、互利共赢的蓝色伙伴关系，交流未来海洋保护与发展共识，推动构建海洋命运共同体。

【瑞士驻华大使访厦】 2022年11月28日，福建省委常委、厦门市委书记崔永辉以视频形式会见到访厦门的瑞士驻华大使白瑞谊。崔永辉对白瑞谊访厦表示欢迎，提出希望在中瑞创新战略伙伴关系框架下，在创新和可持续发展方面深化合作，在文化、旅游等领域加强交流，更好造福两地人民。白瑞谊表示希望深化两地交流合作，实现共赢发展。

【中菲人文之驿活动】 2022年12月8日，中国驻菲律宾大使馆、厦门市人民政府、菲华各界联合会共同举办"传承中菲情·携手向未来——中菲人文之驿走进厦门"活动。该活动在厦门与菲律宾马尼拉分别设立会场，中国驻菲律宾大使黄溪连、厦门市长黄文辉、菲华各界联合会主席杨华鸿出席活动并致辞。该期活动举办《中菲人文之驿热议诗文集》《中菲人文之驿征文获奖作品集》新书发布仪式。厦门市有关人员介绍厦门经济社会发展情况和海丝中央法务区建设成果，展示歌仔戏《侨批》、交响诗《陈嘉庚》等厦门主题文化，得到在场嘉宾的欢迎和肯定。中国驻菲律宾大使馆、驻达沃和宿务总领馆等，菲华商联总会、菲律宾中国商会及各主要菲华侨团代表、在菲留学生代表和厦门相关部门单位等线上、线下参会。

（陈巧玲）

侨　务

【概　况】 2022年，厦门市委统战部（市侨办）推进海外侨务工作，邀请组织厦门市荣誉市民、在厦门侨领侨商、归侨侨眷代表收听收看中国共产党第二十次全国代表大会开幕会，依托海外华侨社团厦门联络总部平台开展海外侨胞的舆论正向引导工作。贯彻执行厦门市《关于进一步发挥侨资源优势，助力全方位高质量发展超越的实施方案》，承办第四期"闽侨青年精英海丝情"、"2022海外华商中国投资峰会"、海外菁英华商国情研习等活动，对接"海丝"战略，促进交流合作。贯彻落实《厦门市荣誉市民称号授予办法》，起草《第十一批厦门市荣誉市民评授工作方案》和《厦门市荣誉市民待遇实施办法（修订）》。召开2次厦门市海外统战工作协作机制暨市涉侨安全工作协调机制会议。继续开展新冠疫情下加强同海外侨团侨领的联谊交流，向168个海外侨团侨领寄送“新春祝福包”。到侨商侨企开展常态化走访调研，协调解决侨商侨企遇到的困难问题。

【困难归侨侨眷救济补助】 2022年，厦门市委统战部（市侨办）开展困难归侨侨眷救济帮扶，对贫困归侨低保户给予救济补助。元旦、春节期间，市委、市政府分管领导以及有关单位领导到困难归侨侨眷家中开展新春慰问活动，走访慰问困难归侨侨眷67人，发放慰问金4.1万元。市侨办开展2022年贫困归侨、侨眷学生升读高校帮扶工作，帮扶学生5人，补助1.5万元。补助散居社会贫困归难侨28人，补助金额6.46万元。

【“三侨生”身份证明开具】 2022年，厦门市侨办继续实施归侨、归侨子女、华侨在国内的子女（简称“三侨生”）参加高考享受加分政策，“三侨生”身份证明出具工作于3月1日开始，3月21日结束。经审核，2022年出具参加高考“三侨生”身份证明书32份，其中归侨身份证明书2份，归侨子女身份证明书21份，华侨在国内的子女身份证明书9份。

【第四期闽侨青年精英海丝情活动】 2022年5月24—27日，由福建省侨办主办，厦门市侨办承办的第四期闽侨青年精英海丝情活动在厦门市举行。来自40个国家的闽籍青年侨胞、海外留学生代表100余人参加，福建省委统战部部长王永礼、省侨办主任黄进发、厦门市委统战部部长王雪敏等出席活动。活动以“传承嘉庚精神 共书家国情怀——闽侨青年精英喜迎二十大”为主题，开展“闽侨青年精英海丝行——走近陈嘉庚”“2022闽侨青年精英海丝交流会”“颂嘉庚 心向党——闽侨青年精英海丝情厦门专场音乐会”“闽侨青年精英海丝行——海丝侨青·携手造福”等系列活动，加强海外华裔青年思想引领，树立家国情怀。

【海外菁英华商国情研习活动】 2022年9月2—9日，由国务院侨办主办，福建省侨办、厦门市侨办承办的海外菁英华商国情研习活动在厦门举办，来自27个国家和地区的“一带一路”沿线菁英华商、侨团骨干、重要侨商侨领接班人45人受邀参加。学员在厦门大学学习涉及中国发展情况、国际形势等课程，到厦门、漳州、泉州等地参访，了解经济社会发展状况和营商环境，感受当地风土人情。该活动在厦门已连续举办10次，成为厦门市涵养海外优质华商资源和统战资源，拓展对外联谊联络工作的重要方式。

【厦门市海外联谊会选举新一届理事会】 2022年9月6日，厦门市海外联谊会第六届会员代表大会召开。大会听取和审议厦门市海外联谊会第五届理事会工作报告，审议通过《厦门市海外联谊会与厦门市海外交流协会合并的决议》以及《厦门市海外联谊会章程》，选举产生第六届理事会领导班子，厦门市委常委、统战部部长王雪敏当选为第六届厦门市海外联谊会会长。厦门市委、福建省侨办有关领导出席会议并致辞，厦门市各民主党派、工商联领导，无党派人士代表，市直有关部门领导，各区委统战部部长，各高校相关领导参加会议。来自五大洲70多个国家和地区的市海联会成员600多人通过线上、线下形式出席大会。中华海外联谊会、福建省海外联谊会以及港澳台海外100多个单位、团体、知名人士发来贺信和视频。厦门市海外联谊会成立34年，理事会成员扩大到全球75个国家和地区，成为海内外人士联谊交友重要平台。

【2022海外华商中国投资峰会】 2022年9月8日，由国务院侨办主办，福建省侨办、厦门市侨办承办的2022海外华商中国投资峰会在厦门市举办。峰会以“绿色经济与海外华商企业可持续发展”为主题，探讨海外华商企业发挥自身优势，以技术创新、产业转型实现企业可持续发展的路径和方式。中央统战部副部长、国务院侨办主任陈旭，福建省委常委、统战部部长王永礼，厦门市委常委、统战部部长王雪敏等出席峰会并致辞，来自45个国家和地区的华商代表及学者170余人参会。该峰会是第二十二届中国国际投资贸易洽谈会重要活动之一，是市侨办并入市委统战部后首次召开国际性会议，受到中央统战部（国侨办）领导肯定。

（吴　曦）

港澳事务

【概　况】 2022年，厦门市人民政府台港澳事务办公室（简称市台港澳办）推动香港贸发局主办的第十五届亚洲金融论坛在厦门设分会场。市政协参访团到澳门交流。厦门六中等厦门中小学与香港信义会宏信书院等港澳学校缔结“姐妹校”。港企泰普生物生产的新冠病毒抗原测试剂获批上市，港企厦顺铝箔产品获“国家级制造业单项冠军”称号。市台港澳办领导走访慰问在厦门港澳企业和港澳同胞，协调解决企业困难，鼓励港澳青年留在厦门发展。向港澳有关部门通报厦门新冠疫情防控政策，服务保障在厦门相关的港澳重要人士和学生。宝太生物和波生生物2家厦门公司分别向香港捐赠新冠病毒抗原检测试剂盒310万人份和100万人份。

【市政协到澳门访问】 2022年10月10—13日，厦门市政协副主席国桂荣一行到澳门访问，拜访澳门特区政府经济财政司经济及社会发展局、科学技术发展基金、澳门大学、澳门科技大学等部门及高校，先后走访福建省澳区政协委员联谊会、澳门厦门联谊总会、澳门福建同乡总会、澳门福建同乡会等闽籍重要社团，并与澳区市政协委员及联谊总会负责人座谈交流，围绕厦港澳科技合作开展调研。

【第三届金鸡海峡两岸暨港澳青年短片季推介仪式】 2022年11月11日，由中国文学艺术界联合会、中国电影家协会、厦门电影局主办的中国金鸡百花电影节国际及港澳台嘉宾欢迎酒会&第三届金鸡海峡两岸暨港澳青年短片季推介仪式在厦门华尔道夫酒店举行。该届短片季终评环节邀请电影人黄渤等组成评审团，对进入终评环节的20部短片进行考察评分。10部短片入选第三届金鸡海峡两岸暨港澳青年短片季荣誉短片。

（杨　鹏）

责任编辑：熊焱峰
审　　稿：林建高
校　　对：曲　艺

16 对台事务

综　　述

【深化对台工作】2022年，厦门市新批准台资项目712个，比上年增长3.8%；合同使用台资33.8亿美元，实际使用台资1.5亿美元，冠捷科技、玉晶光电、建霖家居等重点台企增资扩产。厦门自贸区推进对台金融合作与创新，成立两岸首家合资公募基金管理公司——圆信永丰基金管理公司；吸引厦门市首支台商基金——台商海峡两岸产业投资基金及其管理公司落地，首期规模7.35亿元；台胞在厦门自贸区注册内资企业13家。在厦门两岸股权交易中心“台资板”展示挂牌台企1474家。举办“2022两岸企业家峰会年会”“海峡金融论坛·台企发展峰会”等涉台经贸会议。截至年底，21家台湾地区银行在厦门市开设40个人民币代理清算账户，累计清算金额2101.4亿元。推出大陆首个为台胞个人设计的“薪速汇”业务，台胞可通过手机在线办理汇款业务。支持区内银行机构向符合条件的台胞提供与厦门市居民同等待遇的购房按揭贷款服务，解决台胞在大陆购房须一次性付款等难题。中欧（厦门）班列新增台湾—厦门—圣彼得堡海铁联运线路。新开厦门至金门每周4班常态化货运航班，开通厦门—平潭—台北临时邮路。举办第十四届海峡论坛、第二十届海峡青年论坛、纪念郑成功收复台湾360周年系列活动等各类两岸交流活动近120场。出台《厦门市打造台胞台企登陆第一家园第一站的若干措施》实施细则。153名台湾学生获2022年厦门市台湾中小学生奖助学金，1户台胞家庭获评福建省“最美家庭”称号，2名台商入选福建省非公有制经济优秀建设者，评选出第八批台湾特聘专家（专才）。龙山文创园、厦门航空获评国台办优秀海峡两岸青年就业创业基地（示范点）。受理台胞投诉求助案件224件，办结220件，办结率98.2%。

【市领导看望台商台企代表】2022年春节期间，厦门市领导多次带队看望在厦门台商并交流座谈。1月26日，市委政法委书记李伟华，市政府副市长庄荣良到市台商协会看望慰问留厦过年的部分台商台企代表并座谈交流。台商协会会长吴家莹和参加座谈台商台企代表就促进厦台经济发展、两岸交流合作等提出意见建议。2月4日，市委书记崔永辉到市台商协会，看望慰问在厦门过年的台商台企代表并座谈交流。崔永辉表示厦门努力打造台胞台企登陆第一家园的第一站，持续落实惠台政策，帮助台企在厦发展得更好更快，希望台商将企业发展融入国家和民族发展大局中，为促进两岸融合发展和实现中华民族伟大复兴作出贡献。市台商协会会长吴家莹，宸鸿科技、建霖健康家居、东亚机械等台企负责人参加座谈，台商们表示感谢市委、市政府对台商台胞的关心，并提出助力厦门市经济社会发展各项建议。市领导李伟华、连坤明、庄荣良以及相关部门负责人陪同。

【金胞银行卡逾期问题解决】2022年，厦门金门“小三通”航线受新冠疫情影响断续停航，部分金门同胞“台胞证”逾期，导致银行卡冻结，给金门同胞商务活动和家庭生活带来不便。厦门市台港澳事务办公室（简称市台港澳办）牵头，协调厦门银保监局、工商银行、建设银行等单位，对金门同胞在厦门办理银行卡情况进行梳理，召开专题会议研究解决对策，并根据各银行业务特点提出应对措施。截至年底，受理565例个案，解冻银行卡70余张。

2月18日起，厦门银行股份有限公司（简称厦门银行）在金门设置大陆银行卡咨询窗口，该窗口由金门县政府与厦门银行跨域合作设立。春节期间，厦门银行受金门县政府邀请，派出台籍员工到金门为该行用户提供办理更新个人客户资料、变更预留手机号码等服务。

【在厦门台胞参与涉台文物保护志愿者】2022年，厦门市推动在厦门台胞参与涉台文物保护工作。4月21日，厦门市翔安区涉台文物保护检察公益诉讼现场会在大嶝街道田墘社区大嶝金门县政府旧址所在地举办，5名在翔安区从事艺术、旅游和设计等工作的台湾同胞被翔安区检察院和翔安区文旅局聘为涉台文物保护志愿者，为翔安文物保护特别是涉台文物保护提供上报、巡查监督等服务，守护海峡两岸共同文物。

（杨　鹏）

惠台举措

【概　况】 2022年，厦门陆续出台探索海峡两岸融合发展若干措施、打造台胞台企登陆第一家园“第一站”若干措施和金融、教育、农业等领域的惠台利民政策。在大陆率先为台湾青年提供市级公租房，率先出台《关于台湾医师来厦执业的资助规定》，签发大陆首本台湾船员海员证，成立大陆首个两岸消化病学研究联合实验室和台湾地区标准化（厦门）研究中心，吸引台湾人才到厦门就业创业。将台胞纳入社保体系，率先发行台胞专属信用卡，在全市优质初中和高中开设台生班，设立台湾中小学生奖学金和助学金。台胞李裕文入选厦门第九批“双百计划”领军型创业人才。

【厦门银行服务台企台胞】 2022年，厦门银行利用对台服务方面优势，创新金融产品业务，推出台商增信贷、台商成长贷、台商创业担保贷、台商税易贷、台商流水贷等台企融资产品，构建“资金大三通”服务体系，实现台胞网上跨行转账免手续费、资金实时到账等功能；发行大陆首张面向台胞的专属信用卡；推出大陆首个台胞专属线上产品“薪速汇”。截至年底，厦门银行厦门地区累计服务台企1000余家，台胞4万余户。

【福建高校招收台生】 2022年，福建19所高校首次试点开展依据台湾科技院校四年制及专科学校二年制联合统一测试成绩，招收台湾高中毕业生攻读本、专科，其中厦门高校有3所，厦门理工学院、集美大学诚毅学院、厦门城市职业学院。招生的申请对象为台湾高中生，要求品行端正，身体健康，拥护两岸和平发展和祖国统一。

【台胞台企登陆第一家园第一站细则出台】 2022年3月29日，厦门市26个职能部门共同参与制定的《〈厦门市打造台胞台企登陆第一家园第一站的若干措施〉实施细则》出台。该政策在助力台胞台企融资、直接采认部分台湾人员的执业资格、便利台湾青年就业创业、复制自贸区对台先行先试政策、支持厦台农业合作等方面推出8项具体措施。该政策明确每条措施的具体政策、申报条件、应提供材料、办事流程以及责任单位联系人、联系电话等，方便台胞台企查询了解和办理相关业务，为台胞台企在厦门发展提供助力。

【台青金融公寓交付】 2022年3月29日，厦门市重点项目——金圆·金融公寓交付使用，提供租赁住房539户，该项目是厦门市首个金融公寓，也是厦门市首个台青公寓。金圆·金融公寓项目主要面向两岸金融中心片区的金融、类金融企业员工和台湾同胞进行市场化招租，申请人按申请条件结合登记时间顺序依次选择房源，有意向租赁的客户可通过“金融公寓”微信公众号进行预约登记。

【全国首个台企上市服务联盟成立】 2022年4月22日，厦门市集美区台企上市服务联盟成立。该联盟由集美区财政局（上市办）、集美区委人才办、集美区台港澳办、集美区税务局联合发起，为全国首个台企上市服务联盟。联盟汇集集美区28个部门及4家专业机构，提供上市培育辅导、税务风险防范指导、行政审批“打包”办理等上市服务辅导，支持台企共享大陆发展机遇和成果，利用大陆资本市场发展壮大。

【台湾公证文书比对验核中心设立】 2022年10月18日，福建省台湾公证文书比对验核中心在厦门设立。据往年统计，每年厦门通过快递邮寄到省公证协会办理台湾公证文书比对验核业务近1000单。台湾公证文书比对验核中心成立后，在厦门台胞相关法律服务事项可到海丝中央法务区公共法律服务中心的服务窗口办理，方便台胞办事从“多地跑”到“只进一扇门”，是创新提升对台胞台企法律服务水平、落实同等待遇政策的尝试。

（杨　鹏）

厦台经贸合作

【概　况】 2022年，厦门市新增1家台资境内上市公司星宸科技，已通过深交所创业板上市委会议审议。推动壮大厦门两岸股权交易中心“台资企业板”规模，截至年底，展示台资企业1474家，挂牌9家，累计实现融资3163.5万元。推进两岸人民币代理清算账户工作，截至年底，厦门市有21家台湾银行机构开立人民币代理清算账户40个，累计清算金额2101.4亿元。加强与全国台湾同胞投资企业联谊会战略合作，首支全国性台商基金合伙企业落地厦门，首期募集资金1.1亿元。举办第十六届两岸经贸合作与发展论坛，海峡两岸专家、学者及企业代表共同探讨两岸经贸热点及两岸融合发展，为台商台企创造发展新机遇。

【海峡两岸客货滚装航线运营】 2022年，由“中远之星”号轮船执行的厦门—台中海峡两岸客货滚装航线继续常态化运营，对台直航货运量连年增长。其中冷链货物、汽车零配件、电子产品等货运量增长幅度较大。同益边检优化口岸边检通关服务，对入境货轮船员、登轮工作人员等涉疫风险较高人群，采取视频监控远程人证对照、无接触递交出入境证件方式，实现零接触查验。针对符合条件的台湾货轮靠港，实行入出境2个手续一次性办结，减少船方企业的办事流程。

【对台海运邮路】 2022年9月16日，“厦门—平潭—台北”对台海运临时邮路开通，通过该邮路代运亚、美、欧洲路向邮件，通达范围包括美国、加拿大、英国、法国、日本、韩国、新加坡等国家，缓解运能紧缺困难，支撑厦门国际业务发展。12月，厦门新增1条对台海运邮路，海运快件可搭乘“中远之星”号轮直送台中港海运快件专区，该通道具有距离短、时效快、成本低优势。厦门是大陆首个获准经营对台海运快件业务的城市，加上原有的厦门—金门—高雄邮路，有3条对台海运邮路。

（杨　鹏　黄少阳）

厦台交流

【概　况】 2022年，厦门市继续开展海峡两岸交流。举办两岸共祭开台王、纪念郑成功收复台湾360周年座谈会等纪念活动促进两岸传统文化交流，举办两岸企业家峰会年会、第三届海峡两岸中医药合作发展论坛等促进两岸经济发展。举办第十八届海峡两岸图书交易会，参展出版机构300余家、书籍11万余种，其中台湾出版机构86家、图书3万余种，促进两岸在出版、发行、版权及数字出版等领域的融合发展。

【闽台特色文创市集】 2022年1月4日，由厦门市湖里区委台港澳办等单位共同主办的“闽台缘，留厦情”2022闽台特色文创市集在灿坤文创园启动。150多名台胞参与并提供近500种特产。

【两岸共祭开台王】 2022年3月20日，“同根同源同拜祖　两岸共祭开台王”活动在厦门海沧青礁开台文化公园和台湾嘉义水上乡三界埔颜思齐墓前同时举办。活动采用“线上＋线下”的方式，来自台湾高雄、嘉义、彰化等地的颜氏宗亲代表于台湾颜思齐墓前祭拜先祖，大陆的颜氏后裔在厦门遥祭祖先。400多年前，生于厦门海沧青礁村的颜思齐率郑成功父亲郑芝龙等数千闽南人到台湾拓垦，史称“开台第一人”“开台王”。台湾有颜氏后裔17万余人，福建省颜氏后裔有16万余人，海外颜氏后裔有11万余人，是两岸同根同源的重要见证。

【纪念郑成功收复台湾360周年座谈会】 2022年6月26日，“城市、海洋与家园”——厦门市纪念郑成功收复台湾360周年座谈会在筼筜书院召开，该座谈会由市台港澳办、市文旅局联合主办。厦门是郑成功收复台湾的前沿基地，与会海峡两岸专家、学者从海权思想、海洋贸易、城市兴起、历史记忆、家国情怀、共筑家园等不同视角、不同学科，梳理两岸郑成功研究的最新进展，宣传海洋意识、维护海权观念。通过该次活动彰显两岸和平统一思想，体现中华民族共同体意识。

【两岸青年企业家篮球邀请赛】 2022年11月1日，第二届“厦门银行杯”海峡两岸（厦门）青年企业家篮球邀请赛在厦门市体育中心启动。该项赛事吸引两岸青年企业家组成20支篮球队参赛，约300名海峡两岸青年企业家参与，篮球赛为期6天，举行40多场比赛。该活动旨在通过球技切磋增强两岸情谊，搭建两岸青年交流平台，加强两岸体育交流。

【第三届海峡两岸中医药合作发展论坛】 2022年11月13日，第三届海峡两岸中医药合作发展论坛暨第十四届海峡两岸中医药学术交流研讨会在厦门举行。该论坛以“进一步打造两岸中医药领域交流合作新平台、推动海峡两岸中医药优势互补、融合发展”为主题，来自海峡两岸的30名专家，就新时代中医药传承创新与发展等议题进行研讨。该届研讨会以“线上＋线下”相结合的方式进行，旨在推动海峡两岸中医药事业融合发展，弘扬优秀传统中医药文化。

【两岸斗茶决赛】 2022年12月14日，“2022两岸斗茶茶王争霸赛”在厦门举行。评审采用视频连线的方式进行，厦门、嘉义2地评委依照组委会事先定好的评判标准，看外形、观汤色、闻茶香、品滋味，分别品评茶样，通过视频交流意见，确定名次。该活动旨在为海峡两岸茶企提供茶产业交流平台，提升海峡两岸茶产业技术水平，讲好中华茶文化故事。

【两岸企业家峰会年会】 2022年12月20日，2022两岸企业家峰会年会在厦门召开。中共中央政治局常委王沪宁向两岸企业家峰会理事会发贺信。大陆方面理事长郭金龙和台湾方面理事长刘兆玄、副理事长陈瑞隆等出席年会，300多位海峡两岸工商界人士参会。刘兆玄自2021年9月接任峰会台湾方面理事长以来，首度到大陆参加年会活动。中国电子信息产业集团总经理助理朱立峰、台湾大学科技政策暨产业发展研究中心执行长詹文男、“一带一路”绿色发展国际研究院执行院长张建宇等围绕数字化转型、绿色丝绸之路建设、海峡两岸企业合作等议题作主题演讲。两岸企业家峰会成立于2013年，已成为两岸层级最高、最具权威的企业家交流合作平台，成为包括两岸两会协商、两岸经贸文化论坛、海峡论坛在内的两岸最具影响力的四大交流合作平台之一。

【世界闽南语金曲颁奖典礼】 2022年12月31日，2022世界闽南语金曲颁奖典礼在厦门举行。该次大赛面向全球征集作品，在港澳台地区以及新加坡、马来西亚、美国等地设置12个赛区，有6000多名选手参赛，其中台湾赛区报名人数超过1000人。颁奖典礼颁发闽南语歌曲“十大金曲奖”等奖项。该活动旨在推进闽南语歌曲在全球的影响力，推进两岸共同弘扬闽南传统文化。

（杨　鹏）

责任编辑：熊焱峰
审　　稿：曲　艺
校　　对：林建高

17 应急管理

综　　述

【防灾防事故应急保障】 2022年，厦门市发生各类生产安全事故78起，死亡57人，比上年分别下降23%、16%，连续4年事故起数和死亡人数实现“双下降”，亿元地区生产总值生产安全事故死亡率下降35.4%，重特大事故起数0起，年均每百万人口因自然灾害死亡率为0，年均因自然灾害直接经济损失占地区生产总值为0；发生森林火情8起，下降38%；防御38次暴雨过程和3个台风带来的风雨影响，各项指标运行控制均优于或达到预期目标，为经济社会平稳健康发展提供安全保障。厦门市制定《应急突发事件桌面演练工作规范》，组织实施模拟“莫兰蒂”台风防御、罗宾森高层建筑火灾等课题桌面推演，强化部门、单位之间指挥协调能力。推进智慧应急系统建设工程、城市安全风险防控信息管理平台、安全生产三年行动整治提升工程、应急救援力量体系建设提升工程等4项重点工程收尾工作，另外13项工程按照时间节点有序推进。组建市、区两级应急管理综合执法队伍，构建职责清晰、运转顺畅、协同高效的应急管理执法体系。制定应急社会组织、专家管理办法，制定应急物资储备保障、社会力量参与应急工作等制度规范，推行轻微违法行为从轻、减轻、不予处罚措施，实行安全生产信用分级分类监管，全年对24家企业、30名个人失信行为进行公示。

【应急救援力量建设】 2022年，厦门市建成3个直升机陆域应急起降点、4个区级海上搜救分中心，陆域主要救援队伍508支、1.3万余人，社会应急力量13支、4000余人，全年协调组织海上、空中救援行动79次，救助遇险人员308人、船舶10艘次，救助成功率100%。市应急管理局制定《关于做好社会应急救援队伍培育服务工作的通知》，重点培育蓝天、曙光救援队，在装备配备、训练演练、减灾救灾等方面予以支持。初步建成队伍遍布厦门市，救援范围涵盖水域、山地、城市等区域，救援能力与自然灾害和突发公共事件紧密相关的社会应急力量。制定《加强基层应急管理体系和能力建设的指导意见》，指导各区整合利用现有资源，开展以有班子、有机制、有预案、有队伍、有物资、有培训演练等为主要内容的基层标准化建设，加强镇（街道）、企业19支专职消防队，8个小型消防站，2328个微型消防站建设，推动落实每个社区（村）有1名灾害信息员、每个镇（街道）至少有1支应急救援队伍，基本实现基层应急救援力量全覆盖。

【应急管理专家库】 2022年，厦门市应急管理局制定《厦门市应急管理专家管理办法》《厦门市应急局应急管理专家管理办法实施细则》，按照“门类齐全、数量充足、构成合理、管理规范”建设要求，对市安全生产专家库进行增补扩容，完成应急管理专家组的组建聘用，组建22个专业组、320名专家。完成泉州、漳州市专家库危险化学品专业专家信息收集汇总工作，实现厦漳泉区域联动，资源共享。

【常态化应急备勤】 2022年，厦门市应急管理局健全应急救援队伍常态化值班备勤、重大节日战备值班机制，在重点时间节点调度2架直升机、12支队伍、300～500人应急救援力量开展预置值守工作，完成元旦、春节、国庆、全国两会、北京冬奥会和冬残奥会应急救援准备工作。发挥在制定救援方案、统筹救援力量、调配应急资源等方面的综合优势，加强汛期连续性暴雨防御工作，协调海上、空中搜救中心实施救援行动65起，人员、船舶救助成功率100%。

（陈佳玮）

防灾减灾

【概　况】 2022年，厦门市有自然灾害避灾点717处、疏散面积213.49万平方米，地震应急避难场所82处、疏散面积68.82万平方米，人防应急避难场所疏散面积619.35万平方米，总疏散面积901.66万平方米，按照2021年厦门市常住人口530.8万计算，人均避难场所面积1.7平方米。厦门市修订《厦门市自然灾害救助应急预案》《厦门市防汛防台风应急预案》，建立差异化响应启动、重大活动熔断、临灾预警“叫应”、内涝点动态监控和抢险预置等机制，实现存在地质灾害风险自然村避险演练全覆盖。制定《加强改进台风暴雨灾害天气防范应对工作十项措施》，提升“四个1”预警机制，即提前1小时预警局地强天气、提前1天预报逐小时天气、提前1周预报灾害性天气、提前1月预报重大天气过程，提升“小局地、短历时、强降水”气象灾害短时临近监测预警能力。

【自然灾害综合风险普查】 2022年，厦门市率先全省完成自然灾害综合风险普查、全国试点建设，完成承灾体、减灾能力和历史灾害普查数据总量1.6万余条，房屋建筑调查54.12万栋，市政道路1180条、1164.95千米，市政桥梁112座；采集公路路线信息2282条、桥梁信息368条、隧道信息32条；完成1∶50000地质灾害风险调查，完成暴雨、台风、干旱、高温、低温、雷电、大风、冰雹8个灾种气象灾害风险调查数据1.05万条和台风风雨、区域自动气象站的大风致灾因子危险性分析数据核验及相关分布图的校核；完成1978年至2020年影响厦门历史海洋灾害和致灾因子调查，44条海岸防护工程、1个三级渔港和18个滨海旅游度假区砂质岸段调查。

【安全文化公园】 2022年，福建省将“五个一百”安全应急保障提升工程纳入省为民办实事项目，在全省建设100个应急避灾示范点、100个应急物资储备站、100个微型消防站、100个安全文化主题公园、100个安全宣教体验场所。根据福建省统一部署，厦门市推进“五个一百”安全应急保障提升工程建设，依托现有或在建公园，通过改造、提升、植入等方式，在6个区建设10个安全文化公园，分别为思明区安全文化公园、仙岳安全文化公园、忠仑安全文化公园、灌口东部安全文化公园、环湾滨水段安全文化公园、书香水岸安全文化公园、海沧湖安全文化公园、苏颂安全文化公园、雪樵安全文化公园，其中海沧区书香水岸安全文化公园为全省第一个市级示范园。安全文化公园将应急避灾点、应急物资储备站、微型消防站、安全宣教体验场所集中聚集，融入安全法律、安全科普教育、防灾减灾和应急救援知识，形成立体覆盖、多元互动的安全宣教体系。

2022年5月12日，“5·12”全国防灾减灾日活动在五一广场举行

（厦门市应急局　供图）

【地质灾害情况】 2022年，厦门市北部莲花镇和汀溪镇多中低山，地质灾害分布最为密集，以崩塌、滑坡、不稳定斜坡等山区常见地质灾害为主。全市有地质灾害隐患点48处，其中危险性、危害性较大的地质灾害隐患点3处（思明区双忠魂、同安区莲花镇白交祠村杨某德等屋后和同安区莲花镇白交祠村大石后社杨某环屋后）。厦门市应重点防范地质灾害的镇（街道）、单位11个，行政村（居委会）27个。

【抗震评估】 2022年，厦门市对国家级、省级及市、区政府设立的高新技术开发区、经济（技术）开发区、工业园区和产业集聚区及其他有条件的区域开展区域性地震安全性评价。完成集美新城、马銮湾新城、环东海域新城、两岸金融中心片区、新机场片区、同翔高新技术产业基地、东部体育会展新城7个片区区域性地震安全性评价。对一般工民建，执行7度（0.15g）设防标准，可防抗6.5级左右地震，达到抗御中、强地震的抗震设防目标。

（陈佳玮）

【饮用水源突发事件应急管理】 2022年，厦门市生态环境局组织开展2022年度厦门市集中式饮用水水源地突发环境事件应急演练。加强厦门市两个环境应急物资储备库维护管理，抓好应急指挥车、有毒有害气体检测仪等应急设备维护检修，确保良好技术性能。定期组织防护装备穿戴训练，举办首届局系统防护服穿戴竞赛。督促181家环境风险企业完成突发环境事件应急预案编制并完成备案。落实环境应急值守制度和节假日、重大活动、敏感节点期间生态环境安全“零报告”制度。

（唐　未）

【第十四个全国防灾减灾日】 2022年5月12日，厦门市第十四个“全国防灾减灾日”宣传活动在五一文化广场举行。现场举办防灾减灾展览科普、VR（虚拟现实技术）模拟灭火演练、急救教学、有奖知识竞答、互动体验展位、救援设备展示、线上云展播等防灾减灾系列活动，开展防灾减灾知识普及，扩大宣传教育覆盖面，提升防范化解灾害风险能力。

【防汛防台风综合应急演练】 2022年6月30日，厦门市开展2022年度防汛防台风综合应急演练。省防汛办、市政府、市防汛抗旱指挥部成员单位领导、市区应急管理部门有关人员参加并现场观摩指导演练。演练模拟超强台风登陆前后引发系列次生、衍生灾害场景，设置海上船只人员遇险救援、台风登陆前后综合防御及险情处置、地铁车站积水倒灌应急救援、堆土场滑坡应急救援、液化气泄漏爆炸事故应急救援5个实战化演练科目，40个部门（单位）、25支救援队530人、64台套大型抢险救援装备参演参训。

【第三届应急管理及产业发展论坛】2022年7月14日，第三届应急管理及产业发展论坛在厦门召开，论坛以“生命至上、安全第一、科学管理、智慧应急”为主题，就应急管理、应急处置、科技赋能等方面进行交流，并对促进应急产业可持续发展，提升应急救援能力的装备和技术保障提出建议。来自国内外应急领域专家学者、科研院校、政府部门、社会组织、企业代表参加论坛。

【应急指挥中心启用】2022年9月23日，厦门市应急指挥中心建成启用，总建筑面积约1700平方米，设置指挥大厅、联合值守中心、指挥长会商室、专家会商室、新闻发布厅等多个功能区，提供128个值守和指挥工作席位，为自然灾害和生产安全事故灾难防范处置提供信息支撑。市应急管理信息系统依托市公共安全管理平台实现各类灾害要素数字化整合，纵向连接部、省级平台及各区与社会救援力量、危化企业，横向连通17个部门，汇聚45大类近5亿条多源异构数据，整合集成安全生产多套业务系统，建成城市安全感知网络、应急管理大数据应用平台和应急管理“智慧大脑”，实现部、省、市、区4级“业务流”“数据流”双向闭环运行，基本实现政务数据和城市安全感知数据互联互通，为智慧监督管理、监测预警、指挥救援、决策支持和政务管理等业务提供突发事故接报、灾害综合监测预警、应急装备救援力量管理、应急管理统计、即时通讯功能，在突发事件30分钟内快速搭建前方指挥部，实现与后方指挥中心通信会商、指挥决策、力量部署、资源调度等，初步建成全时响应、全域机动、全场景应对智慧应急体系。

【应急指挥全要素实兵夜间紧急拉动演练】2022年10月13日，厦门市组织开展应急指挥全要素实兵夜间紧急拉动演练。市应急局及森林消防驻厦分队、中国安能厦门基地、应急市政救援队、中铁十八局抢险救援队、曙光救援队、思明区蓝天救援队、市鲲龙应急救援队7支抢险救援队伍169名救援人员参加演练。演练按照实地实兵、实装实编的原则，采取不打招呼、不设预案“双盲”演练模式组织实施，即在事前不通知参演单位演练时间、地点和演练内容前提下，以受强对流恶劣天气影响，引发系列次生、衍生灾害事故为主要场景，重点演练人员队伍紧急集结、现场指挥部快速开设、水库险情处置、工贸和危险化学品企业生产事故处置、森林山火扑灭、灾害救助等内容，检验指挥信息沟通传递、应急指挥机制运转、应急分队出动、应急处置、应急保障能力。

（陈佳玮）

2022年9月23日，厦门市应急指挥中心正式启用，市委常委、常务副市长李辉跃（中）、市政府副秘书长杜昌营（右）、市应急管理局局长兰贵兴（左）共同启动应急指挥中心启用按钮

（市应急管理局　供图）

安全生产监督

【概　况】2022年，厦门市应急管理局制定《安全生产执法提升年专项行动方案》，利用违法举报线索，查处各类违法违规行为，监管执法检查企业1745家次，办理行政处罚案件386件，对292个生产经营单位、94名主要负责人给予行政处罚，罚款金额1835.38万元，行政处罚次数、罚款总金额比上年分别上升55.7%和135.1%。在《厦门日报》、市应急管理局微信公众号等媒体开展23期“以案释法”，提高行政执法处罚警示教育作用。制定《厦门市安全生产事故隐患挂牌督办办法》，明确5类挂牌督办的重大事故隐患，细化挂牌督办责任主体、督办流程、治理评估、销案条件等，将重大事故隐患挂牌督办工作情况纳入安全生产通报、督导、约谈、巡查、年度考核和安全生产诚信体系采集范围；制定《厦门市一般安全生产事故查处挂牌督办办法》，明确一般事故调查处理实行挂牌督办和非法违法一般事故查处跟踪督办具体事项，推动安全生产主体责任落实，防范生产安全事故发生。制定《厦门市贯彻落实国务院安全生产委员会加强安全生产工作十五条措施坚决防范化解重大安全风险实施意见》，细化十五条措施，提出80条贯彻落实意见。建设城市安全风险评估和风险信息管理系统，推动城市安全风险分类分级监管；加强事故易发部位监督执法，推动完成“瓶改管”餐饮场所500家、居民用户2000户，厦门市2万余家餐饮场所全部安装可燃气体报警装置；牵头推动更新、增配自建出租房灭火器和逃生面罩60余万个，建设重点区域市政消火栓300余座，提升本质安全水平。制定《厦门市安全生产警示通报和约谈制度》，强化各级政府及部门安全生产监管责任，预防控制各类事故发生。对年度安全生产目标责任制进行考核，实施安全生产年度考核“一票否决”，厦门市生产安全事故情况。（见表17–1）

表 17-1 **2022 年厦门市生产安全事故统计表**

		事故起数	与上年同比		死亡人数	与上年同比	
			增减起数	增减幅度（%）		增减人数	增减幅度（%）
合　计		78	-23	-22.77	57	-11	-16.18
农林牧渔业	小计	0	0		0	0	
	其中：1. 农业机械	0	0		0	0	
	2. 渔业船舶	0	0		0	0	
	3. 其他	0	0		0	0	
采矿业	小计	0	0		0	0	
	其中：1. 煤矿	0	0		0	0	
	2. 金属非金属矿山	0	0		0	0	
	3. 石油天然气	0	0		0	0	
	4. 其他	0	0		0	0	
商贸制造业	小计	4	-4	-50.00	3	-5	-62.50
	其中：1. 化工	0	0		0	0	
	2. 烟花爆竹	0	0		0	0	
	3. 工贸	4	-2	-33.33	3	-3	-50.00
	4. 其他	0	-2	-100.00	0	-2	-100.00
建筑业	小计	21	3	16.67	22	3	15.79
	其中：1. 房屋建筑业	3	-2	-40.00	3	-2	-40.00
	2. 土木工程建筑业	5	2	66.67	5	2	66.67
	3. 其他	13	3	30.00	14	3	27.27
交通运输（含仓储）业	小计	50	-22	-30.56	29	-8	-21.62
	其中：1. 铁路运输业	0	0		0	0	
	2. 道路运输业	47	-22	-31.88	26	-5	-16.13
	3. 水上运输业	1	1	同期无	1	1	同期无
	4. 航空运输业	0	-1	-100.00	0	-4	-100.00
	5. 其他	2	0	持平	2	0	持平
其他行业		3	0	持平	3	-1	-25.00

【危险化学品企业安全生产监督】 2022 年，厦门市取得安全许可的危险化学品生产、经营、使用企业 1070 家。其中，生产企业 26 家，经营企业 1043 家（包括仓储经营企业 5 家、剧毒化学品经营企业 1 家、易制爆化学品经营企业 53 家、非药品易制毒化学品备案企业 92 家、加油站 134 家），使用企业 1 家。取得经营许可的烟花爆竹企业 69 家，其中批发经营企业 2 家，零售企业 67 家。厦门市构成危险化学品重大危险源企业有 33 家，其中应急部门备案企业有 16 家（许可发证的企业 8 家），市政园林部门管辖企业有 6 家，港口管理部门管辖企业有 11 家。2022 年，市应急管理局落实《厦门市危险化学品安全风险集中治理方案》，成立市危险化学品安全专业委员会和专家组，建立危险化学品安全风险集中治理推进工作机制，健全完善月通报、季会商、半年分析等机制。印发各类通报 10 份，召开会商会 4 次，开展集中督导服务、巡查检查 5 次，抽查各部门管辖企业 42 家次，推动集中治理各项工作落实到位。市级各相关部门成立检查组 291 个，开展危化品领域督导检查 434 次，排查整改问题隐患 687 处，实施行政处罚 20 家，罚款 47.35 万元，警示约谈企业 1 家次。

【危险化学品企业双重预防机制建设】 2022 年，厦门市应急管理局落实《厦门市危险化学品、烟花爆竹企业主体责任履职清单指引（试行）》《厦门市危险化学品企业双重预防机制建设指导手册（试行）》等政策，组织开展专题培训，加强指导服务，研究解决建设过程中遇到的问题和困难，根据不同企业类型组织召开7场双重预防机制建设现场观摩会，采取经验介绍、座谈交流、现场观摩的方式，指导企业全面建立健全安全风险分级管控和隐患排查治理双重预防机制，进一步防范和化解安全风险。全市7家取得应急部门安全许可的危险化学品重大危险源企业全部按要求完成双重预防机制数字化建设。

【油气管道安全风险防控】 2022年，厦门市应急管理局督促油气长输管道主管部门与油气长输管道企业对高风险区域建立日常联防联控、定期会商研判和协同应急处置工作机制。对52个人口密集型高后果区完成安全评估并制定“一区一案”，100%建立安全风险管控联动机制并签订安全风险管控协议。

【工贸行业安全生产监督】 2022年，厦门市有规模以上工业企业2539家，限额以上商贸企业5000家，共计7539家，其中铝加工（深井铸造）1家，有限空间作业企业206家，涉氨制冷企业28家，粉尘涉爆企业120家，天然气使用企业210家。市应急管理局印发《厦门市工贸行业安全生产专项整治“百日清零行动”工作方案》，针对高温熔融金属吊运、冶金煤气、粉尘涉爆、深井铸造等重点部位，突出对重点企业和企业主要负责人开展专项整治，防范重大安全风险。

【非煤矿山】 自2018年初以来，因涉及环保公益诉讼，厦门市4家露天开采矿山企业（厦门市兴磊鑫矿业有限责任公司、厦门市泰鸿建材有限公司、厦门市泰源翔石材有限公司、厦门市微翔建材有限责任公司）均被环保部门责令停产，矿山安全生产许可证均到期，全市非煤矿山清零。

【“6·17”有限空间事故】 2022年6月17日，厦门市同安区洪塘污水处理厂配套主干管及泵站工程第一标段，施工单位在组织测绘单位人员进行实地规划验收测量时发生事故，造成3人死亡，直接经济损失475.9万元。经市政府授权成立由市应急局、市建设局、市市政园林局、市资规局、市公安局、市总工会、同安区政府组成的事故调查组，邀请市纪委监委同步参与，开展事故调查处理工作。事故调查组认定，该起事故是一起较大生产安全责任事故。除在事故中死亡的3人不予追究责任外，事故调查报告建议移送公安机关追究刑事责任2人、问责18人，问责单位12家。

（陈佳玮）

消　防

【概　况】 2022年，厦门市发生火灾2067起，死亡5人，伤8人，直接财产损失2202.55万元，火灾起数、亡人数、伤人数、直接财产损失数（不包含森林、草原、军队、矿井地下火灾）比上年分别下降9.63%、45%、55%、40.27%。消防救援队伍接警出动7300余次，出动消防车1.4万辆次，抢救、疏散被困人员1.05万人。2022年，厦门消防救援支队提请市政府出台《进一步加强消防安全监管工作的意见》，厘清相关单位职责边界，落实各级各部门消防工作责任。推动各级、各部门提升消防安全本质水平。推动出台《关于加强消防安全宣传工作的通知》，明确各级各部门落实消防宣传教育主体责任，构建从少年儿童到老年人的“全生命周期”消防安全宣传教育培训体系，提升全民消防常识知晓率。厦门消防救援支队推进“训战模式、监管机制、保障体系”3个方面转变，开展电动自行车、高层建筑、租赁场所、出租屋、老旧小区等消防安全专项治理工作，全市消防队伍检查单位1.2万家，完成“9·8”投洽会、海峡论坛、金鸡电影节等重大活动、重要节日消防安保以及增援龙岩抗洪抢险等急难险重任务。厦门消防安全基层治理“同安模式”经验做法编入《全国基层消防力量建设工作指引资料汇编》，在消防救援局全国基层消防力量建设视频会议上进行交流。厦门消防救援支队灭火救援部被授予“福建省五一先锋号”称号，特勤大队二站被总队记集体三等功，集美大队杏林消防救援站被国家消防救援局表彰为年度执勤训练工作先进单位；1人获“全国青年岗位能手”称号，3人被国家消防救援局表彰为年度执勤训练工作先进个人，1人被授予“福建省金牌工匠”称号。

【消防救援专业队伍建设】 2022年，厦门消防救援支队完成水域、地震灾害消防救援专业编队人员组建，推进近海救援及沿海潜水救援等专业队伍建设，联合交通运输部东海第二救援飞行队、东海救助局等水域航空救援力量，打造海陆空一体化救援体系。选送30名业务骨干到山东地震应急救援训练基地、5名业务骨干到广州潜水学校开展专业培训。研究编制25类灭火救援作战行动安全流程处置图及《大跨度厂房（仓库）灭火救援准备工作指南》，出台《消防救援站首车器材配备标准（试行）》，强化消防救援站初战处置能力，推进最小作战单元建设。开展专业队伍随机拉动，在海沧海底隧道、凤头、海上世界、万象城、中化港务仓储、山海步道、海沧等区域和单位开展各类灾情演练10余次。全市各级消防队伍开展熟悉地形1477次，演练1567次，多种形式消防队伍培训拉动1760次。新冠疫情期间，市消防救援支队出动检查组160个，出动消防救援人员387人次，现场检查涉疫场所182家，督促整改隐患56处，远程服务200家次，协助开展防疫物资转运、环境消杀等涉疫处置任务。

【龙岩武平“5·27”抢险救援】 2022年5月27日，龙岩市突发暴雨，导致多条江河出现超警戒水位，局部区域出现山体滑坡、道路阻断、泥石流等灾情。5月29日，厦门消防救援支队接到福建省消防救援总队跨区域前置执勤命令，集结地震和水域救援专业队7车、34人，携带2艘舟艇，到龙岩上杭县南岗消防救援站前置点执勤。6月12日，省消防救援总队再次下达跨区域增援命令，厦门支队调集6个消防站以及信通处、战勤保障处共11车、51人，携带2艘舟艇和抢险救援器材，到龙岩上杭南岗消防救援站、龙岩连城朋口消防救援站前置驻勤，协助驻地消防救援部门处置灾情。

【中长期消防救援专项规划】 2022年8月18日，厦门市政府发布《厦门市消防救援专项规划（2020—2035年）》，成为厦门市消防改制后首个纵跨15年的城市消防安全保障领域专项规划。该规划与《厦门市“十四五”消防救援事业发展专项规划（2021—2025 年）》紧密衔接、统筹结合。目标实现“两基地一中心（实战模拟训练基地、国家级消防科普教育基地、水上消防救援训练中心）、一区一指挥中心、一区一战勤保障、智慧消防、一站一圈”建设，100%达到城市消防建设标准，相关做法得到应急管理部消防救援局领导批示肯定。

（洪祥钦）

2022 年 11 月 10 日，“绿盾—2022”厦门市森林火灾扑救综合演练在集美区后溪镇岩内村岩内水库举行　（市应急管理局　供图）

森林防火

【森林火灾应急预案】 2022 年，厦门市应急管理局修订《厦门市森林火灾应急预案》。该预案规定，火情发生后，按任务分工组织进行早期处置；预警信号由应急管理部门组织，林业、公安和气象部门通过会商，联合制作森林火险预警信息，通过预警信息发布平台和广播、电视、报刊、网络、短信、微信公众号以及应急广播等方式向涉险区域相关部门和社会公众发布；根据森林火灾发展态势，按照分级响应的原则，及时调整扑火组织指挥机构和力量；预判可能发生一般森林火灾和较大森林火灾，由各区森林防灭火指挥机构为主组织处置，市森林防灭火指挥机构负责协调、指导；预判可能发生重大、特别重大森林火灾，分别由市级、省级森林防灭火指挥机构为主组织处置，必要时，应及时提高响应级别，直接威胁居民聚居点、重要设施、危险品仓储等森林火灾，可根据实际情况直接启动Ⅲ级以上响应；接到预警信息的各区人民政府可以适时发布禁火令，必要时，由市人民政府发布林区禁火令。

【森林消防比武活动】 2022 年 7 月 28—29 日，厦门市森林防灭火指挥部办公室依托福建省森林消防总队厦门市驻防分队在集美区组织厦门市森林消防专业、半专业队伍大比武活动。比武活动设置班组灭火战斗、水泵架设与撤收、灭火装备操作与使用、3000 米跑、野外负重行军、专业理论测试 6 个课目，检验各区森林消防队伍的快速反应、协同作战、扑火技能和安全避险能力。厦门市 7 支队伍、56 名专业选手参加比赛。

2022 年 7 月 28—29 日，市应急管理局举办 2022 年森林消防专业、半专业队伍比武活动。图为开幕式　（市应急管理局　供图）

【“绿盾—2022”应急演练】 2022 年 11 月 10 日，“绿盾—2022”厦门市森林火灾扑救综合演练在集美区后溪镇岩内村岩内水库举行。该次演练由市森林防灭火指挥部指导，区森林防灭火指挥部、市应急管理局主办，集美区应急管理局、省森林消防总队厦门市驻防分队承办。演练以村民违规用火抓马蜂，引发森林火灾为背景，按照 2022 年新修订的《厦门市森林火灾应急预案》中市、区两级指挥部“同步响应、分级指挥、属地为主”的战术要求，检验各救援队扑救森林火灾过程中初火处置、现场指挥、火情侦察、医疗救护、协同作战、伤员转移等能力。通过该次演练，进一步提升全区森林火灾应急响应和扑火队伍协同作战能力，规范森林火灾应急处置程序。

（陈佳玮）

责任编辑：熊焱峰
审　　稿：曲　艺
校　　对：林建高

18 经济管理

宏观经济调控

【概　况】2022年，厦门市提高效率、提升效能、提增效益，克服国内外各种不利因素影响，稳主体、稳信心、促服务、促改革，经济社会实现平稳健康发展。全年地区生产总值比上年增长4.4%，增幅居全国15个同类城市前列。规模以上工业总产值比上年增长5.4%，批发零售业销售额、本外币存贷款余额分别增长21.8%、11.3%。地方一般公共预算收入同口径比上年增长6.6%，增幅排15个同类城市前列，全体居民人均可支配收入稳定增长。实施市场主体培育工程，增加商事主体17.2万家（户）。落实国家、省稳增长政策措施，出台4轮稳增长政策，累计释放政策红利超400亿元，惠及市场主体约60万家（户）次。创新开展“财政政策＋金融工具”扶持工作，带动超500亿元金融资金帮扶实体企业，做法获国务院办公厅通报表扬。推行政策“免申即享”，上线“免申即享”项目120个。开展“益企服务”专项行动，推进“千名干部下千企”，开展企业服务1800余次。

【市重点项目投资】2022年，厦门市固定资产投资比上年增长10.2%，高于全国、全省平均水平。工业投资、基础设施投资分别比上年增长28%、19.9%，占固定资产投资规模比重分别提高3.2个百分点、2.6个百分点。市级重大片区指挥部优化整合为10个，制定重大片区统筹推进工作机制、重大片区投资平衡机制，重大片区完成投资额占全市固定资产投资规模的近90%。厦门市建立项目全生命周期推进机制，实施“项目策划百日攻坚行动”，按照高于上年实际投资额3倍目标，策划生成项目1020个，总投资6162.8亿元。新开工入库项目总投资4399.9亿元，比上年增长48.9%。厦门天马光电子有限公司8.6代线等3个投资超100亿元项目开工建设，翔安大桥通车。127个省重点项目投资完成率居全省前列，470个市重点项目提前3个月完成年度投资计划。厦门市出台城市建设投融资体制改革实施方案，全年筹资超1300亿元，策划形成REITs（房地产投资信托基金）项目8个、TOD（以公共交通为导向的开发模式）项目3个，其中安居集团项目成为全国首批保障性租赁住房REITs项目。设立城市建设投资基金，首期规模200亿元。争取中央补助资金91.4亿元，获批地方政府专项债券、政策性开发性金融工具资金、制造业中长期贷款、设备更新贴息贷款等718.7亿元。

【现代化产业体系建设】2022年，厦门市实施科技创新引领工程，R&D（研究与试验发展）经费投入强度3.2%，增加国家级高新技术企业超800家、专精特新“小巨人”企业64家、制造业单项冠军企业4家。入选国家知识产权强市建设示范城市，增加专利授权3.47万件。厦门科学城建设Ⅰ号孵化器加快建设，引进中关村大学科技园联盟成果转化基地等创新平台。启动实施海洋负排放国际大科学计划。嘉庚创新实验室孵化创新型企业15家。增加大博科技研发中心等新型研发机构11家。推进新时代人才强市战略，新引进国际化人才2700余人，新认定高层次人才1819人，吸引大学毕业生7万余人到厦门就业创业。厦门市构建“4+4+6”（电子信息、机械装备、商贸物流、金融服务4个支柱产业集群，生物医药、新材料、新能源、文旅创意4个战略性新兴产业，第三代半导体、未来网络、前沿战略材料、氢能与储能、基因与生物技术、深海空开发6个未来产业）现代化产业体系，实施先进制造业倍增计划，电子信息和机械装备支柱产业集群产值比上年增长3.8%。战略性新兴产业集群培育和火炬高新区双创示范基地建设分别获国务院办公厅督查激励。高技术制造业增加值占规模以上工业比重42.2%，新能源、新材料等战略性新兴产业产值分别比上年增长40.7%、16.4%，厦门生物医药港综合竞争力跻身全国前十。增加中创新航科技集团股份有限公司、厦门厦钨新能源材料股份有限公司、厦门万泰沧海生物技术有限公司3家产值超100亿元企业。增加上市企业10家；境内上市公司实现直接融资310.5亿元，比上年增长约70%。数字经济规模超4500亿元，开通运营省内首条国际互联网数据专用通道，每万人拥有5G（第五代通信技术）基站数量排全省第一名。集美新城核心区等获批国家级夜间文化和旅游消费集聚区。金鸡百花电影节举行，海上世界等商业综合体开业。海洋经济占地区生产总值比重 32%。

【招商引资再提质行动】 2022 年，厦门市实施招商引资再提质行动，举办企业家大会、校友经济发展大会等大型招商活动，创新重大招商引资项目评审及决策等机制，签约项目 935 个，落地项目 1036 个。实际使用外资 22.1 亿美元，规模排全省第一名。开展央企招商工作，与华润（集团）有限公司、中国交通建设集团、中国铁建股份有限公司、中国安能建设集团有限公司等央企集团签署战略合作协议，安捷利美维电子（厦门）有限责任公司、华润喜力啤酒生产基地、中兵财富资产管理有限责任公司总部等高能级项目落户厦门市。

（市发改委）

国有资产监督管理

【概　况】 2022 年，厦门市国有资产系统推进国资国企改革，提升发展质量效益。至年末，厦门市人民政府国有资产监督管理委员会（简称市国资委）所出资企业资产总额、营业收入、上缴税费 3 项指标分别占全省国资系统企业 33.47%、72.33%、54.11%。市国资委所出资企业资产总额 2.18 万亿元，比上年增长 29.76%，高于全省国企 12.06 个百分点；所有者权益 6595.72 亿元，增长 28.75%，高于全省国企 6.35 个百分点。实现营业收入 23410.46 亿元，比上年增长 14.9%，高于省属国企 2.4 个百分点，营业收入前 3 名企业分别是厦门建发集团（8389.10 亿元）、厦门国贸控股集团（7300.09 亿元）、厦门象屿集团（5670.88 亿元）。实现利润总额 338.07 亿元，利润总额前 3 名企业分别是厦门建发集团（136.69 亿元）、厦门国贸控股集团（76.12 亿元）、厦门象屿集团（66.95 亿元）。实现社会贡献总额 1173.07 亿元，比上年增长 8.25%。职工薪酬 286.35 亿元，税费 380.70 亿元（其中税金 362.33 亿元），利息支出 270.33 亿元，净利润 235.69 亿元。国有控股上市公司总数 12 家。其中，A 股 8 家，总市值 1006.81 亿元，比上年增长 12.44%（同期上证指数下跌 15.13%）。厦门安居控股集团发行“中金厦门安居 REITs”，是国内首批 3 支保障性租赁住房不动产投资信托基金之一。市国资委开展国企主体责任检查、基层党建述职、综合党建考核，作为企业负责人业绩考核的内容。对关键领域和重点环节存在的监管薄弱地带进行梳理，完善“三重一大”（重大事项决策、重要干部任免、重大项目投资决策、大额资金使用）、自有资金采购、混合所有制改革等领域 7 项廉洁风险防控制度。印发实施《关于加强厦门市国有企业廉洁文化建设的意见》。6 月下旬至 7 月末，开展全市国有企业廉洁文化宣传教育月活动，举办宣传警示教育活动 400 余场，召开廉政研讨座谈会 200 余场，3.6 万人参加党风廉政法规知识测试。

【国有经济高质量发展】 2022 年，厦门市落实国有企业创新投入视同利润、年度增量部分按 150% 加计考核等支持政策，促进国有企业提高研发投入强度。全市国资国企盘活存量资产，抓项目、促投资。市属企业承担省、市重点项目 244 个，完成投资 1097.96 亿元，占全市总量 44.89%，厦门路桥建设集团有限公司代建的翔安大桥主桥于 9 月 12 日合龙。全市国企签约招商引资项目 106 个，计划投资额 366.37 亿元，包括厦门天马光电子有限公司 8.6 代、天马研究院、中交与国贸战略合作、招商局集团与象屿合作、京东与国贸合作、德信总部等项目。盘活国有房产 173.37 万平方米，去化率 54.19%。市国资委从 4 个方面出台 36 条措施，推动所出资企业推动中小企业纾困解难，为 1.73 万家（户）小微企业和个体工商户减免租金 11.01 亿元。发挥国有经济稳大盘作用，上缴本地税金 178.9 亿元（占全市同期财政收入 11.98%），实现批发零售额 1.79 万亿元（占全市批零总额 49.82%），完成金融增加值 744 亿元（占全市同期增量 90.95%）。承担全市 100% 的蔬菜批发供应、100% 的地铁客运服务、98.92% 的公交客运服务、98.8% 的管道天然气供应、88.68% 的垃圾处理量，承担全省 80.19% 的飞机起降服务、80.7% 的航空旅客吞吐量、86.2% 的航空货邮吞吐量。厦门建发集团、厦门国贸控股集团、厦门象屿集团在 2022 年《财富》世界 500 强中排第 77 名、第 106 名、第 160 名，分别比上年提升 71 名、65 名、29 名。厦门建发集团、厦门国贸集团、厦门象屿集团、厦门信达股份有限公司入选《财富》中国 500 强。

【国企战略性重组整合】 2022 年，厦门市国资委推进实施市属国有企业战略性重组整合，21 家市属国有企业优化整合为 16 家，包括国有资本投资公司 4 家、国有资本运营公司 1 家、金融控股企业 1 家、具有明确功能定位和产业方向的产业集团 10 家，明晰企业功能定位和主业主责，增强核心竞争力。推进重组企业业务整合、管理统合、文化融合，至年末，资产总额超 1500 亿元的企业从 3 家增至 5 家（增加厦门轨道交通集团有限公司和厦门市政集团有限公司）。国贸控股集团重新制定海翼集团战略规划。厦门象屿集团整合邮轮母港集团等企业，形成对台海运快件综合物流服务链。厦门金圆投资集团有限公司增加银行业务板块，管理金融资产规模超过 7500 亿元。厦门特房建设工程集团有限公司承接厦门轨道交通集团有限公司湿地公园等 TOD 项目 8 个，签订施工合同 70.4 亿元。厦门翔业集团有限公司整合航空工业的产业园区平台功能，航空工业公司营业收入比上年增长 26.87%，利润增长 72.38%。厦门路桥建设集团有限公司推进厦门路桥百城建设投资有限公司业务整合入编，商品混凝土供应量突破 800 万立方米，施工业务取得厦门首家公路工程施工总承包一级资质。厦门安居控股集团有限公司的银行综合授信规模从 150 亿元增至 1200 亿元，信用等级提升至 AAA 级，发行 12 亿元公司债，利率全国同评级同期限公司债券最低。厦门市政集团有限公司策划完成“财政投资 + 分批支付”模式项目 4 个、PPP（政府和社会资本合作）项目 5 个。厦门火炬集团有限公司落实投融资改革，启动全市首批同翔高新城产业园 PPP 项目。厦门经济特区房地产开发集团有限公司发行首单由厦门轨道交通集团有限公司提供担保的公司债券。

【国企改革发展推动】 2022 年，厦门市国资委推动国企改革三年行动收官，三年行动累计出台制度规范 42 项，推进重点领域及关键环节改革。厦门建发集团入选国务院国资委“双百企业”(百余户中央企业子企业和百余户地方国有骨干企业)名单，入选对标世界一流管理提升行动“国有重点企业管理标杆创建行动标杆企业”名单。市国资委推进厦门科技产业化集团、厦门路桥信息股份公司等“科改示范企业”落实各项改革任务。厦门市政环能股份有限公司入选省国资委发起的“八闽综合改革专项行动”。厦门轻工集团、厦门象屿集团入选全国国企品牌建设典型案例和优秀品牌故事。市属国企实现董事会应建尽建，“外部董事占多数”比例99.81%，厦门轻工集团、厦门国有资本运营有限责任公司2家企业实现集团层面外部董事占多数。市国资委完成各级子企业经理层任期制和契约化管理。管理人员竞争上岗比例97.62%，不胜任退出比例6.11%。厦门建发集团等7家上市公司实施股权激励计划。厦门火炬集团创业投资有限公司等3家企业开展项目跟投工作。

【混合所有制改革】 2022年，厦门市国资委分层推进国企混合所有制改革，推动所出资企业完成混合所有制改革情况评估工作。批复厦门轻工集团古龙食品、厦门市政环能股份有限公司实施混合所有制改革方案，推动重点企业加快引进战略投资者。至年末，市国资委所出资企业中混合所有制企业2050家，占比73.29%。

【国资监管体制机制建设】 2022年，厦门市国资委动态调整权责清单，落实市属国有企业董事会职权。批复厦门翔业集团有限公司改组为国有资本投资公司实施方案。市国资委落实出资企业董事会职权，完成对4家国有资本投资公司授权工作。市属工商类企业国有资产集中统一监管比例100%。取消委托主管部门管理的企业类型，由国资委代表市政府对15家出资企业履行出资人职责、国有资产监管职责和国有企业党的建设职责。组织开展对厦门建发集团上海兆仁房地产公司等6家异地投资企业专项审计稽查，对14名兼任下属企业正职的国企副职领导干部进行任期(任中)经济责任审计，开展工程招投标有关制度执行情况专项检查。统筹利用巡察审计、出资人监管、纪检监察、企业内审、社会监督等监督资源和力量，围绕构建业务监督、综合监督、责任追究“三位一体”监督工作闭环，建立监督协同会商机制，实现信息共享，提升监督合力，提高监督效能。市国资委、市审计局从国有企业选拔财务、审计、工程建设、贸易、金融等专业人才，组建审计稽查人才库队伍，首批入库人员71人。《厦门市市属国有企业违规经营投资问题线索查处工作指引》《厦门市市属国有企业经营投资尽职合规免责事项清单》出台。

(市国资委)

中小企业管理

【“专精特新”中小企业培育】 2022年，厦门市国家级、省级、市级“专精特新”中小企业的培育数量创历年新高，增加国家级“专精特新”重点“小巨人”4家、“专精特新”“小巨人”64家，省级“专精特新”中小企业147家，市级“专精特新”中小企业417家。至年末，厦门市累计培育3批次国家级“专精特新”重点“小巨人”企业31家(占全省总量47%，排全省第一名)、4批次国家级“专精特新”“小巨人”企业143家(占全省总量50%，排全省第一名，在全国同类城市中排第六名)、6批次福建省“专精特新”中小企业314家(排全省第一名)、9批次厦门市专精特新中小企业1208家，梯度培育1697家次，去重后1113家。5月8日，中央电视台《新闻联播》对厦门专精特新引领中小企业高质量发展进行重点报道。

【“益企服务”专项行动】 2022年，厦门市工信局牵头开展“益企服务”专项行动，组织处级干部近1000人担任服务专员，“一对一”帮扶重点企业976家。上线厦门市企业挂钩综合服务平台，为政府部门及服务专员提供挂钩企业综合信息查询、服务台账记录、企业诉求解决、企业经营分析、企业发展评估及企业经营动态提醒等服务，为企业提供政策精准直通、诉求反映、培训活动推送、问卷调查填报等服务。全年，该挂钩平台共有服务记录1845条，配套举办2场“企业接待日”活动。市政府主要领导接待工信、商贸领域企业13家，面对面座谈交流，现场协调解决企业困难和问题。

【企业综合服务平台建设】 2022年，厦门市工信局、市大数据管理局落实市委、市政府关于建设全市统一的企业服务平台工作部署要求，依托厦门市中小企业公共服务平台，通过整合各涉企服

2022年9月26日，厦门市工信局现场协调解决企业安全生产问题

(市工信局 供图)

务平台资源，建立“慧企云”政企协同服务平台，为全市跨部门、跨层级“一站式”企业综合服务平台。该平台通过业务整合、资源整合、系统整合，推动实现企业服务全方位、全领域、全覆盖，为企业提供政策资金兑现、诉求解决、融资服务、人才服务、市场服务、产业链服务、专业服务等“一站式”“保姆式”全流程服务。8月24日，《人民日报》专版报道《厦门搭建政企协同服务平台》。至年末，该平台企业综合库累计入库有效企业42.6万家，发布各级政策法规信息2.2万条，汇集专业服务机构1600余家，年服务企业超25万家次。

【惠企政策“免申即享”平台建设】 2022年，由厦门市工信局牵头建设的“免申即享”平台整合市场、科技、工信、税务、统计等部门业务数据，形成大数据中心。“免申即享”平台依托“政策数据库”和“企业数据库”，根据企业的产值、营业收入、税收等基础数据信息，通过数据库双向匹配，锁定符合政策条件企业名单，将政策兑现通知短信推送至企业进行确认，企业足不出户即可“一键领取”惠企资金。“免申即享”平台累计上线政策201个，全年兑现金额超18亿元，惠及企业8089家。《厦门日报》、《福建日报》、人民网等新闻媒体对厦门市“免申即享”工作进行报道。

【中小企业融资帮扶】 2022年，厦门市工信局拓宽企业融资渠道，降低企业融资成本。完善“产融云”平台，利用互联网信息技术和公共服务大数据，帮助企业实现融资需求提交、需求推送、金融产品匹配、进度跟踪反馈等服务，推动企业、金融机构、政府部门融资信息沟通对接，推进银企对接和产融合作。“产融云”平台全年授信1.82万笔，授信总额127.78亿元。至年末，“产融云”平台入驻金融机构43家，汇集特色金融产品267个，累计发放贷款7.32万笔，授信额度458.01亿元。

【中小企业市场开拓扶持】 2022年，厦门市工信局支持、引导和组织中小企业参加国内线上、线下展会，对参展的企业给予展位费扶持。组织全市516家（次）企业参加16个线上线下展会，兑现补助金额约1000万元，带动开拓国内市场成交总额约10亿元。举办产业链上下游产品供需对接会。开展7场产业链上下游产品对接会，组织全市489家企业1000人参会交流，达成合作意向2.5亿元。

【中小企业人才政策服务】 2022年，厦门市工信局以产业集聚人才，以人才助推产业，推动厦门市人才工作发展。兑现市重点产业人才个人贡献奖励2528人，总金额883.27万元，“三高”（高技术、高成长、高附加值）企业人才贡献奖励607人，总金额3298.06万元，“双百计划”（引进高层次创新人才和领军型创业人才）领军型创业人才奖励26人，总金额2718.36万元。

【中小企业服务月专题活动】 2022年5—6月，厦门市政府主办，市工信局等承办2022年厦门市中小企业服务月活动。该活动结合联合国“中小微企业日”，以“一起益企，同心同行”为主题，开展中小企业纾困解难工作，推动企业创新发展。各主办、承办单位汇集服务资源，组织举办政策解读、管理提升培训、项目对接会等活动60场，通过电视、报纸、微信、公交地铁广告等媒介进行宣传，6500余家中小企业、超6万人次通过线上、线下参与，近100万人次关注。

（市工信局）

审　计

【概　况】 2022年，厦门市审计机关发挥审计在维护财政经济秩序、提高财政资金使用效益、促进廉政建设等方面的监督保障作用，完成审计或审计调查项目185个、交办配合事项14个。其中，完成审计项目157个，专项审计调查28项，出具审计报告和专项审计调查报告288份。审计查出违规金额3848万元，管理不规范金额74.49亿元，发现非金额计量问题1201个，查出损益（收支）不实37.13亿元。审计处理处罚41.2亿元，移送纪检监察及有关部门处理事项3个。审计后促进增收节支和挽回经济损失11.46亿元。厦门市审计局提交审计信息375篇，被批示、采用142篇（次）；提出审计建议655条，被采纳576条。

【审计促进国有资产管理】 2022年，厦门市审计局通过审计工作，推动相关部门出台加快推进国有企业闲置资产盘活去化工作方案，加快国企闲置资产盘活。推动3个部门的53处房产办理产权登记或产权变更登记；2个部门自管用房按规定移交有关部门管理；5个部门（单位）、2家国企开展资产清查盘点、规范会计核算，完善资产管理制度，加强资产出租管理。

【审计促进财政投融资建设项目管理】 2022年，厦门市审计局通过审计工作，推动招投标“评定分离”办法推行。推动相关部门修订财政投融资建设项目代建工作评价管理办法，研究代建总承包模式，完善代建结余奖励机制，强化投资成本控制和质量控制；制定、修订加强建设工程招标投标活动和标后监管、重点建设项目建设工期管控指导规范、强化市级财政投资项目竣工财务决算办理措施等制度文件，加强建设工程标后监管工作。

【存量资金规范管理促进】 2022年，厦门市审计局通过审计工作，推动11个部门（单位）清理结余资金、利息收入、租金收入、往来款等并上缴财政；11家单位追回政府网站运维服务重复采购多付款项；8个部门（单位）加快专项资金支出进度，提高财政资金使用效益。通过审计工作，推动市“双随机”事中、事后监管综合执法平台建设；推动相关部门落实政府采购促进中小企业发展政策，强调政府采购不得对中小企业实施差别待遇或歧视待遇；取消无企业申报的“延长拓展线上销售政策实施期限”等2项扶持政策条款，完善交通运输行业专项费用政策细则条款；对电子商务发展政策实施情况开展绩效评价。

【审计成果应用】 2022年，厦门市审计局督促检查审计整改情况，根据“问题清单”和“整改结果”2个台账，开展2轮“同级审”问题整改情况专项督促检查，梳理整改任务清单，逐条跟踪检查整改进展。对上年度审计查出问题整改落实情况开展“回头看”，帮助解决整改中的堵点、难点问题。推动审计监督与其他监督的贯通协作，把审计结果及整改情况作为全面从严治党主体责任检查的参考，市委巡察办巡察发现问题和审计发现问题的整改情况互为监督检查内容。建立检察公益诉讼与审计监督协作配合工作机制，市、区两级人民检察院利用审计成果，推动挽回国有财产损失 3055 万元。

（市审计局）

统　计

【概　况】 2022 年，厦门市统计局推动统计现代化改革，提升统计信息化水平，牵头制定《厦门市统计局统计信息化建设年行动方案》，确立 6 项行动、18 条措施。对厦门统计经济综合分析平台进行升级改造，实现“数据管理—数据共享—监测预警—成果报告”自动化、智能化。对全市 633 家企业开展问卷调研，走访 21 家重点企业，了解企业信息化现状及电子台账推广基础情况，提出对策建议。针对一套表数据处理功能不足的问题，推出各专业常用汇总表，借助技术手段实现快速汇总，提高数据处理效率。

【统计调查监测】 2022 年，厦门市统计局以数据为核心，开展统计调查监测。完成全市农业、工业、建筑业、批发零售业、住宿餐饮业、房地产业、固定资产投资等 15 个专业、40 余项常规报表的数据采集、审核、上报任务，涉及规模以上企业 1.1 万家、法人单位 24 万家。研究推进福建省高质量发展绩效考评体系指标测算方法在厦门市的实践运用，逐步构建“碳达峰碳中和”统计指标体系，推进厦门市战略性新兴产业分析研究、基础设施投资研究、大宗商品市场格局、养老服务体系等重点课题研究。加强宏观经济形势统计监测，会同市发改委等部门，研究确定包含 5 个维度、27 项指标的先行指标体系，分析指标数据匹配性和支撑性，研判重点行业发展趋势。聚焦数字经济、“三新”经济（以新产业、新业态、新商业模式为核心内容的经济活动）等新经济领域统计工作，做好专项运行监测，完善统计核算方法，优化技术指标设置。

【统计服务】 2022 年，厦门市统计局围绕统计工作的重点难点问题，为各区、部门提供统计服务和指导，加深主管部门对行业发展态势认识；制作《统计指标技术要点》发放至各部门、企业，介绍指标含义及填报流程。加强经济运行情况解读，分析各行业运行状况和存在问题，每月向市委、市政府报送分析材料。全年撰写呈报件、统计分析 141 篇，获市领导批示 27 篇；被市委办、市政府办采用信息 105 条，被省政府办采用 16 条，被国务院办公厅采用 3 条。编印《喜迎二十大系列分析》《厦门市情》《2022 年厦门经济特区年鉴》。“厦门统计”微信公众号累计发布 160 余篇，阅读量 12.7 万人次。在“学习强国”学习平台、《厦门日报》等刊载统计分析文章 48 篇。

（市统计局）

价格管理

【概　况】 2022 年，厦门市发展和改革委员会（简称市发改委）加强重要民生商品价格调控，推进价格改革，全市物价总水平基本稳定。全市 CPI（消费者价格指数）比上年累计上涨 1.8%，比控价目标低 1.2 个百分点，在全国 36 个大中城市中排第 26 名，在全省九地市中排第三名。市发改委出台《厦门市完善重要民生商品价格调控机制工作方案》。会同教育、财政部门联合出台市属义务教育阶段学校课后服务性收费标准。委托第三方评估学科类校外培训收费标准政策执行情况。

【平价商店】 2022 年，厦门市扩大平价商店覆盖面，推动岛内外平价商店数量逐步均衡。至年末，厦门市正常运营平价商店数量 108 家。全年启动差价销售机制 2 次，猪肉、蔬菜销售均价比市场价低 10%、15% 以上，维持猪肉、蔬菜市场价格基本稳定。至年末，市发改委发放补贴款 786.97 万元（含综合补贴）。

【政府储备猪肉调节】 2022 年，厦门市发改委会同市商务局等 5 个部门，完善政府储备猪肉调节机制，优化工作目标、明确预警区间和部门会商机制。按照国家发展改革委、省发改委部署，为应对下半年猪肉价格上涨实际情况，厦门市采取政府储备冻猪肉定向投放调控措施，至年末定向投放 1260.28 吨。

【社会救助保障与物价联动】 2022 年，厦门市修订《厦门市社会救助和保障标准与物价上涨挂钩联动机制实施办法》，扩大发放对象，提高补贴标准。至年末，全市发放价格临时补贴 17.25 万人次，补贴金额 916.53 万元。

【价格监测预警】 2022 年，厦门市发改

2022 年春节，厦门市发改委开展市场价格巡查　　（市发改委　供图）

委做好价格监测和信息发布。实行价格“一日一监测、一日一报告”，通过公交车屏幕、门户网站等媒体发布厦门市44种重要民生商品价格每日行情。加大市场巡查力度，关注粮、油、肉、蛋菜等重要民生商品的市场供应和价格变化；在节假日等，启动价格监测预警机制。每月盘点CPI运行特点，分析和跟踪影响CPI波动的主要因素，形成分析报告，报送国家发展改革委、省发改委及市委、市政府。

【价格形成机制建设】 2022年，厦门市发改委开展新旧定价目录衔接工作。2022年版政府定价目录于7月1日起执行，同步废止列入政府定价管理范畴的生猪定点屠宰服务费和电动汽车充换电服务价格2份文件。

【企业用电用气价格改革】 2022年，厦门市发改委落实管道天然气价格联动机制。完善管道天然气非居民用户上下游价格联动机制，4月10日起调整厦门市工商企业管道天然气终端销售价格。落实燃煤发电上网电价市场化改革工作。关注工商业电价改革对企业生产经营的影响。市发改委针对符合交易条件电力用户和发电企业，开展春节期间短周期电力直接交易，59家企业参与，交易电量1.89亿千瓦时，交易价格0.2953元/千瓦时，与市场化交易价格上限相比节约电费成本3341万元。

【供水价格改革】 2022年，厦门市发改委推进城镇供水价格改革，在成本监审基础上，依照城镇供水价格有关规定，统筹提出水价改革计划，获市政府批准。推进农业水价综合改革，明确2022年厦门市农业水价改革面积灌区470万平方米、高标准农田建设100万平方米。农业水价改革面积灌区、标准农田建设均完成年度目标。

【景区门票价格机制完善】 2022年，厦门市发改委落实景区收费报告制度，全市实行政府定价管理的景区景点13个，其中收费景区8个、免费景区景点5个。市发改委落实景区促消费措施，全年优惠904.26万人次，优惠金额4070.94万元。其中，部分国有景区（植物园、皓月园、菽庄花园和鼓浪屿国际刻字馆）春节期间免费开放；6月至8月底，8个国有景区（鼓浪屿日光岩、鼓浪屿刻字馆、鼓浪屿风琴博物馆、厦门园林植物园、厦门胡里山炮台）免费开放。

【港口收费降低】 2022年，厦门市实行减并港口收费项目，实行货物港务费、引航费优惠措施。其中，货物港务费免除地方留存部分，国际航线船舶引航费收费标准降低约5%，国内航线引航费收费标准降低约45%。10月1日至12月31日，货物港务费再降低20%。全年降低航商成本约9327万元。

【费用缓缴期设立】 2022年，厦门市发改委出台《厦门市发展和改革委员会关于贯彻落实降低市场主体用水用电用气成本等相关政策的通知》。督促供水供电供气企业落实对暂时出现生产经营困难的小微企业和个体工商户的用水、用气、用电实行“欠费不停供”政策，设立6个月费用缓缴期，缓缴期间免收欠费滞纳金。至年末，分别缓缴水费、燃气费2071.08万元、619.92万元，减免水费、燃气费欠费违约金92.09万元、1.53万元。

【收费项目清理】 2022年，厦门市发改委发布《厦门市2022年行政事业性收费单位名单及收费项目的通告》《厦门市发展和改革委员会关于公布厦门市政府定价经营服务性收费目录清单的通知》《厦门市发展和改革委员会关于公布厦门市市级行政事业单位政府定价管理涉企收费清单的通告》。行政事业性收费总额35.69亿元。涉企收费金额从6.49亿元减少至5.04亿元，收费项目从32项减少至31项。经营服务性收费27项，收入总额25.96亿元。落实行政事业性收费政策，落实拖拉机（联合收割机）驾驶许可考试执行“零收费”；执行律师收费规范意见，扩大律师收费普惠化范围，限制风险代理收费金额；落实一级造价工程师、二级造价工程师职业资格考试、特种作业人员安全技术考试和职业技能鉴定、机关事业单位工勤人员技能等级考核收费标准。

【涉企违规收费专项整治】 2022年，厦门市发改委会同工信、财政、市场监管等有关部门，成立涉企违规收费工作专班。专班开展交通物流、水电气、地方财经、金融、行业协会商会等5个领域涉企违规收费专项整治，借疫情防控名义违规收费专项整治，中介机构违规收费专项整治。集中开展收费主体自查自纠、规范整改和联合检查，至年末清退违规收费231.98万元。

【成本监审】 2022年，厦门市发改委开展成本监审，降低经营者定价成本，维护消费者和其他经营者合法价格权益。完成27家经营单位定价成本监审（调查），涉及教育、旅游、养老服务、水利工程4个行业。审核经营单位账面成本3.1亿元，核减不应计入定价成本费用1.45亿元，核减率46.77%。

【“三涉”价格认定】 2022年，厦门市

2022年4月21日，厦门市价格认证工作会议召开（市发改委　供图）

发改委开展“三涉”价格认定（涉刑事和行政案件财物价格认定及复核裁定、涉税财物价格认定、涉纪检监察案件财物价格认定）工作。至年末，完成市监委提出的价格认定协助16件，认定总值6.78亿元；完成公安、海警和消防等部门提出的价格认定协助1277件，认定总值2.88亿元；完成税务、海关部门为主提请的涉税财物价格认定17件，认定总值2448.18万元。

【价格争议调解处理】 2022年，厦门市发改委开展价格争议纠纷调解145件。落实《福建省价格争议调解处理办法》，扩大价格争议调解服务覆盖范围。市发改委增加内设机构“价格争议调解科”，推动下沉服务工作，增设岭兜社区价格争议纠纷调解工作站。

【价格监管执法】 2022年，厦门市市场监督管理局（简称市市场监管局）制定《突发价格事件应急预案（试行）》，明确职责分工、组织体系、应急响应、后期处置各环节工作措施，应对价格异动等情况。规范各领域涉企收费行为，检查涉企收费主体192家次（含中介机构46家次），督促清退不合理收费109万元，立案11件，责令退款129万元，罚款31万元。整治教育、医疗、殡葬、机动车停放等民生价费问题，检查学校及学科类校外培训机构1000多家、医疗机构14家、公共空间经营性停车场主体45家，清退教育机构代办费用43.86万元、停车场多收费用约33万元。查办价格违法案件88件，没收违法所得42.17万元，退款183.28万元，罚款69.79万元，累计实施经济制裁295.24万元。整治涉企违规收费，清退多收费用238万元，实施经济制裁160万元。

（市发改委　市市场监管局）

工商行政管理

【概　况】 2022年，厦门市增加商事主体17.2万家（户），比上年增长17.6%，增幅排全省第一名。至年末，全市商事主体84.7万家（户），比上年同期增长10.4%，其中企业43万家。市市场监管局公示市级守合同重信用企业1215家。消费者权益保护处（“12315”投诉举报中心）被党中央、国务院表彰为全国“人民满意的公务员集体”，被中宣部命名为“第七批全国学雷锋活动示范点”。在中国消费者协会发布的2022年100个城市消费者满意度测评报告中，厦门市排全国第八名。思明区2022年度深化商事制度改革工作被国家市场监管总局公示督查激励。

【市场主体准入准营】 2022年，厦门市市场监管局推进市场主体准入准营工作。3月25日，上线运行新许可审批系统，在全国率先完成市场监管领域全部26类、112项许可审批事项全面信息化、全程电子化和微信端办理。5月1日起，推行医疗器械审批服务“简化办”“免于办”，对同时申请第三类和第二类医疗器械经营或取得第三类医疗器械经营许可的企业，可免于提交第二类医疗器械备案相关资料，企业提交材料总数减少10份；对血压计、无菌医用脱脂棉等13类产品安全性、有效性不受流通过程影响的第二类医疗器械，免于办理经营备案。5月10日，在全省率先推出电子营业执照扫码下载功能。6月1日起，厦门市辖区内市场主体可直接向迁入地登记机关申请办理迁出登记及跨辖区住所变更登记。7月22日，在全省率先开展食品经营许可“证前指导”服务，在企业申请许可证的筹备环节即提前介入，提供流程布局、硬件设施等方面的指导服务。9月1日起，承接省级下放事项123个，具备全项食品生产许可、工业产品生产许可审批权限，实现药品零售连锁总部与药品零售连锁门店的经营许可衔接。10月，推出“我要开便利店”“我要开超市”“我要开食品饮料店（甜品店、面包店、奶茶店、咖啡馆）”一件事集成套餐服务。12月1日起，在自贸区厦门片区试行商事主体登记确认，不收取决议（决定）、任免文件等过程性材料，减少对商事主体内部管理干预。

【反垄断反不正当竞争监管】 2022年，厦门市市场监管局协助国家市场监管总局、省市场监管局调查知网垄断案、行业协会涉嫌垄断案3件。开展制止滥用行政权力排除、限制竞争执法专项行动，对美团、饿了么外卖平台进行合规指导，向市国资委进行反垄断风险提示。调整公平竞争审查工作联席会议，增加市司法局为副召集人单位。组织协调全市从反垄断反不正当竞争方面对相关政策进行审查，涉及增加政策153份、存量政策1006份，整改16份。聚焦民生和新消费领域，开展反不正当竞争专项执法。推动厦门航空“白鹭”商业标识维权。组织开展欺行霸市等市场流通领域八大专项整治。组织开展打击整治传销专项行动。在思明区开展创建无传销示范区活动。海沧区申报“全国商业秘密保护创新试点城区”，为全省唯一试点地区。

【包容审慎监管】 2022年，厦门市市场监管局针对预包装冷藏膳食、即食鲜切果蔬等新兴业态没有安全标准、适用的生产许可审查细则，无法办理食品生产许可证等问题，指导市食品安全联合会发布《供厦食品预包装冷藏膳食》《预包装冷藏膳食生产经营卫生规范》2项团体标准，填补全省冷藏预制菜标准空白。11月24日，印发《厦门市市场监督管理局关于预包装冷藏膳食及即食鲜切果蔬等食品生产许可及事中事后监管相关事项的通知》，明确企业公开声明按团体标准组织生产并作出承诺的，可办理许可证，联华（厦门）航空食品有限公司取得全市首张“预包装冷藏膳食”食品生产许可证。市市场监管局制定减轻处罚、从轻处罚、免予行政强制3张清单，涉及事项60个，出台《厦门市市场监管领域轻微违法行为不予处罚清单（2.0版）》，将16个领域的129个事项纳入轻微违法不予处罚范畴，办理相关案件1161件。

【消费维权】 2022年，厦门市“12315”“12345”平台登记各类信息45.2万件，其中投诉12.2万件、举报5.5万件，通过“110”公共安全平台接收指令4013个，未发生重大投诉事件，为消费者挽回损失8126万元。市市场监管局推进消费维权多元化解机制建设，707家企业参与“线下购物七日无理由退货”活动，ODR（在线消费纠纷解决）处理量占投诉处理总量21%。以“共促消费公平”为主题，开展

"3·15"系列宣传活动，举办线下宣传咨询活动7场，50家行政单位、265户商家参加，面向全社会公开评选2021年度十佳维权人物、十佳ODR维权企业、十佳消费维权网点评选，发布2021年度厦门市消费维权报告。

【网络经济监管】 2022年，厦门市在线网络经济户口28.5万个，其中网站3.04万个、网店19.33万个、微信公众号2.85万个、微信小程序0.97万个、企业微博1.57万个、移动应用程序0.79万个、电商平台37个。市市场监管局开展2022年度网络市场监管专项行动，落实线上、线下一体化监管，集中整治网络市场突出问题，查办涉网案件363件，罚没款519万元。开展"百家平台点亮"专项行动，指导平台亮照、亮证、亮规则。整治非法经营主体，对79家注销或被吊销主体网站进行在线风险提示。加强厦门网监平台建设，上线运行线索主动感知系统，建成监测模型22个，由"被动搜索"转变为"主动感知"，实现"机器代替人工"监测模式。督促3家外卖平台落实骑手电动自行车登记上牌、车辆定位管理、降低车辆租金让利骑手、调整平台算法延长骑手配送时长、违章骑手内部二次惩处等制度。

【广告市场监管】 2022年，厦门市市场监管局在全省率先制定《厦门市商业广告代言活动合规指引》《厦门市房地产广告合规指引》，规范商业广告代言活动和房地产广告发布行为。加强广告监测监管，监测厦门市属媒体广告76.08万条次，总违法率0.46%。打击涉导向问题广告，针对互联网常见违法违规商业营销宣传用语进行监测。开展全市医疗美容行业突出问题专项治理工作。开展校外培训广告管控、青少年近视防控产品、网络直播、铁拳行动、养老诈骗、旅游市场及蟹卡蟹券等广告专项整治行动20余个。

【市场秩序专项整治】 2022年，厦门市市场监管局牵头开展全市市场秩序专项整治，按照"服务不下班，文明不打烊"要求，驻场全市96个农贸市场，开列问题清单239项，立行立改、动态销号。配发公益广告、行业规范和各类制度牌2762块，清除市场内破损店招、看板和"小广告"4519处，更换更新消防设施设备425件，纠正占用和堵塞消防通道行为812次。劝导吸烟、打赤膊等不文明行为1.75万次。规范明码标价7606次，规范证照2575家次，规范市场内乱停乱放1.86万次。协同城管等部门开具执法文书3425份，简易处罚5615件，罚款32.29万元。针对第八市场、新民、前埔北等8个难点市场和美仁宫、槟榔、鼓浪屿等15个重点市场进行调研，市、区市场监管工作人员与基层所人员混编，运用"全时管理、错时监管、包干驻场、平台调度和联合执法"等方式，推动工作常态化、长效化。根据《厦门市农贸市场改造提升建设规划》，全市101个农贸市场被纳入改造提升，85个市场开展改造提升。

【市场监管法治化建设】 2022年，厦门市市场监管局深化"行政+司法"模式，与市人民检察院签订行政执法与公益诉讼、刑事司法联动合作备忘录，与思明区人民法院联合开展行政纠纷诉源治理，化解行政纠纷7件，占总数63.6%。开展电梯安全管理执法检查，组织开展生效行政裁判文书、行政复议法律文书履行情况监督检查，开展行政处罚案卷自查。

【信用监管】 2022年，厦门市企业年报率97.76%，连续两年排全省第一名。市市场监管局在全省率先实现72个"双随机、一公开"（随机抽取检查对象，随机选派执法检查人员，抽查情况及查处结果向社会公开）监管事项全范围覆盖、全过程留痕、全要素公开，抽查市场主体1.2万家（户），依法处理4183家（户）。依托厦门商事主体公示平台及30个业务系统，实时向社会公示84.7万家（户）市场主体信用信息。对食品药品、工业产品、电梯维保行业等全市43万家企业，实施分级分类、差异化监管。清理吊销长期失联企业1.3万家，撤销各类虚假登记905件。27家严重违法企业及相关责任人被列入失信名单，在全国范围内实施行业禁入。

【智慧监管平台建设】 2022年，厦门市市场监管局在全省率先上线涵盖市场监管各业务条线、全市商事主体的一体化智慧监管平台，实现"一图尽览"、风险预警和移动监管全覆盖。部署政务机器人，实现多任务高效协同。对15个农贸市场及1572家零售连锁药店实施远程智慧监管。上线运行"全生命周期数字化、全过程智能辅助、在线取证存证、风险电子监察"执法办案平台，走在全国前列。在全省率先上线安全高效的政企互动系统和政务文字智能客服。新建气瓶质量安全追溯等系统23个，升级系统13个，完成国产化适配系统改造12个。

【市场领域新冠疫情防控】 2022年，厦门市根据实际情况，动态调整落实措施。常态化新冠疫情防控期间，强化进口冷链食品全链条防控，湖里万翔、海沧万纬2个集中监管仓运行26个月，检测消毒货物30.2万吨，拦截阳性货物1389吨，实现"零感染"，于2022年12月18日关闭。8月，全市市场监管人员出动3万余人次，加强社会面管控，采取应急手段查处违反防控规定商家2家，引导企业加大医疗物资投放量，鼓励药店拆零销售。加大涉疫药品和医疗用品监管力度，查处哄抬物价、囤积居奇等违法行为，立案25件，其中2件入选国家市场监管总局典型案例。

（市市场监管局）

食品药品监督管理

【概　况】 2022年，厦门市食品生产经营主体7.77万家（不含暂停生产经营2.31万家、备案单位2.48万家），其中A级126家、B级695家、C级4385家、D级7.27万家。食品抽检覆盖率9批次/1000人，省食安委对厦门市评价性抽检合格率100%，"一品一码"追溯率、"明厨亮灶"覆盖率（超90%）均排全国前列。供厦食品安全标准体系入选首届厦门市依法治理十佳典型示范案例，发布55项高于国标的供厦标准，37家企业351种产品通过"鹭品"评定。全市食品生产企业893家，小作坊235家。药品生产企业24家，生产线84条，注册批准药品403个品规，药品连锁总部31家，药品经营企业1619家。化妆品生产企业44家，营业执照经营范围包括化妆品的经营企业10.55万家（化妆品经营无需许可），备案国产普通化妆品2345个、进口普通化妆品419个、境内责任人45家，进口普通化妆品备案数量占全省70%。医疗器械一类生产企业134家，二、三类生产企业110家，注册（备案）产品1922个，医疗器械经营企业4418家，医疗器械使用机构2019家。厦门市被国务院食品安全办命名为“国家食品安全示范城市”，为全省首个获命名城市。市市场监管局聚围绕食品、网络餐饮、药品等17个重点领域，开展民生领域“铁拳”行动，组织开展医疗美容行业突出问题专项治理等。全市市场监管系统立案4469件，罚没4196万元。依法查处“螃蟹绑大草”等案件73件。厦门市食药检院扩建暨医疗器械检测中心项目获批建设。

【食品生产安全监管】 2022年，厦门市市场监管局围绕食品安全“守底线、查隐患、保安全”专项行动，对食用植物油、肉制品、糕点等重点产品、重点问题开展集中整治。指导食品生产企业参与灵芝、铁皮石斛、西洋参按照药食同源物质管理试点申报工作，4家企业的29种产品通过省级试点核定，产品数量在全省排第一名。引入第三方专业机构，对20家重点食品生产企业进行食品安全风险评价，提出改进建议。针对新版《HACCP体系认证实施规则》举办线上公益培训，全市近900家食品生产企业的从业人员1200余人参训，网课累计观看8390人次。

【食品流通安全监管】 2022年，厦门市市场监管局推进食品安全“一品一码”追溯体系建设，上线食用农产品追溯小程序；依托“食安厦门”微信公众号提供追溯查询服务。至年末，有11.5万家食品生产经营主体的60.6万种食品被纳入追溯系统，累计备案台账4.7亿条。市市场监管局做好食品、特殊食品、进口冷链食品“守底线、查隐患、保安全”风险隐患排查工作，开展槟榔、百果园果切、宝之清酵素水果粉固体饮料、畜禽产品等专项清查和飞行检查；开展农村假冒伪劣食品专项整治、“治违禁、控药残、促提升”三年行动；结合养老诈骗专项整治行动，开展规范提升特殊食品专区（专柜）和警示语牌设置专项工作；实施特殊食品功能虚假宣传风险排查和查处。46家超市开展放心食品超市自我承诺活动。

【餐饮食品安全监管】 2022年，厦门市市场监管局以学校食堂、集体用餐配送单位、校园周边餐饮服务经营者、连锁餐饮服务企业等为重点，开展“守底线、查隐患、保安全”专项行动，餐饮服务单位检查覆盖率100%，发现风险问题3102个，问题处置率100%。检查网络餐饮服务第三方平台和入网餐饮服务提供者2.2万家（户）次，督促“下线”违法违规网店1387家（户），全市“网红店”证照真实率和公示率100%。创新开发“自查公示”小程序，经营者上传后厨实景照片后可生成自查报告并在对应网店页面显示，首批参与试行的网络订餐店265家。完成32个重大活动食品安全保障任务，累计保障人员用餐28万人次。《厦门市人民政府办公厅关于加强中小学校外托管机构“小饭桌”食品安全管理工作的通知》出台。全市所有学校食堂量化等级提升至良好以上，467家学校配备食品安全总监，85家学校食堂建立食品快检室，供校配餐企业全部通过相关管理体系认证，学校食堂“明厨亮灶”覆盖率100%，其中“互联网+明厨亮灶”覆盖率99.5%。

【医药产品审批】 2022年，厦门市成立药品安全和产业促进领导小组办公室，由分管副市长任组长，领导小组办公室设在市市场监管局，成员单位由市委宣传部等15个部门组成。省药监局在厦门市设立“一窗口两中心”（省药监局厦门审批服务窗口、审核查验厦门分中心、审评与监测评价厦门分中心），前移省级许可事项60余个，为企业提供许可、审批和发证、许可现场检查、技术审评以及注册受理前咨询等服务。厦门奥德生物科技有限公司、厦门宝太生物科技股份有限公司等6家新冠病毒检测试剂生产企业获批生产。市市场监管局实施企业备案前预指导服务机制，指导帮扶新备案企业12家，通过率100%。

【药品安全监管】 2022年，厦门市市场监管局对市卫健委指定的61家新冠病毒疫苗接种单位、抗原试剂零售企业和核酸检测试剂批发企业开展全覆盖检查。开展药品安全专项整治，打击无证生产经营、生产销售使用假劣药品、生产销售未经注册备案的医疗器械和化妆品、违法渠道购进药品等11类重点违法行为，办结“两品一械”（药品、化妆品、医疗器械）案件99件，罚没款243.7万元。抽检药品761批次、化妆品180批次、医疗器械68批次，抽检结果均合格。探索药品不良反应监测新模式，对22家三级医疗机构建立管理档案。统一监督销毁家庭失效药品11.6吨。助力中国疫苗监管体系通过世卫组织评估，得到省药监局通报表彰。在全省率先推进疫苗信息化追溯体系。以20家国家和省级集中带量采购的配送企业为试点，推进医疗器械唯一标识系统，实现赋码产品全过程可追溯。

【厦门市入选国家食品安全示范城市】 2022年11月，厦门市被国务院食品安全办命名为“国家食品安全示范城市”，为全省首个获命名城市。食品安全战略三年行动收官，任务完成率95.3%。厦门市针对国家食品安全示范城市创建工作，建立健全分层分级防控、末端发力终端见效工作机制，压实食品安全属地管理责任、食品生产经营单位主体责任。食品安全智慧监管工作经验在全国食品安全宣传周主题活动上交流，“食安卫士”品牌入选第四届全国市场监管领域社会共治十大案例。

（市市场监管局）

质量技术监督管理

【概　况】 2022年，厦门市制造业质量竞争力指数为92.05，比全国平均水平高出7.14，连续5年保持在较强质量竞争力阶段。全国公共服务质量监测结果3年平均值在36个重点城市中排第二名。服务业社会公共满意度排全省第一名；在省对市2021年度质量工作考核中，成绩排全省第一名。“e鹭协同”服务品牌入选全国典型案例，累计开展服务项目超 1100 个。NQI（国家质量基础设施）项目“迷你 / 微型 LED 直显屏超高清显示 NQI 关键技术集成应用示范”入选国家重点研发计划。市智能网联检验检测公共服务平台项目进入国家发展改革委重大项目建设库，获中央财政支持。国际标准服务站（金砖创新基地）落户厦门，全国首批 5 家。厦门 ABB 开关有限公司获第七届福建省政府质量奖，厦门盈趣科技股份有限公司获提名奖。全市累计有国家质量奖企业 1 家、省质量奖企业 5 家。厦门亿联网络技术股份有限公司、厦门狄耐克智能科技股份有限公司、厦门大学附属第一医院、厦门国宇健康管理中心有限公司、玉晶光电（厦门）有限公司 5 家单位（企业）获第六届厦门市质量奖。企业首席质量官获证人数 2271 人，人数排全省第一名。市市场监管局、市公安局、市建设局等 16 个部门开展全市“质量月”活动，围绕“推动质量变革创新　促进质量强市建设”活动主题，开展各类宣传活动 330 余场次，一线职工参与数量 2 万多人次。市市场监管局从降低检验检测费用、助力缓解资金困难等方面出台 15 条服务市场主体措施。全年减免检验检测费用 7151 万元。兑现标准化、质量奖等资金奖励 1.4 亿元。围绕特种设备、电动自行车等领域开展执法稽查。

【认证与检验检测监督管理】 2022 年，厦门市认证获证组织 8112 家（占全省比重 30.15%），证书 3.24 万张（占全省比重 29.24%），获证组织数和证书数均为全省第一。检验检测机构 185 家，比上年增加 9 家。市市场监管局组织开展“双随机”（随机抽取检查对象，随机选派执法检查人员）检查，抽查检验检测机构和认证获证组织 69 家。开展检验检测市场专项整治，打击出具不实和虚假检验检测等行为。开展国家检验检测认证公共服务平台示范区创建工作。推动绿色建材产品认证，联合市建设局、市工信局印发《加快推进绿色建材产品认证及推广应用实施方案》。开展小微企业质量管理体系认证提升行动，帮扶老字号食品、火炬“专精特新”、文化旅游等企业 30 家。组织开展“6·9”世界认可日主题宣传活动。推动成立厦门市检验检测认证协会。

【计量监管及服务】 2022 年，厦门市政府印发《厦门市贯彻落实国务院〈计量发展规划（2021—2035 年）〉实施方案》。厦门市新增谷物容重器校准装置等社会公用标准 15 项，累计总数 206 项。市市场监管局开展“计量服务中小企业行”活动，对接和服务平板显示、半导体集成电路、光电、生物医药等相关产业。计量技术特派员驻企服务由制造业向服务业延伸。完成全市 9.5 万台（件）仪器设备强制检定工作，免收费用 1048.5 万元。市计量院与厦门轨道交通集团运营分公司签订共建协议并建立计量联合实验室，与厦门天马微电子有限公司、磐柔（厦门）工业智能有限公司共建工业智能检测联合实验室。市市场监管局推进自贸区厦门片区、海沧区、湖里区试点取消“承担国家法定计量检定机构任务授权”许可改革。在医疗卫生、安全防护、贸易结算等重点领域开展用计量器具监督检查，在生产领域和流通领域开展能效、水效标识、标注符合性监督检查、定量包装商品净含量计量监督抽查等。

【专业标准化战略】 2022 年，厦门市委、市政府印发《厦门市贯彻落实〈国家标准化发展纲要〉实施意见》，从产业体系、城市发展、社会建设、生态环境、重大平台等 8 个方面提出具体任务 28 个。出台专业标准化技术委员会管理办法以及培育团体标准企业标准指导意见，批准筹建新能源、金砖合作等 7 个专业标准化技术委员会。全市增加国际、国家标准 252 项，发布地方标准 38 项，形成海峡两岸名词术语对照标准 6 项，首次评选优秀团体标准 10 项，9 家企业的 12 项标准获评为全国企业标准“领跑者”，5 个项目入选国家智能制造、服务业标准化试点，获批海峡两岸省级标准化共通试点 3 项。建设全国首个两岸行业标准共通平台。市市场监管局对 145 家企业的 407 个标准化项目给予 3865.75 万元资助。组织专家对 288 项自我声明公开的企业标准进行监督评审，督促企业整改问题。

【特种设备安全监察】 2022 年，厦门市有各类特种设备 10.33 万台（不含压力管道和气瓶），其中锅炉 900 台、压力容器 2.51 万台、电梯 5.92 万台、起重机械 9257 台、场（厂）内专用机动车辆 8725 辆、大型游乐设施 142 台。客运索道 1 条；压力管道装置 1100 套，约 1655 千米；各类气瓶超 120 万只。市市场监管局完成特种设备安全专项整治三年行动，开展特种设备安全检查百日大会战、电梯质量提升等专项行动，在全省率先完成压力管道排查登记，总长度 1618 千米。检查特种设备生产使用单位 5251 家次，整改问题隐患 6810 处，立案 51 件。完善特种设备安全智慧监管系统，电梯智慧码覆盖率 100%，电梯电子维保率超 97%。在全国范围内首次开展过海直埋燃气管道检验。

【产品质量监督】 2022 年，厦门市市场监管局完成日用消费品、建筑和装饰装修材料、工业生产资料、农业生产资料等工业产品监督抽查 3078 批次，不合格产品发现率 8.8%。组织燃气器具、危险化学品、儿童用品等专项整治 12 个，出动执法人员 3.88 万人次，累计检查生产经营主体 1.69 万家次。牵头开展第二轮中央生态环保督察“油品质量管控”问题整改，排查涉油企业 1260 家次，抽查全市零售加油站点车用汽、柴油 119 批次，联合相关部门累计清除无证黑加油站点 18 个。开展服装行业质量技术帮扶“提质强企”行动和质量问题“清零”行动，帮扶企业 135 家，提出帮扶建议 402 条，为企业解决质量问题 208 个。在 952 家生产企业中试行“阶梯式、差异化、触发式”工业产品风险分级管理机制。

【电动自行车质量规范管理】 2022 年，厦门市市场监管局负责电动自行车生产销售领域监管及民生服务行业监管组牵头工作。市场监管部门对销售超标电动自行车，非法加装、改装电动自行车，销售不合格头盔、电池等配件，违法提供维修等进行“全链条”执法，检查电动自行车经营、维修单位 1.37 万家，立案 232 件，查扣涉嫌违法电动自行车 823 辆，不合格头盔、后视镜、刹车闸、蓄电池等相关配件 2754 个（套）。至年末，全市超标电动自行车基本停售，拼装、改装、篡改现象基本禁止。岛内销售主体 160 家，比治理前下降 21.6%；岛内电动自行车日均销量 14 辆，下降 84.6%。厦门市推动平台企业电动自行

2022 年 10 月 30 日，厦门市市场监管局工作人员对电动自行车质量规范进行检查
（市市场监管局　供图）

车上牌工作，3 家外卖平台岛内电动自行车登记上牌 2916 辆，上牌率 23.3%。
（市市场监管局）

知识产权保护

【概　况】 2022 年，厦门市入选首批"国家知识产权强市建设示范城市"，市政府出台《厦门市国家知识产权强市建设示范城市工作方案（2022—2025 年）》。全市增加专利授权 3.47 万件。至年末，全市每万人高价值发明专利拥有量突破 20 件，为全国平均水平的 2 倍多。年内，10 个项目获第二十三届中国专利奖项，累计培育高价值专利组合 25 个，均排全省第一名。增加国家知识产权示范企业 5 家、优势企业 19 家，省知识产权优势企业 33 家。市科技局登记的科技成果 272 件（其中知识产权授权登记 109 件），申请知识产权 1327 件，其中发明专利 676 件；授权专利 952 件，其中由企业获得的授权专利 649 件。厦门市首次入围世界知识产权组织发布的全球百强科技集群。市委办、市政府办印发《厦门市贯彻〈知识产权强国建设纲要（2021—2035 年）〉的实施方案》。厦门市知识产权创造、保护和运用指标在 2021 年度省营商环境监测督导中排全省第一名。

【知识产权运用促进】 2022 年，厦门市增强知识产权运营能力，累计征集企事业单位试点实施开放许可专利 144 件，在国家专利密集型产品备案认定试点平台备案专利密集型产品 659 个。增加知识产权质押融资专利、商标质押项目 320 个，质押金额 27.83 亿元。厦门知识产权运营公共服务平台完成三期建设，落地省内首个国家知识产权局专利检索咨询中心代办处，增加省级知识产权信息服务网点 11 个。开展知识产权要素市场化配置改革，"知识产权 CBD"揭牌运营，至 12 月底入驻各类服务机构 18 家。推进中国（厦门）电子商务知识产权运营中心首期试点项目落地建设。知识产权展示交易平台建设启动，并纳入福建省上报国家部委争取支持开展要素市场化配置改革试点项目。

【知识产权执法】 2022 年，厦门市市场监管局与市人民检察院、市中级人民法院、公安局、文旅局、厦门海关联合签署《关于加强知识产权行政执法与刑事司法衔接的工作意见》。全市立案查办知识产权案件 1846 件。《厦门市展会专利侵权纠纷投诉处理指南》发布，全市核查非正常专利申请 3873 件。两岸集成电路产业园等 6 家维权工作站成立。知识产权维权工作站服务企业 1990 家，组织培训 121 场次，参训 4.4 万人次，提供维权意见 2121 份，调解纠纷案件 165 件。市市场监管局建设海外知识产权维权援助"一书一库一办法一专栏"，加强海外纠纷应对指导。翔安区市场监管局与集美法院共建"近邻法庭——知识产权纠纷共治中心"。

【自贸区知识产权服务】 2022 年，自贸区厦门片区设立集成电路知识产权基层服务站。建成知识产权中央商务区，厦门知识产权运营公共服务平台线下服务中心、合纵基金管理公司、云尚互联网数字公证服务平台等入驻。自贸区厦门片区受理外观设计专利申请 75 件，获得一次授权 63 件；配合出具专利侵权举报投诉案件咨询意见书 20 份。创新知识产权公务服务模式，33 家知识产权服务机构参与海丝中央法务区建设。《海丝中央法务区自贸先行区知识产权全要素服务链企业名录》发布。
（市发改委　市科技局　自贸区厦门片区）

财　政

【概　况】 2022 年，厦门市一般公共预算总收入 1493.8 亿元，为预算的 99.9%，扣除增值税留抵退税因素后比上年增长 4.9%。其中，地方级收入 883.8 亿元，为预算的 100.2%，扣除增值税留抵退税因素后比上年增长 6.6%；上划中央收入 610 亿元。全市一般公共预算支出 1088.7 亿元。其中，当年预算支出 1032.6 亿元，完成预算的 96.4%。市本级一般公共预算地方级收入 607.9 亿元，为预算的 100.1%，扣除增值税留抵退税因素后比上年增长 6.2%。市本级一般公共预算支出 551 亿元。其中，当年预算支出 509.7 亿元，完成预算的 98.0%。

全市政府性基金预算收入 1003.1 亿元，为预算的 108.1%。全市政府性基金预算支出 1298.9 亿元。其中，当年预算支出 1275.1 亿元，完成预算的 95.7%。市本级政府性基金预算收入 609.3 亿元，为预算的 100.8%。市本级政府性基金预算支出 806.7 亿元。其中，当年预算支出 793.8 亿元，完成预算的 99.6%。

全市国有资本经营预算收入 34.7 亿元，为预算的 105.1%。全市国有资本经营预算支出 21.1 亿元。其中，当年预算支出 21.1 亿元，完成预算的 99.1%。市本级国有资本经营预算收入 32.1 亿元，为预算的 103.6%。市本级国有资本经营预算支出 20.6 亿元。其中，当年预算支出 20.6 亿元，完成预算的 99.2%。

全市社会保险基金预算收入 246.2 亿元，为预算的 98.2%。其中，保费收入 209.3 亿元，财政补贴收入 19.3 亿元。全市社会保险基金预算支出 208.8 亿元，完成预算的 96.1%。

为加强新冠疫情防控，市财政投入 43 亿元，加大外防输入力度，更新改造入境通关设施设备，建成投用国际健康驿站，守好全国第三大航空入境口岸。

【减税降费】 2022 年，厦门市财政局（简称市财政局）建立跨部门协同机制，落实增值税留抵退税、制造业中小微企业缓缴税费等政策。扩大社保费缓缴受益行业范围，实施阶段性失业保险、基本医疗保险等降费缓缴政策。全年为企业退税、减税、降费、缓税、缓费 271 亿元，减轻市场主体负担。

【财政服务经济发展】 2022 年，厦门市财政局按照“全面顶格、应出尽出、精准高效”原则，出台稳经济、稳市场主体一系列政策措施，累计兑现资金超 400 亿元。新增地方政府债券额度 400 亿元，保障轨道交通、翔安机场等省市重点项目建设，发挥政府投资稳增长作用。强化财政资金统筹，全面清理、压缩非重点非刚性支出 140 亿元，集中财力保障疫情防控和助企纾困。

【教育财政投入】 2022 年，厦门市财政投入 76 亿元，开展教育补短板扩容行动，实施中小学幼儿园项目 76 个，新增学位 8 万个，打造名师工作室 56 个。持续推进“名师出岛”“名校出岛”，建成双十中学翔安校区高中部等项目。加快建设省级高水平高职院校 7 所、高水平专业群 19 个，高标准建设厦门职教高地。

【医疗事业财政投入】 2022 年，厦门市财政投入 65 亿元，推进 4 个国家区域医疗中心试点，川大华西厦门医院试运营，新增医疗床位 2800 张。优化基本公共卫生市区财政事权划分，提升疾控和乡村医生队伍薪酬待遇。对标国家医保待遇清单，统一规范医疗保险和医疗救助制度，在福建省内率先落地公益型补充医疗保险“惠厦保”，惠及市民 104 万人。

【社会保障财政投入】 2022 年，厦门市财政投入 46 亿元，实施扩岗补贴、留工培训政策，城镇新增就业 17.5 万人。抓好“一老一小”民生工程，扩建厦门老年大学，建成日间养老照料中心、农村幸福院、居家养老服务站 599 个，新建普惠性托育园 32 家。强化民生兜底保障，调高特困人员、孤儿等困难群众基本生活保障标准，向 1.5 万名困难群众发放临时生活补助。

【惠民实事财政投入】 2022 年，厦门市财政投入 89 亿元，保障为民办实事项目 49 个。完成筼筜湖生态环境整治提升，新改扩建污水处理厂 5 座、污水管网 492 千米。筹集保障性租赁住房 8.7 万套；改造老旧小区，涉及 5 万户。举办各类文化公益活动超 400 场次，保护修缮历史文化遗产项目 163 个，新增 27 所学校开放体育场地设施。

【财政服务招商】 2022 年，厦门市财政投入 142 亿元，靠前服务招商工作。推动天马 8.6 代线、厦门时代等高能级项目加快落地建设。落实“益企服务”专项行动，实施先进制造业倍增计划，强化企业梯度培育。设立 50 亿元招商基金，出台加快基金业发展若干措施，推动基金招商引资提质增效。完善人才政策体系，引进国际化人才超 2800 人，接收院校毕业生超 7 万人。

【财政支持创新发展】 2022 年，厦门市财政投入 88 亿元，支持打造高能级创新平台，推动嘉庚创新实验室、翔安创新实验室成果转化，加快建设国家自主创新示范区、创新型城市和厦门科学城。鼓励企业增强创新能力，设立 30 亿元科技创新创业引导基金，实施重大技术攻关和成果产业化项目 32 个，净增国家高新技术企业超 800 家、专精特新“小巨人”企业 64 家。获批国家知识产权强市建设示范城市，新增有效发明专利 2.7 万件，比上年增长 22%。

【岛内外发展财政投入】 2022 年，厦门市财政投入 254 亿元，打通“断头路”25 条，投用健康步道林海线，新建改造公园绿地 129 万平方米，岛内城市功能品质持续提升。加速建设新体育中心、新会展中心，建成海沧疏港通道、翔安大桥，岛外公建配套更加完善。落实土地出让收入优先支持乡村振兴政策，建设乡村振兴试点示范村 69 个、动线 18 条，试点改造城中村 61 个，出台生猪价格、水稻种植等保险政策。

【投融资体制改革】 2022 年，厦门市财政局出台城市建设投融资体制改革实施方案，针对项目分类设计投融资模式，持续扩大有效投资，不新增隐性债。出让 TOD（公共交通为导向的城市空间开发模式）综合开发地块 3 个，策划生成 PPP（政府和社会资本合作）项目 18 个、REITs（房地产投资信托基金）项目 8 个，设立规模 200 亿元的城市建设投资基金，带动社会资本超 1300 亿元。

【“财政政策 + 金融工具”创新运用】 2022 年，厦门市财政局根据企业需求分类设计财政政策与贷款、基金、保险、担保等金融工具的组合，通过技术创新基金、中小微企业融资增信基金、应急转贷资金、出口信用保险等方式，持续扩大规模，拓展应用场景，带动金融资金超 500 亿元服务实体经济，相关经验做法得到国务院办公厅通报表扬。

【财政预算管理改革】 2022 年，厦门市出台政府坚持过紧日子十条措施，加强“三公”经费管理，控制一般性支出。强化预算绩效管理，在工业、科技、人才等 9 个领域开展产业扶持政策绩效评价，推动政策整合优化，提高资金使用效率。优化市对区财政体制，统一规范重点园区收入分成，维护公平竞争市场秩序。完善智慧财政系统，拓展财政数据智能化运用。

【财政监督管理】 2022 年，厦门市财政局规范政府债务管理，完善新增债券风险评估和动态监测机制，基本完成化解隐性债务。管好、用好直达资金（中央政府对地方直接拨款）56.3 亿元，惠及市民超150万人次、企业超4万家次。开展财经秩序专项整治，强化财经纪律刚性约束。细化预算公开范围和内容，首次试行项目预算文本向社会公开。

（市财政局）

税　务

【概　况】2022年，国家税务总局厦门市税务局（简称市税务局）累计完成各项税收收入1466.16亿元（含海关代征增值税、消费税，未扣减出口退税），比上年下降2.9%。其中，税务部门组织税收收入1244.71亿元，比上年减收62.32亿元，下降4.8%。累计办理出口退税313.5亿元，比上年增加17.5亿元，增长5.9%。海关累计代征税收221.45亿元，比上年增加19.33亿元，增长9.6%。社保费、非税收入及其他收入比重首次超过50%。推动市政府牵头组建退税减税工作落实机制，全年释放政策红利272亿元，留抵退税资金及时退付率99.9%，办理出口退（免）税403.6亿元。

【税费政策落实】2022年4月1日至12月31日，厦门市税务局办理大规模留抵退税新政退库146.8亿元，惠及纳税人2.9万户次；组合式税费政策全年免征增值税30.44亿元，惠及纳税人31.02万户次；5.17万辆车享受减征部分乘用车车购税政策及延续新能源汽车免征车购税政策，减征车购税3.72亿元，新能源汽车免征车购税8.55亿元（4.95万辆）；增值税加计抵减、快递收派服务、公共交通运输服务免税等增值税优惠政策减免增值税10.46亿元；4730家企业申报享受研发费用加计扣除政策，加计扣除额174.87亿元，企业家数、金额分别比上年增长21.72%、30.53%；第三次个人所得税汇算清缴实际申报138.90万人，总体申报率98.78%，在全国36个省级税务局中位列第一；减免各项财产和行为税51.09亿元，比上年增长18.9%；全市企业减免医疗保险费14.92亿元，失业保险费14.34亿元；落实非税收入“六税两费”［资源税、城市维护建设税、房产税、城镇土地使用税、印花税（不含证券交易印花税）、耕地占用税，教育费附加、地方教育附加］扩围、增值税留抵退税配套政策、制造业中小微企业缓税、水土保持补偿费缓缴等新的组合式税费支持政策，减免非税收入21.77亿元，缓缴非税收入1.05亿元。（见图18-1）

【税收收入特点】2022年，厦门市工业税收小幅增长，六大支柱产业5升1降。专用设备和烟草税收增长较快，医药、电气机械和器材、橡胶塑料制品税收平稳，计算机、通信和其他电子设备税收下滑，拉低工业税收增幅，成为影响工业税收增长的主要因素（还原留抵退税等因素，下同）。信息传输、软件和信息技术服务业受软件和信息技术服务业业务税收增长，租赁和商贸服务业受股权转让业务增长影响，税收均大幅增长。受大宗商品价格等因素影响，批发零售业税收实现2位数增长。金融业受限售股转让政策调整和银行业汇算清缴企业所得税减收影响，税收大幅下降。从细分行业看，银行业因部分银行利润下降，税收与上年同期基本持平；资本市场服务业受限售股转让政策调整影响，税收下降81.4%，下拉金融业整体税收。受商品房市场低迷、土地增值税清算等因素影响，房地产业税收比上年下降10.8%。

【社会保险费和非税收入】2022年，厦门市税务局累计组织入库各项社会保险费（含职业年金）505.62亿元，比上年增长24.6%。其中，企业职工基本养老保险费比上年增加71亿元，增长28.6%，占全部增收额比重超70%；工伤保险费增加1.85亿元，增长26.7%；央属机关事业单位职业年金收入15.93亿元，增长85.1%。

市税务局累计组织非税收入入库1123.42亿元（含工会经费），比上年下降6.44%，占厦门市税务局税费总收入的39.09%。

【税收经济分析】2022年，厦门市税务局围绕疫情影响和减税降费两大主题建言献策。组织完成各类分析报告157篇，其中跨部门联合分析8篇；获市委、市政府批示38篇，在厦门市政府内参刊登8篇；在税务总局《税收分析专刊》和优秀报告汇编刊登2篇，完成退税减税效应分析报告50篇。

【税种管理】2022年，厦门市税务局落实落细增值税发票风险全链条快反工作机制，通过下发风险管理意见书对取得异常凭证金额较大、享受优惠金额较大企业进项存疑等进行风险提示，督促整改。加强消费税风险识别应对，按月对

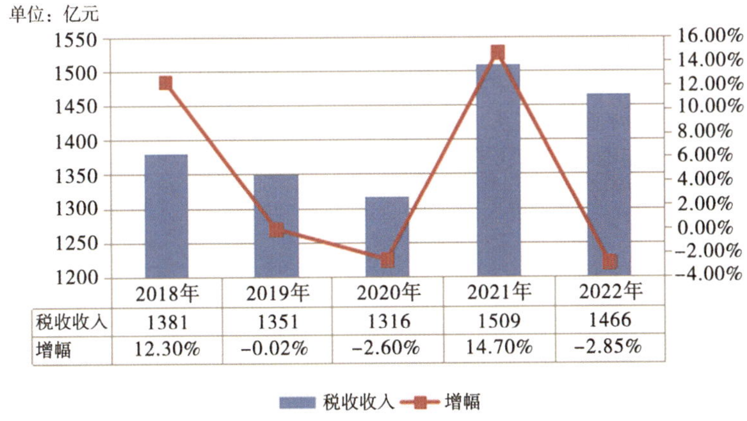

	2018年	2019年	2020年	2021年	2022年
税收收入	1381	1351	1316	1509	1466
增幅	12.30%	-0.02%	-2.60%	14.70%	-2.85%

图18-1　2018—2022年厦门市税收收入情况

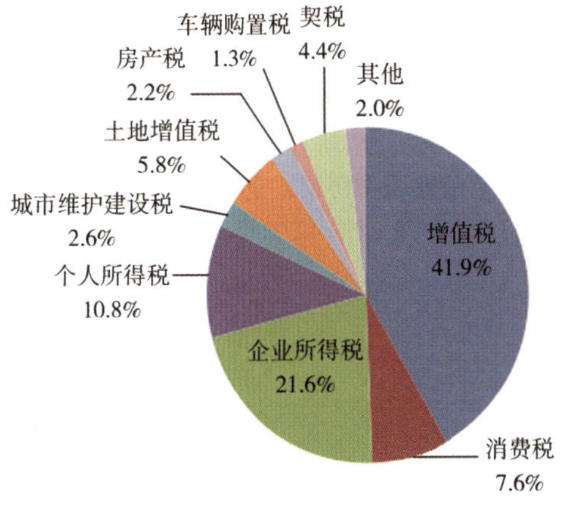

图18-2　2022年厦门市税收收入分税种结构

企业开票数据进行监控分析。研发贵重珠宝首饰、酒类等7类消费税品目数据比对预警指标。开展机动车企业开票软件升级工作，防范违规开具机动车发票风险。新办增值税电子专用发票纳税人2.3万户，开具电子专票46万份，开具电子专票总金额855亿元。净增800家企业认定为高新技术企业，进一步优化企业所得税申报要素预填功能，新增校验、控制功能20项。内嵌“税收政策风险提示服务”功能，自动对年度申报数据进行风险扫描并推送提示信息。落实3岁以下婴幼儿照护个人所得税专项附加扣除政策。开展文娱领域风险筛查和整改，化解重大税收风险。加强对高收入人群个人所得税服务和监管。财产和行为税合计入库239.18亿元（包括土地增值税、契税、房产税、城镇土地使用税、印花税、城市维护建设税），比上年增长3.94%，占税收收入比重的19.22%；1768件存量房交易补缴土地出让金1.23亿元、土地契税印花税374万元。（见图18–2）

【国际税收】 2022年，厦门市完成国税地税合并后，入库税款及利息2.23亿元，为企业在厦门增资2.04亿美元提供税收保障。全年转让定价调查和预约定价安排追溯调整入库税款及利息2.96亿元。

【办税缴费服务】 2022年，厦门市税务局打造台胞台企登陆第一家园第一站“第一税务专席”；在自助办税终端推出数字人民币缴税功能；建设首家“智慧办税服务厅”，入选2022年度厦门市“十佳”营商创新举措和厦门市改革创新成果，获2021年福建省首次数字化营商环境监测纳税指标第一名（标杆）；上线金税四期征纳互动服务平台；完成41万家企业2021年度纳税信用评价，对6.43万家次企业进行信用动态管理。开发新版“银税互动”平台，与27家银行签署战略合作协议，全年为6.19万户次守信纳税人提供427.2亿元贷款。

【税收征管改革】 2022年，厦门市税务局推动电子税务局和税企互动平台、移动办税App（手机软件）的协同办理。推行“智能咨询”和“问办协同”，推动税费办理“智慧化”升级。推出员工入职（离职）一件事、大学生参保制卡一件事等创新服务。深化税警协作、行刑衔接、跨部门完税核验等协作机制。“4321出口退税管理工作机制”“零窗智慧办税厅”2项改革措施入选税务总局创新复制推广举措。

【税收征收管理】 2022年，厦门市税务局负责征收管理纳税人64.45万户（包括正常户、非正常户、停业户），比上年增长9.09%。其中，企业纳税人44.39万家，比上年增长6.99%，占比68.88%；个体经营19.56万户，增长14.32%，占比30.35%；其他类型0.5万户，增长2.0%，占比0.77%。千户集团（年度缴纳税额达到国家税务总局管理服务标准的企业集团）总部企业41家，成员企业3488家，全年贡献税收收入513.52亿元，占全市同期税收收入的41.26%。

【税务稽查】 2022年，厦门市税务局审结税收违法案件2201件（其中虚开骗税案件1730件），查补总额45.32亿元，入库总额7.79亿元，查办“虎啸1号”“虎啸2号”等特大团伙案件。检查留抵退税风险企业120家，查结率100%，查实率97.46%，挽损总额1.4亿元。累计清理积案4082件。查办文娱领域、高收入个人逃避税等税收秩序规范案件8件，查补金额3349.34万元。发现并阻断税务干部涉嫌骗取留抵退税1761.99万元。

【税务风险控制体系建设】 2022年，厦门市税务局构筑留抵退税10个大类64个风险指标的全链条动态风控体系，留抵退税风险应对工作考核成绩获得全国第三名。风险任务闭环管理，下发风险任务1.26万户次，入库税款18.55亿元。开展团伙虚开发票等重点行业风控，移送稽查风险疑点纳税人407户，涉及金额10.28亿元。制定高风险线索移送稽查规程，规范移送稽查过程。参与全国出口退（免）税风控工作指引试点。

【税收科研】 2022年，厦门市税务局完成国家税务总局税收科研课题3个，立项市税务局重点课题60个；在2019—2020年度全国税务系统优秀税收科研成果评选中，获全国税务系统优秀科研成果一、二、三等奖4个。

【税收宣传】 2022年，厦门市税务局深化税收宣传，刊发原创税收宣传稿件1580篇次，其中中央级以上媒体发稿408篇次，编发新媒体稿件1091篇次，阅读量超500万人次。“厦门税务”微信订阅号和视频号关注用户累计超过150万人，官方微博位列“全国十大税务微博”第八名。官方网站和新媒体累计刊发宣传辅导稿件5361篇，点击量超1200万次。助力留抵退税快速落地、靠前发力稳预期、力保供应链稳定、开设“个人所得税红利宣传站”等相关做法先后被中央电视台《新闻联播》、《新闻直播间》、央广经济之声等重点央媒报道。原创影视作品《保密，就在你身边》获中央政法委等五部委主办的平安“三微”比赛优秀原创音乐MV三等奖，《保密无小事》获中央保密办主办的全国保密公益宣传片创意文案征集活动三等奖，微电影《倔强的石头》获得第五届社会主义核心价值观主题微电影征集展播二等奖，《一场特别的婚礼》在全国“保密故事大家讲”微视频征集活动中获最高奖项“优秀讲述人”奖。

（市税务局）

责任编辑：林建高
曲　艺
审　稿：阳晓儒
校　对：曲　艺

口岸营运

【概　况】 2022年，厦门港货物吞吐量完成2.2亿吨，比上年下降3.59%。其中，外贸货物吞吐量1.16亿吨，比上年下降0.20%；集装箱吞吐量完成1243.47万标准箱，增长3.22%；对台货运直航35.12万标准箱，下降3.06%。

厦门港是全国25个主要港口、12个区域性枢纽港、9个沿海国际集装箱干线港之一和对台航运重要口岸，范围跨厦门与漳州2个地市级行政区的8个港区（厦门市东渡、海沧、嵩屿、刘五店、客运，漳州市后石、石码、招银）。有航线173条，其中外贸航线133条、内贸线40条，通达55个国家和地区的149个港口。"一带一路"（"丝绸之路经济带"和"21世纪海上丝绸之路"的简称）航线86条，途经24个"一带一路"沿线国家的55座港口。RCEP（区域全面经济伙伴协定关系协定）航线96条，途经11个国家的57个港口。1月19日，厦门港海沧港区海通码头通过省级口岸开放验收，达到外贸作业的完全条件。

厦门空港保障安全飞行9.98万架次，比上年下降22.04%。旅客吞吐量1012.56万人次，比上年下降32.28%。其中，出入境旅客48.11万人次，比上年增长57.41%。货邮吞吐量26.21万吨，比上年下降12.00%。其中，出入境货邮14.27万吨，比上年下降6.25%。厦门空港口岸为国家一类口岸，在厦门空港营运的航空公司有41家，其中国内航空公司30家、国际及地区航空公司11家；运营境内外航线167条，其中境内143条、地区5条、国际19条；有航点123个，其中境内100个、地区4个、国际19个（含4个货机通航点）。航线网络基本覆盖中国所有省会城市和主要二、三线城市，搭建通往北美、欧洲、澳大利亚的客运航线。厦门航空口岸成为华东地区重要的区域性航空枢纽。厦门机场的东南亚航线覆盖较广、航班密度较高，在全国位居前列，由于厦门特殊的对台区位优势，厦门两岸直航航班的密度位居大陆地区前3位。

【口岸疫情防控】 2022年，厦门市人民政府口岸办公室（以下简称市口岸办）会同口岸查验单位把好海港、空港国门第一关，统筹推进口岸疫情防控和保障口岸畅通，重点做好机场口岸防疫工作。市口岸办作为厦门市外防输入组机场航空工作专班牵头单位，制定各类流程规定24个、管控措施30余条，与各口岸查验单位配合，做好机场口岸的疫情防控。口岸单位与卫健委、"120"急救中心、外办、航空公司、码头等单位加强联合管控与应急处置。坚持"人、物、环境"同防，做好进口冷链食品疫情防控及高风险非冷链集装箱货物口岸检测监测及预防性消毒。

【口岸营商环境】 2022年，厦门市在十大海运集装箱口岸营商环境测评中再次获得年度测评最高星级。厦门市人民政府发布《厦门市2022年促进跨境贸易便利化优化口岸营商环境专项工作方案的通知》，推进优化口岸营商环境。厦门市首次被国家口岸办列入"全国跨境贸易便利化专项行动"10个试点城市之一，开展为期5个月的专项行动。市政府成立工作专班，出台《2022年厦门市持续优化口岸营商环境促进跨境贸易便利化专项工作方案》，从提效、降费、促便利3方面持续推动，深化创新试点，优化通关全流程。市口岸办持续推动压缩整体通关时间，厦门口岸进出口整体通关时间均位于沿海主要口岸前列。公开港口集装箱进出口环节作业时限，提高口岸作业效率，建设稳定透明的口岸服务环境。

【"单一窗口"建设】 2022年，厦门国际贸易"单一窗口"工作被写入《厦门经济特区优化营商环境条例》，自3月1日起施行。平台体制、机制建设进一步规范和完善，《厦门国际贸易"单一窗口"数据安全管理暂行办法》、"厦门国际贸易'单一窗口'平台项目共建协议"等制度落地实施助推项目建设。完成中国共产党第二十次全国代表大会网络安全保障、网络安全应急演练和攻防演练等任务。深化航空物流公共信息平台试点，开展航空电子货运平台重点绩效评价，"单一窗口＋航空物流"模式作为厦门市改革创新优秀案例得到推广。

【口岸运营保障整合优化】2022年，厦门市口岸办牵头建立口岸工作联席会议制度，加强对口岸工作的领导，统筹协调口岸管理，整合13个成员单位，成为口岸工作议事决策的平台。推动口岸减负降费，持续落实免除集装箱查验服务费政策，减免3.3万个自然箱，共计减免企业查验费2100万元。在海港公开作业流程及时限的基础上，推动元翔货站、商舟货站在企业网站公示空港货运作业流程及时限。加强口岸发展规划，根据国家口岸“十四五”规划，编制厦门口岸高质量发展规划。完善提高口岸应急保障能力，市口岸办会同厦门港口管理局、海关、边检、海事等相关单位，在邮轮中心组织口岸联防联控应急演练，深化各单位合作，提升邮轮母港港口运营保障能力。

【口岸基础设施建设】2022年，厦门港海沧港区海通码头1月19日通过省级口岸验收对外开放。邮轮中心码头“进境冰鲜水产品”和“进境食用水生动物”指定场地通过厦门关区预验收。探索两岸融合发展新路，加快对台海运快件“南向通道”建设。

（市口岸办）

海关监管

【概　况】2022年，厦门海关围绕“疫情要防住、经济要稳住、发展要安全”要求，推进“更有效率海关”建设。组织助企惠民普法活动20余场，全面实行行政许可事项清单管理，推动行政许可事项纳入并在福建省省级清单中单列，驻厦门市行政服务中心窗口连续第四年获“红旗窗口”称号。深化金砖国家海关共建，协助海关总署举办金砖海关署长会、能力建设战略研讨会、执法合作研讨会、工作组会等系列中方主场外交活动，合作成果写入《金砖国家领导人第十四次会晤北京宣言》。统筹口岸疫情防控和促进外贸稳增长，全年监管进出口货物总值1.27万亿元、货运量1.11亿吨，分别比上年增长12.2%和下降8.1%；厦门关区特殊监管区域一线进出口值累计1976.46亿元，增长28.17%；海关税收入库500.95亿元，增长27.98%；签发原产地证书24.34万份、金额164.94亿美元，进口享惠货值318.38亿元；截获二类动物疫病2种4种次、植物检疫性有害生物57种1094种次；检出未准入境食品194批，增长15.5%；检出不合格进出口商品1624批，增长36.6%。加强信息新闻宣传，2篇宣传报道点击浏览量突破亿次。

【关区营商环境优化】2022年，厦门海关指导厦门关区4个海港口岸14个泊位通过省级验收，1个指定监管场地通过海关总署验收。推动厦门关区新增4条中欧班列新线路，监管班列开行121列、货值41.97亿元。支持开通国内首条“丝路海运”电商快线，厦门跨境电商综试区位列商务部评估第一档。加强知识产权海关保护，推动构建“大保护”格局，累计查获进出境侵权货物1058批、侵权嫌疑货物530万件；升级全国首个自贸区海关知识产权保护展示中心；查获的“侵犯外资品牌商标权系列案”入选中国海关知识产权保护十大典型案例，属连续五年入选。助力厦门港综合效率列全国口岸前列，连续四年获“中国十大海运集装箱口岸营商环境测评”最高等级。

【海关改革创新】2022年，厦门海关推进改革创新多点突破，推动厦门海关、福州海关全业务领域一体化改革30项措施落地，在全国海关率先出台16条细化措施。建立“关企直通车”机制，设立18个保稳提质“一站式”服务专窗，企业急难愁盼问题能够及时得到解决。强化技术性贸易措施应对，发布预警信息3244条，比上年增长54.5%。出台22项保通、保畅细化措施，促进跨境贸易便利化，“即报即审”粮食等农产品检疫审批申请3361批次，“先放后检”进口矿产、原油3195.8万吨。

【风险防控体系建设】2022年，厦门海关推进业务现场即决式风险布控改革，研发升级“非贸业务一体化监管平台”，查发各类违规情事4457起。加强前瞻性风险研究、云擎辅助决策和实战能力建设，查发各类案件496件，比上年增长37.4%。推进跨部门联合防控，缴获疑似枪支12支、枪支散件658件、子弹868发。开展固废、濒危、危险品等专项风险防控，查获濒危野生动植物及其制品15起、重量22.29吨，固体废物伪瞒报案件22件、重量874.01吨。防范政治类有害信息载体进出境风险，查获涉台政治类有害信息载体情事186起，比上年增长1.32倍。强化全链条风险防控，查获首起出口商品逃避商检案。

【自贸区和特殊区域管理】2022年，厦门海关推进福建自贸试验区和海关特殊监管区域统筹发展，会同出台福建自贸试验区提升战略实施方案、深化“创新发展平台”行动方案，推出自贸试验区医药产品进口便利等10项措施。推进自贸试验区海关监管制度创新，推出17项年度试验任务，2项创新举措获评为全国首创。在全国海关率先试点铜冶炼行业加工贸易单耗管理新模式，航空物流公共信息平台获海关总署推广，“航空维修改革举措”入选全国自贸区生态环保典型案例，“企业集团加工贸易监管模式改革”入选厦门市首届“依法治理十佳典型示范案例”。推动加工贸易转型升级，探索优化区外加工贸易集中审核作业模式，深化集成电路保税研发改革试点，推进加工贸易内销便利化，开立6家航空维修企业区外保税维修专用电子账册。加强海关特殊监管区域建设，新开通保税研发业务，支持保税维修、融资租赁、跨境电商网购保税、国际中转分拨等新业态发展；加大数字监管应用，推动“保税领域数字监管服务平台”建设，建立以ERP（企业资源计划）联网监管为基础的自贸保税领域数字监管模式。2022年，厦门关区特殊区域指标列全国第六，象屿保税区质量效益指标排名第一；全年加工贸易实际进出口值1690.76亿元，比上年下降4.4%；海关特殊监管区域一线进出口值1976.46亿元，增长28.17%；保税仓库、出口监管仓库进出口值442.26亿元，增长9.41%；保税物流中心进出口值12.36亿元，下降12.03%。

【海关税收征管】2022年，厦门海关统筹通关便利与依法科学征管，海关税收入库突破500亿元，为500.95亿元，创历史新高。完善属地纳税人管理，开展税收政策宣传和属地纳税服务，属地企业合规申报水平保持在 99.5% 以上。推广行邮税征管应用系统，实现征管智能化和作业信息化。贯彻国家税收优惠政策和惠企纾困举措，累计减、免、退税款 59.34 亿元。签发 RCEP（区域全面经济伙伴关系协定）原产地证书 1.78 万份，审核认定经核准出口商 8 家。深化减免税快速审核应用，推广归类、价格和原产地预裁定，以及原产地证书自助打印等便利措施。实施税款担保改革，备案“一保多用、循环使用”税收担保 669 份，涉及担保额度 111.16 亿元。优化税政调研机制，结合重点发展战略，牵头开展全国集成电路封装测试专项行业调研，上报税政建议 20 条，其中 6 项被国家相关政策主管部门采纳。

【卫生检疫】 2022 年，厦门海关做好口岸新冠疫情防控，健全疫情监测预警机制，坚持“7×24 小时”应急值守，强化科技保障，上线检疫 E 码通海港版，全关 1968 人次参与封闭管理专班工作，在全国海关首先检出奥密克戎 BA.4 变异株。疫情防控专项考核保持全国海关前列。坚持“多病共防”，累计对入境航班开展猴痘监测 5127 人份；在进境空集装箱中截获活体美洲大蠊 2000 只；在入境维修飞机上截获德国小蠊 47 只，检出赫氏埃希菌等致病菌。完善口岸核心能力建设联防联控机制，推动口岸突发公共卫生事件应急处置纳入属地应急管理体系。强化口岸卫生监督，截获输入性病媒生物 506 批次。支持特殊物品平台建设，推行出口远程集中视频查验试点，查获非法入境特殊物品 216 批次，比上年增长 1.7 倍。

【动植物检疫】 2022 年，厦门海关推进国门生物安全监测、安全风险监控和监督抽检，加强境外动植物疫情信息监测预警，收集上报疫情信息 801 条次，获海关总署采用 345 条次。加强非洲猪瘟、沙漠蝗等重大动植物疫情和外来入侵物种防控，退运、销毁进口不合格动植物及其产品 37 批。开展“国门绿盾 2022”和“跨境电商寄递‘异宠’综合治理”专项行动（“异宠”是区别于猫、狗等宠物，主要是一些外形奇特、并不多见的怪异动植物），非贸渠道截获外来物种 35 批，邮件渠道截获 2 批次 4 只“异宠”。强化重点产品和敏感业务检疫，从进口食用珍珠龙胆石斑鱼检出隐性结晶紫，从进口柑橘中检出有害生物。推进大宗产品安全进口，保障 18 万吨进口冷链水果快速通关。支持动植物种质资源引进，采用智慧物流锁辅助对进境种用水生动物实施在途监管 66 批。通过实施临时性措施、推荐对外注册等方法，支持关区荔枝、芦柑、蜜柚等特色农产品出口。发挥科普教育基地作用，在全国海关第一个建成国门生物安全展厅。

【食品安全监管】 2022 年，厦门海关全面落实“四个最严”（最严谨的标准、最严格的监管、最严厉的处罚、最严肃的问责）要求，开展进口食品“国门守护”行动，强化境外企业注册信息口岸验核。全年完成检验样品 5170 个、检验项目 12.57 万项次，开展肉类、水产品疫病监测 70 批次、167 项次。在全国海关首次检出进口牛肉蓝舌病病毒阳性。加强食品安全风险管理，开展进口金银箔粉食品、出口植物源性食品等专项排查，累计发布风险预警通报 9 项，完成出口不合格食品境外通报核查反馈 56 批。推动食品安全企业主体责任和地方政府属地管理责任落实，对进口商启动通报程序 20 家，约谈被境外通报不合格的出口食品生产企业 20 家。承办全国“食品安全宣传周”海关总署主题日系列活动，涉及活动 70 场次，参与人数近 400 人次，发放宣传材料 4900 余份。完成境外生产企业注册评审 2484 家次。牵头落实印度尼西亚、马来西亚、泰国等 74 家燕窝注册企业回顾性书面审查和越南燕窝输华准入评估，关区毛燕进口 29.65 吨，比上年增长 48.99%。优化进境动植物源性食品检疫审批，肉类进口金额比上年增长 13.28%。优化市场采购出口预包装食品试点监管，累计出口 2539 批、5581.22 万美元，出口货值占全国 8 成。协同治理“餐桌污染”，助力厦门市获“国家食品安全示范城市”称号。

【进出口商品检验】 2022 年，厦门海关统筹口岸疫情防控和促进外贸稳增长工作，检出不合格进出口商品比上年增长 36.6%，5 个典型案例获海关总署采用发布。打击“洋垃圾”入境，做好进口再生金属原料检验与固体废物属性鉴别，退运固体废物 1 批 13 吨。开展“口岸危险品综合治理百日专项行动”，压实进出口危化品海关安全监管责任和企业主体责任，在进出境监管环节检出不合格危险品 1519 批，危险品通关时间压缩 50% 以上。统筹建设与台湾地区互输商品质量安全风险一级、二级风险监测点，检出不合格产品 13 批、风险产品 9 批。开展出口工业产品退运、不合格商品境外通报 / 召回调查 696 起，发布 2021 年厦门关区进口消费品检验十大典型案例。维护产业链供应链安全，建立进口铜精矿、光刻胶检验监管联系配合机制，保障重点企业铜精矿进口“零延迟”通关 92 批次，快速验放、优先检测 900 批次急需进口货物。

【口岸监管】 2022 年，厦门海关强化正面监管，组织 5 轮安全生产全覆盖检查、2 轮“四不两直”（不发通知、不打招呼、不听汇报、不用陪同接待、直奔基层、直插现场）督导，整改问题 136 个；“口岸危险品综合治理百日行动”查发危险品伪瞒报 167 票，危险品抵港提离时间由 8.5 天压至 4 天以内。组织反恐演练 35 场、反恐宣传 48 场次，开展打击“四涉”（涉恐、涉枪、涉爆、涉反宣传品）专项行动，处置核辐射异常情事 305 起，缴获仿真枪 1 支、管制刀具 33 把、弩 3 把。做好滞港固废退运，实现查发固体废物 100% 退运。运用“制度 + 情报 + 科技”手段加强全渠道“扫黄打非”，查获违禁印刷品及音像制品 3.95 万件，比上年增长 13.68 倍。探索数字监管，推动“一舱三平台”（数字驾驶舱、协同合作子平台、辅助监管子平台、对外服务子平台）建设，率先实现船舶登临检查准备环节可视化管理。推进综合查验模式试点，提升主动查发能力。推广智能审图算法分类部署试点，查发涉及安全准入、易燃易爆危险品等问题 505 个。深化旅检智能化改革，部署使用海关总署开发运行的系统与设备。推广“安全智能锁 + 转关自动核销”。优化集装箱国际转运流程，每箱作业时效由 2～3 小时压缩到 5 分钟以内，累计完成监管中转作业量 108.5 万标准箱。监管“船边直提”“抵港直装”1.76 万标准箱，业务量比上年增长超 4 倍。创新多式联运“一单制”，采用“一单制”累计签发 2066 标准箱，入选 2022 年度厦门市“十佳”营商环境创新举措。监管市场采购贸易出口 746.32 亿元，比上年增长 30.47%。新增跨境电商监管中心 3 个，推进跨境电商 B2B（企业间的电子商务）出口监管，支持企业利用海外仓出口。

【企业管理及稽核查改革】 2022 年，厦门海关深化对企业“多证合一”改革，“多证合一”渠道办理报关单位备案数量比上年增长 1.33 倍。取消进口肉类收货人、进口化妆品境内收货人备案，推荐关区 24 家次企业对境外注册；实施信用等级企业差别化管理措施，对 154 家纳税信用 A 级纳税人实施联合激励措施。精准实施企业培育认证，厦门关区 AEO（经认证的经营者）企业数量累计突破 100 家。厦门海关推荐的“创新国际化信用服务　践行‘一带一路’倡议”入选商务部主办的 2022 年“诚信兴商典型案例”。实施“6+6”（企业、个体、农专、社团、行政事业单位、特定自然人等在内的“6”类主体库，以及许可备案、行为、产品、设备、项目、场地场所等在内的“6”类主体关联库）稽查改革方案，组织跨境电商、“金钥 2022”等专项稽查，涉检稽查刑事立案“零突破”。试点出境特殊物品远程视频查检模式，落实优先查检和“5+2”预约查检制度，推进属地查检与稽核查执法联动。

小资料：

“5+2”预约查检制度：在双休日和节假日期间有属地查检作业需求的企业，需在工作日提前向隶属海关提出申请。隶属海关核实相关需求后，将提前做好加班安排，按照预约时间及时开展货物查检作业，减少企业等待时间。

【走私稽查】 2022 年，厦门海关保持打私高压态势，推动全员打私提质增效，开展“国门利剑 2022”“夏季治安打击整治百日行动”等专项行动，防范化解特大走私风险。累计立案侦办走私犯罪案件 176 件，案值 65.62 亿元；查办行政案件 1867 件，案值 23.88 亿元。加大重点领域查缉力度，加强反走私综合治理，向税务和地方公安移交线索 17 条，案值 6.26 亿元。践行新时代“枫桥经验”，探索形成打击走私的“泉州 370”“国门枫桥”品牌。

（厦门海关）

海事监管

【概　况】 厦门海事局有海巡执法船艇 9 艘，其中 60 米级 1 艘、40 米级 1 艘、30 米级 2 艘、20 米级 4 艘、15 米级 1 艘。建有船舶交通管理中心（VTS 中心），承担厦门市海上搜救中心和厦门海域船舶污染应急指挥部值班室及局总值班室的工作职责。

2022 年，厦门海事局累计安全保障船舶进出港 30.77 万艘次、货物吞吐量 2.19 亿吨、集装箱吞吐量 1243.47 万标准箱、重点民生物资 1893.45 万吨，运送海上旅客 1108.75 万人次。排查入厦门重点船舶 4978 艘次，涉及船员 10.23 万人次，妥善处置入厦门船舶船员健康异常情况 40 起，保障辖区国际航行船舶、船员换班 427 艘次、4424 人次。接收处置各类海上突发事件报警 80 件次，避免各类海上险情 27 件次，救助遇险船舶 11 艘，船舶救助成功率 100%，救助遇险人员 185 人，人命救助成功率 100%，辖区水上 4 项指标［事故件数、死亡（失踪）人数、沉船艘数、经济损失］全年为零。统筹推进 25 项专项整治行动，巡航里程 1.39 万海里，实施行政处罚 448 件，处罚金额 673.39 万元，实现 61 个水上交通安全隐患“当下改”和 28 项安全监管机制“长久立”。厦门海事局获全国海事系统劳模先进创新工作室、交通运输部系统建设模范机关先进集体、福建省直机关五四红旗团委、厦门市“五一先锋号”优胜集体、厦门市生态文明工作先进集体等称号。

【重晶石粉海运标准成为国际标准】 2022 年 3 月 7—11 日，厦门海事局在国际海事组织技术与编辑工作组第三十六次会议推动“新增化工级重晶石粉为 A 组货”提案通过。“新增化工级重晶石粉为 A 组货物”列入国际海运规则货物名录，标志着中国重晶石粉海运标准成为世界公认标准，全球相关企业运输成本得以降低。重晶石粉主要成分为硫酸钡，主要用于石油、化工、医疗等产业，是颜料、涂料、药品等商品的重要原材料，中国每年出口量 10 万吨，占世界出口量一半以上，产值上亿元。

【航运公司综合服务平台入选可复制创新成果】 2022 年 6 月 9 日，福建省人民政府印发《福建省人民政府关于推广福建自贸试验区第九批可复制创新成果的通知》，厦门海事局全国首创的航运公司综合服务平台被认定为福建自贸试验区第九批改革创新成果并在全省复制推广。航运公司综合服务平台由厦门海事局联合厦门港口管理局、中国船级社厦门分社在厦门国际贸易“单一窗口”中共同开发建设，通过流程再造，突破性地建立船舶登记、船舶检验、船舶营运等业务信息共享互任机制，提高船舶办证效率，帮助船舶尽快投入运营生产。

【交通运输部领导到厦门调研】 2022 年 8 月 4 日，交通运输部副部长赵冲久一行到厦门海事局开展工作调研，福建省副省长林文斌、厦门市市长黄文辉等省市有关领导和交通运输部规划司、海事局、水运局有关负责人参加调研。赵冲久肯定厦门海事局在疫情防控、水上安全监管、服务地方经济发展、队伍“四化”（革命化、正规化、专业化、职业化）建设等方面作出的努力和取得的成效，对厦门海事局下一步工作提出进一步加强政治机关建设、进一步服务地方经济发展、进一步做好疫情防控和安全生产工作、进一步加强海事队伍“四化”建设等 4 个方面要求。

9 月 8 日，交通运输部安全总监、部海事局党组书记、局长李国平到厦门调研指导工作，福建海事局局长徐增福，福建省交通厅厅长李兴湖，厦门海事局、厦门港口局相关领导陪同调研。李国平肯定厦门海事局在保安全、保通畅、保稳定等方面取得的成绩。

【服务自贸创新举措获评为全国首创】 2022 年 8 月 5 日，中国（福建）自由贸易试验区工作领导小组印发《省自贸办关于发布福建自贸试验区第 19 批创新举措评估结果的函》，厦门海事局“散装新货种海运出口服务保障机制”创新成果入选福建自贸试验区第 19 批创新举措，被确认为全国首创。“散装新货种海运出口服务保障机制”推动国际海事组织将重晶石粉作为新增货种纳入国际海运规则，为企业常态化出口争取到稳定的制度保障。

【航运能级提升工作专班成立】 2022年10月26日，厦门港口高质量发展指挥部印发《关于成立厦门港口航运能级提升工作专班的通知》，组建以厦门海事局为组长单位的港口航运能级提升工作专班。专班致力于优化港口航运功能，完善港口支持体系，推动集约高效交通用海，提升港口通航能力和效率，加快绿色港口建设，加强“陆海空天”一体化的智慧港口建设，助力船员产业发展，强化海上搜救能力保障，履行国际公约便利海上运输，建立健全基于信用管理的新型口岸联合监管机制。

【保通保畅“十项措施”推出】 2022年12月26日，厦门海事局组织召开2022年度新闻通气会，10余家中央、行业和地方主流媒体线上参会。会议重点宣介厦门海事局在保通保畅方面“净化海域通航环境，打造最佳海上高速路”“优化船舶通关环境，加快港口船舶周转率”“细化便民服务措施，提升社会服务满意度”3个方面10项具体措施。

（厦门海事局）

边防检查

【概　况】 2022年，厦门边检总站完成北京冬奥会、冬残奥会、中国共产党第二十次全国代表大会等重大活动安保维稳任务；“边检+”协同作战模式作用凸显，开展“百日行动”、“獴猎”、“三非”突出问题整治等专项行动；服务保障福建省更高水平对外开放，出入境总量持续回升向好，支持8个码头通过口岸开放验收。落实福建省委、省政府关于疫情防控总体部署，参与省市8个专项组工作，落实疫情防控“三提前三共享”机制；研究出台福建边检事业发展史上首部五年发展规划，完成厦门“一地多站”改革试点任务。8位省部级领导12次批示肯定厦门边检总站工作成效，21项经验做法被上级推介交流，21个单位（个人）致信（锦旗）感谢，25个集体、27名个人获集体一等功、“全国优秀人民警察”等省部级以上表彰奖励。开展新冠疫情防控，落实“外防输入、内防反弹”总策略和“动态清零”总方针，落实国务院第九版防控方案，研究出台贯彻落实二十条优化措施工作意见。向联防联控机制预警高风险人员数据10万余条，为新冠疫情防控提供精准预警支持。优化落实新冠疫情防控措施新形势新要求，推进疫情防控措施调整转段，落实各项安全管理措施，织密“外防输入”国门防线。

小资料：

“三提前三共享”机制：“三提前”指在入境人员境外办理值机、航班起飞后、落地入境前3个主要环节，边检机关提前掌握国际航班载运人员信息的变化，并开展大数据分析，从中排查出来自疫情严重国家和地区的人员。“三共享”指边检机关每天将掌握和排查的信息通过3个渠道与有关部门进行共享。

【边检服务经济发展】 2022年，厦门边检总站落实国家移民管理局和福建省“十四五”规划，融入国家和省市发展战略，做好边检机关促进服务航运企业发展十六项措施和便利企业生产经营活动若干举措落地运用，支持全省相关海港口岸扩大开放，配合福州、厦门机场“海丝”门户航空枢纽建设和厦门国际航运中心、邮轮母港等建设。“国际航行船舶人员精准管理”举措入选福建自贸区第19批创新举措，“12367”服务平台多项关键指标位居全国前列。年内，向广西三江县投入帮扶资金128.4万元，引进资金181.5万元，采购农产品213.7万元，帮销农产品499.5万元，10项便民工程陆续竣工并交付使用。

【边检服务两岸融合发展】 2022年，厦门边检总站找准对台工作的切入点，发挥对台工作十五条措施作用，研提7条关于支持两岸融合发展的意见建议。推动台湾渔船、小额贸易商船停泊点优化整合工作落地。与厦门大学台湾研究院合作开展涉台课题研究，加强台海方向出入境管理的政策理论和动态研究，探索海峡两岸融合发展新路。创优“12367”闽南语方言话务品牌，做好海峡论坛、海峡青年节、海峡两岸文博会、台交会等福建省主场涉台经济文化交流活动通关保障。

（厦门边检总站）

责任编辑：曲　艺
审　　稿：阳晓儒
校　　对：熊焱峰

20 开放型经济

对外及对港澳台贸易

【概　况】2022 年，厦门市进出口总额 9217.75 亿元，比上年增长 3.9%。其中，进口额 4562.63 亿元，比上年下降 0.1%；出口额 4655.13 亿元，增长 8.2%（见表 20-1）。四个季度进出口额分别比上年同期增长 9.6%、8.3%、4.5%、4.0%。在计划单列市中，厦门市外贸规模排第三名，进出口总额增幅排第四名。在 15 个副省级城市中，厦门市外贸规模排第四名，进出口总额增幅排第七名。服务贸易进出口额 785.2 亿元，比上年增长 11.3%。离岸服务外包执行额 223.2 亿元，比上年增长 22.2%，高出全国水平 18.1 个百分点，占全省 88.2%。厦门市入选全国推动外贸稳定和创新发展正向激励支持城市。跨境电商综试区建设在全国综合评价中排前十名。内外贸一体化试点、中医药服务出口基地、语言服务出口基地 3 个国家级试点示范项目落地。全市服务贸易创新发展 88 个试点任务中，落地实施 85 个，其中全国首创 10 个、福建省首创 3 个。“打造现代服务仲裁新模式”“探索‘跨境电商 + 中欧班列 + 丝路海运’新模式”入选国务院服务贸易发展部际联席会议办公室服务贸易创新试点“最佳实践案例”。自贸区厦门片区国家文化出口基地在商务部综合评价功能区类中排第一名。厦门市入选商务部对 2021 年推动外贸稳定和创新发展成效明显予以支持的推荐名单，是福建省唯一入选地区。中国（厦门）跨境电子商务综合试验区在“2021 年跨境电子商务综合试验区评估”综合排名中处于第一档，获评中国报关协会发布的 2022 年十大海运集装箱口岸营商环境测评最佳成绩。

【进出口方式】2022 年，厦门市加工贸易进出口额 1158.2 亿元，比上年下降 10.9%，占全市进出口总额 12.6%，增幅和比重分别比全国平均低 10.4 个百分点、7.5 个百分点，影响全市进出口额增幅减少 1.6 个百分点。其中，加工贸易进口额 399 亿元，比上年下降 17.9%，占全市进口额 8.7%；加工贸易出口额 759.2 亿元，下降 6.8%，占全市出口额 16.3%。保税物流进出口额 1299.9 亿元，比上年增长 21.2%，占全市进出口总额 14.1%，增幅与比重分别比全国平均高 13.1 个百分点、1.5 个百分点，拉动全市进出口额增幅增加 2.6 个百分点。其中，保税物流进口额 403.4 亿元，比上年增长 23.1%，占全市进口额 8.8%；保税物流出口额 896.5 亿元，增长 20.3%，占全市出口额 19.2%。一般贸易进出口额 6744.7 亿元，比上年增长 4.5%，占

表 20-1　2022 年厦门市外贸增幅比对情况一览表

外贸指标	比上年增长（%）	全国（%）	福建省（%）
进出口额	3.9	7.7	7.6
出口额	8.2	10.5	12.3
进口额	-0.1	4.3	0.9

表 20-2　2022 年厦门市进出口方式情况一览表

进口			出口		
贸易方式	金额（亿元）	比上年增长（%）	贸易方式	金额（亿元）	比上年增长（%）
一般贸易	3752.8	0.7	一般贸易	2991.9	9.7
加工贸易	399.0	-17.9	加工贸易	759.2	-6.8
# 来料加工	16.1	4.9	# 来料加工	16.9	16.3
进料加工	382.8	-18.6	进料加工	742.3	-7.2
保税物流	403.4	23.1	保税物流	896.5	20.3

全市进出口额 73.1%，增幅比全国平均低 7 个百分点，比重比全国平均高 9.4 个百分点，拉动全市进出口额增幅增加 3.3 个百分点。其中，一般贸易进口额 3752.8 亿元，比上年增长 0.7%，占全市进口额 82.2%；一般贸易出口额 2991.9 亿元，增长 9.7%，占全市出口额 64.2%。（见表 20–2）

【企业进出口贸易】 2022 年，厦门市外资企业进出口额 2255 亿元，比上年下降 11.8%，占全市进出口额 24.4%，增幅和比重分别比全国平均低 10.4 个百分点、8.5 个百分点，影响全市进出口额增幅减少 3.4 个百分点。民营企业进出口额 3714.3 亿元，比上年增长 13.9%，占全市进出口额 40.3%，增幅比全国平均高 1 个百分点，比重比全国平均低 10.6 个百分点，拉动外贸增幅增加 5.1 个百分点。其中，民营企业进口额 1283.8 亿元，比上年增长 13.8%，占全市进口额 28.1%；民营企业出口额 2430.5 亿元，增长 14%，占全市出口额 52.2%。国有企业进出口额 3253.3 亿元，比上年增长 6.7%，占全市进出口额 35.3%，比重比全国平均高 19.2 个百分点。其中，国有企业进口额 2510.2 亿元，比上年增长 4.2%，占全市进口额 54.9%；国有企业出口额 743.1 亿元，增长 16.5%，占全市出口额 16%。

【进出口市场结构】 2022 年，厦门市对前三大贸易伙伴（东盟、美国、欧盟）进出口额增幅较大，对英国出口额和自澳大利亚、韩国进口额下降较大。对东盟、美国、欧盟进出口额共占全市进出口额 45.3%，分别为 1826.9 亿元、1245.4 亿元、1105.8 亿元，比上年增长 12.3%、9.9%、12.5%，对东盟进出口额增幅比全国平均低 2.7 个百分点，对美国、欧盟进出口额增幅分别比全国平均高 6.2 个百分点、6.9 个百分点。对“一带一路”（丝绸之路经济带和 21 世纪海上丝绸之路）沿线国家进出口额 3307.9 亿元，比上年增长 12%。对金砖国家进出口额 955.4 亿元，比上年增长 29.9%。其中，自金砖国家进口额 665.2 亿元，比上年增长 30.5%，对金砖国家出口额 290.2 亿元，增长 28.6%。对英国出口额 121.7 亿元，下降 53.3%，排名从第四名降至第八名，影响全市出口额增幅减少 3.2 个百分点。对澳大利亚、韩国进口额分别比上年下降 20%、39.8%。（见表 20–3）

【进出口商品结构】 2022 年，厦门市进口商品中，机电产品、农产品、高新技术产品、食品占比最高，共占 65.7%。出口商品中，机电产品、高新技术产品占比最高，共占 61.7%。（见表 20–4）

【对台贸易】 2022 年，厦门市对台贸易额 454.52 亿元，比上年增长 9.6%。其中，自台购买额 260.68 亿元，比上年下降 26.8%；对台销售额 193.84 亿元，增长 31.8%。厦门对台海运快件南向通道建设若干措施出台，支持对台海运快件航线运营，构建常态化、班轮化的厦金海运快捷物流通道。支持厦门跨境电商企业开展对台海运快件揽货业务，支持国内电商平台对台跨境电商集货仓落地厦门，吸引大陆对台跨境电商快件经厦门集货海运输台，提升厦门对台货运枢纽地位。港口高质量发展规划调整，服务企业对台“小三通”（福建省与金门、马祖之间进行小规模的通商、通航和通邮）相关货运业务转移衔接。国际邮轮中心码头获批“进境冰鲜水产指定监管场地”“进境食用水生动物指定监管场地”资质。

【外贸政策支持】 2022 年，厦门市商务局出台覆盖出口、进口、信保及融资、“一对一”、贸易救济 5 个维度扶持政策，叠加对 RCEP（区域全面经济伙伴关系协定）、金砖国家贸易支持。针对跨境电商、保税出口、大宗商品经营等类型企业，开展政策宣讲活动。制定新业态首批发展措施清单、跨境电商高质量发展三年行动方案。开展第二批自主品牌企业认定，入选企业 52 家。推动

表 20–3　2022 年厦门市对外及对港澳台贸易市场结构情况表

进口（含与中国台湾、香港地区贸易）		出口（含与中国台湾、香港地区贸易）	
市场	比重（%）	市场	比重（%）
印度尼西亚	13.9	美国	18.4
俄罗斯联邦	6.1	德国	5.3
美国	8.5	日本	5.8
澳大利亚	9.1	中国台湾	4.2
中国台湾	5.7	中国香港	4.5
日本	3.5	菲律宾	3.8
巴西	4.5	韩国	3.8
其他	48.7	其他	54.2

表 20–4　2022 年厦门市进出口商品结构情况表

进口商品	比重（%）	出口商品	比重（%）
机电产品	18.6	机电产品	44.3
农产品	18.3	高新技术产品	17.4
高新技术产品	14.4	服装及衣着附件	9.0
食品	14.4	电工器材	6.7
铁矿砂及其精矿	10.1	鞋靴	6.2
煤及褐煤	9.5	纺织纱线、织物及其制品	5.2
电子元件	5.3	钢材	4.2
其他	9.3	其他	6.9

厦门品牌出海门户网站建设，上线139家企业、5087种商品。发布20条RCEP措施清单，上线RCEP公共服务平台，组织开展实操培训，为544家企业签发出口RCEP原产地证1.31万份，企业享受进口国关税减免金额超4800万元；签发进口原产地证824份，关税减免1317.8万元。向商务部争取原油、农产品等相关政策支持，扩大对金砖国家资源性大宗商品进口，对金砖国家进出口额比上年增长29.9%。

【厦门港"海丝"新航线开通】 2022年1月10日，中国籍集装箱货轮"新明州98"轮从海天码头出发，开向RCEP国家港口，标志着厦门港2022年首条"海丝"新航线开通。该航线沿途靠泊中国、越南、泰国等RCEP国家港口。

【跨境贸易便利化专项行动】 2022年1月20日，北京、天津、上海、重庆、杭州、宁波、广州、深圳、青岛、厦门10个口岸城市启动为期5个月的促进跨境贸易便利化专项行动，厦门首次参与。厦门市通过该专项行动，重点推进国际贸易"单一窗口"服务功能优化完善，开展航空物流公共信息平台试点，在集装箱干线港推进基于区块链的集装箱电子放货平台应用。

（市商务局）

利用外资及港澳台资

【概　况】 2022年，厦门市实际使用外资及港澳台资22.12亿美元，占全省44.3%，规模排全省第一名。全市新设外商及港澳台商投资企业1141家，比上年增长0.5%。增加世界500强外资项目1个。全市累计到资1000万美元以上企业61家，实际使用外资及港澳台资金额19.2亿美元。市商务局制定《厦门市商务局关于积极做好利用外资"保稳促优"工作的通知》《厦门市外贸外资工作专班关于推进利用外资"保稳促优"若干措施的通知》，参与制定《扎实稳住商务经济若干措施》。厦门市放宽高端商贸业外资奖励扶持政策，完善《厦门市促进外资增长若干措施》，落实外资及港澳台资奖励政策审核兑现。厦门市外资指标调度工作会议召开，市、区实施外资及港澳台资促到资工作周报、项目月动态更新，建立外资及港澳台资追到资凭证工作机制。加强对外资及港澳台资项目全生命周期跟踪服务，建立外资及港澳台资重点跟踪项目"三清单一台账"，重点跟进签约未落地、未到资重点外资及港澳台资项目和未分配利润较大的重点企业，推动企业增资、到资。

【外资及港澳台资投资结构优化】 2022年，厦门市制造业新设外资及港澳台资企业数、合同利用外资及港澳台资、实际使用外资及港澳台资分别比上年增长17.7%、16.3%、17.7%，改变了2020—2021年下跌情况。高技术制造业实际使用外资及港澳台资比上年增长19.1%，金额占制造业实际使用外资及港澳台资69.3%。

【引资来源地】 2022年，厦门市主要投资来源地保持稳定。其中，实际使用中国香港投资16.3亿美元，占全市实际使用外资及港澳台资73.8%；实际使用中国台湾（含6个自由港）投资1.5亿美元。实际使用欧洲国家投资比上年增长1.9倍。实际使用RCEP国家投资比上年增长61.6%，实际使用"一带一路"沿线国家和地区投资增长3.3倍。

【营商环境推介】 2022年，厦门市使用"9·8"投洽会、进博会等平台，开展"外商内引"工作。依托投洽会，开展系列国际交流对接，运用"元宇宙"科技设立"厦门产业云空间"。首次与中国外商协会共同举办"跨国投资对话论坛"，推介厦门市优势产业、投资机遇和营商环境。外资及港澳台资上台签约项目规模排全省第一名。市商务局加强与境外商协会及中介组织常态化交流。与德勤、普华永道、联合国工发组织等国际投资机构合作，加强投资信息收集研判，扩展投资促进网络和招商资源。开展外资及港澳台资投资环境宣传工作。发布《厦门市外商投资环境白皮书》，策划"投资厦门·共赢未来"视频云招商活动外资篇，展示厦门市投资环境及产业机遇。

【厦门校友经济联盟成立大会召开】 2022年7月1日，"大厦栋梁"计划启动暨厦门校友经济联盟成立大会召开，海内外校友代表近400人出席。"大厦栋梁"计划面向各高校所有校友，开展厦门市支持校友经济发展若干措施制定、校友经济工作机制建立、校友创新创业集聚园区打造升级等工作，推出"母校+校友+城市"模式。

【丝路投资大会闭幕】 2022年9月11日，丝路投资大会在厦门市会展中心闭幕。130个国家和地区的工商团组1008个、专业客商约10万人参加，其中境外客商1.5万人。该大会设国际标准展位6000个，总面积13万平方米，参展的境内外机构近2000家；650多位嘉宾参加105场投资促进主题论坛；达成合作协议项目2100个，协议总投资5591.5亿元。

（市商务局）

"一带一路"倡议支点城市建设

【概　况】 2022年，厦门市打品牌、拓通道、建载体、搭平台，推进"一带一路"倡议支点城市建设。"丝路海运"（中国首个以航运为主题的"一带一路"国际综合物流服务品牌和平台）命名航线94条，通达全球31个国家的108座港口。"丝路海运"自2018年开行，累计开行9994艘次，完成集装箱吞吐量1157.41万标准箱，其中厦门港57条"丝路海运"命名航线开行7714艘次，完成集装箱吞吐量852.89万标准箱。2022年，厦门市开通首条"丝路海运"跨境电商快线。首发"台湾—厦门—圣彼得堡"海铁联运线路。发出首列发往莫斯科的中欧班列出口冷链专列。中欧班列开行发运101列，货值35.52亿元。投洽会期间，举办2022"丝路海运"国际合作论坛。

【经贸合作枢纽建设】 2022年，厦门市推进跨境电商产业发展，建成金砖国家商品服务中心，举办"金砖中国年"配套活动“买在金砖”系列活动，厦门对金砖国家跨境电商进出口额1.26亿元，比上年增长125%。厦门跨境电商综试区在商务部评估中综合排名居前列。厦门市启动“海事蓝海智慧服务平台”等项目建设，上线“海关非贸一体化运行智能管理平台”等6个应用场景，形成进口商品“来源可查、去向可追、责任可究”数字化监管链条。

【海洋合作枢纽建设】 2022年，厦门市发挥东亚海岸带可持续发展地方政府网络（PNLG）秘书处的作用，组织召开PNLG执委会会议、年会；举办2022厦门国际海洋周。加快碳中和创新研究中心建设，开展海洋碳汇基础研究和前沿摸索的科研研究。加强远洋渔业管理和稳定生产恢复，制定“远洋渔业监管提升年”实施方案。加强福建省—东盟地区水产绿色养殖联合研发中心建设。推进海丝中央法务区建设，打造泛法务产业集聚区，推进国际法务运营平台建设，落地国际商事争端预防与解决组织，吸引北京安杰等境内外律师事务所入驻运营。打造知识产权“一站式”服务的要素供给侧保障集聚区，联合市场监管部门，整合知识产权法庭、知识产权司法协同中心等资源，建成启用知识产权CBD（中央商务区）。全国海事法院中首个专门审理涉外案件的判机构成立。

【人文交流合作枢纽建设】 2022年，厦门市在首批国家文化出口基地综合功能区考评中排第一名，“东南亚中国图书巡回展”“中国图书版权超市”入选商务部对外文化贸易“千帆出海”行动计划。厦门市举办第六届东南亚中国图书巡回展、“龙腾虎跃”2022海峡两岸赛龙舟等活动。搭建“一带一路”产学研用合作平台。厦门市高校、职业院校针对“一带一路”沿线国家人才培养需求，开展合作办学及留学服务，厦门大学马来西亚分校继续建设。

（市发改委）

海洋经济发展

【概　况】 2022年，厦门市海洋发展局围绕海洋经济发展示范区、示范市建设，推进厦门海洋高新产业园区建设，促进海洋新兴产业链延伸和产业配套能力提升，培育海洋战略性新兴产业，多举措提升海洋科技创新能力，持续做好海洋渔业招商引资，优化产业结构、调整产业布局，走专精特新发展之路，推动厦门海洋经济高质量发展。全年支持海洋产业项目207项，总投资60.36亿元；扶持企业91家，新增产值240.6亿元。招商引资签约项目21个，签约金额40.84亿元。

【海洋产业项目扶持】 2022年，厦门市围绕补链、扩链、强链，以国家海洋经济发展示范区、创新发展示范市、市海洋经济发展专项为抓手，开展“补短板、增动能、提层次”，发挥财政资金带动作用，引导社会资本投入海洋生物医药与制品、海洋高端装备、数字海洋等海洋高新产业，立项13个项目，带动投资2.6亿元。全年支持海洋产业项目207项、总投资60.36亿元，扶持企业91家、新增产值240.6亿元。

【海洋经济区建设与考评】 2022年，厦门市印发《厦门市海洋经济发展示范区暨海洋强市建设2022年工作方案的通知》，明确各涉海单位任务分工及年度工作目标，统筹协调推进项目征集、建设，形成《2022年厦门市海洋经济重点项目》，包括重点项目112个，项目总投资2339亿元，年度计划投资221.52亿元。逐步形成以现代海洋科技文化服务业、海洋高端装备制造业、海洋药物和生物制品业、海洋旅游业、海洋交通运输业等为主体的现代海洋产业体系。厦门市完成“十三五”海洋经济创新发展示范城市国家总考核工作，示范城市绩效指标均为完成或超额完成，在体制机制、金融模式、项目实施管理、扶持政策、产业集聚、平台开放共享、对外合作等方面均有创新，为涉海城市海洋经济发展提供厦门经验。

【海洋高新技术产业园区建设】 2022年，厦门市委、市政府推进厦门海洋高新技术产业园区建设。4月25日，厦门市政府批复厦门海洋高新技术产业园控制性详细规划；9月20日，福建省生态环境厅出具厦门海洋高新技术产业园控制性详细规划环境影响报告书审查小组意见；10月9日，福建省科技厅组织召开厦门市申报省级高新技术产业园咨询会，与会专家一致同意厦门市创建省级海洋高新技术产业园区；12月22日，福建省政府常务会议研究同意厦门市创建省级高新技术产业园区。

【海洋科技创新能力建设】 2022年，厦门市加快推进福建海洋创新实验室、海洋三所翔安基地建设进度，推动“部省市”共建海洋三所取得实质性进展；发挥厦门南方海洋研究中心在协调和汇集海洋科技资源上的作用，建设海洋科技创新载体，打造翔安火炬双创基地、沙坡尾海洋经济服务中心和欧厝海洋院士工作站等载体，为中小微企业和创业团队提供“拎包入住”式服务，促进海洋科技成果孵化育成落地；搭建海洋公共服务平台23个，提升厦门市海洋产业公共服务能力。

【厦门智慧海洋建设】 2022年，厦门市海洋发展局扶持涉海企业完成“海洋物联网监测预警终端与系统产品产业化”“海洋高效协同安全云视讯通信设备成果产业化”等项目的建设，项目总投资超6000万元，研发的海洋物联网监测预警终端实现对海洋防汛、水利防洪的监测预警，云视讯通信设备可用于海上联合搜救、海洋灾害应急、海洋卫星组网会议、海洋科考直播、海上协同作业等场景。“高崎渔港上岸渔获可追溯管理系统”正式投入使用，将捕捞水产品纳入水产品质量安全“一品一码”体系。

（许金璟）

金砖国家新工业革命伙伴关系创新基地

【概　况】 2022年，厦门市与金砖国家进出口总额955.4亿元，比上年增长29.9%。金砖国家新工业革命伙伴关系创新基地（简称金砖创新基地）围绕“国家所需、福建厦门所能、金砖国家所愿”，按照“以双边促多边、以民间促官方”原则，推进基地建设。基地建设工作被纳入金砖“中国年”金砖国家领导人第十四次会晤成果。金砖国家新工业革命伙伴关系创新基地建设领导小组办公室（简称金砖办）等联合召开5次会议；金砖创新基地理事会第二次会议在厦门召开，审议通过《金砖创新基地战略咨询委员会组建方案》《金砖创新基地章程》；实体机构金砖创新中心完成设立登记，完成首批10名工作人员招录。11月23日，国家国际发展合作署函复，同意在厦门设立全球发展促进中心创新培训基地。

【政策协调合作】 2022年，金砖创新基地举办金砖相关会议、论坛等活动20多场，其中金砖“中国年”活动14场，金砖国家代表等线上、线下参与和关注人员超400万人次。金砖创新基地组建厦门金砖创新基地智库合作联盟，邀请22家国内高校和智库加入，举办金砖创新基地建设与发展论坛等活动，发布智库研究成果，完成课题调研报告14份；推动设立厦门市金砖技术与技能标准化技术委员会，开展未来技能团体标准制定和课程开发。

【人才培养合作】 2022年，金砖创新基地推动金砖新工业能力提升培训基地联盟扩员，吸纳第二批院校和企业11家，打造金砖示范性专业培训项目23个，推出培训课程680门，评选现场教学点17个，举办线上线下人才培训交流活动24期，覆盖国家41个，参训学员83.5万人次；首届金砖国家职业技能大赛、2022技能发展与技术创新国际赛在厦门举行，涉及人工智能计算机视觉应用、物联网、增材制造等41个赛项，参赛队伍超2000支，国内外1.5万人参加。

【项目合作】 2022年，金砖创新基地推进新型基础设施建设，建成新工业革命领域赋能平台8个，推出金砖创新基地示范项目104个。签约金砖合作项目29个，总投资额181亿元。落地中俄数字经济研究中心、铁建重工海外区域总部项目。推动厦门大学附属心血管病医院成立金砖心血管健康创新中心。与近10个金砖国家省（州）、城市开展交流。6月14日，金砖创新基地和新开发银行于线上签署合作谅解备忘录，围绕金砖国家以及其他新兴经济体和发展中国家的基础设施建设和可持续发展、贸易、投资、人文交流等方向，在新一代信息通信技术、人工智能、工业互联网、绿色产业、节能环保、生物医药、能源电子等新工业革命领域开展合作。

【“买在金砖”活动启动】 2022年4月28日，由商务部主办，厦门市人民政府、福建省商务厅承办的“买在金砖”活动启动仪式在厦门举行。该活动借助线上“云上投洽会”平台，开辟“买在金砖”专区，设金砖国家精品馆区、直播专区、电商专区、活动专区、内容专区，阿里巴巴、抖音、京东等网络平台参与；线下建立金砖国家商品服务中心，面积约800平方米，展出金砖国家产品700余个。配套举办金砖国家特色商品电商直播活动、象屿金砖国家精品馆特惠活动、线上金砖国家精品馆展演、厦门“网上消费季”金砖主题活动、厦门石材展“云展会”金砖国家产品展示等。

【金砖国家工业部长会议】 2022年5月23日，第六届金砖国家工业部长会议在厦门以视频会晤形式举行，中国、南非、巴西、俄罗斯和印度工业主管部门部长级官员参加。与会代表围绕“深化新工业革命领域创新合作，推动实现更加强劲、健康、韧性的可持续发展”主题进行讨论，围绕加强全面合作、促进传统产业数字化转型、强化产业链供应链合作、提升工业发展能力等方面交换意见。会议发表《第六届金砖国家工业部长会议联合宣言》，鼓励金砖国家深化产业合作，共同营造开放、公平、活力、韧性的发展环境，构筑稳定、安全、互利的产业链供应链合作体系，推动工业经济加快复苏与增长。

【金砖国家工业互联网与数字制造发展论坛】 2022年5月23—24日，金砖国家工业互联网与数字制造发展论坛在厦门举行。论坛由工业和信息化部、福建省政府、厦门市政府共同主办，主题为“把握工业互联网发展机遇，携手推动制造业数字化转型”，旨在推动数字化转型领域创新合作，打造金砖国家数字化发展交流平台。国务委员王勇出席论坛开幕式并致辞。金砖国家政府部门、国际组织负责人，有关国家驻华使节，科研机构、行业协会及领军企业代表约300人以线上、线下相结合的方式参加。开幕式上，南非贸易、工业和竞争部部长易卜拉欣·帕特尔，巴西驻华大使保罗·瓦莱，俄罗斯工业和贸易部副部长阿列克谢·格鲁杰夫，印度商业和工业部国务部长索姆·帕卡什，国际电信联盟秘书长赵厚麟，金砖国家新开发银行行长马可斯·特罗约，联合国工业发展组织总干事格尔德·穆勒等嘉宾线上发言。主论坛上，南非驻华大使谢胜文，阿根廷驻华大使牛望道，中国工程院院士李培根等代表发言。金砖国家政府部门、学术界、产业界代表围绕“工业互联网与制造业数字化转型”“数字化浪潮下的制造业转型创新”“共建工业互联网与数字制造发展生态”等主题进行演讲。主论坛发布《金砖国家制造业数字化转型合作倡议》。

【金砖创新基地建设与发展论坛】 2022年6月14日，由厦门市金砖办主办，华侨大学国际关系学院、福建师范大学福建自贸综合研究院协办的2022金砖创新基地建设与发展论坛在厦门举行，312万人次通过线上参与、观看。论坛以“金砖中国年与金砖创新基地建设：新担当、新方案、新实践”为主题，中国现代国际关系研究院世界经济研究所原所长陈凤英、华侨大学副校长林宏宇教授等学者从金砖合作的机遇与挑战、新工业领域合作发展、深化国际产学研合作、金砖国家技能发展等方面发表演讲。论坛发布智库合作成果《金砖创新基地蓝皮书（2021）》《金砖国家国别报告》。论坛上，厦门金砖创新基地智库合作联盟、“厦门金砖新工业能力提升培训基地”联盟第二批成员单位、金砖示范单位（项目）授牌。厦门金砖创新基地智库合作联盟增加中国社科院拉美所、北京师范大学金砖国家合作研究中心、上海国际问题研究院等22家成员单位；“厦门金砖新工业能力提升培训基地”联盟扩员至16家，增加厦门理工学院、福建警察学院等11家成员单位；推出数字制造、人工智能等新工业革命领域的金砖示范项目104个。

【金砖国家青年科学家论坛】 2022年8月29日至9月1日，第七届金砖国家青年科学家论坛暨第五届金砖国家青年创新奖在厦门举行。该论坛由科技部国际合作司和厦门市政府联合主办，中国科学技术交流中心、科学技术部火炬高技术产业开发中心、厦门市科技局、厦门大学承办。该届论坛是中国首次作为东道国以线上线下相结合的方式参与，以“激发青年潜能，共建金砖未来”为主题。金砖五国的青年科学家和企业家近200人线上线下参加，在低碳技术、生物医药、人工智能、新材料等前沿领域展示学术观点。第五届金砖国家青年创新奖评选活动同期举行，20个项目进入总决赛角逐，中国的3名选手获得一等奖、二等奖、三等奖各1个，俄罗斯的2名选手获得二等奖、三等奖各1个，巴西的1名选手获得三等奖。论坛设立金砖国家“云”上科博会，线上展示青年创新者的科研成果，为青年人才科技交流和学术互鉴提供共享平台。

【金砖国家新工业革命伙伴关系系列活动】 2022年9月，2022金砖国家新工业革命伙伴关系系列活动在厦门举行，包括金砖国家新工业革命伙伴关系论坛、金砖国家工业创新大赛、金砖国家新工业革命展。9月7日，2022金砖国家新工业革命伙伴关系论坛开幕，与会代表围绕“深化新工业革命伙伴关系，推动共同可持续发展”主题开展交流对接，省委书记尹力在开幕式上致辞，省长赵龙出席，省委常委、秘书长吴偕林出席，副省长康涛主持，厦门市领导黄文辉、杨国豪、魏克良等出席。工业和信息化部副部长辛国斌，厦门市委书记崔永辉，中国金砖国家事务副协调人、金砖国家工商理事会中方理事会代表、金砖国家智库合作中方理事会代表和俄罗斯、巴西、南非、印度的相关负责人等分别在现场或通过视频致辞。9月6—7日，2022金砖国家工业创新大赛决赛举行，大赛以“工业创新促进更加强劲、绿色、健康的全球发展”为主题，由工业和信息化部、福建省政府、厦门市政府主办，工业和信息化部国合中心、福建省工信厅、厦门市工信局承办，设置工业互联、智能制造、绿色循环3个赛道。中国、巴西、俄罗斯和印度的90个项目通过路演答辩环节决出一、二、三等奖，同时评出优秀组织单位奖5个。9月7—11日，2022金砖国家新工业革命展举行，面积1.5万平方米，涵盖信息通信、科技创新、新能源汽车、金融、能源材料、航空航天、食品消费、生物医疗等领域，100余家中外单位参展，其中世界500强企业10家、行业领军企业逾60家。活动期间，金砖创新基地产业链供应链协同创新、数字领域标准验证与创新应用、人才培养等平台上线，产业创新联盟成立，标准与知识产权服务中心、制造业创新成果产业创新中心揭牌。金砖航天领域创新项目、金砖国家传统医药数字化与智能化研究项目、新能源汽车配件制造项目等29个项目现场签约，总投资额181亿元。

【金砖国家职业技能大赛】 2022年5—11月，教育部、人社部、金砖国家工商理事会、厦门市政府联合在厦门举办2022金砖国家职业技能大赛，涉及人工智能机器人系统集成及应用、工业数字孪生、增材制造等28个新工业领域未来热点技术技能赛项。5月23—28日为启动赛阶段，11月4—6日为决赛阶段。同期举办2022金砖国家技能发展与技术创新大赛国际赛，由金砖国家工商理事会、厦门市政府、“一带一路”暨金砖国家技能发展国际联盟、中国科协“一带一路”暨金砖国家技能发展与技术创新培训中心共同主办，涉及数据分析与可视化、混合现实（MR）资源开发等8个赛项。参赛队伍1138支、选手1989人，其中线上远程参赛的国外队伍754支、选手985人。中国代表队获奖牌79枚（其中金牌25枚），俄罗斯代表队获奖牌38枚（其中金牌7枚），印度代表队获奖牌12枚（其中金牌1枚），南非代表队获奖牌10枚，巴西代表队获奖牌7枚（其中金牌2枚），加纳代表队获奖牌2枚，蒙古代表队获奖牌1枚。厦门技师学院等10所厦门市院校及专业机构的22支队伍参赛，其中厦门城市职业学院等7所院校及专业机构代表队在人工智能计算机视觉应用等赛项中获一等奖1个、二等奖3个、三等奖7个。

【金砖国家智库国际研讨会】 2022年11月17日，由金砖国家智库合作中方理事会主办，厦门市金砖办、厦门市外办承办的2022金砖国家智库国际研讨会在厦门举行。金砖国家智库学者以及工商界代表通过线上、线下方式参加，围绕“加快金砖创新基地建设，贡献全球发展合作力量”开展研讨。研讨会上，中国国际问题研究院院长徐步，俄罗斯金砖国家研究国家委员会研究主任伊丽娜·雅丽金娜，印度观察家研究基金会杰出成员钠谛普·苏瑞，南非科学与工业研究理事会第四次工业革命中心主任恩齐巴内·恩特拉拉帕等代表发表演讲。研讨会上，厦门大学附属心血管病医院发布“金砖心血管健康创新中心访问学者招收计划”，金砖创新基地与华侨大学联合发布《金砖国家华侨华人研究报告》。

（市金砖办）

开发区建设

中国（福建）自由贸易试验区厦门片区

【概　况】 2022年，中国（福建）自由贸易试验区厦门片区（简称自贸区厦门片区）地区生产总值1071.66亿元，比上年增长14.5%，约占全市地区生产总值的13.7%。海关特殊监管区域进出口额比上年增长21.2%。完成进出口总额1886.68亿元，比上年增长26.34%，占全市进出口总额约20%。完成税收收入155.92亿元，比上年增长28.1%；地方级税收78.86亿元，增长23.3%。规模以上工业产值745.31亿元，比上年增长38.9%。限额以上批发零售业销售额1.16万亿元，比上年增长22.8%。

【制度创新】 2022年，自贸区厦门片区增加全国首创举措15项，10项厦门经验在全省复制推广。至年末，累计推出创新举措553项，其中全国首创126项。国务院6批143项改革试点经验中，厦门经验占21%，推广落实率98.6%。2022年度重点创新试验任务具体措施145项，落实率91%。厦门国际贸易“单一窗口”等5个典型案例成为全国自贸试验区最佳实践案例，占全国8%。自贸区厦门片区“建设绿色低碳国际‘一站式’航空维修基地”等2个案例入选生态环境部《自由贸易试验区加强生态环境保护推动高质量发展案例汇编》。中山大学发布的“2021—2022 年度中国自贸试验区制度创新指数”排名中，自贸区厦门片区在 54 个自贸片区中排第五名；“新型离岸国际贸易推动国内国际双循环发展”入选中山大学发布的“2021—2022 年度中国自由贸易试验区制度创新十佳案例”。

【综保区建设】 2022 年，自贸区厦门片区象屿保税物流园、海沧保税港区先后获批升级为综合保税区。在海关总署 2021 年度综保区发展绩效评估中，象屿保税区质量效益排全国第一名，为东部地区、福建省唯一“双 A”；象屿保税区、象屿综保区、海沧港综保区在福建省排前三名，综合排名分别为全国第 23 名、第 29 名、第 48 名。海沧港综保区一期通过验收，象屿综保区实现全国首个“零碳排”综保区。空港综保区申报方案上报国务院并批转至海关总署办理。自贸区厦门片区推进报关、非报关货物监管方式改革，上线综保区数字监管综合服务平台。

【双自联动】 2022 年，厦门市建立自贸试验区与自主创新示范区工作协同机制，推动创新制度、创新资源、创新成果在自贸区厦门片区与自主创新示范区的互融互通。探索形成“集成电路保税研发与检测”“生物材料特殊物品出入境公共服务模式”“支持重点产业创新职称评审模式”等在全省复制推广的联动举措 11 项，占全省 92%。

【自贸区海峡两岸融合发展】 2022 年，自贸区厦门片区台资企业 924 家，注册资本 137.78 亿元。仲信国际、台骏国际和日盛 3 家台资融资租赁公司分公司落地。厦门市推动贸易外汇收支便利化试点扩大到全市 18 家台资企业，占厦门市贸易外汇便利化企业总数 37.5%。自贸区厦门片区推动台湾企业、青年创业团队、青年创业项目落地，累计注册台企 296 家、台湾青年 524 人。打通厦门—金门—高雄跨境电商“次日达”物流通道，增加海天港、海沧港综保区跨境厦金航线，建设象屿金门海外仓、菜鸟对台集货仓，“厦金”包船每周 15 航次。两岸海运快件实现快件专区双向运营，创造性开展对台海运快件拼箱和海铁联运拼箱业务，对台海运邮快件 6975 标准箱、643.04 万件。支持台资企业累计办理离岸贸易外汇收支结算 3.7 亿美元。落地全省首笔台胞通过台湾手机号开通数字人民币四类账户，为短期到厦门商务交流旅游的台胞提供支付手段。协助大嶝对台小额商品交易市场台商开通数字人民币商户钱包，发展作为自贸区数字人民币红包挂钩采购商户。推动丽宝生医（厦门）生物科技有限公司入驻厦门国际健康驿站。

【“一带一路”自贸工作】 2022 年，厦门市开通首条中欧安全智能贸易航线试点计划的铁路航线，中欧（厦门）班列稳定开行中欧、中亚、中俄 3 条国际货运干线，主要通达 12 个国家、34 个城市，形成跨越海峡、横贯欧亚、“海上丝绸之路”与“陆地丝绸之路”衔接的国际物流通道。中欧（厦门）班列中俄线发运 34 列，进出口货值 8.59 亿元，增加厦门—白俄罗斯明斯克中欧班列线路、台湾—厦门—圣彼得堡海铁联运线路，开行省内首列出口冷链国际专列。“一带一路”国际综合物流服务品牌“丝路海运”平台建成，为中国首个以航运为主题的平台，有 100 条命名航线，通达 43 个国家、117 座港口。

【自贸区与金砖国家经贸合作】 2022 年，厦门对金砖国家跨境电商进出口额 1.26 亿元，比上年增长 125%。厦门市外国人才服务站第二个分站在自贸区厦门片区落地，建成金砖国家商品服务中心，设立俄罗斯、巴西等金砖国家商品馆和金砖人才孵化中心，阿里巴巴全球速卖通福建商家运营中心落地跨境电商产业园。厦门市举办“金砖中国年”重要配套活动“买在金砖”系列活动。商舟物流货航公司落地。支持厦门国贸集团与巴西企业签订战略合作协议。国贸石化从俄罗斯累计进口原油 211 万桶，金额 1.55 亿美元。厦门海关重点梳理相关企业名单，促成 2 家企业成为 AEO（经认证的经营者）企业；筛选 3 家与南非有贸易往来的海关高级认证企业参与 AEO 互认安排。

【海丝中央法务区自贸先行区建设】 2022 年，厦门市依托自贸区厦门片区国际港航、国际商业、跨境物流等临港经济优势，打造海丝中央法务区国际法务运营平台，引进法务、泛法务资源，建设涉外商事海事争端解决优选地。该平台引进国际商事争端预防与解决组织（厦门）代表处、中国银联、北京安杰律师事务所、北京隆安律师事务所、北京中闻律师事务所等国际组织、头部企业。平台产业载体国际邮轮母港海上世界初步形成金融、服贸、法务、文化等产业集聚，100 余家企业、机构协同构建法务、商务生态圈。建设“海丝中央法务区・云平台”，通过“线上云集聚”模式拓展法律服务新业态，打造数字法务区。至年末，海丝中央法务区入驻法务服务机构 2000 余家。设立海丝中央法务区自贸先行区服务大厅，开展两岸对台、对外经贸、知识产权等板块的法务服务。其中，中国贸促会自贸协定（厦门）服务中心和中国贸促会厦门调解中心服务窗口，为企业提供优惠原产地证签发和法律咨询服务，助力企业提高产品在国际市场竞争力。签发各类优惠原产地证书 1.44 万份，比上年增长 30%；涉及金额 8.6 亿美元，增长 28%。

【自贸区口岸通关环境提升】 2022 年，厦门关区进出口整体通关时间分别为 24.34 小时和 1.09 小时，比上年分别压缩 20.4% 和 30.1%，连续 4 年在“中国十大海运集装箱口岸营商环境评测”中获为评最高星级。厦门关区推出港口通关环境优化提升项目 21 个。推出跨境贸易便利化、口岸营商环境优化具体举措 44 项，形成具有厦门特色的成果案例 15 个，“降低港口收费”等 6 项举措获得海关总署、国家口岸办肯定。落地首票基于多式联运“一单制”提单物权凭证功能的金融服务应用。

【招商引资】 2022 年，自贸区厦门片区累计增加企业 6439 家，注册资本 718.6 亿元。其中，外资企业 232 家，注册资本 103.2 亿元。实有企业 48815 家，注册资本 8286.7 亿元。其中，外资企业 2287 家，注册资本 1501.1 亿元。合同利用外资 9.2 亿美元，完成市下达任务 118.0%。完成实际利用外资 1.7 亿元，完成市下达任务 78.8%。开展联动招商、基金招商、校友招商，与各行政区及火炬高新区建立常态化联席会议，共推高能级联动项目50个，总投资500亿元；通过合格境外有限合伙人（QFLP）设立美元基金，搭设外商独资经营实体（WFOE），拉动基金投资额5.5亿美元。全年增加与各行政区联动招商企业3.16万家，注册资本4771.05亿元，联动招商数、注册资本分别占自贸区厦门片区总量71.3%、70.9%。与各区和火炬联动高能级项目24个，投资额90.4亿元。与湖里区、海沧区等联合出台6项产业发展扶持政策，支持跨境电商、集成电路、平台经济、基金等发展；与相关区联合打造"海上世界"、航天人才产业园、航空产业园等联动发展载体平台。加强项目带动，世界500强德信集团海外事业总部设立5家关联企业，赛夫集团总部及生态基地设立20家关联企业，"海上世界"服务贸易创库入驻国际商事争端预防与解决组织（厦门）代表处、海尔国际细胞库福建中心等近100家企业。加强跨区域协同联动，与南沙自贸片区、昆明自贸片区、龙岩高新区分别签署战略合作协议。构建"引导基金＋联动招商"发展模式，设立规模30亿元的自贸区产业引导基金，入选《母基金周刊》"跨境投资力"维度前10强和全国（区、县级）政府引导基金前20强。联合打造古地石基金小镇，吸引163家经中国证券投资基金业协会登记备案的私募基金管理人，落地中文投基金二期、普洛斯建发新兴产业基金、中金系基金等418支，基金规模超1440亿元。

【航空维修平台】 2022年，自贸区厦门片区航空维修行业营业收入82.8亿元，比上年增长35.7%。开展区外保税维修试点，全省首创区外整机保税维修业务，完成该模式出口17亿美元。厦门航空产业启动区主体施工、累计投资2.5亿元，豪富太古新厂房搬迁项目10月完工。厦门太古发动机服务有限公司竞得CF34-10A发动机维修资质，厦门新科宇航科技有限公司具备V2500发动机维修能力。自贸区厦门片区联合市财政局、湖里区等修订出台航空维修产业政策。探索构建国产大飞机全球保障体系。

【国际贸易"单一窗口"】 2022年，自贸区厦门片区新上线非贸一体化运行智能管理平台、海关检疫"E码通"功能、大数据基础平台等3个应用系统；金融区块链平台增加"企业供应链融资和银行贷款用途跟踪"等5个场景应用，大嶝市场海关监管辅助系统增加支付及库存功能，跨境电商公共服务平台出口模块升级，提升运行效率；数字口岸平台、蓝海智慧服务平台等项目建设启动，加快口岸数字化转型。

【跨境电商平台建设】 2022年，自贸区厦门片区跨境电商进出口额126.1亿元，比上年增长47.5%。其中，跨境电商进口额8.9亿元，比上年增长9.0%；跨境电商出口额117.2亿元，增长51.7%。全国首创跨境电商逆向物流退货业务。元翔、港务、西查等3个跨境电商监管中心投入使用。厦金海运快件航班每周开航9班。厦门至马尼拉跨境电商海运快线开通。拓展进口保税备货业务，落地大嶝菜鸟仓，促成京东项目与抖音跨境系统对接。

【中欧（厦门）班列】 2022年，从自贸区厦门片区开出的国际班列中，运行厦门—汉堡、阿拉木图、莫斯科3条中欧班列干线，主要通达欧亚大陆12个国家及地区、联通24个城市，形成跨越海峡、横贯亚欧大陆国家物流通道。发运101列，货值35.52亿元。自开通至2022年末，累计发运1208列，货值297.23亿元。

【文化贸易平台】 2022年，自贸区厦门片区在泰国、马来西亚等举办东南亚中国图书巡回展、版权输出等活动3231个。"东南亚中国图书巡回展""中国图书版权超市"入选商务部对外文化贸易"千帆出海"行动计划，"国际图书版权超市"入选2022年中国服贸会"全球服务实践案例"。海丝艺术品中心入选福建省新时代特色文艺示范基地。8月，自贸区厦门片区国家文化出口基地获评首批国家文化出口基地，连续两年在功能区类中排第一名。该基地深化对台文化交流合作，支持开展两岸图书进出口、对台图书展览及交流活动等，推进两岸图书出版合作，对台图书贸易额排大陆第一名。

【供应链创新应用】 2022年，自贸区厦门片区支持供应链科创中心搭建"衡链—供应链数字化服务平台"，与厦门海沧投资集团有限公司、厦门信达股份有限公司等共建供应链数字化实验室。增加雨果跨境电商小语种SaaS（软件即服务）、宏鹏发"贸赢贷"供应链金融等数字化平台。上线"企业供应链融资和银行贷款用途跟踪"等区块链金融场景6个。联合市商务局评出第二批市级供应链创新与应用试点企业20家。

【集成电路产业】 2022年，自贸区厦门片区集成电路设计企业214家，实现产值20.8亿元，比上年增长20.4%。其中，"专精特新"企业5家、国家级科技小巨人3家、国家高新技术企19家、上市后备企业4家、厦门市"三高"（高技术、高成长、高附加值）企业12家、厦门市"双百计划"人才企业15家。自贸区厦门片区建成集成电路公共服务平台，全年提供芯片测试服务1717家次、测试时长1685小时，提供封装数量127.1万颗。

【融资租赁产业】 2022年，自贸区厦门片区飞机租赁平台引进飞机8架、发动机1台；完成租赁航空器处置21架次（含客改货4架，发动机出口17台），完成年度计划300%。实现首架综保区带租约资产包交易，首架保税租赁飞机客改货落地，飞机租赁带动飞机改装、拆解、航材交易等全产业链发展。增加船舶租赁8艘，累计35艘。中影华夏租赁开展影院设备租赁外、影视拍摄和后期处理器材租赁业务，累计投放近5亿元。芯鑫租赁支持集成电路企业发展，全年投放27亿元，累计投放近80亿元。

【离岸国际贸易试点】 2022年，厦门市30多家企业、13家银行开展新型离岸国际贸易业务。全市新型离岸国际贸易外汇收支160.19亿美元，比上年增长43.1%，累计结算403.85亿美元，业务总量在全国排前列。厦门市新型离岸国际贸易业务为跨国公司在厦门市设立全球供应链结算中心创造条件。2018年8月，厦门市在全国率先探索境内企业开展离岸贸易业务；2021年，厦门市获批成为全国5个新型离岸国际贸易试点地区之一。

【数字自贸区建设】 2022年，自贸区厦门片区创新数字化服务载体，打造供应链科创中心，为企业提供数字化转型解决方案和技术支持，建设数字化创新实验室。其中，冻品供应链金融实验室建立扁平化、信息化、数字化分销网络，提升冷链食材分销效率；华禹汽配产业数字化供应链平台实验室打造防伪追溯系统，以数字化推动传统汽配行业贸易模式转变，实现汽配产品全流程跟踪，撮合上下游企业间交易；信达煤炭加工定制实验室通过整合研发、贸易、加工、物流等资源，对客户能源需求进行研发、生产、配送。以进口酒数字贸易为核心的厦门自贸区数字国际酒平台提供展示交易、供应链等数字酒类公共服务，数据公开、采购对接、资讯交流等产业服务，供应链金融、物流信息化管理、线上展会等企业服务，文化推广、人才培养、消费指南等公众服务。自贸区厦门片区完成跨境电商公共服务平台升级改造，提升通关申报速度，将跨境电商线下生态资源整合到线上平台。以艺术品领域为重点，结合互联网、新媒体、虚拟现实等先进技术，发展艺术品云鉴赏、云展览、网络拍卖等业态，打造线上、线下艺术品全产业链保税共享平台。建设“纸源网”数字化协同平台（集“交易流”“金流”“物流”“信息流”于一体的B2B交易平台），为纸张行业上下游企业提供网上交易服务和综合解决方案，该平台纸浆经营量在全国排第一名。厦门海润传统集装箱码头全智能化改造项目试投产，5G通信完成组网投入使用，全智能化改造项目按计划实施；厦门远海码头实现“5G+北斗＋无人集卡智慧港口2.0”商业化运营，无人集卡实船作业6692标准箱。提升厦门集装箱智慧物流平台基础软硬件设施，推广集装箱设备交接单、提货单电子化，实现厦门港海运进出口集装箱的整体物流协同作业电子化，无纸化。建立自贸区厦门片区地上地下二三维一体化空间数据底座，构建可视、可查、可用城市地下管网地理空间信息数据库，形成三维全要素综合数据底图。

（郭立群）

厦门海沧台商投资区

【概　况】 2022年，厦门海沧台商投资区（简称海沧台商投资区）完成地区生产总值1067.48亿元，比上年增长4.7%；固定资产投资增长11.8%；全区财政总收入239.22亿元，增长7.7%；区级财政收入39.64亿元，增长7.3%；实际利用外资1.92亿美元，下降17.4%。完成征地300.63万平方米；交地398.82万平方米；房屋征收51.72万平方米，完成年度计划的239.57%；拆除58.64万平方米，完成年度计划的333%；封闭项目37个。

【海峡两岸融合促进】 2022年，海沧台商投资区加强海峡两岸产业合作联动，培育“专精特新”台资企业，新增落地台资企业49家，台胞个体工商户7户。海沧台商投资区规模以上台资企业52家；规模以上台资企业工业产值190亿元，占全区规模以上工业产值9.5%；省、市级“专精特新”台资企业6家。海沧台商投资区加大对台引才引智力度，新入选市级台湾特聘专家（专才）9人。加强社会融合，开展台湾青年参与乡村振兴、社区治理工作。海峡两岸融合的农村社区治理经验被民政部在全国推广。参与举办第十四届海峡论坛分论坛、第十五届海峡两岸（厦门海沧）保生慈济文化节、2022海峡两岸汉字节等活动。加强两岸民间交流，1.5万个保生大帝平安福袋挂件、6万个印有保生大帝信仰文化元素的口罩快递到台湾。加强两岸青少年交流，开展两岸亲子夏令营等活动，聘请台湾指挥指导及7名民乐教师，依托“海娃民族乐团”，开展两岸民乐融合课程。推进海峡两岸司法交流，涉台法庭大楼启用，建成厦门法院涉台司法展示基地，涉台法庭十周年工作纪实在《中国审判》刊发。涉台调解室工作经验在第二届海丝中央法务区论坛上展示推荐。开通全国首条具有闽南特色的24小时双语检察服务专线，建立辐射全市的涉台检察服务驿站。

【工业发展】 2022年，海沧台商投资区规模以上工业企业497家；完成产值2044.71亿元，比上年增长10.5%；完成工业增加值693.25亿元，增长6.2%；实现销售产值1940.18亿元，增长6.6%；出口交货值506.53亿元。海沧台商投资区入选“中国工业百强区”，名次从64名提升至51名。落地烨映电子技术研发中心等提容增效项目34个；万泰养生堂等23个项目按计划开工；海沧半导体产业基地项目等9个项目按期投产。生物医药、集成电路和新材料三大战略性新兴产业继续发展，三大产业共完成产值734.8亿元，比上年增长17.2%，占规模以上工业产值的35.9%。生物医药企业439家，完成工业产值486.57亿元。其中，规模以上生物医药企业75家，完成工业产值344.75亿元，占全区规模以上工业总产值的16.9%。获批第三、第二、第一类医疗器械产品37个、80个、184个，分别占69.81%、全省49.38%、全市60.33%。生物医药港综合竞争力首次跻身全国十强。集成电路产业规模以上企业累计产值36.5亿元，比上年增长106.3%。投资额超70亿元的安捷利美维等重大项目开工，云天半导体、四合微电子入驻半导体产业基地。国家集成电路产教融合创新平台（海沧分平台）揭牌。第六届集微半导体峰会在海沧台商投资区举行。集成电路产业园获评“2022中国集成电路高质量发展优秀园区”。集成电路产业总营收34亿元，比上年增长87.5%。规模以上新材料企业17家，完成工业产值353.6亿元，比上年增长54.6%。现代服务业特色发展，中谷物流基地等项目落地开工，见福、厦门钨业2家企业入选“全国供应链创新与应用示范企业”。捷太格特转向系统（厦门）有限公司（JSSX）登上厦门市“先进制造业领军企业”榜单，金旅客车上榜2022年中国品牌价值500强。传统优势行业（电子信息、汽车及配件、水暖卫浴）产值共587.33亿元，比上年增长4.4%。

【招商引资】 2022年，海沧台商投资区实际利用外资1.92亿美元。出台相关政策方案促进招商引资，到日本、北京、武汉等招商27次，接待200多名客商考察。推动13个工业项目取得用地，涉及土地出让面积80.97万平方米。推动36个在谈重点项目取得进展。组织招商活动，“9·8”投洽会签约项目30多个，签约成果项目累计投资额469.88亿元，涵盖生物医药、绿色能源、基金投资、商贸服务等行业。其中，华夏电力智慧电厂系统等3个项目参加全省重大项目现场集中签约，总投资额超100亿元，上台签约项目数和投资额居全市各区之首。首个PPP项目（政府和社会资本合作模式）完成财政部入库，总投资超36亿元。实现京东数字产业园、中通快递产业园落户入驻，建设交通产业园开园。全区在市招商引资平台入库签约项目189个，签约投资总额469.53亿元，项目落地率66.77%；应落地项目累计完成投资额267.9亿元，投资完成率46.5%；省重大签约项目6个，开工率81.8%。

【创新驱动】 2022年，海沧台商投资区实施科技计划项目，组织实施科技计划项目9批，兑现科技资金1.7亿元，涉及企业689家次，带动企业研发投入3.7亿元。兑现企业研发费用补助9173.6万元。全区166家企业获得国家级高新技术企业，其中重新认定62家、新认定104家。至年末，全区资格有效国家级高新技术企业379家，比上年同期增长32.98%；资格有效市级高新技术企业174家。高新技术产业规模以上工业企业206家，比上年增长23.35%；完成产值941.01亿元；实现营业收入937.15亿元，其中营业收入1亿元以上企业98家、10亿元以上企业19家、100亿元以上企业1家。新增国家级专精特新"小巨人"企业14家、省级"专精特新"中小企业27家；新增市级企业类重点实验室6个，占全市40%。省级及以上创业服务平台机构14家，"国家级双创示范基地"及国家级科技企业孵化器各2家，省级以上众创空间10家。入选厦门市第一批先进制造业倍增计划企业44家，全年完成工业产值1047.9亿元，比上年增长8.2%，其中32家开展增资扩产。全区国内专利授权量5288件，比上年增长12.87%；有效发明专利拥有量2316件，增长21.45%。建立全市首个"海纳百川 产业立区 人才强区"直播引才基地，开展"云直播"引才活动37场，涉及企业194家次、"云送岗"1504个。全区引进高层次人才397人次，拥有国际化人才1095人。引进硕士、博士、"双一流"高校本科毕业生525人。完成工业设计年度职称评审，9人获初级职称，26人获中级职称。生物医药行业专技评审申请和初审254件，比上年增长59.7%。

【营商环境优化】 2022年，海沧台商投资区优化"八办"（招商办、前期办、重点办、征收办、督查办、产业办、规划土地办、服务办）全流程全要素全周期工作机制，全市首创企业"进不了窗口"事项综合服务中心。召开"服务企业接待日"活动9场，累计受理诉求378件，办结近90%。增资扩产工作经验全市推广，建立"一企一案一专班"保障机制，优化合并办理环节，压缩办理时限。出台10条助企纾困政策，其中对承租区属国企资产的中小微企业和个体工商户，租金减免时间延长至6个月，减免金额1.6亿元。落实组合式税费支持政策，新增减税降费及退税缓税超30亿元。完成产业用地出让17宗，总面积超1平方千米；取得农转用批复15批次，面积71.3万平方米。坚持节约集约用地，支持企业利用自有用地实施增资扩产，容积率平均提升0.7。梳理增资扩产项目232个，总投资超700亿元，其中技术改造项目113个、利用自有用地项目56个、新增用地项目63个，投资1亿元以上项目数增长57%。生物医药产业58个授权行政许可事项实现就地办理，80%可以"即来即办"，窗口受理办件772件，比上年增长超2倍。设立目标规模百亿元级别的产业引导基金。举办政金企对接活动，帮助企业配置降低融资成本。入选全国首批"商业秘密保护创新试点地区"，是全省唯一。

【自贸优势发挥】 2022年，海沧台商投资区推动自贸产业平台建设。厦门中欧班列开行"红古田号"班列，首发白俄罗斯班列，开运首列（厦门—俄罗斯）冷链出口专列，新增台湾—厦门—圣彼得堡海铁联运线路。中欧（厦门）班列发运101列，货值35.52亿元。海沧口岸到港整车310辆，比上年增长174.3%；货值2810.2万美元，增长109%。海投跨境电商综合服务平台监管中心场地完成建设。保税港重点园区中，黄金珠宝产业园产值比上年增长41.7%，毛燕进口数量增长超100%，厦门石油交易中心会员企业交易额创新高。海沧港区完成集装箱吞吐量910.99万标准箱，占全市73.26%；完成货物吞吐量1.21亿吨，占全市55%。

【中欧班列出口冷链专列首发】 2022年10月19日，厦门发出的首列中欧班列出口冷链专列从厦门海沧东孚站出发，经由满洲里口岸出境，目的地为俄罗斯莫斯科。该冷链专列装载冻鱿鱼片、秋葵等海鲜、蔬果906吨，使用冷链集装箱。集装箱均配备发电机制冷组，利用卫星导航实现全过程跟踪定位，全称线上监测集装箱内实时温度及湿度。

（海沧台商投资区）

厦门火炬高技术产业开发区

【概　况】 2022年，厦门火炬高技术产业开发区（简称火炬高新区）完成规模以上工业总产值3626亿元，比上年增长3.9%；规模以上互联网软件业实现营业收入350亿元，增长11%；全社会固定资产投资423.7亿元，增长27.4%；实际利用外资6.26亿美元，增长27.6%。综合实力在国家级高新区中排第十一名，在全国先进制造业百强园中第十一名，获评为"国家级知识产权强国建设试点园区"。"国家双创示范基地"建设第四次获国务院办公厅督查激励。在全省开发区综合发展水平考核结果评价中，连续7年排第一名。

【招商引资】 2022年，厦门火炬高新区围绕厦门天马微电子有限公司、联芯集成电路制造（厦门）有限公司、厦门时代新能源电池产业基地、中创新航新能源（厦门）有限公司、厦门海辰储能科技股份有限公司等企业补链、拓链、延链。平板显示产业引进思坦科技Micro-LED（微缩化和矩阵化二极管发光显示）、电气硝子玻璃（厦门）有限公司五期等，推进天马新型显示技术研究院落地；集成电路产业引进粒芯科技（厦门）股份有限公司等；新能源产业引进中科华联新材料股份有限公司、深圳市科达利实业股份有限公司等。新设惠友、德屹长盛、联和三期等子基金，规模超105亿元。数字产业引进腾讯优图AI（人工智能）创新中心、华为鸿蒙开发者创新应用中心等高能级创新平台项目以及集兆嘉、和利时、艺点意创等新经济新业态项目。全年签约重点项目133个，三年计划总投资780.6亿元。实施先进制造业倍增计划行动，增加100亿元级项目3个（厦门时代、中创新航三期、天马8.6代），增加100亿元企业 1 家（中创新航）。增加国家级“专精特新”“小巨人”企业 35 家、国家级制造业单项冠军 3 家。

【科技创新】 2022 年，厦门火炬高新区强化企业科技创新主体作用，增加中国专利优秀奖 5 个，增加国家企业技术中心 1 家、国家技术创新示范企业 1 家、国家知识产权示范企业 1 家、国家知识产权优势企业 8 家。国家级高新技术企业突破 1500 家。支持各类创业孵化载体建设，创设火炬元宇宙孵化器，增加国家级科技企业孵化器 1 家（总数 5 家，占全市 50%），国家备案众创空间 3 家。2 家基地入选国家小型微型企业创业创新示范基地。厦门市人力资源服务产业园（火炬园）开园。火炬高新区引进高层次人才 537 人，比上年增长 167.2%。开发落实科研助理岗位 781 个，获科技部表扬肯定。举办第五届“鹭创未来”海外创业大赛、厦门首届产教融合论坛和第二届“炬火种・燃新薪”高校专业新星挑战大赛等活动，累计吸引项目超 700 个。

【营商环境优化】 2022 年，厦门火炬高新区出台《厦门火炬高新区关于推动高质量发展的若干措施》，推出助企惠企举措；出台《厦门火炬高新区关于进一步推动数字经济发展的若干措施》，为针对园区数字经济产业发展奖励政策。拨付各类财政扶持资金 67 亿元，落实退减缓免税费约 34 亿元。实施“益企服务”专项行动，建立处级以上领导“一对一”挂钩联系服务企业制度，举办“企业接待日”“企业对接会”等活动 15 场，累计帮助企业解决具体问题 72 个。协调解决 600 多名重点企业骨干员工子女就学需求。为企业减免房租近 8000 万元。成立企业服务中心，推动“一窗受理，集中服务”。“火炬智能制造服务平台”促成 212 家企业实施智能化改造项目 330 个；“火炬金融服务平台”帮助 1247 家企业撮合融资放款 215.5 亿元。火炬高新区启动“种子上市后备企业”培育计划，增加上市公司 2 家，3 家 IPO（首次公开募股）过会。搭建“火炬供应链平台”，构建企业供应链协同机制和市场要素共享机制。完善软件园管委会体制机制，3 家企业入选中国互联网综合实力百强。

【园区建设】 2022 年，厦门火炬高新区出让产业用地 23 宗、面积超 276.67 万平方米，在全市排第一名，盘活、回购低效用地 48.33 万平方米。建设同翔高新城，推动建设基础设施配套项目 98 个、城市功能配套项目 32 个。推动开元创新社区和湖边水库东科创园纳入软件园二期拓展区，创新创业大厦、电子城等载体纳入软件园三期。省、市重点项目完成情况在全市通报各责任单位类别中综合排第二名，各季度开、竣工项目数、总投资额均排全市前列。其中，省重点项目 11 个，完成投资 189.56 亿元，完成年度计划 113.3%；市重点项目 27 个，完成投资 228.84 亿元，完成年度计划 114.6%。参与新城开发建设，通过“财政预算 + 专项债 +PPP 项目 +REITs”等方式解决资金需求，启动高新区基础设施 REITs 试点工作。

【合作交流】 2022 年，厦门火炬高新区推动金砖创新基地核心区建设，促成工业和信息化部部属机构厦门分支机构、中俄数字经济研究中心等项目落地，金砖未来创新园企业入驻率 95%。会同市金砖办举办俄罗斯国家科技园项目厦门路演活动，与巴西马托格罗索州科技园共同举办创新项目交流会。上线“火炬金砖服务驿站”，打造火炬金砖服务品牌。探索海外产业平台建设，推动与中德科技园（德国）合作，促进园区企业与德国高科技制造企业合资、并购及股权投资。推动设立厦门（新加坡）国际合作中心。

（陈智明）

境外经济技术合作

【概　况】 2022 年，厦门市备案境外投资企业项目 130 个（含增资 29 个），比上年增长 2.4%；总协议投资额 19.96 亿美元，下降 54.7%，其中中国大陆方面协议投资额 15.11 亿美元，比上年增长 2.3%。投资主要分布在 29 个国家和地区。至年末，全市累计登记境外投资项目 1838 个，分布 75 个国家和地区，累计协议投资总额 284.84 亿美元，其中中国大陆方面投资额 194.01 亿美元。对外工程承包完成营业额 4225 万美元，比上年下降 39.5%。

【境外投资】 2022 年，厦门市对外投资行业主要是非金属冶炼、矿业、商业服务及批发零售等。股权投资基金、有限合伙企业成为对外投资重要力量。厦门市加大“一带一路”沿线国家投资，中国大陆方面协议投资额 10.30 亿美元，比上年增长 12 倍。

【对外劳务合作】 2022 年，厦门市对外劳务合作完成营业额 3.43 亿美元，比上年增长 10.3%。签订合同额 1.04 亿美元，比上年下降 45.0%。外派劳务人员 1.01 万人，比上年下降 22.6%。期末在外人员 1.04 万人，比上年同期下降 5.3%。

【对外投资合作促进】 2022 年，厦门市强化政策支持，修订出台专项资金管理办法，通过政府网在线访谈、宣讲会等加强政策宣传。设立新加坡、泰国等海外联络点 5 个，推出“海联会客厅”系列活动，为企业出海提供服务。发挥“走出去”服务联盟的综合服务能力，组织近 100 家企业参加“金砖国家可持续投资论坛”“对接香港”“俄乌冲突对金砖中国年的影响”“厦门—墨西哥友城”等线下、线上投资推介会、培训会。发布国别投资指南 100 条。首次开展 A 类国际化企业认定工作，厦门建发集团有限公司等 8 家企业入选。

（市商务局）

责任编辑：林建高
明安文
审　稿：阳晓儒
校　对：熊焱峰

21 金融业

综　述

【金融业发展】2022年，厦门市有持牌金融机构275家，法人金融机构19家，地方金融机构442家，形成较为齐全的金融机构体系。金融业增加值893.8亿元，比上年增长5.8%，占全市地区生产总值比重11.5%。本外币存贷款余额3.35万亿元，比上年增长11.3%。新增贷款2002.7亿元，居全省首位。不良贷款余额125.9亿元，不良贷款率0.73%，低于全省平均水平。厦门市地方金融监督管理局（简称市金融监管局）组织编制和实施全市地方金融发展规划及相关行业发展政策，扶持金融业发展；联系、协调中央驻厦金融管理部门、地方金融行业管理部门和各类金融机构，建立健全地方政府、金融管理部门、行业管理机构、行业协会和金融机构沟通合作机制；对小额贷款公司、典当行、融资担保公司、区域性股权市场、地方各类交易场所等地方金融组织进行监督管理、风险处置；落实地方金融稳定有关工作，协调、配合中央驻厦金融管理部门打击非法金融活动、防范化解金融风险；推动全市资本市场建设和发展，推进全市企业改制上市（含新三板挂牌）及上市公司再融资和并购重组，协调股权投资业（基金）发展。多项金融改革成果落地厦门。获批全国第三批数字人民币试点城市，落地数字人民币公积金贷款、绿色碳汇、税收自助终端等全国首创业务，截至年末，数字人民币累计交易金额突破600亿元。引导金融机构围绕特色领域探索绿色金融实践路径，全市绿色信贷余额1328亿元，比上年增长54.7%；绿色债券发行实现零突破，绿色企业嘉戎技术实现在资本市场上市。厦门市10家小额贷款公司经营区域扩大到全省，地方金融组织新增实缴资本32.6亿元。火炬集团、信息集团、象屿集团旗下设小额贷款公司、商业保理公司。

小资料：

绿色债券： 指将所得资金专门用于资助符合规定条件的绿色项目或为这些项目进行再融资的债券工具。

【金融助力稳经济】2022年，厦门市制定稳企纾困政策，以“一行四局+行业主管部门”（人民银行厦门市中心支行、财政部厦门监管局、厦门银保监局、厦门证监局等中央驻厦金融监管部门）金融联席会议为载体，联合出台金融支持新冠病毒感染疫情防控和经济社会发展的系列政策，引导金融机构对接融资需求。简化应急还贷申请流程，扩大政策使用范围。设立10亿元小微企业首贷专项贷款，对符合条件的小微企业给予1%贴息支持。2022年累计发放应急还贷资金85.7亿元，为企业节省过桥费用3758万元；运用增信基金撬动信用贷款70.3亿元，帮助2048家企业解决经营周转困难。截至年末，厦门市普惠小微贷款、制造业中长期贷款分别比上年同期增长28.1%、19.8%，分别高出各项贷款增速15个百分点、6.7个百分点。厦门市强化对重点领域项目融资支持，推动政策性开发性金融工具落地，加快资金使用和重大基础设施项目建设速度，截至年末，有9个基础设施项目获得政策性开发性金融工具支持，投放金额37亿元。

（邹琼楠　周雁南）

【金融招商引资】2022年，厦门市落地金融类招商项目183个，投资金额381.1亿元。私募基金、金融科技等金融产业园区增至14个。在厦门的私募基金管理机构334家、管理基金2231支，基金总规模超过4000亿元。厦门市全年累计访商邀商90余家，开展云招商、线上对接，到西藏、深圳等地走访招商对象，推动与银河证券、西藏国资委等签订战略合作备忘录，与华福证券、国泰君安签订战略合作协议，洽谈争取招行ACS（中央银行会计核算数据集中系统）账户及银联代付业务等项目落地厦门。推动台商基金、国家中小企业发展基金等到资落地。推动火炬集团与中信建投资本联合在厦门落地首个券商系二级基金管理子公司。引进福建大数据产业投资有限公司旗下的福建大数据私募基金管理公司，设立母子基金总规模120亿元。推动新加坡主权基金淡马锡旗下祥峰投资、印度尼西亚金光集团等在厦门设立QFLP（合格境外有限合伙人）基金。加快金砖产业基金、国家体育基金筹设进度。持续跟进市重点

2022年6月15日，厦门市首批百家绿色融资企业及项目发布仪式在厦门产权交易中心举行
（厦门产权交易中心　供图）

企业项目开工及建设情况，完成厦门农商银行总部用地准入审核。市金融监管局参与筹办厦门市私募基金座谈会、亚洲金融论坛厦门分会场、第二十届海峡创新项目成果交易会、福建省资本对接大会等，推动展会招商。其中由市金融监管局主办的2022中国母基金峰会暨鹭江创投论坛成为2022年基金行业首场全国性大型峰会，近1000家投资管理机构代表、产业投资人、媒体代表参会；促成峰会集中签约基金项目10个、金额340亿元。加速金融科技招商，推动建立厦门市金融科技产业发展协调工作机制，落实金融惠企政策，推广"免申即享""不见面审批"，修订绿色金融、上市公司、金融人才等政策，组织奖补兑现。

（黄少阳）

【绿色金融】 2022年，厦门市金融监管局采取支持绿色信贷发展、加强资本市场绿色投融资服务、推进绿色债券发行等方式完善绿色金融投融资体系。通过发展农业碳汇新兴业态，解决农村经济"融资难、融资贵、融资慢"问题。厦门产权交易中心完成碳汇交易34.57万吨，其中海洋碳汇12.75万吨、农业碳汇21.82万吨。1月，厦门市绿色低碳增信子基金及厦门市海洋碳汇交易机制入选第二批福建省绿色金融改革创新成果案例，在全省复制推广。4月，厦门市创设绿色低碳产业链财政金融服务联盟、绿色融资项目识别认定工作等成效获中国人民银行总行肯定和宣传推广。9月，厦门市金融主管部门联合向全市金融系统印发"共建数字经济、践行绿色金融"厦门市金融业绿色低碳行动倡议书，引导金融机构发展绿色金融。10月，厦门市推出"厦绿融"数字识绿平台，在全国率先构建海洋产业入库直通车模式、推动完成全国首宗海洋渔业碳汇交易、成立全国首个农业碳汇交易平台及首个农业碳汇服务驿站、配套推出"乡村振兴碳汇贷"等工作获得中国人民银行总行肯定。

（陈晓宇）

【首贷续贷服务】 2022年，厦门市金融监管局牵头继续开展市首贷续贷服务中心建设。该中心配合特色化首贷专项政策，帮助小微企业获得融资，出台《厦门市小微企业首贷户培育专项行动方案》，引导金融机构加大对小微企业支持力度。出台贴息政策，设立10亿元首贷续贷专项增信子基金，采取"风险补偿"和"贴息配套"方式，对通过首贷续贷服务中心申请符合条件的小微企业首贷予以1%贴息，贴息时间不超过1年，单个企业贴息金额不超过10万元，解决小微企业首贷难、续贷难问题。2021年11月，厦门市在信易贷（全国中小企业融资综合信用服务平台）厦门站的基础上建设厦门市首贷续贷服务中心线上专区，完成企业的信用信息数据、金融机构的金融服务资源、政府部门的惠企金融政策和专项配套措施，在全省率先实现中小微企业首贷续贷服务线上化；2022年12月，首贷续贷服务中心线下服务点入驻厦门市政务服务中心。

（周雁南）

金融监管

【金融风险控制】 2022年，厦门市防范化解金融风险，开展法人机构风险排查，通报风险情况，明确职责，推动整改。制定法人机构差异化风险处置方案和综合监管治理方案，加强农商行及村镇银行风险排查和应急处置工作。超额完成辖内银行业不良资产处置年度计划。成立厦门市金融风险化解委员会，制定厦门市金融突发事件应急预案。排查各类企业6294家，将金融风险化解在苗头阶段。累计受理并答复群众信访2190件，加大与公安机关协调处置力度。健全常态化房地产融资风险监测，支持保交楼、稳民生，促进房地产市场平稳健康发展。打击各类非法金融活动，开展整治养老诈骗专项行动，常态化开展金融领域扫黑除恶。市公安、银监等部门联合破获涉案金额近500万元的保险诈骗案。厦门市在全省率先组织创建25个市防范非法集资宣传教育示范基地，实现各区全覆盖，推荐申报3个省级示范社区、示范点。加强金融监管与司法调解协同。全国首家"府院协同"的厦门市地方金融纠纷调解中心成立，全年接收案件4262件，标的额24.6亿元，为金融消费者节省诉讼费用1500余万元，被评为福建自贸区第十九批创新举措。开展私募基金、伪金交所、产权交易场所风险防范整顿工作，排查风险私募基金14.4亿元，化解9.3亿元，进入立案打击程序2.9亿元，风险压降规模84%，私募基金清理整顿工作经验获国家清整联办表扬肯定。

（熊　兴　邹琼楠）

【金融风险隐患排查】 2022年，厦门市金融监管局运用金融风险防控预警平台、电信"鹰眼"监测系统等技术手段，对新闻类网站及论坛、微博、微信公众号等100多万个站点开展“7×24小时”监测预警，预警相关信息296条。到各类风险企业检查摸底，印发《关于做好涉嫌非法集资风险常态化排查工作实施方案》，重点打击养老诈骗、涉黑涉恶、非法集资、违法放贷、套路贷、非法校园贷、互联网金融、虚拟货币、元宇宙（NFT）、暴力催收、金融诈骗等违法违规行为。组织各区累计排查走访企业6493家次，向各区下达非法金融活动风险核查任务80次，并根据核查结果向有权部门移交相关线索。

2022年11月11日，厦门市首批25家防范非法集资宣传教育示范基地授牌仪式在同安区举行

（央广网　供图）

【非法集资打击】 2022年，厦门市对处置非法集资领导小组成员进行调整，增强市、区处非工作力量，加强央地沟通、协调督办的工作机制。开展处非培训，发动群众参与举报，实施非法集资举报奖励。核查兑现举报奖励69条，发放奖励5.6万元。

【金融纠纷调解】 2022年度，厦门市地方金融纠纷调解中心调解各类案件3999件，标的金额12.9亿元，调解成功418件，金额3.5亿元，为金融消费者节省诉讼费用1510万元，减少律师费支出812万元。市金融监管局加强与司法机关、金融监管部门、行业协会、金融机构的信息协同，提升金融纠纷调解中心服务质量和区域影响力，12月，启用金融纠纷多元化解合作平台。对纠纷类型较为典型、需求较为迫切的金融机构开展调研，设立全市首家调解中心驻银行调解工作站，推进调解业务开展，推进P2P网贷（点对点网络借款，一种将小额资金聚集起来借贷给有资金需求人群的一种民间小额借贷模式）化解工作，合作的金融机构23家，涉及银行、保险、信托、典当、融资租赁等行业。

（黄华希）

银行业

【概　况】 截至2022年末，厦门市有各类银行业金融机构48家，其中法人银行机构6家，法人非银行机构5家；中资银行分支机构21家，外资（国）银行分行及代表处16家。银行业机构网点637个，从业人员2.23万人。银行业资产总额2.39万亿元，比上年同期增长7.9%；负债总额2.25万亿元，增长7.8%；本外币各项存款余额1.62万亿元，增长9.5%；各项贷款余额1.73万亿元，增长13.1%；不良贷款余额125.91亿元，下降27.9%；不良贷款率0.73%，减少0.41个百分点；年利润226.33亿元，增长34.6%。中国银行保险监督管理委员会厦门监管局（简称厦门银保监局）督促银行保险机构落实稳住经济一揽子政策措施，住宿和餐饮业、交通运输业、零售业、旅游业等受新冠病毒感染疫情影响较大行业贷款均实现增长；小微企业无还本续贷余额比上年同期增长61.61%；中资银行为各类客户减免费用，推动市场主体恢复活力。厦门银保监局完善监测指标体系，出台金融支持制造业、“专精特新”、供应链和外贸发展等系列政策措施，支持重点领域设备更新改造。全辖贷款占总资产比重72.57%，制造业中长期贷款占比50.38%；科技型企业贷款余额比上年

2022年12月9日，厦门市金融纠纷多元化解合作平台在市地方金融纠纷调解中心揭牌

（市地方金融纠纷调解中心　供图）

同期增长22.84%，产业链核心企业信贷余额增长16.01%；外贸信贷业务发生额增长10.6%，与“一带一路”和RCEP（区域全面经济伙伴关系协定）国家投资贸易往来信贷发生额分别增长60%和15%。出台加强新市民金融服务若干措施，新市民相关贷款余额1673.58亿元，提供风险保障金额9654.17亿元。

（熊　兴）

【中国工商银行股份有限公司厦门市分行】 2022年，中国工商银行股份有限公司厦门市分行（简称厦门工行）下辖二级分行1家、一级支行17家，对外营业网点70个，员工2300多人，服务全市法人客户7.4万户、个人客户529万户。实现净利润21.6亿元，比上年增长5.12%，上缴各类税收超15亿元。年末存贷款余额分别为1741亿元、2080亿元，各项存贷款分别增加276亿元、316亿元，均创历史新高。机构存款、同业存款、国际结算、投行顾问咨询、贵金属、企业年金、个人养老金等特色业务领跑同业。稳信贷稳增长工作获得中国人民银行表扬，在中国人民银行综合评价中排第一名。厦门工行联动工银瑞信中标厦门市政集团有限公司停车场公募REITs（不动产投资信托基金）项目，是银行系基金管理人在厦门中标的首单公募REITs，成为厦门市城市建设投资基金首批投资人，在厦门银行系统中投资额第一。厦门工行发放厦门市首笔技术创新基金项下研发贷款。厦门市设立规模150亿元的技术创新基金，为工业企业增资扩产、技术改造项目和研发投入提供低成本融资支持。厦门工行对接市工信局、市财政局，参与项目方案讨论等前期工作，3月中标成为基金合作银行，通过银团方式为某国家级专精特新企业发放厦门市首笔技术创新基金项下研发贷款1000万元。

（孔令晗）

【中国农业银行股份有限公司厦门市分行】 2022年，中国农业银行股份有限公司厦门市分行（简称厦门农行）下辖二级分行1家、一级支行10家、二级支行72家，在岗员工近2000人。实现拨备前利润34.4亿元，比上年同期增加4.6亿元；实现净利润22.5亿元，增加2.8亿元。上缴税收5.6亿元，地方税收3.1亿元，均比上年实现增长。本外币各项存款余额1399亿元，比上年同期增加256亿元；本外币贷款余额1813元，增加210亿元；存贷总量增长16.9%，高于全市5.6个百分点。承销地方债72亿元，市场份额18%。不良贷款率0.22%，不良余额和占比均为四行最低。获评乡村振兴金融服务考核评估“优秀”等级、市住房公积金年度考评“优秀”等级，获第三届厦门市金融科技优秀项目评选一等奖，获厦门市小微企业金融服务优秀机构、金融联合宣传活动优秀组织单位等称号，保持反洗钱分类监管评级“A”级、金融系统反假考评A类行。与市科技局联合推出“国高贷”，是厦门市首个专门针对国家级高新技术企业信用类小微贷款产品，累计为278家企业提供信用贷款8.6亿元。创新推出“无抵押贷款＋可认股安排权”投贷联动模式，支持发展前景好、资金需求大的优质科创企业，联动农银集团在厦门设立首个针对“专精特新”企业“银行系”市场化股权投资基金。与厦门产权交易中心在同安区莲花镇联合主办全国首场“农业碳汇交易助乡村　数字人民币万人购”大型活动，为全国首个“农业碳汇交易平台创新数字人民币应用场景”落地项目，该次活动吸引上万人通过农行掌银使用数字人民币购买莲花镇农业茶园碳汇3.43万吨。

（沈奕星）

2022年6月5日，在厦门市同安区白交祠村举行全国首场“农业碳汇交易助乡村、数字人民币万人购”活动。图为厦门农行员工引导客户使用掌银扫码购买农业碳汇

（黄志祥　摄）

【中国银行股份有限公司厦门市分行】 2022年，中国银行股份有限公司厦门市分行（简称厦门中行）本外币各项贷款余额超1100亿元，比上年同期新增超200亿元；累计投放超1500亿元，增长15%。本外币存款余额近900亿元，其中人民币存款比上年同期增加近50亿元，外币存款增加5亿美元。国际结算量和跨境人民币结算量市场份额分别为22.29%和34.79%，在全市各银行均排名第一。结售汇业务占四行份额为28.47%，排第一名。优化信贷投向，聚焦新一代信息技术、高端装备制造、生物医药、新材料、新能源等产业，制造业贷款余额比上年同期增长17.6%，制造业中长期贷款余额增长15.8%。出台普惠金融市场竞争力提升行动方案，银保监口径普惠贷款余额突破90亿元，比上年同期增长43.12%。针对科创企业创新“科信贷”信用产品，批复“科信贷”23笔，知识产权质押融资业务余额10.09亿元，知识产权质押融资连续3年市场份额排全市各银行第一名。加大民营企业贷款投放，获评为厦门市服务民营企业突出贡献银行。9月7日，中国银行与厦门市政府签署战略合作协议，中国银行计划在“十四五”期间为厦门市经济社会发展提供不低于5000亿元的意向性本外币综合融资支持。

（沈桢悦）

【中国建设银行股份有限公司厦门市分行】2022年，中国建设银行股份有限公司厦门市分行（简称厦门建行）存贷余额均突破2300亿元，年新增均突破300亿元，创历史新高。核心存款时点余额2372亿元，年新增332亿元，比上年多增113亿元，新增四行占比35.9%，排四行第一名。各项贷款余额2351亿元，年新增307亿元，比上年多增64亿元，新增四行占比29.7%，其中对公本币贸易融资新增额、个人住房贷款新增额、信用卡透支新增额均排四行第一名。全年实现拨备前利润55.7亿元，创历史新高。资产质量保持稳定，按同业同等口径，不良贷款率0.23%。推进内控安保工作，提升风险管理能力。推进社会民生领域"科技性、普惠性、共享性"新金融行动。承接政府消费券发放金额超过3000万元，涉及全市客户30万人次，协助拉动各类消费金额约5亿元；协同建信住房子公司，提供公租房开发贷款、公司住房租赁贷款等产品。参与当地安居集团租赁住房公募REITs战略投资。参与厦门住房租赁相关系统平台建设。承担"做阳光长租房的供应者"任务，协同建信住房子公司，新建、盘活筹集房源，建设"CCB建融家园"（建设银行联合多家房地产企业开展的产融合作，为用户提供高质量长租房源和专业化租赁运营管理）长租社区，累计签约"CCB建融家园"16个、房源7433间。厦门建行推出"产业园区购置贷"、"厦门市技术创新基金"融资、"科创投联贷"业务。开展"绿色+新投行"业务，承销发行安踏体育用品有限公司2022年度第一期绿色中期票据（金额5亿元，全国首单民营企业绿色熊猫债），发行厦门市政集团有限公司2022年度第二期绿色中期票据（规模3亿元，厦门区域首单绿色债券）；协同建信金融租赁，投放厦门轨道建设发展集团有限公司10亿元融资租赁款项；实现绿色债投资落地2000万元、非标资管业务落地6000万元；参与厦门海辰储能科技股份有限公司B轮融资。开展"绿色+新制造"业务，牵头组建中创新航一二期银团贷款，总额度50亿元。开展"绿色+供应链"业务，推出网络供应链产品E信通（涉农场景）。开展"绿色+碳减排"业务，与厦门产权交易中心开展全辖运营场所"碳中和"项目合作，发起"万户家庭碳汇购"活动。至年末，厦门建行绿色信贷余额210.86亿元，比上年同期增长101.84%，申报厦门市绿色融资企业项目库入库数量位列同业首位。

（康　瑞）

厦门建行为工业园区新市民打造的"CCB建融家园·资管美溪公寓"

（陈勇鹏　摄）

【交通银行股份有限公司厦门分行】2022年，交通银行股份有限公司厦门市分行（简称厦门交行）有员工509人，下辖管理部门22个、经营单位19家。至年末，厦门交行本外币资产总额630.64亿元，比上年同期增加22.1亿元；人民币存款余额437.76亿元，增加57.78亿元，增幅15.21%；人民币各项贷款余额600.95亿元，增加112.47亿元，增幅23.02%。2022年度执行人行政策规定情况综合评价获评21家中资商业银行第六名，服务实体经济指标达到监管要求，消保服务、反洗钱、外汇业务合规与审慎经营评估均为A类。扩展银联代付场景、地方版"单一窗口"、"惠民就医"、数字人民币应用场景；搭建公交财税平台、利民链平台、闽西南一体化平台、象屿智慧物流、科信贷、烟户贷、外贸贷等平台与场景；上线"普惠E贷"、线上社保卡等线上营销渠道；实现分行与厦门市不动产登记中心的直连，提高不动产抵押效率和风险管控能力。厦门交行与磐基商业联合搭建全市首个商圈数字人民币交易场景，首家落地公交领域数字人民币应用场景。厦门交行通过CIPS（人民币跨境支付系统）标准收发器（企业版），实现福建省首笔货物贸易两岸汇款清算业务，在对台人民币支付方式上实现突破。与自贸区厦门片区管委会联合落地福建省首笔以数字人民币形式支付的企业财政补贴资金业务。与海丝中央法务区签署法务科技共建战略合作协议。

（刘海丰）

【中国邮政储蓄银行股份有限公司厦门分行】2022年，中国邮政储蓄银行股份有限公司厦门分行（简称厦门邮储）有营业网点81家，其中自营网点（含分行营业部）32家、代理网点49家，员工811人。获2022年厦门市小微企业优秀金融服务机构、2022年厦门市中小企业服务月活动优秀服务机构称号。至年末，厦门邮储资产规模551.16亿元，各项存款（本外币合计）余额277.72亿元，各类贷款余额553.44亿元，不良贷款率0.47%，资产质量位居同业前列。与厦门市工商联签订全面战略合作协议，与全市200余家商会协会建立信息共享机制。厦门邮储小额贷款净增43.12亿元；完成普惠小微"两增"目标及小微企业"首贷户"净增指标。9月，厦门邮储联合象屿国际邮轮母港

2022 年 9 月 9 日，厦门邮储联合象屿国际邮轮母港集团举办鼓浪屿数币文旅节活动，图为启动仪式
（娄亚琴　摄）

集团举办鼓浪屿数字人民币文旅节，是厦门市首个以数字人民币支付为主题的文旅节活动。

（苏典典）

【兴业银行股份有限公司厦门分行】 2022 年，兴业银行股份有限公司厦门分行（简称兴业银行厦门分行）下设综合性支行 26 家、社区支行 3 家，员工 1200 余人。各项资产总额 1522.65 亿元，比上年同期增加 195.12 亿元。本外币各项存款余额 1413.03 亿元，比上年同期增加 168.85 亿元，增幅 13.57%；各项存款日均数 1501.84 亿元，增加 208.52 亿元，增幅 16.12%。本外币各项贷款余额 1454.34 亿元，比上年同期增加 211.69 亿元，增幅 17.04%。各项存款（不含境内非银）市场占比 9.16%，在厦门市排第四名（股份行中排第一名）；各项贷款占比为 8.40%，排第四名（股份行中排名第一名）。兴业银行厦门分行为国资国企授信扩额，与多家企业签订战略合作，融资支持同安工业园污水、厦门时代新能源科技锂电、新会展中心等重点项目；参与投融资体制改革，落地全国首批保障性租赁住房基础设施 REITs 托管项目（安居）和福建省首单 Pre-REITs 项目（建发），参与城市发展基金专班工作、托管和资金募集，与基金签约合作 200 亿元；推动市技术创新基金业务，申请户数及放款金额列所有合作银行第二名；扶持科创企业，推出“人才贷”“兴知贷”“兴科贷”，落地福建省首笔设备更新改造贷款；推动低碳转型，创新落地福建首笔碳减排挂钩贷款、厦门市首单绿色债券；推出“灵活用工卡”提供综合金融服务；推动数字人民币及个人养老金扩面增量。

（郑　静）

【中国光大银行股份有限公司厦门分行】 2022 年，中国光大银行股份有限公司厦门分行（简称光大银行厦门分行）下辖二级分行 1 家、同城支行网点（包括分行营业部）14 家、社区支行 6 家，员工 508 人，实现净利润 4.12 亿元。光大银行厦门分行本外币存款余额 275.1 亿元，比上年同期增加 24.43 亿元，增幅 9.75%；表内本外币各项贷款余额 362.59 亿元，增加 24.07 亿元，增幅 7.11%；不良贷款余额 2.45 亿元，增加 1.2 亿元，增幅 96%；不良率 0.67%，上升 0.3 个百分点。光大银行厦门分行作为首批投资人之一与厦门市政府签署厦门市城市建设投资基金合作意向书，签约金额 100 亿元。

（吴传珍）

【中信银行股份有限公司厦门分行】 2022 年，中信银行股份有限公司厦门分行（简称中信银行厦门分行）辖同城支行 15 家、二级分行 1 家，员工 460 余人。实现拨备前利润 4 亿元，比上年增加 1 亿元；实现净利润 3 亿元，增加 0.1 亿元；上缴各类税收 1.1 亿元。本外币自营存款余额 236 亿元，比上年同期增加 33 亿元，增幅 16%；综合融资总额 627 亿元，增加 92 亿元，增幅 17%；各项贷款余额 226 亿元，增加 32 亿元，增幅 16%。协同信银理财投资 111.78 亿元，其中信用债 19.53 亿元、ABS 投资 9.79 亿元、资本市场投放 13.46 亿元、非标债权投资 69 亿元。协同中信

2022 年 6 月 24 日，中信银行厦门分行、市中小企业服务中心承办的厦门市中小企业服务月系列活动之“重塑企业老板的财税思维”专题讲座
（中信银行厦门分行　供图）

证券联合融资 47 亿元，协同中信建投证券联合融资 3 亿元。6 月 30 日，中信银行厦门分行获批优质企业贸易便利化试点银行资格，成为区域 5 家资格银行之一。

（侯林烨）

【招商银行股份有限公司厦门分行】 2022 年，招商银行股份有限公司厦门分行（简称招商银行厦门分行）辖内营业网点 25 家、私人银行中心 2 家，员工 870 人。招商银行厦门分行资产 642.42 亿元，比上年同期增加 40.89 亿元；自营存款 575.79 亿元，增加 70.3 亿元；自营贷款余额 637.61 亿元；不良贷款率 0.34%；零售客户数（不含信用卡）199.58 万户，增加 12.37 万户。招商银行厦门分行与国网雄安金融科技集团签订战略合作协议，与国网开发大宗商品采购场景上供应链金融合作需求，打造“电 E 融”供应链融资产品，首笔放款 800 多万元。招商银行厦门分行自研“智慧私募管理平台”，为私募股权基金运作“募投管退”全生命周期提供管理功能，平台上线客户 7 个，管理基金 14 支，总规模 107.5 亿元，参股基金 19 支，管理已投项目超 80 个。该项目在第三届厦门市金融科技优秀项目评选中获得三等奖（第八名），在招商银行总行 2022 年度分行信息科技项目评比中获得金融科技优秀项目奖。

（林 琳）

【中国民生银行股份有限公司厦门分行】 2022 年，中国民生银行股份有限公司厦门分行（简称民生银行厦门分行）辖二级分行 1 家、同城经营网点 12 家、社区支行 14 家、小微支行 2 家、村镇银行 1 家，员工总数 552 人。实现各项存款余额 346.73 亿元，比上年同期增加 14.67 亿元；各项贷款余额 424.49 亿元，增加 8.94 亿元；实现责任利润 7.9 亿元，增加 1.6 亿元。民生银行厦门分行设立“厦门民生长青公益基金”，专款用于厦门市欠发达地区学校及困难家庭学生奖学金、助学金发放以及校园硬件设施改善等学校教育公益项目。灌口社区支行开展适老化服务和助老活动，成为厦门市首个“孝文化”主题银行网点。

（安致毅）

【华夏银行股份有限公司厦门分行】 2022 年，华夏银行股份有限公司厦门分行（简称华夏银行厦门分行）辖营业网点 8 家，员工 294 人。资产总额 176.95 亿元，比上年同期增长 20.6%；一般性存款余额 153.4 亿元，增长 26.4%；一般性存款日均 139.59 亿元，增长 32.8%。营业收入 8.46 亿元，比上年增长 29.1%；拨备前利润 5.64 亿元，增长 43.3%，计划完成率 126%；非息净收入 1.57 亿元，增长 19.8%，计划完成率 102%。对公有效户 795 户，比上年增长 18.48%，计划完成率 221%；新增对公用信户 68 户，计划完成率 139%；个人基础客户 1.26 万户，净增 1085 户；个人财私客户 1.35 万户（折算后），净增 1315 户。逾欠贷款余额 1.94 亿元，双 60 天贷款余额 1.4 亿元，不良贷款现金清收 0.9 亿元，重点管理类贷款处置压降 1.72 亿元，后四类贷款净生成率 0.48%。华夏银行厦门分行加大重点国企营销力度，实现市重点国企业务全覆盖目标。完成总行制造业贷款、设备更新贷款任务及当地监管部门贷款增量要求，年末公司客户 FPA（客户融资总量）规模 219.66 亿元，比上年同期增长 50.45%。运用“商行 + 投行 + 投资”产品，实现多笔业务首笔突破，其中建发地产并购中票为华夏系统内首笔，建发商业不动产债权投资计划为分行首笔永续保债撮合项目，并与香港分行境内外联动助力福建省地方国企首笔绿色美元债发行。金融投行业务板块管理资产规模 450.72 亿元。推进贸易金融业务发展，提升银票收益率及非息收入贡献；为外商投资企业提供外汇政策咨询和产品方案设计。

（张 幸）

【上海浦东发展银行股份有限公司厦门分行】 2022 年，上海浦东发展银行股份有限公司厦门分行（简称浦发银行厦门分行）辖二级分行 2 家、同城支行 8 家、社区银行 7 家。实现拨备前利润 1.71 亿元，比上年增长 156.71%；实现净利润 2.05 亿元，增长 564.24%。上缴各类税收 0.56 亿元。本外币存款余额 171.26 亿元，比上年同期增加 44.93 亿元；本外币贷款余额 150.33 亿元，增加 4.98 亿元。浦发银行厦门分行落地厦门翔安国际机场云资金监管项目，取得首期标段，服务厦门翔安国际机场（国家机构改革后首个获批的枢纽性新机场）开发建设。推出新市民专属企业授信产品，涵盖新市民创业银税贷、增信创业贷、科技信用贷、创业房抵快贷等信贷产品。

（张 君）

【平安银行股份有限公司厦门分行】 2022 年，平安银行股份有限公司厦门分行（简称厦门平安银行）下辖支行网点数 12 家、分行 1 家，社区支行 6 家，员工总数 469 人。实现净利润 7.65 亿元。本外币各项存款余额 491.26 亿元。各项贷款余额 201.56 亿元，比上年同期增加 41.91 亿元，增幅 26.25%。贷款不良率 0.29%。普惠小微、涉农、制造业、民营企业等监管指标超额完成总行及监管下达的目标，其中普惠小微贷款余额比上年同期增长 60%，涉农贷款余额增长 147%，制造业贷款增长 105%，民营企业贷款增长 59%。

（李 敏）

【渤海银行股份有限公司厦门自由贸易试验区分行】 2022 年，渤海银行股份有限公司厦门自由贸易试验区分行（简称渤海银行厦门自贸区分行）设部门 17 个，下设分支机构 2 家，员工 106 人。投放表内外资产业务总额 107.42 亿元，比上年同期增长 32.31%；各项存款余额 89.88 亿元，增加 20.54 亿元，其中对公存款余额 86.03 亿元、个人储蓄存款 3.85 亿元。绿色贷款余额新增 0.17 亿元；涉农贷款余额新增 0.35 亿元；制造业贷款余额新增 1.87 亿元；普惠型小微企业贷款余额新增 0.92 亿元；投放“专精特新”企业贷款 0.45 亿元。国际结算量 10.7 亿美元，中间业务收入 1775.4 万元，在渤海银行系统内排名第十名。

（苏素婷）

【福建海峡银行股份有限公司厦门分行】 2022 年，福建海峡银行股份有限公司厦门分行（简称福建海峡银行厦门分行）设中后台管理部门 5 个、盈利性部门 3 个，辖营业部、集美支行，员工 68 人。资产总额 58.24 亿元，负债总额 56.31 亿元。各项贷款 28.30 亿元，各项存款 54.31 亿元。福建海峡银行厦门分行推进新市民金融服务，为新市民提供创业授信额度共计 2.76 亿元，创设新市民专属产品“个人联合贷款”，授信金额 180 万元；安居和消费授信额度 0.7 亿元。

（孙盈盈）

【泉州银行股份有限公司厦门分行】 2022 年，泉州银行股份有限公司厦门分行（简称泉州银行厦门分行）辖营业网点 11 家，其中社区支行 5 家，设管理部门 11 个，从业人员 179 人。实现拨备前利润 1.28 亿元，比上年同期增加 0.2 亿元，增长 18.52%；实现净利润 0.73 亿元，增长 14.06%。上缴各类税收 0.31 亿元。本外币存款余额 115.55 亿元，比上年同期增加 14.97 亿元；本外币贷款余额 82.51 亿元，增加 20.01 亿元。泉州银行厦门分行创新推出“无间贷”，为不同企业提供差异化金融服务；落实减费让利工作，下调中小微企业、个体工商户贷款利率；是福建省首家准入海关税款电子保函担保资格的城商行，推出“单一窗口”海关关税保函，实现担保数据电子化传输，一份担保可同时在全国海关用于多项税款担保业务。

（施婷婷）

【赣州银行股份有限公司厦门分行】 2022 年，赣州银行股份有限公司厦门分行（简称赣州银行厦门分行）拨备前亏损 0.09 亿元，比上年同期增长 87.51%；净利润负 0.77 亿元。上缴各类税收 0.19 亿元。本外币存款余额 111.71 亿元，比上年同期减少 20.91 亿元；本外币贷款余额 48.41 亿元，减少 4.92 亿元。升级“赣银快贷”系列线上贷款产品。上线“赣银 E 链”供应链金融产品，为小微企业主及个体工商户近 500 家（户）授信并发放生产经营性贷款，为小微客户及新市民客户近 300 家（户）授信并发放消费性贷款。

（郑艳鸿）

【厦门银行股份有限公司】 2022 年，厦门银行股份有限公司（简称厦门银行）有经营网点 110 家，员工约 3600 人。资产总额 3712.55 亿元，比上年同期增长 12.67%；税后净利润 25.69 亿元，增长 16.10%。各项监管指标达标，主体信用评级 AAA。厦门银行通过中国外汇交易中心发行福建省城商行首单绿色金融债。开展“厦门银行台籍实习生计划”。上线“台农贷”产品。牵头筹组的首笔台企银团贷款签约。

（陈　果）

【厦门国际银行】 2022 年，厦门国际银行及其港澳附属机构（澳门国际银行、集友银行）网点超过 130 家。总资产 1.09 万亿元，比上年同期增长 8.11%；发放贷款、垫款总额 6154 亿元，增长 8.53%；存款总额 6922 亿元，增长 4.09%。实现净利润 60.09 亿元。支持闽籍企业赴香港、澳门跨境融资，新增跨境债券承销规模 15.06 亿美元；集团内联动银团融资规模人民币 95.86 亿元；完成全国首单县域经济到澳门市场发债、全行首笔集团联动主承销债券在港澳 2 地挂牌上市债券、全国首单国企到澳门备证增信发行美元债等创新业务。与澳门中央证券托管结算公司签署跨境融资“引资入闽”200 亿元的战略合作协议。向新市民群体推出“1+3+N”（即新市民关切的生活、就业、发展 3 个核心需求，提升新市民金融服务可得性、便利性）金融服务体系，推出“幸福无限卡”“新市民贷”“兴安花”专属产品；推出“梦想贷”“知享贷”“运享贷”“建工易贷”等小微信用贷产品；推出兴安贷 + 创业担保贷，发放新市民专属借记卡“幸福无限卡”1.78 万张。

（王　睿）

【厦门农村商业银行股份有限公司】 2022 年，厦门农村商业银行股份有限公司（简称厦门农商银行）辖支行 62 家、直属营业部 1 家、专营机构（全国首家同业业务中心）1 家，资产总额 1308.73 亿元，负债总额 1200.47 亿元，所有者权益 108.26 亿元。各项贷款余额 798.18 亿元，比上年同期增加 81.70 亿元；各项存款余额 1068.72 亿元，增加 34.92 亿元。厦门农商银行创新机制，采取“整村授信 + 承包经营户贷款”创新形式发放“乡村振兴碳汇贷”。5 月 23 日，同安区莲花镇军营村、白交祠村 3 家农户获得厦门农商银行发放“乡村振兴碳汇贷”50 万元。采取“多社融合”方式，在军营村福农驿站设立“金融 + 政务 + 民生 + 物流 + 电商 +N”五位一体综合服务站，为村民提供“农业碳汇 + 绿色金融”服务。

（沈楠楠）

【厦门同安农银村镇银行有限责任公司】 2022 年，厦门同安农银村镇银行有限责任公司（简称厦门同安农银村镇银行）设有部门 5 个，员工总数 32 人。资产总额 10.06 亿元，负债总额 8.15 亿元，所有者权益 1.91 亿元；存款余额 7.87 亿元，贷款余额 7.01 亿元，实现净利润 513 万元，上缴各项税收 128 万元。助力同安区洪塘镇 B 项目整体搬迁工作，组织客户经理上门拍照实地核查、收集核实开户资料，保障被征迁民间信仰活动场所集体资金安全。新增开立重点项目范围的民间信仰点账户 11 个，存款 4332 万元。

（吴静华）

【厦门翔安民生村镇银行股份有限公司】 2022 年，厦门翔安民生村镇银行股份有限公司有员工 58 人。注册资本 7700 万元，资产总额 12.15 亿元，负债总额 10.61 亿元，所有者权益 1.54 亿元。存款余额 10.22 亿元，贷款余额 7.9 亿元，利润 691.05 万元，不良率 1.26%。先后与翔安区茂林、曾林等 8 个村（居）签署《乡村振兴战略合作协议》，推出绿色“光伏贷”金融产品。

（苏　晴）

【中国进出口银行厦门分行】 2022 年，中国进出口银行厦门分行发放各类贷款折合人民币 398.43 亿元，各项贷款余额合计 363.60 亿元。推进稳外贸和稳外资工作，全年累计发放外贸产业贷款 319.54 亿元，外贸产业贷款余额 265.35 亿元，对外贸易贷款余额 254.07 亿元，累计支持商务合同金额 55 亿美元；推进政策性开发性金融工具工作，快速完成基金投放 1.13 亿元，支持基础设施项目 3 个；扩大制造业中长期贷款投放，发放制造业贷款 74.87 亿元，制造业贷款余额 97.16 亿元，其中制造业中长期贷款占比 84.04%，比上年同期提升 16.3 个百分点。给地方性商业银行提供贷款资金，由地方性银行转贷给实际用款的小微企业，投放转贷款 36 亿元，其中与厦门市农村商业银行合作完成首笔 1 亿元小微外贸企业风险共担政策性转贷款的发放。年内，分行转贷款余额 52.39 亿元，支持小微企业及小微企业主 967 户。落地 1000 万元“保理 E 贷”业务，实现首笔 500 万元“保赢贷”贷款投放，“贸赢贷”业务被人民银行厦门中心支行评为“支持民营企业十佳金融产品”。为企业办理远期购汇业务7笔，金额合计610.03万美元，成为辖区内首家落地远期结售汇业务的政策性银行。扩大铁路运单在贸易金融业务中的应用，为客户提供铁路运输单证项下的进口押汇融资方案，金额累计800.26万美元，解决企业因下游资金回笼较慢导致的资金垫付问题。贸金业务发生额255.97亿元，比上年同期增长170.56%，外贸产业贸易融资业务量折合人民币112.96亿元，增长88.26%。

（吴隽佶）

国家开发银行厦门市分行支持的厦门新会展中心——展览中心项目

（厦门国贸会展集团有限公司　供图）

【中国农业发展银行厦门市分行】 2022年，中国农业发展银行厦门市分行（简称农发行厦门市分行）投放贷款124.53亿元，比上年多投45.48亿元；收回贷款120.84亿元，比上年多收43.86亿元。截至2022年末，贷款余额104亿元，比上年同期增加3.68亿元，增幅3.67%；贷款日均余额116.40亿元，增加8.69亿元，增幅8.07%。存款余额6.62亿元，比上年同期增加0.84亿元，增幅14.53%；存款日均余额12.40亿元，增加5亿元，增幅67.57%。实现FTP利润（商业银行内部资金定向转移带来的利润）7746.82万元，比上年增加872万元，增幅15%。向19家企业发放粮食等农副产品贷款117亿元，支持建发、国贸、象屿、夏商、轻工等集团从黑龙江、山东、辽宁、江西等产区及加拿大、法国、阿根廷等国家购入粮食等农产品超800万吨。发放生猪全产业链贷款3466万元，贷款余额1.4亿元。向厦门海翼园区发展有限公司发放贷款6850万元，用于海翼智能制造产业园建设。

（沈忠华）

【国家开发银行股份有限公司厦门市分行】 2022年，国家开发银行厦门市分行（简称开发银行厦门分行）表内外管理资产1416亿元，表内贷款余额1280亿元；全年实现社会融资总量643亿元，本外币贷款发放495亿元，比上年新增49.4亿元，其中人民币贷款新增140亿元，比上年同期增长16.02%，增速较全辖水平高1.56个百分点，人民币中长期贷款评审承诺620亿元；拨备后利润36亿元，纳税2.62亿元，减费降价让利2.2亿元；不良贷款率0.4%，贷款本息回收率99.13%。开发银行厦门分行发挥开发性金融在基础设施领域主力银行作用，支持厦门轨道交通、开发区扩容升级、城市更新、智慧城市建设。截至2022年末，累计发放“两新一重”（新型基础设施建设，新型城镇化建设，交通、水利重大工程建设）基础设施贷款240亿元，实现余额新增170亿元，贷款余额占比66%。

（林昱彤）

【汇丰银行（中国）有限公司厦门分行】 2022年，汇丰银行（中国）有限公司厦门分行（简称汇丰厦门）有1家分行、2家支行，员工87人。汇丰于1873年在厦门设立分行，为厦门市最早的近代银行。汇丰于1983年重返厦门成立代表处，1986年升格为分行。汇丰厦门发挥汇丰集团全球网络及跨境服务优势，与汇丰海外分支机构联动，为本地企业拓展海外市场、外资企业投资厦门提供国际化金融服务。

（吕春梅）

【渣打银行（中国）有限公司厦门分行】 2022年，渣打银行（中国）有限公司厦门分行在厦门辖内设有3家支行，分别是厦门鹭江支行、厦门嘉禾支行、厦门自贸试验区象屿支行。其中，厦门鹭江支行和厦门嘉禾支行主要服务个人业务，厦门自贸试验区象屿支行主要服务中小微企业业务。该行员工合计75人。

（吕志雄）

【盘谷银行（中国）有限公司厦门分行】 2022年，盘谷银行（中国）有限公司厦门分行（简称盘谷中国厦门分行）有员工29人，营运资金等值1亿元人民币。盘谷中国厦门分行致力于“中泰银企合作、携手互惠共赢”，发挥盘谷银行在亚洲分支机构业务优势，为到泰国和东盟地区投资的客户提供金融产品与服务，支持“走出去”的中国企业开拓海外市场；同时为海外客户在中国投资发展提供一站式金融服务方案。盘谷中国厦门分行为某国商务处申请特殊机构代码，2022年7月4日为该商务处办理首笔办公经费跨境人民币收入业务。

（林璐璐　李　耘）

【集友银行有限公司】 2022年，集友银行有限公司（简称集友银行）资产规模62.95亿元，贷款余额39.51亿元，存款余额40.71亿元，实现净利润4285.08万元，不良类贷款余额为零。集友银行由爱国侨领陈嘉庚倡办，1943年抗战时期在福建临时省会永安成立，经东南亚爱国华商集资，1947年在香港注册并开业，成为香港第39家领有执照的银行。集友银行的创办旨在“以行养校，以行助乡”，以银行盈利补助厦门集美学校办学经费，是嘉庚“教育为立国之本，兴学乃国民天职”信念体现。1984年，集友银行率先在厦门设立办事处，1986年升格为厦门分行。集友银行厦门分行依托闽港2地双市场经营优势及香港总行多牌照资源，构建多元化、多层次金融服务体系，为客户提供国际结算跨境金融服务。

（邱美玲）

【新联商业银行】 2022 年，新联商业银行有员工 67 人，资产规模折合人民币 13.01 亿元，其中本外币贷款总额 6.59 亿元，较上年同期增加 1.18 亿元；银行负债总额折合人民币 3.09 亿元，负债结构基本以各项存款为主，本外币存款余额 2.99 亿元，较上年同期减少 5685.07 万元。实现账面累计税后净利润 3798.63 万元，与上年同期相比上升 789.12%。新联商业银行是经中国人民银行总行批准，在福建省厦门市成立的外商独资银行。

（李萍萍）

【首都银行（中国）有限公司厦门分行】 2022 年，首都银行（中国）有限公司厦门分行（简称首都银行厦门分行）有员工 17 人。本外币存款余额 4.66 亿元，比上年增加 1.43 亿元；本外币贷款余额 1.88 亿元，增加 1.05 亿元。实现拨备前利润 503.61 万元，比上年同期增长 98.45%；实现净利润 794.13 万元，增长 942.79%。上缴各类税收 141.11 万元。首都银行厦门分行是菲律宾首都银行集团在国内设立外资法人机构的下属一级分支机构，依托集团在东南亚地区地域优势和外汇资金成本优势，业务范围涉及东南亚“一带一路”相关沿线国家和地区，为境内外企业跨境采购及销售提供贸易融资和结算服务。

（赖建基）

证券和期货业

【概　况】 至 2022 年末，厦门上市公司 64 家，其中主板上市公司 42 家、创业板上市公司 19 家、科创板上市公司 3 家；上市公司总股本 408.22 亿股，总市值 6598.16 亿元。2022 年，厦门新增唯科科技、嘉戎技术、华厦眼科上市公司 3 家，退市 1 家（厦华电子）。厦门上市公司发行股票和公司债券融资 310.51 亿元（见表 21-1），比上年增长 170.2%。64 家上市公司实现营业收入 2.3 万亿元，比上年增长 12.2%；归属母公司股东的净利润 301.32 亿元，增长 2.6%。厦门非上市公司通过交易所市场发行公司债券筹资 237.40 亿元（见表 21-2）。厦门企业发行证监会主管资产支持证券 184.55 亿元，基础资产主要为个人消费贷款、租赁资产、应收账款、供应链账款等。

至年末，厦门有证券公司 2 家、证券公司分公司 38 家、证券营业部 103 家、证券投资基金公司 2 家（圆信永丰基金管理有限公司、瑞达基金管理有限公司注册地在厦门，实际运营地在上海，由上海证监局监管）、证券投资基金分公司 2 家、独立基金销售机构分公司 1 家、证券投资咨询公司 1 家。长城国瑞证券有限公司在全国拥有营业网点 30 家，金圆统一证券有限公司在全国拥有营业网点 3 家。广发证券、华福证券在厦门各新设 1 家营业部，联储证券、中信建投证券、华创证券、中金财富证券各 1 家营业部升格为分公司，长城国瑞证券、开源证券、世纪证券各撤销 1 家营业部。厦门市证券交易总额 7.72 万亿元，比上年下降 6.47%；证券经营机构利润总额 3.78 亿元，下降 15.25%。至年末，全市融资融券余额 264.06 亿元，股票质押回购余额 86.82 亿元。厦门投资者开立证券账户数 646.88 万户，比上年同

表 21-1　　2022 年厦门上市公司筹资情况一览表

筹资渠道类别	企业名称	融资方式	发行日期	融资金额（亿元）
资本市场融资	唯科科技	首发	1 月 11 日	19.99
	嘉戎技术	首发	4 月 21 日	11.18
	华厦眼科	首发	11 月 7 日	30.53
	大博医疗	定向增发	3 月 14 日	4.96
	安井食品	定向增发	3 月 10 日	56.75
	乾照光电	定向增发	3 月 23 日	15
	弘信电子	定向增发	8 月 2 日	1.81
	厦门港务	定向增发	8 月 15 日	8
	盛屯矿业	定向增发	8 月 16 日	22.25
	新华都	定向增发	8 月 16 日	1.7
	延江股份	定向增发	8 月 26 日	4
	厦钨新能	定向增发	8 月 18 日	35
	美亚柏科	定向增发	12 月 28 日	6.78
	建发股份	公司债	1 月 11 日	5
	建发股份	公司债（可续期）	4 月 19 日	10
	建发股份	公司债（可续期）	5 月 26 日	10
	建发房产	公司债	6 月 1 日	6
	建发房产	公司债	6 月 1 日	12
	建发股份	公司债	6 月 17 日	10
	建发房产	公司债	7 月 14 日	3.7
	建发股份	公司债（可续期）	8 月 4 日	10
	联发集团	公司债	8 月 24 日	5
	联发集团	公司债	10 月 28 日	10.8
	垒知集团	可转债	4 月 21 日	3.96
	松霖科技	可转债	7 月 20 日	6.1
	合　计			310.51

表 21-2　　2022 年厦门非上市企业公司债券筹资情况一览表

序号	企业名称	发行方式	发行日期	融资金额（亿元）
1	厦门翔业集团有限公司	公开发行	1 月 14 日	10
2	厦门建发集团有限公司	公开发行	1 月 21 日	15
3	厦门路桥建设集团有限公司	公开发行	1 月 10 日	5
4	厦门火炬集团有限公司	公开发行	1 月 21 日	3
5	厦门路桥建设集团有限公司	公开发行	1 月 17 日	5
6	厦门火炬集团有限公司	公开发行	1 月 21 日	2
7	长城国瑞证券有限公司	非公开发行	2 月 22 日	5
8	厦门象屿金象控股集团有限公司	公开发行	2 月 25 日	3
9	厦门象屿集团有限公司	公开发行	2 月 21 日	8.5
10	厦门象屿集团有限公司	公开发行	2 月 21 日	10
11	厦门经济特区房地产开发集团有限公司	公开发行	3 月 16 日	8.9
12	厦门住宅建设集团有限公司	公开发行	3 月 31 日	13
13	厦门海沧投资集团有限公司	公开发行	4 月 19 日	3
14	厦门国际港务股份有限公司	公开发行	4 月 18 日	18
15	厦门国贸控股集团有限公司	公开发行	5 月 5 日	3
16	厦门国贸控股集团有限公司	公开发行	5 月 5 日	3
17	厦门住宅建设集团有限公司	公开发行	5 月 19 日	12
18	厦门安居集团有限公司	非公开发行	6 月 10 日	10
19	厦门建发新兴产业投资有限责任公司	非公开发行	6 月 15 日	4
20	厦门建发新兴产业投资有限责任公司	非公开发行	6 月 15 日	4
21	厦门翔业集团有限公司	公开发行	6 月 20 日	10
22	厦门火炬集团有限公司	公开发行	6 月 20 日	3
23	厦门经济特区房地产开发集团有限公司	公开发行	6 月 24 日	5
24	厦门经济特区房地产开发集团有限公司	公开发行	6 月 24 日	10
25	厦门国贸控股集团有限公司	公开发行	7 月 14 日	10
26	厦门安居控股集团有限公司	公开发行	7 月 29 日	6
27	厦门安居控股集团有限公司	公开发行	7 月 29 日	5
28	厦门翔业集团有限公司	公开发行	8 月 22 日	15
29	厦门国贸控股集团有限公司	公开发行	9 月 23 日	10
30	厦门国贸房地产有限公司	公开发行	10 月 11 日	6
31	厦门象屿集团有限公司	公开发行	11 月 22 日	12
合　计				237.4

期减少 0.69 万户；资金账户数为 243.74 万户，减少 25.77 万户；从业人员 2529 人，减少 19 人。

至年末，厦门有期货公司 2 家、期货分公司 25 家、期货营业部 20 家。瑞达期货股份有限公司在全国拥有营业网点 46 家，国贸期货有限公司在全国拥有营业网点 20 家。上海东证期货、中泰期货在厦门各新设 1 家分公司，浙江新世纪期货、国联期货在厦门各新设 1 家营业部。厦门市期货交易额 9.45 万亿元，比上年下降 6.38%；期货经营机构实现利润总额 5.06 亿元，下降 40.57%。厦门期货投资者开户数 10.91 万户，比上年同期增加 3.56 万户；期货经营机构总资产 361.68 亿元，增长 13.94%；期货从业人员 919 人，增加 228 人。

【企业上市推动】 2022 年，中国证券监督管理委员会厦门监管局（简称厦门证监局）联合厦门市金融监管局、沪深北交易所等，开展政策宣传和业务培训，增强厦门企业参与资本市场的意识和能力。指导辅导机构开展拟上市企业 IPO 辅导工作，完成 8 家拟上市企业辅导验收。推动厦门市政府印发《进一步推进企业上市提高上市公司质量若干措施》，与厦门市多部门联合出台《金融支持稳经济保增长促发展若干措施》，与福建省多部门联合印发《加快推进企业上市行动方案》。至年末，厦门市 7 家企业待注册，4 家企业待审核，辅导备案企业 18 家。

【证券期货机构运作规范】 2022 年，厦门证监局协调厦门市金融监管局、国资委等部门并提供政策咨询，推动长城国瑞证券引入战略投资者；支持金圆统一证券新增 2 项业务牌照，增加注册资本 3 亿元人民币；支持国贸期货拓展新业务范围，核准其公募基金销售业务资格，成为 2020 年后国内首家获批该资格的期货公司；组织辖区证券期货分支机构完成全面合规内审自查，推进现场检查，提升合规管理和风险防控能力。监控证券期货公司风险控制指标，健全实时风险台账，跟踪各类业务开展情况。支持证券机构发挥专业资金优势，推进投行业务，开展股票质押融资等。指导期货机构帮助企业通过期货交割、期转现、仓单交易、掉期及场外期权等，防控价格风险，稳产保供。辖内机构开展“保险＋期货”和场外衍生品业务名义本金 470.55 亿元。

【上市企业监管执法】 2022 年，厦门证监局建立上市企业治理台账，通过监管简报、微信群通报常见问题和典型案例。开展年报审计监管，逐家审阅审计计划、约谈会计师事务所超 100 家次。推动上市公司提升投资者关系管理水平，组织召开“厦门上市公司 2021 年年报业绩说明会暨投资者网上集体接待日”活动，260 余名厦门市全体上市公司董事、监事和高级管理人员现场答复投资者提问 1401 条。对 10 家上市公司开展公司治理专项检查，对发现的 68 个治理问题进行督促整改，推动相关公司制定或完善相关制度 24 项。向厦门市政府报送上市公司经营情况分析并提出工作建议。针对 1 家退市上市公司、2 家被强制摘牌的“新三板”公司，进行风险应对和处置。2021 年度，厦门上市企业现金分红 114.16 亿元，创历史新高。厦门证监局组织各类现场检查 106 家次，下发各类监管函件 68 份。开展案件调查 19 件，作出行政处罚 3 件，罚没金额 54.64 万元。

【证券市场风险防范】 2022 年，厦门证监局关注 2 家民营房企债券违约风险，通报相关部门，跟踪资金到位情况，依托厦门市风险防范化解工作领导小组，共同开展风险化解工作。推动中高风险发行人通过兑付、展期、转售等方式化解近百亿元债券市场违约风险，厦门市交易所债券市场保持“零违约”局面。建立健全私募机构常态化“双清理”工作机制，通过网站公示问题机构 207 家，通过吊销、注销、变更名称、经营范围等方式清理 105 家，私募风险压降率 83%，完成风险防范处置收尾工作。开展私募基金“照前会商”80 家次，对 12 只创投基金给予税收优惠认定，推动行业规范发展。截至 2022 年末，厦门市登记备案私募基金管理人 339 家，管理基金 2188 只，管理规模（实缴规模）1534.24 亿元。开展金交所、“伪金交所”和产交所风险排查，压降存量地方交易场所风险，厦金中心涉房涉系风险规模压降 44.5%。

【普法和投保宣传培训】 2022 年，厦门证监局联合厦门市金融监管局、交易所、行业协会、市场专家力量，开展法规宣传和业务培训。先后组织推进上市、上市公司年报编制、公司治理、财务专题、反垄断合规、证券公司投行业务 / 债券业务、投资者适当性、《期货及衍生品法》等培训 20 余场次，参训人数超 7000 人。联合主办首届厦门金融司法协同论坛，中国证监会副主席李超视频致辞。组建“厦门鹭岛投教联盟”，健全投教普法活动的统筹协调和经验交流机制。开展“5・15”全国投资者保护宣传日、防非宣传月、“读懂上市公司报告”、金融知识宣传月、世界投资者周、2022 年宪法宣传周等专项投教活动，覆盖全市 200 多万证券期货投资者和 400 多万名市民，视频节目点击播放量数万人次。

（李永毅）

保 险 业

【概　况】 截至 2022 年末，厦门市有保险公司 39 家，其中财产保险公司 21 家、人身保险公司 18 家。保险专业中介机构 80 家。保险从业人员 3.7 万人。保险业资产规模 849.46 亿元，比上年同期增长 11.6%。全年实现保费收入 270.45 亿元，比上年增长 11.4%，其中财产险实现保费收入 78.83 亿元、人身险实现保费收入 191.63 亿元；赔付支出 84.07 亿元，增长 2.6%，其中财产险赔付支出 50.55 亿元、人身险赔付支出 33.52 亿元。全年提供保险保障金额 43.07 万亿元。

【财产保险服务实体经济】 2022 年，厦门银保监局推进财产保险行业服务实体经济工作。开展绿色保险创新，针对同安区高山茶种植实际情况，推出全国首单农业碳汇损失保险，为 3768 吨碳汇提供风险保障。会同市生态环境局联合制定政策，扩大强制投保环责险企业范围，指导保险公司做实“环保体检”工作，帮助企业发现和消除环境安全隐患。辖内财险公司为 619 家企业提供环境污染责任保障 12.06 亿元，比上年增长 13%。推动财产保险服务科技创新企业，辖内财险公司开展重点新材料首批次应用保险支持高新技术产业发展，提供 1.63 亿元保险保障。中小型科技企业贷款保证保险支持新发放贷款 2.1 亿元。推动农业保险“提标扩面增品”，辖内财险公司全年提供农业风险保障 11.86 亿元，比上年增长 38%，继续开展食用菌保险试点，提供风险保障 2523 万元，提高水稻种植保额和能繁母猪保额，推动病死猪无害化处理与保险联动。

【安全生产责任保险推行】 2022 年，厦门银保监局会同市应急管理局联合印发《关于在高危行业领域推行安全生产责任保险的实施意见》《关于进一步加强危险化学品、烟花爆竹、非煤矿山、金属冶炼行业领域安全生产责任保险工作的通知》，在全市高危行业领域推行安责险。辖内财险公司为 1302 家企业提供安全生产风险保障 222.18 亿元，比上年增长 64%。保险行业协会组织开展“安责险事故预防服务”和“仓储业风险查勘与防损技术”专题培训，提升辖内保险业防灾防损专业技术水平。

【车险市场规范】 2022 年，厦门银保监局深化车险综合改革，车险降价、增保、提质的阶段性目标实现。辖内车险多项指标优于全国平均水平，其中综合费用率 23.9%，低于全国平均水平 4.6 个百分点；商业车险投保率 94.9%，高于全国平均水平 9.4 个百分点；商业三者险平均保额 246.4 万元，高于全国平均值 43.7 万元。10 月 25 日，车险投保实名认证服务项目上线，实现车险全流程电子化，提升车险服务便捷程度，保障消费者知情权、选择权和个人信息安全，完成车险投保实名认证 37 万次。

【人身保险服务保障】 2022 年，厦门银保监局加大第六轮大病保险宣传力度，协议参保人数 410 万人次，累计赔付 45.81 万人次，赔付金额 5.45 亿元。推动“惠厦保”普惠型医疗保险落地，“惠厦保”不设投保年龄和既往症限制。厦门银保监局争取财政资金为全市特困人员、重点优抚对象、残疾人、计生特殊家庭等群体投保，2022 年“惠厦保”投保超过 104 万单。落实老年人意外险，自 2015 年起由政府出资为 60 周岁以上户籍老人投保老年人幸福安康险，该险覆盖全市户籍 60 岁以上老人 41.9 万人，2022 年累计赔付金额 2366 万元。

【商业养老保险服务保障】 2022 年，厦门银保监局开展专属商业养老保险试点，8 家人身保险公司获得试点资格，推出专属商业养老保险产品 7 个，保费收入 489.24 万元，参保人次 915 人。参与税延养老保险试点，厦门市累计保单 6800 件，保费 6272.41 万元。

【出口信用保险】 2022 年，厦门银保监局加强辖区政策性出口信用保险发挥跨周期逆周期调节作用，促进厦门市外贸保稳提质。推动扩大出口信用保险覆盖面，服务支持客户 4547 家，比上年增长 20.8%，出口渗透率 30.4%，高于全国和全省水平。出口险期末有效限额金额比上年同期增长 32.8%，限额满足率 89%，出口前业务承保增长 10%，提振企业接单信心。承保电子信息等 7 条重点产业链 51.2 亿美元。承保金砖四国业务 7.3 亿美元，比上年增长 35.7%。开展普惠金融服务，打造小微服务品牌“信守 37℃”，运用“财政 + 金融”手段服务支持小微企业 3856 家，比上年增长 25.4%，其中新签小微政府保单超过 1000 件，覆盖率 43.7%，提高 4.2 个百分点。利用外管区块链保单融资平台和“单一窗口”等数字化工具，提升外贸企业和银行保单融资操作便利性，推动保单融资增信业务扩大，短期险保单融资增信保额 21.6 亿元，比上年增长 19.8%，其中助力小微企业融资增信增长 155.2%。创新推出厦门“跨境保”，为跨境电商提供全流程服务方案，支持包括跨境电商在内的新业态承保 25.8 亿美元。累计支持服务贸易业务 8861.8 万美元，比上年增长 282.9%。

【保险市场秩序整治】 2022 年，厦门银保监局开展整治“代理退保”黑产乱象专项行动。联合市公安局、市场监管局召开整治“代理退保”黑产乱象专项行动协调会和面向全辖保险机构的部署会，启动专项行动。指导保险行业协会发布风险提示和典型案例，制定全行业首个防范投保套利专门自律公约，防范和打击“投保套利”行为。

（熊　兴）

其他非银行金融机构

【概　况】 截至 2022 年末，厦门市地方金融组织 442 家，其中小额贷款公司 18 家、融资担保公司 27 家、典当行 26 家、融资租赁公司 248 家、商业保理公司 116 家、地方资产管理公司 2 家、区域性股权市场运营机构 1 家、交易场所 4 家，注册资本合计 616.5 亿元。2022 年，厦门市金融监管局推进制度建设、分类监管、功能监管等项工作，守住不发生区域性、系统性金融风险的底线。完善地方金融监管制度体系建设。制定《厦门市金融突发事件应急预案》，建立全市金融突发事件应急工作体系。印发《厦门市政府性融资担保实施办法》，草拟典当、融资租赁、商业保理 3 个行业制度。完成地方资产管理公司、区域股权市场行业白皮书初稿。探索建立 MERCI（管理质量、盈利水平、风险控制、合规要求、普惠能力）分类监管体系。推进小额贷款行业合规发展，加大中小微企业服务力度。统筹推进政府性融资担保扩面增量，厦门市政府性融资担保总额 259.4 亿元，放大倍数 4.2 倍（含增信基金）。开展典当行业无证经营专项整治行动。开展融资租赁、商业保理行业清理排查工作，清退失联空壳融资租赁公司 70 家、商业保理公司 41 家。推动化解交易场所存量违规业务，引导区域性股权市场开展“区块链 + 台资板”创新试点工作。指导地方资产管理公司开展政策适应规划，协助向上反映并争取政策支持。推进“双随机、一公开”监管，完成 103 家次地方金融组织现场检查，完成率 171.7%。推进社会信用体系建设，开展小额贷款公司、融资担保公司信用评级工作，依托“信用厦门”平台，加强信用监管。指导厦门市地方金融协会规范内部管理，提升协会防范化解风险能力，以行业自律为抓手，助力地方金融组织健康发展。

【小额贷款公司】 截至 2022 年末，厦门市小额贷款公司 18 家，注册资本合计 59.5 亿元，资产总额 71.4 亿元，比上年增长 6.4%；贷款余额 60 亿元，减少 4.4%；从银行融入资金余额 4.7 亿元，下降 39.3%。全年发放贷款 166 亿元，比上年下降 22%。

【融资担保公司】 截至 2022 年末，厦门市融资担保公司（含分支机构）27 家，注册资本合计 67.2 亿元，融资担保在保余额（含增信基金）356.4 亿元，比上年同期增长 108.9%；融资担保总额（含增信基金）929.9 亿元，增长 46.0%；中小微企业及“三农”（农业、农村和农民）在保户数 2.2 万户。全年新增担保代偿金额 32.9 亿元，行业拨备覆盖率 172%。

【典当行】 截至 2022 年末，厦门市持有典当经营许可证的典当行 26 家，注册资本合计 10.9 亿元，比上年同期增长 10.1%；典当余额 9.5 亿元，增长 23.6%。全年发生典当业务 3912 笔；典当总额 52 亿元，比上年下降 6.1%。

【融资租赁公司】 截至 2022 年末，厦门市融资租赁公司（含分支机构）248 家，注册资本合计 324.5 亿元，机构数量比三季度末减少 9 家。已报送报表的融资租赁公司 40 家，融资租赁资产总额 288.7 亿元，不良租赁资产余额 4.5 亿元。

【商业保理公司】 截至 2022 年末，厦门市商业保理公司（含分支机构）116 家，注册资本合计 123.7 亿元，机构数量比三季度末减少 7 家。已报送报表的商业保理公司 27 家，发放保理融资款本金 75.5 亿元，不良保理资产余额 0.8 亿元。

【地方资产管理公司】 截至 2022 年末，厦门市资产管理公司和厦门望润资产管理有限公司合计总资产 80.5 亿元，总负债 50 亿元，所有者权益 30.5 亿元；营业收入 5 亿元；利润总额 3.1 亿元，净利润 2.3 亿元。2022 年度累计收购不良债权金额 56.4 亿元，其中厦门辖内债权金额为 20.5 亿元，处置 46.4 亿元，跨省投资收购不良资产 17.4 亿元，存量不良资产账面值 310.9 亿元，同省内 25 家金融机构建立业务合作关系。

【区域性股权市场】 截至 2022 年末，厦门两岸股权交易中心展示、挂牌企业累计 4938 家，挂牌交易企业 347 家。其中，台资板展示企业 1464 家，双百人才企业板展示企业 263 家，闽西南科技板展示企业 1463 家，医药医疗特色板 38 家。厦门两岸股权交易中心为 575 家企业提供 139.5 亿股股权登记托管服务。其中，为 201 家企业完成股份转让 467 笔，金额 26.5 亿元；为 207 家企业完成股份增资 281 笔，金额 33.6 亿元；为 18 家企业完成质押股份 40 笔，金额 7.8 亿元；为 14 家企业办理股份减资服务 17 笔，金额 22.1 亿元；为 98 家企业办理退出登记，退出金额 28.3 亿元。

（肖晓刚）

【厦门海翼集团财务有限公司】 截至 2022 年末，厦门海翼集团财务有限公司（简称海翼财务公司）资产总额 48.55 亿元，净资产 11.40 亿元，总负债 37.15 亿元。全年实现营业收入 8767.28 万元，利润总额 7650.59 万元，净利润 5818.26 万元。海翼财务公司成员单位 56 家，买方信贷客户 2 家。信贷业务发放 464 笔用信，金额 47.87 亿元，年末用信余额为 21.1 亿元。办理结算业务 6.4 万笔，金额 5265.9 亿元，为成员单位节约结算手续费 63.36 万元。搭建同业合作平台，运用有价证券投资资质，收益 2590.09 万元。新增利率债、上交所 / 深交所公司债投资、债券正回购、PPN 投资、MTN 投资等业务。拓展与银行以及消金公司、金租公司等非银金融机构合作。直接为成员单位办理税款担保业务。增加税款担保保函的品种，放宽税款担保保函的适用口岸。

（刘昱晨）

【厦门翔业集团财务有限公司】 截至 2022 年末，厦门翔业集团财务有限公司（简称翔业财务公司）资产总额 67.76 亿元，所有者权益 16.64 亿元。全年实现营业净收入 1.66 亿元，净利润 1.22 亿元，净资产收益率 7.58%。公司资本充足率 35.73%，平均流动性比例 82.53%，账户集中度 70.73%，全口径资金集中度 62.25%，结算收支比 6.9 倍。翔业财务公司以翔业集团投资建设厦门新机场和产业链延伸为契机，通过银团贷款，为厦门新机场和厦门航空产业启动区项目建设提供资金保障。与国家开发银行厦门分行等银行机构联动，筹组并参加银团，强化厦门航空产业启动区项目的资金建设，该银团实现投放超 1 亿元。

（吴智鹏）

【厦门国际信托有限公司】 截至 2022 年末，厦门国际信托有限公司（简称厦门国际信托）注册资本 41.6 亿元（其中外汇资本金 1500 万美元），总资产 68.94 亿元，净资产 62.66 亿元。全年实现总收入 9.32 亿元，净利润 6 亿元，上缴税收 7.09 亿元。管理信托资产规模 1656.94 亿元，累计投向厦门市的资金超过 189.26 亿元，为客户创造收益 80.06 亿元。厦门国际信托发起、受托管理“厦门乡村服务信托”，厦门国际信托和翔安区新圩镇云头村教育促进会签约首笔 50 万元委托，产生的信托收益用于村里考上大学的学生发放奖学金。受托管理“厦门信托—厦门文旅消费方案服务信托”，该服务信托发放 2000 万元厦门文旅消费券，核销率超过 90%，拉动本地旅游消费金额 6.3 亿元。以上 2 个项目作为厦门“‘财政政策 + 金融工具’助企纾困”典型经验做法之一，获得国务院办公厅全国通报表扬。

（林蓁蓁）

【厦门金融租赁有限公司】 截至 2022 年末，厦门金融租赁有限公司资产总额 49.23 亿元，比上年增长 20.02%。实现营业收入 3.56 亿元，比上年增长 4.46%，实现拨备前营业利润 1.36 亿元。上缴各类税收 0.40 亿元。

（孙妍彦）

【厦门金美信消费金融有限责任公司】 截至 2022 年末，厦门金美信消费金融有限责任公司（简称金美信消费金融）新增放款总额 101 亿元，比上年增长 28%；年度贷款余额 55 亿元，增长 32%；年累计净营业收入 4.14 亿元，增长 33%；实现净利润 7896 万元，增长 14%。上缴各类税收超过 8356 万元。3 月，金美信消费金融获批 ABS（一种金融工具，它通过对特定金融资产的证券化，将这些资产转化为可交易的证券）业务资格；11 月，在银行间债券市场发行“鹭盈 2022 年第一期个人消费贷款资产支持证券（ABS）”，发行金额 5 亿元，发行票面利率 3.7%。2022 年 7—8 月，金美信消费金融组织举办第二届台籍大学生暑期文化交流实习月活动，帮助台籍实习生了解消费金融行业发展、厦门创业就业环境、厦门惠台政策等。

（谢　歆）

责任编辑：熊焱峰
审　　稿：林建高
校　　对：曲　艺

22 农业农村

综　　述

【“三农”工作推进】 2022年，厦门市推进绿色农业、乡村振兴、农业农村现代化工作，出台《厦门市扶持粮食生产六条措施》，下达水稻种植和水稻生产全程机械化社会服务市级补助资金，发放农机购置补贴，完成高接换种及新品种引进。厦门市农林牧渔业总产值62.19亿元，比上年增长1.7%；农民人均可支配收入32323元，增长8.1%，农民人均可支配收入保持全省第一。城镇居民与农村居民人均可支配收入差距从2020年的2.31：1缩小到2022年的2.18：1。

【都市现代农业发展】 2022年，厦门市农业农村局（简称市农业局）推进种苗业、现代农业设施项目、农业机械化、农业信息化及技术服务等现代农业产业发展。扶持蔬菜种子种苗产业发展项目10个。培育国家级“育繁推一体化”农作物种子企业1家、省级重点种子企业4家。加强农业种质资源保护与利用，收集农作物种质资源77份，支持1家种子企业建立种质资源库。推进厦门同安闽台农业融合发展（种子种苗）产业园建设，入驻园区的种子种苗企业20家，其中台资6家。扶持标准化农业设施大棚建设，补助新建温室大棚10万平方米。坚持以农田水利设施为重点，完成高标准农田建设266.67万平方米。开展农作物全程全面机械化推进行动，落实农机购置补贴政策，提升农机社会化服务能力，完成机耕面积91.67平方千米、机插面积5.33平方千米、农机专业合作社作业服务面积53.4平方千米。加强全市118个益农信息社和1个营运中心建设，编发农业农村信息718条。推进3家省级农业物联网应用基地建设，培育市级农业物联网应用基地4家，全市区（县）级物流节点覆盖率100%。

【农业绿色发展】 2022年，厦门市农业局落实农产品质量总体安全要求，开展畜禽粪污资源化利用工作，实现化肥农药使用量零增长减量化，推动农业绿色发展。推进农业地方标准修订工作，制定农业地方标准4项。新认证“三品一标”29个，全市“三品一标”产品123个。完善“一品一码”追溯体系建设，完成赋码准出30.46万批次。厦门市蔬菜、畜禽产品例行监测综合合格率98.7%。全市完成推广应用测土配方施肥技术，推广使用有机肥。建立农作物病虫害绿色防控与统防统治融合示范点10个。全市农药使用量296.2吨，比上年下降4.45%；全市化肥使用量1.02万吨，下降2.23%，完成省级指标任务。畜禽养殖废弃物综合利用率98.6%，其中生猪规模养殖场粪污处理设施装备配套率100%。

小资料：

三品一标： 无公害农产品、绿色食品、有机农产品和农产品地理标志统称。

一品一码： 同一品种批次的食品和食用农产品要按照规定的追溯编码规则，赋予特定的识别追溯码。

（黄建峰）

种 植 业

【概　况】 2022年，厦门市农业局按季节、分品种将全年粮食生产目标任务层层分解落实到各区、镇、村，超额完成省政府的40.67平方千米、2.5万吨粮食生产约束性任务。推广粮食生产主推技术，主要粮食作物主导品种主推技术到位率95%以上。引进水稻新品种甬优1540、隆晶优534、天优华占等优良品种进行示范种植。加强农资储备供应，全市储备优质化肥0.85万吨，农药库存约134吨，各类农膜10.2吨，应急储备水稻种子111.2吨。扩大农机服务覆盖面，全市农作物、水稻耕种收割综合机械化率分别为64.26%、76.91%，超额完成年度任务。全市农作物总播种面积215.4平方千米。粮食播种面积41.4平方千米，比上年增长0.8%；总产量2.57万吨，增长1.2%（早稻播种面积13.4平方千米，比上年增长2.6%；产量0.82万吨，增长3.4%。晚稻播种面积6.13平方千米，比上年增长4.5%；产量0.39万吨，增长4.8%。甘薯播种面积 11.2 平方千米，比上年增长 2.4%；产量 0.75 万吨，增长 3.3%。马铃薯播种面积 6.8 平方千米，比上年下降 10.3%；产量 0.43 万吨，下降 9.8%。豆类播种面积 1.27 平方千米，比上年增长 22.0%；产量 0.04 万吨，增长 25.8%。玉米播种面积 2.6 平方千米，比上年增长 4.8%；产量 0.15 万吨，增长 7.8%）。油料作物播种面积 13.4 平方千米，比上年下降 6.6%；产量 0.41 万吨，下降 5.5%。蔬菜面积 149.87 平方千米，比上年下降 1.9%；产量 55.75 万吨，与上年持平。水果播种面积 58.2 平方千米，比上年下降 3.8%；产量 7.12 万吨，增长 5.4%。食用菌产量 3.26 万吨，比上年增长 5.5%。

【种植业补贴政策落实】 2022 年，厦门市农业局发放耕地地力保护补贴资金 1697 万元、3 批中央实际种粮农民一次性补贴资金 144 万元。出台《厦门市扶持粮食生产六条措施》，下达水稻种植和水稻生产全程机械化社会服务市级补助资金 1477.2 万元，区级配套资金 984.8 万元。发放农机购置补贴 519 万元，补贴各类农机具 1971 台（套），受益农户 1288 户。完成高接换种及新品种引进 58.2 平方千米，市、区补助资金 126.88 万元。

【都市现代设施农业项目建设】 2022 年，厦门市农业局落实《关于印发都市现代设施农业建设实施办法的通知》，扶持各区建设标准化农业设施大棚。新建设施农业项目 8 个，比上年增长 17.3%；建设标准化设施大棚 27.33 万平方米，增长 89.7%，其中完成 6 万平方米简易大棚试点改造提升工作。

【政策性农业保险】 2022 年，厦门市农业局开展设施蔬菜种植保险和食用菌保险工作，全市设施蔬菜大棚投保 21 家，投保面积 55.97 万平方米，保费 228.23 万元。水稻种植保险投保面积 1300 万平方米，保费 73.04 万元，保额由每万平方米 7500 元提高到 1.5 万元。继续执行《关于印发食用菌保险实施试点方案的通知》政策，在厦门如意集团开展投保工作，保费 20.18 万元，保费补贴 16.14 万元。

（李　超）

园艺业

【姜花新品种获国际证书】 2022 年 4 月，厦门市园林植物园培育的 6 个姜花新品种获姜花属栽培品种国际登录证书，为植物园自主培育品种第二次获得该项荣誉。植物园研究团队近年通过杂交育种选育出秋海棠新品种 3 个、福建山樱花新品种 6 个、三角梅新品种 4 个，其中三角梅“中闽 1 号”获第十届中国花卉博览会绿化观赏苗新品种奖。

【园林植物园展馆改造完成】 2022 年 4 月，厦门市园林植物园的仙人掌科植物展馆、多肉植物展馆完成改造。仙人掌科植物展馆占地 800 平方米，藏有金鯱群、武伦柱以及各种形态的仙人掌科植物 80 多属、400 余种。多肉植物展馆藏有龟纹木棉、“拟态”植物生石花等多肉植物。仙人掌科植物展馆、多肉植物展馆分别始建于 2000 年和 2004 年，因外观形似被称为“海螺”和“扇贝”。作为创建国家 AAAAA 级旅游景区提升改造重点项目，2 座展馆进行原址翻新，增加透光性和透气性，优化设计植物景观。

【国际花卉及花园园艺博览会】 2022 年 6 月 23—27 日，2022 中国厦门国际花卉及花园园艺博览会在厦门国际会展中心举行。展会集中展示花卉绿植、花艺相关、花园设计及服务、园艺资材及工具等产品，搭建全产业链“一站式”采购平台。展会邀请中国插花花艺大师、“传统插花”和“撒技法”非遗传承人张超举办中国传统插花艺术主题展。

（市市政园林局）

林　业

【概　况】 2022 年，厦门市完成营造林面积 15.09 平方千米，其中植树造林 3.39 平方千米、森林抚育 11.7 平方千米，重点区位森林质量提升 99 万平方米，超额完成省级下达任务；岛内森林景观（林相）提升改造项目工程完成苗木种植 1.75 平方千米。开展森林抚育工作。完成坂头、双溪、天竺山 3 个省属国有林场经营区落界工作，并通过省林业局验收。完成天竺山省级森林公园和莲花国家森林公园的规划修编工作，修编成果上报省林业局。森林火灾风险普查工作完成市级质量检查，开展普查数据的汇交及厦门市“一省一市”灾害风险评估与区划工作。完成并提交危险性评估、隐患评估、风险评估、风险区划和防治区划等成果报告 4 份、数据成果 7 项。接森林警情 17 起，比上年下降 72%，全市零森林火灾火情，森林防火形势总体平稳。

【种质资源库建设】 2022 年，厦门市园林植物园和厦门万银环境科技有限公司分别获评国家级和省级三角梅花卉种质资源库。11 月，厦门市塔斯曼生物工程有限公司获评石斛属植物省级花卉种质资源库。市园林植物园研发三角梅新品种 5 个、山樱花新品种 6 个，厦门和鸣花卉科技有限公司“甜格格”“红玛瑙”“昌新小樱桃”3 个蝴蝶兰新品种取得农业部颁发的植物新品种权证书。

小资料：

种质资源：又称遗传资源。种质是指生物体亲代传递给子代的遗传物质，往往存在于特定品种之中。如古老的地方品种、新培育的推广品种、重要的遗传材料以及野生近缘植物，都属于种质资源的范围。

【森林有害生物防治】 2022 年，厦门市同安区和翔安区有森林有害生物疫点 5 个，发生面积 1.89 平方千米。市、区林业部门加强林业有害生物监测、防治和检疫工作，遏制危险性林业有害生物蔓延，防范外来有害生物入侵。完成松材线虫病防治任务，松枯死木累计清理 3.79 万株。对松墨天牛综合防治，以菌治虫 33.33 平方千米，以虫治虫 2.5 平方千米，药物防治 2 平方千米，完成率均为 100%；完成诱捕器挂设 2700 个，诱捕松墨天牛 13.64 万只。

【森林防灭火提升工作三年行动】 2022 年，厦门市市政园林局加强森林防火基础设施建设，提升防火能力，落实厦门市森林防灭火提升工作三年行动

（2020—2023年）。召开专题调度会10次，印发厦门森林防火基础设施建设与管理考评方案和厦门市生物阻隔带（生物防火林带）建设方案（2022—2023年），加强三年行动项目建设监督管理和森林防火基础设施建设与管理。全市三年行动完成防火道路建设36.22千米，防火林带新建20.76千米、扩建35.47千米，林相改造9.1平方千米，建设消防水池30个，建设防火哨卡建37个。

（市市政园林局）

畜 牧 业

【概　况】 2022年，厦门市肉蛋总产量3.82万吨，与上年持平。其中，肉类产量3.61万吨，比上年增长1.33%；禽蛋产量0.2万吨，下降18.05%。家禽存栏147.05万羽，比上年下降15.52%；累计出栏家禽454.06万羽，下降0.77%。生猪存栏18.12万头，比上年下降14.55%，其中能繁母猪存栏2.04万头，增长3.24%；生猪累计出栏37.37万头，增长3.47%。牛存栏0.7万头，比上年下降6.86%；出栏0.77万头，增长12.67%。羊存栏0.72万只，比上年下降2.22%；出栏0.91万只，增长20.42%。全市屠宰检疫生猪89.78万头、牛羊6.35万头（只）、家禽343.2万羽。动物产品检疫申报点受理动物检疫1.49万吨，未发现不合格产品。回收外来动物产品检疫合格证明4557张，开具动物产品检疫合格证明6.58万张。市、区2级开展"瘦肉精"盐酸克伦特罗、莱克多巴胺及沙丁胺醇3个项目快速检测4.42万头份，其中屠宰场抽检4.03万头份，养殖场3890头份。全市开展打击私屠滥宰监督执法250次，其中联合执法18次，排查群众举报件22份，查实22件，捣毁私宰窝点9个，查获涉案生猪37头、猪肉产品520千克，全部进行无害化处理。监测饲料生产企业34家，养殖场28家，合计278批次。加强饲料行业产品质量监督检查，各级农业执法部门出动检查人员435人次，检查企业169家次，责令整改2家，全部整改完毕。立案查处2起，罚没款2.36万元，执法抽检44批次，合格率100%。

【生猪稳产保供】 2022年，厦门市农业局根据《福建省农业农村厅关于印发福建省生猪产能调控实施方案（暂行）的通知》要求，继续实施能繁母猪和育肥猪保险政策，加强监测预警，引导养殖场（户）合理调节产能，全市规模生猪养殖场超过53家，能繁母猪存栏量保持在2万头的合理区间。全市13家生猪养殖场确定为生猪产能调控基地，其中国家级3家、省级8家、市级2家。厦门市绿色缘农牧有限公司、厦门市同安区欣宝旺养殖场、厦门市同安区欣海旺养殖场、厦门市同安区欣勤养殖场、厦门太阳堡农业开发有限公司、厦门市翔安区建旺养猪场6家养殖场被认定为2022年省级畜禽养殖标准化示范场。

【非洲猪瘟防控】 2022年，厦门市农业局针对非洲猪瘟采取监测排查、杀毒灭源、调运监管、屠宰"两项制度"等防控措施，指导养殖场落实生物安全管理措施，加强养殖环节和屠宰环节检查，开展非洲猪瘟假疫苗打击专项行动，出动各类执法人员418人次，累计检查实验室2家次、兽药生产企业24家次、兽药经营企业59家次、生猪养殖场户114家次，未发现存在制售和使用非洲猪瘟假疫苗违法行为。

【畜禽养殖废弃物资源化利用】 2022年，厦门市农业局持续推进畜禽粪污资源化利用工作，组织实施畜禽粪污资源化利用提升行动，指导养殖场提升改造，强化末端利用的示范试点，建立畜禽粪污资源化利用典型模式和示范基地，构建废弃物综合利用的畜牧业循环经济产业链，推进畜禽粪污综合利用，全面提升绿色养殖水平。全市畜禽养殖废弃物综合利用率95%以上，规模畜禽养殖场粪污处理设施装备配套率100%。

（杨晓萌）

渔　业

【概　况】 2022年，厦门市有渔业乡（镇）7个、渔业村5个、渔业户6387户、渔业人口18243人。渔业从业人员9404人，其中专业从业人员5749人、兼业从业人员2281人、临时从业人员1374人。渔业总产值69.13亿元（含一、二、三产），比上年增长12.34%，其中捕捞产值5.5亿元、养殖产值2.16亿元、种苗产值7.16亿元。水产品总产量6.45万吨，比上年下降7.31%，其中水产养殖产量1.17万吨、捕捞产量5.28万吨。生产水产种苗768.83亿单位。水产加工量9.03万吨，加工产值17.90亿元，比上年增长8.85%。夏商国际水产交易中心总交易量19.39万吨，交易额87.52亿元。

【水产品质量安全监管】 2022年，厦门市海洋发展局树立"大粮食观"，提升水

厦门市海洋发展局工作人员在高崎水产品批发市场进行水产品质量安全例行检查

（市海洋发展局　供图）

产品批发市场及养殖产地水产品质量安全监管工作水平，确保百姓餐桌水产品安全。完成各类水产品质量安全检测1328批次，农业农村部对厦门流通环节水产品质量安全例行监测，合格率为100%。

【远洋渔业发展】 2022年，厦门市远洋渔业企业5家，远洋作业渔船54艘。远洋渔业捕捞总产量5.01万吨，产值近4.3亿元，自捕远洋水产品回运厦门2.57万吨。厦门市联成渔业有限公司累计投资5000万元，进口金枪鱼1350吨，销售额5500万元。

【水产种苗业与标准化】 2022年，厦门市海洋发展局组织编制《“十四五”厦门市水产种业发展规划（2021—2025）》，制定培育政策，推进水产种苗产业发展。开展厦门都市水产种业园区规划建设，建成厦门都市水产种业产学研服务中心，推进厦门百利龙程（同安石浔）仔虾繁育产业园（一期）建成投产。支持百利龙程、闽锐宝公司开发凡纳滨对虾、绿盘鲍等特色优势种苗。

【渔业科技培训与推广】 2022年，厦门市海洋发展局利用在厦门高校和科研院所技术力量，建立专家服务队伍。组织“水产绿色健康养殖”“水产品质量安全”“观赏水族政策补助”等6期为民办实事渔民培训，培训渔民216人次。组织编制水产绿色健康养殖五大行动实施方案，开展“工厂化循环水养殖”“病害防治员”专题培训，提升渔业从业人员绿色发展理念和专业技术水平。

（市海洋发展局）

【海洋渔业审批事项改革】 2022年，厦门市海洋发展局持续深入推进“放管服”改革，取消国家重点保护水生野生动物人工繁育许可证变更等8个行政许可（县级初审）事项，取消海洋渔业捕捞许可证年审等2个行政许可事项；梳理编制海洋渔业行政许可事项；对依据法律法规及上级文件取消的事项，在福建省网上办事大厅权责清单系统调整变更，对外公示。深化“小型渔船多证联办一件事”改革服务，推进服务下沉、服务上门，实现“一件事”上门办、集中办、批量办，实现渔业船舶所有权登记证、检验证、捕捞证、国籍证等4证联办，申请材料压减60%，办理时限压缩81%，上门服务办件1900余件，改革经验被国务院推进政府职能转变和“放管服”改革协调小组办公室在《简报》179期中宣传推广。

【渔业安全整治】 2022年，厦门市海洋发展局落实渔业安全生产目标责任制，组织开展渔业安全生产专项整治行动、水上和渔业船舶安全整治行动、海上渔船安全治理和商渔船碰撞治理行动，组织渔船应对影响台风、大风8次，组织安全演习4次。全年实现渔业安全生产零事故、零死亡，被评为安全生产和消防工作优秀单位。

【上岸渔获可追溯管理系统】 2022年6月21日，高崎渔港上岸渔获可追溯管理系统通过验收，实现与夏商市场水产品一品一码系统对接，确保追溯数据共享互换。该系统可实现对渔获进行赋码，对渔获从海捕、上岸、核验、合作社分拣、批发整个过程进行追溯，为捕捞渔获赋码销售和补助资金申报提供辅助技术支撑。通过该系统登记靠岸渔船511艘次，登记上岸渔获1.84万吨。

（许金璟）

乡村振兴

乡村治理

【乡村振兴试点】 2022年，厦门市农业局坚持“串点连线成片”，推进建设省市乡村振兴试点示范村69个、动线18条，重点建设精品示范线路6条。健全乡村振兴试点示范项目库，加大乡村产业振兴项目比重。坚持项目“月调度、季通报、年考核”工作机制，采取“挂图作战”模式，加快项目建设进度。全市乡村振兴试点建设项目263个，总投资4.04亿元，完成投资4.5亿元，投资完成率居全省前列。海沧区乡村振兴陪伴式服务经验做法，获得农业农村部推广交流。集美区灌口镇获评乡村振兴省级重点特色镇，同安区明溪村获评省级实绩突出村。

（黄建峰）

【乡村治理体系建设】 2022年，厦门市农业局完善厦门市乡村治理工作联络员会商制度，在同安区汀溪镇顶村村等12个村（岛外4区各3个村）推广运用积分制试点工作，围绕人居环境、乡风文明、村级事务等类别，设立积分兑换点8个，兑换货值2.8万元。组织岛外4个区开展省级乡村示范村镇创建，同安区汀溪镇、集美区后溪镇、翔安区内厝镇3个镇，同安区莲花镇白交祠村等11个村入选第二批省级乡村示范镇村。海沧区全国乡村治理体系建设首批试点工作完成，以党建为引领，加强基层组织建设，开展生产、生活、生态融合乡村经济社会系统治理，引入台湾青年参与乡村治理深化海峡两岸交流与融合。市农业局将全国、全省、全市乡村治理典型经验汇编成手册，印发760册供各区、镇（街道）、村（居委会）、驻村工作队参阅。

【农村改革】 2022年，厦门市农业局开展省、市乡村振兴试点示范村工作，推进省级乡村振兴重点特色镇和实绩突出村创建。实施种业振兴行动，召开首届厦门种业博览会，加快厦门同安闽台农业融合发展（种子种苗）产业园建设，扶持蔬菜种子种苗产业发展项目10个。培育新型农业经营主体，开展农民专业合作社规范提升行动，推进集美区农民专业合作社质量提升工作。实施家庭农场培育计划，组织开展家庭农场“一码通”应用试点。推动碳达峰、碳中和战略与乡村振兴工作融合发展，设立全国首个农业碳汇交易平台，发放全国首批农业碳汇，军营村、白交祠村生态茶园3357吨碳汇成交，建立“农业碳汇＋数字人民币＋乡村振兴”新机制，农业碳汇工作获评厦门市2022年度改革创新优秀案例。

【农业产业集聚发展】 2022年，厦门市农业局研究分析农业产业发展情况及短板弱项，调研“一村一品”专业村与农业产业化龙头企业发展现状，修订《厦门市扶持农业产业化龙头企业发展项目申报指南》，培育一批“一村一品”专业村，通过扶持龙头企业壮大农村经济，再辐射带动周边农村。全市有市级以上农业产业化重点龙头企业55家，其中国家级11家、省级33家。市农业局扶持龙头企业发展项目45个，扶持资金1759万元，项目逐步发挥效益。55家龙头企业总营业收入980余亿元，比上年增长8.9%。提升休闲农业和乡村旅游业，加快乡村旅游品牌建设，澳头社区获评全国乡村旅游重点村，灌口镇获评省全域生态旅游小镇，翔安区新圩镇前埔村、集美区灌口镇双岭村、同安区莲花镇后埔村获评福建省美丽休闲乡村。

【农村人居环境宜居水平提升】 2022年，厦门市提升农村公厕建设管理水平，推进农村公厕改造，完善公厕管养长效机制。实施农村道路清扫保洁和垃圾转运企业化运作。完成20个省定村庄污水治理项目任务，推进农村生活污水提升治理做法在全省推广。结合铁路沿线环境综合整治和乡村振兴示范村建设，推进既有农房整治，完成裸房整治3685栋。抓好村容村貌提升，推进乡村绿化美化行动，营造生态景观林，建设“绿盈乡村”13个。

（刘淑娟）

村镇建设

【概　况】 2022年，厦门市建设局通过政策规范、服务指导、宣传引导等方式，加强农村建房纳管工作，提高农村建房质量安全水平，防范发生各类建房安全事故，提升农村建设品质。市建设局联合农业局、城管执法局、资源规划局等6个部门印发《关于全面加强农村自建房及小散工程纳管工作的通知》，推行图集建房、工匠建房、钢管建房3项措施，落实区级、镇街、村居、业主4方责任，落实机构、制度、经费、执法、平台5项保障。组织编制《农村住宅通用图集（2022版）》，通过实地调研、村民沟通，新增农村住宅图集12套。编制《厦门市农房建设安全巡查指引手册》，印刷发放《厦门市农房建设质量安全管控要点一张图》《农村建房安全常识》《农村自建房五提醒》等材料1000份，供建房户和工匠队伍借鉴和参考。开展村镇建设管理干部、农村建筑工匠培训，参训1236人。

【农村建设品质提升】 2022年，厦门市建设局根据《2022年全省城乡建设品质提升实施方案》要求，策划生成“崇尚集约建房”示范区（集美区）、集镇环境整治样板（集美区灌口镇）2个省级样板项目，建设周期2年，各项目均超额完成年度目标。全年完成农村既有裸房整治3685栋，完工率131.6%，完成投资额2.24亿元，完成投资率196.2%，其中海沧区完成全区既有裸房整治。强化农村建筑风貌管控，集美区、海沧区、同安区、翔安区均完成建筑立面图集编制，建成示范房6栋。开展闽台乡建乡创合作，探索出台台湾规划经验在地化的“1+N”服务模式，建设“全龄友好型”村居，推进“多元共治”村庄治理体系构建。

【农村建房现场会】 2022年8月5日，厦门市建设局在翔安区内厝镇黄厝村召开全市农村建房及小散工程纳管现场会，全市各区、各镇（街道）及行业主管部门120人参加会议，市政府主要领导、省住建厅主要领导参加会议，提出具体的纳管要求。组织专家到各区开展农村自建房施工安全质量服务指导，掌握农村在建房屋安全状况，提出建议措施。

（市建设局）

农产品质量安全

【概　况】 2022年，厦门市农业局统筹兼顾新冠病毒感染疫情防控和农业生产稳产保供工作，加强各项措施落实，提升全市农产品质量安全水平。制定、修订并发布厦门农业地方标准26项。建成省级优质农产品标准化基地4个、省级畜禽标准化示范场6个。申请国家全产业链农业标准化示范基地2个，其中1个被列为备选基地。加强绿色、有机食品和地理标志农产品认证管理，开展“三品一标”认证、复查换证、续展工作，新认证“三品一标”产品数量27个，累计121个。推广蔬果茶园生态种植、食用菌绿色生产、畜禽粪污资源化利用等农业绿色生产，开展农业投入品减量化（2%）、生产过程清洁化、废弃物利用资源化等工作。农业农村部例行风险抽检合格率98.7%，国务院食安办授予厦门市“国家食品安全示范城市”称号，全年未发生农产品质量安全事故。

【农产品质量安全追溯】 2022年，厦门市农业局完善生产主体名录库，备案生产主体700多家，落实农产品质量安全检查制度，做到市级每月、区级每周、镇（街道）每天线上巡查全覆盖；落实挂钩制度，推进食用农产品生产主体赋码出证，赋码准出30.46万批次。全市新增农产品质量安全追溯点62个，累计投入700多万元，建成各类农产品追溯点310多个。

【农产品质量安全监测】 2022年，厦门市农业局配合农业农村部完成全年例行风险监测工作，全年综合抽检合格率98.7%，其中蔬菜产品合格率97.4%、畜

市农业农村局工作人员对农产品开展抽检工作　　（市农业农村局　供图）

禽产品合格率100%，农业生产基地合格率100%。制定印发《2022年厦门市农产品质量安全监测管理工作方案》，细化分解工作任务，下达20个涉农镇（街道）农产品检测室经费200万元。

【农产品安全专项治理监管】 2022年，厦门市农业局开展食用农产品“治违禁 控药残 促提升”三年行动，开展农资打假专项治理行动，保障农业生产用药用肥安全。开展食用农产品违法添加金银箔粉有关问题、豇豆生产及保障冬奥会农产品供应等专项整治活动。三年行动累计出动各类执法人员7406人次，对全市2667家种养殖基地、农资生产经营点和农民合作社、零星种植散户等开展各类农产品质量安全生产隐患排查工作，督促农产品生产者全面落实兽药休药期和农药安全间隔期制度，不乱用、滥用国家禁、限用药物。

（陈豆豆）

水利建设

【概　况】 2022年，厦门市平均降雨量1432.1毫米，属平水年。厦门市地表水资源量12.18亿立方米，地下水资源量3.38亿立方米，水资源总量12.18亿立方米，比多年平均水资源总量少1.14%，以年末常住人口计算，人均水资源229立方米。全市供水总量7.32亿立方米，其中地表水供水量最大，占94.80%；城镇居民用水量所占比例最高，占31.64%。

【水利基础设施建设】 2022年，厦门市水利局制定《厦门市供水大水网系统工程规划》《厦门市水利基础设施空间规划》，完成全周期水利基础设施体系方案编制和项目策划，形成项目86个，涉及投资265.3亿元。年度计划水利投资23.18亿元，比上年增长55.57%；实际完成23.26亿元。推进重点工程建设，西水东调原水工程投入使用，水源连通工程石兜水库至西山水厂段完工，坂头右干渠改造工程、溪头水库配套原水工程（同安东路至翔安北水厂段）2个市重点项目按期开工，枋洋水利枢纽工程开展试验性供水。市水利局参与协调市政道路建设、片区建设、轨道交通建设等涉水项目80余个，保障厦门新机场项目水土保持方案一次性通过水利部审批。水利办事服务类审批事项即办率71.88%，承诺时限压缩率93.81%。全年开展工程质量检查425人次，开展原材料、实体质量监督抽检52次，发出整改通知书23份，发现并整改质量安全隐患138个，对2家单位记录不良行为信息，实现水利工程质量监督全覆盖。北溪引水主干渠改造工程获评全省水利工程标准化示范工地；石浔水闸改建工程获评为2022年度“闽水杯”水利优质工程金奖；环东海域新城埭头溪（下游段）综合治理工程作为全省2个代表工程之一接受水利部质量考核，福建省在该考核中位列全国A级第五名。

【水土流失防治】 2022年，厦门市水利局加强水资源管理和水土流失防治，完成水资源配置规划修编，开展取用水管理专项整治，落实取水许可和计划用水管理，组织开展节水条例调研、水平衡测试课题研究和中水在市政杂用方面研究。推进厦门水资源节约集约利用先行示范区创建，翔安区、集美区“县域节水型社会达标建设”通过省级审核。依托厦门产权交易中心设立全省首个水权交易平台。开展水土保持专项执法检查，完成3轮“天地一体化”遥感图斑核查。全市水土保持率94.75%，继续居全省第一名。市水利局水资源与水土保持处获评全国水土保持工作先进集体称号。

【防汛抗旱】 2022年，厦门市水利局启动水利系统防御暴雨洪水应急响应14次、防御台风应急响应1次，发布水情信息43期、山洪灾害风险专题服务28期、预警信息近2万条次。6月上中旬厦门市出现持续性强降雨，累计雨量为历史同期第二大，市水利局调度全市水库，保防汛安全、保蓄水充足，水利工程无灾情险情，未出现人员因灾伤亡。

【水利工程管理】 2022年，厦门市水利局完成2座中型水库、1座中型水闸安全鉴定，开展水利工程标准化管理试点，完成流域面积10平方千米以上的河道、小（2）型以上水库和水闸等划界落桩，马銮水闸船闸改造提升和集杏海堤水闸大修前期按计划推进。落实水电站行业监管，厦门市小水电综合整治作为全省督察整改正面典型案例上报中央生态环境保护督察办公室。开展水利工程安全生产专项整治三年行动，落实安全生产十五条措施及省市细化措施，组织安全检查百日大会战、安全生产巡查、防溺水专项检查、水利消防安全大检查等10轮督导检查，整改隐患问题751个。推动积案化解，全市移民安置区社会稳定。开展数字孪生流域建设试点工作，选取东西溪流域防洪调度作为建设重点。

（何　愉）

责任编辑：熊焱峰
审　　稿：林建高
校　　对：曲　艺

23 工　业

综　　述

【工业经济运行】 2022年，厦门市制造业市场主体4.8万家（户），其中规模以上工业企业2896家。全市规模以上工业产值突破9000亿元。其中，海沧占22.8%，集美占13.4%，同安占12.1%，翔安占3.9%，湖里3.2%，思明占2.7%，火炬高新区占41.2%。工业对全市地区生产总值增长贡献率24.1%，拉动1个百分点。全市规模以上工业增加值比上年增长4.3%，排全省第五名，在15个同类城市中排第六名；规模以下工业增加值增长5.1%。高技术制造业增加值占规模以上工业增加值比重42.2%，战略性新兴产业占规模以上工业增加值比重49.4%，均排全省第二名。工业税收420.2亿元，比上年增长2.4%，增幅比全市税收平均增幅高9.5个百分点；占全市税收比重33.8%，提高4.6个百分点。工业用电量162.2亿千瓦时，比上年增长3.0%。完成工业投资645亿元，比上年增长28%，排全省第二名，在15个同类城市中排第二名。技术改造投资比上年增长14.7%，排全省第六名。制造业投资比上年增长28.5%，排全省第三名。

【工业招商引资】 2022年，厦门市工业领域合同签约项目262个，总投资1065亿元；落地项目128个，总投资521亿元。厦门市通过财政政策和“益企服务”，推动厦门天马微电子有限公司、厦门士兰集科微电子有限公司等企业再投资，玉晶光电（厦门）有限公司、厦钨新能源材料股份有限公司等企业增资扩产。全市工业技术改造投资完成450亿元，占工业投资70%。完成产业准入工业项目76个，比上年增长2.1倍；总投资1245亿元，增长5.4倍；用地需求面积596.13万平方米，增长3.2倍。厦门市工业和信息化局（简称市工信局）推动眼镜产业园、智能家居产业园和输配电产业园等专业产业园区落地。

【工业转型升级】 2022年，厦门市实施数字化转型相关做法，上线“厦门市产业数字化元宇宙超市”，打造国家级标杆示范。全市平板显示、计算机与通信设备、半导体和集成电路、新材料、生物医药等产业管理数字化率100%，规模以上制造业经营管理数字化普及率88%，设备数字化率65%。全市增加国家级专精特新“小巨人”企业64家，总量在全国同类城市中排第七名。“专精特新”和“小巨人”企业总数均排全省第一名。市工信局承办全省产业数字化转型工作现场会。

【智能制造发展水平提升】 2022年，厦门市完善工业互联网公共服务平台，对接浪潮信息、金蝶、摩尔元数等服务商52个类别、95个产品，提供“我要上云”“服务入驻”“政策申报”等功能，服务企业2757家。建设制造业数字化产教融合平台，搭建产教人才、技术、项目、科研交流合作通道，具备在线课程学习、产学需求与能力对接等功能，实现数据统计和可视化呈现，推出数字化共性技术、产业前沿技术模块等课程42门。开展企业上云行动，为企业提供软件开发和智能制造数字化升级服务，推动全市5000余家企业上云，在卫厨、模具、注塑、纺织、机器人、运动器材等行业评选、树立上云应用标杆企业，其中673家企业深度上云。

【工业营商环境优化】 2022年，厦门市工信局出台规模以上工业企业增产增效奖补政策，2000多家次企业领取奖补约4亿元，相关企业拉动全市规模以上工业总产值比上年增长约15个百分点。开展降本减负工作，制造业中小微企业缓费缓税43.7亿元。发放规模以上工业企业贷款贴息1000多万元、税费奖补2000多万元，帮助31家软件企业减免税额3.2亿元。清理拖欠中小企业账款，全市无分歧欠款清偿率100%。打造以厦门市产业引导基金、厦门市技术创新基金、中小企业发展基金厦门子基金、中小微企业融资增信基金等基金体系，以财政资金为杠杆带动金融资本、社会资本。市工信局牵头开展“益企服务”专项行动，举办“企业接待日”活动，帮助企业解决问题128个。推出惠企政策“免申即享”模式，兑现奖补项目70个，金额8.38亿元，涉及企业4136家。调整人才落户政策，降低工业企业骨干员工落户门槛，吸引人才到厦门创业。推动设立火炬高新实验学校，解决高技

表 23-1　　2022 年厦门市入选福建省首台（套）重大技术装备一览表

序号	企业	产品名称及型号、规格	认定类型
1	厦门船舶重工股份有限公司	2800 客邮轮型客滚船	成套装备，省内首套
2	厦门瑞为信息技术有限公司	毫米波人体成像安检设备	单机设备，省内首台
3	厦门韫茂科技有限公司	锂电池自动粉末原子层沉积设备	单机设备，省内首台
4	厦门金龙联合汽车工业有限公司	智慧校园巴士	成套装备，省内首套
5	福建龙净脱硫脱硝工程有限公司	石灰窑烟气脱硫脱硝装备	成套装备，省内首套
6	厦门市泛能科技有限公司	75kW 锂电推进系统	成套装备，省内首套
7	厦门华数电力科技有限公司	变电站智能钥匙机设备 HASO-100XZ1	成套装备，省内首套
8	科华数据股份有限公司	液冷储能系统（型号：S-R10-P8-48S1P-L280-B）	成套装备，省内首套

能人才子女就学问题，为高能级项目落地提供教育保障。

【工业产业发展】 2022 年，厦门市 35 个工业大类行业中，24 个行业工业总产值实现比上年增长，增长面 68.6%。电子信息、机械装备两大支柱产业工业总产值占比 61%。计算机通信和其他电子设备制造业实现产值 3288.5 亿元，比上年增长 4.3%，拉动规模以上工业总产值增长 1.6 个百分点。电气机械和器材制造业实现产值 863 亿元，比上年增长 26.6%，拉动规模以上工业产值增长 2.1 个百分点。汽车、航空维修制造产业产值分别比上年增长 24.2%、32.7%。有色金属冶炼和压延加工业产值 387.8 亿元，比上年增长 10.1%，拉动规模以上工业总产值增长 0.4 个百分点。厦门市推动新材料、新能源、生物医药三大战略性新兴产业发展。其中，新能源材料受各地锂离子电芯项目需求带动上涨，产值突破 600 亿元，比上年增长 40.7%。推动第三代半导体、未来网络、前沿战略材料、氢能与储能、基因与生物技术、深海空开发产业发展。

【先进制造业倍增计划实施】 2022 年，厦门市推动发展先进制造业规模，提升核心竞争力、可持续发展能力、产业集约发展水平。厦门市工信局牵头制定《厦门市先进制造业倍增计划实施方案（2022—2026 年）》，包括促进企业创新发展、助推企业做大做强、强化资源要素支撑、优化人才保障、完善服务体系等 5 个方面、18 条措施、38 项政策。其中，16 条按规定执行的措施中，执行 14 条，未执行事项均为未到政策兑现时间；22 项需出台实施细则（指南）的政策中，出台 14 项。倍增计划企业全年实现工业产值 4092.6 亿元（占规模以上工业产值 45.5%），比上年增长 7.8%，比规模以上工业产值增幅高 2.4 个百分点。

【重大技术装备支持】 2022 年，根据《福建省工业和信息化厅关于公布 2022 年省首台（套）重大技术装备认定名单的通知》，厦门市 8 个产品获得首台（套）重大技术装备认定（见表 23-1）。厦门市落实项目扶持资金，加大产品推广示范应用力度，推动重大技术装备创新升级发展。

（市工信局）

电子信息制造业

【概　况】 2022 年，厦门市电子信息制造业实现工业产值 3102.78 亿元，主要涵盖平板显示、计算机与通信设备、集成电路 3 个细分领域。火炬高新区电子信息（光电显示）产业示范基地连续 3 年（2019—2021 年）获得国家新型工业化产业示范基地五星级评价，是福建省唯一的五星级产业示范基地、全国唯一的五星级光电显示产业示范基地。厦门宏发电声股份有限公司入选“2022 中国电子信息企业百强”。瑞华高科技电子工业园（厦门）有限公司入选第四批符合“印制电路板行业规范条件”企业名单。在第十六届中国半导体行业协会半导体分立器件年会暨苏州第三代半导体产业融合创新发展高峰论坛上，火炬高新区获“2022 年第三代半导体最具竞争力产业园区”称号。在第十七届“中国芯”优秀产品征集发布仪式上，厦门市三安集成电路有限公司、绿芯半导体（厦门）有限公司、厦门芯一代集成电路有限公司 3 家企业获得 2022 年度“中国芯”奖。恒坤光刻胶抗反射层项目获 2021 年度重点新材料首批次应用保险补偿，厦门市三安集成电路有限公司等 13 家企业的 14 个项目进入 2021 年度享受税收优惠政策的集成电路企业项目清单，厦门盈趣科技股份有限公司、厦门市光莆电子有限公司项目入选 2021 年物联网示范项目名单；厦门蓝旭科技有限公司、厦门 ABB 开关有限公司工业中心项目、港务物流园区分布式光伏项目入选第三批智能光伏试点示范名单，厦门天马微电子有限公司、厦门士兰集科微电子有限公司、厦门士兰明镓化合物半导体有限公司、瀚天天成电子科技（厦门）有限公司“窗口指导”获国家批复，国家集成电路大基金（二期）增资厦门士兰集科微电子有限公司 6 亿元。

【平板显示产业】 2022 年，厦门市平板显示产业实现产值 1498 亿元，覆盖玻璃基板、面板、模组、整机等上下游全产业链。上游玻璃基板方面有日本电气硝子（世界三大液晶基板玻璃制造厂商之一，8.5 代及 10 代液晶玻璃基板是光电显示产业上游核心部分）；中游面板和模组方面有厦门天马微电子有限公司

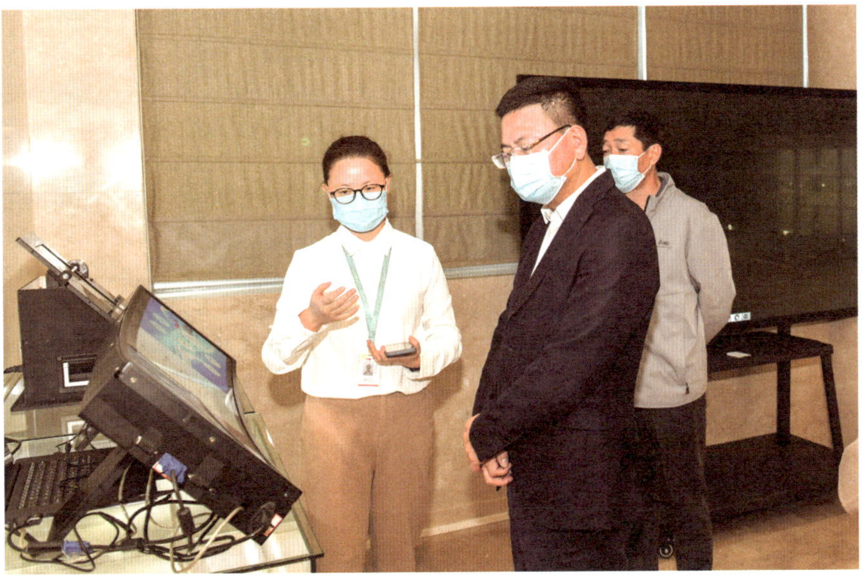
2022 年 1 月 22 日，厦门市工信局到触控屏制造商宸鸿光电公司开展调研
（市工信局　供图）

（中小尺寸面板，LTPS 及 LCD 全面屏市场占有率全球第一），友达光电（厦门）有限公司（世界第三大 TFT-LCD 模组研发、生产），厦门宸鸿科技有限公司（全球最大的触控屏制造商），宸展光电（厦门）股份有限公司（触摸显示器），达运精密工业（厦门）有限公司（背光模组），峻凌电子（厦门）有限公司、厦门旗胜科技有限公司（结构件、SMT 贴片、FPC 等配套）；下游整机应用方面有冠捷显示科技（厦门）有限公司（全球液晶显示器出货量第一）。在赛迪《2021 中国新型显示十大城市白皮书》城市排名中，厦门排第八名。

【计算机与通信设备产业】 2022 年，厦门市计算机与通信设备产业实现产值 1216 亿元，涵盖整机制造、电子元器件、外部设备、IT 服务等产业链环节。上游设计方面有厦门市卓翼智造科技有限公司（手机方案设计）等，中游组件方面有厦门弘信电子科技集团股份有限公司（柔性电路板）、玉晶光电（厦门）有限公司（全球前三的手机光学镜头供应商）、宏发（继电器全球市场占有率第一）、厦门法拉电子股份有限公司（薄膜电容器全球市场占有率前三）、厦门华联电子股份有限公司（电子控制器件）等，下游整机方面有戴尔（厦门）有限公司（全球前三的计算机设备制造商）、浪潮信息（全国最大、全球前三的服务器制造商）、神州鲲泰（厦门）信息技术有限公司（全国信创计算机龙头企业）、松下电子（数码相机）等。

【集成电路产业】 2022 年，厦门市集成电路产业实现产值 329.5 亿元，形成涵盖集成电路设计、制造、封测、装备与材料以及应用的产业链。集成电路设计方面有厦门星宸科技有限公司（全国最大的视频监控芯片供应商）、厦门紫光展锐科技有限公司（全球前三的智能手机处理器供应商）、厦门凌阳华芯科技股份有限公司（显示驱动芯片设计）、开元通信技术（厦门）有限公司（5G 滤波器）、厦门优迅高速芯片有限公司（全国光通信芯片龙头企业），集成电路制造方面有联芯集成电路制造（厦门）有限公司（大陆良率最高的 28 纳米 12 英寸晶圆厂）、厦门士兰微电子有限公司（全国功率 IDM 龙头企业）、厦门市三安集成电路有限公司（全国最大的砷化镓射频芯片供应商），集成电路封测方面有厦门通富微电子有限公司（全球前五的封测厂商）、厦门云天半导体科技有限公司（先进特色封装）、厦门金柏半导体有限公司（超精密柔性载板）、安捷利美维电子（厦门）有限责任公司（封装载板）等，集成电路材料及设备方面有厦门美日丰创光罩有限公司（全国最大最先进独立光罩厂）、瀚天天成电子科技（厦门）有限公司（全国第一的碳化硅外延晶片供应商）、全磊光电股份有限公司（化合物半导体外延片）、厦门恒坤新材料科技股份有限公司（光刻胶、前驱体）、鑫天虹（厦门）科技有限公司（薄膜沉积设备）、芯米（厦门）半导体设备有限公司（涂布显影设备）等。

【集成电路产业政策出台】 2022 年，《厦门市人民政府关于印发进一步加快推进集成电路产业发展若干措施的通知》出台，从人才引进、研发创新、提质增效、生态建设 4 个方面扶持集成电路产业发展。全年兑现集成电路产业扶持资金 1.58 亿元。

【工业企业增资扩产】 2022 年，厦门市电气硝子玻璃（厦门）有限公司三期项目生产线投入生产，四期项目主体建设完成。厦门天马微电子有限公司显示 6 代柔性 AMOLED 项目生产线投入生产，厦门天马光电子有限公司 8.6 代新型显示面板项目开工建设。友达光电（厦门）有限公司、宸美（厦门）光电有限公司增资扩产项目，设备部分进场。厦门弘信电子科技集团股份有限公司新投资建设新能源车用 FPC（柔性电路板）产线 40 条，配套 SMT（表面组装技术）生产线 15 条。玉晶光电（厦门）有限公司、茂晶光电（厦门）有限公司、厦门力鼎光电股份有限公司等新建 VR、红外等先进光学镜头生产线。厦门华联电子股份有限公司翔安产业园竣工。同致电子汽车电子电器部件及模具生产技术改造项目、松下 Lumix 系列相机产品改造升级项目、台松精密电子继电器车间设备技术改造项目、亨国精机工业电动车制动系统技术改造工程等增资扩产项目按计划推进。

【产业集群化发展】 2022 年，厦门市围绕龙头企业厦门天马微电子有限公司，梳理配套情况。整理意向到厦门发展的主要配套企业清单，作为重点招商目标，促成厦门市隆利科技发展有限公司、南京高光半导体材料有限公司、烟台显华科技集团股份有限公司、威海鑫视界电子科技有限公司等上游原材料、设备及下游终端应用配套项目落地，增加投资超 50 亿元。海沧区配套厦门法拉电子股份有限公司，引进厦门市嘉德利新材料有限公司。国家信息光电子新基建数据中心、科华数据股份有限公司云产业、算能科技人工智能芯片总部等通信设备产业项目落地。

【电子信息平台载体建设】 2022年，厦门市、厦门大学共建厦门大学国家集成电路产教融合创新平台，厦门市支持经费全部到位，平台形成年培养1500名集成电路人才能力。厦门市举办第六届集微半导体峰会，集成电路企业、投资机构和学界代表5000人参加。支持举办中国集成电路设计业2022年会暨厦门集成电路产业创新发展高峰论坛。成立厦门市集成电路行业专家委员会。

【集成电路产业基金引进】 2022年，厦门市引进博蓝特半导体科技股份有限公司第三代半导体衬底及材料、厦门思坦集成科技有限公司Micro-LED（微缩化和矩阵化二极管发光显示）模组生产、粒芯科技（厦门）股份有限公司化合物半导体外延/芯片、安捷利美维电子（厦门）有限责任公司高端封装基板及高端HDI（高密度互连板）等项目。芯跑基金、惠友豪嘉、昆桥二期等集成电路产业基金落地，总规模35亿元。

（市工信局）

生物医药制造业

【概　况】 2022年，厦门生物医药与健康产业实现工业总产值1050亿元，比上年增长6.38%。生物医药与健康领域企业1400多家。其中，省级科技“小巨人”企业159家，省、市级新型研发机构21家，上市企业10家。全市累计注册备案Ⅰ类医疗器械2183个、Ⅱ类医疗器械683个、Ⅲ类医疗器械430个、药品410种。省药监局在厦门设立审批服务窗口，省药品审核查验中心厦门分中心、省药品审评与检测评价中心厦门分中心揭牌，50余个省药监局行政许可的事项由服务工作站为企业就近办理。厦门市生物医药产业入选国务院“2021年落实有关重大政策措施真抓实干成效明显地方督察激励”名单。厦门通灵生物医药科技有限公司、厦门万泰凯瑞生物技术有限公司入选工业和信息化部第四批专精特新“小巨人”企业。大博医疗科技股份有限公司、厦门艾德生物医药科技股份有限公司入选“2021年度中国医疗器械（含IVD）企业TOP20排行榜”。厦门承葛生物科技有限公司建设的承葛生物菌群库获得第二个科技部人类遗传资源行政许可批件。11月12—13日，市科协举办医药卫生领域“院士八闽行——厦门行”活动，张伯礼、李松、詹启敏、董家鸿、张志愿、丛斌、宁光、林东昕、顾晓松、李兆申10名中国工程院院士参加活动。12月7日，市政府与中国生化制药工业协会共同主办“2022中国（厦门）生物药产业大会院士专家大讲堂”，李校堃等4名院士作报告。

【生物医药产业创新体系建设】 2022年，厦门市提升生物医药产业创新发展能力和水平，引进王琦院士“厦门九体医学与治未病大数据研究院”等院士领衔的新型研究院2家，建设生物安全三级实验室（P3实验室），培育国家级临床医学研究中心福建分中心5家、市级临床医学研究中心12家。强化政策引导，投入奖补资金2.19亿元，支持临床研究及产业化等项目152个。

【生物医药平台建设】 2022年，厦门市布局生物医药领域高能级创新平台，推进福建省生物制品科学与技术创新实验室（翔安创新实验室）、福建省海洋创新实验室、生物安全三级（P3）实验室建设。以翔安创新实验室和厦门大学为依托，申报传染病疫苗研发全国重点实验室。引进院士詹启敏、王琦设立厦门市创新生物医药研究院、中医体质与治未病大数据研究院。以厦门市产品质量监督检验院专业化实验室设备及技术力量为支撑，支持建设厦门市智能医疗器械公共技术服务平台，资助1000万元。

【生物医药产业扶持】 2022年，厦门市科技局根据《“十四五”生物医药与健康产业发展规划》布局方向，围绕创新药物、高性能医疗器械研发、生物制造、数字医疗及数字健康器材设备等方向，支持科技计划项目。立项支持2022年第一批生物医药领域重大科技项目16个，资助资金3381.63万元；布局药物创新研发技术平台、高价值医疗器械研发、数字医疗、生物制造、细胞治疗研究等领域方向项目，立项支持2022年生物医药领域一般科技项目24个，资助资金1440万元；根据产业及社会发展的需求，策划首批“揭榜挂帅”重大科技项目榜单2个，资助资金1800万元。支持医疗机构与企业合作，组织开展2022年度生物医药领域医工结合项目申报工作，立项支持医工结合项目12个，资助金额360万元；立项支持医疗卫生指导性项目366个。组织开展“加快推进生物医药产业高质量健康发展若干措施”政策兑现工作，从临床研究、一致性评价、产业化、境外国际认证、销售收入奖励等方面，审核兑现项目152个，兑现金额2.19亿元，金额比上年增长近1倍，比2016年增长超9倍。

【厦门生物医药港入选全国竞争力榜单】 2022年11月3日，科技部中国生物技术发展中心发布“2021年中国生物医药园区发展竞争力排行榜”。厦门生物医药港综合竞争力提升到第十名；在合作竞争力单项榜单中排第四名；在人才竞争力单项榜单中排第十名；在差异化、特色化发展方面，被列为3家医疗器械具有特色的园区之一。

（市科技局）

机械装备产业

【概　况】 2022年，厦门市机械装备产业实现产值2379亿元，比上年增长10%，占全市工业总产值的27%。规模以上工业企业1134家，其中100亿元以上企业3家，10亿元以上企业30家。电气机械和器材制造、汽车制造、通用设备制造和专用设备制造为机械装备主要支柱行业，分别实现产值863亿元、334亿元、281亿元和269亿元。电气机械和器材制造业产值比上年增长26.6%，成为拉动全市制造业增长的主要行业。汽车制造业产值比上年增长24.2%，厦门金龙汽车集团股份有限公司在厦门生产商用车3.55万辆，其中新能源汽车1.96万辆。航空维修业产值比上年增长32.7%。全市汽车行业产品覆盖新能源及传统燃油大客车、旅行车、物流车、载重卡车等商用车车型，转向器、安全气囊、汽车轮毂等部分零部件制造技术方面在全国居领先地位，具备新能源汽车电池、电机和电控设备三大核心设备制造能力。在航空维修方面，以飞机结构大修为龙头，以发动机、航空电气及其他飞机零部件维修、飞机零部件制造和航空技术培训为辅助，成为全国最大一站式航空维修基地。在输配电及控制设备方面，拥有厦门 ABB 开关有限公司等龙头企业，厦门成为全国中低压开关高端制造基地，行业产值全省第一，产业链配套率超 70%。厦门新科宇航科技有限公司、厦门太古飞机工程有限公司是世界排名前两位的第三方维修商，厦门太古成为全球首家把 747-400 客机改装为货机的企业；厦门 ABB 开关有限公司和施耐德电气是世界排名前列的电力电器设备制造商，科华数据股份有限公司连续多年保持中国 UPS（不间断电源）国产品牌市场占有率第一；厦门金龙汽车集团股份有限公司客车市场占有率在全国排第二名；林德（中国）叉车有限公司是全国市场占有率第一名的外资叉车制造企业。

【研发创新能力提升】 2022 年，厦门市推动提升机械装备产业研发创新能力。厦门金龙汽车集团股份有限公司、厦门 ABB 开关有限公司、科华数据股份有限公司、林德（中国）叉车有限公司等行业龙头企业加大研发创新力度。厦门金龙汽车集团股份有限公司研发的氢燃料电池客车、载重汽车等被纳入国家燃料电池汽车示范推广试点城市群，厦门市成为福建省唯一入围城市。厦门宏发电声股份有限公司被工业和信息化部评为智能制造综合标准化与新模式应用示范。至年末，厦门市金龙联合汽车、科华数据股份有限公司、厦门宏发电声股份有限公司 3 家企业被评为国家技术创新示范企业；厦工机械股份有限公司、厦门金龙汽车集团股份有限公司、科华数据股份有限公司、林德（中国）叉车有限公司 4 家企业的技术中心被认定为国家级企业技术中心；10 家企业的技术中心被认定为省级企业技术中心。

【新能源汽车推广】 2022 年，厦门市继续推广新能源汽车。市工信局兑现 4260 辆新能源汽车购置地方补贴 1.03 亿元，涉及企业 11 家。

【高端制造公共服务资源池建设】 2022 年，厦门市工信局组织通达（厦门）科技有限公司、模具工程公共服务技术中心、厦门大学等 14 家企业、高校共同搭建高端制造（金属加工）公共服务资源池，覆盖设备设施 859 款，为生产制造企业对接设备需求，提供机械加工配套服务，减轻企业成本负担。

（市工信局）

新材料产业

【概　况】 2022 年，厦门市新材料产业有规模以上新材料企业 238 家，实现产值 1258.6 亿元，比上年增长 16.4%。厦门恒坤新材料科技股份有限公司光刻胶抗反射层项目获国家 2021 年度新材料首批次应用保险补偿。全市新材料产业形成特种金属及功能材料、光电信息材料、先进高分子及复合材料、新能源材料、先进碳材料五大特色产业集聚发展的产业格局，主要承载区为海沧、集美和火炬高新区。其中，海沧区以钨、钼及硬质合金材料、新能源电池材料、铝箔材料加工、功能薄膜制造、生物医药材料开发为主；集美区以先进纤维纺织服装材料、新型橡塑材料、金属材料加工制造、稀土功能材料开发为主；火炬高新区以光电显示材料、表面功能材料以及前沿新材料为主。锂离子电池正极材料细分领域有厦门钨业股份有限公司、厦钨新能源材料股份有限公司、厦顺铝箔有限公司、厦门长塑实业有限公司、三达膜科技（厦门）有限公司、三安光电股份有限公司、电气硝子玻璃（厦门）有限公司、瀚天天成电子科技（厦门）有限公司等企业。在先进基础材料领域，厦门布局有色金属材料、先进化工材料、先进轻纺材料，代表企业有厦门钨业、厦顺铝箔有限公司等。在关键战略材料领域，厦门布局高端装备用特种合金、高性能分离膜材料、高性能纤维及复合材料、稀土功能材料、宽禁带半导体材料、新型显示材料、新型能源材料、生物医用材料，代表企业有厦门长塑实业有限公司、三达膜科技（厦门）有限公司、瀚天天成电子科技（厦门）有限公司、三安光电股份有限公司、电气硝子玻璃（厦门）有限公司、厦钨新能源材料股份有限公司等，有 LED（发光二极管）完整产业链及平板显示产业基地。在前沿新材料领域，厦门布局先进碳材料，代表企业有厦门凯纳石墨烯技术股份有限公司、厦门烯成石墨烯科技有限公司等。

【产业创新体系建设】 2022 年，厦门市继续推进新材料创新平台建设。厦门大学联合厦门天马微电子有限公司、厦门钨业等龙头企业建立产业联盟，攻关能源材料“卡脖子”技术；成立法人主体制的嘉庚创新实验室。中国科学院海西厦门稀土材料研究院、厦门火炬高新区、厦门钨业联合推进稀土在光电显示、新能源等领域应用开发。新型功能材料领域拥有新能源汽车动力电源技术国家地方联合工程实验室等国家工程实验室、国家工程技术研究中心、国家重点实验室 17 个，教育部重点实验室、教育部工程研究中心、省级重点实验室、省级工程技术研究中心等省部级研发机构 30 家，市级重点实验室 16 个；拥有国家级企业技术中心 10 个、省级企业技术中心 8 个、市级企业技术中心 18 个。

【全市新材料产业大会】 2022 年 12 月 20 日，由厦门市政府、市工信局、市发改委指导，市新材料产业协会主办的第六届厦门市新材料产业大会在厦门艾美酒店举行。该届大会以“科技创新　绿色低碳”为主题，政府主管部门、高校专家、企业代表等近 100 人参会。中国科学院院士、厦门大学教授孙世刚，中信证券首席经济学家明明，厦门大学教授于大全、程璇等从技术层面、产业发展、企业角度、产品应用等角度分别发表演讲。会上，厦门市电池产业创新发展联盟成立。

（市工信局）

责任编辑：林建高
审　　稿：阳晓儒
校　　对：曲　艺

24 商贸服务业

社会消费

【概　况】 2022年，厦门市批发零售业销售额3.78万亿元，比上年增长21.8%，排全省第一名。其中，限额以上批发零售业保持两位数增长，实现销售额3.59万亿元，比上年增长22.7%。社会消费品零售总额2556.36亿元，比上年增长3.1%；全口径餐饮营业额294.32亿元，增长10.1%，排全省第二名，其中限额以上餐饮业营业额121.19亿元，增长22.6%。1—11月租赁和商务服务业（不含旅行社）实现营业收入766.78亿元，比上年同期增长46.7%；厦门市商务局（简称市商务局）统筹常态化疫情防控、安全生产和商务发展工作，商务事业保持平稳健康发展；落实中央、省、市系列稳增长政策，出台稳住商务经济系列政策措施及接续政策，开展益企服务专项行动，应对疫情助企纾困。谋划出台促进供应链高质量发展若干措施、五年行动方案，培育创建国际消费中心城市行动方案，跨境电商高质量发展三年行动方案，外资保稳促优若干措施等文件。8月，厦门市中山路步行街、厦门市集美新城核心区入选国家级夜间文化和旅游消费集聚区；9月，7家厦门企业上榜2022年全国商贸物流重点联系企业名单；10月，厦门市入选2022年国家综合货运枢纽补链强链首批城市名单；11月，厦门安踏等5家企业上榜2022年全国供应链创新与应用示范城市和示范企业名单，厦门建发纸业有限公司、厦门信息集团大数据运营有限公司入选商务部2022年全国“诚信兴商典型案例”。

【消费市场回暖】 2022年，厦门市出台《厦门市培育创建国际消费中心城市行动方案》，成立由市政府主要领导任组长的工作领导小组。市商务局推出“购有让利”“吃有优惠”等优惠举措，举办“买在金砖”等系列特色消费主题活动，发放消费券超1亿元；打造新兴城市夜间消费场景，形成夜间经济项目载体46个，中山路步行街、集美新城核心区入选国家级夜间文化和旅游消费集聚区。全年限额以上网络零售额701.5亿元，比上年增长15.6%；“双11”全市网络零售额227.7亿元，排全省第一名。

【供应链主体培育】 2022年，厦门市商务局实施供应链主体倍增计划，出台供应链企业“白名单”认定办法，支持核心企业做大做强，建发、国贸、象屿3家国企营业收入总额近1.7万亿元。新增一批批发零售、餐饮、商务服务业纳统企业和“福建老字号”企业、外贸自主品牌企业，拉动指标实现平稳增长。

【商务创新发展】 2022年，厦门市商务局争取各类试点示范，带动厦门市商务创新发展，落地内外贸一体化试点、中医药服务出口基地、语言服务出口基地3个国家级试点示范项目，全市商务领域国家级试点示范项目21个。城市便利店发展指数连续三年排全国首位，一刻钟便民生活圈试点建设经验在全国推广。

【全国网上年货节厦门分会场】 2022年1月10日至2月7日，商务部会同中央网信办等部门共同指导开展“2022全国网上年货节”活动，厦门是全国九大分会场之一。1月10日，以“E鹭购，迎新春”为主题的2022全国网上年货节厦门分会场暨厦门消费节在海沧云创直播小镇启动。配套举办云上逛街买特色年货、台青化身厦门青春体验官、抖音达人传递厦门味等系列活动。通过政府补贴、企业优惠的方式，联动商超、餐饮企业，发放“购有让利”线上购物消费券超800万张，总金额超5亿元。特邀台湾青年演唱原创主题曲《留厦过年》，通过镜头展现在厦门台胞生活。发挥网络购物、直播电商的作用，举办“E鹭云行，留厦过年”、“居家嗨购·网上过年”、第二届海峡两岸青年网红主播大赛等直播活动。

【团餐供应链协会成立】 2022年5月16日，厦门市团餐供应链协会成立。该协会以厦门有地方性、行业代表性的团餐企业及其相关食材供应链企事业单位为主，接受市民政局监督管理和市商务局业务指导。协会第一批会员企业162家，福建食悦集团有限公司董事长黄晓霞当选厦门市团餐供应链协会会长。

【现代供应链联合会成立】 2022年8月30日，厦门市现代供应链联合会第一

2022 年 1 月 10 日，2022 全国网上年货节厦门分场暨厦门消费节在海沧云创直播小镇启动
（市商务局　供图）

次会员代表大会暨成立大会在市商务局召开，大会选举产生理事会成员 19 人，厦门建发股份有限公司董事长郑永达当选联合会首任会长，厦门国贸集团股份有限公司总裁蔡莹彬、厦门象屿股份有限公司副总经理范承扬、厦门信达股份有限公司副总经理姜峰当选联合会副会长，供应链管理专家林少云当选联合会秘书长，上海段和段（厦门）律师事务所合伙人俞毓斌当选监事长。10 月 9 日，联合会经市民政局批准成立，获发“社会团体法人登记证书”。

【城市便利店指数蝉联全国榜首】 2022 年 9 月 9 日，中国连锁经营协会发布 2022 中国城市便利店指数，指数的核心数据为各城市便利店的饱和度、门店总量的增速、24 小时便利店的比例及营商环境情况。根据指数的核心数据，计算出各城市的便利店发展指数。全国 39 个城市入围，厦门市以 92 分的总得分登上榜首，厦门市连续三年位居该榜榜首。

【婚庆产业联合会成立】 2022 年 11 月 22 日，厦门市婚庆产业联合会成立大会在厦门康莱德酒店举行。大会选举产生第一届监理事会成员，厦门维纳文化产业有限公司董事长郑明烈当选为会长。该联合会以“聚合、共享、创造、共赢”为宗旨，坚持“政府引导、企业为主，自愿参与、合作互助，责权清晰、行业自律，自主发展”的发展原则，以提升全市婚庆及相关产业市场竞争力为目标，依托联合会的发展平台。该联合会发挥婚庆产业龙头骨干企业的引领带动作用，在产品开发、合作开拓、宣传营销等方面开展合作，通过产业链垂直整合和创新资源优化组合，提升产业链整体水平和经营效益。

（李艺敏）

副食品供应

【概　况】 2022 年，厦门市“菜篮子”市场运行总体平稳，供应充足，品种齐全。全年蔬菜交易量 185.6 万吨，比上年增长 4.8%；生猪定点屠宰量 89.3 万头，增长 10.7%；禽类批发交易量 5696 吨，增长 11.6%；水果批发交易量 8.8 吨，下降 9.1%；水产品批发交易量 19.4 吨，增长 9.6%；蛋品交易量 2838 吨，增长 30.6%。“菜篮子”市长负责制考核连续 2 次达到优秀等次，主要副食品市场供应平稳有序，价稳量足。厦门市完善重要产品追溯体系，落实家政服务业提质扩容“领跑者”行动；53 个行政审批服务事项即办率为 75%，承诺时限压缩至法定时限的 12.38%，市商务局“全程网办”事项为 51 项；全年商贸行业安全生产形势保持平稳零责任事故。

【副食品应急供应保障】 2022 年，厦门市商务局完善应急保供预案，出台《疫情等突发事件期间封控区域基本生活物资保障应急预案》《局部封控管控生活物资配送应急预案》，保障居民基本生活物资保障。制定厦门市主要副食品市场供应保障应急预案，出台蔬菜 10 条保供稳价工作措施，应对猪肉、蔬菜等主要副食品市场异常波动。

【“菜篮子”市长负责制考核】 2022 年，厦门市“菜篮子”市长负责制在全国考核中总分 91.93 分，考核等级为优秀。该考核中取得优秀等次的城市有 7 个，分别是宁波、厦门、广州、青岛、杭州、西安、重庆，厦门总得分位列全国 36 个大中城市第二名。

2022 年 11 月 22 日，厦门市婚庆产业联合会第一届理监事会成立大会在厦门康莱德酒店举行
（市商务局　供图）

【商品追溯平台建设】 2022年，厦门市商务局打通重要产品追溯统一平台对中国境外验证服务器开放端口，协调市信息中心开放境外访问端口权限，扩大追溯体系覆盖面。全年市级追溯平台上传数据1.35亿笔，新增3.38万家经营主体的15.94万种商品。

（李艺敏）

粮油储备与供应

【概　况】 2022年，厦门市发改委加强粮食应急保障体系建设，确保厦门市粮食供应和价格稳定；加强地方储备粮规范化管理，完成全年储备粮轮换计划和增储任务，厦门市粮食储备数量真实、质量可靠、储存安全。巩固与粮食主产区的产销协作关系。加强粮油市场监管，完善粮食质量监测体系。市发改委加强粮食安全责任制考核工作，修订完善考核办法和评分细则，按照省对市拟考核任务，逐条开展预评预估，查找差距，对标整改。市发改委会同市委宣传部制定《厦门市粮食安全宣传教育工作方案》，开展2022年世界粮食日和全国粮食安全宣传周活动。市发改委牵头成立立法工作专班，推进《厦门经济特区粮食安全保障规定》立法调研工作，构建粮食安全保障涉及的生产、储备、流通、应急等重点环节制度，完成立法草案送审稿。10月28日，《厦门经济特区粮食安全保障规定》通过市人大常委会第七次会议审议，12月1日实施。

【粮油供需】 2022年，厦门市粮食总供给和总需求基本平衡，全社会粮食总供给（以下没有特别注明的都是指原粮口径）987.9万吨，比上年增加37.8万吨。粮食产量2.57万吨，比上年增加0.03万吨，粮食自给率1.54%，产销缺口数164万吨；进口粮食379.6万吨，增加49.9万吨。粮食总需求997万吨，比上年增加51.4万吨。其中，社会粮食消费量166.6万吨，比上年增长0.66%。在粮食消费量中，口粮消费97.1万吨，比上年增加0.4万吨。期末社会粮食库存量（未含上级在厦储备）243.1万吨，比上年减少9.1万吨，粮食库存量与消费量比率145.9%，超出17%的国际粮食安全库存标准线。当年食用植物油总供给157.1万吨，比上年减少31.5万吨；食用植物油需求总量156.5万吨，减少30.3万吨。食用油自给率即产量占消费量比率202.4%。

【粮食保供稳价】 2022年，厦门市发改委加强市场预警监测和市场巡查，启动粮食加工、库存、供应和价格日报制度。制定2022年度粮食保供稳市工作指南，召开保供稳价工作调度会，加强产销衔接调度，协调交警部门办理通行证93张，保障“最后一公里”畅通。

【储备粮管理】 2022年，厦门市发改委落实市级储备粮年度轮换计划，轮出7.87万吨，招标采购和订单粮食11.526万吨；将原定2023年增储的3万吨储备粮提前购入，市级储备粮规模为39.3万吨；启动翔安粮库三期工程建设，计划投资6亿元，占地8万平方米，仓容22万吨；创新储备机制，引导和支持粮食企业建立社会责任储备，11家企业建立社会责任储备4560吨（折合成品粮）；做好夏粮和秋粮收购工作，与市财政局和市农业农村局联合印发《2022年地产籼稻谷定向托底收购实施方案（试行）》。

【粮油市场监管】 2022年，厦门市发改委完善监管制度，创新监管方式，健全监管机制。组织开展2022年政策性粮油库存大检查，抽查粮油14.2万吨；组织春秋2季库存抽查，抽查数量占全市市级储备粮年均库存总量的30%；组织应急储备成品粮专项检查3次并开展督促整改；对储备粮、政策性用粮、粮食应急供应网点和放心粮油示范店销售的粮油质量进行抽查，抽检粮油样品560批次。

【粮油应急保障】 2022年，厦门市发改委核定粮食应急加工企业7家、粮食应急供应网点194个；增补粮食应急储运、配送、保障中心三类应急企业12家，签订应急保障承诺书。组织开展粮食应急演练；落实应急成品粮油储备，满足全市15天供应量。

（陈学东）

石油销售

【概　况】 2022年，在厦门市限额以上批发零售贸易企业商品零售额中，石油及制品类零售额95.25亿元，比上年增长22.3%。成品油销售总量84.48万吨，比上年增长1.91%。市商务局推进成品油流通管理工作，保障厦门市成品油供应，规范成品油市场经营秩序，梳理成品油审批流程，明确审批事项，协同办理成品油审批事项43项。

【成品油市场监测】 2022年，厦门市商务局加强成品油市场监测统计，建立成品油零售数据月报机制，收集汇总重点成品油企业进销存和仓储企业库存等相关数据，同步更新全市成品油供应保障基本情况，形成“厦门市成品油零售市场运行监测月报表”。对接福建省散装汽油类“一体化”安全监管信息平台等平台，按要求定期进行维护，处理系统消息。

【成品油安全管理】 2022年，厦门市商务局落实成品油行业管理工作，规范日常管理；加强行业管理日常督导工作，组织企业开展自查，形成6期行业管理报告；先后开展13轮行业管理现场督导工作，督导加油站27座；约谈成品油零售企业，督促企业落实主体责任，开展自查整改。市市场监管局牵头第二轮中央生态环保督察“油品质量管控”问题整改，排查涉油企业1260家次，抽查全市零售加油站点在售车用汽、柴油119批次，会同相关部门查处无证黑加油站点18个。

（李艺敏）

物流业

【概　况】 2022年，厦门市现代物流产业实现总收入1698.07亿元，比上年增长11.19%。全市物流及相关经营企业1.2万家。A级以上物流企业123家，其中AAAAA级9家、AAAA级44家、AAA级65家，市级重点物流企业56

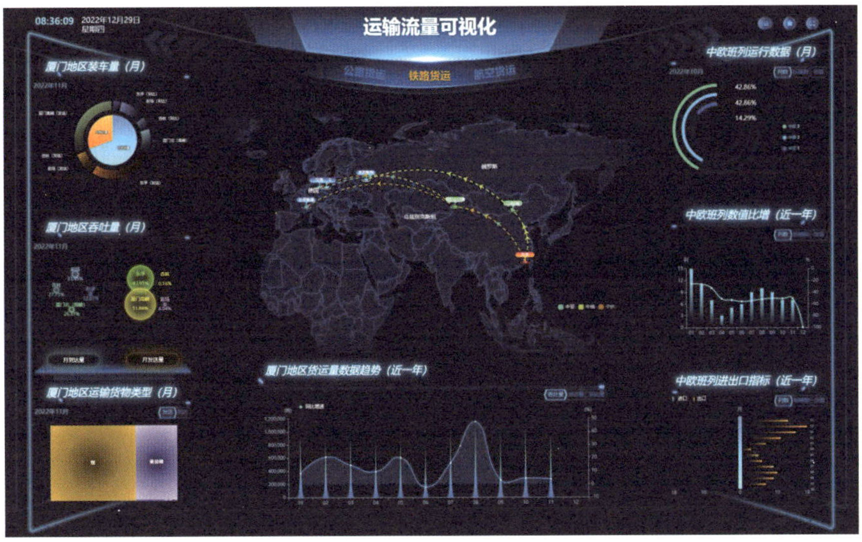

2022 年 9 月 22 日，厦门市物流办完成闽西南物流信息管理平台建设
（高峰　摄于 2022 年 12 月 29 日）

家。厦门市发展现代物流产业协调领导小组办公室（简称市物流办）推进重点物流通道建设，增强枢纽辐射能力，中欧班列开行 101 列，运输 1.02 万标准箱，货值 5.51 亿美元。货运航空线路 6 条，航空货邮吞吐量 26.2 万吨。“丝路海运”命名航线 94 条（含散杂货航线 2 条），其中 92 条集装箱班轮航线开行 2909 个航次，完成集装箱吞吐量 409.55 万标准箱。厦台海运快件完成 4534 标准箱，吞吐量 1.88 万吨，货值 22.93 亿元。推动物流产业智能化、绿色化建设，完成闽西南物流信息管理平台功能模块搭建、试运行、安全测评和性能测评等工作，实现物流信息展示共享、区域物流设施共用、物流企业招商等具体功能应用。推广使用新能源装卸运输设备、快递绿色包装、标准化托盘等绿色装备，推进港口、机场“油改电”工程，提升城乡配送效率。推进厦门城市绿色货运配送示范工程、厦门港口型国家物流枢纽建设，厦门市入围国家综合货运枢纽补链强链首批城市名单。落实产业扶持政策，扶持陆港通跨境物流公共信息平台等 26 个项目，拨付现代物流产业扶持资金 2279.9 万元。市物流办认定福建其烨新能源科技有限公司等 6 家物流企业为市级重点物流企业，认定中谷厦门集装箱物流基地为市级重点物流项目，给予相应的政策扶持。兑现物流产业人才个税奖励，对 417 人给予奖励 265.14 万元。确认 21 人为 2022 年度现代物流类高层次人才、骨干人才。市物流办根据编制《现代物流产业发展行动方案》，提出产业发展目标定位及发展思路，绘制产业发展路线图，梳理重点物流招商企业、专业智库及招商对接平台、产业政策、园区载体等内容，培育发展新技术、新产业、新业态、新模式，构建现代产业体系，打造支柱产业。6 月 17 日，《厦门市物流专项规划（2020—2035 年）》获厦门市政府批复同意。

【港口型国家物流枢纽建设】 2022 年，厦门港口型国家物流枢纽范围内入驻物流企业总数超过 90 家，其中 AAAA 级物流企业 15 家，AAA 级物流企业 6 家，物流从业人员超过 4000 人，枢纽网络辐射 141 个海外城市和 116 个国内地级以上城市。厦门港集装箱吞吐量完成 1243.47 万标准箱，比上年增长 3.22%；11 月，集装箱吞吐量 113.4 万标准箱，为厦门港单月最高成绩。厦门港集装箱吞吐量维持全国第七名、全球第十三名。

【城市绿色货运配送示范工程建设】 2022 年，厦门市物流办推动城市绿色货运配送示范工程建设，重点从强化政策规划引导、优化通行水平、推进重点项目建设、推广使用新能源物流车、完善城乡配送网络等方面推进。制定农村寄递物流体系建设实施方案，推进城乡物流一体化课题研究；完善通行管理措施，增设区域引导标志标线，新增城市配送车辆装卸停靠点 77 个，推动解决物流配送停车难问题；推进信和达元器件智能物流中心、东南智慧供应链产业园、德邦智慧物流园等重点项目建设；加大财政补贴力度，推动新能源汽车充电桩与分布式光伏建设，加强政策引导及舆论宣传，推广使用新能源汽车；完善城乡配送网络，县（区）级物流节点覆盖率 100%，乡镇级物流节点覆盖率 100%，村级物流网络节点覆盖率 80% 以上。

【物流项目招商和建设】 2022 年，厦门市物流办坚持以基于物流服务的采购贸易、物流分拨、结算金融、区域总部等“四位一体”的项目为核心，推动一批优质的物流项目落地，落地交通物流产业招商项目 139 个，项目总投资 639 亿元；橙联跨境电商产业园及信和达元器

2022 年 4 月 22 日，厦门信和达元器件智能物流中心项目竣工　（张运环　摄）

件智能物流中心等项目竣工投产，东南智慧供应链产业园、德邦智慧物流园、顺丰创新产业园等项目部分竣工，中远海运港口供应链基地、中谷集装箱物流基地、中远海运冷链（二期）等项目建设持续推进，中通快递集团东南（厦门）智慧供应链产业园和夸特纳斯（厦门）国际食材集采集配中心等项目取得施工许可证，唯捷智慧冷链产业园、云仓配、越海供应链等新项目的招商工作持续推进。

【中欧班列运营服务】 2022 年，中欧班列保障各类进出口相关企业物流需求，开行 101 列，完成 1.02 万标准箱，货值 5.51 亿美元。6 月 6 日，中欧（厦门）班列首发“台湾—厦门—圣彼得堡”海铁联运线路，货物从高雄海运至厦门再搭乘中欧班列运往俄罗斯，比全程海运节省一半的时间，为台湾地区货物发往俄罗斯提供物流快捷方案。10 月 19 日，中欧（厦门）班列首发冷链专列至俄罗斯，专列采用冷链集装箱，全程恒温运输、实时监测。10 月 24 日，前场物流园首列中欧班列试运行，标志着前场多式联运监管中心基本建成。

【第十七届中国国际物流节】 2022 年 6 月 30 日至 7 月 2 日，第十七届中国国际物流节暨第二十届中国国际运输与物流博览会・2022 亚洲物流双年展（简称中国国际物流节）在厦门国际会展中心举行。活动由中国交通运输协会主办，界上传媒集团、物流时代周刊组织承办，市商务局、市交通运输局为支持单位，慕尼黑博览集团联合主办。该物流节设置铁路、航空及多式联运展区，铁水联运及铁路物流展区，品牌物流服务商展区，厦门物流企业商务对接洽谈区等 20 个特色展区和展中展，展览面积近 2 万平方米，300 多家世界 500 强和国内 100 强企业参展。配套举办第十七届中国国际物流节全体大会暨 2022 物流全球论坛，围绕“智慧、绿色、民生”主题，分享企业发展战略。《物流与供应链（中国）发展白皮书》首发仪式、《冷链物流公铁水联运通用规范》团体标准编制启动仪式等在会上举行。开幕日吸引线下、网上云展超 3 万人次观看，入场专业观众 2700 人次，参展商超 300 家。

【国家综合货运枢纽补链强链首批城市】 2022 年，厦门市联合福州市、泉州市共同申报国家综合货运枢纽补链强链城市。10 月，交通运输部批复厦门市为国家综合货运枢纽补链强链首批城市。该工程计划实施 3 年，市物流办会同相关部门及企业实施一批补链强链重点项目，涉及综合枢纽建设、集疏运通道建设、装备提升、信息化平台提升等方面，打造国家物流枢纽城市，推动厦门市商贸物流产业集群发展。根据工作计划，到 2025 年，全市现代物流产业预计总收入 1850 亿元，物流业预计增加值 900 亿元。

（陈宗祥）

电子商务

【概　况】 2022 年，厦门市网络零售额 2242.3 亿元，比上年增长 8.3%。其中，实物商品网络零售额 2030.1 亿元，占厦门市网络零售额的比重 90.5%，比上年增长 10.5%。限额以上网络零售额比上年增长 15.6%，拉动社会消费品零售总额增长 3.7 个百分点。市商务局围绕电子商务平台、电子商务园区、网络销售、公共性活动、电商直播园区及基地奖励和支持线上消费等项目，制定发布《2022 年电子商务发展资金申报指南》，指导企业和各区商务部门开展申报工作。组织企业参加“全国网上年货节”、“双品网购节”、“买在金砖”、“6・18”购物节、“双 11”网购节等活动，开展全渠道营销。其中，“双品网购节”期间，实现实物商品网络零售额 89 亿元，比上年同期增长 2.3%；“双 11”全市网络零售额 227.7 亿元，增长 34%，居全省第一位，占全省 42.3%。

【直播电商】 2022 年，厦门市商务局推动直播应用。举办 2022 中国直播电商产业发展大会、第二届海峡两岸青年网络主播大赛。促成直播电商 MCN 机构奇迹山与厦门中达集团合作。推动台湾青年在大陆电商创业就业，助力厦门打造台胞台企登陆的“第一家园”。全市直播 64.9 万场次，吸引消费者观看 84.6 亿人次，实现网络零售额 321.8 亿元，均在全省排第一名。

【电子商务示范体系建设】 2022 年，厦门市商务局加强对国家电子商务示范基地、示范企业的业务指导和政策支持，组织开展 2022 年度国家电子商务示范基地、示范企业综合评价工作。先后培育国家级电子商务示范基地 3 个、国家级线上线下融合数字商务企业 3 家。组织 10 家企业参加商务部电子商务示范企业评价，5 家入围。“国贸云链”获评商务部 2022 年度商业科技创新应用优秀案例。

（李艺敏）

供销合作

【概　况】 2022 年，厦门市供销合作社联合社（简称市供销社）持续深化供销社综合改革，统筹疫情防控和经济发展，提升为农服务能力和水平。全年实现销售总额 8.78 亿元，比上年增长 38.8%；实现利润总额 4062.15 万元，增长 7.68%。市供销社获福建省设区市供销社工作综合业绩考核三等奖。

【农资服务】 2022 年，厦门市供销社加强农资储备，组织落实市、区 2 级储备供应，可供应优质化肥 9660 吨（市级 4500 吨、同安区 4500 吨、集美区 660 吨）。承储期间，每月联合市发改委、市财政局等部门实地抽查翔安、海沧等市级化肥冬储仓库，跟进协调指导储备进展。春耕备耕之际，督促市、区承储企业执行冬储任务和计划，保持较高的储备水平，要求农资门店、经营企业提高现货库存量；优化服务方式，开通电话、微信预约配送业务，延长营业时间，送货到村到户到田间地头，打通为农服务“最后一百米”；建立紧急调运机制，提前联系漳州、泉州及福建省内周边地区的供应商或厂家，提前明确货源、渠道及仓储地址，制定就近调运方案；督促系统各承储企业加强行业自律，配合当地农业农村局、市场监管局等部门对农资市场进行质量检查，打击制售假冒伪劣农资商品的行为，坚持三证（农药登记证、标准证、生产许可证或农药生产批准文件）不全不购进、渠道不正不购进、质量低劣不购进，从源头上确保农资质量；结合实际情况筛选出69家系统春耕保供重点农资经营网点，通过主管部门及市供销社系统微信公众号公布网点名单，确保农民能够用上放心农资，接受社会监督。

【为农服务活动】 2022年，厦门市供销社开展为农服务活动，完成春耕农资科技下乡13场、庄稼医院义诊2场、义务维修活动9场。依托现有网点，以农资供应、庄稼医生义诊、义务维修、农技服务为切入点，打造放心农资服务体系；开展农资科技下乡、庄稼医院义诊等惠农活动，在翔安区凤翔街道窗东社区开展义务维修活动，邀请维修技术人员到农村社区，提供维修服务，为当地社区居民维修电磁炉、电风扇、电饭煲等生活电器150件、摩托车10辆、农用电机5台；开展“我为群众办实事”专题活动，组织庄稼医院植保团队，到同安区新民镇新塘村开展庄稼医生下乡义诊，庄稼医生就如何高效用药用肥、如何防治农作物病虫害、土壤改良、如何选种育种等问题进行答疑解惑，接待农户200多人；完成年度项目库征集，开展25家网点改造、建设工作；推进邮（政）供（销）快递驿站共建，对接市邮政管理局，研究邮（政）供（销）快递驿站共建相关工作，推进现有共建网点机制优化，提升试点示范效果；制定融合发展农民专业合作社年度发展计划，引导完成9家农民专业合作社融合发展；推进数字化运营管理，做好“供销合作社+”惠农综合服务。通过线上商城“集美供销”，推进电子商务进农村和农产品出村进城，拓宽经营服务领域。

（林世平）

2022年3月23日，厦门市烟草局专卖指挥中心专班对辖区卷烟违法形势进行分析研判

（王鹂 摄）

烟草专卖经营

【概 况】 2022年，厦门市烟草专卖局（简称市烟草局）实现税利21.51亿元，比上年增长7.55%；上缴财政25.4亿元，增长40.18%；商业增加值21.39亿元，增加1.21亿元。统筹抓好疫情防控和卷烟经营，实现卷烟销量20.3万箱，比上年增长2.11%；实现销售收入69.21亿元，增长5.99%。推进行业卷烟二维码试点工作。在福建省取得的“十项全国第一（唯一）”的成果中，7项成果为厦门主导或参与。

【烟草市场营销】 2022年，厦门市烟草局探索“四化四型”（标准化、数字化、法治化、规范化，服务型、创新型、高效型、廉洁型）体系建设，推动基层智慧监管。举办首届“数字专卖”技能竞赛。“探索烟草专卖市场监管精准模式”获福建省烟草公司科学技术进步二等奖，2个模型获评全省数据分析先进模型，2人获评全省数据分析能手，取得软件著作权证书3份、实用新型专利证书1份。履行属地监管职责，指导生产企业建立健全内管内控制度，加强规范经营，全年查获“双50”以上真烟案件8起、“双80”以上真烟案件3起，查销比、流销比保持在全省最好水平。

【烟草市场监管】 2022年，厦门市烟草局加大专卖管理力度，以涉烟信息研判中心实体化挂牌运作为桥梁，建立跨区域线索协查、联动经营、同期布控的协作机制，与市公安局合作研发智能布控系统，促成涉烟犯罪信息研判体系落地。全年查获海上入境假烟1054.3件，入境走私烟1963件，查处过境转关贸易假烟、机场中转包运假烟、跨国境走私雪茄烟等涉烟刑事重大案件23起，逮捕19人，判刑21人，申报福建省公安厅督办、公安部督办案件5起，监督销毁类烟产品近1万条。

【烟草行政许可】 2022年，厦门市烟草局开展烟草行政许可工作。探索异常经营行为认定及处置办法。建成从网上申办到邮寄送达的全流程信息化许可服务链条，进驻省网办事大厅厦门分厅，加速实现“数据多跑步、群众少跑腿”。修订无证户监管办法，做出首份情节轻微的“首违不罚”决定，梳理“12313”举报投诉流程并形成标准，处置满意率排福建省第一名。

【电子烟模拟试点】 2022年，厦门市烟草局完成电子烟模拟试点工作任务，开出中国烟草第一笔电子烟订单，发放全省首本电子烟零售许可证和生产企业许可证，在全省率先探索电子烟市场主体信用管理、电子烟物流模式。制定电子烟零售户信用管理暂行办法，为全国电子烟信用监管提供蓝本。与公安禁毒部门联合侦破涉电子烟毒品案件3起，抓获犯罪嫌疑人3人，判刑1人。

【文明吸烟环境建设】 2022年，厦门市烟草局融入“健康厦门”建设，文明吸烟环境建设取得新进展，投入建设经费314万元；与各区委文明办等单位联合开展辖区文明吸烟环境建设，发放烟灰柱733个、建设个性化吸烟亭22座、“山海步道”吸烟室2座。

（李临夏）

责任编辑：明安文
审　　稿：林建高
校　　对：曲　艺

25 会展业

综　述

【会展业事业发展】 2022年，厦门市会展业实现经济效益155.01亿元，比上年下降11.21%。其中，展览业实现经济效益98.15亿元，比上年增长6.46%；会议业实现经济效益56.86亿元，下降31%。厦门市入选“全国会展业强力复苏城市榜20强”（全国第三名）“最佳会议会奖目的地城市榜20强”（全国第七名），厦门市会议展览局（简称市会展局）入选“会展管理机构担当作为榜20强”（全国第三名），厦门市多家会展企业获各级荣誉。市会展局、会展协会举办线下专业培训7场，线上为主、线下为辅的培训1场。线下每期参训人员50人以上，8期550人次。

【展览业】 2022年，受新冠病毒感染疫情影响，厦门市会展业可办展窗口期125天。举办展览113场，比上年增长8.65%；展览总面积134.47万平方米，增长6.46%。与2019年相比，总项目数与总面积分别下降52.12%和43.98%。全年展览吸引全球60多个国家和地区的驻华机构、企业展客商3502人次，比上年增长88.69%；境内展客商46.64万人次，增长11.5%；观众总人次246.27万人次，下降17.95%；境内外展客商在厦门180.78万人天，增长20.66%。厦门市成为全国首批重启会展活动的6个城市之一，通过召开协调会、现场检查、值班、启用“厦门会展码”等措施加强疫情防控。举办海西汽博会、投洽会、工博会、石材展、佛事用品展、双赢家居展、海西汽博会、茶博会、跨境电商展等大型经贸专业展览，引进举办第二十九届中国国际广告节、第十七届中国国际物流节暨第二十届中国国际运输与物流博览会等活动；配套运用云上投洽会、云上厦门石材展、云上厦门佛事用品展等数字会展平台。

【会议业】 2022年，厦门市举办50人以上商业性会议2056场，比上年下降31.03%；境内到厦门参会总人数31.73万人，下降44.46%；在厦门停留196.75万人天，下降31.67%。国际投资论坛、海峡论坛、两岸企业家峰会、厦门国际海洋周等高端会议，九极2022年业务峰会、乔丹体育新品发布会暨产品订货会、真美系统业务峰会、中国便利店大会、中华医学会第十五次全国生殖医学学术会议等专业会议在厦门市举行。

【会展集团】 2022年，厦门会展集团股份有限公司（简称厦门会展公司）统筹疫情防控和业务发展，提升场地衔接效率，支持各类展会活动。厦门场馆举办展览活动71场，比上年增加2场；总展览面积130.6万平方米，下降5.8%；展厅利用率19.3%，减少4.6个百分点。举办会议94场，增加3场。在《中外会展》发布的“2022中国最佳会展中心榜20强”中，厦门国际会展中心排全国第二名。厦门国际会展中心举办石材展、佛事用品展、茶博会、眼镜展、咖啡展、预制菜展等自办展会17个，比上年增加7个；总展览面积57.5万平方米，增长57.5%。其中，策划创办首届福品博览会，同期举办预制菜展、福州茶博会、国货国潮展专业子展，组织配套活动近80场，成为福建省委、省政府重点活动之一。研发“厦门会展码”系统，成为厦门市举办重大展会活动推荐的数字化防控手段，获商务部发文推广。“厦门会展码”服务近100万人次。推进绩效管理和模块化管理，参与展会现场服务及工程服务的企业标准制定工作。推进数字化内控平台建设，业务财务一体化管控平台上线运行，完成会展安全管理平台一期建设。

【会展基础设施】 2022年，厦门市出台《厦门市规模以上会议、展览活动疫情防控实施意见》，厦门市主要会展场馆及会议型饭店强化防疫设施设备配套。部分小型展馆及部分酒店为适应市场需求停业整顿。厦门新会展中心、厦门国际会展中心五期工程按计划推进建设。厦门方特假日酒店开业运营，厦门会展酒店、鑫安怡豪酒店、白海豚酒店、森海丽景酒店重新装修后开业。全市可承办1000平方米以上展览的场馆有11处，总面积26.57万平方米。134家能够承接会议活动的饭店和会议中心拥有会议室1042间，比上年增长1.96%；总面积24.3万平方米，增长8.63%。

【会展企业】 2022年，厦门市会展企业受新冠病毒感染疫情影响严重，多数会展企业通过裁员或降薪来维持生存，部分企业转行或关闭。截至2022年底，市会展协会的在册的会员企业360多家。其中，办展机构（含境外展机构）60多家，除少数境内展览机构扩招业务人员外，多数进行裁员；外展企业，因出境办展与参展活动处于停顿状态，减员80%以上；常年开展会议承办服务业务的企业有80多家，50%以上进行裁员；全市能够承接会议活动（纳入会展统计）的饭店和会议中心134家，减员30%以上，经营业绩下滑；会展设计、搭建工程企业减员20%左右。

【会展码推出】 2022年，厦门市推出会展疫情防控系统“厦门会展码”，接入有关平台、系统，共享数据，解决大规模人群聚集展会存在的防控任务重、风险大、防控要求复杂、精准防控难、查验流程烦等问题。“厦门会展码”通过探索创新和数据共享，对展会活动实现远端防控、精准防控、智能防控、分类防控、数据可溯和快速入场，保障投洽会、海峡论坛、马拉松、金鸡奖等重大会展活动40场，服务64万人次。“厦门会展码”工作得到商务部领导高度肯定，获商务部印发推广经验，获评厦门市市域社会治理现代化优秀创新成果、厦门市社会治理及平安建设智能化创新应用项目、厦门市优秀共享案例等荣誉。

（林榔妃）

会展市场开拓

【会展营销】 2022年，厦门市继续做好会展营销工作，11月市政府分管领导率市商务局（会展局）、国贸会展等单位，到上海举办以“观厦”为主题的厦门市会展业专场推介会，邀请50家会展机构参与。会展业借助各种载体，加大推广力度。厦门市商务局（会展局）创新宣传推介方式方法，联合“饿了么”，以“会展名城厦门”为题举办“猜答案送免单”活动，首次采用厦门特色元素和会展元素在全国范围内出题，超200万人次参与。市会展局完善“厦门市会展业公共信息服务平台”（大数据平台），推动思明区、湖里区展览会奖扶工作向数字化和无纸化转型；市会展协会加强对厦门会展行业信息网（厦门会展网）的维护、管理、运营，总访问1704万人次，比上年增长13.4%，其中中文网站访问1537万人次，英文网站访问167万人次。《海峡会展》刊发6期，《厦门会展动态》刊发15期，在“厦门会展”“海峡会展”“厦门会展协会”等微信公众号发布资讯数百条。启动厦门国际会展周的筹备工作，但因新冠疫情等因素未能举办。

【会展扶持】 2022年，厦门市相继出台或完善相关政策，营造营商环境，帮助市场主体纾困减负。4月，市政府办公厅出台《关于印发应对新冠病毒感染疫情影响进一步帮助市场主体纾困解难若干措施的通知》。6月，市商务局印发《扎实稳住商务经济若干措施》及操作细则，加大对经贸类专业展会补助力度，并对符合条件的展会项目给予因疫情临期终止补助、防疫支出补助和线上展会补助，扶助市会展行业主体渡过难关。

【会展交流】 2022年，厦门会展协会通过线上参加AFECA（亚洲会展协会联盟）理事会及年会活动，与IAEE（国际展览与项目协会）、金砖国家与新兴市场国家会展组织、港澳台会展组织保持线上联络；市会展局、市会展促进中心、会展协会与国家相关部委、各地政府部门、国家级行业协会、各地会展协会和各地会展业标准委员会保持联系，参加中国会展经济国际合作论坛、福建省会展业发展高峰论坛、服贸会中外会展合作品牌大会等行业活动，推介厦门营商环境。

展览选介

【中国厦门国际茶产业（春季）博览会】 2022年5月12—16日，由厦门会展金泓信展览有限公司主办的2022中国厦门国际茶产业（春季）博览会在厦门国际会展中心举行。同期举办2022厦门茶包装（春季）展、厦门新兴茶饮展、世界绿茶采购交易会，展览面积5万平方米，设置国际标准展位3000个，茶领域参展企业超1000家。参展商满意度96.02%，客商好评率96.86%。该茶博会聚焦全产业链发展，设置厦门新兴茶饮展、世界绿茶采购交易会、厦门茶包装展、品牌茶企展区、品牌茶具展区、境外展区和茶空间展区七大主题、八大展馆。专业采购群体覆盖茶、餐饮、酒店、商超、食品饮料、贸易、服务等相关行业。

【海峡西岸汽车博览会】 2022年6月2—5日，由中国机械工业联合会主办，厦门汽车流通协会承办的2022海峡西岸汽车博览会在厦门国际会展中心举行。该届汽博会突出“融合变化·智领未来”汽车消费主题，展览面积4.8万平方米。奔驰、宝马和“造车新势力”小鹏、蔚来等近80个品牌、100多家主机厂和经销商、500多款车型参展。同

2022年5月12—16日，2022中国厦门国际茶产业（春季）博览会在厦门国际会展中心举行

（市会展局　供图）

2022 年 7 月 7—10 日，2022 厦门工业博览会暨第二十六届海峡两岸机械电子商品交易会在厦门国际会展中心举行　　（市会展局　供图）

期举办 2022 厦门诚信汽车经销商微信投票活动、海峡西岸新能源汽车后市场发展高峰论坛、现场人才招聘、全民抖音话题挑战赛、迷你四驱车大赛等活动。

【第三十届厦门双赢家居生活用品展】2022 年 6 月 17—19 日，由浙江索蓝会展有限公司主办的 2022 第三十届厦门双赢家居生活用品展暨电商新渠道展览会在厦门国际会展中心举行。展会面积 6.1 万平方米，展位数量 4547 个，参展商 2373 家，超 90% 为厂家直接参展，参观人数 5.56 万人，总人次 9 万人次。该届展会展示塑料制品、餐厨具、不锈钢制品、炊具、竹木制品、一次性用品、杯壶、小家电、家纺毛巾、日用陶瓷、玻璃制品等。其中，双赢厦门展首次设置“渠道对接区”，开展团购“团长”、主播及 MCN（与内容创作者合作或直接生产各种独特内容的任何实体或组织）、商超、生活馆对接。举办全国团长帮卖大会、第三届新零售家居生活馆战略私董会、飞象第六十四届直播电商峰会之新渠道对接大会、头部主播选品大会、硕利斯主播沙龙等活动。

【国际佛事用品（春季）展览会】2022 年 6 月 23—27 日，由中国国际展览中心集团公司、北京阳光鑫隆集团公司主办的 2022 中国厦门国际佛事用品（春季）展览会在厦门国际会展中心举行。展会设置佛像雕塑、寺院建筑、香品香具、蜡烛灯具、佛堂用具、僧服绣品、陶瓷艺品等十大展区，展品覆盖佛事用品展全产业链。该届佛事展与 2022 中国厦门寺院建筑与设计展、2022 中国厦门国际素食暨有机产品（春季）展览会、2022 中国厦门国际手工艺品展览会、2022 中国厦门国际花卉园艺博览会同期举行，展览面积 8.1 万平方米，参展企业超过 1200 家。

【厦门工业博览会】2022 年 7 月 7—10 日，由商务部授权、中国机械工业联合会主办的 2022 厦门工业博览会暨第二十六届海峡两岸机械电子商品交易会（简称厦门工博会）在厦门国际会展中心举行。展会展览面积 7.5 万平方米，设标准展位 3200 个，参展品牌 1500 多个；专业客商数 3.6 万人，观展人次 6.65 万人次，参展企业 793 家，企业参展数比上年增长 22%。现场成交及意向订单金额超 5 亿元。配套举办项目对接会、论坛研讨会 23 场。

【第二十二届中国厦门国际石材展览会】2022 年 7 月 31 日至 8 月 2 日，由厦门会展集团股份有限公司、厦门会展金泓信展览有限公司主办，厦门会展金泓信展览有限公司承办的第二十二届中国厦门国际石材展览会在厦门国际会展中心举行，同期举办 2022 中国厦门国际石材机械工具展览会，总面积超 12 万平方米，参展品牌 1100 多个。该届石材展以“共享石界新生态”为主题，打造“线上展示、线下引流”双展模式。配套举办全球建筑大师论坛、厦门人居设计生活节、产品设计展等活动。40 余家境外矿主委托国内代表处或合作单位到厦门参展，近 400 家境外石材及机械企业亮相云上厦门石材展，来自 57 个国家和地区的 2000 多家企业入驻云上厦门石材展。

【第二十二届中国国际投资贸易洽谈会】2022 年 9 月 8—11 日，由商务部主办的第二十二届中国国际投资贸易洽谈会（简称投洽会）在厦门国际会展中心举行。全国人大常委会副委员长张春贤出席大会开幕式并作主旨演讲。大会以“全球发展：共享数字机遇　投资绿色未来”为主题，强化双向投资促进、权威信息发布和投资趋势研讨三大平台功能。总面积 12 万平方米，举办会议、论坛、研讨活动 41 场，投资洽谈及项

2022 年 9 月 8 日，第二十二届中国国际投资贸易洽谈会鼓浪屿论坛在厦门鼓浪屿管风琴艺术中心举行。图为论坛现场　　（市会展局　供图）

2022 年 11 月 11 日，第十五届中国（厦门）国际游艇展在厦门五缘湾游艇港举行
（市海洋发展局　供图）

目对接会 50 多场，发布《中国外商投资指引（2022 版）》《中资企业国别发展报告》等信息报告，90 多个国家和地区、800 多个工商经贸团组、4000 多家企业（其中 120 多家跨国公司）、6 万余名客商线上、线下参展参会，480 多个项目达成合作协议，协议总投资额 3420 亿元。2022 国际投资论坛采取“1+2+1”的模式。其中，主旨论坛研讨国际投资热点和投资趋势，2 场分论坛分别围绕数字经济和绿色化工开展，鼓浪屿论坛以“扩大双向投资，共促全球发展”为主题。大会创新设置中国投资热点城市展区，面积 2800 平方米，贵阳、曲靖、银川、淄博等 18 个城市参与，配套举办投资热点城市产业推介会，发布《中国投资热点城市》报告。

【中国（厦门）国际跨境电商展览会】 2022 年 11 月 10—12 日，2022 中国（厦门）国际跨境电商展览会在厦门国际会展中心举行。展会由中国贸促会批准，中国国际商会、商务部外贸发展局和厦门市贸促会共同打造，展览面积 3.6 平方米。该届展会设置跨境选品展区、跨境平台与综合服务商展区、跨境进口展区（国际展区），展品来自全国 20 多个省、市、区超 1000 家展商，覆盖 30 多个产业带，全国近 40 个省市区的采购团组参加。亚马逊全球开店、阿里巴巴国际站、全球速卖通等近 30 家跨境电商平台参展。同期举办 2022 中国（厦门）国际跨境电商展览会开幕式暨跨境电商产业发展高峰论坛、“RCEP 框架下中日合作新机遇”高峰对话会、亚马逊全球开店 2023 跨境分享会、阿里巴巴国际站全域高质量增长峰会、阿里巴巴全球速卖通 AEMALL 品牌出海峰会、eBay2022 启航、新蛋年度峰会、2023TikTok 趋势灯塔等近 30 场活动。

【第十五届中国（厦门）国际游艇展览会】 2022 年 11 月 11—14 日，由厦门市人民政府、中国船舶工业行业协会主办的第十五届中国（厦门）国际游艇展览会在厦门五缘湾游艇港举行，展会配套以“开启游艇产业新时代　助力国际海洋特色中心城市发展”为主题的厦门国际游艇展游艇产业论坛，包括 20 余场行业交流会及专业配套活动、30 多场体验活动。该届展会采取线上展示与线下体验的办展模式，其中线下展览面积 3.5 万平方米，设置陆上展区、水上展销区、帆船体验区、游艇体验区、美食嘉年华等五大展区。现场展示超过 50 艘船艇，包括豪华商务游艇、运动游艇、钓鱼艇、帆艇等船型，意大利 AZIMUT、航通、澜驰、双一等品牌参展。

【第十七届中国厦门国际佛事用品（秋季）展览会】 2022 年 11 月 17—21 日，由厦门金泓信展览有限公司主办的第十七届中国厦门国际佛事用品（秋季）展览会在厦门国际会展中心举行。该届展会展览面积 6.5 万平方米，参展品牌企业逾 1000 家，设 15 个展区，展品覆盖佛事用品全产业链。组委会根据展品类别优化布局，佛像雕塑、香品香具、佛堂用具、蜡烛灯具、陶瓷艺品、工艺礼品及国潮文创、素食有机产品、书画音像等展区，注重品类细分市场的服务升级，实力打造高效率、精准化的商贸对接平台。同期举办的厦门秋季茶博会以及厦门茶包装设计秋季展展览面积 6 万平方米，设置国际标准展位数 3800 个。其中，深耕行业 13 年的茶博会在该届展会上继续创新，其中规划六大类茗茶、茶包装设计、雅致茶器具、茶空间配套、港澳台境外臻品等五大板块。展会期间，涵盖江北茶区、江南茶区、西南茶区、华南茶区的国内近 20

2022 年 11 月 17—21 日，第十七届中国厦门国际佛事用品（秋季）展览会在厦门国际会展中心举行。图为展会现场
（市会展局　供图）

个省份以及斯里兰卡、尼泊尔、泰国、日本、韩国、新西兰等境内外茶产区的六大茶类企业。厦门茶包装设计秋季展集中涵盖纸塑、金属、玻璃、陶瓷、竹木、布艺等各类包装制品、包装原材料以及机械设备等产品；从包装的材质、设计、理念、运用等进行变革，通过全新概念的茶包装设计和潮流包装产品，搭建集设计交流、新品发布、订货采购为一体的专业化、市场化、潮流化的茶包装交易平台；在有效整合全球茶包装优质资源，助力新品展示与行业对接的同时，引领传统茶包装的创新变革，继续秉承“以整合茶包装产业为目标，以市场发展为导向，引领行业发展动向”的理念为行业搭建全球领先的茶包装交易平台。

【厦门国际眼镜业展览会】 2022年11月24—26日，由厦门市眼镜协会、厦门会展集团主办的2022厦门国际眼镜业展览会在厦门国际会展中心举行。展会以“探索未知·「镜」无止境”为主题，展览面积5.26万平方米，800余家企业参展，集中展示品牌眼镜、镜架、镜片、仪器设备、配件等产品与技术。

【第二十九届中国国际广告节】 2022年12月21—23日，第二十九届中国国际广告节在厦门国际会展中心举行。该届广告节由中国广告协会主办，厦门市政府、国际广告协会支持，中广协广告信息文化传播有限责任公司、福建省广告协会、厦门市广告协会、广告人文化集团、中国广告协会各专业委员会等承办。该届广告节举办世界优秀广告作品展、媒企展示交易会、大国好货创新联展、广告四新展、中国汽车文旅体验展，展览面积4万平方米，同期举办10场高峰论坛和5场发布会。通过线上与线下相结合的方式，近1万名全国业界人士和1000余家企业参加，近5000万人通过线上观看直播。

（林椰妃）

会议选介

【中国医院竞争力大会】 2022年7月8—9日，由香港艾力彼医院管理中心主办的2022中国医院竞争力大会在厦门佰翔会展中心举行，全国医疗行业代表1500人参会，探索后疫情时期医疗健康领域发展趋势。该届大会围绕“迈步从头：抗疫常态化的医院高质量发展”主题，以国家医学中心和国家区域医疗中心设置为引领，以学科、专科和信息化建设为支撑，以医疗质量、医疗服务、临床科研及转化医院研究、医院管理提升为重点。同步举办17个平行分论坛。

【第十四届海峡论坛】 2022年7月12—13日，由国家广播电视总局、福建省人民政府主办的第十四届海峡论坛主要活动在厦门举行。其中，论坛大会于7月13日在厦门国际会议中心举行。该届海峡论坛延续“扩大民间交流、深化融合发展”主题，回应台胞“要和平、要发展、要过好日子”的主流民意，探索两岸融合发展新路，服务两岸融合发展示范区建设。除论坛大会等3场大会活动外，围绕青年交流、基层交流、文化交流、经济交流等主题，采用线上、线下相结合方式，在厦门举办活动41场，其中13场活动厦门市为主承办。2万名海峡两岸嘉宾通过线上、线下参与该届海峡论坛，其中台湾嘉宾1万人。

【金砖国家新工业革命伙伴关系论坛】 2022年9月7日，2022金砖国家新工业革命伙伴关系论坛在厦门国际会议中心举行。福建省委书记尹力、福建省省长赵龙、工业和信息化部副部长辛国斌、厦门市委书记崔永辉、福建省副省长康涛、厦门市市长黄文辉，俄罗斯、巴西、南非、印度、阿联酋、阿根廷等金砖和“金砖+”国家的代表，国际电信联盟秘书长赵厚麟、联合国工业发展组织执行干事邹刺勇、新开发银行副行长兼首席行政官周强武等国际组织负责人现场或通过视频出席。该届论坛由工业和信息化部、福建省人民政府、厦门市人民政府、金砖国家智库合作中方理事会主办，主题为“深化新工业革命伙伴关系，推动共同可持续发展”，部分国家驻华使领馆以及相关国际组织、企业、行业协会代表300余人参会，围绕产业数字化转型、产业链供应链合作、工业可持续发展等议题进行研讨。论坛期间，举办金砖国家工业创新大赛决赛、金砖创新基地理事会第二次会议、金砖国家新工业革命展等系列活动；金砖航天领域创新项目、金砖国家传统医药数字化与智能化研究项目等29个项目现场签约，总投资额181亿元。

【第十一届中国智能产业高峰论坛】 2022年9月17—18日，2022第十一届中国智能产业高峰论坛（CIIS 2022）在厦门举行。该届大会由中国人工智能学会主办，厦门市工信局、集美区政府、厦门火炬高新区管委会支持举办。论坛期间，举办1场主题论坛、1场院士对话、15场专题论坛及7场同期活动，内容覆盖智能交通、智慧司法、智能医健、智慧金融、智慧能源等领域，线下、线上参会超550万人次。近200名人工智能领域及金融、医疗等行业专家探讨人工智能，为行业智能化、数字化转型落地提供策略思路和落地方案。

【第三届全国供应链管理年会】 2022年12月21—24日，由商务部指导，中国物流与采购联合会、厦门市政府联合主办的2022第三届中国供应链管理年会在厦门举行。商务部党组成员、副部长盛秋平通过视频方式出席开幕式并发表致辞。中国物流与采购联合会副会长蔡进、厦门市副市长黄晓舟为大会致开幕词。该届大会以“变局·重构·向未来”为主题，围绕全国供应链创新与应用、供应链韧性安全与供应链管理核心思维等话题，采用线上、线下相结合的方式进行，1000人现场参会。配套举办国际采购与供应管理联盟亚太区2022年会、2022全国省级供应链行业协会联席会议、“中物联采购与供应链专家委员会”工作会议等会议和“知识拓展供应链职业生涯”专题论坛暨《供应链管理专家（SCMP）知识体系》新书发布会、厦门市供应链创新与应用示范城市建设论坛等3个平行论坛。年会期间，厦门市现代供应链联合会揭牌，首批会员单位58家，20多名国内供应链领域专家、学者组成专家委员会。

（林椰妃）

责任编辑：明安文
审　稿：林建高
校　对：曲　艺

26 交通邮政

综　　述

【交通邮政总量】 2022 年，厦门市公路运输总周转量 271.46 亿吨千米，比上年增长 5.7%，增速居福建省第二。厦门市物流产业实现总收入 1649 亿元，比上年增长 8%。公共交通（包括常规公交、地铁、快速公交）客运总量 7.4 亿人次，比上年增长 2.1%。其中，常规公交客运量 4.73 亿人次，日均 130 万人次，比上年下降 1.1%；快速公交（BRT）6985 万人次，日均 19 万人次，下降 5.6%；轨道交通 2.02 亿人次，日均 55 万人次，增长 20%。出租车（含巡游车及网约车）运营 1.9 亿趟次，比上年下降 5.7%。其中，巡游车 5585 万趟次，比上年下降 14.4%；网约车 1.36 亿趟次，下降 1.6%。厦门高崎国际机场拥有通航城市 117 个，其中国内 104 个、国际及地区 13 个。客运航线总数 156 条，其中国内 148 条、国际及地区 8 条。11 月 16 日，山东航空新开厦门至雅加达客运航班；11 月 1 日，厦门柏威运连网国际物流有限公司新开厦门—安克雷奇—洛杉矶全货机定期航班。

厦门市对外交通客运总量 4908 万人次，比上年下降 16%；货运总量 4.09 亿吨，增长 3.5%。铁路旅客总发送量 2308 万人次，比上年下降 24.0%；航空旅客吞吐量 1018 万人次，下降 31.9%；公路客运量 1465 万人次，下降 34.4%；水运旅客发送量 117 万人次，下降 46.7%。

厦门铁路货物发送量 925.62 万吨，比上年增长 11.4%；航空货邮吞吐量 26.3 万吨，下降 11.8%；公路货运量 2.36 亿吨，下降 6.5%；水运货运量 1.61 亿吨，增长 22.1%。

厦门市日均进出岛车流量 59.4 万辆次，比上年增长 5.8%。其中，日均出岛车流量 29.8 万辆次，进岛车流量 29.6 万辆次；海沧大桥日均进出岛车流量 13.4 万辆次，海沧隧道 3.8 万辆次 / 日；杏林大桥、集美大桥、厦门大桥（仅含出岛车流量）分别为 10.5 万辆次 / 日、11.0 万辆次 / 日、9.0 万辆次 / 日；翔安隧道 11.7 万辆次 / 日。

厦门市机动车保有量 199 万辆，比上年增长 7.0%。按照常住人口 500 万人计，千人拥车量为 398 辆，排名居全国前列。在营公交线路 510 条，月均在营公交车辆 3790 台。巡游车企业 9 家，巡游车运营车辆数 5688 辆，其中 2987 辆为纯电动车，占比 57%。网约车企业 18 家，网约车运营车辆数 4.18 万辆，其中纯电动网约车 3.08 万辆，纯电动率 74%。

厦门市邮政行业寄递业务量完成 6.76 亿件，比上年下降 2.57%。其中，快递业务量完成 5.65 亿件，比上年下降 4.24%。厦门市邮政行业业务收入（不包括邮政储蓄银行直接营业收入）86.9 亿元，比上年下降 3.96%。其中，快递业务收入完成 78.6 亿元，比上年下降 4.12%。

【交通基础设施建设】 2022 年，厦门市公路、铁路、交通场站等重点建设项目完成投资 119.7 亿元。翔安大桥工程建设基本完成，计划 2023 年 1 月 17 日通车。9 月，厦门北高铁站房主体结构全面封顶，新建厦门北高铁站为福建省规模最大的换乘中心，建成后将成为集高铁、地铁、BRT、公交、出租车等交通方式为一体的综合交通枢纽。11 月，集美大桥桥头立交提升改造工程完工通车。翔安机场高速（沈海高速—翔安南路段）、溪东路（翔安南路—机场快速路段）和滨海东大道（翔安东路—莲河段）等项目主体工程完成建设。厦门市出台《厦门市加快推进公交场站建设三年行动方案（2022—2024 年）》，方案重点增加岛外地区公交场站供给，推动建设公交场站 68 个，补齐公交场站设施短板。

翔安大桥入选交通运输部首批“平安百年品质工程”示范项目，海沧隧道工程被评为福建省重点建设优胜项目，受到省政府表彰；建成福建省首个综合引入多维宣教理念的市级道路交通安全宣传教育培训基地；启用首个出租车驾驶员爱心驿站——厦门“白鹤之家　爱心驿站”。

【“四好农村路”建设】 2022 年，厦门市推进“四好农村路”（建好、管好、护好、运营好农村公路）建设，全市 1194 个建制村 100% 通公交、邮政，区县级、乡级物流节点覆盖率 100%、村级 88.4%。完成农村公路新建或改造里程 54.4 千米。建成农村末端“邮快合作”

邮政驿站自提站点 18 个。开通公交快递线路 12 条。同安区入选交通运输部“四好农村路”全国示范县创建单位。

【厦门新机场全面开工建设】 2022 年 1 月 4 日，厦门新机场项目举行全面开工仪式，涉及的机场片区内 8 个项目包括航空产业、基础设施和社会事业三大类。9 月，厦门新机场飞行区工程初步设计获批，项目首期建设长 3800 米、宽 45 米的北一跑道和长 3600 米、宽 45 米的南一跑道，以及相应的滑行道系统、机坪等设施，可起降波音 747 及空客 380 等超大型客机，预计 2026 年建成通航。

【第三东通道纳入国家高速公路网规划】 2022 年 7 月，《国家公路网规划（2021—2035）》公布，省市重点项目厦门第三东通道项目作为国家高速公路纳入国家规划（路线编号 G1535）。10 月，交通运输部召开项目工可方案审查会，前期审批工作取得突破。第三东通道项目路线全长 19.6 千米，以桥梁形式跨越东部海域，跨海段双向 8 车道，设计速度 100 千米 / 时，建成后将成为厦门岛联系厦门新机场最便捷的通道。

【公共交通智慧出行信息平台投用】 2022 年 7 月 23 日，国内首个公交、地铁和 BRT 一体化的系统——厦门市地铁 1 号线文灶站公共交通智慧出行信息平台工程建成使用。通过地铁 1 号线文灶站、BRT 文灶站、公交文灶站台内的智慧信息屏，市民可了解到公交、地铁和 BRT 的站点位置、线路和车辆到离站信息，指引乘客快速换乘，推进“出行即服务”的绿色出行新模式。

【无人机助力交通执法】 2022 年 8 月，厦门市交通执法支队成立无人机中队，是福建省规模最大的交通执法无人机专业队伍。中队拥有 14 名具有资质的飞手和 13 台无人机设备，巡查范围覆盖厦门全域。无人机搭载高清摄像机，夜晚利用热成像、空中照明等设备，可在高空快速完成大区域观测扫描，让违法行为在黑暗中无处遁形。支队将无人机应用于取证、公路及桥下空间、地铁保护区巡查，道路非法营运、客运班车违规站外上客、“黑驾培”、车辆几何超限查处等执法领域，消除人力执法盲区，发挥巡查范围广、违规发现快等优势，破解发现难、取证难长期困扰交通执法难题，形成空地协作的执勤模式。

【福厦高铁厦门段铺轨贯通】 2022 年 8 月 30 日，福厦高铁厦门段完成铺轨贯通。10 月 8 日，厦门北高铁站房主体结构全面封顶。福厦高铁设计时速 350 千米，计划 2023 年 6 月具备通车条件。建成通车后，厦门到福州将从 90 分钟缩短至 50 分钟，实现“一小时生活圈”。福厦高铁是中国“八纵八横”高速铁路网中沿海通道的重要组成部分。

【道路交通安全宣传教育基地投用】 2022 年 10 月，厦门道路交通安全宣传教育基地投入试运营。基地引入各类高科技设备，采用 VR/AR、全息投影、4D 等先进技术，模拟真车驾驶，营造 4D 体验酒醉驾场景，真车感受碰撞瞬间安全带的作用，沉浸式复盘交通事故瞬间，模拟驾驶和科技测评驾驶技巧等高科技手段，将道路交通安全教育从原本单一的宣讲、看视频，“升级”到 4D 体验，实现安全培训教育的创新，是福建省首个综合引入多维宣教理念、先进科技手段和地域化订制设计的道路交通安全宣传教育基地。

【海沧疏港通道主线通车】 2022 年 10 月 26 日，厦门市省、市重点工程，亚洲最大变截面公路隧道——厦门海沧疏港通道主线通车。海沧疏港通道为海沧隧道与厦蓉高速的连接段，从海沧隧道进入海沧疏港通道全程无红绿灯，可实现 8 分钟上厦蓉高速。海沧疏港通道为国内罕见的全互通式地下立交隧道。蔡尖尾山 2 号隧道互通分岔段最大断面开挖面积 421.73 平方米，大于 1 个标准篮球场面积。

【海沧新城综合交通枢纽投入试运营】 2022 年 12 月 1 日，厦门市海沧新城综合交通枢纽投入试运营。该项目总建设用地面积 3.7 万平方米，总建筑面积 18.8 万平方米，集城市公交、出租车、“P+M”（停车换乘地铁）、公共充电桩、商业办公等服务功能于一体，实现公交与地铁无缝换乘。

（市交通运输局　市邮政管理局）

港　口

【概　况】 2022 年，厦门港完成集装箱吞吐量 1243.47 万标准箱，比上年增长 3.22%；完成货物吞吐量 2.19 亿吨，下降 3.59%；旅客吞吐量 171.72 万人，下降 37.12%；完成水运周转量 2908.2 亿吨千米，增长 13.04%；厦门营运船舶运力规模 445 万载重吨，增长 10%；完成水运固定资产投资 10.15 亿元，超年度计划 17 个百分点。厦门港口管理局获福建省交通运输系统沿海港口绩效考评第一名，厦门港蝉联“十大海运集装箱口岸营商环境测评”最高星级评价。

【港口航线发展】 2022 年，厦门港集装箱班轮航线新增 14 条，总数 173 条（其中外贸航线 133 条），通达 55 个国家和地区的 149 个港口。第四届“丝路海运”国际合作论坛在厦门举办，“丝路海运”联盟成员 300 家，创新推出“丝路海运”电商快线。全年“一带一路”航线新增 14 条，总数 86 条，途经 24 个沿线国家的 55 个港口；RCEP（区域全面经济伙伴关系）航线新增 9 条，总数 96 条，覆盖 11 个成员国的 58 个港口。安全引领中外籍船舶 11641 艘次，引领船舶总载重 6 亿吨。厦门市全年完成水运周转量 2908.3 亿吨千米，比上年增长 13.04%。

【港口建设】 2022 年，厦门港口管理局完成《厦门港口高质量发展规划》《厦门港区功能提升及临港片区规划》等课题研究。开展“厦门港国际集装箱中转能力提升研究”等 7 项专题研究。《古雷港区将军澳作业区规划方案》获交通运输部和福建省政府联合批复。推动翔安、古雷港区大型码头规模化开发，完成古雷航道二期工程等 4 个项目竣工验收和 2 个项目交工验收。加快完善东渡、海沧港区集疏运体系建设，沧江路快速通道、远海铁路专用线等工程加速推进。首批临时集装箱卡车停车场基本建成，新增停车位 500 个。海沧后井村整村拆迁基本完成，为港区储备 40 多万平方米物流仓储用地。推动邮轮母港片区“海上世界”开业。新建冷危（冷藏危险货物集装箱）堆场 4 个，破解港区冷危货物出口瓶颈。助力太阳海缆、一道新能源、旗滨一窑多线光伏基板材料等临港产业落地，古雷石化公司首批苯乙烯产品销往台湾，古雷炼化一体化项目投入商业运营。吸引安徽九华船务等航企在厦门设立分公司。推动新签约合同招商项目9个，累计到位资金4.14亿元。厦门营运船舶运力规模为445万载重吨，比上年增长10%。

【厦门港转型升级】 2022年，厦门港口管理局推动成立由市委书记任总指挥、市长任第一副总指挥的厦门港口高质量发展指挥部，组建港口通关环境优化提升等10个工作专班，全面推进年度31项重点任务和50项任务清单，策划生成港北路等32个建设项目，推动解决一批长期困扰港口发展的老大难问题。海润码头全智能化项目投产。远海码头实现“智慧港口2.0”商业化运营，“5G+北斗智慧港口应用”获全国卫星导航定位科学技术创新应用最高奖——白金奖。“集装箱水平运输自动驾驶先导应用试点”入选交通运输部第一批智能交通先导应用试点项目。全国首创的“打造智慧港口引航站”列入福建自贸试验区第19批创新举措，被评为厦门市2022年度改革创新优秀案例。智慧疏浚系统首次启用，《厦门湾主要航道应急通航能力分析》通过专家评审。厦门港被交通运输部列为冷藏箱道路水路联运创新示范港。印发《厦门港低碳发展行动方案》，全年岸电供电量336万千瓦时，降碳2400吨。船舶水污染物接收电子联单系统全面建成。嵩屿码头成为厦门港第三个获评四星级“中国绿色港口”的码头，厦门港绿色发展排名位列全国第三。

【港口客运发展】 2022年，厦门市邮轮中心码头新航站楼竣工，邮轮自用危险化学品常态化供应模式通过专家评审验收。厦门港口管理局协调促成“憧憬”号邮轮到厦门停泊备航。国内首艘五星红旗豪华游轮“招商伊敦”号以厦门为母港开辟国内沿海游轮航线，推动厦门市邮轮经济时隔900天后复苏，累计开航18航次，进出港旅客5656人次。修订出台《厦门市经营性游艇帆船备案管理办法》，修订《厦门市水上旅游客运管理办法》并起草《海上旅游服务质量标准》。推动海上旅游客运企业整合优化提升，“学习号”轮获评交通运输部国内水路旅游客运精品航线试点，福建省最大的海上旅游客船“波赛东66”轮投用。推动海上旅游客运票务平台持续升级，打通与厦门市旅游年卡信息共享互认环节，建设集港航调度、部门监管和旅客服务等功能于一体的厦门港海上旅游客运指挥调度平台。

【港口营商环境优化】 2022年，厦门港口管理局推动出台《市级集装箱扶持政策》《加快推进水路运输业务发展的若干措施》等纾困措施。全年拨付各类专项补贴3.34亿元，减免港务和引航费9300余万元。全国首创的厦门港航专属融资产品——“港航信易贷”获评第四届“新华信用杯”全国优秀信用案例，入选福建省2022年第一批优化营商环境工作典型经验做法，列入福建自贸试验区第九批可复制创新成果，全年为35家企业融资授信5.48亿元。全年受理审批事项672件，100%按承诺时限提前办结，群众满意率100%。修订《厦门港航生产经营人信用评价管理规定》，构建“三方协同监管”新机制，港航信用AA级守信示范企业增加至128家，C级企业减少至8家，D级企业实现“清零”。助力海丝中央法务区建设运行，开展港航领域普法宣传。

【港口安全管理】 2022年，厦门港口管理局落实港口新冠疫情常态化防控牵头责任，完成船员换班4202人。持续推进“安全生产专项整治三年行动”和“迎二十大保安全百日攻坚大会战”，摸排安全生产风险23项，已全部化解。开展危险货物作业集中区域风险评估，持续完善双控体系建设。开展安全生产大检查935家次，排查问题隐患367个，全部整改。连续3年获全市安全生产考核第一名，2022年度省平安建设考核“平安港口”“平安航道”均位列福建省第一。常态化开展非法采砂、海上游等执法行动，全年开展各类执法检查602次，立案7件，结案11起，厦门港口管理局被评为厦门市行政执法案卷评查工作全优单位。开展水运工程质量执法监管，古雷港区北1、2号泊位工程和古雷港区南15—19号泊位工程2个项目入选交通运输部、应急部等联合举办的“公路水运建设项目‘平安工程’冠名申报”资格。古雷港区古雷作业区20～22号泊位工程被评为2022年度公路水运工程“平安工地”省级示范项目。

（市港口管理局）

公　　路

【概　况】 2022年，厦门市公路事业发展中心纳入专养的公路总里程610千米，其中国省道321千米，其他重要道路（主要为交通繁忙重要县道）289千米；路面面积2006万平方米（含车行道、辅道、人行道），绿化面积1245万平方米，中小桥面积11.5万平方米，人行天桥、地下通道等过街设施面积18万平方米，车行下穿通道面积18.5万平方米，涵洞693座，雨水管道951千米，标志标线69.3万平方米。管养道路呈现高等级公路占比高、设施规模量大（车道数多、设施数量多、绿化面积大）、社会对养护管理要求高（保洁时间长，小修维护及时性要求高）等特点。

2022年，厦门市公路事业发展中心进一步强化对养护班站、作业机械设备以及垃圾清洁楼等日常消毒防护工作的监督检查，把好一线养护工人防疫关。选派12名年轻干部纳入厦门市新冠疫情外防输入工作专班，支援福州长乐机场疫情防控工作。常态化做好疫情防控工作，购入智能识别系统“数字哨兵”8台，对进出人员进行智能化防控。

【路域环境优化】 2022年，厦门市公路事业发展中心围绕“文明管养树标杆”专项行动，开展路域环境排查整治。对辖区路段进行全面排查梳理，理清养护边界，对属于管养责任范围内的问题，制定整改方案和计划，分类推进，其中慢行系统完善工程18个，总投资4283万元。对属地政府管理范围内问题，连同问题清单一并函告知属地政府加强整改。强化道路精细化保洁，实行人工保洁网格化，加大养护人员及设备投入，延长作业时间，实现定人定岗定责任。强化绿化精细化养护，对国道324线同安段、翔安段、国道228线角嵩路等重要路段和重要节点进行整治提升改造，开展灌溉浇水专项行动，修复管网8510米，新增1.76千米。落实路长责任制，确保每条道路责任到人，推进文明创建工作落实落细。建立三级督导检查机制，市公路事业发展中心领导分别带队到所挂钩辖区开展每周2次的重点路段徒步督导检查，分中心之间开展循环检查，以问题为导向促进整改落实。累计开展专项督导检查92次，发布《专项督导通报》92份，通报问题近3500条，对创建工作推进不力的养护公司进行处罚。与各代建单位对接，靠前服务，推进道路移交接养工作。全年，新接养项目23个，接养里程63.2千米，道路面积185万平方米，绿地面积32.51万平方米，确保一批新建成通车的国省道、快速路及时得到专业化保洁养护。

【公路养护管理】 2022年，厦门市公路事业发展中心按照“同工同酬、同标准同考核”原则，向上级争取公路养护经费，日常养护经费由2020年2.52亿元提增至2022年4.46亿元，比上年增长77.15%。完成岛内辖区第七轮养护招标，加大养护机械设备和人员投入，率先在福建省公路日常养护中一次性配置新能源洗扫作业车辆28台套，助力实现绿色、低碳养护。利用省级路况检测数据，采取针对性措施分类处置各类病害，通过引入专业化沥青路面维护单位和热再生修复技术，配置沥青路面热再生修补车等专业设备20多台（套），实现沥青路面维修的专业化、规范化、机械化、集约化，全年修复沥青路面病害6.3万平方米。做好公交通运输部2022年度国家公路网技术状况监测有关于路况检测等方面迎检工作，确保厦门末次反馈会完成。厦门市普通公路在有效保障养护资金投入美化路容路貌、构建较为完善的养护市场化体系、信息化赋能公路养护作业安全等特色得到部监测评价组肯定。完善养护工程招投标管理机制，将违法违规企业纳入“不良行为记录”。

以绿雕、花境等形式，在环岛路、翔安大道等重要道路12处重要节点，进行花化、彩化氛围布置。对省道318疏港路高架、马青路高架、国道228线集美大道、杏滨路等岛内外42座高架桥、人行天桥4.7万延米的三角梅进行花期调控，为第二十二届投洽会、中国共产党第二十次全国代表大会、全国文明城市创建、金鸡电影节等系列重大活动提供氛围保障。完成省道507嘉禾路段以及东枧线段、国道228线翔安南路段等重要路段绿化提升，提升国省道的绿化景观效果。组织开展桥墩及桥下绿化工作，绿化桥墩1299个，绿化美化33座桥梁的桥下空间。

【路产路权管理】 2022年，厦门市公路事业发展中心辅助上级办理各类路政许可案件3169件（其中超限运输2780件，涉路施工类389件），收取路产赔（补）偿金额5099.77万元。办理路产损坏索赔案件271起，收取路产损坏案件赔补偿220.69万元。完成集美区人行天桥改造工程、高崎再生水厂西片区（花屿东路）污水破路修复工程等46个路产迁移与修复项目相关工作。开展交通基础设施整治工作，累计排查并修复、整治问题3000余处，其中交通安全设施破损类（含警示柱、减速带、防撞桶、障碍墩、爆闪灯、广角镜等）434处，交通护栏破损类331处，交通标线类960处11.75万平方米，标志类1565处1565面。开展斑马线优化调整工作，排查846组斑马线，累计清除斑马线4组。

【公路建设】 2022年，厦门市公路事业发展中心开展基建项目前期工作61项（其中前期阶段44个，策划阶段17个），新建、改（扩）建里程327.3千米，项目投资估算总计991.3亿元。受市交通局委托承担同安进出岛通道、第三东通道、同安北大道等PPP（政府与企业合作项目）项目事务性实施工作，同安进出岛通道计划开展市场测试、第三东通道PPP项目申报入库。完成国道228线厦门段滨海风景道规划建设实施方案及景观旅游方案（初稿）编制，并承办省交通运输厅G228线滨海风景道建设现场调度会。全年完成2022—2024年岛内辖区道路日常养护等23个项目招标采购工作，中标金额4亿元。推动厦门新机场东进场路（环嶝路—航站楼段）、海翔大道提升改造工程等31个项目建设（其中在建24个，完工7个），截至11月，31个在建项目累计完成投资36.1亿元，完成进度为104.0%，超年度目标。

【养护作业安全管理】 2022年，厦门市公路事业发展中心吸取相关道路养护作业交通事故教训，加强养护作业安全意识。要求各养护作业单位涉及占道养护作业时提前报备，做好作业安全布控，配足配齐现场安全管控人员、防撞缓冲车等。针对不落实企业主体责任的养护企业，采取经济处理、批评通报等手段进行惩戒。开展养护安全作业专项整治行动，发现养护作业安全问题81处，排查出养护作业不规范行为115次，开展养护作业安全培训1.15万人次。着重在公路养护安全作业主动预警方面发力，在同安辖区公路试点安装旋转桶式防撞护栏，对现有153辆养护作业车辆加装车载爆闪警示灯、车载喇叭喊话器等安全警示设备，以此强化养护作业警示提醒，并采取分局交叉检查方法，加强养护设备安全检查，进一步减少道路作业安全风险。同时，引进护栏清洗器、改装护栏清洗车，机械化作业助力养护工人安全养护。市委政法委、市道路亡人整治办将市公路事业发展中心的超视距设施、智慧锥桶运用列入全市道路亡人整治行动并推广使用。

做好防汛防台工作，重新梳理排查低洼地、易涝点，重新修订完善防汛防台应急预案的和车行下穿通道“一点一案”专项子预案。协调推进区域排涝整治，消除6处经常性道路积水点。持续强化值班值守机制，及时启动防御暴雨洪水应急响应，加强对低洼地带、下穿通道进行重点防范及值班值守。全年历经多次暴雨洪水防御工作，均无出现伤亡事故。

（市公路事业发展中心）

公共交通

【概　况】 2022年，厦门市城市公交线路510条（常规公交448条、快速公交8条、定制公交54条），公交线路总长8045千米；全市公交车辆4330辆，万人拥有公交车辆10.34标辆（按市2022年国民经济和社会发展统计公报530.8万人统计），公交日均客运量为145.6万人次，其中BRT（快速公交）快线日均客运量18.7万人次。厦门市有在营巡游

2022年4月26日，厦门市开通第一批公交地铁站接驳线

（市运输事业发展中心　供图）

车企业9家，车辆5688辆，在岗驾驶员9500人，日均营运15万趟次，客运量30万人次；在营网约车平台15家，取得运输证的网约车4万辆（在营2.5万辆），取得从业资格的驾驶员12万人（在岗2.5万人），日均营运40万趟次，客运量80万人次。轨道交通1、2、3号线总客运量19721.13万人次，其中1号线客运量8337.14万人次，2号线客运量7262.04万人次，3号线客运量4121.96万人次。

【文明创建活动开展】 2022年，厦门市运输事业发展中心开展“形象代言打个车，文明互动共提升”活动，倡导交通运输系统干部职工为服务良好的出租车驾驶员赠送“小红花”或慰问品，用暖心关心行动带动出租车行业服务提升。活动期间，厦门首个出租汽车驾驶员爱心驿站——厦门“白鹤之家　爱心驿站”启用，交通运输系统开展乘车劝导4030趟，送出慰问品6600份，为驾驶员提供舒心的休息环境，该项活动入选“2022年度厦门市文明城市创新案例”。

【4批公交地铁接驳线开通】 2022年，厦门市为促进公交、地铁融合发展，方便乘客接驳地铁站点，在66个地铁站全面配套接驳公交线路的基础上，分别于4月26日、7月4日、8月29日、12月19日分4批次再开通33条公交地铁接驳线，接驳38个地铁站点。接驳线编号以“M”开头，结合地铁站点的客流情况，针对性制定高峰班次间隔，以“短、频、快”运行模式方便乘客换乘地铁。

【无障碍公交车投放】 2022年，厦门市分2批投放无障碍公交车93台，扩大无障碍车辆覆盖面，完成五缘湾西、高崎T4、县后、会展中心、火车站南广场、厦大（南普陀）等6个岛内公交场站的发车区无障碍设施改造，提升公交无障碍水平。

【网约车行业监管子系统建成】 2022年12月，厦门市网约车行业监管子系统建成并投入试运营，通过信息化手段全面排查每个网约订单的人车合规、卫星定位在线、跨平台等情况，逐步形成问题警报、督促整改、量化考评的闭环机制，维护网约车运营秩序。

【海沧新城综合交通枢纽配套服务】 2022年12月1日，厦门市海沧新城综合交通枢纽投入试运营，市运输事业发展中心同步调整802路、380路、806路、M21路等4条线路至海沧枢纽站始发运营，对接地铁2号线马青路站，实现公交地铁快速接驳换乘功能，促进厦门市公共交通融合发展。

（市运输事业发展中心）

【厦门轮渡有限公司】 2022年，厦门轮渡有限公司客运总量1081.41万人次，安全航行23.34万千米，完成航次10.62万艘次，全年安全生产无事故。第一码头至内厝澳码头市民航线调整为旅游客运航线，航班安排不变，市民过渡保持原有模式。3月，厦门轮渡有限公司成建制划转至厦门象屿集团有限公司；4月，并入旗下新组建的厦门国际邮轮母港集团有限公司。7月，嵩鼓码头扩建工程开工，工期1年，施工期间嵩鼓码头暂停运营。9月8日，厦门轮渡首艘双体客船“鹭江游7”在珠海江龙船厂下水，后续计划进行内部装修、系泊试验等系列工作，建造完后计划投入厦鼓旅客航线运营。11月，内厝澳码头扩建工程交工验收，预计2023年上半年投用；该扩建工程在原趸船旁新建一座长80米、宽14米的趸船，使码头在原有基础上可多停靠2艘40米级别的客船。

持续开展常态化新冠疫情防控工作，厦门轮渡有限公司重点抓好风险分级管控和隐患排查治理双重预防机制，各码头、船舶落实疫情防控有关规定，加强运营场所消毒、通风，同步加强内部员工管控。助力厦门与鼓浪屿防疫，专船转运专班24小时运营。

（厦门轮渡有限公司）

铁　路

【概　况】 2022年，厦门车站累计完成客发1177.82万人次（其中高铁动车1112.64万人次、普速65.18万人次），日均3.23万人次，比上年下降23.12%，完成年度计划的71.43%；运输收入14.95亿元，日均409.47万元，比上年下降16.25%，完成年度计划的74.65%；其他业务收入6141万元，下降30.88%，完成年度任务的63.78%；毛利5973万元，下降31.61%，完成年度任务的71.66%；运输总支出完成节支额71.16万元；实现第24个安全年。年末，在册职工426人，固定资产9.14亿元。年内，厦门车站被授予“福建省抗击新冠肺炎疫情先进集体”“集团公司新闻舆论工作先进单位”“创建‘五好’关工委活动先进集体”“集团公司信访工作先进集体”“集团公司‘三八’红旗集体”等称号。

为做好新冠疫情防控，厦门车站3次组织部分干部和行车岗位、售票计划员、客运值班员、客运综控员等关键岗位人员，利用单身宿舍、值班室、间休室、会议室、办公室等场所划小单元，采取间休床、行军床、打地铺的方式驻站留守。加强内部防控，将户外作业人员纳入防控一体化管理，做好职工疫情防控和生产生活物资保障，阻断疫情通过铁路传播的渠道。落实常态化措施，细化车站疫情防控工作措施基本指引3.0版，督促从业人员规范佩戴防护用品。做好应急处置工作，加强路地联动以及和铁路派出所、市保公司、市防疫专班的联动，组织开展4次联合多部门应急演练。对于人员封控后受影响的车间班组，由分管站领导逐个车间做好生产人员安排确认，将影响降到最低。

【铁路客运】 2022年，厦门车站辖厦门站和厦门北站，均为客运一等车站。厦门站位于思明区，总建筑面积7.45万平方米（含站场雨棚）。其中，站房建筑面积2.76万平方米，候车室面积7400平方米，最高聚集人数4000人/小时，旅客乘降采取“高进低出”模式。车站设有站台5座、旅客列车到发线9条（其中6道兼机走线）、出站人行地道1处、16个售票窗口、29台自动售票机、19台自助取票机、62台检票闸机、30部扶梯、14部直梯、27个实名制验证口（其中14台自助验证机、13个人工验证口）、13个安检口、2个商务座专用候车区。

厦门北站位于集美区，设有站台6座、旅客列车到发线12条，总建筑面积10.9万平方米，候车室面积2万平方米，最高聚集人数6300人/小时，设有售票窗口16个、自动售票机22台、自助取票机3台、自助检票闸机64台、实名制验证口30个、安检查危模块7个、商务座专用候车区1个。

2022年，厦门站和厦门北站办理客运业务列车221.5对（普速11对、动车210.5对）。其中，厦门站办理客运业务动车75对；厦门北站办理客运业务列车146.5对（普速11对、动车135.5对，始发终到43对、经停92.5对）。

【运输安全管理】 2022年，厦门车站完善安全生产职责，落实主体责任和“非责任”的责任。持续开展标准化、规范化建设，做好重点工作推进，落实安全双重预防机制日常工作制度。消除安全隐患，开展贯穿全年的安全生产大检查活动，开展“大干一百天，奋力保安全，喜迎二十大”活动。结合“守底线、补缺陷、除隐患、防风险”安全专项整治行动，推动检查整治取得实效。落实考核激励，加强事故究责、防止事故奖励、安全生产带（跟）班等管理办法的宣传、落实，细化实施操作技能岗位“12分制”记分办法，增强干部职工安全责任意识。修订《防止事故奖励细则》等激励机制，加大对防止事故典型事例和技术规章查漏补缺的奖励力度。管控安全关键，做好接发列车、调车、施工、消防、站台、外部环境安全以及重点时期安保等重点工作。截至年底，实现铁路运输安全8932天。

【增运补欠提升服务】 2022年，厦门车站把握清明、国庆等假日及周末客流特点，提前提报下一周列车加开、重联等运能建议。以“小白鹭”服务台硬件升级改造为契机，推进服务升级，打造“海峡情·小白鹭”服务全新形象。完善车站商务座管理办法，开展“铁路畅行”两院院士商务座服务工作，提供高品质商务服务。改进候车环境，开展车站客运标识、广告媒体、商贸店招、多功能候车椅专项整治活动，确保墙面、玻璃面整洁美观；实施厦门北站厕所更新改造，落实日常保洁制度，确保车站候车环境整洁。

【铁路新线建设】 2022年，厦门车站组织各部门参与甬广高铁福厦漳段预介入工作，与工程设计、施工单位对接，重点提出并解决新建站房夹心地进站层东西向不能连通、高铁与地铁不能站内互通、没有行包货物专用地道等关键问题。做好大帽山隧道爆破施工、进岛联络线“四电”施工及厦门北动车所改造施工方案审查、计划审批等工作，把好安全关。协调相关部门，最大化兑现施工天窗，为工程顺利推进提供保障。提前规划厦门北新站商业，与中标设计公司衔接，提出优化商业功能布局与形象设计建议，推动商业提档升级的同时与客运服务融合，确保商业服务导示与客运标识设置和谐统一，确保商业经营与新站房同步启用。

（厦门车站）

轨道交通建设

【概　况】 2022年，厦门市新开工3号线南延段、6号线集同段2条新线路，其中6号线集同段较原计划提前3个月开工。3号线翔安机场段设站6座，完成4座车站主体结构；4号线软三东至翔安机场段设站12座，11座车站主体结构完成，软三东站至蔡厝站（除机场段外）全线贯通，铺轨完成99%；6号线林埭西至华侨大学段设站13座，车站主体结构全部完成，区间全线洞通，铺轨累计完成68%。

截至2022年底，地铁建设筹措资金1809亿元。其中，政府资金投入638亿元，包括市本级和区级一般公共预算收入支出、发行地方政府债券等；市场化筹资1171亿元，对接国家发改委及各金融机构，通过多渠道筹划、低成本融资，获得银团贷款、国开基金、企业债、保险资金等多种金融工具融资。

【地铁沿线综合开发】 2022年，厦门市推进地铁沿线综合开发配套，完成8个项目出让、7个项目招商、1个项目开业，实现出让金140亿元。转变思路，尝试从“地铁+物业”转向“TOD综合开发”（以公共交通为导向的发展模式的项目），出让湿地公园、海沧中心CBD和翔安后村、洪塘头TOD开发项目。湿地公园TOD项目引入福建省首家香港商业地产品牌K11。基本解决历史遗留的7个BRT（快速公交）枢纽站8.5万平方米商业空间资产闲置问题。全面开展TOD开发机制体制研究，6号线、4号线二期、第三轮建规线路均开展TOD开发规划策划。

【征地拆迁】 2022年，厦门市轨道工程完成土地征收40.07万平方米，完成年度任务（22.51万平方米）的178%；提交用地36.7万平方米，完成年度任务（32.2万平方米）的114%；房屋拆除19.12万平方米，完成年度任务（5.6

万平方米）的341%，做到征拆走在工程前面，实现“地等工程”，满足工程建设。

【轨道工程安全管理】 2022年，厦门市地铁办公室持续加大轨道工程督查力度，邀请行业专家参与日常督查，督促各参建单位高度重视，把问题整改落实到位。通过引入第三方检测机构，对地铁在建工程进场材料质量进行抽检23类29批次，提升参建单位质量安全意识，严控工程质量，加强在建工程进场材料质量等重要环节管理。开展为期2个月（9—10月）的安全专项督查，督促轨道集团落实主体责任，落实、落细安全生产、新冠疫情防控、文明施工、防台防汛、建筑工人工资发放等工作，开展隐患排查整治，确保第二十二届投洽会、国庆和中国共产党第二十次全国代表大会期间轨道交通建设安全平稳有序。年内，轨道交通领域没有发生较大及以上安全生产事故。

【风雨连廊试点项目】 2022年，厦门市为进一步提高轨道交通一体化，提升市民换乘体验性，实施风雨连廊试点项目。完成镇海路站、文灶站等首批风雨连廊7个试点项目施工并投入使用，第二批莲坂站、莲花路口站、蔡塘站、岭兜站、湖里创新园站连廊项目全部开工。

【3号线南延段开工】 2022年1月4日，厦门市轨道3号线南延段工程开工。3号线南延段工程南起沙坡尾站，北至厦门火车站，该项目的实施打通厦门本岛中心至本岛南部的快速通道，覆盖重大商圈和优质旅游资源，为西南沿岸的往返客流提供便利条件，实现“解决老城区交通难点”和“引导老城区再次发展”目的。

【2号线工程获奖】 2022年5月，厦门市轨道交通2号线工程获评2019—2021年福建省重点建设优胜项目。轨道交通2号线的建设运营，构建厦门本岛和海沧区的快速过海连接通道，与1号线形成十字交叉的轨道交通网络，缓解全市交通压力特别是海沧大桥拥堵状况，提高市民进出岛效率，对促进厦门岛内外城市新功能区的开发建设具有重要意义。

【6号线建设】 2022年6月15日，厦门市轨道6号线集同段工程开工，实现“涉铁超前、征拆超前、开工超前”，较原计划提前3个月开工。该线路的实施为实现同安城区30分钟进岛，为厦门环湾发展和跨岛发展提供保障。

12月29日，轨道6号线（林埭西至华侨大学段）实现全线洞通，为后续铺轨及机电安装的实施奠定基础，为实现2025年底与漳州角美段同步建成通车的目标提供保障。

【轨道交通规划实施】 2022年12月1日，厦门市政府正式批复《厦门市城市轨道交通线网规划（2021—2035年）》，厦门市远期2035年城市轨道交通规划线网由12条线路组成，总规模493千米。国家发展改革委原则同意厦门市按程序开展第三期建规申报工作。主报告及10个配套专题报告完成编制并上报，其中7个专题完成评估，最关键的控制性专题——环评专题，生态环境部于12月正式受理。

（市地铁办公室）

2022年8月1日，地铁1号线文灶站风雨连廊投入使用　　（市地铁办　供图）

航　空

航空港

【概　况】 2022年，厦门机场累计保障安全飞行9.98万架次，比上年下降22.04%，其中运输起降9.75万架次，下降22.54%；累计旅客吞吐量1018万人次，下降31.9%；累计完成货邮吞吐量26.21万吨，下降12%。在厦门机场运营的航空公司38家，境内30家、境外8家。全年累计开通运营境内外156条航线，国内148条（其中地区5条）、国际8条。与境内外112个城市通航，其中国内104个（含地区4个）、国际8个。4月，翔业集团完成对厦门航空工业有限公司的股权重组，持股比例增至55%。

2022年，翔业集团连续第13年入围“中国500最具价值品牌”榜单，首次进入200强，位列198位。品牌价值首次突破400亿元，为406.45亿元，相比2021年，排名前进3位，品牌价值提升12.79%。翔业集团位列“中国服务业企业500强”第300位，“福建企业100强”第53位，“福建服务业企业100强”第22位，“厦门企业100强”第14位。

【翔安机场建设工程开工】 2022年1月4日，厦门翔安机场建设工程全面开工。9月，厦门翔安机场工程飞行区和配套工程初步设计及概算获得批复。年内完成航站区桩基工程可施工范围内容及轨道3、4号线翔安机场站主体结构所有施工。

厦门翔安机场位于翔安大嶝岛机场片区核心区，工程计划建设面积55万平方米的主航站楼、195 个机位的站坪、2 条远距跑道。其中，北 1 跑道按飞行区最高标准 4F 建设，长 3800 米，能够满足民用空客 A380、波音 747 等大型飞机的起降要求。同时新建 8 万平方米综合交通中心、18 万平方米的停车楼以及空管、航油、航司基地等配套工程。建成投运后，厦门翔安机场可保障飞机起降 38 万架次 / 年，旅客吞吐量 4500 万人次 / 年，货邮年吞吐量 75 万吨 / 年。

【能源管理平台上线运行】 2022 年 8 月，厦门机场智慧能源管理平台上线运行，加强航站楼低碳节能管理，成为推进厦门机场绿色低碳高质量发展重要手段。该项目位于厦门机场 T4 航站楼，为元翔厦门空港与厦门邑通公司合作共建，通过融合物联网技术和智慧算法，改变原先用能系统的传统管理模式，对 T4 航站楼空调系统进行精细化智能控制，在提升楼内环境舒适度的同时实现绿色节能，计划每年节约用电 90 万千瓦时。

【航空模拟仿真实验室启用】 2022 年 8 月，厦门机场航空模拟仿真实验室通过项目验收并投入使用。作为面向机坪运行单位开展模拟机培训的重要场所，厦门机场航空模拟仿真实验室配备国内先进的机坪模拟仿真系统，能够提供全方位、多角度、高仿真的机场空域和机坪运行模拟环境，满足机坪指挥员等机坪运行重要岗位实操培训、事件复盘、应急演练、不停航施工处置、新机场运行规则验证等方面的岗位培训及规则验证需求。

该实验室的机坪模拟仿真系统是国内民用机场领域内首个提供高精度建模仿真、首个实现机坪管制集成式训练仿真的系统。该系统整合机坪结构布局、机位机型、运行规则、机场空域、航路航线等数据参数，设计机坪指挥员、天空俯视等多维度视角，可以提供包括大流量运行、复杂天气、不停航施工、突发应急救援事件处置等在内的 20 余种模拟场景，以及包括航班指挥起降、顶推、开车、滑行等 100 余项操作功能，实现智能化、一体化和多功能化的机坪运行模拟仿真，在机坪管制行业是个全新的突破升级。

（翔业集团）

厦门航空公司

【概　况】 2022 年，厦门航空有限公司（简称厦航，含厦航本部、河北航及江西航）安全飞行 39.5 万小时，起降 17.45 万架次，主要安全指标均控制在年度目标范围内。全年运输总周转量 29.75 亿吨千米，旅客运输量 1811.94 万人次，货邮运输量 17.86 万吨。厦航本部保持连续 36 年盈利纪录。位于厦门两岸金融中心片区内的厦门航空新总部正式投运。

为做好新冠疫情防控，厦航持续完善“4+3+2”（4 道防线：境外防线、入境防线、地面作业防线、后勤保障防线，3 个关键主体：指挥主体、防线主体、督查主体，2 套应急机制：防范个体突破、防范多点暴发）疫情防控体系，对国内航班分级分类管理，确保精准防控；对国际航班落实 29 条远端防控措施，行业首创境外旅客健康管理奖励，厦航国际入境航班境外病例输入率 1.07%，比行业低 41%，确保厦门的病例输入率在全国 15 大航空入境口岸中排名第 11 位。疫情防控政策优化后，明确“延迟峰值、压平曲线”目标，确保有序转段、平稳渡峰。

【航空安全运行保障】 2022 年，厦航针对“3·21”事故（东航客机坠毁事故），制定 20 条专项管控措施，发布安全发展再提升“21 条”行动方案，以实际行动践行“人民至上、生命至上”。围绕“打牢安全基础”目标，确立“近期抓手册、中期建体系、远期育文化”实施路径；组建安全管理提升专项项目组，启动规章手册、训练培训体系建设，同步推进安全责任、风险管控、过程控制、安全文化体系建设。持续深化风险管控，开展中国共产党第二十次全国代表大会前问题隐患清零行动；通过第十次 IOSA（国际航空运输协会运行安全审计）复审；完成波音 737-8 飞机恢复运行验证试飞；建立“十大风险航班”每日提示机制，提前制定防范措施；开展队伍状态调研，对所有新聘机长开展任前谈话；完善飞行安全技术、重大机械故障和缺陷联防机制，B737NG/787 机队可靠性分别为 99.88%、99.44%，居世界同等规模机队前列。

【厦航服务品牌】 2022 年，厦航将航班正常作为提升服务的重点，建立航班正常提升工作机制，全年航班正常率 94.06%，比上年提升 10.52 个百分点，排名提升 11 位。厦航连续 41 个季度获评 CAPSE 服务“最佳航空公司”。厦航牵头编制的《质量管理　文化和机制支撑服务提升指南》国家标准正式发布并实施，填补服务提升类标准在国家质量管理领域的空白。厦航作为唯一中国航司受邀加入联合国全球契约组织，并作为创始参与企业启动联合国“GDI for SDG”项目。

【厦航改革发展】 2022 年，厦航以“十四五”规划为引领，推动战略落地。拓展战略空间，在国家“十四五”空中丝绸之路实施方案中争取到对福厦枢纽的国际航权支持。推进机制改革，推动厦航本部及 6 家子公司完善“章程 + 议事规则 + 事项清单”治理体系；组建新零售公司，推行职业经理人引进、销售分成等市场化机制。探索模式转型，打造“总分共管”管控模式，明确分支机构职能定位；发布 29 个业务模式优化项目，重塑地服保障、服务质量等 16 项业务和组织模式。

【华沙撤侨航班完成】 2022 年 3 月 8 日上午，厦航受外交部委托，执行第七架接返自乌克兰撤离中国公民临时航班，厦门航空 MF8001 次航班从厦门起飞前往波兰首都华沙。3 月 9 日上午，厦航 MF8002 航班接回 249 名从乌克兰辗转通过波兰华沙回国的中国同胞，抵达兰州中川国际机场，完成撤侨航班任务。

【厦航“天枢”系统启用】 2022 年 5 月 16 日，厦航天枢飞行计划系统启用。该系统是国内第一套自主研发的支持国际运行的飞行计划系统，也是第一套由航空公司主导研发的国产飞行计划系统，打破欧美国家在该领域多项垄断，厦航因此成为中国民航唯一一家实现飞行计划制作关键核心技术自主可控的航空公司，全面解决“卡脖子”问题。

【厦航获 APEX2023 世界级航空公司大奖】 2022 年 10 月 27 日，APEX（世界航空旅客体验协会）第 43 周年全球年会上，厦航连续 3 年获评五星级国际航空公司，并获全场最重磅奖项——世界级航空公司大奖（WORLD CLASS award），该奖项在全球范围内仅颁发给8家航空公司，厦航成为首家通过世界顶尖机构认证，跻身“世界八强”的中国航空公司。

（厦 航）

邮政与快递

【概 况】2022年，厦门市邮政行业拥有各类营业网点1769处，其中设在农村的71处。全市拥有邮政信筒信箱261个，邮路条数192条，快递服务网路条数1024条。全行业平均每一营业网点服务面积为0.96平方千米，平均每一营业网点服务人口3000人。邮政公司城区每日平均投递3次，农村每周平均投递7次。全市年人均函件量为1.1件，每百人订有报刊量为8份，年人均快递使用量为107件。年人均用邮支出1637元，年人均快递支出1481元。

2022年，厦门市取得快递业务经营许可证的企业42家，主要快递分拨中心9个，建成快递产业园区3个、城市末端公共服务站977个，备案智能快件箱3730组，村级寄递物流综合服务站85个。12月1日，2022年全国第1000亿件快件在厦门派送成功，比2021年提早7天达到千亿件，刷新中国快递量破千亿的时间纪录。

【跨境寄递服务】2022年，厦门市国际及港澳台快递业务量累计完成4698.02万件，比上年增长17.15%，占全部快递业务量的8.3%，业务收入占总快递业务收入的26.2%。厦门市加大跨境贸易的扶持力度，完善配套设施，新建港务物流跨境电商监管中心，形成集跨境电商进口“1210”、出口“9610”“9710”“9810”以及台海快件清单模式等多种申报功能为一体的综合型跨境电商线下公共服务平台，投入使用跨境电商场站系统；后续搭建厦门港智慧物流平台，进行数据对接，进一步提升跨境电商系统网络化、数字化功能，提高快递货运流转速度。

【中国邮政首个光伏项目并网发电】2022年，厦门邮件处理中心分布式光伏发电项目并网发电，进入生产运行，是中国邮政集团全国首批光伏试点的首个成功并网项目。该项目利用厦门邮件处理中心2.38万平方米屋顶建设，总装机规模为1580千瓦的光伏发电系统。项目采用“自发自用，余电上网”模式，电站所发电力95%由厦门邮件处理中心就地消纳。平均年发电量171万千瓦时，每年节约标准煤617吨，减少二氧化碳排放量1710吨、二氧化硫排放量51吨、氮氧化物排放量26吨。

该项目是中国邮政落实国家“双碳”战略、推动能源低碳转型、践行绿色邮政承诺的首个试点项目。为各地邮政企业开展屋顶光伏建设起到示范作用。

【邮政快递业从业人员权益保护】2022年，厦门市邮政管理局、市人社局联合印发《关于做好基层快递网点参加工伤保险工作的通知》，指导邮政快递企业开展灵活就业快递人员工伤保险缴交工作。厦门市完成快递行业集体协商，签订首份快递行业集体合同和工资专项集体合同，对行业最低工资标准、职工工资待遇、工作时间、劳动保险、劳动安全、女员工特殊保护、职业技能培训等方面内容达成一致意见。快递行业党委与律师行业党委签订共建协议，为快递员提供法律知识培训、法律援助服务等。快递企业建工会37家，累计推动1.1万名快递员加入工会。

【首批文明示范快递网点授牌】2022年，厦门市邮政管理局在全市邮政快递行业范围内开展文明示范网点评选活动，15家基层邮政快递网点获评，其中5家网点获评为党员文明示范网点，网点内设红色文化墙、党员文明岗等。首批15家文明网点发挥带头模范作用，引导各邮政快递网点对标对表、追赶先进，督促邮政、快递企业加强文明创建，让经营环境更整洁、安全生产更规范、客户服务更高质，提升整体管理和服务水平，推动服务设施和经营场所提档升级，推动行业发展。

【快递行业电动自行车管理意见出台】2022年3月，厦门市政府研究决定将邮政快递行业作为民生保障行业，实行电动自行车挂牌登记。市邮政管理局推动快递行业电动自行车上牌工作，听取征求各方意见和建议，出台《厦门邮政快递业电动自行车规范管理指导意见》，以“企业自治、行业自律、政府监管、社会监督”为原则，实行“统一头盔，统一背心，统一箱体，统一雨衣，统一车身颜色”等“五统一”管理模式；指导企业采用积分考核制对电动自行车及骑手进行信用考评；完善电动自行车违法行为企业内部奖惩机制；推动快递行业协会及企业建立、健全电动自行车交通安全配套管理制度；制定《厦门市快递行业文明公约》《快递行业骑手文明交通安全守则》等。年内，邮政快递行业电动自行车登记上牌3776辆。

（市邮政管理局）

责任编辑：曲 艺
审 稿：孙志红
校 对：熊焱峰

27 信息服务业

信息服务业基础设施建设

【概　况】 2022年，厦门市通信管理局贯彻落实乡村振兴战略，开展乡村通信缆线整治工作，光网及无线4G网络实现100%乡村覆盖，5G网络实现重点乡镇覆盖，完成投资9160万元，完成新建光缆516皮长千米，新建管道101.5孔千米，新建宽带FTTH（光纤到户）端口4.87万个，新建5G通信基站配套663个，完成建设形象进度100%。

【信息基础设施建设政策支持】 2022年，厦门市工业和信息化局（简称市工信局）成立厦门市“数字厦门”建设领导小组、厦门市5G（第五代移动通信）网络建设和产业发展领导小组、厦门市大型项目通信网络建设联合工作领导小组等，加强信息基础设施建设工作的统筹领导；出台《厦门市政务数据中心整合实施方案》《“数字厦门·宽带工程”行动计划》《厦门市推进新型基础设施建设三年行动计划（2020—2022年）》《厦门市5G移动通信基础设施专项规划（2020—2035年）》《厦门市创评“千兆城市”工作方案》《厦门市贯彻落实碳达峰碳中和目标要求推动数据中心和5G等新型基础设施绿色高质量发展实施方案》《厦门市智能网联汽车道路测试与示范应用实施细则》等政策规划，推动新网络、新算力量等信息基础设施建设。

【5G网络建设】 2022年，厦门市5G网络建设和产业发展领导小组陆续发布实施《关于加快推动5G网络建设的通知》《厦门市5G网络建设审批方案（试行）》《厦门市创评“千兆城市”工作方案》等文件，推动做好5G网络建设和产业发展相关工作。截至2022年底，建设5G基站10250个，每万人拥有5G基站数19.4个（居福建省第一位），重点场所5G网络通达率100%。

【5G+智慧码头建设】 2022年，厦门电信以厦门海润码头为试点，实现国内首个传统集装箱码头智能化改造。针对海润传统集装箱码头智能化改造的需求，厦门电信采用最高级别的“如翼”模式5G定制网，为海润码头的港口重型机械远控系统构建可靠的工业控制级网络连接，包括对8台桥吊、22台轮胎式龙门吊和44台等设备的改造，以及5G和光纤网络的铺设，并首次将5G小型核心网下沉至港区，实现控制面、用户面双面的低时延，全面满足码头工业控制级无线网络要求。

【数据中心建设】 2022年，厦门市工信局推动数据中心建设。全市数据中心投入使用机架数超1万个，拥有中国电信海峡通信枢纽数据中心（中国电信的东南云基地、福建省规模最大的数据中心基地）、中国移动（福建厦门）数据中心（省内第一个CQC国标A级认证的超大型数据中心）等大型数据中心。

【超算中心建设】 2022年，厦门市工信局支持和推动超算中心建设。全球首个完全基于鲲鹏架构的云化超算中心——厦门鲲鹏超算中心，算力为5400万亿次/秒，为用户提供云端资源进行业务测试和国产化适配，涉及医疗、工程、制造、公共安全、科研等产业方向，以及大数据、数据库、高性能计算、容器、图像识别、深度学习等技术方向，超过1460万核时。厦门人工智能超算平台面向人工智能应用的各类场景提供服务，获工业和信息化部2018年人工智能与实体经济深度融合创新奖和国家发展改革委2019年国家服务业发展引导示范项目。

【数据处理协同一体化建设】 2022年，厦门市工信局、通信管理局强化“数据中心+云+算力N个边缘节点”的协同一体推进，推动打造数据中心的规模优势，依托中国电信海峡通信枢纽数据中心/中国电信的东南云基地、中国移动（福建厦门）数据中心、厦门联通骨干云池数据中心三大数据中心强化集约规模优势，加快推进对接厦门数字经济产业需求，探索厦门东数西算闽宁合作模式。三大基础电信运营商投产数据中心总占地面积22万平方米，机柜超1万个，后期扩容目标为2.3万个机柜；推动运营商的全国性/区域性算力资源投入，强化云主机、云桌面和超算中心的算力服务能力。结合5G和在地化的应用场景，持续强化三朵“云”（厦门医疗云、政务云、教育云）的领先优势。

在“数网协同”方面，依托重点企业和园区初步构建N个边缘数据中心、大数据中心、云算力资源及通信网的协同体系。

【智能网联汽车建设与发展】 2022年，厦门市工信局出台《厦门市智能网联汽车道路测试与示范应用实施细则》，明确开展智能网联汽车道路测试、示范应用、示范运营的具体条件，申请流程和相关规定；打造各类试点示范场景。“BRT智能驾驶系统”运行超250万千米，时长近7万小时，200台BRT（快速公交）快线车辆开启“人机共驾”功能，形成BRT线网全覆盖。在技术上可实现智能控速（根据限速区域、进出站区域等进行速度调整）、安全车距保持、智能识别上下行、道路环境变化提醒（文字及语音）、平稳进出站（平稳加减速）等应用场景。6月，在金砖创新基地建设与发展论坛上，完成7台金龙客车的L3/L4级车辆自动驾驶测试及多场景车路协同、编队行驶功能测试。实现清扫、物流、售卖、安防、公交等车辆的无人驾驶应用。建成具备智能化综合服务功能的公交示范站10座，实现集智慧出行、客流监测、新零售、共享经济、爱心驿站等功能于一体的便民服务。BRT系统的45个站点、常规公交的76个站点安装电子站牌，乘客可直接在电子站牌查询车辆实时到站信息，并在手机上进行关联。在4处BRT枢纽站及部分常规公交场站试点设置相关智慧设施，如智能模拟驾舱培训基地、充电桩、充电客户端及充电信息屏、智能停车、自助售卖机、自助口罩售卖机、共享充电宝等。打造厦门市智能网联检验检测公共服务平台，为智能网联汽车道路测试与示范应用提供技术服务。平台包括智能网联汽车整车安全及关键零部件实验室（含智能汽车整车带载电辐射性能实验室）、氢燃料动力电池实验室以及智能网联汽车自动驾驶封闭测试场地等。平台采取“边建设、边运行、边服务”模式，在建设正常推进的同时，为中科云杉、百度、金龙汽车等10余家企业提供智能网联汽车相关产品测试，是全省唯一完整覆盖34类智能网联汽车法规标准模拟场景的测试场地。

【空中缆线整治】 2022年，厦门市通信管理局组织参与厦门市创建全国文明典范城市五大专项行动三大攻坚行动，牵头制定《空中缆线整治指引》，提出“四个统一、三个到位、两个闭环，一个长效机制”工作模式，统筹推进空中缆线整治工作。各区下发整治点位183个，排查空中缆线整治重点区域4359个，完成率100%。督办整治点位2319个，完成率100%。总拆除194.7万米，拆除钢绞线11.82万米，总捆扎光缆557.2万米，出动人员5.74万人次、车辆1.71万辆次。

【千兆城市建设】 2022年12月，厦门市获评国家千兆城市。2017年，厦门市启动光网城市建设，2018年进入“全光城市”建设阶段，2019年迈入“千兆时代”建设阶段，2020年迈入双千兆城市建设阶段，2021年进入全面实现千兆城市的阶段。2022年全市家庭千兆光纤网络覆盖率128.9%，城市10GPON及以上端口占比超过37.1%。500Mbps（兆位/秒）及以上用户占比超过25.5%。岛内全域和岛外中心城区均具备千兆接入能力。

（市工信局　市通信管理局）

通信及网络服务

【概　况】 2022年，厦门市基础电信业完成业务总量80.2亿元，比上年增长14.02%。实现电信业务收入78.1亿元，比上年增长4.62%；全市电话用户总数776.1万户，其中固定电话用户95.8万户，移动电话用户680.3万户。全市互联网用户897.7万户，其中（固定）互联网宽带接入用户282.9万户；移动互联网用户614.8万户。家庭千兆光纤网络覆盖率149.7%，福建省领先；10GPON（光纤通信技术）端口数占比39.7%；500Mbps（兆位/秒）及以上用户占比25.0%，居全省第一位；全市新增5G基站3598个，建设5G基站10250个，每万人拥有5G基站数19.4个，居全省第一位。

【信息化和工业化融合发展】 2022年，厦门市通信管理局（简称市通信管理局）构建政府生态合作圈，聚焦千兆城市、专用通道、国家新型基础设施建设专项、工业互联网二级节点、5G智慧教育、园区标准化等重点项目建设，构建良好的融合应用生态。厦门在智慧港口、智慧教育、智慧医疗、智慧交通等应用场景建设5G专网81个（工业类占42%），打造多个标杆应用场景；加快构建5G产业生态。在厦门市人民政府支持下，通过“1+5+N”驱动（1个赛事平台+五方力量+N个重点行业），与市工信局共同举办第二届5G应用大赛，推动构建5G应用创新生态。聚合运营商、设备厂商、解决方案服务提供商、互联网企业、垂直行业应用方五方力量，形成内生正循环的发展模式。推进工业互联网创新发展，组织行业企业联合厦门市物联网产业研究院，聚焦为厦门6个工业千亿产业链（平板显示、计算机与通信、半导体和集成电路、新材料、生物医药与健康、机械装备）、4个传统优势产业链（水暖卫厨卫、纺织服装、农副产品与食品加工、运动器材）提供标识注册解析服务。

【5G应用融合创新】 2022年，厦门市工信局以工业和信息化部等十部委《5G应用“扬帆”行动计划（2021—2023年）》为重点，聚焦重点应用场景，推动“有优势、能创新、强赋能”的标杆应用示范。在行业融合应用领域，远海码头5G智慧港口（全国唯一获新基建国拨补贴的港口）和厦门智慧公交项目获批国家新型基础设施建设专项，获补国家财政资金1亿元；在新型信息消费领域，“5G+”超高清视频、直播带货等新型消费应用加速生成；在社会民生服务领域，面向医疗、教育、智慧城市等民生保障应用不断落地。2021年、2022年举办2届厦门5G应用大赛，有500多个项目参赛，获奖项目50多个，涵盖工业互联网、交通等20余个行业领域，在“5G+”方面起到对接需求、促进创新、深化应用、提升效能的作用。

【千兆城市示范效应】 2022年，厦门市通信管理局以“千兆城市”建成为核心，融合千兆光网、5G建设应用、国际互联网专用通道、工业互联网、新型数据中心，构建一体化“上云用数赋智”数网融合供给体系，整体推动新型基础设施建设应用。持续推动将千兆城市建设工作融入厦门数字经济发展重点工作。10 月，厦门市千兆城市创评工作各项指标满足千兆城市评价标准；12 月，厦门获评工业和信息化部 2022 年千兆城市，并列入示范效应的典型做法通报。

【重大活动通信保障】 2022 年，厦门市通信管理局推动信息通信业完成中国共产党第二十次全国代表大会、金砖国家工业互联网与数字制造发展论坛暨第六届工业部长会议、金砖国家政党智库民间社会组织论坛、高考、中考、海峡论坛、第二十二届投洽会、金鸡百花电影节、厦门马拉松比赛等重大会议及活动通信保障工作。

【国际互联网专用通道开通运营】 2022 年 9 月 30 日，由工业和信息化部批复同意建设的厦门国际互联网数据专用通道开通运营。该专用通道是福建省首条通达中国国际通信出入口局的直连高速通道，并首次以“1+2+N”模式［市级区域统一申报、以中国（福建）自由贸易试验区厦门片区和厦门国家火炬高新区为核心，覆盖所辖多个园区］为园区内企业提供高品质和实惠的通信服务。在规划设计上，专用通道通过独立于公众网的专用网络，以 120G 带宽能力快速直达国际通信出入口局，不仅减少原有的多节点分层汇聚，而且不受国内公众互联网流量的干扰和影响，降低丢包率和访问时延。其中，整体网络平均丢包率为 0.75%，相比非专用通道降低 5.20 个百分点，性能优化 87.41%；整体网络平均访问时延为 206.67 毫秒，相比非专用通道平均访问时延缩短 60.01 毫秒，性能优化 22.50%。截至 12 月，用户数突破 117 家，超额完成预定目标。

【5G+ 工业互联网】 2022 年，厦门电信完成 10 个高端制造业的 5G 工业互联网引用系统的商用落地，其中包含 4 家 5G 全连接工厂，打造全国首个半导体行业 5G 智能制造工厂，解决“无尘车间网络部署”的难题。5G+ 工业互联网通过无线网络、无线安全传输通道，实现产线机台设备的数据采集和远程控制，保证业务数据的安全性和保密性，为 5G 在工业互联网领域的推广应用做出贡献。通过 5G 云网融合体系深入工业制造产线，促进厦门制造业的热数据汇聚，提升工业企业的设备管理水平，降低企业工业互联的系统构建成本。

【5G+ 数字工厂】 2022 年，厦门电信与友达光电股份有限公司达成合作，通过“5G+ 边缘 UPF+MEC”的整体化解决方案，为友达光电打造时延更低、连接更广的 5G 智慧工厂，助力客户突破智能化改革壁垒，在信息化时代智领先机。该项目基于客户智能制造应用需求，从安全性角度出发，通过在客户侧下沉中国电信自研 UPF（用户平面功能）等设备，实现数据不出园区，确保数据传输路径上的绝对安全。同时，为客户量身定制的整体化解决方案，帮助客户解决数据传输改造等问题，实现数据快速运算后回传机房，提高效能。

【5G+ 智慧医疗】 2022 年，厦门电信与厦门市 120 急救中心、厦门市中心血站合作，依托厦门电信较为完整的城乡 5G 网络覆盖和电信医疗云，实现 64 台医用急救车辆的院前急救、采血医疗数据全域无线传输，并依托厦门医疗云的完整云网安全能力，实现医疗卫生数据在 5G 网络上的安全传输，为疫情期间的医疗急救提供可靠的数据基础。

【全球首个 5G+VR 心血管介入手术教学平台启用】 2022 年，厦门电信与厦门大学附属心血管病医院等联合，将 5G 网络技术、VR（虚拟现实技术）视频技术、云计算技术等一体化整合，通过收集手术现场高清视频、传输无时延视频数据，打造医务人员全方位、沉浸式、现场感的手术实时教学体验。该平台将 5G、VR 与现代手术室深度融合，利用在手术室上方悬挂的专业级 VR 摄像头，能对 8 路 8K 视频实时拼接，生成 VR 视频，实现对手术室 360 度实时拍摄。同时，手术室内安装一个固定摄像头，作为特写机位将手术细节放大、切换。每个机位的图像借助高速率、低时延的 5G 网络技术支持，无卡顿地呈现在手术教学平台上。

【降碳模式全国推广】 2022 年，厦门电信通过技术创新应用，自主研发具备推理算法执行能力的翼节能边缘控制系统，在机房管理上开发出一套降碳新模式，实现“云端智能决策、边缘自动响应、终端实时调控”的三级控制机制，可实时微调，不断迭代计算逼近最优状态，实现机房节能的智慧化、持续化运营，并在全国 10 省规模化推广。

【“无人船”5G 海域测试完成】 2022 年，厦门移动在厦门海域完成福建省内首次“无人船”5G 海域测试。采用无人船携带 5G 测试终端进行远程遥控和自动航行测试，解决传统海域测试存在的效率低、租船成本高和人员易晕船等难点，为打造 5G 海域精品网络提供精准数据支撑。

【首次 VoNR 商用验收测试完成】 2022 年，厦门移动完成福建省内首次集团 VoNR（5G 高清语音通话）商用验收测试，解决问题点 153 个，VoNR 语音丢包率由 0.36% 压降至 0.02%，城市网格道路测试各项关键指标全量达到集团挑战值，厦门成为全国首批具备 VoNR 商用网络基础条件的城市，为 VoNR 商用奠定基础。

【货车入厦码平台】 2022 年，厦门移动协助厦门市人民政府开发上线“货车入厦码”申请平台，依托中国移动 One City 平台，通过融合大数据、5G、AI（人工智能）、移动云等自主能力，打通“i 厦门”政务数据接口，实现车辆通行审批线上化，货车司机只需扫码填写相关信息，即可生成通行码，申报全流程只需 3 分钟，同时提供 24 小时云客服支持司机及运输企业咨询，提升各交通道路车辆通关效率。

【5G 尊享专网项目】 2022 年，厦门移动在厦门远海码头落地商用 5G 尊享专网，标志着 5G 智慧码头从试验、商用到规模化运用。该 5G 尊享专网满足港口无线通信全方位覆盖需求，实现 5G 无人驾驶集卡、5G+ 港机远控以及 5G+AI 智能理货、智能安防等功能，结合港口 8 大核心业务场景，为 5G 深度项目拓展提供专网落地模板。

【5G+ 智慧警务】 2022 年，厦门移动基于“5G 专网 + 执法终端”，前端设备自动采集街面信息，后端实时分析和预

警，赋能单人警力在会务安保、人员搜寻、疾病防控、边防巡逻等场景的精准判断、安全处置；与中国移动（成都）产业研究院联合打造“5G 联网无人机管理运营平台 +5G 机载通信终端 +5G 智能无人机库”的公安场景综合应用，提供航线规划、智能巡检、智能监管、自动充换电等功能，满足高危、高空场景执勤需求，实现“陆空一体”警力高效协同。

【福建省首个下沉 5G 专网客户 DNAAA 商用部署】 2022 年，厦门移动在国网厦门供电公司完成省内首个下沉 5G 专网客户 DNAAA（定制网接入认证系统）商用部署，实现分布式光伏、配电自动化、智能融合等终端安全接入内网，提供接入认证、授权管理、计费管理等管控能力，为后续二次鉴权 5G 专网项目提供经验。

【5G 智慧工厂】 2022 年，厦门联通与冠捷科技联手打造厦门厂区 5G 智慧工厂项目，联通提供 5G 混合专网服务，包括车间的独立无线室分系统，车间到用户机房的传输系统以及独立 UPF 核心网三个部分，实现生产数据不出园区，通过混合专网低时延特性协助车间内 AGV（自动导引车），实现自动化搬运的实时控制。

【“护天使 · 益起行”公益慰问活动】 2022 年，厦门联通联合厦门养老促进会举办“照护天使 · 益起行”公益慰问活动，为疫情防控期间坚守养老服务防控一线的从业人员送上爱心礼包，为入住在养老服务机构的长者献上“孝心包”，并将 2000 份“爱心雨伞”送到每一位养老服务人员手中。与全市 49 家养老机构以及区照料中心的负责人建立联系，结合公司推出的银发市场孝心卡，现场开展推荐活动，以活动范围随时查、诈骗电话一键拦、手机流量放心用为切入点，帮助实现老年群体上网无忧、父母用网没顾虑、父母吃药不担心，真正做到安全无忧、爱心无忧。

【福建省联通首个卫星通信项目】 2022 年，厦门联通中标厦门航空 B787 客舱互联网采购项目，是福建联通首个卫星通信项目。厦门联通开展通信服务试验，以技术及服务优势获得 10 架飞机的卫星通信服务，预计收入 937 万元，助力厦航打造“梦想客机”。

【U+ 智慧楼宇】 2022 年，厦门联通在海西 MCN 基地举办全省首场“U+ 智慧楼宇”品牌发布暨产品体验会，与海西 MCN 产业基地签订“U+ 智慧楼宇”合作签约协议，授牌产业基地为福建联通智慧楼宇合作伙伴，开启商务楼宇市场拓展新模式。

【5G+ 智慧教育】 2022 年，厦门联通签约厦门外国语学校、五缘实验小学等 7 所中小学“5G+ 智慧教育”项目。7 所院校是厦门市教育局确定的智慧教育平台建设与应用试点校，其中厦门外国语学校思明校区及海沧校区、厦门高崎小学等学校完成“5G+ 智慧课堂”项目启动和使用。9 月 27 日，厦门外国语学校校区联动，利用联通“5G+ 智慧课堂”完成全市生物公开课。

（市通信管理局）

公共数据管理和开发利用

【概　况】 2022 年，厦门市工信局指导 2022 数据资产（厦门）论坛举办，聚焦数据确权等关键话题，增强企业对数据资产确权和应用的发展意识，加快推动数据开发。会同市市场监督管理局围绕食品安全专题举办大数据安全开放创新应用大赛 · 食品安全专题赛事，营造数据开发应用的氛围，活动吸引 284 支队伍、323 名选手参赛报名，经评选有来自中国科学技术大学、武汉大学、山东山大鸥玛软件等 14 支队伍获奖。市公安局举办厦门市第二十八届职工技能竞赛 2022 年度大数据创新应用技能比赛，比赛分为警务应用创新、大数据建模能手比武、视频智能化比武 3 个赛道，吸引 163 名选手参赛。

【公共数据政策法规完善】 2022 年，厦门市工信局推动《厦门经济特区数据条例》立法，12 月 27 日通过市人大常委会审议表决，计划 2023 年 3 月 1 日施行，为福建省首个数据条例，实现厦门市数据领域立法“零的突破”；制定出台《厦门市 2022 年公共数据开放计划》，重点推进卫生健康、市场监管、交通运输、文化旅游、气象服务、教育科技等 6 个领域数据开放；制定出台《厦门市公共数据资源开放分类分级指南（试行）》，规范公共数据资源开放分级分类管理，提高政府公共数据资源精细化管理水平；制定出台《强化数据共享和政务服务平台建设　夯实“一网通办”支撑基础工作方案的通知》，深化数据治理，完善政务服务平台整合与建设。

【公共数据汇聚共享】 2022 年，厦门市工信局推动开展全市政务信息系统全面接入工作，推动信息系统“应登尽登”，全市有 179 个系统完成接入及汇聚工作。加强公用企业数据汇聚，汇聚厦门市政水务集团有限公司的“供水企业基础信息”“用水用户基本信息”等 5 个目录、75.2 万条数据；汇聚来自厦门华润燃气有限公司“厦门华润燃气企业基础信息”“厦门华润燃气企业人员信息”等 9 个燃气数据目录、17.7 万条数据。推动数据共享，会同市资规局召开资源规划专题数据供需对接会，完成市生态局、市应急局、市执法局、市公共安全办等部门 65 项数据需求对接。组织开展 2022 年度厦门市优秀共享案例评选工作，围绕智治、兴业、惠民等领域，评审出 15 个案例获评年度优秀共享案例，择优推荐 5 个案例参评福建省优秀案例评选。截至 12 月底，厦门市信息共享协同平台汇聚人口、法人等基础数据，及各区各部门的业务数据 51.5 亿条，提供各类共享服务接口 1896 个，调用共享服务 19.6 亿次，支撑城市大脑、免申即享、i 教育等上百个业务系统的协同应用。其中“数看厦门”上线“13+1”个专题，实现 75 个主题 507 个主要业务指标指尖查阅。丰富基础数据库，人口库新增家庭信息、残疾人信息、境外人员信息等 5 个维度，有人口信息维度 17 个；法人库新增投资人信息、企业变更信息 2 个维度，有法人信息维度 7 个；自然资源和空间地理库新增思明区三维建筑精模、湖里区三维建筑精模、厦门市三维建筑白模等相关三维数据图层，有 89 个数据图层；信用库新增行政强制、行政奖励等 5 类行政管理信息。厦门市政务信息共享协同平台的“政务数据互联互通共享无障碍城市”案例，凭借在数字政府领域展现出的创新实践，获评中国信息协会“2022数字政府创新成果与实践案例”。

【公共数据开发利用】 2022年，厦门市工信局编制全市市直部门及各区开放目录清单，对开放数据存在的更新不及时、目录无数据问题开展整改，持续推动开放目录更新，梳理并发布涵盖24个主题领域、20个行业分类的公共信息资源目录。全年，厦门市大数据安全开放平台汇聚并发布40个部门的公共信息资源998个，开放数据总量2.25亿条，比上年增长200%，支撑普惠金融、信易贷、商业选址等52个应用场景。以开放平台为载体、数据为引，通过开展场景遴选、创新大赛等形式的活动，构建多方联动协调发展的数据开放生态体系，平台上线至今，来自北京、上海、深圳及厦门本地的高校、企事业单位、科研机构等140家单位加入生态圈。

（市工信局）

软件信息服务业

【概　况】 2022年，厦门市软件业收入1512亿元（工业和信息化部口径），比上年增长10.4%；规模以上软件业实现营收528亿元（统计口径），增长17.8%。厦门是工业和信息化部授牌的14个“中国软件名城”之一，软件业发展水平全国领先，在互联网、动漫游戏、智慧城市行业应用等细分领域具较强竞争优势；在省内，厦门和福州并列软件业“两强”，两个城市特色差异化发展。厦门3家企业入选中国互联网百强（全省5家）；34家企业入围福建省互联网企业综合实力50强；118家企业入围福建省数字经济核心产业创新企业名录，占全省比重37%。互联网代表企业：三快在线、她趣、不二城、美柚、美图、飞博共创等，动漫游戏代表企业：吉比特、四三九九、点触科技、泡游网络、飞鱼科技、极致互动等，行业应用软件代表企业：亿联网络、易联众、智业软件、科拓、路桥信息、至恒融兴、纳龙、熙重、威尔信息等，大数据代表企业：美亚柏科、国网信通、众联世纪、立马耀等，人工智能代表企业：瑞为、云知芯、快商通、熵基科技、渊亭信息等。

【特色领域优势】 2022年，厦门市在互联网、游戏、行业应用软件等细分领域培育出一批领军企业，研发创新能力强，用户规模及影响力排名全国前列。全年，大数据、人工智能、元宇宙等新兴数字产业加快发展，涌现出立马耀、瑞为信息、黑镜科技等新企业，落地咪咕元宇宙总部、新华三等新项目。

【产业聚集效应】 2022年，厦门市依托厦门软件园（一、二、三期）等主要产业园区推进软件业建设厦门软件园是核心载体，在册企业数超1万家，营收占全市软件业2/3，获工业和信息化部评价发展质量总体水平“五星级”，获国家广电总局批复建设中国智能视听产业基地，获商务部批复建设国家数字服务出口基地。

【软件业要素保障】 2022年，厦门市加大软件业财政资金扶持，市、区两级软件相关政策年度预算规模3亿元；加大政府基金引导，厦门市产业引导基金参股子基金超70只，基金总规模超1000亿元，重点投向软件等新一代信息技术领域；出台新引进人才补贴、“五年五折租房”、软件人才生活补贴等人才政策，加快推进软件业人才培养，厦门大学入选国家示范性软件学院。

【软件产业生态】 2022年，厦门市拥有厦门市软件行业协会、厦门市动漫游戏协会、厦门市人工智能行业协会、厦门元宇宙产业联盟、厦门游戏产业联盟等行业组织，公共服务水平持续提升。举办中国互联网企业综合实力指数发布会、中国动漫产业年会、中国人工智能大赛、厦门国际动漫节等品牌活动，营造产业氛围。

【中国互联网企业综合实力指数发布会】 2022年11月2日，中国互联网协会和厦门市人民政府联合主办的中国互联网企业综合实力指数（2022）发布会暨百家企业高峰论坛在厦门集美湖豪生酒店举行。会议发布《中国互联网企业综合实力指数报告（2022）》，公布2022年中国互联网企业综合实力前百家企业、成长型前二十家企业和数据安全服务前十家企业名单。中国互联网协会理事长尚冰、工业和信息化部信息通信管理局一级巡视员钟志红发表视频致辞，厦门市政府市委常委、副市长黄晓舟出席会议并致辞。农信集团、蚂蚁集团、奇安信、新华网、人民网等百余家互联网企业及媒体参加会议。

【元宇宙创新发展论坛】 2022年11月2日，由中国互联网协会和厦门市人民政府联合主办的元宇宙创新发展论坛在厦

2022年11月2日，元宇宙创新发展论坛在厦门集美湖豪生大酒店举行

（市工信局　供图）

门集美湖豪生大酒店举行。会议由中国互联网协会副秘书长宋茂恩主持，市工信局副局长、大数据局局长许文恭出席会议并致辞，元宇宙与碳中和研究院常务副院长邢杰、工业元宇宙解决方案专家李铁军作主旨演讲，商汤、趣丸、黑镜等互联网公司相关负责人作主题分享。

（市工信局）

智慧城市建设

【概　况】 2022 年，厦门市工信局立项 17 批次、涉 35 个部门的政务信息化项目 77 个，预算总投资 6.72 亿元。推动财政、民政、市场监管、资源规划一体化平台基本建成，实现部门内系统及数据互联互通，数字工信、数字商务、智慧园林等项目按照“一部门一系统”模式加速推进。市行政审批管理局推进“厦门一体化政务服务平台项目”的建设，该项目由政务服务应用门户、政务服务管理平台、相关系统对接服务、业务系统深度对接、政务服务能力评估咨询服务 5 部分构成，联通市、区两级政务服务业务系统，实现全市政务服务四级全畅通，形成办事导引智能化、审批模式特色化、评估监管科学化、主动服务精准化融合一体的政务服务体系。市自然资源和规划局持续推进“厦门市‘多规合一’业务协同平台”提升改造，对现有“多规合一”业务协同平台进行优化重构，提升智能化应用服务能力，推动“多规合一”业务协同平台等相关业务系统互联互通和数据共享，支撑全市跨部门业务协同和精细化治理，申请对“多规合一”业务协同平台进行提升改造。

【“智慧政法”建设】 2022 年，厦门市工信局根据“十四五”规划要求，推动“智慧政法”建设，拓展社会治理智能化建设应用，以智慧政法建设为牵引，协同推进智慧警务、智慧检务、智慧法院、智慧司法、智慧信访建设，不断提升社会治理科学化、智能化、智慧化水平。《厦门市“智慧政法”建设总体方案》明确推进政法跨部门智能协同、社会治理智能协同、智慧法院、智慧检务、智慧警务、智慧司法、智慧国安等重点项目建设应用。

【城市大脑建设】 2022 年，厦门市工信局在《厦门市“十四五”数字厦门专项建设规划》的基础上，出台《2022 年数字厦门工作要点》《厦门市加快城市大脑建设促进政府数字化改革行动方案（2022—2025 年）》等文件，提出加强基层智慧治理能力的具体措施和路径，指导基层智慧治理。厦门市自 2021 年启动城市大脑建设，城市大脑 1.0 版本各项工作取得阶段性进展。大脑中枢平台初步建成，数据中台和业务中台部署上线运行。其中，数据中台具备数据接入、治理、建模和数据服务能力，接入 11 个部门、247 个服务接口，支撑“图看厦门”“数看厦门”和“免申即享”等应用系统；业务中台通过建设城市大脑 1.0 门户，为各应用提供统一入口和管理服务。

【市域智慧治理】 2022 年，厦门市工信局完成“厦门市域治理一网统管项目（一期）”建设。该项目基于城市大脑总体框架，建设具有厦门特色的市域治理“一网统管”，包括“1”个一网统管数字底座（感知中台、AI 中台以及数据资源库）、“2”级城市治理平台（市区 2 级事件协同、联动指挥）、“N”个重点应用场景（公共安全、疫情防控、文明创建、交通治理、消防救援等市域治理热点难点问题）。市自然资源和规划局持续推进“城市信息模型（CIM）基础平台”的建设，平台汇聚“BIM+GIS+IOT”（建筑信息模型、地理信息系统、物联网）等多源异构数据，全面展示二维三维、地上地下、室内室外等空间数据，形成一个可感知的全域数据资源底库；通过制定一套数据共享和数据发布的机制，为全市各部门提供数据分类共享服务；后台基于微服务架构，提供空间分析、算法模型管理、地址匹配引擎等 GIS（地理信息系统）底层支撑能力，并封装成 API（应用程序编程接口）给其他部门调用，融合机器学习、深度学习、大数据挖掘分析引擎等技术，把解决城市问题的各类算法汇总到 CIM 平台上，构建人口、土地、商业、交通、公服、产业等七个大类 100 多种算法模型库。市行政执法局加快推进城市运行管理服务平台建设，聚焦文明城市创建，实现创城问题全流程流转处置．市委政法委提升“网格通”统一服务支撑能力，助力打造“智慧思明”“数字湖里网格通”“海沧网格 e 通”等区级平台，构筑市区两级网格信息融合治理体系。市公安局等部门深化雪亮视频数据应用，开发行为识别模型，实现占道经营、电动自行车违法等行为自动识别监测。市消防救援支队打造“消防要素一张图”，接处警系统纵向 5 级贯通，实现救援力量“一网调度”。

【惠企便民服务场景建设】 2022 年，厦门市“免申即享”政策平台上线政策 117 项，完成兑现 70 项，4136 家企业通过平台获惠企资金超 8.3 亿元；“数字身份”支持在市行政服务中心、e 政务自助终端、i 厦门、支付宝小程序等线上、线下服务场景开放使用；“数看厦门”一期完成建设并上线“13+1”个专题场景；“图看厦门”完成领导驾驶舱、疫情防控一张图、农村发展一张图 3 个专题部署上线。

（市工信局）

无线电管理

【概　况】 2022 年，厦门市无线电管理局受理行政许可 134 件，其中频率申请 36 件，指配 13 组双工频率、10 个单工频点，台站申请 124 件，为 5.06 万个电台发放电台执照。组织研判 14 个国际卫星地球站协调意见。组织开展业余无线电爱好者操作能力验证考试 3 次，83 人次参与，为其中 64 个通过考试的爱好者发放业余无线电台操作资格证。审核通过 39 批次、2150 个无线电发射设备销售备案申请及 14 家单位经营主体备案申请。完成 118 家单位频率占用费计费征收，均在缴费期限内完成收缴。受理干扰投诉 28 起，均在法定时限内办结并回复，其中来自“12345”平台的投诉及时查阅（接收）率、按时办结率、群众满意率均为 100%。无线电监测时数超 11 万小时，涉及专项监测任务，航空、铁路、水上无线电专用频率测试，边境电磁环境测试，重要活动无线电保障等。

【无线电管理“放管服”改革】 2022年，厦门市无线电管理局深化“放管服”改革，为方便设台单位办理业务，将台站、频率注销事项办理期限分别由9个工作日、6个工作日变更为即办件，当天办结，频率、台站可一并注销。启用公众移动基站在线监管平台，通过同上一次数据比对，自动生成新增、变更、注销3种待办理事项，只需提交电子申请材料即可实现在线申请，方便运营商快速、准确地梳理出所要办理事项，全年向四大运营商核发4万余份基站电子执照。启用业余无线电操作技术能力验证及信息管理系统与智谱App，方便业余无线电爱好者报名参与业余无线电操作资格证考试。开辟独立的无线电政务服务窗口，推进场地规范化建设，完善政务服务工作，方便群众办事审批，提升群众对无线电政务服务工作的满意度。推行“不见面审批”，通过短信向411个设台单位经办人和业余无线电爱好者宣传“邮寄办”，方便群众办事，为42位业余爱好者提供即来即办服务。

【非法设置使用无线电发射设备执法监管】 2022年，厦门市无线电管理局排查无线电干扰源和不明信号28起，均完成干扰排除；查找“黑广播”1起，因发射源在漳州，根据管辖权转漳州市无线电管理局处理；处理行政处罚案件5起，根据违法情况，对其中3起案件涉案人员作出责令改正、没收违法设备的处罚，对其余2起案件涉案人员采取扣押设备的行政强制措施并没收违法所得。

【无线电管理宣传】 2022年，厦门市无线电管理局联合民航厦门监管局、市公安局、三大运营商分2次向公众发放公益短信超1800万条，宣传擅自安装使用手机信号放大器、干扰器、GPS（全球定位系统）等无线电频率干扰器需要承担的法律后果及宣传严禁无线电设备作弊，倡导诚信高考；联合厦门空管站、厦门海事局、三大运营商、厦门轨道集团、中航油厦门公司等单位，在微信公众号开展“厦门市无线电管理普法宣传知识问答”活动，利用三大运营商、轨道集团等公司户外、营业厅LED屏轮播无线电管理宣传口号。

【无线电技术基础设施建设】 2022年，厦门市无线电管理局推进无线电基础设施项目建设，完成12个无线电基础设施建设项目最终验收。其中，“厦门广通大厦站升级一类固定站”项目为厦门火车站核心片区提供高质量的监测保障能力；“基于反射线追踪技术的高精度定位系统”项目在厦门新体育中心白鹭体育场建立有效的无线电监测与干扰定位能力，确保赛事无线电安全；完成“厦门市重点区域无线电防护系统”项目建设，为厦门新体育中心凤凰体育馆建立有效的无线电监测与干扰定位能力，满足厦门市新体育中心承办各类体育赛事对核心区域无线电监测管控能力的新要求；完成“专网无线通信管控平台”项目建设，提升数字对讲机、数传等专网无线电通信的监管能力。

【重要考试无线电保障】 2022年，厦门市无线电管理局制定考试保障工作方案，组织开展净化考点周边电磁环境专项整治，保障考场周边无线电安全。在高考前，市无线电管理局联合市公安局、市市场监管局开展厦门市无线电设备销售市场专项检查，实地检查商户40余家，发放无线电管理宣传手册和无线电发射设备销售备案登记指南70余份，将线上摸排与线下检查结合，为2022年高考无线电安全奠定基础。全年完成高考、中考、法律资格、公务员考试、研究生考试等26场考试防范无线电手段作弊监测保障，维护考试公平公正。

【重大活动无线电保障】 2022年，厦门市无线电管理局完成第22届中国国际投资贸易洽谈会、第35届金鸡奖、2022建发厦门马拉松赛暨全国马拉松锦标赛、“两会”等8场重大活动、重点时段无线电安全保障任务。其中，第35届中国电影金鸡奖保障期间，市无线电管理局排除无人机反制设备干扰无人机航拍摄像、广电卫星转播出现大面积马赛克干扰问题，保障金鸡奖直播正常进行。在2022建发厦门马拉松赛赛前监测中，发现广电拟使用的微波频段在鹭江道段出现偶发窄带信号，建议广电启用备用频点保障赛事的正常转播，顺利完成活动的无线电安全保障。

【航空飞行安全专项保障行动】 2022年2月22日，为落实厦门市保障航空飞行安全协调机制，厦门市无线电管理局牵头，联合市反恐办、民航厦门监管局等6部门到海沧区开展调研，了解重点单位设置使用无线电设备及航空干扰情况。2月24日，保障航空飞行安全专项行动专题会议在市无线电管理局召开，会议评估相关重点单位使用相关无线电设备对民航、海事等部门所产生的影响，认为厦门市海沧区域内不适宜设置使用相关无线电设备，要求相关重点单位制定相关设备管理办法，确保不对民航、海事等部门无线电用频造成干扰。

【无线电管理“双随机”抽查】 2022年9—11月，厦门市无线电管理局开展无线电管理“双随机”抽查工作，出动执法人员60人次、执法车辆13台次，抽取检查单位及业余电台15家，检测电信和联通通信基站24台、其他台站13台。经检查检测，15家被查单位和业余电台不存在违反无线电管理法律法规的行为，行政监督检查结果合格。

（市无线电管理局）

责任编辑：明安文
审　　稿：曲　艺
校　　对：熊焱峰

28 城市建设

城市规划设计

【概　况】 2022年，厦门市自然资源和规划局（简称市资源规划局）推进市级国土空间总体规划按程序上报福建省政府和自然资源部。组织开展国土空间近期实施规划和分区规划编制，2类规划均形成初步成果。完成25个总规配套专项规划的编制工作，其中23个完成报批，文化、教育、体育、医疗、养老5个专项规划纳入国土空间规划"一张图"系统。推进国土空间规划实施传导体系，通过空间规划引导项目实施能力提升，项目策划生成匹配度接近80%。探索建立"社区规划师"制度，助力提升社区规划建设水平和空间品质。完善城市设计管控体系，策划城市公共空间建设项目，推进鹭江道滨水城市阳台、环岛慢行道、厦门古城墙遗址公园等项目前期策划，编制《本岛城市第五立面景观提升导则》，打造高品质城市公共空间。推进国家历史文化名城申报，完成住建部和国家文物局现场评估迎检工作，牵头制定《厦门经济特区历史风貌保护条例实施规定》，完成3个批次、50处历史风貌建筑测绘建档及保护图则编制。

【"三区三线"划定】 2022年，厦门市资源规划局按照《全国"三区三线"划定规则》（"三区"是指城镇空间、农业空间、生态空间3种类型的国土空间，"三线"指的是根据生态空间、农业空间、城镇空间划定的生态保护红线，永久基本农田和城镇开发边界3条控制线），调整厦门市耕地和永久基本农田保护目标、生态保护红线、城镇开发边界。争取福建省政府和自然资源厅支持，协商南平、三明市异地代保永久基本农田合计17.87平方千米，为不符合占用永久基本农田政策的规划市政道路等基础设施、邻避设施、农村居民点等预留用地，将同安军营抽水蓄能电站等重大项目调出生态保护红线，为厦门市未来发展争取空间。全市划定永久基本农田82.93平方千米（市域内）、生态保护红线287.97平方千米、城镇开发边界589.67平方千米。10月中旬，"三区三线"划定成果通过自然资源部审核并启用，作为用地、用海报批的依据。

【国土空间总体规划落实】 2022年，厦门市资源规划局根据自然资源部《关于进一步加强国土空间规划编制和实施管理的通知》要求，在"三区三线"基础上完善市级国土空间总体规划成果，11月18日通过专家评审，11月20日上报福建省政府和自然资源部预审查，并按照自然资源部国土空间规划局最新要求进一步修改完善。组织开展全市6个区的国土空间分区规划编制工作，作为各区开发保护建设活动的基本依据。

【专项规划开展】 2022年，厦门市资源规划局推动专项规划编制，组织开展《厦门市城市更新专项规划及成片改造和开发》《厦门市城市轨道交通线网规划（2021—2035年）》《基于国土空间体系的厦门市城市交通发展战略规划》等专项规划，并通过市城市规划委员会审议，配合推动绿地系统、综合防灾、消防救援、供水大水网系统等专项规划，推动绿地专项规划与国土空间总体规划的衔接。开展《厦门市村庄空间管控规划（2021—2035年）》修编、《厦门市综合交通规划（2021—2035年）》制定工作。

【详细规划编制】 2022年，厦门市资源规划局探索具有厦门特色的详细规划体系构建，构建"全域全要素覆盖、全生命周期、全时空传导"详细规划架构。将详细规划延伸至岛外各片区，通过城镇开发边界内的控制性详细规划及开发边界外的乡村单元规划、村庄规划，落实岛内外"一盘棋"的规划理念。开展《厦门市海域规划编制研究》《厦门市国土空间详细规划编制单元划分研究》等研究，提出"以基础先行、试点跟进及全面开展三个阶段推进'厦门特色'国土空间详细规划体系的构建"的工作思路，建立详细规划城镇单元、乡村单元和海域单元。

全年，市资源规划局编制《12—10编制单元控制性详细规划（西湖）》等13个规划，城镇开发边界内完整控规覆盖率70%，城镇开发边界外详细规划覆盖率80%。开展《厦门市控制性详细规划编制导则》制定工作，优化完善控规编制中要素管控、土地整治、城市设计、生态修复等内容要求。

市资源规划局在城镇开发边界外92个村庄全部获批的基础上，探索村庄规划管理，编制《厦门市加快推进农村高颜值五年专项规划》和《厦门市村庄规划管理指导意见》，开展驻村规划师试点工作，引导和规范村庄建设发展。开展《厦门市村庄空间管控规划（2021—2035年）》修编工作，调整禁建、限建、适建区并提出城中村治理建议。牵头各区编制《厦门市城中村更新改造三年行动规划及年度实施计划》。探索驻镇村规划师制度，年初牵头开展4个试点，陆续出台《厦门市开展驻镇村规划师试点的工作方案》《厦门市驻镇村规划师管理指导意见（试行）》等政策文件；4月举行首批7名驻镇村规划师聘任仪式。

【国土规划实施传导】 2022年，厦门市资源规划局推进国土空间规划实施传导体系，开展《厦门市国土空间规划三年行动计划（2022—2024年）及年度实施规划（2022年）》编制工作。策划2022—2024年实施项目2502项、81.3平方千米；2022年，全市供地项目900宗，用地面积20平方千米，纳入2022年策划项目520宗，用地面积5.02平方千米，总体生成率57.8%。策划2023—2025年实施项目2788项、90.40平方千米，3年总体用地规模为年度计划供地规模指标的2倍以上，其中85%以上策划项目用地布局岛外，98%的商住及商服类项目在轨道线周边800米服务半径范围内，91%的新策划项目位于现状建成区周边1000米范围内。

【城市设计体系】 2022年，厦门市资源规划局建立完善城市设计管控体系和相关技术标准。编制完成《厦门市开发强度分区专项规划》，优化城市空间结构和布局形态；编制完成《厦门市眺望系统规划》，利用数字模型系统，提出眺望视廊内建筑体量、天际线和第五立面等管控要素的引导策略。制定《厦门市本岛城市第五立面景观提升规划》《厦门市建筑设计导则》《厦门市城市设计标准与准则（2022年版）》《厦门市村庄建筑风貌管控导则》等城市设计技术标准，提出全市不同风貌特色的管控要求和措施。探索城市设计数据化管理，初步搭建完成二三维一体化的城市设计前段引导平台，提供直观、全面的城市空间形态管控信息和数据，指导城市设计成果的应用、提高城市设计的管控效率，辅助国土空间规划编制及城市建设管理。

【历史风貌保护】 2022年，厦门市资源规划局推进国家历史文化名城申报，完成《厦门市历史文化名城保护规划》《中山路历史文化街区保护规划》上报工作，待福建省政府批复。做好国家历史文化名城申报评估阶段的前期准备，完成住建部及国家文物局赴厦门市进行名城申报评估的迎检工作。组织召开厦门市历史风貌保护专家委员会会议，认定16处历史风貌建筑、5处传统风貌建筑；召开2次鼓浪屿历史风貌建筑评审委员会会议，审议6处历史风貌建筑保护方案及3处历史风貌建筑修缮设计方案；指导开展18个片区50年以上历史建筑的排查甄别工作，组织完成厦门市3个批次、50处历史风貌建筑测绘建档及保护图则编制；牵头制定《厦门经济特区历史风貌保护条例实施规定》，落实历史风貌保护的具体措施与管理权责。

（市自然规划局）

新城建设

【概　况】 2022年，厦门市11个新城配套项目完成投资438.4亿元，完成年度计划的152.9%。岛内城市有机更新加速推进，湖里东部、湖滨一到四里、何厝岭兜、泥窟石村等重点片区旧城旧村改造有序推进。加快集美新城、同安新城推进中交白鹭西塔、软件园三期、滨海旅游浪漫线、文体公建群、市青少年足球训练中心等岛外新城片区建设，完善公共服务和商业配套。马銮湾新城、同翔高新城加快北部智慧科技产业园、厦门时代等建设。翔安新城、机场片区完善片区规划，加快新会展中心、新体育中心、新机场主体工程等核心项目建设。

（市建设局）

【厦门新机场片区建设】 2022年，厦门市机场片区规划面积53.11平方千米，海岸线长38千米，以厦门新机场为核心，涵盖大嶝、莲河、蔡厝3个组团，致力于构建具有明显优势和特色的临空产业体系，打造现代化国际交通枢纽、航空产业中心、宜居宜业宜游的航空新城。

2022年，机场片区指挥部统筹片区各参建单位力量，聚焦规划设计和课题研究，完善"三大智囊平台"（规划设计统筹、目标工期管控、特殊工艺技术咨询），实现引智引技；坚持转段衔接、要素保障、进度管控、质量安全"四维发力"抓好项目建设；健全"五方协同"机制破解瓶颈制约；构筑安保立体防控体系升级"平安工地"；推行"1+7+N"（"1"条主线、建立"7"项机制、对"N"方面问题进行重点整治）跟踪督办机制，确保任务落实。开工建设厦门太古翔安新机场维修基地等项目。推动阳塘安居小区等项目竣工，填海造地陆域基本形成，新增具备通车条件道路13.4千米。推动晋江机场功能转移。海洋生态保护修复工作全面实施，储砂坑用海图斑等疑难问题得到破解。

【马銮湾新城建设】 2022年，厦门市马銮湾新城片区规划面积45平方千米。拟建设为生态文明先行示范区的典范、智慧型现代生命科学产业聚集地、中欧班列海铁联运的核心枢纽，打造成具有独特优势的宜居宜业新城和"环厦门湾两高两化新极点"。

2022年，完成批复6个控规编制单元。"两环七横七纵"骨干路网基本成形，中心岛东孚东路、灌新路、内湾大桥、南湾路全线贯通。生态三岛（"市花岛""市树岛""市鸟岛"）完成建设，6个景观公园、2个湿地和1个雨洪生态补水项目全面推进。佳美安置房、鼎美中学、马銮西小学、庚西幼儿园建成投用，马銮湾医院主体工程完成验收。东南智慧供应链产业园北区完工试运营，德邦快递产业园进入收尾验收阶段。西滨社整村征收项目收官，陈井、鼎美、后柯、芸美、水头等整村拆迁基本完成。

【同安新城建设】 2022年，厦门市同安新城片区规划土地面积35.1平方千米、海域面积90平方千米。拟建设成产城融合、绿色生态的两高两化典范新区、创新创业的科学之城、宜居宜业的浪漫湾区。

2022年，同安新城片区指挥部落实省、市重点项目，推进各项配套建设。基本建成全域交通体系，西柯枢纽周边道路市政配套提升改造工程、龙西路拓宽改造工程、后吴至中洲岛步行桥工程等配套建设完成。完善优质民生配套，市教科院附属中小学校项目开工，泰康之家·鹭园、厦门市环东海域医院竣工投用。集中资源推动重点招商，推动厦门数字工业中心、轨道6号线洪塘头TOD（公共交通为导向的城市发展）、灿星未来音乐城项目等重点招商项目取得实质性进展。

【翔安新城建设】 2022年，厦门市翔安新城片区规划面积79.97平方千米。翔安新城推进“人城产”深度融合发展，高标准建设宜居宜业、生态富民的滨海活力新城。

2022年，翔安新城片区指挥部加大项目策划储备，对基础设施、产业、生态等内容进行全面梳理，研究开展专项规划编制工作，推动计划项目动工建设。新体育中心和新会展中心建设全面提速。基础设施及公共配套项目有序建设。破解征拆瓶颈，加快、加大交地力度，为后续开发建设提供用地要素保障。探索创新开发模式，推动北京市十一学校等项目落地，实现商住用地有序出让，加速新城人气商气集聚。

【两岸区域性金融中心片区建设】 2022年，厦门市两岸区域性金融中心片区规划面积22.8平方千米，以金融服务、企业总部管理及高端商务办公为主要城市功能，计划建设成为金融产业集聚区、高端商务办公区和岛内东部新城区“三区叠加”的厦门“金融会客厅”。

2022年，两岸金融中心指挥部以推进“人城产”融合为目标导向，加快推动民生保障设施建设，推动旗山雅苑、国家区域医疗中心建设二期等项目开工，金林湾花园B区、岭兜小学等项目竣工，新增策划五通三期安置房、湖里消防救援指挥中心等项目，高新人才子女学校、高林金林发展中心、高林体育公园等项目建成投用。面向金融人才和台湾青年打造的配套设施“金圆·金融公寓”和厦航总部投用。

【同翔高新城建设】 2022年，厦门市同翔高新城片区规划面积47.6平方千米，由同安、翔安片区组成，定位为以高新技术产业为引领、现代服务业为促进、宜居宜业宜游相辅相成的现代化产业新城。

2022年，同翔高新城指挥部推动新城建设全面铺开，同安片区形成“三横三纵”，翔安片区形成“四横一纵”的骨干路网，产业项目投产所需的水、电、热气供给基本满足需求。厦门六中高中部、市头中学、龙秋公寓、白石山公园等项目陆续竣工投用，新厝小学、火炬高新实验学校、龙泉公寓、厦门天文馆等项目加速建设，火炬人才商品房、同翔高新城洪塘TOD、同翔高新城同安片区绿道一期工程、苏厝溪流域整治及绿化工程等项目启动建设，平板显示、新能源等片区主导产业项目试投产或量产。产业招商项目快速推动，平板显示领域新落地天马8.6代新型显示技术生产基地以及天马新型显示技术研究院、平板显示配套产业园等项目，新能源领域相继新落地厦门时代锂离子电池生产基地、海辰储能二期和中创新航三期、恩捷隔膜、中科华联等产业链龙头及关键配套项目，中创新航率先实现工业产值突破百亿元（151亿元），成为片区第一家、全市第13家百亿级规模以上工业企业。

【集美新城建设】 2022年，厦门市集美新城片区规划面积77.7平方千米，计划打造成集商务商贸、文化旅游、文教居住、研发办公等为一体，人居环境优美、产业业态高端、文化品位高尚、创业条件优越、功能配套完善、具有滨水特色的环湾生态型人文新城。

2022年，集美新城完善基础设施配套，软件园三期片区综合管廊、杏锦路跨高速段基本完工，厦门二中集美校区、市青少年足球训练中心、市妇幼保健院集美院区进行装修施工，四川大学华西厦门医院试运营，闽南戏曲艺术中心揭牌投用。诚毅国际商务中心新增入驻优客工场等企业，安仁产业园落成，杏林湾基金聚集区基金管理规模1600亿元、跻身全国县区级前三强，11宗地块挂牌出让，海西名车MALL开业运营，集美新城核心区入选为第二批国家级夜间文化和旅游消费集聚区。推进征拆工作，基本完成学院路北延伸段二期、集美中学新校区、北站5个整村拆迁等7个项目征拆任务，加快推进后浦社片区开发，芦澳路、锦园溪排洪渠等项目的用地置换。

（市发改委）

重点项目建设

【概　况】 2022年，厦门市安排重点在建项目470个，年度计划投资1533.5亿元。全年开工项目81个，竣工项目63个，实际完成投资2445.8亿元，超额完成912.3亿元，完成年度计划的159.5%，市重点项目投资完成额连续2年突破2000亿元。市建设局采取设立项目服务专班、主动梳理提请协调跨部门的问题等服务举措，推进厦门国际健康驿站项目，宝太生物POCT（即时检验）产业园项目，厦门SM商业城三期、四期等重点项目建设。年内，厦门市开展城市建设品质提升工作，开展项目649个，年度计划投资666.5亿元，累计完成投资784.7亿元，完成年度计划的117.7%，连续2年年度考核位居福建省前三；推进街区立面整治、夜景照明提升等工作，推进停车设施建设，全年新增公共停车泊位10681个；开展无障碍设施排查，完成111个无障碍设施改造项目；开展城市体检工作。

【产业项目建设】 2022年，厦门市142个产业项目完成投资574.5亿元，完成年度计划的135.0%。宝太生物POCT产业园、厦门航空产业启动区、艾翔迪科技园等20个项目开工。天马第六代AMOLED（有源矩阵有机发光二极体或主动矩阵有机发光二极体）生产线、电气硝子四期、华联翔安工业园等20个项目竣工投产。新能安锂离子电池生产基地（一期）、当盛新材料、字节跳动总部大楼、茂晶光电、银城智谷、新经济产业园等项目加速推进。

【社会事业项目建设】 2022年，厦门市161个社会事业项目完成投资532.5亿元，完成年度计划的187.6%。复旦大学附属中山医院厦门科研教学楼等38

个项目开工。翔安区第二实验小学黎安校区等 29 个项目竣工。希平双语学校、厦门高新学校 9 月按期开学。华西厦门医院 4 号、5 号楼试运营，国际健康驿站一期建成投用。洋塘居住区三期保障性安居工程全部完成竣工备案。马銮湾医院、环东海域医院、厦门实验中学新校区、珩边居住区保障性安居工程等项目加快建设。

【城乡基础设施项目建设】 2022 年，厦门市 156 个城乡基础设施项目完成投资 900.4 亿元，完成年度计划 167.6%。同安进出岛通道同安端先导工程（同集路—滨海西大道段）、新 324 国道（翔安段）提升改造工程等 23 个项目开工。大嶝南缘原预留围场河区域造地工程等 14 个项目竣工。轨道 3 号线南延段、6 号线集同段等项目全面动工建设。海沧疏港通道全线通车，福厦高铁厦门段、翔安大桥预计 2023 年可建成通车。石兜、莲花、汀溪水库水源连通工程（石兜水库至西山水厂段）具备通水条件。

【老旧小区改造】 2022 年，厦门市累计完成 289 个老旧小区改造，涉及居民 49690 户，完成投资 5.9 亿元。思明区结合老旧小区改造推动绿色社区建设，瑞景社区绿色样板项目被评为福建省绿色社区典型样板工程。湖里区创新采用 EPC+O（设计、采购等为一体的总承包框架）方式引入社会资本参与东渡片区老旧小区改造。

【城市建设品质提升】 2022 年，厦门市印发《2022 年厦门市城乡建设品质提升实施方案》，围绕城市更新、新区拓展、生态连绵、交通通达、安全韧性五大工程 26 项细分类型项目，推动实施城市建设品质提升项目建设，申报省级项目 649 个，总投资 4854 亿元，年度计划投资 666.5 亿元，2022 年完成投资 784.7 亿元，占年度计划投资的 117.7%，投资完成进度位列福建省第二，全省城乡建设品质提升年度考核位居福建省第三。打造新区组团建设、城市更新等 10 类样板项目，创建省级样板建设项目 10 个（城市类 7 个，农村类 3 个），年度计划投资 12.32 亿元，完成投 17.78 亿元，占年度计划投资的 144.3%。其中，绿色社区建设样板、水环境综合整治、农村生活污水治理 3 个项目在全省样板项目考核中进入前三。厦门市获评 2022 年度城乡建设品质提升综合绩效优异的设区市，3 个项目获评省级典型样板项目。

【街区立面综合整治】 2022 年，厦门市立面整治工作重点转成小微工程改造及后续维护管理。市建设局配合各区政府、执法局等部门开展日常检查、后续维护等工作。同时结合文明城市创建工作，要求各区建设局加强街区立面景观巡查和维护管理。通过各区建设局对建筑外立面摸底排除工作，发现 133 处建筑外立面破损污损问题，全年完成 113 处整改。

【夜景照明品质提升】 2022 年，厦门市建设局以提升夜景照明集控平台功能品质为重点，实现市夜景集控平台升级扩容，平台的功能得到提升和完善，市、区两级平台联动联控，全市夜景照明亮灯控制实行“一把闸刀”。探索社会资本参与夜景建设机制，协调推动绿发大厦夜景提升改造。强化夜景照明设施运行维护监管，做好元旦、春节、第二十二届投洽会、海峡论坛及中国共产党第二十次全国代表大会、金鸡百花电影节等重要节日、重大活动期间的亮灯保障。

【公共停车设施建设管理】 2022 年，厦门市推动公共停车设施建设，通过月跟踪、季督查、年考核，推进市、区两级公共停车设施建设项目“完工一批、续建一批、开工一批”，全年实际新增路外公共停车泊位 10681 个，超额完成福建省城乡建设品质提升“新增 3000 个路外公共停车泊位”计划目标，自 2016 年累计新增 6.77 万个公共停车泊位。开展城区公共空间经营性停车场专项整治，规范经营行为。组织公共停车信息联网，截至 2022 年底，有 180 个停车场实现实时信息联网。

【无障碍设施品质提升】 2022 年，厦门市建设局牵头组织开展厦门市无障碍设施品质提升工作，印发《2022 年厦门市无障碍设施品质提升工作方案》。完成 33 个无障碍省为民办实事项目及 78 个无障碍普通项目改造。

【城市体检工作】 2022 年，厦门市入选城市体检全国样本城市（共 59 个），该项工作职能由市自然资源和规划局划转至市建设局。市建设局完成 2022 年城市体检工作，从生态宜居、健康舒适、安全韧性、交通便捷、风貌特色、整洁有序、多元包容、创新活力 8 个维度，“69+9”项指标体系，收集到 24 个职能部门及各区、街道、社区等超 200 项数据，辅助采集 7527 份居民对城市建设发展满意度调查有效问卷，平均得分 81.25 分，居民整体满意度较高。通过大数据及专业机构分析，评估发展优势和弱项短板，从优化城市布局、完善城市功能、提升城市品质等 6 个方面，制定 61 类、115 项提升改造措施，形成《2022 年度厦门市城市自体检报告》，经市政府同意上报住房和城乡建设部，为城市更新提供指引。

（市建设局）

勘察设计

【概　况】 2022 年，在厦门承接勘察设计业务企业 428 家，其中勘察单位 87 家、建筑设计单位 160 家（不含装修等其他专项）。全年，市建设局完成厦门市勘察设计工程项目 2773 个。其中，工程勘察项目 525 个，设计项目 2248 个（含装修工程），市政工程设计 283 个。

【施工图审查管理】 2022 年，厦门市建设局建立省市重点工程设计技术服务工作机制。在工程设计阶段，省市重点工程建设单位根据工作需要提出申请，由审查机构进行技术帮扶。市建设局会同市财政局优化施工图审查购买服务办法，对推行政府购买服务方式开展施工图联合审查实施办法进行修订，增加审查机构选定的信用优选法，将施工图审查机构选定方式与考核情况相关联，强化选定择优导向。组织技术力量统一审查标准，针对审查过程中，对国家现行技术标准执行尺度不一致、理解不一致等情况导致的争议问题，组织各审图机构、设计单位及行业协会等方面力量予以统一。

【工程勘察监管】 2022年，厦门市建设局根据《福建省房屋建筑和市政基础设施工程勘察设计招标投标管理若干规定》《福建省住房和城乡建设厅关于进一步加强工程勘察现场质量管理工作的通知》，强化土工实验室及勘察现场管理，公布符合规定条件的土工试验室43家，重点监管涉及安全的周边及地下工程原始资料收集工作。

【工程设计管理】 2022年，厦门市建设局完善厦门市勘察设计行业信用体系建设，出台《厦门市建设局关于勘察设计信用综合评价办法》《厦门市勘察设计企业评价计分办法》，在行业内进行宣传贯彻。通过信用评价强化厦门市勘察设计行业的品质意识、品牌意识，鼓励服务项目建设的良好行为，约束影响项目建设的不良行为。同时承接超限高层抗震设防审批，组织人员学习掌握相应审批事项的业务内容和标准，制定承接方案，完善具体办事细则，截至年底，完成2项超限高层抗震设防专项审批工作。

【消防设计审查验收管理】 2022年，厦门市消防审验中心抽查项目消防设计技术审查212件。其中，技术性抽查56件，合规性审查156件。受理房建市政类项目消防验收（备案）313件，专业工程类7件，提前技术指导268件。开展重大项目服务保障工作，针对大型产业类、医院、教育等省市重大、重点项目特点，试点分段、分期验收模式，派出专人专班对接，全程指导，分别对天马微电子建设工程项目、厦门新能安锂离子电池生产基地项目（一期）等大型重点项目提前介入服务。为加快省市重点工程、民生工程等大项目的消防验收进度，出台《委托消防技术服务机构开展消防验收前技术服务工作方案》，对接环东海域医院、新体育中心、新会展中心等7个项目开展施工过程现场技术服务指导工作。组织厦门新机场陆侧GTC（交通中心）轨道交通站厅层功能融合项目、厦门新机场空管建设工程、厦门天马光电子有限公司第8.6代新型显示面板生产线项目消防设计专家评审论证会。

【消防审查验收】 2022年，厦门市建设局规范全市消防审查验收工作，提升消防审查验收服务效能。包括：完成《厦门市既有建筑改造消防设计及审查指引（旅馆篇）》《厦门市电动自行车停放充电场所消防安全导则》编制，填补消防审查验收标准空白；拟定验收现场评定工作规程，完成加油加气站、变电站等专业工程消防验收工作细则初稿；建立市、区消防审查验收工作协同机制，与各区建设局开展信息共享、培训交流、会商协调、督导检查等协调联动；在"建筑市场主体信用系统"增设消防模块，建立现场评定App管理平台，完善升级厦门市消防审查验收系统数据库；探索建立限额以下其他建设工程消防验收备案抽查管理机制；发挥行业专家在消防审查验收的技术支撑作用，公布消防设计审查验收第二批入库专家（118人）名单，建立第二批厦门市级消防审查验收专家库，加强行业技术储备。

（市建设局）

建筑业

【概　况】 2022年，注册地在厦门的企业完成建筑业总产值3513.48亿元（排名福建省第二），比上年增长9.0%（排名福建省第五），高于全省平均增幅0.7个百分点。市建设局推动国有企业投资建设项目，按规定直接委托设计施工，全年推动40个项目直接委托设计施工，项目合同总金额85.55亿元。强化建筑业高质量发展、根治欠薪、敏感案事件核实处置等工作，相关做法经验得到省住建厅及厦门市的表扬肯定和推广。市建设局服务和保障全市工程项目策划，全年无超期、未返库办理"多规"来件1130件；开展建筑装配发展综合调研，组织竖向结构、装配装修、装配成本等专项技术调研；联系和对接2个市级指标部，协调和反馈港口发展、集美新城的相关建设工作事宜。

【招商引企】 2022年，厦门市建设局出台《厦门市建设局关于建筑业企业信用扶持措施的通知》，鼓励域外建筑业企业迁入厦门市并扶持其加快发展，促进企业更多产值和税收落地，提高企业市场竞争力。全年，135家企业在厦门市新增入统。其中，中冶福投、中铁建大桥局、中铁隧道局等10家世界500强企业在厦门设立子公司，带进127亿元新增建筑业产值，拉动增长3.9个百分点。市建设局"积极推进建筑业改革发展、推动建筑业高质量综合表现突出"2项工作获省住建厅书面肯定并推广。

【招投标改革】 2022年，厦门市继续被列为全国营商环境"招投标"指标标杆城市，厦门市"招标投标"指标在营商环境评价中居福建省第三。市建设局为发挥市场主体能动性，强化招投标事中、事后监管力度，出台《关于修改〈福建省房屋建筑和市政基础设施工程标准施工招标文件〉等三个招标文件的通知》《关于建设工程施工招投标活动不得强制要求公证的通知》等文件，推进招投标活动规范化，完善招投标制度，限制招标人、招标代理机构"量身定制"不良行为，打击围标、串标等违法违规行为，构建"诚信激励、失信惩戒"市场氛围。

【"评定分离"试点】 2022年，厦门市建设局持续推动"评定分离"试点工作，出台《关于印发建设工程招投标"评定分离"办法（试行）的通知》《关于规范施工招投标"评定分离"有关事项的通知》等文件，压实招标人主体责任，提高工程质量，降低工程成本，加快工程建设，防范廉政风险。年内，厦门市试点项目308个，建安费336.76亿元，定标项目254个，总中标金额275.96亿元，比通常招标办法多下浮6个百分点，所有项目"零投诉"，保障项目按期开工。

【建筑施工企业信用评价】 2022年，厦门市建设局完成建筑施工企业信用综合评价和补充评价工作。全市施工总承包企业参评1488家，其中A等级300家、BB+等级713家；施工专业承包企业参评501家，其中A等级48家、BB+等级263家。对3家在信用信息采集和信用综合评价中弄虚作假的企业予以通报并撤销2022年信用综合评价等级、禁止参加下一周期信用评价等处理。

【建筑市场监管】 2022年，厦门市建

设局为加强建筑市场整顿，打击围标串标、弄虚作假、转包挂靠和违法违规评标等行为，发出431份整改意见书，对11名评标专家以及10家提供虚假材料或投标文件雷同的企业进行处罚，对其中1家罚款608万元，督促招标人没收投标保证金1732万元，向纪检、公安、审计及各行业主管部门移交6条线索，实施联合惩戒。年内核查企业资质516家、819项，撤（注）销38项。

【清欠工作】 2022年，厦门市建设局在日常行业监管基础上，推行开门整治、主动出击、综合施策，发挥“1+1+4”清欠工作机制优势，累计解决拖欠工程款案件107件、涉及金额8.16亿元，解决农民工欠薪案件430件、涉及金额1.03亿元。“干活有数据、用工有实据、讨薪有依据、权益有保障”的建筑劳务实名制“厦门经验”，获省住建厅推广。在2022年国务院保障农民工工资支付考核工作中，厦门市代表福建省参加考核，获全国第二名。

小资料：

“1+1+4”清欠工作机制： 1个组织架构文件，即《市建设局关于调整房屋建筑和市政基础设施工程清理拖欠工程款工作领导小组的通知》；1个联动保障文件，即《市建设局 人社局关于建立房屋建筑和市政基础设施工程根治欠薪联动机制的通知》；4项具体工作机制，即房建市政工程拖欠工程款处置、投诉处理、欠款欠薪应急处置、配合开展根治欠薪等，分别对清欠相关事项作出详细规定。

【智能建造】 2022年，厦门市建设局按照住房和城乡建设部《遴选智能建造试点城市通知》要求，完成《厦门市智能建造试点城市实施方案（申报稿）》，经过专家评审、答辩，厦门被选为福建省内唯一、全国24个城市之一的智能建造试点城市。厦门市对接丁烈云院士的智能建造专家团队，委托国家数字建造技术创新中心对厦门市智能建造试点方案进行细化研究，发布《关于征集第一批智能建造试点项目及专家库成员的通知》，征集第一批智能建造试点项目31个、智能建造专家72人。

【建筑业政策扶持】 2022年，厦门市建设局印发《关于促进建筑业企业跨越发展的若干措施》，落实企业承揽域外项目、产值增长、资质升级等给予资金奖励、员工生活补贴、子女教育保障、信用激励等扶持政策，惠及企业50家，计划发放现金奖励3000万元。会同市财政局配套出台《企业管理人员和骨干员工生活补贴指导意见》，鼓励企业将所获各项奖补资金全部用于奖励员工；会同市教育局明确解决企业骨干员工子女教育问题操作流程。印发《厦门市建筑业企业挂钩服务实施方案》，挂钩服务45家重点建筑企业，听取企业经营中的痛点、堵点，助企纾困，促进建筑市场持续健康发展。《厦门市促进建筑业高质量发展的若干意见》被住房和城乡建设部建筑市场监管司编著的《中国建筑业改革与发展研究报告》摘录为典型案例。

【建筑材料管理】 2022年，厦门市有38个预拌混凝土搅拌站，混凝土累计用量1590.74万立方米，比上年增长2.86%。率先福建省试点预拌混凝土搅拌站光伏发电，利用搅拌站建筑屋顶及附属场地建设分布式光伏发电，全年累计发电104.29万度，减少二氧化碳排放789.63吨。投入使用50辆纯电动混凝土搅拌运输车，每年可减少二氧化碳排放3930吨。全年办结返退墙改项目11件，返退墙改基金总金额315.11万元。

【绿色建筑推广】 2022年，根据厦门市建设局等五部门联合发布的《厦门市绿色建筑创建行动实施计划》，市建设局开展绿色建筑创建行动。新建绿色建筑面积1303.79万平方米，城镇新建绿色建筑占新建建筑比例为100%。实施商品住宅用地出让定品质监管，把全装修和绿色建筑指标纳入定品质指标并实施监管，全年超过300万平方米建筑被要求按照二星级绿色建筑标准建设。厦门市4项节能双控指标完成情况均居福建省第一。

【建设科技管理】 2022年，厦门市建设局征集建设科技项目44项，立项30项，补助其中24项，补助金额158万元。立项的30个科研项目撬动科研经费2078.50万元，申请建设科技专项经费436.3万元。验收往年建设科技计划项目11项，向福建省住建厅推荐35项建设科技研究开发项目。《既有城市高架桥梁抗震性能评价和加固关键技术研究与应用》获得福建省科学技术进步奖三等奖；《城镇排水管网系统施工与智能监测关键技术研究》等2项成果获得厦门市科学技术进步奖二等奖，《厦门市既有公共建筑节能改造成套技术与应用示范》等4项成果获得厦门市科学技术进步奖三等奖。

【工程质量安全监管】 2022年，厦门市建设局根据厦门市建设工程质量安全生产及消防工作目标，加强建设工程质量安全生产工作，提高施工现场安全防护能力和文明施工水平。坚持建设工程质量安全“双随机”检查、监管警示和约谈制度。巩固并推广质量安全巡查模式，按照“全覆盖、零容忍、严执法、重实效”的要求，开展各类质量安全生产专项整治活动。全年召开4次全市建设工程质量安全生产形势分析会议，部署各阶段建设系统质量安全生产主要工作，累计巡查工程项目2436个，出动监督巡查人员1.2万人次，发现一般事故隐患1.26万条，发出责令整改通知书2403份，发出局部停工通知25份，发出全面停工通知4份，通报批评单位13家，记录信用监管行为P类单位475家，约谈责任主体646家（次），施工企业违规记分15044分，监理企业违规记分11588分。全年在建工程质量安全生产形势平稳，没有发生较大及以上等级安全生产事故。祥平保障房地铁社区二期工程2-2地块主体工程项目获“中国建设工程鲁班奖（国家优质工程）”，尚柏奥特莱斯2016JG06地块项目获“国家优质工程奖”，健康步道和美桥获国际桥梁与结构工程协会（IABSE）“杰出人行桥奖”及“世界人行桥奖”银奖，新会展中心的展览中心Ⅰ、Ⅱ标段获“全国建设项目施工安全生产标准化工地（全国AAA级）”，20个项目获“省级优质工程（闽江杯）”，100个项目获“市级优质工程”。2022年，在住房和城乡建设部专项随机抽查中，厦门市3个在建房屋市政工程近千项检查内容合格率95%，高于全国87%的平均水平，工程监管、混凝土规范化施工成为评价亮点，总得分居全国前列，创历史最好成绩。

【建筑监管制度完善】2022年，厦门市建设局加快小散工程纳入监管进度，制定纳管通知及实施方案。市委、市政府主要领导到现场调研，督促各区全面实施小散工程安全生产纳管，补齐安全监管短板。在福建省创新开展建设单位质量安全首要责任专项检查，发挥建设（代建）单位牵头作用，督促各参建单位履约尽责；印发《关于进一步加强市区联动提升监管效能的通知》和《厦门市建设工程质量安全监督层级指导工作指引（试行）》，建立联络沟通、联合检查、联合惩戒、应急处突、层级指导和定期点评6项市、区联动机制，促进市、区交流学习，统一监督工作标准。厦门市建设工程质量安全站不断完善监管制度体系，实行“双随机”执法与站级督查、科室巡查、专项检查的“1+3”监督管理模式，实行“点评＋评议”“通报＋约谈”的“2+2”内控机制；出台《关于落实市管工程建筑起重机械安全差异化监管若干事项的通知》《关于开展高处坠落等四个专项整治的通知》《关于进一步规范建设工程检测质量管理工作的通知》等制度；发挥技术优势编制相应技术标准规范，主编参编9部省地方标准，其中主编完成国内首创的《福建省LED夜景照明工程安装与质量验收规程》《风貌建筑加固修复工程施工质量与安全技术规程》。

【文明施工落实】2022年，厦门市建设局制定《房屋建筑和市政基础设施工程文明施工扬尘防治工作方案》《厦门市房屋建筑和市政基础设施工程文明施工扬尘防治检查考评实施细则（试行）》《关于加强建筑工地文明施工监管推动创建文明典范城市工作的通知》3份文件，完善扬尘综合治理机制建设。全年坚持常态化检查，查处文明施工违规行为，多轮次对市管工程施工现场落实扬尘防治“6个100%”和对文明施工精细化管理开展检查，纠治扬尘污染防治、文明施工管理方面的问题6500余个，对20个项目、55家责任主体因文明施工、扬尘防治工作不到位记录批评类信用监管行为。强化部门联动，协调处理反馈“厦门蓝”微信群、城市综合管理平台发布的文明施工管理事件293起；处理反馈市环委办督查通报57期，涉及132个市管工程；处理反馈市创城办、市环委办和各区建设与交通局、各指挥部关于文明典范城市创建、扬尘防治问题通报140份。

【轨道工程监督管理】2022年，厦门市轨道3号线南延段、6号线集同段工程动工，地铁线路网络覆盖各区；轨道3、4号线机场西站土建工程项目动工，机场片区轨道建设项目全面开工；轨道6号线林华段全线贯通，进入铺轨工程施工；轨道4号线软三东站至蔡厝基地站轨道（铺轨）工程全部完工。市建设局会同市地铁办、市应急局等部门组织开展轨道交通工程防台防汛、车站防水淹、地铁保护区发生突发事件、扬尘防治等综合应急演练，提高事故发生应急能力。开展轨道6号线林华段铺轨工程质量控制观摩活动、轨道6号线集同段创文明典范城市现场观摩会，提升铺轨工程施工质量和轨道交通工程文明施工水平。

【建筑废土行业管理】2022年，厦门市建筑废土站从建筑废土源头监管抓起，“拉网式”摸底排查全市建筑废土处置项目1342个次，销项800多个“僵尸”项目。针对废土运输市场行业监管，全年备案外运项目617个、工程消纳208个、许可消纳场3家；对运输车辆违规违法行为及道路交通亡人事故发布通知、通报52份，整改通知单41份，驾驶员检讨478份；完成车厢全密闭整改2610辆；对1928辆违规车辆扣信用分1376.2分，对达标企业奖励信用分1291分；召开车企主体责任专题会议7次，差异化监管检查企业13家次，邀请交警专题授课3次，完成运输车辆右侧盲区预警系统安装2182辆；推行驾驶员“黑名单”等制度，加强行业自律。持续加强建筑废土处置消纳管理，全年梳理900多个工程类消纳场，将111个未回填完毕的工程类消纳场纳入日常监管；巡查矿坑类消纳场299个；推动新增矿坑类消纳场2个，新增建筑废土消纳量74万立方米；巡查消纳堆场48个次。市建筑废土站联合市交通运输局开展渣土运输车辆源头管控整治工作，全年移交转办案件5批次，溯源查处项目25个，对75家责任主体记录不良行为记录；将交警移送的闯红灯车辆进行溯源，扣除企业信用分；通过数据共享，实现交通、交警、建设等65个部门和单位协作，形成合力。

【建筑废土处置管理信息化】2022年，厦门市建筑废土站提升管控平台智能化监管水平，实时监测技术和“一张蓝图”实现建筑废土处置项目的全生命周期管理。全年累计超速报警4.47万车次，锁车管控指令下发1099车次，限速管控指令下发2.46万车次，运输企业车辆维护报告8112车次，市民举报信息接收690条，录入项目巡检记录2216条。推广安装AI智能管控系统，对多次违规的8个项目实施差异化监管。新开发移动办公手机端，对巡查现场情况“立查立录入”，实现办公即时、及时、便捷，提高检查执法的工作效率。

【渣土运输车专项整治】2022年，厦门市建筑废土站落实渣土运输车专项整治工作。市级部门联合执法小组出动1452人次，站级专项整治小组出动2616人次，出动执法车辆718车次，检查运输车辆4569辆次，全市覆盖检查建筑废土项目2504个次，纠正违规801个次，查处非法中转场38个。其间约谈企业489家次，开具《责令整改通知书》229份，对85个项目、238家建设、施工、监理单位记录不良行为记录。通过专项整治，渣土车未密闭覆盖、上路“滴撒漏”及超速行驶等不文明运输行为得到控制。

【建筑垃圾资源化利用】2022年，厦门市建设局继续推进房屋拆除工程实施现场建筑垃圾资源化利用工作，把建筑废土资源化利用企业纳入消纳场管理，参与建筑垃圾资源化利用的企业有14家，全年资源化利用建筑废土485.2万吨。

【代建管理】2022年，厦门市建设局出台全国首部综合性代建管理地方标准《代建工作规程》，填补国内综合性代建管理地方标准空白。11月23日，市建设局组织培训班，对代建企业开展宣贯培训，推进代建管理科学化、规范化、标准化、精细化工作。出台《厦门市建设局等4部门关于印发市级财政投融资建设项目代建单位选择有关事宜的通知》，制定《厦门市市级财政投融资建设项目代建人员管理办法》，优化重大片区代建选择机制，强化代建人员履约尽责，促进提升项目管理成效。

【代建企业信用评价】 2022年初，厦门市建设局公布44家代建企业2021年度信用综合评价结果（A等级15个、BB+等级13个、BB-等级12个、不定等级4个），作为业主择优选取代建企业、管理部门实施差异化监管的依据之一。年内，市建设局会同市重点办对44家代建企业的96个项目开展季度指导服务，及时公布指导结果（优秀59个、良好30个、合格7个），督促参建单位履约、履责。

【装配建造方式优化】 2022年，厦门市建设局加强装配认定服务。全年装配设计认定19个项目，总建筑面积253万平方米；混凝土装配式建筑面积213万平方米，首次位列福建省第三。促进降本增效管控，建安成本增量降到100～150元/平方米，商品房综合成本比传统现浇降低30～50元/平方米，5个商住项目自选装配建造。推动组织管理优化，紧扣技术策划、前期设计、流程规范、施工工艺等环节，推进项目全专业设计标准化、全职能配合模式化、全穿插施工规模化，探索全系统策划一体化。

【技术综合服务】 2022年，厦门市建设局推动技术集约探索。推动项目技术策划，探索技术集约途径，完善工程总承包、全过程咨询等项目管理技术集约机制。开展专题服务指导，组织项目管理和技术评估等专题活动10余场次，开展项目服务、典型剖析、建造引领等服务指导。推动鼓励智能、制造、建造三向融合，总结倡导新EPC（指承包方受业主委托，按照合同约定对工程建设项目的设计、采购、施工等实行全过程或若干阶段的总承包）模式——数字设计+生产/采购+施工装配等一体化组织管理。

【新兴技术应用】 2022年，厦门市建设局推动装配式建筑实行竖向构件应用试点、一体化预制卫生间、ALC内隔墙满挂网、叠合板梁侧免出筋等技术。依托装配式设计认定，推动技术策划，推介数字设计，推动BIM应用，探索混合装配，探索智能建造途径。指导和推进商品住房项目试点，举办福建省首次项目观摩，近600人参加现场观摩。

【技术标准编制】 2022年，厦门市建设局落实有关技术标准，按照“瘦身健体”、转型升级的规定要求，协调指导轨道计价、代建规程、海绵图集等地方技术标准编制。组织申报省级地方标准14项、省级科技示范工程13项。

（市建设局）

建设行业行政审批

【概　况】 2022年，厦门市建设局驻市政务服务中心审批服务事项办结4.06万件，接听各类电话及现场咨询2.3万余人次。市建设局驻市政务服务中心窗口获2022年度“市政务服务中心红旗窗口”称号。

【施工许可审批改革】 2022年，厦门市建设局办理施工许可证694件结合项目实际推行分期办理施工许可，推动集美中学新校区等67个项目分期先行开工，平均提前2～3个月开工；精简施工许可证申报资料，优化后的施工许可申请材料剩5项；取消用地批准手续前置审批材料；建筑面积500平方米以下或者总投资额在100万元以下的项目，可不申请办理施工许可；对于符合条件的社会投资简易低风险工程项目，推行施工质量监督和供排水点位现场确认合并办理；进一步压缩施工许可办理时限，由法定7个工作日压缩为1个工作日，省、市重大重点项目实现即来即办。2022年，厦门市施工许可证核发数量福建省最多，平均办理用时全省最短。

【联合验收流程改革】 2022年，厦门市建设局完成194个项目竣工验收备案工作。推行分期、分段联合验收，在符合项目整体质量安全要求等前提下，已满足使用功能的单位工程可单独竣工验收；产业类、教育类和医疗类重大、重点项目可分段联合验收，便于后续设备安装调试，推动项目尽快建成投产；将工程竣工质量验收监督申报转变为内部管理工作，不再作为依申请事项；公维金缴交不再作为办理竣工验收备案的前置事项，改为通过部门信息共享获取项目验收信息；指定专人对接指导，推动厦大P3项目开工建设，促进厦门国际健康驿站、华西医院、西海湾邮轮城等省市重大、重点项目提早验收投用。

【审批服务】 2022年，厦门市建设局压缩时限，提高效率，行政许可事项承诺时限压缩至法定时限的16.25%。扩大“验登合一”范围，在社会投资简易低风险项目试点的基础上，探索在更多类型项目上实行“验登合一”，实现项目联合验收与不动产首次登记“一次申请，同步发证”；推行“不见面审批”，所有审批事项均实现全流程网办，通过双向邮寄等方式解决纸质证书领取问题，“一趟不用跑”办件量超过办件总量的99%。（见表28-1）

（市建设局）

28-1　　2022年建设行业审批服务事项办结情况统计表

单位：件

序号	事项名称	合计
1	建筑垃圾处置核准许可（外运、工程消纳）——审批改备案	831
2	建筑垃圾处置核准许可——消纳场	23
3	工程监理企业资质变更	110
4	工程监理企业资质核准	75
5	房屋建筑工程和市政基础设施工程竣工验收备案	194
6	建筑工程施工许可证	694

续表 28-1

序号	事项名称	合计
7	建筑业企业资质变更	1209
8	建筑业企业资质核准	1157
9	建设类专业技术人员执业资格注册证书延续、增项（二建）	4055
10	市级政府投资的其他项目审批（招标）	2
11	建设工程设计企业资质变更	179
12	建设工程设计企业资质核准	175
13	建设工程勘察企业资质变更	8
14	建设工程勘察企业资质核准	16
15	施工单位的主要负责人、项目负责人、专职安全生产管理人员（三类人员）——延期复审、注销	21236
16	施工单位的主要负责人、项目负责人、专职安全生产管理人员（三类人员）——考核	8481
17	建筑施工特种作业人员岗位——延期复核、注销	1936
18	建筑施工特种作业人员岗位考核	250
合　计		40631

市政建设

【概　况】2022 年，厦门市市政建设项目健康步道、道路建设、管廊建设、排水防涝等序时完成，支付工程资金 13 亿元。市政建设领域省市重点建设项目 17 个，项目总投资 78.06 亿元，实际完成投资 18.68 亿元。

【市政道路建设】2022 年，厦门市市政园林局（简称市市政园林局）完成年度新建、改建城市道路 60 千米，打通 16 条“断头路”，全市建成区路网密度超过 8.35 千米 / 平方千米，排名全国第三。打造钟宅路主干道样板示范路，为厦门市城市道路改造提供示范引领。

【地下综合管廊建设】2022 年，厦门市市政园林局新建地下综合管廊 15 千米，投用干支线综合管廊 80 千米；截至年底，全市缆线管廊 290 千米，入廊管线超 1300 千米，不断打造韧性安全的城市基础设施，提升城市承载力，保障城市“生命线”正常运行。管廊建设管理“厦门模式”领跑全国，实现跨省输出管廊建管经验，业务输出至雄安新区、北京、成都、济南、石家庄、深圳、江西等 9 省 23 个城市。

【城市排水防涝】2022 年，厦门市市政园林局持续推进“十四五”排水防涝规划及项目工程、易涝点整改的工作落实。重新整理全市排水防涝设施、队伍及设备等基础数据，规范应急抢险预案及演练内容、程序。推进完善《厦门市加强城市内涝治理系统化实施方案》编制，印发《市政设施有限空间作业安全生产规范指引（试行）》，规范市政有限空间作业规定，预防和减少事故发生。完成新建、改造雨水管网 40 千米。年内，厦门市启动防御暴雨洪水Ⅲ级应急响应 11 次，Ⅱ级响应 3 次，Ⅰ级响应 2 次；防御台风Ⅲ级响应 2 次。5—7 月连续降雨期间，抵御“6·15”“7·5”超强暴雨的袭击，全市排水设施功能基本运行正常、排水通畅，市政公共区域无较严重的积涝情况发生。

【市政设施管理精细化】2022 年，厦门市市政园林局实施井盖、人行道、桥梁三大“百日攻坚”排查整治行动，落实道路空洞检测、桥梁结构定检、雨水管网定期清淤等制度。全年完成全市 366 座市政桥梁（地下通道）的“一桥一档”制度建立及全市市政桥梁（地下通道）定期结构检测。市本级对 25 条市管道路进行雷达探测扫描，累计确定地下隐患 133 处，探测发现 12 处空洞，均完成处置。制定《厦门市自行车（电动自行车）停放区设置指引》《市政设施有限空间作业安全生产规范指引》《城市道路安全文明施工管理导则》等标准规范。

【山海健康步道林海线一期工程完工】2022 年 1 月 20 日，厦门山海健康步道林海线一期工程完工。项目沿线串联五缘湾、金山、湖边水库、忠仑公园、东坪山、东山水库等，全长 17.9 千米。作为厦门岛“一环三水两横两纵”[一环：滨海环岛步道（滨海线），三水：筼筜湖、五缘湾、湖边水库滨水步道，两横：市山海健康步道（云海线）、万石山步道（望海线），两纵：狐尾山—文曾路步道（花海线）、南北—东坪山步道（林海线）] 健康步道系统的重要组成部分，项目串联起厦门岛多个重要生态节点，遵循“生态优先、以人为本”的要求，结合云顶路空中自行车道、山海健康步道云海线，合理控制纵坡，实现无障碍通行，并配备驿站、公厕、无障碍电梯、休息平台、便民服务点等配套设施。

【海绵城市建设管理立法工作启动】2022 年 5 月，为完善和优化海绵城市建设管控体系，厦门市海绵城市建设工作领导小组办公室成立《厦门市海绵城市建设管理规定》立法工作小组，启动立法工作。《厦门市海绵城市建设管理规定》以海绵城市规划、建设、运行维护及其监督管理等活动进程为主线，分设总则、规划管理、建设管理、运行维护管理、保障与激励、法律责任以及附则共 7 章 44 条，构成规范海绵城市建设的完整制度框架。

【海沧沧江路快速通道工程开工】2022 年 7 月 8 日，厦门市海沧区沧江路快速通道工程开工建设。该项目为省、市重点项目，位于海沧自贸港区，西起沧江路（厦漳交界处），东接海景路，全长 4.96 千米，是海沧港区重要的东西向集疏运干道。项目总投资概算 7.4 亿元，建成后为双向 8 车道，其沿线分布着多个重要码头，是港区重要的东西向集疏运干道。工程分为改造段和新建段2部分，计划新建三都路跨线桥、沧江立交、3号排洪渠水系桥等5座桥梁。该项目提升港区的运输效率及完善厦门市骨干路网体系，对促进海沧港区开发建设以及实现厦门港的远期规划具有重要意义。

（市市政园林局）

公共事业

供　水

【概　况】 2022年，厦门市原水输送能力242万吨/日，供水能力230.35万吨/日。市供水量5.42亿吨，比上年增加1.86%；日均供水量148.54万吨，9月5日为供水最高日，供水量175.9万吨；自来水水质合格率99.99%，给水管网压力合格率98.28%。

【供水管网建设】 2022年，厦门市完成新建、改造给水管道累计68.43千米，完成投资2.48亿元。老旧小区供水管网改造，开工20项，完工13项。农村供水设施项目建设，开工11项，完工4项。

【供水水质保障】 2022年，厦门市市政园林局建立三级水质监测体系，构建原水、出厂水、管网水多级在线水质监测与预警系统。设有国家城市供水水质监测网厦门监测站，在国内率先同时具备《生活饮用水卫生标准》和《地表水环境质量标准》全部指标的检测能力，水质检测能力位居国内同行业前列。全年，各供水企业落实各项水质标准，完成水质检测34万余项次。

【用水营商环境建设】 2022年，厦门市市政园林局推动厦门市供水企业在国内率先实行工程建设项目供水接入“1–0–0–0.5”快速服务模式，实现用水报装“0投资”，0.5天内完成接入通水，受惠用户为2980户。联合电力、燃气、广电网络，实现“水电气网”业务报装在i厦门（App/微信公众号）新增“水电气网”联合报装模块上。“水电气网”联办被评选为2022年厦门市营商环境“十佳”创新举措。整合厦漳泉3市资源，实现“居民二手房用水过户申请”服务事项“跨域联办”，打造厦漳泉“15分钟水务服务圈”。全国首创推出获得用水“服务体验官”活动，通过“把脉”办水、用水过程中的堵点、难点问题，整理形成服务提升清单13项，以监督推动营商环境改革。

【前场污水处理厂一期工程投用】 2022年6月，厦门市前场污水处理厂一期工程项目正式投用。该项目2020年11月开工，位于集美区深青溪与海翔大道交叉口北侧、杜岱村西侧。规划总规模为60万吨/日，总用地面积15万平方米。一期工程主要规模为土建10万吨/日，设备5万吨/日，出水水质执行《厦门市水污染物排放标准》(DB 35/322—2018)A级限值。采用集约型地上式建设形式，污水处理采用“预处理+改良型AAO生反池+深度处理”工艺，污泥处理采用“重力浓缩+离心脱水”工艺。服务范围主要包括灌口西部生活区、汽车城分区、机械工业集中区、软件园三期西片区、前场物流园区、软件园三期东片区、灌口生活区、九天湖片区和中亚城片区等。2月，该项目通水。建设单位：厦门市政水环境有限公司。

【内田污水处理厂一期工程投用】 2022年6月，厦门市内田污水处理厂一期工程项目正式投用。该项目2020年12月开工，位于翔安区美上路西侧、张厝路南侧、市头山路北侧、舫阳南路东侧地块。远期规划污水处理总规模为12万吨/日，一期工程规模为6万吨/日，采用集约型地上式建设形式，设计出水执行《厦门市水污染排放标准》(DB35/322—2018)A级限值。尾水就近排入内田溪，厂内部分中水回用。处理工艺为“预处理+改良型AAO生反池+深度处理”。污泥处理采用“重力浓缩+离心脱水工艺”。服务范围主要包括莲塘至上塘村东部、霞美村、内厝镇、翔安市头高新产业区、巷北工业区、内厝工业区。2月，该项目通水。建设单位：厦门市政水环境有限公司。

【洪塘污水处理厂一期工程通水】 2022年9月，厦门市洪塘污水处理厂一期工程项目通水。该项目2021年4月开工，位于同安区石浔村东北侧、后房村西北侧，规划总规模25万吨/日。一期工程主要规模5万吨/日，出水执行《厦门市水污染物排放标准》(DB 35/322—2018)A级限值。采用常规地上式建设形式，污水处理采用“预处理+改良型AAO生反池+深度处理”工艺，污泥处理采用“重力浓缩+离心脱水”工艺。服务范围主要包括五显片区、布塘片区、银鹭片区、同安城东、同安高新技术产业、洪塘石材工业园及翔安区新圩南部地块。建设单位：厦门市政水环境有限公司。

【下潭尾污水处理厂一期工程通水】 2022年12月，厦门市下潭尾污水处理厂一期工程项目通水。该项目2021年4月开工，位于翔安区马巷镇内培村南，翔安大道西侧，远期规划总规模为15万吨/日。一期工程规模为6万吨/日，设备安装规模为6万吨/日，采用集约地上式建设形式，设计出水执行《厦门市水污染物排放标准》(DB 35/322—2018)A级排放限值。处理工艺为“预处理+改良型AAO生反池+深度处理”。污泥处理采用“重力浓缩+离心脱水”工艺。服务范围主要包括西炉片区、内垵片区、下潭尾泵站片区、窗东泵站片区。建设单位：厦门市政水环境有限公司。

【大嶝污水处理厂一期工程通水】 2022年12月，厦门市大嶝污水处理厂一期工程项目通水。该项目2021年1月开工，位于大嶝岛机场大道与机场北路交叉口东侧，规划总规模为10万吨/日。一期工程土建规模5万吨/日，设备规模2.5万吨/日。采用集约化地上式建设形式，出水水质执行《厦门市水污染排放标准》(DB35/322—2018)A级限值。污水处理采用“预处理+改良型AAO生反池+深度处理”工艺，污泥处理采用“重力浓缩+离心脱水”工艺。服务范围主要包括大嶝、小嶝以及机场片区。建设单位：厦门市政水环境有限公司。

（市市政园林局）

供　气

【概　况】 2022年，厦门市瓶装燃气用户数为40.87万户，液化气销量为9.28

万吨；管道天然气用户数为73.49万户，天然气销量（含汽车加气）为4.12亿立方米。新建、改造管道86.89千米，新增管道用户2.14万户，分别完成年度计划的145%和107%，管道燃气居民用户占比为64.26%。实施“瓶改管”（瓶装天然气改为管道天然气）三年行动（2020—2022年），采取户内管道设施建设费用打折优惠等措施促进瓶装餐饮用户改用管道天然气，结合老旧小区改造推进小区、住户管道设施建设，完成“瓶改管”餐饮用户510家、居民用户2040户，分别完成年度计划的102%和102%。全市燃气汽车加气站24座，其中运营的汽车加气站6座。加气站天然气销量2779.44万立方米。

【管道燃气金属软管更换】 2022年，为预防和减少燃气事故的发生，让市民用气更有保障，厦门华润燃气公司采取只收成本费的优惠政策，引导管道燃气用户从原来使用普通橡胶软管改用安全金属包覆软管，全年更换21003条，累计更换95568条。

【老旧管网改造任务完成】 2022年，按照国务院安委会、福建省安委会城镇燃气安全排查整治工作方案和福建省为民办实事项目要求，厦门市计划完成35个小区、片区40千米老旧燃气铸铁管网改造，计划总投资4000万元。1月，厦门华润燃气有限公司成立老旧管网改造工作小组，结合正本清源及老旧小区改造筹划全年改造计划跟进实施老旧管网改造工作。10月，厦门市率先福建省完成老旧燃气管网改造任务，累计完成42.764千米改造，完成投资4276.4万元。全市230多千米老旧铸铁管历时7年全部完成更新改造。

【燃气安全管理】 2022年，厦门市市政园林局开展为期1年的城镇燃气安全排查整治，推进燃气安全“百日行动”，检查燃气场站1868家次，发现并整改隐患160处；检查餐饮场所12.69万家次，发现并整改隐患问题7280处；督促各燃气企业开展入户安检64.22万家次，发现并整改隐患问题5934处，不断强化全链条全过程安全监管。完成全市2.73万家餐饮场所可燃气体报警装置安装。全年未发生燃气生产安全责任事故，发生泄漏起火燃爆事故66起，比上年下降7%；伤33人，比上年下降8%。

【燃气安全监管方式创新】 2022年，厦门市市政园林局、市燃气中心通过“信用+”引导企业主动探索“安全+”，在全国率先构建以信用为核心的燃气安全监管长效机制。从信用评价到企业主动探索创新，从数字化监管到瓶装燃气免费配送，厦门创新“信用评价”，深化“放管服”改革。每季度在市燃气中心网站和报纸公开信用评价结果，通过信用评价手段增强企业责任感，规范企业行为，推动燃气安全治理事先预防，实现厦门燃气行业安全生产零事故的目标。厦门市燃气信用体系受到关注，11月21日在《中国改革报》上报道。

【“瓶改管”三年行动任务完成】 2022年，厦门市管道燃气用户73.49万户，占比64.26%；瓶装燃气用户40.87万户，占比35.74%。餐饮燃气用户“瓶改管”累计改造1281户，居民燃气用户“瓶改管”累计改造8241户，超额完成“瓶改管”三年行动任务。2020年，为加快推进厦门市管道燃气建设，提升管道燃气覆盖率，厦门市启动实施“瓶改管”三年行动，计划至2022年底管道燃气用户占比63%以上，餐饮燃气用户“瓶改管”改造1200户，居民燃气用户“瓶改管”改造7000户。针对餐饮场所“瓶改管”工程改造费用，厦门市采用按时间分3阶段进行优惠的方案，提高用户改造的积极性。

【第一批餐饮集中区“瓶改管”试点】 2022年，厦门市在人流量较大、餐饮场所较为集中的区域开展第一批餐饮集中区“瓶改管”试点工作。明发商业广场、前埔不夜城、湖里万达、海沧东孚商业街、集美兑山艺术中心、杏林中海寰宇沿街、同安新民大道沿街、翔城国际沿街8处试点区域均完成改造工作，区域内已停止供应瓶装液化石油气，用户可根据自身意愿和实际情况，选择改用管道天然气或改换其他能源。

【燃气基础设施规划建设】 2022年9月，厦门市市政园林局完成大嶝LNG气源站项目竣工验收。全市应急气源储量提高33%，金门管道通气准备工作取得进展。完成4座瓶装燃气供应站建设，规范化场站数量不断增加。

（市市政园林局）

供　电

【概　况】 2022年，厦门地区电网以500千伏电网为主干，±320千伏柔性直流为辅，220千伏多环互联和110千伏辐射型网络相协调的电网架构。地区电源点主要在岛外，由500千伏厦门变电站、海沧变电站、东岗变电站、金辉变电站以及220千伏嵩屿电厂、新店燃气电厂组成。岛内主要通过4条跨海通道交直流并济供电（6回220千伏交流线路、2回±320千伏柔性直流线路）。地区总装机容量254万千伏安，其中主力电厂2座、装机容量198.6万千伏安。变电站总容量3382.36万千伏安。输电线路342条，长度1912.8千米。10千伏系统方面，厦门岛内以电缆环网为主，绝缘化率100%、缆化率97.9%；岛外为电缆、架空混合接线，多分段、多联络，绝缘化率100%、缆化率77.8%；全市供电可靠率99.99%，连续4年位列全国主要城市第一方阵，达到国际先进水平。

厦门市用电客户166万户。全社会用电量335.79亿千瓦小时，排名福建省第三，比上年增长2.36%，增速排名全省第四。产业用电方面，第一产业用电1.32亿千瓦小时，比上年减少8.9%；第二产业用电166.65亿千瓦小时，增长2.8%；第三产业用电92.97亿千瓦小时，增长3.06%；居民生活用电74.85亿千瓦小时，增长0.9%。行业用电方面，工业用电量162.17亿千瓦小时，比上年增长3.0%，增速排名全省第三。用电量排名前3位的行业分别为：计算机、通信和其他电子设备制造业，橡胶和塑料制品业，金属制品业。分区用电方面，各区用电量增速从高到低依次为：翔安区14.01%、海沧区2.73%、同安区1.27%、湖里区–0.49%、集美区–2.42%、思明区–2.93%。

服务两岸融合发展，厦门市加快推进厦门与金门电力联网大陆侧2个重要电源点配套工程建设。国网厦门供电公司组建电力看经济、大数据分析团队，助力市委、市政府把脉经济运行。完成全市低效充电桩治理，电动汽车充电量

9747 万千瓦小时。推广“电 e 金服”普惠金融，帮助厦门市企业获得低成本融资 7 亿元，助力实体经济发展。国网厦门供电公司与 480 个社区（村委）共建共享，建立 2215 个电力服务微信群，实现全市社区全覆盖，为居民提供优质便捷办电服务。

【能源清洁低碳转型】 2022 年，国网厦门供电公司助力厦门实现“双碳”目标，加快新型电力系统市级示范区建设，建成鼓浪屿“光储直柔”低碳建筑示范，在厦门岛内建设“两高两化”（高素质高颜值现代化国际化）新型配电网示范样板，开展虚拟电厂平台建设，多元源荷储聚合的新型能源自治示范项目参展数字中国峰会。市政府出台新型电力系统建设方案，按照“规划引领、协同推进”原则，采取“政府引导、电力主动、多方参与”模式，探索新型电力系统新技术、新业态。培育发展新型电力系统生态，设立技术创新基金，将能源低碳转型相关项目和新型电力系统建设研发投入纳入扶持范畴，企业融资享受财政贴息政策，吸引上下游产业链落地厦门、共同发展。福建省电力公司与市政府共建新电研究院，协同推进新型电力系统科研项目攻关。与中电联、清华海峡研究院成立博士后创新基地，打造“政产学研用”一体创新平台。

【农村供电服务】 2022 年，厦门市政企协同推进城中村电力提升改造，推广“共享站房”模式，新建、改造配电站房 12 座，完成 2 个村整村电力改造。连续 2 年超前、超额完成市委、市政府为民办实事项目。推进乡村电气化惠农富民服务，新建、改造农村配网台区 368 个，农村地区供电可靠性提升至 99.98%。

【供电安全建设】 2022 年，国网厦门供电公司完成安全生产专项整治三年行动。主配网协同优化运行方式，动态调整电网开环点，500 千伏联变电站平均最高负载率比上年下降 28 个百分点。优化抢修管理模式，构建跨区支援调配机制，网格驻点增加至 15 个，制定强化一梯队履职、加快一二梯队衔接、应急物资灵活调配等举措，抢修平均复电时长比上年下降 20%。应对迎峰度夏最高负荷 2 次创新高考验。统筹防疫和保供，确保重点单位可靠供电。完成中国共产党第二十次全国代表大会、“9·8”投洽会等保电任务。

【电网建设】 2022 年，国网厦门供电公司制定电网发展技术原则及分阶段建设目标。220 千伏、110 千伏电网容载比分别提升到 1.77、1.92。开工 12 项、投产 17 项输变电工程，新增电力线路 64 千米、变电容量 138 万千伏安。10 个变电站“土建先建”项目获概算批复，西滨变电站获评国网智慧标杆工地。高标准推进国际领先城市配电网建设，完成 26 个网格规划修编，配网比上年增长 77.1%，1 个配网项目获评国网百佳优质工程。推行不停电综合检修，拓展“全地形、全专业、智能化”不停电作业，创新机器人带电搭接旁路电缆作业；人均作业 127 次，不停电作业化率提升至 96.74%。建成 3 个无人机网格化示范区，输变配人工巡视替代率分别提升至 100%、87%、82%；深化“天眼 + 纤网先知”应用，建成防外破监测线路 2 条。供电可靠性管理经验入选全国质量标杆。

【供电营商环境优化】 2022 年，国网厦门供电公司促成出台规范客户电力外线工程投资界面实施方案和办事指南，全市范围、全容量、全电压等级电力客户外线工程实现“零投资”。在集美软件园、现代服务业基地等率先建成“开门接电”示范园区，实现企业开门即用电。国网首批、福建省首家上线“网上国网”水电气讯联办功能，“e 政务”“i 厦门”实现“一网通办”，设立联办专窗 39 个，获评“厦门市十佳营商环境创新举措”。新装、过户、峰谷电价调整 3 项客户高频业务实现政务终端“刷脸办”。创新推出“Easier 办电”服务品牌。8 项措施纳入厦门优化营商环境条例。坚持以“快接电”服务企业“早用电”，完成 1039 个重大项目接电，超前投产厦门时代、天马微等重点工程，10 千伏及以上接电 206 万千伏安，比上年增长 5.2%。深化“三化两全”（智能化、网络化、集群化，全网络、全场景）现代配调服务体系，“三到户”（情况掌握到户、信息预警到户、责任落实到户）应用率为 85%，低压故障主动工单准确率为 80%。建成 9 个“零计划停电”示范区，覆盖用户 18.6 万户。

（国网厦门供电公司）

市容环境卫生

【概　况】 2022 年，厦门市实现城乡垃圾分类全覆盖，全市垃圾分类知晓率 100%、参与率 97%、准确率 85%，垃圾回收利用率超 43%，垃圾焚烧发电量较分类前提高超 30%，人均垃圾日产量从原来的 1.3 千克减少到 1.00 千克，增长趋缓。

东部垃圾填埋场二期工程及生物质一期工程竣工验收，厦门市生活垃圾末端处置能力大幅提升。全年，厦门市生活垃圾总产生 199.2 万吨（不含存量垃圾 0.97 万吨），日均产生 5458 吨，比上年增加 3.4%，无害化处理率 100%。

【垃圾分类】 2022 年，厦门市在住建部第三季度全国大城市生活垃圾分类工作考评通报中，连续 19 季度位列全国 46 个大中城市第一档第一名。思明区和湖里区参加福建省住建厅组织的省级垃圾分类示范区创建，分别位列全省第一名、第三名。创建 39 个垃圾分类市级样板片区和 30 个最美投放点，树立先进典型，以点带面，以示范带动整体工作提升。召开全市垃圾分类现场会，总结经验，推广做法，全面提升厦门市生活垃圾分类工作水平。6 月 15 日，福建省生活垃圾分类高峰论坛在福州召开，厦门市人民政府副市长张志红受邀在论坛上介绍厦门市生活垃圾分类工作经验；8 月 5—7 日，中国城市环境卫生协会年会及垃圾分类论坛在厦门市召开，市市政园林局受邀参加并作厦门市垃圾分类实践经验分享，厦门市垃圾分类工作优秀经验做法在全国推广。

【市容环境卫生精细化管理】 2022 年，厦门市市政园林局在全市范围内实行环境卫生精细化考评管理机制，以“整体推进、突出精细”为重点，提升厦门市城乡环境卫生水平。10 月起，对全市“城中村”环境卫生开展综合考评，确保厦门市城市环境卫生“面子里子”都干净。持续实施城乡环卫一体化，将农村道路清扫保洁、生活垃圾转运和农村公厕管养委托保洁企业统一实施，不断健全“户分类、镇保收、区转运、市处理”的农村垃圾治理长效机制。截至12月底，厦门市岛外4区完成新建、改造农村公厕58座，超额完成年度新建、改造11座农村公厕的任务指标。累计完成110座农村公厕的改造提升，基本完成“十四五”期间农村公厕改造提升任务（112座）。

【海漂垃圾清理】 2022年，厦门市海上环境卫生管理配备专业保洁设备，围绕加快建设高颜值生态花园之城，创新建立制度化、常态化、系统化、信息化的海漂垃圾治理机制，对厦门市180平方千米海域进行常态化保洁。截至年底，累计清理海漂垃圾3199吨。在福建省生态厅对沿海地市开展的航拍抽查中，厦门市海漂垃圾分布密度为94.61平方米/千米（全省最低，省要求为300平方米/千米以下），比上年降低56平方米/千米，下降35.6%。

【市容环卫“百日攻坚”】 2022年，厦门市市政园林局推进市容环卫攻坚整治，通过“大干实干100天”（6—9月），助力全市创建全国文明典范城市。改造提升垃圾投放点，全市建成垃圾屋（亭）1529座，安装监控2105个。更新破损老旧垃圾桶和果皮箱，累计维修或更换垃圾桶和果皮箱1712个。排查整改损坏的公厕设施设备2700余处，落实厕所指示牌、监督牌、制度牌整改400余处。集中消除村居、城乡接合部、农贸市场等卫生死角3.05万处。对辖区内市政道路进行全面清洗，清洗道路3.76万条次、人行道3.66万条次，冲洗污染道路2.82万条次，清洗果皮箱24.64万组次。建设智能化管理系统，推动全市环卫保洁工人佩戴智能工卡，实现环卫保洁工人智能化管理，打造市、区、企业三级智慧化管理系统。

【再生项目一期工程完工】 2022年5月，厦门生物质资源再生项目一期工程建成完工，具备投料试运行条件。作为厦门市垃圾分类补短板项目和市政大提升重要民生工程项目，项目设计日处理餐厨垃圾400吨，收运来源为餐馆、饭店、单位食堂等饮食剩余物以及后厨的果蔬、肉食、面点等的加工过程废弃物，投产后每天能产沼气3.17万立方米、发电6万千瓦时、提取毛油10吨，实现垃圾处理的“无害化减量化资源化”的目标。

【填埋场二期建成完工】 2022年12月，厦门市东部固体废弃物处理中心填埋场二期项目建成完工。该项目位于东部固体废弃物处理中心内，是在原东部固废中心填埋场的基础上扩建填埋库区，将填埋高程从90米提高至125米，扩增库容629.4万立方米，日均处理垃圾规范1254吨。项目建设借鉴和采纳国际上的先进处理技术工艺及成功经验，防渗处理技术达到国际先进水平，不会对填埋场周边生态环境和地下水源造成危害，对区域可持续发展和生态环保治理具有积极的意义。

【低值可回收物分拣中心投产】 2022年12月30日，厦门市低值可回收物分拣中心暨海沧区垃圾分类宣教中心揭牌。该中心为全国首个低值可回收物分拣中心示范项目，推动生活垃圾减量化、资源化。厦门市低值可回收物分拣中心自2021年11月开始建设，总投资3200万元，项目以自动化分选装备对低值可回收物进行高效、准确分选，设计低值可回收物日分拣量50吨，以回收一次性餐盒、一次性塑料杯、泡沫塑料、快递袋等为主，附带回收纺织、金属物等可回收物，可实现每小时5吨的分选处理能力。

（市市政园林局）

园林绿化

【概　况】 2022年，厦门市持续推进“养眼养脚又养心”的园林绿地建设，不断增强市民幸福感和获得感。全市列入年度园林绿化工作任务项目158个（含公园），其中完工项目102个，在建项目38个，完成投资11.27亿元。新增或改造提升园林绿地424万平方米，完成年度任务的106%。其中，公园绿地129万平方米，完成年度任务的129%；立体绿化建设完成35处，完成年度任务的117%；新增或改造绿道61千米，完成年度任务的153%；新增或改造提升郊野公园112万平方米，完成年度任务的112%；建设“口袋公园”34处，完成年度任务的113%。完成筼筜路花漾街区建设。打造中山公园、高林公园、集美凤凰花公园等6个精品公园。

【全民义务植树活动】 2022年，厦门市完成义务植树375.1万人次，折算植树1237.3万株。2月28日，市各套班子领导和市直机关干部、驻厦部队官兵、集美区及集美新城指挥部干部职工、青年志愿者，在集美软件园三期一号公园参加义务植树活动，种植苗木近400株。在做好疫情防控确保安全的前提下，通过捐资认养树木、坂头林场苗木抚育劳动、“互联网+全民义务植树”的形式，鼓励市民参与到全民义务植树活动中。3月12日，市市政园林局线上举办第七届市民绿化节，以“共建绿色家园，共享绿色生活”为主题，以线上互动活动为主要形式，通过“口袋公园”主题摄影展、生态环保知识有奖问答、“312”线上云植树等活动向公众宣传“爱绿护绿”的理念。市植物园提供1000株乔木和1万平方米的绿地供市民认养，为个人及认养50株以上的单位，颁发认养证书，并在认养树木绿地周围竖立认养名牌。

【园林绿化企业信用评价】 2022年，厦门市市政园林局完成年度园林绿化施工企业信用评价工作，665家符合参评条件的企业进入评价运算和等级评定公示。评定A级企业52家，BB+企业98家，BB-企业467家，C级企业48家。

【园林绿化工程监管】 2022年，厦门市园林质量站监管在建绿化工程项目88个，面积667.91万平方米，造价12.12亿元。其中，全年累计新增报监项目51个，总面积228.75万平方米，总造价5.6亿元，完成竣工验收项目37个。对624个（次）项目进行检查，约谈2个项目的参建方法人代表，发出310张责令整改通知单，记录P5档次不良行为4次，P6档次不良行为25次。开展扬尘防治日常工作检查195次。

【绿化行业技术培训与推广】 2022年，厦门市市政园林局组织开展4期线上园林技术推广培训、3次绿化指导宣传活动，在公交、地铁和新媒体上开展“口袋公园”摄影大展、绿植知识有奖问答、“e起云植树”等趣味互动。开设专家咨询平台，组织园林绿化专家 30 余人在线上为市民服务，向市民群众传授绿化管养新技术、新理念。

【绿化建设指导服务】 2022 年，厦门市市政园林局印发《厦门市园林绿化白皮书（2020—2021）》。向社会公布厦门市园林绿化基础情况，为园林绿化从业者做好园林绿化建设提供指导。印发《厦门市城市道路绿化建设全过程导则》，为加强厦门市城市道路绿化建设全过程管控，城市道路绿化设计、施工、监理、评审等环节提供指导性文件。

【重要节日花化彩化】 2022 年，厦门市市政园林局在重要节假日，选取全市主干道、重要节点和公园 82 个重要点位，通过各色草花、花球花柱、绿雕和园林造景等手法，营造节日氛围。在春节期间，厦门市组织评选全市“十佳”花化彩化氛围布置节点，推荐为花化彩化网红打卡点。国庆及中国共产党第二十次全国代表大会召开期间，市市政园林部门开展花化彩化工作，打造 42 座绿雕，使用 550 万株时令花卉、25 万盆三角梅，营造日氛围，中央电视台、市电视台、《厦门日报》、《厦门晚报》等媒体进行正面报道。

【古树名木保护】 2022 年，厦门市登记挂牌的古树名木 1788 株。市市政园林局推行“一树一园”创新举措，挖掘古树名木文化、生态功能，围绕古树保护和美丽乡村建设，打造休憩区和公园。全市已建的古树公园 90 多个。开展古树名木“双随机”检查工作，抽查古树名木 180 株，将检查情况进行全市通报，针对发现的问题，对各区下发 5 份整改通知单，确保古树名木得到有效保护。安排古树名木保护专项补助资金，根据古树名木养护经费定额标准，市财政每年按照 500 元 /（株・年）的标准，安排古树名木保护经费支付给各区，各区再配套相应的保护经费，为古树名木保护提供资金保障。开展技术培训及宣传推广，举办古树名木保护与复壮技术培训推广会，加强古树典型案例宣传，在微信公众号等平台发布古树名木相关报道 4 篇。

【外来物种入侵防控】 2022 年，厦门市市政园林局做好调运检疫审批。截至年底，办结调运检疫审批 301 件，防范检疫性有害生物的人为传播扩散。组织开展检疫执法专项行动，深入花卉市场、苗木基地、木材企业等生产经营一线，摸查全市 30 多家中大型涉林苗木和木材企业，未发现明显的违规违法行为。以“监测路线 + 监测点”方式开展全市园林病虫害监测预警工作，设置监测点 60 个，监测路线 47 条，覆盖全市各区 93 条主干道、182 条次干道、58 个公园；根据病虫害发生情况，发布《厦门园林林业病虫情通报》14 期、《厦门园林林业病虫情预警专报》10 期，制定发布《厦门市 2023 年园林植物病虫害防治月历》，指导各区、各园林养护企业做好病虫害监测防治工作。

【植物园南门启用】 2022 年 7 月 27 日上午，厦门园林植物园南门启用仪式在南门广场举行。市人民政府副市长张志红出席仪式并致辞，市建设局局长李德才、市市政园林局局长蔡伟中以及市委宣传部、市发改委、市财政局、市文旅局、市市政园林局、市执法局、市交通局、市邮政管理局、思明区政府、市交警支队、市政集团等分管领导出席仪式。植物园南门启用，标志着厦门园林植物园创建国家 AAAAA 级旅游景区的各项建设项目基本完成，为创建工作打下基础。新南门的建成打通南门到植物园核心区的通道，使得植物园与环岛路、胡里山炮台、南普陀等主要景点无缝链接起来，将厦门的山海旅游资源串联成线，为厦门岛东部全域旅游提供最佳旅游线路。南门内新建观山瞰海的“扶梯 + 步道”创新通道系统成为全新的网红打卡点。

【白鹭洲公园跑步道建成】 2022 年 8 月，厦门市白鹭洲公园跑步道建成。该项目是厦门市推行公园体育设施建设的先行项目，健身环道全长 1.11 千米、宽 2 米，为彩色沥青路面。项目结合公园现状，打造高品质慢跑步行系统，将原有水泥路面改造为适宜慢跑的彩色沥青健身步道，并对沿线绿化景观、路灯照明、地下污水管网同步提升；项目因地制宜设置热身区、健身器材及智能储物柜，满足市民游客健身跑步需求。

（市市政园林局）

城市管理

【概　况】 2022 年，厦门市城市管理行政执法局（简称市城管执法局）受理城市管理事件（包括市容环境、宣传广告、施工管理、突发事件、街面秩序、其他事件六大类）、部件（公用设施、交通设施、市容环境设施、园林绿化设施、其他部件等五大类）问题 139.2 万件，作出各类行政处罚 5.72 万件，罚款 4248.75 万元，处置“两违”（违法用地、违章建设）面积 551.53 万平方米，腾出并利用土地 615.86 万平方米。厦门市城市管理工作在全国城市管理华东片区研讨会上作经验交流，文明创建与城管工作深度融合工作经验在全国文明办主任会议上作经验介绍；市城管执法局作为全市唯一市直机关单位获评福建省五一劳动奖状，在第七届全国文明单位届中测评排名全市第一。

【文明城市创建】 2022 年，厦门市城管执法局作为市容市貌专项整治协调组牵头单位，建立“日碰头、周调度、月讲评、大事会商”常态化创建工作机制，创新“周期集群仗、常态小整治”整治方式，先后开展 21 轮综合整治行动，市、区两级城管执法部门组织集中行动 2000 余场次、常态化小整治 3.7 万场次，市容存量问题持续减少，市容环境改善。根据 2022 年度省级文明城市创建测评通报，厦门市 6 个区中有 5 个区位列福建省前 10 名，并包揽前 3 名。推动完善“大城管”治理格局，建立并运用好大垃圾快速处理、交界地带分工协作兜底保障等机制，协调解决赤坡山、半屏山周边市容乱象等问题。对接文明创建考评，实现文明创建测评与城市精细化管理考评“一体运作”，构建文明测评点问题“一张图”，全年抽查考评点 3964 个，处置问题 4.07 万件，比上年分别增长 98% 和 94.2%。倡导推行“日行一善”文明实践活动，处置各类问题 6.7 万余件，以模范言行示范带动群众参与文明创建。

【“两违”综合治理】 2022 年，厦门市城管执法局对“两违”机制存在的漏洞和管控风险进行全面“体检”，围绕源头管控、处置整改、责任追究3个环节和“批、建、管”3个阶段，梳理印发4类重点类型“两违”风险全周期、全链条管控机制。开展住宅小区“两违”整治提升行动，全市累计排查2775个住宅小区、2.1万栋房屋，整治违建3007处。建立重点项目建设“服务专员”保障机制，配合清理盘活低效闲置用地，协助收回储备用地160.1万平方米。处置“两违”完成全年任务的137.88%，拆后土地利用率96.67%。核定新增“两违”比上年下降58.2%，全市启动问责77人次。

【城市管理常态化执法】 2022年，厦门市城管执法局出台《城市管理行政执法人员职务行为若干准则》《行政执法错案责任追究若干规定》。常态化开展城市管理重难点问题、重点部位专项执法，全年累计纠正占道经营30.3万起，比上年增长22%。纠正电动自行车违停64.7万起。行政收容犬只1177只，比上年增长28%。整治乱扔大垃圾行为，建立发现问题、上报查人、固定证据、行政处罚、曝光警示全流程执法机制，先后教育批评2.2万人次，开具处罚决定书10858张，其中运用视频追溯处罚500件。创新开展工地扬尘“推差考评”，补齐扬尘防治管理短板，市属建设工地噪声、粉尘投诉比上年分别下降8.3%和12.5%，建设工地噪声自动监测做法在福建省推广。

【城市管理精细化】 2022年，厦门市城管执法局主动承接国旗升挂、使用和收回监督管理职责，完成海峡论坛、“9·8”投洽会等重大活动市容市貌保障。开展“门前三包”（包卫生、包绿化、包秩序）落实年活动，率先把“门前三包”系统纳入城市运管服平台，实现8.8万个“门前三包”责任主体基础信息数据全覆盖。完成1条省级样板街区和5条市级样板街区建设，以点带面推进全域精细化管理提升。试点推动适当跨店经营，在全市204条重点路段，创新设置130个常设区、限设区，允许8613家店面适当跨店经营。升级共享单车监管系统，加强对共享自行车运营企业实时管理，实行“30分钟分片区无差别调度”，效率较原运维模式提高16%。共享单车共治共享模式被评为厦门市首届依法治理十大优秀案例。

【城市发展管理执法保障】 2022年，厦门市城管执法局参与“城中村”治理，清除侵占集体土地违法建设等顽症痼疾。优化户外广告设施审批流程，实现许可事项100%全程网办。出台中山路历史文化街区沿街商铺店招设置指导意见，打造中秋街等12条户外广告招牌精品路段，整治违规户外广告和招牌设施11245块、6.2万平方米。率先制定包容审慎监管执法“四张清单”（免罚清单、从轻处罚事项清单、减轻处罚事项清单、不予实施行政强制措施事项清单），重点规范涉企处罚事项，全年不予处罚或从轻、减轻、免于行政强制182件，减免罚款402.8万元。制定实施增加岛内施工项目建设有效时长若干措施，开展“六方”（执法部门、业主、施工、监理、街道社区和居民代表）共建共管工地等惠企服务，帮助解决扬尘噪声扰民、项目建设有效时长受限等问题。

【智慧城管建设】 2022年，厦门市城管执法局率先福建省加入全国智能建筑及居住区数字化标准化技术委员会，参与全国城市精细化管理相关标准顶层设计。初步建成城市运管服平台，完成对接国家、省级运管服平台等23个内外部系统，汇聚自然资源和规划、住房等五大类22个市级数据资源。借助“雪亮工程”等系统资源，探索开展视频“非接触”式执法处罚14类常见城市管理违法行为。联合厦门大学公共事务学院合作成立厦门城市综合管理研究中心，在全市开展“我为城市管理提升献一策”金点子活动，为文明创建和城市管理引智赋能。科技助力文明创建工作获评全市社会治理及平安建设智能化“优秀创新应用项目”。

【城市运行安全守护】 2022年，厦门市城管执法局推进安全生产专项整治三年行动，推行安全隐患“四个清单”（隐患排查治理任务清单、隐患清单、隐患整改工作清单、隐患复查验收清单）管理，聚焦“两违”整治、燃气执法、户外广告监管和自身安全等重点领域，开展安全隐患大排查大整治和“百日大会战”。落实重大突发敏感事件舆情快速应对处置机制和网络意识形态工作等“四个机制”。常态化推进扫黑除恶斗争，全链条完善信访事项“排查、预警、化解、督查、稳控”五位一体工作模式，拉网式排查化解城管执法领域矛盾纠纷和涉稳风险隐患。全年没有发生城管执法领域重大安全事件和重大涉稳问题。

（市城市管理行政执法局）

责任编辑：曲　艺
审　　稿：孙志红
校　　对：熊焱峰

29 房地产业

房地产开发

【概　况】 2022年，厦门市商品房批准预售面积366.91万平方米，新建商品房网签面积368.11万平方米；新建商品住宅供应面积184.91万平方米，新建商品住宅网签面积184.64万平方米。二手房成交面积370.93万平方米，二手住宅成交面积223.28万平方米。

【房地产企业纾困解难举措落实】 2022年2月，厦门市住房保障和房屋管理局（简称市住房局）推动资源规划部门优化商住用地出让条件，土地出让金缴交时间由最长9个月延长至1年。全年出让商住用地27宗，成交金额611.85亿元，均享受前述政策优惠。

3月31日，市住房局出台《关于调整商品住房预售许可工程形象进度标准的通知》，降低厦门市商品住房预售许可工程形象进度标准。全年，26个项目按调整后的工程形象进度标准办理预售许可，合计批准预售面积152万平方米。

4月1日，修订的《厦门市商品房预售管理规定》施行，进一步优化监管模式。5月起，按照上级文件精神，厦门市支持房地产开发企业采用商业银行保函，置换部分应留存预售监管资金。全年，9个项目采用保函置换预售监管资金，担保金额3.21亿元。

【房地产风险防范化解】 2022年2月，厦门市针对部分楼盘存在交付困难的实际情况，成立工作领导小组，牵头负责中高风险房地产企业商品住房项目“保交楼”等处置工作。领导小组全面摸排全市92个商品住房项目建设、交付情况，建立定期跟踪制度；落实周调度、月报告制度，及时协调解决有关事项。全年，厦门市“保交楼”工作没有出现大的风险问题。

【房地产开发企业资质管理】 2022年4月，厦门市住房局按照住建部要求，规范房地产开发企业经营行为，开展换发二级“房地产开发资质证书”工作（由五级调整为二级）。截至12月，厦门市房地产开发企业393家，比上年增长11.6%；在建项目187个，建筑面积3900万平方米。

【房地产开发企业“双随机”检查】 2022年，厦门市房地产开发企业资质“双随机”检查中，随机抽查32家企业，均符合检查要求；厦门市预售商品房项目“双随机”检查中，随机抽取5个商品房项目，均符合检查要求。

（市住房局）

房地产市场管理

【概　况】 2022年，厦门市住房局贯彻房地产长效机制，坚持“房住不炒”定位，通过逐步优化限购政策，协调降低住房贷款利率等举措，支持刚性和改善性需求。

市领导先后3次召开房地产、建筑业企业座谈会，分析研判新形势，了解企业实际需求，听取意见建议。针对企业提出办证、用地、用水、用电等方面诉求，及时协调市直各部门和各区推进解决。

商品房预售许可等2个行政许可事项子项办理时限，由原来3个工作日调整为“即办件”（法定办理时限为20日）；房地产开发企业资质申报事项审批时限，比上年压缩98%，平均用时0.78小时。全年受理预售行政审批许可及现售备案事项246件，房地产开发资质行政审批许可事项201件。

【安置型商品房销售】 2022年，厦门市住房局全面梳理安置型商品房项目情况，倒排工作计划，明确时间节点，落到具体项目，加强督促，推进落实。会同市资源规划局、各区、市城投公司等部门，修订《新建安置型商品房销售合同示范文本》，推动安置型商品房销售及合同签订。全年，全市35个安置型商品房项目完成土地出让，30个项目办理预售许可，27个项目完成销售。

【公证摇号公开销售推行】 2022年，厦门市住房局在2021年11月26日出台《关于印发新建商品住房公证摇号公开销售实施方案的通知》基础上，适度调整公证摇号、公开销售项目的范围，细化公证摇号、公开销售方案，加强新建商品住房销售管理，规范销售行为，维护房地产市场秩序。6月，上线“购房意向登记系统”。7月，市住房局会同市不动产登记中心，组织岛内项目开发企业开展业务规则及系统使用培训。7月8日，五缘灏月项目启动购房意向登记，成为市首批开展公证摇号公开销售的项目。9月，市不动产登记中心参与意向登记资料核对工作，提高核对质量。全年，全市8个项目（14批次）启动购房意向登记。其中，和悦东方、湖滨壹里项目，意向登记人数为可售房源的1.2倍。

【交易网上全流程监管】 2022年，厦门市住房局为适应营商环境、疫情、新技术等因素对存量房网签备案服务水平提出的新要求，加强与市不动产登记中心联动，推进存量房线上交易，利用人脸识别、电子签名等技术，缩短交易时间，提高业务办理效率。同时，将原本的存量恢复居间服务系统，升级为存量房交易网签服务系统，新增移动版，弥补原来仅可电脑端操作的弊端，方便经纪人作业；预留存量房交易资金监管、带押过户等业务的数据接口，以便与市不动产登记中心、商业银行、第三方机构等的数据采集及传输交换，逐步完善存量房交易挂牌、居间、网签备案的全链条全流程监管。

【二手房点题整治】 2022年4月，厦门市住房局以整顿房地产经纪行业为重点，开展为期9个月的二手房交易点题整治，全方位规范二手房市场秩序。结合“双随机”、专项检查、联合检查等行动，通过现场检查机构公示、审查房源发布、调取交易档案资料、了解非法集资相关线索和打击“养老诈骗”“信易贷”“白鹭分”相关内容宣传等方式，累计出动执法3392人次，实地走访经纪机构门店5274家，筛查二手房源5535套；对57起涉嫌违法“炒房”行为立案查处，化解信访投诉584件，涉及金额接近2亿元。

（市住房局）

房地产中介服务

【概　况】 2022年，厦门市房地产经纪机构申请信息初始登记378家，均办结并在厦门网上房地产“厦门市房地产市场从业主体及人员信用平台”公示。年度通过初审的初始登记机构有223家（58.9%）来自贝壳平台。开展行业人员培训，提升行业人员整体从业素质，完成厦门市房地产经纪人培训419人，房地产经纪人培训继续教育681人。

【房地产经纪信用综合评价】 2022年，厦门市住房局持续对从事房地产经纪活动合法合规的房地产经纪机构（门店）发放经纪机构信用公示牌。完成全市2024家门店的星级评定工作，并公示经纪机构门店2024家，其中五星级2家、四星级19家、三星级238家、二星级767家、一星级285家、无星级713家；房地产经纪从业人员16237人，其中五星经纪人70人、四星经纪人78人、三星经纪人1775人、二星经纪人4963人、一星经纪人9351人。

【房地产（土地）价格评估】 2022年，厦门市房地产估价机构47家，行业从业人员1252人。其中，持房地产估价师和土地估价师证书的专业人才652人，持有注册房地产估价师证477人、注册土地估价师证260人。全年，除司法和征收业务外，房地产估价机构通过房地产中介行业协会网签的线下估价业务14794件，线下备案估价报告13714份，总建筑面积2185万平方米，评估总值2002亿元，线下估价实际收费9656万元；通过线上分发系统估价备案2581件，建筑面积97万平方米，评估总值170亿元，线上分发系统估价收费686万元。

9月1日起，市住房局根据《福建省人民政府关于向福州市、厦门市下放部分省级审批事项的通知》《福建省住房和城乡建设厅关于做好下放审批事项承接工作的通知》精神，承接由福建省住建厅委托办理的省外房地产评估机构分支机构备案业务。市住房局形成承接方案，完成权责清单、办事指南在省网上办事大厅公示，同步落实业务进驻相关对接工作，加强协调、跟踪、指导，开展业务培训，提升窗口政策咨询应答水平。

【房地产纠纷投诉调解】 2022年，厦门市房地产中介行业协会人民调解调委会接到各类（经纪行业和租赁行业）案件1486件（含投诉案件228件、调解案件341件、咨询案件917件），办结率97%，相较于2021年度受理案件总量下降14%。其中，住房租赁类纠纷案件1143件（含投诉案件61件、调解案件213件、咨询案件869件），受理数比上年上升10%，办结1139件，办结率99%；存量房交易类案件316件，办结311件，办结率98%；其他类案件27件，办结26件，办结率96%。

（市住房局）

房屋租赁管理

【概　况】 2022年，厦门市住房局提高审批服务效率，房屋租赁备案首次登记、转租登记、注销登记、变更登记4项业务，除在市行政服务中心及岛外各区行政服务中心窗口线下办理外，实现全程网办。建设优化“厦门市住房租赁交易服务系统”，完成201家企业、315个租赁项目、2.54万套房源、3532家中介机构和17052名中介人员的信息采集录入工作。打造业务集成移动终端“房屋租赁管理”App，实现租赁信息随访随查、巡查登记简易便捷、信息传递快速准确。在全国范围内率先实现全域租赁房源“一房一码”，颁发房源核验码38万个，确保房源信息发布做到“真房真人真委托”。

【住房租赁市场监管】 2022年，厦门市住房局持续将规范住房租赁市场秩序作为重点工作，不断提升房屋租赁管理效能与信息化水平，织密住房租赁监管网，为市民群体住有所居、住有所安提供保障。创新推出“雪亮租房”项目，通过在住房租赁重点项目特别是中央财政补贴项目安装视频监控终端，加强对租赁项目运营情况的监管力度，规范住房租赁企业运营行为。全年，厦门市有20个项目纳入视频监管。加快构建租赁市场综合监管体系，借鉴基层社区网格化治理经验，在住房租赁市场推行网格化监管新模式。配备住房租赁网格员，主要负责实地核验房源、定期巡查项目、动态采集信息等工作。

【"五年五折租房"政策兑现】 2022年，厦门市住房局细化政策配套，在市政府印发《厦门市加大新就业大学生等青年群体租赁住房保障工作的若干意见》基础上，相继编制1个操作指南、4个办事指南、2个补充通知，以及4个指导操作文件，基本满足受理申请需求。持续优化升级审核系统，结合申请功能上线、政策实施和咨询问题梳理，先后3次对受理申请平台进行升级改版，系统平台受理申请和联批联审更加成熟、高效。全年，全市受理租金补贴申请5个批次、6万人次，其中发放租金补贴4批次、3.75万人次、1.37亿元，从需求端有效降低新就业大学生租住成本，解决青年群体的过渡性住房需求，缓解保障性租赁住房发展初期房源不足与需求旺盛的矛盾。

【住房租赁市场租金常态化监测】 2022年，厦门市住房局持续对租赁市场总体供需情况、租金情况等指标进行动态监管，形成住房租赁市场租金常态化检测机制，全面掌握市场信息，及时发现新情况、新问题，实现对住房租赁全主体、全过程监测督导。全市设有固定监测点1047个、流动监测点200多个。监测范围覆盖全市6个行政区、42个街道（镇）、79个商业圈。监测样点包括普通商品住房、长租公寓、城中村（含老城区自建房）3种住房类型。采集租赁数据52.4万条，其中网络挂牌数据36.4万条，租赁合同报备数据6.67万条；线下采集租金数据9.32万条，出具43份住房租赁市场租金检测报告（含月报29份、季报9份、半年报2份、年报3份）。

【中央财补试点工作】 2022年6月，厦门市住房局按照中央财政支持厦门市住房租赁市场发展试点的时间节点和要求，完成试点主要任务和绩效指标。在资金审批拨付方面，累计完成资金审批24.2亿元，拨付24亿元。在房源筹集方面，累计筹集新增项目188个，租赁房源15.46万套（间）、建筑面积613.87万平方米，超额完成试点任务指标。在主体培育方面，市场化租赁机构数量从不到10家增加至136家（含规模化租赁企业30家），全部实现与系统平台联网（或入网），比上年增长1000%；市场化机构运营房源从不到2万套（间）增加到16万套（间），增长700%。在系统平台数据方面，平台备案租赁企业214家，住房租赁项目344个，租赁房源18.18万套（间）、587.25万平方米，中介经纪机构3717家，从业人员备案1.75万人，累计发布房源50.69万套（间），完成租赁合同登记备案8.28万套（间）。完成与贝壳网、安居客、58同城、龙湖等13家系统平台对接，浏览量超546.72万次；完成全市房屋43.3万幢、405万户的楼盘表搭建。在租金管控方面，厦门市住房综合租金均价为41.43元/月·平方米，低于上年同期水平，试点绩效指标全面完成。

9月，经财政部厦门监管局核定，中央财政支持厦门市住房租赁市场发展试点总体绩效评价得分97分，在第一批16个试点城市中名列前位。

（市住房局）

物业管理

【概　况】 2022年，厦门市备案物业服务企业603家，实施物业管理的项目2555个，物业管理总建筑面积1.82亿平方米。其中，住宅小区项目1481个，物业管理面积1.26亿平方米；其他类型物业管理项目1074个，物业管理面积0.56亿平方米。

【物业服务质量评定】 2022年，厦门市建设局全面推进住宅小区星级评定工作，对全市1353个物业服务管理项目开展物业服务质量星级评定，根据物业企业的服务水平由高到低将小区划分为五星级到一星级，将服务品质特别低下的小区设定为不达标小区，小区业主通过星级直观了解物业企业服务水平。经评定，五星级项目217个，占比16.04%；四星级项目57个，占比4.21%；三星级项目488个，占比36.07%；二星级项目448个，占比33.11%；一星级项目116个，占比8.57%；不达标项目27个，占比2.00%。

【房屋专项维修资金】 2022年，厦门市建设局专项维修资金专户缴交资金及公共收益9.14亿元，划拨5286.06万元，产生增值收益1.51亿元，全年存款合计增加10.12亿元。截至年底，市建设局专项维修资金专户累计缴交专项维修资金及公共收益80.54亿元，划拨2.99亿元，产生增值收益14.41亿元，账户存款合计91.96亿元。

（市建设局）

住房公积金

【概　况】 2022年，厦门市缴存住房公积金239.86亿元，比上年增长11.97%；提取住房公积金167.64亿元，增长7.41%；发放各类住房公积金贷款1.58万笔、金额98.09亿元，下降15.96%、35.16%。

【住房公积金政策完善】 2022年，厦门市住房局出台阶段性支持政策，助力企业职工纾困解难。4月15日，发布《关于贯彻落实应对新冠肺炎疫情影响进一步帮助市场主体纾困解难若干措施的通知》。6月1日，印发《关于实施住房公积金阶段性支持政策的通知》。明确受疫情影响的企业，可按规定申请缓缴住房公积金；受疫情影响的职工，不能正常偿还住房公积金贷款的，不作为逾期记录报送征信部门，不计逾期利息；无房职工租住商品住房提取住房公积金支付房租，由原来提取额每月不超过1000元提高到每月不超过1200元。年内，194家单位、10406名职工申请暂缓缴交公积金，缓交金额3878.52万元；454笔住房公积金贷款不作逾期处理，涉及逾期金额178.91万元；18.82万名缴存人"免申即享"提高租房提取额度，累计提取金额10.99亿元。

6月29日，市住房局发布《关于做好2022年度住房公积金缴存基数和缴存比例调整工作的通知》，明确年度住房公积金缴存基数上限为28884元，下限为2030元。8月24日，调整个人住房公积金贷款首付比例，同步完成系统升级，统一业务办理标准。10月1日，下调首套个人住房公积金贷款利率0.15个百分点，5年以下（含5年）和5年以上利率分别调整为2.6%和3.1%。10

月25日，印发《关于优化提取住房公积金支付购买新建商品住房首付款的通知》，实行购买新建商品住房提取住房公积金“预付制”，购房职工可使用住房公积金向开发企业支付首付款，缓解职工购房资金压力；截至2022年12月底，办理360笔提取住房公积金支付购买新建商品住房首付款业务，金额5237.02万元。出台《关于支持多子女家庭购房租房有关事项的通知》，明确多子女家庭在厦门市租房、购房，可享受差异化优惠政策；受理399户多子女家庭住房贷款3.22亿元。10月28日，印发《关于上浮个人住房公积金贷款最高贷款额度流动性调节系数的通知》，首次个人住房公积金贷款最高贷款额度的流动性调节系数上浮0.2，多子女家庭首次申请个人住房公积金贷款最高贷款额度的流动性调节系数提高至1。年内，受理上浮住房公积金贷款最高额度流动性调节系数1179笔，金额11.2亿元。

【“一件事一次办”服务推进】 2022年，厦门市住房局贯彻落实国务院办公厅印发的《关于加快推进“一件事一次办”打造政务服务升级版的指导意见》，加强部门协作，通过业务协同、数据共享等方式，优化政务服务事项办理要素和业务流程，全年新增4个“一件事一次办”集成服务事项。

保障缴存公积金职工基本住房需求，联合市住房保障中心、长租公寓运营单位，自4月15日起，相继开展保障性租赁房、长租公寓租房提取住房公积金“一件事一次办”集成服务，解决职工在政府部门与银行间“多趟跑、折返跑”问题。11月28日，联合市社保中心推出企业职工“退休提取住房公积金一件事”集成服务，企业职工在线申办正常退休（提前退休）业务时，可同步申请提取本人住房公积金；联合市民政局推出“公民身后一件事”集成服务，实现居民死亡证明开具、死亡提取住房公积金等公民身后事项“一件事一次办”；联合市人社局推出“员工录用一件事”集成服务，实现就业登记、个人公积金账户设立等员工录用事项“一件事一次办”。2022年，全市缴存单位和职工通过“一件事一次办”方式办理住房公积金业务3.6万余笔。

【保障房“靠前服务”】 2022年，厦门市住房局组织工作人员及设备入驻保障房销售服务大厅，推动阵地前移、服务前移、工作前移，为购买保障房职工提供公积金业务咨询、打印账户余额单、提取和贷款等“一站式”服务，打通服务职工“最后一公里”，实现职工办事“零跑腿”，服务保障“零距离”。为厦门市“三高”（高技术、高成长、高附加值企业）企业骨干员工切块分配保障性商品房（2021年批次）一期项目、二期项目，2021年第三批保障性商品房（社会批次）职工，2022年第一批人才住房（高层次人才）4个批次，提供“一站式”服务，现场接受咨询7998人次，打印公积金余额单6051份，提取公积金4898人次，受理公积金贷款3437笔。

【数字人民币应用推进】 2022年，厦门市住房局响应“数字人民币”国家战略，推进数字人民币在住房公积金领域的试点应用。4月，实现全试点金融机构开立，先后在工行、农行、中行、建行、交行、邮储、招商、兴业等8家数字人民币指定运营银行，开立数字人民币对公钱包。实现业务场景全覆盖，涉及资金流的所有住房公积金业务，均可利用数字人民币支付。实现全自动系统划转核算，根据市住房公积金管理中心业务审批结果，资金由业务系统自动拨付到企业（个人）数字人民币钱包；市住房公积金管理中心实施日终零余额管理，数字人民币钱包收入余额自动转入住房公积金开立银行账户，可实时完成住房公积金资金核算工作。

5月26日，市住房公积金管理中心发放全国首笔住房公积金数字人民币贷款44万元，标志着住房公积金数字人民币应用场景在厦门落地。年内，全市利用数字人民币办理提取住房公积金业务2笔、8.2万元，办理42家单位住房公积金缴存180余万元，发放个人住房公积金贷款2笔、106万元，职工申请通过数字人民币发放个人住房公积金贷款310笔、1.79亿元。

【“跨省通办”服务】 2022年，厦门市住房局针对群众需求和办理的高频事项，全年新增“公积金汇缴”“公积金补缴”“提前部分偿还住房公积金贷款”3个“跨省通办”服务事项，全面实现住建部要求的11个住房公积金高频服务事项“跨省通办”。做好相关业务办事指南、线上系统开发及测试工作，解决企业群众异地办事“多地跑”“折返跑”问题。年内，窗口办理“跨省通办”业务189笔，其中异地购房两地联办业务103笔，开具异地贷款缴存使用证明及缴存明细等其他业务86笔。

【多部门数据共享】 2022年，厦门市住房局着眼构建住房公积金数字化服务新模式，加强数据汇聚、共享和利用，打牢数字化发展的数据和平台基础，推动

2022年，市住房局建立住房保障综合窗口 （市住房局 供图）

2022年，厦门市职工在“跨省通办”专窗办理业务 （市住房局 供图）

公积金与人社、租赁等信息系统的互联互通、协同联动。2月28日，通过住建部住房公积金数据共享平台，共享全国职工住房公积金缴存、贷款账户信息，避免“一人多户”“一人多贷”。6月10日，通过厦门市政务信息共享协同平台，共享人社部门社保缴费信息、民政部门殡葬信息，职工办理相关业务无需提供纸质材料。10月31日，通过直连市房屋事务中心共享房屋租赁备案信息，职工办理租房提取无需提供纸质材料。12月23日，通过住房和城乡建设部与人民银行“总对总”通道共享个人征信报告，职工办理公积金贷款无需提供纸质材料。

（市住房局）

房屋管理

【概 况】 2022年，厦门市住房局做好自建房及房屋安全专项整治工作，确保群众住得安心、放心。结合开展安全生产检查“百日大会战”，开展经营性自建房排查整治“回头看”，各区按照100%组织入户自查，市级按照30%进行抽查；持续推进其他自建房及房屋排查整治，已排查并归集非经营性自建房11.9万余栋。在福建省范围内率先完成厦门市第一次全国自然灾害综合风险普查房屋建筑调查工作，并于8月通过部级质检核查。全市累计完成房屋建筑外业调查54.12万栋，为自然灾害风险评估提供基础信息支撑。全面落实安全生产和消防工作目标管理责任，完善汛期安全应急响应工作机制，突出重点防范，开展安全隐患排查整治，全年未发生伤亡等安全生产和消防事故。探索房屋安全社会化治理，推行房屋安全“保险＋监测”试点项目，加快建立常态化房屋安全管理体系。

【自建房及房屋安全专项整治】 2022年，厦门市住房局贯彻落实国务院、福建省政府工作要求，牵头做好自建房及房屋安全专项整治工作。按时完成所有经营性自建房排查和“百日行动”攻坚任务，全市排查并归集经营性自建房8.57万栋，发现存在一般结构安全隐患房屋2635栋。全市范围内组织开展经营性自建房排查整治“回头看”，100%复查到位，巩固排查质量。此外，完成50年以上一般安全隐患房屋整治2683栋，一般安全隐患钢结构房屋整治439栋。

【直管公房和保障性住房安全管理】 2022年，厦门市住房局会同房屋事务中心对全市直管公房逐片、逐栋、逐户展开“拉网式”排查，全面掌握老旧公房安全隐患底数，逐栋研究整治方案，推动房屋安全整治。全年投入2412万元用于房屋安全整治，面积6.01万平方米，维修涉及租户3878户。完成保障性住房小区43部电梯提升改造并交付使用；对电梯、消防等公共设施设备进行维修、更新5.2万余件，维修房屋3.3万余次，累计投入金额7000多万元。

【房屋安全“保险＋监测”试点】 2022年9月9日，厦门市住房局下发《关于加快推进房屋安全“保险＋监测”试点项目的通知》，分解项目指标，征集备选房屋。与中国人民财产保险股份有限公司厦门分公司对接现场选房、合同签订等事宜；与市财政局沟通，申请项目资金；召开协调会议，将房屋安全“保险＋监测”试点项目与自建房及房屋安全专项整治工作结合，指导各区试点，共同探索房屋安全社会化治理。全年，厦门市完成84栋直管公房、130栋区级试点房屋合同签订，进场安装监测设备60栋。

（市住房局）

责任编辑：曲 艺
审 稿：孙志红
校 对：熊焱峰

30 旅游业

综述

【旅游接待】 2022年，厦门市坚持“大旅游、大产业、大发展”理念，统筹疫情防控和旅游经济复苏发展。接待国内外游客6568.75万人次，恢复至2019年的64.61%；旅游总收入855.17亿元，恢复至2019年的50.13%；游客人均花费1302元。接待国内游客6541.4万人次，占接待总人数的99.58%；实现国内旅游收入843.15亿元，占旅游总收入的98.59%；接待国内过夜游客1939.89万人次，占国内游客的29.66%；接待国内一日游游客4601.51万人次，占国内游客的70.34%；接待入境游客27.35万人次，比上年下降10.14%，占接待总人数的0.42%；实现旅游创汇1.8亿美元，下降20.28%。其中，接待入境过夜游客27.35万人次，比上年下降10.14%，占入境游客的100%。至年末，全市旅游住宿单位2553家，其中星级饭店43家，五星级饭店19家。

【旅游业扶持】 2022年，厦门市文化和旅游局（简称市文旅局）出台纾困扶持政策8项，通过暂退质保金、营收奖励、“五一住有补贴”等形式兑现补助8600余万元，发放2000万元文旅消费券。推动银行为文旅企业提供2.45亿元信用类融资增信和5.24亿元贷款展期，帮助文旅企业纾困。

【旅游新消费】 2022年，厦门市文旅局注重把握新形势旅游消费特点，推出“厦门灯光地图”“越夜越YOUNG”等系列活动，助推“夜经济”发展。中山路步行街、集美新城核心区获批国家级夜间文化和旅游消费集聚区称号，《厦门喜事》、胡里山“国宝文物奇妙夜”等成为旅游新产品。

（张雅婧）

旅游资源

【概　况】 2022年，厦门市有国家A级旅游景区21家（AAAAA级景区1家，AAAA级景区10家，AAA级景区8家，AA级景区2家）。全市有独立法人旅行社539家、出境游组团社48家、赴台游组团社5家、台资合资旅行社1家。全市有星级饭店43家（五星级饭店19家，四星级饭店17家，三星级饭店7家），高星级饭店数量、品质居福建省首位。

【旅游景区】 2022年，厦门市文旅局持续推动园林植物园创建国家AAAAA级旅游景区工作，推动灵玲国际马戏城创建AAAA级旅游景区工作；推动旅游年卡及户外运动卡优化升级，2卡签约单位25家；落实A级旅游景区“限量、预约、错峰”要求，坚持常态化疫情防控。全年，厦门市A级景区接待游客1207.39万人次，比上年下降17.1%；门票收入3.07亿元，下降21.0%。其中，鼓浪屿景区接待游客221.35万人次，门票收入3898.68万元；园林植物园接待游客189.52万人次，门票收入1490.89万元；方特梦幻王国接待游客168.61万人次，门票收入1.77亿元。

【旅游饭店管理】 2022年，厦门市文旅局继续加大饭店评星与管理力度，引领饭店业发展。星级饭店营收17.66亿元，比上年增长1.3%。其中，客房收入8.97亿元，比上年下降3%，客房收入占营收额50.79%；餐饮收入6.31亿元，增长0.7%，餐饮收入占营收额35.72%。星级饭店平均房价456元/(间·天)，比上年增加9元/(间·天)；平均出租率45.62%，下降4.4个百分点。其中，五星级饭店平均房价526元/(间·天)，比上年下降2元/(间·天)；平均出租率45.05%，下降2.74个百分点；四星级饭店平均房价358元/(间·天)，增加6元/(间·天)；平均出租率47.32%，下降13个百分点；三星级饭店平均房价338元/(间·天)，增加69元/(间·天)；平均出租率43.79%，下降11.6个百分点。

【夜间旅游和影视旅游】 2022年，厦门市文旅局完成《厦门灯光地图》(电子版、纸质版）编制工作，以区域平衡、便于游览、利于宣传为原则，遴选出首批66个厦门夜间旅游和消费点，制定具有概念性、引导性“厦门璀璨灯光旅游线路”10条，在全市各大宾馆饭店、旅游景区宣传推广。举办越夜越YOUNG旅游节，推出“厦夜欢YOUNG”潮流夜市集、“厦夜青春”艺术会、“厦夜流光”璀璨梦幻夜、“厦夜美食”街巷流水席及“厦夜浪漫”夜游影像征集活动等互动项目，宣传、推广厦门夜游资源和产品。

【新春旅游云上大集】 2022年1月5日，“冬日暖阳厦门好YOUNG”厦门旅游产品发布会在厦门日月谷温泉渡假村举行。市文旅局组织福建省内网红（在现实或者网络生活中，因为某个事件或某个行为而被网民关注而走红的人或长期持续输出专业知识而走红的人）、媒体记者进行实地考察，发布30个突出厦门暖冬温馨之旅网红打卡点和25条旅游线路；在福州、南平、泉州、厦门等地举办“冬日暖阳厦门好YOUNG”福建省内线上宣传推广活动，运用各地新媒体平台、当地网红集中进行线上推广，开展厦门旅游产品体验式直播带货；瞄准春节、寒假重要时间节点，以宣传推广“在厦过年”提供优质旅游产品服务为宗旨，联动新媒体，组织引导企业推出新春本城游、微度假特色优质优惠服务，发动厦门市及周边城市市民投票推选“最期待”的100款2022厦门新春旅游云上大集旅游产品，与“冬日暖阳厦门好YOUNG”省内线上宣传推广活动形成体系，向市民游客推广本城游、本城度假产品，吸引周边城市游客到厦门消费。

【“最闽台”办手礼评选系列活动】 2022年5月21日，厦门市文旅局指导厦门晚报社启动2022最闽台伴手礼评选系列活动，分2个阶段。第一阶段，5—7月举办“第二届厦门老字号品牌创意设计大赛”暨“老字号嘉年华暨2022厦门老字号云闪付诚信购物节”活动，向市民、游客和商家展示诚信老字号品牌和优秀的创意设计作品，设计大赛为老字号企业和年轻学子搭建沟通渠道，吸引7所高校的数百名学生参与，征集参赛作品超百幅，投票系统浏览次数逾2万次，最终20幅学生设计作品脱颖而出，提升社会大众尤其是年轻消费群体对老字号品牌文化的认知，助力老字号特色伴手礼销售增长。第二阶段，11月至年底举办2022最闽台伴手礼评审展销会，经过市民读者推荐、企业自荐、专业人士初选以及线下评审展销会等环节，最终中茶厦门公司、惠和石文化园、夏商黄金香与黄远堂等10家企业选送的产品上榜“2022最闽台伴手礼十佳”，味正赢康、鹭林食品等5家企业选送的产品分别获得“特殊工艺奖”“传统风味奖”“创意设计奖”“地域特色奖”等单项奖。

（张雅婧）

旅游规划建设

【概　况】 2022年，厦门市文旅局制定出台《厦门市加快推进旅游业高质量发展项目申报指南》，全面梳理汇总涉及文旅项目招商引资和文旅项目融合发展的落地奖励措施，发挥政策导向作用，推动厦门市旅游业高质量发展。坚持“大招商、招大商、大员招商”，围绕加快打造“文化中心、艺术之城、音乐之岛”和加快建设世界一流旅游休闲城市的工作目标，克服疫情给文旅行业带来的困难，优化顶层设计，推动建立市长工作会议制度和招商例会制度，梳理龙头企业清单、目标企业清单、重点项目清单、支持政策清单，形成“一个图谱＋四张清单”资料库，选齐配强精干人员组建文旅招商小分队，加强市、区联动，探索打造“部门＋区＋镇/街＋指挥部”招商模式。坚持问题导向，先后出台近10项惠企、惠民政策，兑现各类奖补扶持资金8600余万元。聚焦重大项目招商，紧盯世界500强、中国500强、央企、行业龙头，围绕旅游核心吸引物、旅游新业态、文旅融合、乡村旅游、高端住宿业、智慧旅游等重点领域，引进优质增量。

【文旅重点项目建设】 2022年，厦门市重点在建文旅项目12个，总投资232亿元，计划投资19.32亿元，完成投资23.95亿元，占年计划投资的123.96%。其中，福建省重中之重项目1个，总投资167.6亿元，计划投资8亿元，完成12.11亿元，完成年计划投资的151.40%；文旅融合示范工程项目3个，总投资7.36亿元，年度计划投资1.43亿元，完成1.5亿元，完成年计划投资的104.9%；滨海旅游开发工程项目1个，总投资9.53亿元，年度计划投资0.8亿元，完成投资2.7亿元，完成年计划投资的337.5%；景区创新提升工程项目2个，总投资5.81亿元，年度计划投资2.71亿元，完成投资0.77亿元，完成年计划投资28.41%；文化旅游基础设施和公共服务提升工程项目5个，总投资41.7亿元，年度计划投资6.38亿元，完成投资6.87亿元，完成年计划投资的107.68%。

【文旅基础设施建设】 2022年，厦门市文旅局推进郑小瑛歌剧艺术中心、市美术馆、闽南文化集中展示中心、厦门海防博物馆、丰子恺美术作品展览馆等文化新地标建设；推进景区创新提升工程和文化旅游基础设施和公共服务提升工程建设；开通黄厝—曾厝垵—厦大—轮渡—方特旅游区等交通旅游新环线，完善旅游配套服务设施。

【文旅招商引资】 2022年，厦门市新增重点在谈文旅招商项目28个，总投资超320亿元。其中，圣元环保万豪瑞吉酒店、凌云玉石酒店、黄金海岸万豪瑞吉酒店、厦门海峡成功大厦4个文旅产业项目摘牌，总投资47亿元。全市新增入库签约招商项目52个、总投资54.56亿元，年度项目落地率85.71%，全年实际到资25.45亿元，投资完成率50.26%。市文旅局推进复星旅文丙洲岛复游城、星空华文厦门V星空未来音乐城、招商蛇口海上世界、北京青普鼓浪屿文化行馆、开心麻花（人民剧场）以及《小城春秋》沉浸式影视小镇等高能级文旅项目建设；推出海西潮玩打卡目的地海上世界购物中心、海陆一体大型实景360°全沉浸互动演出《厦门喜事》、“海上会客厅”波赛东66号游轮、胡里山炮台“流光厦门——国宝文物奇妙夜”以及环岛路“飞越厦门”体验馆等新产品；厦门国际邮轮母港首次迎来疫情后高端邮轮“招商伊敦”号，并开展常态化沿海邮轮运营；总投资63亿元的新加坡佩索纳高端酒店项目签约。

【乡村旅游“百镇千村”创建】 2022年，厦门市文旅局落实《福建省乡村旅游“百镇千村”提质升级三年行动方案》，全面实施《厦门市休闲农业与乡村旅游发展实施规划（2018—2035年）》，依托“百镇千村”平台，引导乡村旅游空间布局和业态优化，加强乡村文旅融合，推进乡村旅游提质升级。澳头社区获评全国乡村旅游重点村，灌口镇、新圩镇获评福建省全域生态旅游小镇，大帽山社、面前埔村和田头村获评福建省金牌旅游村。

（张雅婧）

旅游业态

【概　况】 2022年，厦门市结合地域特点、景区特色、节事活动、文化资源、城市特质及文创产业发展的优势，指导景区、旅行社等企业主动开发新产品，推动“影视＋旅游”“非遗＋旅游”“邮轮＋旅游”“乡村＋旅游”“夜间休闲＋旅游”等新兴业态的发展。持续推进厦门市全域旅游示范区创建，同安区成为福建省全域生态旅游示范县（市、区），有序推进和提升厦门市全域旅游发展质量。

【非遗旅游】 2022年，厦门市文旅局推动代表性项目保护单位、非遗传习中心（传习所）和代表性传承人投入“非遗＋旅游”融合发展，传统工艺振兴，非物质文化遗产生产性保护等工作。“线上＋线下”打造非遗购物节、非遗市集，促进文旅消费；“线上”推广14家非遗网络好店，并对线下举办的非遗活动进行现场实况直播；打造多个非遗市集，推动“消夏经济”，带动夜间消费，深田非遗生活市集吸引超5万人次参与，交易额近60万元；海沧阿罗海城市广场专场线上、线下超100万人次参与。指导故宫鼓浪屿外国文物馆专场开启“博物馆里的非遗之窗”项目，发挥各方文化资源，开展多渠道、多层次、多形式的合作；指导和支持惠和石文化园、妙吉祥香道博物馆等重点非遗文旅开发项目开展乡村旅游、非遗研学旅游业务，指导和配合神游华夏、方特、胡里山炮台等文旅企业、景区在各类文旅产品中更多引入非遗文化内容，开发非遗旅游线路。

【乡村旅游】 2022年，厦门市实施《厦门市乡村旅游发展三年行动计划》，促进乡村旅游发展全面融入乡村振兴大局，用好乡村旅游政策，完成支付2021年度农村旅游服务业投资项目贷款贴息补助409.29万元，组织实施2022年度乡村旅游专题培训班，引导乡村旅游从业人员结合新形势推进工作开展。翔安区新圩镇面前埔村、大帽山社和集美区灌口镇田头村获评2022年福建省金牌旅游村，集美区灌口镇、翔安区新圩镇获评全域生态旅游小镇，翔安区金海街道澳头社区获评全国乡村旅游重点村。截至年底，厦门市初步形成海沧东孚片区、集美灌口片区、同安北部山区和翔安澳头片区等多个乡村旅游发展集聚区，建成运营大帽山境、香山乡苑、田园竹坝、七彩田园、万丰果业等乡村旅游重大项目，拥有3个全国乡村旅游重点村和1个重点镇、3个福建省全域生态旅游小镇和6个金牌旅游村。

【影视旅游】 2022年5月15日，厦门市文旅局主办的厦门影视潮旅节在同安区启动。该活动以影视旅游为主题，推出互动性强、参与度高的体验项目和宣传活动，包括在集美区影视拍摄和露营“双料”网红点举办“晚风轻唱厦门影视歌曲音乐会”，在思明区、湖里区、海沧区、翔安区开展影视真人秀活动等。重点推介同安环东海域、方特梦幻王国、中山路、官任路、沙坡尾、鼓浪屿船屋、山海健康步道、华美文创空间、集美学村、海沧大道泰地站10个网红影视打卡点和5条精品影视旅游线路。开展春夏秋冬潮旅生活故事征集活动，活动持续2个多月，吸引游客和旅游达人参与，收到相关题材视频作品409个。

【邮轮旅游】 2022年7月2日，首艘悬挂五星红旗的高端邮轮“招商伊敦”号靠泊厦门邮轮母港，标志新冠疫情后厦门邮轮母港首条国内沿海邮轮航线复航，“招商伊敦”号开行深圳—厦门—舟山—上海航线，全年靠泊厦门港18航次，上下游客7000余人。该航线通过海陆结合，港口、陆地多产品联动，实现船上娱乐、海上观光、岸上体验有机结合，打造游轮旅行的独特体验。

（张雅婧）

旅游推介

【概　况】 2022年，厦门市文旅局围绕“大文化、大旅游、大宣传”主题，牵头开展旅游策划、筹备、推动工作。成立厦门文旅融媒体中心，开通视频号，启动直播，建设、完善厦门文旅融媒体中心大屏指挥系统、办公编辑区以及厦门文旅形象展示墙，打造“融为一体，合而为一”具能见度、便捷度、感知度的文旅融媒体中心平台；构建成型内含14个（境内9个、境外5个）自有媒体矩阵的文旅传播矩阵；创新“1+5”运作模式（指挥中枢和信息感知、图文生产、视听生产、宣传分发、舆情互动五大模块），建立、健全审核校对工作制度；持续完善厦门文旅数字资源库，全面收集文化艺术、地方戏曲、文旅活动等相关的文字、图片、视频、音频等数字化资源2700余条（张、篇）。在人民文旅研究院发布的《全国重点旅游城市文旅传播影响力指数榜》中，厦门文旅自媒体传播影响力进入全国前十。

【旅游宣传推广】 2022年，厦门市文旅局以“厦门潮旅生活”为主题开展旅游主题宣传推广工作。研究制定《2022年厦门潮旅生活宣传推广“535”计划》。举办2022中国旅游日厦门分会场活动暨春夏潮旅生活产品发布会，发布10个主推网红打卡区（29个网红打卡区）、10条精品主题线路，以及系列惠民暖企重要举措和营销活动；发布会当天全网观看量7162.8万人次，微博话题“厦门春夏潮旅生活”阅读量2171.3万人次，讨论4707次，活动吸引“学习强国”学习平台、中国新闻网、《中国旅游报》、《福建日报》、《厦门日报》等100余家媒体的关注和报道。开展全国巡回宣传推广，联合各区政府在四川省成都市、绵阳市、德阳市等重点客源地巡回举办“2022厦门潮旅生活”旅游推介会。

【文旅海外宣传推广】 2022年，厦门市文旅局发挥海外社交媒体作用，强化海外各社交媒体平台的功能性和创新性，优化海外社交媒体矩阵，精准化宣传推广活动，厦门旅游海外影响力得到提升。截至年底，市文旅局Meta、Twitter、

2022 年 5 月 18 日，2022 厦门导游直播节在厦门举办。图为启动仪式现场

（市文旅局　供图）

Instagram、YouTube、Tiktok 五大海外社交媒体平台粉丝 160.9 万人。中国文旅产业指数实验室（中国旅游报创立）发布全国旅游城市新媒体国际传播力指数，厦门文旅海外新媒体综合传播力指数位列全国前十。拓展海外文旅代表处合作渠道，15 个境外代表处持续开展境外宣传推广工作，向所在地市民和重点旅行商、主流媒体、相关商会协会提供各类厦门文旅宣传资料及咨询服务，参加境外线上推介活动，转载市文旅局海外社交媒体平台推文，推送厦门文化旅游资源和产品。

【导游宣传推介】 2022 年 5 月 18 日，由厦门市文旅局主办，文化和旅游部福建培训基地、厦门市导游协会协办的全国首个导游直播节在厦门启动。期间举办体验式直播——导游带您云旅游、话题直播——导游说厦门、导游云上看厦门、导游直播厦门文旅潮货等重点活动，40 名厦门导游和定向邀请的 10 名全国金牌导游进行主题直播秀。在 1 个月的时间里，厦门导游和全国金牌导游开启数百场现场直播，推介厦门精品旅游线路和文旅潮货，拉动文旅消费。厦门导游直播节在央媒新媒体、主要视频平台及厦门文旅融媒体直播平台观看量 8302 万人次，点赞超过 100 万人次。持续开展“金牌导游·光耀厦门”活动，与厦门广播电视集团（简称厦门广电集团）联合推出《厦门生活 100 天》专栏，组织全国金牌导游连续 100 天在专栏中讲述厦门生活之旅故事，同步开展新媒体传播。与中国光大银行厦门分行联合推出《厦门生活 100 种味道》宣传册，通过金牌导游宣传推广厦门旅游产品。

【闽西南旅游联合推介】 2022 年 5 月 23—28 日，由福建省文化和旅游厅指导，厦门、漳州、泉州、三明、龙岩 5 市文旅局联合主办的 2022“山海微度假·YOUNG 游闽西南”文旅宣传推广活动先后在莆田、福州、南平举办 3 场专题文旅推介会，策划推出三大主题、五个系列、十大线路产品，发布《闽西南旅游指南》滨海旅游篇、红色旅游篇，上线“云上闽西南”文旅品牌馆，在新华社现场云、哔哩哔哩、一直播、爱奇艺、云现场、新浪微博、搜悦直播等平台进行同步现场直播。活动上架闽西南产品近 100 种，吸引约 350 名旅行商、媒体、网红现场参会，全媒体曝光量突破 1 亿人次，打响“全福游有全福·山海闽西南”区域旅游品牌，激发端午、暑期“福建人游闽西南”的出游热情。

（张雅婧）

旅游管理

【概　况】 2022 年，厦门市文旅局建立文旅市场轮值联合执法机制，每周由轮值单位牵头，开展 1 次以上的联合执法，全年开展 46 次。建立投诉、舆情快查快处、曝光机制，形成对旅游市场“严监管、零容忍”的高压态势。实施旅游服务质量提升行动，针对“一日游”“低价游”等突出问题，开展“文旅行业百行信用示范试点创建专项行动”，探索建立行业信用承诺制度、重点关注名单制度；建立“厦门放心游”服务品牌，完善散客旅游服务体系。在福建省质量强省工作联席会议上公布的各设区市质量工作考核成绩中，厦门旅游业社会公众满意度得分 82.28 分，排名居福建省第一位。新冠疫情期间，统筹调度，最高峰组织用房 1.5 万间，提高入境分流和酒店房源使用效率。

【文旅监管执法】 2022 年，厦门市文旅局强化文旅“大安全”理念，开发文旅行业申报小程序，建立“大安全”市区联席会和平急转换工作制度，强化巡查督导和执法，落实文旅行业疫情防控、安全生产等工作责任。强化意识形态责任制，加强阵地建设管理，落实广播电视和网络视听审核校对、重播重审等制度。出动执法人员 2.16 万人次，检查文旅经营场所 8236 家次、旅游团队 45 团次、导游人员 148 人次，立案查处文化和旅游市场综合执法案件 160 件，罚没款 143.5 万元，其中办理重大行政处罚案件 24 起。

【旅游维权】 2022 年，厦门市文旅局对接福建省旅游投诉热线“12315”、市政务服务热线“12345”、市公共安全管理平台，化解文旅消费矛盾纠纷。办理各类举报 1467 件，处理旅游投诉、咨询建议 915 件，为游客挽回经济损失 58.56 万元。

【旅游市场治理】 2022 年，厦门市文旅局会同市交通运输局、市场监管局、公安局等部门，完善旅游市场秩序综合监管机制，共同治理扰乱旅游市场秩序、侵害游客合法权益违法违规行为，促进旅游市场秩序优化提升。坚持问题导向，组织开展旅游市场秩序春季专项治理、旅行社服务网点整治提升、暑期集中执法检查和打击“不合理低价游”等行业整治行动，促进行业规范经营执业。联合市交通运输局、市场监管局、市公安局，建立轮值牵头制度开展旅游市场秩序联合执法，加强旅游市场秩序联合执法检查。完善涉旅投诉处置工作，下发厦门市旅游会展产业发展领导小组办公室关于进一步加强旅游投诉处置工作的通知，坚持“早介入、快处置”，应对和处置旅游投诉，保障游客合法权益。全年开具安全隐患整改通知书 29 份，排查整改安全隐患 45 处，抽派执法人员 1167 人次，“双随机”抽查经营单位 389 家。

【旅游人才队伍建设】 2022 年，厦门市文旅局继续实施旅游行业服务质量人才培训行动，加强导游人员、旅行社、星级饭店等专业人才培养，举办导游素质提升、旅游安全、旅行社服务网点业务、旅游饭店首席服务师、旅游定制师、行业诚信经营等专题培训，举办市级导游大赛、高校未来导游之星大赛，树立导游服务标杆，打造导游服务品牌。全年组织开展旅游行业培训 13 期、行业技能赛事 2 个、旅游企业和导游复工复产指导直播 1 场，培训 4 万余人次，为厦门市旅游业发展提供人才支撑保障。

（张雅婧）

旅游公共服务

【概　况】 2022 年，厦门市文旅局推动旅游景区持续落实“限量、预约、错峰”要求，坚持常态化疫情防控，配合推进厦门市全域旅游示范区创建。按照市政府关于“一核五中心多网点、岛内岛外全覆盖”发展理念，在邮轮码头、中山路、和平码头、胡里山炮台、曾厝垵、观音山、机场 T3 和 T4 航站楼及同安 BRT 总站、同安莲花高山服务点等全市主要交通节点和游客集中地区设立 11 个服务点，38 名经培训的旅游专业人员在岗提供咨询服务，全年提供服务 23.3 万人次。依托 2 个线上服务平台（“厦门乡村游”和“厦金旅游通”），开通运营 5 个线上公益宣传平台（厦门旅游集散服务中心和“厦门旅游年卡”微信公众号、“厦门旅游集散服务中心”官方微博、小红书、抖音），加强旅游宣传和服务工作；全年发布公益性宣传 1354 条（次），浏览量 755 万次。开通有 2 条咨询服务热线（0592-8887800 和 4000918168）和旅游集散服务中心线上咨询平台，全年服务游客 320.55 万人次（包含线下咨询服务、线上咨询及景区预约），发放宣传资料 11.9 万份，播放公益宣传视频 4.3 万小时，应急医药服务 1551 人次，抽样回访调查游客满意度 99.9%。

【旅游厕所建设】 2022 年，厦门市新建、改建旅游厕所 13 座（含特色村镇乡村旅游厕所 3 座），完成年度计划（8 座）的 163%，在全市 AAAA 级以上景区增设“第三卫生间”(在厕所中专门设置的、为行为障碍者或协助行动不能自理的亲人，尤其是异性使用的卫生间）12 间。截至年底，全市有旅游厕所 319 座（含特色村镇乡村旅游厕所 54 座），其中 AAA 级旅游厕所 36 座、AA 级旅游厕所 113 座、A 级旅游厕所 132 座、未评级旅游厕所 38 座。旅游厕所均在百度和高德地图线上标注。

【公共户外帐篷露营场地管理】 2022 年，厦门市文旅局开展公共户外帐篷露营场地现状调研，联合市执法局、市政园林局、市场监督管理局出台《关于加强公共户外帐篷露营场地管理的通知》，落实部门责任分工，规范公共户外帐篷露营地管理，该工作得到市委主要领导的肯定性批示。同时，推动《厦门市房车露营地空间布局规划》立项工作。

【旅游行业信用体系建设】 2022 年，厦门市文旅局根据权责清单，依法依规持续加大文旅行业公共信用数据归集力度，提升数据归集和治理能力，执行行政许可和行政处罚信息“双公示”制度，及时、完整、规范、准确地向信用信息系统报送数据，建立健全文旅行业信用信息共享机制。健全文旅行业领域信用承诺制度，推进审批告知承诺和信用修复承诺，开展信用分级分类监管、信用联合奖惩和行政处罚信息信用修复等工作。推动诚信之风进文旅企业，组织开展文化和旅游行业社会信用体系建设“宣传月”活动，指导市旅游协会和部分旅行社建立“厦门放心游”服务品牌，发起旅行社诚信自律公约，发布“厦门放心游”旅游产品，强化行业正面导向。组织文旅企业开展诚信经营主题教育活动，举办 2 期厦门市行业诚信经营培训班，旅行社及分支机构、景区、酒店等旅游企业相关负责人近 400 人参加培训。

（张雅婧）

鼓浪屿名胜保护

【概　况】 2022 年，厦门市鼓浪屿—万石山风景名胜区管委会（简称鼓浪屿管委会）按照“历史国际社区＋当下真实社区＋著名旅游景区”的定位，围绕庆祝申遗成功五周年，聚焦打造“音乐之岛”，探索文化遗产保护、基层社会治理和文旅融合发展新模式，创新做法入选中国改革 2022 年度地方全面深化改革典型案例。打造“无疫之岛”，常态化开展新冠疫情防控工作，科学制定防控方案，鼓浪屿景点安全有序开放。落实危房抢险救灾值班中心 24 小时值班制度，开展“我为群众办实事”活动，全天候受理岛上房屋突发事件和严重问题，保障人民群众的生命财产安全。

【文化遗产安全治理】 2022 年，鼓浪屿管委会根据鼓浪屿街巷和建构筑物特点，按文物相关要求，完成全岛不可移动文物、历史风貌建筑标志牌的更新，开展 84 栋历史风貌建筑保护方案编制工作，调整《鼓浪屿文物建筑保护工程建筑行业企业名录库（试行）》，修缮保护鼓浪屿文化遗产。推动历史风貌建筑巡查和在建工地安全文明施工检查，联动处置巡查中发现的违章建筑，筑牢遗产安全屏障；开展区级及以上 59 处不可移动文物消防安全管理标准化达标创建工作，引导管理单位建立健全长效机制。

【文化遗产监测】 2022 年，鼓浪屿管委会落实数字化测绘，完成八卦楼修缮前后及美国领事馆旧址、英国领事公馆旧址修缮前实景三维扫描。对核心要素本体及周边、毓德女学校旧址建筑病害及春草堂等进行监测，形成专项监测报告。对遗产本体病害、建设活动、游客数据等开展网格化巡查和常态化监测，

2022 年 10 月 26 日，鼓浪屿协和礼拜堂保护修缮现场　　（蔡松荣　摄）

排查遗产本体病害 47 处，巡查建设活动 141 处，为文化遗产修缮提供依据。《2021 年鼓浪屿世界遗产监测年报》纳入中国文化遗产研究院“2021 年度中国遗产蓝皮书作为专项推介”。

【文化遗产保护修缮】 2022 年，鼓浪屿管委会建立重点项目专班机制，保障项目按时完成。推进鼓浪屿八卦楼、美国领事馆旧址、四落大厝、博爱医院旧址、英国领事公馆旧址、协和礼拜堂等核心要素保护修缮和利用，形成“完成一批”“修缮一批”“设计一批”的良性局面。落实文化遗产安全治理“百日攻坚”行动，推动 13 处、14 栋 D 级历史风貌建筑和文物建筑危房保护修缮，竣工验收 11 栋。开展第一轮不可移动文物集中保护修缮工作，竣工验收 17 处。

【文化遗产活化利用】 2022 年，鼓浪屿管委会打造鼓浪屿摄影陈列馆，运用现代数字技术和传统展陈相结合方式，讲述“中国摄影第一人”林鍼的故事。优化八卦楼主副楼展陈和环境提升方案，启动延平戏院旧址、美国领事馆旧址和英国领事公馆旧址展示利用工作。对在不可移动文物、历史风貌建筑内从事经营活动的审批事项开展业态前置征询，全年审核通过 134 家，涵盖餐饮、住宿、文化旅游、信息技术等企业。

【鼓浪屿申遗成功五周年庆祝活动】 2022 年，鼓浪屿管委会围绕“海天遗韵，相聚鼓浪”活动主题，举办鼓浪屿申遗成功五周年系列庆祝活动，包括第三届鼓浪屿音乐节、第十一届鼓浪屿钢琴艺术周、2023 鼓浪屿新年音乐会活动，央视等主要媒体报道。其中，“我在鼓浪屿弹钢琴”音乐活动吸引近 100 名国内外钢琴艺术家及爱好者参加，举办“我在鼓浪屿赏南音”表演 50 场，收藏来自台湾的 200 张黑胶唱片。

【文化遗产宣传】 2022 年，鼓浪屿管委会宣传鼓浪屿的音乐文化和艺术人文价值。制作“琴岛·乐集”经典音乐鉴赏系列短视频；启用“鼓浪屿历史国际社区”公众号；开展“走出鼓浪屿，宣传鼓浪屿”活动，普及鼓浪屿文化遗产相关知识；在国际古迹遗址日、文化与自然遗产日等重要节点开展鼓浪屿标志物植物扎染制作、寻觅鼓浪屿老别墅、建筑可阅读研学专线等活动；围绕“呵护世遗瑰宝·共享鼓浪芳华”主题，开展线上鼓浪屿世界文化遗产地知识普及活动；更新文物和历史风貌建筑标志牌 635 处，推出“扫码”了解景点、语音导览、欣赏美图等功能。

【文旅市场回暖】 2022 年，鼓浪屿管委会依托历史风貌建筑及重点街头空间等场所，盘活旅游资源，拉动文旅消费。举办第三届鼓浪屿音乐节，带动省外游客回归，日均上岛游客 2.7 万人次，精品民宿入住率 100%，各类活动全网点击量超 30 亿人次；推出“踏浪而歌·琴岛生活节”消费促销活动，发放补贴，促进鼓浪屿文旅市场加速恢复；举办鼓浪屿数币文旅节，通过“文化旅游 + 科技金融”，推出五大国有核心景点 + 故宫鼓浪屿外国文物馆优惠组合套票，发放数字人民币优惠券，实现聚人气、增消费、促发展，激发市场活力。

【文旅产业扶持】 2022 年，鼓浪屿管委会贯彻落实“以奖代补”等文化扶持政策，扶持群众性文化活动走进老建筑，全年扶持音乐演出等文化活动 230 场，奖补金额为 50 余万元；落实助企纾困工作，主动靠前服务，为符合租金减免政策的 60 户公房承租户及时办理 6 个月的租金减免，减免租金 835.31 万元；邀请市民游客参加“我在鼓浪屿弹钢琴”“我在鼓浪屿赏南音”“琴岛·乐集”线下体验等活动，鼓浪屿音乐学校、南乐研究会等定期在重要室内场馆及户外街头空间进行钢琴演奏、音乐快闪表演，复办鼓浪屿家庭音乐会等，全年举办各类音乐快闪 150 余场。

【历史文化街区打造】 2022 年，鼓浪屿管委会出台《鼓浪屿历史文化街区三年整治提升行动方案》，强化鼓浪屿历史文化街区整体保护，延续历史街巷传统格局与历史风貌，推进鼓浪屿历史文化街区品质整治提升。编制实施《鼓浪屿风貌保护与有机更新设计导则》，规范历史文化街区规划设计和建设行为，推进历史文化街区的整体保护和有机更新。加强对历史文化街区非文物、非风貌建筑翻建和修缮的研究，寻求突破非文物、非风貌建筑原地翻建政策障碍，完善公共服务和市政设施建设，维护历史文化遗产的真实性、完整性和可持续性。

【景区风貌提升】 2022 年，鼓浪屿管委会提升全岛绿化景观，按照重点片区绿化建设工作要求，打造引种园特色园区，分区域逐步开放；完成鼓浪屿重兴三和宫摩崖石刻、鼓浪屿风琴二馆周边绿化等花化彩化景观提升规划审查，提升重要节点景观风貌。组织购买三角梅、炮仗花等植物种苗 764 株及肥料 146 袋，免费发放给居民商家，推动鼓浪屿庭院绿化提升，促进全岛公共区域和庭院全面绿化美化。完成菽庄花园、港仔后沙滩、延平公园、海上花园酒店等主要景点的夜景改造提升，美化海岸线，提高遗产地吸引力。

【文旅环境整治】 2022年，鼓浪屿管委会提升精细化管理水平，开展常态化市容专项治理、“全岛限噪音和控油烟”行动和“静夜守护”计划，加大对“门前三包”、跨店占道经营等违法行为执法力度，打击油烟噪音扰民行为，开展各类整治394次。以零容忍、全覆盖、即拆除的态度，遏制“两违”（违法占地、违法建设）新增，查处各类违法建设20起，拆除面积269.32平方米。制定《鼓浪屿失信联合惩戒实施办法》，审核驻岛执法单位推送各类违法违规对象66人，持续推进鼓浪屿信用体系建设。强化红线意识，坚守安全底线，坚持常态化、全领域、全方位安全隐患监督检查，全年未发生安全生产事故，全岛经济社会持续平稳健康发展。

2022年10月5日，第十一届鼓浪屿钢琴艺术周——“色彩斑斓　华丽辉煌”孙颖迪钢琴音乐会在厦门举办
（鼓浪屿管委会　供图）

【第三届鼓浪屿音乐节】 2022年7月15—24日，第三届鼓浪屿音乐节举办，该音乐节由中共厦门市委宣传部、市文旅局、市文学艺术界联合会、思明区人民政府、鼓浪屿—万石山风景名胜区管理委员会主办，厦门文广影音有限公司、厦门市音乐学校承办，厦门轮渡有限公司协办。音乐节以“世遗回响、海韵天籁”为主题，利用鼓浪屿演出场所、核心建筑和街头空间开展歌剧、合唱、大提琴、民谣、爵士等音乐形式的演出72场和大提琴音乐课活动220节，吸引30多家媒体及众多自媒体参与报道宣传，全网点击量超过30亿人次。

2022年7月15日，第三届鼓浪屿音乐节开幕式在鼓浪屿日光岩下的“港仔后”沙滩举行
（鼓浪屿管委会　供图）

【第十一届鼓浪屿钢琴艺术周】 2022年9月30日至10月6日，由厦门市鼓浪屿管委会承办的第十一届鼓浪屿钢琴艺术周举行。艺术周举办“大师殿堂”精品音乐会、“流淌的音符”、教育研学钢琴公益大师班、黑白格音乐市集、“音乐雅集”庭院和广场音乐会等活动，设置“流淌的音符”钢琴演奏点30处，覆盖热门景点、街头巷陌、广场展馆、家庭旅馆等场地，中央电视台等媒体进行报道。

（郭阿妹）

责任编辑：明安文
审　　稿：曲　艺
校　　对：林建高

31 民营经济

综　述

【民营经济发展】 2022年，厦门市民营经济工作领导小组办公室（简称市民营办）立足服务民营经济发展主责主业，协调沟通领导小组相关成员单位制定《关于进一步发挥质量基础设施支撑引领民营企业提质增效升级作用的实施方案》《厦门市贯彻落实省委办、省政府办〈关于推动民营经济创新发展的若干措施〉具体举措》等，汇编《厦门市市级惠企政策选编》，为民营企业提供政策支持。开展“四访四通”（开门接访、进门约访、登门走访、上门回访，诉求表达畅通、意见建议直通、困难问题沟通、矛盾积案疏通），施行《厦门经济特区优化营商环境条例》，设立“厦门营商环境日”，搭建政企沟通平台，组织召开民营企业家代表座谈会、全市企业家大会、二十大精神宣讲会等政企沟通会议，梳理民营企业诉求意见，联系相关部门跟进落实，就9家企业反映的11起诉求进行协调解决。注重民营龙头企业培育，评选认定2022年厦门市民营龙头企业、百强企业系列榜单，实施《先进制造业倍增计划》；搭建“全周期”梯次培育体系，培育民营龙头企业后备军，推动高新技术企业数量呈跃升态势。通过发挥基层立法联系点作用、推进涉案企业合规第三方监督评估机制的建立、深化“百所联百会”工作、指导市经贸商事调解中心工作、发布《海丝中央法务区企业外贸合规服务手册》等举措，助力营商法治环境建设。全市民营企业数量82.87万家，全市民营企业（仅含私营和个体）就业登记在职人数164.18万人，全市民营企业（含私营企业、个体经营）税收收入344.67亿元，全市境内上市民营企业49家，全市民营经济增加值3738.01亿元，占全市国内生产总值比重47.9%。全市国家高新技术企业中，民营企业3248家，实现营业收入1866.74亿元，占全市高新技术企业营收的48.85%。

【“厦门营商环境日”设立】 2022年3月1日，《厦门经济特区优化营商环境条例》开始施行。该条例于2021年12月31日经厦门市第十五届人民代表大会常务委员会第四十八次会议通过。条例以市场主体需求为导向，以政府职能转变为核心，对标世界银行指标和国家营商环境评价体系，旨在优化公平竞争的市场环境，健全平等保护的法治环境，营造鼓励创新的经营环境、构建“亲清”关系的政商环境，其中明确加强企业家队伍培育，确定每年11月1日为“厦门营商环境日”，发挥“厦门营商环境日”暨“厦门企业家日”桥梁作用，倾听企业意见建议，帮助企业解决实际困难。

【市民营经济工作领导小组成员调整】 2022年3月21日，厦门市民营办根据领导小组成员单位人事变动情况，经请示市委、市政府同意，发文对厦门市民营经济工作领导小组组成人员进行重新调整，以强化对市民营经济工作的领导和民营办职能作用的发挥。调整后，市委副书记、市长黄文辉担任领导小组组长，市委常委、副市长黄晓舟，市委常委、统战部部长王雪敏，市人大常委会副主任陈琛，市政协副主席担任领导小组副组长。领导小组成员有：市委办公厅分管副主任，市政府分管副秘书长，市委统战部副部长、市工商联（总商会）党组书记、分管日常工作副主席陈永东，市中级人民法院、市人民检察院、市发改委、市科技局、市工信局、市司法局、市财政局、市人社局、市资规局、市生态环境局、市商务局、市国资委、市市场监管局、市统计局、市住房局、市金融监管局、市审批管理局、市工商联、市税务局、厦门银保监局、厦门证监局等单位主要领导。

（孙　玲　陈珺珺）

民营企业家思想引领

【概　况】 2022年，厦门市民营办强化民营企业家理想信念教育，学习宣传贯彻中共二十大精神，推进中共二十大精神进企业。推进陈嘉庚纪念馆被确定为全国民营经济人士理想信念教育基地，实施青年企业家提升计划，以“嘉庚精神”锻造理想信念教育内核，筑牢民营经济人士思想政治基础。全国民营经济人士理想信念教育基地揭牌，为福建省第二个。

【年轻一代民营经济人士培养工程】 2022年5月12日，中共厦门市委统一战线工作领导小组办公室印发实施《厦门市促进年轻一代民营企业家健康成长的若干措施》。8月31日，厦门市年轻一代民营经济人士培养工程启动仪式在陈嘉庚纪念馆举行。厦门市委常委、统战部部长王雪敏出席启动仪式。厦门市工商联（总商会）向全市青年企业家发出《践行“晋江经验”弘扬“嘉庚精神”担当“两个健康”时代先锋的倡议》。厦门市面向年轻一代民营经济人士开展“思想政治引领”“素质能力提升”“传承交流融合”“服务沟通优化”“创新发展推动”五大培养工程，培养“陈嘉庚式”企业家。思想政治引领工程：以习近平新时代中国特色社会主义思想为指导，加强社会主义核心价值观培育，加强党对年轻一代民营企业家队伍的领导。素质能力提升工程：组织优秀青年企业家代表赴知名高校、科研院所、代表性头部企业和先进地区开展经验学习交流，重点培养一批优秀年轻企业家。传承交流融合工程：发挥民营企业创始人“传帮带”作用，促进厦门市新老民营企业家之间的联系交流、代际传承、责任交接。服务沟通优化工程：引导协调厦门市金融机构与青年企业家所在企业开展网格化结对金融服务，推动落实党政领导干部与青年企业家调研走访机制，在维护市场公平竞争的前提下予以帮助。创新发展推动工程：促进更多科技成果、人才、项目与企业家、金融家对接，鼓励年轻一代民营企业家加强产学研合作，参与国家重大发展战略。

【厦门企业家日·二十大精神宣讲会】 2022年11月1日，由中共厦门市委、厦门市人民政府主办，市委统战部、市工商联承办的“厦门企业家日·二十大精神宣讲会”在海悦山庄举行。中共福建省委常委、厦门市委书记崔永辉出席并宣讲，市长黄文辉主持会议。柯希平、邹剑寒、吴迪、王鹏程、张清苗、贾琢成、陈岱桦7位民营企业家代表，围绕学习贯彻中共二十大精神，促进企业发展壮大作交流发言。会上，市委副书记张毅恭介绍厦门市营商环境建设成效并发布2022年度全市“十佳”营商环境创新举措。市委常委、副市长黄晓舟发布2022年厦门市民营企业百强榜单及厦门市2022年度重点产业龙头骨干民营企业。市委常委、统战部部长王雪敏介绍新时代十年（2012—2022年）来厦门民营经济发展成就。市领导游文昌、连坤明出席会议。

（孙　玲　陈珺珺）

民营企业政策支持

【概　况】 2022年，厦门市民营办聚焦服务中心大局，以政策扶持为抓手，出台民营经济创新发展18条政策，汇编市级惠企政策，实施质量基础设施支撑引领民营企业提质增效行动，优化发展环境，帮扶企业纾困减负，鼓励、支持、引导民营企业提质增效升级、发展壮大，助推民营经济高质量发展。

【引领民营企业提质增效方案出台】 2022年4月11日，厦门市市场监督管理局、市工商业联合会、市发展和改革委员会、市科学技术局、市工业和信息化局、市商务局6个部门联合印发实施《进一步发挥质量基础设施支撑引领民营企业提质增效升级作用的实施方案》，率先在福建省开展质量基础设施支撑引领民营企业提质增效行动。实施方案围绕强化民营企业质量基础能力建设等九大方面，明确14项重点任务，强化政策扶持，优化发展环境，综合运用质量政策、产业政策、科技政策等手段，帮扶企业纾困减负，提供质量技术服务，鼓励、支持、引导民营企业发展壮大，促进民营企业提质增效升级。

【市级惠企政策选编印发】 2022年7月，厦门市民营办牵头，根据企业需求，梳理厦门市2021年至2022年7月出台的民营经济政策，汇编成《厦门市市级惠企政策选编》，将市发改委、科技局、工信局、人社局等单位涉及的政策措施细则梳理列出“菜单”，条目式概括惠企政策，涵盖营商环境、科技创新、金融服务、人才保障、制造业、数字经济、文旅经济、现代物流、外经外贸、建筑工程、新兴产业&海洋产业、绿色经济、两岸融合、助企纾困14个方面50项政策，印刷500本发放企业，并将电子版在“网上工商联”网站“民营企业政策”栏目发布，提高政策知晓度。

【支持民营经济创新发展措施出台】 2022年11月11日，厦门市民营办印发《关于厦门市贯彻落实〈关于推动民营经济创新发展的若干措施〉的通知》，出台涉及做优做强民营龙头企业、梯度培育中小微企业、提升民营企业创新能力、推动民营企业技术改造、推进民营经济数字化转型、加快民间投资增长、推动民营经济融入国内国际双循环、完善民营企业引才引智服务机制、优化民营企业创新融资服务、保障民营企业用地需求、强化数据要素支持、提升知识产权创造保护和运用水平、提供精准政务服务、发挥行业协会商会桥梁和服务作用、促进民营企业家健康成长、构建亲清政商关系、营造民营经济良好发展环境18个方面的落实举措。

（孙　玲　陈珺珺）

民营经济法治环境建设

【概　况】 2022年，厦门市民营办坚持以民企法治需求为导向推进改革创新，加强市民营办各成员单位的对接联系，强化“工商联+N”协同效应，巩固提升商事诉调、“百所联百会”等原有机制，创新设立涉案企业合规第三方监督评估机制，为民营企业提供专业、高效、便捷、优质的法治保障。

【商事调解工作】 2022年，厦门市民营办指导厦门市经贸商事调解中心工作，接收法院委派调解案件17337件（扣除调解终止），结案15480件，结案率89%。其中，90.6%为诉前案件，9.4%为诉中案件。调解成功3733件，扣除无法联系案件5419件，调解成功率37%。结案案件标额逾32.37亿元，服务当事人3.5万名，其中包含1.5万家企业和2万名个人。调解平均周期21天，相比常规30天的调解周期，缩短9天。形成“打造厦门市经贸商事调解新平台”案例材料获评为厦门市市域社会治理现代化优秀创新成果。

【法院执行工作座谈会】 2022年3月15日，厦门市工商联（总商会）、市中级人民法院执行局与民营企业代表围绕涉民营企业执行过程中存在的问题、民营企业相关司法需求、加强法企互动等召开交流座谈会。会上，执行局对民营企业家代表有关司法问题进行逐一答疑，向参会人员发放执行工作问卷调查表与《中小投资者权利保护白皮书》，收集企业在生产经营和申请执行过程中面临的困难和问题的同时普及法律知识。

【市人大首个基层立法联系点在市工商联设立】 2022年4月12日，厦门市人大常委会在市工商联举行第十六届人大常委会首个基层立法联系点授牌仪式，市人大常委会党组书记、主任杨国豪，市人大常委会副主任王成全出席。市民营办发挥基层立法联系点作用，拓宽民营经济人士有序参与立法的途径和方式，就市人大2023—2027年立法规划项目、2023年度立法计划及拟出台法规等征集企业意见建议，实现民营企业和立法联系点的双向对接。

【“百所联百会”机制深化】 2022年5月6日，厦门市工商联（总商会）、市司法局会同市律师协会在市工商联举行座谈，对如何进一步推进法律服务民营企业发展进行研讨。会议达成4项共识：由市工商联（总商会）和市司法局建立联席会制度，定期或不定期交流信息，推动联系协作往深往实发展；在相互提供律所、所属商协会信息的基础上，联合发文，以需求为导向，以实效为目的，深化“百所联百会”活动，对尚未覆盖法律服务的商协会提要求，由商协会选择律所开展结对；由律师协会和司法局联合编制企业合规管理指引，由工商联组织企业家参加合规培训，把企业合规的理念推广到商协会和企业；由律师协会设计调查问卷，先行解决行业、企业的痛点、难点，再有针对性地开展法律服务，把助企纾困落到实处。2022年，厦门市工商联（总商会）与市公安局、市人民检察院、市中级人民法院、市司法局、市律师协会五部门开展沟通联系机制落实情况的调研。其中，市工商联与市中级人民法院的沟通联系机制建设入选全国工商联、最高人民法院联合调研组工商联与人民法院沟通联系机制典型事例（2020—2022），上海段和段律师事务所与湖里区工商联的沟通联系机制建设入选全国工商联、司法部联合调研组“万所联万会”机制典型事例（2021—2022）。

2022年6月29日，厦门市企业合规体系建设培训班在市总商会会议室举行

（市工商联　供图）

【涉案企业合规第三方监督评估机制设立】 2022年5月18日，厦门市人民检察院、市司法局、市财政局、市生态环境局、市国资委、市税务局、市市场监督管理局、市工商业联合会、市贸促会联合印发《厦门市涉案企业合规第三方监督评估机制实施办法（试行）》《厦门市涉案企业合规第三方监督评估机制专业人员选任管理办法（试行）》，明确人民检察院在办理涉企犯罪案件时，对符合企业合规改革试点适用条件的，交由第三方监督评估机制管理委员会（简称第三方机制管委会）选任组成的第三方监督评估组织，对涉案企业的合规承诺进行调查、评估、监督和考察。考察结果作为人民检察院依法处理案件的重要参考。第三方机制管委会成员单位包括联合发文的9家单位，市工商联负责承担管委会的日常工作。

【企业合规体系建设培训】 2022年6月29日，由海丝中央法务区建设工作厦门领导小组办公室、市司法局、市工商联（总商会）主办，市律师协会承办的企业合规体系建设培训班在市总商会举行。海丝法务办副主任吴少鹰，市司法局党组成员、副局长李明哲，市工商联（总商会）党组成员、副主席邱加海出席会议。培训班上，律师苏礼墩、陈继东分别以“企业合规的价值与实践”和“公司内控合规体系建设与优化”为主题展开授课。来自海丝法务办、市司法局律师处、市工商联（总商会）经济联络部有关人员，以及工商联和总商会会员单位中的企业股东和中高层领导、从事企业合规方面的员工、律师代表等70余人参加。

【《企业经营合规管理指引》出台】 2022年8月，厦门市律师协会、厦门市律师协会公司司法专业委员会联合编制印发《企业经营合规管理指引》。管理指引分19个部分，内容涉及企业合规管理体系、企业内部治理合规、劳动与人力资源合规、合同管理合规、财务与税收合规、融资与投资合规、广告合规、产品质量与安全生产合规、环境保护合规、知识产权合规、国际经营合规、反商业贿赂、反垄断与反不正当竞争合规、网络安全与信息保护合规、与行政主体关系合规、诉讼与仲裁合规、企业刑事合规及附则等。

【第三方机制管委会成员单位第一次联席会议召开】 2022年9月28日，厦门市工商联（总商会）牵头召开涉案企业合规第三方监督评估机制管理委员会第一次联席会议暨专业人员聘任大会，市人民检察院、市司法局、市国资委、市贸促会、市税务局、市市场监督管理局、市生态环境局等管委会成员单位相关人员以及厦门市涉案企业合规第三方监督评估机制专业人员参加会议。成立第三方机制管委会办公室，确定72名人员组建厦门市首批第三方机制专业人员名录库。

（孙 玲 陈珺珺）

民营企业和企业家推优评先

【概 况】 2022年，厦门市民营办组织开展民营企业和民营企业家推优评先工作，及时发现总结民营企业在践行新发展理念、实现高质量发展过程中的先进事迹，宣传企业家爱国敬业、守法经营、创业创新、回报社会的典型事例，发挥示范引领作用。鼓励、引导和促进民营企业做大、做强、做优，在全社会营造大力弘扬企业家精神良好氛围，增强企业家创新创业的荣誉感和社会价值感。

【民营企业系列榜单发布】 2022年11月1日，由中共厦门市委、厦门市人民政府主办，市委统战部、市工商联（总商会）承办的“厦门企业家日·民营企业家座谈会”上发布2022年厦门市民营企业100强榜单（见表31-1）、2022年厦门市民营企业制造业20强榜单（见表31-2）、2022年厦门市民营企业服务业20强榜单（见表31-3）、2022厦门市民营企业科技创新20强榜单（见表31-4）系列榜单，以及13个行业、共117家重点产业龙头骨干民营企业认定名单（见表31-5）等。2022年厦门市民营企业100强入围门槛为营业收入11.43亿元，比上年增长12.67%；营业收入总额5891.16亿元，增长20.59%；税后净利润总额337.52亿元，增长66.48%。净利润超5亿元的企业有17家，比上年增加6家。2022年，市民营企业100强整体呈现入围门槛提高，营收稳步增长；整体盈利增长，亏损企业浮现；纳税贡献提升，五大行业亮眼；吸纳就业提高，龙头企业（以上系列榜单企业）贡献大；制造业明显提升，产业结构更优；思明一马当先，海沧进步明显；最老企业“奔四”，平均企业年龄16年；研发投入加强，创新取得突破；投身国家战略，履行社会责任；乐观面对困难，把握机遇等特点。

表31-1 **2022年厦门市民营企业100强一览表**

排名	企业名称	注册地	所属行业	营业收入（万元）
1	盛屯矿业集团股份有限公司	翔安区	有色金属矿采选业	4523673
2	均和（厦门）控股有限公司	思明区	批发业	3727611
3	福信集团有限公司	思明区	综合	2910152
4	福建三安集团有限公司	思明区	电气机械和器材制造业	2737060
5	厦门禹洲集团股份有限公司	思明区	房地产业	2707124
6	厦门合兴包装印刷股份有限公司	同安区	造纸和纸制品业	1754874
7	鹭燕医药股份有限公司	湖里区	批发业	1754540
8	厦门宝太生物科技股份有限公司	海沧区	医药制造业	1548950
9	厦门安踏有限公司	思明区	零售业	1490852
10	厦门恒兴集团有限公司	思明区	批发业	1402383
11	福建人力宝科技有限公司	湖里区	道路运输业	1305280
12	厦门市嘉晟对外贸易有限公司	思明区	批发业	1257006
13	厦门宏发电声股份有限公司	集美区	电气机械和器材制造业	1240209
14	厦门市明穗粮油贸易有限公司	湖里区	批发业	1062011
15	盈众控股集团有限公司	湖里区	零售业	1014089
16	斐乐体育有限公司	思明区	零售业	951793
17	安井食品集团股份有限公司	海沧区	食品制造业	927220
18	厦门信和达电子有限公司	思明区	批发业	825894
19	奥佳华智能健康科技集团股份有限公司	思明区	专用设备制造业	792672
20	厦门盈趣科技股份有限公司	海沧区	其他制造业	706097
21	立达信物联科技股份有限公司	湖里区	电气机械和器材制造业	647723
22	四三九九网络股份有限公司	思明区	软件和信息技术服务业	634201

续表 31-1

排名	企业名称	注册地	所属行业	营业收入（万元）
23	厦门海澳集团有限公司	海沧区	批发业	619679
24	福建省九龙建设集团有限公司	思明区	房屋建筑业	616527
25	厦门市建潘集团有限公司	同安区	家具制造业	599854
26	厦门乔丹发展有限公司	湖里区	批发业	574060
27	厦门特步投资有限公司	思明区	批发业	572662
28	均达升（厦门）控股有限公司	思明区	批发业	542975
29	厦门西海控股有限公司	思明区	批发业	533836
30	鼎丰集团（中国）有限公司	湖里区	综合	519271
31	厦门吉宏科技股份有限公司	海沧区	互联网和相关服务	517765
32	瑞幸咖啡（中国）有限公司	思明区	批发业	489423
33	坤健控股（厦门）有限公司	思明区	批发业	489077
34	科华数据股份有限公司	湖里区	计算机、通信和其他电子设备制造业	486570
35	泉舜集团有限公司	湖里区	综合	483413
36	福建磊鑫（集团）有限公司	湖里区	房屋建筑业	472145
37	厦门建霖健康家居股份有限公司	集美区	橡胶和塑料制品业	471212
38	厦门吉比特网络技术股份有限公司	思明区	软件和信息技术服务业	461905
39	厦门中联永亨建设集团有限公司	思明区	房屋建筑业	461287
40	厦门信和达供应链有限公司	同安区	批发业	457283
41	厦门强力巨彩光电科技有限公司	翔安区	计算机、通信和其他电子设备制造业	447907
42	厦门银祥集团有限公司	同安区	农副食品加工业	433706
43	厦门嘉联恒进出口有限公司	思明区	批发业	421100
44	厦门源昌城建集团有限公司	思明区	房屋建筑业	414668
45	成记泰达航空物流股份有限公司	思明区	多式联动和运输代理业	386902
46	厦门亿联网络技术股份有限公司	湖里区	软件和信息技术服务业	368424
47	厦门金达威集团股份有限公司	海沧区	食品制造业	361616
48	厦门万泰沧海生物技术有限公司	海沧区	医药制造业	361299
49	厦门傲农投资有限公司	湖里区	批发业	333854
50	厦门保沣实业有限公司	同安区	金属制品业	328850
51	厦门弘信电子科技集团股份有限公司	翔安区	计算机、通信和其他电子设备制造业	319522
52	厦门大亮贸易有限公司	思明区	批发业	311288
53	厦门盛元集团有限公司	思明区	零售业	303570
54	厦门松霖科技股份有限公司	海沧区	橡胶和塑料制品业	297700
55	福建中绿投资有限公司	湖里区	商务服务业	278456
56	厦门育哲集团有限公司	同安区	批发业	272925
57	厦门华特集团股份有限公司	思明区	石油、煤炭及其他燃料加工业	272213
58	通达（厦门）科技有限公司	海沧区	橡胶和塑料制品业	271924
59	厦门匹克贸易有限公司	思明区	批发业	269202
60	福建省筑信建设集团有限公司	海沧区	房屋建筑业	258225

续表 31-1

排名	企业名称	注册地	所属行业	营业收入（万元）
61	鑫泰建设集团有限公司	思明区	房屋建筑业	256508
62	恒晟集团有限公司	思明区	房屋建筑业	251327
63	圣元环保股份有限公司	湖里区	生态保护和环境治理业	229568
64	厦门滴滴出行科技有限公司	思明区	道路运输业	226652
65	厦门天邻缘电子商务有限公司	思明区	批发业	226515
66	厦门大正贸易有限公司	湖里区	批发业	221148
67	上糖网电子商务（厦门）有限公司	湖里区	批发业	210225
68	厦门元初食品股份有限公司	思明区	零售业	205090
69	福建阳光集团厦门进出口有限公司	湖里区	批发业	201351
70	厦门金华南进出口有限公司	湖里区	批发业	200011
71	大博医疗科技股份有限公司	海沧区	专用设备制造业	199433
72	厦门市旺紫洲工贸有限公司	思明区	批发业	194267
73	厦门中禾实业有限公司	同安区	农副食品加工业	189812
74	厦门乾照光电股份有限公司	翔安区	计算机、通信和其他电子设备制造业	187914
75	厦门新五菱汽车销售有限公司	思明区	批发业	186917
76	厦门瑞尔特卫浴科技股份有限公司	海沧区	橡胶和塑料制品业	186829
77	厦门长塑实业有限公司	海沧区	橡胶和塑料制品业	181987
78	福建三建工程有限公司	湖里区	房屋建筑业	181552
79	如意情集团股份有限公司	翔安区	农业	175136
80	厦门树鑫建设集团有限公司	思明区	房屋建筑业	168416
81	福慧达股份有限公司	思明区	农业	167525
82	通达（厦门）精密橡塑有限公司	思明区	橡胶和塑料制品业	166037
83	福建龙马环境产业有限公司	思明区	公共设施管理业	165311
84	福建桐邦信息科技有限公司	思明区	商务服务业	158109
85	厦门瑞悦隆供应链管理有限公司	同安区	批发业	156333
86	福建南泉集团有限公司	湖里区	批发业	151131
87	厦门市建安集团有限公司	思明区	房屋建筑业	150021
88	厦门燕之屋生物工程股份有限公司	翔安区	食品制造业	149879
89	中祺嘉成（厦门）能源有限公司	湖里区	批发业	149085
90	厦门固杰科技有限公司	海沧区	其他制造业	148528
91	厦门乔宾进出口贸易有限公司	思明区	批发业	137840
92	厦门永佳和塑胶有限公司	湖里区	批发业	136942
93	厦门市瑞蚨达进出口有限公司	湖里区	批发业	136157
94	九牧厨卫（厦门）有限公司	思明区	批发业	132530
95	厦门金泰化工有限公司	湖里区	批发业	131811
96	厦门延江新材料股份有限公司	翔安区	纺织业	124910
97	厦门融新祥贸易有限公司	思明区	批发业	118646
98	福建省竞购网路科技有限公司	湖里区	零售业	116687

续表 31-1

排名	企业名称	注册地	所属行业	营业收入（万元）
99	厦门万里石股份有限公司	思明区	非金属矿物制品业	115538
100	福建美益控股有限公司	海沧区	非金属矿物制品业	114252

表 31-2　　2022 年厦门市民营企业制造业 20 强一览表

排名	企业名称	注册地	所属行业	营业收入（万元）
1	福建三安集团有限公司	思明区	电气机械和器材制造业	2737060
2	厦门合兴包装印刷股份有限公司	同安区	造纸和纸制品业	1754874
3	厦门宝太生物科技股份有限公司	海沧区	医药制造业	1548950
4	厦门宏发电声股份有限公司	集美区	电气机械和器材制造业	1240209
5	安井食品集团股份有限公司	海沧区	食品制造业	927220
6	奥佳华智能健康科技集团股份有限公司	思明区	专用设备制造业	792672
7	厦门盈趣科技股份有限公司	海沧区	其他制造业	706097
8	立达信物联科技股份有限公司	湖里区	电气机械和器材制造业	647723
9	厦门市建潘集团有限公司	同安区	家具制造业	599854
10	科华数据股份有限公司	湖里区	计算机、通信和其他电子设备制造业	486570
11	厦门建霖健康家居股份有限公司	集美区	橡胶和塑料制品业	471212
12	厦门强力巨彩光电科技有限公司	翔安区	计算机、通信和其他电子设备制造业	447907
13	厦门银祥集团有限公司	同安区	农副食品加工业	433706
14	厦门金达威集团股份有限公司	海沧区	食品制造业	361616
15	厦门万泰沧海生物技术有限公司	海沧区	医药制造业	361299
16	厦门保沣实业有限公司	同安区	金属制品业	328850
17	厦门弘信电子科技集团股份有限公司	翔安区	计算机、通信和其他电子设备制造业	319522
18	厦门松霖科技股份有限公司	海沧区	橡胶和塑料制品业	297700
19	厦门华特集团股份有限公司	思明区	石油、煤炭及其他燃料加工业	272213
20	通达（厦门）科技有限公司	海沧区	橡胶和塑料制品业	271924

表 31-3　　2022 年厦门市民营企业服务业 20 强一览表

排名	企业名称	注册地	所属行业	营业收入（万元）
1	均和（厦门）控股有限公司	思明区	批发业	3727611
2	福信集团有限公司	思明区	综合	2910152
3	厦门禹洲集团股份有限公司	思明区	房地产业	2707124
4	鹭燕医药股份有限公司	湖里区	批发业	1754540
5	厦门安踏有限公司	思明区	零售业	1490852
6	厦门恒兴集团有限公司	思明区	批发业	1402383
7	福建人力宝科技有限公司	湖里区	道路运输业	1305280
8	厦门市嘉晟对外贸易有限公司	思明区	批发业	1257006

续表 31-3

排名	企业名称	注册地	所属行业	营业收入（万元）
9	厦门市明穗粮油贸易有限公司	湖里区	批发业	1062011
10	盈众控股集团有限公司	湖里区	零售业	1014089
11	斐乐体育有限公司	思明区	零售业	951793
12	厦门信和达电子有限公司	思明区	批发业	825894
13	四三九九网络股份有限公司	思明区	软件和信息技术服务业	634201
14	厦门海澳集团有限公司	海沧区	批发业	619679
15	厦门乔丹发展有限公司	湖里区	批发业	574060
16	厦门特步投资有限公司	思明区	批发业	572662
17	均达升（厦门）控股有限公司	思明区	批发业	542975
18	厦门西海控股有限公司	思明区	批发业	533836
19	鼎丰集团（中国）有限公司	湖里区	综合	519271
20	厦门吉宏科技股份有限公司	海沧区	互联网和相关服务	517765

注：参照全国工商联“2022 中国服务业民营企业 100 强榜单”做法，将调研系统中行业分类的“综合”类别归入服务业

表 31-4　　2022 年厦门市民营企业科技创新 20 强一览表

排名	企业名称	注册地	所属行业	营业收入（万元）
1	立达信物联科技股份有限公司	湖里区	电气机械和器材制造业	647723
2	福建三安集团有限公司	思明区	电气机械和器材制造业	2737060
3	厦门建霖健康家居股份有限公司	集美区	橡胶和塑料制品业	471212
4	厦门宏发电声股份有限公司	集美区	电气机械和器材制造业	1240209
5	四三九九网络股份有限公司	思明区	软件和信息技术服务业	634201
6	厦门盈趣科技股份有限公司	海沧区	其他制造业	706097
7	厦门吉比特网络技术股份有限公司	思明区	软件和信息技术服务业	461905
8	奥佳华智能健康科技集团股份有限公司	思明区	专用设备制造业	792672
9	厦门松霖科技股份有限公司	海沧区	橡胶和塑料制品业	297700
10	厦门宝太生物科技股份有限公司	海沧区	医药制造业	1548950
11	科华数据股份有限公司	湖里区	计算机、通信和其他电子设备制造业	486570
12	厦门瑞尔特卫浴科技股份有限公司	海沧区	橡胶和塑料制品业	186829
13	厦门亿联网络技术股份有限公司	湖里区	软件和信息技术服务业	368424
14	厦门合兴包装印刷股份有限公司	同安区	造纸和纸制品业	1754874
15	大博医疗科技股份有限公司	海沧区	专用设备制造业	199433
16	厦门市建潘集团有限公司	同安区	家具制造业	599854
17	易联众信息技术股份有限公司	思明区	软件和信息技术服务业	87100
18	厦门万泰沧海生物技术有限公司	海沧区	医药制造业	361299
19	斐乐体育有限公司	思明区	零售业	951793
20	厦门艾德生物医药科技股份有限公司	海沧区	医药制造业	91703

表 31-5　　2022 年厦门市重点产业龙头骨干民营企业一览表

序号	企业名称
	一、平板显示
1	厦门弘信电子科技集团股份有限公司
2	厦门强力巨彩光电科技有限公司
3	厦门厦华科技有限公司
4	瑞华高科技电子工业园（厦门）有限公司
	二、计算机与通信设备
5	厦门宏发电声股份有限公司
6	科华数据股份有限公司
7	厦门亿联网络技术股份有限公司
8	厦门立林科技有限公司
9	厦门汉印电子技术有限公司
10	厦门力鼎光电股份有限公司
11	厦门四信通信科技有限公司
12	厦门赛尔特电子有限公司
	三、半导体与集成电路
13	厦门乾照光电股份有限公司
14	立达信物联科技股份有限公司
15	厦门光莆电子股份有限公司
16	福建三安集团有限公司
17	厦门东昂科技股份有限公司
18	厦门普为光电科技有限公司
	四、软件和信息服务
19	厦门吉比特网络技术股份有限公司
20	四三九九网络股份有限公司
21	罗普特科技集团股份有限公司
22	易联众信息技术股份有限公司
23	厦门狄耐克智能科技股份有限公司
24	厦门点触科技股份有限公司
25	厦门趣店科技有限公司
26	厦门友微科技有限公司
27	厦门青瓷数码技术有限公司
28	厦门万安智能有限公司
29	厦门真有趣信息科技有限公司
30	家乡互动（厦门）网络科技有限公司
31	厦门至恒融兴信息技术股份有限公司
32	厦门游动网络科技有限公司
33	智业软件股份有限公司
34	厦门网宿有限公司
35	厦门用友烟草软件有限责任公司
36	厦门极致互动网络技术股份有限公司
37	厦门纳龙健康科技股份有限公司
38	厦门美柚股份有限公司
39	厦门瑞为信息技术有限公司
40	厦门市巨龙信息科技有限公司
41	厦门熵基科技有限公司
42	厦门铃盛软件有限公司
43	厦门和新科技有限公司
44	厦门美图网科技有限公司
45	厦门靠谱云股份有限公司
46	厦门众联世纪股份有限公司
47	厦门飞博共创网络科技股份有限公司
48	厦门神州鹰软件科技有限公司
49	厦门熙重电子科技有限公司
50	厦门黑谷网络科技股份有限公司
51	厦门三五互联科技股份有限公司
52	厦门柏事特信息科技有限公司
53	厦门石头城信息服务有限公司
54	厦门十点文化传播有限公司
55	厦门云知芯智能科技有限公司
56	厦门市世纪网通网络服务有限公司
	五、机械装备
57	厦门瑞尔特卫浴科技股份有限公司
58	厦门东亚机械工业股份有限公司
59	厦门呼博仕智能健康科技股份有限公司
60	厦门唯科模塑科技股份有限公司
61	厦门顾德益电器有限公司
62	清源科技股份有限公司
63	厦门安科科技有限公司
64	厦门欣众达科技有限公司
65	厦门正黎明冶金机械有限公司
66	厦门大金机械有限公司
67	环创（厦门）科技股份有限公司
68	厦门力巨自动化科技有限公司
69	厦门视贝科技有限公司

续表 31-5

序号	企业名称	序号	企业名称
六、新材料		96	厦门燕之屋生物工程股份有限公司
70	厦门保沣实业有限公司	97	厦门金达威维生素有限公司
71	通达（厦门）科技有限公司	98	厦门眼科中心有限公司
72	盛屯矿业集团股份有限公司	八、旅游会展	
73	通达（厦门）精密橡塑有限公司	99	厦门侠网旅游服务有限公司
74	厦门长塑实业有限公司	100	华强方特（厦门）文化科技有限公司
75	通达创智（厦门）股份有限公司	九、现代物流	
76	科之杰新材料集团有限公司	101	厦门信和达供应链有限公司
77	厦门华特集团股份有限公司	102	成记泰达航空物流股份有限公司
78	福建美益控股有限公司	103	云仓配供应链管理（厦门）有限公司
79	固克节能科技股份有限公司	十、金融服务	
80	韦尔通（厦门）科技股份有限公司	104	厦门加捷财税事务所集团有限公司
81	厦门麦丰密封件有限公司	十一、文化创意	
82	厦门延江新材料股份有限公司	105	厦门合立道工程设计集团股份有限公司
83	厦门金汇峰新型包装材料股份有限公司	106	厦门市市政工程设计院有限公司
84	厦门艾美森新材料科技股份有限公司	107	厦门延趣网络科技有限公司
85	厦门中构新材料科技股份有限公司	108	厦门万仟堂艺术品有限公司
86	莱尔斯特（厦门）股份公司	109	厦门宏旭达园林环境有限公司
87	厦门太松新材料有限公司	110	华策（厦门）影视有限公司
七、生物医药与健康		十二、都市现代农业	
88	奥佳华智能健康科技集团股份有限公司	111	安井食品集团股份有限公司
89	大博医疗科技股份有限公司	112	厦门银祥集团有限公司
90	厦门金达威集团股份有限公司	113	厦门惠尔康食品有限公司
91	厦门万泰沧海生物技术有限公司	114	如意情集团股份有限公司
92	厦门宝太生物科技股份有限公司	115	福慧达股份有限公司
93	厦门艾德生物医药科技股份有限公司	116	双桥（厦门）有限公司
94	鹭燕医药股份有限公司	十三、海洋经济	
95	厦门特宝生物工程股份有限公司	117	厦门斯坦道科学仪器股份有限公司

【38 家厦企入围省民营企业 100 强】 2022 年 9 月 26 日，2022 年福建省民营企业 100 强发布，38 家厦门企业入围，占榜单 1/3 强。其中，盛屯矿业集团股份有限公司、均和（厦门）控股有限公司、福信集团有限公司分别以年营业收入 452.4 亿元、372.8 亿元和 291 亿元位居厦门榜前三名，位居省榜单的第 10 位、第 13 位和第 18 位。（见表 31-6）

【11 位民营企业家被评为省非公有制经济优秀建设者】 2022 年 6 月 18 日，第七届世界闽商大会在福州召开。开幕式上，福建省人民政府表彰 100 位福建省非公有制经济优秀建设者，受表彰对象为爱国敬业、守法经营、创业创新、回报社会的典范。厦门市委统战部推荐的 11 名厦门民营企业家上榜：厦门市演武场投资管理有限公司董事长王军，厦门市嘉晟对外贸易有限公司董事长李冬敏，厦门市绿百合食品有限公司总经理何丽勤，华祥苑茶业股份有限公司董事长肖文华，福建重宇合众律所首席合伙人涂崇禹，奥佳华智能健康科技集团股份有限公司董事长邹剑寒，厦门美柚股份有限公司创始人兼董事长陈方毅，科华数据股份有限公司董事长陈成辉，厦门禹道实业集团有限公司董事长陈朝宗，厦门东亚机械工业股份有限公司董事长韩萤焕，厦门狄耐克智能科技股份有限公司董事长缪国栋。

表 31-6　　2022 年厦门市民营企业入围省民营企业 100 强一览表

位序	企业名称	所属行业	营业收入（亿元）
10	盛屯矿业集团股份有限公司	有色金属矿采选业	452.4
13	均和（厦门）控股有限公司	批发业	372.8
18	福信集团有限公司	综合	291.0
19	福建三安集团有限公司	计算机、通信和其他电子设备制造业	273.7
20	厦门禹洲集团股份有限公司	房地产业	270.7
26	厦门合兴包装印刷股份有限公司	造纸和纸制品业	175.5
27	鹭燕医药股份有限公司	批发业	175.5
29	厦门宝太生物科技股份有限公司	医药制造业	154.9
32	厦门恒兴集团有限公司	批发业	140.2
35	福建人力宝科技有限公司	道路运输业	130.5
36	厦门市嘉晟对外贸易有限公司	批发业	125.7
37	厦门宏发电声股份有限公司	电气机械和器材制造业	124.0
43	厦门市明穗粮油贸易有限公司	批发业	106.2
45	盈众控股集团有限公司	零售业	101.4
49	安井食品集团股份有限公司	食品制造业	92.7
56	厦门信和达电子有限公司	批发业	82.6
59	奥佳华智能健康科技集团股份有限公司	专用设备制造业	79.3
63	厦门宝拓资源有限公司	批发业	72.3
64	厦门盈趣科技股份有限公司	其他制造业	70.6
68	立达信物联科技股份有限公司	电气机械和器材制造业	64.8
69	四三九九网络股份有限公司	软件和信息技术服务业	63.4
71	厦门海澳集团有限公司	批发业	62.0
72	福建省九龙建设集团有限公司	房屋建筑业	61.7
73	厦门市建潘集团有限公司	家具制造业	60.0
81	厦门西海控股有限公司	批发业	53.4
82	鼎丰集团（中国）有限公司	综合	51.9
83	厦门吉宏科技股份有限公司	互联网和相关服务	51.8
85	瑞幸咖啡（中国）有限公司	餐饮业	48.9
86	坤健控股（厦门）有限公司	批发业	48.9
87	科华数据股份有限公司	计算机、通信和其他电子设备制造业	48.7
90	福建磊鑫（集团）有限公司	房屋建筑业	47.2
91	厦门建霖健康家居股份有限公司	橡胶和塑料制品业	47.1
92	厦门吉比特网络技术股份有限公司	软件和信息技术服务业	46.2
93	厦门中联永亨建设集团有限公司	房屋建筑业	46.1
95	厦门强力巨彩光电科技有限公司	计算机、通信和其他电子设备制造业	44.8
97	厦门中合逸化工贸易有限公司	批发业	44.1
99	厦门银祥集团有限公司	农副食品加工业	43.4
100	华特控股集团有限公司	石油、煤炭及其他燃料加工业	43.0

表 31-7　　2022 年厦门市民营企业入围“双爱典范”企业名单一览表

序号	企业名称	序号	企业名称
1	瑞华高科技电子工业园（厦门）有限公司	14	厦门市建安集团有限公司
2	厦门科拓通讯技术股份有限公司	15	奥佳华智能健康科技集团股份有限公司
3	厦门易法通法务信息管理股份有限公司	16	中绿食品集团有限公司
4	厦门视诚科技有限公司	17	厦门长塑实业有限公司
5	厦门海澳集团有限公司	18	厦门宏发电声股份有限公司
6	厦门艾德生物医药科技股份有限公司	19	厦门美科安防科技股份有限公司
7	华懋（厦门）新材料科技股份有限公司	20	厦门惠尔康食品有限公司
8	厦门日上集团股份有限公司	21	厦门强力巨彩光电科技有限公司
9	厦门市诺盛测控技术有限公司	22	厦门乾照光电股份有限公司
10	厦门景逸商务管理有限公司万豪酒店分公司	23	易联众信息技术股份有限公司
11	福建京奥通信技术有限公司	24	厦门三五互联科技股份有限公司
12	好利来（中国）电子科技股份有限公司	25	厦门鲁班源房屋营造有限公司
13	厦门市嘉晟对外贸易有限公司	26	厦门市捷安建设集团有限公司

【“双爱双促”典型企业推荐评定】 2022 年 8 月 4 日，由厦门市总工会、市工商联（总商会）主办，湖里区总工会、市总工会全媒体中心承办的“双爱双促 共创美好”交流展示总结活动在湖里区文旅中心举行。现场发布 2022 年度厦门市“双爱典范”企业名单，奥佳华、嘉晟对外贸易有限公司、乾照光电等 26 家民营企业上榜（见表 31-7）。2022 年 3 月起，市总工会、市工商联（总商会）联合开展“双爱双促”民营经济护航行动，通过各级工会推荐、线上寻找、实地走访等方式，在厦门市民营企业中选树出一批“职工热爱企业”和“企业关爱员工”的“双爱典范”企业，通过活动促进民营企业和谐劳动关系建设，促进民营经济高质量发展。

【4 家民营企业产品上榜制造业单项冠军名单】 2022 年 10 月，工业和信息化部、中国工业经济联合会发布第七批制造业单项冠军名单，福建省 10 家企业（产品）成为新一批国家级单项冠军，其中厦门 4 家民营企业的产品成为新一批单项冠军产品，分别为厦门厦顺铝箔有限公司的无菌包铝箔、厦门乾照光电股份有限公司的“高端小间距 RGB 显示屏芯片”、科之杰新材料集团有限公司的“聚羧酸减水剂”、科华数据股份有限公司的“不间断电源”。

（孙　玲）

责任编辑：明安文
审　　稿：阳晓儒
校　　对：曲　艺

32 科学技术

综　述

【科技创新驱动发展】 2022年，厦门市科学技术局（简称市科技局）实施创新驱动发展战略，完善科技创新体系，提升区域创新体系整体效能。中共厦门市委牵头成立科技创新委员会，部署实施科技创新引领工程，推动全市科技创新综合实力稳步提升。厦门科学城建设成效初显，省创新实验室成果转化取得重要进展，新引进落地新型研究院6家，海洋负排放（ONCE）国际大科学计划启动。全市研究与试验发展（R&D）经费投入强度超过3.2%。有效发明专利拥有量比上年增长21.9%。净增国家高新技术企业超过800家，增量再创新纪录。世界知识产权组织发布的《全球创新指数（GII）2022》显示，厦门上升12位，首次入围全球百强科技集群。

【科学城建设】 2022年，厦门市科技局科学规划布局，编制厦门科学城总体概念规划和发展战略规划，出台加快科学城建设12条措施，全面提升创新资源集聚能力。建立项目储备库，入库“高研值”项目150多个，其中中国工程院院士詹启敏的“厦门市创新生物医药研究院”、厦门数字工业计算中心等50个项目落地。完善产业育成功能，建设科学城Ⅰ号孵化器、中关村大学科技园联盟成果转化基地等创新创业赋能平台，全市首个未来产业园（先进制造园）揭牌，首个“创新飞地”——厦门科学城（北京）创新成果培育基地启用，初步构建“新型研发机构＋孵化器＋专业园区＋创新飞地”孵化培育体系。科学城产业集聚效应初步显现，“三谷”、Ⅰ号孵化器等核心园区载体注册入驻各类企业超1400家。

【高能级创新平台建设】 2022年，厦门市科技局整合优势研发力量，支持建设省创新实验室，争创国际大科学计划，推进国家级创新平台建设及优化重组。嘉庚创新实验室攻克碱性电解水制氢等20项关键技术，转化专利32件，自主孵化创办科技型企业15家；与宁德时代共建厦门时代新能源研究院，争取国家能源实验室布局。翔安创新实验室研发出全世界品种最齐全的新冠病毒系列检测试剂，在全球90多个国家和地区投入使用；九价宫颈癌疫苗开展国内三期临床试验。福建海洋创新实验室及国家海洋实验室福建基地争创步伐加快。海洋负排放（ONCE）国际大科学计划经科学技术部研究通过，启动前期工作。传染病疫苗研发等全国重点实验室筹建或重组，重组建设高端电子化学品国家工程研究中心。

【高新技术企业集群培育】 2022年，厦门市科技局加大高新技术企业培育力度，指导1600多家企业申报国家高新技术企业认定，实现净增806家，国家高新技术企业总量3607家。加强政策激励，拨付企业研发费用补助资金5.34亿元，落实企业研发费用税前加计扣除、国家高新技术企业所得税优惠相关税收减免91.32亿元，鼓励引导企业投入研发费用251.55亿元，比上年增长24.24%。强化产学研深度融合，组织实施重大技术攻关、协同创新等重大科技项目73个，支持产学研合作项目115个，突破超薄涂覆、高亲和力抗体智能化净化等一批关键技术难题。全市国家高新技术企业实现工业产值3420.22亿元，比上年增长6.35%，其中708家企业产值增长50%，388家企业产值增长超100%。新增2家国家高新技术企业A股上市、4家通过证监会审核，占全市新增上市或过会企业85.7%。新增万泰沧海、厦钨新能源2家年产值超100亿元国家高新技术企业。

【未来产业创新体集群构建】 2022年，厦门市科技局推进现代化产业体系建设，集中资源力量重点发展第三代半导体、氢能与储能、基因与生物技术等六大未来产业。编制《厦门市未来产业发展行动方案》，引进天马新型显示技术研究院等新型研究院6家，建设柔性电子、元宇宙支撑技术与场景驱动2家创新联合体，组建省市级重点实验室42家，认定省市级新型研发机构11家，培育未来产业骨干企业107家。2020—2022年累计引进中科院西安光机所、华为等20家国字号科研机构和头部企业研究院项目，招引产业化项目149个，培育未来产业骨干企业176家、省市级新型研发机构64家，初步构建未来产业创新体集群。

【生物医药创新发展】 2022年，厦门市科技局提升生物医药产业创新发展能力和水平，引进中国工程院院士王琦的“厦门九体医学与治未病大数据研究院”等2家院士领衔的新型研究院，建设生物安全三级实验室（P3实验室），培育国家级临床医学研究中心福建分中心5家、市级临床医学研究中心12家。强化政策引导，投入2.19亿元奖补资金，支持临床研究及产业化等项目152个，促进产业高质量发展。厦门市培育发展生物医药战略性新兴产业工作连续第三年获国务院办公厅督查表扬激励。厦门生物医药港在中国生物中心发布的“2021年国家生物医药产业园区排行榜”榜单中，综合竞争力提升到第10名，成为全国3家医疗器械具有特色的园区之一。全市生物医药产业产值1050亿元，首次突破1000亿元。

【科技创新治理】 2022年，厦门市科技局健全科技创新治理体系，出台项目及经费管理、科技监督、创业孵化等系列管理办法，优化创新资源配置·健全科技创新决策咨询机制，聘请30名专家为厦门市科技顾问。探索赋予科研人员职务科技成果所有权或长期使用权的机制和模式，遴选厦门理工学院、厦门医学院、福建省亚热带植物研究所、厦门市医药研究所4家市属高校院所开展科技成果转化综合试点。探索科研管理新机制，支持“智能摩擦”颠覆性原创技术研发与产业化。优化外籍人才服务管理，设立“国际留学人员创业就业基地”，在全国率先开展外籍人才专业技术、技能水平评价试点，有关做法入选“科学技术部科技体制改革典型案例”。

【创新创业生态优化】 2022年，厦门市科技局推进科技创新创业迈向更高水平，培育市级科技企业孵化器10家、省级众创空间4家。4家国家级科技企业孵化器获评为“优秀”，占福建省50%。发展科技金融，增发科技信用贷款、科技担保贷款等科技贷款24.84亿元，企业受益981家次。组建厦门科技创新创业引导基金，采取“子基金＋直接投资”相结合方式引导社会资本投早投小投创新，首批参股设立子基金10支，总规模超23亿元。设立厦门市自然科学基金，支持应用研究和技术开发项目432个。推进科技特派员制度，出台《厦门市关于深入推进科技特派员制度服务乡村振兴的工作方案》，建设科技特派员专项创新服务载体15个。促进技术成果交易，全年登记技术交易合同7271项，成交金额134.2亿元，占全省46.36%。支持企业实施高新技术成果转化项目471个，比上年增长44.5%。

（曾广明）

气象科技及服务

【概　况】 2022年，厦门市气象局落实《气象高质量发展纲要（2022—2035）》，《厦门经济特区气象灾害防御条例（修订）》通过市人大表决，《城市气象服务保障高质量方案（2022—2025年）》印发实施；提升气象防灾减灾基础能力，编制2022年防灾减灾一张图、市区气象灾害综合风险普查总报告，完成马銮湾新城区域雷电灾害风险评估。2021年厦门气象现代化综合得分91.25分，位居福建省第一。全年启动气象灾害应急响应命令11次，总应急天数39天。市级层面累计发布各类决策服务材料1170份，月、季、年及延伸期气候预测产品24份，高级别预警信号精细到乡镇，红色预警信号提前量持续提升；通过预警信息发布平台向重点企业发送雷电预警信息；落实“一活动一方案”，完成厦门马拉松20年、海峡两岸龙舟赛、全国青少年帆船联赛（厦门站）等气象服务保障。推动防雷安全重点单位、防雷检测机构查纳入市场监管领域部门联合抽查事项清单，联合多部门开展防雷安全重点单位抽查；做好防雷及升放气球安全监管，完成安全生产三年专项整治行动。

【专业气象服务】 2022年，厦门市气象局做好海洋气象服务，建成国内首个5G（第五代移动通信技术）专网船舶自动气象站，打造东南国际航运中心港口海陆联运气象服务模板，为86条“丝路海运”命名航线提供实况及预报服务，“丝路海运”气象服务在“9·8”洽投会进行专题展示；推进交通气象服务，建立并应用交通气象风险指标库，向30个地铁站点提供“一站一阈值”实况报警，向民航厦门空管站提供X波段相控阵雷达产品应用。为厦鼓航线、厦门港航道清淤工程、厦门新机场建设等提供高影响天气预报预警服务；强化生态气象服务，与厦门市环境监测站建立常态化会商联动机制，制作每日空气污染气象条件预报，开展海峡西岸对流层臭氧、$PM_{2.5}$（指大气中直径小于或等于2.5微米的颗粒物，也称为可入肺颗粒物）污染变化的气象成因分析，开展基地屋顶发电，探索绿色台站建设。实施人工增雨作业86站次，解除旱情，助力生态保护。

【公众气象服务】 2022年，厦门市气象局实现突发事件预警信息发布系统与市级应急广播总平台贯通对接，官微信新增预警定制和分区预警功能，实现预警信号分区分时分种类分级别定制；利用“厦天”文创制作“早晚间天气预报”“小厦的生活指南”等气象数据可视化短视频、图文产品及微博话题，为市民的健康出行提供气象指导。

【气象科普宣传】 2022年，厦门市气象局依托厦门市青少年气象天文科普基地为主阵地，常态化开展气象科普宣传工作，3门研学课程入选2022年厦门市首批精品研学课程，并向全社会发布。青少年气象科普基地连续4年获评为优秀全国气象科普基地，获评为2021—2025年第一批全国科普教育基地、厦门市新时代文明实践基地，入选“科创筑梦助力双减”科普行动试点单位。

【气象科技创新与人才培养】 2022年，厦门市气象局推进科技创新，组织雷达应用领域项目、数字航空项目揭榜挂帅；获国家自然科学基金立项1项，获发明专利1件、申请发明专利（实用新型）3件，获软件著作权1项，申请软件著作权2项。深化人才培养，实施高校毕业生接续培养，有中国气象局气象高层次科技创新人才2人，其中1人入选中国气象局青年英才。

（王　君）

高新技术及新兴产业

【概 况】 2022年，厦门市国家级高新技术企业上报备案数继续保持高速增长，为1534家，比上年增长23.11%。截至年底，厦门市资格有效国家级高新技术企业数3607家，比上年净增806家，增长28.78%，创近年来高新技术企业数增长新高。高新技术企业增加值占全市生产总值比重显著增加，高新技术产业引领作用日趋明显，唯科科技、嘉戎技术2家高新技术企业在A股上市，截至年底，厦门市A股上市企业中主体为国家级高新技术企业或旗下拥有国家级高新技术企业的上市企业43家，占全市上市企业的60%以上。国家级高新技术企业成为促进厦门市经济高质量发展和实施创新驱动发展战略的重要力量。全市国家级高新技术企业实现工业总产值3135.26亿元，比上年增长6.35%；实现营业收入3821.73亿元，增长0.07%，其中营业收入或产值超1亿元的企业562家；产值超100亿元的企业3家；累计实现出口额873.03亿元；实现净利润392.03亿元，纳税129.49亿元；高新技术企业科技活动经费支出272.19亿元，占当年营业收入的7.12%。全市规模以上工业高新技术企业1078家，比上年增加217家，其中105家高新技术企业在2022年实现规模以下转规模以上。2020—2022年，厦门市规模以上工业高新技术企业占高新技术企业数量的比例稳定维持在30%左右。厦门市规模以上工业高新技术企业实现产值3060.48亿元，比上年增长10.31%；实现营业收入2968.63亿元，下降0.51%；实现利润总额347.61亿元，下降21.16%；规模以上服务业高新技术企业实现营收389.86亿元，增长6.31%；实现利润总额74.13亿元，增长24.73%。新能源与节能、资源与环境2个领域实现增收和增利，主要是由于领域内龙头企业带动。生物与新医药领域营业收入及利润比上年大幅下降，受疫情政策影响，以新冠检测试剂为代表的一系列体外诊断试剂企业在经历2021年爆发式增长后，2022年营业收入及利润比上年下滑较严重。

【高新技术企业所得税减免扶持】 2022年，厦门市高新技术企业享受企业所得税优惠总额26.19亿元［含享受企业所得税“二免三减半”（企业在两年内免征所得税，接下来的三年内减半征收所得税）过渡性税收优惠金额0.05亿元］。其中，享受企业所得税优惠金额超3亿元的企业1家、1亿至3亿元的企业2家、5000万至1亿元的企业5家、2000万至5000万元的企业17家、1000万至2000万元的企业21家、100万至1000万元的企业207家。2008—2022年，厦门市高新技术企业累计享受高新技术企业所得税优惠总额229.27亿元。

【科技“小巨人”企业培育】 2022年，厦门市科技局评选推荐255家企业获评为福建省科技“小巨人”企业。入选企业2021年实现销售收入309.18亿元，其中销售收入上亿元企业95家，2020—2022年研发费用投入占销售收入的比例平均11.96%，获得知识产权6149项。

【光电产业转型升级】 2022年，厦门市科技局推动厦门光电半导体产业以发展绿色经济和数字经济等为抓手，形成“创新·品牌·专业·专注”的产业特色，成为国家电子信息·显示产业的新型工业化基地、国家半导体照明工程高新技术产业化基地、国家节能灯外贸转型升级示范基地等国家产业示范基地的排头兵和骨干力量。厦门市光电半导体行业直接总产值1904.2亿元，约占福建省光电半导体行业直接总产值的一半。其中，平板显示产业直接产值1151.23亿元，占全市光电产业直接总产值60.46%；半导体照明产业直接产值478.6亿元，占光电产业直接总产值25.13%；第三代半导体产业直接产值136.5亿元（仅统计材料、器件及模块等），比上年增长13.2%，占全省第三代半导体直接产值65%以上，带动半导体相关产值700亿元。厦门光电产业拥有全球最大的低温多晶硅（LTPS）显示器件单体工厂，在中小尺寸的LTPS及LCD（液晶显示）全面屏市场占有率全球第一，拥有众多自主核心专利技术；厦门一直是全球高端光电触控产品最大的制造和出口基地，持续18年成为全国LED（发光二极管）外延芯片领域规模最大、技术最强、品种最全的地区；厦门也是全国高端教育照明产品研造和销售的集聚地，立达信照明、捷能通光电、光莆电子等企业成为国内教育照明产品的知名品牌。光电半导体产业正加速向新型显示、第三代半导体等未来产业转型升级，向智慧照明、Mini/Micro-LED（迷你、微型发光二极管）、电力电子半导体和射频半导体等方向迅速发展。

【集成电路产业链集群建设】 2022年，厦门市集成电路产业完成产值329.5亿元，比上年增长6.7%。厦门聚集集成电路全产业链企业数近300家，规模在福建省内处于领先地位。厦门市科技局推动国产EDA厂商芯华章科技股份有限公司落户厦门；协调第二十八届中国集成电路设计业2022年会（ICCAD 2022）在厦门举办；率先在全省新增集成电路职称试点改革专业，首批47位参评人员通过评审获集成电路专业工程师职称。厦门市3家企业获评为第十七届“中国芯”。

【第八届“白鹭之星”创新创业大赛】 2022年9月14—15日，第十一届“中国创新创业大赛”、第七届“创客中国”中小企业创新创业大赛（厦门赛区）暨第八届“白鹭之星”创新创业大赛决赛在厦门市同安区举行。大赛参赛项目437个，经过初筛，有223家企业入围复赛。经复赛筛选，推荐18个项目参加中国创新创业大赛国家行业总决赛以及16个项目参加第七届“创客中国”中小企业创新创业大赛全国赛，其中9个项目获第十一届中国创新创业大赛优秀奖、10个项目入围第七届“创客中国”中小企业创新创业大赛全国500强、1个项目入围第七届“创客中国”中小企业创新创业大赛50强。

【厦门集成电路产业创新发展高峰论坛】 2022年12月26—27日，由厦门市人民政府、中国半导体行业协会指导，中国半导体行业协会集成电路设计分会等单位共同主办，厦门市科技局等共同支持，厦门市集成电路行业协会、厦门科技产业化集团有限公司等单位承办的中国集成电路设计业（ICCAD）2022年会暨厦门集成电路产业创新发展高峰论坛在厦门国际会展中心举行。该次年会以“共创新发展，聚焦芯未来”为主题，探讨新形势下集成电路产业发展以及未来集成电路设计业面临的机遇和挑战。中国半导体行业协会集成电路设计分会理事长魏少军在大会高峰论坛上发表主题演讲。其间，举办7场专题论坛，介绍相关产业的最新技术、产品及解决方案；设置面积1.32万平方米的企业展览，出席会议的重要嘉宾12人，头部企业领导92人，共有演讲嘉宾173人，到会媒体13家，媒体发稿22篇。会议的举行为集成电路设计企业提供交流合作的平台，提升厦门在集成电路产业链上的影响力和知名度。

（许　敏）

科技创新研发与投入

【概　况】 2022年，厦门市科技局投入市科学技术创新与研发资金17.82亿元。其中，科技项目计划资金支出1.6亿元，占8.98%；补助企业研发费用5.26亿元，占29.50%；科技与金融结合资金支出1.67亿元，占9.35%；科技定额兑现政策支出9.30亿元（引进大院大所5700万元，生物与新医药产业政策兑现2.19亿元，高新技术企业奖励1.56亿元，厦门国创中心先进电驱动技术创新中心补助9000万元、嘉庚创新实验室补助1.5亿元、生物制品实验室补助1726万元、省市重点实验室补助3940.13万元、市级技术创新中心资助1000万元、科学技术奖奖励资金595万元，成果转化奖励资金2082.34万元，创新创业大赛奖励资金850万元，科学仪器共享补贴169.55万元，新型研发机构建设资助1696.2万元，留学人员创业扶持资金944.22万元，国家科技计划项目地方配套资助2000万元，“三高”企业孵化高新技术企业奖励380万元、公共技术服务平台绩效考核奖励1513.13万元，生物医药产业人才个税奖励369.5万元、众创空间及科技孵化器扶持1860万元、科学城孵化器建设3643.64万元、支持三明龙岩科技特派员专项资金3000万元），占52.17%。

【上级科技支持资金使用】 2022年，厦门市获上级科技支持资金13.68亿元，其中获国家资金9.90亿元、获省级资金3.78亿元。厦门市科技局支出中央引导地方科技发展专项资金3800万元，主要用于科技计划项目资助、企业研发费用补助、新型研发机构补助、技术交易奖励等；支出中央“戴帽”资金2.50亿元，用于支持嘉庚创新实验室和翔安创新实验室建设；支出福厦泉国家自主创新示范区厦门片区专项资金8758.97万元，主要用于科技计划项目资助、引进大院大所、省自创区协同创新平台建设等；支出省“戴帽”资金2.49亿元，主要用于支持嘉庚创新实验室和翔安创新实验室建设、省级科技计划项目资助等。

【企业研发费用补助】 2022年，厦门市科技局贯彻落实《厦门市人民政府关于优化企业研发费用补助政策的通知》，实施企业研发费用补助政策，激励企业加大研发投入，增强市场核心竞争力。根据企业年度享受税前加计扣除政策的自主研发费用数额，分段给予补助。全年有2621家次企业获得研发费用补助资金5.35亿元（市本级5.26亿元、省级0.09亿元）。

（邓　敏）

科技与金融结合

【概　况】 2022年，厦门市科技局推进科技与金融相结合，发挥财政资金的杠杆作用，使之成为撬动银行、担保、保险、创投以及社会资金的支点。通过政银企对接、投保贷联动，创新科技金融产品和服务，完善厦门市科技金融服务平台，建立以科技担保贷款、科技保证保险贷款、科技信用贷款、科技创新创业引导基金、科技保险补贴、科技资本对接会等直接融资与间接融资相结合、政府引导、社会资本为主的科技投融资体系。

【科技创新创业引导基金设立】 2022年，厦门市科技局借鉴国内其他先进省市的成功做法，牵头整合成果转化基金和种子天使基金，设立科技创新创业引导基金，以子基金加直接投资的方式，发挥财政资金的杠杆效应，直接带动社会资本投资厦门市的科技型企业，发挥政策性基金对厦门市科技创新创业的促进作用。

【首批引导基金子基金设立】 2022年，厦门市科技局推动科技创新创业引导基金首批拟参股10支子基金方案获批，总规模约23亿元，重点投资扶持集成电路、生命科学、新材料、新能源、新一代信息技术等未来产业领域种子期、初创期企业。

【科技企业融资纾困】 2022年，厦门市科技局推动通过科技信贷政策发放科技担保贷款、科技保证保险贷款，科技信用贷款，开展科技保险补贴，降低科技企业融资成本。全年新增科技担保贷款项目164个，实际发放科技担保贷款9.99亿元；新增科技保证保险贷款50笔1.09亿元，新增科技信用贷款980笔19.04亿元。

【科技资本对接会】 2022年5月11日、10月10日，厦门举办2场科技资本对接会，聚焦人工智能、先进制造、大数据、现代农业、元宇宙概念等领域，举办闽西南科技板、鹭客论道、研修班、软件园、白鹭之星5个专场对接会和“品贸非凡”——自贸试验区人才政策分享暨资本对接会。对接会共吸引17个项目参加，其中3个项目与投资机构实质性对接。

（邓　敏）

区域创新体系建设

【概　况】 2022年，厦门市科技局以建设国家自主创新示范区为主线，出台或推动出台《厦门市市级科技计划项目管理办法》《厦门市科技特派员扶持资金管理办法》《厦门市科技创新创业引导基金管理办法》《厦门市自然科学基金管理办法》《厦门市科技专家库管理办法》《厦门市关于加快推进厦门科学城建设的若干措施》《厦门市留学人员创业扶持办法》《厦门市公共技术服务平台管理办法》《厦门市科技计划项目监督与评估工作管理办法》《厦门市众创空间管理办法》《厦门市关于深入推进科技特派员制度服务乡村振兴的工作方案》等促进创新发展的科技创新政策，推动科技企业成为技术创新主体，营造良好的科技创新环境。厦门市有科技类新型基础设施建设项目15个，比上年增加2个，计划投资12.44亿元。

【创新创业营商环境建设】2022年，厦门市科技局会同市工信局、市发改委等部门，推动创新创业营商环境建设。印发《2022年度厦门优化营商环境“创新创业活跃度”指标专项改进方案》，针对厦门市的主要弱项短板提出针对性改进措施，抓好贯彻落实。在福建省发改委公布的2022年度营商环境省评结果中，厦门“创新创业活跃度”指标位居全省第一（2020年全省第三、2021年全省第二），创新创业营商环境建设取得新突破。

【自然科学基金设立】2022年，厦门市科技局结合厦门市青年创新基金项目试点情况，设立厦门市自然科学基金，项目类型扩大为青年创新项目、面上项目、联合资助项目。围绕《“十四五”国家科技创新规划》《基础研究十年规划》以及厦门市现代产业体系，确定12个重点支持方向。全年收到项目申请587份，经过专家评审及择优，最终确定立项支持青年创新项目160个、面上项目150个、联合项目122个，拨付财政扶持资金2000万元，吸引社会资本投入超过600万元。

【嘉庚创新实验室建设】2022年，嘉庚创新实验室（福建能源材料科学与技术创新实验室）锂离子电池用硅基负极材料等相关技术成果获企业投资逾4亿元。自主孵化创办华商厦庚氢能、福建永庚等占股高技术企业15家。

【翔安创新实验室建设】2022年，翔安创新实验建成能源材料大楼和产业化空间面积逾8万平方米，建成亚洲首座无噪声实验室、智算中心、电子显微平台和谱学分析平台等公共支撑平台；汇聚人才1200余人，开展9大项目群60余个科技项目攻关，在电化学储能、氢能、半导体与未来显示等领域攻克碱性电解水制氢、抗氧化高导电铜浆等近20项关键核心技术；与宁德时代、招商局工业、联芯、华商氢能等50余家单位开展合作，绿氢制备室（福建省生物制品科学与技术创新实验室）核心区主体工程封顶，注册登记为事业单位法人，拟订包括章程在内的50余项管理制度和办法，开展设备采购招标等工作；引进和招聘实验平台和行政骨干12人，厦门大学45名科研人员投入实验室建设。实验室团队牵头研发的鼻喷流感病毒载体新冠肺炎疫苗于12月2日通过国家药监局组织专家论证同意，获批紧急使用，列入《新冠病毒疫苗第二剂次加强免疫接种实施方案》作为第二剂次加强免疫接种疫苗选择范围；研制出全球首个ORF7缺陷的水痘减毒活疫苗，开展Ⅱ期临床试验。

【科学仪器共享】2022年，厦门市科学仪器设备资源协作共享平台有共享单位269家，共享仪器设备2523台（套），价值21.31亿元。其中，单台套30万元以上的共享仪器设备1688台，价值20.33亿元。闽西南科学仪器设备资源共享平台完成系统开发、试运行和验收，接入仪器设备815台。厦门市科技局兑现2022年市科学仪器设备资源协作共享补助169.55万元，其中拨付服务奖励单位9家、使用补助单位1家，对市共享平台设备数据进行整理，做好接入闽西南科学仪器设备资源共享平台准备。

（杨国宁　陈彬强　高爱绒　黄睿播）

科技服务与科普宣传

【概　况】2022年，厦门市科技局牵头举办以“走进科技，你我同行”为主题的2022年厦门市科技活动周系列活动，启动仪式现场展示全市27家企事业单位的36个科普项目；举办“2022年全国科普讲解大赛（厦门赛区）”；推动建设“国家政法智能化技术创新中心东南分中心”；牵头共建“海丝中央法务区法务科技生态共同体”；会同科技特派员到同安区五显镇三秀山及西杨村举办科技系统“三下乡”（即文化、科技、卫生进农村）系列活动。人力资源社会保障部和科学技术部联合发布《关于表彰全国科技管理系统先进集体和先进工作者的决定》，厦门市科技局社会科技处获“全国科技管理系统先进集体”称号，福建省亚热带植物研究所副研究员何恩铭获“全国科技管理系统先进工作者”称号。厦门市3名科技特派员获评为福建省最美科技特派员，14名科技特派员获福建省科技特派员工作联席会议通报表扬。

【科普专题宣传活动】2022年，厦门市科技局组织科技特派员、厦门科技交流中心人员、厦门市曙光救援队到同安区五显镇三秀山及西杨村举办科技系统“三下乡”系列活动。服务队志愿者向村民发放防溺水、农业技术、消防安全、农业技术和综治宣传册；为村民普及先进农业种植技术，现场解答村民的疑问；到康泰社区、双涵社区开展防震减灾、消防安全、应急救援等科普活动；到厦门市青少年宫，为少年儿童及家长发放防震减灾、消防安全、远离危险水域的科普宣传手册；联合厦门多家高校成立“厦门市大学生科普志愿服务队”，为厦门市青年学生投身创新驱动发展战略的科学实践提供平台。

【社会发展领域科技计划项目支持】2022年，厦门市科技局强化需求及应用导向，发挥科技在全市经济社会发展中的支撑和引领作用，布局支持特色产业与乡村振兴、生态环境、固体废弃物处理、化学与生物安全等社会发展领域科技计划项目。全年立项支持项目16个，资助资金750万元。

【科技特派员服务乡村振兴工作方案出台】2022年，厦门市科技局推动出台《厦门市关于深入推进科技特派员制度服务乡村振兴的工作方案》。该方案分为总体要求、队伍建设、乡村振兴、支持利益共同体、激励机制、组织保障6部分内容，结合厦门科技特派员工作实际，在绩效考核激励、利益共同体权益保证等方面给予政策性支撑。出台厦门市科技特派员工作和扶持资金管理办法、制定市级科技特派员利益共同体备案登记和收入报告实施细则，强化对科技特派员工作的组织领导。

【科技对口帮扶】 2022年，厦门市科技局深化闽宁协作，助力宁夏协作地区巩固拓展脱贫攻坚成果和全面推进乡村振兴。选派5名科技特派员，到宁夏固原市（彭阳县、泾源县）和闽宁镇开展科技对口帮扶工作；立项支持4个科技协作项目，资助金额88.8万元；围绕特色农业资源实际发展需求，开展栽培技术和提取技术研究。支持三明市、龙岩市科技特派员工作，拨付科技特派员专项资金3000万元。2020—2022年累计支持三明市、龙岩市9000万元，开展科技特派员工作。

【科技特派员选派】 2022年，厦门市科技局推行科技特派员制度，创新选派机制，实行“平台制”和“下派制”选派相结合；会同市委组织部、市人社局联合发文，从厦门市市属和区属企事业单位，选派90科技特派员到岛外四区30个镇（街道），每个镇（街道）3人，全脱产开展为期1年的科技服务，选派科技特派员378人。

【科技特派员综合服务网建立】 2022年，厦门市科技局推动建立厦门市科技特派员综合服务网，开通微信公众号。该综合服务网站为厦门市“下派制”和“平台制”科技特派员开展技术对接和创新创业提供信息咨询、交流对接、工作汇报、审核管理等“一站式”在线综合服务，为科技特派员助力乡村振兴和产业转型升级提供支撑。全年注册“平台制”科技特派员1193人，法人科技特派员197家。

【科技活动周启动仪式】 2022年5月29日，由厦门市科技局、市委宣传部、市科协主办，厦门科技交流中心承办的2022年厦门市科技活动周启动仪式在五一文化广场举行，拉开2022年度科技活动周的序幕。其间，举办“科学之夜”等系列科普宣传活动。活动周以“走进科技，你我同行”为主题，市科技局、市委宣传部、市科协、市科普基地相关单位、各企业代表200余人参加启动仪式。全市27家企事业单位的36个科普项目参与展示，展示的内容涵盖航天航空、机器人、虚拟现实、医学设备、反诈骗宣传、消防安全、节能减排等，以及来自科研单位、科技企业的高科技创新成果展示。

【科学之夜主题活动】 2022年6月12日，由厦门市科技局、市委宣传部、市科学技术协会主办的“博物馆奇妙夜”2022年厦门科学之夜主题活动在故宫鼓浪屿外国文物馆举行。活动邀请50组亲子家庭参与，分为四大篇章，让参与者化身“文物侦探”，利用AR（增强现实）、AI（人工智能）等科技手段，将文博及历史相关知识贯穿其中，近距离体验“时空延拓”的内涵，感受传统与未来同场的特别张力。

2022年5月29日，2022年厦门市科技活动周启动仪式在五一文化广场举行

（市科技局　供图）

【全国科普讲解大赛（厦门赛区）】 2022年10月28日在厦门举行。大赛由厦门市科技局、市委宣传部、市科学技术协会主办，由厦门科技交流有限公司承办。来自厦门市各领域的49名选手，围绕气象科学知识、新技术、新成果、VR（虚拟现实）技术、人工智能、环境保护、健康养生、防震减灾等话题展开讲解。参赛选手包括市科技馆、市气象服务中心等科普单位的专业讲解员，厦门大学附属第一医院、厦门市仙岳医院的医务人员，厦门理工学院、厦门双十中学、厦门英才学校等院校的师生以及个人爱好者等。通过大赛选拔，2名厦门选手入选全国赛，1名进入福建省省赛。

（孙　卓　高　宇　方舒玫　谢　平）

科技成果转化

【概　况】 2022年，厦门市科技局落实《厦门市促进科技成果转移转化若干规定》，推动厦门市技术合同登记量及技术合同成交额稳定增长。全市认定登记技术合同7271项，比上年增长3.13%；技术合同成交金额134.2亿元，增长5.58%，占福建省46.37%。从合同类型构成看，技术服务合同成交额最大，占全市技术合同成交总额的46.73%，技术开发合同占33.61%；从单项合同成交额看，1000万元级以上合同登记额逐年增长，全年1000万元级以上大额合同103项，合同总额85.23亿元，占全年登记合同总额的63.50%，比上年增长6.29%。

【高校科研院所产学研项目补助】 2022年，厦门市科技局落实《厦门市产学研项目补助办法》，促进高校科研院所科技成果转移转化。全年补助产学研项目115个，总金额2020.45万元，高校和科研机构登记合同1441项，合同金额11.71亿元，合同数和合同金额分别比上年增长39.90%和96.48%。

2022 年 8 月 29 日，第七届金砖国家青年科学家论坛暨第五届金砖国家青年创新奖在厦门开幕　　（市科技局　供图）

【科技成果登记】 2022 年，厦门市登记科技成果 272 项。其中，以知识产权授权登记的成果 109 项，占登记科技成果的 40.07%；以验收方式登记的成果 87 项，占 31.99%；以鉴定方式登记的成果 10 项，占 3.7%；以其他评价方式登记的成果 66 项，占 24.24%。2022 年登记的科技成果类别分布与往年基本一致，应用技术类成果 253 项，占 93.01%；基础理论成果 19 项，占 6.99%。制定行业标准 1 项。

【知识产权科技成果登记】 2022 年，厦门市科技局受理知识产权科技成果登记申请 1327 项，其中发明专利 676 项，占知识产权申请数的 50.94%；完成授权专利登记 952 项，其中企业授权专利 649 项，占 68.17%，表明厦门市企业自主研发能力不断提高，企业创新主体地位更加凸显。

【技术经纪人培训】 2022 年，国家技术转移人才培养基地（厦门）举办初级技术经纪人培训班 7 期，培训初级技术经纪人 531 人；举办中级技术经纪人培训班 1 期，培训中级技术经纪人 49 人。截至年底，国家技术转移人才培养基地（厦门）培训初级技术经纪人 1079 人、中级技术经纪人 49 人。

（苏文鑫　庄巧红）

科技交流与合作

【概　况】 2022 年，厦门市科技局向科学技术部推荐申报各类国际科技合作项目 13 个，申报金额 4450 万元，获科学技术部立项支持国际科技合作项目 3 个，资助金额 700 万元。持续推动金砖国家科技创新合作，支持并组织厦门企业参与厦门香港科技合作交流，推动闽西南协同区科技创新合作，举办“2022 年两岸科技创新融合发展研讨会”。

【国际科技交流与合作】 2022 年，厦门市科技局推动开展国际科技交流合作。向科学技术部推荐申报“国家重点研发计划政府间国际科技创新合作 / 战略性科技创新合作重点专项”13 个，申报金额 4450 万元，合作地域涉及德国、意大利、新西兰、古巴、新加坡、马来西亚、俄罗斯、日本、韩国 9 个国家和地区，获科学技术部立项支持国际科技合作项目 3 个，资助金额 700 万元。

【金砖国家科技创新合作】 2022 年，厦门市科技局向科学技术部争取并承办“第七届金砖国家青年科学家论坛暨第五届金砖国家青年创新奖”，为金砖国家青年人才提供沟通交流的平台。推进金砖国家科技合作项目，包括建设“嘉庚高新技术研究院”，支持厦门大学申报“海洋负排放（ONCE）国际大科学计划”，推动厦门大学附属心血管病医院与金砖国家开展深入合作等；举办“金砖国家科创人才大讲堂”、厦门人才服务月公益讲座，组织外籍科技特派员参观厦门科学城等活动。

【区域科技合作】 2022 年，厦门市科技局分别拨付 1500 万元合作经费到三明、龙岩两市，用于支持三方在科技特派员领域开展合作，推进山海协作；支持建设“闽西南科学仪器设备资源共享平台”“闽西南生物资源利用中试技术公共服务平台”，促进协同区科技创新资源与科学设备资源共用共享。12 月 22—23 日，闽西南协同发展区科技合作领导小组第五次会议在龙岩市召开，会议就组建闽西南协同发展区科研平台联盟、联合申报国家科技成果转移转化示范区等方面达成共识，共同推动闽西南协同发展区科技合作。

【新型研发机构认定】 2022 年，厦门市有省级新型研发机构 54 家，市级新型研发机构 10 家。厦门市科技局认定厦门振为科技有限公司等 5 家单位为市级新型研发机构，拨付初创期建设经费补助 300 万元；推动厦门海普锐科技股份有限公司等 6 家单位获评为第七批省级新型研发机构，拨付一次性奖励补助 150 万元；推动 16 家单位获 2022 年度省级新型研发机构设备补助，补助金额 1690.4 万元（其中省级财政补助 845.2 万元）。

【科技展会】 2022 年，厦门市科技局组织 29 家厦门市企业参加第二十五届中国北京国际科技产业博览会、第二十四届深圳高交会，参展项目 38 个。参展项目涵盖电子信息、新材料、高技术服务等高新技术领域成果。厦门代表团获展会组委会颁发的“优秀组织奖”和“优秀展示奖”，1 个项目获优秀产品奖。

【科技招商】 2022 年，厦门市科技局强化科技招商引智，推动清华大学、天津大学、武汉大学、华中科技大学等一批大院大所名校名企项目落地；引进落地华为（厦门）开发者创新应用中心和腾讯优图 AI（人工智能）创新中心，助力厦门市软件信息产业发展。

【中国科学院 STS 计划厦门子专项】 2022年3月，厦门市科技局与福建省科技厅签订福建省中国科学院 STS 计划配套项目（中国科学院所属研究所及其平台科研成果在福建转化的项目）厦门子专项补充协议。补充协议规定从2023年起，厦门市科技局在原先每年1000万元专项资金的基础上，追加1000万元，合计每年统筹安排2000万元专项资金，用于配套支持获立项的 STS 厦门子专项。全年有10个中国科学院 STS 计划配套院省项目获立项，总资助金额930万元。

【"香港科创助力内地产业协同发展"线上培训】 2022年9月9日，由厦门市科技局、香港贸发局共同主办，泉州市科技局、漳州市科技局、三明市科技局、龙岩市科技局共同协办的"香港科创助力内地产业协同发展"线上培训会举行。培训会旨在拓展厦门与香港科技创新合作交流渠道，推动闽港科技成果转化与示范推广，提升闽西南协同发展区内科技创新的总体水平。此次线上培训会吸引超300家企业参加，其中47家为在闽当地企业，线上观看超2000人次。

【两岸科技创新融合发展研讨会】 2022年11月22—24日，两岸科技创新融合发展研讨会在厦门召开。该届研讨会由科学技术部海峡两岸科学技术交流中心和厦门市科技局共同主办，以"数说新机，共享未来"为主题，聚焦数字经济、元宇宙、人工智能等领域，开展主题演讲、两岸创新沙龙、项目资本对接、两岸校企交流等系列活动，海峡两岸专家、学者、企业家、青年创业者100余人参会。

（苏文鑫）

科技人才服务

【概　况】 2022年，厦门市科技局加大外籍人才引进机制创新力度，优化外籍人才服务管理举措，在厦门工作的外籍中高端人才近2000人。1名外籍人才获评为厦门市荣誉市民。厦门有关构筑外籍人才集聚高地做法入选科技部2021年全国科技体制改革典型案例。推动厦门市入选"2021年度魅力中国—外国专家眼中最具潜力的中国城市"。

【外籍人才管理与服务】 2022年，厦门市科技局修订完善《厦门市留学人员创业扶持办法》。该办法将扶持对象拓展到在中国境内高校取得本科及以上学历的外籍人才，并改为分期资助的方式，给予符合条件的国际留学人员20万至50万元创业资助；在全国率先开展外籍人才专业技术、技能水平评价试点，"'四个一'构筑外籍人才集聚高地"做法入选科技部科技体制改革典型案例；联合市公安局、火炬高新区管委会建立"国际留学人员创业就业基地""留学生创新创业实习基地"等，建立厦门市美亚柏科信息股份有限公司、厦门泡游网络科技有限公司"留学生创新创业实习基地"分站；向厦门大学、华侨大学、集美大学等高校外籍留学生群体提供就业创业服务；拓展外国人才服务站平台，联合市自贸委、市卫健委增设外国人才服务站自贸区分站及外国人才服务站中医保健分站；推荐 ABB（中国）有限公司副总裁施士杰获评为厦门市荣誉市民。

【人才服务月系列活动】 2022年6月9日，厦门市举行"2022厦门人才服务月"暨"鼓励留学人员来厦创业工作规定"颁布20周年庆活动启动仪式。厦门市委常委、组织部部长陈沈阳出席活动并致辞。中国工程院院士钟南山发来视频，寄语厦门人才服务月。市级高层次人才代表、台湾特聘专家代表、市外国人才服务站顾问等海内外人才和人才工作者代表，与市领导共同上台推动启动器，启动"2022厦门人才服务月"。启动仪式上发布实施"首席科学家扶持项目"、提升"院士专家工作站"建站补贴和博士后安家补贴、设立"厦门人才伯乐奖"、评选优秀人才工作者等10条举措。启动仪式现场公布首批10名厦门海归创业先锋代表名单，为厦门市级拔尖人才代表、"双百计划"成熟期企业项目颁证，"呼吸医学人才培训中心"落地揭牌，公布10家"市级人才服务驿站建设单位"，清华校友三创大赛、厦门软件园产教融合基地、数字人力资源产业园等多个项目现场签约。6月集中开展人才主题活动158项。"2022厦门人才服务月"围绕"全力构筑富有独特吸引力的人才高地"的目标，聚焦"强化国际交流、拓宽引才渠道、推介人才环境、完善服务机制"4大板块，举办"金砖+"留学人才项目对接洽谈会、金砖国家工业互联网领航人才研修班、官任国际学堂外籍人才融合系列课程等活动。

【首届厦门市大学生科普讲解大赛】 2022年6月12日，由厦门市委人才办指导，厦门市科技局、市妇联主办，美亚柏科协办，厦门理工学院、厦门科技交流中心、厦门软投等单位承办的"美亚柏科杯"首届厦门市大学生科普讲解大赛决赛举行。该届大赛以"科技引领时代，青春创造未来"为主题，吸引来自厦门大学、华侨大学、集美大学、厦门理工学院、厦门城市职业学院、厦门海洋职业技术学院、厦门医学院7所高校的55名选手参赛。选手聚焦厦门市柔性电子、新型显示、第三代半导体、新一代人工智能、生命健康等未来产业，科普讲解厦门科技企业创新成果和前沿高科技产品，展现大学生创新创业的活力。该大赛为2022厦门科技活动周和2022厦门人才服务月的重要活动。

【ICCP 系列公益讲座】 2022年6月11日、6月18日、6月25日，厦门市科技局联合厦门市金砖办举办"国际人才培养与评估 & 大数据产业发展前景探讨""跨越数据孤岛　实现信息互联—数据治理与应用案例分析""跳出币圈，重新认识区块链"3场公益讲座，公益讲座邀请 ICCP（计算专业人员认证协会）董事会主席布拉德利·詹森、执行总裁克沃·达瑞沃、前白宫数据策略顾问皮特·艾肯、佛罗里达教授阿比·潘迪亚、国际大学创新联盟北美理事长肖水根等外籍专家在线探讨新形势下数字产业发展机遇与挑战、加快国内数字人才培养与国际接轨、促进建立国内数字人才培养行业标准、构建数字人才培养新生态等话题，吸引境内外人才近20万人次参与。

【金砖国际科创人才大讲堂】 2022年6月20日、10月20日，厦门市科技局联合厦门市金砖办举办金砖国际科创人才大讲堂。邀请新加坡可持续解决方案公司首席执行官 Pushkar Pradhan 及伊朗科创家 Peyman Salehian 围绕可持续发展、气候变化、废物管理等环保热门话题线上开展“智能环保管理技术助力碳中和”“颠覆性的酶工程技术”主题讲座，从科技、政策、产业链等多维度探讨，提供企业和人才解决方案和思路。

【厦门上榜“外国专家眼中最具潜力的中国城市”】 2022 年 12 月，2021 年“魅力中国——外籍人才眼中最具吸引力的中国城市”评选结果揭晓，厦门市入选“2021 年度魅力中国——外国专家眼中最具潜力的中国城市”。该届主题活动由科技部国外人才研究中心主办，《国际人才交流》杂志承办，活动于 2022 年 3 月启动，围绕“城市开放与人才引进”主题，调研在中国外国专家对所在城市工作生活环境和创新创业环境的感受和评价，了解外国专家在中国工作生活的关切和诉求。主题活动按照城市人口规模、城市经济水平、外资活跃度、历年主题活动结果和城市中心辐射力 5 个标准，在中国大陆筛选出 41 个城市作为调查测评对象，根据工作便利度、生活便利度、社会环境、城市互评、城市外向度五个维度设计 52 个调查指标，编制调查问卷。通过网络公开收集调查问卷和线下特邀外国专家填写问卷的方式，收到有效问卷 5625 份，其中诺贝尔奖获得者、中国政府友谊奖获得者、高层次海外人才等高端专家填写签名问卷 147 份，其他外国专家问卷 5478 份。厦门获得外国专家眼中最具潜力的中国城市第 10 名。

（魏　云）

科研院所

自然资源部第三海洋研究所

【概　况】 2022 年，自然资源部第三海洋研究所（简称海洋三所）各类收入到款 3.61 亿元，其中纵向项目到款 1.29 亿元、横向项目到款 9100 万元、产业开发类项目到款 2145 万元。全年签订纵向项目合同 152 项，合同总额 1.05 亿元；签订横向技术合同 506 项，合同总额 1.63 亿元；签订产业开发类项目合同 94 项，合同总额 3050 万元。牵头获海洋领域重点研发计划项目 3 个，课题 10 个，科学技术部基础资源调查专项项目 1 个，作为项目首席参与重点研发计划项目 1 个；获国家自然科学基金 15 个，其中区域创新项目 1 个。获 2021 年海洋科学技术奖二等奖 1 个，2021 年度福建省科学技术进步奖二等奖 1 个，厦门市科技进步一等奖、二等奖各 1 个。发表论文 327 篇［其中 SCI（科学引文索引）收录 244 篇］，申请专利 57 件，授权专利 61 件（其中发明专利 38 件）。

【基础研究】 2022 年，海洋三所牵头获“深海和极地关键技术与装备”“海洋环境安全保障与岛礁可持续发展”“地球系统与全球变化”等领域的国家重点研发计划项目 3 个，科学技术部基础资源调查专项项目 1 个，作为项目首席参与重点研发计划项目 1 个；新增重点研发计划项目课题 10 个，年度新增重点研发项目数和课题数均取得突破；获批面上基金项目 5 个，青年基金项目 8 个，区域创新基金项目 1 个，社科基金项目 1 个；获福建省科技计划项目 17 个，其中福建省杰青 1 个、重点项目 1 个，总经费 214 万元；获厦门市自然科学基金项目 14 个，经费 103 万元。

【部省市共建海洋三所】 2022 年，海洋三所谋划和部署推进部省市共建海洋三所事宜，明确共建总体思路，确定建设“国家海洋药物和生物制品产业发展中心”和“国家海洋生态保护修复技术研发与示范基地”2 个共建重点，定位海洋三所建设成为驱动海洋药物和生物制品产业可持续发展的创新引擎，打造海洋药物和生物制品产业集群，促进海洋生态保护与修复技术的研发和推广应用，形成具有持续创新活力的重要海洋科学研究基地、高水平的技术创新和成果转化高地；参与并推进厦门海洋工程大学创建和建设，开展全方位教育教学合作和资源共建共享，完成首批 30 名科研人员师资“双聘”工作。部、省、市共建海洋三所总体方案获福建省、厦门市主要领导首肯，厦门市成立市委常委任组长，2 名副市长和海洋三所主要负责人任副组长，主管部门主要负责人任成员的工作小组，集中统筹资源专门推动海洋三所共建工作。

【大洋生态专项工作】 2022 年，海洋三所参加全球深海典型生境发现计划专项规划编制，负责牵头编制深海平原、中层海洋 2 个典型生境子计划，纳入“海洋十年”中国行动框架和 2023 年度部门预算重点工作。参与编制的《深海采矿环境保护与保全指南》与《海底多金属结核采矿系统技术指南》2 项团体标准发布。组织推进东太平洋、西太菲律宾海调查成果集成，系统构建东太平洋大洋协会多金属结核合同区环境基线，在东太平洋多金属结核合同区提出环境参照区 2 个。首次在国际上发表西北太平洋国际海底区域管理工具的中国技术方案，选划菲律宾海的公海保护区潜在区、西北太平洋海山区的环境特受区，支撑中国提出的基线及其自然变化计划。

【海洋生态保护与修复】 2022 年，海洋三所牵头编制《海岸带生态保护和修复重大工程建设规划（2021—2035 年）》《“十四五”海洋生态保护修复行动计划》《海洋生态修复技术指南　第 1 部分：总则》。参与完成《海洋生态修复技术指南　第 2 部分：珊瑚礁生态修复》等颁布实施。负责《国土空间生态修复理论与实践》中“海洋生态修复”章节通过专家评审。组织开展《红树林生态修复手册》（英文版）编制工作并完成翻译初稿。完成《海洋生态修复技术指南　第 6 部分：海滩修复》和行业标准《海洋生态保护修复标准体系》征求意见工作。

【海洋生态预警监测研究】 2022 年，海洋三所组织开展红树林 / 珊瑚礁生态系统监测预警、海洋生态廊道选划方案编制、海洋生态补偿研究。完成《东山造礁石珊瑚群落生态预警监测方案》编制，开展东山及周边水域造礁石珊瑚群落生态预警监测，形成“一张图”，初步识别并划分区域内的风险区域；组织开展西沙群岛珊瑚礁、南沙美济礁珊瑚礁生态系统预警监测，并将研发的预警监测技术进行应用验证。《海洋生态廊道识别技术指南（第一部分：总则）》《海洋生态系统生态产品价值评估技术指南》《海岸带生态系统现状调查与评估技术导则第2部分：红树林》和《海岸带生态系统减灾功能评估技术导则：砂质海岸》获立项并进行征求意见；编制完成《砂质海岸生态修复手册》。

【海岸带保护修复和防灾减灾】 2022年，海洋三所承担砂质海岸修复项目10个、红树林保护修复项目3个和珊瑚礁保护修复项目1个的实施情况调查监管工作。全年执行3次调查监管，并在监管过程中对2020年颁发的系列标准的适用性和可操作性进行分析和验证；编制完成《海岸带生态减灾修复技术手册》和《珊瑚礁海岸带生态修复技术手册》初稿；修改完善《砂质海岸海岸带生态减灾修复技术手册》。

【海洋产业规划制定】 2022年，海洋三所组织筹建并编制形成海洋药物与生物制品产业发展中心建设方案。向主管部门提供海洋药物与生物制品产业发展思路、推动海洋药物与生物制品产业发展报告、"一带一路"海洋生物产业合作情况、海洋生物企业名录等。为地方海洋经济发展顶层设计做好技术支撑，编制的《石狮市"十四五"海洋强市建设专项规划》印发实施，《晋江"十四五"海洋强市建设专项规划》报审，开展《泉州市海洋药物与生物制品产业发展专项规划》《漳州市交通集团海洋经济板块发展战略及其"十四五"规划》编制。

【海洋科技开发支持与技术咨询服务】 2022年，海洋三所承担和实施厦门市自然岸线调查及海岸线变化监测，厦门市2023年度海洋生态保护修复工程项目实施方案编制。承担宁德市、莆田市和泉州市海洋生态保护红线评估调整和连江县海岸带综合保护与利用规划等多项国土空间规划海洋专项研究任务，为指导地方政府做好海洋保护开发，保障海岸带的可持续发展提供科技支撑。完成厦门市大嶝南缘片区涉及批继续围填海项目围填海优化方案论证报告、生态评估报告编制，厦门第二东通道建设项目生态补偿项目等多项工程项目的海洋生态保护修复专项研究，指导生态修复工程实施。承担珠海机场二跑道项目、泉州百崎通道工程和泉州东海通道工程等交通工程项目的论证和咨询服务工作。承接浙江海岛核电（牛山岛）项目海域环境放射性本底调查等国家重大核电项目的本底调查工作。承担福建省海洋辐射环境水平调查、漳州核电温排水背景下养殖影响和养殖优化技术研究专题等调查评估和灾害预警研究工作。开展广东省滨海湿地蓝碳生态产品价值实现机制研究，承担广东省海洋生态修复成效评估与红树林蓝碳交易研究项目。与福建连江县合作开发完成全国首宗海洋渔业碳汇交易（1.5万吨），支撑完成全国首例双壳贝类渔业碳汇交易、全国首例司法碳汇交易和村集体海洋碳汇交易，与福建莆田、浙江苍南等地4家单位合作促成海洋渔业碳汇交易量近12万吨。

【科技成果转化与服务】 2022年，海洋三所转化2项专利或技术秘密给企业，转化合同金额180万元；持续跟踪服务成果的产业应用，生育力保护药物QF001开展临床前研究；为岩藻黄质制备提取生产线，万吨级贝壳粉原料、海洋益生菌等5条生产线开工建设提供技术指导，带动投资约2亿元；开发羊栖菜产品系列等产品12种，海藻寡糖系列产品等8种产品推向市场；派遣12名科技人员到转化企业兼职；推进与福建中烟工业公司合作的7个项目，完成5种微胶囊的中试制备，完成2种烟用酶制剂的产业化应用，新建1条中试化发酵生产线，完成3项中试和4项种小试研发，初步筛选获得烟草青枯病或黑胫病海洋源拮抗菌4株；与大闽食品公司合作开发大健康产品配方10余种；与福建中益制药公司完成转化项目的1条生产线开工建设；与福建佳德食品公司开发出海洋类功能食品3种。全年获评为1个省科技特派团队和8名福建省科技特派员，其中1名科技特派员到企业开展成果转化工作业绩获省内通报表扬。

【国际海洋科技合作交流】 2022年，海洋三所开展国际交流活动。派出8个团组17人次参加线上国际会议；线下派出2人次到加拿大参加《生物多样性公约》第十五次会议（COP15）第二阶段会议；与缅甸丹老大学签署合作谅解备忘录；与俄罗斯科学院远东分院太平洋海洋研究所等涉海单位签署合作谅解备忘录；举办中俄海洋可持续发展综合多学科合作研究研讨会；举办中泰联合蓝色市民公众活动；举办中法深海微生物学术研讨会、气候变化与海洋大气循环国际研讨会；举办APEC海洋微生物资源研究技术创新研讨会。

（龙邹霞）

中国科学院城市环境研究所

【概　况】 2022年，中国科学院城市环境研究所（简称城市环境所）推进科研工作，构建人才引育体系，推进国际合作，提升合作成效，促进科技成果转化，推进企业分类清理。中国科学院院士、城市环境所学术所长朱永官获"李比希奖"，系首位获该奖项的亚洲科学家；4名外籍科技工作者加入厦门市科技特派员队伍，获颁外籍科技特派员证书；"静电纺丝微纳复合纤维污染防治功能材料的开发及其产业化应用""金属硫氧化物复合材料用于水中污染物去除的关键技术及工程应用"2项成果获2021年度厦门市科学技术进步奖二等奖；研究员唐立娜获评为厦门市生态文明先进个人。

【人才队伍建设】 2022年，城市环境所构建人才引育体系，人才队伍建设取得进展。有在职职工249人，其中研究员及正高级工程技术人员34人，副研究员及高级工程技术人员61人。全所岗位聘用人员162人。（见表32-1）

表32-1　　2022年城市环境所人才情况一览表

单位：人

序号	创新岗位名称	人员数量
1	中国科学院院士	1
2	中国工程院院士	1
3	发展中国家科学院院士	1
4	国家"万人计划"领军人才	3

续表 32-1

序号	创新岗位名称	人员数量
5	国家“万人计划”青年拔尖人才	1
6	国家杰青	4
7	国家青年科技奖	1
8	国家优青（含 2 名海外优青）	7
9	国家青年千人	1
10	享受国务院特殊津贴	5
11	科学技术部中青年科技创新领军人才	2
12	百千万人才工程国家级人选	2
13	中国科学院百人计划	8
14	中国科学院青年科学家奖	1
15	福建省百人计划	4
16	福建省高层次人才	42
17	福建省特殊支持高层次人才“双百计划”	3
18	厦门市双百计划	6
合计		93

【生态环境科技成果】 2022 年，城市环境所开创环境原位活性抗性菌研究的单细胞新方法，对推进环境抗性风险评估与制定防控策略具有重要价值，相关研究成果在国际刊物 Science、Nature Microbiology、PNAS 发表。编制《中国东部超大城市群生态环境研究报告》，梳理京津冀、长江三角洲和粤港澳大湾区三大城市群生态质量、环境质量、资源能源利用效率、生态环境治理能力 4 个维度生态环境的现状和演变历程，提出超大城市群生态环境保护和治理等方面针对性对策建议，该报告作为中国科学院资源环境领域首批发布的五大报告之一在中科院新闻发布会上发布，中央电视台、《人民日报》、《光明日报》、《经济日报》、《中国环境报》等 20 多家媒体作相关报道。推动城市污泥高效脱水耦合热解制备污泥生物炭等成套技术在粤港澳大湾区深圳、东莞等城市开展工程示范，构建引领粤港澳大湾区资源循环利用绿色体系和循环经济发展新模式。申报的“福建省国土空间分析与模拟数字技术重点实验室”和“福建省大气臭氧污染防控重点实验室”被认定为福建省重点实验室（学科类）。“厦门市城市环境智慧管理重点实验室”入选厦门市重点实验室名单。

【生态文明建设决策咨询服务】 2022 年，城市环境所受厦门市发改委、厦门市生态环境局委托，分别就“厦门推动‘碳达峰’‘碳中和’战略研究”和“厦门打造国家生态文明建设示范区”等工作为厦门率先实现社会主义现代化系列专题研究提供智库咨询；支持厦门市制定《厦门经济特区生态文明建设条例》等 30 余部法规，编制实施《厦门生态市建设规划》《美丽厦门战略规划》《美丽厦门环境保护总体规划（2014—2030 年）》《美丽厦门生态文明建设示范市规划（2014—2030 年）》《厦门市国家生态文明建设示范市规划（2020—2035 年）》等专项规划。

【技术成果产业化】 2022 年，城市环境所协助推动科技招商“绿色低碳产业孵化基地”建设，落地在孵企业 8 家，其中谱育（厦门）科技有限公司被认定为市级高新技术企业和专精特新企业，钛和中谱（厦门）获 CMA（检验检测机构资质认定标志）资质。全年在厦企业（含科技支撑孵化企业）实现营业收入 3.67 亿元，利润总额 0.57 亿元；推动所参股企业厦门中科育成公司在软件园三期打造产业基地，入驻企业 43 家，其中科技企业 32 家。育成中心软三产业基地被认定为厦门市科技企业孵化器；完成厦门市高价值专利组合培育项目“面向城乡水安全的水处理技术与装备高价值专利组合培育”，相关技术成果产业化，实现收益 1.68 亿元。

【国际环境技术合作促进】 2022 年，城市环境所加强与国际科学理事会会商，共建金砖国家新工业革命伙伴关系环境技术协同创新中心，开展新型环境技术研发、技术转移和孵化、人才培养培训等工作。与俄罗斯科学院、巴西科学院、南非科学院、国际科联、国际医学科学院组织及国际科学组织联盟（ANSO）成员国家等 30 多个国际组织维持良好的合作关系。

【“城市科学与可持续发展”系列讲座】 2022 年 5 月 20 日，由城市环境所、美国亚利桑那州立大学、芝加哥大学和“一带一路”国际科学组织联盟（ANSO）共同发起的“城市科学与可持续发展（Urban Science and Sustainability，USS）”系列讲座举行。参会者来自中国、美国、澳大利亚、马来西亚、日本等 40 余个国家和地区，覆盖国内外高校和组织 600 多所（个）。

【院地科技合作协议】 2022 年 8 月 22 日，城市环境所与厦门市人民政府签署深化科技合作框架协议，双方共同推进全国重点实验室、中国科学院大学福建学院资源与环境学院（厦门）、金砖国家新工业革命伙伴关系环境技术协同创新中心建设，推进中科院科技成果在厦门市转化落地。厦门市拨付资金 1.7 亿元支持城市环境所全国重点实验室研发大楼、研究生公寓楼建设，并明确研究所引进人才全面享受厦门市各项人才政策。

【海峡城市环境高峰论坛】 2022 年 11 月 18—19 日，由城市环境所、中华环保联合会、福州大学联合主办，厦门市生态环境局、厦门市市政园林局、中国

2022 年 11 月 18—19 日，第三届海峡城市环境高峰论坛暨厦门国际环保产业创新技术展览会在厦门国际会议中心举行。图为部分参会人员合影　（城市环境所　供图）

国际贸易促进委员会厦门市委员会、厦门市政集团有限公司等单位和团体支持的第三届海峡城市环境高峰论坛暨厦门国际环保产业创新技术展览会在厦门国际会议中心举行。该届海峡环境论坛以“绿色发展，低碳经济”为主题，围绕新形势下环保产业的创新与发展，共开展 1 场主论坛和 17 场分论坛，内容包括“城市污染协同控制［水专题、臭氧与 $PM_{2.5}$（大气中直径小于或等于 2.5 微米的颗粒物，也称为可入肺颗粒物）协同控制专题、土壤专题］”“大气环境观测与模拟”“碳中和方法与路径”“城市废弃物能源资源化”“智慧城市环境管理”和“海峡两岸城市环境青年学者研讨会”等。主论坛中，中国工程院院士郝吉明，中国科学院院士朱永官，中国工程院院士高翔，中国工程院院士王金南，中国工程院院士贺泓，台湾大学环境工程学研究所名誉教授及终身特聘教授蒋本基，同济大学环境科学与工程学院院长、教授戴晓虎，中国光大水务有限公司技术总监安平林和中科万朗生物科技有限公司总经理陈辉斌分别作主旨报告。《人民日报》、《厦门日报》、厦门卫视等 20 多家媒体报道。

（吕　宏）

福建省水产研究所

【概　况】 2022 年，福建省水产研究所新增各级各类项目 53 个。其中，省属公益类科研院所基本科研专项 10 个、省海洋经济发展补助专项 1 个、省海洋服务与渔业高质量发展专项 28 个、厦门市自然科学基金项目 2 个、所纵向科研项目结余结转经费专项 4 个、研究所科技引领专项 4 个、福建省漳州市水生动物种质资源场建设项目 1 个、中央渔业发展补助专项资金 3 个。新增多项渔业资源、环境监测、病害监测、水产品检测等任务，增加科研经费 4623.04 万元；承接技术开发、技术服务与技术咨询项目 36 个，技术交易额 3040 万元；制定的水产行业标准《冻章鱼》发布实施。组织参加 2022 中国（福州）国际渔业博览会重点展示推介水产种业、海洋生物高值化开发、循环水养殖模式等海洋与渔业科技创新成果；组织科技人员开展农村创业创新、技术咨询和培训服务，先后在全省各地市县选派科技特派员 10 人次，组织科技人员下乡开展技术培训 16 次，培训人员超 500 人次。全年全所发表科技论文 66 篇，其中 SCI（科学引文索引）收入 17 篇。申请专利 30 件，其中发明专利 16 件；授权专利 35 件，其中发明专利 14 件；获得软件著作权 2 项。“海洋经济贝类高值化加工关键技术及产业化”项目成果获 2021 年度省科技进步奖三等奖。

【水产科研成果】 2022 年，福建省水产研究所作为第一完成单位主持的“福建特色海洋生物高值化开发技术与产业化应用”项目获 2020 年度省科技进步奖一等奖。该项目针对福建省特色海洋生物资源开发技术含量不高、加工副产物利用率低、产业科技支撑不足等问题，开展福建特色海洋生物高值化开发技术与产业化应用研究，以鲍鱼、河豚鱼等福建特色海洋生物为主要原料，聚焦海洋生物资源的高质化开发和多元化利用，首次利用转录组学和蛋白组学研究河豚鱼中河豚毒素产生、富集、迁移、代谢机理及时空变化规律；发明海洋贝类多糖、多肽和脂质联产制备的新方法，开发成分组成明确、功效显著的海洋功能食品；首创河豚毒素定向冷提、多级膜分离与液质联用提取新技术，突破同分异构体、衍生物杂质的分离控制关键技术难题，获得高纯度药用级河豚毒素；突破海洋药物研发过程中急需解决的安全、药代动力学及其先导化合物规模化制备关键技术瓶颈，提升福建省海洋生物资源开发水平，实现技术成果推广及产业化应用，推动水产品加工业从初级加工向绿色、全利用、高效益方向转型。

【水产养殖成果转化】 2022 年，福建省水产研究所强化国家科技成果转化政策宣传贯彻，通过谋划和推动，科研成果转化的落地工作初见成效。发明专利“一种池塘集约化养殖网箱的清污装置及方法”和实用新型专利“一种海水池塘循环水网箱养殖的链式换网装置”以 2.25 万元转让给厦门源渔科技有限公司，2 件专利能解决养殖网箱微生物附着生长堆积问题，提高养殖企业网箱的清污效率和清污程度；“大型海藻养殖与高质化利用新技术研究与示范”项目部分科研成果和“福建特色海洋生物高质化开发技术应用”科研成果，按规定开展成果转化的公示工作；“一种贝壳金黄色葡萄牙牡蛎新品种的选育方法”等多件发明专利与意向需求企业洽谈转让事宜。

【科技下乡和技术帮扶服务】 2022 年，福建省水产研究所组织科技博士服务团团队成员到产业一线，开展科技下乡和技术帮扶服务活动，助力产业发展，促进乡村振兴。在宁德霞浦、漳州东山以及平潭综合开发区等地开展海参健康养殖技术服务，通过举办海参健康养殖培

2022 年 11 月 15 日，福建牡蛎"福蛎 1 号"在漳州霞美镇通过专家组现场验收。图为参加验收人员合影

（祁剑飞 摄）

训班、产业一线答疑帮扶等形式，围绕现阶段海域水质分析、健康养殖用药等内容进行技术交流，并对海参流行病学调查、耐药性普查、功能性配合性饲料开发等方面开展科研攻关和技术指导；到莆田秀屿、宁德霞浦等地开展海带、龙须菜、红毛菜等藻类育种与养殖生产技术指导，指导相关养殖企业和养殖户开展藻类新品种选育、敌害生物防治和苗种快速扩繁技术应用，发放相关技术手册，交流科技特派员基地和"一县一业"建设事宜；到连江和漳浦开展三倍体牡蛎养殖技术培训工作，"面对面"为养殖户答疑解惑。

【牡蛎优质高产种质创制通过验收】 2022 年 11 月 15 日，福建省水产研究所贝类育种与养殖团队承担的国家重点研发计划"蓝色粮仓科技创新"专项"牡蛎优质、高产种质创制和规模化制种"在漳州霞美镇通过专家组现场验收。项目组在养殖场进行福建牡蛎"福蛎 1 号"新品系苗种繁育，培育新品系苗种养殖量面积 23.45 平方千米。"福蛎 1 号"新品系苗种在浮头湾海域养殖，至验收时，平均每串重 5.19 千克（16 贝壳 / 串），个体平均壳高 95.5 毫米，平均体重 88.39 克；同期繁育养殖未经选育的对照组福建牡蛎平均每串重 4.09 千克，个体平均壳高 71.6 毫米，平均体重 43.83 克。选育组牡蛎亩产量比未经选育的提高 21.2%。

（郭书悦）

福建省亚热带植物研究所

【概　况】 2022 年，福建省亚热带植物研究所（简称亚植所）在研的各类各级研发项目 63 个，其中国家自然科学基金 2 个、中央引导地方专项项目 1 个、厦门市科技计划项目 56 个、对外横向合作项目 4 个。项目主要内容为亚热带及热带作物栽培、品种选育、植物生理生化及提取技术的研究。全年新增研发项目 3 个，到位资金 18 万元；与企业合作项目 2 个，项目资金 20 万元；获国家发明专利授权 2 件，实用新型专利授权 4 件，申请国家发明专利 5 件，申请实用新型专利 4 件；通过市级验收和科技成果登记 11 件；发表论文 19 篇；获植物新品种权证 1 个；修订地方农作物生产技术规范标准 22 个。获资助基础理论研究项目 13 个。参与厦门市科技活动周，以专业的业务水平向市民宣传科普植物相关知识。

【冬令花木与观果植物引种项目】 2022 年，福建省亚植所完成 2019 年度厦门市科技重大项目"厦门冬令花木与观果植物引种驯化及其景观化应用"各项合同指标并通过验收。该项目引种红花荷、紫玉兰、金莲木等冬令花木 26 种，建成冬令花木种质资源圃和冬令花木景观示范点各 1 个；建成可调控温、光、湿等条件的种苗繁育圃 1 个，研究并建立星苹果、菠萝蜜、苹婆和人心果等种苗繁育技术；建成以苹婆、人心果、菠萝蜜为主的景观绿道各 1 条和以苹婆、人心果等多种果树组合的景观示范点 1 个；建成以黄晶果、凤梨释迦、莲雾、葡萄、火龙果、桑葚 6 种特色果树为主的都市设施生态果园示范点 1 个，开展产期调控技术研究并集成配套的栽培技术；对厦门冬令花木和观果植物进行景观美学质量测定与综合评价分析。

【科研平台建设】 2022 年，福建省亚植所持续开展研发平台建设，加大省市重点实验室、工程技术中心建设与运行管理力度。完善"海西植物天然产物提取纯化中试基地"中试平台配套基础设施；完成洁净实验室工程建设；进行中试生产并与企业开展合作；为厦门中坤食品有限公司、漳州金三角生物科技有限公司、漳州市云之梵食品有限公司提供技术服务和技术支持。

【产学研合作】 2022 年，福建省亚植所继续与福建农林大学及华侨大学联合运作研究生工作站。全年承接厦门大学、华侨大学、集美大学相关技术专业教学实习业务；组织科研人员到厦门、泉州、三明等地区，发挥科研院所的科研优势，为地方农业技术提供技术指导；与厦门鑫美园有限公司合作，打造三秀山村"一村一品"，推广"山药定向诱导栽培技术示范基地"；与厦门塔斯曼生物公司合作推广种植牛油果，协助"塔斯曼科技特派员牛油果引种种植示范基地"建设。

【分析检测技术服务】 2022 年，福建省亚植所继续完善实验室计量计证管理体系，提高测试服务水平，为社会提供测试服务。全年为 32 家公司或单位提供测试服务，完成 57 批次 194 个样品检测，其中土壤样品 99 个、有机肥样品 95 个。检测样品的类别包括有机肥、土壤等，检测项目包括氮、磷、钾、有机质、pH 值等。

（李　影）

责任编辑：明安文
审　　稿：阳晓儒
校　　对：林建高

33 社会科学

学术活动

【概　况】 2022年，厦门市各高校和社科研究机构克服新冠疫情影响，采取线上、线下结合的方式，开展国际和全国性的学术交流活动100多场（次），其中重大学术交流活动60余场（次）。学术交流活动涉及若干学科和学科群，反映社会科学研究的多样性和互补性。举办厦门市第十三届社会科学界学术年会论坛，共同探索海外华侨讲好中国故事的新路径。

【中华海洋文化厦门论坛】 2022年3月19—20日，首届中华海洋文化厦门论坛暨厦门大学海洋文化研讨会在厦门大学召开。该次论坛由厦门大学、市海洋发展局联合主办，福建省海洋文化研究中心、集美大学、福建省闽南文化研究会、市海洋国际合作中心共同协办。受疫情影响，会议采取线上、线下相结合的方式举行。该次论坛包括主论坛和4个分论坛，来自全国各地20余所科研机构、高等院校的60余名学者就“跨国史与全球史视野下的海洋”“中国海洋历史文化”“海洋区域社会管理”“中国海洋经济开发历程”议题开展讨论。

【“新时代党的建设”高端论坛】 2022年4月3日，厦门大学党建研究中心揭牌仪式暨“新时代党的建设”高端论坛在厦门大学以及通过网络会议方式同步举行。厦门大学党委副书记、党建研究中心主任徐进功，中共党史学会副会长、中国人民大学中共党史党建研究院执行院长杨凤城分别致辞。厦门大学党建研究中心对中国共产党百年进程中形成的中国共产党人精神谱系内涵特征、价值建构进行系统研究，开展党建实际案例和数据实践分析，打造集研究、示范、咨询、育人于一体的党建中心。在高端论坛阶段，与会专家围绕“新时代党的建设”展开研讨。中国人民大学执行院长杨凤城、清华大学教授肖贵清、北京大学教授程美东、华南师范大学教授陈金龙、中共中央党校（国家行政学院）教授戴焰军、厦门大学教授徐进功等6位专家依次作主题发言。来自全国各高校数百名专家学者以及厦门大学师生线上参与该次论坛。

【第十八届海峡两岸（集美）端午文化论坛】 2022年6月2日，由厦门市社科联指导，集美区委宣传部、集美区社科联主办，市中华传统文化研究会承办的第十八届海峡两岸（集美）端午文化论坛在厦门市集美区举行。来自台湾的学者代表和厦门大学、集美大学、华侨大学等高校专家以及厦门市各界文史专家和各界代表50余人参加，围绕“共庆端午节、同叙两岸情”主题，探讨“端午文化”“海峡两岸共同精神家园”的相互关系。

【纪念郑成功收复台湾360周年学术研讨会】 2022年6月23日，由中国历史研究院指导、厦门大学主办、厦门大学台湾研究院承办的纪念郑成功收复台湾360周年学术研讨会在厦门召开，海峡两岸专家学者200余人参加。与会代表以“纪念郑成功收复台湾”为主线，探讨郑成功收复台湾的历史进程、郑氏家族的海上活动、郑氏家族与台湾开发、郑成功与两岸历史记忆、郑成功收复台湾的现实启示、郑成功精神的时代意义等议题。

【第六届新疆北庭学研讨会】 2022年7月5日，由厦门市政府、厦门大学、新疆维吾尔自治区文化和旅游厅（文物局）和昌吉回族自治州人民政府联合主办的第六届新疆北庭学研讨会在厦门大学召开。该研讨会以“‘一带一路’沿线世界文化遗产的传承互动与可持续发展”为主题，全国近100名北庭学研究领域的学者参会，就北庭故城发掘与历史研究阐释、历史与考古视野下的中国西北边疆与东南海疆、世界文化遗产视域下的北庭故城及其核心价值等内容进行交流研讨。国家文物局考古司司长闫亚林，中国社会科学院考古研究所副所长朱岩石，福建省文化和旅游厅副厅长、福建省文物局局长傅柒生，厦门市副市长庄荣良，新疆昌吉回族自治州副州长周小华，厦门大学副校长杨斌分别通过线上、线下的方式出席开幕式并致辞。

【第五届“一带一路”发展高层论坛】 2023年9月9日，由中国国际经济合作学会、厦门国家会计学院合作主办的第五届“一带一路”发展高层论坛在厦门举行。该届论坛为第二十二届中国国际投资贸易洽谈会的重要论坛活动之一。论坛就“‘一带一路’国际合作创新发展”主题开展交流研讨，境内外政府官员、国际组织代表、驻华使节、专家学者、商协会代表等参会。出席论坛的驻华使节表达与中国共享数字、绿色发展成果，加强贸易、投资、科技、农业、能源、基础设施等领域合作意愿，希望同中国及其他“一带一路”合作伙伴国家一道，共同破解发展难题，促进互利共赢。

【红色资源助推厦门文化名城建设论坛】2022年9月22日，“赓续红色史，喜迎二十大——暨用好红色资源助推厦门文化名城建设”论坛在厦门举行。该论坛是厦门市第十三届社会科学界学术年会活动之一，由市政协文化文史和学习委员会、市社会科学界联合会、市社会科学院指导，中共思明区委宣传部、思明区社会科学界联合会主办，集美大学海洋文化与法律学院协办。40余名社科界专家学者、实际工作部门代表参加论坛。论坛上，6名代表立足厦门红色文化资源，围绕文化强市建设工作，结合各自研究领域和本职工作同与会人员进行交流，提出建议。

【厦门（同安）孔子文化节】2022年9月28日，由中共厦门市同安区委宣传部指导、同安区社会科学界联合会主办的2022年厦门（同安）孔子文化节在同安孔庙举行，主题为“儒行银同　文教昌明”，活动现场举行祭祀大典、开笔礼、拜师礼三大传统仪式，活动同步线上直播。

【“中西文明比较视域中的鼓浪屿”学术研讨会】2022年11月6日，厦门市社科联、社科院与华侨大学联合举办“中西文明比较视域中的鼓浪屿”学术研讨会。厦门大学、华侨大学、集美大学、厦门理工学院、市委党校、市社科院等高校和科研机构的专家学者，华侨大学部分师生代表参加研讨会。市社科联党组书记、常务副主席潘少銮，华侨大学党委常委、副校长王丽霞等出席会议并发言。论坛围绕鼓浪屿建筑风格、鼓浪屿文化的“融合之美”、鼓浪屿红色文化资源、鼓浪屿中西方文化桥梁纽带作用、鼓浪屿国际社区等维度，开展学术研讨交流。

【城市高质量发展与共同富裕论坛】2022年11月16日，2022年厦门市第十三届社会科学界学术年会“城市高质量发展与共同富裕”论坛在厦门大学嘉庚学院举办。该次论坛由厦门社会科学界联合会、厦门市社会科学院指导，由厦门大学嘉庚学院国际商务学院、厦门大学嘉庚学院会计与金融学院联合承办。论坛的主论坛以“聚焦城市高质量发展与共同富裕”为主题，厦门大学经济学院教授、厦门大学社科处副处长黄寿峰等专家围绕主题进行探讨。分论坛以“多角度探讨城市经济发展”为主题，厦门大学嘉庚学院国际商务学院和会计与金融学院的师生代表依次进行研究成果宣讲，由专家进行点评。

【中国宏观经济学术研讨会】2022年11月19日，“中国应对三重压力的宏观经济政策研究——中国宏观经济学术研讨会（2022）”在华侨大学以线上、线下相结合的方式举行。该次研讨会由中国宏观经济研究中心（华侨大学与中国社会科学院财经战略研究院共建）、中国社会科学院经济政策研究中心、《财贸经济》杂志社、《经济学动态》杂志社联合主办，华侨大学经济与金融学院、华侨大学经济发展与改革研究院承办，华侨大学数量经济研究院协办。研讨会设6个分会场，36名学者围绕新发展阶段财政金融风险、“双循环”新发展格局与产业链和国际分工价值链优化、碳减排路径与经济增长、数字经济与数字化转型、收入分配与共同富裕、公共政策的经济效应等6个宏观经济热点话题或难点问题进行报告，与会学者进行专业点评，200余名来自多所高校的教师和研究生参与学习和讨论。

【第五届旅游三十人论坛】2022年11月19—20日，第五届旅游三十人论坛在厦门市举行。该届论坛由厦门大学主办、厦门大学管理学院承办，以“未来旅游：方向、模式与路径——迷茫中的考量与探索”为主题，来自国内外近30名专家学者作主题演讲。论坛采用线上、线下同步参会的方式，在线关注的旅游专业师生与业界人士超1万人次。

【第八届北辰山闽王民俗文化节】2022年11月20日，由中共厦门市同安区委宣传部指导，同安区社会科学界联合会、同安区五显镇人民政府主办的“开闽先宗・泽被同安”2022年第八届同安闽王民俗文化节在同安县衙旧址举行。活动邀请文史专家，在朱子书院组织厦门市第十三届社会科学界学术年会——闽王文化学术论坛。现场专家学者上台发言，从闽王史迹、同安封肉与闽王的联系、闽王文化与新时代的结合等方面解读闽王文化。

【第三届旅游行业信用体系建设论坛】2022年11月24日，第三届海西（厦门）信用论坛暨体育及旅游行业信用体系建设发展论坛在厦门举行。作为厦门第十三届社科论坛的年度分论坛之一，该届论坛由市社会信用建设体系建设工作领导小组办公室、市体育局、市文化和旅游局、市社会科学界联合会、市社科院指导，市诚信促进会、厦门国信信用大数据创新研究院联合举办。国家部委所属部门、信用研究机构，部分行业协会商会以及海峡两岸业界代表、相关社团组织负责人及学者160人参会。论坛以“诚竞体育　信游世界”为主题，邀请来自闽西南五市、台湾等地的业界代表和学者参加，共同探讨体育和旅游行业信用体系建设现状及未来建设思路，引导业内企业构建诚信经营自律机制，营造诚信市场环境，促进体育和旅游行业高质量发展。

【文科学术期刊高质量发展论坛】2022年11月26日，由厦门大学中国式现代化研究院与厦门大学文科期刊中心联合主办的学术期刊高质量发展与中国话语体系建设期刊论坛在厦门大学举行。来自《中国社会科学》、《新华文摘》、《中国社会科学文摘》、《高等学校文科学术文摘》、人大书报资料中心、《财贸经济》、《新闻与传播研究》等学术期刊的主编及学者探讨学术期刊的高质量发展与中国学术话语体系建设。与会代表就厦门大学文科期刊中心下一阶段的发展建言献策。福建省社科联党组成员、副主席兼东南学术杂志社社长、总编辑郑东育，福建省期刊协会会长、省委宣传部原二级巡视员卓少锋，福建省出版物监测与研究中心主任、省期刊协会副会长欧定敬，厦门大学校长助理、研究生院常务副院长方颖出席开幕式并致辞。

【第十一届厦门（同安）苏颂国际文化节】2022 年 12 月 10 日，第十一届厦门（同安）苏颂国际文化节暨第七届厦门（同安）朱子国际文化节在厦门市同安区县衙旧址开幕。该活动由市委宣传部、市社会科学界联合会指导，同安区委宣传部、同安区社会科学界联合会主办，专家、代表 200 余人参与。活动围绕“历史自信与守正创新”主题，专家学者通过线上、线下结合的方式，研讨苏颂和朱子文化的精神内核与传承意义。文化节首次把同安区打造的苏颂和朱子两大品牌活动合并举办，设置专业发布、高峰论坛、文化产品建设三大板块，多维展示闽学源头文化特色的新探索与新举措。

【“中国式现代化与人类文明新形态”学术论坛】2022 年 12 月 17—18 日，由福建省高校马克思主义理论学科联盟和集美大学主办、《经济社会体制比较》杂志社等单位协办的“中国式现代化与人类文明新形态”学术论坛在集美大学举行。全国政协委员、中共中央党史文献研究院原副院长魏海生，中央编译出版社社长兼《经济社会体制比较》主编郗卫东，国务院学科评议组成员、教育部“长江学者”特聘教授王永贵等出席该论坛。与会专家围绕“中国式现代化与各国现代化的共同特征”“中国式现代化的价值旨归”“‘中国化时代化的马克思主义行’的内在逻辑与现实取向”“中国式现代化的世界意义”等话题作主旨报告。该论坛采用线上与线下相结合的方式进行，来自厦门大学、福州大学、福建师范大学、闽南师范大学、福建江夏学院、厦门理工学院、厦门医学院等高校和厦门市委党校等 20 多家单位的代表参加研讨会。

（市社科联）

课题研究和成果

【概　况】2022 年，厦门市各高校、党校及社科研究机构获立国家社会科学基金项目 112 个（见表 33-1），其中重大项目 2 个；获立福建省社会科学基金项目 151 个（见表 33-2），其中重大项目 17 个。

表 33-1　　2022 年厦门市入选国家社会科学基金项目一览表

序号	课题名称	姓名	工作单位	所在省市	项目类别	所在学科
1	出土文献与商周至两汉汉语上古音演变史研究	叶玉英	厦门大学	福建省	重大项目	
2	铸牢中华民族共同体意识的传播策略研究	谢清果	厦门大学	福建省	重大项目	
3	习近平总书记关于推进新时代高水平对外开放重要论述研究	张兴祥	厦门大学	福建省	一般项目	马列·科社
4	基于儿童哲学的朱子蒙学研究	陈永宝	厦门大学	福建省	一般项目	哲学
5	全球价值链区域化视角下 RCEP 的贸易和福利效应量化评估及对策研究	彭水军	厦门大学	福建省	重点项目	理论经济
6	人工智能促进区域经济协调发展的机制研究	李　静	厦门大学	福建省	一般项目	理论经济
7	新发展理念下我国环境税的政策效应评估及深化改革研究	刘　晔	厦门大学	福建省	一般项目	应用经济
8	金融高水平开放进程中系统性金融风险的传播路径及防范对策研究	戴淑庚	厦门大学	福建省	一般项目	应用经济
9	数字经济对地区产业路径发展的作用机制与对策研究	莫长炜	厦门大学	福建省	一般项目	应用经济
10	复杂系统视角下我国金融监管的历时演化研究	许文彬	厦门大学	福建省	一般项目	应用经济
11	中国区域经济产业关联和关键产业研究	王劲波	厦门大学	福建省	一般项目	统计学
12	生产要素扩展、升级和配置结构变动下全要素生产率的测度研究	刘云霞	厦门大学	福建省	一般项目	统计学
13	国家治理视角下深化两岸融合发展的路径研究	肖日葵	厦门大学	福建省	一般项目	政治学
14	数字经济背景下我国税法与“双支柱方案”的衔接研究	朱炎生	厦门大学	福建省	一般项目	法学
15	协同气候变化应对与生态环境保护的法治进路研究	周　琛	厦门大学	福建省	一般项目	法学
16	国际法院协定管辖权及中国应对策略研究	房　东	厦门大学	福建省	一般项目	法学
17	法律解释中的价值判断研究	王云清	厦门大学	福建省	一般项目	法学
18	人类命运共同体视域下海外新华商社会公益实践的比较研究	龚浩群	厦门大学	福建省	重点项目	社会学
19	“躺平”青年的群体特征、心理监测与成长干预研究	吴胜涛	厦门大学	福建省	一般项目	社会学
20	我国残疾人按比例就业政策实践困境与优化路径研究	郝玉玲	厦门大学	福建省	一般项目	社会学

续表 33-1

序号	课题名称	姓名	工作单位	所在省市	项目类别	所在学科
21	文化自觉与西南少数民族文化景观类遗产研究	李　晋	厦门大学	福建省	一般项目	民族学
22	西藏中小学生中华民族共同体意识的铸牢机制与成效研究	阳妙艳	厦门大学	福建省	一般项目	民族学
23	17 世纪荷兰殖民统治台湾再研究（1624—1662）	黄俊凌	厦门大学	福建省	一般项目	中国历史
24	“中国锰都”矿区社会转型研究（1877—1953）	陈　瑶	厦门大学	福建省	一般项目	中国历史
25	台湾地区大陆同乡会研究	王玉国	厦门大学	福建省	一般项目	中国历史
26	稀见多语种未刊印尼华人婚丧档案整理与研究	沈燕清	厦门大学	福建省	一般项目	中国历史
27	常备军兴起与近代早期西欧社会研究	许二斌	厦门大学	福建省	重点项目	世界历史
28	缅北国民党军问题多国档案文献整理与研究（1950—1961）	陈洪运	厦门大学	福建省	一般项目	世界历史
29	道教与滇黔桂越边区民族宗教交融研究	杜树海	厦门大学	福建省	一般项目	宗教学
30	古代朝鲜半岛中国戏剧接受史研究	赵春宁	厦门大学	福建省	一般项目	中国文学
31	当代英国作家手记中的影视与小说创作研究	沈安妮	厦门大学	福建省	一般项目	外国文学
32	面向国际中文教育的常用词用法知识资源建设与智能信息检索平台研究	郑泽芝	厦门大学	福建省	重点项目	语言学
33	面向人工智能的微观语言结构与语言网络复杂性研究	赵怿怡	厦门大学	福建省	一般项目	语言学
34	汉语系词和名词谓语句多维对比研究	张姜知	厦门大学	福建省	一般项目	语言学
35	汉语情态句“现实蕴涵”意义的规约与推理研究	李　湘	厦门大学	福建省	一般项目	语言学
36	台湾民众反抗日本殖民统治的舆论斗争研究	吴琳琳	厦门大学	福建省	一般项目	新闻学与传播学
37	数字赋能城市社区公共体育服务质量改进研究	何元春	厦门大学	福建省	一般项目	体育学
38	面向多样化需求的区域轨道交通线网协同优化配置路径研究	许旺土	厦门大学	福建省	重点项目	管理学
39	企业碳漂绿的动因、机制和治理效应研究	吴红军	厦门大学	福建省	一般项目	管理学
40	社交媒体治理、投资者保护与机器学习文本主题挖掘研究	胡金帅	厦门大学	福建省	一般项目	管理学
41	突发公共事件背景下高可靠性团队的发展机理和建构策略研究	付　悦	厦门大学	福建省	一般项目	管理学
42	人力资源管理中人工智能应用的伦理风险识别与对策研究	刘潇肖	厦门大学	福建省	一般项目	管理学
43	大国数字化竞争的政治经济学研究	刘皓琰	厦门大学	福建省	青年项目	马列・科社
44	中国共产党领导传染病防治法治建设的重大成就和历史经验研究	胡伟力	厦门大学	福建省	青年项目	党史・党建
45	反事实知识论研究	赵海丞	厦门大学	福建省	青年项目	哲学
46	冷战时期美国对华留学政策研究	任　慈	厦门大学	福建省	青年项目	世界历史
47	考古新发现与岭南—东南亚大陆旧新石器时代过渡研究	邓婉文	厦门大学	福建省	青年项目	考古学
48	凌家滩与红山社会复杂化比较研究	王文婧	厦门大学	福建省	青年项目	考古学
49	西周至春秋时期楚文化形成机制研究	魏　凯	厦门大学	福建省	青年项目	考古学
50	中国东南沿海史前人类个体生活史与生业演变的多稳定同位素研究	易　冰	厦门大学	福建省	青年项目	考古学
51	瓦尔特・本雅明早期思想研究（1914—1924）	王凡柯	厦门大学	福建省	青年项目	外国文学
52	社交媒体时代我国环境形象的国际传播效果评估与提升策略研究	张　楠	厦门大学	福建省	青年项目	新闻学与传播学
53	多层级供应链视角下企业社会责任的涟漪效应及价值创造研究	郑　祯	厦门大学	福建省	青年项目	管理学
54	中央苏区乡苏维埃政府基层社会治理的史料搜集、整理与研究（1931—1934）	肖丽红	厦门理工学院	福建省	一般项目	马列・科社

续表 33-1

序号	课题名称	姓名	工作单位	所在省市	项目类别	所在学科
55	新时代推进党内政治生态建设的内在逻辑与实践路径研究	林 婷	厦门理工学院	福建省	一般项目	马列·科社
56	疫情冲击下非银金融中介系统性风险的传播路径和防范研究	陈智华	厦门国家会计学院	福建省	一般项目	应用经济
57	国家认同视域下内地高校港澳台青年国情教育研究	鄢 晓	华侨大学	福建省	一般项目	马列·科社
58	新生殖技术应用的伦理问题研究	朱彦明	华侨大学	福建省	一般项目	哲学
59	就业优先导向下数字技术对我国就业的影响机制与政策路径研究	余玲铮	华侨大学	福建省	一般项目	理论经济
60	数字正义视角下算法价格歧视的福利损益及向善治理研究	傅联英	华侨大学	福建省	重点项目	应用经济
61	国家治理效能提升导向的政府资产审计研究	田五星	华侨大学	福建省	一般项目	应用经济
62	基于大数据技术的美英澳重点智库涉华舆论动态研究	朱光兴	华侨大学	福建省	一般项目	国际问题研究
63	中非数字减贫合作的路径和对策研究	郑燕霞	华侨大学	福建省	一般项目	国际问题研究
64	汉赋名物考释及研究	蒋晓光	华侨大学	福建省	一般项目	中国文学
65	域外日本汉文中古汉语句法结构的演变及影响研究	马绍华	华侨大学	福建省	一般项目	语言学
66	体旅融合型户外赛事活动风险的形成机制及协同治理路径研究	吴耿安	华侨大学	福建省	一般项目	体育学
67	全球华侨华人网络对中国企业海外投资广度、深度与效率影响研究	陈初昇	华侨大学	福建省	重点项目	管理学
68	共同富裕战略下企业社会责任的多渠道价值共创研究	周 飞	华侨大学	福建省	重点项目	管理学
69	知识冲突视角下企业数字化转型的索洛悖论与应对策略研究	刘闲月	华侨大学	福建省	一般项目	管理学
70	数字赋能驱动旅游地文化韧性提升的过程机制及实现路径研究	李勇泉	华侨大学	福建省	一般项目	管理学
71	多重利益冲突下地方政府引导旅游业低碳发展的行为逻辑及路径机制研究	孙盼盼	华侨大学	福建省	一般项目	管理学
72	“双碳”目标下农业面源污染防治政策的有效性及调适路径研究	邹利林	华侨大学	福建省	一般项目	管理学
73	乡村振兴视角下农村宅基地退出模式的运行质量及优化策略研究	梁发超	华侨大学	福建省	一般项目	管理学
74	高质量公共服务空间极化破解及均等化路径研究	高春亮	集美大学	福建省	一般项目	理论经济
75	企业绿色行为的促进机制与监管政策研究	王丽萍	集美大学	福建省	重点项目	应用经济
76	城镇化背景下农村子女精神赡养行为模式、成因与促进策略研究	邓远平	集美大学	福建省	一般项目	人口学
77	地理语言学视角下闽南客家方言音韵研究	陆 露	集美大学	福建省	一般项目	语言学
78	习近平总书记关于建设体育强国重要论述研究	刘欣然	集美大学	福建省	一般项目	体育学
79	重大安全事件影响旅游地形象的众源传播机制及其调控研究	陈岩英	集美大学	福建省	一般项目	管理学
80	中华民族共同体意识视阈下的台湾青年“国族认同”研究	陈晓晓	集美大学	福建省	青年项目	民族学
81	人工智能因果推理对生产组织形式的变革及其机制研究	彭新波	中共厦门市委党校	福建省	青年项目	哲学
82	“一带一路”：新型全球化道路的“中国方案”研究	吴 茜	厦门大学	福建省	后期资助一般项目	马列·科社
83	阿甘本对资本主义国家治理的生命政治学批判研究	郭伟峰	厦门大学	福建省	后期资助一般项目	马列·科社
84	朱熹对儒家义利观的解读及其展开研究	乐爱国	厦门大学	福建省	后期资助一般项目	哲学

续表 33-1

序号	课题名称	姓名	工作单位	所在省市	项目类别	所在学科
85	现象学美学在英语世界的本土化研究	李婷文	厦门大学	福建省	后期资助一般项目	哲学
86	习近平经济思想的原创性贡献研究	任　力	厦门大学	福建省	后期资助一般项目	理论经济
87	区域竞争下的地方政策博弈与企业决策研究	蔡庆丰	厦门大学	福建省	后期资助一般项目	应用经济
88	土地的逻辑：中国城市发展的制度分析	宋　涛	厦门大学	福建省	后期资助一般项目	应用经济
89	民进党分离主义研究	沈惠平	厦门大学	福建省	后期资助一般项目	政治学
90	有为政府与有效市场：变革社会中的政府规制研究	黄新华	厦门大学	福建省	后期资助一般项目	政治学
91	司法评鉴的应然逻辑及制度构造	周　赟	厦门大学	福建省	后期资助重点项目	法学
92	《隋书·刑法志》译注	周东平	厦门大学	福建省	后期资助一般项目	法学
93	标准必要专利许可规范体系构建研究	杨正宇	厦门大学	福建省	后期资助一般项目	法学
94	人民代表大会立法性议事制度研究	王　翔	厦门大学	福建省	后期资助一般项目	法学
95	寿险证券化的法律风险与监管制度研究	池　骋	厦门大学	福建省	后期资助一般项目	法学
96	历史性城镇景观视角下近代闽南华侨“理想城市”空间特征研究	韩　洁	厦门大学	福建省	后期资助一般项目	社会学
97	中国矿业制度的功能和可信度研究	杨秀云	厦门大学	福建省	后期资助一般项目	社会学
98	国际政治的信任理论研究	包广将	厦门大学	福建省	后期资助一般项目	国际问题研究
99	名士文化研究	林朝霞	厦门理工学院	福建省	后期资助一般项目	中国文学
100	宿儒与文宗：方苞学术与文学研究	师雅惠	厦门大学	福建省	后期资助一般项目	中国文学
101	数字时代青少年媒介使用的家庭监管与引导研究	曾秀芹	厦门大学	福建省	后期资助重点项目	新闻学与传播学
102	李馥年谱考略	张徐芳	厦门大学	福建省	后期资助一般项目	图书馆、情报与文献学
103	海岸带空间脆弱性评估与韧性安全治理研究	林小如	厦门大学	福建省	后期资助一般项目	管理学
104	生态系统服务付费新探：社会规范与行为的视角	蔡晶晶	厦门大学	福建省	后期资助一般项目	管理学
105	新型基础设施助力企业数字化转型升级路径研究	韩水华	厦门大学	福建省	后期资助一般项目	管理学
106	首席信息官视角下企业数字化中高管的角色与赋能研究	白海青	厦门大学	福建省	后期资助一般项目	管理学

续表 33-1

序号	课题名称	姓名	工作单位	所在省市	项目类别	所在学科
107	股东大会治理作用与中小投资者保护研究	蔡　宁	厦门大学	福建省	后期资助一般项目	管理学
108	教育公平与共同富裕研究：家庭教育期望的研究视角	陈武元	厦门大学	福建省	后期资助一般项目	教育学
109	汉语非投射性依存现象研究	王跃龙	华侨大学	福建省	后期资助一般项目	语言学
110	基于大数据分析的科研主体创新绩效影响机制研究	李海林	华侨大学	福建省	后期资助一般项目	管理学
111	格物与宣理：宋代绘画的理性精神研究	王冬松	华侨大学	福建省	后期资助一般项目	艺术学
112	高校思想政治工作体系构建机理与路径研究	徐进功	厦门大学	福建省	高校思想政治理论课研究专项一般项目	

表 33-2　　2022 年厦门市入选省社会科学基金项目一览表

序号	所属一级学科	项目批准号（重大项目不是批准号）	项目名称	负责人	负责人所在单位	项目类别
1	重大项目	FJ2022Z003	深化海上福建建设打造海洋优势产业集聚区研究	陈　蕾	集美大学	重大项目
2	重大项目	FJ2022Z005	福建省做大做强做优文旅经济研究	阮文奇	华侨大学	重大项目
3	重大项目	FJ2022Z011	在高质量发展中促进福建共同富裕研究	张秀武	华侨大学	重大项目
4	应用经济	FJ2022A011	基础研究促进关键核心技术创新的理论机制与实现路径研究	余长林	厦门大学	重点项目
5	法学	FJ2022A013	《民法典》动产担保登记对抗效力研究	郑永宽	厦门大学	重点项目
6	哲学	FJ2022A020	真理的通观性理论研究	周建漳	厦门大学	重点项目
7	管理学	FJ2022A006	旅游地安全空间建构的理论逻辑与治理机制研究	邹永广	华侨大学	重点项目
8	应用经济	FJ2022A012	数字经济条件下福建省制造业和服务业融合发展研究	严圣艳	华侨大学	重点项目
9	新闻学与传播学	FJ2022A017	新时代主旋律语言景观国际传播研究	张　红	华侨大学	重点项目
10	体育学	FJ2022A003	基于多元协同治理视角的我国“三大球”振兴发展机制研究	郑志强	集美大学	重点项目
11	教育学	FJ2022A004	教育促进共同富裕的福建实践探索研究	赵红霞	集美大学	重点项目
12	马列·科社	FJ2022B001	儒家“为己之学”对当代大学生道德教育的作用研究	杨　卉	厦门理工学院	一般项目
13	马列·科社	FJ2022B007	中央苏区时期中国共产党自我革命的初步探索和基本经验研究	林兴龙	厦门理工学院	一般项目
14	中国文学	FJ2022B009	数字人文视域下中国文学研究方法的转型研究	李　天	厦门大学	一般项目
15	中国文学	FJ2022B012	中国当代戏剧“经典再生”问题研究	王晓红	厦门大学	一般项目
16	中国文学	FJ2022B014	以《口述历史》杂志为例论当代台湾传记中的中华民族认同研究	王　军	华侨大学	一般项目
17	外国文学	FJ2022B016	瓦格纳戏剧研究	张　望	厦门大学	一般项目
18	外国文学	FJ2022B017	美国意大利裔女作家多罗西·布莱恩特的文学地理书写研究	周南翼	厦门大学	一般项目

续表 33-2

序号	所属一级学科	项目批准号（重大项目不是批准号）	项目名称	负责人	负责人所在单位	项目类别
19	教育学	FJ2022B036	福建高校港澳台学生国情教育质量提升的实现路径研究	黄宗喜	华侨大学	一般项目
20	语言学	FJ2022B039	闽方言文白异读的变异与演进研究	袁碧霞	华侨大学	一般项目
21	语言学	FJ2022B040	近现代日本编中国语学期刊所见福建方言文献的发掘与研究	李　逊	厦门大学	一般项目
22	语言学	FJ2022B041	两岸汉语立场表达的比较研究	张　晶	华侨大学	一般项目
23	语言学	FJ2022B044	汉语附缀化的理论阐释、体系建构与实证研究	张　斌	华侨大学	一般项目
24	语言学	FJ2022B045	俄罗斯国防部网站军事新闻报道的多模态认知批评研究	李　妍	厦门大学	一般项目
25	语言学	FJ2022B046	林语堂词典学思想研究	杜开怀	厦门大学	一般项目
26	语言学	FJ2022B047	面向情感计算的主观态度构式研究	黄思思	华侨大学	一般项目
27	语言学	FJ2022B048	中国当代修辞观嬗变研究	郑　珺	厦门理工学院	一般项目
28	语言学	FJ2022B049	春秋战国时期劝说行为的历史语用学研究	黄利民	厦门理工学院	一般项目
29	语言学	FJ2022B050	数据挖掘支撑的福建聋人译者话语身份研究	许庆欣	厦门大学	一般项目
30	管理学	FJ2022B051	基于社会生态脆弱性评估的福建省海岸带空间规划管控研究	林小如	厦门大学	一般项目
31	管理学	FJ2022B053	数字经济赋能乡村旅游地女性创业研究	范向丽	华侨大学	一般项目
32	管理学	FJ2022B054	结构化理论视角下企业数字化人力资源管理系统对员工心理异化的影响机理研究	成　瑾	厦门大学	一般项目
33	管理学	FJ2022B058	游戏化应用对移动 App 用户持续使用意愿的影响研究	林红焱	厦门理工学院	一般项目
34	管理学	FJ2022B061	安宁疗护线上线下协同管理模式的构建与应用研究	刘　洋	厦门大学	一般项目
35	管理学	FJ2022B063	ESG 视角下的企业绿色创新研究	邓建平	厦门国家会计学院	一般项目
36	管理学	FJ2022B069	新发展格局下福建省现代物流业转型升级路径调整研究	潘文军	华侨大学	一般项目
37	管理学	FJ2022B072	基于资源松弛视角的高管团队特征对企业技术创新影响机制研究	张　晔	厦门理工学院	一般项目
38	管理学	FJ2022B073	公共政策视角下国土空间总体规划实施机制研究	朱查松	厦门大学	一般项目
39	管理学	FJ2022B074	泉州世界文化遗产地文旅融合发展的实现路径与对策研究	侯志强	华侨大学	一般项目
40	管理学	FJ2022B076	福建数字人民币试点下的财会监督问题研究	蹇　薇	厦门国家会计学院	一般项目
41	管理学	FJ2022B077	福建省碳减排目标责任考核激励机制研究	周碧华	华侨大学	一般项目
42	应用经济	FJ2022B079	城乡居民基本养老保险制度整合的收入再分配效应及政策优化研究	李倩倩	华侨大学	一般项目
43	应用经济	FJ2022B080	常态化疫情防控下数字赋能福建文旅深度融合发展的路径与对策研究	陆晓倩	集美大学	一般项目
44	应用经济	FJ2022B081	福建省数字经济赋能全球价值链攀升的影响机制研究	吕延方	华侨大学	一般项目
45	应用经济	FJ2022B082	数字化赋能促进企业碳减排的作用机理与实现路径研究	徐爱玲	华侨大学	一般项目
46	应用经济	FJ2022B083	新冠肺炎背景下福建省农产品市场风险传导及对策研究	鲍小佳	厦门大学	一般项目
47	应用经济	FJ2022B084	福建省县域应急财政缺口测算与保障机制研究	黄君洁	厦门大学	一般项目
48	应用经济	FJ2022B086	全球贸易政策不确定性对福建省企业高质量发展的影响研究	陈　坚	厦门大学	一般项目

续表 33-2

序号	所属一级学科	项目批准号（重大项目不是批准号）	项目名称	负责人	负责人所在单位	项目类别
49	应用经济	FJ2022B091	数字贸易助推福建省制造业价值链攀升研究	叶霖莉	集美大学诚毅学院	一般项目
50	应用经济	FJ2022B094	数字技术赋能福建省“专精特新”企业培育与高质量发展研究	刘　珊	华侨大学	一般项目
51	应用经济	FJ2022B096	台湾文创扎根福建的发展模式及其完善路径研究	颜莉虹	厦门理工学院	一般项目
52	法学	FJ2022B097	《中华人民共和国民法典》适用中民事权益保护的“谦抑性”研究	李　飞	华侨大学	一般项目
53	法学	FJ2022B098	刑法上复杂因果关系的类型化研究	吕英杰	厦门大学	一般项目
54	法学	FJ2022B101	股东失权制度研究	刘永光	厦门大学	一般项目
55	法学	FJ2022B102	宋元福建对外开放与社会治理法制研究	王思杰	厦门大学嘉庚学院	一般项目
56	法学	FJ2022B103	统一大市场背景下数据要素市场法律规制研究	蔡莉妍	集美大学	一般项目
57	艺术学	FJ2022B105	宋代绘画的理学品质研究	王冬松	华侨大学	一般项目
58	艺术学	FJ2022B110	鼓浪屿音乐教育口述史研究	杨绿荫	厦门大学	一般项目
59	艺术学	FJ2022B117	莆田籍人物画家黄羲绘画美学思想研究	郑盛龙	厦门大学	一般项目
60	艺术学	FJ2022B123	中央苏区红色音乐文化资源体系构建及当代传承发展研究	黄文杰	集美大学	一般项目
61	中国历史	FJ2022B128	明代中后期宗藩财源演变研究	盛　承	厦门大学	一般项目
62	中国历史	FJ2022B129	闽南涉台碑铭与闽台社会文化网络研究	郑　莉	厦门大学	一般项目
63	新闻学与传播学	FJ2022B131	新冠肺炎亲历者的媒介实践与社会支持研究	邱红峰	厦门大学	一般项目
64	新闻学与传播学	FJ2022B132	闽侨乡村振兴口述史的实录整理与中华文化认同研究	张　帆	厦门理工学院	一般项目
65	新闻学与传播学	FJ2022B133	近代闽籍报人研究（1858—1949）	徐基中	华侨大学	一般项目
66	新闻学与传播学	FJ2022B134	大数据疫情防控下公众隐私焦虑与媒体效果机制研究	黄含韵	厦门大学	一般项目
67	新闻学与传播学	FJ2022B135	特朗普执政以来美国涉华电视新闻话语及其舆论影响研究	杨　颖	厦门大学	一般项目
68	新闻学与传播学	FJ2022B136	中国故事海外传播的图像叙事模式与策略研究	冯海燕	厦门大学	一般项目
69	新闻学与传播学	FJ2022B137	数字媒介使用视角下台湾青年的中华文化认同研究	叶秀端	华侨大学	一般项目
70	图书馆、情报与文献学	FJ2022B140	两岸融合发展背景下大陆科技文献在台学术影响力实证研究	陈　和	厦门大学	一般项目
71	国际问题研究	FJ2022B142	共建“一带一路”高质量发展中的信任问题研究	包广将	厦门大学	一般项目
72	政治学	FJ2022B144	隐性思政课程与福建高校台湾学生的国家认同研究	祝婧媛	厦门大学	一般项目
73	政治学	FJ2022B145	铸牢南亚华侨华人中华民族共同体意识研究	蔡　晶	华侨大学	一般项目
74	哲学	FJ2022B146	福建生物科技伦理治理能力提升研究	马永慧	厦门大学	一般项目
75	哲学	FJ2022B149	基于认知范型的运气理论研究	黄俊维	华侨大学	一般项目
76	理论经济	FJ2022B152	福建省扎实推进共同富裕促进高质量发展的财税制度与政策体系研究	薛　伟	厦门国家会计学院	一般项目
77	社会学	FJ2022B155	增能视角下福建省社会工作助力乡村振兴的优势与路径研究	王瑞华	集美大学	一般项目
78	社会学	FJ2022B158	福建省未成年人保护专业人才能力体系建设的循证研究	卢　玮	厦门大学	一般项目

续表 33-2

序号	所属一级学科	项目批准号（重大项目不是批准号）	项目名称	负责人	负责人所在单位	项目类别
79	马列·科社	FJ2022C009	美国华人学者对中国特色社会主义的认知认同研究	贾永会	华侨大学	青年项目
80	体育学	FJ2022C017	“大思政”视域下高校体育课程育人机制创新及路径优化研究	冯　菲	厦门大学	青年项目
81	教育学	FJ2022C023	“新”的崇拜与中国近代新教育发展的历史轨迹研究	周　颖	厦门大学	青年项目
82	教育学	FJ2022C024	“双一流”建设背景下福建高校高层次人才的内在成长与外溢效应研究	黄依梵	厦门大学	青年项目
83	语言学	FJ2022C031	出土文献与“古书异例”合证及相关问题研究	暨慧琳	厦门大学	青年项目
84	管理学	FJ2022C034	基于自然语言分析的投资者信息需求对企业信息披露作用机制研究	刘俊岐	厦门大学	青年项目
85	管理学	FJ2022C035	游客亲环境行为“先好后坏”的生成逻辑与规制路径研究	刘婷婷	厦门大学	青年项目
86	管理学	FJ2022C037	微观企业视角下地方绿色金融与财政政策协调影响研究	洪祥骏	厦门国家会计学院	青年项目
87	管理学	FJ2022C038	碳达峰碳中和目标下福建省低碳建筑评价及实施路径研究	阮若琳	集美大学诚毅学院	青年项目
88	管理学	FJ2022C040	福建省数字经济发展赋能共同富裕的机制与影响研究	陈晓琦	厦门大学	青年项目
89	管理学	FJ2022C041	延长旅游者游后幸福感研究	余及斌	厦门大学	青年项目
90	管理学	FJ2022C043	证券特别代表人诉讼制度对独立董事治理的影响机制研究	邓　婕	厦门大学	青年项目
91	管理学	FJ2022C046	基金团体的公司治理效应研究	汤晓冬	厦门理工学院	青年项目
92	管理学	FJ2022C047	福建省长期护理保险实施效果评价及政策优化研究	张良文	厦门大学	青年项目
93	应用经济	FJ2022C053	“碳中和”背景下企业漂绿的审计协同治理研究	常莹莹	集美大学	青年项目
94	应用经济	FJ2022C055	基于财政转移支付视角的区际利益补偿与区域协调发展机制研究	陶新宇	厦门大学	青年项目
95	应用经济	FJ2022C056	业务模式视角下金融全球化对银行流动性创造影响研究	施宣邑	厦门理工学院	青年项目
96	应用经济	FJ2022C060	新冠疫情下福建城市经济活力及其建成环境影响机理研究	肖龙珠	厦门大学	青年项目
97	应用经济	FJ2022C061	服务业数字化与居民消费升级研究	陈　滢	厦门大学	青年项目
98	法学	FJ2022C064	短视频平台版权注意义务研究	游凯杰	华侨大学	青年项目
99	艺术学	FJ2022C065	闽南语电影在新马的传播与中华文化认同研究：1935—1965	杨俊芳	厦门理工学院	青年项目
100	艺术学	FJ2022C071	后疫情时代虚拟现实技术融入艺术课程的应用场景提升与融合创新研究	吴伟隆	厦门理工学院	青年项目
101	艺术学	FJ2022C073	闽台打城戏与铸牢中华民族共同体意识研究	王　荟	集美大学	青年项目
102	艺术学	FJ2022C078	共生视角下乡土文化符号的当代建构与创新路径研究	柳　瑄	厦门大学嘉庚学院	青年项目
103	艺术学	FJ2022C081	海上丝绸之路视域下德化窑外销瓷的流变研究	徐骁琪	厦门大学嘉庚学院	青年项目
104	党史·党建	FJ2022C083	福建侨务工作研究（1978—1992）	史　勤	厦门大学	青年项目
105	新闻学与传播学	FJ2022C086	“数字福建”战略下科学信息全媒体传播模式构建与策略研究	王嘉昀	厦门大学	青年项目
106	新闻学与传播学	FJ2022C087	台湾青年网络意识形态与引导研究	张燕萍	华侨大学	青年项目

续表 33-2

序号	所属一级学科	项目批准号（重大项目不是批准号）	项目名称	负责人	负责人所在单位	项目类别
107	国际问题研究	FJ2022C089	“脱欧”后英国的东南亚安全政策研究	李　峰	厦门大学	青年项目
108	哲学	FJ2022C091	规范伦理学视域下的朱子学研究及其现代转化	王凯立	厦门大学	青年项目
109	理论经济	FJ2022C094	福建自贸区制度型开放与融入全国统一大市场联动机制研究	林　涛	集美大学	青年项目
110	社会学	FJ2022C098	明清海洋贸易背景下闽南功夫茶壶形成机制及其社会功能研究	徐惠君	集美大学	青年项目
111	社会学	FJ2022C100	城市老年人数字融入障碍评估及社会工作干预研究	庄思薇	华侨大学	青年项目
112	社会学	FJ2022C101	福建农村妇女应对家庭暴力策略的叙事研究	洪姗姗	集美大学	青年项目
113	政治学	FJ2022T002	新形势下国民党两岸政策的困境与发展研究	刘奕伶	华侨大学	台胞专项扶持项目
114	艺术学	FJ2022T003	“身体地图学”的中国演奏问题对策与研究	陈光群	厦门大学	台胞专项扶持项目
115	应用经济	FJ2022T004	基于多变量马尔可夫机制转换 GARCH 的投资组合风险分散及套期保值策略研究	李享泰	华侨大学	台胞专项扶持项目
116	哲学	FJ2022T007	恩格斯意识形态思想的流变研究	廖伟凯	华侨大学	台胞专项扶持项目
117	中国文学	FJ2022T017	海峡两岸闽南语歌曲的传播与审美研究	吴秉勋	厦门大学嘉庚学院	台胞专项扶持项目
118	马列・科社	FJ2022BF001	网络空间社会情绪引导研究	吴　楠	华侨大学	博士扶持项目
119	马列・科社	FJ2022BF003	改革开放以来党的历次全国代表大会报告的话语演进研究	廖文婕	厦门理工学院	博士扶持项目
120	中国文学	FJ2022BF008	中国当代小说的韩国读者接受研究	申永镐	厦门理工学院	博士扶持项目
121	外国文学	FJ2022BF009	文化间性视野中查尔斯・赖特的中华文化认同与利用研究	甘　婷	集美大学	博士扶持项目
122	外国文学	FJ2022BF011	“跨文本”视阈下在台日本作家的台湾书写研究	熊　娟	厦门理工学院	博士扶持项目
123	体育学	FJ2022BF012	福建地区校园足球高质量发展困境及其策略研究	吴基星	华侨大学	博士扶持项目
124	体育学	FJ2022BF013	文化异质性对中英足球青训理念的影响研究	孟　青	华侨大学	博士扶持项目
125	教育学	FJ2022BF019	后疫情时代国际中文网络教学平台设计研究	杜迎洁	厦门城市职业学院	博士扶持项目
126	语言学	FJ2022BF023	多模态视阈下中国商务新闻价值话语研究	韩存新	集美大学	博士扶持项目
127	管理学	FJ2022BF027	复合碳政策下考虑行为因素的低碳供应链决策研究	吴　隽	华侨大学	博士扶持项目
128	管理学	FJ2022BF028	基于深度学习的福建沿海地区地质灾害预警及防控管理机制研究	夏　斌	集美大学诚毅学院	博士扶持项目
129	管理学	FJ2022BF029	劳动力异质性视角下的员工人力资本配置与企业创新研究	汶　海	厦门理工学院	博士扶持项目
130	管理学	FJ2022BF035	基于计算智能的网络舆情预警与应对决策研究	林　玲	集美大学	博士扶持项目
131	管理学	FJ2022BF036	新发展理念下创业企业弹性工作模式的动力机制与多层次效应研究	连智华	厦门大学嘉庚学院	博士扶持项目
132	管理学	FJ2022BF037	注册制改革背景下科创板投资者行为研究	陈　玮	集美大学	博士扶持项目
133	管理学	FJ2022BF039	风险投资影响公司盈余管理行为的动态博弈研究	林智章	厦门城市职业学院	博士扶持项目
134	管理学	FJ2022BF040	数字经济赋能乡村振兴研究	吴江秋	集美大学	博士扶持项目

续表 33-2

序号	所属一级学科	项目批准号（重大项目不是批准号）	项目名称	负责人	负责人所在单位	项目类别
135	管理学	FJ2022BF042	文旅融合背景下顾客文化获得感与民宿高质量发展研究	皮常玲	厦门城市职业学院	博士扶持项目
136	应用经济	FJ2022BF043	法定数字货币对商业银行数字化转型的影响机制研究	李牧辰	集美大学	博士扶持项目
137	应用经济	FJ2022BF044	创新激励政策组合与福建省专利申请的“质”和“量”研究	李　锴	厦门大学	博士扶持项目
138	应用经济	FJ2022BF048	新冠疫情下福建省商业银行系统风险传染研究	龚书雯	厦门理工学院	博士扶持项目
139	应用经济	FJ2022BF050	数字金融对福建民营企业创新的影响和作用机制研究	傅一铮	厦门理工学院	博士扶持项目
140	法学	FJ2022BF052	两岸金融合作背景下内幕交易行刑衔接问题研究	雷丽清	华侨大学	博士扶持项目
141	艺术学	FJ2022BF057	后疫情时代闽台融合乡建乡创发展路径优化研究	赵　蕊	厦门理工学院	博士扶持项目
142	艺术学	FJ2022BF058	福建科技创新发展视域下设计思维本土化模型的开发与验证研究	陈　昊	厦门理工学院	博士扶持项目
143	艺术学	FJ2022BF059	作曲家高平 21 世纪以来的钢琴音乐研究	周宇博	集美大学	博士扶持项目
144	艺术学	FJ2022BF062	基于“士匠结合”的闽台园林石文化价值与海外传播研究	刘仁芳	华侨大学	博士扶持项目
145	中国历史	FJ2022BF067	1949–1966 年我国初期商业政策研究	陈印静	华侨大学	博士扶持项目
146	新闻学与传播学	FJ2022BF068	后疫情时代微博新闻话语与社会主义核心价值体系传播研究	贺　娟	集美大学	博士扶持项目
147	新闻学与传播学	FJ2022BF069	短视频传播下福建乡村旅游建设路径研究	陈　旭	厦门大学	博士扶持项目
148	新闻学与传播学	FJ2022BF070	“健康福建 2030”视域下医疗卫生机构短视频健康传播研究	刘　超	华侨大学	博士扶持项目
149	统计学	FJ2022BF074	新发展格局下福建共同富裕动态综合统计监测指标体系研究	赵昱焜	集美大学	博士扶持项目
150	社会学	FJ2022BF078	现代治理视域下的福建传统村落保护与发展路径研究	刘　静	厦门理工学院	博士扶持项目
151	社会学	FJ2022BF080	“社会－空间”动态适应视角下福建“海丝文化”传统聚落活化路径与对策研究	常　玮	厦门大学	博士扶持项目

【社科理论研究】 2022 年，厦门市社科联学习宣传贯彻习近平新时代中国特色社会主义思想，党组理论学习中心组组织学习 17 场，举办社科联系统干部培训班。开展“习近平总书记致厦门经济特区建设 40 周年贺信重要精神”大学习、大讨论活动。持续深化“习近平在厦门”系列理论研究，配合市委宣传部组织第二批 6 个课题研究，相关成果在核心期刊刊发学术文章 14 篇，出版专著 2 部，发表理论文章 24 篇，转化为政协提案立案 19 项。

【社科优秀成果评审】 2022 年，厦门市社科联组织开展厦门市第十二次社科优秀成果评审活动，优化奖项设置，增加奖项数量，新增意识形态审读程序，建设社科评奖管理系统，实行网上申报评审，评选出一等奖 22 项、二等奖 52 项、三等奖 106 项。

【鹭江讲坛】 2022 年，厦门市社科联发挥“鹭江讲坛”品牌优势，组织市社科专家、名家开展中国共产党的创新理论和社科知识宣传普及，科学把握人民群众理论需求，解决人民群众的思想困惑，回应人民群众的现实期待，主动当好“思想传播者”“理论倡导者”。通过“鹭江讲坛”组织社科专家、学者深入基层宣讲中国共产党第二十次全国代表大会精神、中国共产党的创新理论、社科知识 114 场，推动习近平新时代中国特色社会主义思想深入人心。

（市社科联）

责任编辑：曲　艺
审　　稿：林建高
校　　对：熊焱峰

34 教　育

综　述

【学校基本情况】 2022年，厦门市有各级各类全日制学校1465所，其中普通高等学校16所，普通中等学校143所，小学300所，特殊教育学校7所，幼儿园999所。学年初招生数30.25万人，毕业生数26.18万人，在校学生数111.36万人；学校教职工9.3万人，专任教师6.83万人（见表34–1）。《厦门市学前教育管理办法》《厦门经济特区校企合作促进办法》立法项目被列为2022年市政府立法计划法规调研项目。10月22日，《厦门市捐资兴学奖励办法》修订稿经市政府常务会议通过（2023年1月1日起施行）。

表34–1　　2022年初厦门市全日制学校基本情况表

	学校数（所）	毕业生数（人）	招生数（人）	在校学生数（人）	教职工数（人）	#专任教师数（人）
一、普通高等教育合计	16	55398	66563	212012	17512	11469
（一）研究生		5942	9212	29573		
（二）普通高等学校本专科	16	49456	57351	182439	17512	11469
1. 本科院校	7	25048	29470	105608	12648	7893
2. 专科院校	9	24408	27881	76831	4864	3576
二、普通中等学校	143	81226	103640	286846	23009	19551
（一）中等职业学校（机构）	13	11287	14364	39834	2766	2099
1. 调整后的中等职业学校	13	10505	11799	33294	2530	1863
2. 附设中职班（不计校数）	6	782	2565	6540	236	236
（二）技工学校	8	7870	11158	24890	1242	1028
（三）普通中学	122	62069	78118	222122	19001	16424
1. 普通高中	34	17911	25587	69273		5240
2. 普通初中	88	44158	52531	152849		11184
三、小学	300	53319	70924	403658	23530	22112
四、特殊教育学校	7	228	257	1177	404	330
五、幼儿园	999	71581	61088	209881	28537	14790

注：1. 表中研究生不包含海洋三所的研究生数（毕业生数20人、招生数40人、在校生数117人）和国家会计学院厦门校区的研究生数；
2. 附设班不计校数。2022年统计指标调整，附设班分出相应的专任教师数，计入相应附设班办学类型的教职工和专任教师总数计算；
3. 数据不包含华侨大学厦门校区、福州大学工艺美院；
4. 统计时点：2022年9月

【大中小幼德育一体化】 2022年，厦门市成立大学、中学、小学、幼儿园思政课一体化建设指导委员会专家指导组，加强高校和中小学间集体备课、教研等合作。在全省率先建立民办高校专职思政课教师和专职辅导员考评激励机制。汇编全市课程育人、文化育人、实践育人优秀案例180个，全市获评省级中小学思政理论课示范课13节、省级学科德育精品项目15个。

【学校建设】 2022年，厦门市编制《厦门推进教育现代化战略规划》《厦门市教育设施规划（2020—2035年）》。建成中小学幼儿园项目76个，增加学位8万个。其中，秋季学期开办学校60所，增加学位6.4万个。厦门高新学校、双十中学翔安校区高中部、华师希平双语高级中学开办，二中集美校区、六中同安校区、集美中学新校区、厦门实验中学新校区、市教科院附属中小学和五缘实验学校同安校区等项目按计划建设。

【体育美育】 2022年，厦门市建立优秀青少年球员成长数据库，启用校园足球"满天星"训练营，举办2022年青少年校园足球大中小学联赛。举办市级锦标赛，设置体育运动项目33个。举办厦门市第三十二届中小学艺术节、厦门市第四十届学校音乐周活动和"鹭岛少年"2022年厦门市中小学生合唱展演。厦门六中合唱团获全国群文系统最高奖项"群星奖"。

【儿童青少年视力监测】 2022年，厦门市落实学生健康体检制度和每学期全市性视力监测，实现全市学生视力动态监测全覆盖。在全市市属中小学试点引进智能化视力采集设备，推广常态化视力监测模式，完成学生总体近视率、新发近视率统计分析。利用医学院眼视光专业资源，建立首批以眼科学、眼视光学专业专家为主的全市卫生与健康教育宣讲团，开展"爱眼日"和"爱眼月"讲活动。

【家庭教育】 2022年，厦门市以福建省"学校家庭教育创新区"工作为基础，推进中小学家庭教育。厦门市教育局印发《关于加强新时代中小学家庭教育工作的通知》，制定《厦门市学校家庭教育创新区工作推进方案》。举办中小学家庭教育讲堂。成立市中小学家庭教育讲师团，在"厦门数字学校"平台开设"家庭教育"专栏，每月邀请专家开设"中小学家庭教育讲堂"。至年末，推送家庭教育讲座8期，家长点击数50.6万人次。组织编印《厦门市学校家长学校课程优秀案例》，分幼小、初高2册。开展家庭教育宣传周活动，推出《共赴成长之约，奔向美好未来——"家校共育 立德树人"中小学家庭教育讲堂宣传片》，在教育微信公众号发布，点击数4.8万人次。出台《厦门市中小学幼儿园家庭教育特色校建设标准》，组织开展家庭教育典型案例和家庭教育特色学校评选活动，评选出市级以上中小幼家庭教育典型案例41个（其中省级5个）、市级家庭教育特色学校33所学校（其中省级3所）。

【心理健康教育】 2022年，厦门市教育局根据《厦门市全面加强新时代学生思想心理工作实施方案》，开展心理健康教育达标校特色学校创建工作。开展假期和开学期间学生思想心理工作，举办春季学期心理健康"开学第一周"活动、心理健康节系列活动。摸排中高考考生思想心理动态，建立学生心理档案"一生一档"，对于重点关注学生"一生一策"开展关爱帮扶。举办2022年全市中高考考前心理健康公益辅导讲座141场，覆盖全部中高考考点。录制《直面疫情，迎接挑战》，面向全市家长、考生开展疫情防控心理健康教育讲座。举办市中小学班主任心理健康专项培训、市中小学心理骨干教师培训、市未成年人心理健康辅导站骨干培训。

【招生考试】 2022年，厦门市教育局研究中考、高考体制改革相适应组考方式，根据考务操作变化、要求，调整组考方案，逐级开展"不漏一人"考务培训，全市高考、中考等各类考试平稳安全。完善初中计算机上机考试、英语人机对话口语考试和中考体育考试等组考模式，探索高中体育、音乐、美术学考组考模式。推进中考成绩证明电子印章系统建设，实现中考成绩证明"一趟不用跑、最多跑一趟"。自考毕业生申请由现场改为线上确认，实现"一趟不用跑"。出台小学、初中、高中招生工作意见，指导各区教育局、各直属学校制定招生政策，根据学位供给、片区生源等情况完成划片招生工作。优化招生流程，取消线下审核程序，依托厦门"i教育"综合服务平台建立招生入学服务平台，统一受理幼儿园、小学入学报名，实现全市各学段入学工作全程网上办理，中小学入学申请"一张表单、一套材料、一次提交"。入学网上登记报名12万多人，通过部门间数据共享调取信息超81万条。

【教师队伍建设】 2022年，厦门市实施"名师出岛"行动，公布第二批名师工作室56个，开展名师跨区域带教、送培（教）下乡和校际交流。全市2人获国家级教学名师称号，2人获省第三届最美教师称号及提名奖，25人获省特级教师称号，17人被认定为省教学名师，14人被认定为省名校长。厦门市认定市学科带头人134人、市级骨干教师707人。招聘中小幼教师2628人，首次单独招聘省内师范毕业生。联合市退役军人事务局，在全国率先实施退役军人教师培养计划。启动中小学班主任培养工程。

【教育数字化战略行动】 2022年，厦门市推进智慧教育平台应用，确认中小学校智慧校园达标校50所。举办第五届厦门市中小学创客大赛、第三届厦门市青少年网络文明素养大赛、2022年度厦门市学生信息素养提升实践活动。厦门市学生资助管理系统平台应用入选2022年度教育部全国学生资助信息化工作典型案例。

【教育交流合作】 2022年，厦门市教育局举办、承办"专家讲金砖"系列培训、"金砖国家职业技能大赛"、厦门市中小学金砖文化系列活动。厦门理工学院与巴西弗鲁米嫩塞联邦大学合作办学。市教育局协助中国教育国际交流协会、教育部中外人文交流中心等单位开展第三届"中外人文交流小使者展示"、"第四届中法中学生数学交流"、中美"千校携手"项目、中日基础教育教职员在线交流等活动。

【校园安全建设】 2022年，厦门市教育局推广学生安全实操课12门。推进全市学校技防设备升级联网，全覆盖安装视频监控和一键报警对讲终端。开展“校长、综治副校长、交警对你说安全”活动1384场次，参与学生82.6万人次。校园微治理案例入选厦门市市域社会治理现代化优秀创新成果。厦门市建立健全教育系统新冠疫情防控制度。面向全市校医开展16场线上培训讲座，教师参加疫情防控志愿服务超9万人次。落实各类考试31场次的疫情防控工作。

【教育督导】 2022年，厦门市针对2021年厦门市“省对市督导”存在问题，开展“回头看”，督促相关单位和部门落实整改。根据厦门市《区级党政主要领导干部抓教育工作督导考核实施方案》《区级人民政府履行教育职责督导评估实施方案》，开展市对区级政府履行教育职责督导工作。市教育局开展督学工作，规范学校办学行为，贯彻落实《厦门市人民政府教育督导办公室关于进一步加强中小学校责任督学挂牌督导工作的通知》，首次组织评选出标准化督导、“1+X”清单式督导、融合式督导等6个挂牌督导工作品牌，指导各区发挥品牌示范引领作用。规范责任督学挂牌督导工作，把“双减工作”作为教育督导“一号工程”，通过责任督学每月到学校进行督导，规范学校日常办学行为，引导学校特色化发展。

【校外培训机构治理】 2022年，厦门市增强重要节点管控查处，与“点题整治”行动结合，开展校外培训“监管护苗”专项行动，推行“日查+夜查”“联检+抽检”。加强法定节假日重点监管，通过市、区联合检查、随机抽查等，对违反规定营业、锁门上课、转入“地下”等情况开展督查。组成校外培训材料和从业人员市级联合检查工作小组，对各区开展抽查，从培训材料编审用、从业人员招用管等方面查找问题，检查学科类培训机构3家、非学科类机构10家，排查材料48份、从业人员45人。结合《中小学生校外培训项目分类鉴别工作方案》，成立市中小学生校外培训项目鉴别专家委员会（成员14人），下设文化艺术、体育、科技和劳动技术类行业专家组和学科专家组（成员121人）。全市义务教育阶段学科类校外培训机构30家、高中阶段学科类校外培训机构36家、线上义务教育阶段学科类校外培训机构2家。义务教育阶段线下学科类校外培训机构比“双减”前压减153家，压减率83.6%。

【教育融合发展】 2022年，厦门市完善台湾学生服务工作，在厦门市中小学幼儿园就读的台生1627人。市教育局等单位开展2022年厦门市台湾中小学生奖助学金评选，142名台生获得奖学金，11名台生获得助学金。评选出首批厦台职业教育合作交流示范校4所。启动第三期厦台职业教育课题研究。各级各类学校发布台湾教师岗位需求，组织招聘。市教育局依托“厦门市两岸教师之家”，组织开展“保护海洋生态 共建海上森林”两岸教师红树林种植、“书香九月 中秋悦读”等两岸教师融合系列活动。市教育局等单位举办厦台学习共同体与未来学校变革研讨会、厦门城市职业学院与台湾高雄大荣中学线上交流暨招生说明会、“海峡两岸残疾人融合发展青年学者论坛”活动。举办第十二届海峡两岸中学生闽南文化夏令营，约130名两岸中学生参加。举办第十五届海峡两岸百名中小学（中职）校长论坛，以“深度学习”为主题，180名海峡两岸校长以线上、线下结合方式研讨。开展厦门市外籍人员子女学校年度检查，指导3所外籍人员子女学校做好新冠疫情防控和校园安全稳定工作。推进中外合作办学工作。指导厦门城市职业学院与英国卡迪夫公学合作举办非独立法人中外合作办学机构。开展厦门市中外合作办学机构、项目年检。

【社会教育】 2022年，厦门市教育局、市委文明办、市委老干部局联合印发《关于在新时代文明实践中心（所、站）建设老年大学教学点的指导意见》，构建区、镇（街）、村（居）三级联合办学的基层老年教育体系。至年末，全市建成镇街文明实践所教学点39个、村（居）文明实践站教学点396个，开设课程712门次，招收学员2.1万人。开展“智慧助老”教育培训，厦门市“长者智能应用学习能力提升”等8个智慧助老项目获教育部推介，25个智慧助老项目获福建省教育厅推介。组织开展“‘9·28’终身教育活动日”暨全民终身学习活动周。厦门市2人获全国“百姓学习之星”称号，其中1人获“事迹特别感人的百姓学习之星”称号；11人获全省“百姓学习之星”称号；2个项目获全国“终身学习品牌项目”称号；8个项目获全省“终身学习品牌项目”称号。7门特色课程、2个典型案例参与社区教育“能者为师”特色课程推介共享行动并获教育部推介。全市职业院校对接厦门市产业发展需求，建设继续教育基地、职工培训中心、职业技能提升中心等43个，面向企业职工、高素质农民等开展职业培训，参训人数7.4万人次。市教育局支持南洋学院、信息学校、集美工业学校推进“职工学堂”建设，完成线下培训1200余场次，培训在岗职工9300余人次。依托厦门开放大学、集美大学、厦门理工学院开展2022年职工“求学圆梦”学历提升行动，招生1800人。

（市教育局）

学前教育

【概　况】 2022年，厦门市全日制幼儿园999所，教职工2.85万人，其中专人教师1.48万人；毕业7.16万人，招生6.11万人，在校生20.99万人。公办园覆盖率55%，普惠园覆盖率96%。市教育局统筹解决符合照顾政策军人子女、高层次人才子女、企业骨干员工子女3300人就读于公办中小学幼儿园。

【幼小衔接改革实验】 2022年，厦门市专场推广湖里区幼小科学衔接实验改革探索成果，部署2022年秋季学期入学准备和入学适应教学工作。研究幼小科学衔接难题，形成幼小科学衔接的厦门经验。《中国教育报》头版头条进行专题报道。

【学前教育质量提升】 2022年，厦门市教育局确认市级示范园6所，全市获确认省级示范园6所。市教育局修订印发厦门市示范性幼儿园评估办法、民办幼儿园管理评估办法，组织培训，提升办园环境和保教水平。开展学前教育宣传活动，2份学前教育普及普惠发展成果被教育部采用。

（市教育局）

义务教育

【概　况】 2022年，厦门市全日制小学300所，教职工2.35万人，其中专任教师2.21万人；毕业5.33万人，招生7.09万人，在校生40.37万人。全日制普通初中88所，专任教师1.12万人；毕业4.42万人，招生5.25万人，在校生15.28万人。通过积分入学政策就读小学的随迁子女1.44万人。建立“大统筹”入学机制，居住在湖里、集美的随迁子女150人通过填报志愿到翔安区公办小学就读。市教育局与中国教育学会合作实施新课程改革试验，推进厦门教育顶层设计方案，开展义务教育新课程培训和教学成果提升项目。厦门市获得省级基础教育教学成果奖特等奖5个、一等奖5个、二等奖4个，获奖率在全省排第一名；获得省级“精品课”102节，获奖率排全省前列。推进义务教育阶段城区及镇区学校与乡村学校结对紧密型教育共同体，全市与城区学校建立对口帮扶关系或教育共同体的乡村学校占比100%。

【义务教育优质均衡发展区创建】 2022年，厦门市推动各区参与创建义务教育优质均衡发展县（区）。市教育局制定《厦门市义务教育优质均衡发展规划方案》，完成6个区创建义务教育优质均衡区调研工作，协助做好省级专项督查。思明区、湖里区入选全国首批义务教育优质均衡先行创建县（区），集美区入选福建省首批义务教育优质均衡先行创建县（区）。14所学校通过省级义务教育管理标准化评估。16所学校参评省义务教育教改基地校评选。

【义务教育减负增效】 2022年，厦门市教育局继续落实“双减”工作。根据2021年省义务质量监测报告，厦门市五年级学生参加校外培训比率比上年减少9个百分点，九年级减少11.2个百分点。校本作业等2个案例被教育部推广，信息化助力作业控量提质等5个典型案例被福建省教育厅推广。

【课后服务】 2022年，厦门市教育局会同市财政局、市人社局、市市场监督管理局出台课后服务提质扩面政策，将小学阶段午餐午休和初中阶段的午餐午休、下午放学后、晚自习纳入课后服务体系，健全可持续发展课后服务保障体系。全市330所中小学校的46.1万名学生接受课后服务，学校覆盖率100%，学生参与率85.2%。各学校为2万名企业人员子女提供寒假托管服务，为6.1万名学生提供暑期托管服务。

（市教育局）

普通高中教育

【概　况】 2022年，厦门市全日制普通高中34所，专任教师5240人；毕业生1.79万人，招生2.56万人，在校生6.93万人。市教育局、市财政局、市人社局联合出台核增普通高中绩效工资政策，按照高一每班6万元、高二年级每班6万元、高三年级每班15万元的标准核增学校年度绩效工资总量，核增的绩效工资统筹用于补贴普通高中教师参与周末、节假日、寒暑假教学辅导、晚自习等。完善高中增值性评价，按照“总量控制、考核分配”原则，核增学校（单位）年度绩效工资总量。

【高中教育教学指导】 2022年，厦门市教育局出台《厦门市教育局关于加强和提升高中教学质量的若干意见》，召开高三提质增效专题会议，市委教育工委、市教育局领导调研全市33所高三学校教育教学工作。开展高三质检4次。全市高考学生1.92万人，占全省8.8%。高考物理类前100名、历史类前50名共49人，占全省32.7%。高考总分平均分、优生人数、优生比例均排全省第一名。

【高中教育特色发展】 2022年，厦门市教育局开展新高考育人方式改革，建设适应学生发展的课程体系和管理机制。提升省级达标高中创建水平。支持省级示范性高中5所、省级示范高中建设校4所、省级课改基地校13所建设。评选首批高中特色发展建设校8所、特色项目建设校23所。开展优秀生培养和学科竞赛工作。51人入选2022年福建省中学生“英才计划”，厦门外国语学校、科技中学、厦门实验中学3所学校入选首批“全国2022—2024年度中学英才计划中学培养基地”。厦门市高中生参加五大学科竞赛及选拔，其中72人获得省一等奖，18人进入省代表队，2人获得全国金牌（进入国家集训队），10人获全国银牌，4人获全国铜牌。

【普职融通试点】 2022年，厦门市扩大普职融通试点范围，推动中等职业教育与普通高中教育融通互转。在3所中等职业学校（厦门工商旅游学校、厦门信息学校、集美工业学校）和4所普通高中（翔安一中、新店中学、乐安中学、厦门十中）开设试点班，普职融通班扩大到200人。

（市教育局）

特殊教育

【概　况】 2022年，厦门市特教学校7所，教职工404人，其中专任教师330人；毕业228人，招生257人，在校生1177人。特教幼儿园1所、特教学校内设的融合幼儿园1所。普通学校（幼儿园）特教资源教室124间。市级特殊教育资源中心1个、区级特殊教育资源中心6个。厦门市特殊教育学校扩建项目完成联合验收和竣工备案，项目总建筑面积1.5万平方米，主要建设内容包括教学楼、多功能运动馆、地下停车库和相关配套用房等。项目完成后，该校办学规模扩至39班。

【特殊教育高质量融合发展改革】 2022年，厦门市开展创建省级特殊教育改革实验区工作，推进特殊教育改革试点校和融合教育试点校工作。加强特殊教育基础设施保障，提高特殊教育教师待遇。组织厦门市特殊教育资源中心对16所普通学校资源教室进行专项考核指导。举办2022年度全市特殊教育学生劳动技能大赛和中小学资源教师专项培训。

【特殊教育精细化】 2022年，厦门市建立精细化特殊教育责任主体协同机制。各区以资源教室为中心，分片管理，定期召开片区支持会议，开展片区教研，特教资源中心巡回指导。教育督导部门把特殊教育纳入教育督导范围，加强视导跟踪。市教科院、区教师进修学校每学期开展特教学校、资源教室和随班就读工作教学视导、教研活动。厦门市建立特殊儿童筛查评估工作制度，每年各区定期对学生进行评估筛查，提供教育安置方案、教育建议，推动特殊学生到特殊教育学校或普通学校接受教育。《中国教育报》对厦门市精细化教育支持特殊学生个性化发展进行专题报道。

（市教育局）

职业教育

【概　况】 2022年，厦门市中等职业学校（机构）13所，教职工2766人，其中专任教师2099人；毕业1.13万人，招生1.44万人，在校生3.98万人。普通高等学校专科院校9所，教职工4864人，其中专任教师3576人；毕业2.44万人，招生2.79万人，在校生7.68万人。普通高等学校专科院校中，省属职业院校1所（厦门海洋职业技术学院），市属公办高职院校1所（厦门城市职业学院），民办高职院校7所（厦门华天涉外职业技术学院、厦门兴才职业技术学院、厦门软件职业技术学院、厦门演艺职业学院、厦门南洋职业学院、厦门东海职业技术学院和厦门安防科技职业学院）。全市财政投入职业教育费用25亿元。组织开展职业院校办学达标工程建设，加快5所中职学校新建、扩建，累计投资超10亿元，计划增加学位1.2万个。

【教学工作】 2022年，厦门市实施国培省培联动项目和国培市级实施项目。市教育局实施课程实施能力提升、信息技术能力提升、“1+X”证书制度种子教师培训、公共基础课教学能力提升、访学研修等市级国培项目6个，参加9个省级国培项目。选派职业院校教师428人参加素质提高计划项目。建设职教师资培养培训基地4家。召开厦门职教高地建设推进会。在全省职业教育高质量发展暨职业院校办学条件达标工作推进现场会、全省职业教育大会上交流汇报建设成果。联合市人社局、市中华职教社组织开展2022年厦门市职业教育活动周系列活动。依托厦门市职业技术教育中心，加强对职业教育研究、指导，强化师资培养培训、教研教学指导。支持海洋职业技术学院升本科，推动海洋职业学院与海洋三所签订战略合作协议。

【专业课程建设】 2022年，厦门市建设省级高水平高职院校7所、高水平专业群19个，按省定经费标准1.2倍予以经费支持。建设市级服务产业特色专业群30个、市级高水平高职专业20个。市教育局开展中职学校新设专业评审，增加大数据技术应用、工业机器人技术应用等9个中职专业。完成14所中职学校招生资格审核、163个中职招生专业审核。指导各高职院校围绕厦门市产业特点，调整申报增设专业。全市职业院校37门课程入选2022年福建省级职业教育在线精品课程项目，其中高职26门、中职11门。

【产教融合】 2022年，厦门市建设市级示范性现代学徒制项目10个，召开工作交流会和项目验收考评会，总结提炼现代学徒制“三双两段制”厦门模式。评选第三批产教融合型培育企业10家，组织立项第二批市级产业学院6家、首批产教融合实训基地5家。推动建设厦门开放大学警务辅助人员学院、厦门工商旅游学校智能财税产业学院、厦门兴才职业学院数字商务产业学院等产业学院。厦门市14所试点职业院校申报“1+X”证书培训考核计划1.1万人次，申报试点证书99个。

【学生培养】 2022年，厦门市教育局推动探索中职与本科“3+4”、高职与本科“3+2”贯通人才培养的课题研究。全市中职学校参加全省职教高考19个类别的考试，取得9个第一名。本科线人数占全省本科计划招生数近40%，专科上线率超99%，成绩排全省第一名。

【参赛获奖】 2022年，厦门市教育局等单位承办全国、全省职业院校技能大赛，开展厦门市中等职业学校、高职院校技能大赛，设置93个赛项，组织举办厦门市中职学校教师教学能力比赛、班主任业务能力比赛、思政教师教学能力比赛。参与承办金砖国家职业技能大赛。厦门市职业院校师生在全国性比赛中获得一等奖4个、二等奖15个、三等奖29个；在省级比赛中获得一等奖47个、二等奖94个、三等奖162个。获得全省唯一的教学能力国赛项目一等奖，2所中职学校国赛获奖数分别排全省第一名、第二名，在金砖国家职业技能大赛中获奖数占全省近1/3。

【职教合作交流】 2022年，厦门市评选首批4所厦台职业教育合作交流示范校，吸引台湾职教专才到厦门从事教学和科研工作。吸引台生到厦门就学，3所学校被列入福建省开展高校单独对台招生考试、依据台湾统测成绩招生试点，厦门城市职业学院推出闽台飞机维修专业“双联学制”人才培养项目。厦门市职业院校参与金砖国家新工业革命伙伴关系创新基地建设，8所高校和职业院校入选金砖培训基地联盟、金砖示范单位。

（市教育局）

高等教育

【概　况】 2022年，厦门市有部委院校3所（厦门大学、华侨大学、厦门国家会计学院）、省属院校3所（集美大学、集美大学诚毅学院、厦门海洋职业技术学院）、市属院校12所（本科4所、高职8所）。市属院校中，公办本科高校2所（厦门理工学院、厦门医学院），民办本科院校2所（厦门工学院、厦门华厦学院），公办高职院校1所（厦门城市职业学院），民办高职院校7所（华天涉外职业技术学院、演艺职业学院、兴才职业技术学院、软件职业技术学院、南洋职业学院、东海职业技术学院和安防科技职业学院）。民办独立学院1所（集美大学诚毅学院，招收本科生）。厦门市普通高等教育毕业5.54万人，招生6.66万人，在校生21.2万人。其中，本专科毕业4.95万人，招生5.74万人，在校生18.24万人；研究生毕业5942人，招生9212人，在校生2.96万人。

【一流高等教育建设】 2022年，厦门市支持在厦门高校“双一流”建设。厦门大学、华侨大学、集美大学入选福建省第二轮“双一流”建设高校，厦门理工学院入选福建省一流应用型建设高校，厦门大学自主确定建设学科，其他在厦门高校有8个学科入选福建省“双一流”主干学科。市教育局落实与厦门大学市校合作共建，推动与集美大学、福州大学等高校市校合作协议签订工作。引进境内外一流高等教育资源，推动上海音乐学院鼓浪屿音乐研究中心建设，南京理工大学厦门数字信息研究院揭牌并实体化运作。市政府办公厅印发实施《厦门市加快医学教育创新发展的若干措施》。

【高校毕业生就业创业】 2022年，厦门市教育局、市人社局协调推进在厦门高校落实高校毕业生就业创业工作，就业落实率92.6%。落实就业“一把手工程”，开展“百校走千企”书记、校长访企拓岗促就业专项行动。在厦门高校走访企业1600多家，拓展岗位近3万个。市教育局、市工信局、市人社局联合开展中小企业百日招聘高校毕业生活动。市教育局、市人社局联合召开在厦高校毕业生就业工作座谈会。市教育局、市工商联联合召开厦门市民企高校携手促就业座谈会。福建省大学生创新创业基地（厦门）开展大学生创新创业扶持，举办2022年厦门大学生创业创新大赛。

（市教育局）

厦门大学

【概　况】 2022年，厦门大学设有研究生院、学部6个、学院（直属系、直属中心）34个、研究院17个。设有博士后流动站32个、博士学位授权一级学科39个、硕士学位授权一级学科47个，自主设置二级交叉学科8个，博士专业学位授权类别2个、硕士专业学位授权类别29个。专任教师近3000人，其中教授、副教授占专任教师总数73.4%；拥有博士学位的占专任教师总数88.5%。两院院士33人（含双聘19人），中国医学科学院学部委员2人，国家重点研发计划项目负责人41人，特岗学者2人、青年学者23人，国家杰出青年科学基金获得者63人，国家级教学名师6人，国家高层次人才特殊支持计划领军人才40人、青年拔尖人才24人，国家“百千万人才工程”入选者26人，中宣部“四个一批”人才工程入选者11人，教育部新（跨）世纪优秀人才137人，国家优秀青年科学基金获得者67人。国家创新研究群体12个、国家自然科学基金基础科学中心项目2个。在校学生4.6万人，其中本科生2.1万人、硕士研究生1.9万人、博士研究生0.5万人。设有研究机构200多个。其中，国家级协同创新中心2个（牵头单位），国家重点实验室4个，国家工程技术研究中心1个，国家工程实验室1个，国家地方联合工程研究中心2个，国家地方联合工程实验室3个，国家产教融合创新平台1个，国家野外科学观测研究站1个，国家高端智库（培育）1个，教育部重点实验室5个，教育部工程研究中心3个，教育部野外科学观测研究站1个，国家药监局重点实验室1个，文化和旅游部重点实验室1个，教育部人文社科重点研究基地5个。至年末，厦门大学与境外263所高校签署校际合作协议，与53所各国大学开展实质性交流合作，在13个国家建设孔子学院15所、中国语言文化研究中心1所、孔子课堂48个。厦门大学医用生物制品省部共建协同创新中心新冠肺炎疫苗研发团队获科技部“全国科技系统抗击新冠肺炎疫情先进集体”称号，公共卫生学院教授吴婷、副教授陈田木获全国科技系统抗击新冠肺炎疫情先进个人称号。生命科学学院教授陈兰芬获第十七届中国青年女科学家奖。生命科学学院教授周大旺、化学化工学院/能源学院教授李剑锋、化学化工学院/物理科学与技术学院教授侯旭获第四届科学探索奖。航空航天学院教授尤延铖获第十七届中国青年科技奖。

【科研立项】 2022年，厦门大学获国家自然科学基金项目立项334个，其中创新研究群体项目1个、杰出青年科学基金项目5个、优秀青年科学基金项目8个、重大科研仪器研制项目1个、重大项目2个、重大研究计划重点支持项目1个、重大研究计划集成项目2个、重点项目11个、联合基金集成项目1个、联合基金重点支持项目15个。国家社会科学基金各类项目立项数在全国高校中排第一名。其中，研究阐释中国共产党的十九届六中全会精神国家社科基金重大项目6个，立项数在全国高校排名中并列第一名；国家社科基金后期资助暨优秀博士论文出版项目28个，立项数在全国高校中排第一名。国家社科基金年度项目51个，立项数在全国高校中排并列第三名。以第一作者单位或通讯作者单位在《自然》正刊上发表论文2篇，在《科学》正刊上发表论文1篇。获中国专利优秀奖1个，福建省科学技术奖14个，3人获第四届科学探索奖，1人获第十七届中国青年女科学家奖，1人获第十七届中国青年科技奖，2人获霍英东教育基金会高等院校青年科学奖。

【团簇化学团队入选“黄大年式教师团队”】 2022年1月27日，教育部公布第二批“全国高校黄大年式教师团队”名单，厦门大学团簇化学教师团队入选。团簇化学教师团队由学术带头人院士郑兰荪领衔，主要成员13人，成员包含中国科学院院士、省教学名师和国家杰出青年科学基金获得者等国家高层次人才。团队聚焦“团簇化学”“表界面化学”方向开展研究，在培养高素质创新人才、产出高水平科技成果、服务国家改革发展事业中取得成果。

【厦门大学入选第二轮“双一流”建设名单】 2022年2月，厦门大学入选第二轮“双一流”建设高校名单。教育学、化学、海洋科学、生物学、生态学、统计学6个学科入选第二轮“双一流”建设学科名单。

【7个虚拟教研室入选教育部首批试点】 2022年2月，教育部办公厅公布首批虚拟教研室建设试点名单，厦门大学7个虚拟教研室入选，数量排全国高校第九名。其中，课程（群）教学类虚拟教研室3个，专业建设类虚拟教研室2个，教学研究改革专题类虚拟教研室2个。

【海洋负排放国际大科学计划总部启用】 2022年4月6日，厦门大学以线上、线下相结合方式举行海洋负排放（ONCE）国际大科学计划总部启用仪式。该计划由中国科学院院士、海洋与地球学院教授焦念志牵头，联合全球 22 个国家的 38 所高校及科研院所向联合国教科文组织、政府间海洋委员会提交申请，经评审后成为“联合国海洋科学促进可持续发展十年”行动大科学计划。

【习近平总书记关于教育的重要论述研究中心揭牌】 2022 年 5 月 18 日，习近平总书记关于教育的重要论述高端论坛暨厦门大学习近平总书记关于教育的重要论述研究中心揭牌仪式举行。该中心定位为研究基地、宣传平台、高端智库，为推动党的理论创新、服务教育发展提供决策参考和学术理论支撑。

【福建省集成电路产教融合创新发展联盟成立】 2022 年 7 月 16 日，福建省集成电路产教融合创新发展联盟成立大会暨“产教融合·创新发展”论坛在厦门大学举办，厦门大学党委书记张荣担任联盟第一届理事长。该联盟由厦门大学和福建省集成电路企业、科研院校、行业协会等单位共同发起成立，定位为发挥厦门大学国家集成电路产教融合创新平台引领和辐射作用，推动福建省集成电路关键核心技术攻关和创新转化。

【“中国— OECD 联合培养税务法学硕士项目”开班】 2022 年 9 月 15 日，厦门大学与国家税务总局、财政部、经济合作与发展组织（OECD）合作开展的“中国— OECD 联合培养税务法学硕士项目”开班。该项目由厦门大学具体承办，学制 2 年，为中国和其他发展中国家（地区）培养熟悉国际税收规则、具备专业知识背景的高素质复合型人才，是中国首次与 OECD 在专业领域合作开展学历学位教育。

【中国式现代化研究院成立】 2022 年 10 月 25 日，厦门大学举行中国式现代化研究院揭牌仪式，该研究院是厦门大学贯彻落实中国共产党的二十大精神、提升服务区域发展和国家战略能力的举措。10 月 26 日，厦门大学依托中国式现代化研究院，设立中国式现代化研究专项，围绕中国共产党的二十大报告精神设计发布研究选题 50 余个。

【厦门大学减贫案例入选全球最佳】 2022 年 11 月 11 日，在 2022 年全球减贫伙伴研讨会上，厦门大学《用好用足高校资源赋能区域产业发展——厦门大学建设隆德县康业扶贫产业园案例》入选第三届“全球减贫案例征集活动”最佳案例，是厦门大学首次入选。该案例被收录到《全球减贫案例集 2022》。

（李雅真）

集美大学

【概　况】 2022 年，集美大学设学院 20 个、本科专业 76 个，涵盖经济学、法学、教育学、文学、理学、工学、农学、管理学、艺术学 9 个学科门类。有博士后科研流动站 1 个、一级学科博士点 4 个、一级学科硕士点 15 个、硕士专业学位类别 18 个，植物学与动物学、工程学、农业科学 3 个学科进入 ESI（基本科学指标数据库）全球前 1%。专任教师 1500 余人，其中院士 13 人（全职 2 人）、国家级高层次人才 33 人次、省部级高层次人才 156 人次、市厅级高层次人才 226 人次。全日制本科生 2.64 万人、研究生 2800 多人、国际学生近 200 人。有国家级、省部级教学科研平台 67 个，国家级“卓越”人才培养计划专业 6 个、国家级特色专业 4 个、国家级一流本科专业建设点 25 个、国家级教学团队 1 个。录取普通本科新生 6650 人、少数民族预科生 98 人、体育单招 210 人、第二学士学位学生 768 人、博士研究生 20 人、硕士研究生 1079 人、台港澳等学生 134 人、国际学生 30 人。集美大学与全球 130 多所大学和科研机构建立友好合作关系，与国际海事组织（IMO）等开展学术交流，与教育部（中国）留学服务中心开展战略合作，在泰国曼谷设立集美大学东盟教育中心。集美大学是大陆唯一获交通运输部、国家海事局批准具有开展台湾船员适任培训资格的院校，经教育部批准较早具有招收台港澳生、侨生、外国留学生资格的院校之一，福建省政府来华留学生奖学金和厦门市陈嘉庚奖学金招生单位，福建省首批海外华文教育基地。集美大学获批 10.5 亿元设备更新改造项目贷款。投入 3500 万元用于本科专业实验室建设。实施各类大中小型修缮项目 236 个，总造价 5401 万元。完成陈爱礼国际学院教学楼工程项目、医疗中心维修改造项目。

【学科建设】 2022 年，集美大学增加国家级一流本科专业建设点 11 个、省级一流本科专业建设点 6 个，增加应急管理、食品质量与安全、数字经济 3 个专业，增加数据科学与大数据技术、港口航道与海岸工程 2 个学士学位授权专业。印发《集美大学“十四五”学科建设规划》。入选交通强国建设试点单位。入选福建新一轮“双一流”建设高校，船舶与海洋工程、水产 2 个学科入选 2021—2026 年“双一流”建设学科。工程学、农业科学进入 ESI 全球前 1%。

【教师队伍建设】 2022 年，集美大学引进各类人才 162 人。配齐思政课专职教师。具有博士学位教师比例 53.5%。1 人当选为俄罗斯工程院院士，1 人入选国家“万人计划”青年拔尖人才，1 人入选 2022 年度全球“高被引科学家”，56 人入选 2022 年省高层次人才，31 人次入选厦门市高层次人才及骨干人才。

【学生培养】 2022 年，集美大学通信工程、机械电子工程 2 个专业通过工程教育专业认证，小学教育、数学与应用数学、学前教育 3 个专业通过师范类专业二级认证。获 2022 年省级教学成果奖特等奖 1 项、一等奖 2 项、二等奖 5 项。福建德化棘胸蛙科技小院、福建福清上迳鳗鲡科技小院获批国家级科技小院。集美大学增加大学生创新创业训练计划项目 553 个。学生参加省级以上学科竞赛，获奖 720 多个。学生发表各级刊物论文 321 篇，获授权发明专利 77 个、成果转化 7 个。集美大学承办第八届福建省“互联网 +”大学生创新创业大赛决赛。入选首批百个国家级创新创业教育实践基地建设单位，在全国普通高校大学生竞赛榜中排第 90 名。

【科研工作】 2022 年，集美大学科研合同经费 2.53 亿元，到账经费 2.05 亿元，其中国家自然科学基金项目 39 个、国家社会科学基金项目 9 个，均创历史新高；首次获批科技部外国专家项目 1 个。海洋生物资源绿色高值化利用及其营养健康功能化评价创新共享平台入选国家发改委公共服务平台。获批福建省海洋信息感知与处理重点实验室等。获批福建省习近平新时代中国特色社会主义思想研究中心。首次以第一完成单位在 *Science* 上发表论文。获省科技进步奖二等奖 2 个、三等奖 3 个。获装备承制单位资格证书和国军标 9001C 质量管理体系证书。科技成果转化合同金额在全国排第 19 名，在福建省高校中排第 1 名。

【社会服务】 2022 年，集美大学选派省级科技特派员 93 人、省级科技特派员团队 34 个。1 人当选福建省“最美科技特派员”，6 人当选通报表扬科技特派员人选。推进落实“集美大学　闽江学院合作共建框架协议”，推进闽宁协作，接收北方民族大学学生 89 人、闽江学院学生 16 人到集美大学开展为期 1 年交流学习。推进与大田县、永定区对口支持协助，与清流、宁化、仙游、诏安等地开展产学研合作。推进与西南科技大学、绵阳师范学院对口交流合作。成立福建省首个退役军人学院。2254 名师生献血 55.53 万毫升，701 名师生成为造血干细胞捐献志愿者。选派青年志愿者 1550 余人，参加“9·8”投洽会等活动，承办第三十五届中国电影金鸡奖青年志愿者动员培训大会。

【交流合作】 2022 年，集美大学推进与天津大学、上海海洋大学、中国水产科学研究院黄海水产研究所、中国交通建设股份有限公司等单位的共建合作，与建潘鲲鹭物联网技术研究院合作成立数字产业学院。与塞尔维亚尼什大学签署合作协议开设暑期线上国际学习交流项目，与泰国博仁大学签署合作协议开设国际本科留学预科项目，与白俄罗斯国立大学签署合作备忘录，与巴西马托格罗索联邦大学签约合作协议。增加教育部留学服务中心战略合作伙伴项目（日本环太平洋大学国际本科项目）。入选金砖国家新工业革命伙伴关系创新基地产业创新联盟首届理事单位、2021 年度厦门市“金砖示范单位”。与 5 所台湾高校签订合作协议，与 3 所台湾高校续签合作协议。至年末，累计与台湾 43 所院校签订合作交流协议。

【水产高等教育 50 周年大会】 2022 年 11 月 12 日，集美大学在光前体育馆举办集美大学纪念陈嘉庚创办水产科 102 周年暨水产高等教育 50 周年大会。农业农村部渔业渔政管理局副局长袁晓初等致辞，省教育厅副厅长刘健视频讲话，陈嘉庚长孙陈立人视频致辞。大会收到中共福建省委原书记陈明义校友的贺词及全国水产技术推广总站等 30 多个单位的贺信。会上，集美大学为捐资助学的校友代表、捐赠单位与合作共建单位授牌，与上海海洋大学、中国水产科学研究院黄海水产研究所、北京大北农科技集团股份有限公司签署合作协议。

（魏纯辉）

华侨大学（厦门校区）

【概　况】 2022 年，华侨大学（厦门校区）建筑面积 65 万平方米，有学院及研究院 20 个。招收学生 4951 人，在校全日制普通本科生 1.43 万人、研究生 3703 人。中国港澳台地区和 90 多个国家的学生 4299 人。教职工 1732 人，其中专任教师 1148 人。专任教师中，具有高级职称占 58.2%。

【境外招生扩量提质计划实施】 2022 年，华侨大学（厦门校区）继续实施境外招生扩量提质计划。全校增设海外招生处 30 个，设置推荐就读专业 46 个。通过创建“B 站”（bilibili 网站）招生工作室、优化招生“云宣传”等方式扩大海外招生宣传渠道，面向 13 个国家和地区举办线上招生宣讲 51 场；启动“港澳台侨学生学业续航计划本硕连读”选拔工作，推选港澳台生、侨生 169 人读硕，在泰国、巴西等 4 个国家开办海外研究生班。华侨大学（厦门校区）港澳台生、侨生、留学生新生报到 1328 人。港澳台生、侨生、留学生在读学生占厦门校区全体学生数近 1/4。

【境外学生培养模式改革】 2022 年，华侨大学（厦门校区）参与全校境外学生培养模式改革。《关于加强和改进港澳台侨学生与华裔新生代等留学生教育培养工作的实施意见》出台，加大课程资源供给，构建通识教育课程模块，分类设置必修课程 7 门、通选课 46 门；完成首批 3 本境外生通识教育课程教材编写并推进翻译推广、在线课程制作，完成第二批 7 本境外生教材初稿并进行试讲试用。华侨大学（厦门校区）专题研讨侨校校园文化精品及境外生特色育人项目建设，参与举办“承志文艺奖”、“觞鼎”中华文化节等活动。组织港澳台生、侨生参加“中国文化之旅”“逐梦海丝”等研习活动 36 场。境外生参与科创项目，获得挑战杯大学生课外学术科技作品竞赛国家级二等奖、“互联网 +”国家级银奖等。

【教学科研】 2022 年，华侨大学（厦门校区）推进学科建设和交叉融合，开展省“双一流”建设和一流大学整体学科建设。华侨大学入选福建省第二轮“双一流”建设高校。华侨大学（厦门校区）教师团队入选教育部全国高校黄大年式教师团队，2 名教师获福建省高校青年教学新秀称号，1 名教师入选省高校网络教育名师。华侨大学（厦门校区）建设心理健康教育空间，举办心理危机干预知识等培训 6 场，完成心理危机评估与干预工作。增加省级科技平台 5 个。

【合作交流】 2022 年，华侨大学（厦门校区）参与健全侨校特色校友网络、完善知名校友数据库，开展校友中秋云联欢、文化研习等活动。拓展与境外高水平大学的交流合作，与境外高校及教育机构签署合作协议，实施学生出境交流项目，聘请境外专家举办讲座培训。开展海外华文教育，探索推进经管、中医等“华文教育 +”项目，开展各类“云”培训、“云”教学，承办海外华校校长线上研习班、海外华文媒体高级研修等培训项目，开展海外侨亲侨属学中文项目。发挥“海外新声代”工作室品牌效应，组织在校留学生创作中英双语短视频；线上承办中华文化大乐园（亚洲园）、中华文化研修班（欧洲营），合办“睦友乐相知”文化交流项目。

【“一带一路”智库建设】 2022 年，华侨大学（厦门校区）整合学科优势，推动新型智库建设。华侨华人与区域国别研究院、周边传播研究院在华侨大学（厦门校区）设立，围绕“侨务与涉外法治”“华裔新生代”等方向组建研究团队，设立中华文化海外传播与文明互鉴等委托课题 37 个。结合文明交流互鉴、公共卫生等热点议题推出系列讲座，打造“中西比较论坛”“人类命运共同体”品牌，在华侨大学（厦门校区）举办华侨华人文学与中外文明交流等研讨活动40场。华侨大学（厦门校区）加快智库成果产出及转化，报送决策咨询报告、系列研究材料，发布年度《海丝蓝皮书（2020—2021）》等。华侨大学入选2021年度金砖示范单位（项目）、金砖创新基地产业创新联盟理事成员单位，成立厦门金砖新工业能力提升培训华大基地，协办金砖国家智库国际研讨会、金砖创新基地建设与发展论坛等，发布《金砖国家国别研究报告》《金砖国家华侨华人研究报告》，获第二届促进金砖工业创新合作大赛优秀组织单位奖。第六届中马“一带一路：海上丝绸之路”国际学术研讨会、“一带一路”人才发展项目贸易畅通高级研修班在华侨大学（厦门校区）举行，开展沿线国家智能制造相关培训4期。华侨大学（厦门校区）与厦门象屿集团达成人才培养合作协议。

【港澳台学生发展服务】 2022年，华侨大学（厦门校区）实施港澳学生就业启航专项服务，搭建深港澳青年创新创业基地，启动大湾区青创中心实习计划，面向港澳台学生开展就业创业指导与交流活动40场次。华侨大学与澳门街坊会联合总会共建教学实践基地，依托与澳门业余进修中心共建的中华文化传承培训基地等2个基地，开设培训班8期。成立台湾研究中心，与国家广电总局共建海峡两岸影视人才交流与影视文化研究中心，合办两岸华文教师学术研讨会；举办第十二届海峡两岸高校文化与创意论坛，海峡两岸18所高校的185名青年学生参加。

小资料：

华侨大学简介：华侨大学是中央统战部（国务院侨务办公室）直属高校。入选国家华文教育基地，国家大学生文化素质教育基地，国家语言文字推广基地，国家语言服务领域特色服务出口基地，全国深化创新创业教育改革示范高校，全国高校教师考核评价改革示范校，全国高校中华优秀传统文化传承基地。华侨大学有学院28个，学科门类11个，一级学科博士点9个，一级学科硕士点25个，专业学位硕士点23个，博士后流动站5个；国家和省部级重点学科41个，福建省一流学科3个；工程学、化学2个学科进入ESI世界排名前5‰，材料科学、计算机科学2个学科排前1%。有本科招生专业68个，其中国家级一流本科专业35个、省级一流本科专业17个，通过国际国内专业认证专业22个。有国家地方联合工程研究中心、国家“111计划”学科创新引智基地、省部共建协同创新中心、教育部工程研究中心、虚拟教研室、虚拟仿真实验中心、实验教学示范中心等省部级以上教学科研平台100余个，是福建省习近平新时代中国特色社会主义思想研究中心首批研究基地。有教职工2900多人。在1700余名专任教师中，具有高级专业技术职务者占57%，具有博士学位者占69%，45岁以下中青年教师占64%。有院士、国家领军人才等高层次人才100余人，有科技部“创新人才推进计划”重点领域创新团队等团队。在校全日制普通本科生2.76万人、研究生0.74万人，其中中国港澳台地区和90多个国家的学生7622人。

（华侨大学）

厦门理工学院

【概　况】 2022年，厦门理工学院设有机械与汽车工程学院、材料科学与工程学院、电气工程与自动化学院等18个二级学院、部。有机械工程、管理科学与工程、建筑学和艺术学硕士学位授权一级学科4个和电子信息、机械、材料与化工、能源动力等硕士专业学位类别9个，本科专业64个，涵盖理学、工学、经济学、管理学、文学、艺术学、法学等学科门类；全日制在校生2万人（含研究生、留学生）。专任教师1166人，其中具有高级职称的教师占54%，具有硕士及以上学位的教师占95%。新增“闽江学者”特聘教授2人、讲座教授3人，省“雏鹰计划”青年拔尖人才1人。有国务院政府特殊津贴专家、教育部新世纪优秀人才、全国模范教师、全国优秀教师、闽江学者、省级教学名师和优秀教师等国家级、省级教师。“教师发展中心”被评为省级示范中心。厦门理工学院编制省一流应用型高校建设方案。组织40余人次申报各级人才项目，增加“闽江学者”特聘教授2人、讲座教授3人，省“雏鹰计划”青年拔尖人才1人，市本土领军人才1人。2022届毕业生在厦门就业率55.36%。获省级平安校园称号。

【学科建设】 2022年，厦门理工学院开展接受本科教育教学审核评估准备工作。电子信息工程专业通过教育工程专业认证，环境工程专业完成线上现场考查，5个专业申报2023年中国工程教育专业认证。5个专业入选国家级一流专业建设点，6个专业入选省级一流本科专业建设点，累计入选省级及以上“一流本科专业”建设点25个，其中国家级11个。机械工程、电子信息、土木水利被列入省一流应用型高校主干学科名单A类。组织开展机械工程、管理科学与工程2个一级学科硕士学位授权点和电子信息和艺术2个硕士专业学位授权点专项合格评估准备工作。获批2021—2026年博士学位授予单位培育项目，组织开展博士点培育学科建设专项。在第三方大学评价机构艾瑞深校友会2022年中国大学一流专业排名（应用型）中，厦门理工学院在全国理工类院校中排第16名、在福建省排第2名，材料科学与工程等11个应用型专业在全国排第1名。

【教学科研】 2022年，厦门理工学院获批新工科研究与改革实践项目国家级3个、省级5个，新文科研究与改革实践项目国家级1个、省级2个，教育部高教司产学合作协同育人项目105个；获省级教学成果特等奖1个、一等奖2个、二等奖6个。设计艺术学院王刚获得第二届全国高校教师教学创新大赛一等奖。厦门理工学院制定实施人才引进举措，举办高层次人才双向考察会8场，录用专任教师146人；补充辅导员、专技人员等37人。落实岗位管理，启动聘期考核。开展第二批党员名师先锋岗（30人）、首届高维真师德奖（5人）等评选表彰宣传活动。完成58人申报认定厦门市高层次及骨干人才。培训师资近1000人次。获省部级科研奖励5个，厦门市科技进步奖6个。增加省、市级科研平台5个。增加科研国家级项目4个、省级项目101个，科研到账经费1.1亿元。立项建设第二批校级现代产业学院2个。南京理工大学厦门数字信息研究院揭牌并入驻厦门理工学院集美校区。厦门理工学院入选福建省和厦门市的高等院校和科研院所科技成果转化综合试点单位。

【参赛获奖】 2022年，厦门理工学院学生参与各类学科竞赛，本科生在A类重点赛事中获得国家级奖项150个，获得省级以上竞赛奖励800余个。其中，在第八届"互联网+"创新创业大赛中获国家级奖项11个（银奖3个），省级奖项37个（金奖12个）。厦门理工学院研究生在全国研究生数学建模竞赛等赛事中获得国家级奖项76个、省部级奖项67个。根据中国高等教育学会发布排行结果，厦门理工学院在2017—2021年全国新建本科院校大学生竞赛榜单中排第一名。

【交流合作】 2022年，厦门理工学院获金砖示范单位、厦门金砖新工业能力提升培训基地联盟单位等称号。与马来西亚理科大学、美国凯特林大学等10所海外高校签约合作项目12个。搭建国际产学研用合作平台，推进厦门和"一带一路"沿线国家教育资源合作。与马来西亚高校和企业、厦门龙辉芯物联网科技有限公司共建成立国际工业物联网研究院。开展外专引智工作水平，聘请外国专家22人次，获批科技部"一带一路"创新人才交流外专项目等外专引智项目5个。经教育部批准为招收港澳台研究生、侨研究生高校，经教育厅批准为全省首批以台湾统测成绩招收台生试点高校。获厦门市首批厦台职业教育合作交流示范校称号。

（厦门理工学院）

厦门国家会计学院

【概　况】 2022年，厦门国家会计学院设内设机构10个，有教职员工167人，会计（MPAcc）、审计（MAud）、税务（MT）硕士专业学位研究生毕业81人，招生100人，在读300人。厦门国家会计学院获评年度财政部信息工作先进单位，2人获评年度财政部信息工作先进个人。1人入选财政部"财政人才库"，2人获评厦门市高层次人才。2022届毕业生总体就业率93.8%。厦门国家会计学院主办第四届"诚信杯"研究生案例大赛，获大赛一等奖、三等奖。在校研究生获福建省第十八届自然辩证法论文演讲比赛一等奖，厦门国家会计学院获优秀组织奖。2月26日，厦门国家会计学院举办庆祝厦门国家会计学院建院20周年暨学院战略咨询委员会成立大会，配套举办战略咨询委员会第一次委员会议、院庆主题学术论坛等活动。组建由学者、国家相关部委专家、政府相关部门领导、高等院校老师等组成的厦门国家会计学院战略咨询委员会并召开第一次全体会议。

【培训教学】 2022年，厦门国家会计学院举办培训班341期，培训学员2.78万人次。其中，财政部高层次财会人才素质提升工程岗位能力培训班13期，各地区人大代表和人大干部培训17期。全国高端会计人才培养工程完成4个班级的集训工作，委托到国家会计学院培训的各省级财政部门及中央有关主管单位会计管理部门40家。

【交流合作】 2022年，厦门国家会计学院开展国际财经人才培养和交流，搭建校内外合作与信息交流平台。经外交部、财政部批准，实施亚洲财经人才能力建设项目，为文莱、老挝、马来西亚、新加坡、缅甸、阿塞拜疆、格鲁吉亚、哈萨克斯坦等国家的学员举办国际研修班3期，与商务部国际商务官员研修学院联合承办援外培训项目发展中国家金融战略研修班。参与举办第五届"一带一路"发展高层论坛、2022金砖国家智库国际研讨会、第四届"一带一路"国家会计准则合作论坛。推进学位教育国际化，与新加坡管理大学签订合作协议，采用自主留学项目方式开展财务大数据分析硕士项目。

【科研项目】 2022年，厦门国家会计学院申报国家级课题和省部级课题35个，其中国家自然科学基金资助立项1个，国家社会科学基金资助立项1个，福建省社会科学基金资助立项4个，部省共建科研项目5个，横向科研项目12个。1项教学成果获2022年福建省第十一届高等教育教学成果二等奖。2个教学案例入选国外案例库，编辑出版《厦门国家会计学院财务与会计案例研究》。在《会计研究》、《财政研究》、*Finance Research Letters* 等期刊上发表学术论文144篇。出版书籍8部。在当年度财政部财政工作"优秀论文、优秀调查报告"评选中，有13篇文章获奖，其中1篇获优秀论文一等奖，2篇获二等奖，3篇获三等奖，5篇获优秀奖；1篇调查报告获二等奖，1篇获三等奖。上报研究专报7篇，其中1篇获财政部领导批示，3篇被《财政部信息》采用，5篇被财政部《财政与会计研究》内刊收录。

2022年11月17日，厦门国家会计学院承办2022年金砖国家智库国际研讨会"可持续发展与环境信息披露：金砖国家的进展"分论坛　　（厦门国家会计学院　供图）

【“一带一路”发展高层论坛】 2022年9月9日，由中国国际经济合作学会、厦门国家会计学院共同主办的第五届“一带一路”发展高层论坛在厦门举行。该论坛为第二十二届中国国际投资贸易洽谈会论坛活动之一，主题为“‘一带一路’国际合作创新发展”。境内外政府官员、国际组织代表、驻华使节、专家学者、商会协会代表等与会。论坛搭建国内外政府官员、科研机构、企业间交流合作平台，推广中国方案，推动共建“一带一路”。

【第四届“诚信杯”研究生案例大赛】 2022年11月24—25日，由厦门国家会计学院主办的第四届“诚信杯”研究生案例大赛总决赛在厦门国家会计学院举行。大赛以“可持续发展背景下ESG理念与公司报告的演进”为主题，以应对ESG机遇与挑战。厦门国家会计学院代表队获得总决赛一等奖。

（陈粤闽）

厦门工学院

【概　况】 2022年，厦门工学院开设本科专业38个，涵盖工学、理学、经济学、管理学、文学、艺术学6个学科门类，全日制在校生1万余人。有省级高校应用型学科2个、省级一流本科专业7个、省级一流本科课程25门、省级示范性应用型专业群1个、省级高校服务产业特色专业4个、省级实验教学示范中心4个、省级虚拟仿真实验教学中心2个、省级本科教学团队2个等。有福建省高校重点实验室1个、福建省高校人文社会科学研究基地1个，有校外实习实践基地230个，有柔性制造装备集成技术、物联网技术及应用、嵌入式人工智能计算及应用、先进功能材料、数字贸易等优势学科。在职教师666人。有双聘院士1人，享受国务院政府特殊津贴2人，福建省高等学校新世纪优秀人才支持计划3人，福建省高校杰出青年科研人才培育计划8人。自有专任教师542人中，高级职称比例34.87%，硕博士比例81%，“双师型”教师比例36.53%。厦门工学院完成学校章程修订，经福建省教育厅核准。制定《厦门工学院“三五、四五”十年发展规划（2020—2029）》及其分项规划。制定《厦门工学院关于建立学院办学实体校院两级工作机制与权责实施细则》。开展合格评估整改自查自纠暨教育教学综合改革中期评估，启动本科教育教学审核评估，启动硕士点培育建设。

【学科建设】 2022年，厦门工学院增加3个省级一流本科专业建设点专业；新获批3个本科专业；开展学位授权专业审核及质量评估工作，对全校36个专业（8个待授权专业，28个授权专业）的师资的数量及结构、专业经费、教学条件等情况对标进行检查；开展品牌专业二期建设，制定品牌专业建设指标体系；当年度获批立项教育部产学合作协同育人项目8个，另有7个完成校企签约确认。改革质量工程项目评审方式，助推项目建设，初步形成国家、省、校三级质量工程建设体系。立项建设校级质量工程项目131个。

【教育教学】 2022年，厦门工学院继续开展“导师包班”“兼职导师”等工作，完善班级导师考核制度。实施大学生全面素质模块化测评，促进学生全面发展。建立教师教学竞赛赛前培训机制。厦门工学院教师在省级教学竞赛中获奖项3个，2位教师获得福建省高校青年教学新秀称号。学生获各类学科竞赛奖项247个，其中国家级奖项34个，省级奖项213个。

【招生就业】 2022年，厦门工学院面向全国28个省（市、自治区）计划招生4410人，计划数创历年新高。新生报到数4165人，报到率94.44%。学校2022届毕业生2869人，就业去向落实率93.62%。

（厦门工学院）

厦门华厦学院

【概　况】 2022年，厦门华厦学院设信息与智能机电学院、环境与公共健康学院、商务与管理学院、人文学院4个二级学院及马克思主义学院、通识教育中心、体育教学部，开设本科专业27个。本科招生1991人，在校生7455人。2022届本科毕业生就业率95.74%。专任教师331人，其中拥有高级职称117人。学校入选教育部“一站式”学生社区综合管理模式建设试点单位、全国首批“数字化能力水平认证”合作高校，获评社会组织等级评估AAAAA级，是福建省唯一获该荣誉的民办本科高校。完成《厦门华厦学院章程》修订工作，获福建省教育厅核准生效。获厦门市人力资源和社会保障局授予的厦门华厦学院创业指导专家服务站称号，通过厦门市科技企业孵化器年度考核。

【学科建设】 2022年，厦门华厦学院财务管理、食品质量与安全2个专业获批省级一流本科专业建设点，累计获批国家级一流本科专业建设点1个、省级一流本科专业建设点4个，即首批5个本科专业全部列入国家级、省级一流本科专业建设点。

【教育教学】 2022年，厦门华厦学院《智能业财税审生态圈协同育人机制研究》入选2022年福建省本科高校教育教学改革研究典型案例汇编，4个教改项目获批福建省教育科学“十四五”规划专项课题；获批数据应用开发与服务（Python）职业技能等级证书（高级）、数字媒体交互设计职业技能等级证书（高级）、物流管理职业技能等级证书（高级）等13个“1+X”证书制度试点项目；3名教师获省级教学竞赛奖励，其中入选福建省青年教师教学竞赛三等奖2人，入选福建省高校教师教学创新大赛三等奖1人。首次开设全校通识必修课程《大学生数字素养教育》；邀请厦门大学、集美大学等高校教授，举办10余场数字素养主题讲座；举办2届数字素养大赛，在校生参与率超95%；入选全国首批“数字化能力水平认证”合作伙伴；承办数字化能力水平认证（DCLC）全国首次考试，成为数字化能力水平认证考点。

【科研创新】 2022年，厦门华厦学院获批市级职工技术创新工作室2个，4个产学研项目获2022年度厦门市产学研项目经费补助。在2022年度厦门市自然科学基金项目评审中，学校推荐的10个项目全部获批，是厦门市唯一获批面上项目和青年创新项目的民办高校。在咨政建言、智库建设方面，获批2022年度省科协科技创新智库项目1项和省委教育工委统一战线专项项目2项。坚持人才下沉、科技下乡、助力乡村振兴，40余名教师获省、市级科技特派员认定。

【参赛获奖】 2022年，厦门华厦学院学生在第十五届中国大学生计算机设计大赛、第十届全国大学生机械创新设计大赛等学科竞赛中获省级以上奖项164个，其中国家级44个（一等奖10个、二等奖14个、三等奖20个），省级120个（一等奖13个、二等奖47个、三等奖60个）。在“互联网+”高校主赛道项目比赛中，学生团队“F.B旅行管家”获铜奖；在第八届“互联网+”大赛中选送项目110个，参与学生500余人次。

（苏文雅）

厦门城市职业学院（厦门开放大学）

【概　况】 2022年，厦门城市职业学院教职工624人，其中台湾教师5人、博士54人，“双师型”教师占80.3%。高职招生专业30个，在校生总数9426人，累计招收来自18个国家的留学生226人。开放教育（成人教育）有本专科专业40个，学生1.36万人。2022届毕业生4269人，就业率95.76%，就业起薪4031元，专业对口率72.05%。厦门城市职业学院入选国家级职业教育“双师型”教师培训基地（2023—2025年）的电子与信息大类计算机类培训基地。入选教育部“一站式”学生社区综合管理模式建设试点高校。通过福建省首批“三全育人”综合改革试点高校评估。有国家级骨干专业5个、省级服务产业特色专业群4个、省级产教融合特色专业3个、省（市）重点示范专业9个。对台招收学历生，2个项目入选教育部中外人文交流中心“2022年未来技术技能与人文交流人才国际训练基地项目”。被授予金砖国家新工业革命伙伴基地金砖示范单位、厦台职业教育合作交流示范校等称号。创新创业园入选省众创空间和首批市创业指导专家服务站。

【教学改革】 2022年，厦门城市职业学院获2022年福建省教学成果奖一等奖1个、二等奖1个，“培育职教名师增强适应性的策略与实践创建”参评2022年职业教育国家级教学成果奖，获2022年省职业院校技能大赛教学能力比赛一等奖2个、二等奖5个、三等奖6个。召开2022年教师节台湾教师、新教师和人才工作座谈会，新引进博士、副教授、高级工程师、教授等高层次人才28人，其中台湾专才3人。成为厦门市职教师资培养培训基地，入选国家级职业教育“双师型”教师培训基地。1本教材入选“十三五”职业教育国家规划教材（2022年出版），2门教育部课程思政示范课作为公开示范课上线国家智慧教育职业教育平台。通过2022年福建省职业院校教学工作诊断与改进省级复核评审。

【产教融合】 2022年，厦门城市职业学院与中影集团、厦门轨道集团、厦门太古飞机等196家企业和单位建立合作办学关系，共建中影影视人才培训基地、腾讯云工匠工坊、厦门轨道交通职业技能培训中心、智慧航空实训基地、闽南文化与民间艺术传习基地等产教融合实训基地。其中，国家级职业教育“双师型”教师培训基地1个、生产性实训基地1个、协同创新中心1个，省级示范性职教联盟1个、产业学院3个、专业群实训基地2个、高水平专业化产教融合实训基地1个、市金砖新工业能力提升培训基地1个。“三共双赢，校企深度融合建设轨道交通多元育训平台”入选教育部产教融合校企合作典型案例，“三共双赢”双主体培育新一代信息技术人才案例入选2022年福建省职业教育改革发展“产教融合”典型案例。新建影视动漫全产业链实训基地等产教融合实训基地。成立“中国微电影”研究中心。入选省级产业学院1个、省级示范性职业教育集团（联盟）1个。

【参赛获奖】 2022年，厦门城市职业学院承办2022年全国职业院校技能大赛（高职组）“关务技能”赛项，获得“关务技能”一等奖，获2022年全国职业院校技能大赛“突出贡献奖”；学生在全国职业技能大赛中获一等奖1个、二等奖2个，在金砖国家职业技能大赛中获一等奖1个、二等奖2个、三等奖2个，在省职业院校技能大赛中获一等奖4个、二等奖21个、三等奖23个；在第八届全省“互联网+”大学生创新创业大赛中获金牌3枚、银牌5枚、铜牌1枚；在第十二届“挑战杯”省大学生创业计划竞赛中获金奖3个、银奖3个；学校帆船队获2022年中国大学生帆船线上赛“亚军”。

（林　晖）

责任编辑：林建高
审　稿：曲　艺
校　对：熊焱峰

35 文　化

公共文化

【概　况】 2022年，厦门市文化和旅游局（简称市文旅局）围绕建设“文化中心、艺术之城、音乐之岛”目标，落实《厦门市公共文化设施规划（2020—2035年）》，指导督促各区优化基层公共文化服务中心建设，持续推进基本公共文化服务标准化、均等化发展，同安区公共文化服务高质量发展案例入选福建省公共文化服务高质量发展“十佳”典型案例，翔安区文旅融合助推乡村振兴案例入选2022年福建省乡村文化振兴典型案例。推动“国家级公共文化服务体系示范区”创新发展通过文化和旅游部复核并获良好等次评价，助力群众文化团队夺取“群星奖”，举办首届厦门市民文化节。全市有公共文化馆7个，公共图书馆10个，博物馆、纪念馆11家。全年开展公益性惠民演出513场，惠及群众8万余人次。

【公共文化服务】 2022年，厦门市文旅局开展公共文化服务调研，形成“关于城中村（城郊村）文化提升专题调研的报告”“厦门市公共文化空间建设情况调研报告”，得到市委主要领导肯定批示；组织各区基层公共文化服务中心学习先进典型；指导新成立3家文化类民办非企业单位，履行行业监管职责，引导7家社会组织单位办理注销登记；鼓励社会力量参与公共文化艺术活动，推动上海市黄浦区丰子恺研究会与中华儿女美术馆举办“大师归来：丰子恺的闽南情缘”展览；组织全市22家公共文化场馆实现错时延时开放，开展夜间及节假日期间文化艺术培训、美术展览、阅读推广等线上、线下群众文化活动，丰富市民群众业余生活。全市公共文化场馆针对新冠疫情防控常态化需求，提供线上数字公共文化服务供给。厦门市图书馆提升“飞鸽传书”功能，增强公共文化服务便利性，提高公共文化服务精准度、便利性，服务范围实现全市城乡全覆盖，全年寄送包裹1.2万个、图书6.7万册。市文旅局、同安区推荐的《茶乡来了总书记褒歌响彻莲花山——厦门同安、乡村文旅融合构筑“精神高地”，助推公共文化服务高质量发展》入选福建省文化和旅游厅、中共福建省委宣传部、福建省发改委评选的福建省公共文化服务高质量发展“十佳”典型案例，翔安区推荐的“开发片用地方红色文化　文旅融合助推乡村振兴”入选2022年福建省乡村文化振兴典型案例。

【文化惠民演出】 2022年，厦门市文旅局落实为民办实事，组织市属国有文艺院团，到社区、乡村、景点、剧场、学校等地开展“我们的中国梦”——文化进万家惠民演出、“2022年厦门市文化科技卫生三下乡”“喜迎党的二十大”等主题文化惠民演出，全年开展文化惠民演出513场，惠及群众8万余人次。联合市委宣传部、市财政局出台《厦门市国有文艺院团文化惠民演出资助办法》，提升文化惠民演出效能。

【戏曲基层展演】 2022年，厦门市文旅局加强闽南传统戏曲艺术的保护、传承与创新发展，组织市属专业地方戏曲院团，到校园及乡村等基层开展戏曲展演93场次、戏曲教学1114课时，让校园师生和乡村群众近距离感受闽南传统戏曲文化，培养戏曲爱好者及戏曲人才。

【公共文化艺术空间建设】 2022年，厦门市文旅局推动文化空间建设，建成覆盖全市的公共图书馆一卡通服务体系，联网服务网点275个，30多个新型公共文化服务空间持续发挥作用。推进“城市书房”工程建设，拓展“图书馆+”合作模式，试点建设新型阅读空间，市图书馆与兴业银行厦门分行开展“馆银合作”，试点运行兴业银行自助图书馆，成为福建省内首家设立在银行网点内的自助图书馆。市图书馆与中国人民银行厦门市中心支行合作，创办厦门市图书馆中国人民银行厦门市中心支行图书流通点，打造集多功能服务于一体的新型城市阅读空间，设有VR（虚拟现实技术）沉浸式体验、电子阅读屏、互动机器人等智能设备，给读者带来阅读新体验。市、区文旅部门搭建街头文化艺术新空间，创新开展街头文化艺术活动，招募在册街头艺术家近200人，并以“政府搭台、百姓唱戏”为重点，吸引一批艺术家和有艺术才能的市民群众走上街头表演。市文旅局承办第二届福建省“街艺福见”街头文化艺术展演暨

2022 年 11 月 3 日，厦门市民文化节开幕式举行 （市文旅局 供图）

街头文化艺术达人评选活动，在中山路商圈展示八闽街头艺人风采。厦门市 5 个节目及个人参加省级街头文化艺术达人赛，其中 3 个节目获入围奖，2 位街头艺人获“十佳街头文化艺术达人”称号。

【博物馆建设】 2022 年，厦门市有经国家文物局、福建省文物局登记备案的博物馆 11 家。全市国有博物馆错时延时开放，每周开放时间平均为 56.6 小时，超过厦门市公共文化服务基本标准（52 小时）要求，完成省级为民办实事项目任务。打造“为城中村的孩子点亮历史的星空”“手读历史”“行走的红色厦博”“博物馆让传统技艺活起来”“文物寻踪——厦博研学活动”“南音小舞台”等品牌服务项目，其中“为城中村的孩子点亮历史的星空”项目入选中央文明办“首届全国博物馆志愿服务典型案例”，“手读鹭岛——厦博志愿者走近视听障碍儿童”项目获厦门市新时代文明实践志愿服务项目大赛铜奖。

【首届厦门市民文化节】 2022 年 11 月 3 日至 12 月 17 日，厦门市民文化节举行。该届文化节由中共厦门市委宣传部、市文旅局、市文学艺术界联合会共同举办，分为“戏剧曲艺周”“文学艺术周”“闽南文化非遗周”“音乐舞蹈周”4 个特色主题周进行展示，同时以“两个系列”即“美术书法摄影系列展览”“特色文旅活动系列”贯穿全程，举办中国（厦门）漆画展、厦门（全国）工笔画双年展、闽南语原创歌曲歌手大赛等全市群众性文化活动，集中举办活动 129 项、154 场。

（张雅婧）

文化艺术

【概 况】 2022 年，厦门市文旅局围绕学习贯彻中国共产党第二十次全国代表大会精神推动文艺精品创作，厦门市专业艺术院团获“五个一工程奖”等国家级、省级、市级文艺比赛奖项 19 个。其中，歌仔戏《侨批》获得中共中央宣传部第十六届“五个一工程”优秀剧目奖；南音《文姬归汉》入选 2022 年度国家艺术基金大型舞台剧资助项目，该剧片段获第十二届中国曲艺牡丹奖节目奖提名。话剧《你知道我在》、舞蹈诗《山海情缘》、南音《文姬归汉》、高甲戏《阿搭嫂》、歌仔戏《高山情》5 个剧目入选 2022 年度福建省舞台艺术精品工程重点剧目。

【群众文艺创作展演】 2022 年，厦门市公共文化场馆、文艺院团、群众文化团体、文化志愿者创编群众文艺作品 12 件。厦门六中合唱团获得第十九届“群星奖”合唱团队类大奖，成为全国获该奖项的 5 个合唱团队之一，是 2015 年全国性文艺评奖制度改革后，福建省、厦门市首次摘取该项全国大奖；厦门六中群舞《与妻书》、厦门市文化馆和翔安区文化馆联合创作的高甲小戏《送枪》，分别入选舞蹈类、戏剧类决赛项目；厦门市文化馆小品《我 AI（爱）我家》获得“华东六省一市”戏剧小品大赛银奖；厦门市文化馆以闽南地区歌谣与福建南音为素材，编创大型民族管弦乐《民族英雄郑成功》。

【文艺精品创作】 2022 年，厦门市文旅局组织国有文艺院团围绕中国共产党第二十次全国代表大会重大主题策划精品创作，创排和打磨提升歌仔戏《高山情》、高甲戏《陈化成》《阿搭嫂》、话剧《你知道我在》、音乐剧《我爱沙坡尾》、南音《文姬归汉》、舞剧《花儿与海》等反映厦门新时代精神面貌及优秀传统文化的精品力作。

【漆画艺术展示交流】 2022 年，厦门市文旅局主办 2022 中国（厦门）漆画展、2022 年莲福（全国）高校师生优秀漆画作品展等系列活动；指导厦门市美术馆举办“芳华丽影”首回鹭岛女书画家作品联展等精品展览 53 场次，展出各类作品 1.5 万余件，收藏入库作品 102 件；推动漆画事业产业发展，联合举办第二届漆画高级研修班，编制《漆画发展规划》；会同西藏自治区昌都市文化局、八宿县文化局联合举办“如漆而至”——2022“春雨工程”厦门文化志愿者走进昌都漆画艺术展示交流活动；会同厦门市美术馆承办中国美协理论艺委会和漆画艺委会联合主办的“新时代中国漆画艺术特征及发展态势”学术研讨会，配套举办漆画 50 年回顾图片展、厦门市美术馆馆藏漆画精品展。

【第十五届闽南语原创歌曲歌手大赛街头音乐季】 2022 年 1 月 10 日，由音乐厦门组委会指导，厦门市文旅局主办的“街艺福见因乐相逢”第十五届闽南语原创歌曲歌手大赛街头音乐季在厦门落下帷幕。该届赛事持续聚焦闽南语原创音乐，首次采用“闽歌唱作人＋街头展演”模式。赛事自 2021 年 10 月启动，厦漳泉地区、中国台湾地区、印度尼西亚等地近100名选手报名参赛，选手最大65岁，最小10岁，经过比赛初评、街头音乐展演、晋级赛，历时74天，9位闽南语音乐人、10首闽南语原创歌曲进入总决赛。经过评选，原创歌曲《牡丹花》获最佳歌曲创作奖，原创歌曲《水查某》获最佳歌曲演唱奖，原创歌曲《南洋的信》获最佳创意奖，原创歌曲《阿嬷在哪里》获最佳新秀奖。闽南语原创歌曲歌手大赛致力于弘扬闽南文化，推出闽南语歌曲新作、新人，是厦门市传承和保护闽南文化生态的文化活动品牌之一，展现闽南文化自信，为加快打造文化中心、艺术之城、音乐之岛奏响“闽南语音乐”篇章。

【闽南语原创歌曲歌手大赛十五周年金曲音乐会】 2022年1月10日，由音乐厦门组委会指导、厦门市文旅局主办的“我们同唱一首歌”闽南语原创歌曲歌手大赛十五周年金曲音乐会在厦门小白鹭艺术中心金荣剧场落幕。音乐会在潮流文化与闽南文化融合等层面进行深度挖掘，围绕序、第一篇章同心同向、第二篇章流金岁月、第三篇章爱拼敢赢、尾声五大部分10个节目展开。将闽南文化所蕴含的传统习俗、乡愁思念和家国情怀融为一体，以歌舞为主要载体，穿插说唱、戏曲曲艺、情景表演等多种表演艺术。中国台湾青年歌手、演员韩忠羽和厦门音乐人陈晓元用普通话与闽南语“双语”献唱《我们同唱一首歌》，抒发家国一体、家国同心的深厚情怀。

（市文旅局）

文化遗产保护

【概　况】 2022年，厦门市文旅局推进物质文化遗产和非物质文化遗产系统性保护，推进闽南文化整体性保护。全市有文物保护单位250处（303个点），其中全国文物重点保护单位7处（50个点）、省级文物保护单位54处（61个点）、市级文物保护单位95处（98个点）、县（区）级文物保护单位94处（94个点）。涉台文物古迹89处。厦门市形成较为完善的非物质文化遗产国家、省、市、县（区）四级代表性传承保护名录体系，拥有县（区）级以上非物质文化遗产代表性项目176项，其中国家级15项、省级47项、市级48项，县（区）级66项。经文化部门认定公布的县（区）级以上非物质文化遗产代表性传承人373人，其中国家级13人、省级72人、市级109人、区（县）级179人。健在的代表性传承人349人。厦门各博物馆综合现代先进技术采用H5、短视频、图文等技术形式推出的《大厦之门敢拼会赢——厦门经济特区建设历史陈列》获“全国博物馆十大陈列展览精品”优胜奖。厦门市文旅局联动高德地图在电子导览导航图上标注红色旅游资源点50处，并串连成10条红色旅游线路，打造行走的党课；策划推出“爱莲敬廉——文物话清廉特展”等原创展，其中《山海相逢——世界文化遗产地鼓浪屿文物特展》在新疆北庭故城遗址博物馆展出，《闽台遗墨——厦门市博物馆藏书画展》在绵阳市博物馆展出；引进“中国十大陈列展览精品”之一的“共饮一江水——长江流域青铜文明展”；探索“文物＋非遗＋旅游＋文创”活化利用新模式，讲好旅游中的厦门文物故事，胡里山炮台推出的流光厦门夜游秀获评2021全国文化遗产旅游优秀案例。5月25日，由厦门旅游集团和元琮文化共同搭建的福建省首个以文博、文旅为主题的数字资产平台“元屿”发布上线。

【文物保护】 2022年，厦门市文旅局健全文物保护长效机制，推进全市历史文化遗产保护工作。完善保护机制，推动印发实施《厦门市红色资源保护利用办法》，研究制定《厦门市关于让文物活起来扩大中华文化国际影响力实施方案》；提升基础工作，起草《厦门市不可移动文物保护规划》《闽南红砖建筑保护规划》等，按程序组织专家论证并送审。配合市资源规划局推进历史文化名城申报工作，参加50年以上建筑排查甄别主题会13次；推进历史文化遗产集中保护修缮，下达年度集中保护修缮清单63处，其中50处列入年度市委、市政府“为民办实事”项目，指导督促各区抓紧项目推进，年内全部完成。协调市、区两级财政投入经费8300余万元，用于历史文化遗产集中保护修缮。组织协调修缮专题片《守望》和短视频拍摄；加强文物安全工作，结合元旦、春节、清明、五一等重要节点开展文物安全大检查，指导协调破狱斗争旧址周边环境整治。组织举办全市文物安全与执法培训班，指导各区协调政法、公安部门将文物安全纳入“雪亮工程”，用好“厦门文物管家”小程序，招募793人，认领文物1668处。开展消防安全检查，市、区两级出动2070人次，排查各级文物建筑1576处，发现安全隐患234处，下达整改通知书145份。配合省文物安全检查组对厦门市5个区、鼓浪屿管委会15个全国重点文物保护单位、7个省级文物保护单位、消防安全情况进行重点检查，下达整改通知书16份。

【世界文化遗产保护】 2022年，厦门市文旅局指导鼓浪屿管委会完成鼓浪屿文物保护单位修缮工程10个、不可移动文物和历史风貌建筑小修保养项目7个，文物建筑“三防”（消防、安防、防雷）项目3个，报审文物修缮方案4个。相关涉建项目按要求开展，上报涉建项目5个，年内批复3个。配合省文物局完成鼓浪屿文物安全抽查和3处国家级、省级文物保护单位修缮工程验收；配合市人大完成《厦门经济特区鼓浪屿世界文化遗产保护条例》落实情况执法检查，推动鼓浪屿申报文物保护利用示范区。

【非物质文化遗产保护】 2022年，厦门市文旅局推进非遗保护传承工作，完善非物质文化遗产保护传承体系，巩固非遗保护传承基础，健全非物质文化遗产代表性项目名录体系。组织申报第六批国家级非遗代表性传承人，推荐10名传承人参评。完成国家级非遗代表性项目保护单位、国家级代表性传承人、省级代表性传承人履职尽责评估。组织开展市级第六批非物质文化遗产代表性项目申报与认定工作，市政府认定公布第六批市级非物质文化遗产代表性项目19个，全市市级及以上非遗代表性项目总数110个。完成国家级非遗代表性项目保护单位履职尽责评估，15个保护单位均合格。贯彻落实国家级、省级市级非遗代表性传承人认定与管理办法，加强对各级非遗代表性传承人的支持和管理，开展传承人传承评估，确保代表性传承人依法履职尽责、享受权利。完成首次市级非遗代表性传承人传承评估工作，全市市级非遗代表性传承人均获评合格以上等次。加强对代表性传承人的支持，提高市级非遗代表性传承人补助经费至每人每年 6000 元。指导市文化馆（市非遗保护中心）举办 2022 年全市非遗代表性传承人及工作队伍培训班。

【非遗保护宣传展示活动】 2022，厦门市文旅局开展非遗保护宣传展示传播活动，配合中央电视台电影频道等举办“龙腾虎跃”2022 海峡两岸（集美）赛龙舟活动及系列非遗宣传活动；配合中共福建省委宣传部开展“非遗里的闽人智慧”宣传，介绍厦门漆线雕技艺，制作厦门非遗海报在“学习强国”学习平台等进行宣传；支持和指导厦门卫视制作播出 12 集微纪录片《绽放吧非遗》，聚焦 12 个厦门非遗代表性项目，讲述 12 名非遗传承人传承故事；配合光明网拍摄播出《匠心坚守》非遗传承系列节目，聚焦澳头蚝干粥、贡鱿鱼、厦门珠绣等非遗代表性项目及代表性传承人，宣传厦门非遗及闽南文化精粹；组织举办 2022 年“文化和自然遗产日”非遗宣传展示活动，以“连接现代生活绽放迷人光彩”为主题，以“闽台文化交流巡展”和“非遗购物节”为主线，策划非遗宣传展示活动近 70 场，打造“非遗搭台、各界参与”的模式；举办首届厦门非遗创新应用大赛，促进非物质文化遗产和闽南文化创新发展，支持、引导和培育“非遗＋文创”新兴业态。厦门高甲戏《阿搭嫂》入选中国戏剧梅花奖数字电影工程。市文化馆（市非遗保护中心）完成媒体宣传报道 100 余篇，扩大非遗宣传传播，促进形成保护文化遗产的社会共识；开展“闽南文化走透透”“云游厦门非遗云课堂”“非遗进社区、进校园”系列活动，举办“非遗大课堂”传统手工艺课；结合“五一”劳动节、中秋节、国庆、元旦、春节等节假日，组织开展非遗展示、展演活动 300 余场次，宣传展示闽南文化，丰富居民假日文化生活，“留厦过年云享艺海”等线上为主开展的春节群众文化活动吸引大量市民群众参加。

【水下考古工作】 2022 年，厦门市文旅局加强考古工作，完成一批考古调查项目，推进杏林湾宝珠屿和鼓浪屿周边海域、第三东通道涉及海域、同安进出岛通道涉及海域水下文物考古工作。杏林湾宝珠屿和鼓浪屿周边海域水下考古调查勘探工作为主动水下考古调查勘探，取得阶段性成果，水下考古调查 5 处，总面积近 5 平方千米，发现宋代沉船遗迹及清代水下文化遗存各 1 处，出水文物及标本 131 件。

【厦门博物馆地图发布】 2022 年，厦门市文旅局在摸清底数的基础上，编制完成纸质版和电子版厦门博物馆地图，于 5 月 18 日对外发布。首批厦门博物馆地图点位 36 个，其中博物馆（含分馆）13 个、类博物馆 23 个，市民、游客可通过扫描地图上二维码，查询点位介绍。智能版厦门博物馆地图于 6 月发布，智能版地图对接高德导航地图，在其系统中对厦门博物馆地图推荐点进行重点标注，依托高德地图用户查询大数据功能，对游客进行旅游线路智能推送；组织专家论证、现场调研、策划线路，从合理布局点位、突出主题特色、引导旅游需求等方面综合考量，策划推出“历史经典”“特区热土”“科技研学”等 8 条引导性厦门博物馆旅游线路，通过旅游推介会线路宣传、重要场馆纸质地图投放、融媒体宣传推广、组织旅游业者踩线等方式开展多样化宣传，扩大厦门市博物馆、类博物馆吸引力、影响力。

【闽南文化生态保护区建设】 2022 年，厦门市文旅局统筹加强对非物质文化遗产以及文物建筑、风貌建筑的保护利用，实行研究性修缮和适应性利用，修复整体空间形态和文化生态。指导各区制定出台鼓浪屿、厦门中山路、集美学村 3 个历史文化街区的保护规划；编制鼓浪屿—万石山、同安北辰山、翔安香山等风景名胜区保护规划，促进闽南文化有机融合；支持加强闽南文化研究，编辑出版《厦门学导论》《厦门非物质文化遗产图典》《厦门市非物质文化遗产调研报告》等书籍，举办“城市与海洋”闽南文化论坛，支持学校及非遗保护单位开展非遗和闽南文化进校园普及宣传，促进形成保护文化遗产的社会共识，增进文化自觉和文化自信。《厦门市文化和旅游局：建设生态保护区书写新“厦门样本”》入选“厦门市首届依法治理十佳典型示范案例”，受到中共厦门市委全面依法治市委员会守法普法协调小组通报表扬。

【厦门文博 IP 应用大赛】 2022 年 4 月 13 日至 5 月 18 日，由厦门市文旅局主办，市博物馆、市文化馆、市文化创意产业协会、市群众文化协会联合承办的厦门文化遗产 IP 创新大赛（2022）在厦门举办。大赛以“守正·创新·生活”为主题，创新融合文博 IP 应用和非遗 IP 应用，全面升级打造大赛。大赛分文博 IP 创意组及非遗创新应用组 2 个参赛组别，全国多家文化场馆、高校、文创单位及个人参赛，征集参赛作品 2700 余件。大赛经过大众投票和 2 轮专家评审，最终决出各类奖项 75 个。优秀参赛作品展示活动持续 1 周，作为厦门市“5·18”国际博物馆日活动的重要内容。该次大赛作品“福文化”元素鲜明突出。颁奖现场，厦门旅游集团有限公司、市对外服务中心有限公司与部分获奖作品单位和个人签订合作意向协议，共同促进创新创意与市场融合，推动文化遗产 IP 创新与产品开发应用，搭建市场对接平台。

（市文旅局）

文化产业

【概　况】 2022 年，厦门市有国家级文化产业园区和基地 8 个、省级文化园区和示范基地 21 个、市级文化园区 14 个、市级重点文化企业 50 家。全年，厦门市文化产业主营收入 2000 亿元，文化产业实现逆势增长。新增演出经纪机构 22 家。厦门民营实体书店行业发展呈转型升级态势，全年有 15 家书店 18 个项目获 52.1 万元资金扶持。

【文化千亿产业链建设】 2022 年，厦门市文旅局继续扶持一批重点企业和重点项目发展，重点培育海峡两岸龙山文创园、特区 1980 创意园、海丝艺术品中心、沙坡尾海洋文化创意港、嘉禾良库文化创意产业园、集美集影视创意园、厦门影视拍摄基地等文化产业园区和基地；继续支持美图科技、美亚柏科、咪咕动漫等厦门互联网文化科技企业进一步做强做大；推进中国（厦门）智能视听产业基地（拓展区）招商工作，有73家企业签约入驻，总注册资本金5.1亿元；开展2021年度厦门市智能视听产业发展扶持资金申报工作，对7家企业申报扶持项目予以补助奖励，奖励金额197.12万元。

【广播电视节目】 2022年，厦门市有广播节目7套、电视节目6套（根据频道优化精办设置，原全心购物频道经国家广电总局批准停播），移动电视节目1套。广播电视节目无线数字化覆盖工程免费为城乡居民提供中央电视台数字电视节目16套。全市有线电视覆盖率100%，数字电视整转基本完成。全年，市属广播电视媒体播发报道近5万条次（仅首播）；新媒体平台发稿11万篇，总阅读量19亿人次；《新闻联播》《焦点访谈》《朝闻天下》《新闻直播间》《中国新闻》《经济半小时》等新闻栏目，以及中央广播播发厦门新闻近1000条次，其中《新闻联播》报道厦门相关内容49次；市级播出机构制作公益广告539条（广播类201条，电视类338条）；播出广播电视公益广告34.97万条次，42.65万分钟。市文旅局组织参与福建省第一届广播电视播音主持职业技能竞赛，总成绩居全省首位，其中厦门广电集团选派的戴小楠在决赛中以总分第二名获得金奖，廖婧如获得铜奖及"观众最喜爱主持人"奖。

【中国（厦门）智能视听产业基地】 2022年，厦门市文旅局继续推进中国（厦门）智能视听产业基地建设运营。基地招商企业73家，注册资金5.1亿元，招商面积3.81万平方米。中国（厦门）智能视听产业基地入选中共中央宣传部"国家文化产业发展第二批项目库"；基地建设被列入国家广电总局发展研究中心策划的"国家级视听园区发展创新案例"；基地与人民中科共建的人工智能舆情监测和内容审核平台获评2021年总局首届广播电视和网络视听人工智能应用创新大赛二等奖，入选2022年福建省广播电视科技创新扶持项目，获评工业和信息化部"2022年网络安全技术应用试点示范支持项目"，提升厦门智能视听产业的全国影响力。参见P336【中国（厦门）智能视听产业基地建设】

（市文旅局）

文化交流

【概　况】 2022年，厦门市文旅局推进国内文化交流，深化对台港澳、对外文化交流。通过艺术创作、曲艺交流、文化展演等方式，加强中外以及海峡两岸艺术家、非遗传承人等互动交流，提升厦门国际知名度，促进两岸共同传承中华传统文化。

【闽南文化交流活动】 2022年，厦门市文旅局承办2022年闽南文化生态保护区建设泉州、漳州、厦门三地市会商交流会，同期首次举办"闽南文化非遗周""闽南非遗精品展暨传统文化创新展""厦漳泉非遗大市集"等系列活动，多角度、多渠道拓展非遗传承发展宣传和闽南文化生态保护，让更多市民、游客了解非遗和闽南文化、厦门文化；联合市台港澳办举办"城市、海洋与家园"——厦门市纪念郑成功收复台湾360周年座谈会以及"上东坪山走成功路"文旅线路首发仪式、郑成功东坪弈棋园落成仪式暨海峡两岸围棋交流活动、《归航的心声》闽南语原创歌曲首发仪式等厦门市纪念郑成功收复台湾360周年系列活动；指导各区举办海峡两岸郑成功文化节、福德文化节、集美龙舟赛、保生慈济文化旅游节、同安闽王民俗文化节、海沧钟山及新垵送王船文化节、翔安后村灯篙王船民俗文化节等闽南文化民间及对台交流活动。

【对外文化交流】 2022年3月25—27日，厦门市文旅局组织南乐团选派16名南音青年演员参与新加坡国际青少年南音展演线上活动，加强与新加坡南音文化交流，增进友谊与情感，推动世界非遗南音传承与发展；组织市属国有文艺院团参与厦门与新西兰首都惠灵顿2市结好35周年庆祝活动、"唱响金砖共向未来"——2022厦门国际友好音乐会、"源远流长同心筑梦"2022年中国（福建）——韩国云端文艺汇演等国际线上文化交流演出活动等，加强对外文化交流。举办第十五届中国国际青年艺术周。

【文化润疆慰问巡演】 2022年6月26日至7月4日，厦门市文旅局组织小白鹭演职人员一行51人到新疆昌吉州进行专场慰问巡演，举办"天山飞来小白鹭"——《和你一起飞翔》舞蹈作品集萃晚会，分别在昌吉州的吉木萨尔县、昌吉市、玛纳斯县、奇台县4个城市各演一场，4地观众约8000人现场观看，在线直播观看观众17万人次。组织市南乐团参与"闽疆情深·多彩非遗"福建非遗展演，其代表作"世遗——福建南音"参与"闽疆情深·多彩非遗"福建非遗展演，开展《月夜非遗》《乐舞非遗》2场大型演出，在新疆美术馆非遗展馆展演6场；8月2日参与由福建省文化和旅游厅、福州市文化和旅游局与昌吉回族自治州文化体育广播电视和旅游局主办的"喜迎二十大·文化润天山"闽昌非物质文化遗产交流活动。

【文化志愿者边疆行】 2022年8月，厦门市文旅局贯彻落实"春雨工程"要求，举办"如漆而至"——2022"春雨工程"厦门文化志愿者走进西藏自治区昌都市漆画艺术展示交流活动，配套开展开幕式文艺演出、漆画作品展示展览、赠画仪式与书画笔会、两地艺术家座谈会、非遗调研、康巴文化产业园调研交流等活动，将漆画技艺和闽南非遗文化带到边疆进行交流展示，促进闽藏两地的深度文化交流。

【第十五届中国国际青年艺术周】 2022年11月22日，由厦门市文旅局、中国对外文化交流协会、中国对外文化集团公司等共同主办的第十五届中国国际青年艺术周在厦门闽南大戏院开幕。该届艺术周持续至11月28日，以"踏浪而歌·艺韵厦门"为主题，举办开幕式音乐会、青年艺术家精品展演、艺术展览、艺术论坛、大师班以及线上云展演等六大板块20余场艺术活动。期间，来自中国、巴西、印度、俄罗斯、南非、美国、意大利、奥地利、马来西亚、土耳其、委内瑞拉等国家的20个艺术团、200多名青年艺术家以线上、线下相结合方式参与青年艺术周系列展演。艺术周期间，配套举行“未来·剧场”跨界艺术论坛、战略合作签约授牌仪式等活动。该次活动彰显厦门作为闽南文化中心与对外文化交流窗口的重要地位，是厦门加快打造文化中心、艺术之城、音乐之岛，推动建成高素质高颜值现代化国际化城市的实际举措。

（市文旅局）

文化管理

【概　况】2022年，厦门市文旅局指导厦门市创建全国文明城市工作指挥部文化市场专项整治协调组研究制定《文化市场专项整治工作方案》，建章立制、多措并举，全方位分级、分类推进网吧、校园周边、营业性演出、出版物市场、文物保护单位、“扫黄打非”六大专项整治工作，提升文化市场从业人员及消费者的道德水平及文明素养。落实文化市场经营场所新冠疫情防控工作，建立、健全各区实时监管动态调整机制。开展第十一届放心网吧评选工作，开展平安文化市场、文娱领域、文化市场执法领域贯彻实施未成年人保护、社会文化环境、“静夜守护”等专项整治行动，处理文化市场投诉举报1245件，查办文化市场案件70件。加强非法卫星电视地面接收设施专项整治，召开全市境外电视传播秩序专项整治工作联席会议，指导各区组织开展非法卫星电视专项整治行动。全年组织检查、巡查持证单位88家次，检查小区、村庄等499个，处理涉嫌非法安装使用卫星电视地面接收设施举报9起，实地查处并拆除非法设置的卫星电视地面接收设施761座，现场发放宣传资料9900余份，新增无“小耳朵”社区7个。加大非法广播频率查处力度，保持良好的无线播出秩序。

【文化市场促进】2022年，厦门市文旅局修订《厦门市繁荣商业演出市场实施办法》，兑付年度繁荣演出市场资金，开展演出场所经营单位全覆盖、“拉网式”集中执法检查，审核印发《厦门演艺资讯》期刊6万本，在剧院、星级酒店、机场、旅游集散中心、商务写字楼、旅游景区等公众聚集场所发放。在厦门文旅官网、微信公众号、厦门旅游年卡等发布《一周演艺资讯》158次，确保营业性演出内容向善向上，促进厦门市演出经营活动宣传。与上海市文旅局执法总队联合制作的《超范围从事营业性演出经营活动的理解与适用》入选全国文化市场技术监管平台，厦门市连续4年获文化和旅游部委托制作文化和旅游市场监管规范化课件课题。截至12月底，营业性演出1536场，观演人数142.9万人次，营业收入1.31亿元。

【文化行政审批和服务】2022年，厦门市文旅局印发《厦门市“印刷经营一件事”集成套餐服务改革试点实施方案》，推行“印刷经营一件事”集成套餐服务跨层级联办模式。以“一件事”集成套餐服务系统建设为抓手，通过简化流程和信息共享，重构部门内部操作流程、跨层级跨区域协同办事流程，构建更加便捷、更为高效的跨层级联办模式；推出“印刷经营一件事”“一站式”联办、一体化服务，提升群众办事的便捷度、体验感和满意度。开展厦门市书店、网吧行业“一业一证”改革试点工作，优化涉企经营事项审批制度；牵头市公安局、市市场监管局、市卫健委、市消防救援支队等相关部门，制定全市书店、网吧行业“一业一证”行业综合许可工作规范、行业综合许可申请表和行业综合许可承诺书，发布《厦门市书店行业综合许可“一业一证”改革试点标准文本》《厦门市书店行业综合许可“一业一证”改革试点标准文本》。牵头推动全市“我要开网吧”“我要开书店”“我要开娱乐场所（游艺娱乐）”一件事集成套餐服务3项改革试点工作，通过再造申请条件、再造申请方式、再造受理模式、再造审核程序，集成多个部门的多个审批事项，开展跨系统联办模式，减环节、减时限、减跑动，让企业和群众高效办成“一件事”。

【文化市场监管执法】2022年，厦门市“扫黄打非”工作领导小组研究制定《2022年厦门市“扫黄打非”行动方案》，组织召开全市“扫黄打非”工作会议，保持“扫黄打非”高压严打态势，开展“正道”“新风”集中行动，组织开展五大专项行动和八个专项整治，打防并举，标本兼治，持续推进“扫黄打非”工作。全年出动文化市场监管执法人员2.6万人次，检查文化企业、门店3.9万家次；查缴各类非法出版物5.2万件，删除、屏蔽涉党史、历史虚无主义、淫秽色情等网络有害信息53万余条，关闭淫秽色情网站8个；查办涉黄涉非案件62起，其中刑事案件42起，抓捕犯罪嫌疑人32人，6起案件被全国“扫黄打非”办公室列为挂牌督办案件。

【新闻出版行业管理】2022年，厦门市文旅局开展报刊审读工作，编印《厦门报刊审读》15期；加强出版、印刷、发行市场日常检查，定期对厦门市网络游戏运营企业接入国家新闻出版署“防止未成年人沉迷网络游戏实名认证系统”情况开展督查检查。加强行业生产安全监管，组织全市印刷发行企业安全隐患大排查大整治等安全活动，督促印刷发行企业履行安全责任。强化案件督办，持续推动“扫黄打非”工作。加强新闻出版阵地管理，落实意识形态工作责任制。

【版权保护】2022年，厦门市文旅局贯彻落实《知识产权强国建设纲要》，以深化全国版权示范城市建设、打造保护知识产权标杆城市为目标，建立、健全版权保护长效机制，持续提升厦门市版权保护工作水平。建立、健全多部门共同保护体系，深化知识产权司法协同机制、知识产权仲裁机制，构建版权多元纠纷解决机制，降低权利人维权成本、创新开展版权宣传服务活动，以“4·23”世界图书与版权日和“4·26”世界知识产权日为重点，以“全面开启版权强国建设新征程”为主题，通过线上、线下相结合宣传形式，组织开展版权保护短视频展播、青少年版权保护季、版权“四进”宣传服务等系列活动20余场。打击各类侵权盗版行为，市文旅（版权）、公安、通信管理、网信部门联合开展“剑网2022”专项行动，查处侵权盗版案件5起、福建省版权局督办案件1起。市“扫黄打非”领导小组办公室举办侵权盗版及非法出版物集中销毁暨“绿书签”行动，集中销毁各类侵权盗版及非法出版物5.2万件。全年，版权登记5.6万件，比上年增长82.31%，居福建省前列。市文化市场综

2022 年 4 月 26 日，市"扫黄打非"领导小组办公室在市文化艺术中心西广场开展福建省 2022 年侵权盗版及非法出版物集中销毁活动暨绿书签行动系列宣传活动

（市文旅局　供图）

合执法支队获国家版权局"全国查处重大侵权盗版案件有功单位三等奖"。市版权保护工作在 2022 年省对设区市打击侵权假冒工作综治考评中，位居全省第一。

【广播电视行业管理】 2022 年，厦门市广播电视节目制作持证企业 978 家，新增企业 208 家，保持稳定增长态势。市文旅局依法、依规履行广播电视舆论阵地、节目内容和安全播出等管理职能。开展不规范使用汉字专项整治，对广播电视和网络视听持证机构开展擅自以迎接中国共产党第二十次全国代表大会名义违规从事商业谋利活动进行专项监督检查，未发现违法、违规行为。对由广播电视和网络视听机构主办并播出的晚会实施备案管理。审批群众参与的广播电视直播节目 4 件。完成播音员、主持人资格证年审。加强广播电视节目内容管理，编印《厦门视听评议》20 期。开展广告月巡查监管通报 12 次，市级播出机构制作公益广告 539 条（广播类 201 条，电视类 338 条）。强化网络视听平台的监管和服务，召开 11 家厦门市互联网视听节目服务单位监管会议。确保重要保障期网络播出安全，完成中国共产党第二十次全国代表大会召开直转播工作，完成清明节及全国两会、江泽民同志追悼大会等重要转播任务。做好广播电视节目制作经营机构业绩审核申报、年检换证及"双随机"检查工作；配合省广电局开展"双随机"工作检查 1 次，抽查广播电视节目制作机构 34 家。首次面向全市广播电视和网络视听行业举办 2 期 2022 年厦门市广播电视公益广告培训班，完成 130 家广播电视和网络视听企业代表培训。采用现场教学、专题授课、交流研讨等方式进行，专题讲解广播电视公益广告政策法规、制作策划，解读新出台网络影视剧行政审批政策，研讨广播电视、网络视听行业发展态势等，组织学员深入厦门影视拍摄基地等地现场教学，促进厦门市广播电视公益广告创意和网络视听作品制作水平提升。组织全市广电系统完善应急预案并加强演练，增强应急处置能力，确保广播电视安全播出和反邪教防插播"零事件"；印发安全播出责任状和签订安全播出责任书，压紧、压实市级安全播出主体责任和区级部门监管责任。全年组织开展（什么检查）检查 53 次，出动执法人员 133 人次。开展全市广播电视安全播出和网络安全应急演练 102 次，1075 人参加。

（市文旅局）

新闻出版

【概　况】 2022 年，厦门市有印刷企业 755 家，发行单位 609 家，连续性、资料性出版物编印单位 52 家，侨刊乡讯社 13 家。印刷业产值 330.9 亿元，比上年增长 7%，居福建省第一位。厦门合兴包装印刷股份有限公司、厦门吉宏科技股份有限公司、厦门保沣实业有限公司位列"2022 中国印刷包装企业 100 强"前 20，其中厦门合兴包装印刷股份有限公司以 175.49 亿元的销售收入夺得榜首，比上年增长 46.16%，在连续 4 年销售收入破百亿元的基础上，实现百强榜单的 4 连冠。市文旅局（厦门市新闻出版广电局）依法、依规加强对出版、印刷、发行行业的监督管理。加强对报纸、期刊、侨刊乡讯、内部资料性出版物的事中、事后监管，强化意识形态阵地管理，做强、做大主流思想舆论。举办第十八届海峡两岸图书交易会，达成两岸图书贸易订购交易额 4020 万元人民币码洋，两岸版权交易及相关产业项目合作 312 项。举办第六届东南亚中国图书巡回展对接会，以"海外实体展"和"线上云洽谈"方式，推动中国图书版权输出合作和提升中国出版在东南亚地区的覆盖面和影响力。

【第六届东南亚中国图书巡回展版权对接会】 2022 年 3 月 26 日至 4 月 6 日，在中共中央宣传部进出口管理局、中国书刊发行业协会、中共福建省委宣传部（福建省新闻出版局）、中共厦门市委宣传部、中国（福建）自由贸易试验区厦门片区管委会、厦门市文化和旅游局指导和支持下，厦门外图集团有限公司举办第六届东南亚中国图书巡回展版权对接会。先后走进泰国、马来西亚、老挝、印度尼西亚等东南亚国家，通过内外协同、远程联动等形式，举办图书展售、版权对接、非遗推广、友好赠书等系列活动。

【"书香鹭岛·阅读时光"系列活动启动】 2022 年 4 月 22 日，由厦门市文旅局主办的"书香鹭岛·阅读时光"2022 年厦门市世界读书日系列活动在厦门地铁吕厝站启动，"书香鹭岛·阅读时光——2022 年厦门市全民阅读专列"在厦门地铁 1 号线发车。活动设置"书香鹭岛·阅读时光"主题地铁站厅，推出"时光书单柜台"互动活动，邀请周国平、曹文轩、潘维廉、刘岸等嘉宾发起

“一起听见更大的世界·共读计划”，以多种形式邀请市民游客共沐书香，共赴精神远方。

【书香鹭岛活动月】 2022 年 11 月 1 日，由厦门市文旅局主办的书香鹭岛活动月启动。其间，举办学习中国共产党第二十次全国代表大会精神主题读书沙龙、鹭岛书市、书香进基层、亲子阅读 4 大板块近 50 场活动，营造“爱读书、读好书、善读书”氛围。11 月 26—27 日，在厦门五一广场举办 2022 鹭岛书市，新华书店、外图厦门书城、晓风书屋、厦门大学出版社等 10 家书店、出版社在现场设置摊位，展示新书、畅销书、经典读物等供市民阅读选购。书市引进多个文创品牌。

2022 年 11 月 19 日，厦门日报社“新闻大篷车”学习宣传贯彻党的二十大精神全媒体大型采访活动启动 （黄嵘 摄）

【第十八届海峡两岸图书交易会】 2022 年 12 月 1—3 日，由中国出版协会、福建省新闻出版局、厦门市人民政府和台湾图书出版事业协会、台湾图书发行协进会、台北市出版商业同业公会共同主办的第十八届海峡两岸图书交易会在厦门佰翔会展中心举行。该届交易会秉承“书香两岸，情系中华”主题，突出专业对接和馆配样采功能，搭建两岸图书贸易、版权交易和产业合作平台，为两岸读者阅读品种齐全、内容丰富的优秀图书提供便利，促成海峡两岸图书交易额 4020 万元，达成海峡两岸版权交易及相关产业项目合作 312 个。同期举办两岸图书馆配样采会、两岸出版高峰论坛、版权贸易对接会、海峡两岸图书装帧设计大赛作品展等配套活动，旨在探索海峡两岸在出版、发行、版权及数字出版等领域的融合发展新路。展馆总面积 2 万平方米，其中主会场展区 9500 平方米，设有大陆图书展区和台湾地区图书展区，规划布置“阅见两岸”“书香两岸”“书来书往”“版通海峡”“数说新语”等主题板块，12 月 1—3 日面向出版发行机构专业人士开放。在外图厦门书城、新华书店设立分会场，12 月 1—11 日向市民读者开放。海峡两岸 400 家出版机构携 11 万余种新书、精品书参展，其中台湾地区图书 3 万余种，包括黄春明、白先勇、蒋勋等 90 余名台湾文学名家的 160 余种亲笔签名等。

（市文旅局）

【厦门日报社】 2022 年，厦门日报社以迎接宣传贯彻中国共产党第二十次全国代表大会（简称中共二十大）精神为全年宣传工作主题主线、首要任务，围绕党中央重大决策部署、福建省委工作部署和厦门市委、市政府工作安排开展宣传。

2022 年，厦门日报社发稿 3600 篇，总阅读量超 3200 万人次。策划“喜迎二十大”“20 亮点看发展——厦门日报新闻大篷车走基层”全媒体系列报道和《答卷·厦门这十年》大型特刊。其中，《答卷·厦门这十年》全景集纳中国共产党第十八次全国代表大会以来，厦门建设“两高两化”城市，率先实现社会主义现代化发生的历史性变革，特刊创新版面设计，前 8 版连起来是一幅由厦门地标及风景名胜组成的精美手绘长卷，8 个版的标题开头嵌字成句，以“敢拼会赢向前冲”呼应特区精神；开辟“二十大时光 / 蹲点记者发自基层一线的报道”专栏，记者深入基层与党员干部群众共学二十大报告、共度二十大时光，全面反映厦门各界对中共二十大的反响；利用“学习强国”厦门学习平台第一时间推出“聚焦党的二十大”“深入学习宣传贯彻党的二十大精神”等专栏，及时转发大会要闻，反映厦门党员干部群众的反响，推动中共二十大精神在厦门落地生根；综合运用新媒体多种形式，推出《我们这十年·厦门》《数字看厦门》系列视频和微信 SVG（可缩放矢量图形）、条漫《爱你，就用厦门速度奔向你！》《快来！测测你有多了解厦门》等原创产品；与其他 4 个经济特区党报新媒体联合推出《十年奋进路·特区相册》大型联动报道，记录 5 大经济特区、20 位奋斗者新时代奋斗画像，其中《勇立潮头的厦门》入选中国记协中共二十大报道融创精品案例库；通过多平台多形式宣传厦门市对中共二十大的反响，宣传厦门各界学习贯彻中共二十大精神的具体举措和实际行动，为率先实现社会主义现代化凝聚精神力量。

2022 年，厦门日报社围绕厦门市委、市政府统筹新冠疫情防控和经济社会发展中心工作，组织策划“习近平总书记致厦门经济特区建设 40 周年贺信重要精神”大学习大讨论、“牢记习近平总书记嘱托，努力率先实现社会主义现代化——感恩奋进这一年”、“奋进新征程、建功新时代”等系列宣传；坚持团结、稳定、鼓劲和正面宣传的方针，立足不同节点推出“齐心协力　抗疫有我”专栏和《虎力全开向前冲》影像特刊等相关报道，开设“提高效率、提升效能、提增效益”“坚定信心攻坚克难——奋力实现‘双过半’”“稳经济，促发展”等专栏；践行“四力”（脚力、眼力、脑力、笔力），推出《小特产　大梦想》深读报道、“聚焦一村一品　推进乡村振兴”系列报道，讲述乡村振兴的民生故事，引导社会预期，提振市场信心。

2022 年，厦门日报社聚焦厦门市争创全国文明典范城市工作，报道亮点做法、典型经验、模范事迹等。《厦门日报》开设“同创典范城市，共享文明成果”专栏，宣传各级、各部门争创全国文明典范城市的措施和成效，配发系列评论。厦门日报社联合市委文明办共同策划、启动“乘鹭岛文明直通车　创全国文明典范城”系列活动，文明直通车进社区、进乡村、进机关、进校园、进讲堂、进网络，让文明实践真正与群众“零距离”。厦门日报社各融媒体平台推出“拍厦她的好，表白你的爱——‘文明厦门我来拍’”短视频挑战赛及“给文明厦门的一封情书”全媒体征集展播活动，提高文明创建的知晓率、参与率和满意度。

2022年，厦门日报社坚持纸端与屏端融合并进，改版《厦门日报》，突出“纸境无止境”，版面布局更加美观新颖、疏朗灵动，稿件策划上突出内容深度，推出深读版、人物版、新知版，新增“动新闻”专栏，让报纸更可读、更耐读。聚焦全媒体传播体系建设，加快流程再造、机构重组，加快金尚路新闻大楼融媒体指挥运营智慧平台建设。完成“潮前智媒”新闻客户端3.0迭代升级，提供更权威、更全民、更精准的内容服务。厦门日报微信再次蝉联福建微信影响力排行榜首位，微信全年阅读量突破1亿人次。其中，335篇阅读量超10万人次，13篇阅读量超100万人次。厦门日报微博97个正能量话题阅读量超100万人次，其中有10个话题阅读量超1000万人次，2个话题阅读量超1亿人次，微信、微博等平台粉丝数逐年增长。

2022年，厦门日报社舆情研究院、厦门报数信息科技公司挂牌，开启报社媒体智库建设新局面。推出一批“广度与深度并存、传播与研究并重”的智库产品和服务，发挥“高技术、高智力”优势。加强与各级、各部门融媒体中心联动，为其定制大数据大屏，提供分析服务，为党政机关、企事业单位定期编制分析报告。针对福建省、厦门市意识形态领域出现的苗头性问题，报送专报，深度研判，提出应对建议。

（厦门日报社）

【厦门晚报社】 2022年，厦门晚报社围绕迎接、宣传、贯彻中共二十大主线，在《厦门晚报》陆续开辟专栏，策划系列专题，报道厦门市各部门、各行业迎接中共二十大的实际行动；策划推出《非凡十年》大型特刊，全面展现中共十八大以来，厦门各级、各部门的精神风貌，以及各领域取得的成就；推出“党的二十大时光”专栏，营造良好的舆论氛围。《厦门晚报》有6件新闻作品分别获中国晚报新闻奖一等奖、二等奖、三等奖，有3件作品分别获福建省新闻奖二等奖、三等奖。厦门晚报传媒发展有限公司主办的“厦门市民文化节‘两岸斗茶’系列活动”在2022年度全国传媒经营“金推手”奖评选中，获“融”媒体优秀案例奖。

2022年，厦门晚报社启动新一轮《厦门晚报》版面优化提升工作，按照强化时政报道、深化文化报道、优化版面结构的要求，融合专题化、图形化、立体化操作，从内容到形式提升办报质量，并在线上、线下同步推进，持续扩大影响力；推进媒体融合转型，短视频平台影响力不断提升，多条作品成为爆款，登上厦门本地热搜榜；将厦门晚报官方微信、微博划归《厦门晚报》运营，充实融媒体矩阵，官方微博粉丝数超过270万人，在厦门主流媒体中位居首位；强化服务市民工作，运用市民热线“我要说”“我要帮”及“晚报应帮帮”平台，推出“听民声　办实事”系列报道，聚焦群众“急难愁盼”事，协调推动有关部门解决共享充电宝、小区业主公共利益被侵占等问题，发挥主流媒体的舆论引导和协调疏解功能。

2022年，厦门晚报社围绕厦门创建全国文明典范城市工作，成立“不文明曝光台”工作专班，在《厦门晚报》推出专题版面180个，形成舆论声势，引起各区、各部门重视，查缺补漏，立行立改，常抓不懈。专栏报道体现新闻媒体的传播力、引导力、影响力、公信力，多次得到上级领导肯定和表扬；在《厦门晚报》设立“文明创建我要说”专栏，汇集民声、民智，发动市民参与文明创建；启动“文明直通车”进社区、进乡村、进校园系列活动，让文明实践真正与群众“零距离”。

（厦门晚报社）

【海西晨报社】 2022年，海西晨报社以海西晨报社和厦门网“深融工程”为契机，推动媒体融合发展，取得社会效益和经济效益“双提升”；围绕重大主题、重要节点进行新闻策划，利用《海西晨报》及所属的官微、微博、太阳网等融媒体矩阵聚焦中共二十大主题宣传，开设“喜迎二十大　奋进新征程　建功新时代”“鹭岛起宏图　非凡十年”“二十大时光”“勇立潮头　向海图强”等专题、专栏；围绕创建全国文明典范城市工作，推出学雷锋志愿服务月主题宣传、市民文明行为示范月主题宣传，全方位报道厦门志愿服务领域的经验、做法、典型；深入社区在《海西晨报》推出“我和社区书记有约”专栏，用“区街观察”新视角报道评论各区的工作创新与亮点成就，通过“民生追问”为民解忧。

2022年，海西晨报社创新活动策划，提升融媒成效，全年策划执行活动约500场，内容涉及重大主题宣传、重要节日、体育赛事、志愿服务、文明创建等，活动受众超1000万人次；参与执行厦门白鹭城市形象标识体系征集活动，产生厦门白鹭城市形象LOGO（标志）和卡通形象主标识方案，获社会各界认可；与市委文明办、市人社局共同推出2022年退休人员文明健康知识讲座超100场；承办厦门全民健身运动会、首届厦门市民文化节等活动；与同安区、海沧区、思明区策划推出消费节系列活动，举办线上、线下结合的消费节活动，通过发放上千万元的消费券，带动数亿元的市场消费；举办2023海峡两岸汉字节，包括线上、线下的评选，比赛和展览环节。

2022年，海西晨报社整合《海西晨报》、厦门网各采编经营团队力量，实现一体化运作，推进内容生产的流程再造，实现采编业务融合、经营整合、业务创新。加快平台建设，成立像素工作室和全媒体设计工作室，形成视频制作、视频直播、纸媒出版、书籍杂志编印、音视频制作、小程序开发运用等综合服务团队。

（海西晨报社）

【城市捷报社】 2022年，城市捷报社围绕“喜迎二十大”和厦门市委、市政府中心工作，结合地铁报定位，推出“稳经济稳增长”“提升本岛、跨岛发展”“大美厦门”等主题报道，持续进行地铁商圈、地铁建设宣传报道。全年，城市捷报社抖音平台发布图文、视频稿件513篇，阅读量3768万人次。其中，

2022 年 11 月，城市捷报社承办的“2022 世界闽南语金曲大奖赛”举行

（城市捷报社　供图）

成组织协调、人员安排、物资保障、宣传推广等工作。该次大赛自 4 月启动，以“数字让生活更智慧、科技让生活更美好”为主题，历时 9 个月，经厦门市、区级报名选拔，吸引 400 多所学校、超 4 万人参加选拔赛，近万人进入总决赛。活动集中展示厦门市青少年创客教育的优秀成果，激发学生探索人工智能技术的兴趣，提高厦门市中小学创客教育水平，为培育人工智能领域后备人才奠定基础。策划执行第三届厦门市青少年网络文明素养大赛、厦门市青少年校园足球中小学联赛、厦门市青少年阳光体育竞赛、厦门市青少年三大球联赛、思明区全民健身运动会、厦门市幼儿能力大赛等项目。

（厦门网）

21 篇视频稿件阅读量超 10 万人次，单篇最高阅读量 1986.6 万人次，最高点赞量 22.2 万人次；微信平台发布稿件 625 篇，阅读量 26.7 万人次，其中 51 篇稿件阅读量超 1000 人次；承接多个单位微信公众号的代管、代运营，其中“耕读东孚”公众号影响力每月均位列街道政务公众号前 2 名。

2022 年，城市捷报社坚持讲好厦门故事，传播闽南文化，参与承办“2022 世界闽南语金曲大奖赛”总决赛暨颁奖盛典。“2022 世界闽南语金曲大奖赛”是国台办 2022 年对台交流重点项目，赛事规模大、辐射范围广、专业性强，于 11 月初启动，分别设立厦门、广州、台湾、香港、澳门以及美国、新加坡、菲律宾等 12 个赛区，得到印度尼西亚、俄罗斯、加拿大、新加坡等地相关部门、高校和演艺公司支持，吸引全球 6000 多人（组）参与。大赛全程通过中国、美国、印度尼西亚等海内外超 100 家媒体和平台进行报道宣传，对传承和推广闽南歌乃至闽南文化起到作用，对厦门建设“文化中心、艺术之城、音乐之岛”、促进文化产业发展升级等产生影响。

11 月 19 日，在厦门日报读者节上，城市捷报社承办宁夏“六特”（贺兰山东麓葡萄酒、宁夏枸杞、宁夏牛奶、六盘山牛肉、盐池滩羊肉、宁夏冷凉蔬菜）产品展销会，50 多家宁夏参展企业甄选的近 200 种葡萄酒、枸杞、牛奶、肉牛、滩羊、冷凉蔬菜“六特”产品受到欢迎。承办“闽宁协作山海情缘”故事征文、“以科技创新助力产业振兴”宁夏短视频创意大赛，成为深化闽宁协作、乡村产业振兴的成果展示和探索发展新模式的样板。

（城市捷报社）

【厦门网】 2022 年，厦门网围绕习近平总书记在福建考察调研一周年、喜迎中共二十大及中共二十大精神宣传贯彻等重要时间节点，开设《春天的回响——习近平总书记来闽考察一周年》《中国共产党第二十次全国代表大会》《喜迎二十大　奋进新征程》《奋进新征程　建功新时代·非凡十年》等网络专题并刊发系列专题稿件；以落实网站主体责任和意识形态工作责任制为重点，推进网站新闻宣传、媒体融合、业务发展、技术研发等工作；推出原创 H5、图解、海报、微视频等融媒体作品 92 件；聚焦基层党员、志愿者、公益人物等，在原创栏目《厦门人的一天》推出 48 期人物直播；结合中高考、厦大百年等推出 58 期“厦门网眼”；组织党史征文、党史答题、网友采风等线上、线下活动 15 场；执行新闻发布会等直播 31 场。全年，2 个新闻作品获 2021 年度福建新闻奖，6 个获 2021 年度厦门新闻奖。厦门网获 4 份计算机软件著作权登记证书，获第十一届厦门网络文化节特别奖、优秀传播奖、优秀创意奖。

厦门网参与承办第五届厦门市中小学创客大赛，做好赛事执行与运营，完

【海峡导报社】 2022 年，海峡导报社推出迎接中共二十大特色报道“奋进新征程　建功新时代”“追光向未来”和“贯彻落实二十大精神”等系列 110 个版；携手福建省首颗城市定制卫星——“厦门·天卫科技壹号”先导星，推出全媒体作品《从 500 公里外太空发回厦门靓照》；制作 10 月 18 日头版“心往一处想　劲往一处使　推动中华民族伟大‘复兴号’巨轮乘风破浪扬帆远航”、10 月 24 日首末大连版“习近平当选总书记”等版面；创新五缘湾、环东海域、（集美新城）园博苑三大城市区域发展策划，多元平台全方位展示习近平总书记 20 年前为厦门擘画的“提升本岛、跨岛发展”成果；首发推出金砖五周年特刊 8 个版，全方位体现厦门金砖会晤 5 年来在“高颜值、高素质”方面的发展变化；推出“喜迎二十大　青律有担当”——百名青年律师云普法行动，录制百集普法视频在厦门地铁、移动卫视、户外大牌等平台刊播；合作承接“后井整村拆迁历史文化留存”项目，通过摄影、视频、VR（虚拟现实）、书籍等综合服务方式，全方位呈现拆迁村庄文化内涵和乡情风貌；持续报道及推动促成政协提案《建议厦门设立“见义勇为日”》被立案并交由厦门市政法委办理；从最美志愿者角度做好第三次战疫新闻评选工作，做法得到漳州市卫健委和漳州团市委支持；参与“魅力新疆——海峡两岸记者”联合采访活动、“乡村振兴看宁夏”联合采访活动，讲

好中国故事，获《中国记协简报》第八期撰文表扬。全年，有4人获中共福建省委宣传部“外宣优秀个人”奖励；首次获得中央部委项目资金支持，成为该部委首次和地方媒体合作的2家地方媒体之一；获福建新闻奖一等奖1篇、二等奖5篇，28篇新闻获厦门市新闻奖；被授予“金推手”优秀单位，微信公众号连年获优秀品牌新媒体称号，“百琴齐奏颂党恩”庆祝中国共产党成立百年活动和城市区域营销发展策划系列分别获“融”媒体优秀案例，健康事业部被评为优秀专业工作室，社长林世雄获影响人物奖。

2022年，首届海峡两岸融媒体论坛获中国记者协会、国台办立项批准。海峡导报社成立海峡国际传播中心，在脸书、油管、IG、推特、VK、抖音国际版、LINE等平台开设英文、日文、西班牙语、俄语等海峡导报官方账号，账号数超50个，境外矩阵粉丝数突破80万人，全矩阵的境外覆盖量超过7500万人次（含个人号）；驻台记者在佩洛西抵台、解放军“围台军演”、台湾防疫、台湾连发强震等重大事件里进行独家视频现场报道或独家专访；推动境外新媒体平台在冬奥会涉台报道、美国前国务卿蓬佩奥访台、俄乌冲突中发挥舆论作用；推动台海网在美国众议长佩洛西访问台湾时，制作转发数十集中国外交部、国台办，以及台湾媒体人相关言论，揭露、批评台湾当局；打造IP“平民英雄”脸书账号、“非遗来了”“Welcome to 新大陆”“台湾单车天使”等品牌；举办台湾单车天使第一家园行、第三届“两岸金点子大赛”、湖里区首届两岸七夕牵手会、湖里区五缘文化交流促进会成立大会4场活动；在台海网推出《拼在湖里，台湾青年与湖里的创业情缘》《2022，台湾青年人在厦门创业就业影像誌》等系列台青专题；开设“两岸”频道，推出“两岸好人榜”“两岸微公益”等栏目，传播中国大陆好人好事，展现优秀传统文化，落实“以情促融”，促进两岸交流交往；举办“两岸茶王擂台赛”吸引商家冠名岩茶专项茶王赛，在台湾嘉义县启动分赛场比赛；推动设立海峡书院武夷分院及集美分院，策划推出活动并探索艺术交流交易领域；与市莲花书院签订在海内外创办108家海峡书院的合作协议。台海网成为总粉丝量超过2000万人的全国对台新闻媒体大号。

2022年，海峡导报社继续采用“爱心岗位助学”形式推进爱心助学活动，启动“梦想加油站”活动，联系爱心企事业单位为家庭经济困难的准大学生提供暑期助学岗位。策划“益见美好　温暖全城”厦门企业公益项目榜单推选和厦门“文明小区　幸福家园”推选季等活动，助力“爱心厦门”建设。

（海峡导报社）

【鹭江出版社】 2022年，福建鹭江出版社有限责任公司（简称鹭江出版社）出版图书276种，印数5557.42万册，印张47569.36千张；输出实物图书151种、188册；利用资源优势，加强融合发展，微信公众号发布推文24篇，阅读量1.22万次；利用微信视频号发布视频39个，播放量3.11万次；利用喜马拉雅发布《闽南新童谣作品选》，内含199个音频，播放量1.35万次；利用抖音平台发布图书宣传视频12条。出版发行《走进新时代》（4册）、“中国贫困治理道路研究”丛书（4册）、《闽台礼俗中的“福”文化》《大洲——闽赣边新四军发源地》《红色闽西文集》《鼓浪屿红色记忆》《鹭岛红色风云》《翔安红色文化资源图录》等图书，向台湾地区输出《我爱读册歌2》《我爱读册歌3》《穿越神秘的大海》《鱼钥匙的秘密》4种图书的中文繁体版权。多种图书分别在《人民日报》《中国新闻出版广电报》《福建日报》《中华读书报》、新华网等媒体宣传推介。其中，《时代荣光——闽南红色风华录》入选2022年度“闽版好书”，并被中共福建省委宣传部推荐参评中宣部“五个一工程”；《延平郡王信俗》获中宣部对外发行资助；《中国管理思想史》（七卷）、《法映刺桐——宋元中国的世界海洋商贸中心法制》入选2022年度“闽版好书”提名奖；《藏在海洋里的小怪物》入选“福建省优秀科普作品”三等奖；《法映刺桐——宋元中国的世界海洋商贸中心法制》入选海峡出版发行集团2021年度好书；《沙县红色记忆》获海峡出版发行集团2021年度常销书奖。鹭江出版社入选中宣部新闻出版统计获奖名单，获海峡出版发行集团2021年社店合作之出版单位省内市场开拓奖、出版物营销策划奖、出版物发行突出贡献奖等称号。

（鹭江出版社）

【厦门大学出版社】 2022年，厦门大学出版社（简称厦大出版社）出版图书741种（新版图书315种，重版重印图书426种），销售码洋1.05亿元。获省部级以上立项99个，集体获省部级以上表彰3项，图书获省部级以上表彰14项，论文获省部级以上表彰1项，厦大出版社连续11年入选“中国图书世界影响力出版100强”，被思明区政府授予厦门市思明区“2021年纳税大户”牌匾。与厦门理工学院举行“战略合作协议”签约仪式，双方就学科建设、教材立项规划、数字课程开发、各级别的优秀教材评审、教材选用采购等方面展开战略性合作，建立联络人机制，推进教学科研成果转化。6月，出版福建省重点出版项目《标准与法律释论》。9月，出版国家科学技术学术著作出版基金项目、“十四五”国家重点出版物出版规划项目《肿瘤微创手术学》。12月，出版国家出版基金项目、福建省重点出版项目《福建理学史》。《长江中游的人地关系与地域社会》入选2022年度国家社科基金中华学术外译项目推荐书目；《习近平经济思想的原创性贡献研究》《教育公平与共同富裕研究：家庭教育期望的研究视角》《寿险证券化的法律风险与监管制度研究》等入选国家社科基金后期资助项目；《标准与法律释论》《走读泉州：宋元中国的世界海洋商贸中心》《中央苏区时期闽西红色金融实践及启示研究》《东南族群社会与文化》《当代闽南建筑的地域性表达研究》《新时代乡村治理体系研究》《福建与中德近现代文化交流》《新时代小区治理创新的湖里模式》8个项目获批2022年度福建省重点出版项目，前5个项目获福建省优秀出版项目资助。《吴瑞甫全集》《互联网金融欺诈识别与风险防范》分获2022年度“闽版好书”奖及提名奖，《互联网金融欺诈识别与风险防范》入选《中国出版传媒商报》2021影响力图书·年度榜单。

（厦大出版社）

【福建新华发行（集团）有限责任公司厦门分公司】 2022年，福建新华发行

（集团）有限责任公司厦门分公司（简称新华发行厦门分公司）实现营业收入2.64亿元，比上年增长1.64%。全年发行政治理论读物3000万元。其中，《闽山闽水物华新——习近平福建足迹》发行19万册，码洋3325.6万元，党员覆盖率82.62%；《习近平谈治国理政》第四卷发行17.67万册，码洋1413.29万元，党员覆盖率76.81%。该2本书征订党员覆盖率位居福建省设区市分公司第一名。上线厦门新华书店电子书城，集合“版权＋虚拟物权”和元宇宙云书馆等创新数字产品。重装后开业新华书店集美大学校园店。与思明区委宣传部共同主办思明区全民读书月活动启动仪式，加强阅读引领，涵育阅读风尚，培养阅读习惯，营造“爱读书、读好书、善读书”氛围。（见表35–1）

4月23日，新华发行厦门分公司推进全民阅读，建设书香厦门，与思明区委宣传部共同主办“喜迎二十大　阅读新时代”第八届海峡读者节暨思明区首届“思书明礼·阅读季”启动仪式。启动仪式上，新华发行厦门分公司分别与思明区委宣传部、思明区文化馆、思明区图书馆签订“推进青年阅读，建设书香社会”“弘扬非遗文化，助推文化建设”“推进全民阅读，建设书香社会”战略合作协议，携手共推全民阅读工作再上新台阶。

6月7日，由中共厦门市委宣传部主办、新华发行厦门分公司承办的《闽山闽水物华新——习近平福建足迹》厦门读者见面会在厦门市新华书店中山·阅埕举行。市委常委、市委宣传部部长吴子东出席会议并为《闽山闽水物华新——习近平福建足迹》在厦门发行揭幕，市委宣传部、市委讲师团、市委市直机关工委等相关处室负责人，以及来自基层的干部群众、师生代表、媒体记者参加。

7月2日，《闽山闽水物华新——习近平福建足迹》读书分享会在厦门市新华书店中山·阅埕党建读物空间举行。分享会由中共福建省委宣传部、中共福建省委教育工委指导，厦门大学、中共厦门市委宣传部主办，厦门大学马克思主义学院、“学习强国”厦门运行中心、新华发行厦门分公司承办。《闽山闽水物华新——习近平福建足迹》与《习近平与大学生朋友》亲历者代表、厦门大学1982级经济系学生张宏樑，市委宣传部部务会议成员、市委讲师团团长、二级巡视员彭心安，厦门大学马克思主义学院党委书记石红梅等参加，活动由“学习强国”厦门运行中心主任秦学主持。

表35–1　　2022年厦门市新华书店各类畅销书排行榜

排名	书号	书名	版别	定价（元）
政治类				
1	9787119130927	习近平谈治国理政（第4卷）	外文出版社	80.00
2	9787509915165	党的二十大报告学习辅导百问	党建读物出版社	30.00
3	9787509915172	二十大党章修正案学习问答	党建读物出版社	20.00
4	9787010251516	中国共产党章程	人民出版社	4.00
5	9787010251493	高举中国特色社会主义伟大旗帜为全面建设社会主义现代化国家而团结奋斗——在中国共产党第二十次全国代表大会上的报告（2022年10月16日）	人民出版社	6.00
6	9787514711578	百年大党面对面（理论热点面对面2022）	学习出版社	26.80
7	9787010248127	习近平经济思想学习纲要	人民出版社	12.00
8	9787010251547	党的二十大报告辅导读本	人民出版社	38.00
9	9787010231860	改革开放简史	人民出版社	32.00
10	9787509914465	构建新发展格局干部读本	党建读物出版社	42.00
文学类				
1	9787020116133	红星照耀中国	人民文学出版社	43.00
2	9787544771627	傅雷家书（精）/经典译林	译林出版社	49.00
3	9787227074571	诗在远方（闽宁经验纪事）	宁夏人民出版社	68.00
4	9787500601593	红岩	中国青年出版社	36.00
5	9787229100605	三体（典藏版）/中国科幻基石丛书	重庆出版社	26.00
6	9787530221532	活着（精）	北京十月文艺出版社	45.00
7	9787544775717	海底两万里（精）/经典译林	译林出版社	38.00
8	9787544291170	百年孤独（精）	南海出版公司	55.00

续表 35-1

排名	书号	书名	版别	定价（元）
9	9787555027546	丢了表针的钟	海峡文艺出版社	28.00
10	9787544774635	钢铁是怎样炼成的（精）/ 经典译林	译林出版社	39.00
		社科类		
1	9787300214498	安静的艺术（用内向者思维去影响世界）	中国人民大学出版社	35.00
2	9787512665989	博弈心理学（占据主动的策略思维）/ 心理励志文丛	团结出版社	39.80
3	9787516820032	极简思维	台海出版社	42.00
4	9787121347993	HR 的未来使命（精）	电子工业出版社	98.00
5	9787521610178	中华人民共和国民法典	中国法制出版社	18.00
6	9787508093499	活出生命的意义	华夏出版社	36.00
7	9787511376381	墨菲定律（打破思维的墙）	中国华侨出版社	39.00
8	9787300307862	像律师一样思考（写给青少年的批判性思维训练）/ 青少年核心素养系列	中国人民大学出版社	59.00
9	9787517408864	严以治家	中国方正出版社	42.00
10	9787517408871	清风传家	中国方正出版社	56.00
		少儿类		
1	9787539577517	勐宝小象	福建少年儿童出版社	30.00
2	9787533896461	动物吃些什么呢 / 蒲公英科学绘本系列	浙江教育出版社	10.00
3	9787556864454	内蒙古寻宝记 / 大中华寻宝系列	二十一世纪出版社	35.00
4	9787539578231	神秘招领处 3（眼镜女孩的超能力）	福建少年儿童出版社	26.00
5	9787539578187	幸福草 / 儿童文学馆 / 繁星书系	福建少年儿童出版社	27.00
6	9787539577012	拇指班长奇妙假期 9（迷宫里的生日会）	福建少年儿童出版社	25.00
7	9787533566784	逐梦太空的少年（火箭冲霄）	福建科学技术出版社	29.80
8	9787539577180	奶茶侦探社（重生的远古巨兽）/ 拇指班长	福建少年儿童出版社	28.00
9	9787539578194	壮壮老师与糊涂蛋	福建少年儿童出版社	26.00
10	9787539573861	那些年那片海	福建少年儿童出版社	33.00
		生活类		
1	9787533566197	宇宙之谜（从创世纪到未来的探索）	福建科学技术出版社	28.00
2	9787559655417	不可思议的人体	北京联合出版公司	39.80
3	9787533558840	论尽科学（从日常科学到超次元探索的不可思议之旅）	福建科学技术出版社	25.00
4	9787571313029	小动作大健康（付国兵教你轻松养生）	江苏科学技术出版社	68.00
5	9787534198793	半小时漫画宇宙大爆炸	浙江科学技术出版社	49.00
6	9787115558602	妙趣横生的数学（身边有科学）/ 科学新悦读文丛	人民邮电出版社	39.80
7	9787557695699	数独游戏（共 4 册）	天津科学技术出版社	29.80
8	9787115524560	数学也可以这样学（大自然中的几何学）/ 科学新悦读文丛	人民邮电出版社	59.00
9	9787521612301	思维大爆炸（挑战超级脑力的趣味数学游戏经典图文版）	中国法制出版社	49.80

续表 35-1

排名	书号	书名	版别	定价（元）
10	9787544394109	半小时漫画预防常见病	海南出版社	45.00
旅游类				
1	9787546701028	厦门市交通旅游图 / 福建省九设区市交通旅游图系列图	福建省地图出版社	8.00
2	9787546701028	厦门市交通旅游图 / 福建省交通游地图系列图	福建省地图出版社	8.00
3	9787546701165	迷失鼓浪屿 / 福建手绘图系列	福建省地图出版社	12.00
4	9787114119125	福建省 / 中国分省交通地图	人民交通出版社	10.00
5	7539412577	到鼓浪屿看老别墅 / 老别墅丛书	湖北美术出版社	25.00
6	9787107215322	读图识中国（插图本儿童知识地图集）(精)	人民教育出版社	35.00
7	9787521731224	这里是中国（2 百年重塑山河）	中信出版社	198.00
8	9787101146783	中国地名大会	中华书局	29.00
9	9787561534212	老外看老鼓浪屿（中英对照）/ 申报世界文化遗产系列丛书	厦门大学出版社	38.00
10	9787555252221	厦门城事绘 / 手绘中国	青岛出版社	36.00

（新华发行厦门分公司）

广播影视

【概　况】 2022 年，厦门市有广播节目 7 套、电视节目 6 套，移动电视节目 1 套。市文旅局推动广播电视节目无线数字化覆盖工程落实，免费为城乡居民提供 16 套中央电视台数字电视节目。基本完成数字电视整转，全市有线电视覆盖率 100%。备案电视剧 18 部，发行 4 部；备案电视动画片 4 部，发行 2 部；规划备案重点网络影视剧 425 部，成片上线备案 18 部；播出广播电视公益广告 34.96 万条次、42.65 万分钟。

【广电舆论宣传】 2022 年，厦门市文旅局围绕迎接中共二十大召开、贯彻落实习近平新时代中国特色社会主义思想、宣传贯彻落实习近平总书记致厦门经济特区建设 40 周年贺信重要精神，一季度“开门红”、新冠疫情防控、文明城市创建、跨岛发展、“福文化”传播、安全生产、乡村振兴等主题、主线宣传，指导广播电视和网络视听机构深化“头条”建设和“首页首屏首条”建设，服务厦门市经济社会发展大局。完成中共二十大召开直播、转播。厦门卫视，厦门电视台一套节目，厦门综合广播，集美区、同安区融媒体中心综合频道全程转播中央广播电视总台“党的二十大特别节目”，看厦门 App（手机软件）、厦门广电微博、视频号、厦门广电网及各区融媒体中心新媒体平台按上级部门要求做好转播；推动厦门广电集团开设《喜迎党的二十大》《二十大时光》《深入学习宣传贯彻党的二十大精神》《新时代新征程新伟业——学习贯彻党的二十大精神系列访谈》《新时代新征程新伟业——深入学习宣传贯彻党的二十大精神》《新时代新征程新伟业——蹲点一线共学二十大精神》《学习贯彻二十大精神》等专栏，播发“二十大”主题宣传报道 800 多条（仅首播）；组织市属广播电视媒体及各区融媒体中心全媒体报道、全过程关注、全平台传播、多方位解读，及时准确传播权威信息，全面反映各界反响，持续展示 10 年成果，为“二十大时光”营造氛围。开展第八届“弘扬社会主义核心价值观共筑中国梦”暨“奋进新征程建功新时代”主题原创网络视听节目征集和展播活动，该活动同时列入厦门市第 11 届网络文化节组成活动，征集到网络视听原创作品 48 件，从中优选 20 部作品在全市 11 家网络视听持证平台展播。全年，市属广播电视各新闻栏目播发报道 5 万条次（仅首播），新媒体平台发稿 11 万篇，阅读量 19 亿次；《新闻联播》《焦点访谈》《朝闻天下》《新闻直播间》《中国新闻》《经济半小时》等新闻栏目以及中央广播电台播发厦门新闻近 1000 条次，其中《新闻联播》报道厦门相关内容 49 次。

【广电项目扶持推优】 2022 年，厦门市文旅局引导市广播电视和网络视听节目制作经营播出机构，围绕迎接、宣传贯彻中共二十大、中国梦十周年等主题，开展广播电视新闻作品、创新创优节目、优秀国产纪录片、网络视听节目、电视剧创作生产专项扶持、网络视听节目精品创作传播工程、电视纪录片剧本、“喜迎二十大——记录新福建”全省电视短纪录片以及“品读福文化——奋进新福建”主题公益广告等内容的征集、推优活动 6 批次，征集作品 228 件，经评审报送 148 件，其中 45 件被评为优秀或向国家广电总局推荐，报送量和入选量均位列福建省前列。其中，网络剧《血战松毛岭》《开端》入选国家广电总局 2022 年优秀网络视听作品推选活动优秀作品；《无名英雄蔡威》入选 2022 年“喜迎二十大——记录新福建”电视短纪录片展播作品；厦门文广传媒技术有限公司的《一线一生机》、厦门广播电视集团的《文明快送安全到家》获评福建省广电局 2021

年度广播电视公益广告扶持项目（电视类作品三类）；广播节目《我爱古诗词》、电视节目《两岸云客厅》《根脉》、电视特别节目《海峡两岸青少年新媒体“舞”论坛》、电视文化节目《哇！甲你讲》分别获评福建省广电局2022年第一、三、四季度广播电视创新创优节目并向国家广电总局推荐；新闻作品《浪花：德化制造遇上冰墩墩》《厦门蓝碳交易新年“开门红”》获评福建省广电局2022年第一季度优秀新闻作品并向国家广电总局推荐；网络视听作品《光辉岁月》《日出·厦门——40相》《一苇以航》《互联中国》之《出发》《乘风破浪的她力量》入选福建省广电局2022年“弘扬社会主义核心价值观共筑中国梦”主题原创网络视听节目并推荐国家广电总局；《无名英雄蔡威》《碧海丹心——英雄三岛精神》《福建海丝文化故事》获福建省广电局2022年“喜迎二十大——记录新福建”全省电视短纪录片征集展播三类作品奖；慈文（厦门）影视文化传播有限责任公司出品的革命历史剧《血战松毛岭》获评国家广播电视总局网络视听节目管理司发布的2022网络视听精品节目，同时入选国家广电总局“迎接党的二十大精品网络视听节目推荐作品”，在中国广播影视“TV地标（2022）”中国电视和网络视听综合实力大型调研成果中获评年度优秀网络剧；厦门广电集团的《两岸云客厅》获评第一届福建省电视节目创新大赛“我有好节目”创新赛入围作品，系列微视频《诗歌里的厦门》获福建省广电局学习宣传贯彻中国共产党二十大精神广电媒体融合传播项目扶持，“看厦门”App入选国家广电总局“‘新时代·新品牌·新影响’暨喜迎党的二十大广电媒体融合新品牌推选活动”平台品牌，广播剧《田头生活有“甜头”》《高山村的新鲜事》获评福建省“村村福·振兴的力量”微广播剧评审优秀作品和优秀剧本；市影视产业服务中心有限公司申报的《拍在福建——电视剧拍摄服务指南》、福建省电视剧拍摄云勘景平台小程序分别入选2022年度、2023年度福建省电视剧创作生产专项资金扶持项目；由厦门企业立项出品的电视剧《山海情》《绝密使命》获第十六届精神文明建设“五个一工程”电视类优秀作品奖、第33届电视剧“飞天奖”优秀电视剧奖、第31届中国电视金鹰奖优秀电视剧奖等奖项。

【地面数字电视频率迁移】 2022年，厦门市文旅局指导督促厦门广电集团完成地面数字电视频率迁移专项工作。原DS–28频道播出的中央节目（CCTV–1\2\4\10\12\13\14\15）等8套节目迁移至DS–23频道播出；原DS–15频道播出中央节目（CCTV–9\11\17\CGTN）等4套节目迁移至DS–26频道播出；原DS–15频道内播出的省级和市级4套节目（东南卫视、福建综合、厦视一套、厦视二套），迁移至西姑岭机房DS–32频道播出。

【智慧广电工程建设】 2022年，厦门市文旅局指导集美区、同安区、海沧区、翔安区完成“村村响”数字化升级改造，为区级应急广播体系建设夯实基础。巩固提升广播电视覆盖效果，落实国家广电总局、福建省广电局要求，督促指导厦门广电集团提升中波覆盖效果。加强广播电视监测，培养技术骨干，加强与国家监测台业务联系，加强重要保障期、重点时段监测，督促指导提升广播电视传输质量。

（市文旅局）

【广电集团】 2022年，厦门广电集团在厦门地区总体收视份额排名位居15个副省级城市第一，在厦门地区总体收听份额位居14个副省级城市第一位（不含大连台）。《新闻联播》《焦点访谈》《朝闻天下》《新闻直播间》《中国新闻》《经济半小时》等新闻栏目播发厦门新闻852条次，比上年增加50条次。其中，《新闻联播》报道厦门相关内容51条次，“中国之声”“台海之声”采用厦门台提供的录音新闻350条次。

2022年，厦门广电集团开展中共二十大宣传报道，强化广播电视头条工程及新媒体平台首屏、首页建设，开设“奋进新征程、建功新时代”“提高效率、提升效能、提增效益”等系列专栏，组织开展《奋进新征程 建功新时代 鹭岛起宏图·非凡十年》《逐梦新征程 一起向未来》《堡垒》《旗帜》《潮头》等系列报道。组织开展“喜迎二十大”公益广告（短视频）大赛。其中，厦门市民畅谈10年生活发展变化的内容登上10月10日的《新闻联播》，选送的厦门市民采访多次被中央电视总台采用。推出《台企在厦这十年》等栏目，传递在厦门台胞期盼祖国统一心声；推出《两岸直航》五档特别节目，邀请专家、学者通过北京、广州、厦门3地演播室连线，解析中国共产党二十大精神；参与中央广播电视总台电视专题片《领航》、中国广播电视社会组织联合会纪录片《加油！新时代》、中央广播电视总台纪录片《国之大者》《为了更美好的生活》等重大项目；围绕市委、市政府中心工作，紧扣“疫情要防住 经济要稳住 发展要安全”主题进行策划报道，开展新冠疫情防控、经济“稳增长”、跨岛发展二十年、争创全国文明典范城市等宣传并向中央媒体推送稿件。

2022年，厦门广电集团系列片《今日龙抬头》获中国广播电视大奖（专题大类），短视频《百年厦大 向总书记报告》获中国新闻奖三等奖，12件广播电视新媒体作品获福建省一等奖，11部作品获2021年度全国微视频短片推优展播活动奖，5部作品获全国党员教育电视片奖，创历年最好成绩。完成纪录电影《八卦楼》前期摄制、戏曲电影《阿搭嫂》摄制工作，完成《跨海起宏图》《厦门之光》《诗歌里的厦门》《向阳而生——新时代里的厦门》等系列片制作。全平台上线厦门城市形象宣传片《WE ARE 厦门》(第三季)，发布1周全网点击量破4500万人次。

2022年，厦门广电集团优化新媒体布局，初步形成多元、多平台广播节目传播新格局。策划选题，强化新媒体端短视频制作和首发。加大新媒体考核力度，新媒体考核指标占比70%。拓展生产模式，深耕PUGC（专业用户生产内容）内容生产，加强媒资库建设，尝试推出AI（人工智能）虚拟主播。制作短视频超3400条，在各平台单条流量创纪录，全网播放量超22亿人次。其中，《洪秀柱：佩洛西窜台别有居心，留下无法收拾的烂摊子》抖音平台阅读量破1.04亿人次，话题“厦航连飞15架包机护送医疗队援沪”破1.5亿人次。2022年，“看厦门”App直播场次506场，下载量119万次；厦门广电微信公众号粉丝92.1万人，阅读量超10万人次的推文174篇，比上年增加61篇；厦门广电官方抖音号粉丝230.7万人，厦门广电官博粉丝114.2万人，主平台微信、视频号、微博、抖音及快手平台增粉超100万人。

2022年，厦门广电集团完成北京冬奥会新闻中心项目建设运营，做到“零差错、零投诉”。利用“5G+360°”融媒体全景直播2022年中国金鸡百花电影节开幕式、金鸡颁奖光影盛典、《电影元宇宙AR秀》，4天直播全网近100个平台观看量超过6亿人次。创新打造“9·8”投洽会宣传，在中央电视总台播发报道48条次，相关新闻3上《新闻联播》，“元梦厦门”相关话题阅读量超4000万人次。完成2022厦门马拉松赛暨全国马拉松锦标赛赛事直播，直播总收视市场份额超过25%，CCTV-5收视率2.15%，市场份额24.03%。

2022年，厦门广电集团推进产业业务重组、板块资源整合、公司转型等工作。完成影视板块整合，成立厦门文广影业集团有限公司；完成数字工程公司转型暨更名为厦门文广实业有限公司等；初步完成效益不佳企业的整顿、撤资工作；做好文化艺术中心、闽南大戏院、嘉庚艺术中心资产移交与运营；推进智能视听产业基地运营生态建设和影视拍摄基地改造验收；创新集美集影视文创园运营模式，完成思明电影院验收并开业运营；做好红点博物院新馆筹建工作；布局发展创新业态，推进原有IP产品升级发展，筹办自有市场化IP项目，打造“云尚”品牌矩阵，持续推进区域市场拓展与发展，推动数字化发展。

（厦门广电集团）

【厦门文广影音有限公司】 2022年，厦门文广影音有限公司实现营业收入1.08亿元，利润亏损284万元。主要开展视频内容制作、影视剧投资、网络视听内容运营、闽南文化内容运营等业务。制作完成厦门营商环境宣传片、厦门自贸区招商宣传片、海沧区小区治理宣传片、美领馆旧址修缮纪实片、琴岛乐集系列视频、《我们的节日》与《二十四节气》系列宣传片、《拍在福建》宣传片等20多部宣传片、专题片；参投院线电影《你是我的春天》于7月1日上映，获评中国文联艺术基金会资助项目；电影《陈嘉庚》项目剧本入围福建省文学艺术界联合会、福建省摄影家协会举办的庆祝中国共产党成立100周年优秀电影剧本征集评选名单，项目获2022年度厦门市文艺发展专项资金扶持，并入选中宣部2023年度文化产业发展专项资金推动影视产业发展项目；完成戏曲电影《阿搭嫂》前期拍摄、录音、剪辑、后期等工作；完成2022年中国金鸡百花电影节第35届中国电影金鸡奖提名者表彰仪式、金鸡奖配套书籍、电影频道5G融媒体全景直播团队接待及保障、电影节官方拍摄等专项任务；参与策划第十六届闽南语双歌赛主题曲评选、闽南语双歌赛十五周年金曲音乐会等闽南文化活动；完成出版选题20个，完成《南音优秀传统曲目精选》《曲艺表演艺术家杨敏谋》《书法家叶水湖》《漳州闽南语歌谣》《炮火洗礼的少年——电影〈英雄小八路〉原型及演员口述实录》等出版；完成第35届中国电影金鸡奖配套图书《璀璨的星空：新中国“22大电影明星”艺术人生——怀念与访谈实录》组稿编撰出版工作。

【中国（厦门）智能视听产业基地建设】 2022年，厦门文广影音有限公司贯彻落实“以网络视听产业为核心，推动文化科技融合发展，抢占5G时代文化产业发展制高点”的总体思路，开展中国（厦门）智能视听产业基地招商、平台共建、基地运维、政策推进等工作。全年新增入驻企业36家，新增注册资本金2.04亿元，新增出租面积1.01万平方米。基地（拓展区）C01引进73家企业，注册资本金5.1亿元，签约招商面积3.81万平方米，招商出租率81.33%；与人民中科共建内容审核和舆情监测平台，入选工业和信息化部2022年网络安全技术应用试点示范支持项目，入选2022年全省广播电视科技创新扶持项目；组建10亿元规模的智能视听产业股权投资基金，首期到位基金3亿元并参投基地入驻企业；协助市文旅局开展2021年度厦门市智能视听政策申报工作，收到16家企业申报扶持项目19个。基地入选厦门市第一批文化产业园区和重点文化产业园区，入选国家文化产业发展项目库第二批入库项目。参见P325【中国（厦门）智能视听产业基地】

（厦门文广影音有限公司）

责任编辑：明安文
审　　稿：曲　艺
校　　对：林建高

36 卫生健康

综　述

【健康厦门建设】 2022年，厦门市卫生健康委员会（简称市卫健委）组织实施《厦门市卫生健康发展建设三年行动计划（2021—2023年）》，实施公共卫生能力提升建设、提升医疗服务体系服务能力、加强妇幼健康服务体系建设、持续推进老年健康服务体系建设、加快中医药服务体系建设、强化职业病防治基础能力建设、支持卫生人才队伍建设与科研创新发展、推进全民健康信息化建设八大重点行动。开展“健康厦门·近邻健康”行动，组织全市性健康宣传教育活动10余场，开展重要卫生日活动23场。建设厦门大学附属第一医院健康科普基地、厦门市中医院中医药文化科普基地、厦门市儿童健康科普基地等。组织医疗专家队伍到同安区开展“三下乡”义诊及健康服务活动。厦门市户籍居民平均期望寿命81.23岁。全市健康社区202个、健康学校53所、健康企业27家、健康家庭1151个、健康单位48家。“健康厦门”公众号组织健康科普条漫大赛、健康科普短视频大赛、“听主委说”等健康科普活动，浏览量超10万人次。

【医药卫生体制改革】 2022年，厦门市印发《厦门市“十四五”深化医药卫生体制改革专项规划》，印发实施《厦门市推动公立医院高质量发展实施方案》，印发《厦门市深化医药卫生体制改革2022年重点任务及分工方案》。在厦门市第五医院启动公立医院全员目标年薪制试点。厦门市心血管病医院实施“无陪护”管理。市属公立医院开展“无陪护病房”试点。复旦中山厦门医院、复旦儿科厦门医院、北京中医药大学东直门医院厦门医院设置特需医疗部试点。

【基本公共卫生服务】 2022年，厦门市卫健系统全科医生1391人，每万常住人口全科医生2.63人。厦门市人均基本公共卫生服务经费补助106.36元。市卫健委、市财政局、市人社局、厦门市医疗保障局（简称市医保局）联合印发实施《关于推进家庭医生签约服务高质量发展的实施方案》。常住人口家庭医生签约覆盖率44.63%，重点人群家庭医生签约覆盖率79.82%。老年人健康管理率68.87%，高血压患者规范管理率均超76%，2型糖尿病患者规范管理率超76%。市卫健委、市医保局联合印发《关于进一步规范厦门市家庭病床管理和服务的通知》。新增优质服务基层行“推荐标准”创建单位5家，创建社区医院3家。38家基层医疗卫生机构参与胸痛救治单元注册工作，其中11家基层机构通过中国胸痛中心现场评审专家组验收。

【公共卫生应急处置】 2022年，厦门市医疗急救中心接警12.88万次，处置各级各类突发事件568起；完成118场次重大活动、重要会议的医疗卫生保障任务。厦门市修订完善《厦门市重污染天气卫生应急预案》《厦门市核和辐射事故卫生应急预案》《厦门市防汛防台风防暴雨卫生应急预案》《厦门市急性职业中毒事件应急预案》等。市政府办公厅印发《公共卫生补短板行动计划》。海沧区沧江新城急救站、集美区灌口医院急救站、同安区新民急救站、翔安区新圩急救站投用。省级紧急医学救援队伍完成理论培训8场，参训800余人；市级紧急医学救援队伍完成理论培训52场，参训2000余人；区级紧急医学救援队伍完成理论培训100场，参训1.2万人。市卫健委、市财政局、市红十字会等10个部门联合印发《关于印发厦门市“十四五”公共场所配置AED+群众性应急救护公益培训项目实施方案的通知》，全市新增AED（自动体外除颤器）274台，培训救护人员2.3万人。

【卫生健康信息化建设】 2022年，厦门市卫生健康信息化建设水平指数在第五届数字中国建设峰会数字健康分论坛“全国卫生健康信息化发展指数（2022）”中排全国第一名。厦门市电子健康码打造“互联网＋医疗健康”服务与新冠病毒感染疫情防控“总入口”数字健康典型案例获国家卫生健康委员会通报表扬，“智能健康云公共服务平台研发与产业化”项目获福建省科技进步二等奖。国家健康医疗信息互联互通方面，厦门市三级医院高等级覆盖率52.17%；国家电子病历分级评估中，厦门市三级医院高等级覆盖率30.43%，均排国内前列。

【医疗卫生科研成果】 2022年，厦门市医疗卫生系统获国家自然科学基金立项55个，获批2021年福建省卫生健康中青年科研重大项目3个、福建省科技计划立项项目140个、2022年福建省卫生健康科技计划立项项目50个、福建省级临床重点专科建设项目28个。全市新增国家临床医学研究中心福建省分中心4家；7家医院共15个学科进入中国医学科学院发布的“2021年度中国医院学科科技量值（STEM）”全国百强榜单；6家医院17个学科进入五年总科技量值（ASTEM）全国百强榜单，其中6个学科排福建省第一名。厦门大学附属中山医院普通外科获批国家临床重点专科项目。

【爱国卫生运动】 2022年，厦门市结合爱国卫生月和文明创建工作，开展“洁净家园”爱国卫生大扫除。基本实现市、区两级无烟党政机关全覆盖，评定40所“无烟学校”、37家“无烟单位”。同安区五显镇、翔安区内厝镇申报福建省卫生乡镇。全国爱卫办和健康中国行动推进办印发《关于2021年度健康城市建设推动健康中国行动创新模式试点工作评估结果的通报》，厦门市成为全国10个工作实、成效好的试点城市之一。

【医疗卫生人才队伍建设】 2022年，厦门市整合市卫生人才服务中心和市医学交流服务中心，组建成立厦门市医学交流与人才服务中心，隶属厦门市卫健委。设置名医工作室5个，累计开设名医工作室47个。联合“双主任制”，柔性引进国内一流医学人才及其团队成员超500人。厦门市卫健委所属单位通过校园招聘、社会招聘等各类招聘引进人才1375人，其中博士研究生77人，高级职称29人；确认医疗卫生类人才297人、福建省高层次人才29人；选派中级职称及以上医务人员进修学习556人次；组织选派10批次、56名医务人员到宁夏、西藏、新疆开展对口支援工作；推进市、区两级13家卫生健康单位与宁夏银川、中卫、固原地区12家单位开展医疗卫生协作。

（张逍宇）

医疗卫生机构

【概　况】 2022年，厦门市医疗卫生机构总数2389个（不含部队医院），比上年增加105个。其中，医院68个，比上年增加3个；基层医疗卫生机构2268个、专业公共卫生机构24个，增加100个；其他卫生机构29个，增加2个。公立医疗卫生机构726个，比上年增加4个；民营医疗卫生机构1663个，增加101个。全市实有床位总数2.27万张，增加2475张，其中医院床位2.14万张、基层医疗机构床位395张、公共卫生机构床位792张、其他医疗机构床位150张。公立医疗机构床位1.72万张，比上年增加2256张；民营医疗机构床位5499张，增加219张（见表36-1）。全市卫生人员总数5.3万人，比上年增加2933人。其中，卫生技术人员4.28万人，比上年增加2194人。卫生技术人员中，执业（助理）医师1.76万人，增加708人（执业医师1.65万人，增加740人）；注册护士1.88万人，增加971人；药师（士）2244人，增加78人；技师（士）2750人，比上年增加286人（见表36-2）。北京中医药大学东直门医院厦门医院揭牌。厦门市政府与复旦大学附属肿瘤医院合作创办复旦大学附属肿瘤医院厦门医院，与哈尔滨医科大学合作共建厦门市环东海域医院。在艾力彼“中国医院竞争力顶级医院百强榜”中，厦门大学附属第一医院排第85名，厦门大学附属中山医院排第98名。

表36-1　　2022年厦门市医疗卫生机构数与实有床位数一览表

类别	机构数（个）	实有床位数（张）
医院	68	21410
#综合医院	37	15415
中医医院	6	1650
专科医院	23	4245
护理院	2	100
基层医疗卫生机构	2268	395
#社区卫生服务中心（站）	29	210
卫生院	10	185
村卫生室	290	0
门诊部	538	0
诊所、卫生所、医务室	1401	0
专业公共卫生机构	24	792
#疾病预防控制中心	7	0
专科疾病防治院（所、站）	1	16
妇幼保健院（所、站）	7	776
急救中心（站）	1	0
采供血机构	1	0
卫生监督所（中心）	7	0
其他卫生机构	29	150
#康复医疗机构	2	150
医学科学研究机构	1	0
临床检验中心（所、站）	16	0
其他	10	0

表 36-2　　2022 年厦门市医疗卫生人员一览表

单位：人

类别	医院	基层医疗卫生机构	专业公共卫生机构	其他卫生机构
卫生技术人员	25388	14119	2705	584
#执业（助理）医师	8808	7656	1006	92
注册护士	13026	4861	819	63
药师（士）	1230	918	89	7
技师（士）	1715	444	332	259
卫生监督员	0	0	246	0
其他卫生技术人员	609	240	213	163
其他技术人员	1275	602	324	165
仅从事管理人员	1497	503	191	142
工勤技能人员	2995	1488	401	223
乡村医生、卫生员、诊所乡村医师	0	395	0	0

【医疗机构诊疗服务】 2022 年，厦门市医疗卫生机构诊疗 3989.42 万人次，比上年增加 91.54 万人次。按机构类别分，医院诊疗 1883.95 万人次，比上年增加 72.97 万人次；基层医疗卫生机构诊疗 1885.31 万人次，增加 26.42 万人次；专业公共卫生机构及其他机构诊疗 220.16 万人次，减少 7.85 万人次。按经济类型分，公立医疗卫生机构诊疗 3014.79 万人次，比上年增加 56.54 万人次；民营机构诊疗 974.62 万人次，增加 34.99 万人次。

【医疗机构场所建设】 2022 年，厦门市医疗卫生机构共有房屋建筑面积 378.64 万平方米，比上年增加 7.81 万平方米。其中，业务用房面积 257.94 万平方米，比上年增加 24.22 万平方米。全市医院共有房屋建筑面积 282.36 万平方米，比上年增加 24.9 万平方米。其中，业务用房面积 218.54 万平方米，比上年增加 22.18 万平方米。

【医疗卫生项目建设】 2022 年，厦门市卫健委推进 6 个市重点在建项目建设，年度计划投资 4.25 亿元，实际完成投资 4.83 亿元。推动 7 个前期项目进入开工建设阶段，项目总投资额 36.77 亿元。

【第二批临床医学研究中心建设】 2022 年，厦门市卫健委、市科技局推动第二批厦门市临床医学研究中心建设。支持厦门大学附属厦门眼科中心、厦门市中医院、厦门市妇幼保健院、厦门大学附属第一医院、复旦大学附属中山医院厦门医院分别在眼部疾病、中西医结合肝胆疾病、围产医学、免疫性疾病、影像医学领域建设 5 个厦门市临床医学研究中心。

【医疗卫生设备】 2022 年，厦门市医疗卫生机构 1 万元以上设备 6.09 万台，比上年增加 9222 台；总价值 113.56 亿元，增加 17.23 亿元。厦门市卫健委推动 18 家基层医疗机构（海沧区 6 家、翔安区 5 家、同安区 7 家）试点建设智慧药房，全市建设智慧药柜 40 台。

（张道宇）

疾病防控

【概　况】 2022 年，厦门市卫健委构建“医防融合，防治一体”慢性病防治体系，慢性病综合防控示范区建设进度保持全国领先。依托三级公立医疗机构和市疾病预防控制中心，在全市建设慢性病专病防治中心及病种防治中心 15 家，将医院与基层医疗卫生机构、专科与全科、慢性病的防治及康复结合，实现医院与社区、疾控中心三方联动。重大慢性病过早死亡率从 2015 年的 15% 下降至 2022 年的 13.01%。总癌 5 年生存率从 2012 年的 34.64% 上升至 38.73%。开展厦门市居民心理健康状况调查。厦门市推进疾控机构改革工作，市委编办批复同意市卫健委加挂厦门市疾病预防控制局牌子，厦门市疾病预防控制中心升格为副局级单位。全市疾控机构人员编制数由 290 名增加到 645 名，其中厦门市疾控中心人员编制从 113 名增加到 163 名。

【国家呼吸医学中心厦门协同中心】 2022 年，厦门市卫健委与广州医科大学附属第一医院国家呼吸医学中心会合作共建国家呼吸医学中心厦门协同中心。厦门大学附属第一医院、厦门大学附属中山医院、厦门市中医院、厦门医学院附属第二医院、厦门市海沧医院 5 家医院入选首批协同单位。

【“两癌”防治】 2022 年，厦门市卫健委印发《2021—2025 年厦门市适龄女性“两癌”防治项目实施方案（试行）的通知》《厦门市适龄女性“两癌”防治项目工作方案（2021—2025 年）的通知》，推进妇女“两癌”（宫颈癌、乳腺癌）筛查防治工程，构建市“两癌”防治区域数据库，完成两癌筛查闭环管理信息系统建设，落实宫颈癌综合防治试点工作。全年完成适龄女性“两癌”筛查 7.84 万人。

【心理卫生健康】 2022 年，厦门市卫健委以儿童、青少年、老年人心理健康为重点，加强大众心理卫生健康教育工作。通过“厦门精神卫生”微信公众号发布精神心理相关疾病知识科普文和精神心理卫生系列科普动画短视频。组织心理专家开展相关重点人群心理评估与心理干预，提供心理教育、心理支持与心理治疗等服务。组织思明区、同安区开展厦门市居民心理健康状况抽样调查，全市完成居民普通心理健康调查 968 例，老年心理健康与早期阿尔茨海默症调查 447 例。

（张道宇）

城乡医疗卫生服务

【概　况】2022年，厦门市卫健委推进街道社区卫生服务中心新址建设和镇卫生院提升改造，新增海沧区嵩屿街道社区卫生服务中心沧江分中心，推进同安区五显卫生院迁建，建设康锦社区卫生服务中心、北站社区卫生服务站点等，推进翔安区4家、同安区2家“镇改街”新设立社区卫生服务中心建设。落实国家基本公共卫生服务，重点加强6岁及以下儿童、65岁及以上老年人、高血压及糖尿病等慢性病患者健康管理工作，推进基层慢病医防融合。推进基本公共卫生服务均等化。推进分级诊疗和医联体建设，推进优质服务基层行和村卫生所基本（推荐）标准创建。

【乡村医生待遇保障】2022年，厦门市卫健委、市委编办、市财政局、市人社局、市医保局印发《充实基层卫生力量稳定乡村医生队伍的若干措施》，从人员配备、招聘方式、学历提升、薪酬待遇、保障措施、退出机制、关爱激励7个方面保障完善乡村医生待遇。全市落实相关工作，充实、稳定乡村卫生健康人才队伍。

【基层医疗机构对口支援】2022年，厦门市卫健委落实福建省2022年度“千名医师万人次下基层”对口支援工作。支援医院包括厦门大学附属第一医院、厦门大学附属中山医院、厦门市中医院等11家二级以上医院，支援科目涵盖肾内科、心内科、泌尿外科、内分泌科、呼吸内科、中医科、精神科、妇科等专科，支援覆盖厦门市6个行政区域内全部39家基层医疗机构。全年抽调300余名中高级职称医师，定期在基层医疗机构开展坐诊、学术讲座、带教等工作，受益群众4.5万人次。

【城乡居民基本医保筹资标准调整】2022年10月17日，厦门市医保局印发《关于调整城乡居民基本医疗保险筹资标准的通知》，将城乡居民基本医疗保险的筹资标准由每人每年1140元调整为每人每年1200元。其中，财政补助标准由每人每年740元调整为770元，个人缴纳基本医疗保险费标准由每人每年400元调整为430元，自2023年1月1日起执行。

（张逍宇　谢亚琴）

计划生育服务

【概　况】2022年，厦门市计划生育协会（简称市计生协）围绕生育支持与家庭健康，聚焦“一小、一青、一老、一特、一困”，推进组织和能力建设、重点任务、基层社会治理参与等工作，促进全市计生协家庭健康系统化建设。下发《关于加快转型明确各级计生协职责分工的工作意见》《关于加快村（居）计生协小组长队伍转型建设的工作意见》。推动各区建立家庭健康服务中心；建立区级以上计生协典型项目和示范点100个，其中精品工程项目20个；筹备市计生协第七次会员代表大会，指导区计生协开展换届工作。指导基层计生协换届，村（居）计生协会会长均由村（居）书记兼任。《中国人口报》头版头条刊发厦门市计生协工作亮点；中国计生协《工作通讯》刊发厦门市计生协改革经验。《厦门特区快讯》刊发《市计生协会积极探索家庭健康服务新模式》。市计生协系统开展“金色阳光”志愿服务活动，实施暖心行动、暖心关怀、暖心扶幼、暖心服务、暖心公益“五大暖心活动”，4人被评为爱心厦门建设工作先进个人。

【计生家庭帮扶】2022年，厦门市计生家庭帮扶投入5087.94万元，暖心行动投入473.04万元。全市暖心家园11个，其中全国示范点2个、项目点3个。市计生协组织各暖心家园开展常态化帮扶服务500多场次，参与对象1.4万人（户）次；组织开展“夏日送清凉”等5项暖心服务活动331场次，涉及对象1.1万人（户）次。制定下发《关于进一步做好计划生育家庭保险工作的指导意见》。全市计划生育家庭保险投入3748.25万元，涉及计生家庭33.75户、90.08万人。各区简单赔付率超90%。幸福工程投入163.3万元，帮扶649户，其中思明区开设“幸福学堂”帮扶390人次、湖里区开展“助健赋能”帮扶210人次。农村计生帮扶投入33.5万元，帮扶67户。金秋助学工作投入135.75万元，资助学生748人。其中，市级投入39万元，资助78人；区级投入96.75万元，资助670人。开展“暖心大学堂”送健康进企业等益企服务活动。全市26家爱心企业设立金秋助学“大学生社会实践基地”。

【计划生育奖励】2022年，厦门市计划生育奖励扶助管理服务平台信息系统启用，实现网上申请、远程验证、发放查验等功能。市卫健委开展计划生育奖励扶助复核抽查，抽查复核4.03万人，信息准确率99.84%。推动出台提高特殊奖励标准政策，女方年满49周岁的计划生育特殊家庭特别扶助金标准提高到每人每月1450元。办理网上申请计划生育奖励扶助2000余人。采取“免申即享”全额资助方式，为计生特殊家庭成员办理“惠厦保”医疗保险。

【计生家庭权益维护】2022年，厦门市计生协法律援助站（点）487个、在聘法援律师257人。市计生协推动将计生家庭权益维护主动融入公共法律服务体系，投入经费81.1万元，接受法律咨询6485件，挽回计生家庭经济损失103万元。举办宣传活动1659场次，举办业务培训737场次，参加业务培训人数4709人次。

（彭亚军　张逍宇）

妇幼健康服务

【概　况】2022年，厦门市户籍人口孕产妇死亡率0/10万，婴儿死亡率1.13‰，5岁以下儿童死亡率2.22‰，孕产妇系统保健管理率96.28%，3岁以下儿童系统管理率95.42%，重点妇幼指标提前达到《厦门市妇女发展纲要（2021—2030年）》《厦门市儿童发展纲要（2021—2030年）》的2030年目标值。通过福建省创建全国第一批婴幼儿照护服务示范城市考评组现场评审。参与申报全国第一批婴幼儿照护服务示范城市。市卫健委推进婚前保健、儿童保健、增补叶酸预防神经管缺陷项目、预防艾梅乙肝母婴传播、出生缺陷防治等妇幼公共卫生工作。集美区妇幼保健院加挂厦门市妇幼保健院医联体合作医院牌子。

【妇幼疾病筛查】 2022年，厦门市各助产机构完成新生儿4种遗传代谢病（先天性甲状腺功能减退症、苯丙酮尿症、先天性肾上腺皮质增生症、红细胞葡萄糖-6-磷酸脱氢酶缺乏症）筛查4.45万例，筛查率99.58%。完成先天性心脏病免费筛查4.46万例，涉及所有在厦门出生新生儿。

【医育结合试点】 2022年，厦门市卫健委制定实施《厦门市医育结合试点工作方案（试行）》，推动厦门市妇幼保健院设立“婴幼儿养育照护规范化指导中心”，建立托育机构“发育偏移儿童早期识别—评价—就诊”机制，探索“医—育—学”一体化婴幼儿照护服务新模式。6家医育结合试点机构、7个基层医疗机构开展医育结合试点工作。

【科学育儿服务】 2022年，厦门市卫健委建设优生优育指导基地8个、儿童早期发展示范点36个、“向日葵亲子小屋”23个。组织举办“优生优育进万家”、父母课堂、科学育儿等婴幼儿家庭公益讲座活动300余场，现场义诊10余场，涉及家长6000余人。组织卫生保健、急救技能、心理健康、保育大纲、托育政策等培训，托育服务从业人员5000人次参与。市计生协开展“优生优育进万家”暨婴幼儿照护宣教活动，举办婴幼儿早期教育指导师和家庭教育指导师培训班。翔安区入选2022年中国计生协“向日葵亲子小屋”项目点。全市计生协制作《科学育儿云课堂》24期，开展父母课堂等线上、线下活动180多场，发放《科学育儿指导手册》《育儿宝典》《儿童保健家庭指导手册》等4万多份。

【公共场所母婴设施建设】 2022年，厦门市卫健委完善母婴设施，新改建母婴室44间，拓展建设多性别使用母婴室17间。全市母婴室548间，其中公共场所336间，基本实现公共场所母婴室应建尽建。

（张逍宇）

职业健康

【概　况】 2022年，厦门市卫健委推进职业病防治工作，参与“2022年福建省职业病防治人才培训项目”，评选厦门大学附属第一医院为职业病诊断机构。全市职业病危害申报企业423家，累计申报企业1869家（其中医疗卫生机构197家）。46家企业参与“健康企业”创建工作，厦门ABB开关有限公司入选国家首批健康企业创建优秀案例。

【职业病危害专项治理】 2022年，厦门市卫健委组织开展“2022—2025”职业病危害专项治理工作，确定纳入治理范围企业265家，完成整改治理79家。推动省、市、区三级卫生行政部门联动开展职业健康年度监督执法工作，检查工业企业4家、医疗机构5家、职业卫生技术服务机构5家、放射卫生技术服务机构4家。协同福建省卫健委开展7家职业健康检查机构质量考核、1家职业卫生技术服务机构资质评审、厦漳区域职业卫生专业技术人员现场考核等职业健康相关专项工作。

【医疗卫生人员职业暴露防护立法】 2022年12月1日，《厦门经济特区医疗卫生人员职业暴露防护若干规定》施行。该规定是全国首部有关医疗卫生人员职业暴露防护管理地方性法规，从立法层面对医疗卫生人员职业暴露的概念作出界定，明确职业暴露损害情形，对损害类型进行划分，为保障医疗卫生人员职业安全、预防减少职业暴露伤害发生、维护医疗卫生人员合法权益提供法治保障。

（张逍宇）

老年健康

【概　况】 2022年，厦门市印发实施《厦门市贯彻〈中共中央、国务院关于加强新时代老龄工作的意见〉实施方案》《厦门市“十四五”老龄事业发展和养老服务体系规划》等，推进老年健康事业发展。全市5个社区获评“2022年全国示范性老年友好型社区”。84家医疗机构被福建省卫健委确定为老年友善医疗机构，创建单位合格率93.18%。6家二级以上综合性医院设置老年医学科，累计18家综合性医院设置老年医学科。全市医养结合机构38家，医疗机构与养老服务机构签约合作158对。

【养老诈骗防范活动】 2022年，厦门市卫健委组织开展防范养老诈骗现场活动182场，印发宣传手册2.8万份。组织防诈骗巡回演出5场。检查养老机构、医疗机构366家次，立案查处养老机构内非法诊疗活动1件。

【老年人关爱服务】 2022年，厦门市卫健委开展“智慧助老”行动，承办“全国智慧助老公益行动”（厦门站）活动，培训志愿者2000人，由志愿者“以1带10”培训服务老年人2万人。开展失能老年人评估与服务，全市评估745人，服务527人次。编印《改善老年营养　促进老年健康》宣传资料5000份，组织专家进社区、养老机构开展义诊、举办健康讲座。全市老年人心理关爱点7个。思明区成立“乐龄心语”老年人心理关爱服务中心。

（张逍宇）

中医药事业

【概　况】 2022年，厦门市卫健委推动实施中医“名院”“名科”建设工作。厦门市中医院获批国家第二批特色（中医药）服务出口基地和厦门市金砖示范基地；入选国家第三批区域医疗中心，成为福建省首家中医类国家区域医疗中心；获批福建省临床重点专科（中医类）建设项目7个；获批厦门市科技局中西医结合肝病临床医学研究中心。市医保局、市卫健委、市财政局联合印发《关于调整厦门市中医院中药饮片加成事项的通知》，在北京中医药大学东直

2022 年 10 月 28 日，北京中医药大学东直门医院厦门医院揭牌仪式举行

（市卫健委　供图）

门医院厦门医院（厦门市中医院）试行饮片加成。

【中医药传承建设】 2022 年，厦门市获批全国名老中医药专家传承工作室建设项目 4 个，3 名中医医师入选为第七批全国老中医药专家学术经验继承工作指导老师；6 名中医医师入选为全国中医临床优秀人才研修项目培养对象；25 名中医医师入选为厦门市第六批中医后备人才培养对象。1 名中医护师入选为全国中医护理骨干人才培训项目培养对象；66 名中医医师通过市级中医专家基层师带徒资格考核。50 人通过省卫健委组织开展的中医医术确有专长人员医师资格考核。名中医访问学者 11 人通过福建省卫健委考核。西医医师授权中医药服务 6401 人，其中乡医 560 人。

【中医项目建设】 2022 年，厦门市卫健委举办 2 期中医适宜技术推广培训班。10 月底，厦门市中医院二期康复楼项目开工。厦门市禾山街道社区卫生服务中心被确认为 2022 年度精品中医馆项目建设单位，5 家基层医疗机构获批基层中医馆内涵提升建设项目。同安区中医院获批福建省基层中医药服务能力建设项目。北京中医药大学东直门医院厦门医院揭牌并获批福建省中医药康复服务能力提升工程项目。鑫美园中医药文化宣传教育基地被评为福建省中医药文化宣传教育基地建设单位。

（张逍宇）

卫生监督

【医疗卫生专项整治】 2022 年，厦门市卫健委开展整治“两非”（非医学需要的胎儿性别鉴定和选择性别人工终止妊娠）专项行动，摸排医疗机构、药械企业、快递收寄点、互联网等经营单位 500 余家次，检测相关广告 3870 条次，纠治违法广告 28 条次。开展医疗美容行业突出问题专项整治。驻点监督医疗机构 26 家，其中公立医疗机构 15 家、民营医疗机构 11 家，检查发现问题 480 条，开具卫生监督意见书 68 份，整改意见 447 条。

【无证行医违法行为打击】 2022 年，厦门市卫健委推进打击无证行医违法行为工作，市、区两级卫生监督机构实施各类监督检查、抽查和专项活动 2.27 万次，接收各类违法行为投诉 47 次，查处各类案件 259 件，其中查处无证无照行医案件 73 件，无证行医罚没款 276.18 万元。

【食源性疾病监测】 2022 年，厦门市卫健委落实食源性疾病监测，64 家监测医院上报食源性疾病病例 4362 例，病例监测完成率 103.9%。组织抽检集中餐饮具 959 套次，合格率 99.69%。水质抽检监测合格率 100%。

【服务场所卫生考核】 2022 年，厦门市卫健委组织对全市 10 家集中式消毒餐饮具服务机构年度等级考核评定工作，其中 A 级单位 4 家、B 级 2 家、C 级 2 家、不予评定 2 家。对全市住宿单位 900 家、公共游泳场所 219 家、美容美发机构 6328 家、公共沐浴场所 664 家实施量化分级管理，确定卫生信誉度等级。

（张逍宇）

医政医药管理

【概　况】 2022 年，厦门市鼓励民间资本办医，新设置厦门泰康之家鹭园康复医院、厦门卓亚口腔医院、厦门广济精神病医院 3 家二级以上民营医院。四川大学华西厦门医院开业。新增公立三级综合医院 1 家。开展“民营医院管理年”、民营医院专项巡查工作。推进检查检验结果共享互认，全市二级以上公立医疗机构加入全省检查检验互认监管平台。厦门市中心血站全年共采血 6.5 万人次，采集血液 19 吨。推进平安医院建设，全市二级以上医疗机构全部设置安检门，“三防”（防火、防盗、防爆）系统建设达标率 100%。建立警医联动机制，在医疗机构设置警务室 35 个。

【卫生行政审批“放管服”改革】 2022 年，厦门市卫健委驻市行政审批中心服务窗口受理审批事项 4481 件，网上审批件占 92.01%；承接母婴保健服务人员资格认定业务、放射源诊疗技术和医用辐射机构许可业务、自贸区社会办医疗机构乙类大型医用设备配置备案业务、中医医疗广告发布审查业务、高致病性病原微生物菌（毒）种或样本运输审批业务、涉及饮用水卫生安全产品卫生许可业务等 6 个省级行政审批服务下放事项。厦门市参与福建省“出生一件事”集成套餐服务改革试点工作，各助产机构受理申请1236件。印发《厦门市卫健委会关于进一步完善卫生行政执法文书送达程序的通知》《厦门市卫健委会关于印发卫生行政处罚听证程序规定的通知》《厦门市卫健委会关于进一步明确行政处罚有关事项的通知》。出台《厦门市卫健委会关于印发全面推行包容审慎监管执法“四张清单”的通知》，建立包容审慎监管执法“四张清单”制度（不予处罚清单、从轻处罚清单、减轻处罚清单、免于行政强制清单）。

【区域医疗中心试点建设】 2022年，厦门市成立由发改、卫健、财政、编办等部门参与的国家区域医疗中心建设工作专班，推动国家区域医疗中心试点建设工作。北京中医药大学东直门医院厦门医院入围国家第三批区域医疗中心试点项目，成为福建省首家中医类国家区域医疗中心，全市国家区域医疗中心4家。

【医学质量控制中心建设】 2022年，厦门市增加市肿瘤医学质控中心、市移植医学质控中心、市门诊管理质控中心3家市级医学质量控制中心。厦门市卫健委加强对全市40家医学质量控制中心管理考核，提出医疗质量改进指标86个。

（张道宇）

医疗保障

【概　况】 2022年，厦门市基本医疗保险参保人数470.54万人，比上年增长2.5%。其中，城镇职工参保人数320.27万人（含厦门市职工144.13万人，外来员工176.14万人），比上年增长3.7%；城乡居民参保人数150.17万人（其中城镇居民9.55万人、未成年人94.62万人、农村居民37.27万人、大学生8.73万人），增长1.2%。生育保险参保人数280.11万人，比上年增长3.4%。其中，本市人员参保人数103.99万人，外来员工参保人数176.12万人。全年基本医疗保险基金收入166.04亿元，支出138.37亿元，年末累计结余327.35亿元。职工基本医疗保险基金（含生育保险）收入145.64亿元，比上年增长8.52%；基金支出118.3亿元，增长14.33%；年末累计结余323.52亿元，其中个人账户累计结余273.03亿元。城乡居民基本医疗保险基金收入20.4亿元，比上年增长11.34%；支出20.07亿元，增长18.57%；年末累计结余3.83亿元。累计医疗救助134.84万人次，救助金额2.48亿元，其中2022医保年度（2022年7—12月）资助参加城乡居民基本医疗保险3.89万人次。全年大病保险赔付49.69万人次，赔付金额5.77亿元。医保电子凭证开通人数441万人，激活率排福建省第一名。厦门市医保局推进新生儿“秒批”服务、“智能适老”服务等13件实事；组织召开厦门市医疗保障暨基金监管工作会议；将原医保咨询热线“0592–12333”归并至“0592–12345”政务服务热线，由“12345”话务员统一受理。在第五届“推进机制活、建设新福建”福建省机关体制机制创新优秀案例征集评选活动中，市医保局报送的《五维并举　守护百姓“救命钱”》案例获二等奖；《厦门“惠厦保”兜住兜准兜好民生底线》获评“厦门首届依法治理十佳典型示范案例”；待遇保障处获评“爱心厦门”建设工作先进集体。4月，市医保局举办第四届医保基金监管集中宣传月活动。

【医保基金监管】 2022年，厦门市医保局综合运用协议、行政、司法等手段，实现全市定点医药机构检查全覆盖。暂停34家机构医保服务协议，解除7家机构医保服务协议，对481家机构进行拒付或追回医保基金。联合公安机关破获欺诈骗保专案2件，移交司法机关处理121人；与湖里区人民法院执行局首次联合开展医保骗保案专场追缴会，下达拘留决定通知书，追缴赃款6万余元。全年督促26名判决但未及时退回医保基金人员退赃，挽回医保基金损失123.3万元。

【普通医用耗材首次集中带量采购】 2022年，厦门市医保局、市卫健委、市市场监管局组织全市66家公立医疗机构组成厦门市普通医疗耗材集中带量采购联盟，探索开展普耗集采机制。15家企业参与报价，其中2家生产企业中选，中选产品一次性使用真空采血管降价幅度62%。

【药械集采】 2022年，厦门市医保局落实国家、福建省组织的16批次药械集中采购和使用工作，中选药械价格平均降幅约50%。修订完善集采医保资金结余留用方案，向公立医疗机构拨付结余留用资金约2800万元。实施公立医疗机构药械货款统一支付结算，支付药械货款43.56亿元。推动国家谈判药品政策落地，采购品种、数量分别比上年增长23.53%、56.22%。

【医保便民服务】 2022年，厦门市医保局组织市、区、乡镇（街道）、村（社区）四级联动，在福建省率先推动医保经办服务下沉，为群众打造“15分钟医保服务圈”，实现全市41个乡镇（街道）便民服务中心、532个村（社区）便民服务代办点就近办理12个医保高频服务事项（含税务部门事项）及23项医保便民服务事项。在福建省率先推出医保“亲情帮办”服务，实现参保人在厦门医保小程序或微信公众号帮亲属办理医保结算、医保查询、业务办理功能。建立医保经办窗口咨询导办制度，组建咨询导办员队伍。《厦门市数字赋能“四度”发力创新打造医保便民好服务》获评2022年度福建省深化行政审批制度改革典型经验做法，被福建省行政审批制度改革工作小组办公室向全省发文推广。

【异地就医直接结算】 2022年，厦门市定点医疗机构100%开通住院、普通门诊跨省直接结算，定点零售药店100%开通购药跨省直接结算，门诊慢特病跨省直接结算定点医疗机构增至88家。全年异地就医直接结算涉及563万人次，结算金额56.32亿元。

【“天价救命药”进医保】 2022年1月7日，厦门市妇幼保健院打出“天价救命药”脊髓性肌萎缩症治疗药物诺西那生钠注射液进医保后的第一针，全年4名罕见病患儿注射。该药通过国家医保谈判的方式进入新版国家医保药品目录，价格由每针近70万元降至3万多元，其中80%按规定纳入医保支付范围，患者自费20%。

【骗保案缴获药品集中销毁】 2022年4月15日，厦门市医保局在翔安区举办缴获药品集中销毁活动，为厦门市首

2022 年 5 月 17 日，厦门普惠型商业补充医疗保险“惠厦保”产品发布会在市人民会堂举行（市卫健委 供图）

次举办该活动。销毁药品包含治疗高血压、糖尿病、乙肝等疾病的药品 1000 多种，重量近 3 吨，价值数百万元。

【“惠厦保”上线】 2022 年 5 月 17 日，“惠厦保上线启动仪式”在厦门人民会堂举行，“惠厦保”是由市医保、银保监、金融监管、财政等 8 个部门共同推动，8 家保险公司共同承保的公益普惠型商业补充医疗保险。支持医保支付，参保人可使用本人医保健康账户或划入家庭共济账户的结余资金购买，可为其参加厦门市医保的配偶、父母、子女等直系亲属购买。突破普通商业保险对年龄、职业、户籍以及既往病史等条件限制，只要参加厦门市职工、城乡居民医保且是正常在保状态的参保人均可投保。无需体检，不限健康状况，打破既往症不能投保、不可理赔的限制。年需缴费 129 元，最高赔付可达 350 万元。“惠厦保”总投保人数超 103 万人，购买人数占厦门市基本医疗保险参保人数 23%，参保率位居全国前列。

【困难行业医保政策扶持】 2022 年 6 月 1 日，厦门市医保局出台政策，对厦门市中小微企业、个体工商户和餐饮、零售、旅游、民航、公路水路铁路运输企业等 22 个困难行业实施缓缴企业职工基本医疗保险费（含生育保险费），缓缴期间免收滞纳金，不影响职工基本医疗保险待遇和个人权益记录。6—12 月，缓缴困难行业企业医保缴费 2.7 亿元，涉及市场主体 5.61 万家次。

【医疗服务价格改革试点推进会】 2022 年 7 月 1 日，国家深化医疗服务价格改革试点工作推进会在厦门市召开。国家医保局党组成员、副局长陈金甫出席会议并讲话，福建省医保局党组成员、副局长梁步腾代表福建省医保局作改革试点工作整体情况汇报，厦门市等各试点城市所在省市医保部门相关人员参会并作交流发言。会议研讨交流各试点城市的具体操作方案，部署推进首轮医疗服务价格调整工作。

【医保异地就医操作规程出台】 2022 年 8 月 8 日，厦门市出台《厦门市基本医疗保险参保人员异地就医操作规程（试行）》。该规程扩大备案人员范围，推出医保待遇双向享受机制，取消备案时间限制，放宽备案补办条件，线上可办异地转诊。

【医保 DIP 改革获评优秀】 2022 年 10 月 10 日，厦门市医保 DIP（总额预算下“点数法”为主的多元复合式支付方式）改革综合评估获评优秀，在全国 71 个 DIP 试点城市中排第一名。2017 年，市医保局在全国率先实施 DIP 支付方式改革，遏制医疗费用快速增长势头，促进医疗机构优劳多得、主动控费。DIP 支付方式实施后，全市医保费用增幅由 19.29% 降至 9.19%，职工、居民就医现金自费比例分别下降 3.12 个百分点、4.02 个百分点，代表医院诊疗难度的 CMI 指数提升 0.02。

【医疗救助政策调整】 2022 年 11 月 22 日，《厦门市人民政府关于印发厦门市医疗救助办法的通知》出台，通过统一和规范医疗救助制度，突出“精准救助”，做好困难群众重特大疾病医疗保障，自 2023 年 1 月 1 日起实施。该通知明确特困供养人员、重点优抚对象等 5 类医疗救助对象、分类资助参保政策，延续厦门市现行救助比例。

【医保政策调整】 2022 年 11 月 29 日，《厦门市人民政府关于印发〈厦门市职工医疗保险实施细则〉和〈厦门市城乡居民医疗保险实施细则〉的通知》出台，从统一参保政策、健全门诊统筹制度、提高大病保险最高支付限额等方面完善现行医保制度，自 2023 年 1 月 1 日起实施。调整后的医保政策统一外来和本市职工医保政策，减轻用人单位缴费负担，放开灵活就业人员参加职工医保的户籍限制，落实国家和省关于调整个人账户计入办法，将职工和居民大病保险最高支付限额分别提高至 110 万元和 50 万元。

（谢亚琴）

新冠疫情防控

【概　况】 2022 年，厦门市落实“外防输入、内防反弹”策略，贯彻“动态清零”方针，落实国务院联防联控机制部署要求。厦门市应对新冠病毒感染疫情工作指挥部办公室（简称市防控办）开展各项防控工作，守住不发生规模性疫情底线，统筹新冠疫情防控和经济社会发展。加强公共场所、重点行业环境监测，做到早发现、早预警。新冠疫情防控进入新阶段后，持续优化落实疫情防控措施，减少疫情对经济社会发展的影响。市卫健委推进市传染病医院建设，改造新建发热门诊；落实国家新冠病毒感染诊疗方案（试行第十版）；加强院前急救力量，做好重症患者医疗救治；保障血液供应，配重症床位 907 张，建设可转换床位 623 张；加强医疗专家和医护人员调配；全面落实首诊负责制和急危重症抢救制度，新冠病毒感染住院患者中医药干预率 100%。组织医疗救护力量到海南、上海、贵阳、泉州等地疫情防控支援。市医保局做好新冠患者救治等费用保障。厦门市实施减负降费政策，减轻用人单位医保缴费负担 14.92 亿元，涉及参保单位 23.8 万户；落地阶段性缓缴政策，缓缴中小微企业、个体工商户等 22 个困难行业企业医保缴费负担 2.7 亿元，涉及市场主体 5.61 万户次。加快医保基金支付进度，对医药机构医保费用月预拨付采用申报实时审核、拨付。

【疫情防控指挥体系建设】 2022 年，厦门市防控办围绕“主动防、早发现、快处置、防外溢、优服务”要求和“保健康、防重症”工作目标，优化防控策略、指挥体系，落实 24 小时值班值守制度和“日报告”“零报告”制度；坚持定期专题研究和每日会商调度。全年组织召开专题会议 90 次、工作例会 322 次，协调解决基层单位困难问题，保障群众需求。市委、市政府主要领导靠前坐镇指挥，市、区、街联动，各部门协同，依托专家科学决策。

【重点环节场所管理】 2022 年，厦门市实施宾馆、酒店、民宿等住宿场所以及酒吧、健身场所等文化娱乐场所疫情防控工作。做好大型展会活动疫情防控，保障海峡论坛、“9·8”投洽会、金鸡电影节、国际海洋周、国际马拉松赛等大型展会、活动、赛事和重要考试 118 场次。

【境外疫情“人物同防”】 2022 年，厦门市做好进口冷链食品集中监管，拦截处置阳性货物 285 批次、1103.73 吨。结合伏季休渔监管和“三无”（无船名船号、无船舶证书、无船籍港）船舶专项治理，落实“点线面”布防等工作，强化重点海域监管。打击偷私渡和渔获非法交易，通过全面排查、关口前移等措施，消除海上疫情防控薄弱环节和管控风险。

【本土疫情处置】 2022 年，厦门市防控办实施动态优化调整等工作机制；建立市、区混编疫情防控梯队，落实相关防控制度，适应奥密克戎变异株传染性强、潜伏期短、传播隐匿的特点。根据病毒变异特性及流行特征，全链条梳理线索，将工作流程变串联为并联。

【新冠病毒感染医疗救治】 2022 年，厦门市卫健委做好新冠病毒感染医疗救治。落实《国务院应对新型冠状病毒肺炎疫情联防联控机制综合组关于进一步优化落实新冠病毒感染疫情防控措施的通知》，全市所有二级以上医院和社区卫生服务中心发热门诊“应开尽开”，共设发热门诊 90 个、诊所 286 家，为发热等 11 类症状患者提供诊疗服务。亚定点医院（环东海域医院）投入使用，1500 张床位具备收治轻症病人硬件条件。落实首诊负责制和急危重症抢救制度，做到符合住院指征的新冠感染患者“应收尽收”。对定点医院住院患者采取中医药“一人一方一策”个体化治疗方案，新冠病毒感染住院患者中医药使用率 100%。开展重症医学培训，培训 1.3 万余人次。执行国家新冠病毒感染诊疗方案（试行第十版）规范厦门市医疗机构新冠病毒感染者出院标准。加强新冠病毒感染轻症居家康复科普，39 家社区卫生服务中心、卫生院提供 24 小时居家咨询电话及社区氧疗服务。上线发热门诊地图和排队人数实时查看功能，9 家医院开通线上诊疗服务。市、区两级医疗机构定点支援全市 58 家养老机构，按照分级诊疗原则对有就医需求的老年人进行救治，各医疗机构建立转诊、急救绿色通道，各区设立转运工作专班，保障养老机构老年人危重疾病紧急救治需要。

【新冠疫情防控监督检查】 2022 年，厦门市卫健委开展医疗机构（含诊所和第三方核酸检测机构）、人群密集公共场所、学校等重点场所和单位疫情防控督导工作，下达指导性监督意见书 354 份。对厦门市开展新冠病毒核酸检测工作的实验室开展 3 轮现场督查。

【新冠疫情联防联控机制优化】 2022 年，厦门市根据国务院联防联控机制“二十条”优化措施、进一步优化新冠病毒感染疫情防控“十条措施”及对新型冠状病毒感染实施“乙类乙管”总体方案，将工作重心从防控感染转到医疗救治上，提升医疗救治能力，实现疫情“延迟暴发、压平波峰”。做好患者分级分类救治和床位、药品等储备工作。加强院前急救力量。补充接线员、调度员以及医护、司机，提高 120 调度能力。设立区级转运专班，协助转运居家患者。协调保障养老机构老年人急救需要。成立重症综合协调组，发布重症会诊方案，建立厦门—漳州危重患者会诊工作群，集中专家分片区每日会诊；重点人群实行应管尽管。摸排全市 65 岁以上人群，由家庭签约医生、村居网格员实时随访，三天高热不退安排就诊。市、区两级医疗机构定点支援全市 58 家养老机构，实现就医绿色通道全覆盖。对既往规程、方案、细节进行调整完善，分类制定具体操作细则。指导和督促各企业、工业园区和学校建立健全防控工作责任制和管理制度，研究制定工业企业保通保畅和不停工不停产“白名单”制度；平稳度过发热门诊、急诊和重症患者 3 个高峰。

（叶　菁　张逍宇　谢亚琴）

责任编辑：明安文
审　　稿：林建高
校　　对：熊焱峰

37 体育

体育设施

【概　况】 2022 年，厦门市体育场地 1.4 万块，比上年增长 4.11%；体育场地总面积 1291.68 万平方米，增长 4.57%；人均体育场地面积 2.43 平方米，增长 3.85%。老年人健身康乐家园创建率 84.5%，“15 分钟健身圈”覆盖率 94%。珍珠湾、环东海域 2 个海滨浴场试运营。全市首个智慧体育公园海沧区马銮湾智慧体育公园、2021 年国家体育总局“百城千冰”资助项目市体育中心气膜式可移动冰场对外开放。厦门奥林匹克体育中心建设进入收尾阶段，市青少年足球训练中心、市体校帆船帆板训练基地、田径体操馆项目按计划推进，理工学院体育馆、医学院体育馆等高校体育场馆竣工。

【近邻运动场建设】 2022 年，厦门市体育局新建改建 358 处近邻运动场并免费开放，总面积 11.8 万平方米，免费向市民开放（见表 37–1）。杏林湾环湾公园、翔安鼓锣公园等有笼式足球，工人体育馆、海湾公园、演武大桥桥下、集美莲亭社区、海沧三江口温泉公园等部分近邻运动场所设有亲子健身设施。市民可通过“厦门 i 健身”微信公众号查询、预约，查看健身地图、找健身场地、查健身项目和线路等；可通过“厦门 i 健身”平台借用器械。

表 37–1　　2022 年厦门市新建改建近邻运动场一览表

单位：平方米

所属单位	管理单位	体育设施	面积	所属单位	管理单位	体育设施	面积
市市政园林局	厦门市筼筜湖保护中心	亲子及青少年健身设施	760	市交通局	市公路事业发展中心	健身器材	2688
市市政园林局	厦门市绿化中心	羽毛球场、健身器械、儿童游乐设施	726	市土地发展中心		健身器材	200
市市政园林局	厦门市园林植物园	健身慢行系统等	3152	市土地发展中心	厦港街道	健身路径	100
市交通局	厦门路桥管理公司	篮球场 + 多人群组合健身	576 168	市土地发展中心	湖里区	健身路径	1065
市交通局	厦门市保安集团有限公司	组合健身等运动器材	50	市土地发展中心	湖里区	5 人制足球场	1260
市交通局	市公路事业发展中心	健身路径、健身器材	865	市土地发展中心	湖里区	5 人制足球场	1260
市交通局	市公路事业发展中心	健身器材	1489	市土地发展中心	湖里区	3 人制篮球场、健身路径	400
市交通局	市公路事业发展中心	健身器材	7359	市土地发展中心	集美区	健身路径	500

续表 37-1

所属单位	管理单位	体育设施	面积	所属单位	管理单位	体育设施	面积
市土地发展中心	集美区	健身路径	360	思明区	嘉莲街道	健身路径	200
市土地发展中心	西柯街道	篮球场	3294	思明区	嘉莲街道	健身路径	20
思明区	滨海街道	健身路径、儿童游乐设施、健身器材	300	思明区	嘉莲街道	健身路径	200
思明区	厦门市工人体育馆	健身路径、亲子活动系列	450	思明区	嘉莲街道	健身路径、儿童游乐设施	80
思明区	莲前街道	篮球场	606	思明区	嘉莲街道	儿童游乐设施	95
思明区	厦门市筼筜湖管理保护中心	健身路径、亲子活动系列	760	思明区	嘉莲街道	健身器材	60
思明区	厦港街道	健身路径、亲子活动系列	828	思明区	嘉莲街道	儿童游乐设施	400
思明区	梧村街道	健身路径	495	思明区	嘉莲街道	乒乓球桌	120
思明区	思明区园林绿化管理中心	健身设施配置	95	思明区	嘉莲街道	健身路径	170
思明区	厦港街道	健身路径	100	思明区	嘉莲街道	健身路径	280
思明区	梧村街道	篮球场	926	思明区	嘉莲街道	健身路径	60
思明区	厦门市双十中学镇海校区	健身路径	450	思明区	嘉莲街道	健身路径、儿童游乐设施	220
思明区	滨海街道	健身路径	56	思明区	嘉莲街道	健身器材	140
思明区	滨海街道	健身路径、健身器材	60	思明区	开元街道	健身路径	70
思明区	滨海街道	健身路径	86	思明区	开元街道	儿童游乐设施	110
思明区	滨海街道	健身路径、健身器材	300	思明区	莲前街道	乒乓球	300
思明区	滨海街道	乒乓球	80	思明区	莲前街道	健身路径	160
思明区	滨海街道	健身路径	100	思明区	莲前街道	健身路径	80
思明区	滨海街道	健身路径、健身器材	125	思明区	莲前街道	健身路径	200
思明区	鼓浪屿街道	健身路径	55	思明区	莲前街道	健身路径	50
思明区	鼓浪屿街道	健身路径	80	思明区	莲前街道	健身路径	95
思明区	鼓浪屿街道	健身路径、健身器材	50	思明区	莲前街道	健身器材	110
思明区	鼓浪屿街道	健身路径、健身器材	40	思明区	莲前街道	健身路径	160
思明区	鼓浪屿街道	健身路径、健身器材	70	思明区	莲前街道	健身路径	120
思明区	鼓浪屿街道	健身路径、健身器材	100	思明区	莲前街道	儿童游乐设施	120
思明区	鼓浪屿街道	健身路径、健身器材	50	思明区	莲前街道	乒乓球桌	80
思明区	筼筜街道	健身路径、健身器材	150	思明区	莲前街道	儿童游乐设施	135
思明区	筼筜街道	健身路径	120	思明区	莲前街道	健身路径	150
思明区	筼筜街道	健身路径	200	思明区	莲前街道	健身器材	140
思明区	筼筜街道	健身路径	300	思明区	莲前街道	乒乓球	70
思明区	嘉莲街道	儿童游乐设施	290	思明区	莲前街道	健身路径	110
思明区	嘉莲街道	乒乓球	50	思明区	莲前街道	健身路径	85

续表 37-1

所属单位	管理单位	体育设施	面积	所属单位	管理单位	体育设施	面积
思明区	莲前街道	健身路径	85	思明区	莲前街道	篮球场	260
思明区	莲前街道	健身路径	95	思明区	梧村街道	健身器材	30
思明区	莲前街道	健身路径	205	思明区	思明区绿化中心	健身路径	500
思明区	莲前街道	健身路径	200	思明区	厦门市第十一中学	健身路径	250
思明区	莲前街道	儿童游乐设施	160	湖里区	天地集团	11 人制足球场	9250
思明区	莲前街道	儿童游乐设施	120	湖里区	禾山街道钟宅畲族社区居委会	民族特色运动场	2000
思明区	莲前街道	健身路径	195	湖里区	天地集团	室外射箭标准场	1450
思明区	莲前街道	儿童游乐设施	156	湖里区	天地集团	轮滑和篮球	1500
思明区	莲前街道	健身路径	105	湖里区	禾山街道枋湖南社区居委会	健身路径	350
思明区	莲前街道	乒乓球	75	湖里区	江头街道金尚社区居委会	健身路径	97
思明区	莲前街道	健身路径	90	湖里区	湖里街道康乐社区居委会	健身路径	224
思明区	莲前街道	健身路径	90	湖里区	殿前街道高殿社区居委会	健身路径和篮球	635
思明区	莲前街道	儿童游乐设施	160	湖里区	江头街道吕岭社区居委会	健身路径	264
思明区	鹭江街道	健身路径	65	湖里区	殿前街道兴隆社区居委会	多功能球类场地	464
思明区	鹭江街道	乒乓球	90	湖里区	江头街道江头社区居委会	多人群组合健身场	100
思明区	鹭江街道	健身路径	76	湖里区	天地集团	网球场 ×2、篮球场 ×2	2920
思明区	鹭江街道	健身路径	150	湖里区	天地集团	篮球公园	1400
思明区	鹭江街道	健身路径	260	湖里区	禾山街道禾缘社区居委会	健身路径	140
思明区	厦港街道	健身路径	90	湖里区	禾山街道枋湖社区居委会	多人群组合健身场	100
思明区	梧村街道	健身路径	130	湖里区	殿前街道翔鹭社区居委会	多人群组合健身场	80
思明区	梧村街道	健身路径	300	湖里区	厦门市湖里区公园中心	多人群组合健身场	150
思明区	梧村街道	健身路径	200	湖里区	厦门市湖里区公园中心	多人群组合健身场	200
思明区	梧村街道	健身路径	160	湖里区	湖里街道东荣社区居委会	多人群组合健身场	100
思明区	梧村街道	健身路径	60	湖里区	湖里街道东荣社区居委会	多人群组合健身场	100
思明区	梧村街道	健身路径	90	湖里区	殿前街道北站社区居委会	多人群组合健身场	1000
思明区	梧村街道	健身路径	490	湖里区	厦门市天地和诚物业集团有限公司	多人群组合健身场	400
思明区	中华街道	乒乓球桌	36	湖里区	湖里街道徐厝社区居委会	多人群组合健身场	80
思明区	莲前街道	健身设施配置	160	湖里区	禾山街道坂尚社区居委会	多人群组合健身场	100
思明区	中华街道	健身设施配置	150	湖里区	厦门市建发物业	多人群组合健身场	400
思明区	厦港街道	健身设施配置	80	湖里区	殿前街道翔鹭社区居委会	多人群组合健身场	280
思明区	开元街道	健身设施配置	120	湖里区	厦门市万嘉禾物业	多人群组合健身场	150
思明区	滨海派出所	篮球场	660	湖里区	凯城花园业委会	多人群组合健身场	200
思明区	思明区税务局	篮球场	580	湖里区	厦门市万嘉禾物业	多人群组合健身场	150
思明区	曾厝垵派出所	健身器材	145	湖里区	殿前街道北站社区居委会	多人群组合健身场	190

续表 37-1

所属单位	管理单位	体育设施	面积	所属单位	管理单位	体育设施	面积
湖里区	厦门市万嘉禾物业	多人群组合健身场	100	集美区	厦门市集美城市发展有限公司	儿童游乐区域	380
湖里区	厦门市天地和诚物业集团有限公司	多人群组合健身场	500	集美区	文滨花园物业	健身路径	100
湖里区	钟宅畲族社区居委会	多人群组合健身场	80	集美区	文滨花园物业	健身路径	100
湖里区	汇嘉物业	多人群组合健身场	100	集美区	文滨花园物业	健身路径	100
湖里区	天地集团	篮球场	700	海沧区	厦门天竺山旅游风景区投资开发有限公司	多人群组合健身	320
湖里区	江头街道金尚社区居委会	多人群组合健身场	200	海沧区	海沧城建园林有限公司	棋牌园	495
湖里区	湖里街道康乐社区居委会	多人群组合健身场	300	海沧区	海沧街道临港社区	篮球场（标准场）	608
湖里区	金山街道金山社区居委会	多人群组合健身场	200	海沧区	嵩屿街道海翔社区	多人群组合健身	330
湖里区	殿前街道神山社区居委会	多人群组合健身场	50	海沧区	厦门市海沧区寨后村委会	足球场	1197
湖里区	殿前街道神山社区居委会	多人群组合健身场	50	海沧区	东孚街道莲花社区	亲子健身	320
湖里区	金山街道金山社区居委会	健身路径	200	海沧区	新阳街道兴祥社区	篮球场（标准场）	578
湖里区	金山街道后坑社区居委会	多人群组合健身场	400	海沧区	厦门市海沧区文化和旅游局	网球场	3000
湖里区	金山街道金海社区居委会	网球场	364	海沧区	东孚街道乡村振兴办	篮球场（标准场）	620
湖里区		篮球场	600	海沧区	海沧街道海沧社区	亲子健身	250
湖里区		篮球场	600	海沧区	东孚街道孚美社区	儿童游乐设施	50
湖里区	殿前街道马垅社区居委会	篮球场	506	海沧区	嵩屿街道海景社区	儿童游乐设施	150
集美区	集美区文化和旅游局	篮球场、足球城	2739	海沧区	嵩屿街道海虹社区	多人群组合健身	60
集美区	浒井社区居委会	篮球场	700	海沧区	嵩屿街道海虹社区	多人群组合健身	90
集美区	龙山社区居委会	羽毛球场	139	海沧区	海沧街道海农社区	篮球场半场	360
集美区	岩内村居委会	篮球场	560	海沧区	东孚街道莲花社区	篮球场	420
集美区	二农社区、后溪镇新时代文明实践所	乒乓球馆	150	海沧区	海沧街道渐美村	乒乓球场	80
集美区	康城社区、厦门晟洲物业管理有限公司	健身路径	50	海沧区	嵩屿街道海林社区	多人群组合健身	250
集美区	马銮社区居委会	篮球场	600	海沧区	东孚街道天竺社区	儿童游乐设施	300
集美区	马銮社区居委会	篮球场	650	海沧区	海沧城建园林有限公司	起终点打卡系统	100
集美区	锦园社区居委会	篮球场	600	海沧区	海沧城建园林有限公司	起终点打卡系统	100
集美区	重庆中交物业管理有限公司厦门分公司	亲子健身和青少年健身等	200	海沧区	嵩屿街道未来海岸社区	多人群组合健身	100
集美区	中航城 C 区物业	篮球场	700	海沧区	海沧街道海沧社区	亲子健身	320
集美区	信嵘宣（厦门）市政园林工程有限公司	健身路径、步道	115	海沧区	海沧城建园林有限公司	多人群组合健身	350
集美区	厦门市集美城市发展有限公司	室外羽毛球场和健身路径	75	海沧区	海沧街道海农社区	多人群组合健身	100
集美区	厦门市集美城市发展有限公司	5 人制足球场、3 人制篮球场等	3062	海沧区	海沧街道海兴社区	多人群组合健身	125

续表 37-1

所属单位	管理单位	体育设施	面积	所属单位	管理单位	体育设施	面积
海沧区	海沧街道海兴社区	多人群组合健身	110	海沧区	嵩屿街道海达社区	智慧健身房	120
海沧区	海沧街道海兴社区	乒乓球场	100	海沧区	新阳街道	智慧健身房	150
海沧区	海沧街道渐美村	乒乓球场	100	海沧区	东孚街道孚美社区	智慧健身房	125
海沧区	海沧街道古楼农场	多人群组合健身	240	同安区	同安区市政园林局	智能健身驿站	100
海沧区	嵩屿街道海林社区	多人群组合健身	100	同安区	五显镇	健身路径	300
海沧区	嵩屿街道钟山社区	乒乓球场	150	同安区	西柯街道	健身路径	300
海沧区	嵩屿街道石塘村	多人群组合健身	100	同安区	莲花镇	篮球场	700
海沧区	嵩屿街道海景社区	乒乓球场	400	同安区	大同街道	健身路径	55
海沧区	新阳街道新垵村	乒乓球室	200	同安区	五显镇	羽毛球场	324
海沧区	新阳街道祥露社区	健身房	50	同安区	西柯街道	乒乓球场	72
海沧区	新阳街道祥露社区	乒乓球场	80	同安区	莲花镇	足球场	400
海沧区	新阳街道祥露社区	防扰民智慧广场舞场地	400	同安区	同安区市政园林局	智能健身路径	100
海沧区	新阳街道祥露社区	羽毛球场	120	同安区	同安区市政园林局	智能健身驿站	60
海沧区	新阳街道翁厝社区	多人群组合健身	100	同安区	西柯街道	健身路径	100
海沧区	新阳街道兴旺社区	儿童游乐设施	110	同安区	西柯街道	健身路径	100
海沧区	新阳街道兴旺社区	多人群组合健身	220	同安区	西柯街道	健身路径	100
海沧区	海沧城建园林有限公司	多人群组合健身	400	同安区	西柯街道	健身路径	100
海沧区	新阳街道翁厝社区	儿童游乐设施	85	同安区	西柯街道	健身路径	56
海沧区	新阳街道孚中央社区	多人群组合健身	75	同安区	西柯街道	健身路径	100
海沧区	新阳街道孚中央社区	亲子健身	75	同安区	西柯街道	篮球场	100
海沧区	新阳街道孚中央社区	乒乓球场	50	同安区	西柯街道	健身路径	100
海沧区	新阳街道孚中央社区	多人群组合健身	150	同安区	西柯街道	健身路径	100
海沧区	新阳街道孚中央社区	乒乓球场	50	同安区	西柯街道	健身路径	100
海沧区	新阳街道孚中央社区	多人群组合健身	200	同安区	祥平街道	健身路径	100
海沧区	嵩屿街道海虹社区	多人群组合健身	40	同安区	祥平街道	健身路径	100
海沧区	嵩屿街道北附小社区	多人群组合健身	110	同安区	祥平街道	健身路径	100
海沧区	新阳街道孚中央社区	儿童游乐设施	70	同安区	祥平街道	健身路径	100
海沧区	新阳街道孚中央社区	儿童游乐设施	75	同安区	祥平街道	健身路径	100
海沧区	新阳街道孚中央社区	多人群组合健身	75	同安区	新民街道	健身路径	100
海沧区	新阳街道孚中央社区	乒乓球场	50	同安区	五显镇	健身路径	100
海沧区	嵩屿街道海虹社区	乒乓球场	80	同安区	莲花镇	健身路径	80
海沧区	嵩屿街道海虹社区	多人群组合健身	170	同安区	莲花镇	健身路径	100
海沧区	新阳街道孚中央社区	青少年健身	50	同安区	莲花镇	健身路径	100
海沧区	东孚街道贞贷村	篮球场	700	同安区	莲花镇	健身路径	100
海沧区	东孚街道山边社区	篮球场	700	同安区	莲花镇	健身路径	100
海沧区	海沧城建园林有限公司	棋牌园	495	同安区	莲花镇	健身路径	100

续表 37-1

所属单位	管理单位	体育设施	面积	所属单位	管理单位	体育设施	面积
同安区	莲花镇	健身路径	100	翔安区	吕塘社区	篮球场	643
同安区	莲花镇	健身路径	80	翔安区	东园社区	篮球场	683
同安区	莲花镇	健身路径	100	翔安区	沙美社区	篮球场	560
同安区	同安区市政园林局	健身路径	100	翔安区	上宅村	篮球场	80
同安区	同安区市政园林局	健身路径	100	翔安区	山亭社区	篮球场	612
同安区	汀溪镇	健身路径	100	翔安区	溪尾社区	篮球场	605
同安区	汀溪镇	健身路径	100	翔安区	官路村	羽毛球场	186
翔安区	嶝崎社区	健身路径	200	翔安区	琼坑村	健身路径	40
翔安区	钟宅社区	健身路径	142	翔安区	郑坂社区	健身路径	150
翔安区	钟宅社区	健身路径	167	翔安区	浦园社区	羽毛球场	159
翔安区	钟宅社区	健身路径	60	翔安区	舫星社区	羽毛球场	127
翔安区	东兴社区	健身路径	84	翔安区	面前埔村	篮球场	485
翔安区	东兴社区	健身路径	72	翔安区	前庵社区	篮球场	608
翔安区	东兴社区	健身路径	100	翔安区	亭洋社区	篮球场地	428
翔安区	区市政园林局	健身路径	117	翔安区	洪厝社区	篮球场地	480
翔安区	区市政园林局	智能健身路径	150	翔安区	下后滨社区	健身路径	150
翔安区	区市政园林局	笼式足球场	100	翔安区	下后滨社区	气排球场	204
翔安区	区市政园林局	健身驿站	39	翔安区	洪溪社区	气排球场	234
翔安区	区市政园林局	智能健身路径	180	翔安区	洪溪社区	篮球场	692
翔安区	区市政园林局	智能健身路径	145	翔安区	何厝社区	健身路径	54
翔安区	区市政园林局	儿童娱乐设施	113	翔安区	沙美社区	健身路径	45
翔安区	区市政园林局	智能健身路径	79	翔安区	霄垄社区	羽毛球场	155
翔安区	区市政园林局	智能健身路径	79	翔安区	霄垄社区	篮球场	825
翔安区	区市政园林局	智能健身路径	88	翔安区	吕塘社区	篮球场	595
翔安区	区市政园林局	健身步道	1000	翔安区	东坑社区	健身路径	160
翔安区	东埕社区	篮球场	540	翔安区	东坑社区	健身路径	50
翔安区	田墘社区	篮球场	470	翔安区	炉前社区	羽毛球场	189
翔安区	彭厝社区	羽毛球场地	150	翔安区	炉前社区	健身路径	120
翔安区	蔡浦社区	健身路径	116	翔安区	汇嘉（厦门）物业管理有限公司	健身路径	148
翔安区	陈塘回民社区	篮球场	583	翔安区	汇嘉（厦门）物业管理有限公司	乒乓球桌	265
翔安区	东兴社区	篮球场	608	翔安区	汇嘉（厦门）物业管理有限公司	儿童乐园场地	40
翔安区	洪前社区	篮球场	570	翔安区	东兴社区	健身路径	180

表 37-2　　2022 年厦门市新增体育设施对外开放学校一览表

区划	学校名称	区划	学校名称
思明区	会展南小学	海沧区	厦门市海沧区鳌冠学校
	外国语附属小学	同安区	厦门市同安区第三实验小学芸溪校区
湖里区	厦门市湖里区教师进修学校第二附属小学		厦门市同安区祥平中心小学
	厦门市金山小学	翔安区	翔安区第三实验小学
	厦门市江头第三小学		翔安区翔城小学
	厦门市寨上小学		翔安区第六实验小学
	厦门市高崎小学		翔安区第一实验小学
	厦门市安兜小学		翔安区第二实验小学
	厦门市高殿中心小学		翔安区振南小学
	厦门市华昌小学		翔安区新圩中心小学
	厦门市金林湾实验学校		翔安区诗坂小学
集美区	福建教育学院附属集美实验学校美山分校		福建教育学院附属翔安第一小学
	华侨大学集美附属学校		
	福建省厦门集美中学附属滨水学校		
	厦门市集美区窗内小学		

【学校体育设施开放】 2022 年，厦门市新增体育设施对外开放学校 27 所（见表 37-2），累计开放学校 144 所。注册市民超 56 万人，进校健身人数 310 万人次。

【体育智慧健身房建设】 2022 年，厦门市新增建设思明区莲前街道瑞华中心、翔安区邻里篮球馆等体育智慧健身房 11 家，累计体育智慧健身房 34 家。智慧健身房面向居民免费开放，需在“厦门 i 健身”上提前预约时段。厦门体育智慧健身房建设工作获国家体育总局肯定批示，被作为典型经验交流介绍；获福建省体育局发文推广。

（王　悦）

群众体育

【概　况】 2022 年，厦门市体育局制定出台《加快推进群众身边全民健身场地设施建设工作方案》《厦门市公园绿地全民健身设施设置指引》《厦门市体育公园建设工作方案》等，梳理全民健身设施存量场地。在全国率先举办社区运动会，探索社会体育指导员网格化服务、改革体彩公益金使用机制。创新推出“政府监管—居民参与—科学运动—医疗监督”的体卫融合新模式，联合市卫健委培训运动处方师 75 人；“厦门 i 健身”全民健身综合服务平台新增电子健身地图等相关功能，标绘体育场地位置信息 6700 多处，该举措获国家体育总局肯定和《人民日报》等媒体推介。市体育局推动开展社会体育指导员志愿服务驿站建设。组织开展各类群众性体育赛事活动 300 多项，参与人数近 100 万人次，经常参加体育锻炼人数比例 42%，居全国、全省前列。全市体育社会组织 293 家，基本实现人群体育协会、单项体育协会全覆盖。

【社会体育指导员志愿服务驿站建设】 2022 年，厦门市体育局推动社会体育指导员志愿服务驿站建设，新增区级驿站、社区驿站 9 个。驿站开设射艺、曳步舞、太极拳、跆拳道、跑步、亲子跳绳、健身气功等 19 门公益课程。市社会体育指导员志愿服务驿站总站提供公益课程、器材借用、物品寄存、健身指导、赛事保障、公益广告、共享会场、免费饮水、免费充电等服务，开设健身指导课程 600 场次，累计点击量 6.3 万人次，获评首批市级新时代文明实践基地。成立社会体育指导员志愿服务队，带动全市超 1 万名社会体育指导员参与志愿服务。

【国民体质监测服务】 2022 年，厦门市有国民体质监测站点 11 个，市、区和街道（镇）国民体质监测点组成的“国民体质监测三级网络体系”初步建成。开展国民体质监测约 1 万人次，国民体质合格率 92.1%。市体育局推动市、区级国民体质监测中心软硬件设施提升，设立专家咨询服务点，进行国民体质监测，提供健身方案，定期公布体质监测结果。

（王　悦）

竞技体育

【概　况】 2022 年，厦门市体育局拓展深化体教融合，将市体育运动学校、市竞技体育发展中心、市水上运动中心整合为市体育运动学校，优化资源配置，加强规范化管理。创建竞技体育后备人才培养基地校16所，累计建成基地校92所、市级以上传统校72所（其中国家级1所、省级34所）。推动冰雪运动进校园，4所学校建立“轮转冰”训练场地。市、区体校常年在训人数近1000人，输送至省队、省体校108人，国家队集训20人。指导思明区设立体育类校外培训数字化服务平台，吸收合规商家入驻，发布培训机构“白名单”。联合市教育局出台深化体教融合、促进青少年健康发展实施意见，青少年赛事活动吸引3.23万人次参与。举办“龙腾虎跃”2022海峡两岸龙舟赛，被央媒报道。举办海沧半程马拉松赛、2022厦门马拉松赛暨全国马拉松锦标赛、环东半程马拉松赛3场马拉松比赛。环东半程马拉松赛的男子冠、亚军均打破已保持13年的全国纪录。举办2022全国铁人三项锦标赛暨全国青少年锦标赛、全国羽毛球锦标赛和冠军赛、角斗舞仕街舞超级联赛2022赛季全国总决赛、中国家庭帆船赛等国家级赛事。举办厦鼓海峡冬泳嘉年华活动。开展系列赛事宣传，提升厦门体育赛事影响力。

【全民健身运动会】 2022年5月25日至11月13日，由厦门市全民健身工作领导小组指导，厦门市体育局、厦门市体育总会主办，厦门市社会体育发展中心、厦门市社会体育指导员协会、海西晨报社、厦门体育产业集团赛事运营有限公司承办，各大体育运动协会协办的2022年厦门市全民健身季暨全民健身运动会举行。运动会以“全民健身动起来，一起健康向未来”为主题，包含标杆赛10项、青少年锦标赛14项。该届厦门市全民健身运动会采取线上、线下融合办赛形式。羽毛球、乒乓球、网球、五人制足球、三人篮球、气排球、围棋、中国象棋9个项目结合福建省第十七届运动会群众比赛项目厦门代表队选拔赛举行。

【第十七届省运会参赛获奖】 2022年11月6—13日，福建省第十七届运动会在南平市体育中心举办。厦门市体育代表团由2105名运动员组成，在体校组和社会俱乐部组比赛中均获金牌榜第一、总分榜第一，创最佳成绩。其中，在体校组现场比赛中获140金、129银、146铜，金牌数比上届增加17枚；参加群众部全部13个大项、70个小项的比赛，获一等奖59个、二等奖32个、三等奖22个；在社会俱乐部组比赛中获33金、25银、28铜。

2022年11月27日，建发厦门马拉松赛在厦门举行　　（市体育局　供图）

【厦门马拉松赛】 2022年11月27日，2022建发厦门马拉松赛暨全国马拉松锦标赛在厦门会展中心举行，2.8万人参赛，其中注册运动员近100人。贵州代表队选手丰配友获得男子组冠军，成绩2小时13分53秒；贵州代表队选手李井芬获得女子组冠军，成绩2小时36分14秒。作为“世界田联精英白金标赛事”，2022建发厦门马拉松赛男女前五名选手获2023年布达佩斯世界田径锦标赛名次达标资质。

（王　悦）

体育产业

【概　况】 2022年，厦门市体育局开展体育领域设备购置与更新贷款贴息申报，8家企业被纳入国家重大建设项目库；出台体育领域助企纾困8项措施，联合金融机构推出“招体贷”“工体贷”等金融服务方案。举办首届厦门体育产业发展创新创业大赛，钢宇工业有限公司获评国家级体育产业示范单位，4家体育企业获评省级体育产业示范单位，思明区被认定为省级体育产业示范基地。全市居民体育消费规模134亿元，体育产业总产出和增加值分别为528.5亿元和210.5亿元。

【厦门体育消费生活节】 2022年9月8日，为推动培育创建国际消费中心城市和国家体育消费示范城市工作，厦门市体育局举办2022厦门运动时尚消费季暨第三届厦门体育消费生活节。该活动以“健康真美丽，运动最时尚”为主题，政府投入超3000万元消费补贴，开展运动时尚展示，打造城市运动时尚消费品牌。

【运动时尚展】 2022年9月8日，厦门市举办首届运动时尚展，线上、线下超100万人次参观。线上直播带货销售额超3000万元。线下展会场地约4000平方米，设置时尚体育运动用品、运动器材、体育科技体验、体育服务4个板块，38家企业参展。

（王　悦）

责任编辑：明安文
审　　稿：林建高
校　　对：熊焱峰

38 社会生活

人口家庭

【概　况】2022年，厦门市户籍人口293万人，人口自然增长率8.16‰，人口机械增长率31.21‰。厦门市流动人口282.78万人，其中思明区35.88万人、湖里区57.32万人、海沧区36.97万人、集美区69.50万人、同安区48.54万人、翔安区34.57万人。厦门市常住人口政策符合率98.46%，出生率8.42‰，出生性别比118.34，计划生育奖励兑现率100%。办理生育登记27862例。厦门市卫生健康委员会（简称市卫健委）推动实施三孩生育政策及配套支持措施，推动婴幼儿照护服务发展。在全省率先建设托育机构信息导航系统。（见表38-1、表38-2）

【城乡居民家庭居住情况】2022年，厦门市城镇居民家庭住房人均建筑面积30.34平方米，比上年减少0.04平方米；农村居民家庭住房人均建筑面积65.28平方米，减少2.04平方米。（见表38-3、表38-4）

【人口监测】2022年，厦门市卫健委在全市范围建立市、区、镇（街、场）、村（居）“四级联动”的人口监测组织网络，实现公安、民政、残联、工信等部门信息共享互用。连续4年开展人口监测信息质量一级达标评估，全市人口监测信息统计准确率超98%。

表38-1　　2021—2022年末厦门市户籍人口变动情况表

项　　目	2022年	2021年
总户数（户）	901444	876002
总人口（人）	2930022	2828052
男	1424608	1380702
女	1505414	1447350
城镇人口（人）	2565933	2469377
年内自然净增人口（人）	23507	24152
人口自然增长率（‰）	8.16	8.69
出生人口（人）	32380	32114
出生率（‰）	11.25	11.55
死亡人口（人）	8873	7962
死亡率（‰）	3.08	2.86
年内机械净增长人口（人）	89863	64552
人口机械增长率（‰）	31.21	23.22
迁入人口（人）	177776	152856
迁入率（‰）	61.75	54.99
迁出人口（人）	87913	88304
迁出率（‰）	30.54	31.76
年平均人口（人）	2879037	2779917

表 38-2　　2014—2022 年末厦门市流动人口统计情况表

单位：人

年份	厦门市	思明区	海沧区	湖里区	集美区	同安区	翔安区
2014	2634861	527978	273394	796920	534287	328725	173557
2015	2831180	548352	323921	887070	573720	330557	167560
2016	2998099	538131	332188	856378	640775	387482	243145
2017	2973838	490231	344059	885283	633246	408995	212024
2018	3154561	588910	359315	845231	706007	418250	236848
2019	3217039	580669	379111	822346	721683	447674	265556
2020	2917221	405204	382387	720036	665508	472582	269038
2021	2858572	363951	385365	629873	713425	454939	311019
2022	2827801	358813	369696	573202	694950	485431	345709

【人口文化宣传】 2022 年，厦门市计划生育协会（简称市计生协）制定下发《厦门市计生协宣传思想工作要点》，推动建立传统媒体和新媒体融合发展、线上与线下互动传播、上下贯通、左右联通宣传模式。开展“红帆领航·健康同行”暨“倡新型婚育文化，促人口均衡发展——喜迎党的二十大”系列宣传服务活动，10 多万人次参与活动，慰问 143 场次、3752 人。《厦门市力促计生协改革转型》《推进青春健康项目覆盖高校》《探索“三三制”工作法提升“暖心家园”服务实效》等 100 多篇工作典型被《中国人口报》、新华社、“学习强国”学习平台等刊发。各类媒体刊发厦门人口工作相关报道 600 多篇。在中国计生协第三届计生协好新闻评选中，市计生协获“组织工作奖”，6 篇作品获奖。市计生协被中国计生协授予“5·29”活动优秀组织奖。

表 38-3　　2021—2022 年厦门市城镇居民家庭居住情况表

项目	2022 年	2021 年	项目	2022 年	2021 年
现住房人均建筑面积（平方米）	30.34	30.38	按用水情况分（%）		
按房屋产权分（%）			经过净化处理的自来水	99.13	99.13
租赁公房	2.38	2.38	井水和泉水	0.60	0.87
租赁私房	46.96	47.76	按卫生设备情况分（%）		
原有私房	15.84	15.84	水冲式卫生厕所	100.00	99.80
房改私房	1.35	1.44	水冲式非卫生厕所		
商品房	27.22	26.80	卫生旱厕		
其　他	6.25	5.77	普通旱厕		
按住宅建筑式样（%）			无厕所		0.20
单栋楼房	13.81	13.44	按炊用燃料使用情况分（%）		
单栋平房	0.81	0.80	液化石油气	26.32	26.64
四居室及以上	6.86	6.00	管道天然气	31.09	30.73
三居室	19.14	19.56	电	37.30	37.44
二居室	20.65	21.40	其　他	5.30	5.18
一居室	36.06	36.03			
筒子楼或连片平房	2.58	2.58			
其　他	0.10	0.15			

表 38-4 **2022 年厦门市农民家庭居住情况表**

项　目	单　位	2022 年	项　目	单位	2022 年
现住房建筑面积	平方米 / 人	65.28	住宅外道路路面状况		
住房空间样式			水泥或柏油路面	%	98.38
单栋楼房	%	83.25	沙石或石板等硬质路面	%	1.62
单栋平房	%	8.01	其他路面	%	
单元房	%	7.85	住房卫生设备使用情况		
其　他	%	0.89	使用水冲式厕所	%	100.00
住房建筑材料			使用旱厕	%	
钢筋混凝土	%	39.25	无厕所	%	
砖混材料	%	47.67	炊事使用的主要能源		
砖瓦砖木	%	9.57	使用燃气	%	29.20
其　他	%	3.52	使用电	%	70.80
			其　他	%	
			饮用水来源情况		
			饮用自来水	%	86.83
			井水和泉水	%	13.17

【家庭健康建设】 2022 年，厦门市、区计生协以“红帆领航　健康同行”为主题，制定《厦门市家庭健康促进行动实施方案》《厦门市计生协推进家庭健康促进行动实施方案》等近 10 份配套文件，成立全市计生协家庭健康促进行动领导小组。推进健康进万家行动，组织家庭健康指导员服务全市居民 140 万多户，推送知识 192 万多篇次，服务群众覆盖面居全省首位。开展家庭健康主题推进活动 392 场次，宣传覆盖人数 53 万余人次，制作发放宣传品数量 6.6 万份。举办“暖心大学堂”主题活动进村居、进企业 119 场次，服务 4400 多人次。开展“百名专家送健康下基层”活动 29 场次、派出专家 203 人次、2500 多人次参加。结合“老年健康宣传周”“敬老月”开展敬老、孝老、助老活动，服务 2 万余人次。全市 16 个家庭被评为福建省“健康家庭”示范户。湖里区入选“全国家庭健康促进行动项目点”。

【婴幼儿照护服务扶持】 2022 年，厦门市卫健委推动制定出台婴幼儿照护服务支持政策。推动市政府制定实施《厦门市“一老一小”整体解决方案》。会同市发改委、市民政局联合制定《厦门市关于贯彻落实养老托育服务业纾困扶持政策措施的实施意见》；与国网厦门供电公司联合印发《关于做好托育机构用电保障服务的通知》，实现备案托育机构执行生活类居民用电价格。联合 10 个部门制定《厦门市婴幼儿照护服务设施建设实施方案》。市国资委印发实施《关于市国资委所出资企业婴幼儿照护服务任务纳入企业负责人经营业绩考核有关事项的通知》。市总工会制定实施《关于扶持开展职工婴幼儿托育服务工作方案》，扶持推动有条件的基层单位为职工提供福利性婴幼儿照护服务。市资规局出台《厦门市托育服务设施配置导则》，要求新建住宅区必须按照相关标准配置托育服务设施。市婴幼儿照护托育服务协会、市银行业协会、市保险行业协会联合发布厦门市托育行业金融服务产品，制定面向托育机构和托育行业从业者的银行产品和服务方案。

【普惠性托育园建设】 2022 年，厦门市新增普惠性托育园 32 家。其中，思明区 6 家，托位 500 个；湖里区 7 家，托位 436 个；集美区 6 家，托位 555 个；同安区 5 家，托位 465 个；翔安区 8 家，托位 545 个。全市托育服务机构 300 多家，提供托位 1.5 万个，每千人拥有 3 岁以下婴幼儿托位数 2.8 个，普惠托位数及托育机构备案通过率位于福建省前列。

【青春健康教育】 2022 年，厦门市计生协联合市教育局举办 2022 年中学（中职）青春健康教育培训班，培训中学、中等职业学校校医（心理老师）45 人、青春健康师资 197 人。到 57 所中学（中职）开展青春健康教育活动 57 场次，2.93 万人次参与，其中海沧区、翔安区实现中学全覆盖。在全市高校开展青春健康教育线上、线下活动 80 多场，服务学生 4 万多人次。9 家高校创建国家级青春健康项目点。集美区入选青春健康沟通之道家长培训全国项目点。

（市计生协　市卫健委　市统计局）

婚姻登记

【概　况】 2022 年，厦门市民政局办理国内婚姻登记结婚 21180 对、离婚 6564 对，补领婚姻登记证 2410 对（件）；办理涉外婚姻登记结婚 145 对、离婚登记 29 对，补领婚姻登记证 5 对（件）。办理国内收养登记 12 件、解除收养登记 1 件。婚姻和收养登记合格率均为 100%。

【“公民婚育一件事”服务联办】 2022 年 11 月，厦门市民政局牵头协调公安和卫健部门，开展厦门市“公民婚育一件事”集成套餐服务。联合印发《厦门市“公民婚育一件事”实施方案》，建立“一表申请、一平台受理、一站服务”的集成套餐服务模式，实现厦门市居民办理内地居民婚姻登记、婚姻状况户口登记项目变更、夫妻投靠户口迁移、生育登记等事项的跨部门联办服务。

【结婚登记“全省通办”】 2022 年，厦门市婚姻登记机构办理跨地市内地居民结婚登记“全省通办”2899 对，同期福建省跨地市办理 4111 对，厦门市占比超过 70%。该项业务破解“多地跑”“折返跑”难题，打破婚姻登记户籍界限，推进基本公共服务均等化、便捷化。

（市民政局）

殡葬管理

【概　况】 2022 年，厦门市民政局举办 2 届骨灰集体海葬和公益花坛葬活动。为 248 名逝者举办“情系鹭岛·爱融海天”骨灰撒海活动，为 28 名逝者举办“大爱归自然·芬芳励后人”公益花坛葬活动。落实无丧葬补助人员基本殡葬服务费及海葬费用免除工作，全年补助人数 2191 人，金额 375 万元。印发《关于进一步明确各级殡葬工作职责任务的通知》，坚持按照“属地管理、守土有责”原则，明确市民政局、区民政局、市殡葬事务中心、市（区）殡仪服务中心（站）4 个层级的殡葬工作职责任务，全面实行殡葬管理工作职责分级落实责任制。9 月，市民政局组织召开全市巩固和深化“活人墓”等突出问题整治规范工作联席会议，推进突出问题整治规范和违建坟墓“回头看”工作。

【清明祭扫服务】 2022 年清明期间，厦门市民政局落实厦门市应对新冠疫情工作第 5 号通告，制定闭园祭扫方案。倡议宣传“绿色祭扫”，暂停群众现场祭扫，组织公祭典礼和代祭扫活动，各陵墓园免费清扫献花 6.8 万支，引导群众通过“厦门云祭园”网上祭扫，平台新建馆数 1.66 万个，页面累计点击量 107.6 万人次。

【遗体接运管理工作暂行规定出台】 2022 年 11 月，厦门市民政局印发《厦门市遗体接运管理工作暂行规定》。该规定明确全市殡葬服务机构落实遗体接运管理工作责任、遗体接运属地管理原则、遗体接运车辆统一归口管理规定、遗体收殓人员管理规定，规范遗体接运、收殓行为和遗体交接工作手续等内容，加强殡葬管理工作。

【“公民身后一件事”服务联办】 2022 年 11 月，厦门市民政局牵头协调公安和卫健部门，开展厦门市“公民身后一件事”集成套餐服务。申请人可通过福建省网上办事大厅“一件事一次办”服务联办平台的厦门市“公民身后一件事”业务模块，提交办理事项所需材料，办理医（社）保参保缴费终止（死亡人员）、参保人员个人账户一次性支取（基本医疗保险）、企业职工基本养老保险未办理退休手续的参保人员申领、企业职工基本养老保险离退休（退职）人员申领、死亡注销（户籍）、机动车驾驶证注销（死亡人员）、住房公积金提取（死亡人员）相关事项。死亡证明开具和遗体火化仍需线下办理。

（市民政局）

就业创业

【概　况】 2022 年，厦门市城镇新增就业 17.69 万人，失业人员再就业 4.29 万人，城镇就业困难对象就业 1.14 万人。全市登记用工企业 24.16 万家，登记在职职工 277.56 万人（其中到厦门务工人员 199.25 万人），分别比上年增长 9.61%、4.55%。全年发放普惠性稳岗返还企业 10.77 万家、金额 4.45 亿元；发放稳就业奖补 991.76 万元，惠及 61 家规模以上工业企业、春节期间在岗员工 11.7 万人次；为 3534 家企业招收 3.36 万名员工发放一次性招工奖励 1682.3 万元。全年发放闽宁协作跨省就业补助及交通补助 194.3 万元，截至年底，帮扶结对地区劳动力转移就业 7397 人（其中脱贫人口 4078 人），包括输转到厦门就业 2062 人、就地就近就业 4635 人、输转第三地就业 700 人。竞选成功财政部、人社部公共就业服务能力提升示范项目，获得中央财政补助资金 1 亿元。

2022 年，厦门市人力资源和社会保障局（简称市人社局）发放提升企业职工职业技能补贴 0.96 万人、1449.12 万元，开展技能培训 5.88 万人次，兑现各类补贴资金 7180.59 万元。推进技能大师工作室建设，认定市级工作室 17 家，认定省级技能大师工作室 9 家。首次举办全市综合性职业技能竞赛，最终确定竞赛项目 22 个，其中市级竞赛 5 个、国（世）赛选拔赛 17 个，全市 703 人参赛。组织人员参加第二届全国职业技能大赛福建省选拔赛，参赛项目 18 个，参赛选手 119 人，获得 10 个项目第一名、12 个项目第二名、9 个项目第三名。在厦门技师学院内建设的金砖智能制造实训基地年底投用。2022 年开展技能人才评价 4.02 万人次，其中技能等级认定考核 2.48 万人次，发放技能等级证书 1.57 万本；专项职业能力考核 1.54 万人次，发放专项职业能力合格证书 1.17 万本。2022 年认定市级高层次人才两批次 1819 人，认定人数翻番。接收高校毕业生 7.81 万人，比上年增长 10.7%。新引进留学人才 2018 人，比上年增长 10.8%，评定高层次留学人才 187 人。推荐 5 个项目全部入选人社部 2022 年度中国留学人员回国创业启动支持计划，获资助 190 万元，入选数量创新高。厦门市有博士后科研工作站 34 家、创新实践基地 14 家。完成第八批台湾特聘专家（专才）申报评审工作，评出特聘专家 14 人、专才 48 人，对经考核合格的 261 名台湾特聘专家（专才）发放生活补贴 3370.25 万元。

厦门市离校未就业高校毕业生就业去向落实率 98%。全年审核 794 家单位职业见习岗位 1595 个、需求 4316 人，牵线搭桥助推 1205 名待就业毕业生实现见习上岗；为 3072 家次单位、7830 人次发放见习生活补助 1398.74 万元；为厦门市 33 所院校、4733 名毕业生发放求职创业补贴 946.6 万元。

全年受理 1994 家用人单位招用 8278 名就业困难人员社会保险费补贴 5068.07 万元，受理 3366 家用人单位招用 1.81 万名应届院校毕业生社保补贴 6960.47 万元，受理 10 家用人单位招用 346 名就业困难人员公益性岗位工资性补贴 617.97 万元，受理 1.8 万名就业困难人员从事灵活就业社保补贴 1.23 亿元，受理 2.19 万家用人单位招用 13.58 万名厦门市农村劳动力社保补差 1.85 亿元，受理 8743 家企业自主招工招才奖励 13.67 万人、6833 万元，受理 22 家企业接收 32 名台湾人才就业补助 96 万元。

市人社局举办“2022 届毕业生云端大招聘”，举办“一校一招”线上招聘活动 241 场、精准细分行业专场招聘 40 余场、各类直播招聘活动 24 场、“短频快”推岗 8 场；创新开展“选择厦门・书写精彩人生”系列直播送策带岗引才活动，举办 2022 年“赢名企・淘未来”大学生竞职大赛；灵活组织线下校园招聘工作，组织企业到省内外引才基地城市举办校园招聘会 64 场，开展引才推介会 10 场。推进“i 海归”全球引才行动，打造“i 海归”掌上综合服务平台，举办“金砖 +”“9・8”等留学人才项目对接洽谈会和全国留学人员回国创业高级研修班项目路演对接洽谈会，国际化引才创新做法获《人民日报》报道及驻英国、比利时等使领馆关注推荐。建设人力资源服务产业园，完成火炬园、海沧园 2 家市级产业园验收。

【事业单位人事改革】 2022 年，厦门市贯彻实施县以下事业单位管理岗位职员等级晋升制度改革，出台事业单位工作人员转岗聘用管理办法等文件，规范实施事业单位培训制度，首次开展工作人员初任培训。市人社局完成厦门市事业单位工作人员津贴补贴和机关事业单位退休人员生活补贴规范工作，调整优化事业单位编内工勤身份人员退休待遇计发办法，审核兑现市直医疗卫生事业单位医务工作者防疫期间各类待遇 4019.18 万元。指导完成市委、市政府表彰项目 2 个，表彰先进集体 100 个、先进个人 200 人；联合推荐上报省级工作部门及以上表彰先进集体 55 个、先进个人 104 人，其中国家级表彰先进集体 2 个、先进个人 1 人，省部级表彰先进集体 8 个、先进个人 14 人。

【春节后企业用工服务保障】 2022 年，厦门市人社局组织重点企业到甘肃、宁夏、云南、贵州、四川、江西等地招工，并开展线下招聘会 236 场、线上招聘会 258 场，为企业与求职者搭建供需对接平台。分 10 条乘机线路，多条列车、汽车线路，帮助甘肃省临夏州、宁夏回族自治区固原市、贵州省黔东南州、四川省宜宾市、云南省楚雄州、福建省龙岩市武平县、福建省南平市浦城县等地务工人员到厦门务工。提供“出家门进车门、下车门进厂门”“一站式”服务，将务工人员直接送往用工企业。相关做法获中央电视台等媒体报道。

【职称管理】 2022 年，厦门市人社局开展在厦门台湾人才职称认定工作，推进厦门市台湾人才职业资格直接采认工作。在自贸区率先试点集成电路职称评审改革。推进中小学（幼儿园）教师职称试点改革，探索各区和市直属学校自主评审、按岗聘任。

【第二届全国技能大赛厦门赛区赛项结束】 2022 年，为备战 2023 年在天津举办的第 47 届世界技能大赛全国选拔赛暨第二届全国技能大赛，福建省人社厅、省教育厅、共青团省委共同举办 50 个赛项的省级选拔赛，其中厦门承办电子技术、塑料模具工程、砌筑等 8 个赛项，211 名选手参加，11 月竞赛结束。竞赛内容以第一届全国技能大赛世赛项目技术文件为基础，参考国家职业标准高级工（三级）要求进行，考核方式以操作技能为主。厦门市 57 名参赛选手取得 7 个第一、6 个第二、6 个第三的成绩。

【全市人力资源和社会保障工作会议】 2022 年 1 月 27 日，厦门市人力资源和社会保障工作会议召开，对 2022 年全市人社工作提出要求：在稳就业保就业上出新招，在人才发展体制机制创新上谋突破，在深化社会保障制度改革上求实效，在加强技能人才队伍建设上“见真章”，在构建和谐稳定劳动关系上“下硬功”，在加强事业单位服务管理上“用实劲”。同时，巩固党史学习教育和“放管服”改革成果，优化“快办行动”，推进“减时限、减环节、减跑动、减材料”等便民快办行动，整合服务窗口设置，优化提升市、区人社政务服务自建系统，落实“好差评”机制，提升人社服务质量。

【就业援藏推进】 2022 年 2 月 18 日，福建省人社厅召开西藏昌都籍高校毕业生到闽入职对接座谈会，厦门市到福州参会并完成 6 名毕业生对接工作。2021 年，福建省人社厅征集 75 个事业单位岗位招聘西藏昌都籍高校毕业生，厦门市提供 8 个岗位，最终到厦门毕业生 6 人，皆为本科学历，毕业于北京大学、西南政法大学等高校。截至年底，在厦门事业单位工作的西藏昌都籍高校毕业生累计 16 人。

【“空中引才宣讲”新模式推出】 2022 年 4 月 15 日，厦门市首次探索推出“空中引才宣讲”模式，通过直播、在线互动等方式，拓展毕业生了解厦门的途径。在“选择厦门，书写精彩人生”空中宣讲会上，市人社局局长在线对厦门人才政策进行权威解读，市人才中心相关工作负责人介绍引才服务举措。

【高校毕业生落户细则出台】 2022 年 5 月 31 日，厦门市人社局发布《高校毕业生等就业群体来厦落户实施细则》，通过优化高校毕业生、高级技师、技工院校毕业生等群体落户政策，促进集美区、海沧区、同安区和翔安区人员落户，吸引人才在厦门扎根发展。其中，放宽本科及以上毕业生落户条件：应届全日制高校毕业生落户保留原有政策不变；全日制本科及以上学历的往届毕业生落户降低年龄要求，由原年龄 45 周岁以下调整为距离法定退休年龄 5 年以上；新增非全日制硕士、博士研究生的落户渠道；全日制普通高校专科学历毕业生，将“年龄 35 周岁以下且连续在厦缴交社会养老保险 1 年”的限制，调整为“距离法定退休年龄 10 年以上，在本市合法稳定就业”；针对技工院校毕业生，取消了需获得职业资格证书的要求；新增非全日制本科学历毕业生的落户政策等。该细则自 2022 年 6 月 1 日起施行，有效期 5 年。6—9 月，全市新政落户业务办理数 3.2 万人，比上年同期增长 61%。其中，高校毕业生

24206人、技能人才7584人，分别比上年同期增长56%、79%。

【援企业稳就业防失业措施】 2022年6月1日，厦门市人社局印发实施《关于援企业稳就业防失业工作的通知》，提出8条举措做好助企纾困减负、稳定就业、预防失业有关工作，为厦门市企业减轻负担1.77亿元，为企业和个人发放各种奖补18.52亿元。

延续实施阶段性降低失业保险费率政策1年。鼓励企业吸纳新成长劳动力，对自主招收初次到厦门就业或厦门市新成长劳动力的企业，按500元/人给予一次性招工奖励。继续实施失业保险保障扩围政策。

新增社保费缓缴政策，国家公布的22个困难行业、困难企业可申请缓缴3项社保费单位缴费部分。支持企业吸纳高校毕业生，招用毕业年度高校毕业生，按每人1500元标准发放一次性扩岗补助。发放一次性留工培训补助，对因疫情严重影响暂时无法正常经营的参保企业，按每名参加失业保险职工500元标准发放补助。

优化失业保险稳岗返还政策，将中小微企业返还比例从60%提至90%，将大型企业稳岗返还比例由30%提至50%。拓宽技能提升补贴受益范围，将在领取失业保险金期间的失业人员纳入政策范围，放宽企业在职职工申领条件。

【事业单位工作人员初任培训首次举办】 2022年6月6日，厦门市事业单位工作人员初任培训班在中共厦门市委党校开班，市直及各区事业单位51名初次入职的工作人员参加为期1周的培训，是厦门市首次举办事业单位工作人员初任培训。3月，市委组织部、市人社局制定《厦门市事业单位工作人员培训制度实施方案》，专章明确初任培训的内容、形式和课时。

【人力资源服务产业园（火炬园）开园】 2022年6月7日，厦门市人力资源服务产业园（火炬园）开园，是厦门市重点打造的首批市级人力资源服务产业园之一。该园位于火炬新科广场，区域总面积26万平方米，开发利用面积2万平方米，集聚中科智业、众拓达、友达智汇等30余家人力资源企业。该园围绕服务产业、服务人才，打造四大平台：人才赋能发展平台，发挥火炬大学堂作用，汇聚师资力量和资源，开展人才招引、HR（人力资源管理）沙龙、公益培训、入驻机构交流等活动，打造集人才培养、产业研究和产教融合功能于一体的现代化产业人才培养基地和高新产业新型智库；校企合作对接平台，依托人才银行，架构起链接全国高校、高新企业与“新英人才”之间的桥梁，畅通园区、高校、企业、人力资源服务业四方协同合作对接；人才供需链接平台，打通人才需求沟通渠道，打造高校产业行、“炬火种·燃新薪”大赛等品牌活动，联合众多高新技术企业，为企业和求职者搭建桥梁；人才政策服务平台，支持企业引进硕博士毕业生，支持企业开展校园招聘，支持企业吸纳大学生实习实践，支持企业与国内高校联合培养人才。

【2022厦门“金砖+”留学人才项目对接洽谈会】 2022年6月8日，由厦门市委组织部、市人社局、火炬高新区管委会主办的2022厦门“金砖+”留学人才项目对接洽谈会在厦门举行，72个留学人才项目（其中金砖国家留学人才项目7个）和厦门市40多家企事业单位代表报名参会，5个精品项目参加路演。参会的留学人才项目涉及新一代信息技术、生物医药与医疗器械、现代服务业、人工智能、新能源新材料、智能硬件和制造、物联网技术等厦门市急需紧缺和重点发展行业领域，报名的留学人才大部分拥有硕士以上学位，其中40%拥有博士学位。会上，初步有19个项目与29家单位进行对接，达成初步意向23个，其中人才引进意向5个、项目合作意向4个、创业落地意向14个。

【第十七届台湾人才厦门对接会】 2022年6月12日，作为第十四届海峡论坛的配套活动之一，第十七届台湾人才厦门对接会举行。该会由厦门市委组织部、市人社局主办。吸引58家用人单位、11家海峡两岸青年就业创业基地、5家政策咨询机构，约200名台湾专业人才、在闽台湾学生到场交流对接。对接会现场，厦门市企事业单位提供岗位需求1300个，从岗位和薪资看，用人单位对工程师、设计师、专任教师等专业型人才的需求比较高，80%以上岗位月薪万元以上，最高月薪6.6万元。对接会集实习、就业和创业全方位对接交流于一体，现场有惠台引才政策宣讲、在厦门台湾人才代表分享就业生活经验、实习见习对接活动等环节，帮助台湾人才熟悉了解大陆就业创业环境。

【福建省公务员考试笔试】 2022年7月9—10日，福建省2022年度考试录用公务员笔试举行。厦门考区设44个考点、1305间标准化考场、132间备用考场，全市3.9万名考生参加考试。

【访企拓岗对接会】 2022年7月27日，2022高校就业指导老师暑期厦门行暨访企拓岗对接会举行。该活动由厦门市委组织部、市人社局、市国资委指导，市人才服务中心主办，湖里区人社局、翔安区人社局、火炬高技术产业开发区人才服务中心协办。是厦门市新形势下探索加强校地企合作，合力促进高校毕业生资源和厦门就业资源对接，更好促进高校毕业生就业、服务厦门社会经济发展的新举措和新尝试。华中科技大学、同济大学等近40所全国重点引才院校、62名就业指导老师报名参与，半数以上为“985”“211”高校。启动式上，中央民族大学、东南大学、天津大学、哈尔滨工业大学、山东大学等23所高校与厦门市人才中心签订“校地访企拓岗暨毕业生来厦就业合作协议”，就人才输送、招聘对接、政策推介及信息共享等方面达成战略合作意向。主办方就落户、生活和住房等方面的人才政策进行全方位推介，并策划组织各高校参观重点园区、参访标杆企业、走进人才公寓等，促进高校与厦门及厦企“零距离”沟通与交流。

【大学生竞职大赛总决赛】 2022年7月29日，由厦门市委组织部、市人社局、市国资委、火炬高新区管委会指导，市人才中心、市高层次人才中心、思明区人社局、火炬高新区人才中心主办的2022“赢名企·淘未来”大学生竞职大赛总决赛在厦门举行。大赛赛程持续4个月，串联起学生、高校、企业三方联动的引才链，通过将厦门人才政策、就业发展机遇、职业生涯规划等大学生重点关注的内容融入赛程，以赛代试、以赛代训、以赛代访、以赛代宣、以赛代引，开辟出厦门市招才引智的新赛道。该大赛启动以来，来自华中科技大学、中央民族大学、上海大学、同济大学、厦门大学、香港理工大学、西北政法大学、华侨大学、集美大学等全国150余所高校学生报名参赛。1000余名选手进入赛事海选阶段，遴选出50强选手到厦门参加复赛环节。最终，16名学生进入总决赛，大赛决出总冠军1个、二等奖2个、三等奖5个，并产生优胜奖、网络人气奖、职场英雄、职场达人等奖项。

【事业单位招聘编内工作人员】 2022年9月3日，厦门市事业单位联合招聘编内工作人员笔试举行。拟招聘单位152家，计划推出284个岗位，拟聘331人。2个岗位因无人报名或无人通过资格初审取消招聘，1个岗位因报名人数与岗位拟聘人数比例达不到3：1取消招聘，1个岗位因报名人数不足相应减少拟聘人数为1人。招聘笔试应考总人数3.32万人，全市岛内外设38个考点、1107间标准化考场、114间备用隔离考场，实际到考1.84万人。

【就业见习补贴标准提高】 2022年9月13日，厦门市人社局发布《关于做好离校未就业高校毕业生就业见习等工作的通知》。厦门生源及在厦门大中专院校离校2年内未就业的毕业生可以报名参加就业见习，就业见习期一般为半年，最长不超过1年。9月起，厦门市见习补助标准提高至最低工资标准的110%，以2022年的最低工资标准2030元为例，见习补助标准从1980元/月提高到2233元/月。厦门市范围内愿意提供见习岗位的机关、企事业单位，均可申请成为见习单位，对见习期未满与见习人员签订劳动合同的，给予见习单位剩余期限见习补贴的政策实施期限延续至2022年底。相关做法获央视等媒体报道。

【留学人员回国创业研修班】 2022年11月8日，全国留学人员回国创业高级研修班首次在厦门举行。活动由人社部留学人员和专家服务中心、厦门市人社局主办，来自全国21个省市的100多位高层次留学人才参加，项目涉及新一代信息技术、生物医药、人工智能等高新技术领域。主办方在留学人员创业园举办"群英荟萃创聚鹭岛"项目路演活动，组织参会留学人才现场考察园区的产业环境和留学人才创业企业，与厦门市园区、风投、"三高"（高技术、高成长、高附加值）企业等企事业单位对接。

【职业技能竞赛管理办法出台】 2022年11月30日，厦门市人社局、市财政局印发《厦门市职业技能竞赛管理办法》。管理办法内容包括：提升办赛质量效益，对职业技能竞赛组织实施提出明确要求，规范选手参赛、裁判产生、成绩评定、违纪处理等竞赛组织过程各个环节。根据全国职业技能大赛每2年举办一次的情况，确定市级一类竞赛按"大小年"形式举办，同一职业（工种）原则上2年内不重复举办，避免选手每年重复参赛。合理制定竞赛奖励，分级分类设置竞赛奖励，明确对在竞赛中取得优异成绩的选手发放最高5万元/人的奖励。不同层级的同一竞赛项目，可按各层级竞赛分别给予奖励。推进评价制度改革，以厦门市职业技能鉴定中心代章的方式，根据选手成绩对其进行职业技能等级认定，发放职业技能等级证书。其中，对在市级一类竞赛各职业（工种）获得第一名的选手，可认定为技师技能等级，已具有技师的，可晋升高级技师技能等级或该职业（工种）的最高等级。

【厦门市在第五届"中国创翼"创业创新大赛获奖】 2022年12月8—10日，2022年第五届"中国创翼"创业创新大赛全国总决赛在青岛举行，福建省有5个项目入围全国总决赛，获得2个二等奖、1个三等奖和2个优秀奖，创历史最好成绩。在5个福建获奖参赛项目中，4个参赛项目来自厦门，其中2个获得主体赛服务业组二等奖，1个获得劳务品牌专项赛三等奖，1个获得乡村振兴专项赛优秀奖。

【第五届闽西南协同发展区人才交流（招聘）大会】 2022年12月16日，厦门、漳州、泉州、龙岩、三明五地市人社局及厦门理工学院在厦门共同举办第五届闽西南协同发展区人才交流（招聘）大会暨厦门市2023年高校毕业生人才交流大会。该届大会是五地市首次尝试以线上方式进行，活动由开幕启动式、五地市市情暨引才推介、直播推岗引才活动、网络招聘会4部分组成，吸引来自闽西南五地市的160余家企业参会，提供各类优质岗位700个，人才需求总量5000人。

【集成电路工程师职称开评】 2022年12月17日，厦门市召开首批集成电路专业职称评审会。该评审会由市人社局、市工信局指导，厦门自贸片区管委会主办，厦门科技产业化集团有限公司和厦门市集成电路协会承办。首批集成电路专业职称申报工作于9月底启动，通过前期宣传，收到来自厦门市19家企业67名技术人员的申报材料。与会专家评委通过审阅参评材料、分组评议、评委会集中讨论等环节，对参评人员的理论知识、专业技术能力、业绩贡献等方面进行全面评估，最终47名参评人员通过评审，获得首批集成电路专业工程师职称。厦门成为福建省首个开展集成电路专业职称评审的城市。

【厦绵人社系统劳务协作活动】 2022年12月27—28日，厦门市人社局、翔安区就业中心带领厦门市9家企业到四川省绵阳市开展厦绵人社系统劳务协作系列活动。在绵阳市王府井广场举办以"厦绵携手·共促就业"为主题的专场招聘会，厦门市9家企业提供2600多个岗位，2家企业做路演推介。活动吸引1000余名求职者参加，数百人达成初步就业意向。厦门市人社系统人员到绵阳市三台县考察并召开劳务协作座谈会，翔安区人社局与三台县人社局签署"劳务协作合作协议"。双方计划围绕互访交流、劳动力组织和完善合作机制等方面开展深度合作。召开厦绵校企合作和人力资源招引座谈交流会，就各自关注的问题进行探讨，推进两地"请进来"与"走出去"。

（市人社局）

劳动关系

【概　况】 2022年，厦门市劳动保障监察机构通过立案查处或协调处理追发劳动者工资等待遇2.25亿元；处理劳动人事争议案件1.7万件，调解成功率65.90%，结案率94.04%；培育评定106个“无欠薪标杆项目”；开展2021年度用人单位劳动保障守法诚信等级评价，评出A级“守信红名单”1101家和C级“严重失信黑名单”34家并推送至市信用平台，实施守信激励和失信惩戒。厦门市连续第五年获得福建省保障农民工工资支付考核A级第一名；在国务院考核2021年度保障农民工工资支付工作中，厦门市代表福建省接受国务院实地考核，福建省获得全国第二名。

构建新时代和谐劳动关系，加强劳动关系风险常态化监测及形势分析研判，开展预防化解劳动关系风险专项行动。聚焦厦门市新就业形态劳动者权益保障，探索完善新业态劳动用工管理和服务思路举措，牵头拟订《关于印发维护新就业形态劳动者劳动保障权益工作措施》，并会同市发改委、市交通运输局、市应急局、市市场监管局、市医保局、市中级人民法院、市总工会7个相关单位联合发文。组织实施维护新就业形态劳动者劳动保障权益“3+2”专项行动，推进用工监测管理服务全覆盖、职业伤害保障试点地区全覆盖、举报投诉案件受理全覆盖，开展集体协商专项行动、权益维护专项行动，维护外卖平台骑手等新就业形态劳动者合法权益。

培育和评选2022年全国和谐劳动关系创建示范工业园区1个、企业2家，2020—2021年省级劳动关系和谐工业园区1个、镇街3个、企业20家，2020—2021年市级劳动关系和谐工业园区1个、商业楼宇1家、镇街3个、社区6个、企业113家。培育和引导社会组织参与劳动关系治理，2022年培训劳动关系协调员618人，选树市级金牌协调劳动关系社会组织8家、金牌劳动关系协调员29人，遴选推荐并获评省级金牌协调劳动关系社会组织1家、金牌劳动关系协调员12人。

推进居民增收行动计划，构建工资稳定增长机制，将厦门市最低工资标准提高至2030元/月，测算发布企业工资指导线。实施国有企业负责人薪酬制度和工资决定机制改革，加强和改进政府对国有企业工资分配的宏观指导和调控。完成企业薪酬调查工作，指导4家试点企业建立健全技能人才薪酬分配制度，相关经验做法获《中国劳动保障报》报道。

【最低工资标准上调】 2022年4月1日起，福建省执行新的最低工资标准。厦门市月最低工资标准从1800元调整至2030元，非全日制用工小时最低工资标准从18.5元调整至21元。其中，月最低工资标准包含社会保险和住房公积金个人缴费部分，非全日制用工小时最低工资标准包含社会保险单位和个人缴费部分。调整后，厦门市最低工资标准继续保持福建省第一。

【农民工工资保证金专户划拨】 2022年4月，厦门市人社、法院等部门通过农民工工资案件联调联处工作机制，将一项目施工单位的农民工工资保证金本息25万余元划拨给法院账户，并促成项目施工单位与18名农民工达成执行和解。该案件是自2021年11月1日《工程建设领域农民工工资保证金规定》施行后，厦门市首起通过人社部门农民工工资保证金专户划拨执行款以保障农民工权益的案例。根据该规定，工程建设领域施工总承包单位（包括直接承包建设单位发包工程的专业承包企业）须在银行设立账户并按照工程施工合同额的一定比例存储“工资保证金”，专项用于支付为所承包工程提供劳动的农民工被拖欠工资，且该工资保证金实行专款专用，除用于清偿或先行清偿施工总承包单位所承包工程拖欠农民工工资外，不得用于其他用途。

【农民工工资保证金备案书签订仪式举行】 2022年5月10日，厦门市举行农民工工资保证金经办机构备案书签订仪式。工资保证金是专项用于支付为所承包工程提供劳动的农民工被拖欠工资的专项资金，由市级人社部门管理。根据福建省人社厅等六部门关于《福建省工程建设领域农民工工资保证金管理实施办法》文件精神，市人社局于3月15—25日接受农民工工资保证金经办机构备案申请。经核查，兴业银行股份有限公司厦门分行等8家银行及阳光财产保险股份有限公司厦门市分公司等10家保险公司共18家经办机构符合条件，各施工总承包单位可从中自行选择经办机构办理农民工工资保证金事宜。签订仪式上，市人社局与经办金融机构签订备案书，同时提出3点要求：确保安全，经办机构要保证工资保证金账户不被不当查封、冻结或划拨，保证保险性质为不可撤销、见索即付；服务便捷，要从保障资金安全、减轻企业负担、方便经办等角度，群策群力，共同把这项业务办好；落实承诺，经办机构要信守备案书中的各项承诺，在办理业务过程中遵守相关规定，承担相应义务和法律责任，把工资保证金制度落实到位。

【劳动仲裁委员会调解工作站揭牌】 2022年9月14日，厦门市总工会驻厦门市劳动人事争议仲裁委员会调解工作站揭牌，是福建省内第一家“仲裁+工会”联合调解的实体工作机构。6月10日，市总工会引入厦门市经贸商事调解中心4名工作人员常驻至市仲裁委，为申请仲裁的当事人提供案前调解服务，调解工作站试运行。同时，市仲裁委在厦门职工服务中心设立厦门市劳动人事争议委员会驻市总工会案件受理点，方便职工就近申请仲裁。截至9月8日，该调解工作站累计接受调解劳动争议案件397件，成功调解91件，为近百名劳动者挽回经济损失55万余元。

【2022年企业薪酬调查信息发布】 2022年9月，厦门市人社局发布厦门市2022年企业薪酬调查信息，公布厦门市2021年工资价位和企业人工成本信息，发布229个工种（职业）的工资价位，并对其中127个工种按不同技能等级发布相应的工资价位，基本涵盖国民经济各行业通用性、流动性较强的工种（职业）。该调查覆盖全市17个行业门类下78个行业大类的2112家企业（剔除不符合标准的无效数据后，有效样本2065家），覆盖全市6个职业大类、64个职业中类、289个职业小类、622个职业细类的劳动者26.27万人（剔除不符合标准的无效数据后，有效样本26.07万人），反映厦门地区参与薪酬调查的样本企业和劳动者的数据。工资价位和企业人工成本水平发布90%分位值、75%分位值、50%分位值、25%分位值和10%分位值，适合于不同企业和劳动者的需求。（见P411表41-3、P417表41-4）

【2022 年企业工资指导线发布】 2022 年 11 月，厦门市人社局发布厦门市 2022 年企业工资指导线，为企业和员工提供参考。其中，企业工资指导线基准线为 6.5%，企业工资指导线下线为 3%，适用于企业在岗职工工资分配。企业生产经营正常、经济效益增长的，可围绕基准线安排工资增长；企业生产经营正常、经济效益增长缓慢的，可在下线和基准线之间安排工资增长；企业确因生产经营困难，经与工会或职工代表协商同意，可低于工资指导下线（含“零增长”或负增长）确定工资水平，但其支付给在法定工作时间内提供正常劳动的职工工资不得低于当地最低工资标准。

（市人社局）

收入消费

【概　况】 2022 年，厦门居民人均可支配收入 67999 元，比福建省平均水平高 24881 元，是全国平均水平的 1.8 倍；比上年增长 5.7%，增速比全国高出 0.7 个百分点，比全省低 0.3 个百分点。其中，城镇居民人均可支配收入 70467 元，比上年增长 4.9%，收入水平分别比全国、全省平均高 21184 元和 16650 元；增速比全国高出 1 个百分点，比全省低 0.3 个百分点。农村居民人均可支配收入 32323 元，比上年增长 8.1%，收入水平分别比全国、全省平均高 12190 元和 7336 元；增速分别比全国、全省高 1.8 个百分点和 0.5 个百分点。厦门城镇居民人均生活消费支出 45165 元，比上年增长 5.0%；农村居民人均生活消费支出 26696 元，增长 6.6%。

【城乡居民收入】 2022 年，厦门市城镇居民人均可支配收入 70467 元，比上年增长 4.9%。厦门农村居民人均可支配收入 32323 元，比上年增长 8.1%，增速比城镇高 3.2 个百分点，比 2012 年农民收入增长 1.5 倍，年均递增 9.4%，城乡居民收入水平逐步缩小，城乡收入比从 2012 年的 2.5 回落至 2022 年的 2.2（以农村居民收入为 1）。

厦门市全年登记用工单位 24.16 万家，比上年增长 9.6%；全市就业登记在岗职工 277.56 万人，增长 4.6%；全市新增城镇就业 17.69 万人，完成年度任务 13 万人的 136.1%。就业形势的总体平稳，为居民增收奠定重要基础。2022 年，厦门居民人均工资性收入 48144 元，比上年增长 5.4%，所占比重为 70.8%，对收入增长的贡献率为 67.7%，拉动居民收入增长 3.8 个百分点，是可支配收入增长的主要动力。

随着“岛内大提升、岛外大发展”的全面落实，厦门征地拆迁和基础设施建设较快推进。居民利用征拆赔偿款进行投资理财，获取稳定的利息或分红，同时房屋出租率及租金都有提升，直接拉动居民财产净收入的增长。厦门居民全年人均财产净收入 8944 元，比上年增长 9.4%，占可支配收入的比重为 13.2%，对收入增长的贡献率为 21.2%。财产净收入成为居民可支配收入的第二大主要来源。

【城乡居民消费】 2022 年，厦门市城乡居民人均生活消费支出水平分别比全国、福建省平均水平高 9473 元和 6229 元，消费支出水平均高于全省平均水平，排名均位列全省首位；城乡居民人均生活消费支出增长速度分别比全省平均水平略低 0.2 个百分点和高出 0.5 个百分点。

厦门城镇居民的恩格尔系数由 2012 年的 34.3% 下降到 2022 年的 29.5%；农村居民的恩格尔系数由 2012 年的 38.7% 下降到 2022 年的 33.0%。

与 2021 年相比，城镇居民发展型消费支出增长最快的是居住类、生活用品及服务和医疗保健消费，增速分别为 8.9%、9.8% 和 2.9%。农村居民发展型消费支出增长最快的是交通通信类、教育文化娱乐类和医疗保健类消费，增速分别为 55.8%、8.2% 和 12.5%。新型消费热点的培育和发展，以及居民消费习惯的调整都在优化城乡居民的消费结构和提升居民的生活质量。

（市统计局）

社会保险

【概　况】 2022 年，厦门市养老保险、工伤保险、失业保险参保人数分别为 536.91 万人、290.5 万人、287.3 万人，分别比上年增长 10.76%、6.32%、6.28%。全年新增接收退休人员 3.21 万人，全市社会化管理服务对象 43.51 万人，社会化管理服务率 99.99%。对全市 22 个困难行业实施缓缴 3 项社会保险费政策，全年有 1.03 万家单位、49.36 万人缓缴 3 项社会保险费 3.16 亿元，以个人身份参加企业职工基本养老保险的 12.58 万人缓缴 0.99 亿元。对企业实施阶段性降低失业保险费率，为企业减负 14.34 亿元。全年向 3.58 万名厦门市失业人员发放失业保险金 3.66 亿元，向 7.42 万名外来失业员工发放一次性生活补助金 4723.96 万元，发放失业补助金 1.56 万人、4453.8 万元，临时生活补助 1.26 万人、2029.35 万元，发放临时价格补贴 2.59 万人、304.4 万元。

实施企业职工基本养老保险全国统筹制度，推进失业保险、工伤保险省级统筹，完善厦门市被征地人员养老保险政策，规范企业职工基本养老金计发办法，推进特殊工种岗位人员信息入库工作。提高城乡居民养老保险基础养老金至每人每月 330 元，居福建省第一、全国副省级城市第三。深化机关事业单位养老保险制度改革，上调企业和机关事业单位退休人员基本养老金。工伤保险业务包括工伤认定、劳动能力鉴定、工伤待遇发放等权责清单事项 30 项均实现网上办，平均承诺时限压缩至法定时限的 10% 以内。全年核定工伤保险待遇 31329 件，涉及工伤职工 9132 人，按月发放工伤保险定期待遇 1548 人，支付工伤保险专项费用 1225 笔，合计支付各项工伤保险待遇及专项费用 7.71 亿元。全市进行工伤康复人数 1617 人，工伤保险基金支付康复费用 1215 万元。推进社保卡一卡通应用，为 340 多万名群众更换第三代社保卡。180 项审批服务事项承诺时限压缩至法定时限的 6.3%，“即来即办”事项占比 74.4%，外来人员落户、学历人才落户等实现“秒批秒办”，“12333”（社保全国统一服务热线）开通 AI（人工智能）智能语音咨询服务。推进“社保基金管理提升年”行动和“社保基金安全警示教育月”活动，在福建省率先建成外挂系统模式的厦门社保基金内控系统，实时对社保业务经办全过程、全方位进行监测。

【城乡居民养老保险丧葬补助金调整】 2022年，厦门市对2016年底印发的《厦门市城乡居民养老保险丧葬补助办法》进行修订完善，并重新发布，自1月1日起施行，有效期5年。主要内容包括：居民保丧葬补助金标准由原来的定额2500元调整为20个月居民保基础养老金；居民保丧葬补助金标准随厦门市居民保基础养老金调整而调整；享受居民保丧葬补助金的人员，可参照厦门市相关规定同时享受基本殡葬服务费免除待遇。

【领取养老保险待遇递延认证机制】 2022年1月1日起，厦门市启用领取养老保险待遇递延认证机制，完善认证工作机制，改善群众服务体验。距离认证周期截止时间前60天，系统会自动推送相关信息，提醒退休人员及时进行资格认证。距离认证周期截止时间前30天，街道（镇）、社区（村）工作人员会引导还未完成认证的退休人员开展资格认证。

小资料：

递延认证：指对认证周期实行个性化动态递延管理，退休人员最近一次认证时间设为下一个认证周期的起始时间，将起始时间加上个性化认证周期设为认证截止时间。认证周期内退休人员每更新一次认证记录，更新时间自动转为下一个认证周期起始时间，认证截止时间自动递延。通俗地说，退休人员不用在固定时间统一认证，只需保证2次认证之间的间隔不超过12个月即可。

【城乡居民基础养老金标准提高】 2022年4月，厦门市人社局、市财政局印发通知，调整提高城乡居民养老保险基础养老金标准：2022年1月1日起，厦门市户籍满5年的待遇领取人员基础养老金标准每人每月提高20元，提高后为330元；厦门市户籍不满5年的，每人每月提高10元，提高后为140元。

【社保基金内控系统建设】 2022年4月，厦门市在福建省率先建成包含人员认证安全能力提升、特殊关注人员库、业务档案跟踪抽检应用、业务数据风险比对模型、风险任务管理五大板块的厦门市社保基金内控系统，建立起社保政策、经办、信息、监督“四位一体”的风险防控体系。

全流程、全区域智慧运行。厦门市社保基金内控系统采用智能“外挂模式”。业务经办过程中，事前、事中风险点可实时监测，事后可及时进行数据比对筛查，完成社保业务经办全过程、全方位监测。对于事后业务数据比对筛查形成的风险任务，内控系统按照业务经办回避原则随机分配到市、区社保经办机构进行互查，全市社保经办机构协同做好全域社保基金监管工作。

全时段、全系统逻辑筛查。整合梳理60大项79子项业务风险点及措施，嵌入100多条风险规则，对重点领域、重点环节、重点流程和重点岗位进行重点逻辑筛查，24小时不间断扫描，及时查漏补缺。

全对象、全方位协同管控。针对部分社保待遇领取人，如未纳入待遇领取资格认证管理的退休人员、工伤定期待遇领取人员或在社区矫正期间的人员，建立11个特殊人员关注库，批量与厦门市公安、民政、司法等部门比对共享数据，防范出现欺诈、冒领社保待遇现象。

【“12333”开通AI智能语音咨询服务】 2022年5月13日，厦门“12333”上线全天候7×24小时智能语音咨询服务。市民群众拨打“0592-12333”，按“0”即可接通智能语音座席，获取社保卡、养老保险、工伤保险、失业保险、就业创业、人事人才、劳动关系等方面的相关解答。对于疑难问题，自动识别转接到人工进行解答。

【在厦门灵活就业人员参加养老保险】 2022年6月起，外地户籍在厦门灵活就业人员无需持有厦门居住证，只要签署“灵活就业参保承诺书”就能在厦门参加企业职工基本养老保险。缴费基数在福建省全口径城镇就业人员平均工资的60%～300%之间选择，分为7档。缴费比例为20%，其中12%计入统筹基金，8%计入个人账户。灵活就业参保人员按月缴费，允许每年12月一次性缴纳当年未缴纳月份的养老保险费。如果2022年缴纳养老保险费有困难的，可以自愿暂缓缴费，2022年未缴费月度可于2023年底前进行补缴，缴费基数按2023年标准执行，缴费年限累计计算。

【工伤医疗康复费用“免垫付”服务推出】 2022年6月15日，厦门市工伤医疗康复费用“免垫付”服务系统上线，实现职工所受伤害经认定工伤后，费用由市社保中心和医院直接结算，解决用人单位或工伤职工垫付费用和跑腿报销问题。截至年底，有1014人次使用，市社保中心与工伤定点医院结算工伤医疗康复费用1904万元。

【退休人员基本养老金上调】 2022年，根据7月18日福建省人社厅、省财政厅下发的《关于2022年调整退休人员基本养老金的通知》，从2022年1月1日起，为厦门市2021年底前办理退休手续，并领取养老金的企业和机关事业单位退休人员提高养老金待遇。总体调整水平按照2021年12月退休人员月人均基本养老金的4%确定。1—7月新增加的养老金于7月31日前发放到位。从8月起，养老金按调整后的标准发放。

【失业保险纳入省级统筹】 2022年11月，《福建省失业保险基金省级统筹实施方案》印发。根据该方案要求，2023年1月1日起，厦门市失业保险参保缴费、待遇标准等政策统一执行省级规定。纳入省级统筹后，厦门市外来员工参保缴费政策会有重大变化，由原先用人单位缴费，其个人不缴费的规定，调整为与厦门市职工缴费政策一致，即用人单位和个人均缴费（其中农民合同制职工仍可选择本人不缴费）。外来员工失业人员按“外来工”身份参保，个人缴纳失业保险费的，享受与厦门市城镇户口失业人员同等的失业保险待遇。纳入省级统筹后，失业保险金月发放标准将按省里规定执行，为厦门市当年度最低工资标准的90%。领取失业保险金的期限，根据其失业前累计缴费的时间，每满一年领取2个月失业保险金，最长期限为24个月。一次性生活补助费方面，根据累计缴费年限，每满一年，支付1个月厦门市当年度最低工资标准60%的一次性生活补助费，补助期限最高不超过24个月。失业保险缴费基数统一以福建省上年全口径城镇单位就业人员平均工资的300%作为缴费基数上限，缴费基数下限标准将按照省里统一规定逐步提高至福建省上年全口径城镇单位就业人员平均工资60%（根据省人社厅文件，2023年，失业保险缴费基数下限和企业职工养老保险缴费基数下限一致）。

【被征地人员养老保险新政策发布】2022年12月，厦门市印发《关于进一步做好被征地人员参加基本养老保险有关工作的通知》，调整厦门市原有的被征地人员缴费和待遇等相关政策。该通知适用于2021年12月31日前未退休的被征地人员，2022年1月1日后新产生的被征地人员的社会保障办法另行制定；在基本养老保险制度外，符合条件的被征地人员，可在2023年内一次性缴费；明确2024年1月1日起不再办理一次性缴费。一次性缴费和缴费补贴可以"二选一"。对于尚未参保缴费的被征地人员，可选择一次性缴费；也可选择参加企业养老保险后，直接领取缴费补贴。对一次性缴费后的被征地人员，按照缴费时间、年龄等进行细分，明确各类人员享受的待遇。政策调整前后各类人员待遇基本保持平衡。

（市人社局）

住房保障

【概　况】2022年，厦门市累计配租配售各类保障性住房1.1万套（间），为2020—2022年新高。其中，保障性租赁房配租0.36万套，保障性商品房等销售型房源配售0.4万套，市级公共租赁住房等配租0.34万套（间）。加大保障力度，解决群众急难愁盼问题，面向厦门市"双困"家庭（城镇常住户口、人均住房建筑面积在8平方米以下，领取最低生活保障金的居民家庭），全年启动5个批次保障性租赁房配租工作，累计安排房源6700套，其中2个批次专门面向厦门市户籍低保住房困难家庭，实现低保、低收入家庭依申请"应保尽保"。加大保障性租赁住房房源筹集力度，筹集保障性租赁住房房源8.67万套，其中3.7万套投入市场运营。

【保障性商品房政策修订】2022年，厦门市住房保障和房屋管理局（简称市住房局）为完善租购并举住房保障体系，解决厦门市符合条件的无住房家庭的置业需求，继续开展《厦门市保障性商品房管理办法》修订工作。经市政府研究同意，于6月17日印发施行。政策包括：扩大住房保障覆盖面，在保障厦门市户籍无住房家庭的基础上，首次将单身满30周岁、不限户籍，只需在厦门稳定就业满5年的本科以上毕业生等群体纳入保障范围；提升保障面积标准，由60平方米二房型、70平方米三房型，提高到70平方米二房型、80和95平方米三房型；为适应生育政策调整和吸引人才，二孩及以上家庭和骨干人才可申购面积标准为95平方米。

【保障房使用监管】2022年，厦门市住房局升级监管制度，制定《厦门市社会保障性住房监管手册》，从入住审核、日常监管、退出管理3个方面，细化工作流程和工作要求，实现保障房小区监管工作标准化；以物业服务企业为单位，建立企业领导"直管负责"、专职监管员"具体负责"的监管责任落实机制，明确监管职责，将工作责任落实到人。充实监管力量，完善保障性住房"市、区、镇街、社区"4级分工、共同监管制度，强化基层监管力量，初步建立快速联络机制。提升管理水平，以"政策要点＋工作实例"为专题，组织全市保障性住房物业服务企业培训，提升监管队伍业务水平；结合智慧安防系统，组织监管入户巡查3.51万户（次），对发现的12户违规使用家庭，列入重点监管名单，并督促整改，整改率100%。加强数据共享，进一步完善与不动产部门的数据共享机制，扩大限制范围，实现对所有类型保障房申请家庭的不动产限制。

【保障性租赁住房】2022年，厦门市从供给端、需求侧同时发力，制度建设、房源筹集、重点保障和规范管理同步推进，不断推动保障性租赁住房发展。政策体系持续完善，2月22日，市住房局与市资源规划局联合印发《厦门市国有企事业单位利用自有用地建设保障性租赁住房试点实施方案》，拓展房源供给渠道。5月11日，在福建省率先出台《厦门市保障性租赁住房项目认定和管理操作细则（试行）》，推进项目认定和管理。房源筹集供应持续增加，以《"十四五"保障性住房建设规划》实施为目标，推进改建、盘活和新建项目提升增量，提前3个月完成年度新增7万套任务指标。落实福建省委、市委"为民办实事"项目。其中，省级新增1万套任务，实际完成新增1.2万套；市级新增2万套任务，实际完成新增2.25万套，均提前超额完成。

【保障性租赁住房融资新路径】2022年，厦门市住房局推动培育厦门保障性租赁住房REITs（房地产信托投资基金）项目，拓宽保障性租赁住房建设投融资渠道。市住房局成立服务专班，按照"政府引导、企业为主、市场运作、多方推动"的培育思路，推动确定安居集团为培育试点企业，策划厦门安居保障性租赁住房REITs项目，纳入国家REITs储备项目库，安居集团园博、珩琦公寓2个项目为该次发行的基础资产。7月14日，中金厦门安居REITs项目获上交所审核通过，成为全国最早发行REITs的2个保障性租赁住房项目之一。8月16日，该项目对外公开发售，计划募集资金总额13亿元。

【保障房小区电梯改造】2022年，厦门市住房局把保障房小区电梯改造提升项目列为市住房局年度"我为群众办实事"项目之一，加大资金投入，提高保障房小区居住环境舒适度。该项目涉及43部老旧电梯改造，其中高林居住区31部、万景公寓12部。12月22日，市住房局全面完成保障房小区第二批43部电梯改造提升项目建设。

【惠民助企】2022年，厦门市住房局对承租非住宅类直管公房和保障房配套商业用房从事生产经营的，免除6个月租金，合计9210.31万元，涉及小微企业及个体工商户1734家（户）。实施住房公积金阶段性支持政策，有194家单位申请缓缴公积金，涉及职工数1.04万人，暂缓缴存3878.52万元；对因受疫情影响454笔未按时偿还住房公积金贷款不作逾期处理，涉及金额178.91万元；无房职工租住商品住房提取住房公积金支付房租，月提取额上限由1000元提高到1200元。全年向全市1035户低保和分散供养对象保障家庭发放廉租住房租金补助249.49万元。

【公租房点题整治“回头看”】 2022年9—12月，厦门市住房局组织开展公租房点题整治“回头看”。市住房局梳理市住房保障中心、安居集团、火炬管委会和相关区的工作进展情况，汇总报送常态化资格复核、入户排查、发现问题整治、贯标系统应用、智慧安防系统建设等情况，完成问题清单、制度清单、结果清单3张台账。对资格复核不通过的146户，通过办理清退（含面向企业整租的非备案人员清退）或按市场租金计租等方式完成整改。对入户排查、群众举报发现存在转租、出借等违规使用行为的30户，通过行政处罚、首违不罚、清退等方式完成整改。

【保障性住房建设】 2022年，厦门市竣工保障性住房1.18万套，提前超额完成市委、市政府为民办实事“计划竣工保障性住房1万套”任务。16个列入省、市重点管理项目的市级保障性安居工程计划完成投资22.67亿元，实际完成投资34.18亿元，完成年度计划的150.77%。福建省城市建设品质提升方案要求“厦门市新开工安置型商品房10个”，实际提前2个月完成10个项目的开工任务。根据《厦门市盘活利用存量安置房三年行动方案》，2023—2025年需盘活存量安置房住宅3488套、商业店面787间、车位4334个，2022年完成盘活住宅2741套、店面717间。通过提高建设标准、完善配套设施建设、强化代建单位管理等措施，提高保障性住房建设质量。祥平保障房地铁社区二期获得2022—2023年度第一批中国建设工程“鲁班奖”（中国建筑行业工程质量最高荣誉奖），是福建省唯一获奖的住宅类项目。坚持“地段佳、配套好、规模大、品质高、功能全”理念，一次规划、分期实施，全面推进新店、祥平、马銮湾等保障房地铁社区建设，综合设计集步行、车行、轨道于一体的立体式交通，配套教育、医疗、康体、娱乐、购物等生活设施。截至2022年底，3个地铁社区一期和地铁社区林前综合体，以及新店、祥平保障房地铁社区二期工程均竣工并陆续分配使用，提供房源2.2万套，可解决8万人住房需求。地铁社区林前综合体以及新店、祥平地铁社区二期等保障房项目改建为疫情防控用房。

（市住房局 市建设局）

社会救助

【概　况】 2022年，厦门市民政局建立健全以政府基本生活救助、专项社会救助、急难社会救助为主体，社会力量帮扶为补充，分层分类、城乡统筹的社会救助体系，解决居民突发性、紧迫性和临时性生活困难。印发《厦门市困难群众基本生活保障办法实施细则》，明确各级民政部门职责分工，规范社会救助对象认定程序，优化审核确认流程和时限。全市民政领域支出社会救助资金2.23亿元。为全市10.1万户次、15.73万人次低保对象发放低保金1.47亿元，人均月补差937元。全市特困人员有1724人，供养支出4440.21万元。全市临时救助5565人次，支出临时救助资金3095.43万元。其中，主动发现并实施救助421人次，急难会商41次。发放疫情防控期间一次性临时补贴289.82万元，惠及困难群众1.45万人。启动价格临时补贴联动机制4次，为全市6.12万人次困难群众发放价格临时补贴283.04万元。开展街面主动救助活动，开展寻亲工作，妥善安置流浪乞讨滞留人员。全年救助2145人次，寻亲成功163人次。精神障碍社区康复服务发展稳步推进。

【救助寻亲】 2022年，厦门市民政局开展“大爱寻亲·温暖回家”救助寻亲工作，拓宽寻亲渠道，将“互联网+”思维贯穿寻亲服务的全过程，通过信息查询、寻亲推送、警务技术支持、身份确认等技术程序，提高寻亲效果。全年寻亲成功163人次，其中救助落户特困人员寻亲成功30人。流浪乞讨人员寻亲故事和寻亲经验做法被厦门电视台、《厦门日报》、《厦门晚报》等官方媒体宣传报道，“互联网+救助寻亲”的经验做法受到民政部相关领导肯定，并在《民政部简报》（第132期）刊发。

【慈善救助】 2022年，厦门市民政局支持市慈善总会及各区慈善会开展“新春慈善快车”、“雨露育青苗”结对帮扶孤困儿童、药品援助等项目。其中，“新春慈善快车”项目向全市近8000户困难家庭发放款物500余万元；药品援助项目援助2600人次，发放药品价值4377万元；“雨露育青苗”项目向1764名孤困儿童发放结对帮扶款441万元。开展元旦、春节“两节”期间的“爱心厦门·善行暖城”慈善帮扶行动、“慈善手拉手”专项行动，动员各级慈善组织策划实施203个慈善项目和活动，涉及扶弱济困、儿童关爱、养老服务、五社联动等方面，投入9102万元开展各类慈善活动，帮扶困难群众10万人次以上。

【困难群众走访慰问】 2022年元旦、春节、国庆、中秋4个法定节日，厦门市民政局慰问低保对象、特困供养人员每人每年1300元，慰问低收入家庭每户每年2500元。全年慰问1.8万人、2236.52万元。

【困难群众生活保障标准提高】 2022年5月6日，厦门市民政局、市财政局出台《关于调整困难群众基本生活保障标准的通知》。内容包括：低保标准由每人每月850元提高到1005元；特困人员救助供养标准的基本生活标准由每人每月1275元提高到1508元，照料护理标准中全护理由每人每月1020元提高到1210元，半护理由每人每月595元提高到705元，全自理由每人每月260元提高到305元；与分散特困人员半护理供养标准相对应，20世纪60年代退职职工40%救济对象、矽肺病救济对象补助标准由每人每月1870元提高到2210元；孤儿保障标准由每人每月2125元提高到2515元；受助流浪乞讨人员生活费标准与低保标准衔接，未成年人和特殊类型受助人员由每人每天28元提高到34元，成年人由每人每天21元提高到25元。

【老区工作】 2022年5月17日，厦门市民政局、市财政局印发《关于调整革命“五老”人员及其遗偶定期补助标准的通知》，从2022年1月1日起，革命“五老”人员（指在革命战争年代为革命作出贡献的老地下党员、老游击队员、老接头户、老交通员、老苏区乡干部）生活补助由1870元/月提高到2110元/月，革命“五老”遗偶由1000元/月提高到1130元/月。“五老”人员全护理补助从1020元/月调整为

1210元/月，半护理补助从595元/月调整为705元/月。

8—9月，市老区办联合市老促会开展红色文化遗存保护利用情况调研座谈工作，先后6次到海沧、集美、同安、翔安调研，指导同安区阳翟图书馆、高山党校初心使命馆和翔安区彭德清将军纪念室3个符合条件的单位申报“弘扬老区精神传承红色基因示范基地”牌匾工作。

【残疾人补贴】 2022年7月4日，厦门市民政局、市残联印发《关于全面开展残疾人两项补贴申请“全程网办”的补充通知》，畅通残疾人“两项补贴”（困难残疾人生活补贴、重度残疾人护理补贴）申领渠道，提升政务服务便利化水平，完善审核确认工作。2022年，困难残疾人1.17万人，发放生活补贴4903.51万元；重度残疾人2.63万人，发放护理补贴1.23亿元。

【“9·5”中华慈善日】 2022年9月5日，厦门市民政局和市慈善总会在嘉禾良库文化创意产业园联合举办以“携手做慈善，传播真善美”为主题的“中华慈善日”宣传活动。活动现场，厦门象屿集团有限公司、良训慈善基金、厦门建发集团有限公司、快乐壹家人慈善基金等28个爱心单位和个人认捐总额1.08亿元，其中厦门象屿集团有限公司捐款7609万元。市慈善总会为捐款单位和个人颁发捐赠证书。

（市民政局）

社会福利

【概　况】 2022年，厦门市民政局开展农村留守儿童和困境儿童保障工作。全市有孤儿258人（集中供养210人、社会散居48人）、事实无人抚养儿童548人、农村留守儿童3人、困境儿童6182人；新增孤儿总数2人，事实无人抚养儿童54人。自7月1日起，孤儿（事实无人抚养儿童）基本生活费由每人每月2125元调整为2515元，比上年增长18.4%，保障标准位居全国前列、福建省最高。全年累计为孤儿、事实无人抚养儿童发放基本生活费1968.39万元。

全市拥有养老机构47家、照料中心49家、农村幸福院149家、居家养老服务站及村改居幸福院434家，各类养老床位总数1.84万张。依托养老机构和社区养老服务中心建有敬老餐厅（助餐点）458个。

【儿童关爱服务开展】 2022年，厦门市民政局全面推进以关爱网络建设、假期关爱、结对帮扶、亲情关爱等10项工程为核心内容的“福蕾行动计划”，开展活动291场，受益儿童8829人次。其中，帮助困难儿童走出困境893人次，开展心理疏导1433人次。元旦、春节、六一等节日期间走访慰问儿童2264人，发放慰问金82.26万元，发放物资价值30.68万元。“I陪伴·爱有方”未成年人家庭教育指导支持体系建设服务示范项目通过民政部审核，获得中央财政资助，项目研发爱陪伴行动服务包行动工具1套，开展5个系列爱陪伴主题活动50场次，组建1支替代性家庭教育指导师志愿者队伍，开展爱有方家庭教育剧场40场次，发动厦门市志愿者13人，参与志愿服务48人次，派发爱陪伴行动服务包1000份，累计服务惠及1015组家庭、儿童青少年1056人，总服务超2524人次。

【儿童福利机构优化升级】 2022年，厦门市民政局推进儿童福利机构养育、医疗、康复、教育、社工服务等工作。指导市社会福利中心儿童福利院创建省级示范，推动儿童福利工作标准化，打造“爱心育孤　携爱同行”服务品牌。儿童福利院在院儿童就近安排入读公办优质中小学，不适合在普通学校就读的，由特殊教育学校在市社会福利中心建立教学点送教上门，保障未成年人的受教育权。做好机构内儿童家庭教育替代相关工作。开展“孤儿医疗康复明天计划”项目，先后为5名孤儿提供医疗救助，为198名孤儿健康体检，累计报销医疗费和体检费14余万元，实现应治尽治。174名学龄儿童通过就近入学、特校送教上门等方式享受教育权益，实现教育全覆盖。

【儿童福利信息化管理水平提升】 2022年，厦门市民政局基本实现儿童福利保障全程网办。依托全国儿童福利信息管理系统，开通孤儿、事实无人抚养儿童申请、受理、认定“跨省通办”业务，孤儿、事实无人抚养儿童认定采取任意地受理申请，户籍地负责审核的形式办理，不受户籍地限制，让数据多跑路、群众少跑腿，满足群众异地办事需求。依托厦门市“智慧民政”一体化平台和全国儿童福利信息管理系统，建立困境儿童信息台账，通过与医保、教育部门信息共享，6443名孤儿、事实无人抚养儿童、重度残疾儿童、家庭困难儿童等困境儿童享受医疗救助、教育救助“免申即享”服务。

【收养登记规范】 2022年，厦门市民政局指导市收养登记分中心及各区收养登记窗口落实民政部有关规定，督促将个人私自收留的弃婴送儿童福利机构集中抚养，严禁为私自收留的弃婴直接办理收养登记。转发《福建省收养评估实施办法》，明确收养评估工作的组织领导机构、具体实施部门，要求做好日常收养意愿登记、公开发布被收养人信息等工作，落实评估告知、评估前准备、实施评估、出具报告等流程。印发《厦门市民政局关于进一步规范收养评估工作的通知》，细化收养评估内容、流程，建立收养申请人初步筛选评分机制，明确时序优先规则及寄养家庭优先纳入等特殊情形处置方式方法。依托智慧民政一体化平台，建设收养意愿登记系统和收养评估系统，推进收养工作智能化、信息化。

【社区养老服务设施基础】 2022年，厦门市民政局完成年度为民办实事项目建设，新建8个养老服务照料中心及9个敬老餐厅。首次在全市范围内排查收集闲置国有房产资源，对其中适合开展养老服务的，经改造修缮后用于提供养老服务。

【养老服务奖励补助】 2022年，厦门市民政局依据财政资金扶持养老机构和人才奖补政策，按期发放民办养老服务机构市级财政扶持资金及养老服务人才奖励补助资金。为35家民办养老机构拨付财政补助资金1479.4万元，为25位养老从业人员发放奖励及补助26.61万元（拨付到个人）。

【养老行业运营规范】 2022年，厦门市民政局开展非营利性养老服务机构财务专项检查和无场所养老机构处置，规范非营利性养老服务机构财务监管和养老服务行业管理。开展特困人员集中供养机构专项治理和打击整治养老诈骗专项行动，保障特困人员合法权益。开展养老服务领域非法宗教活动排查整治。

【民政基础设施建设】 2022年，厦门市民政局推进厦门人文公园（城市公益性公墓）项目，将城市公墓升级成为文化主题公园，年底前完成立项审批、项目选址、地址勘察和用地批复等工作。保障养老院、儿童福利院内老人、儿童就诊就医需求，提升服务功能，推进市社会福利中心改（扩）建项目，成立改（扩）建工程联合领导小组及专班，年底前完成项目建筑设计方案定稿并取得立项批复。

（市民政局）

未成年人保护

【概　况】 2022年，厦门市民政局落实2022年度市未保委工作要点和民政工作任务，履行未成年人保护工作职责，强化组织领导、能力建设、政策落地、宣传引导，推动全市未成年人保护工作发展。

【四级保护体系健全】 2022年，厦门市民政局在全市镇（街道）儿童督导员、村（居）儿童主任配置全覆盖的基础上，进一步健全各层级保护体系。6月，设立未成年人保护工作处（儿童福利处），负责做好工作规划、统筹协调、督促指导市未保办日常工作。在市社会福利中心加挂“厦门市未成年人保护中心”牌子，主要负责实施救助保护、关爱服务等技术性、辅助性和事务性工作。在各区设立区未成年人保护中心，承担区生活无着的流浪乞讨、遭受监护侵害、暂时无人监护等未成年人的救助、临时监护等辅助性、事务性、技术性工作，负责衔接市未保中心与镇（街道）未保工作。会同市财政局印发《关于开展镇（街道）未成年人保护工作站建设试点工作的通知》，指导各区在12个镇（街道）开展未保站建设试点工作，每个试点由市财政补助资金21万元。及时组织试点验收，研究解决试点工作中遇到的问题，探索建设路径，总结经验做法。会同市妇联，落实省民政厅、省妇联部署，指导全市534个村（居）全面设立村（居）民委员会妇女和儿童工作委员会，11月18日实现全覆盖，2677名村（居）委员会书记、妇女主席、儿童主任等村（居）工作人员承担起新的职责任务。

【未成年人保护宣传】 2022年，厦门市民政局围绕“六大保护”（家庭保护、学校保护、社会保护、网络保护、政府保护、司法保护），采取群众、未成年人容易接受的方式，通过“1+6”（1场启动仪式和6项宣传活动）的形式，开展未成年人保护系列宣传活动。5月28日，联合市未保办各成员单位、市关工委，举办“喜迎二十大，同心护未来”未保宣传月启动仪式，市政府分管领导参加并致辞。6月，开展宣传月系列活动，在全市第一高楼绿发大厦、市人大会堂、“四桥二隧”（厦门大桥、海沧大桥、杏林大桥、集美大桥、翔安隧道、海沧隧道）等地标建筑的夜景工程以及重点地段100多个路名广告牌，轮播未保宣传标语、海报。结合厦门特色专门设计“鹭岛未保”标识、“鹭未未”“鹭保保”卡通人物形象，并获得著作版权，录制未成年人保护宣传动漫视频，在公交、地铁、电梯等场所的1.3万个视频终端展播。10—12月，在市民政局微信公众号开设“鹭岛未保”宣传专栏，发动市未保委成员单位、各区未保办撰写稿件，指定专人负责审核、把关、报送，确保质量和时效性。

【全国未成年人保护示范区创建】 2022年，厦门市民政局指导思明区创建首批全国未成年人保护示范县，完善台账资料，改造服务设施，提升薄弱环节。3月3日，迎接福建省未保办量化考核，指导思明区针对考核组指出的问题固强补弱。8月5日，迎接国务院未保办第五工作组实地评估。同时，指导其他区根据实际情况，做好组织协调、研究创新，创造申报条件，并把创建工作融入未成年人关爱保护工作之中。

【未成年人保护协调机制优化】 2022年5月11日、10月13日先后2次召开市未保办成员会议，审议通过《厦门市2022年度未成年人保护工作要点》《镇（街道）未成年人保护工作站建设试点方案》《未成年人保护宣传月活动方案》等文件，加强统筹谋划，加大宣传力度，加强“六大保护”，将未成年人保护年度工作任务分解到各单位，明确任务清单，确定任务进度、责任部门和责任人，推动形成多部门联动的运转体系

（市民政局）

2023年5月28日，市民政局举办“喜迎二十大，同心护未来”未保宣传月启动仪式

（市民政局　供图）

老龄事务

【概　况】 截至2022年底，厦门市下辖6个区、37个街道和8个镇、398个社区和147个建制村，有60周岁以上户籍老年人41.85万人，占比14.8%。全市村（居）委会配备近1000位助老员为老年人提供助餐、助洁、助行、助医、助急、助乐“六助”服务。

【《厦门市“一老一小”整体解决方案》出台】 2022年，厦门市政府办公厅印发《厦门市“一老一小”整体解决方案》。该方案以健全政策体系、扩大服务供给、打造发展环境、完善监管服务为重点，系统推进解决养老托育等“一老一小”问题，促进全市养老托育服务体系发展。

【养老服务标准化建设】 2022年，厦门市民政局发布《居家养老紧急事件应急助援规范》《社区公益性养老服务基本规范》《海峡两岸养老服务术语对照表》3项地方标准。申请《社区老年人巡访关爱服务规范》厦门市地方标准立项。组织部署贯彻标准行动，落实强制性国标《养老机构服务安全基本规范》及8项相关行业标准。

【智慧养老平台功能建设】 2022年，厦门市民政局建成全市统一的智慧养老信息平台，建立养老信息化指挥调度机制，印发《厦门市民政局关于建立养老信息化指挥调度机制的通知》，健全智慧养老信息平台指挥调度功能。

【居家和社区基本养老服务提升】 2022年，厦门市被民政部、财政部列入全国居家和社区基本养老服务提升行动项目地区，主要为居家养老的失能老年人建设家庭养老床位，提供居家上门服务。结合开展福建省家庭养老床位试点，印发《关于加快推进养老服务机构拓展居家养老服务试点工作的补充通知》。全年建成家庭养老床位1103张。

【养老服务人才培养】 2022年，厦门市民政局指导各区开展区级养老护理员培训和选拔赛；举办年度全市养老护理骨干培训及第二十八届养老护理职业技能竞赛；采取分时段、分区域、分批次集中培训方式，组织全市544个社区近1000位社区助老员开展标准化、职业化培训。全市分级分类开展养老护理人员培训超9000人次。

【养老产业规模扩大】 2022年3月，厦门市民政局建设的福建省首个高端养老项目“泰康之家·鹭园”开业运营。完成第二个高端养老项目“太保家园·厦门国际颐养社区”主体封顶和70%精装修施工。养老产业建设项目年度投资3.59亿元，完成年度任务123.8%。高端养老项目总投资额23亿元。

【老年人优待慰问落实】 2022年5月，厦门市民政局印发《厦门市老年人幸福安康险实施指导意见》，指导各区规范开展老年人意外伤害保险工作。8月，印发《厦门市民政局关于做好老年节慰问金发放管理的通知》，开展“敬老月”系列活动，发放老年节慰问金500万元。为全市政府保障对象印制发放敬老爱心卡（特殊对象服务卡）。举办为厦门市困难老年人圆“微心愿”主题活动，营造爱老、敬老、孝老的社会风尚。

【《厦门市高龄津贴发放管理办法》出台】 2022年8月，厦门市民政局牵头印发《厦门市高龄津贴发放管理办法》。内容覆盖发放范围和标准、发放方式、工作流程、监督措施等具体要求。首次明确高龄津贴“免申即享”，厦门市户籍老年人年满80周岁后，无需申请和审批即可享受高龄津贴。全年为5.7万名老年人发放高龄津贴7800多万元。

（市民政局）

社会组织管理

【概　况】 2022年，厦门市有社会组织7816个。其中，社会团体1749个（市级842个、区级907个），民办非企业单位1792个（市级414个、区级1378个），基金会52个，备案社区社会组织4223个。

【社会组织审批服务】 2022年，厦门市民政局审查社会组织成立筹备及换届前会议材料，指导社会组织完成福建省网办事大厅、社会组织信息系统网上申报工作。全年受理社会组织审批事项526件，办结526件。

【社会组织监管体系健全】 2022年，厦门市民政局组织开展社会组织等级评估和社会组织年度报告，联合多部门形成综合监管合力。常态化打击非法社会组织，清理整治“僵尸型”社会组织，在全市范围内开展社会团体分支（代表）机构、社会服务机构非营利监管、行业协会商会乱收费等专项整治行动。市民政局对202家社会组织进行2轮“双随机”（随机抽取检查对象、随机选派执法检查人员）检查，发出整改通知书41份。起草《厦门市社会组织行政处罚案件办理流程》《厦门市社会组织注销工作流程图》，细化社会组织行政处罚流程和自由裁量基准。市、区两级民政部门对64家社会组织作出行政处罚，其中60家社会组织撤销登记，4家社会组织停止活动3个月。

【社会组织作用发挥】 2022年，厦门市民政局引导社会组织以提供服务、购买产品、产业帮扶等方式，开展助力闽宁协作、乡村振兴工作。组织11个社会组织与宁夏永宁县闽宁镇6个村、1个社区签订协议，指导社会组织完成帮扶项目（转款36.5万元，寄送4.5万元物资）；推进1家社会组织开展消费扶贫工作，1家社会组织向宁夏泾源县开展物资捐赠活动。

【慈善组织培育】 2022年，厦门市民政局推进相关公益慈善类社会组织直接登记，开展慈善组织认定。落实慈善税收优惠政策，开展社会组织公益性捐赠税前扣除资格认定工作。全面梳理、公布市、区两级依法登记的慈善组织名录。截至年底，全市有慈善组织74家。其中，基金会46家（市级44家、区级2家），社会团体20家（市级11家、区级9家），社会服务机构8家（市级4家、区级4家）。具有公开募捐资格的慈善组织8家（市级3家、区级5家）。

（市民政局）

基层社会治理

【概　况】 2022年，厦门市下辖6个区、45个镇（街道）、545个村（居）民委员会（其中城市社区252个、“村改居”社区146个、农村社区147个）。全市城乡社区划分责任网格4024个，配备社区工作者1.03万人。

市民政局牵头全市新冠疫情防控社区防控工作，及时启动应急响应。牵头成立市疫情防控消毒工作专班。组织社区疫情防控专题培训班，邀请福建省专家库专家为社区防疫成员单位和各区社区防疫骨干人员作专题授课培训。“新十条”出台后，转变社区疫情防控工作重点。收集社区内老、幼、病、残、孕等人员信息，要求社区网格员对特殊人群做到“每日必问、每周必上门、有求必应”。印制《疫情防控个人防护指南》等宣传手册，采取“线上＋线下”方式，全方位开展社会面宣传，增强居民群众自我防护意识。

【社区典型培育】 2022年，厦门市思明区“打造‘近邻社区’促进社区共建共治共享案例”入选全国基层治理创新典型案例（全国27个）。思明区嘉莲街道“德法并济　爱溢嘉莲”的创新案例、同安区芸溪社区“挂图作战　动态管理　联防联控”工作法，被纳入全国基层干部学习培训教材。思明区开元街道深田社区居民委员会获评为“全国先进基层群众性自治组织”，思明区厦港街道巡司顶社区党委书记、居民委员会主任叶晓军和湖里区金山街道金安社区党委书记、居民委员会主任吴丽敏获评为“全国优秀城乡社区工作者”。

【村级社会组织换届】 2022年，厦门市533个村（社区）完成换届，选出新一届村（社区）“两委”（村中国共产党支部委员会和村民自治委员会、社区共产党员支部委员会和社区居民委员会）班子成员4211人，村（社区）主干100%实现“一肩挑”。

【基层治理体系和治理能力现代化】 2022年，厦门市委、市政府印发《关于加强基层治理体系和治理能力现代化建设工作方案》。该方案从推进基层治理制度、基层政权治理能力、基层群众自治制度、基层法治和德治、基层智慧治理能力建设等5个方面，推进基层治理体系和治理能力现代化。

【第九届海峡两岸社区治理论坛】 2022年7月12日，作为第十四届海峡论坛配套活动之一，海峡两岸社区治理论坛在厦门举行。该届论坛以“近邻服务　幸福养老”为主题，民政部基政司司长陈越良、福建省民政厅厅长程强、市政协副主席黄培强、省内各地市民政局领导、社区工作者代表以及在厦门的海峡两岸社区志愿者80多名代表和媒体记者出席。与会代表参观考察思明区嘉莲街道养老服务照料中心、湖里区禾山街道禾山社区养老综合服务中心、湖里区金山街道（金安）养老服务照料中心。论坛围绕主题，秉持“两岸一家亲”理念，聚焦社区养老民生热点，加强创意构思，凸显本土特色，增进海峡两岸基层交流。

【村规民约】 2022年8月，厦门市民政局出台《厦门市完善和落实村规民约居民公约指引》《优秀村规民约居民公约范本》，开展村规民约修订情况“回头看”。全市147个村委会围绕维护社会秩序、公共道德、风俗人情、文明诚信、移风易俗等方面内容进行修订完善。同安区莲花镇军营村村规民约、湖里区殿前街道北站社区居民公约、翔安区香山街道大宅社区居民公约获评福建省第二批优秀村规民约。

【社区工作者职业体系完善】 2022年11月，厦门市民政局联合市委组织部、市财政局、市人社局修订《厦门市社区工作者管理办法》，完善社区工作者管理制度，在确保素质前提下，放宽招聘条件。全市新增社区工作者894人，每万名城镇常住人口拥有社区工作者19人，居全国前列。

（市民政局）

民族与宗教事务

【概　况】 2022年，厦门市五大宗教齐全，全市登记的宗教活动场所有115处（其中佛教55处、道教10处、伊斯兰教1处、天主教4处、基督教45处），有宗教院校1所（闽南佛学院）。各宗教活动场所分布：思明区50处、湖里区8处、海沧区10处、集美区11处、同安区22处、翔安区14处。

2022年，厦门市民族与宗教事务局（简称市民宗局）开展民族团结宣传教育活动。通过交通场站、产业园区、文化场馆等公共场合加强宣传内容展播，通过微信公众号、门户网站以互动方式做好政策解读，传播中华民族共同体理念。以社区、学校、企业、文化场馆为重点，培树福建省、厦门市民族团结进步示范单位，在陈嘉庚纪念馆、英雄小八路纪念馆设立教育实践基地，示范引领加强民族团结进步创建，5个单位获评福建省民族团结进步示范单位。推进实施各族群众互嵌式发展计划、各族青少年交流计划、旅游促进各民族交往交流交融计划。会同教育部门开展“六个一”系列活动，加强青少年教育。协同做好少数民族流动人口服务管理，帮助协调办理大病医疗互助保险，通过近邻党建开展一家亲、民族联谊及志愿服务等活动。推动以项目支持、奖金配套、技术指导等方式挂钩帮扶省内民族乡，组织各区民宗局到现场互观互学、了解情况、对接项目，落实帮扶资金；加强西藏左贡县、新疆吉木萨尔县等民族地区对口支援和闽宁协作工作，帮扶带动推进共同富裕。

厦门市民宗局指导宗教界通过团体联席会、工作交流会、专题报告会等方式学习习近平总书记致厦门经济特区建设40周年贺信和《闽山闽水物华新——习近平福建足迹》等书目，不断强化“五个认同”（对伟大祖国的认同、对中华民族的认同、对中华文化的认同、对中国共产党的认同、对中国特色社会主义的认同）。全市各宗教团体组织收听、收看习近平总书记在中共二十大上的报告，并组织学习研讨。在宗教团体、院校、场所开辟文化走廊，指导宗教团体参加全省宗教中国化主题交流研讨活动。加强政策法规宣传，组建宣讲骨干队伍到相关单位进行政策法规宣讲，开展宗教政策法规学习月活动。对市、区、镇（街道）民宗干部及镇（街道）分管领导进行民族宗教理论政策及工作实务培训。指导市道教协会、市伊斯兰教协会完成换届工作。各宗教对照新颁布的《互联网宗教信息服务管理办法》《宗教活动场所财务管理办法》完善教内规章制度。通过宗教团体、宗教活动场所在信教群众中倡议"要做好信徒，先做好公民"，引导信教群众参与社区疫情防控、文明典范城市创建、公益慈善等工作。指导仙岳山土地公庙承办第十四届海峡论坛·两岸民间宫庙叙缘交流会，青礁慈济宫举办第十五届海峡两岸（厦门海沧）线上保生慈济文化节，增进两岸民间交流。在南普陀寺举办报告会，宣传贯彻《宗教活动场所财务管理办法》。

【厦门新年书画慈善行】 2022年1月1日，由厦门市民宗局、市民政局、市文联指导，市佛教协会、市书法家协会、市慈善总会和厦门日报社主办的"2022年慈悲心·翰墨情厦门新年书画慈善行"在南普陀寺开幕。此次新年书画展以"爱心厦门·四爱报恩"为主题，面向佛教界大德法师、书画艺术家征集589幅作品，其中书法作品453幅，美术作品136幅，作品在天王殿广场展出。展出作品都标出底价，爱心人士在此基础上进行自主加价购买。现场为急需帮扶300名受助群众发放慰问品和慰问金。

【第十五届保生慈济文化节开幕】 2022年4月28日，由海沧台商投资区管理委员会和海沧区人民政府指导、海沧区民宗局主办的第十五届海峡两岸（厦门海沧）保生慈济文化节开启线上启动仪式并进行全程直播。该届保生慈济文化节以"云端相会敬慈济，同心携手两岸情"为主题，采用"线下＋线上"联动的方式，开展"1+1+1+N"系列活动，即"1场线上启动仪式+1场保生大帝文创作品网络投票大赛+1个VR（虚拟现实技术）平台+N个线上、线下配套活动"。保生慈济文化节VR平台能够观看该届活动的线上启动仪式及"保生慈济文化节历届盛况回顾虚拟展馆""两岸非遗文化虚拟展馆"等虚拟场景，打造青礁慈济祖宫、开台文化公园等实景。文化节在线下开展以慈济文化为主题的讲座活动，组织台湾青年走进课堂与当地学生进行交流。围绕"保生青草药传习中心""海峡两岸中医药博物馆""开台文化公园""金沙书院漆画创作基地"4个具有闽台等特色文化的基地研学资源，开展海沧特色线下研学教育活动，打造具有海沧特色的研学品牌。

【两岸民间宫庙叙缘交流会】 2022年7月13日，由福建省道教协会主办、厦门市土地公庙承办的第十四届海峡论坛·两岸民间宫庙叙缘交流会以线上、线下相结合的方式在厦门开幕。交流会以"缘起一脉　福泽两岸"为主题，主会场设在厦门市，台湾台南市设分会场，并首次通过视频连线方式联合举行。活动现场举办神明羽衣——中华传统服饰秀，发表《两岸千家宫庙宣言》，举行道教与民间宫庙文化展演、两岸宫庙摄影展、两岸宫庙书画文化交流会等宫庙文化展示活动。两岸有201家民间宫庙、217名代表参加活动。

【互联网宗教信息服务管理培训班】 2022年7月29日，厦门市举办互联网宗教信息服务管理办法培训班。培训班对该办法的出台背景、法律依据、主要内容、服务范围与条件，以及在互联网开展讲经讲道、宗教教育培训有关规定和要求进行专题解读；对互联网宗教信息服务许可实务操作程序、方法和要求进行讲解辅导。全市互联网宗教信息服务管理协调工作机制成员单位联络员，市、区宗教工作干部、宗教团体、宗教院校、宗教活动场所负责人及工作人员等210余人参加培训。

【少数民族务工人员培训班】 2022年11—12月，厦门市举办在厦门少数民族务工人员语言文化及政策法规培训班。培训班在长青社区举行，40名少数民族务工人员参加培训。

【伊斯兰教召开第八次代表会议】 2022年12月17日，厦门市伊斯兰教第八次代表会议召开。会议审议通过厦门市伊斯兰教协会第七届常委会工作报告和《厦门市伊斯兰教协会章程》（修正案），选举产生新一届厦门市伊斯兰教协会理事会、监事会及其领导班子。任世杰当选为厦门市伊斯兰教协会会长。

（市民宗局）

责任编辑：曲　艺
审　　稿：阳晓儒
校　　对：林建高

39 市辖区概览

思明区

【概　况】 思明区是厦门市的经济、政治、文化、金融中心，位于厦门市南部（含鼓浪屿全岛），三面临海，与小金门诸岛和漳州大陆隔海相望，面积 84.28 平方千米。下辖鼓浪屿、鹭江、中华、厦港、开元、筼筜、梧村、嘉莲、莲前、滨海 10 个街道办事处，设有 98 个社区居委会（见表 39-1）。2022 年，全区常住人口 106.4 万人，户籍人口 91 万人。完成地区生产总值 2503.88 亿元，比上年增长 5.2%；财政总收入 410.1 亿元，同口径增长 0.8%，连续 7 年居福建省各县（市、区）首位。地方一般公共预算收入 72.8 亿元，比上年增长 7.1%；城镇居民人均可支配收入 84931 元，增长 4.6%；城镇居民人均消费性支出 57922 元，增长 4.7%。中山路获评第二批国家级夜间文化和旅游消费集聚区，中华街区获评中国华侨国际文化交流基地，福海、上李社区获评全国最美志愿服务社区，鼓浪屿街道获评第三届中国生态文明奖先进集体，镇海社区枢纽型社区社会组织获评全国先进社会组织，思南、巡司顶社区获评全国示范性老年友好型社区，深田社区获评全国民主法治示范社区，“近邻社区”经验获评全国基层治理创新典型案例，莲前派出所获评全国模范公安单位。

2022 年，思明区办理市、区人大建议 113 件、议案 4 件，市、区政协提案 217 件，满意率 100%。全面实施“八五”普法，出台区级行政复议与应诉工作规程。在区行政服务中心新设人大代表联系群众活动站，首创“政银 + 惠企”服务新模式，做法在全省推广。加强全周期预算管理，压减非必要、非刚性支出 20%。

【第二产业】 2022 年，思明区规模以上工业增加值比上年增长 8.1%。产值超亿元企业 44 家，总产值 479.12 亿元。规模以上工业完成销售产值 485.13 亿元，比上年增长 9.0%；出口交货值 51.24 亿元，增长 7.0%。全区资质等级建筑企业完成建筑业总产值 1012.38 亿元，比上年增长 12.5%。签订合同额 1926.92 亿元，比上年增长 11.6%。全年房屋施工面积 5728.51 万平方米，比上年下降 7.4%。思明区推进先进制造业倍增计划，星网智慧等智能制造企业高速成长。

【第三产业】 2022 年，思明区社会消费品零售总额 1028.4 亿元，比上年增长 2.1%。电子商务持续增长，全区限额以上批发零售企业实现网络零售额 286.51 亿元，比上年增长 14%。限额以上住宿企业实现营业额 36.64 亿元，比上年增长 2%；限额以上餐饮企业实现营业额 55.97 亿元。思明区出台软件信息业三年行动方案，发起组建游戏产业联盟，美图、四三九九、吉比特入选“全国互联网百强”，32 家企业入选全省数字经

表 39-1　　2022 年思明区各街道基本情况表

名称	面积（平方千米）	户籍人口（人）	财政收入（亿元）	社区（个）
鼓浪屿街道	3.12	12516	3	2
鹭江街道	2.42	68886	17.61	7
中华街道	1.47	45086	32.27	6
厦港街道	1.75	39335	16.4	7
开元街道	6.65	98683	16.3	12
筼筜街道	10.35	184005	38.24	15
梧村街道	6.02	120377	37	11
嘉莲街道	4.58	124130	33	10
莲前街道	29.25	176427	38.1	23
滨海街道	18.66	40532	32.3	5

济核心产业领域创新企业榜单，8 家公司包揽厦门市首批金融科技企业。新设“思明·嘉晟基金集聚区”“南强经济校友招商基金园区”，新增金圆集团展鸿基金二期等备案股权投资基金 65 只。新增省重点上市后备企业 7 家，华厦眼科在创业板上市。支持建设省级以上创新载体 7 家，引进华为开发者应用创新中心、腾讯优图 AI 创新中心等科创赋能中心。建发、国贸、安踏等企业拉动线上批发零售业比上年增长 20.4%。发放数字人民币消费券 500 万元，推出“思明 way·文旅商消费卡”，拉动消费 7.6 亿元。兑现产业扶持与纾困资金 15.2 亿元，减免租金 4400 万元，退税减税降费 38.5 亿元，企业备案投资额比上年增长 25.5%，新增商事主体 2.7 万家。

【招商引资】 2022 年，思明区实绩竞赛系统新增入库项目 563 个，投资总额 599.93 亿元。实际使用外资 5.91 亿美元，总量占全市 30%。“9·8”投洽会签约 690 亿元，中国电影金鸡奖期间签约影视项目 17 个、投资规模 53.2 亿元。新增重点金融招商项目 145 个，永辉彩食鲜等实体企业落地。签约今日头条信息技术、宇稀生物科技等项目 30 个，投资总额 25.55 亿元。45 个重点建设项目完成投资 194.8 亿元，完成年度计划 194.4%。策划生成亿元以上项目 109 个，总投资 708.6 亿元，投资规模比上年增长 300%。

【开放合作】 2022 年，思明区拓展开放合作，海丝中央法务区思明示范区引进法务、泛法务、知识产权机构 56 家，成立厦门国际商事法庭、涉外海事法庭，打造国际商事争端解决优选地。辖区企业拓展国际市场，瑞幸咖啡与金砖国家巴西达成采购战略合作，青瓷游戏自研产品出海日本，华特控股参与非洲肯尼亚等国家基础设施建设。

【城区建设】 2022 年，思明区加快厦门（思明）国际商务区核心区综合开发，完成奥网城和何厝金包金地块收储，推动华西集团东南区域总部落户思明。东坪山片区发展提升 PPP 项目（政府和社会资本合作模式）纳入财政部项目库。中山路片区加快推进街区肌理修复，完成民立小学等重要节点外立面改造，启动人民剧场改造工程等项目。厦港片区轨道 3 号线南延段进场施工，沙坡尾西片区概念性规划完成备案。完成滨北超级总部外贸地块收储，有序推进湖滨、何厝、岭兜片区安商房项目施工建设，提前 2 个月完成泥窟石村片区征收计划。出让岭兜 C17 等商住用地 4 宗。全面开工滨海片区厦大法学院、商学院、电影学院项目，开元创新社区智慧城市创新中心、奥佳华总部大楼封顶。改造提升乐添等农贸市场 5 个，提升安平路等市政道路 38 条，打通蔡岭路（岭兜段）等断头路 2 条，完成梅园小区等老旧小区改造 102 个，新增停车泊位 1057 个。绿化升级前埔西路、会展南路等道路 41 条，实施铁路文化公园、鸿山公园提升，改造红领巾路等“口袋公园”10 个。

【生态环境建设】 2022 年，思明区加快推进筼筜湖南、北岸片区污水“两高”（高耗能、高排放）建设，完成 575 个小区、103 条道路排水管网正本清源改造。全面落实林长制，实现东坪山等森林资源长效保护。压实河（湖）长制责任，完成演武池等小微水体治理。新建垃圾屋（亭）159 座，垃圾分类在全市考评中保持领先。建成双莲池、前埔东 2 个低碳社区，东坪山近零碳排放示范区入选生态环境部典型案例，鼓浪屿街道获评第三届中国生态文明奖先进集体。

【民生事业】 2022 年，思明区发放各项就业补助资金 6243.28 万元、各类惠民资金 8602 万元。引进院校毕业生 2.74 万人，城镇失业人员再就业 3.89 万人。健全养老保障，新建阳台山、振兴社区居家养老服务照料中心，新增鹭江街道、深田社区食堂，扩充家庭养老床位 1038 张。思明区获评全国首批未成年人保护示范区。出台推进教育高质量发展三年行动方案，大同小学岭兜校区、禾祥小学、滨海小学二期 3 个项目建成投用，新增学位 3510 个。普惠性幼儿园覆盖率 91.9%。新增壹果托育等普惠性托育园 6 家，每千人口托位数为 2.98 个。发布“中小幼劳动教育”清单，实现课后服务“2+N”（“2”指作业辅导、体育活动 2 项基本服务，“N”指科普、文艺、劳动、阅读、兴趣小组及社团活动等拓展服务）全覆盖。成立首届特级教师工作室和名校（园）长工作室，推动教育资源优化整合。探索建立“近邻”健康工作机制，创建市级健康（县）区示范区，建成近邻运动场所 106 个，完成区图书馆大楼提升改造。加强陈化成文物古迹、林云梯旧居保护提升，启动破狱斗争旧址周边改造。完善“思明英才”政策体系，引育市级以上高层次人才 266 人，入选省级青年发展型县域试点。优化疫情防控措施，实行“一办十六组”（指区应对新冠病毒感染疫情工作指挥部下设的疫情常态化防控办公室和 16 个工作组）联合集中办公，实施扁平化运作，“三公（工）一大”（公安、公卫、工信、大数据部门）协调机制、“大数据 + 网格化”排查机制有效运转，修订完善 13 个疫情处置工作规程，处置多轮本土疫情。

【社会治理】 2022 年，思明区规整空中缆线 456 万米，清理“三乱”（垃圾乱倒、污水乱流、建材乱放）7.1 万处，拆除违建 633 宗，腾出违法占地 8.8 万平方米。完善项目全生命周期管理服务，推行豁免清单、容缺受理。智慧思明数据公司及运管中心挂牌运营，组建城市治理服务队伍，在全区推广“一网统管”。“智慧近邻”平台完成 10 个社区常用应用系统整合。近邻社区创新案例、镇海社区社会组织经验获评国家级荣誉。统筹推进城中村现代化治理，开展文屏山庄小区综合治理，出台物业管理办法、业主大会和业委会指导细则。在深田等 3 个社区试点城市空间整合服务模式。启动“思明文明生活时尚季”，发起群众性创建活动 1 万余场。安全生产专项整治三年行动收官，全年整改各类安全隐患 9000 余项，建成区应急管理综合业务指挥平台。开展自建房及房屋安全专项整治，整治隐患 277 处。出台小散工程纳管实施细则，落实分层分级包保责任监管机制。打掉恶势力集团 5 个、78 人，全区刑事警情比上年下降 11.46%。思明区获评全省平安县（区），滨海街道获评“福建省平安建设先进集体”，莲前派出所被党中央、国务院授予“全国模范公安单位”称号。

【社区近邻服务特色品牌】 2022 年，思明区推进社区近邻服务省级试点区工作，加快深田等条件成熟的试点社区建设，形成深田完整社区、“近邻·敬龄”、“近邻·童梦”等特色品牌。“打造‘近邻社区’ 促进社区共建共治共享”实践经验被民政部评为“全国基层治理创新典型案例”，镇海社区枢纽型社区社会组织被民政部授予“全国先进社会组织”称号。

【“政银+惠企”服务新模式】 2022年，思明区在福建省首创政银合作服务新模式，设立“政银+惠企”服务示范点，实现首批60项高频政务服务事项可在合作银行办理，由银行专员提供企业开办、银行开户、税务服务、社保登记、惠企政策咨询导办等“一站式”审批服务，同时配置e政务自助机等设备，推进政务服务自助办理。思明区政务服务政银合作模式被省发改委、省职改办、市审改办等作为改革经验和案例做法在全省推广。

【郑成功文化节】 2022年6月23日，思明区主办的2022海峡两岸郑成功文化节在思明区延平郡王祠举行，来自海峡两岸的民众共祭民族英雄郑成功。文化节以“成功同心·共享未来”为主题，以线上、线下结合方式，策划“两岸成功启蒙礼”，打造“成功·礼”“成功·说”“成功·乐”“成功·竞”四大频道，开展“成功有young——两岸成功说”系列交流活动、两岸青少年讲古大赛、纪念郑成功收复台湾360周年楹联作品展活动。延平郡王会香旗作为两岸轮流举办郑成功文化节的重要信物，在经历全台湾巡香之旅后，渡海返回厦门，在颁典仪式现场由两岸代表进行交接，再次返回延平郡王祠。海峡两岸郑成功文化节自2009年首次举办，连续举办14届。同日，举办“纪念郑成功收复台湾360周年”学术研讨会，海峡两岸专家学者200余人参与。

（思明区）

湖里区

【概　况】 湖里区位于福建省厦门岛北部，南与思明区交界，东、北、西三面临海，分别翔安区、集美区、海沧区隔海相望，面积73.75平方千米，辖5个街道、59个社区，常住人口99.6万人（见表39-2）。2022年，湖里区实现地区生产总值1681.9亿元，比上年增长3.3%。一般公共预算总收入280.7亿元，同口径比上年增长16.3%，其中地方一般公共预算收入55.9亿元，同口径增长15.5%。获评“全国工业百强区”、全国义务教育优质均衡先行创建区、福建省平安建设示范区、福建省双拥模范城（区）、福建省城市发展十优区等称号。为做好新冠病毒感染疫情防控，湖里区全面落实“快准严实细”工作要求，做好疫情防控工作，最大限度减少对人民群众生产生活影响，基本做到以最小代价实现最大防控效果。优化“1+19”疫情防控应急指挥体系，下发各类指令、通告、方案326份，快速处置本土疫情13起，涉及传播链35条，均在较短时间内消除社会面影响。坚持每日例会机制，及时研判形势、解决问题。提升新冠疫情防控能力，加强应急物资储备，完善城中村和无物业小区防控、重点人群检测等工作机制。

【产业发展】 2022年，湖里区把稳增长作为经济工作的首要任务，落实落细中央和福建省、厦门市稳经济一揽子政策及接续政策，制定应急与谋远工作意见，稳住市场主体，增强发展信心。编制《湖里区主导产业发展工作方案》，发展“研发+总部+委外制造”业态模式，出台进一步促进集成电路“双创”平台发展等政策措施，推进先进制造业倍增计划，构建建筑业产业集群。加快产业园区建设，完成湖边水库东科创产业园开发建设总体方案编制工作，加快编制老工业区转型升级规划方案，推动T3出行、久铖高科等11个项目入驻智慧交通产业园。先后出台107条助企纾困举措，兑现扶持资金10.5亿元，完成留抵退税22.9亿元，提供12.4亿元应急还贷周转资金。强化项目全生命周期服务保障，策划生成2000万元以上项目250个，计划投资1146亿元；策划研究项目227个，计划投资1678亿元。湖里区作为责任单位的34个省、市重点项目完成投资171亿元，占年度计划的257%，省重点在建项目完成情况考评4次位居全市第一。建安投资完成143.5亿元，比上年增长13.9%，技改设备投资增长45%。第六空间、金龙广场、海上世界、万达鹭港等城市综合体开业。湖里创新园城市综合体、石头皮山提升改造工程等13个项目开工，太古可口可乐增资扩产等7个项目竣工，超额完成开竣工预期目标。出让产业和商住用地9幅，总面积15.5万平方米。

【招商引资】 2022年，湖里区举办“9·8”全区招商大会及全市首场城市更新项目推介会，参与校友经济、数字峰会、企业家大会等重大招商活动，推介、签约项目93个，总投资近1000亿元，对305家纳税大户进行表彰。滚动生成“促对接、促落地、促运营”3类重点招商项目215个，总投资1156.16亿元。新增市级总部企业11家，推动德龙集团贸易总部等世界500强企业，浪潮IC、利亚德等行业龙头，茅台零售等国企共125个项目落地，实际到资135.3亿元。出让厦门农商行、圣元环保酒店等各类经营性用地9宗，比上年增长超100%。

表39-2　2022年湖里区各街道基本情况表

名称	面积（平方千米）	户籍人口（人）	财政收入（亿元）	社区（个）
湖里街道	9.45	116911	35.48	18
殿前街道	25.64	49103	59.37	9
江头街道	6.72	80905	24.34	11
禾山街道	16.43	99557	24.30	12
金山街道	15.51	63817	45.24	9

【城区建设】 2022年，湖里区创新采用“EPC+O”模式（工程总承包+运营），探索完善社区建设路径，推动东渡片区城市更新“投融建管运”一体化。钟宅南苑等4个安置房项目竣工验收。湿地公园TOD（以公共交通为导向的开发）综合开发项目开工建设。出台城中村综合治理方案，后浦社缆线整治试点工作基本完成。编制慢行交通网络近期规划，市政道路完工13条，打通断头路6条，新增公共停车泊位3258个，建成电动自行车集中充电点1475处、充电桩（口）2.3万个，加快改造农贸市场3个，高林还建公园、石头皮山公园建设竣工，新增口袋公园10个。成立智慧湖里数据公司，“城市大脑”优化升级，日均受理各类事件1730件，处置率100%，群众满意率99.9%。深化“大文明+大城管”机制，完善网格精细化管理模式，开展四大专项整治及三大重点攻坚行动（市容市貌、交通秩序、公共设施、市场秩序四大专项整治，电动自行车、老旧小区、空中缆线三大重点攻坚），完成416个住宅小区公共设施及环境专项整治，建立小修小补经费直达等8项保障机制，发现、解决问题14.7万个，电动自行车保有量下降20%。率先全省出台农贸市场长效管理绩效考评实施办法。拆除违建764处、3.4万平方米，打造钟宅西二路省级精细化管理样板街区，综合管理考评成绩连续14个季度位列全市第一。

【生态环境建设】 2022年，湖里区编制出台“十四五”生态环境保护规划。高标准推进2轮中央环保督察、国家海洋督察和省环保督察等反馈问题整改。开展生态环境治理，投入10亿元，推动8个片区、44.4平方千米正本清源项目收尾，同步启动古塘垅社城中村正本清源试点工程，实现水环境功能区达标率、近岸海域水质达标率和土壤建设用地安全利用率“3个100%”，空气质量保持优良。落实碳达峰、碳中和行动，完成五缘湾湿地公园一星级近零碳排放示范景区提星工作，盛德东南新能源汽车生态园区二星级低碳工业园区提星升级，新增创建联发新天地等4个低碳社区。推动象屿综合保税区成为全国首个零碳综合保税区，湖边水库片区生态产品价值实现案例入选省级典型案例。

【社会事业】 2022年，湖里区坚持教育优先发展战略，教育投入16.8亿元，入选全市唯一幼小科学衔接实验区，义务教育优质均衡发展创建通过市级复核。南山实验学校等8所高品质校园投入使用，新增学位1.62万个。新成立4个公办教育集团，在全市率先对薄弱民办校派驻执行校长。“校园清凉工程”“放心午餐工程”“明厨亮灶+互联网工程”义务教育阶段达到全覆盖，课后服务实现幼儿园、小学、初中全覆盖。开展全区性文化活动401场，打造区级智慧体育管理服务平台，建设81个全民健身场地设施项目，新增9所学校对外开放体育场地。建成区文物保护中心，迁移保护文物7处，修缮文物18处。挖掘本土红色资源，打造神山党员综合教育基地，建设神山战斗展陈室、神山元宇宙学习基地。全省首个国家中医区域医疗中心落户湖里区。推进5家社区卫生服务中心管理体制改革，区妇幼保健院上线全市首个非诊间结算信用就医系统。开设老年大学西部分校，新建江头吕岭和殿前神山养老服务照料中心，实现全区58个社区居家养老服务全覆盖，每千名老人养老床位数80张。新建7家普惠性托育机构，增设托班幼儿园20家，总托位数2671个。发放特困人员救助、低保救助、临时救助金、“残疾人两补”（指困难残疾人生活补贴和重度残疾人护理补贴）等各类救助3507万元，兑现计划生育家庭等帮扶资金4560.42万元。提供保障性租赁房、人才公寓超2万套，发放保障性租赁房补助及高校毕业生住房补贴2589.04万元。

【社会治理】 2022年，湖里区推进治理体系和治理能力现代化，不断提升社会治理效能。常态化开展扫黑除恶斗争，查处福建省首例旅游市场涉老诈骗案，打击恶势力犯罪集团5个，“票先生”一案经验做法被公安部肯定并推广。以围里第三网格为试点探索建立“智慧城中村”人口管理数据平台，建成智慧安防小区565个。接收办结信访件4185件，成功调处各类矛盾纠纷7704件。组建基层劳动人事争议调解组织307家，江头街道劳动人事争议调解中心获评“2021年度全国工作突出基层组织”，海峡两岸融合化解劳动争议机制成为全省唯一试点。持续开展安全生产专项整治三年行动。对城中村4.3万瓶装用户开展燃气隐患排查，在全市率先完成5488家餐饮场所100%安装远程功能燃气报警器，构建燃气智慧监管“一张网”。探索小散工程纳管“红黑榜”试点机制，推动全区1.92万辆大货车视觉盲区预警设备安装使用，围里小型消防站投用，消防工作站实现街道全覆盖。建成仙岳山公园、忠仑公园2个安全文化主题公园，投用山体火情监控预警系统。全区安全生产形势总体平稳。

【企业服务中心设立】 2022年5月27日，湖里区企业服务中心揭牌。依托湖里创新园、创新驿站场所及运营管理团

2022年5月27日，湖里区企业服务中心揭牌仪式在湖里创新园举行
（湖里区工业园区管委会　供图）

队实体化运作，旨在构建线上、线下一体化服务企业长效机制，全面提升服务企业水平。2022年，举办企业接待日活动19场，接待企业150家，收集反馈问题及建议318个，办件285件，接听解答24小时热线咨询524人次。开展“线上招聘”“直播带策”“政银企对接”“直播带岗”等活动142场，覆盖企业超7000家，吸引超100万人次参与。

【城中村综合治理】 2022年，湖里区出台《湖里区城中村综合治理方案》《湖里区城中村空中缆线整治实施方案》，编制《湖里区城中村更新改造三年行动规划及年度实施计划》，重点推进改造基础设施、改造内部环境、提升服务体系、提升管理体系、提升文旅商融合品牌等“两改造三提升”工作。后浦社城中村作为试点项目，年内完成强弱电、站房建设、雨污排水管道病害修复、消防六改、智慧城中村等改造工作。启动后埔、尚忠等16个城中村综合治理。

【第十四届海峡两岸福德文化节】 2022年12月26日，第十四届海峡两岸福德文化节开幕式及祈福颂典活动在湖里区仙岳山土地公庙广场举行，来自海峡两岸的信众参加。该届文化节由市委统战部、市委台港澳办、市民宗局、市文旅局共同指导，湖里区政府主办，市闽南文化研究会、湖里区福德文化联谊会、湖里区仙岳山土地公庙联合承办，湖里区委统战部、湖里区委台港澳办、湖里区文旅局、湖里区市政园林局、湖里区团区委、湖里街道办、殿前街道办、金山街道办等单位协办。文化节包括海峡两岸福德文化论坛、“做客台青基地”交流参访、“青春在鹭上·两岸青年文化party”、两岸宗亲座谈会暨湖里区五缘文化交流促进会成立大会、台青特色产品进社区等配套活动，从主题思想、形式载体、参加对象等维度激发两岸同胞民族共情、文化共鸣、心灵共振。

（湖里区）

集美区

【概　况】 集美区位于厦门西北部，东北与同安区接壤，西北与漳州市长泰县交界，西南毗邻海沧区，东南由杏林大桥、高集海堤、厦门大桥、集美大桥连接至厦门岛，辖区总面积275.79平方千米（含农林场），海岸线长60千米。下辖6个镇（街道）、21个行政村、48个社区居委会。全区总人口114.31万人，其中户籍人口44.82万人，流动人口69.5万人。（见表39-3）

表39-3　　2022年集美区各镇（街道）基本情况表

名称	面积（平方千米）	总人口（人）	其中流动人口	地方级财政收入（亿元）	行政村（个）	社区（个）
灌口镇	70.2	185467	110437	2.04	12	7
后溪镇	110	141300	69700	2.97	9	6
杏林街道	24.7	207641	104670	4.12	0	11
集美街道	4.6	29039	12341	0.46	0	5
侨英街道	19.44	254160	179386	1.49	0	11
杏滨街道	21.6	176084	112944	1.70	0	8

2022年，集美区实现地区生产总值956.58亿元，比上年增长3%；规模以上工业总产值1243.09亿元，增长1.34%；一般公共预算总收入142.3亿元，地方一般公共预算收入46.1亿元；城镇居民人均可支配收入增长5%，农村居民人均可支配收入增长8.1%。入选“中国工业百强区”；产业引导基金连续2年跻身“中国政府引导基金50强”榜单，成为福建省唯一上榜的区（县）级政府引导基金；新城核心区获评第二批国家级夜间文化和旅游消费集聚区；入围全国“数字乡村百强县”、首批省级数字乡村试点县。

【农业农村】 2022年，集美区农林牧渔业总产值7.16亿元，比上年下降2.6%；农村居民人均可支配收入3.91万元，比上年增长8.1%。建成高标准农田33.33万平方米，培育市级“一村一品”示范村2个，文源山现代农业示范园获评省级休闲农业示范点。发展村集体经济，开工建设西亭人才公寓和兑山综合楼，签约招商杏林村地铁上盖项目，全省首创“1+N+1”灌口村集体经济发展模式，完成集体经济收入薄弱村增收任务。创新开展组团式结对帮扶，助力彭阳县打造5个闽宁乡村振兴示范村，投入3200万元用于清流县、新罗区省级乡村振兴试点村建设。

【工　业】 2022年，集美区规模以上工业总产值1354.7亿元，规模以上工业增加值337.3亿元。企业创新能力不断激发，新增国家级专精特新“小巨人”企业9家，比上年增长52.9%，总数26家。打造全市首个知识产权标准化在线庭审场所，辖区国内专利授权量8202件，位居全市第一。探索投融资体制改革，策划生成首批区级PPP项目12个，总投资74亿元。签约落地厦门市金砖未来技能发展与技术创新研究院项目。

【第三产业】 2022年，集美区软件信息业保持高速增长，规模以上软件信息和互联网服务企业营收150.4亿元，比上年增长25%；软件园三期新增注册企业3703家，比上年增长121.9%，落地注册资本金156.1亿元，入驻员工超8万人，西片区52万平方米研发楼交付使用。杏林湾基金聚集区新增注册基金418亿元，管理总规模突破1600亿元，居全省各区（县）首位，占全市总量40%。升级TOP金融赋能研究院，成立两岸金融服务中心，对台资金清算额超180亿元。在国内率先实现以数字人民币奖励台企上市。成立全国首个台企上市服务联盟、全省首个台商增信基金。商贸业新增纳统企业161家，限额以上批发零售业销售额增速稳居全市第一；新增各类商事主体2.6万户，比上年增长10.4%。橙联跨境电商产业园竣工投产，集兆嘉全球结算总部、全球第三座红点设计博物馆、普盛食品南方总部等项目落地。举办2022“集美欢乐购”、二手车购车补贴等促销活动。

【招商引资】 2022年，集美区营商环境评估总指标、社会信用体系建设排名全市第一。实际利用外资2.34亿美元，东方花木兰、祥峰QFLP等亿元以上外资项目陆续到资。营商环境不断优化，“一趟不用跑”“最多跑一趟”事项占比99.4%。建成24小时“e政务”便民服务站50个，以及全省首个优化营商环境执行工作室。实施企业全域服务试点工作，打造海丝法务税务普法服务中心。率先全市开展直播政策宣讲，投入各类扶持资金13.6亿元，办理新增减税、降费、退税、缓税、缓费29.5亿元。

【城乡建设】 2022年，集美区推进国土空间规划编制，生成50个城乡建设品质提升项目，完工30个。完成征地187.88万平方米、房屋征收35.2万平方米、交地283.71万平方米，完成陈井、西滨整村征收任务。福厦高铁厦门北站主体封顶。基本打通集源路、西莲路2条“断头路”，完成20条主次干道及商业大街提升改造，杏锦路跨高速段、灌口中路竣工，马銮湾环湾大道建成通车。新开通公交线路6条，优化调整公交线路14条。新增3295个停车泊位，超5000个道路泊位实现智慧化改造。投用西亭A1-3地块安置房，加快推进蔡林、官任等17个在建安置房建设进度。完成55个老旧小区改造提升，惠及3967户居民。基本完成存量裸房整治。

【生态环境建设】 2022年，集美区灌口镇获评省级乡村振兴重点特色镇、全域生态旅游小镇，双岭村、田头村分别获评省级美丽休闲乡村和省级金牌旅游村。集美区打造精细化示范街区1个、户外广告设施设置精品路段6条。新增、改造提升园林绿地95.2万平方米、公园绿地75.6万平方米、绿道10.2千米、口袋公园7个，开工建设集美新城大学城带状公园，凤凰花公园、杏东公园建成开放。空气质量综合指数较上年改善3.6%，6项主要污染物浓度均达到国家二级标准，新能源公交车占比突破94%。后溪工业组团获评二星级低碳工业园区。全区水环境11个监测点水质100%达标，劣V类断面实现“清零”，6处农村黑臭水体整治和78个农村污水提升治理全部完成。杏林大桥—新阳大桥岸线段完成整治。垃圾夜间错峰直运量持续保持全市前列，岛外最大大件垃圾处理厂建成投用。

【社会事业】 2022年，集美区新建中小学、幼儿园项目12个，新增小学建设学位8820个、幼儿园建设学位2430个，幼儿园公办率比上年提高6.3个百分点；率先全市落成家庭教育指导服务中心，实现全区中小学教室空调和LED护眼灯全覆盖；新招聘编内教师342人，新确认市级骨干教师及以上称号328人，组建名师发展工作室27个；新建普惠托育机构6家、普惠托位555个，普惠率比上年提升18.8个百分点，普惠性托育镇（街）覆盖率为83.3%，全市首家民营企业全资投建托育机构开园。

2022年，集美区登记用工企业3.8万家，比上年增长25.2%；新增就业2.7万人，在职人数40万人，比上年增长9.2%。打造全市首个区级青年友好城区线上校招平台，创新开展“远鹭回歌”“城市定向探索赛”等引才宣传活动，2022届离校未就业高校毕业生就业率突破97%。推进“人才强区”战略，发布高校产业技术联盟“四个一百”行动方案，开通全市首个先锋人才服务热线，引进高层次人才477人，年度新增市“双百”人才落户数连续8年位居全市第一。低保扩面率15.6%，列全市第一。率先全省将台胞纳入救助范畴。发放残疾人“两补”2311.2万元，为50户残疾人家庭实施无障碍改造。

2022年，厦门医学院附属口腔医院集美院区投入使用，川大华西厦门医院启动试运营，灌口中心卫生院通过二级医院评审，区妇幼保健院成为市妇幼保健院医联体合作医院，杏林街道社区卫生服务中心等3家基层医疗卫生机构与市儿童医院签约共建区儿科医联体。集美街道和杏滨街道社区卫生服务中心在全市综合激励考核中分别列第一位和第二位。集美区32家村（社区）卫生所规范化率为100%，在3家二级以上综合医院开设老年医学科，完成45户困难老年人家庭的适老化改造。实施新一轮幸福安康险项目，惠及老年人5万余人。

【社会治理】 2022年，集美区刑事警情比上年下降8.7%，每万人发生起数全市最低，8类案件破案率100%，生产安全事故起数、死亡人数连续3年实现“双下降”，火灾起数下降10.4%，防汛和森林防灭火形势持续稳定。创新社会治理模式，成立社会治理工作委员会，完善“一网统管”，建设“智慧集美”平台，推进城乡管理向城乡治理升级。全面推行网格化管理，划分743个网格，新招录988名网格员，打造39个小区服务阵地、83个小区议事协商平台、145支小区服务队。制定小区治理小额“以奖代补”、居民公约等配套措施，率先全省成立小区业主服务中心。成立全市首个物业行业党委，物业行业党组织数比上年增长73.7%。整治“两违”（违法占地、违法建设），全区乱占耕地行为“零新增”。推进文明养犬，率先在岛外建立养犬管理信息系统。苔芯志愿服务队获批全省首个台胞志愿服务队，后溪镇及崎沟村、后溪村分别上榜第二批省级乡村治理示范镇、示范村。

（集美区）

海沧区

【概　况】 海沧区位于厦门市西南部、南临九龙江出海口，西与漳州台商投资区接壤，北与集美半岛相连，处于闽南厦漳泉金三角地区的突出部位，与厦门本岛隔海相望。海沧区国土总面积184.73平方千米，海岸线长37.52千米（大陆岸线）。下辖4个街道、47个村（社区），其中15个行政村、12个“村改居”社区、20个城市社区及天竺山林场（厦门市第一农场、海沧农场2个农场2018年改制为社区）。海沧区户籍人口29.63万人，流动人口36.97万人。（见表39-4）

2022年，海沧区实现地区生产总值1067.48亿元，比上年增长4.7%；固定资产投资（不含农户）增长11.8%；区财政总收入239.22亿元，增长7.7%；区级财政收入39.64亿元，增长7.3%。实际利用外资1.92亿美元，比上年下降17.4%。实现城镇居民人均可支配收入64607元，比上年增长4.8%；农村居民

表 39-4　　2022 年海沧区各街道基本情况表

名称	面积（平方千米）	户籍人口（人）	地方级财政收入（亿元）	行政村（个）	社区（个）
海沧街道	37.61	65416	1.34	6	5
新阳街道	22.36	48353	1.52	1	7
东孚街道	48.82	54015	1.26	6	8
嵩屿街道	27.06	128562	1.10	2	12

人均可支配收入 40035 元，增长 8.4%。海沧疏港通道主线通车，提升海沧湾区的货运集疏散能力。

【农　业】2022 年，海沧区实现农林牧渔业总产值 4.25 亿元（现价），比上年下降 0.2%（按可比价）。挖掘粮食生产潜能，全年完成粮食播种面积 78.4 万平方米，其中大豆播种面积 6.93 万平方米，粮食产量 410 吨；完成蔬菜播种面积 7.27 平方千米，产量 2.49 万吨。培育 1 个蜜柚新品种示范基地，推动 3 家合作示范社农业发展项目实施，促进都市农业提质增效。开展 9 家农业经营主体、合计面积 28.72 万平方米商品有机肥推广工作，创建 1 个绿色防控与统防统治融合示范点。落地现代农业招商项目 7 个，总投资 4.01 亿元。做好耕地地力补贴发放，发放补贴资金 52.52 万元，受益 18 个村（居）3101 户农民。加强涉农巡查监管，辖区有农产品质量安全“一品一码”追溯点 7 家，2 个涉农街道均设有农产品质量安全快检室。组织做好重大动物疫病防控，免疫抗体合格 92.42%，超省、市既定 70% 以上的目标；开展宰前检疫生猪 3343 车次，屠宰检疫合格生猪 24.8 万头。做好渔业安全生产，防范海上疫情非法输入并做好相关海域作业宣传管控。落实乡镇船舶清退暨“三无”[无船名船号、无船舶证书（无有效渔业船舶检验证书、船舶登记证书、捕捞许可证）、无船籍港]船舶整治工作，全年完成 111 艘乡镇船舶清退和 164 艘“三无”船舶整治任务。开展渔船安全隐患大排查及“封港清查”海上联合执法行动 12 次，出动执法人员 230 人次，实现全年渔业安全生产“零事故”。定期开展水产品质量安全执法巡查，对非法捕捞、私偷渡等非法从事涉海旅游经营活动的行为进行执法，对海岸线、滩涂等进行强化管理，年内巡查岸线海域 3200 余次，出动巡查人员 5120 余人次。产地水产品监督抽查合格率 100%。全年，全区水产品总产量 801 吨。至年底，全区有在册渔船 44 艘，海沧辖区仍在使用的避风坞 1 个，位于鳌冠村。做好高素质农民培训，全年培训 423 人次，超额完成市级下达任务。

【第三产业】2022 年，海沧区完成批发零售贸易业销售额 5897.1 亿元，比上年增长 27.9%；社会消费品零售总额 323.79 亿元，增长 7.6%。完成汽车限额以上批发零售销售额 150.02 亿元，比上年增长 16.33%，其中限额以上社会消费品销售额 99.62 亿元，增长 2.92%，占全区限额以上社会消费品销售额 61.5%。开展购车补贴活动，68 家汽车企业参与，利用新媒体多渠道广告宣传，带动新车销售 3610 台，营业额 8.8 亿元。开展“云 Shopping Go 海沧”2 场主题线上促消费活动，分 2 期发放 700 万元消费券，核销 272 万元，拉动消费 1468 万元。整合抖音等官方平台资源进行电商人才培训，举办“丰收好时节，六盘山味珍”泾源网红达人线上直播带货大赛、第二届“寻梦春州”内蒙古突泉电商直播周等活动。厦门云创直播小镇吸引 103 家厦门头部优质电商企业入驻，聚集双创就业（创业创新）青年 535 人，注册商标 89 项，涵盖美妆、食品等类目，新经济产业集聚规模超 4.5 亿元，举办 30 余场活动，吸引近 1500 人次参与，服务厦门及周边企业超 400 家。举办“云上海沧·遇见生活”——2022 年海沧云上文旅生活季直播专场活动、2022 爱心厦门·乐活海沧文化和旅游推介活动等 5 场文旅宣传推介活动，全网曝光总数最高为 6157 万人次，其中单项活动新媒体数据热度 2647.6 万人次，微博、微信互动量 2470 万人次，全国权威媒体报道篇数超 200 篇。在厦门大学、鼓浪屿片区约 100 个酒店宾馆投放旅游宣传广告、发放宣传册，为东孚街道洪塘村赤土社拍摄宣传片，在海西泰地公交车站制作影视打卡点，宣传天竺山飞越达人挑战赛，推广海沧区特色文旅资源，年度旅游宣传推广经费超 300 万元。在厦门国际海洋周期间举行海洋文化嘉年华活动，参与市民突破 4 万人次。全年，海沧区接待国内外游客 588.34 万人次，旅游总收入 51.52 亿元。限额以上住宿餐饮业营业额 7.56 亿元，比上年增长 15.9%；限额以上住宿业营业额 4.78 亿元，增长 17.05%；限额以上餐饮业营业额 2.76 亿元，增长 13.9%。至 2022 年底，海沧区有 19 家银行、20 家保险公司、4 家证券公司、26 家地方金融机构。

【城乡建设】2022 年，海沧区统筹推进新城建设与乡村振兴。东屿村完成整村征收，历时 13 年；马銮湾新城 SM 等商业综合体项目建设提速，生态三岛公园建成开放；沧江新城建设加速成型，沧江文体中心建成开业，自贸国际楼盘等项目加速去化；鳌冠新城规划落地实施。疏港通道（主线）通车，轨道 6 号线海沧段完成铺轨。海沧区对 75 条、长度 12 千米的市政道路进行提升改造，打通鼎山西一路、新光路、东孚西路 3 条“断头路”，互联对接岛内外一体化的交通网；争取市级投资，对海新路与疏港通道立交工程等市级交通项目 10 个、沧江路快速通道等市级市政项目 4 个进行提升改造。优化调整公交线路 20 条次，新增公交线路 5 条，开通定制公交线路 93 条。生成无障碍设施项目 11 个，重点打造海发社区无障碍示范区，方便残疾人出行和群众夜间的安全出行。新增路外公共停车位 1389 个、充电插口 3105 个，缓解停车难、充电难问题。推进老旧小区排水管网改造，2000 年前的 18 个老旧小区内部排水管、路面完成改造更新；8 个城区排水管网正本清源，72 个自然村农村生活污水提升治理项目完成竣工验收。实现弱电强电缆线入地，完成规整 294.4 千米。拆除“两违”61.85 万平方米，完成年度计划的 103.09%，腾出土地 56.61 万平方米，利用率 99.37%。

2022 年，海沧区推动 13 个乡村振兴试点示范村 62 个项目建设，完成投资 6621.74 万元；继续推进 4 条乡村振兴动线打造，生成建设项目 18 个，完成投资 1614.51 万元。过坂社区获评全国“一村一品”示范村。做好与宁夏泾源县的东西部协作，推进与宁德屏南县的对口帮扶，对口帮扶资金拨付 1600 万元。统筹推进全区各村居集体经济项目发展，新垵、莲花等项目竣工交付，温厝、祥露等项目有序推进。棠潮园艺暨班纳利中国育种中心一期投产，二期工程实施建设，完成投资 7400 万元。整治农村人居环境，全年新建、改造提升农村公厕 9 座。推进裸房整治，年度任务 1200 栋，完工 1720 栋，完工率 143%；完成“四好农村路”改造 7.1 千米，完成投资 1670 万元。开展乡村“五个美丽”[美丽乡村庭院、美丽乡村微景观、美丽乡村小公园（小广场）、美丽田园、美丽乡村休闲旅游点]建设。创建美丽庭院 300 户，其中 40 户获评省级美丽庭院。“五个美丽”建设经验全省推广。坚持“一把扫把扫到底”，扩大农村环卫作业范围 120 万平方米，全域环境品质显著提升。

【生态环境建设】 2022 年，海沧区空气质量优良率 99.5%，优级率 69.9%，环境空气质量综合指数 2.24，地表水环境达标率为 100%。年度公众对环境质量满意度蝉联全市第一，实现“五连冠”（2018—2022 年）。过芸溪省控断面达三类水标准，新阳主排洪渠水质稳定达标、消除黑臭；湖库断面均达到水功能区考核要求。土壤环境安全可控，危险废物处置利用率和医疗废物无害化处理率均为 100%。强化工业领域减污降碳协同增效，以士兰明镓化合物半导体有限公司为依托探索开展工业企业减污降碳长效机制试点。年内，企业减少自来水使用 24.8 万吨、废水排放 21.5 万吨、氨气排放 88.33 吨、碳排放 4208.28 吨。指导码头实施推进“油改电”和岸电投用，海润码头和国际货柜码头低压岸电使用率分别比上年增长 583.5% 和 268.15%。辖区年 PM_{10}（直径在 10 微米及以下的颗粒物）和 $PM_{2.5}$（直径在 2.5 微米及以下的颗粒物）浓度分别比上年下降 18.2% 和 12.5%，空气质量 6 项主要污染物指标均优于考核标准。完成正本清源改造 63.93 平方千米，完成投资 7.04 亿元，新建（改造）污水管网 10.2 千米，实现海沧首批排水管进小区。鳌冠海域岸线保护和生态综合整治工程通过专家验收，完善海漂垃圾打捞作业体系，加快推进马銮湾新城湾区岸线生态修复，生态岛、湿地公园、雨洪生态补水工程建设，持续改善近岸海域的生态环境质量。全国首个低值可回收物分拣中心示范项目揭牌投产。推动环境添绿增彩，打造景观小品 9 处，全年新增（改造）绿地面积 85.7 万平方米、绿道 6.66 千米，建成 10 座高颜值“口袋公园”。全年完成造林绿化 60.73 万平方米。

【社会事业】 2022 年，海沧区推进中小学幼儿园 18 个项目建设，其中新开工项目 4 个，续建项目 7 个，竣工项目 7 个，总投资 7.91 亿元，新增学位 7800 个。组建七大教育集团，成立全省首个“校长成长学校”。中考成绩保持岛外领先，高考本科上线率 86.6%，比上年增长 6.7%。启动中小学教师“区管校聘”管理改革。引入优质民办教育资源，与中央美术学院签约合作；青少年研学实践营地（厦门沧江研学营地）启用。海沧医院入选国家呼吸医学中心协同医院，与复旦中山厦门医院开展远程合作，推动相关肝癌、慢性呼吸疾病科研项目及国家呼吸研究中心慢阻肺项目在海沧实施。加快区域医联体建设，促进优质医疗资源下沉，搭建高效分级诊疗模式。打通与三级综合医院的远程诊断线上链路，推进远程会诊、心电、影像远程诊断服务。做强基层医疗机构，4 家社区卫生服务中心通过市级验收，与海沧医院、长庚医院等胸痛中心建立常态化联合救治及转诊机制。做好家庭医生签约服务，提升服务质量，全年常住人口签约 27.72 万人，签约率 45.07%；户籍人口签约 6.76 万人，签约率 30.92%；重点人群签约 10.18 万人，签约率 83.33%；厦门“i 健康”微信绑定率 53.69%。全年门急诊 296.08 万人次，与上年基本持平；住院量 5.89 万人次，增长 1.03%。全区医院、卫生院实际拥有床位 2100 张。全区低保对象 553 户 863 人，特困人员 38 人，孤儿 2 人、事实无人抚养儿童 49 人，发放各类救助帮扶资金 1147.19 万元，惠及困难群众 1.1 万人次；发放临时救助金 461.38 万元，惠及 1254 户、1590 名困难群众；为 878 名困难群众发放一次性生活补贴 17.56 万元。新增招聘社区工作者 204 人，全区城乡网格员 1010 人，未来海岸社区获评“全国充分就业社区”。提升养老机构服务质量，对社会福利中心进行重新装修改造，启动 2 个养老服务照料中心建设；完善“15 分钟养老服务圈”；探索开展家庭养老床位，全年开办家庭养老床位 51 张；开办“敬老餐桌”项目，为老人提供低偿助餐服务 1 万余人次。全年办理社保业务 5.34 万件，发放待遇 1.72 亿元，审核发放各项社会保险补贴 5853.25 万元，惠及企业 1.14 万家次、8.51 万人次。发放灵活就业社保补贴 220.85 万元，惠及 2882 人次。做好稳就业工作，发布超 10 万个工作岗位，强化高校毕业生、失业人员等群体服务。佳芸花园等 8 个安置房项目交付使用，新增房源 3962 套。完善人才公寓管理，筹集 1.19 万套房源。落实相关人才安居工作，各类人才住房政策受惠人数超 1.2 万人次，发放资金 2709.03 万元。重点推进金沙书院项目建设，建成马銮湾智慧体育公园，并投入近 1000 万元建设一批基层体育健身设施，举办厦门海沧半程马拉松赛等体育赛事。完善旅游配套设施建设，建成海沧旅游集散中心，推进海沧区智慧文旅信息平台建设，筹建 2 座 AA 标准旅游厕所，天竺山景区对标提升。落实公共文化场馆错时、延时开放试点工作，区图书馆到馆量 20.26 万人次，比上年增长 37%；“送书下乡”8 场次，送书 6.82 万册。开展“文艺轻骑兵”进社区等活动 38 场次，举办各类文艺演出、比赛、展览等配套活动。加强非遗传承，选送保生大帝木制辇轿、海沧蜈蚣阁模型入选省文旅厅推荐国家非遗馆藏品名单，完成区非遗展厅提升改造和区文化馆青草药文化传承基地建设。

【文明创建】 2022 年，海沧区推进区新时代文明实践中心和区融媒体中心互通互融，2 个中心联合开展“美好生活在厝边 · 海沧区城中村文明实践走透透”直播活动，线上引流超 520 万人次。开展文明创建“十大提升行动”，建立“大城管”机制，文明创建与城市管理有机融合。5场文明直通车活动全面深入全区村（居）一线，将文明实践理念渗透到群众中去。创新打造“海沧V生活”志愿服务品牌，以“1+3+N”即“1个品牌+3大主题内容+N个子项目”为内容，吸引100余名海峡两岸志愿者加入。收集47个志愿服务项目，形成2022年海沧区新时代文明实践志愿服务项目培育库，其中“银铃卫士”防诈骗志愿服务项目获第六届中国青年志愿服务项目大赛银奖、“吉刻行动——海上安全巡逻”获2022年厦门市志愿服务项目大赛金奖。在新时代文明实践中心等84处场所加挂爱心标识，设置便民服务箱、“爱心角”。开展“爱心餐饮店”公益项目，开设8家“爱心餐饮店”，为部分生活暂时处于窘迫困境的人员提供免费爱心餐。全年常态化开展新时代文明实践活动超过8000场次，疫情期间超17万人次参与防疫相关志愿服务工作。至年底，全区有实名注册志愿者8万人，比上年增长15.6%；志愿服务队伍544支，增长15.8%；全年开展志愿服务项目8000余个。

【社会治理】 2022年，海沧区完成全年重要时期、特别是中国共产党第二十次全国代表大会期间安保维稳工作。常态化推进扫黑除恶斗争，刑事警情呈下降态势，获评“福建省平安建设示范区”。防范化解涉稳风险，健全矛盾“一站式”、多元化解决机制，推进“治重化积”工作，化解率居全市前列，全区各级调委会开展矛盾纠纷排查2360次，发现矛盾纠纷数702次，调解成功2181件。推广驻企警民联调室，诉源治理工作经验被最高法院推广，全国首创村集体负责人出庭应诉机制。成立提升平安建设“三率”（群众安全感率、扫黑除恶好评率、执法工作满意率）工作专班，设立协调督导、民情分析等5个工作小组，推进平安海沧建设。助力法治政府建设，行政机关负责人出庭应诉率100%；加大民生领域保障力度，电信网络诈骗警情持续下降且在全市最少。开展隐患排查整治，安全生产事故起数和死亡人数“双下降”。推进道路交通亡人事故专项整治、电动自行车道交违法行为专项整治，全区道路交通事故立案数、受伤数、死亡人数、直接经济损失等4项指数全部下降。完善社会治理体系建设，探索创新党建引领小区“微治理”模式，实现城市住宅小区党支部全覆盖，2个小区被列为“近邻党建”省级试点小区。新增15个五星级平安小区，全区五星级平安小区占比52.4%，为全市最高。加强社区网格建设，推动民（辅）警等人员进网格。加强区、街道、村（社区）三级综治中心联动运行，强化“一标三实”信息采集、平安巡防管理、矛盾纠纷平台派发流转等工作。探索城中村智慧管理“一张网”建设，在新垵村、霞阳社区共1200栋出租房试点安装人脸识别监控，不断提升智治水平。年底，辖区群众安全感率99.09%。未发生较大及以上安全生产事故，安全生产形势持续平稳。

2022年5月19日，钟南山院士（右一）授予厦门市海沧医院“国家呼吸医学中心协同医院”牌匾
（厦门市海沧医院　供图）

【海沧医院入选国家呼吸医学中心协同医院】 2022年5月19日，厦门市海沧医院入选国家呼吸医学中心协同医院，共和国勋章获得者、中国工程院院士、广州实验室主任、国家呼吸医学中心名誉主任钟南山授牌。5月20日，钟南山院士前往海沧医院考察指导慢阻肺规范化管理研究项目。海沧医院呼吸内科的前身为始建于1898年的鼓浪屿救世医院肺科。2002年，经福建省卫生厅批准设立厦门市呼吸疾病诊治中心，成为厦门市首个市重点学科。2018年，厦门市海沧区成为“全国慢性病综合防控十佳特色示范区”。2019年，厦门市慢性阻塞性肺疾病专病防治中心落地厦门市海沧医院，并通过国家验收挂牌PCCM（呼吸与危重症医学科）。与钟南山院士团队联合开展慢阻肺早期干预及规范化管理项目，提升海沧医院慢性呼吸系统疾病防治水平。

【马銮湾智慧体育公园投用】 2022年8月29日，厦门市首个智慧体育公园在马銮湾带状公园完工投用。马銮湾带状公园为马銮湾新城环湾热点公园。海沧区对马銮湾带状公园绿地进行选点规划，打造“一线·多点·全人群”的智慧健身空间，以长1800米的智能健身步道串联国民体质监测站、5人制足球场、篮球场、大众健身运动区、越野运动区、中老年及特殊人群健身区、儿童乐园等运动分区，涵盖各类人群的不同运动需求。智能健身步道沿途设置有定位工作站、健康互动大屏、健康心率柱等智能设备，在“体育+互联网”智能管理系统赋能下，不但可以为市民收集运动监测数据并生成统计分析，还能让公园日常运营及器材维护更加智能化、精细化。项目可辐射周边生活区20万名市民群众，实现运动、智慧、生态的统一。

【集团化办学模式创新】 2022年8月27日，海沧区7个紧密型教育共同体（教育集团）成立，是继上年厦门市海沧区北附学校教育集团成立之后全新成立的教育集团。至此，海沧区成立8个教育集团，涵盖全区义务教育阶段中小学。海沧区成立教育集团遵循教育资源

2022 年 8 月 27 日，海沧区紧密型教育共同体成立仪式举行　　（海沧区　供图）

有效配置的原则，综合考虑学校地理位置、特点、历史渊源等因素，以延奎实小、双十海沧附校等区域内优质学校作为牵头学校策划生成。该次全新成立的 7 个教育集团分别是厦门海沧延奎实验小学教育集团、厦门双十中学海沧附属学校教育集团、厦门市海沧区天心岛小学教育集团、厦门外国语学校海沧附属学校教育集团、厦门市海沧区教师进修学校附属学校教育集团、华中师范大学厦门海沧附属中学教育集团、东师理想厦门海沧东孚实验中学教育集团。

（海沧区）

同 安 区

【概　况】同安区位于厦门市北部，东与翔安区相连，南与湖里区隔海相望，西南与集美区相连，北与泉州市南安市、安溪县交界，西北与漳州市长泰区接壤。全区土地面积 669.05 平方千米，海岸线长 20.29 千米，森林覆盖率 54.51%。下辖 4 个镇、7 个街道、81 个行政村、61 个社区。年末户籍人口 44.7 万人，常住人口 89.2 万人。人口自然增长率 3.44‰。（见表 39–5）

2022 年，同安区实现地区生产总值 705.63 亿元，比上年增长 3.7%；规模以上工业增加值 320.97 亿元，增长 0.6%；固定资产投资比上年增长 35.8%；一般公共预算总收入 104.37 亿元，其中地方一般公共预算收入 32.40 亿元；社会消费品零售总额 423.13 亿元，增长 7.2%；实际利用外资 9.87 亿元，下降 56.0%。城镇居民人均可支配收入 59272 元，比上年增长 5.0%；农村居民人均可支配收入 29675 元，增长 7.7%。在全市公布的主要经济指标中，固定资产投资、社会消费品零售总额、地方一般公共预算收入等指标增幅位居全市前列。项目工作正向激励综合考评连续 4 个季度进入全省前 10。乡村振兴热度指数综合排名位居全省前 10。获评第六批国家生态文明建设示范区，继续保有国家外贸转型升级基地（运动健身器材）、国家级出口健身器材质量安全示范区、国家农业科技园、省级出口食品农产品质量安全示范区等称号。

【农　业】2022 年，同安区农林牧渔业总产值 23.29 亿元，比上年增长 5.1%，排名全市第一。全面落实粮食生产党政主要领导负责制，严格耕地保护管理，实施水稻种植补贴，全年粮食播种面积 21.88 平方千米，粮食产量 1.32 万吨，均超额完成目标任务。建设完善农业基础设施，推动农业提质增效，全年新建高标准农田 95.47 万平方米，设施大棚 11.6 万平方米，新增高效节水灌溉面积 71.67 万平方米。完成蔬菜总产量 25.3 万吨，比上年增长 0.5%；油料作物总产量 1214 吨，增长 1.7%。发展都市现代农业，促进农业产业融合，百利龙程子虾繁育产业园等 4 个省级重点农业产业项目建成投用。打造"一村一品"，开展生态茶园试点建设，实施现代农业综合服务中心、水稻烘干服务点、龙眼加工中心等项目，构建特色农产品产供销一体化运营体系。推进闽台农业合作，闽台农业融合发展产业园引进台资农业企业 21 家，拥有自主研发新品种 170 个、种子种苗专利 50 项，建设成效评估结果位列全省第二。

【工　业】2022 年，同安区规模以上工业企业 919 家，产值 1288.93 亿元，比

表 39–5　　2022 年同安区各镇（街道）基本情况表

<table>
<tr><th>名称</th><th>面积
（平方千米）</th><th>户籍人口
（人）</th><th>地方级
财政收入
（亿元）</th><th>行政村
（个）</th><th>社区
（个）</th></tr>
<tr><td>大同街道</td><td>19.51</td><td>67104</td><td>0.33</td><td>6</td><td>14</td></tr>
<tr><td>祥平街道</td><td>20.02</td><td rowspan="2">81255</td><td>0.29</td><td>2</td><td>9</td></tr>
<tr><td>祥和街道</td><td>14.54</td><td>0.33</td><td>2</td><td>6</td></tr>
<tr><td>新民街道</td><td>26.17</td><td rowspan="2">49164</td><td>0.74</td><td>5</td><td>2</td></tr>
<tr><td>新美街道</td><td>41.77</td><td>0.75</td><td>4</td><td>5</td></tr>
<tr><td>西柯街道</td><td>19.97</td><td rowspan="2">74672</td><td>0.76</td><td>1</td><td>9</td></tr>
<tr><td>美林街道</td><td>25.78</td><td>0.66</td><td>1</td><td>8</td></tr>
<tr><td>莲花镇</td><td>203.6</td><td>47518</td><td>0.15</td><td>19</td><td>1</td></tr>
<tr><td>洪塘镇</td><td>37.06</td><td>50125</td><td>0.28</td><td>13</td><td>3</td></tr>
<tr><td>汀溪镇</td><td>155.85</td><td>26236</td><td>0.08</td><td>13</td><td>1</td></tr>
<tr><td>五显镇</td><td>81.64</td><td>50900</td><td>0.13</td><td>15</td><td>3</td></tr>
</table>

注：户籍人口按部分街道析置前口径统计

上年增长3.6%。规模以上工业产品产销率93.9%，比上年下降2.3个百分点。计算机通信和其他电子设备制造业、电气机械和器材制造业、金属制品业等三大行业完成产值448.85亿元，拉动全区规模以上工业产值增长2.5个百分点。保沣实业、宜施德等工业产值前20名企业完成产值437.51亿元，占全区规模以上工业产值的33.9%，比上年增长27.5%。国家级专精特新、高新技术企业数量增至384家，高技术产业增加值62.38亿元，比上年增长12.9%，增幅位居全市第一。全省首个大型异构计算超算中心——厦门数字工业计算中心落地建设，东亚机械空压机制造基地等项目开工，容大科技自建厂房等项目竣工，全年工业投资完成182.19亿元，比上年增长73%。支持企业创新发展，兑现技改奖补资金1.4亿元，规模以上工业企业技改覆盖率为35.6%；有效发明专利总量1417个，金牌厨柜入选2022年工业和信息化部智能制造标准应用试点。出台“推进工业用地增资扩产12条”措施，推动30个增资扩产项目落地，盘活闲置用地22.87万平方米，新增投资46亿元、产值70.8亿元。

【第三产业】 2022年，同安区第三产业实现增加值319.21亿元，比上年增长6.1%。第三产业在三次产业结构中占比45.2%，比上年提高1.1个百分点。全年实现社会消费品零售总额423.13亿元，比上年增长7.2%，高于全市平均水平4.1个百分点，增幅位居全市第二。全区批发零售贸易业实现销售额2684.75亿元，比上年增长37.9%，高于全市平均水平16.1个百分点，增幅全市第二。打造“乐购同安　币定精彩”、“方特夜游”、华润雪花生态伙伴周等消费场景，发放消费补贴超1000万元，撬动消费14.7亿元。优化提升“一站式”购物中心、传统商圈、“一刻钟便民生活圈”，同安宝龙广场开业运营。出台促进影视产业发展若干措施等政策，举办全国青少年帆船赛、铁人三项锦标赛等高端赛事，策划开展首届美食旅游康养文化节等文旅活动，方特假日酒店、特房波特曼二期等项目运营，住宿业、餐饮业营业额分别比上年增长30.5%、21.8%，增幅均位居全市第一。

【招商引资】 2022年，同安区坚持“一把手抓招商”，健全区四套班子领导挂钩联系重大项目、重点企业机制和招商项目“一宗一档”制度，成立11个镇（街）招商服务公司，组建6支区直产业招商小分队，全年签约项目100个，3年计划投资总额367.3亿元。强化头部企业招商，华润喜力啤酒生产基地落户，中铁建大桥局厦门公司挂牌，厦门时代（B项目）开工。强化产业链招商，紧盯上下游关键环节补链、强链、延链，引进杰瑞硅负极材料、科达利结构件等项目。强化金融招商，厦门科学城基金湾区揭牌，科技创新母基金和招商并购母基金设立，德屹长盛、同创伟业等11个基金项目落地，基金规模122.6亿元。

【城乡建设】 2022年，同安区优化完善交通路网，推进国道324复线（同安段）二期、省道206线（华诚三路—同安大道段）市政化改造等工程，轨道6号线（集美至同安段）等项目动工建设，同新路（五显—同翔大道）等道路实现通车。高标准建设同安新城和同翔高新城（同安片区），实施厦门天文馆等90余个公建及市政配套项目，蒙泰健康产业园等59个项目开工建设，星宸科技园一期等38个项目竣工投用；新拓产业用地363.1万平方米，完成投资334亿元。全面提升老城功能，建设77个、总投资26.5亿元的城市品质提升项目，11个老旧小区完成改造提升，25条道路实现“白改黑”；新增园林绿地90万平方米、慢行系统10千米，新建停车位1642个、5G基站610个、燃气管道20.5千米。推进乡村振兴，打造4条乡村振兴动线，完成22个试点示范村项目，乡村振兴热度指数综合排名连续2年位列全省前10；实施农村人居环境整治提升五年行动，整治裸房806栋，改造农村电网198条；实行“国企＋村集体”摘牌工业用地市场化运营，四口圳、阳翟社区发展用地保障性租赁房等项目开工建设，全区42%的行政村集体收入突破50万元。

【生态文明建设】 2022年，同安区获评国家生态文明建设示范区，森林资源管护工作经验在全省推广，莲花镇成功创建“绿盈乡镇”。进行中央生态环保督察反馈问题整改，通过省生态环保部门的例行督察。创新“农业碳汇＋数字人民币＋乡村振兴”机制，建成全国首个农业碳汇交易平台、全市首个乡村碳普惠体验馆。开展守护蓝天专项行动，完成331家涉VOCs（挥发性有机物）企业规范化治理，6项污染物达到国家二级标准，空气质量综合指数排名全市第一。推进流域综合治理，完成28平方千米正本清源改造，643个农村生活污水提升治理项目全面完工，洪塘污水处理厂建成投用；国、省控断面水质达标率100%，埭头溪治理入选全国河（湖）长制典型案例。实施碧海工程，巩固提升入海排口整治成效，开展入海河流总氮削减工程试点；落实海漂垃圾综合治理，岸线保洁覆盖率100%。打好净土保卫战，推进144个千人以下农村饮用水源地环境整治，完成74个地块土壤污染状况调查评审，受污染耕地安全利用率为93%以上；强化危险废物监管，建立散发涉疫医疗废物协同收运机制，危废管理平台备案率100%、医疗废物安全处置率100%。

【社会事业】 2022年，同安区民生支出67.82亿元，占一般公共预算支出的80%以上。西洪塘幼儿园等15个学校项目建成投用，新增学位1.2万个；17个教育补短扩容PPP项目纳入财政部项目库；学前教育普惠率为99.5%，位居全市第一；省级义务教育管理标准化学校数占比为99%。第三医院划归市属管理，环东海域医院、五显卫生院等医疗卫生项目完工，全区基层卫生院（社区卫生服务中心）实现智慧药房试点建设全覆盖。新改建“近邻运动场”40个，完成黄海量故居、莲花村垵柄叶氏祠堂等34处不可移动文物保护修缮，新增朝元观玉皇信俗、八宝丹传统制作技艺等8个省、市级非遗项目。兑现各类稳岗稳工促就业资金1.46亿元，城镇新增就业2万余人，引进高校毕业生5000余人。泰康之家·鹭园营业，8个镇级照料中心实现托管运营，莲花村获评全国示范性老年友好型社区。城乡居民养老保险参保率100%，被征地人员基本养老参保人数全市第一。新增安置房755套、保障性租赁房5151套。

【社会治理】 2022年，同安区加强城乡社会治理，完成新民、西柯撤镇设街道

2022 年 9 月 29 日，同安区预制菜产业发展联合会揭牌成立　　（同安区　供图）

和街道析置，完成 142 个村（居）民委员会换届选举；划分城乡社区网格 721 个，配备专职网格员 816 人，基本实现“全科网格”全覆盖；汀溪镇、白交祠村等 7 个村镇入选省级乡村治理示范村镇。深化文明城市创建，成立常态化文明创建工作指挥部，开展“5+4”专项整治行动，“两违”处置进度位居全市第一；加强“爱心厦门·同安在行动”建设，凤祥社区获评全国学雷锋志愿服务“最美志愿服务社区”；推进移风易俗，为群众节约开支 3.4 亿元；开展“城中村”整治提升，施划“门前三包”（包环境卫生、包绿化、包社会秩序）线 6.36 万米，规划建设商业街 35 条、摊规点位 301 个；“8+1”综合治理模式获评市文明城市创新案例。加强法治同安建设，成立全省首个“睦邻微法庭”诉非联动工作站，信访评理件化解率 100%，重复信访件比上年下降 17.1%；顶村村获评全国民主法治示范村。开展安全生产专项整治三年行动，排查整改安全隐患 9670 条。常态化开展扫黑除恶斗争，刑事警情比上年下降 6.0%，电信网络诈骗警情下降 15.6%，公共安全考评位居全市第二。

【同安区预制菜产业发展联合会成立】 2022 年 9 月 29 日，同安区预制菜产业发展联合会揭牌成立，系厦门首个预制菜产业协会。揭牌现场，同安区发布《加快推进同安区预制菜产业高质量发展若干措施》，将从产业园区建设、供应链平台建设、技术研发中心建设等 12 个方面加大对预制菜产业培育扶持力度，助力企业抢占餐饮行业的新“风口”。同安区拥有全省最大的食品产业基地，全市唯一的轻工食品园，以及 8 个定位不同、各具特色的产业园区，形成覆盖“原材料供应——预制菜加工生产——市场销售”等较为完备的产业链体系，拥有规模以上企业 60 家、预制菜核心企业 34 家。

【厦门数字工业计算中心动工】 2022 年 11 月 17 日，厦门数字工业计算中心项目在同安开工建设。该项目位于同安区环东海域新城美峰科创公园二期 02 地块，总投资 60 亿元，总建筑面积 17.6 万平方米，主要建设 3 栋数据中心和 2 栋配套研发办公楼，计划 2025 年建成，投产后可布设约 9000 个数据中心机柜及相关配套设施。作为新基建重大基础设施，厦门数字工业计算中心定位于服务金砖创新基地，建设成面向工业的超算中心及数字工业创新基地，成为福建省第一个大型异构计算超算中心，也是全省唯一一个全面面向新工业的工业化热数据中心。

【国家生态文明建设示范区】 2022 年 11 月 19 日，在江西南昌召开的第十届中国生态文明论坛上，同安区获评第六批国家生态文明建设示范区。同安区山海林泉资源丰富，拥有莲花山国家森林公园、北辰山省级风景名胜区，分布有汀溪水库、莲花水库两大饮用水水源地，森林覆盖率 54.5%，海岸线长 20.29 千米，地热温泉日自流量、生态控制区范围在厦门市占比均超 50%。同安区以“山上戴帽，山下开发”为引领，加快推进高质量发展、高水平保护、高标准治理，创新“司法 + 生态”机制，设立全省首家跨区域集中管辖的生态环境审判庭，建成厦门首个生态审判碳汇教育实践基地；建立“五全”流域综合整治体系，主要流域 6 个国省控断面 Ⅰ—Ⅲ 类水质比例 100%，小流域水环境功能区达标率 100%；完成水电站退出任务，获评全国第一批深化小型水库管理体制改革样板区；探索建立生态产品价值实现机制，推动全国首个农业碳汇交易平台创新数字人民币应用场景落地等。先后获得“国家生态区”“全国百佳生态文明城市与景区”“中国最美休闲胜地”等称号。

（同安区）

翔 安 区

【概　况】 翔安区位于厦门市东北部，地处厦（门）、漳（州）、泉（州）闽南“金三角”中心地带，东、北与泉州市交界，西与同安区接壤，南与厦门岛、金门岛隔海相望，经翔安隧道可直通厦门本岛。全区陆域总面积 415.57 平方千米（其中滩涂面积为 59.83 平方千米），大陆海岸线长 95.8 千米，占厦门市大陆海岸线总长的 41%。辖 2 个镇 7 个街道，有 30 个村委会、98 个社区居委会。2022 年末，全区户籍人口 42.36 万人，暂住人口 35.16 万人。（见表 39–6）

2022 年，翔安区实现地区生产总值 887.14 亿元，比上年增长 6.0%；规模以上工业增加值 481.30 亿元，增长 9.0%；固定资产投资 865.06 亿元，增长 12.2%；财政总收入 98.43 亿元，增长 23.4%；区级财政收入 27.96 亿元，增长 20.1%；社会消费品零售总额 134.81 亿元，增长 3.8%；城镇居民人均可支配收入 50243 元，增长 5.3%，农村居民人均可支配收入 29305 元，增长 8.4%。深化“放管服”改革，政务服务“园区办”模式入选福建省优化营商环境工作典型经验。审批服务“四减”（减环节、减材料、减时限、减收费）行动成效凸

表 39-6　　2022 年翔安区各镇（街道）基本情况表

项目	年末户籍人口数（人）			暂住人口（人）	土地面积（平方千米）	财政收入（亿元）	社区（个）	行政村（个）
	合计	男	女					
合计	423555	209688	213867	351628	355.75	72.19	98	30
大嶝街道	28190	13487	14703	10325	14.89	1.41	10	0
新店街道	56409	26705	29704	80367	18.42	14.36	11	0
凤翔街道	51405	25610	25795	14260	37.04	1.19	17	0
金海街道	45927	22237	23690	32163	27.48	8.68	15	0
香山街道	32729	16130	16599	17888	35.44	0.48	10	0
马巷街道	67104	33170	33934	162115	24.45	15.93	18	0
民安街道	36998	18636	18362		25.30	23.69	12	0
内厝镇	50243	25466	24777	25942	69.15	3.60	1	16
新圩镇	54550	28247	26303	8208	103.58	2.85	4	14

显，区级行政许可事项 100% 实现“一趟不用跑”和全程网办，政务服务即办率为 87%，位居全市第一。聚焦企业和个人关联性强、办理量大的政务服务事项，推出 63 项“一件事”集成服务套餐，推动 15 项高频事项跨区域通办，提升企业和群众办事体验感和获得感。

【农　业】2022 年，翔安区第一产业增加值 10.2 亿元，比上年增长 4.0%，增幅列全市第一；全区农林牧渔总产值 22.51 亿元，增长 4.5%，增幅列全市第二。首届厦门种业博览会在翔安举办。完成年度粮食播种 16.4 平方千米、大豆 57.21 万平方米、产量 1.09 万吨。蔬菜播种面积 58 平方千米，产量 23.1 万吨；食用菌产量 3 万吨。全年，生猪出栏 18.6 万头，家禽出栏 132 万羽。16 家农业龙头企业产值 72.45 亿元，比上年增长 76.28%。建成新圩古宅、上宅、内厝后田 3 处、295.2 万平方米高标准农田，完成 4 个、23.75 万平方米高效节水灌溉项目建设。开展商品有机肥补助项目 37 个，推广使用面积 299.3 万平方米。全年下达耕地地力保护补贴 603 万元、一次性种粮补贴 3 批 55 万元，完成 48 个村居 366.67 万平方米水稻种植保险投保。推进林长制，构建“林长 +”协作机制，推进林业图斑整治，加强森林病虫害防治，全年完成造林绿化面积 126.33 万平方米（占比 108.2%）、森林抚育 355.8 万平方米（占比 106.7%），林长制考核成绩由 2021 年全市排名第五提升至第二。深化河（湖）长制，全区 15 个水质监测断面全年均值达标。完成银鹭污水厂尾水利用工程等 4 个补水项目，日补水量 11.6 万吨。强化农业、农村领域安全生产，全年实现森林零火灾，未出现重大动物疫情，未发生农产品质量安全事故、渔业安全生产事故和农机道路交通安全事故，全区 32 座水库和 48 座水闸运行平稳。

小资料：

“林长 +”协作机制：翔安区建立“林长 + 警长”“林长 + 法院院长”“林长 + 检察长”工作协作机制，密切与公检法部门协作，充分发挥法律监督职能，加大对破坏森林资源违法行为的震慑力度，推动形成司法监督与行政履职同向发力的生态保护新格局。

【工　业】2022 年，翔安区坚持工业强区，工业占全区经济比重为 59%。实施先进制造业倍增计划，出让工业用地 15 宗、面积 118.93 万平方米，创 8 年新高，推动 54 个项目竣工投产、增资扩产、技术改造，全市单体投资最大项目天马 6 代、全市首个新能源龙头项目中创新航二期投产，天马 8.6 代、中创新航三期、瀚天天成二期等新百亿元投资项目落地动工建设，工业投资比上年增长 12%。全区百亿元规模工业企业增至 5 家，电子信息产业（含平板显示、半导体和集成电路）规模突破 900 亿元，新能源新材料、机械装备制造业产值比上年增长 40%。

【第三产业】2022 年，翔安区财政补贴 1500 万元开展零售、汽车、旅游等促消费活动 20 余场，拉动消费超 10 亿元。全年批发零售业销售额 2100 亿元，比上年增长 37.2%。推出 9 条主题精品旅游路线，全年接待游客超 410 万人次，旅游收入 19 亿元。新城首座商业综合体首创奥特莱斯开业，国贸会展酒店等高星级酒店动工建设，商业环境持续优化。

【城乡建设】2022 年，翔安区完善城乡市政配套，做好项目建设要素保障，推

2022 年 12 月 28—30 日，首届厦门种业博览会举行　　（翔安区　供图）

动城乡面貌改善、品质功能提升。实施项目带动战略，强化项目全生命周期服务管理，按照高于上年实际投资完成额3倍目标，策划生成项目211个。完成天马8.6代等项目涉及的9个整村搬迁任务。全年完成土地征收673.73万平方米，总量全市第一；房屋征收110.4万平方米，总量全市第二。完成固定资产投资865亿元，总量全市领先。服务保障航空新城、东部体育会展新城、同翔高新城建设，推进翔安新城开发，新机场航站区开工建设，新会展中心加快推进，翔安大桥建成通车。打通2条“断头路”，完成正本清源改造30平方千米。新建高标准农田1.87平方千米。在翔安举办首届厦门种业博览会，打造22个省市乡村振兴示范村、5条动线，澳头社区获评第四批全国乡村旅游重点村，新圩镇获评2022年省级全域生态旅游小镇。完成83个村（社区）村容村貌整治，以“五个再造”（基层治理再造、人居环境再造、科技合围再造、产业业态再造、文明文化再造）探索推动城中村治理，提升人居环境。发挥驻村工作队资源优势，加大村集体经济扶持力度，19个行政村集体经济收入超50万元。

【生态环境建设】 2022年，翔安区投入1.5亿元开展文明创建“6+2+N”整治行动，整改市容问题5.5万个，处置“两违”建筑110万平方米、违法图斑90.67万平方米，新建改造各类公园9座、绿道步道22千米、园林绿地95万平方米，全区最大综合性公园——翔安中心公园开工建设。全面实施村容村貌专项整治，解决渣土占地、垃圾堆杂等“老大难”问题，建成“五个美丽”示范点210处，清整2.67平方千米空地用于建设停车场等惠民设施，75个村庄环境面貌焕然一新。投入4.5亿元实施小光山矿区复绿、互花米草5除治等153个环境治理项目，配合完成省生态环保部门例行督察，空气质量优良率98.3%，地表水功能区达标率100%，近岸海域一类水质居全省沿海县区前列。深化生态体制改革，在全市率先启动小微企业危险废物收集转运试点，“智慧环保+工作地图”模式入选全国数字政府建设优秀案例。

小资料：

文明创建“6+2+N”整治行动：指市容市貌、交通秩序、市场秩序、公共设施、空中缆线、村镇环境等六大专项整治，马路市场（摊规点）、废品回收站2项专项整治以及道路动线提升等其他专项整治。

互花米草：是全球最危险的100种外来入侵物种之一，2022年9月省政府启动全省互花米草除治攻坚行动。厦门市互花米草主要分布在翔安区，面积120万平方米。翔安区通过科技支撑、修复提升等综合施策，提前2个月完成省政府下达的除治任务。

“智慧环保+工作地图”模式：指利用高德工作地图，将“智慧环保”系统与相关部门和领域密切衔接起来，将管理部门与管理服务对象融合在一起，共同在一张“图”上工作、交流，形成“指令—交办—执行—反馈”的高效环境管理机制。

【社会事业】 2022年，翔安区推动建成教育“补短扩容”项目36个，新增学位2.3万个，北京十一学校签约落地，新建普惠托育机构数全市第一。支持市第五医院、翔安医院“创三甲”，推动市第五医院医技科教综合楼、新发热门诊投用，支持中医药传承创新、中西医融合发展，推动复旦儿科厦门医院翔安院区、北京王琦医学研究院落户，市第五医院全国三级公立医院绩效考核成绩排名岛外第一。

【社会治理】 2022年，翔安区开展常态化扫黑除恶斗争、夏季治安整治打击百日行动，打掉黑恶势力和养老诈骗团伙9个，破获刑事案件1373起，刑事警情比上年下降6.8%，“平安三率”居全市前列（上半年扫黑除恶好评率全市第一，执法工作满意率全市第二，群众安全感率全市第三）。建立“平时化解、战时稳控”工作机制，推进“治重化积”行动（治理重复信访件、化解信访积案行动），化解信访积案、重大疑难纠纷365件，教育划片、商办类地产等涉稳问题得到妥善处置。做好根治欠薪工作，调解劳资纠纷案件1.3万起，追回拖欠工资、工程款1.2亿元，通过国务院保障农民工工资支付工作考核。

【招商引资】 2022年，翔安区坚持大招商、招大商、大员招商，实施“引强入翔”战略，区级招商实现突破。与中航、中投、省大数据集团开展战略合作，引进鹭燕医药、天马科技等总部型企业，科华数能、华值超摩等补链强链项目，吉利星能、协能科技、杰华特等新能源龙头，金山云、新华三等互联网大厂，全年新增签约项目100个、落地项目80个，实际使用外资比上年增长71%，位居全市第一。开展基金招商，区产业引导基金管理规模突破200亿元，带动项目落地返投94个。参与举办“一带一路”能源合作伙伴关系分论坛、首届厦门种业博览会等系列高端招商大会。

（翔安区）

责任编辑：明安文
审　　稿：曲　艺
校　　对：林建高

40 人物·荣誉

新任市领导

杨国豪 1963年5月出生，汉族，福建莆田人，工学博士。1984年8月参加工作，1986年加入中国共产党。2021年10月任福建省厦门市人大常委会党组书记，2022年1月当选福建省厦门市人大常委会主任。

模范人物

范　虹 1975年5月出生，女，厦门航空有限公司客舱经理。范虹致力民航服务发展和乘务人才培养29年，推动乘务训练标准化体系化建设，培养出8000余名乘务人才，培养出全国首个获得福建省五一劳动奖章的台籍乘务员，为海峡两岸人才交流提供范本。新冠疫情发生后，范虹牵头健全团队疫情防控体系，公司4000余名乘务员做到全员“零感染”。北京冬奥会期间，保障多位外国元首到中国专机任务，以高水平服务和高标准防疫得到外宾的赞赏。2022年，范虹获得全国五一劳动奖章。

洪昱斌 1973年5月出生，三达膜环境技术股份有限公司总工程师。洪昱斌在膜材料研发、膜设备制造、膜应用工艺三大领域进行钻研，成果丰硕，其中陶瓷膜产品性能指标达到国内领先。主持完成国家、省市级科技项目10多个，获得国家、市重点新产品3个、中国专利优秀奖1个、中国产学研合作创新成果奖1个。取得授权专利67项，主持制定福建省地方标准1项，参与制（修）订国家或行业标准5项。2021年，洪昱斌获得福建省五一劳动奖章，创建洪昱斌劳模创新工作室；2022年获得全国五一劳动奖章。

新闻人物

邱火星 厦门市翔安区大嶝中心小学信息科学老师。邱火星从事教育事业40年，长期担任班主任和学校科技辅导员。邱火星克服海岛生活不便和教学条件简陋等困难，利用节假日及课余时间辅导学生进行科技活动。创建学校科技俱乐部，开展科普宣传教育，辅导学生参加国家、省、市、区级科技比赛，多次获奖。指导的学生获得全国科技竞赛金牌6枚、银牌1枚、铜牌6枚，参加国家级科技竞赛获奖86个，省级科技竞赛获奖131个，市级科技竞赛获奖585个。2020年9月，邱火星获福建省优秀教师称号；2012年7月，获国家科技特色教育优秀教师称号；2013—2019年，多次获全国科技优秀辅导员称号；2022年，获福建省第三届“最美教师”称号。

黄伟平 福建省厦门一中高级教师。2017年7月，黄伟平响应学校号召，到西藏自治区昌都市支教。他担任福建省第二批“组团式”教育援藏队副队长、厦门援藏教师队队长和昌都市第三高级中学副校长，带领50位教师援藏。他负责全校教育教学和教育科研，开展一系列活动提升学校软实力，通过录音向厦门一中师生发出倡议，募得爱心款3万元，购买价值2.2万的“好分数阅卷系统”，让昌都市第三高级中学老师可以网络阅卷。他开展援藏教师和新教师“青蓝”结对活动，举办昌都市第三高级中学新教师“亮相课”活动，举办“一师一优课，一课一名师”培训，组织教师岗位技能大练兵的一系列比赛，推动昌都市第三高级中学教研进步。

援藏期间，黄伟平参与学校和援藏队组织的各类扶贫和助学活动。了解到一些同学经常没吃早饭就去上课，他每天在大衣口袋里装满熟鸡蛋，遇到没吃早饭的学生就塞给他们，后来有了“鸡蛋老师”的外号。黄伟平所帮助的贫困学子都考上大学，其中有5位同学高考成绩超过本科线，4位考上师范院校或师范专业。他主动协助援藏教师开展爱心活动，分发爱心衣物和奖助学金。他募集近5万元为学生宿舍购买8台开水器和4台净水器，为20多位贫困生购买保温杯。回到厦门之后，他依然关注昌都市第三高级中学发展，不定期资助西藏贫困生。每有西藏老师到厦门，总要托他们带学习资料和物品给贫困生。2022年7月，经热心人士联系，黄伟平购买彩笔和绘本捐给昌都最边远的边坝县加贡乡幼儿园；他主动资助3名贫困家庭孩子，为他们邮寄爱心衣物。

援藏至今，黄伟平的爱心活动坚持4年多。由他牵线搭桥捐赠的各类爱心物资和善款，折算累计超过20万元。黄伟平曾获厦门市教育系统“进社区进家庭”先进个人、优秀援藏干部人才等称号。2022年入选“福建好人榜”、福建省第三届最美教师提名奖。

陈青松 厦门市翔安区德孝教育促进会会长。陈青松从踏三轮车载客到办企业，积极开展捐资助学，扶助贫困学生，累计捐款2600多万元。2012年，陈青松牵头成立公益组织翔安区德孝教育促进会。该促进会成立后，陈青松捐赠资金超100万元，为59所学校设立班级图书角700多个，向35所学校捐赠节能护眼灯2.5万盏。该促进会联合翔安区教育局、区妇联等单位，每年评选“德孝好学生”和“德孝好媳妇”，累计评选出“德孝好学生”1176人、“德孝好媳妇”1171人。2022年，陈青松入选“福建好人榜”。

黄水权 厦门市翔安区新圩镇古宅村居民。黄水权怀着对烈士的感恩和崇敬，年少时便立志要守护好村里的一座无名烈士墓。主动接过守墓工作，坚持守墓60年。2018年，在黄水权的建议下，相关部门对该无名烈士墓进行修缮，并将古宅村的另一座无名烈士墓迁移至此。60年守墓工作中，黄水权信守诺言、无偿守护，拒绝管护补助。2022年，黄水权获评“福建好人”称号，入选2022年第四季度“中国好人榜”候选人。

杨添丁 厦门市同安区莲花镇云洋村村民。2020年8月26日凌晨4时20分，杨添丁在云洋村口省道旁晨练，发现3名男青年撬开摩托车修理店，推走一辆摩托车。杨添丁使用手机报警，并上前拦截。在与3名犯罪嫌疑人搏斗过程中，杨添丁将摩托车踹倒并大声呼喊“捉贼”，最终3名犯罪嫌疑人扔下车逃离。随后，莲花派出所民警和云洋村治安员抵达现场将犯罪嫌疑人抓获归案。2022年，杨添丁被授予“福建省见义勇为模范”称号。

徐自林 厦门市思明区居民。2020年8月19日晚上8时20分，1名不识水性的游客在鼓浪屿菽庄花园附近海域沙滩被浪潮带离海岸50多米远。徐自林在附近散步，听到有人落水，脱掉外衣，冲下海施救。救助过程中，徐自林被海浪拍打向礁石，导致左腿受伤。鼓浪屿干部疗养院工作人员卢琪平路过，向周边商家借一个救生圈，下海联合救援。两人合力将游客推上抛锚在海中的一艘游艇，卢琪平游回岸上报警，徐自林由于体力透支，无法爬上游艇，手攀船舷泡在海水里陪伴安抚游客1个多小时，直至救援船只到达。2022年，徐自林获“福建省见义勇为先进个人”称号。

陈　杰 厦门市思明区居民。2020年6月22日晚上9时30分，从96路公交车经停文灶站时，驾驶员要求1名上车乘客佩戴口罩。但该乘客误认为驾驶员在侮辱他，大声辱骂，并朝驾驶员吐口水，手由脚踹驾驶室的隔离门玻璃。陈杰上前规劝乘客文明乘车。但乘客不听劝阻，数次探身进驾驶室殴打驾驶员。陈杰用双手从背后将这位乘客抱住，乘客踩踏、踢打陈杰的脚部，见陈杰仍不松手，便咬住陈杰的右手臂，导致流血。陈杰在驾驶员帮助下，将该乘客控制住，确保车上乘客的安全，为警方到场处置赢得时间。2022年，陈杰获“福建省见义勇为先进个人”称号。

逝世人物

黄全能 1962年12月出生，中共党员，1982年8月参加工作，原厦门市环境卫生中心（市垃圾分类中心）党总支书记、主任。

在全市环境卫生领域长期工作，为厦门的垃圾分类考核成绩持续位居全国前列、“厦门模式”成为全国“标杆”作出贡献。黄全能坚持做好前期谋划，对垃圾分类全流程进行设计，优化合并投放点，推行定时定点投放，推行分类直运，建立暗访考评队伍，建设垃圾分类硬件体系，推动出台《厦门经济特区生活垃圾分类管理办法》及配套政策文件。黄全能带领团队攻破垃圾渗滤液处理难题，解决东部固废中心原渗滤液处理不达标问题，相关主要指标优于国家标准。推动厦门在全国率先实行废弃口罩“专桶投放、专车收运和专厂焚烧处理”模式。黄全能立足文明创建工作要点难点，带领单位全员放弃双休日开展拉网式路巡，创新“以克论净”背街小巷专项考评机制。服务保障“厦门会晤”等重大活动，创立“三个三”海漂垃圾治理机制。在园林行业工作期间，他获得第四届福建青年科技奖、福建省有突出贡献农业科技工作者称号。多次组织筹建历届中国世界园林博览会的“厦门园”和“闽园”建设，全部获得主委会大奖。主编《珍奇植物》等专业书籍。黄全能先后获得全国优秀农场场长、全国住房和城乡建设系统抗击新冠肺炎疫情先进个人、厦门市五一劳动奖章、2011—2013年度厦门市劳动模范等荣誉。2022年，黄全能入选“福建好人榜”。2022年1月10日，黄全能在检查保洁普扫工作时突发疾病离世。

责任编辑：曲　艺
审　　稿：林建高
校　　对：孙志红

41 附　录

组织机构及干部名录

（以 2022 年 12 月 31 日在职者为准）

中共厦门市委员会

书　记　崔永辉
副书记　黄文辉
常　委　李伟华　陈沈阳　李辉跃　吴子东　游文昌
　　　　黄晓舟　王雪敏　连坤明　严志铭　徐林森
秘书长　连坤明
副秘书长　詹艳清　李　刚　赖朝晖　郑尚定

中共厦门市纪律检查委员会、厦门市监察委员会

纪委书记、监委主任　严志铭
纪委副书记、监委副主任　柯　军　薛　坚　莫建鹰
纪委常委、监委委员　刘琦龙　黄绿青　谢国辉
纪委常委　黄华松　李艳春
监委委员　张建春　林永基
秘书长　　谢国辉
内设机构负责人　汪　威　纪建发　韩　珺　马元富
　　　　　　　　高志伟　林小征　薛　芬　林荣繁
　　　　　　　　张建艺　宿明章　王志昂　陈黄河
　　　　　　　　刘志强　刘国龙　桂　森　洪宗亮
　　　　　　　　江玉华　刘秋生

市委工作部门及直属单位

市委办公厅
主　任　詹艳清
副主任　黄硕新　陈锡彬　谢思博
纪检监察组组长　马海陆
厅务会成员、二级巡视员　蒋仕东
厅务会成员、市档案局局长　张善斌

市委组织部（市委非公有制企业和社会组织工委、市公务员局）
部　长　陈沈阳
分管日常工作的副部长（副厅长级）　郑一琳
副部长　颜云蔚　曾丽娟　陈秀新（兼）　施志勇
纪检监察组组长　钟少伟
部务委员（副局长级）　林　炜
市公务员局局长　颜云蔚
市委非公有制企业和社会组织工委书记　曾丽娟

市委宣传部（市人民政府新闻办公室）
部　长　吴子东
常务副部长、市人民政府新闻办公室主任、市电影局局长、一级巡视员　上官军
兼职副部长　蔡廷谦　钟伟东　姚玉萍
副部长　彭心安　欧阳丽娟　唐向阳
纪检监察组组长　陈郁东

市委统一战线工作部（市人民政府侨务办公室）
部　长　王雪敏
常务副部长、市人民政府侨务办公室主任、一级巡视员　何秀珍
兼职副部长　陈永东

副部长、二级巡视员　陈　宏
副部长　陈善志　郑秀文
纪检监察组组长　康儒才

市委政法委员会
书　记　李伟华
兼职副书记　陈育煌
分管日常工作的副书记（副厅长级）　黄平南
副书记、二级巡视员　余小明　许俊强
委务会成员（副局长级）　杨长明　严为民
政治部主任　李祖宝

市委政策研究室
主　任　郑尚定
副主任　温金辉　肖其海
室务会成员、一级调研员　钟锐辉

市委全面深化改革委员会办公室（市委财经委员会办公室）
主　任　连坤明（兼）
常务副主任　李　刚
副主任　徐祥清

市委网络安全和信息化委员会办公室（市互联网信息办公室）
主任、市互联网信息办公室主任　姚玉萍
副主任　符长泉　张　智

市委机构编制委员会办公室
主　任　颜云蔚
室务会成员、二级巡视员　杨土墩
副主任　徐俊鹏

市委台港澳工作办公室（市人民政府台港澳事务办公室）
主　任　刘金柱
室务会成员、二级巡视员　林奕田
副主任　谢永福　邵育秦　虞圣坚

市委市直机关工作委员会
书　记　连坤明（兼）
常务副书记　曾丽娟
纪检监察工委书记　黄继红
专职委员（副局级）　陈瑞芬
副书记　李庆东　缪金坤

市委巡察工作领导小组办公室
主　任　刘琦龙
副主任　许海溪　张　毅
室务会成员、巡察组组长、二级巡视员
张美彪　卢建华　陈建南　白世伟　章高祥
副局级巡察专员　陈建国　吴劲谦　袁丰平　吕佳青　郭泽鹏

市委机要保密局（市密码管理局、市国家保密局）
局长（市密码管理局局长、市国家保密局局长）　林　源
副局长　田承洋

市委老干部局
局　长　陈秀新
副局长　林　刚　柯东熙　郭　龙
市委离退休工委专职副书记　黄光华

市委精神文明建设办公室（市精神文明建设指导委员会办公室）
主任（市精神文明建设指导委员会办公室主任）　钟伟东
兼职副主任　陈挺华　张书晖
副主任　梁玉珍　纪　菁
室务会成员、一级调研员　雷清平

市人大常委会

主　任　杨国豪
党组副书记　张灿民　孙明忠
副主任　孙明忠　陈紫萱　陈　琛　郑岳林　王成全
秘书长、一级巡视员　陈鸿萍
副秘书长　李本年　韩文祥（二级巡视员）　孙弘宇
委　员　上官军　方　斌　叶晓东　则　悟　齐晓玲
江根云　许晓曦　许毅青　孙弘宇　李　雪
吴丽冰　邱明发　何秀珍　邹庆键　宋方青
张剑鸣　陈向光　陈泰生　陈锦良　郑一琳
郑旭伟　波拉提　赵建明　洪春凤　翁振生
郭晓芳　郭海峰　黄向阳　蒋娇容　谢　强
滕　达

市人大常委会工作部门

办公厅
主　任　李本年
机关党组成员、二级巡视员　陈进春
纪检监察组组长　洪鸿根
副主任　王永胜　苏阳顺

人事代表工作室
主　任　蒋娇容
副主任　孙桂艳

研究与宣传工作室
主　任　翁振生

信访局
局　长　方　斌

市人大常委会各专门委员会

法制委员会（法制工作委员会）
主任委员（主任） 郭晓芳
副主任委员 吴 涛 贺菊英（兼） 李本年（兼）
法制工委副主任 贺菊英

财政经济委员会（预算工作委员会）
主任委员（主任） 陈向光
副主任委员 郑旭伟 张祖康（兼） 王彦青（兼）
江孔雀（兼）
预算工委副主任 张盛生

监察和司法委员会
主任委员 邹庆键
副主任委员 张冬冬（兼） 黄平南（兼） 苏国强（兼）

城市建设环境资源委员会
主任委员 陈锦良
副主任委员 郑煜铭（兼） 杨贤平（兼） 李金景（兼）

教育科学文化卫生委员会
主任委员 齐晓玲
副主任委员 陈金华（兼） 陈文强（兼） 王占祥（兼）

侨务外事委员会（台胞工作委员会）
主任委员（主任） 洪春凤
副主任委员 则 悟（兼） 张永欢（兼） 邓 飚（兼）

社会建设委员会
主任委员 陈泰生
副主任委员 段小红 庄海英（兼）黄向阳（兼）

市人民政府

市 长 黄文辉
常委、副市长 李辉跃 黄晓舟
副市长 黄燕添 张志红 陈育煌 廖华生 庄荣良
党组成员、厦门警备区大校司令员 陈荣海
党组成员、秘书长、一级巡视员 黄 杰
副秘书长 张家伟 吴申宇（兼） 林海平 练更生
许珠明 杜昌营 卢少进 张 达 杨开元（兼）

市政府工作部门及直属单位

市政府办公厅
主 任 张家伟
机关党组成员、二级巡视员 王庭亮
纪检监察组组长 周会德
副主任 白晓辉 柯孙团 陈子能 柯斌伟

市发展和改革委员会
党组书记、主任 孙建辉
党组副书记、副主任、二级巡视员 傅如荣
副主任 张伟生 李晓燕 蔡成果
总经济师 叶 新
纪检监察组组长 黄 海

市教育局（市委教育工作委员会）
工委书记、党组书记、局长 陈 珍
工委副书记、党组副书记、二级巡视员 施琦婷
纪检监察工委书记、纪检监察组组长 陈本杰
副局长 郑朝南 洪 军 吴雪慧
工委委员、党组成员、一级调研员 李燕娜
工委委员 陈 琦

市科学技术局
党组书记、局长 孔曙光
党组副书记、二级巡视员 谢 松
党组成员、中科院城市环境研究所党委副书记 白国华
纪检监察组组长 吕舰艇
副局长 曹伟民 黄慰萍 黄 颖 范者胜

市工业和信息化局（市大数据管理局）
党组书记、局长 周桂良
党组副书记、副局长、二级巡视员 阮燕山
党组成员、二级巡视员 张世照
副局长 邓建华 李建明 许文恭 王忠和
总工程师 上官峰
纪检监察组组长 吴乾松
市大数据管理局局长 许文恭

市民族与宗教事务局
党组书记、局长 苏清臻
副局长 苏人登 黄新聪

市公安局（市人民政府打击走私综合治理办公室）
党委书记、局长（市人民政府打击走私综合治理办公室主任）
陈育煌
党组副书记、分管日常工作的副局长（副厅长级） 黄卫东
副局长、一级警务专员 邓海鹰
副局长、二级巡视员 张书晖
党委副书记、二级警务专员 陈志洪
副局长 林传灿
副局长、警务技术二级总监 林世国
纪检监察组组长、二级巡视员 洪朝墙
政治部主任、二级警务专员 曾嘉贤
各区分局局长 刘海闽 戚乐健 杨晓峰 韦信斌
陈大铭 吕培勤

市民政局
党组书记 王 中

党组副书记、局长　洪全艺
党组副书记、副局长　张凌云
副局长　林声群　邬仁刚
纪检监察组组长　柯庆龙
党组成员、一级调研员　岳世洲

市司法局
局长、司法强制隔离戒毒所第一政委（兼）　丁贤志
副局长　唐　乾　石德明　崔永贵　李明哲
政治部（警务部）主任　戴福明

市财政局
党组书记、局长　林志成
党组副书记、副局长　王明汉
副局长　纪　豪　林　琳
纪检监察组组长　张康雪

市人力资源和社会保障局
党组书记、局长　赖祖辉
副局长　陈国荣　彭新良　卢寿荣
纪检监察组组长　黄文展
总会计师　吴目国
党组成员、一级调研员　余卫东

市自然资源和规划局
党组书记、局长　柯玉宗
副局长　洪耀同　沈瑞全　王　胜
纪检监察组组长　缪太生
总工程师　胡仕汉
总规划师　黄　英

市生态环境局
党组书记、局长　何伯星
副局长　周海萍　张　宇　胡　军　陈秋茹
纪检监察组组长　王建明
总工程师　潘飞舟

市建设局
党组书记、局长　李德才
副局长　张文勤　叶文语　朱文彬
总工程师　庄毅伟
总建筑师　苏青云
纪检监察组组长　吴志生

市交通运输局（市委交通运输工委）
工委书记、党组书记　梁向阳
局　长　李宗泽
总工程师、二级巡视员　林树枝
工委委员、党组成员、二级巡视员　吴洪钦
副局长、二级巡视员　任国岩
工委副书记、党组副书记　张　松
纪检监察工委书记、纪检监察组组长　王泽岩
副局长　周丹蓉　黄政档

市水利局
党组书记、局长　王伟文
副局长　陈　忠　周光明　林　明
市河长制办公室专职副主任　康永滨
纪检监察组组长　李永福

市农业农村局（市委农办、市乡村振兴局）
党组书记、局长、主任（市乡村振兴局局长）　邱武伟
副局长、副主任、二级巡视员　许心凌
副局长、副主任　周绍金　黄　涛　陈开斌

市商务局（市口岸工作办公室、市会议展览局）
党组书记、局长（市口岸办主任）　陈　敏
副局长　陈跃进　林珍雅　陈颢颖　吴辉艺　王培城
纪检监察组组长　蔡传强
市会议展览局局长　陈颢颖

市文化和旅游局［市新闻出版广电局（版权局）、文物局］
党组书记、局长［市新闻出版广电局（市版权局）局长、市文物局局长］　黄碧珊
副局长　陈章志　钟海林　王国娣　魏　峰
纪检监察组组长　岳庆就

市卫生健康委员会
党组书记、主任、一级巡视员　姚冠华
党组副书记、市计生协常务专职副会长　丁红斌
党组成员、市公立医院发展管理中心主任　林进春
副主任　陈文锋　许　龙　陈长荣　王　萍　王德猛
纪检监察组组长　王章末
党组成员、市计生协专职副会长　陈艺真
党组成员、二级巡视员、市委干部保健委办公室主任　苏妙玲

市退役军人事务局（市双拥共建工作领导小组办公室）
党组书记、局长　颜文聪
副局长　曾福华　林　虹　潘应境（兼）

市应急管理局
党委书记、局长　兰贵兴
副局长　郑宝华　欧卫国　项文胜
总工程师　罗水香
纪检监察组组长　郭小岩

市审计局
党组书记、局长　黄珠龙
党组副书记、副局长　史春玲
副局长　许希嘉　刘海山
市经济责任审计工作联席会议办公室主任　杨水凉
副局级稽查专员　蔡乾坤　杨佳音　余永福

市人民政府外事办公室
党组书记、主任，市对外友好协会常务副会长　张　权
副主任　孔速婷　姚建洪　喻　皓
市对外友好协会专职副会长　林　娜

市人民政府国有资产监督管理委员会
党委副书记、二级巡视员　陈　华　傅建洪
副主任　陈海涛　曹征宇　万红丹
党委委员（副局长级）颜清旗
纪检监察组组长　张　晶

市海洋发展局
党组书记、局长　曾东生
副局长　吴国梁　林国忠　林宜光
总工程师　林怀远
纪检监察组组长李宏辉

市市场监督管理局（市知识产权局）
党组书记、局长、一级巡视员　许国华
市知识产权局局长、二级巡视员　卢琳兵
副局长、二级巡视员　曾　琳
副局长　饶满华　黄立红　罗承贤　洪志新
食品安全总监　李加明
总工程师　钟向阳
纪检监察组组长　陈世斌
总会计师　蔡志群

市体育局
党组书记、局长　阮敦梁
副局长　陈　岚　李丽娜　杜新飞　劳建军

市统计局
党组书记、局长　郭华生
副局长　彭　勇　李　薇
总统计师　柯友升

市人民防空办公室（市民防局）
党组书记、主任、市民防局局长　周　昱
副主任　万国辉　刘继明　毛凌峻（兼）

市市政园林局
党组书记、局长　蔡伟中
副局长　李敢良　曹国华　沈伯员　陈阳都
总工程师　王艳艳
纪检监察组组长　林丹东

厦门港口管理局
党组书记、局长　夏长文
副局长　朱建良　余先锋　任晓梅
党组成员、二级巡视员　洪里专
党组成员、一级调研员　林德清

市城市管理行政执法局
党组书记、局长　陈挺华
党组副书记、副局长　叶恒忠
副局长　李伟宏　李明泉
纪检监察组组长　熊余清
党组成员、一级调研员郑福星

市医疗保障局
党组书记、局长　花育明
党组成员、二级巡视员　林权水
副局长　曹小平　蒋更生

市住房保障和房屋管理局
党组书记、局长　陈　勇
党组成员、二级巡视员　叶德传
纪检监察组组长　潘贵泉
副局长　陈江生　王宇成

市地方金融监督管理局（市金融工作办公室）
党组书记、主任（市金融工作办公室主任）朱庆华
副局长　连　任　曾希扬

市行政审批局
党组书记、局长　张朱及
副局长　陈玉辉　林　曦

市人民政府信访局（市委信访局）
党组书记、局长　吴申宇
副局长　沈庆章　黄道清
党组成员、一级调研员　林吉春　李祖康

市机关事务管理局
党组书记、局长　王星旦
副局长　童育才　漆陆安

海沧台商投资区
党工委
书　记　游文昌
副书记　龚建阳
党工委委员　张善美　章春杰
纪工委书记、监察工委主任　邓英志

管理委员会
主　任　龚建阳
副主任　张善美　章春杰

自贸区厦门片区
党　组
书　记　何东宁
副书记　熊衍良　林树溪
纪检监察组组长　陈爱忠

成　员　卢海林　郑　耀　马自力　陈燕彬
纪检检察组副组长　吕　宁

管理委员会
主　任　何东宁
常务副主任、一级巡视员　熊衍良
副主任　龚建阳（兼）林树溪（兼）卢海林　郑　耀
　　　　黄　颖（兼）
内设机构负责人　陈燕彬　陈青峰　周　谋　黄劲松
　　　　代　斌

火炬高技术产业开发区管理委员会
党工委
书　记　赖建州
副书记　林卫东
委　员　张斌娜　庄志龙　邱　尖
纪工委书记、监察组组长　陈静玲

管理委员会
主任、一级巡视员　赖建州
副主任　林卫东　眭国瑜　庄志龙
总经济师　张斌娜
总工程师　邱　尖

鼓浪屿—万石山风景名胜区管理委员会
党工委
书　记　林重阳（兼）
副书记　林跃峰（兼）
纪工委书记、监察组组长　袁卫东
委　员　黄　峰　陈向忠　廖晓东

管理委员会
主　任　林跃峰（兼）
副主任、二级巡视员　黄　峰
副主任　陈向忠　廖晓东

市政府驻北京办事处
党组书记、主任　王　宇
副主任　郑永泓　谢少慧　陈　刚（兼）

政协厦门市委员会

主　席　魏克良
党组副书记　王雪敏（兼）黄国彬
副主席　黄国彬　黄世忠（兼）国桂荣　黄培强（兼）
　　　　王　焱（兼）薛祺安　黄奋强　李钦辉
秘书长、一级巡视员　张仁苇
副秘书长　胡延洵　施立华（兼）吴启成　徐　艳
　　　　陈　宏（兼）叶瑞碧（兼）黄敏沁（兼）
常　委　丁丽君　王朝晖　叶瑞碧　吕　鑫　江彩蓉
　　　　苏清臻　杜　亮　李　莉　李丽红　李冠华
　　　　李瑞盛　李毅立　杨毅融　吴招毅　吴秋北
　　　　邱拱东　张　靖　张劲秋　张曙东　陈　宏
　　　　陈永东　陈佩玲　陈俊泳　陈敏伟　陈甦帆
　　　　林进川　林燕贞　明艳林　郑巨刚　郑智敏
　　　　胡延洵　胡政兴　柯明哲　施立华　施俊侨
　　　　莫建鹰　郭英兰　涂崇禹　黄火灶　黄敏沁
　　　　程　明　程　璇　释净心　曾文生　曾庆军
　　　　谢素原　蔡炳瑞　缪国栋　颜云蔚

市政协工作部门

办公厅
主　任　胡延洵
副主任　于之义　魏晓莉

提案委员会
主　任　曾庆军
专职副主任　洪忠捍
兼职副主任　周文勇　黄敏沁　柯明哲　李瑞盛　陈敏伟

经济城建委员会
主　任　施立华
兼职副主任　卢海林　纪　豪　陈永东　康　君　傅如荣
　　　　缪国栋

资源环境和农业农村委员会
主　任　杜　亮
兼职副主任　吕　鑫　明艳林　胡　军　蔡庆丰

教科卫体委员会
主　任　邱拱东
兼职副主任　孔曙光　许文恭　吴启锋　陈佩玲　蒋更生

社会法制委员会（民族宗教委员会）
主　任　李丽红
兼职副主任　刘义平　苏清臻　余小明　黄卫东　曾文生

港澳台侨和外事委员会
主　任　胡政兴
专职副主任提名人选　邓　飚
兼职副主任　孔速婷　刘金柱　李冠华　杨毅融　吴招毅
　　　　张劲秋　陈俊泳　郭英兰

文化文史和学习委员会
主　任　陈甦帆
专职副主任　张昭春
兼职副主任　刘堆来　陈章志　涂崇禹　潘少銮　戴志望

研究室
主　任　赵晓波
副主任　庄育霖

法检机关

市中级人民法院
党组书记、院长　谢开红
党组副书记、副院长　李志远
副院长　廖惠敏　林志明
审委会专职委员　郭福全　刘友国
纪检监察组组长　于珍凤
执行局局长　张　嵘

市人民检察院
党组书记、检察长　吴金喜
党组副书记、副检察长　张尚清
副检察长　曾文生　郑国钦　洪智勇
纪检监察组组长　黄依柱
检委会专职委员　郭有评　白珍琼

厦门海事法院
党组书记　周红岩
院　长　夏先鹏
副院长　温文华　张　胜
审判委员会专职委员　李　涛
纪检监察组组长　杨建章

群团组织

市总工会
主　席　王雪敏
党组书记、副主席　许毅青
党组成员、二级巡视员　陈幼萍
副主席　朱秀敏　朱福志　刘义平
兼职副主席　彭新良　江彩蓉　马瑞达　林功师
挂职副主席　席雅君
纪检监察组组长　郭守新
经费审查委员会主任　林良芽

团市委
书　记　黄　芳
副书记提名人选　王小帅　焦　扬　陈剑宇（兼）
孙　新（兼）　邵　琦（挂职）

市妇女联合会
党组书记、主席　庄海英
副主席　陈超英　谢立武　江彩蓉
兼职副主席　朱秀敏　林进春　陈可芳　杨　敏　周　琛

市科学技术协会
主　席　江云宝（兼）
党组书记、副主席　黄锦城
副主席　林秋松　林燕诚　马荣根

市社会科学界联合会
主　席　吴子东（兼）
党组书记、常务副主席　潘少銮
副主席　陈艺萍　吴文祥

市归国华侨联合会
党组书记、主席　陈俊泳
副主席提名人选　李　骏　杜瑞田

市台湾同胞联谊会
党组书记、会长　张劲秋
副会长　陈可芳

市工商业联合会（总商会）
主　席　柯希平（兼）
党组书记、常务副主席　陈永东
专职副主席　邱加海　林志宏　邱向东

市文学艺术界联合会
主　席　舒　婷（兼）
党组书记、副主席　陈　影
副主席　王　元　陈春洋　苏　璇

中国国际贸易促进委员会厦门市委员会
党组书记、会长　柯碧如
副会长　颜志平　黄安杰　朱红旗

市残疾人联合会
党组书记　吴明哲
理事长　许　霖
副理事长提名人选　林跃算　林建业　苏秋华（兼）
聂爱霞（挂职）

市法学会
会　长　李伟华（兼）
党组书记、常务副会长　黄平南（兼）
专职副会长　李包明

市红十字会
会　长　廖华生（兼）
党组书记、分管日常工作的副会长（副厅长级）　蔡蔚荻
专职副会长　蔡志凯　张福林　陈　鸣

中华职业教育社
主　任　黄世忠（兼）
专职副主任　翁玉华　张培和

市计划生育协会
会　长　林世粦
常务副会长　丁红斌
专职副会长　陈艺真　陈文生

兼职副会长提名人选　陈文锋
秘书长　陈艺真

民主党派

中国国民党革命委员会厦门市委员会
主　委　程　明
专职副主委　周文勇
兼职副主委　黄向阳　周立新　骆　阳　缪朝炜　林日清

中国民主同盟厦门市委员会
主　委　谢素原（兼）
专职副主委　黄敏沁
兼职副主委　陈希梅　吴丽雪　李　雪　林　涛
吴金狮
秘书长　王东良

中国民主建国会厦门市委员会
主　委　黄世忠（兼）
专职副主委兼秘书长　柯明哲
兼职副主委　曾文生　吴　迪　陈颢颖　邱兴亮
陈善昂

中国民主促进会厦门市委员会
主　委　吴丽冰
兼职副主委　黄继义　陈佩玲　叶瑞碧　陈能汪
庄宴红　乐智强

中国农工民主党厦门市委员会
主　委　王　焱（兼）
专职副主委　杨　军
兼职副主委　谢　强　王　斌　许　韧　唐立娜
王朝晖

中国致公党厦门市委员会
主　委　张志红（兼）
专职副主委　李瑞盛
兼职副主委　关琰珠　滕　达　史大林　陈　雪
刘军锋

九三学社厦门市委员会
主　委　蔡　锋（兼）
专职副主委　孙笑东
兼职副主委　吕　鑫　李宗泽　郭　氧　陈昌萍
许　霖

台湾民主自治同盟厦门市委员会
主　委　陈紫萱（兼）
专职副主委　陈敏伟
兼职副主委　郑　直　郭海峰　陈可芳　陈　立

市辖区

思明区

中共思明区委员会
书　记　林重阳
副书记　陈通汕　林跃锋
常　委　金季昆　孙燕杰　颜跃喜　黄晓军　王华琪
岳英超　占兆文　王一青

思明区人大常委会
主　任　吕永辉
副主任　卢　彬　赵建明　洪　亮　柯友谊　龚　佶

思明区人民政府
区　长　陈通汕
副区长　占兆文　王华琪　曾繁振　刘海闽　张云鹏
何毅伟
副区长提名人选　朱碧蓉　王意达

政协思明区委员会
主　席　苏德本
副主席　许建民　郑尤男　陈自平　梁黎虹

思明区法院
院　长　刘新平

思明区检察院
检察长　郑祥发

湖里区

中共湖里区委员会
书　记　吴新奎
副书记　黄　颖　陈晓东
常　委　林天德　戴乐生　刘云标　潘敏毅　沈　萍
叶荣昌　王　达　刘如山

湖里区人大常委会
主　任　吕参军
副主任　林充贺　黄向阳　陈雄辉　曾文生　陈　滨

湖里区人民政府
区　长　黄　颖
副区长　戴乐生　王　达　戚乐健　蒋晓民　周小刚
邓小达　扎西顿珠
副区长提名人选　吕　方　朱校园

政协湖里区委员会
主　席　王秀珠
副主席　谢国勇　黄格成　张金坪　洪志彬

湖里区法院
院　长　李　桦

湖里区检察院
检察长　李才利

集美区

中共集美区委员会
书　记　胡旭彬
副书记　倪　杰　苏国辉
常　委　施耿瑶　肖　峰　庄志辉　洪清岩　陈志永
　　　　徐香平　江庆生　林增坚

集美区人大常委会
主　任　张剑鸣
副主任　石　扬　陈小强　邱晓晖　丁加生　苏群明

集美区人民政府
区　长　倪　杰
副区长　肖　峰　林伟艺　郑小妍　苏　克　李俊勇
　　　　杨晓峰
副区长提名人选　曾胜军

政协集美区委员会
主　席　蔡冬梅
副主席　陈来福　黄云茜　蔡路鹏　李　梅

集美区法院
院　长　刘辉煌

集美区检察院
检察长　叶　斌

海沧区

中共海沧区委员会
书　记　游文昌
副书记　龚建阳　连维兴
常　委　邓英志　林江帆　谢舒展　柯少敏　陈仲谋
赖小平　林丽征　苏永昌

海沧区人大常委会
主　任　江根云
副主任　苏亮文　郭素芬　蔡德进　杨　文　张　骏

海沧区人民政府
区　长　龚建阳
副区长　陈仲谋　韦信斌　黄书枚　庄源源　王继东
　　　　何汉峰
副区长提名人选　何艺晖

政协海沧区委员会
主　席　黄炳文
副主席　吴金平　乐智强　赵雪晖　颜丽珍

海沧区法院
院　长　黄冬阳

海沧区检察院
检察长　孙文华

同安区

中共同安区委员会
书　记　王跃平
副书记　陈高润　许永良
常　委　林进柱　康自展　李祖光　徐少敏　林郁香
　　　　林生海　颜志良　李进党

同安区人大常委会
主　任　叶晓东
副主任　林国财　李水龙　李大出　蔡志宏　陈晓军

同安区人民政府
区　长　陈高润
副区长　李祖光　陈大铭　王旭辉　王永欣　黄祖南
何岚岚　林云青

政协同安区委员会
主　席　洪国平
副主席　叶文雅　庄　毅　林　涛
副主席提名人选　陈淑珠

同安区法院
院　长　陈穆峰

同安区检察院
检察长　戴　静

翔安区

中共翔安区委员会
书　记　黄鹤麟
副书记　李　毅　温普华
常　委　陈佳锻　庄平勇　吴鲤鹏　翁晓岚　王婴水
　　　　吴扬帆　李　斌　郭三温

翔安区人大常委会
主　任　杜　刚
副主任　蔡江瑶　邱明发　宋淑敏　许瑞敏
副主任提名人选　许庆军

翔安区人民政府
区　长　李　毅
副区长　翁晓岚　郭三温　徐得志　黄亚祥　洪求瑛
　　　　吕培勤　颜莉莉　张清海

政协翔安区委员会
主　席　吴旗荣
副主席　蔡清发　陈炜彪　冯　波

翔安区法院
院　长　颜映红

翔安区检察院
检察长　柯振敏

部分事业单位

厦门理工学院
党委书记　林进川
党委副书记、院长　朱文章
党委副书记　林志成　陈洪尧
副院长　尤国顺　赵振祥　吴克寿　方晓冬
纪委书记、监察专员　肖　平

厦门医学院
党委书记　徐国庆
院　长　吴小南
副书记　林　辉
纪委书记　蔡顺华
副院长　李黎明　龙敏南

厦门城市职业学院、厦门市广播电视大学
党委书记　蒋先立
院长、市广播电视大学校长　唐　宁

市委党校（行政学院、社会主义学院）
校（院）长　陈沈阳
常务副校（院）长　张　谷
副校（院）长　陈顺龙　苏秋华　牛　君　姜金灿
校（院）务委会委员　杨立茂

市委党史和地方志研究室
主　任　唐明娟
副主任　曹　丽　樊荣兵　刘世生

市档案馆
馆　长　张善斌
副馆长　林金煌　李志宏　林黎明

厦门日报社
党委书记、社长　蔡廷谦
副书记、总编辑　许若鲲
副书记　陈相华
副总编辑　林晓尧

厦门广播电视集团
党委书记、董事长　陈桂林
党委副书记、总裁　戴志望
党委副书记　曹爱忠
副总裁　林洪美　沈　勇　王亚男
总工程师　刘军祥

市公立医院发展管理中心
党组书记　姚冠华（兼）
主　任　林进春

厦门大学附属中山医院
党委副书记、院长　蔡建春

厦门一中
党委书记、校长　陈文强

社会保险管理中心
主　任　关庆勇

厦门经济管理学院
常务副校长　程常建

市属一类国有企业

厦门建发集团有限公司
党委书记、董事长　黄文洲
党委副书记、总经理　郑永达
党委副书记、工会主席　苏江萍
纪委书记、监察专员　张树国
副总经理　叶衍榴（职业经理人）　王文怀（职业经理人）

厦门国贸控股集团有限公司
党委书记、董事长　许晓曦
党委副书记、总经理　郭聪明
副董事长　马陈华
党委副书记、工会主席　张金龙
纪委书记、监察专员　杨建东
副总经理　王琼文　张运明（职业经理人）
　　　　　李植煌（职业经理人）　高少镛（职业经理人）
　　　　　曾挺毅（职业经理人）

厦门象屿集团有限公司
党委书记、董事长　张水利
党委副书记、总裁　邓启东
副董事长　方弘哲　谢滨侨（兼）
党委副书记、工会主席　黄雀喧

纪委书记、监察专员　刘丽仙
副总裁　廖世泽（职业经理人）　刘信平（职业经理人）
　　　　林俊杰（职业经理人）　曾仰峰（职业经理人）
　　　　林志勇（职业经理人）

厦门翔业集团有限公司
党委书记、董事长　王良睦
党委副书记、总经理　汪晓林
党委副书记　邵蕴默
纪委书记、监察专员　史永飞
副董事长　蔡明理
总会计师　邱怀东
副总经理　张　波

厦门夏商集团有限公司
党委书记、董事长　文　杰
党委副书记、总经理　谷　涛
党委副书记　郭晓芳
纪委书记、监察专员　樊细闵
副董事长　林韶坚　欧鹭红
副总经理　陈亨溉　侯玉水
工会主席　熊彬辉

厦门路桥建设集团有限公司
党委书记、董事长　吴灿东
党委副书记、总经理　李春龙
党委副书记　杨　辉
纪委书记、监察专员　黄永金
副董事长　李少波
副总经理　谢子山　江志勇　刘蔚宏

厦门轻工集团有限公司
党委书记、董事长　刘冬林
总经理　黄东文
纪委书记、监察专员　郑陆全
副董事长　陈炎村
工会主席　邱曙平
副总经理　郭青峰　戴伟建

厦门安居控股集团有限公司
党委书记、董事长　陈飞铭
党委副书记、总经理　马洪斌
党委副书记　周奕麟
纪委书记、监察专员　刘苏红
副总经理　徐晓煜　高志松　宋　剑
总会计师　梁志刚
厦门安居集团有限公司党委书记、董事长　徐晓煜（兼）
厦门安居集团有限公司党委副书记、总经理　王朝晖

厦门轨道建设发展集团有限公司
党委书记、董事长　王文格
党委副书记、总经理　陈卫文
党委副书记　张建军
纪委书记、监察专员　陈瑞珍
副董事长　陈上族　王水育
副总经理　卢荣度　阮悦欣　张大成　卢丹丹　陈晓坚
　　　　　王澍陶
总会计师　方耀民
工会主席　曾锦红
总工程师　贺斯进

厦门信息集团有限公司
党委书记、董事长　黄昆明
党委副书记、总经理　童平平
党委副书记　苏永忠
纪委书记、监察专员　洪海波
副总经理　黄　荣　张　瑜　黄条文
工会主席　陈永年

厦门金圆投资集团有限公司
党委书记、董事长　檀庄龙
党委副书记、总经理　李云祥
党委副书记　黄四海
纪检监察组组长　方伟毅
副董事长　王燕惠
副总经理　王建平　林　晟　薛　荷（职业经理人）

厦门市政集团有限公司
党委书记、董事长　江孔雀
党委副书记、总经理　黄志华
党委副书记　柳颂清
纪委书记、监察专员　许振龙
副董事长　徐建平
副总经理　陈智强　赵付一
总会计师　李晓阳
工会主席　兰　勇
总工程师　谢志金
厦门城市建设发展投资有限公司党委书记、董事长　朱旭东
厦门城市建设发展投资有限公司党委副书记、总经理　徐元元

厦门火炬集团有限公司
党委书记、董事长　苏玉荣
党委副书记、总经理　吴成灶
党委副书记　邢　津
纪委书记、监察专员王　莹
工会主席　陈朝峰
副总经理　郭晓平　黄永鸿　庄巧萍

厦门国有资本运营有限责任公司
党委书记、董事长　张立勇
党委副书记、总经理　吴明显
党委副书记　方　瑄

纪委书记、监察专员　林秉权
副总经理　徐万坪　谢　漪　陈剑宇

市属二类国有企业

厦门公交集团有限公司
党委书记、董事长　林荣生

厦门市储备粮管理集团有限公司
党委书记、董事长　陈一江

其　他

厦门银行股份有限公司
党委书记、董事长　姚志萍
党委副书记、监事长、纪委书记、工会主席　张永欢

厦门农村商业银行股份有限公司
党委书记、董事长　谢滨侨

文献选编

厦门市政府工作报告

（2023 年 1 月 4 日在厦门市第十六届人民代表大会第二次会议上）

厦门市人民政府市长　黄文辉

各位代表：

现在，我代表市人民政府，向大会报告政府工作，请予审议，并请市政协委员提出意见。

一、2022 年工作回顾

2022 年，我们坚持以习近平新时代中国特色社会主义思想为指导，深入贯彻党的十九大和十九届历次全会精神，认真学习宣传贯彻党的二十大精神，坚决贯彻落实习近平总书记重要讲话重要指示批示精神尤其是来闽考察重要讲话和致厦门经济特区建设 40 周年贺信重要精神，按照省第十一次党代会、省委十一届三次全会和市第十三次党代会、市委十三届四次全会部署要求，在市委的正确领导下，坚持稳字当头、稳中求进，全面落实疫情要防住、经济要稳住、发展要安全的重要要求，高效统筹疫情防控和经济社会发展，统筹发展和安全，着力提高效率、提升效能、提增效益，积极克服国内外各种超预期因素叠加影响，扎实做好“两稳两促”工作，经济社会保持平稳健康发展。地区生产总值增长 4.4%；固定资产投资增长 10.2%；一般公共预算总收入、地方一般公共预算收入同口径分别增长 4.9% 和 6.6%；全体居民人均可支配收入增长 5.7%；居民消费价格涨幅控制在 2% 以内；完成年度节能减排任务。

（一）经济运行稳中向好

稳增长有力有效。顶格落实国家、省稳经济一揽子政策，开展“益企服务”专项行动，兑现惠企资金超 400 亿元，其中退减缓免税费 271 亿元。运用财政杠杆撬动银行帮扶企业资金超 500 亿元，“财政政策 + 金融工具”纾解企业流动性困难经验做法获国务院办公厅通报表扬。地区生产总值增速在全国 15 个同类城市中居前列。新增商事主体 17.2 万户、增长 17.6%。

扩大投资成效显著。加强项目全生命周期管理，按照高于上年实际投资完成额 3 倍目标策划生成项目 1020 个、总投资 6162.8 亿元，新开工入库项目数、总投资分别增长 38% 和 48.9%，470 个省市重点项目完成投资 2445.8 亿元、完成年度投资计划 159.5%。获批新增地方政府债券、政策性开发性金融工具等国家政策资金支持 718.7 亿元。全面开展工程招投标“评定分离”改革试点，建设成本降低 6% 左右，开工时间提前 10 天左右。

消费市场稳步复苏。社会消费品零售总额增长 3.1%。推出促进消费系列举措，发放数字人民币消费红包，开展“2022 厦门消费节”等特色消费活动，海上世界等商业综合体开业，集美新城核心区等入选国家级夜间文化和旅游消费集聚区，城市便利店发展指数保持全国首位。物价水平总体平稳。

外贸外资保持稳定。落实稳外贸稳外资系列政策，实施加快推进供应链创新与应用提升核心竞争力行动，新增 5 家全国供应链创新应用示范企业，外贸综合竞争力全国第七，获批全国首批内外贸一体化试点和促进跨境贸易便利化专项行动城市，推动外贸稳定和创新发展工作获国家正向激励，外贸进出口总额 9225.6 亿元，占全省 46.5%，实际使用外资 22.1 亿美元，占全省 44.3%。

（二）产业转型升级步伐加快

创新驱动能力明显增强。启动科技创新引领工程，统筹推进国家自主创新示范区、创新型城市和厦门科学城建设，净增

国家高新技术企业超800家、专精特新“小巨人”企业64家、新型研发机构11家，R&D经费投入强度预计3.2%，新认定高层次人才1819人，有效发明专利拥有量增长21.9%，全球首个鼻喷疫苗获批在国内紧急使用，获评国家知识产权强市建设示范城市，创新能力指数居全国创新型城市第12位，科技集群、科技强度首次跻身全球百强。

现代化产业体系加快构建。实施市场主体培育工程，谋划构建“4+4+6”现代化产业体系，开展先进制造业、供应链主体倍增计划。电子信息、机械装备、商贸物流、金融服务等支柱产业集群规模分别达到4615亿元、2379亿元、11827亿元和1918亿元。新能源、新材料、生物医药、文旅创意等战略性新兴产业产值（营业收入）分别增长40.7%、16.4%、6.4%和10%，新增3家产值超百亿元企业。数字经济规模超4500亿元，海洋经济占地区生产总值比重达32%。

招商引资提质增效。成功举办第22届中国国际投资贸易洽谈会、厦门国际海洋周、企业家大会、校友经济发展大会等重大活动，投洽会恢复一年一办，大力开展投行招商、基金招商，注册私募基金总规模超过4000亿元。新增签约项目935个，三年计划投资1793.3亿元，引进天马8.6代线等3个投资超百亿元项目。新增落地项目1036个、三年计划投资2043.5亿元，其中增资扩产项目431个、三年计划投资752.5亿元。

（三）重点领域改革多点突破

营商环境不断优化。落实优化营商环境条例，实施数字化营商环境提升行动，深化“一件事一次办”等改革，515个事项“免证办”、154个事项“秒批秒办”，承接省级下放审批事项211项，“证照分离”改革实现全覆盖。海丝中央法务区落地合作项目91个，集聚法务相关机构800多家。优化市对区财政体制，将6种不同的园区收入分成体制规范为2种。

投融资体制改革步伐加快。打破依赖财政性投融资的思维惯性，多渠道筹集社会资金。优化整合市级重大片区指挥部，完成投资占全市超九成。增设国家中小企业发展基金、产业链发展和创新基金、制造业专项增信子基金，扩大技术创新基金规模至150亿元，设立城市建设投资基金，实施3个轨道TOD项目，策划生成18个PPP项目和8个REITs项目，撬动社会资本超1300亿元，安居集团项目成为全国首批保障性租赁住房REITs项目。

国企改革扎实推进。完成国企改革三年行动任务，国企混改比例达73.3%，市属工商类企业全部实现国资集中统一监管，现代企业制度和市场化经营机制不断健全，国企活力效率持续提升，服务发展、服务民生作用进一步凸显。加快国有经济布局优化和结构调整，市属国企整合为16家，资产总额、营业收入分别增长28.8%和14.8%，建发、国贸、象屿在《财富》世界500强位次分别提升至第77位、106位、160位。

（四）开放水平不断提升

金砖创新基地建设成效显现。成功举办金砖国家工业互联网与数字制造发展论坛等金砖“中国年”系列活动，在厦发布金砖国家制造业数字化转型合作倡议，新工业革命伙伴关系论坛及大赛永久落户厦门。组建金砖智库合作联盟和培训基地联盟，打造23个示范性培训项目，开展人才培训覆盖41个国家83.5万人次。上线新工业革命领域赋能平台8个，推出示范项目104个。对金砖国家进出口总额增长29.9%。

开放合作走深走实。厦门自贸片区新增全国首创举措15项，象屿保税区质量效益综合排名全国第一。新型离岸贸易外汇收支结算增长43.1%，跨境电商进出口额增长43.7%。厦门港集装箱吞吐量完成1243.5万标箱，“丝路海运”联盟成员300家，与“一带一路”沿线国家和地区进出口额增长12%、投资增长15.3倍。与以色列内坦亚市结为友城，国际友城增至21个。

两岸融合发展稳步推进。成功举办第十四届海峡论坛、两岸企业家峰会年会等活动，落细落实各项惠台利民政策，设立大陆首个台企金融服务联盟和首家全国性台商产业投资基金，每周增开4班厦金货运航班，开通转运临时邮路，新批台资企业增长3.8%，对台贸易出口额增长31.8%。

（五）城市承载力辐射力日益增强

跨岛发展成效显著。岛外常住人口占全市六成以上，建成区面积、固定资产投资、规模以上工业增加值占全市七成以上，岛外新城建设全面推进，水、电、路网等基础配套更加完善，同翔高新城成为先进制造业新增长极，银城智谷等产业园区加速成型，新体育中心、新会展中心等重大公建项目进展顺利，马銮湾生态三岛等生态工程建成投用。推动实施闽西南协同发展区重大协作项目212个，年度总投资1073亿元。

重大基础设施加快建设。入选首批国家综合货运枢纽补链强链城市。厦门新机场主体工程加快推进，轨道交通3号线南延段、6号线集同段开工，6号线林华段全线洞通，福厦高铁厦门段完成铺轨，海沧疏港通道建成通车，翔安大桥成功合龙。新建改造供水管网45.1公里、雨水管网49公里、天然气管道86.9公里。市域内外五大水源实现连通。开工建设厦门数字工业计算中心，建成投用厦门鲲鹏超算中心、厦门国际互联网数据通道，5G基站累计超万个。

城市功能品质加快提升。科学划定“三区三线”。获批国家智能建设试点城市，建成城市大脑中枢平台。加快推进城市有机更新，湖滨片区、高林－金林片区等44个项目开工建设，沙坡尾等老城区功能持续提升。推动649个城乡建设品质提升项目，改造老旧小区4.97万户。推进道路交通改善项目56个，累计打通断头路25条，增开优化公交线路189条，新增公共停车泊位1.07万个。改造新建公园绿地129公顷、绿道61公里、慢行系统120.4公里，山海健康步道林海线建成投用。

乡村振兴深入推进。都市现代农业产业集群营业收入增长6.4%，4家企业入选中国农业企业500强。全力打造18条乡村振兴动线和69个试点示范村。创建13个“绿盈乡村”，全面完成农村雨污分流工程。创新薄弱村挂钩帮扶机制，新增20个集体经济年收入超过50万元的村集体。农村居民人均可支配收入总量保持全省第一。做好省内对口帮扶，启动闽宁产业园建设，厦门临夏东西部协作获评全球减贫案例。

（六）民生福祉持续增进

公共服务扩容提质。建成76个中小学幼儿园项目，新增学位8万个。全市高校27个学科点进入全球ESI排名前1%。新增医疗床位2800张，川大华西厦门医院试运营，北京中医药大学东直门医院厦门医院获批国家区域医疗中心试点。建成养老服务照料中心、农村幸福院、居家养老服务站、“长者食堂”633个，获评全国居家和社区基本养老服务提升行动试点地区。新增32家普惠性托育园。成功举办金鸡百花电影节、首届厦门市民文化节，歌仔戏《侨批》、电视剧《山海情》等入选全国“五个一工程”奖。新改建近邻运动场358个，举办厦门马拉松20周年活动，获得2027年亚洲田径锦标赛承办权。

社会保障力度加大。全面完成49项为民办实事项目。城镇新增就业17.7万人，在厦高校应届毕业生就业落实率达92.6%。进一步提高最低生活保障、特困人员及孤儿基本生活保障标准。竣工保障性住房1.18万套，筹集保障性租赁住房8.67万套，发放大学生住房租金补贴1.4亿元。“惠厦保”参保人数超百万，医保支付DIP改革居全国试点城市评估第一。

生态环境持续改善。全域获评国家生态文明建设示范区。深化中央生态环保督察反馈问题整改，埭头溪治理经验入选全国河湖长制典型案例，入海排放口整治经验全国推广。空气质量保持全国前列，集中式饮用水水源地、主要流域国省控断面、小流域省控断面水质达标率均达100%。完成污水处理“三个一百”计划。生活垃圾分类考评连续18个季度全国第一。完成互花米草除治任务。率先全国设立海洋碳汇和农业碳汇交易平台。

精神文明建设不断深化。完善文明创建常态长效机制，坚持创建为民靠民惠民，开展五大专项整治和三大重点攻坚行动，构建“大城管”治理格局，累计改造提升农贸市场85个，整治城中村电缆线20公里。深化新时代文明实践中心建设，推进“洁净家园”创建和文明交通等行动，文明新风尚进一步弘扬。

（七）安全发展基础更加巩固

疫情防控科学精准高效。指挥体系始终激活，每日会商解决问题，因时因势调整策略。守牢全国第三大航空入境口岸，投用健康驿站，安置数占全省75%。“三公（工）一大”“大数据+网格化”机制高效运作，快准严实细处置本土病例近千例、涉疫突发事件400余起，未规模反弹、未静默管理、未层层加码，国家政策优化调整后以有力措施努力实现疫情“延迟暴发、压平波峰”，以最小代价实现最大防控效果。

风险防护网织密织牢。健全安委会组织架构和工作规则，全面落实国务院安全生产十五条硬措施，深化安全生产专项整治三年行动，安全生产形势稳定向好。强化社会治安整体防控，常态化推进扫黑除恶斗争，刑事警情下降4.75%，莲前派出所获评全国模范公安单位。排查化解金融风险，银行业不良贷款率保持全国全省低位。扎实推进“保交楼、保民生、保稳定”工作，房地产风险平稳可控。推动出台《厦门经济特区粮食安全保障规定》，全面完成粮食生产任务，“菜篮子”市长负责制考评居全国前列。获评国家食品安全示范城市，消费者满意度测评位居全国前十。

社会治理水平不断提升。推进“互联网+基层治理”建设，“近邻社区”促进社区共建共治共享案例获评全国基层治理创新典型。深化“平安社区”“无讼社区”创建，建成668个智慧安防小区，社区矛盾纠纷排查调处率达98%。完善户口迁移政策。国防动员、拥军优属等工作进一步加强，全市和六个区荣获省级双拥模范城（区）“满堂红”“五连冠”。

民族宗教、侨务外事、档案方志、人防海防、防灾减灾、消防、仲裁、信访、气象工作取得新进展，工会、共青团、妇女儿童、老龄、残疾人、红十字、慈善事业实现新进步。

（八）政府自身建设进一步加强

坚持和加强党的全面领导，坚定拥护“两个确立”，坚决做到“两个维护”。扎实推进政府系统党风廉政建设和反腐败斗争，严格落实中央八项规定及其实施细则精神，大力纠治“四风”，持续为基层减负。严格落实政府过紧日子要求，大力压减非急需非刚性支出。深入推进法治政府建设示范市建设，认真执行人大及其常委会决定决议，坚持向人大及其常委会报告工作，向人民政协通报情况，积极支持开展政协专题议政，提请审议法规草案8件，制定修改废止政府规章5件，制定废止规范性文件138件，办理市人大代表议案2件、建议208件、市政协提案391件，办复率均为100%，满意率均为100%。12345获评全国政务热线服务质量最高等级，12315获评全国人民满意的公务员集体。

各位代表！成绩来之不易，这是以习近平同志为核心的党中央坚强领导的结果，是习近平新时代中国特色社会主义思想科学指引的结果，是省委省政府和市委正确领导的结果，是在市人大、市政协支持监督下，全市人民凝心聚力、拼搏奋斗的结果。在此，我谨代表市人民政府，向全市人民，向全体人大代表和政协委员，向各民主党派、工商联、无党派人士、各人民团体、离退休老同志和社会各界人士，向中央和省驻厦单位、驻厦人民解放军、武警部队官兵、公安干警和消防救援队伍，向来厦的投资者和劳动者，向关心支持厦门发展的台港澳同胞、海外侨胞和国际友人，表示衷心的感谢！

各位代表！当前，百年变局与世纪疫情交织叠加，不确定难预料因素增多，我们要更加清醒地认识到存在的困难和问题，主要有：稳增长任务繁重，部分行业和企业发展面临困难；创新能力有待提升，企业主体作用发挥不够，高精尖和技能型人才支撑不足；资源、环境等制约日益凸显，城市能级有待提升；教育、医疗、生态等领域仍有短板，社会治理水平仍需提高；财政收支平衡难度加大；政府系统作风能力建设还需加强等。我们要因势利导、积极应对、砥砺前行。

二、2023年主要工作

2023年是全面贯彻落实党的二十大精神的开局之年。我们要以习近平新时代中国特色社会主义思想为指导，全面贯彻落实党的二十大精神，深入贯彻落实习近平总书记重要讲话重要指示批示精神特别是致厦门经济特区建设40周年贺信重要精神，认真贯彻落实党中央国务院决策部署以及省委省政府和市委工作要求，坚持稳中求进工作总基调，完整、准确、全面贯彻新发展理念，积极服务和融入新发展格局，着力推动高质量发展，更好统筹疫情防控和经济社会发展，更好统筹发展和安全，坚持抢机遇、强优势、挖潜力，突出做好稳增长、稳就业、稳物价工作，推动经济运行整体好转、风险得到有效管控、社会大局保持稳定，推动经济实现质的有效提升和量的合理增长，为努力率先实现社会主义现代化开好局起好步。

今年经济社会发展的主要预期目标为：地区生产总值增长6.5%，规模以上工业增加值增长11.5%，固定资产投资增长10%，一般公共预算总收入、地方一般公共预算收入均增长5.5%，社会消费品零售总额增长6.5%，外贸进出口总额增长 1.5%，居民消费价格涨幅控制在 3% 左右，全体居民人均可支配收入与经济增长保持同步，完成国家和省下达的节能减排任务。

重点做好十个方面的工作：

（一）着力实施科技创新引领工程，夯实现代化建设基础性战略性支撑

坚持科技是第一生产力、人才是第一资源、创新是第一动力，深度融合创新链产业链资金链人才链，塑造发展新动能新优势。

强化企业创新主体地位。启动企业千亿研发投入引领计划，实施企业技术创新能力提升行动，推动企业主导的产学研深度融合。完善高新技术企业梯次培育体系，发挥科技型骨干企业引领支撑作用，扶持科技型中小企业发展，加快引育一批专精特新“小巨人”、瞪羚和单项冠军企业。

打造一流创新生态。实施技术源头掘金行动，依托厦门大学、海洋三所等在厦高校、科研机构和龙头企业，争取设立全国重点实验室，建设共性技术平台、场景创新实验室等，打造“鹭创通”综合服务平台，实现金融对科技创新过程全覆盖。联动实施知识产权、质量强市、标准化战略，推动设立中国（厦门）知识产权保护中心。

强化创新人才支撑。推进“群鹭兴厦”人才计划，筹建国际化引才联盟，引育一批战略科学家、一流科技领军人才和创新团队，建设海峡两岸创新创业领军人才平台。鼓励科技人才双向流动。建设青年发展型城市，打造人才安居乐业的温馨家园。

加快建设厦门科学城。大力推动高端创新机构集聚发展，汇聚一流创新人才和团队，打造高水平创新集聚区。完善科学城规划建设运营管理机制，拓展发展空间。高标准建设能源材料、生物制品省创新实验室，筹建海洋省创新实验室，支持“海洋负排放”国际大科学计划，建设厦门海洋高新产业园区。

（二）着力发展壮大实体经济，加快构建现代化产业体系

坚持把发展经济的着力点放在实体经济上，实施市场主体培育工程，深化“益企服务”专项行动，打造现代化产业高地。

做优做强支柱产业。聚焦高端化智能化绿色化，围绕打造万亿电子信息产业集群，巩固拓展集成电路、计算机通讯、新型显示、软件信息等产业优势。发展机械装备产业集群，做大做强航空维修制造、电力电器、新能源汽车等产业。壮大商贸物流产业集群，加快建设国际性物流枢纽城市，打造国际贸易中心和国际航运中心。加快发展金融服务产业集群，深化数字人民币试点，发展特色金融，提升金融服务实体经济能力。

培育壮大战略性新兴产业。积极布局新兴海洋生物科技、数字医疗等领域，保持创新药、高端医疗仪器设备等行业领先优势。聚焦光电信息材料、稀土功能材料等领域，增强新材料对先进制造业保障能力。打造以锂电池为龙头的新能源产业生态，推动光伏、储能等多领域齐头并进。扩大金鸡百花电影节等重大节展效应，加快影视、动漫游戏等产业放量提质，推进文化和旅游深度融合发展。

前瞻布局未来产业新赛道。聚焦第三代半导体、未来网络、前沿战略材料、氢能与储能、基因与生物技术、深海空天开发等未来产业，大力支持前沿技术研究、技术应用和成果转化，抢占新一轮科技革命和产业变革制高点。密切跟踪前沿科技趋势和颠覆性技术方向，动态更新和扩展未来产业版图，构筑未来竞争新优势。

持续加大招商引资力度。坚定不移大招商、招大商、大员招商，优化招商工作统筹推进机制，提高招商队伍专业化水平，积极发挥商协会作用，拓展链主招商、央企招商、基金投行招商，积极搭建境内外招商网络，吸引更多跨国公司、总部企业、龙头企业以及技术含量高的中小企业落地，全流程全要素支持企业增资扩产做大做强。

提升产业链供应链韧性和安全水平。强化“链长制”，发挥链主企业龙头作用，加快供应链创新与应用示范城市建设，不断完善产业链生态，积极培育现代供应链综合服务企业，推进区域供应链一体化。加快布局境外物流配送基地，积极融入全球供应链网络。健全产业链供应链风险监测机制，保障安全稳定运行。

（三）着力推进更高水平对外开放，打造新发展格局节点城市

坚持内外需同步发力，形成更大范围、更宽领域、更深层次对外开放，积极服务和深度融入新发展格局。

着力扩大内需。充分发挥消费基础作用，加快打造国际消费中心城市，开展各类消费促进活动，推动平台经济健康发展，发展体验式、策展型等消费新业态，大力发展会展消费、文旅消费与体育消费，持续释放消费潜力。进一步发挥投资关键作用，围绕国家和省市重大规划和产业布局，加强项目策划储备，做深做细前期工作，扩大工业投资和技改投资，激发民间投资活力。

提升城市国际化水平。加快金砖创新基地建设，拓展金砖国家及“金砖 +”务实合作，积极探索全球发展倡议地方实践。深化海上合作战略支点城市建设，发挥“丝路海运”“丝路飞翔”及中欧（厦门）班列优势，拓展与“一带一路”沿线国家、RCEP 国家交流合作。推动厦门自贸片区和数字自贸区建设，提升投资贸易便利化水平。

建设高效畅通开放通道。提升海陆空港枢纽功能，高水平建设国际性综合交通枢纽。加快多式联运发展和智慧港口建设，拓展内外贸航线，推动港口高质量发展。提速厦门新机场建设，拓展洲际航线，打造国际航空枢纽。推进福厦高铁建成通车。

推动外资外贸稳中提质。打造外资外贸外经联动服务平台，加快布局海外投资贸易服务联络点，支持企业“走出去”，深度参与国际竞争与产业分工合作。加快推动工贸一体化，大力发展跨境电商、离岸贸易、海外仓等外贸新业态。支持中小微企业保订单、拓市场，拓展吸收外资新渠道。

推动区域协调发展。积极融入长三角一体化和粤港澳大湾区发展，推动闽西南协同发展区和厦漳泉都市圈建设。抓好省内对口帮扶，做好援藏援疆援渝等对口支援工作。持续推进闽宁协作，力争将闽宁镇打造成为全国东西部协作示范镇。

（四）着力强化改革攻坚，激发现代化建设新动能

深化重点领域和关键环节改革，破解深层次体制机制障碍，进一步激发市场活力和发展内生动力。

加力打造国际一流营商环境。对标国际规则和国家营商环境评价体系，聚焦政务服务、招投标等领域，持续补短板优服务，争创国家营商环境创新试点。深化简政放权，加快推进政务服务标准化规范化便利化，提升政务服务水平。大力推进海丝中央法务区建设，完善涉外商事海事纠纷多元化解体系。

加快建设高标准市场体系。探索开展综合改革试点，推动区域要素市场化配置改革，加快发展数据等要素市场，在完善产权保护、公平竞争、社会信用等制度方面先行先试。不断提高国企核心竞争力，增强核心功能，打造创新型国有企业。依法保护民营企业产权和企业家权益，优化民营经济发展环境，积极为企业发展纾困解难。

实施系统集成式财政管理改革。把绩效贯穿在预算和政策管理的全生命周期，全面清理优化低效资金和政策。统筹资金、资产、资源，运用“财政＋金融”方式，转变产业扶持投入方式，更好发挥政府引导作用，支持企业发展。深化投融资体制改革，用好TOD、EOD等模式推进城市综合开发，推动城市建设投资基金扩面提量，吸引更多社会资金参与城市发展。完善民生事业分类保障机制，开展重点领域资金竞争性分配，促进公共服务降本增效。

加大低效闲置资源盘活力度。加快批而未供和闲置土地处置，支持闲置工业厂房、低效工业园区改造提升，强化要素保障，高效盘活各类土地、房产及其他经营性资源。加强财政统筹，灵活运用各类方式分类盘活一批国有资产。

（五）着力深化对台交流合作，扎实推进两岸融合发展

发挥前沿平台优势，落细落实对台先行先试政策，着力打造两岸共同市场、共同产业、共同家园，促进两岸同胞心灵契合。

深化以通促融。加强两岸经贸往来，深化集成电路、数字文创、智能制造等领域产业链供应链合作，创新金融合作，发挥台商产业投资基金作用，支持在厦台企上市融资。巩固完善对台海运快件南向通道，做大两岸海运快件和跨境电商业务。稳步推进厦金通电、通气、通桥项目厦门侧工作，加快建设厦金共同生活圈。

深化以惠促融。用好各项惠台利民政策，在市场准入、就业创业、公共服务等方面更好关爱造福台湾同胞。积极推进台湾人才职业资格直接采认工作，支持台湾同胞参与我市职业技能等级评定，支持更多台湾人才和台湾青年来厦交流和就业创业。

深化以情促融。办好海峡论坛等重大涉台活动，建好两岸交流基地、青创基地，做好两岸在基层民间、民俗信仰、姓氏族谱、青年学生等方面交流合作，讲好两岸融合故事。

（六）着力提升城市规划建设治理水平，打造更加宜居韧性智慧城市

深入实施跨岛发展战略，坚持规划统筹引领，加强科学化、精细化、智能化治理，加快构建“岛湾一体”城市格局，打造高品质生产生活生态空间。

统筹城市更新和新城建设。统筹征、拆、建，强化节约集约用地和集中连片开发，提升城市发展效益。开展城市有机更新行动，加快老城区、老旧小区改造，综合整治城中村。加快新城建设，完善设施配套，布局一批高能级产业项目，推动产城人融合发展。实施房票制度，支持刚性和改善性购房需求，解决好新市民、青年人等住房问题，探索长租房市场建设，推动房地产业向新发展模式平稳过渡。

建设生态宜居城市。加强城市整体设计和风貌管控，统筹地上地下空间开发利用。完善“三线一单”生态环境分区管控体系，推进山海廊道、湿地、湾区等生态保护修复工程，持续改善筼筜湖等水环境。推进中央、省生态环保督察反馈问题整改，深入打好污染防治攻坚战。做好生活垃圾分类全过程管理。积极稳妥推进碳达峰碳中和。

建设更具韧性城市。加快构建城乡一体化交通网络，推动轨道交通第三期建设规划报批，实现4号、6号线轨通，加快推进第三东通道等跨海通道项目规划建设。深入开展道路交通综合整治。加快建设供水大水网。持续推进正本清源改造，提高污水处理能力。新建改造燃气管道，建设新型电力系统市级示范区。健全房屋安全长效管理机制。加强应急指挥和救援体系建设，全面增强城市防灾减灾救灾能力。

建设新型智慧城市。加快“双千兆”城市建设，实现5G独立组网连续覆盖。高水平建设城市大脑，推动工信、商务、城市管理、市政、交通、水利等领域智慧化升级改造，逐步实现市域治理“一网统管”、政务服务“一网通办”、政务办公“一网协同”。

（七）着力全面推进乡村振兴，加快农业农村现代化

坚持农业农村优先发展，以城促乡、城乡互补、融合发展，扎实推动乡村产业、人才、文化、生态、组织振兴。

推动农业高质量发展。壮大都市现代农业，发展生态高效种养、农产品加工、预制菜、休闲观光等优势特色农业。实施种业振兴行动。严格落实粮食安全党政同责，大力建设高标准农田和现代农业设施，坚决遏制耕地“非农化”、基本农田“非粮化”，保障好“米袋子”“菜篮子”。

建设宜居宜业和美乡村。加强村庄规划实施管理，统筹基础设施和公共服务布局。完善农村生活污水处理设施建设管理运营机制，推进“崇尚集约建房”示范区、“绿盈乡村”“四好农村路”建设。推广乡村治理“积分制”“清单制”，推动乡村治理现代化。

促进农民增收致富。巩固和完善农村基本经营制度，精准帮扶薄弱村，充分挖掘村集体资产经营效益，优化集体预留发展用地政策，培育壮大新型农村集体经济。发展新型农业经营主体和社会化服务，加强农民劳动技能培训，拓宽农民增收渠道。健全新时代科技特派员制度，大力推广农业新技术新成果。

（八）着力建设社会主义文化强市，丰富人民精神世界

推进文化自信自强，加强社会主义精神文明建设，打造文化中心、艺术之城、音乐之岛，不断提升城市文化软实力。

推动文化繁荣发展。深化文化体制改革，完善现代公共文化服务体系，创新实施文化惠民工程。支持地方文艺院团改革发展，推出更多新时代文艺精品。积极发展哲学社会科学、档案、地方志、文史等事业，提升新型智库建设水平。大力培育文化龙头企业，打造一批具有厦门特色的文化品牌、文化空间及文化地标，发展壮大文化产业。

保护传承历史文化遗产。加强鼓浪屿世界文化遗产保护修缮和活化利用，加快历史文化街区和历史风貌区有机更新。保护利用好红色资源，传承红色基因。建好闽南文化生态保护区，活态传承非物质文化遗产，挖掘嘉庚精神时代价值，推动特色文化创造性转化、创新性发展。

提升社会文明程度。积极践行社会主义核心价值观，深入实施公民道德建设工程，持续提升城市文明程度和市民文明素质。深化“爱心厦门”建设，健全志愿服务体系。

（九）着力保障和改善民生，打造共同富裕示范区

坚持在发展中保障和改善民生，健全公共服务体系，提高公共服务水平，不断增进民生福祉。

办好人民满意的教育。坚持教育优先发展，建成46个中小学幼儿园项目，新增5.9万个学位，提高幼儿园公办率，促进基础教育优质均衡发展。健全学校家庭社会育人机制，巩固“双减”成果，加强师德师风建设。支持在厦高校“双一流”建设，推动高职院校与应用型本科“3+2”贯通培养。办好老年教育和特殊教育，完善终身教育体系。

建设高水平健康之城。深化国家区域医疗中心试点建设，推动马銮湾医院、环东海域医院建成投用。深化公立医院综合改革，强化公立医院公益属性，传承创新发展中医药。稳妥开展医疗服务价格改革试点，创新推进普通医用耗材集采。优化分级诊疗服务，提升基层卫生服务水平。健全公共卫生服务体系，完成疾控体制改革，更加有针对性地开展爱国卫生运动。开展全民健身活动，办好第21届市运会，发展运动时尚、竞赛表演等体育产业。

拓宽多元增收渠道。落实落细就业优先政策，鼓励灵活就业，保障新就业形态劳动者合法权益，做好困难群体就业兜底帮扶。深入实施收入倍增行动，探索多种渠道增加中低收入群众要素收入，多渠道增加城乡居民财产性收入。

完善社会保障体系。健全多层次医疗保险体系，稳步推进企业职工基本养老保险全国统筹，落实个人养老金试点工作。做好失业保险、工伤保险省级统筹工作。完善“一老一小”服务体系，推进社区和居家养老，建设一批农村幸福院和“长者食堂”，发展婴幼儿照护服务。实施新一轮妇女儿童发展纲要，做好残疾人工作，积极发展公益慈善事业。

（十）着力统筹发展和安全，加快推进市域社会治理现代化

贯彻总体国家安全观，争创全国市域社会治理现代化示范市，建设更高水平的平安厦门。

抓实抓细疫情防控工作。认真落实新阶段疫情防控各项举措，因时因势优化疫情防控措施，重点抓好学校、老年人和患基础性疾病群体疫情防控工作，保障好群众就医用药，着力保健康、防重症，确保平稳转段和社会秩序稳定。

筑牢安全防线。严格落实意识形态工作责任制。建立重大安全风险分级管控机制，强化源头治理和隐患排查整治，坚决防范和遏制重特大事故发生。坚持“房住不炒”，持续做好保交楼、保民生、保稳定工作。强化金融稳定和安全保障体系建设，牢牢守住不发生区域性金融风险底线。规范政府债务管理。加强食品药品安全监管。

加强社会治理。开展社区治理深度赋能行动，加强网格化管理、精细化服务、信息化支撑。坚持和发展新时代“枫桥经验”，推动矛盾纠纷源头化解。常态化开展扫黑除恶斗争，加强网络安全管理，创建全国禁毒示范城市。扎实做好民族宗教、国防动员和双拥共建等工作。

建设法治社会。深入开展“八五”普法，深化民主法治示范村（社区）创建，加强青少年法治教育。推进多层次多领域依法治理，完善现代公共法律服务体系。弘扬社会主义法治精神，增强全社会法治观念，推动尊法学法守法用法蔚然成风。

三、全面提升政府治理现代化水平

全面贯彻落实党的二十大精神，深刻领悟“两个确立”的决定性意义，增强“四个意识”，坚定“四个自信”，做到“两个维护”，落实新时代党的建设总要求，坚定不移把党的领导落实到政府工作各领域各方面各环节，全力打造人民满意的服务型政府。

更高水平建设为民政府。践行以人民为中心的发展思想，充分发挥12345政务服务热线等便民平台作用。坚持政府过紧日子，加强财政预算绩效管理，厉行节约、反对浪费，集中更多财力保障重点工作和改善民生福祉，用政府的努力奔跑换取群众的岁月静好。

更高水平建设法治政府。践行全过程人民民主，提高重点领域政府立法质量，严格执行重大行政决策规定程序，加强规范性文件合法性审核，严格规范公正文明执法，恪守契约精神，深化信息公开，不断提高政府公信力和执行力。自觉接受人大监督、政协监督、监察监督、司法监督，加强审计监督、财会监督和统计监督，主动接受群众监督和舆论监督，高质量办好人大代表议案、建议和政协提案。

更高水平建设实干政府。牢记空谈误国、实干兴邦，弘扬特区精神，传承“马上就办、真抓实干”等优良作风，加强斗争精神和斗争本领养成，敢担当、善作为、察实情。加快转变政府职能，完善市区联动、部门协同机制，推动强区放权赋能，不断提高行政效率。

更高水平建设廉洁政府。纵深推进政府系统全面从严治党，坚决纠正一切损害群众利益的腐败和不正之风。锲而不舍落实中央八项规定及其实施细则精神，持续深化纠治“四风”，力戒形式主义、官僚主义。严守廉洁从政各项规定，构建亲清政商关系，巩固拓展风清气正的良好政治生态。

各位代表！实干铸就伟业，奋斗开创未来。让我们更加紧密地团结在以习近平同志为核心的党中央周围，高举习近平新时代中国特色社会主义思想伟大旗帜，在省委省政府和市委的正确领导下，坚定信心、真抓实干，勇立潮头、勇毅前行，更高水平建设高素质高颜值现代化国际化城市，努力率先实现社会主义现代化，为奋力谱写全面建设社会主义现代化国家福建篇章、全面推进中华民族伟大复兴贡献厦门力量！

统计资料

《厦门市 2022 年国民经济和社会发展统计公报》

（2023 年 3 月 22 日）

厦门市统计局　国家统计局厦门调查队

2022 年，厦门市坚持以习近平新时代中国特色社会主义思想为指导，认真学习宣传贯彻党的二十大精神，坚决贯彻落实习近平总书记重要讲话重要指示批示精神和省委省政府工作部署，按照党中央“疫情要防住、经济要稳住、发展要安全”重要要求，坚持应急和谋远相结合，着力稳主体、增信心、优服务、促改革，努力克服国内外各种超预期不利因素影响，经济社会实现平稳健康发展，主要经济指标运行在合理区间。

一、综合

经济总量

初步核算，全年地区生产总值（GDP）7802.66 亿元，按可比价格计算，比上年增长 4.4%。其中，第一产业增加值 29.27 亿元，增长 1.4%；第二产业增加值 3233.56 亿元，增长 3.8%；第三产业增加值 4539.83 亿元，增长 4.7%。三次产业结构为 0.4：41.4：58.2。全市万元地区生产总值耗电 430.35 千瓦时，比上年减少 36.03 千瓦时；万元地区生产总值耗水 6.08 吨，减少 0.60 吨。

财政收支

全市实现一般公共预算总收入 1493.76 亿元，同口径（下同）增长 4.9%。其中，地方级一般公共预算收入 883.77 亿元，增长 6.6%。在地方级财政收入中，实现税收收入 631.38 亿元，增长 1.7%，其中，增值税 195.28 亿元，增长 12.5%；企业所得税 126.40 亿元，增长 3.0%；个人所得税 62.32 亿元，下降 33.1%；土地增值税 84.53 亿元，增长 4.4%。

全年一般公共预算支出 1088.66 亿元，增长 2.7%。其中，教育支出 195.80 亿元，增长 9.3%；科学技术支出 59.29 亿元，增长 17.3%；城乡社区支出 119.73 亿元，下降 10.2%；社会保障和就业支出 97.32 亿元，增长 31.0%；卫生健康支出 114.89 亿元，增长 18.0%。

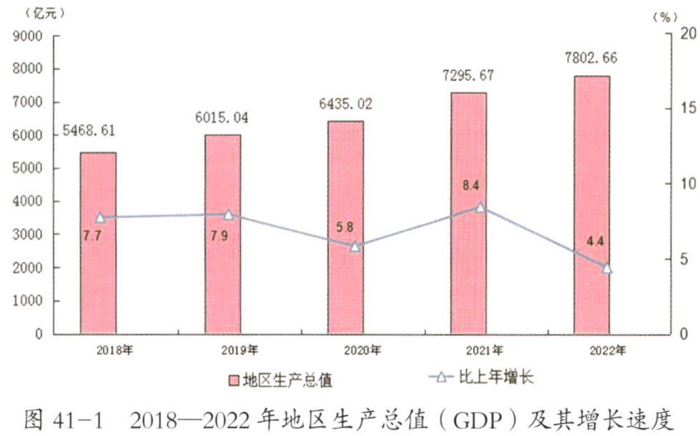

图 41-1　2018—2022 年地区生产总值（GDP）及其增长速度

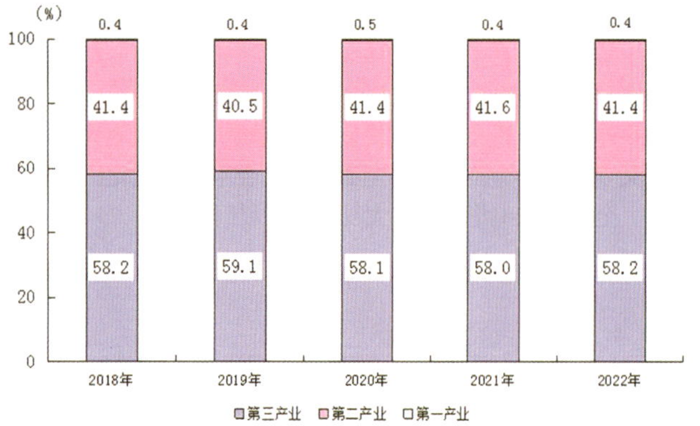

图 41-2　2018—2022 年三次产业增加值占地区生产总值比重

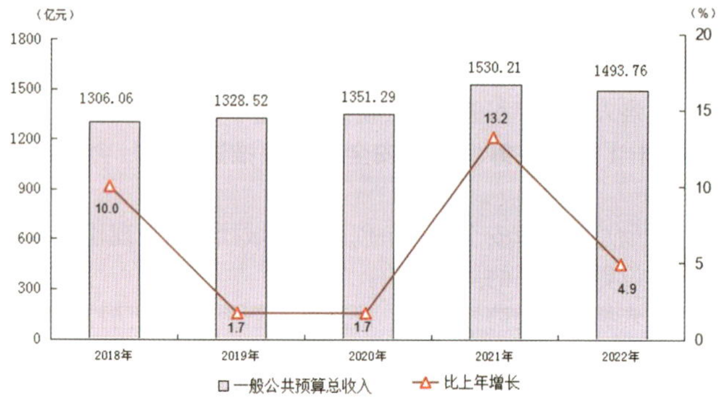

图 41-3　2018—2022 年一般公共预算总收入及其增长速度

价格

全年居民消费价格（CPI）比上年上涨 1.8%（详见表 41-1）。其中：食品价格上涨 2.1%，非食品价格上涨 1.7%；服务项目价格上涨 1.2%，消费品价格上涨 2.2%。

表 41-1　2022 年居民消费价格总指数

项目名称	指数（以上年为 100）
居民消费价格指数	101.8
一、食品烟酒	101.3
1. 食品	102.1

续表 41-1

项目名称	指数（以上年为 100）
#粮食	101.1
食用油	104.4
菜及食用菌	100.5
畜肉类	93.6
水产品	105.4
蛋类	106.4
奶类	99.4
干鲜瓜果类	109.1
2. 茶及饮料	100.7
3. 烟酒	100.2
4. 在外餐饮	99.8
二、衣着	101.7
三、居住	102.0
四、生活用品及服务	101.4
五、交通通信	104.0
六、教育文化娱乐	101.3
七、医疗保健	100.3
八、其他用品及服务	100.2

图 41-4　2022 年居民消费价格月度涨跌幅度

各区经济

各区实现地区生产总值分别为：思明区 2503.88 亿元，增长 5.2%；湖里区 1681.94 亿元，增长 3.3%；海沧区 1067.48 亿元，增长 4.7%；集美区 956.58 亿元，增长 3.0%；同安区 705.63 亿元，增长 3.7%；翔安区 887.14 亿元，增长 6.0%。

其中，各区规模以上工业增加值速度分别为：思明区增长 8.1%，湖里区增长 3.5%，海沧区增长 6.2%，集美区下降 2.4%，同安区增长 0.6%，翔安区增长 9.0%。

各区实现社会消费品零售总额分别为：思明区 1028.40 亿元，增长 2.1%；湖里区 527.52 亿元，增长 0.2%；海沧区 323.79 亿元，增长 7.6%；集美区 227.72 亿元，增长 1.2%；同安区 423.13 亿元，增长 7.2%；翔安区 134.81 亿元，增长 3.8%。

各区完成固定资产投资分别为：思明区 276.84 亿元，增长 13.0%；湖里区 516.67 亿元，增长 1.8%；海沧区 475.41 亿元，增长 11.8%；集美区 363.94 亿元，下降 8.9%；同安区 473.15 亿元，增长 35.8%；翔安区 865.06 亿元，增长 12.2%。

全年区级公共财政预算收入（不含市本级）275.88 亿元，同口径（下同）增长 9.7%。其中，思明区 73.91 亿元，增长 7.1%；湖里区 55.92 亿元，增长 15.5%；海沧区 39.64 亿元，增长 7.3%；集美区 46.07 亿元，增长 1.6%；同安区 32.40 亿元，增长 12.5%；翔安区 27.96 亿元，增长 20.1%。

二、农村经济

全年农林牧渔业总产值 62.19 亿元，增长 1.7%。其中，农业产值 30.61 亿元，增长 3.0%；林业产值 0.15 亿元，增长 2.9%；牧业产值 12.20 亿元，增长 3.1%；渔业产值 7.66 亿元，下降 5.5%；农林牧渔专业及辅助性活动产值 11.58 亿元，增长 2.2%。

全年农作物总播种面积 32.31 万亩，下降 2.1%。粮食播种面积 6.21 万亩，增长 0.8%，粮食总产量 2.57 万吨，增长 1.2%；蔬菜播种面积 22.48 万亩，下降 1.9%，蔬菜总产量 55.75 万吨，增长 0.6%；水果总产量 7.12 万吨，下降 5.4%。肉类总产量 3.61 万吨，增长 1.3%；蛋品总产量 2012.87 吨，下降 18.0%；奶类总产量 804.41 吨，下降 11.6%。至年末，全市生猪存栏数 18.12 万头，下降 14.5%，生猪累计出栏 37.37 万头，增长 3.5%；年末家禽存栏数 147.05 万只，下降 15.5%，家禽累计出栏数 454.06 万只，下降 0.8%；水产品产量 6.45 万吨，下降 7.3%。

三、工业和建筑业

工业

全年规模以上工业增加值增长 4.3%。分经济类型看，股份制企业增加值增长 8.6%，外商及港澳台商投资企业增加值下降 0.6%，其中台资企业增加值下降 6.8%；国有控股企业增加值增长 20.9%，私营企业增加值增长 2.5%。分轻重工业看，轻工业增加值增长 5.1%，重工业增加值增长 3.8%，轻工业与重工业之比为 1∶1.65。工业产品产销率为 93.31%，比上年回落 1.42 个百分点。

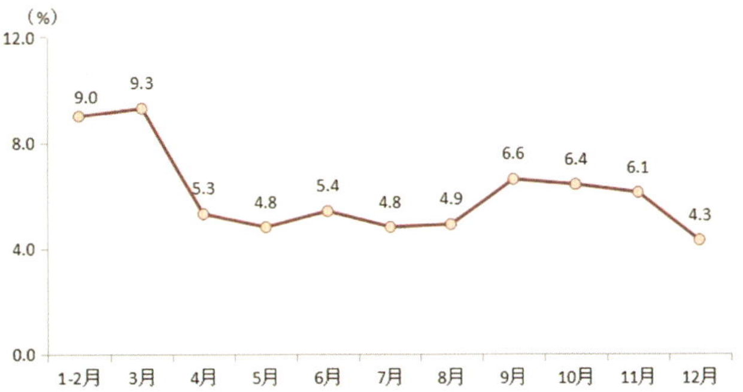

图 41-5　2022 年规模以上工业增加值增长速度

规模以上工业35个行业大类中有18个行业增加值实现增长。其中黑色金属冶炼和压延加工业增长87.3%，铁路、船舶、航空航天和其他运输设备制造业增长53.8%，食品制造业增长44.9%。总量前三位分别是计算机、通信和其他电子设备制造业增加值增长2.5%，电气机械和器材制造业增长14.2%，医药制造业下降2.5%，三大行业合计增加值占规模以上工业的48.1%。规模以上高技术产业增加值与上年持平，占规模以上工业的42.2%。

至年末，全市规模以上工业企业2889家，其中产值超亿元企业928家，合计产值占规模以上工业的88.9%。电子、机械两大支柱行业共有规模以上工业企业1461家，占规模以上工业企业数的50.6%，合计产值占规模以上工业的61.0%，其中电子行业产值占规模以上工业的34.5%，机械行业产值占规模以上工业的26.5%。

全市规模以上工业企业实现利润551.81亿元，下降14.5%。全市规模以上工业企业每百元营业收入中的成本为82.75元，比上年增加1.33元；营业收入利润率为7.02%，下降1.38个百分点。年末规模以上工业企业资产负债率为48.28%，比上年末下降0.86个百分点。

主要工业产品生产情况：全市规模以上工业企业生产锂离子电池2531.98万只，增长1.3倍；新能源汽车1.87万辆，增长45.9%；液晶显示模组3091.49万套，增长15.6%（详见表41-2）。

表41-2　　2022年主要工业产品产量

产品名称	单位	总量	增长（%）
液晶显示屏	万片	4459.57	-13.4
集成电路	万块	174287.77	-34.9
轮胎外胎	万条	1057.28	-21.0
彩色电视机	万台	1068.36	-21.2
液晶显示模组	万套	3091.49	15.6
微型电子计算机	万台	788.91	-15.6
笔记本计算机	万台	319.23	-19.8
移动电话	万台	165.94	36.9
印制电路板	万平方米	52.56	-6.8
数码相机	万台	69.16	8.9
民用钢质船舶	万载重吨	7.79	5737.3
路由器	万台	31.84	7.4
锂离子电池	万只	2531.98	129.8
新能源汽车	万辆	1.87	45.9

建筑业

建筑业增加值809.42亿元，增长5.5%。全市资质等级建筑业企业共完成建筑业总产值3513.48亿元，增长9.0%，其中建筑工程产值3207.12亿元，增长6.6%；安装工程产值204.28亿元，增长20.8%。建筑业企业本年新签合同额3060.55亿元，

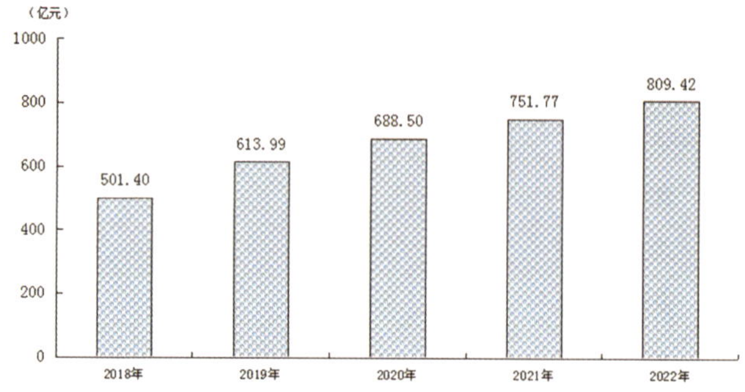

图41-6　2018—2022年全部建筑业增加值

下降4.2%。

四、固定资产投资

固定资产投资完成2971.08亿元，增长10.2%。分产业看，第一产业投资0.97亿元，下降65.3%；第二产业投资644.07亿元，增长28.0%；第三产业投资2326.04亿元，增长6.2%。

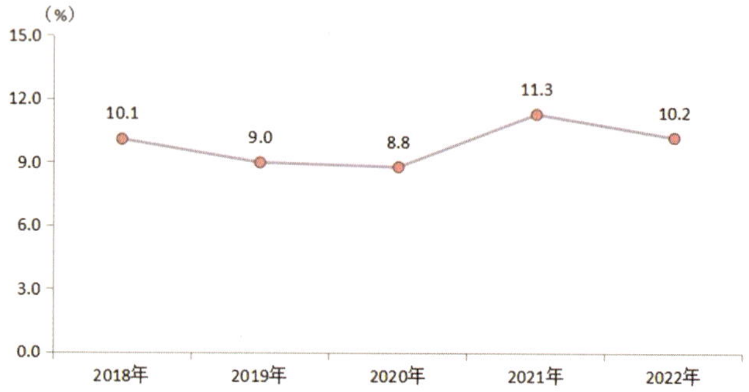

图41-7　2018—2022年固定资产投资增长速度

基础设施投资完成853.50亿元，增长19.9%，其中交通运输业投资完成401.15亿元，增长41.6%；工业投资完成645.34亿元，增长28.0%，其中制造业投资完成568.38亿元，增长28.5%；社会事业投资完成170.79亿元，增长3.1%。

房地产开发投资完成1064.78亿元，下降0.5%。其中，住宅投资726.73亿元，增长2.4%；办公楼投资38.06亿元，下降12.6%；商业营业用房投资59.60亿元，下降25.4%。全市房地产房屋施工面积3514.91万平方米，下降4.0%；房屋新开工面积687.82万平方米，增长21.5%。

五、交通、邮电、旅游和会展

交通

交通运输、仓储和邮政业增加值340.25亿元，下降3.2%。旅客运输量3772.92万人次，下降18.8%；旅客周转量241.44亿人公里，下降25.6%；货物运输量4.31亿吨，增长10.1%；货物周转量3183.90亿吨公里，增长13.0%。至年末，厦门港现有生产性泊位184个（含漳州），其中，万吨级以上泊位79个；全年港口货物吞吐量2.19亿吨，下降3.6%；港口集装箱吞吐量1243.47万标箱，增长3.2%。

厦门空港根据民航局 2022 年冬春航季时刻计划开通运营城市航线 156 条，含国际（地区）航线 13 条，其中，洲际航线 4 条。在厦门机场定期通航运营的外国（地区）航空公司 8 家，与 12 个国际及境外城市（含香港、澳门、台北、高雄）通航。空港旅客吞吐量 1012.56 万人次，下降 32.3%，其中，国际及地区航线旅客吞吐量 48.11 万人次，增长 57.4%；空港货邮吞吐量 26.21 万吨，下降 12.0%。

邮电

邮政行业业务总量 107.97 亿元，增长 18.2%；电信业务总量 80.15 亿元，增长 14.0%。全市固定电话用户 95.85 万户，减少 4.88 万户；移动电话用户 680.26 万户，增加 14.14 万户，其中，4G 移动电话用户 374.74 万户，5G 移动电话用户 246.01 万户；固定互联网宽带接入用户 282.88 万户，增加 19.78 万户；移动互联网用户 614.79 万户，增加 23.21 万户。

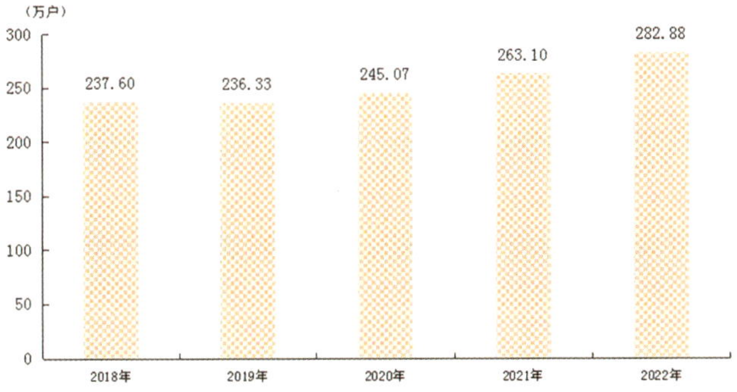

图 41-8　2018—2022 年年末固定互联网宽带接入用户数

旅游

全年接待国内外游客 6568.75 万人次，下降 6.4%，旅游总收入 855.17 亿元，下降 8.7%。其中，接待入境游客 27.35 万人次，下降 10.1%，接待入境过夜游客 27.35 万人次，下降 10.1%，旅游创汇 1.80 亿美元，下降 23.3%。接待国内游客 6541.40 万人次，下降 6.4%，接待国内过夜游客 1939.89 万人次，下降 24.4%，国内旅游收入 843.15 亿元，下降 8.5%。至年末，全市共有旅游住宿单位 3579 家，其中，星级饭店 43 家，五星级饭店 19 家。

会展

全年举办各类展览活动 113 场，增长 8.7%，展览总面积 134.47 万平方米，增长 6.5%。举办 50 人以上的商业性会议 2056 场，下降 31.0%，参会总人数 31.73 万人，下降 44.5%。会展经济总体效益 155.01 亿元，下降 11.2%。

六、国内贸易

社会消费品零售总额 2665.36 亿元，增长 3.1%。按消费形态分，商品零售 2386.69 亿元，增长 3.2%；餐饮收入 278.67 亿元，增长 2.9%。

限额以上企业实现零售额 1716.84 亿元，增长 6.7%，占全市社会消费品零售总额的 64.4%；限额以下单位实现零售额 948.53 亿元，下降 2.6%。全年零售额超亿元的批发零售贸易企业有 232 家，实现零售额 1399.55 亿元，净增 134.74 亿元，增长 10.7%；零售额超千万元的住宿餐饮企业有 189 家，实现零售额 122.90 亿元，净增 21.24 亿元，增长 20.9%。

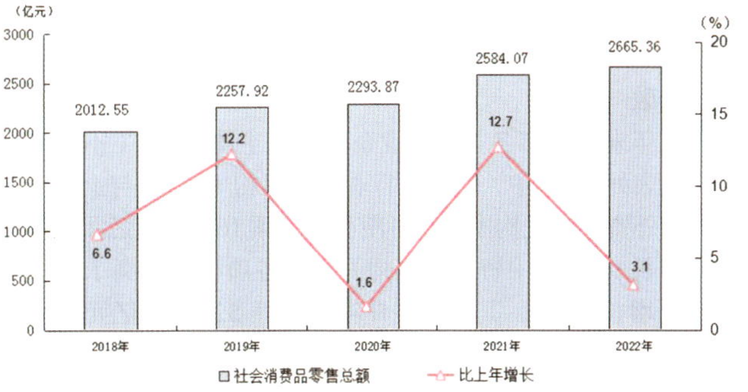

图 41-9　2018—2022 年社会消费品零售总额及其增长速度

在限额以上批发零售贸易企业商品零售额中，汽车类零售额 403.89 亿元，增长 4.0%；服装、鞋帽、针纺织品类零售额 457.23 亿元，增长 5.1%；粮油食品烟酒饮料类零售额 221.79 亿元，增长 13.8%；石油及制品类零售额 95.25 亿元，增长 22.3%；通讯器材类零售额 38.77 亿元，下降 8.9%；日用品类零售额 128.41 亿元，增长 21.4%；文化办公用品类零售额 48.82 亿元，增长 4.4%；金银珠宝类零售额 26.75 亿元，下降 25.5%；化妆品类零售额 26.48 亿元，增长 3.9%。

七、对外经济

对外贸易

全年实现外贸进出口总值 9225.59 亿元，比上年增长 4.0%，其中，出口 4657.39 亿元，增长 8.2%；进口 4568.20 亿元，增长 0.1%。

民营企业进出口总值 3714.26 亿元，增长 13.9%，其中，出口 2430.51 亿元，增长 14.0%，进口 1283.75 亿元，增长 13.8%；外资企业进出口总值 2254.96 亿元，下降 11.8%，其中，出口 1482.89 亿元，下降 3.2%，进口 772.07 亿元，下降 24.6%。

一般贸易进出口总值 6744.65 亿元，增长 4.5%，其中，出口 2991.86 亿元，增长 9.7%；进口 3752.79 亿元，增长 0.7%。

对台进出口贸易总值 454.52 亿元，下降 9.6%，其中，对台出口 193.84 亿元，增长 31.8%；进口 260.68 亿元，下降 26.8%。

利用外资

全年新设外商投资企业 1141 个，合同外资 65.80 亿美元；实际使用外资 22.12 亿美元。

全年设立千万美元以上外资企业 77 个，合同外资 64.94 亿美元，与上年持平，其中，新设外资企业 49 个，合同外资 55.38 亿美元；增资外资企业 28 个，合同外资 9.57 亿美元。至年末，历年累计共有 64 个全球 500 强公司在厦投资 115 个外资企业，合同外资 41.74 亿美元，实际使用外资 36.50 亿美元。

对外劳务与投资

全年对外协议投资项目 130 个，中方协议投资额 15.11 亿美元，增长 2.3%。实现对外承包劳务合同总金额 500 万美元，下降 88.5%；实现营业额 4225 万美元，下降 39.5%；派出各类劳务人员 10147 人，下降 22.6%；至年末，在外劳务人数 10403 人，比上年末减少 587 人。

八、金融、保险和证券

金融

至年末，全市各类银行业金融机构主体 46 家（不含外资银行代表处），其中，法人银行业金融机构 12 家，与上年末持平。中外资金融机构本外币各项存款余额 16167.02 亿元，比上年末增长 9.5%；中资金融机构人民币各项存款余额 15211.31 亿元，增长 9.4%，其中，住户存款余额 5202.63 亿元，增长 24.2%，非金融企业存款余额 6126.58 亿元，增长 15.0%。

至年末，中外资金融机构本外币各项贷款余额 17319.33 亿元，比上年末增长 13.1%；中资金融机构人民币各项贷款余额 16538.72 亿元，增长 14.5%，其中，短期贷款余额 4698.51 亿元，增长 11.6%，中长期贷款余额 10326.90 亿元，增长 15.7%。

保险

至年末，全市共有保险公司主体 39 家，其中，财产保险公司 21 家，人身保险公司 18 家。保险专业中介机构 80 家。全年实现保费收入 270.45 亿元，增长 11.4%，其中，财产险实现保费收入 78.83 亿元，增长 10.6%；人身险实现保费收入 191.63 亿元，增长 11.8%。2022 年全年提供保险保障金额 43.07 万亿元。赔付支出 84.07 亿元，增长 2.6%，其中，财产险赔付支出 50.55 亿元，与上年持平；人身险赔付支出 33.52 亿元，增长 6.9%。

证券

全市法人证券公司 2 家，与上年持平；证券公司分公司 38 家，增加 4 家；证券营业部 103 家，减少 5 家；法人期货公司 2 家；期货分公司 25 家，增加 2 家；期货营业部 20 家，增加 2 家。至年末，全市证券投资者开立资金账户数 243.74 万户，下降 9.6%；客户交易结算资金余额 206.37 亿元，下降 2.7%；全年证券交易额 7.72 万亿元，下降 6.5%。至年末，期货投资者开立资金账户数 10.91 万户，增长 48.4%；客户保证金余额 214.82 亿元，增长 13.7%；全年期货交易额 9.45 万亿元，下降 6.4%。

九、教育、科学技术和城市信息化

教育

全市拥有各级各类全日制学校 1465 所，学年初招生数 30.25 万人，在校学生数 111.36 万人。其中，普通高等学校 16 所，学年初招生数（含研究生）6.66 万人，在校学生数（含研究生）21.20 万人；普通中等学校 143 所，学年初招生数 10.36 万人，在校学生数 28.68 万人；小学 300 所，学年初招生数 7.09 万人，在校学生数 40.37 万人；幼儿园 999 所，学年初在园人数 20.99 万人；特殊教育学校 7 所，学年初在校学生 1177 人。在各级各类全日制学校中任职的专任教师 6.83 万人，平均一名教师负担学生 16 人。

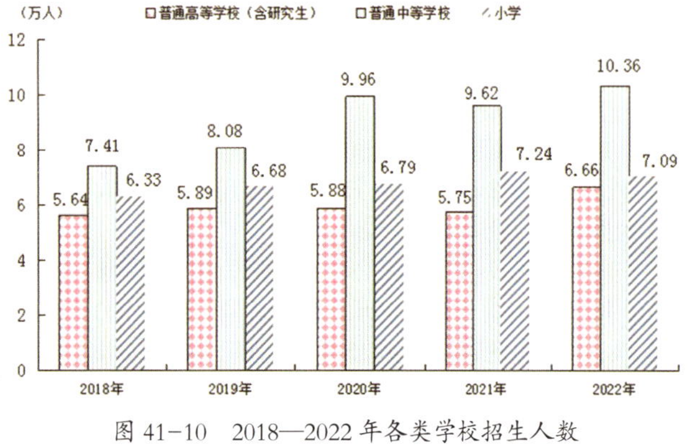

图 41-10　2018—2022 年各类学校招生人数

科学技术

全市拥有技术先进型服务企业 66 家，省级科技小巨人企业 490 家，市级科技企业孵化器 54 家，其中国家级 10 家。全市国家、省、市级重点实验室 211 家，工程技术研究中心 128 家，企业技术中心 254 家，国家级博士后科研工作站 34 家，省级博士后创新实践基地 14 家，省、市级新型研发机构 60 家。全市国家备案众创空间 45 家，国家专业化众创空间 3 家，省级众创空间 92 家，市级众创空间 134 家。国内专利授权量 38442 件，其中，发明专利授权量 5274 件。PCT 国际专利申请量 467 件。每万人高价值发明专利拥有量达到 20.8 件。新登记科技成果 272 项，84 项科技成果获 2021 年省科技奖。

城市信息化

“i 厦门”平台掌上办服务渠道覆盖 APP、微信公众号和小程序三端，平台实名认证用户 867 万人，企业用户数 9.8 万家，汇聚我市 54 个部门，总应用和服务集成数 575 个。闽政通“i 厦门”小程序经过多轮迭代升级，通过不断整合和优化各部门分散的资源，截至目前，767 项服务可通过“i 厦门”小程序实现“掌上办”，内容涵盖公安、人社、教育、卫生健康、民政、住房等领域相关高频服务事项，并推动市民卡企业业务全面入驻“i 厦门”平台。

3 家企业入选全国互联网百强，3 家企业入选全国互联网成长型企业 20 强，3 家企业入选国家级大数据产业发展试点示范项目。35 家企业入选福建省互联网企业综合实力评价前 50 家企业，27 家企业入选福建省软件与信息技术服务业 50 强，118 家企业入选福建省数字经济核心产业领域“独角兽”“瞪羚”企业，3 家企业获评省级工业互联网 APP 典型案例，5 家企业入选省级软件业关键技术产业化项目。

十、文化、卫生和体育

文化

厦门市专业文艺院团获第十六届精神文明建设“五个一工程”优秀剧目奖、2022 年度国家艺术基金资助项目等国家级、省级、市级各类荣誉 16 个；深入社区、乡村、景区、剧场、学校、军营等地开展文化惠民演出 513 场，惠及群众 8 万余人次。创作和打磨提升剧目 7 个，其中，南音《文姬归汉》入选 2022 年度国家艺术基金大型舞台剧资助项目，该剧片段获得第十二届中国曲艺牡丹奖节目奖提名。5 个剧目入选 2022 年度福建省舞台艺术精品工程重点剧目。厦门市选送的厦门六中合唱团凭借《我和我的祖国》《彩色锦鲤》2 个曲目的出色表现，荣获合唱团队类全国“群星奖”。

全市纳入文物保护单位名单的不可移动文物 250 处（共 303 个点），其中，全国重点文物保护单位 7 处（50 个点），省级文物保护单位 54 处（61 个点），市级文物保护单位 95 处（98 个点），县（区）级文物保护单位 94 处（94 个点）；厦门市涉台文物古迹89处。市级及以上非物质文化遗产代表性项目110个，其中，列入联合国教科文组织人类非物质文化遗产代表作名录项目2个（南音、送王船）、国家级15个、省级47个、市级48个；市级以上非物质文化遗产代表性传承人175人，其中，国家级12人、省级65人、市级98人。

全市共有公共文化馆7个；经福建省文物局登记备案博物馆、纪念馆12家；公共图书馆10个。出版发行各类报纸6种，期刊26种，侨刊乡讯14种。共有广播节目7套、电视节目7套。全市院线影院66家、银幕数443块，全年商业电影票房2.47亿元。

卫生

全市共有各级各类医疗卫生机构2389个，其中，医院68家、社区卫生服务中心29个、卫生院10个、门诊部538个、妇幼保健机构7个、疾病预防控制中心7个、专科防治院1个、疗养院1个。专业卫生技术人员42796人，其中，执业医师17561人，执业助理医师1110人，注册护士18769人。医疗机构实有床位22747张，其中，医院21410张，疗养院140张，社区卫生服务中心、卫生院395张，公共卫生机构床位数792张。

体育

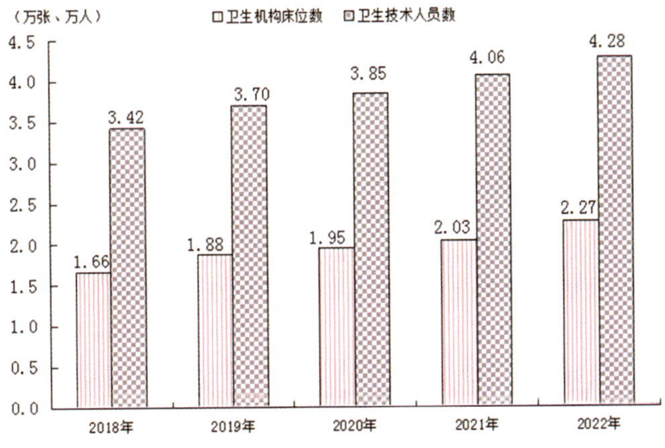

图41-11　2018—2022年卫生机构床位数和卫生技术人员数

在第十七届省运会青少年部体校组现场比赛中共获得139金130银146铜，总分4415分的好成绩，位列金牌榜第二，总分榜第一。在青少年部社会俱乐部组比赛中获得32金25银28铜，取得金牌榜、总分榜第一。举办了"龙腾虎跃"2022海峡两岸赛龙舟活动和海峡两岸龙舟模型竞赛、2022年全国健美健身锦标赛、2022全国铁人三项锦标赛暨全国青少年锦标赛、角斗舞仕街舞超级联赛2022赛季全国总决赛、2023中国田径街头巡回赛厦门站、2022年全国羽毛球锦标赛和冠军赛等多场国家级高水平赛事。策划举办了首届厦门运动时尚展，连续成功举办了海沧半程马拉松赛、厦门马拉松赛暨全国马拉松锦标赛、环东半程马拉松赛三场马拉松比赛及体育消费生活节。虞琳敏在2022年全国体操锦标赛中获得女子跳马冠军。

十一、人口、人民生活、就业和社会保障

人口

全市常住人口530.80万人，常住人口城镇化率90.19%。全市人口出生率7.56‰，人口死亡率3.40‰，人口自然增长率4.16‰，比上年下降1.12个千分点。

全市户籍人口293.00万人，户籍人口城镇化率87.6%。户籍人口中，城镇人口256.59万人。思明、湖里两区合计131.90万人，占全市户籍人口的45.0%。户籍人口中，男性人口和女性人口分别为142.46万人、150.54万人，性别比为94.63（女性为100）。

人民生活

全体居民人均可支配收入67999元，增长5.7%。其中，工资性收入48144元，增长5.4%；经营净收入5829元，增长5.0%；财产净收入8944元，增长9.4%；转移净收入5083元，增长2.5%。全体居民人均生活消费支出43970元，增长5.6%。

城镇居民人均可支配收入70467元，增长4.9%。其中，工资性收入50079元，增长4.6%；经营净收入5731元，增长5.5%；财产净收入9453元，增长8.3%；转移净收入5205元，增长1.2%。城镇居民人均生活消费支出45165元，增长5.0%。

农村居民人均可支配收入32323元，增长8.1%。其中，工资性收入20175元，增长7.7%；经营净收入7245元，增长4.1%；财产净收入1585元，增长7.6%；转移净收入3317元，增长21.3%。农村居民人均生活消费支出26696元，增长6.6%。

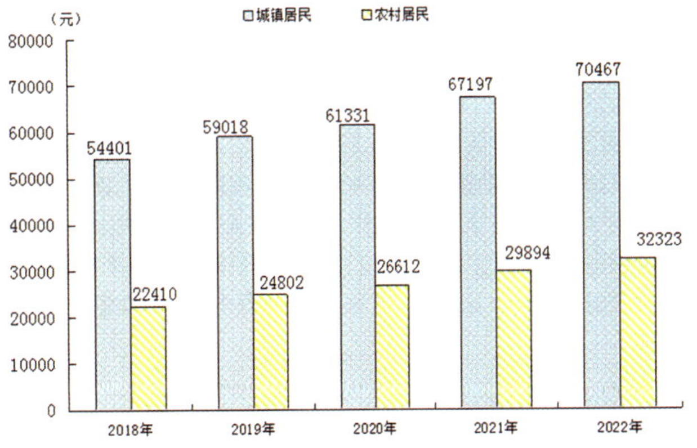

图41-12　2018—2022年城镇居民和农村居民人均可支配收入

就业

全市城镇新增就业17.69万人。至年末，实有城镇登记失业人数5.26万人。

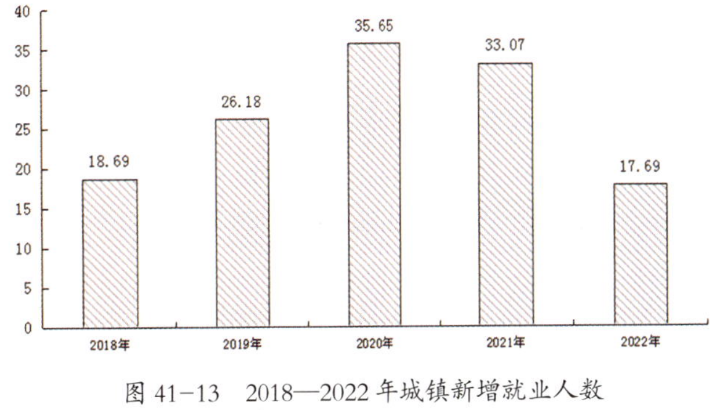

图41-13　2018—2022年城镇新增就业人数

社会保障

至年末，基本养老、工伤、失业保险参保人数分别为536.91万人、290.50万人、287.30万人，分别比上年末增长10.8%、6.3%、6.3%。其中，外来从业人员参加基本养老、工伤、失业保险的人数分别为325.43万人、184.23万人、181.80万人，分别增长16.5%、7.0%、6.6%。三项社会保险基金全年收入260.14亿元，支出237.91亿元。

全市有工伤保险协议医疗机构30家，工伤保险协议辅助器具配置机构5家，工伤保险协议康复机构11家。共发放本市失业人员失业保险金3.58万人、3.66亿元。43.51万名退休人员移交社会化管理服务，全市社会化管理率为100%，社区管理率达到100%。

医疗保障

至年末，基本医疗保险参保总人数为470.54万人，其中生育保险参保人数为280.11万人，分别比上年末增长2.9%、3.4%。外来从业人员参加基本医疗保险人数为176.13万人，比上年末增长3.2%。基本医疗保险基金收入166.04亿元，支出138.37亿元，历年累计结余327.35亿元。

全市有医疗保障定点医疗机构720家，医疗保障定点零售药店1295家，纳入医疗保障定点协议管理的养老机构内设医疗机构30家、一体化管理公益性村卫生所293家。发放医疗救助资金2.46亿元，救助134.99万人次。

社会福利与救助

全市10.10万户次、15.42万人次低保对象全年发放低保金1.47亿元。其中，城市低保对象10.03万人次，发放低保金9786.25万元；农村低保对象5.39万人次，发放低保金4946.97万元。发放临时救助资金3095.43万元，救助5565人次。救助流浪乞讨人员2145人次，其中，未成年人103人次。全市共有养老服务机构47家、床位12324张。其中，公办养老机构7家（含公建民营）、床位2528张；民办养老机构40家、床位9796张。

十二、环境保护和安全生产

环境保护和治理

空气质量综合指数（2.56）在全国168个重点城市中排名第9，$PM_{2.5}$浓度17微克/立方米，全省排名第一；饮用水水源地、主要流域国控断面、主要流域省控断面、小流域省考断面、小流域“以奖促治”断面实现“五个100%达标”；近岸海域水质良好，全年优良水质点位比86.4%，比上年上升4.6个百分点；土壤环境质量保持稳定，危险废物处置利用率100%；全年城市声环境功能区昼间、夜间达标率分别为100%、86.2%，持续保持全国领先。

城市绿化

城市建设用地面积378.06平方公里。拥有公园198个，占地面积4030.84公顷；人均公园绿地面积14.6平方米；建成区绿化覆盖面积20501.01公顷，绿化覆盖率为44.11%；污水集中处理率100%；生活垃圾无害化处理率100%。

公用事业

全年全市自来水用水总量4.58亿吨，其中，生产运营用水1.02亿吨，居民家庭用水2.09亿吨，公共服务用水0.89亿吨。全市用电总量335.79亿千瓦时，其中，工业用电162.17亿千瓦时，城乡居民生活用电74.85亿千瓦时。全市天然气供气总量41260.54万立方米，其中，居民家庭用量6137.57万立方米，用气户数73.12万户。

安全生产

全市发生各类生产安全事故78起、死亡57人，未发生较大及以上事故；农林牧渔业、采矿业、水上运输业未发生事故，商贸制造业发生事故4起、死亡3人；交通运输业和仓储业（不含高速公路、铁路运输）发生事故50起、死亡29人；建筑业发生事故21起、死亡22人；其他行业发生事故3起、死亡3人。亿元GDP生产安全事故死亡率为0.0073。

注释：

1. 本公报为初步统计数，部分数据合计数或相对数由于单位取舍不同而产生的计算误差，均不做机械调整。
2. 本公报地区生产总值、各行业增加值、农林牧渔业及工业总产值绝对数按现价计算，增长速度按可比价计算。
3. 本公报万元GDP耗电、万元GDP耗水指标GDP按现价计算，耗水、耗电以全社会口径计算。
4. 财政收入同口径为剔除留抵退税口径。
5. 航线数量、航司数量、通航城市不包含临时货运。
6. 邮政行业业务总量、电信行业业务总量按照2020年不变单价进行计算，速度按照可比价口径进行计算。
7. 全市对外协议投资额由2020年的中方及外方口径变更为中方口径。
8. 实际使用外资为商务部统计口径。

2022年厦门市劳动力市场从业人员工资价位

表41-3　　2022年厦门市劳动力市场分职业从业人员工资价位一览表

单位：元/年

序号	职业	分位值				
		10%	25%	50%	75%	90%
1	企业总经理	80140	121375	219552	390398	636853
2	生产经营部门经理	83133	121566	187218	301820	513657
3	财务部门经理	69459	96000	143627	222307	351782
4	行政部门经理	63600	90000	137109	217800	335006
5	人事部门经理	61334	80060	119533	199961	317058
6	销售和营销部门经理	69579	103200	167276	270906	432964
7	广告和公关部门经理	72823	96000	140021	204535	311023
8	采购部门经理	68991	93854	126129	196231	317508
9	计算机服务部门经理	113062	172446	258000	368975	503252
10	研究和开发部门经理	129256	187403	254447	353600	472204
11	其他职能部门经理	73736	106575	172840	274929	460297
12	其他企业中高级管理人员	80947	104003	156000	270433	461464
13	工程测量工程技术人员	60253	76616	104400	215960	283682
14	地理信息系统工程技术人员	64600	75142	88432	121742	150080
15	地质测绘工程技术人员	54624	66409	84763	97960	134888
16	化工实验工程技术人员	78000	93867	125039	157386	178667
17	化工生产工程技术人员	69100	75000	88946	111350	129024
18	机械设计工程技术人员	69349	83807	111522	147849	180609
19	机械制造工程技术人员	59007	71052	89597	120175	148111
20	汽车工程技术人员	51534	62228	74312	88547	111884
21	飞行器制造工程技术人员	101165	126953	144633	171069	198795
22	电子元器件工程技术人员	64547	75668	92288	126465	192998
23	通信工程技术人员	51600	61852	83210	116343	173497
24	计算机软件工程技术人员	91292	108000	146000	198690	267451
25	计算机网络工程技术人员	70813	88541	116436	173260	323687
26	嵌入式系统设计工程技术人员	102835	163558	213827	283302	392398
27	信息系统运行维护工程技术人员	66134	97921	145516	181728	220304
28	人工智能工程技术人员	160515	198848	247501	288691	352295
29	电工电器工程技术人员	54679	72392	83223	103123	136691
30	发电工程技术人员	76673	87789	107536	146458	220782
31	电力工程安装工程技术人员	51600	60410	76396	90000	107322
32	汽车运用工程技术人员	74450	98010	119490	146628	195616

续表 41-3

序号	职业	分位值				
		10%	25%	50%	75%	90%
33	道路交通工程技术人员	64480	85200	105049	158739	184693
34	城乡规划工程技术人员	40780	64385	89541	119700	129566
35	建筑和市政设计工程技术人员	45209	64800	96000	140174	208261
36	土木建筑工程技术人员	49250	66940	90000	123840	175295
37	风景园林工程技术人员	47011	60165	86124	114048	149804
38	供水排水工程技术人员	42000	64780	96285	131140	171878
39	水利水电建筑工程技术人员	51441	59652	91135	120835	202360
40	化学纤维工程技术人员	72706	87715	102072	109398	113905
41	消防工程技术人员	63612	69569	81560	105110	137548
42	质量认证认可工程技术人员	77781	88758	109305	134599	157186
43	工业工程技术人员	76837	86114	104910	128816	155861
44	监理工程技术人员	54416	65348	84796	119215	153628
45	工程造价工程技术人员	60843	68155	98717	135456	184054
46	进出口商品检验鉴定工程技术人员	79408	88559	108125	132745	170840
47	印刷复制工程技术人员	56938	69900	90000	100000	112000
48	皮革化学工程技术人员	82201	105574	128959	154922	190884
49	塑料加工工程技术人员	69872	73416	79047	89557	99110
50	内科医师	68763	102673	167102	304089	532248
51	外科医师	58249	85880	164937	247752	477180
52	妇产科医师	72000	99288	196291	280691	457104
53	药师	45829	57506	95842	136393	150046
54	影像技师	53714	90883	105347	129339	149722
55	临床检验技师	54779	65389	91048	167195	203965
56	内科护士	52406	72923	100082	140124	172286
57	儿科护士	80045	110755	133494	154082	166934
58	外科护士	55464	68901	129612	156085	174649
59	口腔科护士	52140	64197	91602	122198	151310
60	妇产科护士	57928	72000	120095	167233	187996
61	经济规划专业人员	78907	95171	136852	189470	238457
62	价格专业人员	38246	49593	74000	78000	86300
63	统计专业人员	45024	57071	68356	111937	173976
64	会计专业人员	57257	71781	96250	138586	210061
65	税务专业人员	63925	74049	79106	119907	175108
66	房地产估价专业人员	36982	80759	96000	130053	151723
67	国际商务专业人员	73343	90098	122465	163069	215658
68	市场营销专业人员	71368	87415	125659	187930	249396

续表 41-3

序号	职业	分位值				
		10%	25%	50%	75%	90%
69	经纪与代理专业人员	63286	70200	84496	100775	106554
70	报关专业人员	63672	74499	87657	110842	136407
71	人力资源管理专业人员	63123	80578	109578	168518	267038
72	人力资源服务专业人员	62773	77998	93214	133441	194514
73	银行清算专业人员	152938	192582	209028	278696	378719
74	保险核保专业人员	87462	106097	141286	175939	228854
75	保险理赔专业人员	88352	107337	132013	163116	191647
76	理财专业人员	81089	88353	114728	137533	191753
77	其他经济和金融专业人员	71530	105099	158867	206124	286740
78	法律顾问	89033	110431	153236	211375	263201
79	其他法律、社会和宗教专业人员	71462	98077	149110	242318	325905
80	中等职业教育教师	49373	60050	85595	92180	101675
81	幼儿教育教师	37812	44400	51390	62213	78992
82	其他教学人员	39600	54000	78393	109141	149189
83	服装设计人员	73584	85841	110336	161915	249335
84	工艺美术专业人员	53133	61251	82125	105550	131100
85	数字媒体艺术专业人员	63695	100839	141237	195514	383419
86	其他文学艺术、体育专业人员	53647	82170	103408	125605	189620
87	网络编辑	57569	63567	79525	98743	118413
88	翻译	62100	72000	90942	112496	144991
89	其他专业技术人员	56854	72000	91441	145255	222821
90	行政办事员	43782	47474	62148	92135	132703
91	秘书	46510	66015	85573	113540	160715
92	制图员	41055	56638	69638	88329	108145
93	后勤管理员	48352	61200	84900	116566	157841
94	其他办事人员	45829	57000	74210	104837	153298
95	保卫管理员	38625	47697	50997	64272	82880
96	其他办事人员和有关人员	41550	54000	72000	99283	132288
97	采购员	58740	75340	101512	141452	192062
98	营销员	43921	46828	76036	109361	167891
99	商品营业员	41056	47172	54996	64499	78127
100	出版物发行员	88238	104810	158455	189120	217727
101	其他批发与零售服务人员	36307	45513	58289	89054	130768
102	道路货运汽车驾驶员	61374	75172	92118	110351	134827
103	道路客运服务员	50536	63834	71689	84667	95872
104	道路货运业务员	46538	52402	59297	70132	81752

续表 41-3

序号	职业	分位值				
		10%	25%	50%	75%	90%
105	道路运输调度员	52858	64427	74400	98053	113245
106	公路收费及监控员	75959	77410	79565	83970	88634
107	机动车驾驶教练员	40134	51191	62146	77044	98242
108	汽车救援员	64193	67138	70814	78294	88141
109	客运船舶驾驶员	62354	88731	117452	161346	180719
110	港口客运员	64260	71885	118116	127138	130552
111	装卸搬运工	42459	46169	62232	79807	93799
112	运输代理服务员	63200	77057	98786	133069	151227
113	仓储管理员	47220	62994	76398	90889	108122
114	邮政营业员	52225	59852	63721	70414	81982
115	邮件分拣员	52623	59326	67153	73653	97823
116	邮件转运员	58268	64993	67803	71445	76239
117	邮政投递员	32771	36749	74047	107996	128792
118	邮政市场业务员	60501	70289	87680	108011	145445
119	快递员	86269	96051	106504	121750	134701
120	其他交通运输、仓储和邮政业服务人员	51000	61707	77310	96856	125973
121	前厅服务员	35533	44200	52317	64290	88297
122	客房服务员	34552	36731	49400	63646	81180
123	中式烹调师	46487	55440	67664	83489	100138
124	西式烹调师	39780	50400	65600	78000	91263
125	西式面点师	43395	49987	60337	70494	83924
126	餐厅服务员	31017	37637	50657	64127	79636
127	营养配餐员	32160	36000	45441	51235	62032
128	茶艺师	52872	55816	58060	63097	67924
129	信息通信网络测量员	144509	181145	222868	258220	279007
130	计算机程序设计员	70500	88376	124415	171938	221389
131	计算机软件测试员	69940	78548	98378	131251	178953
132	银行综合柜员	75708	104874	170649	233680	291589
133	银行信贷员	175156	235219	301622	390636	454328
134	银行客户业务员	103837	167317	235520	349140	521966
135	银行信用卡业务员	90145	112198	149994	201340	246236
136	期货交易员	87060	108081	116438	133817	150500
137	保险代理人	48355	76855	113652	177996	247709
138	保险保全员	64996	83938	107593	142339	207106
139	物业管理员	29623	44403	57185	68488	88718
140	中央空调系统运行操作员	49172	50764	52506	64793	70722

续表 41-3

序号	职业	分位值				
		10%	25%	50%	75%	90%
141	停车管理员	31109	36000	48436	61979	66737
142	旅游咨询员	22100	27926	63275	76332	86179
143	公共游览场所服务员	48109	50588	52510	56513	70651
144	保安员	39293	42860	50752	60429	77775
145	消防设施操作员	64732	71177	82954	94011	104586
146	其他租赁和商务服务人员	39600	42000	63600	89993	113214
147	机动车检测工	33823	51442	55594	61763	72465
148	广告设计师	54436	67397	82411	114649	142700
149	商业摄影师	35358	41791	66403	102916	121661
150	保洁员	29398	41354	54637	62538	70016
151	生活垃圾清运工	46909	50534	61250	77426	83620
152	园林绿化工	37073	42891	47919	52795	60068
153	其他水利、环境和公共设施管理服务人员	59560	71222	80065	92943	120206
154	育婴员	45547	52478	67004	84574	92249
155	家政服务员	44686	57804	70893	83589	103304
156	保健按摩师	40928	48093	65184	82032	92958
157	其他居民服务人员	29465	38021	49260	57714	65653
158	水供应服务员	112634	122456	133182	137986	140459
159	汽车维修工	53684	66939	85580	100798	126253
160	家用电器产品维修工	52610	56550	74145	76259	85796
161	全媒体运营师	68400	94158	115407	153485	198885
162	医疗临床辅助服务员	36496	47092	52079	59443	75339
163	其他农、林、牧、渔业生产加工人员	44400	52418	57730	66003	74647
164	糕点面包烘焙工	33150	47849	57403	62604	68147
165	米面主食制作工	48432	50653	55531	62184	73281
166	冷冻食品制作工	55884	62311	67984	72422	79873
167	茶叶加工工	54126	69139	75088	87766	124265
168	其他食品、饮料生产加工人员	45842	62214	85166	96043	111742
169	其他纺织、针织、印染人员	54846	59976	66854	75838	92574
170	皮革及皮革制品加工工	53208	57431	61527	64272	67325
171	制鞋工	57072	63475	78989	97645	105011
172	其他纺织品、服装和皮革、毛皮制品加工制作人员	55208	62778	68413	77788	84153
173	手工木工	66263	85935	106917	121072	131679
174	其他纸及纸制品生产加工人员	50585	51088	67933	85836	98831
175	其他印刷和记录媒介复制人员	51720	58125	63610	69500	78480
176	人造花制作工	52614	54675	57036	59969	62626

续表 41-3

序号	职业	分位值				
		10%	25%	50%	75%	90%
177	球拍球网制作工	60899	64620	69620	77430	84810
178	化工单元操作工	83779	85949	89706	93000	97212
179	肥皂制造工	48086	51875	55409	62982	68263
180	其他化学原料和化学制品制造人员	35061	48112	58745	78954	88478
181	生化药品制造工	57768	62587	67835	74154	78707
182	化纤聚合工	64593	69974	74951	81729	86576
183	纺丝工	63726	68301	77932	87492	95257
184	化纤后处理工	60632	67540	77204	83460	91395
185	石材生产工	47737	56565	66871	76971	85710
186	玻璃加工工	54732	62120	68952	77737	85997
187	玻璃钢制品工	59795	64918	72569	81357	91391
188	高炉原料工	50470	51659	53240	56478	57819
189	炼钢工	50263	51812	54697	57124	62832
190	炼钢浇铸工	44424	50347	54963	59816	61528
191	炼钢准备工	55255	57646	62914	68040	74480
192	车工	59743	72654	85333	99029	126972
193	下料工	66089	68768	73749	84808	90602
194	镀层工	59112	62867	70186	83420	94200
195	涂装工	49240	52698	56501	68465	93635
196	工具钳工	53975	62146	76621	89231	99707
197	其他机械制造基础加工人员	49468	50546	55412	75243	97898
198	建筑五金制品制作工	54129	61845	69522	79667	97352
199	日用五金制品制作工	48641	55562	57600	64427	74109
200	医疗器械装配工	45950	52047	58510	68366	78838
201	汽车生产线操作工	44622	56140	58380	62160	67160
202	汽车装调工	32597	34423	49441	55727	59900
203	船舶附件制造工	67375	77187	95408	108049	124479
204	自行车与电动自行车装配工	65364	72825	79917	85038	89931
205	电机制造工	63685	70377	98457	115212	123265
206	变压器互感器制造工	63603	69031	74654	81741	91706
207	高低压电器及成套设备装配工	49063	64346	86273	89667	94730
208	小型家用电器制造工	49857	53247	58259	61945	73331
209	灯具制造工	59504	60923	66947	73975	92659
210	计算机、通信和其他电子设备制造人员	51813	58768	66934	76992	86533
211	电声器件制造工	79077	82492	86256	87498	93126
212	电子绝缘与介质材料制造工	53600	59830	64104	66615	70153

续表 41-3

序号	职业	分位值				
		10%	25%	50%	75%	90%
213	通信系统设备制造工	46174	51042	55092	67980	82068
214	风力发电运维值班员	115076	151423	167871	184792	198849
215	水供应输排工	113966	123671	131438	143682	164075
216	司泵工	122164	129681	132866	145762	148248
217	专用车辆驾驶员	58130	72088	79516	90231	108328
218	船舶机舱设备操作工	140504	147430	152178	154894	158375
219	起重工	63947	67582	70249	72963	79717
220	挖掘铲运和桩工机械司机	59892	84194	90000	101833	107007
221	设备点检员	68628	78953	100457	168186	179441
222	机修钳工	63829	76486	89806	106032	141532
223	电工	52399	60132	72299	89157	113710
224	民用航空器机械维护员	62122	76967	89936	112423	162935
225	化学检验员	56090	69708	77157	83625	104327
226	无损检测员	86720	104762	141552	167847	218802
227	试验员	51677	64092	77398	92808	106319
228	安全员	51600	69513	87795	113907	121268
229	其他生产辅助人员	51530	61835	80224	98400	114417

表 41-4　　2022 年厦门市劳动力市场分行业从业人员工资价位一览表

单位：元 / 年

序号	职业	分位值				
		10%	25%	50%	75%	90%
一、制造业						
1	企业总经理	95386	125873	214272	408000	669705
2	生产经营部门经理	88102	131488	181458	261867	361475
3	财务部门经理	79603	107712	159040	235036	399282
4	行政部门经理	69907	98694	142087	225196	333362
5	人事部门经理	72472	98570	151947	232708	366470
6	计算机服务部门经理	129910	174346	209797	345558	545546
7	研究和开发部门经理	109003	150190	211152	292923	414611
8	其他职能部门经理	86392	108320	154778	231252	355342
9	其他企业中高级管理人员	84797	98815	126117	179822	270269
10	化工实验工程技术人员	73984	92162	115952	139205	168027
11	化工设计工程技术人员	68795	72003	84641	105471	116666
12	化工生产工程技术人员	61585	74004	91669	114895	139882
13	机械制造工程技术人员	60860	71310	89675	118972	147018
14	汽车工程技术人员	51768	62228	73929	88002	109513

续表 41-4

序号	职业	分位值				
		10%	25%	50%	75%	90%
15	船舶工程技术人员	71820	85403	99829	123034	138601
16	飞行器制造工程技术人员	101165	126953	144633	171069	198795
17	电子元器件工程技术人员	66155	76151	92435	126926	197492
18	计算机软件工程技术人员	92291	115142	143879	189408	245158
19	计算机网络工程技术人员	66946	79897	86288	110675	138542
20	信息系统运行维护工程技术人员	74644	104816	133506	193349	251970
21	电工电器工程技术人员	63173	72496	87247	108570	141105
22	汽车运用工程技术人员	74450	98010	119490	146628	195616
23	化学纤维工程技术人员	72706	87715	102072	109398	113905
24	非织造工程技术人员	103468	118570	157818	204454	229418
25	服装工程技术人员	65441	75289	86607	88655	91441
26	质量认证认可工程技术人员	80134	92443	109305	129633	157367
27	工业工程技术人员	77153	86225	105200	129029	156265
28	项目管理工程技术人员	57518	62760	83448	166783	249404
29	印刷复制工程技术人员	58198	73265	92300	100000	112000
30	皮革化学工程技术人员	82201	105574	128959	154922	190884
31	塑料加工工程技术人员	69862	73459	79060	89610	99118
32	其他飞机和船舶技术人员	149788	175233	194521	203638	211519
33	会计专业人员	55983	66000	82083	108527	135735
34	国际商务专业人员	65217	79913	101243	131043	141280
35	市场营销专业人员	72619	82914	109941	147006	187261
36	品牌专业人员	48567	70866	85025	118417	135350
37	报关专业人员	65715	77055	90362	116171	138542
38	人力资源管理专业人员	59400	71746	91226	112104	136722
39	其他经济和金融专业人员	63425	74885	100274	161024	193021
40	其他教学人员	83488	123396	149849	170539	180935
41	行政办事员	53351	63860	74176	94645	117369
42	制图员	42393	58160	72391	90710	109809
43	保卫管理员	52800	65000	73727	86074	106472
44	其他安全和消防人员	59700	69673	82016	93133	117708
45	其他办事人员和有关人员	50757	61095	79449	107059	123998
46	采购员	59594	73720	94992	118724	146383
47	其他批发与零售服务人员	52290	61125	71962	88105	109099
48	道路客运汽车驾驶员	52151	56890	70825	88721	98059
49	装卸搬运工	56100	66909	76077	86022	97592
50	仓储管理员	50975	65437	77644	91166	105478

续表 41-4

序号	职业	分位值				
		10%	25%	50%	75%	90%
51	其他交通运输、仓储和邮政业服务人员	46965	66981	78281	95154	102014
52	前厅服务员	46187	47835	51711	55772	58458
53	中式烹调师	40071	51613	72803	90291	109451
54	餐厅服务员	33510	36574	55180	74066	79887
55	茶艺师	54197	56055	58060	61217	66396
56	其他住宿和餐饮服务人员	44111	53252	63262	85936	98016
57	计算机程序设计员	75033	81621	140463	154654	196747
58	市场管理员	71563	73741	76888	79061	80570
59	机动车检测工	33472	51009	55372	59166	71526
60	其他技术辅助服务人员	60754	77908	95029	110054	122768
61	汽车维修工	52734	53456	56489	70391	73901
62	其他修理及制作服务人员	68184	82594	106384	147356	172265
63	其他农副产品加工人员	44570	47310	51360	56360	62390
64	糕点面包烘焙工	33150	47849	57403	62604	68147
65	米面主食制作工	48432	50653	55531	62184	73281
66	冷冻食品制作工	55884	62311	67984	72422	79873
67	茶叶加工工	54126	69139	75088	87766	124265
68	其他食品、饮料生产加工人员	48023	68457	86388	96560	113539
69	其他纺织、针织、印染人员	55079	60011	66869	75924	92679
70	缝纫工	54499	64015	84576	100086	108819
71	皮革及皮革制品加工工	53208	57431	61527	64272	67325
72	制鞋工	57072	63475	78989	97645	105011
73	其他纺织品、服装和皮革、毛皮制品加工制作人员	55208	62778	68413	77788	84153
74	手工木工	71133	86619	107220	120806	130657
75	家具制作工	57155	62571	66228	70347	73175
76	其他纸及纸制品生产加工人员	50600	51253	68039	85672	98447
77	人造花制作工	52614	54675	57036	59969	62626
78	球拍球网制作工	60899	64620	69620	77430	84810
79	化工单元操作工	83779	85949	89706	93000	97212
80	肥皂制造工	48086	51875	55409	62982	68263
81	其他化学原料和化学制品制造人员	35061	48112	58745	78954	88478
82	生化药品制造工	57768	62587	67835	74154	78707
83	化纤聚合工	64593	69974	74951	81729	86576
84	纺丝工	63726	68301	77932	87492	95257
85	化纤后处理工	60632	67540	77204	83460	91395
86	石材生产工	47737	56565	66871	76971	85710

续表 41-4

序号	职业	分位值				
		10%	25%	50%	75%	90%
87	玻璃加工工	54732	62120	68952	77737	85997
88	玻璃钢制品工	59795	64918	72569	81357	91391
89	高炉原料工	50470	51659	53240	56478	57819
90	炼钢工	50263	51812	54697	57124	62832
91	炼钢浇铸工	44424	50347	54963	59816	61528
92	炼钢准备工	55255	57646	62914	68040	74480
93	金属轧制工	86946	90975	94278	99801	105329
94	车工	63385	72898	86202	101619	127027
95	磨工	44700	64350	81249	93482	102337
96	下料工	66089	68768	73749	84808	90602
97	镀层工	59112	62867	70186	83420	94200
98	涂装工	49425	52761	56507	68982	93703
99	喷涂喷焊工	70545	76862	85564	92951	114929
100	工具钳工	53975	62146	76621	89231	99707
101	其他机械制造基础加工人员	49468	50546	55412	75243	97898
102	建筑五金制品制作工	54129	61845	69522	79667	97352
103	日用五金制品制作工	48641	55562	57600	64427	74109
104	装配钳工	71456	82087	115954	125675	130904
105	电子专用设备装调工	33633	60337	75271	101936	118449
106	医疗器械装配工	45950	52047	58510	68366	78838
107	汽车装调工	32597	34423	49441	55727	59900
108	船舶附件制造工	67375	77187	95408	108049	124479
109	自行车与电动自行车装配工	65364	72825	79917	85038	89931
110	电机制造工	63685	70377	98457	115212	123265
111	变压器互感器制造工	63603	69031	74654	81741	91706
112	高低压电器及成套设备装配工	48680	49065	56399	80837	92687
113	小型家用电器制造工	49857	53247	58259	61945	73331
114	灯具制造工	59504	60923	66947	73975	92659
115	计算机、通信和其他电子设备制造人员	51798	58736	66907	76960	86422
116	电声器件制造工	79077	82492	86256	87498	93126
117	高频电感器制造工	35193	35283	60470	71818	86798
118	印制电路制作工	59569	67583	106453	117919	126169
119	电子绝缘与介质材料制造工	53600	59830	64104	66615	70153
120	通信系统设备制造工	45811	50688	54120	59180	77679
121	起重工	63947	67582	70249	72963	79717
122	设备点检员	67173	74869	82061	97901	102125

续表 41-4

序号	职业	分位值				
		10%	25%	50%	75%	90%
123	机修钳工	56312	72563	83063	99895	116133
124	电工	53988	63641	84654	106574	120812
125	民用航空器机械维护员	62122	76967	89936	112423	162935
126	化学检验员	55285	68966	76263	82296	95788
127	无损检测员	86720	104762	141552	167847	218802
128	安全员	63179	69550	78819	94399	113998
129	其他生产辅助人员	51138	61635	78008	98344	114384
二、建筑业						
1	企业董事	82494	120228	152464	285818	399669
2	企业总经理	72050	101983	158540	300000	453151
3	财务部门经理	62320	88121	117893	157468	252008
4	行政部门经理	60447	88326	109724	199469	250161
5	人事部门经理	53410	76563	96900	126000	186799
6	其他企业中高级管理人员	98444	157494	231462	286552	346740
7	设备工程技术人员	38145	45242	60432	75398	89232
8	通信工程技术人员	39925	49200	50400	59250	68750
9	电工电器工程技术人员	46800	54600	82600	121200	150078
10	电力工程安装工程技术人员	63051	66323	80750	90255	98430
11	城乡规划工程技术人员	40752	64084	86651	116702	129144
12	建筑和市政设计工程技术人员	45867	59438	84000	119535	158600
13	土木建筑工程技术人员	48000	66940	82450	115800	143770
14	风景园林工程技术人员	45157	57819	81885	108068	138957
15	供水排水工程技术人员	41055	60501	86729	112798	141285
16	园林绿化工程技术人员	58076	60958	70198	79090	140646
17	安全评价工程技术人员	95403	105045	123129	133540	142636
18	监理工程技术人员	55353	65870	91419	126446	165994
19	会计专业人员	47385	64592	80946	114612	141600
20	工艺美术专业人员	48000	65004	90004	114000	150000
21	行政办事员	41870	53965	78440	108104	130738
22	后勤管理员	45998	50000	63600	83800	108498
23	其他安全和消防人员	57762	60000	68848	89040	94200
24	其他办事人员和有关人员	43200	51050	60830	76545	98300
25	园林绿化工	40899	42680	47718	54745	64075
26	其他农林牧渔业生产辅助人员	24210	26172	28317	45249	62610
27	粉末冶金制品制造工	72125	72902	73888	75282	76339
28	电梯安装维修工	48120	48750	49400	61092	70960

续表 41-4

序号	职业	分位值				
		10%	25%	50%	75%	90%
29	电力电气设备安装工	74100	74250	79500	79750	84900
三、批发和零售业						
1	企业总经理	79868	120000	226346	389442	647060
2	行政部门经理	63365	81669	116523	172576	445180
3	人事部门经理	65740	91669	142000	264000	383119
4	销售和营销部门经理	60630	78654	134500	222002	360109
5	广告和公关部门经理	66120	89449	125833	175499	295010
6	其他职能部门经理	65401	89988	136351	246123	405864
7	其他企业中高级管理人员	62901	93939	162568	392323	615596
8	化工生产工程技术人员	70812	76059	90029	107573	117060
9	汽车工程技术人员	43198	60868	76896	98660	114349
10	计算机网络工程技术人员	82732	97806	115600	223770	348193
11	信息系统运行维护工程技术人员	88975	100323	111000	140076	191847
12	发电工程技术人员	74754	83292	91470	108974	124523
13	服装工程技术人员	115850	143325	219298	306491	405314
14	产品质量检验工程技术人员	66812	70673	77944	88659	99363
15	价格专业人员	37362	37985	40281	50840	63647
16	会计专业人员	61796	80642	120470	185880	278136
17	审计专业人员	74552	105241	150142	194678	360659
18	国际商务专业人员	89745	111120	154420	199027	294188
19	人力资源服务专业人员	67972	84317	116513	175651	242089
20	视觉传达设计人员	65717	78772	97440	110771	168239
21	服装设计人员	76944	89366	113094	162739	253985
22	其他专业技术人员	48805	60000	79258	105914	135817
23	行政办事员	47298	61547	79232	94214	135551
24	后勤管理员	47678	56428	67850	87004	137582
25	保卫管理员	47065	53118	62043	64027	68531
26	其他办事人员和有关人员	43803	52226	70000	111598	202238
27	营销员	39970	46107	56623	95104	150774
28	商品营业员	41108	47205	54940	64458	76962
29	收银员	45437	48456	52776	58129	61467
30	出版物发行员	88238	104810	158455	189120	217727
31	其他批发与零售服务人员	35634	44273	55905	84699	126823
32	道路客运汽车驾驶员	65119	72011	79851	94402	113271
33	仓储管理员	44400	53402	67079	83229	143454
34	理货员	43028	55395	69078	99658	116787

续表 41-4

序号	职业	分位值				
		10%	25%	50%	75%	90%
35	邮政投递员	30560	32705	35491	37988	42650
36	客户服务管理员	54600	63427	77140	89694	132385
37	保安员	39775	57573	60771	72431	77698
38	汽车维修工	57410	73696	96018	119121	169591
39	服装制版师	35160	66328	95413	119688	120000
40	其他金属制品制造人员	52757	57901	59838	62006	65199
41	工程机械维修工	71383	81501	94700	125519	147076
四、交通运输、仓储和邮政业						
1	企业总经理	110980	153333	278587	454260	554748
2	生产经营部门经理	111424	122148	149798	299774	393692
3	财务部门经理	79138	106914	152713	223316	291096
4	行政部门经理	74334	107871	160487	257205	304673
5	其他职能部门经理	103076	135381	205381	235779	286841
6	其他企业中高级管理人员	114528	139584	194814	265764	389158
7	设备工程技术人员	104964	105949	110002	127226	147279
8	统计专业人员	58628	72418	81630	96819	116086
9	会计专业人员	67008	82658	100409	120622	143901
10	其他经济和金融专业人员	59828	65403	94101	113447	134844
11	其他专业技术人员	63688	72966	80710	107796	145226
12	后勤管理员	68941	87667	97909	106945	139668
13	其他办事人员	54498	65027	86634	110024	160103
14	城市轨道交通服务员	126454	131257	139238	156890	177294
15	道路客运汽车驾驶员	75992	87808	97536	109373	129898
16	道路货运汽车驾驶员	66129	78353	95847	112548	140250
17	道路客运服务员	50300	63691	71403	85076	96014
18	道路货运业务员	46538	55146	68876	74422	81936
19	道路运输调度员	53785	66138	75426	99556	125574
20	客运船舶驾驶员	62354	88731	117452	161346	180719
21	港口客运员	64260	71885	118116	127138	130552
22	装卸搬运工	41351	43503	46354	62088	90801
23	客运售票员	114087	118576	126138	131441	152803
24	运输代理服务员	63184	76954	99000	133189	151397
25	理货员	76320	90475	109345	116764	144244
26	邮政营业员	52225	59852	63721	70414	81982
27	邮件分拣员	55493	62575	68379	74536	100357
28	邮件转运员	60380	65194	68095	71610	76285

续表 41-4

序号	职业	分位值				
		10%	25%	50%	75%	90%
29	邮政投递员	68067	81915	103377	118871	134255
30	邮政市场业务员	60501	70289	87680	108011	145445
31	快递员	86269	96051	106504	121750	134701
32	快件处理员	75721	76958	79128	81609	83477
33	其他交通运输、仓储和邮政业服务人员	52860	61707	77262	93754	110346
34	银行综合柜员	63930	74071	85417	111580	128615
35	银行客户业务员	70200	77856	91777	139765	172986
36	其他金融服务人员	128060	188658	286963	345681	432536
37	客户服务管理员	54511	57528	67362	73241	83005
38	保安员	42032	58318	58400	66052	75886
39	其他居民服务人员	43200	55200	58740	60000	61059
40	专用车辆驾驶员	71760	81179	92361	104538	113963
41	船舶甲板设备操作工	122590	130924	133468	137024	138835
42	船舶机舱设备操作工	140504	147430	152178	154894	158375
43	起重装卸机械操作工	120378	140121	156964	189904	196168
44	挖掘铲运和桩工机械司机	87600	90000	96000	103650	108430
45	机修钳工	81067	95273	100308	108710	152358
46	安全员	92412	107580	115430	119302	124214
47	其他生产辅助人员	55942	76275	86548	96063	108138
48	其他生产制造及有关人员	81983	95146	106664	129485	131870
五、住宿和餐饮业						
1	生产经营部门经理	57399	86984	119600	194614	209993
2	行政部门经理	47540	72885	100776	147689	189303
3	人事部门经理	55623	69644	100705	136853	238452
4	销售和营销部门经理	74308	83500	114150	145806	203280
5	采购部门经理	72388	85128	96841	117939	150274
6	其他职能部门经理	59425	70831	91000	143400	199757
7	会计专业人员	45396	48263	59203	69874	88576
8	行政办事员	27765	51267	65622	79768	95267
9	保卫管理员	35708	36400	46890	61237	75013
10	其他安全和消防人员	39281	42814	52981	64947	76766
11	前厅服务员	37256	44200	54600	70389	92210
12	客房服务员	36450	42408	53646	66406	81328
13	西式烹调师	37394	49153	59658	79128	91800
14	西式面点师	43021	48526	59357	68882	80391
15	餐厅服务员	30883	37323	50272	63850	79680

续表 41-4

序号	职业	分位值				
		10%	25%	50%	75%	90%
16	其他住宿和餐饮服务人员	38271	44194	55715	72028	88370
17	保安员	37751	45513	49007	55362	60850
六、信息传输、软件和信息技术服务业						
1	企业总经理	113559	169094	302000	508246	703640
2	生产经营部门经理	99369	141038	252000	352045	423979
3	财务部门经理	96360	132976	186924	256666	345349
4	行政部门经理	77520	112953	191171	329073	414945
5	销售和营销部门经理	97385	141239	233452	339554	459455
6	研究和开发部门经理	176213	225054	294563	387535	498473
7	其他企业中高级管理人员	119302	180504	303055	436591	575667
8	通信工程技术人员	56328	63443	84967	115375	162368
9	计算机硬件工程技术人员	52627	65926	76595	92093	119012
10	信息系统运行维护工程技术人员	61881	92800	145314	178328	202278
11	人工智能工程技术人员	160515	198848	247501	288691	352295
12	项目管理工程技术人员	121616	147031	181026	215019	236416
13	产品设计工程技术人员	88833	115672	186506	254075	324790
14	会计专业人员	57889	69358	99712	148153	196877
15	人力资源管理专业人员	56239	66000	105000	190653	221414
16	人力资源服务专业人员	92335	121894	163174	196959	245531
17	数字媒体艺术专业人员	94759	120851	155218	231006	410451
18	文字编辑	31156	76240	100094	126627	152171
19	行政办事员	39739	49569	68681	94460	162048
20	采购员	71351	87470	100494	162485	209827
21	营销员	38480	47656	65675	100179	184307
22	公路收费及监控员	76060	77454	79575	84017	88652
23	信息通信业务员	44279	129264	164506	200340	247261
24	信息通信网络机务员	48600	123792	146313	161580	181833
25	信息通信网络测量员	144509	181145	222868	258220	279007
26	计算机程序设计员	72000	89889	123949	171078	220416
27	计算机软件测试员	70107	78085	98222	123588	160788
28	其他信息传输、软件和信息技术服务人员	60840	77488	100133	130962	198608
29	客户服务管理员	50800	75980	101895	115783	121838
30	其他租赁和商务服务人员	51450	57050	67948	86683	95057
31	其他技术辅助服务人员	41151	54000	64000	126827	186920
32	全媒体运营师	76744	100313	115407	159856	229881
33	高低压电器及成套设备装配工	83766	85868	87644	91708	94836

续表 41-4

序号	职业	分位值				
		10%	25%	50%	75%	90%
七、金融业						
1	企业总经理	140581	294200	617090	797312	1196729
2	生产经营部门经理	377667	475245	602679	948057	1342889
3	销售和营销部门经理	164098	227038	350145	518077	887888
4	其他职能部门经理	171403	255946	423888	638719	1140082
5	其他企业中高级管理人员	222792	283000	411334	596936	729453
6	嵌入式系统设计工程技术人员	159708	191227	230174	303231	399171
7	经济规划专业人员	84353	96157	126388	202088	261302
8	会计专业人员	81856	102331	140773	269993	371748
9	市场营销专业人员	139226	167432	204434	256872	319623
10	人力资源管理专业人员	105471	140753	211354	309319	404704
11	人力资源服务专业人员	94448	102035	130921	178281	242840
12	银行清算专业人员	152938	192582	209028	278696	378719
13	信贷审核专业人员	204461	256517	319113	379287	540442
14	保险核保专业人员	87404	107167	142553	180570	230999
15	保险理赔专业人员	89555	108851	133086	163755	191842
16	证券投资专业人员	108811	130800	151387	225840	269157
17	理财专业人员	81085	88128	109753	135485	173372
18	其他经济和金融专业人员	83273	120949	168028	219662	301643
19	行政办事员	67967	87578	127561	183723	259379
20	后勤管理员	97894	133733	163813	201033	234654
21	其他办事人员	59728	84853	132185	213843	306355
22	其他办事人员和有关人员	55880	74805	107044	145272	204391
23	营销员	68407	85729	119801	172055	239333
24	银行综合柜员	150415	173889	212731	269169	303878
25	银行信贷员	175156	235219	301622	390636	454328
26	银行客户业务员	157501	194156	257878	381095	555657
27	银行信用卡业务员	90145	112198	149994	201340	246236
28	期货交易员	87060	108081	116438	133817	150500
29	保险代理人	47988	76975	114131	178303	248719
30	保险保全员	64856	84274	107638	143573	207266
31	客户服务管理员	75968	85562	109503	135448	148897
八、房地产业						
1	企业总经理	99833	192021	300334	460054	749175
2	生产经营部门经理	85668	119674	173878	226772	330694
3	财务部门经理	73004	103272	163054	243677	368345

续表 41-4

序号	职业	分位值				
		10%	25%	50%	75%	90%
4	行政部门经理	83640	106783	150872	219676	311123
5	人事部门经理	68526	102687	140679	214346	347942
6	其他职能部门经理	78096	113047	178915	305374	482525
7	设备工程技术人员	52861	67383	82777	92368	133256
8	电工电器工程技术人员	67222	74018	83226	95543	116466
9	供用电工程技术人员	56100	62409	67023	67921	96000
10	电力工程安装工程技术人员	40527	50185	55247	60367	73200
11	土木建筑工程技术人员	104582	131481	188315	250761	333094
12	工程造价工程技术人员	103852	143197	171149	286068	331294
13	经济规划专业人员	97441	111260	180039	214706	279323
14	会计专业人员	60000	71392	89772	125324	183791
15	房地产开发专业人员	66745	70714	82105	114540	153334
16	人力资源服务专业人员	66571	70333	83464	101294	135901
17	其他经济和金融专业人员	58732	69612	77289	92887	129336
18	行政办事员	46165	57978	76587	96949	134122
19	后勤管理员	41887	51409	68252	100340	135884
20	其他办事人员	48471	56455	72555	97731	135051
21	保卫管理员	33778	46249	62433	75977	83808
22	其他办事人员和有关人员	40131	49072	63856	92710	145812
23	中式烹调师	61944	71599	81094	95134	118657
24	餐厅服务员	50569	57757	69191	82340	93632
25	物业管理员	29306	44284	56922	67468	87354
26	中央空调系统运行操作员	49172	50764	52506	64793	70722
27	房地产经纪人	45669	66322	96165	199579	298380
28	其他房地产服务人员	30651	42571	56450	83544	132433
29	租赁业务员	57773	71674	101235	127896	153530
30	保安员	37351	42571	50160	64930	78456
31	智能楼宇管理员	30867	48054	75223	83934	102215
32	保洁员	28171	33254	38472	48295	64366
33	园林绿化工	32686	40802	46125	55835	64628
34	电工	49877	57976	65799	75714	87682
九、租赁和商务服务业						
1	企业总经理	76110	111600	203100	350000	600180
2	财务部门经理	69600	91951	130740	188085	245600
3	人事部门经理	69533	80663	114000	153388	280038
4	供用电工程技术人员	86925	95038	112132	142660	179428

续表 41-4

序号	职业	分位值				
		10%	25%	50%	75%	90%
5	土木建筑工程技术人员	58020	69900	79091	106500	152713
6	会计专业人员	59063	71484	87979	120347	173663
7	税务专业人员	74029	74067	74229	80970	96185
8	资产评估人员	73228	87507	112320	171665	221333
9	房地产估价专业人员	36000	57839	96000	116754	136606
10	人力资源服务专业人员	48017	71251	84014	98216	100470
11	其他专业技术人员	43302	65586	84569	116289	164286
12	城市管理网格员	45928	46228	46408	47878	50127
13	后勤管理员	50403	53792	58817	81048	97969
14	其他办事人员	48840	59300	78939	105282	131945
15	其他办事人员和有关人员	46636	55068	70014	95488	134200
16	中式烹调师	59697	68924	88839	101754	108519
17	餐厅服务员	44928	49361	53235	60340	65870
18	其他住宿和餐饮服务人员	45270	48875	60954	73147	96767
19	劳动关系协调员	70587	78057	101099	132095	170400
20	旅游咨询员	22100	34774	64608	77473	86524
21	其他租赁和商务服务人员	44190	55612	70600	92825	113974
22	保洁员	39100	51561	55936	57600	58800
23	其他居民服务人员	41052	42600	45175	50024	50940
24	其他废弃资源综合利用人员	44376	47129	48753	54735	56971
十、科学研究和技术服务业						
1	生产经营部门经理	115368	132091	167520	261007	328825
2	人事部门经理	67214	93901	122491	189426	225474
3	地质实验测试工程技术人员	48566	79360	129200	147100	220913
4	水工环地质工程技术人员	83879	94360	121200	162842	206800
5	工程测量工程技术人员	74654	102200	208661	252966	333250
6	地理信息系统工程技术人员	52155	75142	84200	103800	132059
7	地质测绘工程技术人员	54624	66409	84763	97960	134888
8	电工电器工程技术人员	62458	70760	84540	104140	127300
9	电力工程安装工程技术人员	59790	70231	76851	87733	100465
10	建筑和市政设计工程技术人员	42670	82339	118961	180719	249709
11	土木建筑工程技术人员	51321	66071	100172	146386	207757
12	道路与桥梁工程技术人员	60606	77648	102576	136462	173496
13	消防工程技术人员	64392	69730	84513	105657	129391
14	质量管理工程技术人员	51244	54080	63147	78702	116128
15	质量认证认可工程技术人员	74466	85720	109176	145252	156956

续表 41-4

序号	职业	分位值				
		10%	25%	50%	75%	90%
16	监理工程技术人员	48754	61300	78657	110250	138718
17	工程造价工程技术人员	54469	72936	97502	117675	128422
18	进出口商品检验鉴定工程技术人员	79408	88559	108125	132745	170840
19	经纪与代理专业人员	63286	70200	84496	100775	106554
20	行政办事员	48616	59042	75506	106206	143758
21	其他办事人员和有关人员	47444	59820	71900	90067	122255
22	风力发电运维值班员	115076	151423	167871	184792	198849
23	试验员	45882	64499	79544	93895	108354
十一、居民服务、修理和其他服务业						
1	企业总经理	63907	85223	121762	225978	334987
2	行政部门经理	51494	62390	85487	109832	228854
3	人事部门经理	59000	65264	80268	101515	145174
4	其他职能部门经理	53604	68617	84353	138952	215125
5	计算机软件工程技术人员	66000	78000	96000	124500	156000
6	建筑和市政设计工程技术人员	62347	67099	86387	106867	136729
7	道路与桥梁工程技术人员	56515	62775	71982	96920	126300
8	水利水电建筑工程技术人员	49293	57122	71712	92142	124260
9	内科护士	59747	83071	83371	83571	83771
10	其他教学人员	28287	42900	46431	55125	92604
11	其他专业技术人员	42675	54000	65015	86400	119133
12	行政办事员	46762	58433	89618	107864	118919
13	后勤管理员	48061	53312	63600	77875	110962
14	其他办事人员	37495	48000	58529	75600	103827
15	保卫管理员	33372	36000	36600	48000	65437
16	道路货运业务员	51309	53515	56464	61353	71974
17	汽车救援员	64193	67138	70814	78294	88141
18	装卸搬运工	44374	52070	61605	65290	68504
19	其他交通运输、仓储和邮政业服务人员	49924	62756	68779	73108	78296
20	前厅服务员	34300	35632	37003	51119	58298
21	客房服务员	33253	34279	35460	36280	36857
22	中式烹调师	44743	49273	59829	69421	90712
23	餐厅服务员	34012	40689	46349	55495	65611
24	其他住宿和餐饮服务人员	37568	46136	52507	59569	63447
25	物业管理员	36000	46225	62447	83375	101007
26	其他房地产服务人员	38837	60914	74902	94621	127661
27	商业摄影师	37135	42239	66403	103162	123451

续表 41-4

序号	职业	分位值				
		10%	25%	50%	75%	90%
28	园林绿化工	28232	28373	37043	44700	65957
29	其他水利、环境和公共设施管理服务人员	66213	76194	81383	88902	107582
30	育婴员	45547	52478	67004	84574	92249
31	家政服务员	44686	57804	70893	83589	103304
32	保健按摩师	39771	45251	61655	76612	86774
33	其他居民服务人员	28447	38125	50575	57651	60956
34	汽车维修工	55468	67031	83775	90321	108048
35	健康管理师	44919	45986	48267	50199	53371
36	专用车辆驾驶员	73039	77398	79150	80812	83689
十二、卫生和社会工作						
1	行政部门经理	103043	145085	157661	174584	238952
2	设备工程技术人员	115578	118615	127353	136366	140325
3	内科医师	68763	102673	167102	304089	532248
4	外科医师	58904	93693	176453	279401	478956
5	妇产科医师	72000	99288	196291	280691	457104
6	中医内科医师	68097	100000	123728	170491	219696
7	药师	50417	58370	106871	136780	151481
8	影像技师	53714	90883	105347	129339	149722
9	临床检验技师	55104	67517	95545	176369	204445
10	康复技师	36772	57044	86263	117538	156748
11	内科护士	51678	72034	107526	143832	173934
12	儿科护士	80045	110755	133494	154082	166934
13	急诊护士	50000	54826	65414	116832	161274
14	外科护士	56518	88827	131084	156827	175828
15	口腔科护士	52140	64197	91602	122198	151310
16	妇产科护士	57928	72000	120095	167233	187996
17	其他卫生专业技术人员	41317	59540	83400	112130	148813
18	行政办事员	41609	49246	77400	124483	136676
19	后勤管理员	49032	62986	87002	129024	149692
20	其他办事人员	40873	47691	67186	89373	100068
21	保卫管理员	76932	89532	92817	99447	101366
22	其他办事人员和有关人员	53066	74776	89863	105969	117422
23	其他技术辅助服务人员	39274	46301	57378	71930	93146
24	保洁员	26681	27478	29234	35430	41086
25	其他居民服务人员	37410	38900	40000	42693	44770
26	医疗临床辅助服务员	36496	47092	52079	59443	75339

续表 41-4

序号	职业	分位值				
		10%	25%	50%	75%	90%
27	健康管理师	44283	83764	124201	162241	212419
28	其他健康服务人员	38662	53083	66380	82012	105059
十三、文化、体育和娱乐业						
1	生产经营部门经理	91038	132854	189235	222815	296206
2	财务部门经理	76400	86719	125000	197150	230316
3	行政部门经理	63600	101300	129000	195753	211374
4	人事部门经理	44816	68928	101730	120720	175091
5	其他职能部门经理	62425	80305	102167	180804	234253
6	其他企业中高级管理人员	66010	85028	146110	227671	434392
7	草业技术人员	36163	40139	44733	51991	52248
8	会计专业人员	52543	71765	92862	111646	131031
9	市场营销专业人员	62247	75945	92354	119855	148876
10	剪辑师	70675	79752	91256	108975	113334
11	化妆师	31590	44981	71148	108351	125189
12	其他文学艺术、体育专业人员	48495	79275	94992	112799	124749
13	音像电子出版物编辑	71910	89963	116762	128996	147030
14	其他专业技术人员	52207	72000	114106	171419	261152
15	行政办事员	48400	61280	75316	101833	182425
16	后勤管理员	42720	46983	65288	83639	99579
17	其他办事人员	35400	39600	54566	85727	120000
18	保卫管理员	51684	64887	73946	83597	132998
19	其他办事人员和有关人员	40000	52296	66942	94729	111897
20	营销员	49094	58777	78756	90676	128100
21	客房服务员	61119	75662	81755	101430	108965
22	中式烹调师	47978	57775	76851	93513	110222
23	其他住宿和餐饮服务人员	38434	43869	53275	71946	93599
24	公共游览场所服务员	48075	50359	52076	55793	65755
25	保安员	32715	44164	67178	75184	92836
26	商业摄影师	29616	36653	63996	96030	113640
27	保洁员	35509	36424	47884	52548	58406
28	讲解员	58727	60534	63672	68758	75544
29	电影放映员	42807	49310	57495	65862	115648
30	社会体育指导员	54117	63840	79000	90000	99000
31	康乐服务员	39104	43367	52743	73904	80710
32	其他健康服务人员	40733	42383	46218	54671	57147
33	汽车生产线操作工	43512	54890	58250	60875	63840

《2022 年厦门市水资源公报》

综　述

厦门市位于福建省东南端，西接漳州，北邻泉州，东南与大小金门隔海相望，下辖思明区、湖里区、集美区、海沧区、同安区、翔安区 6 个辖区，厦门市土地总面积 1700.61 km^2，当年耕地面积 23.98 万亩，有效灌溉面积 20.89 万亩。

根据《厦门市 2022 年国民经济和社会发展统计公报》，当年底户籍人口 293.00 万人，其中城镇人口 256.59 万人，农村人口 36.41 万人，常住人口 530.80 万人。全年实现生产总值（GDP）7802.66 亿元，其中第一产业增加值 29.27 亿元，第二产业增加值 3233.56 亿元（工业增加值 2424.14 亿元，建筑业增加值 809.42 亿元），第三产业增加值 4539.83 亿元。当年财政总收入 1493.76 亿元，其中地方级财政收入 883.77 亿元，城镇居民人均可支配收入 70467 元，农村居民人均可支配收入 32323 元。

当年全市平均降水量 1432.1 mm，比多年平均值（1956 年至 2020 年，下同）1504.0 mm 减少 4.78%，属平水年。全市最大年降水量为同安区汀溪镇荇后站 2283.5 mm，最小年降水量为翔安区新店街道张埭桥水库站 1050.0 mm。全市地表水资源量 12.177 亿 m^3，地下水资源量 3.380 亿 m^3，扣除重复计算量后水资源总量为 12.177 亿 m^3。按户籍人口，人均水资源量 416 m^3；按常住人口，人均水资源量 229 m^3。

当年末中型及重要小（1）型水库蓄水量与上年末比较，增加 637.9 万 m^3，其中中型水库的蓄水量增加 804.3 万 m^3，重要小（1）型水库的蓄水量减少 166.4 万 m^3。

全市总供用水量 7.323 亿 m^3（不含中水回用河道生态补水），其中地表水供应量为 6.942 亿 m^3，占供水总量的 94.80%；城镇居民用水量为 2.317 亿 m^3，占用水总量的 31.64%。

全市含河道生态补水总供用水量为 8.707 亿 m^3，中水回用河道生态补水量不计入用水指标分析。

1　水资源量

1.1　降水量

当年全市平均降水量 1432.1 mm，比上年增加 35.30%，比多年平均值减少 4.78%，折合年降水总量 24.355 亿 m^3，属平水年。全市按照行政区域分成思明区、湖里区、海沧区、集美区、同安区、翔安区六个区。其中年降水量最大的是同安区，最小的是翔安区。当年降水量与上年及多年平均值比较情况见表 41-5、图 41-14。

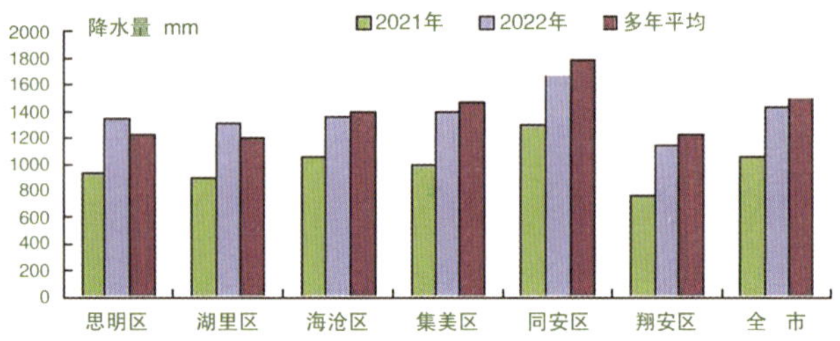

图 41-14　2022 年各行政区降水量与上年及多年平均比较图

选用思明区前埔站、湖里区马垄站、海沧区海沧站、集美区杏林湾水库站、同安区汀溪水库站、翔安区马巷站作为各行政区的月降水量代表站。各代表站降水量年内分配不均匀，5—9 月份降水量约占全年降水量的 56.8%～69.3%，其月降水量过程线见图 41-15。

东西溪流域年降水量 1679.6 mm，比多年平均值减少 2.04%，属平水年；后溪流域年降水量 1400.5 mm，比多年平均值减少 4.84%，属平水年；九溪流域年降水量 1163.3 mm，比多年平均值减少 6.69%，属平水年；官浔溪流域年降水量 1350.5 mm，比多年平均值减少 3.37%，属平水年；过芸溪流域年降水量 1419.2 mm，比多年平均值减少 4.59%，属平水年。主要河流降水量与上年及多年平均值比较见图 41-16。

表 41-5　　**各行政区降水量情况**

项目	思明区	湖里区	海沧区	集美区	同安区	翔安区	全市
年降水量（mm）	1353.7	1308.0	1368.9	1397.2	1670.9	1134.6	1432.1
折合水量（亿 m^3）	1.137	0.968	2.557	3.833	11.184	4.676	24.355
上年降水量（mm）	928.3	895.6	1057.1	1001.2	1299.8	760.5	1058.5
多年平均降水量（mm）	1226.2	1201.2	1400.4	1468.4	1782.7	1232.1	1504.0
与上年比较（±%）	45.83	46.05	29.50	39.55	28.55	49.19	35.30
与多年比较（±%）	10.40	8.89	−2.25	−4.85	−6.27	−7.91	−4.78

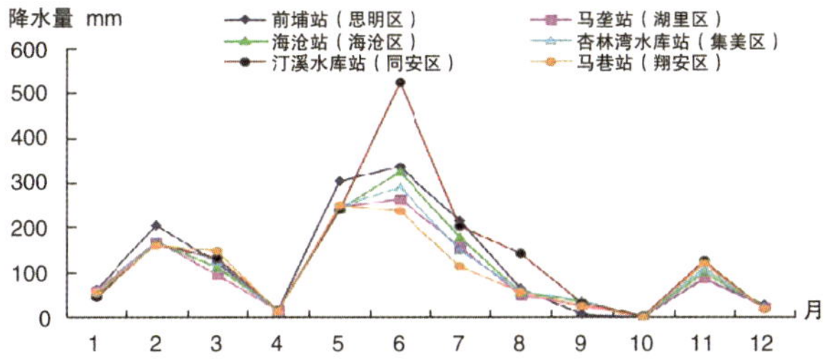

图 41-15　2022 年代表站月降水量过程线

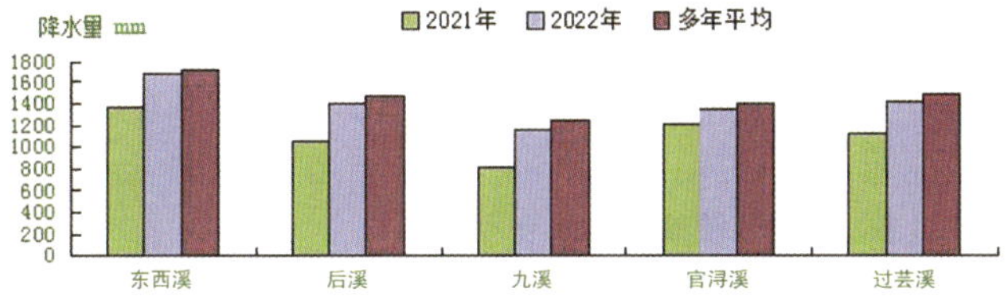

图 41-16　2022 年主要河流降水量与上年及多年平均值比较图

我市降水在空间上分布不均匀，同安北部山区为降水高值区，中部平原及沿海一带为低值区。从当年降水等值线图上可以看出，降水区域的分布与多年平均值大体一致。降水量由北向东南沿海递减，汀溪水库以北山区年降水量在 1700.0 mm 以上。全市最大年降水量为同安区汀溪镇荇后站 2283.5 mm，最小年降水量为翔安区新店街道张埭桥水库站 1050.0 mm。当年厦门市降水量变化和距平等值线见图 41-17 和图 41-18。

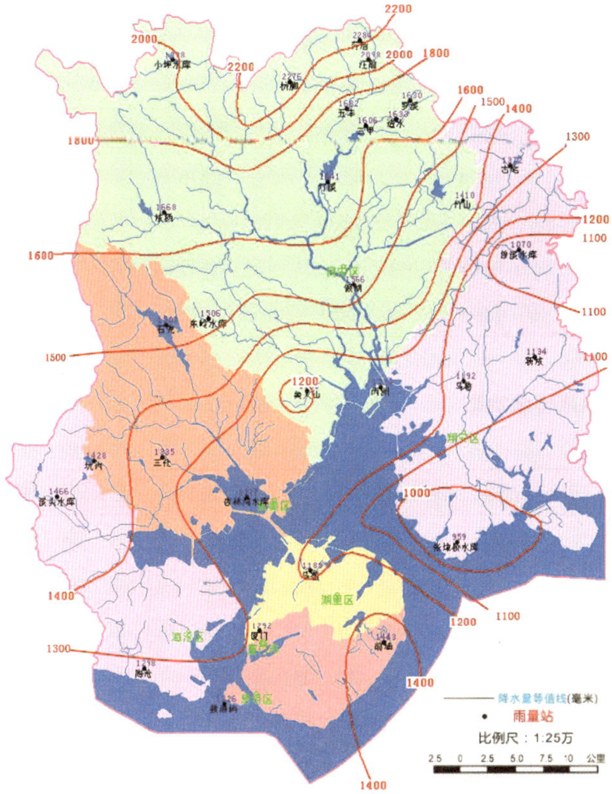

图 41-17　2022 年厦门市年降水量等值线图

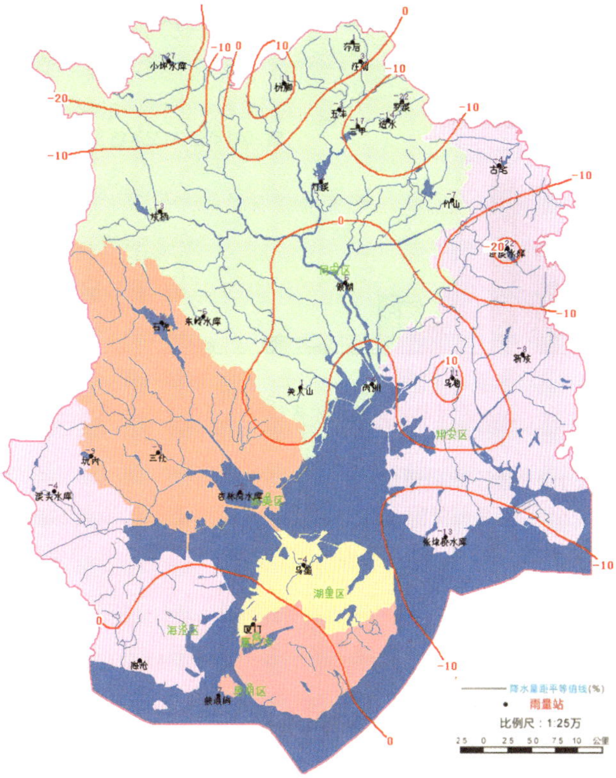

图 41-18　2022 年厦门市年降水量距平等值线图

1.2　地表水资源量

全市地表水资源量 12.177 亿 m^3，比上年增加 96.21%，折合径流深 716.1 mm。同安区地表水资源量为 6.263 亿 m^3，占全市地表水资源量 51.43%，比上年增加 77.72%，比多年平均值减少 9.32%；思明区、湖里区、海沧区、集美区和翔安区地表水资源量分别为 0.512 亿 m^3、0.426 亿 m^3、1.228 亿 m^3、1.878 亿 m^3、1.870 亿 m^3，比上年分别增加 162.56%、158.18%、92.78%、107.28%、140.05%，比多年平均值分别增加 20.75%、增加 16.71%、增加 1.74%、减少 2.90%、减少 6.08%。各行政区地表水资源量与上年及多年平均值比较见图 41-19。

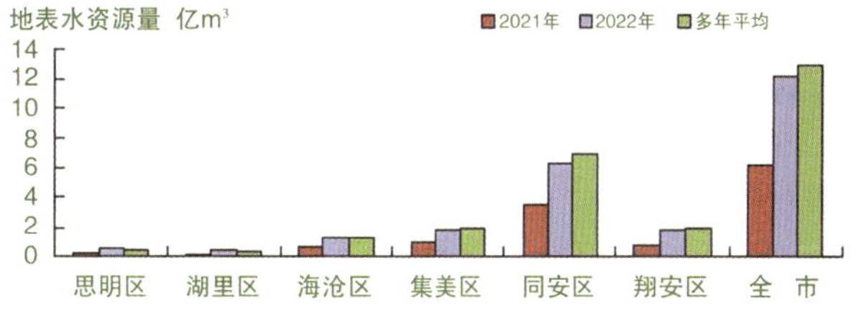

图 41-19　2022 年各区地表水资源量与上年及多年平均值比较图

全市主要河流东西溪、后溪、九溪、官浔溪、过芸溪的地表水资源量分别为 4.623 亿 m^3、1.436 亿 m^3、0.420 亿 m^3、0.369 亿 m^3 和 0.308 亿 m^3，其中东西溪的地表水资源量最大，占全市的 37.97%，东西溪的地表水资源量比上年增加 52.68%，与多年平均值比较，减少 2.78%；后溪、九溪、官浔溪、过芸溪的地表水资源量比上年分别增加 86.49%、112.12%、27.68%、66.49%，与多年平均值比较，分别减少 9.40%、

7.49%、7.29%，8.06%。主要河流地表水资源量与上年及多年平均值比较见图 41-20。

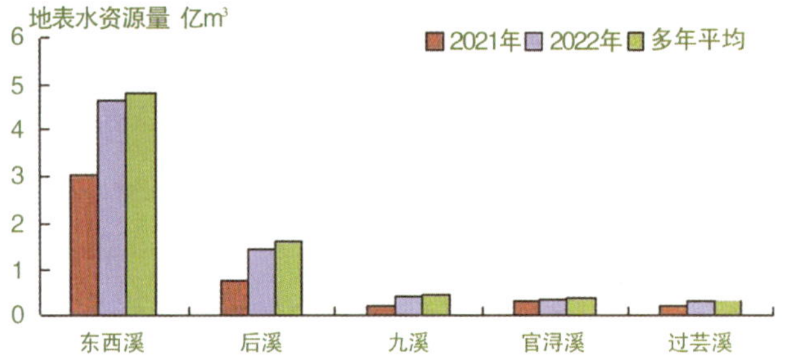

图 41-20　2022 年主要河流地表水资源量与上年及多年平均值比较图

1.3　地下水资源量

全市地下水资源量 3.380 亿 m³，比上年增加 50.22%，其中思明区、湖里区、海沧区、集美区、同安区和翔安区分别为 0.151 亿 m³、0.123 亿 m³、0.321 亿 m³、0.508 亿 m³、1.630 亿 m³ 和 0.647 亿 m³，各行政区与上年同比，分别增加 160.34%、136.54%、42.67%、37.30%、41.74%、63.80%。地下水资源量最多的是同安区，占全市地下水资源量的 48.22%，最少的是湖里区，仅占全市地下水资源量的 3.64%。

1.4　水资源总量

水资源总量是由地表水资源量和地下水资源量相加扣除重复计算量而得。当年全市水资源总量 12.177 亿 m³，比上年增加 96.21%。全市多年平均水资源量为 12.317 亿 m³，当年比多年平均值减少 1.14%。全市平均产水系数 0.50，平均产水模数 71.6 万 m³/km²。各行政区中水资源量最多的是同安区，占全市的 51.43%；最少的是湖里区，占全市的 3.50%。各行政区水资源总量见表 41-6，各行政区水资源量与上年及多年平均值比较见图 41-21。

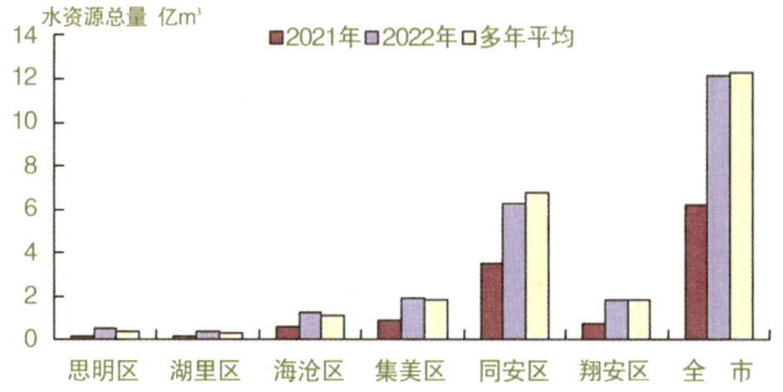

图 41-21　2022 年各区水资源总量与上年及多年平均值比较图

1.5　九龙江流域地表水资源概况

九龙江流域当年降水量 1674.7mm，折合降水总量 246.868 亿 m³，与上年相比增加 36.35%，与多年平均值相比偏少 2.20%。地表水资源量 126.065 亿 m³，与上年相比增加 120.12%，与多年平均值相比偏少 14.59%。2022 年九龙江北溪向厦门市跨流域引地表水资源量 4.022 亿 m³。

2　蓄水动态

全市现有中型水库 6 座，小型水库 79 座，总库容 29407.6 万 m³。根据统计，当年末中型及重要小（1）型水库蓄水量与上年末比较，增加 637.9 万 m³，其中中型水库的蓄水量增加

表 41-6　**各行政区水资源量**

单位：亿 m³

项目	思明区	湖里区	海沧区	集美区	同安区	翔安区	合计
地表水资源量	0.512	0.426	1.228	1.878	6.263	1.870	12.177
地下水资源量	0.151	0.123	0.321	0.508	1.630	0.647	3.380
重复计算量	0.151	0.123	0.321	0.508	1.630	0.647	3.380
水资源总量	0.512	0.426	1.228	1.878	6.263	1.870	12.177

表 41-7　**中型及重要小（1）型水库蓄水动态**

单位：万 m³

水库类别	水库名称	所属区域	总库容	正常水位库容	上年末蓄水量	当年末蓄水量	年末蓄水变量
中型水库	石兜水库	集美区	9011	8793	3683.3	3883.4	200.1
	汀溪水库	同安区	4845	3797	1755.8	2352.5	596.7
	莲花水库	同安区	3286	1958	1446.3	1536	89.7
	杏林湾水库	集美区	2568	1306.8	1242.7	1367.6	124.9
	溪东水库	同安区	1386	1128	708.5	579.8	-128.7
	竹坝水库	同安区	1149	850	621.8	543.4	-78.4
	小计		22245	17832.8	9458.4	10262.8	804.3

续表 41-7

水库类别	水库名称	所属区域	总库容	正常水位库容	上年末蓄水量	当年末蓄水量	年末蓄水变量
重要小（1）型水库	坂头水库	集美区	700.4	426.7	394	381.3	-12.8
	湖边水库	湖里区	624	529.8	449.5	359	-90.5
	曾溪水库	翔安区	553.2	505	64.3	100.1	35.8
	河溪水库	同安区	545.5	487.1	214.5	421	206.5
	小坪水库	同安区	406.3	406.3	87.2	107.3	20.1
	坑内水库	集美区	364.4	318	192.2	157.2	-35
	溪美水库	翔安区	373.5	298.6	214.2	116.8	-97.4
	溪头水库	海沧区	354.6	293.3	222.4	0.4	-222
	古宅水库	翔安区	258	253.9	80.8	109.7	28.9
	小计		4179.9	3518.7	1919.1	1752.7	-166.4
合计			26424.9	21351.5	11377.5	12015.6	637.9

备注：2022 年全市无新增降等和报废水库，其中溪头水库年末因维修加固放水导致年末蓄水量较低

804.3 万 m^3，重要小（1）型水库的蓄水量减少 166.4 万 m^3。中型及重要小（1）型水库蓄水动态见表 41-7。

3 供水量与用水量

3.1 供水情况

当年全市供水总量 73225 万 m^3（不含中水河道生态补水），比上年减少 0.57%。其中地表水供应量为 69418 万 m^3，占 94.80%，地下水源供应量为 3714 万 m^3，占 5.07%，其他水源供水量为 93 万 m^3，占 0.13%；当地水资源供应量为 33001 万 m^3，占 45.07%，区域外调入水量为 40224 万 m^3，占 54.93%。全市供水情况见表 41-8。

当年中水回用于河道生态补水量为 13849 万 m^3，其中东西溪生态补水 5228 万 m^3，九溪生态补水 3545 万 m^3，埭头溪生态补水 1669 万 m^3，月美池生态补水 1632 万 m^3，过芸溪生态补水 604 万 m^3，内田溪生态补水 462 万 m^3，深青溪生态补水 321 万 m^3，其余 388 万 m^3 中水用于附近河道生态补水。全市含河道生态补水总供用水量为 87074 万 m^3，中水回用河道生态补水量不计入用水指标分析。

3.2 用水情况

当年全市用水总量为 73225 万 m^3（不含中水河道生态补水），比上年减少 0.57%。其中城镇居民用水量最大，为 23169 万 m^3，占 31.64%；其次是第一产业用水量为 14758 万 m^3，占 20.15%；第二产业用水量（包括建筑业用水 2222 万 m^3）为 14469 万 m^3，占 19.76%；第三产业用水量为 11343 万 m^3，占 15.49%；生态环境用水量为 6743 万 m^3，占 9.21%；农村居民用水量为 2743 万 m^3，占 3.75%。全市用水情况见表 41-9 和图 41-22。生产、生活、生态用水量比例分别为 55.40%、35.39%、9.21%。

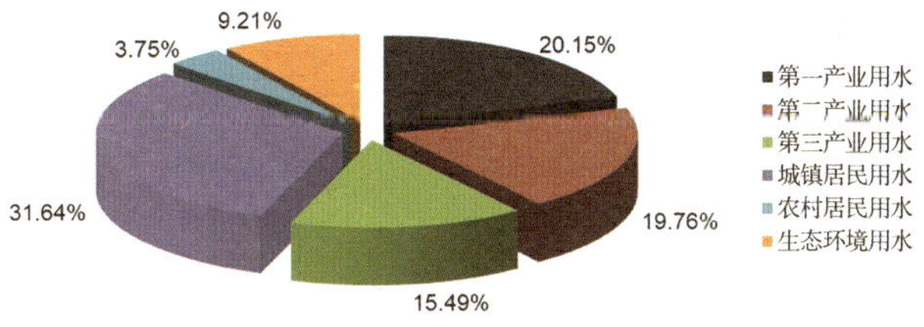

图 41-22 行业用水比例图

表 41-8 **全市供水情况表**

单位：万 m^3

年份	地表水源供水量						地下水源供水量	其他水源供水量	供水总量		
	小计	蓄水	调水	引水	提水	其他			合计	其中当地水资源	其中区域外调入水
2022	69418	21956	40224	3718	2760	760	3714	93	73225	33001	40224
2021	68078	14690	45413	3980	2996	999	4744	820	73642	28229	45413
与上年比较（±%）	1.97	49.46	-11.43	-6.58	-7.88	-23.92	-21.71	-88.66	-0.57	16.90	-11.43

备注：供水总量为 7.32 亿 m^3，其中考核口径为 7.27 亿 m^3（不含湖边水库生态补水）

表 41-9 **全市用水情况表**

单位：万 m^3

年份	生活用水			生产用水				生态环境用水	用水总量	
	农村	城镇	其中地下水	第一产业	第二产业	第三产业	其中地下水		用水量	其中地下水
2022	2743	23169	1367	14758	14469	11343	2347	6743	73225	3714
2021	2487	23732	1229	13615	15462	14135	3515	4211	73642	4744
与上年比较（±%）	10.29	-2.37	11.23	8.40	-6.42	-19.75	-33.23	60.13	-0.57	-21.71

备注：2022 年将消防用水从第三产业用水调整至生态环境用水中

表 41-10 **各行政区用水情况表**

单位：万 m^3

年份	思明区	湖里区	集美区	海沧区	同安区	翔安区	总计
2022	11574	10697	11520	9083	15326	15025	73225
2021	12180	10640	11517	9457	15532	14316	73642
与上年比较（±%）	-4.98	0.54	0.03	-3.95	-1.33	4.95	-0.57

全市总用水量按行政区统计，思明区总用水量 11574 万 m^3，湖里区总用水量 10697 万 m^3，集美区总用水量 11520 万 m^3，海沧区总用水量 9083 万 m^3，同安区总用水量 15326 万 m^3，翔安区总用水量 15025 万 m^3，各行政区用水情况和比例见表 41-10 和图 41-23。

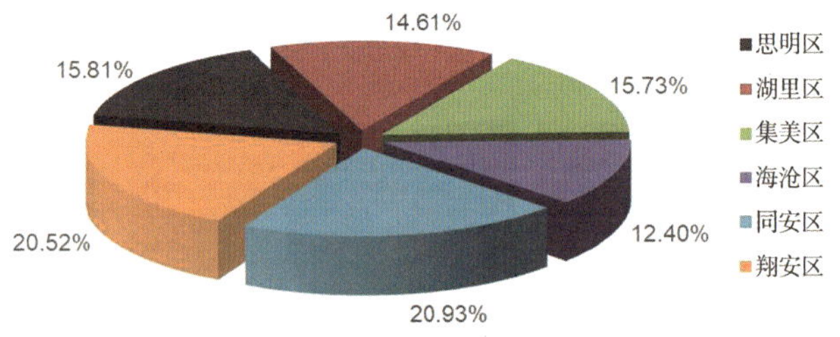

图 41-23 各行政区用水比例图

4 用水指标分析

据统计，当年本地水资源供应量为 33001 万 m^3，水资源总量为 12.177 亿 m^3，本地水资源利用率为 27.10%。以户籍人口计算，当年人均水资源量为 416 m^3，比上年增加 89.95%；以常住人口计算，当年人均水资源量为 229 m^3，比上年增加 94.07%。

根据用水情况，比照社会经济发展水平，万元生产总值（GDP）用水量（包括农林牧渔用水）为 9.4 m^3，比上年减少 10.48%；万元工业产值用水量为 1.5 m^3，比上年减少 6.25%；万元工业增加值用水量为 5.1 m^3，比上年减少 17.74%；第三产业万元增加值用水量为 2.5 m^3，比上年减少 26.47%；农田灌溉亩均用水量为 533.2 m^3，比上年减少 1.26%。

以户籍人口计算，人均综合用水量为 250 m^3，比上年减少 3.85%；城镇人均生活日用水量为 247 L/d，比上年减少 6.08%；农村人均生活日用水量为 206 L/d，比上年增加 8.42%。以常住人口计算，人均综合用水量为 138 m^3，比上年减少 1.43%；城镇人均生活日用水量为 133 L/d，比上年减

表 41-11 **用水指标分析情况表**

年份	万元 GDP 用水量	万元工业产值用水量	万元工业增加值用水量	第三产业万元增加值用水量	农田灌溉亩均用水量	人均水资源量	人均综合用水量	城镇人均生活日用水量	农村人均生活日用水量
	m^3	m^3	m^3	m^3	m^3	m^3	m^3	L/d	L/d
2022	9.4	1.5	5.1	2.5	533.2	416（229）	250（138）	247（133）	206（144）
2021	10.5	1.6	6.2	3.4	540.0	219（118）	260（140）	263（137）	190（130）
与上年比较（±%）	-10.48	-6.25	-17.74	-26.47	-1.26	89.95（94.07）	-3.85（-1.43）	-6.08（-2.92）	8.42（10.77）

备注：表中所示人均指标括号前数据以户籍人口数计算，括号内数据以常住人口数计算

少 2.92%；农村人均生活日用水量为 144 L/d，比上年增加 10.77%。全市用水指标分析情况见表 41–11。

5　重要水事

5.1　紧抓规划引领，推进水资源配置建设

一是完成《厦门市供水大水网系统工程规划》编制，由市政府批复实施，成为指导我市水资源配置工程建设的纲领性规划；二是开展水资源配置规划修编，摸清境内用水需求、供水能力，优化水资源配置格局，为促进水资源“全满足、全支撑、全保障”提供支撑保障。规划报经市政府同意，5 月 27 日顺利通过省水利厅专家评审，10 月份完成修编。

5.2　推进智慧水利建设，助力新阶段高质量发展

一是完成厦门市水库综合管理平台建设。建设全市统一的水库综合管理平台，主要建设内容包括物联网平台、大坝安全监测、水雨情监测预警、水库 VR 展示、设备管理、水库一张图等模块。该平台建成后作为全市统一的水库综合管理平台，各区直接登录市级平台管理本区小型水库，实现统一管理、分级使用。

二是开展东西溪数字孪生先行先试。重点围绕汀溪水库、莲花水库、东西溪河道、水库上游集水区域、同安城区重点区域，以数字化场景、智慧化模拟、精准化决策为路径，构建具有预报、预警、预演、预案功能的智慧水利体系，持续提升水旱灾害防御科技水平。

5.3　强化水资源管理，推进水资源节约集约利用示范区创建

一是市水管委办印发《关于加强水资源管理和节约用水工作的通知》，贯彻节约用水和水资源管理相关要求，落实水资源节约集约利用示范区建设工作，实施方案经省水利厅审查后，于 5 月 20 日取得市政府批复。二是推进公共机构节水型单位和翔安区、集美区县域节水型社会创建工作。三是 2022 年 9 月完成市级节水职能调整，将牵头开展全市节约用水管理职责划给市水利局，由市水利局水资源与水土保持处承担市节约用水工作领导小组办公室日常工作。

5.4　持续深化河湖长制，提升水生态水环境质量

一是市双总河长签发 2022 年第 1 号总河长令，在全市开展巩固提升河湖水质、全面消除劣Ⅴ类水体攻坚战，持续改善河湖水环境质量，增强群众获得感。二是完成《厦门经济特区河湖长制条例》立法工作，经厦门市第十六届人民代表大会常务委员会第七次会议通过，自 2023 年 1 月 1 日起开始实施。三是成立厦门市幸福河湖促进会，吸纳来自高校、设计、咨询、水库管理等各方面的企事业单位和个人会员，凝聚社会各界力量，提升我市河湖管理水平。四是全市饮用水水源地水质及主要湖库水质良好。全市集中式饮用水水源地以及农村“千吨万人”饮用水水源地水质达标率均为 100%，水质主要监测指标全年均符合《地表水环境质量标准》（GB 3838—2002）Ⅲ类及以上水质标准。

报刊集萃

高颜值的厦门，底色更亮丽

《光明日报》记者　马跃华

初夏时节，阳光正好，和风习习，漫步在福建厦门山海步行通廊上，心旷神怡。这里空气清新，树木葱郁，三角梅、木棉、洋紫荆等争奇斗艳。山海步行通廊将充满活力的城市景观与宁静的自然风景无缝对接，让人们在繁华的城市生活中，体验人与自然的交融。

这条山海步行通廊是厦门在城市中心地带新修建的一条健康步道，起于厦门邮轮码头，终于观音山梦幻沙滩，全长约23公里，是一条彰显自然野趣，探索山林之美的生态之路。

“绿色、低碳的健康生活方式，越来越受到人们的推崇。”走在山海步行通廊的厦门市民罗瑞明说，“山海步行通廊让我们能够畅享绿色健康生活。在这里行走非常舒服，沿途环境好，空气清新，负氧离子高，有利于健康。”

近年来，厦门大力倡导文明健康绿色环保生活方式，推动绿色低碳循环发展经济，如今绿色已成为厦门生产生活“最美底色”，为厦门生态文明建设注入新动能。

创建绿色生活方式

厦门市民毛通双住在思明区湖滨中路，走进他家的院子就像走进一个“都市花园”。火红的三角梅爬满围墙，两棵两米多高的酒瓶兰格外引人注目，此外还有枇杷树、杨桃树、莲雾树等，一派生意盎然的景象。

“我这里还有一个小池塘。”毛通双带记者穿过精心布置的鹅卵石小径来到一个圆形池塘边。“池塘里有鱼和乌龟。周边的白鹭常来光顾池塘，抓鱼吃，乌龟没有天敌，成了常住居民。”毛通双笑着介绍，笑容是如此的骄傲和阳光。

随着绿色健康的生活方式越来越为人们所接受，厦门人不仅开始美化阳台和房前屋后，而且他们还通过义务植树、认建认养、线上云植树等多种方式，践行绿色生活方式，共同为高颜值的厦门增绿添彩。

“厦门最美的风景就是厦门人！”每个厦门人都在努力成为绿色生活的主角。正因为如此，厦门市倡导的“绿色出行”“绿色居住”“绿色消费”“绿色办公”等各种理念都得到厦门人的广泛拥护和支持。在厦门，主动践行绿色生活方式处处可见：山海步行通廊，游客自觉全程佩戴口罩、保持安全距离、文明排队、有序游览；五缘湾海滩边，游客离开时会收拾剩下的食品、物品，打包带走，垃圾则分类投放在垃圾箱内……

打造绿色城市环境

厦门是一座风光旖旎的“海上花园”，海水环绕，四季如春。在尽情地拥抱阳光、沙滩、椰树、海风，享受着这座花园式城市带来红利的同时，厦门市通过一系列扎实的举措，呵护蓝天碧水净土，让“清新的蓝”“怡人的绿”成为厦门美丽而永恒的标签。

尊重自然，顺应自然，保护自然。厦门经济特区建立以来，《厦门经济特区水资源保护条例》《厦门市海洋环境保护若干规定》《厦门经济特区机动车排气污染防治条例》等多部与生态和资源保护有关的法规规章相继落地生根，为经济特区发展构筑起一道道坚实的绿色屏障。

近年来，厦门市还投入了70多亿元修复38个湿地生态项目，打造了滨海栈道、山海步道、空中自行车道等。目前厦门有140多座公园，16000多公顷建成区园林绿地，数万公顷林地。

盈盈绿水，烂漫繁花，翩跹白鹭，休闲身影。如今，放眼厦门全域，每一寸肌肤都被绿色浸润，海滩、公园、湿地已经成为市民随时光顾的“城市新客厅”，城乡处处呈现人与自然和谐共处的生态画卷。知名学者易中天说：“厦门人整个地就是生活在一个大花园和大公园里。”

大力推进零碳实践

自2019年中国电影金鸡奖落户厦门以来，厦门市大力推进电影事业和电影产业的高质量发展。“影视＋碳中和”新模式，是厦门对电影事业创新发展的一个贡献。

在2021中国金鸡百花电影节上，“零碳金鸡、绿色影节”成为一个全新亮点。这届中国金鸡百花电影节向电影人发出《绿色电影　助力“双碳”倡议书》，并创新实施碳中和试点工作。通过厦门市碳和排污权交易中心的专业化服务，购买林业碳票的方式抵消本次电影节产生的碳排放。厦门市产权交易中心为此出具碳中和证书，实现中国金鸡百花电影节历史上的首次“零碳排放”。

去年以来，厦门扎实推进碳中和践行工作，积极探索开辟“双碳经济”新模式，多个低碳试点项目建设紧锣密鼓。

东坪山是厦门城市中央山地公园，公园以山体林地为主，山、林、石、水、寺各具特色。来到这里，人们会发现青山间穿梭的巴士是纯电动的，路灯是太阳能供电，度假民宿屋内的墙面使用了生态稻草漆。

2020年，东坪山片区建成福建省首个近零碳排放区示范工程。经核算，东坪山片区优化能源结构共减少二氧化碳排放量78吨/年，其中，路灯年减碳约49吨，纯电公交车年减碳约29吨。2021年，东坪山片区在实现近零碳排放的基础上，又持续减碳100余吨，入选2021年度生态环境部绿色低碳典型案例。

如今的厦门，到处都有绿色低碳发展的影子。厦门金旅客车凭借“双碳”目标和新能源政策带来的机遇，批量交付世界各地助力绿色出行；军营村低碳社区、后溪工业组团低碳园区、植物园低碳景区等20个低碳试点项目加快建设。

（《光明日报》，2022年5月7日）

村强民富田园美

《光明日报》记者　马跃华

2月26日，下午4点，太阳西斜，厦门市同安区莲花镇高山白交祠光明顶人潮涌动。光明顶蜿蜒的步道上游客络绎不绝。步道两旁，粉色的樱花正迎着习习的春风怒放。不远处的转台上，游客小余和朋友们身着色彩艳丽的汉服，漫步在盛开的樱花丛中，大家纷纷拿出相机或手机记录下美丽的瞬间。

山脚下的村部广场上美食飘香，独具高山特色的烤地瓜、南瓜饼、乌龙茶应有尽有。村部一楼的清风驿站里，不仅有各式各样的汉服出租，还有烧烤架、烧烤菜品，供留宿晚餐的游客们选购。伴随着暮色降临，边上的烧烤摊也开始忙碌起来，篝火冉冉点起，由白交祠村党支部和村委会主办的“高山第二届樱花汉服节”篝火晚会正式启动……

近年来，厦门同安区高水平推进乡村振兴，广辟途径、综合施策、开拓创新，驱动着同安区农村振兴、农业发展、农民富裕的列车驶上发展快车道。

盘活特色资源

雨后，群山环枸的古村落，平添了几分诗意。在厦门市同安区汀溪镇顶村村，闽南特色古民居群改造而成的民宿、600多亩天然茭白湿地公园高低错落，包含高空索道等在内的拓展项目巧妙融入自然田园中。

在民宿里洒扫、除尘、消杀，村民马铭吹动作熟练又仔细：“以前我们的大山沟穷得没人想进来，现在我家9个房间作为民宿加入村合作社，一个月最多能有1万多元的股东分红呢！”

据悉，顶村村的顶上乡村农家乐专业合作社由村两委带头、党员先行，带动村民参与入股，还成立了顶上乡村农家乐专业合作社党支部，逐步形成了“镇党委、村党支部、合作社、村民”四方参与的监督管理模式。正是前几年的苦心经营，顶村村才在众多试水乡村旅游的村子中脱颖而出，仅用了两三年就实现全村分红。

汀溪镇党委书记吕子明对记者说，乡村民宿的发展，契合了现代人远离喧嚣、亲近自然、寻味乡愁的美好追求，具有撬动乡村旅游的支点作用，顶村村在乡村民宿产业的基础上，将当地生态、文旅资源等巧妙融合，更好满足了广大游客个性化、多样化消费需求，让农民更多享受到产业增值的收益，为乡村振兴注入新的活力。

推广高优农业

初春早晨，北辰山下的百利鲜生产业园温室里樱桃番茄鲜红透亮，长势喜人。采摘工人小林正忙着采摘樱桃番茄，她告诉记者，现在正是采摘旺季，每日采摘完后的生鲜瓜果经过包装后立刻被送往元初、朴朴、京东买菜等销售商手里。

“农业良种化是农民增收的渠道之一，每年从百利种苗生产车间里销售出去的茄果类优良种苗产值达一亿多元。”百利控股公司负责人康英德告诉记者。

不仅大力推动种植业的发展，在养殖业上，同安区也在不断加快探索的脚步。一年多前，百利控股旗下百利龙程把附近近百亩土地统一流转过来，并在这里建成集虾的科研、试验、示范、推广、科普教育为一体的现代国家级良种（虾）繁育基地。一期项目在这里招聘了近300名洗脚上岸的渔民，产值达2亿元。

据了解，通过大规模推广高优农业，同安区开创了产业振兴新局面，产业的带动也让同安区农民人均可支配收入不断增加，2021年增加到27564元。

强化项目合作

2月16日下午，莲花镇后埔村580亩产业振兴项目传出喜讯，首期200亩土地已由厦门市绿瓢虫农业科技有限公司完成流转，下一步还有300多亩耕地作为村企合作项目，由绿瓢虫公司与镇村进行洽谈。

“绿瓢虫公司携手同安农业投资有限公司拟在莲花镇建设10个百亩以上规模的现代化农业产业基地，作为乡村振兴产业项目，公司每年将拿出10%的净利润支持当地乡村振兴。目前已完成后埔村一期200亩及蔗内村208亩的耕地储备。”专注于绿色认证蔬菜生产的“绿瓢虫农品”负责人曾旭瑜告诉记者。

强化项目驱动、项目合作，如今已成厦门同安区增加村集体和村民收益的好办法。

恒利茶业等龙头企业以“企业+基地+协会+农户”模式，带动当地及周边500多户茶农、6000多亩茶园茶业发展，年销售茶叶1000多吨。

同安区汀溪镇古坑村成立专业合作社，建起集产、销、学、研、旅为一体的三角梅产业示范园。天气虽冷，汀溪镇古坑村仍吸引了大量游客。三角梅点缀在青山绿水间，形成了移步皆景、错落有致的山水田园花景，几乎每个路过的市民游客都要在这里驻足观赏。

（《光明日报》，2022 年 3 月 2 日）

厦门人幸福的“三好”生活

《光明日报》记者　马跃华

【百姓身边看文明】

厦门，一座高素质高颜值的生态花园之城。厦门的美，“内外兼修”，不仅美在风景，更美在文明。

自 2005 年荣获第一届全国文明城市至今，厦门已连续六届获评全国文明城市。在“幸福的接力”中，每个厦门市民都看到了文明创建给厦门带来的变化——“人居环境大幅度改善”“公共服务大幅度提升”“生活质量大幅度提高”。厦门人过上了好环境、好办事、好人居的幸福生活。

好环境

漫步厦门，城在海上，海在城中。“清新的蓝”“怡人的绿”成为市民心头的骄傲。去年，厦门市以 95.9 分蝉联年度公众对生态环境质量满意度福建省第一。

“最爱月斜潮落后，满江渔火列筼筜。”常在筼筜湖畔散步的刘文兴先生说，晚饭后漫步筼筜湖，迎面徐徐晚风，偶闻白鹭啼鸣，欣赏七彩霓虹的湖畔夜景，好不惬意。

多年来，厦门重拳治污，高标准开展蓝天、碧水、碧海、净土四大系列工程，打好污染防治攻坚战。近日发布的《厦门市生态环境质量公报》中显示，“污染防治成效考核”全省排名第一；空气质量优良率为 99.7%，全国排名并列第 3。去年厦门市筼筜湖生态修复项目还入选自然资源部国土空间生态修复司发布的《中国生态修复典型案例》。

在进行生态修复的同时，厦门还通过“精耕细作”提升城市生活环境。

近年来，厦门对街头闲置空间和城区边角地带等“微空间”进行艺术化、本地化、专业性、实用性改造，打造出一批城市居民人际交往、养心益智的街道交往空间、口袋公园。

不久前，思明区深田社区内原先功能单一的 4000 多平方米街头小公园“凤凰园”变身“近邻小广场”，用环保材料铺设了慢行步道，搭建了彩虹桥形状的滑梯，添置了健身器材，成为附近老人、孩童的新乐园。在湖里区穆厝社入口，以 385 岁的古榕为主题，建成了一座“口袋公园”，每天吸引不少居民前来，春听鸟语夏听蝉鸣。

好办事

网约车司机洪志斌，坐在车里十几分钟就用“i 厦门”App 完成了运输证的年审。他向记者表示，以前运营车辆检测完还需前往窗口提交证件年审，现在用手机就可以办理了，节省了不少时间，还可以多跑几单。

近年来，厦门积极打通市场监管、社保、医保、不动产登记等部门涉及的跨部门、跨层级业务系统的数据共享堵点，并着力简化优化审批流程，深度应用电子印章、人脸识别、电子签名、电子加密等支撑技术，为“一网通办”奠定坚实基础。目前，厦门 58% 的市级政务服务事项实现了全程网办。

在厦门北站客运中枢，活跃着一支爱心交通志愿者。他们数载寒来暑往坚持为旅客提供志愿服务，搜寻走失老人、儿童，提供心理危机干预、灾情救援，协助车辆脱险等。

志愿服务犹如一盏灯。截至去年底厦门注册志愿者达 88 万名。志愿者们在疫情防控、应急救援、社会治理、爱心帮扶、洁净家园等领域播洒爱心，如春风化雨般温暖他人，用道德之美、向善之魂标刻城市文明新高度。

好人居

东渡三航社区门球场是厦门湖里区最早的门球场，距今已有近 40 年历史，早晨 7 点 30 分，在这块“崭新”的现代化球场内，几位老人正“打”得热火朝天。

70 多岁的朱凯霞说：“我在这里打了 20 多年球，以前，这块门球场都是沙土地，每次打球都尘土飞扬。碰到梅雨季节一连几天没法下场。后来，社区里来了一群左瞧瞧，右看看‘拿着记事本的年轻人’，在他们的帮助下球场铺上了人造草坪，边界线也重新划分。球场变新了，比赛也组织起来了。现在我们隔三岔五就进行备赛训练。”

退休 20 多年的许秀文说：“社区老旧水电房被那群年轻人改成棋牌室，现在我早上打球，下午打牌，好不快活。”

“现在车辆都停在划定车位，还增加了晾晒区，每天都能盖上‘香喷喷’的被子。”70 多岁的周莲说。

说起那群“左瞧瞧，右看看”的年轻人，社区内的老人纷纷夸赞。

这群年轻人是公益“社区规划师”。近年来，在厦门市自然资源和规划局的努力对接下，这群社区规划师用他们的热情和专业知识扎根社区，了解居民需求，协调多方力量，引导社区进行综合整治、建筑风貌整治、环境景观提升、公共空间微更新等社会补短板项目，推动社区人居环境的提升。

家住思明区万寿路 180 号、年过六旬的欧三金腿脚不便，邻居们买菜时经常问她需要什么，有的甚至直接帮她买好带回；厦港街道鸿山社区好邻里为辖区内孩子们开展“四点半”课后思维辅导；熟悉法律知识、德高望重、热心公益事业的离退休党员干部、教师、律师、心理医生等老同志组成禾祥西社区“和事佬”团队，化解邻里纠纷……

“远亲不如近邻”，爱心行动从关爱邻里做起。近年来，厦门大力推行“近邻”文化，致力发动社区内热心公益事业的居民，拉近邻里距离，探索出一条基层共建共治的道路。

（《光明日报》，2022 年 8 月 31 日）

以文化再造乡村　用艺术赋能产业

《光明日报》记者　马跃华

夏风轻扬，流水潺潺，青山连绵，红旗飘扬……日前，记者走进厦门翔安区锄山村，一幅幅美丽、宁静、祥和的乡村画卷映入眼帘。

据了解，一段时间以来，翔安区锄山村通过打造红色名村、发展绿色产业，推动乡村旅游快速发展。年接待游客超 12 万人次，乡村旅游收入超 400 万元。

近年来，翔安区利用优秀资源禀赋，大力实施乡村振兴战略，以点串线、连线成片，打造独具翔安特色的乡村振兴“山、海、田、厝”。如今这里既有山海风情，又有文旅之美。无论是平时还是节假日，澳头海洋经济发展示范区、大帽山境、大宅火龙果田园综合体等乡村旅游“网红打卡点”，游客络绎不绝。

文旅山海

位于厦门翔安区新店镇的澳头村是一个有着悠久历史的渔村。100 多年前，这里曾是闽南著名的古渡口，商贾云集，市井十分繁华，一艘艘木帆船穿梭往来，一派繁荣景象。

海域退养后，翔安以澳头社区为试点，深挖本地海洋文化和华侨文化内涵，着力美术、美食、美居“三美推进”，特别是大力发展海鲜餐饮业，吸引了近 20 家餐饮业品牌店入驻，每年营业额约 9000 万元，带动 300 多人转产就业，推动澳头退养渔村实现生活富裕。如今这古老的渔村再次绽放出勃勃生机，成为“闽南美丽海港侨村”。每到周末，宾客络绎不绝，各具特色的文艺展馆，更给人带来十足惊喜。

厦门因海而生、向海而兴。翔安海岸线约占全市三分之一。近年来，翔安区进一步深度挖掘沿海村庄自然人文景观和民俗、文化等要素，深化可落地项目，积极包装开发特色旅游、艺术、休闲、餐饮等产业，打造全域旅游发展新格局，实现了经济效益、社会效益和生态效益相统一。

大帽山是翔安的天然氧吧，优美的生态环境衍生出不少旅游好去处。节假日期间，大帽山境民宿可以让游客在这里深度体验慢节奏的生活。红砖古厝、向日葵花田、百年古樟……这里有舒适的居住条件和优美的风景，游客还能在民宿中体验油画制作、磨豆浆等。

翔安新圩镇大帽山是厦门市首创“市级国企 + 区级国企 + 国有农场”联合开发休闲农业的新模式，利用村民整村搬迁后留下的村落，导入“休闲农业 + 文旅 + 居住”的田园综合体产业模式，带动了周边农村发展。

据了解，翔安区下一步将以发展生态农业种养业为基础，实现农业生产与乡村旅游协同发展，部署有机协调的功能片区，以生态文旅产业轴为主轴线，连点成线，建设北部高端休闲农业体验带、中部田园风光体验带、南部滨海文化亲水体验区等主体功能区，构建翔安乡村振兴发展格局。

七彩田园

彩色菠菜、紫色甘蓝、台湾藜麦、即食胡萝卜……

“这里的田园超级梦幻、超级浪漫！”厦门市民颜丽梅兴奋地穿梭在前埔村五彩斑斓的田园里，她激动地说，“紫花菜、台湾藜麦、特色苦苣、西兰苔，我第一次见到这些蔬菜。”

翔安前埔村有一个由国企和民企合作开发运营的乡村振兴项目——七彩田园。这里不仅景色秀美，还可品尝到各种绿色环保的鲜嫩果蔬，体验各式原生态的农耕活动。彩带区、铅笔墙、盆景蔬菜等一系列的创意产品，让七彩田园成为游客的热门打卡点。

“以特色农业为基，以文化为抓手，打造集农耕文化和研学教育为一体的新一代田园综合体项目，彰显地方特色，为翔安的乡村振兴贡献有益的地方探索，是我们的目标。”杭州华清集团有限公司福建分公司总经理吴泗海说。

翔安拥有耕地面积约 12 万亩，翔安区立足耕地实际，大力调整农业种植结构，并着力发展特色农业、都市农业，努力拉长一产链条，推动一、二、三产业融合发展，不断释放农业农村经济发展活力。

艺术古厝

翔安内厝镇黄厝村通过集中收储闲置老宅，吸引陶艺、砖雕、漆画等文创工作室相继入驻，打造“艺匠小镇”，用文化再造乡村、用艺术赋能产业。黄厝村也先后获得“省级乡村振兴示范村”“省级文明村”“市级乡村振兴示范村”等荣誉。

随着厦门市城市化进程的加快推进，岛外一些农村遗留下不少闲置闽南老宅。翔安区着力探索盘活闲置老宅的有效途径，统筹本地环境、产业、文化等特色和优势，与美丽乡村建设结合，跟农村特色产业发展联动，因地制宜、各展其效，努力唤醒“沉睡”的农房资源，让闲置“老厝”成为富民的“黄金屋”、强村的“新引擎”。

在规划建设古厝运营项目上，除了机制优、产业活，还需要与文化相结合，才能彰显魅力。在建设东寺庄古厝旅居生活部落过程中，翔安区就充分结合本土的诸多文化、美食等地方特色，建设了民俗文化演艺区的乡村大戏台、新圩赶圩馆，新圩市集的新圩鹅肉馆、五珍豆腐坊、金柄面线馆，乡野美术艺术区设立的田园私塾和创意手工坊、清境学堂等。

以文化再造乡村、用艺术赋能产业，成为翔安区颇具特色的乡村振兴之路。据介绍，目前翔安区128个村（居）中有119个村（居）建有文化活动室，村（居）体育健身设施覆盖率达100%。出版“村庄文化”“乡村振兴”等系列连环画，开展宋江阵民俗文化节、海峡歌手大赛等特色活动，建成“厦门精神”中的“英雄三岛精神”“马塘精神”主题馆，建成4个镇级、106个村级文明实践所（站）。

（《光明日报》，2022年7月10日）

厦门：把优质医疗资源送到群众身边

《光明日报》记者　马跃华

不久前，“健康厦门·近邻健康”启动仪式在厦门金榜公园举行。

活动期间，医务人员对有关疾病危害进行讲解，发放健康宣传材料，并根据居民的身体状态、家庭情况就饮食、生活、康养等方面给予用药指导，叮嘱义诊对象做好健康饮食、运动、疗养，对需要就医诊治的居民提供合理的就医指南。有的医务人员还留下了联系方式。

近年来，厦门深入社区、企业等持续开展“健康厦门”行动，把健康理念、优质医疗资源送到群众身边，努力推动健康问题的关口前移，促进以治病为中心向以健康为中心转变。

组织专家名医进社区

“您血糖偏高，饮食上要注意，平时不能多吃甜。”“您要戒酒戒烟，适当运动，平时多注意休息。”“不喝浓茶浓咖啡，一日三餐要定时定量，不能暴饮暴食。”“谢谢医生！我明白了，以后会注意调理的。”近日，厦门市殿前街道长乐社区、沐风社工服务中心携手厦门相关医院开展便民义诊活动，安排了专家健康咨询、免费测血糖、免费量血压、免费中医咨询等项目，前来就诊的居民络绎不绝。

本次义诊由厦门大学附属第一医院专家为居民提供健康咨询。医生亲切、仔细地询问患有慢性病的居民的身体以及用药情况，认真、耐心地回答居民的各种健康问题。现场，他们还免费为居民们量血压、测血糖、做心电图，并详细地解释检查结果。

为方便群众就医，厦门长期开展各类活动，组织专家名医进社区。

日前，“百名专家进社区”义诊活动来到厦门同安区莲花镇溪东村。

一大早，多家医院的专家医师和志愿者就带着医疗器械赶到了溪东村村部。义诊中，医生们免费为村民检查身体，登记检查数据，耐心向村民讲解检查结果以及如何合理用药等；志愿者们积极宣传各种健康保健知识，向村民发放健康急救包等。

“专家亲自来我们村，把服务送到我们身边，这真是我们的福气。”溪东村村民李伯高兴地说，他今年68岁了，这段时间总感觉胸口闷痛，医师吴志峰为他听诊心脏、检查血压，并建议他到医院再查下动态心电图。记者注意到，除了心内科，李伯还看了中医，做了视力检查，测了血糖。

创建“邻里医生”党建品牌

“您到小区报到了吗？”“您参加党员志愿服务了吗？”“您认领了哪个民生服务项目？”

一段时间来，厦门市中医院党委吹响党员“双报到”集结号。

厦门市中医院党委将共建工作细化到基层党支部，组织在职29个党支部和祥店社区党委15个基层党支部“结对子，共发展”。党员专家医生深入社区义诊，此外还开展中医传统诊疗现场体验、常用中药真伪鉴别宣传、中医药科普宣传、八段锦现场教学等活动。让社区居民在家门口就可以体验传统中医治疗、了解传统中医药知识，还可感受中国传统文化的传承。

近年来，厦门市以“近邻党建”为引领，创新打造“邻里医生”党建品牌，全力打通卫生健康行业党群联系的“最后一米”。

厦门海沧区统筹全区卫生健康优势资源和专业力量，以卫健系统党员医护骨干为主体，打造“健康管家”“健康导师”“健康守门人”等6支“邻里医生”服务团队。自成立以来，厦门海沧“邻里医生”服务团队深入村居、园区、楼宇，宣传党的政策、进行党建活动、普及卫生知识、倡导健康生活，开展各类活动100余次，为全区妇女儿童提供健康教育、预防保健等公共卫生服务16万人次，设立专门服务窗口或绿色通道40余个，深入开展社区健康营造、职业病防治宣传、重点人群关爱等主题实践活动90余场次。

打造便捷健康服务圈

日前，海沧规划建设的最大社区卫生服务中心——海沧临港新城社区健康服务中心竣工。

据介绍，该中心总用地面积约 5362 平方米，总建筑面积约 17041 平方米。地上主体建筑共有 8 层，配套医养结合床位共 100 张。中心建成后可满足临港新城片区、信息产业园片区及周边村居的基本医疗、基本公共卫生服务需求。

此外，梧村街道卫生服务中心的公益性智慧健身房于近日面向市民开放。这是厦门首家集智慧健身、体卫融合、国民体质监测、社会体育指导员志愿服务于一体的“四合一”站点。

梧村街道社区卫生服务中心新址位于湖滨南路与湖滨东路交叉口东南侧、嘉禾花园南侧，总建筑面积 4000 平方米，主要设置全科、儿科、妇科、超声影像科等多个科室，可为辖区居民群众提供预防、康复、医疗保健等基本公共卫生服务。

据了解，除了这两家基层医疗机构，今年厦门还将加快推进厦港街道社区卫生服务中心新址、集美软件园三期社区卫生服务中心和锦园社区卫生服务中心建设，进一步优化基层卫生服务机构网点设置。

近年来，为了方便居民群众就近就医，厦门在人口密集区域和岛外地区，逐步完善基层医疗服务网络布局。厦门正按照 15 分钟到 30 分钟健康服务圈的标准，优化基层卫生服务网点设置，加大选址力度，继续推动老旧社区新址建设和提升改造，同时鼓励现有的社区卫生服务中心建设康复病床，让居民群众就医保健更便捷。

（《光明日报》，2022 年 6 月 6 日）

42 索 引

说 明

（1）本索引采用主题分析索引法，按主题词首字的字母顺序排列（首字为英文字母的，集中置于索引前面，首字为阿拉伯数字的，按其读音置于相关字母之前）。（2）类目标题用黑体字表明。（3）索引后面用数字标明内容所在的页码，并用 a、b、c 分别表示在该页的左、中、右位置。（4）表格和示意图除了标明页码外，还分别括注“表”“图”。（5）为简便起见，主题词中涉及本市的组织机构、会议、活动等，一般均省略“厦门”二字；涉及“2022 年”的，一般均省略。

E

F

K

L

M

N

T

Y